Bürgerliches Gesetzbuch

nebst

Einführungsgesetz

erläutert

von

Dr. G. Planck,

Wirklicher Geheimer Rath und ordentlicher Honorarprofessor an der Universität Göttingen,

in Verbindung mit

Dr. A. Achilles,
Reichsgerichtsrath a. D. †,

Dr. F. André,
ordentlicher Professor,

M. Greiff,
Geheimer Justizrath,

F. Ritgen,
Amtsrichter,

O. Strecker,
Amtsrichter,

Dr. K. Unzner,
Regierungsrath.

Sechster Band.

Einführungsgesetz.

Erste und zweite Auflage.

Berlin 1901.

J. Guttentag, Verlagsbuchhandlung,

G. m. b. H.

Inhaltsverzeichniß.

Einführungsgesetz.

Erster Abschnitt.

Allgemeine Vorschriften.

Zweiter Abschnitt.

Verhältniß des Bürgerlichen Gesetzbuchs zu den Reichsgesetzen.

Dritter Abschnitt.

Verhältniß des Bürgerlichen Gesetzbuchs zu den Landesgesetzen.

Vierter Abschnitt.

Uebergangsvorschriften.

Sechstes Buch.

Einführungsgesetz

zum Bürgerlichen Gesetzbuche. Vom 18. August 1896.

Vorwort.

Da die Herren Reichsgerichtsrath Achilles, Professor André, Geheimer Justizrath Greiff, Amtsrichter Ritgen theils durch die Rücksicht auf ihre Gesundheit, theils durch ihre Berufspflichten verhindert waren, die von ihnen nach dem Vorworte zur ersten Auflage übernommenen Theile des Einführungsgesetzes zu bearbeiten, so ist die Bearbeitung der von Herrn Reichsgerichtsrath Achilles übernommenen Theile durch Herrn Ersten Staatsanwalt Unzner, die Bearbeitung der übrigen Theile durch den Herausgeber erfolgt.

Während des Druckes ist zur tiefen Betrübniß des Herausgebers, der Mitarbeiter und der Verlagshandlung Herr Reichsgerichtsrath Dr. Achilles gestorben. An seiner Stelle hat Herr Amtsrichter Strecker in Göttingen die Bearbeitung des achten Abschnitts des Sachenrechts (Hypothek. Grundschuld. Rentenschuld.) übernommen. Die Bearbeitung der übrigen Theile des Immobiliarsachenrechts wird, soweit sie nicht noch von Herrn Reichsgerichtsrath Achilles fertig gestellt waren, theils durch Herrn Ersten Staatsanwalt Unzner, theils durch den Herausgeber erfolgen.

Göttingen im November 1900.

Der Herausgeber.

Vorbemerkungen.

I. Der Hauptzweck des Einführungsgesetzes besteht darin, das Verhältniß des Bürgerlichen Gesetzbuchs zu dem bisherigen Rechte klar zu stellen. Daneben enthält das E.G. einige Vorschriften von allgemeiner Bedeutung, für welche es im B.G.B. an einer geeigneten Stelle fehlte. Es zerfällt, wie die Entwürfe, in vier Abschnitte. Der erste Abschnitt mit der Ueberschrift „Allgemeine Vorschriften" (Art. 1 bis 31) enthält außer der Vorschrift über den Zeitpunkt, mit welchem das B.G.B. in Kraft tritt, und einigen allgemeinen Bestimmungen das sog. internationale Privatrecht. Der zweite Abschnitt bestimmt das Verhältniß des B.G.B. zu den Reichsgesetzen (Art. 32—54). Der dritte Abschnitt regelt das Verhältniß des B.G.B. zu den Landesgesetzen (Art. 55—152). Der vierte Abschnitt endlich enthält die Uebergangsvorschriften (Art. 153—218).

II. In sämmtlichen Bundesstaaten sind Ausführungsgesetze zu dem B.G.B. und zu dem E.G. erlassen. Prinzipiell können das B.G.B. und das E.G. als Reichsgesetze durch Landesgesetze nicht geändert werden. Der dritte Abschnitt des E.G. enthält indessen im großen Umfange Vorbehalte zu Gunsten der Landesgesetzgebung und ebenso läßt der vierte Abschnitt den Landesgesetzen in verschiedenen Beziehungen Spielraum. Abgesehen hiervon setzt das B.G.B. selbst in einer Reihe von Vorschriften (z. B. §§ 22, 44, 46, 61, 62, 74, 80, 81, 85, 87, 88, 383, 525, 795, 907, 919, 982, 983, 1035, 1115, 1315, 1322, 1372, 1577, 1640, 1706, 1723, 1745, 1784, 1859, 1888, 2002, 2003, 2121, 2194, 2246, 2314) landesrechtliche Vorschriften zur Ergänzung voraus. Von den hierdurch der Landesgesetzgebung eingeräumten Befugnissen machen die Ausführungsgesetze Gebrauch. Der Umfang, in welchem dies geschieht, ist verschieden. Vielfach sind die Ausführungsgesetze auch dazu benutzt, das bisherige Landesrecht, auch soweit es in Folge der Vorbehalte des E.G. nicht unmittelbar durch das B.G.B. berührt wird, neu zu ordnen und mit den Grundsätzen des B.G.B. thunlichst in Einklang zu bringen. Eine eingehende Erörterung des Inhalts der Ausführungsgesetze liegt außerhalb der Zwecke dieses Kommentars. Die wichtigeren Bestimmungen sollen indessen, um wenigstens eine Uebersicht über den jetzigen Rechtszustand zu geben, hervorgehoben werden. Hier ist zunächst eine Zusammenstellung der wichtigeren in den einzelnen Bundesstaaten zur Ausführung oder in Veranlassung des B.G.B. erlassenen Gesetze zu geben.*)

---

*) Becher, die Ausführungsges. z. B.G.B. Sammlung der von den Bundesstaaten zur Ausf. d. B.G.B. und seiner Nebengesetze erlassenen Gesetze und mit Gesetzeskraft versehenen Verordnungen. München, Schweitzer, 1899 (in Lieferungen).

Von den Ausführungsbestimmungen einzelner Bundesstaaten sind Sammelausgaben veranstaltet worden. Hervorzuheben sind

für Preußen: Preuß. Ausführungsges. z. B.G.B. und seinen Nebenges. Textausgabe bei Guttentag, Berlin; die preuß. Ausführungsges. z. B.G.B., Textausgabe bei Beck,

Bei den einzelnen Artikeln des E.G. sind überdies die in Betracht kommenden Vorschriften der größeren Bundesstaaten, soweit thunlich, aufgezählt.

1. Herzogthum Anhalt.

1. Ausführungsgesetz zum B.G.B. v. 18. April 1899.
2. Ausführungsgesetz zum Reichsgesetz über die Angelegenheiten der freiwilligen Gerichtsbarkeit v. 18. April 1899.
3. Ges. v. 20. April 1899 zur Ausführung des Reichsgesetzes, betr. Aenderungen der Civilprozeßordnung, v. 17. Mai 1898.
4. Ausführungsgesetz zum Reichsgesetz über die Zwangsversteigerung und die Zwangsverwaltung v. 20. April 1899.
5. Ausführungsgesetz zum Handelsgesetzbuche v. 20. April 1899.
6. Ausführungsgesetz zur Grundbuchordnung v. 20. April 1899.
7. Gesindeordnung v. 21. April 1899.

2. Großherzogthum Baden.

1. Landesherrliche Verordnung, die Führung der Grund- und der Pfandbücher betreffend, v. 11. September 1897.
2. Landesherrliche Verordnung, die Befreiung gewisser Grundstücke von dem Buchungszwang betreffend, v. 22. Oktober 1897.
3. Gesetz, die Vereinigung der Grund- und Unterpfandsbücher betreffend, v. 14. April 1898.
4. Gesetz, die Eintragung des Eigenthums im Grundbuch betreffend, v. 14. April 1898.
5. Gesetz, die Abänderung des Gesetzes v. 3. Februar 1868 über die Rechtsverhältnisse der Dienstboten betreffend, v. 20. August 1898.
6. Gesetz, die Ausführung des Bürgerlichen Gesetzbuchs betreffend, v. 17. Juni 1899.
7. Gesetz, die freiwillige Gerichtsbarkeit und das Notariat betreffend, v. 17. Juni 1899 (Rechtspolizeigesetz) und Ministerialverordnung, die freiwillige Gerichtsbarkeit betreffend, v. 23. November 1899 (Rechtspolizeiordnung).
8. Gesetz v. 18. Juni 1899, die Ausführung des Reichsgesetzes über die Zwangsversteigerung und die Zwangsverwaltung und der Civilprozeßordnung betreffend.
9. Ausführungsgesetz zur Grundbuchordnung v. 19. Juni 1899.

München; die preußischen Ministerialverf. z. Ausführung des B.G.B. und der Neben- und Ausführungsges. bei Decker, Berlin; Busch, die preuß. Ausführungsges. z. B.G.B. 2c. 2c. bei Guttentag, Berlin;

für Bayern: die bayerischen Ausführungsges. z. B.G.B. und seinen Nebenges., Textausgabe bei Beck, München; die bayerischen Vollzugsvorschriften z. B.G.B. und seinen Nebenges. (einschl. B.G.B. u. C.P.O.) sowie zu dem bayer. Ausführungsges. bei Beck, München;

für Sachsen: Geschäftsordnung für die K. S. Justizbehörden;

für Württemberg: das württ. Ausführungsges. z. B.G.B. und dessen Nebenges. nebst Gesindeordnung, Textausgabe bei Kohlhammer, Stuttgart, (die württ. Ministerialverf. 2c. 2c. sind in dem Werke von Rieder, das württ. Ausführungsges. bei Heß, Ellwangen, Ergänzungsband 1 und 2 zusammengestellt);

für Baden: die badischen Spezialges. zur Ausführung des B.G.B. bei Scherer, Karlsruhe (2. Aufl.);

für Weimar: die weim. Ausführungsges. z. B.G.B. und dessen Nebenges. bei Böhlau, Weimar;

für Braunschweig: die braunschw. Ausführungsges. z. B.G.B. und dessen Nebenges. Mit dementsprechenden Begründungen. Amtliche Ausgabe bei Göritz, Braunschweig;

für Hamburg: die hamb. Ausführungsges. zu d. am 1. Jan. 1900 in Kraft tretenden Reichsges. bei Böysen, Hamburg;

für Elsaß-Lothringen: Els.-Lothr. Ges., Ver. und Verf. zur Ausf. d. B.G.B. 2c. bei Heinrich, Straßburg.

Ueberdies sei noch auf die Sammlungen der amtlichen Materialien zu einzelnen Ausführungsges. hingewiesen: Preußen: Materialien zu den Ausführungsges. bei Guttentag und bei Heymann, Berlin; Stegemann, die ges. Materialien zu dem preuß. Ausführungsges. bei Decker, Berlin; Bayern: Becher, die ges. Materialien zu den das B.G.B. und seine Nebenges. betr. bayer. Ges. und Ver., bei Schweitzer, München; Sachsen: Materialien zu den sächs. Ausführungsges. bei Roßberg, Leipzig.

10. Landesherrliche Verordnung, die Ausführung des Bürgerlichen Gesetzbuchs und damit zusammenhängender Gesetze betreffend, (Allgemeine Ausführungsverordnung) v. 11. November 1899.

3. Königreich Bayern.

1. Gesetz, das Unschädlichkeitszeugniß betreffend, v. 15. Juni 1898.
2. Gesetz, die Vorbereitung der Anlegung des Grundbuchs in den Landestheilen rechts des Rheins betreffend, v. 18. Juni 1898.
3. Gesetz über das Liegenschaftsrecht in der Pfalz v. 1. Juni 1898.
4. Königliche Allerhöchste Verordnung, die vom Buchungszwange befreiten Grundstücke betreffend, v. 1. Juli 1898.
5. Königliche Allerhöchste Verordnung, die Anlegung des Grundbuchs in den Landestheilen rechts des Rheins betreffend, v. 23. Juli 1898.
6. Königliche Allerhöchste Verordnung, die Anlegung des Grundbuchs in der Pfalz betreffend, v. 28. August 1898.
7. Ausführungsgesetz zum Bürgerlichen Gesetzbuche v. 9. Juni 1899.
8. Gesetz, Uebergangsvorschriften zum Bürgerlichen Gesetzbuche betreffend, v. 9. Juni 1899.
9. Ausführungsgesetz zu der Grundbuchordnung und zu dem Gesetz über die Zwangsversteigerung und die Zwangsverwaltung v. 9. Juni 1899.
10. Notariatsgesetz v. 9. Juni 1899.
11. Königliche Allerhöchste Verordnung, das gerichtliche Hinterlegungswesen betreffend (Hinterlegungsordnung), v. 18. Dezember 1899.
12. Königliche Allerhöchste Verordnung zur Ausführung des Bürgerlichen Gesetzbuchs (Zuständigkeitsverordnung) v. 24. Dezember 1899.

4. Herzogthum Braunschweig.

1. Ausführungsgesetz zum Bürgerlichen Gesetzbuche v. 12. Juni 1899.
2. Ausführungsgesetz zur Reichsgrundbuchordnung v. 12. Juni 1899.
3. Ausführungsgesetz zum Gesetz über die Angelegenheiten der freiwilligen Gerichtsbarkeit v. 12. Juni 1899.
4. Ausführungsgesetz zu dem Reichsgesetze über die Zwangsversteigerung und Zwangsverwaltung v. 12. Juni 1899.
5. Gesetz über das Hinterlegungswesen v. 12. Juni 1899.
6. Ausführungsgesetz zum Handelsgesetzbuche v. 12. Juni 1899.
7. Gesetz, betr. Aenderungen des Gesetzes, die Ausführung der Deutschen Prozeßordnungen betreffend, v. 12. Juni 1899.
8. Gesetz wegen Abänderung der Gesindeordnung v. 12. Juni 1899.
9. Verordnung, betr. die Ausführung des B.G.B., v. 1. August 1899.

5. Freie Hansestadt Bremen.

1. Ausführungsgesetz zum Bürgerlichen Gesetzbuch v. 18. Juli 1899.
2. Gesetz, betr. den Güterstand der vor dem Inkrafttreten des Bürgerlichen Gesetzbuchs geschlossenen Ehen, v. 18. Juli 1899.
3. Gesetz, betr. die durch die Einführung des Bürgerlichen Gesetzbuchs und anderer Reichsgesetze veranlaßten Aenderungen verschiedener Bremischer Gesetze, v. 18. Juli 1899.
4. Hinterlegungsordnung v. 18. Juli 1899.
5. Gesetz, betr. die Zwangserziehung jugendlicher Personen, v. 18. Juli 1899.
6. Ausführungsgesetz zur Grundbuchordnung v. 18. Juli 1899.
7. Ausführungsgesetz zu dem Reichsgesetz v. 24. März 1897, betr. die Zwangsversteigeruug und die Zwangsverwaltung, v. 18. Juli 1899.
8. Gesetz, betr. die Ausführung des Reichsgesetzes über die Angelegenheiten der freiwilligen Gerichtsbarkeit, v. 18. Juli 1899.
9. Ausführungsgesetz zur Civilprozeßordnung v. 18. Juli 1899.
10. Ausführungsgesetz zum Handelsgesetzbuche v. 18. Juli 1899.
11. Verordnung des Senats zur Ausführung des Bürgerlichen Gesetzbuches, v. 18. Juli 1899.
12. Verordnung, betr. die Einrichtung der Grundbücher, v. 19. Dezember 1899.
13. Verordnung, betr. 1. die Einrichtung und Führung des Flurbuchs, 2. die Anlegung des Grundbuchs, 3. die vom Buchungszwang befreiten Grundstücke, v. 19. Dezember 1899.

6. Reichsland Elsaß-Lothringen.

1. Gesetz, betr. die Ausführung des Bürgerlichen Gesetzbuchs in Elsaß-Lothringen, v. 17. April 1899, in der Fassung der Bekanntmachung v. 22. Dezember 1899.
2. Gesetz, betr. die Ausführung des Reichsgesetzes über die Angelegenheiten der freiwilligen Gerichtsbarkeit, v. 6. November 1899.
3. Gesetz, betr. die Ausführung der Grundbuchordnung v. 24. März 1897, v. 6. November 1899.
4. Gesetz, betr. das Hinterlegungswesen und den Geschäftskreis der Staatsdepositenverwaltung, v. 1. November 1899.
5. Gesetz, betr. die Ausführung der Civilprozeßordnung und der Konkursordnung sowie das Rechtsmittel der Kassation, v. 13. November 1899.
6. Gesetz, betr. die Ausführung des Reichsgesetzes über die Zwangsversteigerung und die Zwangsverwaltung, v. 13. November 1899.
7. Verordnung, betr. die Regelung der Zuständigkeit in den Fällen der §§ 1723, 1745, 1322 des Bürgerlichen Gesetzbuchs, v. 1. November 1899.
8. Gesetz, betr. die Aufhebung von Landesgesetzen, v. 29. November 1899.
9. Verordnung, betr. die Vereine und die Stiftungen v. 6. Dezember 1899.
10. Verordnung, betr. die vom Buchungszwange befreiten Grundstücke, v. 11. Dezember 1899.

7. Freie und Hansestadt Hamburg.

1. Gesetz, betr. Ausführung des Bürgerlichen Gesetzbuchs, v. 14. Juli 1899.
2. Gesetz, betr. den Güterstand der vor dem Inkrafttreten des Bürgerlichen Gesetzbuchs geschlossenen Ehen, v. 14. Juli 1899.
3. Gesetz, betr. die Vormundschaftsbehörde v. 14. Juli 1899.
4. Gesetz, betr. Ausführung der Grundbuchordnung, v. 14. Juli 1899.
5. Gesetz, betr. Ausführung des Reichsgesetzes über die Zwangsversteigerung und Zwangsverwaltung, v. 14. Juli 1899.
6. Hinterlegungsordnung v. 14. Juli 1899.
7. Verordnung des Senats zur Ausführung des Bürgerlichen Gesetzbuchs v. 1. Dezember 1899.
8. Gesetz, betr. Ausführung der abgeänderten Civilprozeßordnung, v. 22. Dezember 1899.
9. Gesetz, betr. Ausführung des Handelsgesetzbuchs, v. 29. Dezember 1899.
10. Gesetz, betr. das Notariat, v. 29. Dezember 1899.
11. Hamburgisches Gesetz über Angelegenheiten der freiwilligen Gerichtsbarkeit v. 29. Dezember 1899.

8. Großherzogthum Hessen.

1. Gesetz, das Notariat betreffend, v. 15. März 1899.
2. Gesetz, die Anlegung des Grundbuchs betreffend, v. 16. März 1899.
3. Gesetz, die Ausführung des Bürgerlichen Gesetzbuchs betreffend, v. 17. Juli 1899.
4. Gesetz, die Ausführung des Gesetzes über die Angelegenheiten der freiwilligen Gerichtsbarkeit betreffend, v. 18. Juli 1899.
5. Gesetz, die Ausführung des Handelsgesetzbuchs und der Wechselordnung betreffend, v. 20. Juli 1899.
6. Gesetz, betr. Aenderungen des Gesetzes, die Ausführung der Deutschen Civilprozeßordnung und Konkursordnung betreffend, v. 4. Juni 1879, v. 21. Juli 1899.
7. Gesetz, die Ausführung der Grundbuchordnung betreffend, v. 22. Juli 1899.
8. Gesetz, die Ausführung des Gesetzes über die Zwangsversteigerung und die Zwangsverwaltung betreffend, v. 23. Juli 1899.
9. Verordnung, die Ortsgerichte betreffend, v. 2. August 1899.
10. Verordnung, die gerichtlichen Hinterlegungen betreffend, v. 19. August 1899.

9. Fürstenthum Lippe.

1. Ausführungsgesetz zum Bürgerlichen Gesetzbuche v. 17. November 1899.
2. Gesetz v. 17. November 1899 zur Ausführung des Reichsgesetzes über die Angelegenheiten der freiwilligen Gerichtsbarkeit, v. 17. Mai 1898.
3. Gesetz v. 17. November 1899 zur Ausführung des Reichsgesetzes, betr. Aenderungen der Civilprozeßordnung, v. 17. Mai 1898.
4. Gesetz v. 17. November 1899 zur Ausführung des Reichsgesetzes über die Zwangsversteigerung und die Zwangsverwaltung v. 24. März 1897.

5. Gesetz v. 17. November 1899 zur Ausführung des Handelsgesetzbuchs v. 10. Mai 1897.
6. Gesetz v. 17. November 1899 zur Ausführung der Grundbuchordnung v. 24. März 1897.
7. Gesinde-Ordnung v. 17. November 1899.
8. Verordnung v. 2. Dezember 1899 zur Ausführung des § 1322 des Bürgerlichen Gesetzbuchs.
9. Verordnung v. 18. Dezember 1899 zur Ausführung der Grundbuchordnung.

10. Freie und Hansestadt Lübeck.

1. Hinterlegungsordnung v. 20. März 1899.
2. Gesinde-Ordnung v. 19. Juli 1899.
3. Ausführungsgesetz zur Civilprozeßordnung v. 19. Juli 1899.
4. Ausführungsgesetz zum Reichsgesetze v. 17. Mai 1898 über die Angelegenheiten der freiwilligen Gerichtsbarkeit v. 18. September 1899.
5. Ausführungsgesetz zum Bürgerlichen Gesetzbuche, zum Handelsgesetzbuche und zur Wechselordnung v. 30. Oktober 1899.
6. Ausführungsgesetz zur Grundbuchordnung v. 18. Dezember 1899.
7. Ausführungsgesetz zum Reichsgesetz über die Zwangsversteigerung und die Zwangsverwaltung v. 18. Dezember 1899.

11. Großherzogthum Mecklenburg-Schwerin.

1. Verordnung v. 15. Februar 1898, betr. die landesüblichen Zahlungstermine.
2. Verordnung v. 9. April 1899 zur Ausführung des Bürgerlichen Gesetzbuchs.
3. Verordnung v. 9. April 1899 zur Ausführung der Grundbuchordnung.
4. Verordnung v. 9. April 1899 zur Ausführung des Gesetzes über die Angelegenheiten der freiwilligen Gerichtsbarkeit.
5. Verordnung v. 9. April 1899 zur Ausführung des Gesetzes über die Zwangsversteigerung und die Zwangsverwaltung.
6. Verordnung v. 9. April 1899 zur Ausführung der Civilprozeßordnung.
7. Verordnung v. 9. April 1899 zur Ausführung der Konkursordnung.
8. Verordnung v. 9. April 1899 zur Ausführung des Handelsgesetzbuchs.
9. Verordnung v. 9. April 1899, betr. das Hinterlegungswesen (Hinterlegungsordnung).
10. Gesindeordnung v. 9. April 1899.

12. Großherzogthum Mecklenburg-Strelitz.

1. Verordnung zur Ausführung des Bürgerlichen Gesetzbuchs v. 9. April 1899.
2. Verordnung zur Ausführung der Grundbuchordnung v. 9. April 1899.
3. Verordnung zur Ausführung des Gesetzes über die Zwangsversteigerung und die Zwangsverwaltung v. 9. April 1899.
4. Verordnung zur Ausführung des Gesetzes über die Angelegenheiten der freiwilligen Gerichtsbarkeit v. 9. April 1899.
5. Verordnung zur Ausführung der Konkursordnung v. 9. April 1899.
6. Verordnung zur Ausführung der Civilprozeßordnung v. 9. April 1899.
7. Gesindeordnung v. 9. April 1899.
8. Verordnung, betr. das Hinterlegungswesen (Hinterlegungsordnung) v. 9. April 1899.

13. Großherzogthum Oldenburg-Fürstenthum Lübeck und Birkenfeld.

1. Gesetz für das Herzogthum Oldenburg, betr. das Grunderbrecht v. 19. April 1899.
2. Gesetz für das Herzogthum Oldenburg, betr. das nutzbare Eigenthum an Grundstücken v. 25. April 1899.
3. Gesetz für das Herzogthum Oldenburg zur Ausführung des Bürgerlichen Gesetzbuchs und des Handelsgesetzbuchs v. 15. Mai 1899.
4. Gesetz für das Herzogthum Oldenburg zur Ausführung der Civilprozeßordnung und des Gesetzes über die Zwangsversteigerung und die Zwangsverwaltung v. 15. Mai 1899.
5. Gesetz für das Herzogthum Oldenburg v. 15. Mai 1899 zur Ausführung der Grundbuchordnung v. 24. März 1897.
6. Verordnung für das Herzogthum Oldenburg v. 15. Mai 1899 zur Ausführung der Grundbuchordnung v. 24. März 1897.

7. Gesetz für das Großherzogthum Oldenburg zur Ausführung der Gesetze über die Angelegenheiten der freiwilligen Gerichtsbarkeit v. 15. Mai 1899.
8. Gesetz für das Großherzogthum Oldenburg, betr. eine Gesindeordnung für das Großherzogthum Oldenburg, v. 15. Mai 1899.
9. Verordnung für das Großherzogthum Oldenburg v. 1 Dezember 1899 zur Ausführung des Bürgerlichen Gesetzbuchs.

Die unter 1—6 bezeichneten Gesetze und Verordnungen sind für die Fürstenthümer Birkenfeld und Lübeck unter dem gleichen Datum gesondert ergangen.

14. Königreich Preußen.

1. Ausführungsgesetz zum Bürgerlichen Gesetzbuche v. 20. September 1899.
2. Preußisches Gesetz über die freiwillige Gerichtsbarkeit v. 21. September 1899.
3. Ausführungsgesetz zum Reichsgesetze v. 17. Mai 1898, betr. Aenderungen der Civilprozeßordnung v. 22. September 1899.
4. Ausführungsgesetz zum Reichsgesetz über die Zwangsversteigerung und die Zwangsverwaltung v. 23. September 1899.
5. Ausführungsgesetz zum Handelsgesetzbuche v. 24. September 1899.
6. Ausführungsgesetz zur Grundbuchordnung v. 26. September 1899.
7. Verordnung, betr. das Grundbuchwesen v. 13. November 1899.
8. Verordnung zur Ausführung des Bürgerlichen Gesetzbuchs v. 16. November 1899.
9. Verordnung, betr. die Anlegung der Grundbücher im Gebiete des vormaligen Herzogthums Nassau v. 11. Dezember 1899.
10. Verordnung, betr. den Güterstand bestehender Ehen v. 20. Dezember 1899.
11. Verordnung über die Ortsgerichte in den Oberlandesgerichtsbezirken Frankfurt und Cassel v. 20. Dezember 1899.

15. Fürstenthum Reuß älterer Linie.

1. Gesetz v. 26. Oktober 1899, die Ausführung des Bürgerlichen Gesetzbuchs v. 18. August 1896 und des Einführungsgesetzes von demselben Tage betreffend.
2. Gesetz v. 27. Oktober 1899 zur Ausführung des Reichsgesetzes über die Angelegenheiten der freiwilligen Gerichtsbarkeit v. 17. Mai 1898.
3. Gesetz v. 28. Oktober 1899 zur Ausführung der Grundbuchordnung v. 24. März 1897.
4. Gesetz v. 30. Oktober 1899 zur Ausführung des Reichsgesetzes v. 24. März 1897 über die Zwangsversteigerung und Zwangsverwaltung.
5. Gesetz v. 1. November 1899 zur Ausführung der Reichscivilprozeßordnung.
6. Gesetz v. 2. November 1899 zur Ausführung der Konkursordnung für das Deutsche Reich.
7. Gesetz v. 4. November 1899 zur Ausführung des Handelsgesetzbuchs v. 10. Mai 1897.
8. Gesetz v. 6. November 1899, betr. das gerichtliche Hinterlegungswesen (Hinterlegungsordnung).
9. Landesherrliche Verordnung v. 6. Dezember 1899 zur Ausführung der Grundbuchordnung für das Deutsche Reich v. 24. März 1897.
10. Landesherrliche Verordnung vom 20. Dezember 1899 zur Ausführung des Bürgerlichen Gesetzbuchs und seiner Nebengesetze.

16. Fürstenthum Reuß jüngerer Linie.

1. Gesetz v. 10. August 1899, die Ausführung des Bürgerlichen Gesetzbuches vom 18. August 1896 und des Einführungsgesetzes dazu von demselben Tage betreffend.
2. Gesetz v. 10. August 1899 zur Ausführung des Reichsgesetzes über die Angelegenheiten der freiwilligen Gerichtsbarkeit.
3. Notariatsordnung v. 10. August 1899.
4. Hinterlegungsordnung v. 10. August 1899.
5. Gesetz v. 10. August 1899 zur Ausführung der Civilprozeßordnung.
6. Gesetz v. 10. August 1899 zur Ausführung der Konkursordnung.
7. Gesetz v. 10. August 1899 zur Ausführung des Handelsgesetzbuchs v. 10. Mai 1897.
8. Gesetz v. 10. August 1899 zur Ausführung des Reichsgesetzes über die Zwangsversteigerung und Zwangsverwaltung.
9. Gesetz v. 10. August 1899 zur Ausführung der Grundbuchordnung.

17. Königreich Sachsen.

1. Gesetz, die Ausführung des Bürgerlichen Gesetzbuchs v. 18. August 1896 und des Einführungsgesetzes zum Bürgerlichen Gesetzbuch von demselben Tage betreffend, v. 18. Juni 1898.
2. Gesetz, einige Abänderungen der Revidirten Gesindeordnung für das Königreich Sachsen v. 2. Mai 1892, v. 31. Mai 1898; im Anschluß Revidirte Gesindeordnung für das Königreich Sachsen in der Fassung der Bekanntmachung, v. 31. Mai 1898.
3. Verordnung zur Ausführung des Bürgerlichen Gesetzbuchs und der zu dessen Ein- und Ausführung ergangenen Gesetze, v. 6. Juli 1899.
4. Verordnung zur Ausführung der Grundbuchordnung v. 26. Juli 1899.
5. Verordnung zur Ausführung des Handelsgesetzbuchs, des Binnenschifffahrtsgesetzes und des Flößereigesetzes v. 10. November 1899.
6. Gesetz zur Ausführung einiger mit dem B.G.B. zusammenhängender Reichsgesetze v. 15. Juni 1900.
7. Verordnung zur Ausführung der Gesetze über die Angelegenheiten der freiwilligen Gerichtsbarkeit und des Hinterlegungswesens v. 16. Juni 1900.
8. Gesetz, die Zwangsvollstreckung in das unbewegliche Vermögen betr., v. 18. Juni 1900 nebst Ausführungsverordnung hierzu v. 19. Juni 1900.
9. Gesetz zur Ausführung der Civilprozeßordnung und der Konkursordnung v. 20. Juni 1900.

18. Herzogthum Sachsen-Altenburg.

1. Ausführungsgesetz zum Bürgerlichen Gesetzbuche v. 4. Mai 1899.
2. Ausführungsgesetz zur Civilprozeßordnung v. 4. Mai 1899.
3. Ausführungsgesetz zur Konkursordnung v. 4. Mai 1899.
4. Ausführungsgesetz zur Grundbuchordnung v. 4. Mai 1899.
5. Ausführungsgesetz zum Reichsgesetz über die Zwangsversteigerung und die Zwangsverwaltung v. 4. Mai 1899.
6. Ausführungsgesetz zum Reichsgesetz über die Angelegenheiten der freiwilligen Gerichtsbarkeit v. 4. Mai 1899.
7. Höchste Verordnung zur Ausführung des Bürgerlichen Gesetzbuchs und seiner Nebengesetze v. 24. Juni 1899.
8. Höchste Verordnung zur Ausführung der Grundbuchordnung v. 5. September 1899.

19. Herzogthum Sachsen-Koburg und Gotha.

1. Ausführungsgesetz zur Civilprozeßordnung v. 23. Oktober 1899.
2. Notariatsordnung v. 23. Oktober 1899.
3. Koburg-Gothaisches Gesetz über die freiwillige Gerichtsbarkeit v. 23. Oktober 1899.
4. Hinterlegungsordnung v. 23. Oktober 1899.
5. Ausführungsgesetz zum Handelsgesetzbuche v. 23 Oktober 1899.
6. Ausführungsgesetz zur Grundbuchordnung v. 23. Oktober 1899.
7. Ausführungsgesetz zum Bürgerlichen Gesetzbuche v. 20. November 1899.
8. Ausführungsgesetz zum Reichsgesetz über die Zwangsversteigerung und die Zwangsverwaltung v. 20. November 1899.
9. Gesindeordnung v. 8 Dezember 1899.
10. Verordnung zur Ausführung der Grundbuchordnung v. 1. Dezember 1899.
11. Verordnung, betr. die Ausführung des B.G.B. und seiner Nebengesetze, v. 23. Dezember 1899.

20. Herzogthum Sachsen-Meiningen.

1. Ausführungsgesetz zum Bürgerlichen Gesetzbuch v. 9. August 1899.
2. Gesetz v. 10. August 1899 über das Ehegüterrecht.
3. Gesetz v. 12. August 1899, betr. die öffentlichen Lasten.
4. Gesetz v. 13. August 1899 zur Ausführung des Handelsgesetzbuchs.
5. Gesetz v. 14. August 1899 zur Ausführung der Reichsgrundbuchordnung, v. 24. März 1897.
6. Gesetz v. 15. August 1899 über die freiwillige Gerichtsbarkeit.
7. Gesetz v. 16. August 1899 zur Ausführung des Reichsgesetzes v. 17. Mai 1898, betr. Aenderungen der Civilprozeßordnung.
8. Gesetz v. 17. August 1899 zur Ausführung des Reichsgesetzes über die Zwangsversteigerung und die Zwangsverwaltung.

21. Großherzogthum Sachsen-Weimar-Eisenach.

1. Ausführungsgesetz zum Bürgerlichen Gesetzbuche v. 5. April 1899.
2. Ausführungsgesetz zur Civilprozeßordnung und zur Konkursordnung v. 8. April 1899.
3. Ausführungsgesetz zum Handelsgesetzbuche v. 10. April 1899.
4. Gesetz v. 12. April 1899, die Ausführung des Reichsgesetzes über die Angelegenheiten der freiwilligen Gerichtsbarkeit v. 17. Mai 1898 betreffend.
5. Gesindeordnung für das Großherzogthum Sachsen v. 11. Oktober 1899.
6. Hinterlegungsordnung v. 29. November 1899.
7. Gesetz über die Zwangsvollstreckung in das unbewegliche Vermögen v. 6. Dezember 1899.

22. Fürstenthum Schaumburg-Lippe.

1. Gesetz, betr. die Ertheilung von Unschädlichkeitszeugnissen, v. 4. Mai 1899.
2. Gesetz, betr. die Hinterlegung, v. 20. Juni 1899.
3. Gesetz, betr. die Ausführung des Reichsgesetzes über die Zwangsversteigerung und die Zwangsverwaltung v. 24. März 1897, v. 23. Juni 1899.
4. Gesetz v. 5. Juli 1899 zur Ausführung des Reichsgesetzes, betr. Aenderungen der Civilprozeßordnung, v. 17. Mai 1898.
5. Gesetz, betr. die Gesindeordnung für das Fürstenthum Schaumburg-Lippe, v. 14. August 1899.
6. Ausführungsgesetz v. 16. August 1899 zum Reichsgesetze über die Angelegenheiten der freiwilligen Gerichtsbarkeit v. 17. Mai 1898.
7. Gesetz v. 19. August 1899, betr. die Ausführung der Grundbuchordnung für das Deutsche Reich, v. 24. März 1897.
8. Gesetz zur Ausführung des Bürgerlichen Gesetzbuchs v. 23. August 1899.

23. Fürstenthum Schwarzburg-Rudolstadt.

1. Ausführungsgesetz zum Bürgerlichen Gesetzbuche v. 11. Juli 1899.
2. Ausführungsgesetz v. 11. Juli 1899 zum Reichsgesetz über die Angelegenheiten der freiwilligen Gerichtsbarkeit.
3. Gesetz v. 11. Juli 1899, betr. die Ausführung der Civilprozeßordnung und Konkursordnung.
4. Gesetz v. 11. Juli 1899, betr. die Ausführung des Handelsgesetzbuchs.
5. Hinterlegungsordnung v. 11. Dezember 1899.
6. Gesetz v. 11. Dezember 1899 über die Zwangsvollstreckung in das unbewegliche Vermögen.

24. Fürstenthum Schwarzburg-Sondershausen.

1. Ausführungsgesetz zum Bürgerlichen Gesetzbuche v. 19. Juli 1899.
2. Gesetz, betr. die Ausführung der Civilprozeßordnung und Konkursordnung, v. 19. Juli 1899.
3. Ausführungsgesetz zum Reichsgesetz über die Zwangsversteigerung und Zwangsverwaltung v. 19. Juli 1899.
4. Ausführungsgesetz zum Reichsgesetz über die Angelegenheiten der freiwilligen Gerichtsbarkeit v. 29. Juli 1899.
5. Gesindeordnung v. 29. Juli 1899.
6. Ausführungsgesetz zur Reichsgrundbuchordnung v. 29. Juli 1899.
7. Hinterlegungsordnung v. 29. Juli 1899.
8. Notariatsordnung v. 29. Juli 1899.

25. Fürstenthum Waldeck-Pyrmont.

1. Ausführungsgesetz zum Bürgerlichen Gesetzbuche, v. 11. Dezember 1899.
2. Waldeckisches Gesetz über die freiwillige Gerichtsbarkeit v. 11. Dezember 1899.
3. Ausführungsgesetz zur Grundbuchordnung v. 11. Dezember 1899.
4. Ausführungsgesetz zum Reichsgesetz über die Zwangsversteigerung und die Zwangsverwaltung v. 11. Dezember 1899.
5. Ausführungsgesetz zum Reichsgesetz v. 17. Mai 1898, betr. Aenderungen der Civilprozeßordnung, v. 11. Dezember 1899.
6. Ausführungsgesetz zum Handelsgesetzbuch v. 11. Dezember 1899.
7. Gesetz über das Hinterlegungswesen v. 11. Dezember 1899.
8. Verordnungen v. 20. Dezember 1899 zur Ausführung des Bürgerlichen Gesetzbuchs und betr. das Grundbuchwesen.

26. Königreich Württemberg.

1. Ausführungsgesetz zum Bürgerlichen Gesetzbuch und zu dessen Nebengesetzen v. 28. Juli 1899.
2. Gesindeordnung (Anlage zu dem Ausführungsgesetz zum Bürgerlichen Gesetzbuch und zu dessen Nebengesetzen) v. 28. Juli 1899.
3. K. Verordnung, betr. das Grundbuchwesen, v. 30. Juli 1899.

III. Aus der Literatur über die Ausführungsgesetze ist hervorzuheben

für Preußen: die Handausgaben von Siméon (bei Guttentag, Berlin), Schmidt (bei Heine, Berlin), Müller-Crusen (bei Heymann, Berlin), Reimer-Böhlau (bei Beck, München), Hodler (bei H. W. Müller, Berlin), v. Stranz u. Gerhardt (bei Otto Liebmann, Berlin), Wellstein, Preuß. Ges. über die freiw. Gerichtsbarkeit (bei H. W. Müller, Berlin);

für Bayern: die Handausgaben von Henle-Schneider (bei Beck, München) und von Böhm-Klein (bei Schweitzer, München);

für Württemberg: die Handausgaben von Niedner (bei Heß, Ellwangen) und Pfizer (bei O. Maier, Ravensburg);

für Baden: Dorner, das bad. Ausführungsges. z. B.G.B. (bei Braun, Karlsruhe) in Lieferungen;

für Mecklenburg: Langfeld, meckl. Ausf.-Verordnungen z. B.G.B. (bei Süsserott, Berlin);

für Oldenburg: Ruhstrat, das oldenb. Landesprivatrecht (bei Stalling, Oldenburg);

für Anhalt: die Handausgabe von Pannier (bei Schettler, Köthen);

für Hamburg: Ritter, hamb. Ausführungsges. und Verordnungen (bei Meißner, Hamburg);

für Elsaß-Lothringen: die Handausgaben von Aron (bei Heinrich, Straßburg) und von Molitor (bei Trübner, Straßburg).

(Nr. 2322.)

Einführungsgesetz zum Bürgerlichen Gesetzbuche. Vom 18. August 1896.

Wir Wilhelm, von Gottes Gnaden Deutscher Kaiser, König von Preußen ꝛc.

verordnen im Namen des Reichs, nach erfolgter Zustimmung des Bundesraths und des Reichstags, was folgt:

Erster Abschnitt.

Allgemeine Vorschriften.

Artikel 1.

Das Bürgerliche Gesetzbuch tritt am 1. Januar 1900 gleichzeitig mit einem Gesetze, betreffend Aenderungen des Gerichtsverfassungsgesetzes, der Civilprozeß-

---

Erster Abschnitt.

Der erste Abschnitt (Art. 1—31) enthält im Art. 1 die Vorschrift über den Zeitpunkt, mit welchem das B.G.B. in Kraft tritt, in den Art. 2, 3, 5 Bestimmungen darüber, welche Bedeutung gewisse Ausdrücke haben, die in dem B.G.B. und im E.G. gebraucht werden, in dem Art. 4 die Bestimmung, daß an die Stelle der durch das B.G.B. und das E.G. aufgehobenen Vorschriften, auf welche in Reichsgesetzen oder in Landesgesetzen verwiesen ist, die Vorschriften des B.G.B. und des E.G. treten, in dem Art. 6 endlich eine Vorschrift über die Zuständigkeit des Reichsgerichts. Die Art. 7—31 behandeln das sog. internationale Privatrecht (s. hierüber die Vorbemerkungen zu diesen Artikeln). Die Art. 6—31 waren in den E. I und II nicht enthalten, dagegen hatte der E. I noch folgende Vorschriften:

1. Im Art. 6 war bestimmt, daß eine Frau den Wohnsitz des Mannes nicht theilt, wenn auf beständige Trennung von Tisch und Bett erkannt ist. Von der zweiten Kommission ist diese Vorschrift gestrichen (P. II S. 8776, 8777), weil es sich dabei entweder um eine Frage des internationalen Privatrechts oder um eine Uebergangsvorschrift handle. Das erste sei der Fall, wenn von einem deutschen Gerichte für ausländische Ehegatten auf die beständige Trennung von Tisch und Bett erkannt sei oder, wenn ein ausländisches Urtheil, das in Deutschland anerkannt werde, die beständige Trennung ausspreche. In diesen Fällen entscheide das örtliche Recht, welches für die persönlichen Beziehungen der Gatten nach der Trennung maßgebend sei. Der zweite Fall liege dann vor, wenn ein vor dem Inkrafttreten des Personenstandsgesetzes v. 1875 erlassenes Urtheil auf Trennung von Tisch und Bett in Frage stehe. Die für diesen Fall erforderliche Uebergangsvorschrift ist aus E.G. Art 202 zu entnehmen

2. Der Art. 7 stellte das von einer anderen Behörde als von einem Gericht innerhalb ihrer Zuständigkeit erlassene Veräußerungsverbot dem gerichtlichen gleich. Diese Vorschrift ist jetzt in das B.G.B. als § 136 aufgenommen.

3. Der Art. 8 bestimmte die entsprechende Anwendung der §§ 692—700 des B.G.B. über Schuldverschreibungen auf den Inhaber auf Aktien auf den Inhaber. Die zweite Kommission verwies diese Vorschrift zur Revision des H.G.B. (P. II S. 8778, 8779). In diesem sind die erforderlichen Vorschriften in den §§ 227—230 gegeben.

Artikel 1.

E. d. E.G. I Art. 1; II Art. 1; III Art. 1. P. I S. 12316, 12317. M. d. E.G. S. 63. P. II S. 8768, 8769 (Bd. 6 S. 358, 359). K.B. S. 2108. St.B. S. 3023, 3096.

1. Der Art. 1 bestimmt den Zeitpunkt, mit welchem das B.G.B. in Kraft tritt, nicht den Zeitpunkt mit welchem das E.G. selbst in Kraft tritt. Eine Bestimmung

ordnung und der Konkursordnung, einem Gesetz über die Zwangsversteigerung und die Zwangsverwaltung, einer Grundbuchordnung und einem Gesetz über die Angelegenheiten der freiwilligen Gerichtsbarkeit in Kraft.

---

hierüber ist in dem E.G. überhaupt nicht gegeben. Dieses tritt daher nach Art. 2 der Reichsverfassung mit dem vierzehnten Tage nach dem Tage in Kraft, an welchem das betreffende Reichs-Gesetzblatt in Berlin ausgegeben ist. Sachlich ist das frühere Inkrafttreten des E.G. nur für solche Vorschriften von Bedeutung, die wie die Art. 186, 188 die Zuständigkeit der Landesherren zu dem Erlasse gewisser Verordnungen bestimmen. Im Uebrigen ergiebt sich aus dem Inhalte der Vorschriften des E.G., daß sie nur Bedeutung haben, wenn das B.G.B. in Kraft getreten ist.

2. Das B.G.B. tritt am 1. Januar 1900 also mit dem Anfange des 1. Januar 1900 in Kraft. Die Frage, ob die Bestimmung, daß das B.G.B. „gleichzeitig mit einem Gesetze betreffend Aenderungen des Gerichtsverfassungsgesetzes, der Civilprozeßordnung und der Konkursordnung, einem Gesetz über die Zwangsversteigerung und die Zwangsverwaltung, einer Grundbuchordnung und einem Gesetz über die Angelegenheiten der freiwilligen Gerichtsbarkeit" in Kraft trete, die Folge habe, daß wenn die gedachten Gesetze vor dem 1. Januar 1900 nicht erlassen seien, auch das B.G.B. an diesem Tage nicht in Kraft trete, ist gegenstandslos geworden, weil inzwischen alle jene Gesetze erlassen sind, nämlich:

Das Gesetz über Zwangsversteigerung und Zwangsverwaltung vom 24. März 1897 nebst Einführungsgesetz,

Die Grundbuchordnung vom 24. März 1897,

Das Gesetz über die Angelegenheiten der freiwilligen Gerichtsbarkeit vom 17 Mai 1898,

Das Gesetz betreffend Aenderungen des Gerichtsverfassungsgesetzes und der Strafprozeßordnung vom 17. Mai 1898,

Das Gesetz betreffend Aenderungen der Civilprozeßordnung vom 17. Mai 1898 nebst Einführungsgesetz,

Das Gesetz betreffend Aenderungen der Konkursordnung vom 17. Mai 1898.

Durch das Gesetz vom 17. Mai 1898 ist der Reichskanzler ermächtigt, die gedachten Gesetze in endgültiger Fassung bekannt zu machen Dies ist geschehen durch die Bekanntmachung des Reichskanzlers vom 20. Mai 1898. Durch diese Bekanntmachung ist auch der Text folgender Gesetze, wie sich derselbe in Folge des B.G.B., des E.G. und der obigen Gesetze vom 1. Januar 1900 an gestaltet, bekannt gemacht,

Das Gerichtskostengesetz,

Die Gebührenordnung für Gerichtsvollzieher,

Die Gebührenordnung für Zeugen und Sachverständige,

Die Gebührenordnung für Rechtsanwälte,

Das Gesetz, betreffend die Anfechtung von Rechtshandlungen eines Schuldners außerhalb des Konkursverfahrens, unter Ausschluß des die Uebergangsbestimmungen enthaltenden § 14 des Gesetzes vom 21. Juli 1879.

3. In dem E.G. zum H G.B. Art. 1 ist bestimmt, daß das H.G.B. gleichzeitig mit dem B G B am 1 Januar 1900 in Kraft trete, daß aber der sechste Abschnitt des ersten Buches über Handlungsgehülfen und Handlungslehrlinge, mit Ausnahme des § 65 bereits am 1. Januar 1898 in Kraft trete. Die in diesem Abschnitte gegebenen Vorschriften stimmen sachlich vielfach mit Vorschriften des B.G.B. überein; eine Verweisung auf die Vorschriften des B G.B. findet sich aber nur in den §§ 62, 75. In dem ersteren ist bestimmt, daß wenn der Prinzipal die ihm in Ansehung des Lebens und der Gesundheit des Handlungsgehülfen obliegenden Verpflichtungen nicht erfüllt, auf seine Verpflichtung zum Schadensersatze die für unerlaubte Handlungen geltenden Vorschriften der §§ 842—846 des B.G.B entsprechende Anwendung finden. In dem § 75 ist bestimmt, daß die Vorschriften des B.G.B. über die Herabsetzung einer unverhältnißmäßig hohen Vertragsstrafe unberührt bleiben. Es ist nun die Ansicht aufgestellt, daß aus diesen Vorschriften zu folgern sei, daß alle Vorschriften des B.G.B., welche sich auf das Rechtsverhältniß zwischen dem Prinzipal und den Handlungsgehülfen und Handlungslehrlingen beziehen, schon vom 1. Januar 1898 an anwendbar seien. Diese Ansicht dürfte indessen unrichtig sein. Nur die Vorschriften des fraglichen sechsten Abschnitts sollen am 1. Januar 1898 in Kraft treten und die Anwendung dieser Vorschriften ist möglich, ohne gleichzeitig die Vorschriften des B.G.B. anzuwenden. Nur der Inhalt der in dem § 62 allegirten §§ 842—846 des B.G B. ist durch die Allegation ein Theil der für das Rechtsverhältniß der Handlungsgehülfen und Handlungslehrlinge gegebenen materiellen Vorschriften geworden. Man

darf dies nicht dahin ausdrücken, daß die fraglichen §§ 842—846 des B.G.B. in Beziehung auf das Rechtsverhältniß der Handlungsgehülfen und Handlungslehrlinge schon vor dem 1. Januar 1900 in Kraft treten. Die Vorschrift des Art. 1 des E.G. zum B.G.B., daß das B.G.B. am 1. Januar 1900, also auch nicht vorher in Kraft trete, bleibt vielmehr voll und ganz bestehen. Die Allegation der fraglichen §§ 842—846 ist vielmehr so aufzufassen, wie wenn deren Inhalt in dem § 62 aufgenommen wäre. Dieser Inhalt gilt für das Rechtsverhältniß der Handlungsgehülfen und Handlungslehrlinge nicht, weil die §§ 842—846 schon am 1. Januar 1898 in Beziehung auf die hier fraglichen Verhältnisse in Kraft getreten wären, sondern weil ihr Inhalt nach Art. 1 des E.G. zum H.G.B. vom 1. Januar 1898 an für das fragliche Verhältniß maßgebend sein soll (a. A. Riedner Komm. S. 2 Anm zu Art. 1 Nr. 2b; s. auch die dort angeführten Schriftsteller) Die Vorschriften des B.G.B. über die Herabsetzung einer unverhältnißmäßig hohen Vertragsstrafe werden dagegen auf das hier fragliche Verhältniß erst von dem Inkrafttreten des B.G B an zur Anwendung kommen können; denn in dem § 75 ist nur bestimmt, daß sie unberührt bleiben; ihr Inhalt ist nicht selbständig zum Inhalte der Vorschriften über das Verhältniß der Handlungsgehülfen und Handlungslehrlinge gemacht (ebenso R.G. Bd. 44 Nr. 16).

4. Aus der Vorschrift, daß das B.G.B. am 1. Januar 1900 in Kraft trete, ist nicht zu folgern, daß es von diesem Zeitpunkt an auf alle Rechtsverhältnisse Anwendung finde. Für die Frage, welche Rechtsverhältnisse dem B G.B. unterliegen, sind die Vorschriften über die zeitliche Herrschaft der Gesetze maßgebend und das E.G. hat in den Uebergangsvorschriften (Art 153—218) eine Reihe hierauf bezüglicher Vorschriften gegeben. Hier mag vorläufig nur darauf hingewiesen werden, daß nach Art. 189 die Vorschriften über den Erwerb von Grundstücken auch nach dem Inkrafttreten des B G.B. solange keine Anwendung finden, bis das Grundbuch als angelegt gilt, und daß nach Art. 191 das bisherige Recht in Beziehung auf den Schutz des Besitzes von Dienstbarkeiten unter den dort näher bestimmten Voraussetzungen auch noch nach dem Inkrafttreten des B.G.B. Anwendung findet.

5. Die Regel, daß das B G.B. am 1 Januar 1900 in Kraft tritt, erleidet dadurch eine Modifikation, daß neben ihm nach Art. 32 in dem dort bezeichneten Umfange die Reichsgesetze in Kraft bleiben (s. Erl. zu Art. 32), und daß nach den Art. 55—152 die Landesgesetze in Betreff der in jenen Artikeln bezeichneten Rechtsverhältnisse durch das B.G.B. nicht berührt werden sollen (s. Erl. zu Art. 55—152).

6. Der räumliche Herrschaftsbereich des B.G.B. ist im Art 1 nicht ausdrücklich bestimmt. Aus der Reichsverfassung und aus dem Wesen des Reichsgesetzes ergiebt sich, daß das B.G B. am 1. Januar 1900 in dem ganzen Umfange des Reichs in Kraft tritt. Nach dem Gesetz über die Konsulargerichtsbarkeit vom 10. Juli 1879 § 47 gilt das B.G.B. auch in den Konsulargerichtsbezirken für die in diesem Gesetze bezeichneten Personen. Die Vorschrift des § 47, nach welchem ein Reichsgesetz nach Ablauf von vier Monaten von dem Tage an, in welchem das betreffende Reichs-Gesetzblatt in Berlin ausgegeben ist, in Kraft tritt, findet aber keine Anwendung, weil diese Vorschrift nur für den Fall gilt, daß nicht ein Anderes bestimmt ist, durch den Art 1 des E.G. aber bestimmt ist, daß das B.G.B. am 1. Januar 1900 in Kraft tritt. Da nach § 2 des Ges. über die Schutzgebiete v. 19. März 1888 und den für die einzelnen Schutzgebiete erlassenen Kaiserlichen Verordnungen in Beziehung auf das bürgerliche Recht für die Schutzgebiete, auf welche sich die gedachten Verordnungen beziehen, dasselbe gilt, wie für die Konsulargerichtsbezirke, so gilt das B.G.B. in dem durch die gedachten Gesetze bezeichneten Umfange v. 1. Januar 1900 an auch in den gedachten Schutzgebieten. An die Stelle des Ges. über die Konsulargerichtsbarkeit v 10. Juli 1879 ist jetzt das Gesetz über die Konsulargerichtsbarkeit v 7. April 1900, an die Stelle der Gesetze über die Rechtsverhältnisse der deutschen Schutzgebiete v. 19. März 1888 und v. 2. Juli 1899 das Schutzgebietsgesetz v. 10. September 1900 getreten. Der Zeitpunkt, mit welchem nach dem Obigen das B.G B. in den Konsulargerichtsbezirken und in den Schutzgebieten in Kraft tritt, erleidet indessen durch diese Gesetze keine Aenderung. Hervorzuheben ist indessen, daß durch das neue Gesetz v. 7. April 1900 für die Konsulargerichtsbezirke einzelne Aenderungen des B.G.B. bestimmt sind. Diese beziehen sich auf Vereine (§ 31), auf Gesellschaften (§ 32), auf die Höhe der Zinsen (§ 33), auf Inhaberpapiere der im B.G.B § 795 Abs. 1 bezeichneten Art. (§ 34), ferner auf die §§ 976, 977 des B.G.B (§ 35), auf die Form der Eheschließung (§ 36), auf den § 1807 des B G.B. (§ 37), auf den § 2249 Abs. 1 des B.G.B (§ 38), auf die Hinterlegung und die Hinterlegungsstelle (§ 39), endlich auf Handelssachen (§ 40). Diese Aenderungen treten indessen, da das gedachte Ges. v. 7. April 1900 nach § 78 desselben erst mit dem durch Kaiserliche Verordnung zu bestimmenden Tage in Kraft tritt, erst mit diesem Tage in Wirksamkeit; dies ist der 1. Januar 1901 (Kais. Verordnung v. 25. Oktober 1900). Nach dem Schutzgebietsgesetze v. 10. September 1900 (§ 3), welches nach der Kaiserlichen Verordnung vom 9. November 1900 am 1. Januar 1900 in Kraft tritt, sollen auch in den Schutzgebieten die oben erwähnten in den §§ 31,

Artikel 2.

Gesetz im Sinne des Bürgerlichen Gesetzbuchs und dieses Gesetzes ist jede Rechtsnorm.

33—35, 37—40 bestimmten Modifikationen des B.G.B. gelten, und ist daneben im § 7 eine besondere Vorschrift über die Form der Ehe gegeben. Nach § 16 soll für Schutzgebiete, in denen das Ges. über Konsulargerichtsbarkeit v. 10. Juli 1879 und das Gesetz betr. die Eheschließung und Beurkundung des Personenstandes von Reichsangehörigen im Auslande v. 4. Mai 1870 noch nicht in Kraft gesetzt sind, der Zeitpunkt, in welchem die §§ 2—7 des Gesetzes (also auch die obenerwähnten Aenderungen des B.G.B.) in Kraft treten, durch Kaiserliche Verordnung bestimmt werden.

7. Mittelbar wird der räumliche Herrschaftsbereich des B.G.B. durch das internationale Privatrecht theils erweitert, theils beschränkt, indem es nach diesem unter gewissen Voraussetzungen einerseits auch für Personen gilt, die sich nicht in dem Deutschen Reiche, den Konsulargerichtsbezirken oder den Schutzgebieten befinden, andererseits auf Personen keine Anwendung findet, die sich in den gedachten Gebieten befinden. Hierüber s. die Vorbm. und Erl. zu Art. 7—31.

Artikel 2.

E. d. E.G. I Art. 2; II Art. 2; III Art. 2. P. I S. 12317, 12318. M. d. E.G. S. 64. M. I S. 2. P. II S. 8769, 8770 (Bd. 6 S. 359).

1. Der Art. 2 hat nur eine terminologische Bedeutung. Er bestimmt den Sinn, in welchem der Ausdruck „Gesetz" im B.G.B. und im E.G. verstanden werden soll. Eine solche Bestimmung war nothwendig, weil jener der Kürze halber gewählte Ausdruck in einem weiteren Sinn verstanden werden soll als der Wortlaut ergiebt. Entsprechende Vorschriften finden sich im E.G. zur C.P.O. § 12, zur K.O. § 2, zur St.P.O. § 7, und in der Verordnung betr. die Begründung der Revision in bürgerlichen Rechtsstreitigkeiten v. 28. September 1879 § 13.

Die Vorschrift des Art. 2 findet auch dann Anwendung, wenn der Ausdruck „Gesetz" in einem zusammengesetzten Worte vorkommt, insbesondere also, wo von Reichsgesetzen (s. z. B. Art. 32) oder von Landesgesetzen (s. z. B. Art. 55) die Rede ist. Auch auf den Ausdruck „gesetzlich" (s. z. B. §§ 134, 309 des B.G.B.) wird die Vorschrift des Art. 2 entsprechend anzuwenden sein.

2. Der Begriff der Rechtsnorm ist aus der Rechtswissenschaft zu entnehmen. Er umfaßt jede von dem Rechte im objektiven Sinne aufgestellte Regel. Nicht darunter fallen die durch Rechtsgeschäft für bestimmte Verhältnisse festgestellten Normen. Hierzu gehören auch die in Reglements der Eisenbahnen, der Versicherungsgesellschaften oder andere dem Verkehre dienenden Gesellschaften öffentlich bekannt gemachten Bestimmungen über die Bedingungen, welche für die mit ihnen vorgenommenen Geschäfte gelten sollen. Auch die Satzungen eines rechtsfähigen Vereins oder einer Stiftung haben in der hier fraglichen Beziehung den Charakter von rechtsgeschäftlichen Bestimmungen, nicht von Rechtsnormen.

Rechtsnormen sind dagegen

a) Alle die Regelung von Rechtsverhältnissen betreffenden Bestimmungen, die von der gesetzgebenden Gewalt des Reichs oder eines Bundesstaats oder von einem staatlichen Organ innerhalb seiner Zuständigkeit erlassen sind. Es gehören dahin also nicht nur die Gesetze im engeren Sinne, sondern auch die von dem Kaiser oder von den Landesherren innerhalb ihrer Zuständigkeit erlassenen Verordnungen, ebenso die von den Ministerien oder von untergeordneten Behörden innerhalb ihrer Zuständigkeit getroffenen Verfügungen der gedachten Art. Die Voraussetzungen der Gültigkeit eines Aktes der gesetzgebenden Gewalt oder eines sonstigen staatlichen Organs bestimmen sich nach dem Reichs- bezw. dem Landesstaatsrechte. Für eine Reihe von Fällen wird die Zuständigkeit bestimmter staatlicher Organe zum Erlasse gewisser Verfügungen durch das B.G.B. und das E.G. bestimmt. (S. z. B. B.G.B. §§ 482, 1322, 1723, 1745, 1807 Nr. 4. E.G. Art. 186, 188.) Hierher gehören auch die in Staatsverträgen des Reichs (Art. 11 der Reichsverfassung) oder in Staatsverträgen eines Bundesstaats, soweit diese nach E.G. Art. 56 wirksam bleiben, getroffenen Bestimmungen der gedachten Art. Soweit nach E.G. Art. 57, 58 von den dort bezeichneten Familien kraft der Autonomie Bestimmungen der gedachten Art getroffen werden können, fallen auch diese unter die Vorschrift des Art. 2.

b) Alle gewohnheitsrechtlichen Normen, soweit solche nach dem Inkrafttreten des B.G.B. in Kraft bleiben oder neu entstehen können. Partikularrechtliche Gewohnheitsrechte kommen nur noch in Betracht, soweit sie Materien betreffen, auf welche sich die Vorbehalte der Art. 56 ff. beziehen. Ueber Reichsgewohnheitsrecht s. Bd. I S. 34 Vorbm. Nr. 2. Die sog. Observanz kommt nur in Betracht, wenn sie den Charakter eines Gewohnheitsrechts hat.

Artikel 3.

Soweit in dem Bürgerlichen Gesetzbuch oder in diesem Gesetze die Regelung den Landesgesetzen vorbehalten oder bestimmt ist, daß landesgesetzliche Vorschriften unberührt bleiben oder erlassen werden können, bleiben die bestehenden landesgesetzlichen Vorschriften in Kraft und können neue landesgesetzliche Vorschriften erlassen werden.

Artikel 4.

Soweit in Reichsgesetzen oder in Landesgesetzen auf Vorschriften verwiesen ist, welche durch das Bürgerliche Gesetzbuch oder durch dieses Gesetz außer Kraft gesetzt werden, treten an deren Stelle die entsprechenden Vorschriften des Bürgerlichen Gesetzbuchs oder dieses Gesetzes.

Artikel 3.

E. d. E.G. I Art. 3; II Art. 3; III Art. 3. P. I S. 12319—12321. M. d. E.G. S. 64. P. II S. 8775 (Bd. 6 S. 362).

1. Auch der Art. 3 hat nur eine terminologische Bedeutung. Das B.G.B. und das E.G. haben, um zu bestimmen, daß landesgesetzliche Vorschriften eines bestimmten Inhalts in Kraft bleiben, und neu erlassen werden können, um nicht schwerfällig zu werden, verschiedene Ausdrucksweisen gewählt. Der Art. 3 bestimmt nun, daß alle diese Ausdrucksweisen dieselbe Bedeutung haben sollen, daß insbesondere also die fraglichen Ausdrücke, obwohl sie ihrem Wortlaute nach nur das Bestehenbleiben der betreffenden Gesetze bestimmen, doch die Bedeutung haben sollen, daß Gesetze des fraglichen Inhalts, auch in Zukunft noch erlassen werden können. In dem B.G.B. ist regelmäßig der Vorbehalt dadurch ausgedrückt, daß in bestimmten Beziehungen auf die Landesgesetze verwiesen wird, so z. B. in den §§ 85, 233, 907, 919, 1315, 1784, 1807 Abs. 2, 1808, 1888, 2249. In dem dritten Abschnitte des E.G. wird regelmäßig die Ausdrucksweise gewählt „Unberührt bleiben die landesgesetzlichen Vorschriften" oder „werden nicht berührt;" nur in den Art. 141, 144 Satz 2, 145, 146, 148 findet sich die Ausdrucksweise „die Landesgesetze können bestimmen" oder eine ähnliche Wendung. In dem vierten Abschnitte, welcher die Uebergangsvorschriften enthält, werden Ausdrücke der im Art. 3 bezeichneten Art nicht gebraucht. Hier heißt es vielmehr regelmäßig „Die Landesgesetze bleiben in Kraft". Der Art. 3 findet hierauf also keine Anwendung. Durch Art. 218 wird aber in sachlicher Uebereinstimmung mit Art. 3 bestimmt, daß soweit Landesgesetze nach den Bestimmungen des vierten Abschnitts maßgebend bleiben, sie auch nach dem Inkrafttreten des B.G.B. durch Landesgesetze noch geändert werden können.

2. Der E. I zum E.G. Art. 3 enthielt noch folgenden Zusatz:

> „ein neben dem Bürgerlichen Gesetzbuch und diesem Gesetz in Kraft bleibendes Reichsgesetz kann jedoch durch Landesgesetz nicht aufgehoben oder geändert werden."

Dieser Satz ist von der zweiten Kommission gestrichen worden, aber nur deshalb, weil man ihn für selbstverständlich hielt. Dies wird als richtig anzuerkennen sein.

Artikel 4.

E. d. E.G. I Art. 4; II Art. 4; III Art. 4. P. I S. 12991. M. d. E.G. S. 64, 65. P. II S. 8775, 8776, 9185, 9186 (Bd. 6 S. 363, 599, 600).

1. Jede einzelne Rechtsnorm erhält ihre richtige Bedeutung nur dann, wenn man sie im Zusammenhange mit dem ganzen Rechtssysteme betrachtet. Jedes auf bestimmte Verhältnisse sich beziehende Spezialgesetz setzt das Bestehen und den Inhalt des für das betreffende Rechtsgebiet geltenden allgemeinen Rechtes voraus; dieses enthält die Regel, während das Spezialgesetz einen Zusatz bezw. eine Ausnahme davon bestimmt, deren Bedeutung und Tragweite nur aus dem Hintergrunde des allgemeinen Rechtes erkannt werden kann und aus diesem ergänzt werden muß. Die einzelnen Reichsgesetze setzen das übrige Reichsrecht und, soweit dieses nicht ausreicht, das in den einzelnen Bundesstaaten geltende allgemeine Recht, die Landesgesetze das in dem betreffenden Lande geltende allgemeine Recht voraus. Nun treten aber nach E.G. Art. 55 die privatrechtlichen Vorschriften der Landesgesetze außer Kraft, soweit nicht in einzelnen Beziehungen durch das B.G.B. oder das E.G. ein Anderes bestimmt ist; es tritt also das bisher in den einzelnen

Staaten geltende allgemeine Bürgerliche Recht außer Kraft. Dadurch entsteht die Frage, was bei den bestehenbleibenden Reichs- und Landesgesetzen, an die Stelle des in ihnen vorausgesetzten und ihren Hintergrund bildenden allgemeinen bürgerlichen Rechtes tritt. Diese Frage läßt eine zweifache Beantwortung zu. Man nimmt entweder an, daß das bisherige bürgerliche Recht, soweit die bestehenbleibenden Gesetze direkt oder indirekt darauf verweisen, nach wie vor zur Ergänzung und zum Verständnisse derselben herangezogen werden muß, insoweit also in Kraft bleibt. Oder man geht davon aus, daß das bisherige Recht auch in der hier fraglichen Beziehung durch das an seine Stelle tretende Recht das B.G.B. ersetzt wird, dieses nunmehr die Grundlage für die bestehenbleibenden Gesetze bildet. Der Art. 4 entscheidet sich für die letztgedachte Auffassung. Er enthält eine ausdrückliche Bestimmung zwar nur für den Fall, daß in den bestehenbleibenden Reichs- oder Landesgesetzen auf eine durch das B.G.B. oder das E.G. aufgehobene Vorschrift verwiesen ist. Was aber in dem Falle einer ausdrücklichen Verweisung gilt, muß auch dann gelten, wenn das aufgehobene Gesetz nur stillschweigend als Grundlage und als zur Ergänzung dienend vorausgesetzt wird. In dem § 20 Abs. 3 des Reichsgesetzes betr. das Urheberrecht an Schriftwerken ꝛc. v. 11. Juni 1870 ist z. B. ausdrücklich bestimmt, daß die Ersatzverbindlichkeit der übrigen (d. h. der nicht in den ersten Absätzen erwähnten) Theilnehmer am Nachdrucke sich nach den allgemeinen gesetzlichen Vorschriften richtet. Hier liegt also eine direkte Verweisung auf das allgemeine bürgerliche Recht vor. Im Abs. 1 wird bestimmt, daß derjenige, welcher vorsätzlich oder aus Fahrlässigkeit einen Anderen zur Veranstaltung eines Nachdrucks veranlaßt, zur Entschädigung des Berechtigten verpflichtet sei. Hier sind die Begriffe des Vorsatzes, der Fahrlässigkeit und der Entschädigung nicht allein aus sich selbst verständlich, sondern müssen aus dem allgemeinen bürgerlichen Rechte entnommen werden, obwohl eine ausdrückliche Verweisung darauf nicht erfolgt ist. In dem einen wie in dem anderen Falle werden nun auf Grund des Art. 4 die Grundsätze über die Haftung von Theilnehmern über Vorsatz, Fahrlässigkeit und Entschädigung nicht mehr wie bisher aus dem früheren Rechte, sondern aus dem B.G.B. zu entnehmen sein.

Die Verweisung auf eine aufgehobene Vorschrift kann, wie bei den Berathungen der zweiten Kommission hervorgehoben wurde, möglicherweise auch in der Art erfolgt sein, daß der Inhalt der Vorschrift des allgemeinen Rechtes, welche Anwendung finden soll, in das Gesetz mit aufgenommen ist. So ist z. B. denkbar, daß ein Gesetz, welches Verzinsung einer Schuld vorschreibt, und den Betrag der Zinsen statt auf den nach dem bisherigen Rechte für gesetzliche Zinsen bestehenden Zinssatz von fünf vom Hundert zu verweisen, ausdrücklich Zinsen zu fünf vom Hundert bestimmt. In Fällen dieser Art wird aber mit besonderer Vorsicht zu verfahren und nur dann eine Verweisung auf das allgemeine Recht anzunehmen sein, wenn sich die hierauf gerichtete Absicht mit Sicherheit aus den Umständen des Falles ergiebt. Um Zweifel abzuschneiden wird es daher zweckmäßig sein, daß die Landesgesetzgebung in den Fällen dieser Art eine ausdrückliche Bestimmung trifft. Dies ist z. B. für den oben erwähnten Fall in dem preuß. Ausführungsgesetze v. 22. Sept. 1899 durch die Bestimmung des Art. 10 geschehen, nach welcher da, wo in den Gesetzen eine Verzinsung von mehr als 4 Prozent vorgeschrieben ist, an deren Stelle 4 Prozent treten.

2. Die unter Nr. 1 aufgestellte Regel muß dann eine Ausnahme erleiden, wenn anzunehmen ist, daß das betreffende Gesetz die Vorschriften, auf welche es direkt oder indirekt verwiesen hat, als selbständige Norm in derjenigen Bedeutung hat aufnehmen wollen, welche sie nach dem bisherigen Rechte hatten. In den Motiven ist dies ausdrücklich anerkannt. In der zweiten Kommission war, um diese Auffassung zu verdeutlichen, der Antrag gestellt, dem Art. 4 folgenden Zusatz zu geben:

> „Für ein in Kraft bleibendes Landesgesetz gilt dies nur insoweit, als nicht aus dem Gesetze sich ein Anderes ergiebt."

Sachlich war die Kommission mit diesem Antrag einverstanden, verwies ihn aber, weil er wesentlich redaktioneller Natur sei, an die Redaktionskommission. Diese hat den Zusatz nicht aufgenommen. Daraus wird aber nicht gefolgert werden dürfen, daß nun das Gegentheil gilt; aus dem Zwecke des Art. 4 und dem ihm zu Grunde liegenden Gedanken ist vielmehr die Richtigkeit der dem Antrage zu Grunde liegenden Auffassung zu folgern. Der Antrag war aber insofern zu enge, als er sich nur auf Landesgesetze beschränkte. Dieselbe Frage kann denkbarerweise auch bei Reichsgesetzen entstehen. Das E.G. erkennt dies indirekt dadurch an, daß es im Art. 33 ausdrücklich zu bestimmen für nothwendig hält, daß, soweit in den dort bezeichneten Gesetzen an die Verwandtschaft oder Schwägerschaft rechtliche Folgen geknüpft seien, die Vorschriften des B.G.B. über Verwandtschaft oder Schwägerschaft Anwendung finden. Die bisher geltenden Vorschriften über Verwandtschaft und Schwägerschaft sind durch das B.G.B. aufgehoben. Bei der durch den Gebrauch der Begriffe „Verwandtschaft und Schwägerschaft" erfolgten indirekten Verweisung auf jene Vorschriften würde also der Art. 4 Anwendung finden.

Wenn trotzdem der Art. 33 für nothwendig gehalten ist, so ergiebt sich daraus, daß der Zweifel für möglich gehalten wurde, ob nicht die fraglichen Gesetze die Verwandtschaft und Schwägerschaft des bisherigen Rechtes im Auge gehabt haben. Anzuerkennen wird indessen sein, daß der mögliche Zweifel bei Reichsgesetzen regelmäßig um so mehr in demselben Sinne wie im Art. 33 geschehen ist, zu entscheiden sein wird, als die Nothwendigkeit, in den Reichsgesetzen auf das in den einzelnen Bundesstaaten geltende unter sich verschiedene bürgerliche Recht zu verweisen, ein großer Uebelstand war. Auch in den bestehenbleibenden Landesgesetzen wird nur verhältnißmäßig selten anzunehmen sein, daß eine direkte oder indirekte Verweisung auf privatrechtliche Vorschriften, die durch das B.G.B. oder durch das E.G. aufgehoben sind, in dem Sinne gemeint ist, daß diese Vorschriften selbständig einen Bestandtheil des betreffenden Gesetzes bilden sollen. Kaum jemals wird dies anzunehmen sein, wenn es sich um Verweisung auf allgemeine Begriffe des allgemeinen bürgerlichen Rechtes, wie z. B. auf die Begriffe der Verschuldung, der Verjährung oder des Schadensersatzes handelt. Aber auch wenn es sich um die Verweisung auf speziellere Vorschriften handelt, werden immer besondere Umstände vorliegen müssen, um eine Auslegung in dem gedachten Sinne zu rechtfertigen. Allgemeine Regeln lassen sich hierüber nicht aufstellen; es wird vielmehr in jedem einzelnen Falle aus dem sonstigen Inhalte sowie aus dem Zwecke des Gesetzes und aus allen Umständen die Absicht zu ermitteln sein. Die Geltung des bisherigen Rechtes dürfte regelmäßig insbesondere dann als gewollt anzusehen sein, wenn auf Rechtsinstitute verwiesen ist, die das B.G.B. überhaupt nicht kennt, das betreffende Gesetz aber, wenn an die Stelle der Rechtssätze, auf welche verwiesen ist, nichts anderes träte, unvollständig werden und seinen Zweck nicht erreichen würde. So wird z. B., wenn unvordenkliche Verjährung zugelassen ist, in dieser Beziehung regelmäßig das bisherige Recht Anwendung finden müssen, weil das B.G.B. keinen Ersatz dafür bietet. Wenn ferner z. B. das A.L.R. (I 18 §§ 13 ff.) in den Vorschriften über Lehen auf die allgemeinen Grundsätze über Obereigenthum und nutzbares Eigenthum (I 18 §§ 1—12) Bezug nimmt, so müssen diese Grundsätze, da das B.G.B. getheiltes Eigenthum nicht kennt, auch noch ferner Anwendung finden.

3. Unter „Gesetz" im Art. 4 ist nach Art. 2 jede Rechtsnorm zu verstehen, also auch die in einem Staatsvertrage, dessen Vorschriften durch das B.G.B. oder das E.G. aufgehoben sind (vergl. Art. 56), enthaltene sowie jede gewohnheitsrechtliche Rechtsnorm.

4. Nicht ausdrücklich entschieden durch den Art. 4 wird die Frage, ob, wenn dem Rechtsverhältniß, auf welches in einem bestehenbleibenden Gesetze verwiesen wird, und welches nach dem B.G.B. im Wesentlichen denselben Thatbestand hat, wie nach dem bisherigen Rechte, ein anderes Rechtsverhältniß in der Art gleichgestellt wird, daß an dieses dieselben rechtlichen Folgen wie an jenes geknüpft werden, diese dem bisherigen Rechte fremde Gleichstellung nun auch für das bestehengebliebene Gesetz anzunehmen ist. In Betracht kommt hier insbesondere der praktisch wichtige Fall, daß in einem bestehenbleibenden Gesetze rechtliche Folgen an die Ehelichkeit eines Kindes geknüpft werden. Die Voraussetzungen, unter welchen ein Kind ein eheliches ist, bestimmen die §§ 1591 ff. des B.G.B. Diese Bestimmungen treten nach Art. 4 an die Stelle der Vorschriften des bisherigen Rechtes über eheliche Kinder, sofern nicht etwa im einzelnen Falle anzunehmen ist, daß das betreffende Gesetz die in dem bisherigen Gesetze bestimmten Voraussetzungen der Ehelichkeit als entscheidend ansah. Das B.G.B. schreibt nun aber ferner vor, daß gewisse Personen, die nicht eheliche Kinder sind, die rechtliche Stellung ehelicher Kinder haben sollen; dies gilt von den durch nachfolgende Ehe oder durch Ehelichkeitserklärung legitimirten unehelichen Kindern (§§ 1719, 1736) und von den an Kindesstatt angenommenen Personen (§ 1757). Wenn in dem B.G.B. rechtliche Folgen an die Kindschaft oder Verwandtschaft geknüpft werden, so werden jene den ehelichen Kindern gleichgestellten Personen darunter mitbegriffen. Gilt diese Gleichstellung nun auch für die Bestimmungen der bestehenbleibenden Gesetze über eheliche Kinder? Die Frage läßt sich nicht allgemein entscheiden; es kommt vielmehr auch hier auf die aus den Umständen zu ermittelnde Absicht des Gesetzes an. Im Zweifel wird man hier aber umgekehrt wie bei der oben erwähnten Frage, ob sich die Voraussetzungen der Ehelichkeit nach dem bisherigen Rechte oder nach dem B.G.B. bestimmen, anzunehmen haben, daß die Gleichstellung nicht gilt. Nur dann, wenn die Gleichstellung auch nach dem bisherigen Rechte die Regel bildet, wie dies z. B. bei den durch nachfolgende Ehe legitimirten Kindern regelmäßig der Fall ist, wird sich eine andere Beurtheilung rechtfertigen. Diese Auffassung erscheint insbesondere bei solchen Gesetzen geboten, welche die Fürsorge für die hinterlassenen ehelichen Kinder einer Person bezwecken. Solche Gesetze haben diejenigen Kinder vor Augen, welche nach dem bisherigen Rechte als eheliche zu betrachten sind, und die Erweiterung dieses Kreises auf Grund der Vorschriften des B.G.B. würde der Absicht der betreffenden Gesetze widersprechen (P. II S. 9118). Bisweilen ergiebt sich die betreffende Absicht des Gesetzes unverkennbar aus anderen Umständen. Wenn z. B. der § 7 des Reichsgesetzes betr. die Fürsorge für die Wittwen und Waisen der Reichsbeamten v. 20. April 1881 den ehelichen und durch nachfolgende Ehe legitimirten Kindern

Artikel 5.

Als Bundesstaat im Sinne des Bürgerlichen Gesetzbuchs und dieses Gesetzes gilt auch das Reichsland Elsaß-Lothringen.

Artikel 6.

In bürgerlichen Rechtsstreitigkeiten, in welchen durch Klage oder Widerklage ein Anspruch auf Grund des Bürgerlichen Gesetzbuchs geltend gemacht ist, wird die Verhandlung und Entscheidung letzter Instanz im Sinne des §. 8 des Einführungsgesetzes zum Gerichtsverfassungsgesetze dem Reichsgerichte zugewiesen.

Anspruch auf Waisengeld giebt, so geht aus der besonderen Erwähnung der durch nachfolgende Ehe legitimirten Kinder hervor, daß nur diese, nicht aber die durch Rescript legitimirten und die adoptirten Kinder der Wohlthat des Gesetzes theilhaftig werden sollen. Ausdrücklich ausgeschlossen werden die adoptirten Kinder in dem § 2 des Reichsgesetzes über Erwerbung und Verlust der Staatsangehörigkeit v. 1. Juni 1870.

5. In den bestehenbleibenden Gesetzen wird bisweilen auf einen Thatbestand abgestellt, der nach dem B.G.B. nicht mehr dieselbe Bedeutung hat, wie nach dem bisherigen Rechte und der, um der Absicht des Gesetzes gerecht zu werden, durch einen anderen von dem B.G.B. bestimmten Thatbestand ersetzt werden müßte. So finden sich insbesondere häufig Bestimmungen, welche mit Rücksicht auf die Vorschriften des bisherigen Rechtes über die väterliche Gewalt und die Vormundschaft die Mitwirkung oder Zustimmung des Vaters oder des Vormundes erfordern. Bei der Umgestaltung, welche die väterliche Gewalt in dem B.G.B. erfahren hat, indem insbesondere die väterliche Gewalt durch die elterliche Gewalt ersetzt worden ist und der Mutter nach dem Tode des Vaters gegenüber den minderjährigen Kindern im Wesentlichen dieselbe rechtliche Stellung eingeräumt ist, welche bisher dem Vater zustand, würde es dem Zwecke der fraglichen Gesetze häufig entsprechen, daß statt der Mitwirkung des Vaters oder Vormundes die Mitwirkung des gesetzlichen Vertreters erfordert würde. Nicht in allen Fällen ist indessen ohne Weiteres klar, ob eine solche Aenderung der bestehenbleibenden Gesetze der Absicht derselben entspricht oder ob nicht besondere Vorschriften erforderlich sind. Das E.G. sieht deshalb in dieser Beziehung von einer allgemeinen Vorschrift ab. Die erforderlichen Aenderungen der Reichsgesetze werden in dem zweiten Abschnitte des E.G. bestimmt (s. insbesondere die Art. 34, 37, 41). Die erforderliche Aenderung der Landesgesetze liegt der Landesgesetzgebung ob und ist regelmäßig durch die Ausführungsgesetze zum B.G.B erfolgt (s. z. B. das preußische Ausführungsgesetz v. 22. September 1899 Art. 16, 21, 37, 69, 84). Sollten übrigens einzelne Landesgesetze die erforderliche Aenderung nicht erfahren haben, so dürfte die Praxis wohl berechtigt sein, die erforderliche Umdeutung, sofern die Absicht des betreffenden Gesetzes klar erhellt, vorzunehmen.

Artikel 5.

E. d. E.G. I Art. 5; II Art. 5; III Art. 5. P. I S. 12321, 12322. M. d. E.G. S. 65. P. II S. 8776 (Bd. 6 S. 363).

Das Reichsland Elsaß-Lothringen ist staatsrechtlich kein Bundesstaat. Der Zweck der in dem B.G.B. und in dem E.G. für die Bundesstaaten getroffenen Vorschriften erfordert aber deren Ausdehnung auf Elsaß-Lothringen. Solche Vorschriften finden sich z. B. in dem B.G.B. §§ 1322, 1723, 1807.

In den bisherigen Gesetzen ist mehrfach das Reichsland Elsaß-Lothringen neben den Bundesstaaten genannt, s. z. B. die Gesetze betr. die Unfallversicherung v. 6. Juli 1884 § 76 Abs. 2; v. 5. Mai 1886 § 85 Abs. 2; v. 13. Juli 1887 § 88 Abs. 2. In der neuen Fassung dieser Gesetze v. 30. Juni 1900 sind die betreffenden Vorschriften durch Bezugnahme auf das B.G.B. ersetzt.

Artikel 6.

St.B. S. 3024, 3096.

1. Der § 8 Abs. 1 des E.G. zu dem G.V.G. gestattet der Landesgesetzgebung eines Bundesstaats, in welchem mehrere Oberlandesgerichte bestehen, die Verhandlung und Entscheidung über die zur Zuständigkeit des Reichsgerichts gehörenden Revisionen und Beschwerden einem obersten Landesgerichte zuzuweisen. Nach Abs. 2 findet diese Vorschrift auf bürgerliche Rechtsstreitigkeiten,

die durch besondere Reichsgesetze dem Reichsgerichte zugewiesen sind, keine Anwendung. Durch den erst im Plenum des Reichstags beschlossenen Art. 6 wird nun die Ausnahme des gedachten Abs. 2 für alle in dem Art. 6 bezeichneten bürgerlichen Rechtsstreitigkeiten bestimmt. Praktische Bedeutung hat die Vorschrift nur für Bayern.

2. Voraussetzung der im Art. 6 bestimmten Zuständigkeit des Reichsgerichts ist, daß durch Klage oder Widerklage ein Anspruch auf Grund des B.G.B. geltend gemacht ist. Es kommt nicht darauf an, ob der Anspruch unmittelbar aus einer Vorschrift des B.G.B. abgeleitet oder ob er auf ein durch das B.G.B. geregeltes Rechtsgeschäft oder auf eine unerlaubte Handlung gegründet wird, deren Folgen durch das B.G.B. bestimmt sind. Erforderlich ist aber, daß die für die Begründung des Anspruchs maßgebenden Rechtsvorschriften in dem B.G.B. enthalten sind. Wird der Anspruch auf landesgesetzliche Vorschriften, welche nach dem E.G. unberührt bleiben, gegründet, so ist die Voraussetzung des Art. 6 nicht gegeben. Erforderlich ist ferner, daß der Anspruch durch Klage oder Widerklage geltend gemacht ist. Es genügt daher nicht, daß die Frage, ob eine Einwendung begründet ist, nach den Vorschriften des B.G.B. beurtheilt werden muß.

3. Eine dem Art. 6 entsprechende Vorschrift enthält der Art. 9 des E.G. zu dem Ges. betr. Aenderungen der K.O. v. 17. Mai 1898 für Rechtsstreitigkeiten über Anfechtungsansprüche nach der K.O. oder dem Anfechtungsgesetze.

Zu Artikel 7—31.

Die Art. 7—31 enthalten Vorschriften darüber, ob und inwieweit ein Rechtsverhältniß nach deutschem oder nach ausländischem Rechte zu beurtheilen ist, also Vorschriften des sog. internationalen Privatrechts. Aus der außerordentlich reichhaltigen Literatur mögen hier folgende Schriften hervorgehoben werden:

- v. Bar, Theorie und Praxis des internationalen Privatrechts.
- v. Bar, Lehrbuch des internationalen Privatrechts.
- Zitelmann, Internationales Privatrecht. (Vom Band 2 ist zur Zeit erst die erste Hälfte erschienen.)
- Meili, Die Kodifikation des internationalen Civil- und Handelsrechtes.
- Meili, Geschichte und System des internationalen Privatrechts.
- Böhm, Die räumliche Herrschaft der Rechtsnormen.
- Stoerk, Literatur des internationalen Privatrechts.
- Neumann, Internationales Privatrecht.
- Niemeyer, Vorschläge und Materialien zur Kodifikation des internationalen Privatrechts.
- Staudinger, Sammlung von Staatsverträgen.
- Kahn, Abhandlungen aus dem internationalen Privatrecht in Iherings Jahrbüchern für Dogmatik Bd. 30, 39, 40.
- Verschiedene Aufsätze in Böhms Zeitschrift 1897, 1898. **Annuaire de l'institut de droit international.**

Die das internationale Privatrecht betreffenden Vorschriften des E.G. speziell behandeln:

- Niemeyer, Das internationale Privatrecht im Entwurfe eines B.G.B. Heft VII der Vorträge über das B.G.B. Guttentag, Berlin.
- Barazetti, Das internationale Privatrecht im bürgerlichen Gesetzbuche für das deutsche Reich, und verschiedene Aufsätze in Böhms Zeitschrift Bd. 1, 7.

1. Die erste Kommission hatte auf Grund der von dem Redaktor gemachten Vorschläge (abgedruckt bei Niemeyer, Vorschläge) einen besonderen Entwurf über „die örtlichen Grenzen der Rechtsnormen" in 26 Artikeln ausgearbeitet, welcher eine thunlichst vollständige Kodifikation des internationalen Privatrechts bezweckte. Dieser Entwurf wurde mit dem Entwurfe des B.G.B. dem Reichskanzler mit dem Ersuchen überreicht, darüber zu entscheiden, ob das internationale Privatrecht als sechstes Buch in das B.G.B. aufgenommen werden und mit diesem veröffentlicht werden solle. Der Reichskanzler entschied sich gegen die Veröffentlichung hauptsächlich wohl mit Rücksicht darauf, daß dadurch bei den Verhandlungen über Verträge mit anderen Staaten Schwierigkeiten entstehen könnten. Der Entwurf ist jetzt in P. II S. 8175 ff. als Anlage (Bd. 6 S. 8 ff.) veröffentlicht. Die zweite Kommission beschloß nach eingehender Berathung (P. II S. 8163 ff. (Bd. 6 S. 1 ff.) das internationale Privatrecht in dem B.G.B. zu regeln. Der Berathung wurde der oben erwähnte von der ersten Kommission beschlossene Entwurf zu Grunde gelegt. Aus dieser Berathung ging das sechste Buch des dem Bundesrath überreichten Entwurfs unter der Ueberschrift „Anwendung ausländischer Gesetze" (§§ 2236—2265) hervor. Der Bundesrath hat aber das sechste Buch fortfallen zu lassen beschlossen. An dessen Stelle sind

in dem dem Reichstage vorgelegten Entwurfe des E.G. die Art. 6—30 ohne besondere Ueberschrift getreten. Diese stimmen mit kleinen Abweichungen mit den Art. 7—31 des E.G. überein. Die Gründe, aus welchen der Bundesrath die gedachte Aenderung beschlossen hat, sind nicht veröffentlicht. Maßgebend sind dabei neben den schon in der zweiten Kommission gegen eine vollständige Regelung des internationalen Privatrechts und für eine Beschränkung auf Vorschriften über den Herrschaftsbereich der deutschen Gesetze geltend gemachten Gründen (s. Schnell in Böhms Zeitschrift Bd. 5 S. 337 ff.) einerseits die schon oben gedachten politischen Bedenken, andererseits die Rücksicht maßgebend gewesen, daß es bei der im Flusse befindlichen Entwickelung des internationalen Privatrechts wünschenswerth sei, der Wissenschaft und Praxis einen freieren Spielraum zu gewähren, als bei einer vollständigen gesetzlichen Regelung möglich sei.

2. Die Vorschriften des E.G., die sich auf das internationale Privatrecht beziehen, beschränken sich auf folgende Punkte: Der Art. 7 betrifft die Geschäftsfähigkeit, der Art. 8 enthält einzelne Vorschriften über Entmündigung, der Art. 9 über Verschollenheit, der Art. 10 über ausländische Vereine. Der Art. 11 bestimmt die für die Form eines Rechtsgeschäfts maßgebenden Gesetze. Der Art. 12 enthält eine einzelne sich auf unerlaubte Handlungen beziehende Bestimmung. Die Art. 13—17 betreffen die Ehe, die Art. 18, 19 das Rechtsverhältniß der ehelichen Kinder, die Art. 20, 21 das Rechtsverhältniß der unehelichen Kinder, der Art. 22 die Legitimation der unehelichen Kinder und die Annahme an Kindesstatt. Der Art. 23 enthält eine einzelne sich auf die Vormundschaft beziehende Vorschrift, während die §§ 24—26 das Erbrecht betreffen. Der Art. 27 bestimmt, in welchen Fällen und in welchem Umfange die sog. Rückverweisung stattfindet. Der Art. 28 bestimmt eine Ausnahme von mehreren der vorausgehenden Vorschriften für solche Gegenstände, die sich nicht in dem Gebiete desjenigen Staates befinden, dessen Gesetze nach jenen Vorschriften auf sie Anwendung finden sollen und in dem Staate, in welchem sie sich befinden, besonderen Gesetzen unterliegen. Der Art. 29 giebt Vorschriften darüber, welche Gesetze bei Personen, die keinem Staate angehören an die Stelle der Gesetze desjenigen Staates treten, welchem die betreffende Person angehört. Der Art. 30 stellt den Grundsatz auf, daß ausländische Gesetze niemals zur Anwendung kommen, wenn diese gegen die guten Sitten oder gegen den Zweck eines deutschen Gesetzes verstoßen würde. Der Art. 31 endlich regelt das Vergeltungsrecht gegen einen ausländischen Staat und dessen Angehörige sowie deren Rechtsnachfolger. Ergänzt werden diese Bestimmungen durch die Vorschriften der C.P.O. §§ 722, 723, über die Wirkungen ausländischer Urtheile (E. I § 25).

3. Aus der unter Nr. 2 gegebenen Uebersicht ergiebt sich, daß wichtige Materien überhaupt nicht berührt sind. Die E. I und II enthielten noch allgemeine Vorschriften über juristische Personen (E. I § 1; E. II §§ 22, 37, über dingliche Rechte an Sachen und über den Besitz (E. I § 4; E. II § 2241), über Schuldverhältnisse aus Rechtsgeschäften unter Lebenden (E. I § 5; E. II § 2242) aus unerlaubten Handlungen (E. I § 6; E. II § 2243), und aus anderen Gründen (E. I § 7; E. II § 2244), über die Unterhaltspflicht der Verwandten (E. I § 18) und über Vormundschaft (E. I § 21). Der der ersten Kommission von dem Redaktor vorgelegte Entwurf enthielt außerdem noch Vorschriften über Rechtsfähigkeit und Sklaverei (§§ 5, 33), über Abtretung von Forderungen (§ 14) und über Anfechtung von Rechtshandlungen, welche die Gläubiger benachtheiligen (§ 15).

Das E.G. ordnet ferner in den von ihm berührten Materien das internationale Privatrecht nur in einzelnen Beziehungen. Allgemein wird der Herrschaftsbereich der Deutschen und der ausländischen Gesetze nur bestimmt in den Art. 7 (Geschäftsfähigkeit), Art. 11 (Form der Rechtsgeschäfte) und Art. 21 (Unterhaltspflicht des unehelichen Vaters), auch in diesen Punkten aber nur mit gewissen Beschränkungen. Im Uebrigen enthalten die Vorschriften des E.G. nur Bestimmungen über einzelne Seiten der betreffenden Rechtsverhältnisse. Die Tendenz geht im Allgemeinen dahin, nur die rechtliche Stellung der Deutschen und den Herrschaftsbereich der deutschen Gesetze zu bestimmen, während die rechtliche Stellung der Ausländer und der Herrschaftsbereich der ausländischen Gesetze nur insoweit geregelt wird, als dies durch eine besondere Beziehung zum Inland und durch ein praktisches Bedürfniß geboten erschien. Im Einzelnen ist die Regelung in sehr verschiedenem Umfang erfolgt, wie in den Erläuterungen zu den verschiedenen Artikeln näher dargelegt werden wird. Ueber die verschiedenen Arten, in welchen eine solche beschränkte Regelung erfolgen kann und die sich daraus ergebenden Konsequenzen s. Zitelmann Bd. 1 S. 208 ff.

Es frägt sich nun, wie die Lücken, welche das E.G. läßt, auszufüllen sind, nach welchem Rechte also ein Rechtsverhältniß zu beurtheilen ist, wenn das E.G. eine Vorschrift darüber nicht enthält. Für die Beantwortung dieser Frage ist von entscheidender Bedeutung die Auffassung, welche man von dem Wesen des internationalen Privatrechts und dessen Stellung in der Rechtsordnung hat. Die Ansichten hierüber sind sehr verschieden (s. die oben angegebene Literatur und den Aufsatz von L. von Bar über „Neue Prinzipien und Methoden des internationalen Privatrechts“ im Archiv für öffentliches Recht 1900 Nr. 11). Eine eingehende Er=

örterung dieser Frage gestattet der Zweck des Kommentars nicht. Hier kann nur in kurzen Umrissen der Standpunkt dargelegt werden, von welchem bei den folgenden Erörtungen ausgegangen wird. Das internationale Privatrecht ist innerstaatliches Recht des einzelnen Staates d. h. jeder Staat hat die rechtliche Macht zu bestimmen, ob ein Verhältniß nach seinem eigenen Rechte oder nach dem Rechte eines anderen Staates beurtheilt werden soll. Der Staat kann möglicherweise durch Staatsverträge oder durch völkerrechtliche Grundsätze verpflichtet sein, jene Bestimmungen in einer bestimmten Art zu treffen: aber diese Verpflichtung berührt nur sein Verhältniß zu anderen Staaten, nicht die Verbindlichkeit der von ihm im Wege der Gesetzgebung getroffenen Bestimmungen. Die Gerichte und andere staatliche Behörden haben diese Bestimmungen unbedingt zu befolgen und jeder Einzelne hat nur Anspruch auf Anerkennung eines von ihm behaupteten Rechtes, wenn dieses nach demjenigen Rechte begründet ist, welches der Staat als für das betreffende Rechtsverhältniß maßgebend bestimmt hat. Nun bestehen aber in den wenigsten Staaten, vielleicht in keinem, erschöpfende innerstaatliche Vorschriften über das internationale Privatrecht. Soweit einzelne Vorschriften bestehen wie z. B. in den Art. 7—31 des E.G. sind diese selbstverständlich anzuwenden. Ob und inwieweit aus ihnen durch Auslegung und durch Erforschung des zu Grunde liegenden Gedankens die Entscheidung auch über Fragen gewonnen werden kann, die durch den Wortlaut der betreffenden Vorschrift nicht berührt werden, wird bei den einzelnen Artikeln zu erörtern sein. Hier ist nur hervorzuheben, daß die Beschränkung einer Vorschrift auf deutsche Reichsangehörige oder auf deutsche Gesetze in den einzelnen Artikeln eine verschiedene Bedeutung hat. Die Beschränkung kann darauf beruhen, daß eine singuläre Bestimmung zu Gunsten der deutschen Reichsangehörigen oder der deutschen Gesetze für geboten erachtet wurde; in diesem Falle wird eine strikte Auslegung geboten sein. Die Beschränkung kann aber auch lediglich Folge der oben hervorgehobenen allgemeinen Tendenz sein, regelmäßig nur Vorschriften für die Rechtsverhältnisse der deutschen Reichsangehörigen und die Anwendung der deutschen Gesetze zu geben. In diesem Falle wird man unter Umständen zu der Annahme berechtigt sein, daß das Gesetz die betreffende Vorschrift, obwohl sie nur mit der gedachten Beschränkung getroffen ist, doch deshalb getroffen hat, weil es den Inhalt der Vorschrift als den richtigen Grundsätzen des internationalen Privatrechts entsprechend betrachtet hat. Ist dies anzunehmen, so wird man aus der betreffenden Vorschrift ein höheres Prinzip abzuleiten und dieses als das von der deutschen Gesetzgebung gewollte anzusehen berechtigt sein.

Eine weitere Entscheidungsquelle wird die Analogie ergeben, die freilich nur mit Vorsicht verwendet werden darf. Immer aber werden doch noch viele Fragen übrig bleiben, über die weder aus der Auslegung des Gesetzes noch aus der Analogie eine Entscheidung zu gewinnen ist; so z. B. nach dem E.G. die Frage, über das für dingliche Rechte und für Schuldverhältnisse aus Rechtsgeschäften maßgebende Recht. Die früher wohl vertretene Ansicht, daß der Richter in solchen Fällen immer das Recht des eigenen Staates anzuwenden habe, ist jetzt wohl ziemlich allgemein aufgegeben; sie ist unvereinbar mit der Gleichberechtigung aller Kulturstaaten und den Bedürfnissen des modernen Verkehrs. Muß man von dieser Lösung absehen, so bleibt, da der Richter doch nicht nach seinem Ermessen, sondern nach dem Rechte zu erkennen hat, nur übrig anzunehmen, entweder daß es ein überstaatliches ohne Rücksicht darauf, ob es gesetzlich in dem einzelnen Staate anerkannt ist, geltendes internationales Privatrecht gebe oder, daß in der Rechtsordnung eines jeden Staates die Vorschrift stillschweigend enthalten sei, daß sofern das eigene Recht keine Bestimmungen gebe, gewisse allgemeine Grundsätze des internationalen Privatrechts anzuwenden seien. Die erstere Annahme läßt sich nicht rechtfertigen, denn ein über den einzelnen Staaten und unabhängig von ihrer Gesetzgebung geltendes Recht besteht nur auf dem Gebiete des Völkerrechts und begründet, soweit es hier besteht, nur eine Bindung der Staaten selbst nicht aber eine Verpflichtung ihrer Angehörigen oder Gerichte. Die zweite Annahme dagegen dürfte dem Geiste und der Absicht aller Rechtsordnungen der Kulturstaaten entsprechen. Man kann vielleicht sagen, daß es sich hier um einen aus den Bedürfnissen des modernen Verkehrs hervorgegangenen in allen Staaten gewohnheitsrechtlich anerkannten Rechtssatz handle. Damit ist nun aber die Frage noch nicht entschieden, welchen Inhalt die Rechtssätze des internationalen Privatrechts haben, auf deren subsidiäre Anwendung nach der obigen Annahme in allen Rechtsordnungen verwiesen ist. Zitelmann hat in seinem großen Werke den Versuch gemacht, diesen Inhalt aus dem Völkerrecht abzuleiten. Er erkennt an, daß das Völkerrecht an sich nur Geltung für die einzelnen Staaten, nicht in ihnen habe; aber er meint, daß diejenigen Grundsätze des internationalen Privatrechts, welche die einzelnen Staaten völkerrechtlich zu befolgen verpflichtet seien, subidiär auch in den einzelnen Staaten angewendet werden müssen, daß sie stillschweigend in den Rechtsordnungen der einzelnen Staaten als subsidiär anwendbar anerkannt seien (Bd. I S. 73 ff.). So interessant die Ausführungen von Zitelmann sind und so wünschenswerth es wäre, daß das Völkerrecht genügende Anhaltspunkte für das internationale Privatrecht gewährte, so dürfte es doch recht zweifelhaft sein, ob das bestehende Völkerrecht dieser Anforderung entspricht. Einzelne Grundsätze lassen sich vielleicht daraus ableiten; schwerlich aber dürften alle von Zitelmann aufgestellten

Grundsätze als bestehendes Völkerrecht allgemeine Anerkennung finden. Muß man wenigstens zum Theil auf diese Aushülfe verzichten, so bleibt nur übrig, den Inhalt der subsidiär zur Anwendung kommenden Grundsätze des internationalen Privatrechts auf dem bisher von den meisten diese Frage behandelnden Schriftstellern eingeschlagenen Wege zu bestimmen. Dieser Weg besteht darin, daß die Ergebnisse der Wissenschaft und Praxis zu Grunde gelegt werden. Nun besteht freilich über die auf diesem Wege ermittelten Grundsätze keineswegs Uebereinstimmung, und es läßt sich die Frage aufwerfen, ob auf diesem Wege überhaupt Rechtssätze gefunden werden können. In einem gewissen aber doch wohl nur beschränkten Umfange läßt sich vielleicht ein Gewohnheitsrecht annehmen. Soweit ein solches nicht nachweisbar ist, handelt es sich um Grundsätze, die aus der Vergleichung der in den verschiedenen Staaten bestehenden Normen des internationalen Privatrechts, aus dem Bedürfnisse des Verkehrs und aus der sog. Natur der Sache abgeleitet werden, und man wird anerkennen müssen, daß es sich hierbei um eine noch im Flusse befindliche Entwickelung handelt. Trotzdem dürfte nichts Anderes übrig bleiben, als die auf diesem Wege gefundenen Grundsätze subsidiär zu Grunde zu legen. Wenn, wie eben hervorgehoben ist, in jeder Rechtsordnung eines Kulturstaats stillschweigend der Satz gefunden werden muß, daß die materiellen Rechtssätze nur mit der Beschränkung gelten sollen, die sich aus den Grundsätzen des internationalen Privatrechts ergeben, so muß wenn diese Grundsätze weder im Wege der Gesetzgebung noch durch Gewohnheitsrecht festgestellt sind, angenommen werden, daß die Rechtsordnung zur Zeit auf die Feststellung verzichtet und die Ermittelung der Wissenschaft und Praxis überlassen habe. Sachlich liegt hierin freilich eine Art von Delegation der Gesetzgebung an die Gerichte. Diesen wird aufgegeben, die Grundsätze aufzusuchen, welche der Gerechtigkeit und den oben hervorgehobenen Rücksichten am meisten entsprechen und in Ermangelung wirklicher Rechtssätze nach ihnen zu urtheilen. Daß hierdurch eine gewisse Unsicherheit entsteht, läßt sich nicht verkennen, aber die Reichsgesetzgebung hat, indem sie die von den Entwürfen vorgeschlagene vollständige Kodifikation des internationalen Privatrechts ablehnte, und sich auf die Bestimmungen des E.G. beschränkte, angenommen, daß diese Unsicherheit ein geringeres Uebel sei, als die sich aus einer vollständigeren Regelung ergebenden Mißstände.

4. Zweifelhaft ist die Frage, ob neben den Vorschriften des E.G. noch die in den bisherigen Landesrechten befindlichen Normen des internationalen Privatrechts in Kraft bleiben oder nicht. Die Beantwortung dieser Frage hängt davon ab, ob die Vorschriften des internationalen Privatrechts, dem öffentlichen Rechte oder dem Privatrechte angehören. Ist das Erstere anzunehmen, so sind die landesgesetzlichen Vorschriften des internationalen Privatrechts durch E.G. Art. 55 nicht aufgehoben; sie bestehen fort, soweit sie nicht durch die Vorschriften des E.G. aufgehoben sind und die Landesgesetzgebung kann neue Vorschriften dieses Inhalts erlassen. Gehören die fraglichen Vorschriften aber dem Privatrecht an, so sind sie durch E.G. Art. 55 aufgehoben und die Landesgesetzgebung ist nicht berechtigt, neue Vorschriften der fraglichen Art zu erlassen. Nur soweit solche Vorschriften in Staatsverträgen enthalten sind, die ein Bundesstaat mit einem ausländischen Staate vor dem Inkrafttreten des B.G.B. geschlossen hat, bleiben sie unberührt (Art. 56). Nach dieser Auffassung würden also von dem Inkrafttreten des B.G.B. an Rechtssätze des internationalen Privatrechts außer den in dem E.G. festgestellten überhaupt nicht mehr existiren und der Richter würde daher nach Maßgabe des unter Nr. 3 Gesagten lediglich auf die Ermittelung der materiell richtigen Grundsätze verwiesen sein. Zitelmann (Bd. 1 S. 198 ff.) hält die Vorschriften des internationalen Privatrechts für öffentliches Recht. Dieser Auffassung dürften aber doch erhebliche Bedenken entgegenstehen. Die fraglichen Rechtsnormen haben doch zunächst den Zweck, den Herrschaftsbereich der inländischen materiellen Rechtsnormen zu bestimmen; sie bilden eine Ergänzung dieser Rechtsnormen, indem sie festsetzen, daß dieselben auf gewisse Rechtsverhältnisse keine Anwendung finden sollen. Auch soweit durch die fraglichen Vorschriften die Anwendung eines ausländischen Rechtes vorgeschrieben wird, hat diese Vorschrift doch materiell die Bedeutung, daß ein bestimmtes Verhältniß nach bestimmten materiellen Rechtsnormen, die nur nicht ausdrücklich, sondern durch Verweisung auf ein ausländisches Recht bezeichnet werden, beurtheilt werden sollen. Es handelt sich sachlich also immer um eine Beschränkung bezw. um eine Ergänzung der materiellen privatrechtlichen Vorschriften. Für diese Auffassung spricht auch, daß das E.G. das internationale Privatrecht, wenn auch nur in beschränkter Weise geregelt hat. Eine solche Regelung würde, wenn es sich um öffentliches Recht handelte, außerhalb der Zuständigkeit der Reichsgesetzgebung liegen; sie würde zwar trotzdem unter Zustimmung aller Faktoren der Reichsgesetzgebung zulässig sein; in den Verhandlungen der gesetzgebenden Faktoren und in den Vorarbeiten findet sich aber keine Andeutung, daß eine Ueberschreitung der verfassungsmäßigen Zuständigkeit beabsichtigt worden ist, und man wird daher annehmen dürfen, daß die Reichsgesetzgebung die fraglichen Vorschriften für privatrechtliche gehalten hat. Dazu kommt, daß es praktisch doch zu höchst bedenklichen Ergebnissen führen würde, wenn in den einzelnen Bundesstaaten verschiedene Rechtssätze über das internationale Privatrecht, soweit solche nicht durch das E.G. festgestellt sind, bestehen

blieben und jederzeit neu geschaffen werden könnten. Die Gründe für die privatrechtliche Natur der fraglichen Vorschriften dürften daher überwiegend sein. Aus dieser Annahme ergeben sich dann die oben dargelegten Konsequenzen. Auch die erste Kommission ging, wie sich aus P. I S. 11478 ergiebt, davon aus, daß die fraglichen Vorschriften dem Privatrecht angehören.

5. Die Aufhebung der landesgesetzlichen Vorschriften über internationales Privatrecht tritt nicht ein, soweit diese Vorschriften einen Bestandtheil derjenigen landesgesetzlichen Vorschriften bilden, welche nach dem dritten Abschnitte des E.G. unberührt bleiben. Soweit in den letztgedachten Vorschriften aber ausdrücklich oder stillschweigend auf die Vorschriften des internationalen Privatrechts als auf das allgemeine Recht verwiesen ist, treten an deren Stelle nach E.G. Art. 4 die Vorschriften des E.G. Art. 7—31 und die nach dem Obigen subsidiär zur Anwendung kommenden Grundsätze. In Konsequenz dieser Auffassung sind z. B. durch Art. 84 des preuß. A.G. zum B.G.B. die, das internationale Privatrecht betreffenden Vorschriften des A.L.R. Einl. §§ 23—45 aufgehoben. Die Landesgesetze können aber in den ihnen vorbehaltenen Materien für diese jederzeit auch besondere von dem E.G. abweichende Vorschriften des internationalen Privatrechts treffen. So z. B. würde Nichts entgegenstehen, wenn ein Bundesstaat die ihm nach E.G. Art. 134 vorbehaltenen und von ihm getroffenen Vorschriften über die religiöse Erziehung der Kinder abweichend von dem E.G. Art. 19 bestimmte, daß diese Vorschriften auf alle Kinder Anwendung finden, die in seinem Gebiet ihren Wohnsitz haben.

6. Die in dem Bisherigen dargelegten Grundsätze finden Anwendung nicht nur in dem Verhältnisse zu ausländischen Staaten, sondern auch in dem Verhältnisse der Bundesstaaten zu einander. Sie kommen in dieser Beziehung aber, da durch das B.G.B. einheitliches Recht für ganz Deutschland geschaffen ist, nur in Betracht für die der Landesgesetzgebung vorbehaltenen Materien (s. Nr. 5).

7. Soweit nach den Vorschriften des internationalen Privatrechts ausländisches Recht anzuwenden ist, finden auf den Beweis desselben die Vorschriften der C.P.O. § 293 Anwendung. Dies gilt sowohl, wenn es sich um die materiell-rechtlichen Vorschriften handelt, als wenn die, das internationale Privatrecht des Auslandes betreffenden in Frage kommen, wie dies z. B. bei Anwendung des Art. 27 des E.G. der Fall sein kann. Der Richter hat von Amtswegen das zur Anwendung kommende Recht sowie die Thatsachen, von denen die Anwendbarkeit abhängt, zu ermitteln, hat aber, wenn er auf diesem Wege Gewißheit nicht erlangen kann, diejenige Partei, deren Recht von dem anzuwendenden ausländischen Rechte abhängt, zum Beweise aufzufordern. Zweifelhaft und bestritten ist, wie verfahren werden muß, wenn weder auf dem einen noch auf dem anderen Wege Gewißheit zu erlangen ist. Nach der einen Ansicht soll der Richter, wenn nicht erwiesen wird, daß das ausländische Recht von dem inländischen abweicht, annehmen, daß das erstere mit dem letzteren übereinstimmt. In dem § 38 des der ersten Kommission vorgelegten Entwurfs war dies ausdrücklich ausgesprochen. Die Kommission hielt es indessen für bedenklich, den Satz in dieser Schärfe auszusprechen und beschloß, die Entscheidung der Frage der Wissenschaft und Praxis zu überlassen (P. I S. 11607). Nach der zweiten Ansicht ist das auf die ausländischen Gesetze gegründete Recht als nicht vorhanden anzunehmen und je nach den Umständen des Falles die darauf gestützte Klage abzuweisen oder die darauf gestützte Einrede zu verwerfen. Die erste Auffassung entspricht der Billigkeit am meisten, die letztere dürfte aber in Ermangelung einer besonderen Vorschrift die konsequentere sein, weil ein Recht nur begründet ist, wenn es vom Gesetz anerkannt wird, diese Anerkennung aber in dem gedachten Falle nicht feststeht. In diesem Sinne hat auch das Reichsoberhandelsgericht entschieden (R.O.H.G. Bd. 25 S. 53). Ueber alle diese Fragen, insbesondere über die verschiedenen möglichen Gestaltungen der Sachlage und das prozessualische Verfahren s. Zitelmann Bd. 1 S. 300—316.

Zweifelhaft ist auch die Frage, ob die unrichtige Anwendung ausländischen Rechtes die Verletzung eines Reichsgesetzes im Sinne der C.P.O. § 549 enthält, und daher die darauf gegründete Entscheidung der Revision unterliegt. Die Frage ist dann zu bejahen, wenn das ausländische Gesetz mit Unrecht angewendet ist; so auch R.G. Bd. 2 Nr. 6 S. 13; Bd. 6 Nr. 123. Sie auch für den Fall zu bejahen, wenn das mit Recht angewendete ausländische Recht verletzt ist, würde sich nur dann rechtfertigen, wenn man annähme, daß wenn das Reichsgesetz unter bestimmten Voraussetzungen auf das ausländische Recht verweist, hierdurch für diesen Fall das ausländische Recht den Charakter einer reichsgesetzlichen Vorschrift erhält. Dies dürfte aber für bedenklich zu erachten sein. Das Reichsgericht verneint die Frage für diesen Fall nach dem bisherigen Rechte (R.G. Bd. 6 Nr. 127 S. 412; Bd. 10 Nr. 32 S. 115; Bd. 10 Nr. 46 S. 172. Ebenso auch Scherer E.G. S. 66 ff. und Niedner S. 16 V. S. auch Zitelmann.

---

8. Soweit Reichsgesetze Vorschriften des internationalen Privatrechts enthalten, bleiben diese nach E.G. Art. 32 in Kraft s. z. B. W.O. Art. 84, 86; C.P.O. § 55; K.O. §§ 5, 50, 56, 237, 238).

9. Die Vorschriften des E.G. Art. 7—31 enthalten manche mehr oder weniger kasuistische Bestimmungen. In einer Beziehung wird aber ein großer von dem bisher in Deutschland geltenden Rechte abweichender Grundsatz durchgeführt. Dies ist der Grundsatz, daß für die sog. Personalstatuten nicht mehr der Wohnsitz sondern die Staatsangehörigkeit maßgebend ist. Dies gilt sowohl von der Geschäftsfähigkeit (E.G. Art. 7) als von den familienrechtlichen und erbrechtlichen Verhältnissen (E.G. Art. 13—15, 17—22, 24, 25.) Die deutsche Staats- und Reichsangehörigkeit bestimmt sich nach dem Reichsgesetze v. 1. Juni 1870 über die Erwerbung und den Verlust der Bundes- und Staatsangehörigkeit (E.G. Art. 41), die Staatsangehörigkeit eines Ausländers nach den für ihn maßgebenden Gesetzen. Ueber die deutschen Schutzgebiete s. die in der Erl. 6 zu Art. 1 angeführten Gesetze. Ueber die Frage, wie das Verhältniß zu beurtheilen ist, wenn Jemand Angehöriger mehrerer Staaten ist oder keinem Staate angehört s. Erl. zu Art. 29.

10. Aus dem E. II rev. mögen hier noch diejenigen Vorschriften angegeben werden, welche in dem E.G. vollständig übergangen sind.

§. 2366.

Das Schuldverhältniß aus einem Rechtsgeschäft unter Lebenden wird nach den Gesetzen des Ortes beurtheilt, an dem das Rechtsgeschäft zum Abschlusse gelangt.

Ist den Umständen nach anzunehmen, daß von den Betheiligten die Anwendung der Gesetze eines anderen Ortes vorausgesetzt sein muß, so sind die Gesetze dieses Ortes maßgebend.

§. 2367.

Das Schuldverhältniß aus einer unerlaubten Handlung wird nach den Gesetzen des Ortes beurtheilt, an dem die unerlaubte Handlung begangen wird.

Soweit sich ein deutsches Gesetz auf eine im Auslande begangene unerlaubte Handlung erstreckt, findet das deutsche Gesetz Anwendung.

§. 2368.

Ein Schuldverhältniß, das auf einem anderen Grunde als auf einem Rechtsgeschäft unter Lebenden oder einer unerlaubten Handlung beruht, wird nach den Gesetzen des Ortes beurtheilt, an welchem sich der für die Entstehung des Schuldverhältnisses in Betracht kommende Thatbestand verwirklicht, sofern sich nicht aus den deutschen Gesetzen ein Anderes ergiebt.

§. 2369.

Die Rechte an einer Sache sowie der Besitz werden nach den Gesetzen des Ortes beurtheilt, an dem sich die Sache befindet. Der Erwerb und der Verlust eines Rechtes an einer beweglichen Sache sowie des Besitzes einer solchen Sache werden nach den Gesetzen des Ortes beurtheilt, an dem sich die Sache zur Zeit der Verwirklichung des für die Erwerbung oder den Verlust in Betracht kommenden Thatbestandes befindet.

Die Vorschrift des § 2365 Satz 2 findet keine Anwendung auf ein Rechtsgeschäft, durch das ein Recht an einer Sache begründet oder über ein solches Recht verfügt wird.

(Der hier angezogene § 2365 Satz 2 ist gleichlautend mit E.G. Art. 11 Abs. 1 Satz 2).

Die übrigen Vorschriften des E. II werden, soweit erforderlich, bei den einzelnen Artikeln angeführt werden.

11. Ein Abkommen über Fragen des internationalen Privatrechts ist am 14. November 1896 zwischen Belgien, Frankreich, Spanien, Italien, Luxemburg, den Niederlanden, Portugal und der Schweiz abgeschlossen worden. Ihm haben sich später das deutsche Reich, Oesterreich-Ungarn, Dänemark, Schweden und Norwegen sowie Rumänien angeschlossen. Das Abkommen ist am 27. April 1899 ratifizirt und im R.G.Bl. am 25. Mai 1899 publizirt (R.G.Bl. v. 1899 S. 2885). Das Abkommen beschränkt sich indessen auf Bestimmungen über die Rechtshülfe, über Sicherheitsleistung wegen der Prozeßkosten, über das Armenrecht und über Personalhaft.

Artikel 7.

Die Geschäftsfähigkeit einer Person wird nach den Gesetzen des Staates beurtheilt, dem die Person angehört.

Erwirbt ein Ausländer, der volljährig ist oder die rechtliche Stellung eines Volljährigen hat, die Reichsangehörigkeit, so behält er die rechtliche Stellung eines Volljährigen, auch wenn er nach den deutschen Gesetzen nicht volljährig ist.

Nimmt ein Ausländer im Inland ein Rechtsgeschäft vor, für das er geschäftsunfähig oder in der Geschäftsfähigkeit beschränkt ist, so gilt er für dieses Rechtsgeschäft insoweit als geschäftsfähig, als er nach den deutschen Gesetzen geschäftsfähig sein würde. Auf familienrechtliche und erbrechtliche Rechtsgeschäfte sowie auf Rechtsgeschäfte, durch die über ein ausländisches Grundstück verfügt wird, findet diese Vorschrift keine Anwendung.

---

12. In dem § 27 des Ges. über die Konsulargerichtsbarkeit v. 7. April 1900, welches nach der Kaiserlichen Verordnung v. 25. Oktober 1900 am 1. Januar 1901 in Kraft tritt, ist bestimmt:

> „Soweit die nach § 19 zur Anwendung kommenden Gesetze auf die an einem ausländischen Orte geltenden Gesetze Bezug nehmen, sind hierunter, falls es sich um einen Ort innerhalb eines Konsulargerichtsbezirks und um die Rechtsverhältnisse einer der Konsulargerichtsbarkeit unterworfenen Person handelt, die deutschen Gesetze zu verstehen.
>
> Durch Kaiserliche Verordnung kann bestimmt werden, inwieweit in einem Konsulargerichtsbezirke die von der dortigen Staatsgewalt erlassenen Vorschriften neben den deutschen Gesetzen als Gesetze des Ortes anzusehen sind."

Nach dem § 19 kommen die Reichsgesetze, insbesondere also auch das B.G.B. und das E.G. zur Anwendung.

13. In den Erl. zu Art. 7—31 werden als E. I der von der ersten Kommission beschlossene Entwurf (enthalten in P. II S. 8175 ff., (Bd. 6 S. 8 ff.) als E. II bezw. E. II rev. der von der zweiten Kommission in erster bezw. zweiter Lesung beschlossene Entwurf, als E. des E.G. III der dem Reichstage vorgelegte Entwurf des E.G. zitirt werden.

Artikel 7.

E. I § 1; II § 2238 rev. § 2361; E. d. E.G. III Art. 6. P. I S. 11484—11488. P. II S. 8209—8211, 8226, 8227 (Bd. 6 S. 28, 29, 37, 38).

1. Der Art. 7 stellt im Abs. 1 eine allgemeine Regel darüber auf, nach welchem Rechte die Geschäftsfähigkeit einer Person zu beurtheilen ist und fügt dieser Regel in den Abs. 2 und 3 zwei Modifikationen hinzu. Die Regel geht dahin, daß maßgebend ist das Recht des Staates, dem die Person angehört, nicht also das Recht des Staates, in dem sie ihren Wohnsitz hat. Das Gesetz beschränkt sich also hier nicht darauf vorzuschreiben, auf welche Personen das deutsche Recht Anwendung findet, sondern es bestimmt auch, in welchen Fällen das ausländische Recht, und welches ausländische Recht Anwendung findet. Nur für die Beurtheilung der Geschäftsfähigkeit gilt aber die Regel; nicht für die Rechtsfähigkeit (s. unter Nr. 5), auch nicht für die Handlungsfähigkeit allgemein (s. unter Nr. 4) und ebensowenig für die Beschränkungen des Verfügungsrechts (s. unter Nr. 3).

2. Der Begriff der Geschäftsfähigkeit ist aus dem B.G.B. §§ 104 ff. zu entnehmen (s. Bd. I S. 149). Sie ist die Fähigkeit, eine rechtsgeschäftliche Willenserklärung abzugeben oder entgegenzunehmen (§ 131). Soweit die Vorschriften des B.G.B. über die Geschäftsfähigkeit auch auf Rechtshandlungen, die nicht Rechtsgeschäfte sind, Anwendung finden (s. Bd. I S. 149 X), gilt für sie auch der Art. 7. So wird sich also z. B. die Fähigkeit einer Person, einen Wohnsitz zu begründen oder aufzugeben (§ 8) sowie die Fähigkeit, sich durch Geschäftsführung ohne Auftrag zu verpflichten (§ 682) nach dem Rechte des Staates bestimmen, dem die Person angehört. Die Regel gilt nicht nur für die Beurtheilung der Frage, ob Jemand allgemein geschäftsfähig oder geschäftsunfähig ist (§ 104), sondern auch für die Beschränkung der Geschäftsfähigkeit und deren Folgen (§§ 106 ff.). Die Willenserklärungen eines Deutschen, welcher minderjährig oder wegen Geistesschwäche, Verschwendung oder Trunksucht entmündigt oder unter vorläufige Vormundschaft gestellt ist, sind daher, auch wenn er im Auslande seinen Wohnsitz hat und dort die Erklärung abgegeben hat, nur wirksam unter den in den §§ 107—113 bestimmten Voraussetzungen. Die

Regel des Art. 7 gilt auch, sofern das Gesetz die Geschäftsfähigkeit für einzelne Rechtsgeschäfte an besondere Voraussetzungen knüpft; sie gilt insbesondere also für die Fähigkeit, eine Ehe einzugehen (§§ 1303, 1304) sowie für die Fähigkeit, ein Testament oder einen Erbvertrag oder einen Erbverzichtsvertrag zu errichten (§§ 2229, 2230, 2275, 2347 s. auch Erl. zu Art. 24). Ebenso wie sich hiernach für einen Deutschen sowohl die Voraussetzungen einer Beschränkung der Geschäftsfähigkeit und der Geschäftsunfähigkeit als auch die Folgen dieser Zustände nach deutschen Gesetzen bestimmen, so bestimmen sich Voraussetzungen und Folgen für einen Ausländer nach dem Rechte desjenigen Staates, welchem er angehört. Insbesondere bestimmt sich hiernach auch, welche Grade der Beschränkung der Geschäftsfähigkeit gelten und welche Folgen daran geknüpft sind. Hierbei ist indessen zu beachten, ob es sich wirklich um eine Beschränkung der Geschäftsfähigkeit oder nur um eine Beschränkung des Verfügungsrechts handelt; für letztere gilt der Art. 7 nicht (s. unter Nr. 3). Insbesondere kann es bisweilen zweifelhaft sein, ob die für eine Ehefrau geltenden Beschränkungen als eine Beschränkung der Geschäftsfähigkeit oder, wie dies nach dem B.G.B. der Fall ist, nur als eine Beschränkung des Verfügungsrechts aufzufassen sind.

Aus dem Gesagten ergiebt sich, daß bei einem zwischen einem Deutschen und einem Ausländer vorgenommenen Rechtsgeschäfte sowohl das deutsche wie das ausländische Recht anzuwenden ist; möglicherweise kann für die Beurtheilung der Wirksamkeit des Rechtsgeschäfts nach einer anderen Seite hin auch noch ein drittes Recht z. B. das Recht des Ortes, an welchem das Geschäft vorgenommen ist, oder desjenigen Ortes, an welchem sich die den Gegenstand des Rechtsgeschäfts bildende Sache findet, anzuwenden sein.

Für die Entmündigung, für deren Voraussetzungen und Folgen nach dem Obigen das Recht des Staates maßgebend ist, dem der Entmündigte angehört (P. II S. 8213 ff.), ergiebt sich eine Ausnahme von dieser Regel aus der Vorschrift des Art. 8 (s. Erl. zu Art. 8). Für die Volljährigkeitserklärung besteht eine solche Ausnahme nicht (P. II S. 8212).

3. Die Regel des Art. 7 gilt nicht für Verfügungsbeschränkungen, welche nicht Ausfluß einer Beschränkung der Geschäftsfähigkeit sind. Dahin gehören nach dem B.G.B. insbesondere die Beschränkungen in Folge des Veräußerungsverbots der in den §§ 135, 136 bezeichneten Art. Die Beschränkungen der Ehefrau in Folge des ehelichen Güterrechts (§§ 1395 ff.), die Beschränkungen des Erben in Folge des Vorhandenseins eines Testamentsvollstreckers (§ 2211) oder eines Nacherben (§§ 2113 ff.) sowie die Beschränkungen des Gemeinschuldners in Folge des Konkurses (K.O. § 7). Für Beschränkungen dieser Art ist dasjenige Recht maßgebend, nach welchem sich die Wirksamkeit des betreffenden Rechtsgeschäfts bestimmt.

4. Die Regel des Art. 7 gilt nur für die Geschäftsfähigkeit, nicht für die Handlungsfähigkeit überhaupt. Sie gilt also nicht für die sog. Deliktsfähigkeit, d. h. für die Bestimmung der Voraussetzungen, unter welchen eine Person aus einer unerlaubten Handlung oder wegen Verletzung einer obligatorischen Verpflichtung verantwortlich ist (B.G.B. §§ 827, 828, 276 Abs. 1 Satz 3). Hierfür ist maßgebend das Recht desjenigen Ortes, nach welchem sich die Haftung aus der unerlaubten Handlung oder aus der obligatorischen Verpflichtung bestimmt (s. Erl. zu Art. 12).

5. Die Regel des Art. 7 gilt nicht für die Rechtsfähigkeit, d. h. für die Fähigkeit, Subjekt von Rechten oder Verbindlichkeiten zu sein. In dem der ersten Kommission vorgelegten Entwurfe war als § 5 die Vorschrift vorgeschlagen:

> „Die Rechtsfähigkeit wird nach den Gesetzen beurtheilt, welche über das Rechtsverhältniß, bei dem sie in Frage kommt, entscheiden."

Zur Ergänzung war im § 33 eine Vorschrift vorgeschlagen, nach welcher für Personen, die in einem auswärtigen Staate der Sklaverei unterworfen sind, aber in einem Staate den Wohnsitz haben oder verweilen, welcher die Sklaverei nicht anerkennt, das Recht dieses Staates bei solchen Verhältnissen maßgebend sein soll, für welche nach allgemeinen Grundsätzen das Recht des Sklavenstaats maßgebend sein würde.

Der erstgedachte Antrag wurde sachlich gebilligt, und ein Antrag, nach welchem die Staatsangehörigkeit maßgebend sein sollte, abgelehnt. Trotzdem wurde der erstgedachte Antrag nicht aufgenommen, weil man annahm, daß sich sein Inhalt aus den späteren Vorschriften als selbstverständlich ergebe. Auch der zweite Antrag wurde abgelehnt, aber ebenfalls nur deshalb, weil sein Inhalt sich aus dem mit dem jetzigen Art. 30 im Wesentlichen übereinstimmenden § 35 ergebe.

In der Theorie ist die Frage, nach welchem Rechte die Rechtsfähigkeit zu beurtheilen ist, streitig. In Betreff der Parteifähigkeit, welche sich als ein Ausfluß der allgemeinen Rechtsfähigkeit darstellt, ist in den Gründen eines Urtheils des R.G. Bd. 32 S. 173 die Ansicht vertreten, daß nach A.L.R. Einl. § 23 wie nach allgemeinen Grundsätzen das Recht des Wohnsitzes der betreffenden Partei maßgebend sei. Für die in dem E. I vertretene, oben dargelegte

Auffassung haben sich z. B. ausgesprochen von Bar Theorie Bd. 1 S. 390 ff., 406 ff. und Zitelmann Bd. 2 S. 82 ff. Die letztere Ansicht dürfte jedenfalls nach dem E.G. den Vorzug verdienen. Wenn in dem Art. 7 nur in Betreff der Geschäftsfähigkeit das Recht des Staates, dem die betreffende Person angehört, für maßgebend erklärt ist und in den späteren Artikeln dann das für einzelne Rechtsverhältnisse maßgebende Recht bestimmt ist, ohne dabei für die Rechtsfähigkeit eine Ausnahme zu machen, so muß man annehmen, daß das für die einzelnen Rechtsverhältnisse maßgebende Recht auch, soweit die Rechtsfähigkeit dabei in Betracht kommt, gelten soll; dies wird dann auch für diejenigen Rechtsverhältnisse gelten müssen, welche in dem E.G. nicht besonders geordnet sind. Ueber die für diese Auffassung sprechenden inneren Gründe s. v. Bar und Zitelmann a. a. O. Der aufgestellte Grundsatz wird gelten müssen sowohl in Betreff der allgemeinen Rechtsfähigkeit, also der Fähigkeit, überhaupt Subjekt von Rechten zu sein als auch in Betreff der besonderen Rechtsfähigkeit d. h. der Fähigkeit, Subjekt bestimmter Rechte z. B. Eigenthümer eines Grundstücks zu sein (s. z. B. auch E.G. Art. 86, 87). Ein Grund, in dieser Beziehung wie Niedner S. 18 Nr. 1 zu unterscheiden, dürfte nicht vorliegen. Zu beachten ist aber, daß wenn für das betreffende Rechtsverhältniß das Recht der Staatsangehörigkeit entscheidet, und dessen Anwendung gegen die guten Sitten oder gegen den Zweck eines deutschen Gesetzes verstoßen würde, die Anwendung nach Art. 30 ausgeschlossen ist. Ein solcher Fall würde z. B. vorliegen, wenn das ausländische Gesetz die Sklaverei oder den bürgerlichen Tod anerkennt und aus diesen Gründen die Fähigkeit, Eigenthum zu erwerben oder Erbe zu sein verneint.

Auch die Frage, ob ein Mensch bereits existirt, ist eine Frage der Rechtsfähigkeit. Ob daher der Mensch bereits mit der vollendeten Geburt als existirend anzusehen ist (B.G.B. § 1) oder wie nach französischem Rechte die Lebensfähigkeit erfordert wird, ist nach dem für das betreffende Rechtsverhältniß maßgebenden Rechte zu entscheiden. Ist z. B. ein Franzose gestorben, für dessen Beerbung nach E.G. Art. 25 das französische Recht maßgebend ist, und ist ihm nach seinem Tode ein Sohn geboren, der gesetzlich zum Erben berufen ist, so gilt derselbe, wenn er zwar lebend aber nicht lebensfähig zur Welt gekommen ist, als niemals vorhanden gewesen; die Erbschaft ist also ihm nicht angefallen, sondern denjenigen, welche nach ihm zu Erben berufen sind. Ueber die Behandlung der Todeserklärung s. Erl. zu Art. 9, über juristische Personen Erl. zu Art. 10.

6. Ausnahmen von der Regel des Art. 7 Abs. 1 treten ein theils in Folge der allgemeinen Vorschriften der Art. 27, 30, theils in Folge der besonderen Bestimmungen des Art. 7 Abs. 2, 3,

a) Nach Art. 27 finden, wenn nach Art. 7 Abs. 1 das Recht eines ausländischen Staates maßgebend ist, nach den in diesem Staate geltenden Grundsätzen des internationalen Privatrechts aber die deutschen Gesetze entscheidend sind, diese Anwendung. Wenn also z. B. die Geschäftsfähigkeit eines Engländers in Frage steht, der in Deutschland seinen Wohnsitz hat, so wird diese, weil nach englischem Rechte die Geschäftsfähigkeit sich nach dem Rechte des Wohnsitzes bestimmt, nicht nach englischem, sondern nach deutschem Rechte beurtheilt. Es findet hier also die sog. Rückverweisung statt. Ueber das Nähere s. Erl. zu Art. 27.

b) Das nach Art. 7 Abs. 1 maßgebende Recht wird nach Art. 30 nicht angewendet, wenn dessen Anwendung gegen die guten Sitten oder gegen den Zweck eines deutschen Gesetzes verstoßen würde. Hiernach dürfte z. B. eine Person, welche nach dem Rechte ihres Heimathstaats wegen ihres religiösen Bekenntnisses oder ihrer Angehörigkeit zu einem geistlichen Orden nicht geschäftsfähig ist, in Deutschland nach Maßgabe des deutschen Rechtes doch als geschäftsfähig anzuerkennen sein.

c) Nach Art. 7 Abs. 2 hat ein Deutscher, der nach deutschem Rechte die rechtliche Stellung eines Volljährigen nicht hat, diese Stellung doch, wenn er, bevor er Deutscher wurde, einem anderen Staate angehört und nach dessen Rechte die rechtliche Stellung eines Volljährigen erlangt hatte. In Betracht kommen hier sowohl die Fälle, in welchen nach dem Rechte des ausländischen Staates die Volljährigkeit früher eintritt wie nach dem deutschen Rechte, als auch diejenigen, in welchen die rechtliche Stellung eines Volljährigen nach dem ausländischen Rechte aus Gründen, die dem deutschen Rechte unbekannt sind, z. B. durch den Satz „Heirath macht mündig", erworben wird oder in welchen nach den Gesetzen des ausländischen Staates eine Volljährigkeitserklärung erfolgt ist. Es handelt sich hier um eine nur für Deutsche geltende Vorschrift, und eine Ausdehnung auf andere Fälle dürfte unzulässig sein. Die Annahme von Niedner (S. 21 Nr. 5), daß die Vorschrift des Abs. 2 nicht eine sog. einseitige Kollisionsnorm aufstelle, sondern eine selbständige neben der Vorschrift des Abs. 1 geltende Regel enthalte, die zwar ihrem Wortlaute nach nur für Deutschland bestimmt sei, ihrem Sinne nach aber allgemein gelten müsse, dürfte sich nicht rechtfertigen lassen. Es ist nicht abzusehen, weßhalb das Gesetz, wenn es eine allgemeine Regel hätte aufstellen wollen, nicht eine dem Abs. 1 entsprechende allgemeine Fassung gewählt und also etwa gesagt hätte, daß eine Person, welche nach den Gesetzen des Staates, dem sie angehört, die rechtliche Stellung eines Volljährigen erlangt hat, diese Stellung auch behält, wenn sie Angehöriger eines Staates wird, nach dessen Gesetzen sie jene Stellung nicht hat. Der von Niedner für die Vermeidung einer solchen allgemeinen Fassung angeführte Grund, daß dadurch in die Souveränität anderer Staaten eingegriffen werde, dürfte von dem Standpunkt aus, welchen das E.G. in dem unmittelbar vorausgehenden ersten Absatz eingenommen hat, nicht zutreffend sein. Der Abs. 2 behandelt die einmal erworbene rechtliche Stellung eines Volljährigen wie ein selbständiges wohlerworbenes Recht, aber er bestimmt dies nur zu Gunsten eines Deutschen und er glaubte keine Veranlassung zu haben, eine ähnliche Vorschrift auch zu Gunsten der Angehörigen anderer Staaten oder auch nur zu Gunsten solcher Ausländer, die früher als Deutsche die rechtliche Stellung eines Deutschen erlangt hatten, zu treffen. Sachlich handelt es sich in der That um eine materielle Bestimmung des deutschen Rechtes. Zu den Gründen, aus welchen nach dem B.G.B. die rechtliche Stellung eines Volljährigen erlangt wird, also zu der Volljährigkeitserklärung (§ 2) tritt nach Art. 7 Abs. 2 noch hinzu die Thatsache, daß die betreffende Person die rechtliche Stellung eines Volljährigen während der Zeit erlangt hatte, in welcher sie Angehöriger eines anderen Staates war. Enthalten die Gesetze eines anderen Staates zu Gunsten der Angehörigen dieses Staates eine dem Art. 7 Abs. 2 entsprechende Vorschrift, so wird diese aus demselben Gesichtspunkt auf Grund des Art. 7 Abs. 1 auch in Deutschland zur Anwendung zu bringen sein (s. auch Zitelmann Bd. 2 S. 63).

d) Der Art. 7 Abs. 3 Satz 1 macht eine dem § 84 der W.O. entsprechende Ausnahme von der Vorschrift des Abs. 1 für Ausländer, die in Deutschland Rechtsgeschäfte vornehmen (vergl. auch C.P.O. § 55). Ihre Geschäftsfähigkeit soll in Beziehung auf diese Rechtsgeschäfte so beurtheilt werden, wie wenn sie Deutsche wären; dies jedoch nur, wenn sie nach den deutschen Gesetzen in der Geschäftsfähigkeit weniger beschränkt sind, wie nach den Gesetzen ihres Heimathsstaats. Der nach diesen Gesetzen Geschäftsunfähige gilt also in Beziehung auf die gedachten Rechtsgeschäfte als vollständig geschäftsfähig oder in der Geschäftsfähigkeit beschränkt, je nachdem er das eine oder andere nach deutschen Gesetzen sein würde; der nach den Gesetzen seines Heimathsstaats beschränkt Geschäftsfähige gilt als unbeschränkt geschäftsfähig, wenn er dies nach deutschen Gesetzen sein würde; es bleibt aber bei der beschränkten Geschäftsfähigkeit, wenn er nach deutschen Gesetzen geschäftsunfähig wäre. Auch das Maß und die Folgen einer Beschränkung der Geschäftsfähigkeit bestimmen sich insoweit nach deutschem Rechte, als dieses eine geringere Beschränkung wie das ausländische Recht bestimmt.

Die Vorschrift gilt für Rechtsgeschäfte aller Art, vorbehaltlich der Ausnahme des Satz 2. Sie gilt also sowohl für Verträge wie für einseitige Rechtsgeschäfte und in Betreff der letzteren sowohl für empfangsbedürftige wie für nicht empfangsbedürftige Rechtsgeschäfte. Die in der ersten Kommission beantragte Beschränkung der Vorschrift, daß sie nicht gelten solle, wenn der andere Theil den Mangel der Geschäftsfähigkeit gekannt habe, ist abgelehnt; ebenso der in der zweiten Kommission gestellte Antrag, daß die Geschäftsfähigkeit nach deutschen Gesetzen nur dann angenommen werde „wenn die deutschen Gesetze für das den Gegenstand des Rechtsgeschäfts bildende Rechtsverhältniß maßgebend sind“. Die Ablehnung des letztgedachten Antrags erfolgte wesentlich aus dem praktischen Gesichtspunkte, daß dadurch das Verhältniß ohne Noth komplizirt werde. Die Anwendung der Vorschrift hängt daher, abgesehen von der Ausnahme des Satz 2, auch nicht von dem Inhalte des Rechtsgeschäfts ab; sie gilt insbesondere nicht nur für obligatorische, sondern auch für dingliche Rechtsgeschäfte aller Art z. B. für die Uebertragung des Eigenthums, für die Begründung und Aufhebung von Rechten an Sachen, für die Abtretung und Belastung von Forderungen 2c.

Die in dem Absatz 3 Satz 2 bestimmte Ausnahme für familienrechtliche und erbrechtliche Rechtsgeschäfte beruht auf dem Gedanken, daß die Vorschrift des Abs. 3 Satz 1 wesentlich die Sicherung des Verkehrs bezwecke. Die ausgenommenen Geschäfte sind aber keine Verkehrsgeschäfte. Der Begriff der familienrechtlichen und erbrechtlichen Rechtsgeschäfte ist aus dem B.G.B. zu entnehmen. Es gehören dahin insbesondere die Eingehung der Ehe, die Eheverträge, die Annahme an Kindesstatt, Testamente, Erbverträge, Erbverzichte 2c. Zweifelhaft kann sein, ob auch der Erbschaftskauf als ein erbrechtliches Rechtsgeschäft zu betrachten ist; die Frage dürfte zu verneinen sein (s. Erl. 3 f. zu Art 24).

Die weitere Ausnahme des Abs. 3 Satz 2 für Rechtsgeschäfte, durch welche über ein ausländisches Grundstück verfügt wird, ist erst von der zweiten Kommission hinzugefügt worden. Sie bezieht sich nur auf die Verfügung über das Grundstück selbst, nicht auf die Verfügung über Rechte an Grundstücken. Der Begriff der Verfügung ist aus dem B.G.B. zu entnehmen (s. Bd. I S. 148 Nr. 4). In Betracht kommt hiernach die Veräußerung und die Belastung eines ausländischen Grundstücks und das Aufgeben des Eigenthums daran. Nicht

Artikel 8.

Ein Ausländer kann im Inlande nach den deutschen Gesetzen entmündigt werden, wenn er seinen Wohnsitz oder, falls er keinen Wohnsitz hat, seinen Aufenthalt im Inlande hat.

---

unter die Ausnahme des Satz 2 fallen Rechtsgeschäfte, durch welche die Verpflichtung zu einer Verfügung der gedachten Art eingegangen wird.

Aus der Vorschrift des Abs. 3 kann nicht ein allgemeines Prinzip entnommen werden. Sie bezweckt, den Verkehr in Deutschland zu sichern und darf daher nicht auf Rechtsgeschäfte ausgedehnt werden, die im Auslande, sei es von Deutschen oder überhaupt von Angehörigen eines anderen Staates als demjenigen, in welchem das Rechtsgeschäft zu Stande gekommen ist, vorgenommen werden. Eine Ausdehnung auf solche Rechtsgeschäfte würde mit dem Wortlaute wie mit dem Zwecke des Abs. 1 unvereinbar sein.

Ueber die Anwendung des Abs. 3 in dem Falle, daß ein entmündigter Ausländer ein Rechtsgeschäft in Deutschland vornimmt s. Erl. 5 zu Art. 8.

Artikel 8.

E. II § 2339; rev. § 2362 E. d. E.G. III Art. 7. P. I S. 11566—11572, 11606. P. II S. 8213—8218 (Bd. 6 S. 29—32).

1. In dem der ersten Kommission vorgelegten Entwurfe (§ 28) war die Aufnahme eines allgemeinen Satzes dahin vorgeschlagen, daß die Voraussetzungen der Entmündigung einer Person sich nach dem Rechte des Staates, welchem die Person angehört, die Wirkungen aber nach dem Rechte des Staates bestimmen, in welchem die Entmündigung ausgesprochen wird. Daneben wurden zwei Fälle bestimmt, in welchen die in einem ausländischen Staate ausgesprochene Entmündigung in Deutschland nicht anerkannt werden soll. Bei den Berathungen der ersten Kommission gingen die Ansichten darüber auseinander, ob nur die Voraussetzungen oder auch die Wirkungen oder endlich auch das Verfahren nach dem Rechte des Heimathsstaats zu beurtheilen sei. Daneben wurden Anträge gestellt, welche die Entmündigung eines Ausländers im Inlande sowie die Entmündigung eines Deutschen im Ausland auszuschließen bezw. zu beschränken bezweckten. Sämmtliche Anträge wurden abgelehnt, indem man davon ausging, daß die Frage, ob nur die Voraussetzungen oder auch die Wirkungen und das Verfahren nach dem Rechte des Heimathsstaats zu beurtheilen sei, der Wissenschaft und Praxis überlassen bleiben solle, daß aber die Entmündigung eines Ausländers im Inlande nach den Vorschriften der C.P.O. über die Zuständigkeit der inländischen Gerichte (§ 594 jetzt § 648) zulässig sei und es hierbei bleiben müsse, und daß endlich die Frage, ob die im Ausland erfolgte Entmündigung eines Inländers anzuerkennen sei, sich nach den Vorschriften über die Anerkennung ausländischer Urtheile bestimme.

Bei den Berathungen der zweiten Kommission wurde davon ausgegangen, daß zwar die Vorschriften der C.P.O. (§§ 648, 680) über das für die Entmündigung zuständige Gericht unberührt bleiben, daß aber materiell die Entmündigung eines Ausländers im Inlande nach dem im Art. 7 ausgesprochenen Prinzip unzulässig sei. Das praktische Bedürfniß erfordere aber, von dieser Konsequenz die im Art. 8 bestimmte Ausnahme zu machen. Dabei wurde noch von einer Seite bemerkt, daß sich hieraus als Meinung der Kommission ergebe, daß die im Ausland erfolgte Entmündigung eines Inländers nicht anerkannt werde. Ob dieser Satz ohne Weiteres erkennbar sei, stehe dahin.

2. Nach Art. 7 wird die Geschäftsfähigkeit einer Person nach dem Rechte des Staates beurtheilt, dem die Person angehört. Nach diesem Rechte bestimmen sich also die Voraussetzungen, unter welchen die Geschäftsfähigkeit einer Person ausgeschlossen oder beschränkt wird. Nach diesem Rechte ist also auch zu beurtheilen, ob durch den als Entmündigung bezeichneten Rechtsakt eine Aufhebung oder Beschränkung der Geschäftsfähigkeit eintritt und unter welchen Voraussetzungen ein solcher Rechtsakt erfolgen kann. Hieraus ergiebt sich, daß die Voraussetzungen und Wirkungen der Entmündigung eines Inländers nach deutschem Rechte, die eines Ausländers nach dem Rechte des Staates dem er angehört, zu beurtheilen sind. Zweifelhaft ist die Frage, ob auch das Verfahren, in welchem die Entmündigung erfolgt und die Behörde, von welcher die Entmündigung auszusprechen ist, sich nach dem Rechte des Staates bestimmt, dem die betreffende Person angehört. Nach C.P.O. §§ 648, 680 ist für die Einleitung des Verfahrens auf Entmündigung dasjenige Amtsgericht zuständig, bei welchem der zu Entmündigende seinen allgemeinen Gerichtsstand hat. In dem Abs. 2 des § 648 werden dann noch besondere Vorschriften für den Fall gegeben, daß ein Deutscher einen allgemeinen Gerichtsstand in Deutschland nicht hat. Hiernach

ist also ein inländisches Gericht auch zuständig für die Entmündigung eines Ausländers, wenn dieser seinen allgemeinen Gerichtsstand bei dem betreffenden Gerichte hat; umgekehrt aber auch ein ausländisches Gericht für die Entmündigung eines Inländers, wenn dieser dort seinen allgemeinen Gerichtsstand hat. Nur die Zuständigkeit des Gerichts wird hierdurch aber bestimmt. Eine Entscheidung der materiellen Frage, ob ein Ausländer wirksam im Inland, ein Inländer wirksam im Ausland entmündigt werden kann, dürfte in dieser Bestimmung nicht zu finden sein. Wenn das Gesetz die Ausschließung oder Beschränkung der Geschäftsfähigkeit von dem Rechtsakte der Entmündigung abhängig macht, so hat es hierbei nicht einen von einer beliebigen Behörde erfolgenden Rechtsakt, sondern denjenigen Rechtsakt vor Augen, welcher durch die gesetzlich bestimmte inländische Behörde erfolgt, das B.G.B. insbesondere also die von dem zuständigen inländischen Amtsgerichte nach Maßgabe des in der C.P.O. geordneten Verfahrens erfolgende Entmündigung. Hierfür spricht insbesondere auch, daß die Vorschriften über das Verfahren, z. B. die Vorschriften über die Antragsberechtigung, zugleich eine materielle Bedeutung haben und mit den sonstigen materiellen Voraussetzungen in einem so engen Zusammenhange stehen, daß eine Entmündigung, die auf Grund anderer Vorschriften als der der C.P.O. erfolgte, in der That eine ganz andere Entmündigung wäre (s. auch Zitelmann I S. 211). Gegen dieses Ergebniß dürfte sich auch nicht einwenden lassen, daß prinzipiell auch die Urtheile ausländischer Gerichte in Deutschland anerkannt werden und daß hiervon nur dann eine Ausnahme stattfindet, wenn eine der in C.P.O. § 328 bestimmten Voraussetzungen vorliegt. Das gedachte Prinzip gilt nach dem Wortlaute des § 328 nur für die in einem Prozeß ergangenen Urtheile; seine Ausdehnung auf den je nach den verschiedenen Gesetzen von der einen oder anderen Behörde erfolgenden Rechtsakt der Entmündigung dürfte aus den oben hervorgehobenen, aus der Bedeutung der Entmündigung entnommenen Gründen in hohem Grade bedenklich sein.

Eventuell mag noch kurz darauf hingewiesen werden, welche Konsequenzen sich aus der entsprechenden Anwendung des § 328 der C.P.O. ergeben. Nach der Nr. 1 würde die Entmündigung, welche im Ausland erfolgt, nicht anzuerkennen sein, wenn der Entmündigte, mag er ein Inländer oder ein Ausländer sein, seinen allgemeinen Gerichtsstand (C.P.O. § 13) nicht in dem betreffenden Auslande hat. Nach der Nr. 2 würde die im Ausland erfolgte Entmündigung eines Deutschen nicht anzuerkennen sein, wenn der Entmündigte sich nicht auf das Verfahren eingelassen hat und die das Verfahren einleitende Ladung oder Verfügung ihm nicht nach Maßgabe der in der Nr. 2 getroffenen Bestimmung zugegangen ist. Die Nr. 3 kommt nicht in Betracht. Nach der Nr. 4 würde die im Ausland erfolgte Entmündigung eines Deutschen nicht anzuerkennen sein, wenn sie gegen die guten Sitten oder gegen den Zweck eines deutschen Gesetzes verstoßen würde. Hiernach dürfte die Entmündigung eines Deutschen aus einem Grunde, den das deutsche Recht nicht anerkennt, z. B. die Entmündigung wegen körperlicher Gebrechen, nicht anzuerkennen sein; ebenso auch nicht eine weitergehende Beschränkung der Geschäftsfähigkeit als das deutsche Recht je nach der Verschiedenheit der Gründe mit der Entmündigung verbindet. Endlich würde nach Nr. 5 die Anerkennung zu versagen sein, wenn die Gegenseitigkeit nicht verbürgt ist.

3. Von dem nach Nr. 2 maßgebenden Grundsatze, daß ein Ausländer nur in dem Staate, welchem er angehört nach den dort geltenden Gesetzen entmündigt werden kann, macht der Art. 8 für den Fall eine Ausnahme, daß ein Ausländer seinen Wohnsitz oder, falls er keinen Wohnsitz hat, seinen Aufenthalt im Inlande hat. Der Aufenthalt im Inlande genügt also nur, wenn der betreffende Ausländer überhaupt keinen Wohnsitz hat. Liegt eine dieser Voraussetzungen vor, so kann der betreffende Ausländer nach deutschen Gesetzen entmündigt werden. Sowohl die Voraussetzungen als das zuständige Gericht, als das Verfahren, als endlich auch die Wirkungen der Entmündigung bestimmen sich ausschließlich nach deutschem Rechte. Die Entmündigung eines Ausländers durch ein deutsches Gericht nach Maßgabe ausländischen Rechtes ist unzulässig.

Nicht ausgeschlossen durch die Vorschrift des Art. 8 wird die Entmündigung eines Ausländers in seinem Heimathsstaat und nach dessen Gesetzen. Ist diese erfolgt, so wird dadurch zwar die Entmündigung nach deutschen Gesetzen in Deutschland formell nach Art. 8 nicht ausgeschlossen; das deutsche Gericht wird aber nach dem Zwecke des Art. 8 von der ihm dadurch beigelegten Befugniß („kann") keinen Gebrauch machen dürfen. Ist die Entmündigung von einem deutschen Gericht erfolgt, so treten immer die nach deutschem Rechte damit verbundenen Wirkungen ein und zwar auch dann, wenn der betreffende Ausländer auch im Ausland entmündigt würde, und mit dieser Entmündigung nach dem betreffenden ausländischem Rechte geringere Wirkungen verbunden wären. Sind aber mit der im Ausland erfolgten Entmündigung weitergehende Wirkungen verbunden als mit der deutschen Entmündigung, so treten diese neben den Wirkungen der deutschen Entmündigung ein.

Der Art. 8 macht von dem maßgebenden allgemeinen Grundsatz eine Ausnahme nur zu Gunsten der deutschen Gesetze. Von Einigen wird zwar eine Ausdehnung dieser Ausnahme da-

Artikel 9.

Ein Verschollener kann im Inlande nach den deutschen Gesetzen für todt erklärt werden, wenn er bei dem Beginne der Verschollenheit ein Deutscher war.

---

hin vertheidigt, daß ein Deutscher auch im Ausland entmündigt werden könne, wenn er dort seinen Wohnsitz oder in Ermangelung eines Wohnsitzes, seinen Aufenthalt habe. Eine solche Ausdehnung dürfte sich aber nicht rechtfertigen lassen. Der Art. 8 enthält eine Ausnahme von dem allgemeinen Prinzipe des Art. 7 und muß deshalb strikt interpretirt werden. Hierfür spricht auch der Zweck des Art. 8. In den Protokollen sind zwar verschiedene Gründe für die Vorschrift des Art. 8 hervorgehoben, und ist dabei insbesondere auch auf das eigene Interesse des zu entmündigenden Ausländers hingewiesen, daneben kommt aber auch wesentlich die Rücksicht auf die Verkehrssicherheit im Inland in Betracht, und jedenfalls geht der Art. 8 davon aus, daß nur der in Deutschland nach deutschen Gesetzen erfolgenden Entmündigung das Vertrauen zu schenken sei, daß ein materiell gerechtes und zweckmäßiges Ergebniß erreicht werde.

4. Die im Ausland erfolgte Entmündigung eines Ausländers ist in allen Beziehungen nach dem Rechte des Staates, dem der Entmündigte angehört, zu beurtheilen. Der Entmündigungsakt muß von der nach dem ausländischen Rechte zuständigen Behörde erfolgt sein und hat, die nach dem ausländischen Rechte damit verbundenen Wirkungen; dies gilt auch bei solchen Rechtsverhältnissen, welche an sich nach deutschem Rechte zu beurtheilen sind. Der § 328 der C.P.O. findet aus den oben unter Nr. 2 dargelegten Gründen auf den ausländischen Entmündigungsakt keine Anwendung. Die mit dem Entmündigungsakte nach dem ausländischen Rechte verbundenen Wirkungen treten in Deutschland nach E.G. Art. 30 nur dann nicht ein, wenn sie gegen die guten Sitten oder gegen den Zweck eines deutschen Gesetzes verstoßen würden. Dies wird nur ganz ausnahmsweise vorkommen. Insbesondere ist zu beachten, daß während die Entmündigung eines Deutschen im Auslande, falls man eine solche überhaupt für zulässig hält, als gegen den Zweck der deutschen Gesetze verstoßend anzusehen ist, wenn sie aus einem von dem deutschen Rechte nicht anerkannten Grunde erfolgt ist, dies in Betreff der Entmündigung eines Ausländers nicht ohne Weiteres anzunehmen ist, daß also z. B. die nach dem betreffenden ausländischen Rechte zulässige Entmündigung eines Ausländers wegen körperlicher Gebrechen auch in Deutschland anzuerkennen sein wird.

Hervorzuheben ist noch, daß wenn das ausländische Recht andere Rechtsakte als die Entmündigung kennt, mit welchen eine Beschränkung der Geschäftsfähigkeit verbunden ist, ein solcher Rechtsakt, wenn er in Beziehung auf eine dem betreffenden Staate angehörende Person ergangen ist, ebenfalls in Deutschland anzuerkennen ist. Dies gilt z. B. von der nach französischem Rechte zulässigen Verbeistandung eines Geistesschwachen (vergl. Art. 211).

5. Zweifelhaft ist, ob und in welcher Art der Art. 7 Abs. 3 Satz 1 auf einen Ausländer anzuwenden ist, der auf Grund eines in seinem Heimathstaat ergangenen Entmündigungsakts geschäftsunfähig oder in der Geschäftsfähigkeit beschränkt ist. Die fragliche Vorschrift hat zunächst nur solche Fälle vor Augen, in welchen die Geschäftsunfähigkeit oder die Beschränkung der Geschäftsfähigkeit bei dem Vorhandensein gewisser Thatsachen z. B. eines bestimmten Alters von selbst eintritt. In solchem Falle gilt der Ausländer, wenn er im Inland ein Rechtsgeschäft vornimmt, in Beziehung auf dieses Rechtsgeschäft für geschäftsfähig, wenn jene Thatsachen nach deutschem Rechte die Geschäftsunfähigkeit oder die Beschränkung der Geschäftsfähigkeit nicht begründen. Bei der Anwendung dieser Vorschrift auf den Fall, daß die Geschäftsunfähigkeit oder die Beschränkung der Geschäftsfähigkeit des Ausländers in Folge eines im Ausland ergangenen Entmündigungsakts eingetreten ist, fragt es sich, ob die gedachte Voraussetzung immer als vorliegend anzunehmen ist, weil ein Deutscher im Auslande niemals entmündigt werden kann, oder ob die Voraussetzung nur dann als vorliegend anzunehmen ist, wenn die Entmündigung aus Gründen erfolgt ist, welche das deutsche Recht nicht anerkennt. Die letztere Auffassung dürfte der Absicht und dem Zwecke der fraglichen Vorschrift des Art. 7 am meisten entsprechen.

Artikel 9.

E. II § 2230; rev. § 2363; E. d. E.G. III Art. 8. P. I S. 11489–11492, 11606. P. II S. 29, 30, 8172–8174, 8183–8193, 8197–8201 (Bd. 1 S. 10, 11; Bd. 6 S. 6–8, 12–17, 20–22).

1. Der Art. 9 enthält keine allgemeine Vorschrift über die für die Todeserklärung und deren Wirkungen maßgebenden Gesetze. Im Abs. 1 wird nur bestimmt, unter welchen Voraussetzungen ein verschollener Inländer nach deutschen Gesetzen für todt erklärt werden kann, in

Gehörte der Verschollene bei dem Beginne der Verschollenheit einem fremden Staate an, so kann er im Inlande nach den deutschen Gesetzen mit Wirkung für diejenigen Rechtsverhältnisse, welche sich nach den deutschen Gesetzen bestimmen, sowie mit Wirkung für das im Inlande befindliche Vermögen für todt erklärt werden; die Vorschriften des §. 2369 Abs. 2 des Bürgerlichen Gesetzbuchs finden entsprechende Anwendung.

Hatte ein verschollener ausländischer Ehemann seinen letzten Wohnsitz im Inland und ist die im Inlande zurückgebliebene oder dahin zurückgekehrte Ehefrau Deutsche oder bis zu ihrer Verheirathung mit dem Verschollenen Deutsche gewesen, so kann auf ihren Antrag der Verschollene im Inlande nach den deutschen Gesetzen ohne die im Abs. 2 bestimmte Beschränkung für todt erklärt werden.

---

den Abs. 2, 3, unter welchen Voraussetzungen dies in Betreff eines Ausländers zulässig ist, und welche Wirkungen die Todeserklärung eines solchen hat. Der § 8 des der ersten Kommission vorgelegten Entwurfs enthielt eine allgemeine Bestimmung dahin, daß die Vorschriften des B.G.B. über Todeserklärung sich nur auf Deutsche erstrecken und daß die inländischen Gerichte ausschließlich für das Verfahren zuständig seien. Die erste Kommission war sachlich hiermit einverstanden, verwies aber die erstgedachte Bestimmung in das B.G.B. selbst und hielt die zweite Bestimmung für entbehrlich, weil sich das Erforderliche aus den Vorschriften über die Voraussetzungen, unter welchen ausländische Urtheile im Inland anerkannt werden, ergeben. Die erstgedachte Bestimmung war im E. I § 5 dadurch zum Ausdrucke gebracht, daß darin nur die Todeserklärung eines Deutschen für zulässig erklärt wurde. Die zweite Kommission strich bei der Berathung des B.G.B. die Beschränkung der Todeserklärung auf Deutsche und verwies die sich hierauf beziehende Frage in das internationale Privatrecht. Bei der Berathung des letzteren wurden die Abs. 1, 2 des jetzigen Art. 9 beschlossen. Der Abs. 3 ist vom Bundesrathe hinzugefügt worden.

2. Die Rechtsfähigkeit einer Person endigt mit deren Tode. Durch die Todeserklärung wird nach B.G.B. § 18 die Vermuthung begründet, daß der für todt Erklärte in dem Zeitpunkte gestorben sei, welcher in dem Todeserklärungsurtheil als Zeitpunkt des Todes bestimmt ist. Weitere Folgen der Todeserklärung bestimmen die §§ 1348, 1420, 1679, 1884, 1885. Für die Rechtsfähigkeit eines Menschen sind, wie in der Erl. 5 zu Art. 7 dargelegt ist, diejenigen Gesetze maßgebend, nach welchen sich das Rechtsverhältniß bestimmt, bei dem die Rechtsfähigkeit in Frage kommt. Hieraus würde zu folgern sein, daß auch die Voraussetzungen und Wirkungen der Todeserklärung nach denjenigen Gesetzen beurtheilt werden müssen, welche für das Rechtsverhältniß, bei dem die Todeserklärung in Frage kommt, maßgebend sind. Handelt es sich z. B. um die Beerbung eines Ausländers, für welche nach Art. 25 die Gesetze seines Heimathstaats maßgebend sind, so würde die Frage, ob und wann der Erblasser auf Grund einer Todeserklärung als gestorben, der Erbfall also als eingetreten anzusehen ist, nach dem Rechte seines Heimathstaats zu beurtheilen sein, während wenn der Erblasser ein Deutscher wäre, für seine Beerbung also nach Art. 24 das deutsche Recht maßgebend ist, jene Frage nach deutschem Rechte zu entscheiden wäre. Dasselbe würde gelten müssen für die Beurtheilung der Frage, ob eine Person, die zunächst als Erbe berufen ist, auf Grund einer Todeserklärung als vor dem Erblasser gestorben und ob deshalb der Nächstberufene als Erbe geworden anzusehen ist. Zitelmann (II S. 103ff.). Die zweite Kommission ist indessen von einer anderen Auffassung ausgegangen; sie hat, wie sich aus den Protokollen ergiebt, bei der Berathung der Vorschriften über die Todeserklärung angenommen, daß diese nach den Gesetzen des Staates zu beurtheilen sei, welchen der für todt Erklärte angehört. Später (P. II S. 8210) wurde zwar die Auffassung vertreten, daß die Rechtsfähigkeit nach denjenigen Gesetzen beurtheilt werden müsse, welche für das in Frage kommende Rechtsverhältniß maßgebend seien; diese Auffassung ist aber auf die über die Todeserklärung gefaßten Beschlüsse, aus denen der Art. 9 Abs. 1, 2 hervorgegangen, ohne Einfluß geblieben und in diesen Beschlüssen ist die entgegengesetzte Auffassung zum unzweideutigen Ausdrucke gelangt. Während nämlich der Art. 9 Abs. 1 eine allgemeine Vorschrift über die Todeserklärung eines Deutschen enthält, wird im Abs. 2 bestimmt, daß auch die Todeserklärung eines Ausländers nach deutschen Gesetzen zulässig sei, daß eine solche Todeserklärung aber nur Wirkung für die Verhältnisse, die sich nach deutschem Rechte bestimmen sowie für das im Inlande befindliche Vermögen des Verschollenen habe. Der erste Theil dieser Vorschrift würde offenbar überflüssig sein, wenn die Todeserklärung immer nach denjenigen Gesetzen zu beurtheilen wäre, welche für das in Frage kommende Rechtsverhältniß maßgebend sind und in

dem zweiten Theile der Vorschrift wird die Wirkung der nach deutschen Gesetzen erfolgten Todeserklärung eines Ausländers auf das im Inlande befindliche Vermögen des für todt Erklärten ohne Beschränkung auf die nach deutschem Rechte zu beurtheilenden Verhältnisse ausgesprochen. Auf demselben Standpunkte steht der von dem Bundesrathe hinzugefügte dritte Absatz, nach welchem ein ausländischer Ehemann unter den dort näher bezeichneten Voraussetzungen ohne die im Abs. 2 bestimmten Beschränkungen nach den deutschen Gesetzen für todt erklärt werden kann. Man wird hiernach als Absicht des Gesetzes annehmen müssen, daß eine nach deutschem Gesetzen erfolgte Todeserklärung regelmäßig nicht nur für die nach deutschen Rechte zu beurtheilenden Verhältnisse, sondern ähnlich wie die Entmündigung unbeschränkt für alle Verhältnisse wirksam sei, und daß von dieser Regel nur für den im Abs. 2 bestimmten Fall eine Ausnahme gelte. Hieraus wird aber nicht geschlossen werden dürfen, daß dieselben Grundsätze auch für eine nach ausländischem Rechte erfolgte Todeserklärung zu gelten habe. Der Art. 9 enthält nur eine einseitige Vorschrift zu Gunsten der deutschen Gesetze, aus welchen nach ihrem Grunde und Zwecke ein allgemeines Prinzip nicht abgeleitet werden kann. Für die nach ausländischem Rechte erfolgte Todeserklärung wird es daher bei der Regel verbleiben müssen, daß sie nach denjenigen Gesetzen zu beurtheilen ist, welche für das Rechtsverhältniß, bei dem sie in Frage kommt, maßgebend sind.

3. Die Todeserklärung eines Deutschen nach Maßgabe und mit den Wirkungen der deutschen Gesetze kann nur von einem deutschen Gericht erfolgen. Dieser Satz ist im Art. 9 nicht ausdrücklich ausgesprochen worden und als bei den Berathungen der zweiten Kommission von einer Seite die Ansicht ausgesprochen wurde, daß er sich aus dem ersten Absatze des Art. 9 ergebe, wurde von anderer Seite dagegen geltend gemacht, daß die Todeserklärung eines Deutschen zwar nur nach deutschen Gesetzen erfolgen könne, daß dadurch aber nicht ausgeschlossen werde, daß sie durch ein ausländisches Gericht ausgesprochen werde. Die Kommission beschloß, eine Entscheidung über diese Frage nicht zu treffen. Aus dem Wesen der Todeserklärung dürfte der oben aufgestellte Grundsatz zu folgern sein. Die Todeserklärung ist ein durchaus positives Institut. Die weitgehenden Wirkungen die das Gesetz an sie knüpft, stehen im untrennbaren Zusammenhange nicht nur mit den Voraussetzungen, von welchen sie abhängig gemacht ist, sondern auch mit dem Verfahren, in welchem und mit der Behörde, von welcher sie auszusprechen ist. Die von einem ausländischen Gericht in dem für dieses maßgebende Verfahren erfolgte Todeserklärung ist nicht diejenige Todeserklärung, an welche das deutsche Gesetz die von ihm bestimmten Wirkungen knüpft. Hierfür spricht auch die Vorschrift der C.P.O. § 961, nach welcher für das Verfahren über die Todeserklärung dasjenige Gericht zuständig ist, in dessen Bezirke der Verschollene seinen letzten inländischen Wohnsitz gehabt hat. Vorausgesetzt wird also ein deutsches Gericht und bei der im Satz 2 gegebenen Vorschrift, nach welcher in Ermangelung eines solchen Wohnsitzes das zuständige Gericht von der Landesjustizverwaltung des Bundesstaats, welchem der Verschollene angehörte, bezw. von dem Reichskanzler bestimmt werde, ist sicherlich nicht daran gedacht worden, daß auf diesem Wege ein ausländisches Gericht für zuständig erklärt werden könne.

4. Aus dem unter Nr. 3 Gesagten folgt nicht, daß der im Auslande nach dem ausländischen Gesetz erfolgten Todeserklärung eines Deutschen jede Wirksamkeit in Deutschland versagt werden müsse. In dieser Beziehung greift vielmehr der unter Nr. 2 dargelegte und nur zu Gunsten einer nach deutschen Gesetzen erfolgten Todeserklärung modifizirte Grundsatz Platz, daß die Rechtsfähigkeit und deshalb auch die Todeserklärung nach denjenigen Gesetzen zu beurtheilen ist, welche für das Rechtsverhältniß, für das sie in Frage kommt, maßgebend sind. Bei einem nach ausländischem Rechte zu beurtheilenden Rechtsverhältnisse wird daher der im Auslande nach ausländischem Rechte erfolgten Todeserklärung eines Deutschen diejenige Wirkung zuzusprechen sein, welche sie nach dem betreffenden ausländischen Rechte hat; bei der Beerbung eines Ausländers also z. B. wird ein im Auslande für todt erklärter Deutscher, wenn dort die Todeserklärung dieselbe Wirkung hat wie nach deutschen Gesetzen als gestorben vermuthet und daher, falls sein Tod als vor dem Tode des Erblassers erfolgt anzusehen ist, bei der Erbfolge nicht zu berücksichtigen sein. Handelt es sich dagegen um die nach deutschem Rechte zu beurtheilende Beerbung eines Deutschen, so wird die im Ausland erfolgte Todeserklärung des Erblassers oder eines anderen zum Erben berufenen Deutschen nicht berücksichtigt.

Es kommt hierbei indessen noch in Frage, ob der im Ausland erfolgten Todeserklärung eines Deutschen nicht auf Grund der C.P.O. § 328 jede Wirkung in Deutschland zu versagen ist. Hält man den § 328 auch auf die Todeserklärung für anwendbar, so würde der im Ausland erfolgten Todeserklärung eines Deutschen sowohl auf Grund der Nr. 1 als auf Grund der Nr. 2 diese Anerkennung zu versagen sein, denn die Gerichte des Auslandes sind für die Todeserklärung nach deutschen Gesetzen (C.P.O. § 961) nicht zuständig und ebenso werden nach der Natur der Todeserklärung regelmäßig auch die Voraussetzungen der Nr. 2 (Nichteinlassung auf das Verfahren und Mangel der Zustellung der das Verfahren einleitenden Verfügung in Person oder durch Rechtshülfe deutscher Gerichte) gegeben sein. Nach dem Inhalt und Zwecke des § 328 dürften dessen Vorschriften aber nur auf die in Prozessen ergehenden Urtheile anwendbar und eine analoge Anwendung auf die Todeserklärung nicht gerechtfertigt sein. Diese erfolgt zwar nach deutschen Gesetzen durch Urtheil und es ist möglich, daß dies auch nach ausländischem Rechte der Fall ist, aber sie hat ihrem Wesen nach doch eine ganz andere Bedeutung, wie das in einem Prozeß ergehende Urtheil und nur ein solches hat der § 328 vor Augen.

5. Für die Todeserklärung nach Maßgabe und mit der Wirkung der deutschen Gesetze kommt es nicht darauf an, daß der für todt Erklärte zur Zeit der Todeserklärung ein Deutscher war, sondern nur darauf, daß er dies zur Zeit der Verschollenheit war. Ueber den Begriff der Verschollenheit s. Bd. I S. 69 Erl. 2 zu § 13. Bei den Berathungen der ersten Kommission war davon ausgegangen, daß die deutsche Staatsangehörigkeit zur Zeit des Urtheils vorliegen müsse und daß, wenn dies nicht der Fall sei, wenn also z. B. der für todt Erklärte nach dem Zeitpunkte der Verschollenheit, ohne daß das Gericht davon Kenntniß erhalten, die Reichsangehörigkeit verloren habe, das Urtheil der Anfechtung unterliege. Um dem hierin liegenden Uebelstand abzuhelfen ist der Abs. 1 aufgenommen worden. Es kommt hiernach nur darauf an, daß der für todt Erklärte zur Zeit der Verschollenheit ein Deutscher gewesen ist; die Todeserklärung kann erfolgen und das Urtheil ist nicht anfechtbar, auch wenn der Verschollene nachher die Reichsangehörigkeit verloren hat.

6. Eine Person, welche beim Beginne der Verschollenheit Ausländer war, kann in Deutschland nach deutschen Gesetzen für todt erklärt werden (Art. 9 Abs. 2, 3). Die Voraussetzungen der Zulässigkeit der Todeserklärung, das Verfahren und die zuständige Behörde (s. insbesondere auch § 961) bestimmen sich immer nach den deutschen Gesetzen (C.P.O. §§ 960 ff.), aber die Wirkungen der Todeserklärung sind nicht immer dieselben wie für die Todeserklärung eines Deutschen. In dieser Beziehung sind vielmehr drei Fälle zu unterscheiden.

a) Die Regel bildet, daß die Todeserklärung nur Wirkung für solche Rechtsverhältnisse hat, die nach deutschem Rechte zu beurtheilen sind. Handelt es sich also z. B. um die Beerbung eines Deutschen (Art. 24), so hat die Todeserklärung eines Ausländers, welcher als Erbe berufen ist, die im B.G.B. bestimmte Wirkung, daß der Berufene als in demjenigen Zeitpunkte gestorben gilt, welcher in dem Todeserklärungsurtheil als Zeitpunkt des Todes bestimmt ist. Handelt es sich dagegen um die Beerbung eines Ausländers (Art. 25) so ist für deren Beurtheilung sowohl die Todeserklärung des Erblassers als einer zum Erben berufenen Person ohne Bedeutung; die im § 18 bestimmte Vermuthung gilt also nicht. Ob diese Beschränkung der Wirkung eintritt hängt übrigens nach dem unter Nr. 5 Gesagten davon ab, ob der für todt Erklärte beim Eintritte der Verschollenheit ein Ausländer war. War er damals ein Deutscher, so tritt die Wirkung der Todeserklärung unbeschränkt ein. Dasselbe dürfte, obwohl der Wortlaut des Art. 9 dies nicht ergiebt, auch dann anzunehmen sein, wenn der für todt Erklärte vor Erlassung des Todeserklärungsurtheils die deutsche Reichsangehörigkeit erlangt haben sollte. Die außerordentliche Seltenheit eines solchen Falles erklärt dessen Nichtberücksichtigung in dem Gesetze.

b) Die Todeserklärung eines Ausländers hat die ihr nach deutschen Gesetzen zukommende Wirkung unbeschränkt für das im Inlande befindliche Vermögen. In Beziehung auf dieses Vermögen treten die Wirkungen der Todeserklärung auch dann ein, wenn es sich um ein Rechtsverhältniß handelt, das sich nach ausländischem Rechte bestimmt. Handelt es sich z. B. um die Beerbung eines Ausländers, so wird, wenn er im Inlande für todt erklärt ist, in Beziehung auf sein im Inlande befindliches Vermögen vermuthet, daß er in dem durch das Todeserklärungsurtheil bestimmten Zeitpunkte gestorben und der bei Zugrundelegung dieser Todeszeit als Erbe Berufene Erbe geworden sei. Wer als Erbe berufen ist bestimmt sich selbstverständlich auch für das im Inlande befindliche Vermögen nach den für die Beerbung maßgebenden Gesetzen. Durch diese Vorschrift können nun freilich schwer zu lösende Konflikte eintreten, wenn für das im Auslande befindliche Vermögen nach den ausländischen Gesetzen ein anderer Zeitpunkt als der in dem Todeserklärungsurtheile bestimmte als Zeitpunkt des Todes und in Folge davon eine andere Person als zur Erbschaft berufen anzunehmen ist. Das Gesetz hat indessen die sich hieraus ergebenden Uebelstände für nicht so schwerwiegend erachtet, um sich dadurch von der fraglichen Vorschrift abhalten zu lassen.

Welches Vermögen als im Inlande befindlich anzusehen ist, wird durch den im Absatz 2 Halbsatz 2 für entsprechend anwendbar erklärten § 2369 Abs. 2 des B.G.B. näher bestimmt. Hiernach gelten als im Inlande befindliche Gegenstände, für die von einer deutschen Behörde ein zur Eintragung des Berechtigten bestimmtes Buch oder Register geführt wird, also z. B. Schiffe, die in das deutsche Schiffsregister eingetragen sind; ebenso ein Anspruch, wenn für die

Artikel 10.

Ein einem fremden Staate angehörender und nach dessen Gesetzen rechtsfähiger Verein, der die Rechtsfähigkeit im Inlande nur nach den Vorschriften der §§. 21, 22 des Bürgerlichen Gesetzbuchs erlangen könnte, gilt als rechtsfähig,

---

Klage ein deutsches Gericht zuständig ist. Für Sachen ergiebt deren örtliche Lage von selbst, ob sie im Inlande befindlich sind.

Zweifelhaft kann sein, wie das Verhältniß zu beurtheilen ist, wenn Vermögen, das sich zur Zeit der Todeserklärung im Inlande befand, später ins Ausland gebracht wird. Man wird hier davon auszugehen haben, daß die rechtliche Wirkung, welche in Beziehung auf dieses Vermögen durch die Todeserklärung eingetreten ist, also z. B. der Erwerb dieses Vermögens durch die nach Maßgabe der Todeserklärung als Erbe vermuthete Person dadurch nicht wieder beseitigt wird, daß das Vermögen später in das Ausland gebracht wird.

c) Unbeschränkt treten die nach deutschen Gesetzen an die Todeserklärung geknüpften Wirkungen in dem im Abs. 3 bezeichneten Falle ein. Die Voraussetzungen sind:

α) Der für todt erklärte Ausländer muß seinen letzten Wohnsitz im Inlande gehabt haben;

β) seine Ehefrau muß im Inlande geblieben oder dahin zurückgekehrt sein;

γ) sie muß eine Deutsche sein oder bis zu ihrer Verheirathung Deutsche gewesen sein;

δ) sie muß den Antrag auf Todeserklärung gestellt haben.

Nicht erforderlich ist, wie man nach dem Wortlaut annehmen könnte, daß der Antrag der Ehefrau ausdrücklich auf Todeserklärung nach den deutschen Gesetzen ohne die im Abs. 2 bestimmten Beschränkungen gestellt ist.

Der Eintritt der nach den deutschen Gesetzen an die Todeserklärung geknüpften Wirkung ist in einem Falle der hier fraglichen Art deshalb von besonderer Bedeutung, weil wenn die Ehefrau nach der Todeserklärung des Ehemanns eine neue Ehe eingeht, diese Ehe nach B.G.B. § 1348 unter den dort bezeichneten Voraussetzungen, auch wenn der Ehemann noch lebte, nicht nichtig ist, vielmehr die frühere Ehe mit Schließung der neuen Ehe aufgelöst wird. Im Art. 13 Abs. 2 ist ausdrücklich bestimmt, daß die Eingehung der neuen Ehe von Seiten der Ehefrau in dem hier fraglichen Falle nach deutschen Gesetzen beurtheilt wird (s. Erl. zu Art. 13). Die Wirkung der Todeserklärung beschränkt sich aber, wenn die gedachten Voraussetzungen vorliegen, nicht hierauf; sie hat vielmehr in allen Beziehungen die nach den deutschen Gesetzen mit der Todeserklärung verbundenen Wirkungen und zwar nicht nur auf solche Rechtsverhältnisse, die sich nach deutschem Rechte bestimmen, sondern auch für diejenigen, für welche ausländische Gesetze maßgebend sind. Insbesondere gilt also auch für die Beerbung des Ehemanns, obwohl diese sich nach ausländischen Gesetzen bestimmt, die Vermuthung, daß er in dem durch das Todeserklärungsurtheil bestimmten Zeitpunkte gestorben sei; ebenso auch dann, wenn etwa die nach ausländischem Rechte zu beurtheilende Beerbung eines Dritten davon abhängt, ob der für todt Erklärte vor oder nach dem Erblasser gestorben ist.

7. Durch die Vorschriften der Abs. 2, 3 wird nicht ausgeschlossen, daß ein Ausländer im Auslande nach den dortigen Gesetzen für todt erklärt wird. Die nach den ausländischen Gesetzen an eine solche Todeserklärung geknüpften Wirkungen kommen aber nach den oben unter Nr. 2 dargelegten Grundsätzen nur für solche Rechtsverhältnisse in Betracht, die nach ausländischem Rechte zu beurtheilen sind. Es gilt hier dasselbe was oben unter Nr. 4 über die im Ausland erfolgte Todeserklärung eines Deutschen gesagt ist.

Nach denselben Grundsätzen ist das Verhältniß zu beurtheilen, wenn nach dem ausländischen Rechte zwar keine Todeserklärung stattfindet aber andere Verfügungen zulässig sind, die einen ähnlichen Zweck wie die Todeserklärung verfolgen, so z. B. die Verschollenheitserklärung und die Einweisung des muthmaßlichen Erben in den Besitz und Genuß (vergl. Art. 161, 162).

Artikel 10.

E I § 1; II § 2237 rev. § 2364; E. d. E.G. III Art. 9. P. I S. 11483, 11484. P. II S. 8201—8209 (Bd. 6 S. 22—28).

1. Der Art. 10 enthält keine allgemeine Vorschrift über juristische Personen, vielmehr nur eine singuläre Vorschrift über die Voraussetzungen, unter welchen ausländische Vereine als rechtsfähig anerkannt werden. Die E. I und II stellten den allgemeinen

wenn seine Rechtsfähigkeit durch Beschluß des Bundesraths anerkannt ist. Auf nicht anerkannte ausländische Vereine der bezeichneten Art finden die Vorschriften über die Gesellschaft sowie die Vorschrift des §. 54 Satz 2 des Bürgerlichen Gesetzbuchs Anwendung.

Grundsatz auf, daß die juristische Persönlichkeit nach den Gesetzen des Ortes beurtheilt werde, an welchem die juristische Person ihren Sitz habe. Der E. II enthielt dann noch einen Zusatz, welcher einen ähnlichen Zweck verfolgte wie der jetzige Art. 10. In Folge der Streichung der jenen allgemeinen Grundsatz aussprechenden Vorschrift wird es die Aufgabe der Wissenschaft und Praxis sein, die maßgebenden Rechtssätze festzustellen (s. v. Bar Theorie I S. 307 ff; Zitelmann II S. 110 ff.). Hier mag nur Folgendes hervorgehoben werden. Aus dem Begriffe der juristischen Persönlichkeit (s. Bd. I S. 77) ergiebt sich, daß es sich bei den Bestimmungen über das Dasein und die Verfassung einer juristischen Person um Vorschriften über die Frage handelt, ob und unter welchen Voraussetzungen ein rechtsfähiges Subjekt als vorhanden anzunehmen ist. Die E. I und II gingen davon aus, daß hierüber die Gesetze des Ortes zu entscheiden haben, an welchem die juristische Person ihren Sitz hat. Nach P. I S. 11483, 11484 sollte dies aber nur für das Dasein und die Verfassung nicht für die Rechtsfähigkeit der juristischen Person gelten; die letztere sollte sich nach denjenigen Gesetzen bestimmen, welche für das Rechtsverhältniß, bei dem sie in Frage kommt, maßgebend sind. Bei den Berathungen der zweiten Kommission (P. II S. 8203 Bd. 6 S. 21) wurde dagegen angenommen, daß sich der aufgestellte Grundsatz auch auf den Umfang der Rechtsfähigkeit der juristischen Person beziehe. Nach dem in der Erl. 5 zu Art. 7 Gesagten bestimmt sich die Rechtsfähigkeit nach denjenigen Gesetzen, welche für das Rechtsverhältniß, bei dem sie in Frage kommen, maßgebend sind. Die Frage der Rechtsfähigkeit läßt sich aber nicht wohl trennen von der Frage nach dem Dasein eines rechtsfähigen Subjekts. Auch für die Entscheidung dieser Frage würde also der gedachte Grundsatz maßgebend sein müssen. Nun haben aber die Bedürfnisse des modernen Verkehrs in allen Kulturstaaten zu der Anerkennung der Möglichkeit juristischer Personen geführt. Die Gesetze, welche in den einzelnen Staaten die Voraussetzungen des Daseins einer juristischen Person und ihrer Verfassung bestimmen, haben regelmäßig nur die in dem betreffenden Staate zur Entstehung gelangenden juristischen Personen vor Augen. Für das B.G.B. ergiebt sich dies aus den Vorschriften über rechtsfähige Vereine (§§ 21—33) und über Stiftungen (§§ 80 ff.) unzweifelhaft; dasselbe gilt für die juristischen Personen, welche durch die neben dem B.G.B. in Kraft bleibenden Reichsgesetze geordnet werden (handelsrechtliche Gesellschaften und die verschiedenen Arten der Genossenschaften s. Bd. I S. 78) sowie für die öffentlichrechtlichen juristischen Personen (B.G.B. § 89) und für die der Landesgesetzgebung überlassenen juristischen Personen (s. z. B. E.G. Art. 83, 164—167). Eine Anwendung der gedachten deutschrechtlichen Vorschriften auf ausländische juristische Personen ist häufig unmöglich so z. B. die Anwendung der Vorschriften über eingetragene Vereine, aber auch da, wo sie möglich wäre, gewiß nicht beabsichtigt. Da nun aber andererseits nicht angenommen werden kann, daß das deutsche Recht ausländische juristische Personen für alle Rechtsverhältnisse, die nach deutschem Rechte zu beurtheilen sind, als nicht vorhanden ansehen wolle, so muß man annehmen, daß das deutsche Recht für die Beurtheilung der Frage, ob im Ausland eine juristische Person besteht, auf das betreffende ausländische Recht verweisen wolle. Ebenso wie mit dem deutschen Rechte dürfte es aber auch regelmäßig mit dem Rechte anderer Staaten stehen; auch nach ihnen wird in der hier fraglichen Beziehung wenigstens regelmäßig eine stillschweigende Verweisung auf die Gesetze des Staates, der die betreffende juristische Person angehört, anzunehmen sein. So gelangt man auch von dem oben vertretenen Standpunkt aus, nach welchem prinzipiell das Dasein einer juristischen Person sich nach den Gesetzen des Staates bestimmt, die für das betreffende Rechtsverhältniß maßgebend sind, doch ebenfalls zu dem im E. I und II ausgesprochenen Satze, daß die Gesetze desjenigen Staates entscheidend sind, welchem die betreffende juristische Person angehört. Welchem Staate eine juristische Person angehört, bestimmt sich nach dem Orte, in dem die juristische Person ihren Sitz hat (B.G.B. § 24).

Die in dem Bisherigen dargelegte Auffassung findet ihre Bestätigung in der Spezialvorschrift des Art. 10. Durch diese wird die Anerkennung der Rechtsfähigkeit gewisser ausländischer Vereine von einer besonderen Voraussetzung abhängig gemacht. Hieraus wird gefolgert werden dürfen, daß die Rechtsfähigkeit anderer als der im Art. 10 bezeichneten juristischen Personen sich lediglich nach den Gesetzen des Staates bestimmen sollen, dem sie angehören.

Die Annahme einer stillschweigenden Verweisung auf die ausländischen Gesetze ist aber dann ausgeschlossen, wenn sich aus einer Bestimmung desjenigen Rechtes, welches an sich für das betreffende Rechtsverhältniß maßgebend ist, ergiebt, daß sie allgemein angewendet sein will. So dürften z. B. Vorschriften der Landesgesetze, durch welche auf Grund des Vorbehalts des

E.G. Art. 86 der Erwerb von Rechten durch juristische Personen beschränkt wird, im Zweifel auch für ausländische juristische Personen gelten.

Die obigen Grundsätze finden auch auf die Parteifähigkeit einer juristischen Person Anwendung, da nach C.P.O. § 50 parteifähig ist, wer rechtsfähig ist. Da es sich hier um ein prozessualisches Rechtsverhältniß handelt, so finden darauf an sich die für dieses Verhältniß geltenden deutschen Prozeßvorschriften Anwendung. Auch in dieser Beziehung wird aber anzunehmen sein, daß die deutschen Gesetze in Betreff der Parteifähigkeit ausländischer juristischer Personen stillschweigend auf das betreffende ausländische Recht verweist.

Die Geschäftsfähigkeit einer ausländischen juristischen Person bestimmt sich, wenn nach dem Obigen ihr Dasein und ihre Rechtsfähigkeit anzunehmen ist, nach E.G. Art. 7.

2. Der Art. 10 bezieht sich nur auf eine Kategorie der juristischen Personen, nämlich auf die Vereine und zwar auch auf diese nicht sämmtlich, sondern nur auf Vereine der im B.G.B. §§ 21, 22 gedachten Art. Es sind dies diejenigen Vereine, deren Zweck nicht auf einen wirthschaftlichen Geschäftsbetrieb gerichtet ist sowie solche Vereine, deren Zweck zwar auf einen solchen Geschäftsbetrieb gerichtet ist, für welche aber besondere reichsgesetzliche Vorschriften nicht bestehen. Ueber den Begriff des auf einen wirthschaftlichen Geschäftsbetrieb gerichteten Zweckes s. Bd. I S. 79, 80 Erl. 1, 2 zu § 21. Nicht berührt durch den Art. 10 werden also die Stiftungen (§§ 80 ff.), die öffentlichrechtlichen Korporationen und diejenigen Vereine, deren Entstehung und Rechtsfähigkeit durch besondere reichsgesetzliche Vorschriften geregelt ist (Bd. I S. 78 Vorbm. I 1), insbesondere also die handelsrechtlichen Gesellschaften und die verschiedenen Arten der Genossenschaften. Für alle juristischen Personen dieser Art verbleibt es bei den unter Nr. 1 dargelegten Grundsätzen; ihr Dasein und ihre Rechtsfähigkeit bestimmt sich also, wenn sie dem Ausland angehören, auch bei den nach deutschem Rechte zu beurtheilenden Rechtsverhältnissen nach den Gesetzen des Staates, welchem sie angehören. Die gedachten Vereine aber werden nach Art. 10, wenn sie dem Ausland angehören, d. h. wenn sie in diesem ihren Sitz haben (Bd. I S. 82 Erl. zu § 24), nur unter folgenden Voraussetzungen als rechtsfähig anerkannt:

a) Sie müssen nach den Gesetzen des Staates, dem sie angehören, rechtsfähig sein.

b) Ihre Rechtsfähigkeit muß durch Beschluß des Bundesraths anerkannt sein.

Beide Voraussetzungen müssen zusammentreffen. Ist der Verein nach den Gesetzen des Staates, dem er angehört, nicht rechtsfähig, so erlangt er die Rechtsfähigkeit auch nicht durch Anerkennung des Bundesraths (a. A. Niedner S. 29 Nr. 4). Zu beachten ist indessen, daß nach B.G.B. § 23 durch Beschluß des Bundesraths die Rechtsfähigkeit einem Vereine, der seinen Sitz nicht in einem Bundesstaate hat, also auch einem solchen, der seinen Sitz im Auslande hat, verliehen werden kann. Eine solche Verleihung ist etwas Anderes, als die nach Art. 10 geforderte Anerkennung und man wird in der letzteren nicht etwa zugleich eventuell die Verleihung der Rechtsfähigkeit nach § 23 erblicken dürfen, sofern nicht etwa besondere Umstände eine solche Auslegung rechtfertigen. Die Anerkennung der Rechtsfähigkeit von Seiten des Bundesraths dürfte aber regelmäßig als genügend anzusehen sein, um den Beweis zu liefern, daß der Verein nach den Gesetzen des Staates, dem er angehört, rechtsfähig ist; doch bleibt immer der Gegenbeweis zulässig. Die Anerkennung kann jederzeit zurückgenommen werden. Die Ertheilung sowie die Zurücknahme der Anerkennung hängt von dem freien Ermessen des Bundesraths ab. Dieser ist insbesondere nicht an die im B.G.B. § 43 für die Entziehung der Rechtsfähigkeit bestimmten Voraussetzungen gebunden.

3. Die Vorschrift des Art. 10 Satz 2 hat einen durchaus positiven Charakter. Ein von dem Bundesrathe nicht anerkannter ausländischer Verein der gedachten Art soll nach den Vorschriften über die Gesellschaft beurtheilt werden und es sollen auf ihn zugleich die Vorschriften des B.G.B. § 54 Satz 2 Anwendung finden. Unter den Vorschriften über die Gesellschaft sind im Art. 10 ebenso wie im B.G.B. § 54 Satz 1 die Vorschriften des B.G.B. über Gesellschaften zu verstehen. Nach § 54 Satz 2 haftet aus einem Rechtsgeschäfte, das im Namen eines solchen Vereins einem Dritten gegenüber vorgenommen wird, der Handelnde persönlich; handeln Mehrere, so haften sie als Gesammtschuldner. Es gilt also für Vereine dieser Art ganz dasselbe wie für inländische Vereine, die nicht rechtsfähig sind (s. Bd. I S. 103 ff. Erl. zu § 54). Auch die auf nicht rechtsfähige Vereine sich beziehenden Vorschriften der C.P.O. finden auf die hier fraglichen ausländischen Vereine Anwendung. Ein Verein dieser Art kann also als solcher in Deutschland verklagt werden und hat im Prozesse die Stellung eines rechtsfähigen Vereins (C.P.O. § 5 Abs. 2). Auf Grund des gegen den Verein vollstreckbaren Urtheils kann die Zwangsvollstreckung in sein Vermögen erfolgen (C.P.O. § 735).

Artikel 11.

Die Form eines Rechtsgeschäfts bestimmt sich nach den Gesetzen, welche für das den Gegenstand des Rechtsgeschäfts bildende Rechtsverhältniß maßgebend sind. Es genügt jedoch die Beobachtung der Gesetze des Ortes, an dem das Rechtsgeschäft vorgenommen wird.

Die Vorschrift des Abs. 1 Satz 2 findet keine Anwendung auf ein Rechtsgeschäft, durch das ein Recht an einer Sache begründet oder über ein solches Recht verfügt wird.

---

4. Die Vorschriften des Art. 10 kommen nur bei solchen Rechtsverhältnissen in Frage, die sich nach deutschem Rechte bestimmen. Bei Rechtsverhältnissen, die sich nach den Gesetzen desjenigen fremden Staates bestimmen, welchem der Verein angehört, sind diese Gesetze auch für das Dasein und die Rechtsfähigkeit des Vereins maßgebend. Handelt es sich z. B. um die Beerbung eines Ausländers und hat dieser durch Verfügung von Todeswegen eine Zuwendung an einen Verein gemacht, der dem Heimathsstaate des Erblassers angehört, so ist die Frage, ob der Verein rechtsfähig ist und die Zuwendung erwerben kann, nach den für die Beerbung maßgebenden ausländischen Gesetzen (Art. 25) zu entscheiden.

Artikel 11.

E. I § 3; II §§ 2240, 2241 Abs. 2 rev. § 2365; E. d. E.G. III Art. 10. P. I S. 11492—11495, 11498. P. II S. 8218—8226 (Bd. 6 S. 32—37).

1. Der Abs. 1, welcher im Wesentlichen gleichlautend sich in allen Entwürfen befindet, giebt eine allgemeine Vorschrift über die für die Form eines Rechtsgeschäfts maßgebenden Gesetze, mag das Rechtsgeschäft im Inland oder im Auslande, mag es von einem Inländer oder von einen Ausländer vorgenommen sein. Der Satz 1 enthält das Prinzip; der Satz 2 bestimmt eine weitgreifende Ausnahme, die aber durch den Abs. 2 wieder für die dort bestimmten Fälle ausgeschlossen wird. Auch die Ausnahmen sowie die derselben hinzugefügte Beschränkung gilt allgemein sowohl für die im Inland als für die im Auslande, für die von Inländern und die von Ausländern vorgenommenen Rechtsgeschäfte.

2. Durch die im Abs. 1 Satz 1 aufgestellte Regel werden die maßgebenden Gesetze nicht direkt, sondern durch Verweisung auf diejenigen Gesetze bezeichnet, welche für das den Gegenstand des Rechtsgeschäfts bildende Rechtsverhältniß maßgebend sind.

In dem der ersten Kommission vorgelegten Entwurfe war auf die für das Rechtsgeschäft maßgebenden Gesetze verwiesen. Nach der jetzigen bereits von der ersten Kommission beschlossenen Fassung kommt es auf das Rechtsverhältniß an, welches den Gegenstand des Rechtsgeschäfts bildet. Die Frage, welche Gesetze für ein bestimmtes Rechtsverhältniß maßgebend sind, wird für das E.G. nur für einzelne Rechtsverhältnisse entschieden (s. Art. 13—15). Es fehlt insbesondere an Vorschriften darüber, nach welchen Gesetzen sich die Rechte an Sachen und die auf Rechtsgeschäften unter Lebenden beruhenden Rechtsverhältnisse bestimmen. Die hierüber im E. II (§§ 2241, 2242; rev. §§ 2369, 2366) enthaltenen Bestimmungen sind in den Vorbm. zu Art. 7 ff. Nr. 10 mitgetheilt. In Ermangelung ausdrücklicher gesetzlicher Vorschriften haben Wissenschaft und Praxis in dieser Beziehung die Entscheidung nach Maßgabe der in den Vorbemerkungen zu diesem Abschnitte dargelegten Grundsätze zu finden. (Ueber das für Vertragsobligationen maßgebende Recht s. u. A. die Verhandlungen des deutschen Juristentags Bd. 1 S. 169 ff.; Bd. 2 S. 33 ff.; Bd. 4 S. 76 ff.). Nach den für das betreffende Rechtsverhältniß maßgebenden Gesetzen entscheidet sich sowohl, ob überhaupt eine Form, als auch eventuell welche Form für das Rechtsgeschäft erforderlich ist. Nach denselben bestimmt sich auch, was zur Beobachtung der Form erforderlich ist. So sind z. B., wenn die deutschen Gesetze für das Rechtsverhältniß maßgebend sind, für die dadurch vorgeschriebene schriftliche Form die Vorschriften des B.G.B. § 126, für die gerichtlichen oder notariellen Beurkundungen die Vorschrift des § 128 und des freiw. G.G. §§ 167 ff., für die öffentliche Beglaubigung die Vorschriften des B.G.B. § 129 ff. und das freiw. G.G. § 183 maßgebend.

Ob, wenn das maßgebende Gesetz gerichtliche oder notarielle Beurkundung vorschreibt, damit die Beurkundung durch ein Gericht oder einen Notar des betreffenden Staates erfordert wird oder ob auch die Beurkundung durch ein ausländisches Gericht oder einen ausländischen Notar genügt, hängt von der Auslegung des betreffenden Gesetzes ab. Ist das letztere anzunehmen, so sind für das von dem ausländischen Gericht oder Notare bei der Beurkundung zu beobachtende Verfahren die Gesetze seines Staates maßgebend. Soweit das deutsche Gesetz gerichtliche oder notarielle Beurkundung vorschreibt, dürfte darunter die Beurkundung durch ein deutsches Gericht oder einen deutschen Notar nach Maßgabe der für diese geltenden deutschen Gesetze zu verstehen sein; insbesondere z. B. kann, sofern die Errichtung eines Testaments vor Gericht oder Notar vorgeschrieben ist, diese nur vor einem deutschen Gericht oder Notar nach Maßgabe des B.G.B. §§ 22, 32 ff. erfolgen. Die Frage ist indessen deshalb von keiner großen praktischen Bedeutung, weil nach Abs. 1 Satz 2 regelmäßig auch die Beobachtung der Gesetze des Ortes genügt, an dem das Rechtsgeschäft vorgenommen wird.

Ob eine Vorschrift eine Form bestimmt oder einen materiellen Charakter hat, ist ebenfalls eine Frage der Auslegung des betreffenden Gesetzes. Für das B.G.B. wird in dieser Beziehung kaum ein Zweifel entstehen können. Hervorgehoben mag nur werden, daß die Vorschriften, durch welche die Genehmigung oder Bestätigung eines Rechtsgeschäfts durch ein Gericht vorgeschrieben wird (s. z. B. B.G.B. §§ 1643, 1741, 1821 ff.), keine Formvorschriften sind. Dagegen enthält die Bestimmung, daß ein Vertrag bei gleichzeitiger Anwesenheit beider Parteien geschlossen werden muß (s. z. B. B.G.B. §§ 925, 1434, 2276), eine Formvorschrift. Denselben Charakter hat auch die Vorschrift des § 2267, nach welcher Ehegatten ein gemeinschaftliches Testament in der dort näher bestimmten holographischen Form errichten können.

Die Regel des Abs. 1 Satz 1 gilt sowohl für einseitige empfangsbedürftige und nicht empfangsbedürftige Rechtsgeschäfte wie für Verträge. Ob bei den letzteren eine Form für den Vertragsabschluß selbst oder nur für die Erklärung beider Parteien oder nur für die eines von beiden Theilen erforderlich ist, entscheidet sich nach dem Inhalte des betreffenden Gesetzes (s. z. B. B.G.B. §§ 925, 128, 518, 766). Die Vorschrift gilt auch für Rechtshandlungen, die zwar nicht Rechtsgeschäfte sind, auf die aber die Vorschriften über Rechtsgeschäfte entsprechende Anwendung finden. Sie gilt dagegen nicht für die von öffentlichen Behörden vorzunehmenden Rechtshandlungen z. B. für die Zustellung einer Willenserklärung durch das Gericht oder den Gerichtsvollzieher nach Maßgabe des B.G.B. § 132; für diese führt indessen der Grundsatz, daß sich solche Rechtsakte nach den für die betreffende Behörde geltenden öffentlichrechtlichen Bestimmungen richte, zu demselben praktischen Ergebnisse.

3. Soweit es sich um ein Rechtsverhältniß der in den Art. 13 Abs. 1, 17 Abs. 1, 25 bezeichneten Art handelt und nach dem für dieses Rechtsverhältniß maßgebenden ausländischen Rechte die deutschen Gesetze anzuwenden sind, finden nach Art. 27 diese Gesetze auf das Rechtsverhältniß Anwendung und es bestimmt sich daher auch die Form eines Rechtsgeschäfts, dessen Gegenstand ein Rechtsverhältniß der gedachten Art bildet nach den deutschen Gesetzen.

4. Der Abs. 1 Satz 2 erklärt neben der regelmäßigen Form des Abs. 1 Satz 1 auch diejenige Form für genügend, welche den Gesetzen des Ortes entspricht, an welchem das Rechtsgeschäft vorgenommen wird. Die Betheiligten haben also die Wahl, ob sie das Rechtsgeschäft in der einen oder der anderen Form vornehmen wollen. Ist nach den Gesetzen des Ortes, an welchem das Rechtsgeschäft vorgenommen wird, eine Form überhaupt nicht erforderlich, so bedarf es einer solchen nicht, auch wenn die Gültigkeit des Rechtsgeschäfts nach denjenigen Gesetzen, welche für das den Gegenstand des Rechtsgeschäfts bildende Rechtsverhältniß maßgebend sind, von der Beobachtung einer bestimmten Form abhängt. Dies gilt auch dann, wenn die Parteien in der Absicht, die Formvorschrift zu umgehen, das Rechtsgeschäft im Auslande vornehmen. Es liegt hier kein Handeln in fraudem legis vor, denn das Gesetz gestattet den Betheiligten unbedingt, das Rechtsgeschäft in derjenigen Form vorzunehmen, welche nach den Gesetzen des Ortes, an welchem es vorgenommen wird, genügt.

Die Ausnahme des Abs. 1 Satz 2 gilt für Rechtsgeschäfte und Rechtshandlungen in demselben Umfange wie die Regel des Satz 1. Ueber die Ausnahme des Abs. 2 s. Nr. 5. Auch in Betreff des Begriffs der Formvorschrift gilt das unter Nr. 2 Gesagte.

Zweifelhaft kann im einzelnen Falle sein, welcher Ort als Ort der Vornahme des Rechtsgeschäfts anzusehen ist. Die Entscheidung der Frage wird aus dem Inhalt und dem Zwecke des die Form vorschreibenden Gesetzes zu entnehmen sein. Bei einseitigen nicht empfangsbedürftigen Rechtsgeschäften ist der Ort maßgebend, an dem die Erklärung abgegeben wird. Bei einseitigen empfangsbedürftigen Willenserklärungen kommt außerdem der Ort in Betracht, an welchem sie dem anderen Theile zugeht. Ist hier das Rechtsgeschäft vorgenommen an dem Orte, an dem die Erklärung abgegeben wird, oder an demjenigen, an welchem sie dem anderen Theile zugeht? Es handelt sich hier um einen aus mehreren Thatsachen zusammengesetzten Thatbestand. Treten diese Thatsachen an verschiedenen Orten ein, so ist das Rechtsgeschäft an verschiedenen Orten vorgenommen. Man wird daher entweder jede einzelne Thatsache nach den Gesetzen desjenigen Ortes zu beurtheilen haben, an welchem sie vorgekommen ist, oder die Beobachtung der an beiden Orten vorgeschriebene Form verlangen müssen. Das letztere dürfte, da es sich um ein einheitliches Rechtsgeschäft handelt, das Richtigere sein. Hiernach würde z. B., wenn für eine empfangsbedürftige Willenserklärung nach den Gesetzen des Ortes, an welchem sie abgegeben wird, die schriftliche Form, nach den Gesetzen desjenigen Ortes an welchem sie zugeht, gerichtliche Beurkundung erfordert wird, die Beobachtung beider Formen erforderlich sein; ebenso würde, wenn nach den Gesetzen eines der Orte keine Form, nach den Gesetzen des anderen Ortes aber eine Form erfordert wird, immer die Beobachtung der Form erforderlich sein. Dieselben Grundsätze werden Anwendung finden müssen bei Verträgen, wenn die Vertragserklärungen beider Theile an verschiedenen Orten abgegeben werden und an jedem dieser Orte verschiedene Vorschriften über die Form des betreffenden Vertrags gelten. Beide Vertragserklärungen zusammen bilden den Vertrag; es müssen daher sowohl die für den einen wie die für den anderen Ort geltenden Formvorschriften beobachtet werden. Dabei ist indessen zu beachten, daß nach Abs. 1 Satz 1 immer die Beobachtung derjenigen Gesetze genügt, welche für das den Gegenstand des Rechtsgeschäfts bildende Rechtsverhältniß maßgebend sind. Die ganze Frage ist übrigens sehr bestritten (S. z. B. v. Bar Theorie I S. 361; Zitelmann II S. 162 ff.).

5. Von der Regel des Abs. 1 Satz 2 macht der Abs. 2 eine Ausnahme, für solche Rechtsgeschäfte, durch welche ein Recht an einer Sache begründet oder über ein solches Recht verfügt wird. Die Ausnahme gilt für Grundstücke wie für bewegliche Sachen; sie bezieht sich aber nur auf dingliche Rechtsgeschäfte, nicht auf obligatorische. Unter den Begriff der Verfügung über ein dingliches Recht fällt nicht nur der Vertrag, durch welchen das Eigenthum oder ein anderes Recht an der Sache übertragen wird, sondern auch das einseitige Rechtsgeschäft, durch welches das Eigenthum oder ein sonstiges Recht an der Sache aufgegeben wird. Der Begriff der Verfügungen (s. Bd. I S. 148, IX Nr. 4) umfaßt an sich auch die Rechtsgeschäfte, durch welche ein Recht an einer Sache begründet wird; die besondere Hervorhebung dieser Rechtsgeschäfte neben den Verfügungen in Abs. 2 ist der größeren Deutlichkeit halber erfolgt.

Die Form aller dinglichen Rechtsgeschäfte der gedachten Art bestimmt sich ausschließlich nach den Gesetzen, welche für das den Gegenstand des Rechtsgeschäfts bildende Rechtsverhältniß maßgebend sind. Das hiernach maßgebende Gesetz ist wie für Grundstücke allgemein angenommen wird in E. II § 2241, rev. § 2369 ausdrücklich ausgesprochen war, das Gesetz des Ortes, an welchem sich die Sache befindet. In Betreff der Rechte an beweglichen Sachen besteht Streit; überwiegende Gründe dürften auch hier für denselben Grundsatz, wenn auch unter gewissen Modifikationen sprechen (vergl. E. II § 2241 Abs. 2).

6. Eine Ausnahme von der Regel des Abs. 1 bestimmt der Art. 13 Abs. 3, nach welchem die Form einer Ehe, welche in Deutschland geschlossen wird, sich nicht nach den für die Ehe maßgebenden Gesetzen, sondern lediglich nach den deutschen Gesetzen bestimmt. Für Ehen, die im Auslande geschlossen werden, gilt eine entsprechende Ausnahme nicht (s. Erl. zu Art. 13).

7. Eine weitere Ausnahme sowohl von der Vorschrift des Abs. 1 Satz 1 als auch des Abs. 1 Satz 2 kann durch die Vorschrift des Art. 30 begründet werden. Daraus allein freilich, daß ein deutsches Gesetz eine bestimmte Form für ein Rechtsgeschäft vorschreibt, kann nicht gefolgert werden, daß das Gesetz damit den Zweck verfolge, die Anwendung ausländischer Gesetze, soweit diese nach Abs. 1 Satz 2 stattfindet, auszuschließen. Immerhin aber ist es möglich, daß das Gesetz in einem einzelnen Falle diesen Zweck hat, und dann muß der Art. 30 Anwendung finden. Die Ansicht, daß dies durch Abs. 2 ausgeschlossen sei, weil nach diesem nur in dem dort bezeichneten Falle der Abs. 1 Satz 2 keine Anwendung finden solle (s. Fischer und Henle Anm. 1 zu Art. 11; Niedner S. 32, 33 Anm. 7 zu Art. 11) dürfte sich nicht rechtfertigen lassen. Der Abs. 2 enthält allerdings eine Anwendung des im Art. 30 ausgesprochenen Grundsatzes; aber aus der Hervorhebung einer solchen einzelnen Konsequenz läßt sich nicht folgern, daß im Uebrigen der Grundsatz des Art. 30, soweit dessen Voraussetzungen gegeben, auf die hier fraglichen Fälle keine Anwendung finden solle (s. Erl. zu Art. 30). Hierfür spricht auch, daß der Abs. 1 Satz 2 des Art. 11 im E. II den Abs. 2 des von den Rechten an Sachen handelnden § 2241 bildete und durch seine Versetzung in den Art. 11 eine weitergehende Bedeutung weder erlangen konnte noch sollte.

Artikel 12.

Aus einer im Auslande begangenen unerlaubten Handlung können gegen einen Deutschen nicht weitergehende Ansprüche geltend gemacht werden, als nach den deutschen Gesetzen begründet sind.

Artikel 12.

E. I § 6; II § 2244 rev. § 2367; E. d. E.G. III Art. 11. P. I S. 11509. P. II S. 8235—8238 (Bd. 6 S. 4243).

1. Das E.G. enthält keine allgemeine Vorschriften darüber, nach welchen Gesetzen das Schuldverhältniß aus einer unerlaubten Handlung zu beurtheilen ist. Die E. I und II stellten in dieser Beziehung den Grundsatz auf, daß die Gesetze des Ortes maßgebend seien, an welchem die unerlaubte Handlung begangen worden ist. Der E. II fügte dem noch die Bestimmung bei, daß soweit ein deutsches Gesetz sich auf eine im Auslande begangene unerlaubte Handlung erstrecke, dieses Gesetz Anwendung finde. Durch die Weglassung dieser Vorschriften im E.G. hat deren Richtigkeit nicht verneint werden, die Entscheidung vielmehr der Wissenschaft und Praxis überlassen bleiben sollen. Der oben angeführte Grundsatz, daß die Gesetze des Ortes maßgebend sind, an welchem die unerlaubte Handlung begangen worden ist, wird von der Wissenschaft in Deutschland allgemein anerkannt (v. Bar Theorie Bd. 2 S. 114 ff., S. 281 Note 20. Zitelmann I S. 126, ebenso von der Praxis des Reichsgerichts). Auch die Vorschrift des Art. 12 läßt erkennen, daß die darin enthaltene besondere Vorschrift als eine Modifikation des gedachten Grundsatzes gedacht ist. Auch die Deliktsfähigkeit (B.G.B. §§ 827, 828) bestimmt sich in Folge jenes Grundsatzes nach den Gesetzen des Thatorts. Welcher Ort als Thatort zu betrachten ist, wenn die Orte der Handlung und des Eintritts ihrer Wirkung auseinander fallen, bestimmt sich nach den für den Thatbestand der unerlaubten Handlung geltenden Vorschriften. Die in dem Bisherigen dargelegte Auffassung wird von der ausländischen Jurisprudenz nicht allgemein anerkannt; in der englischen und amerikanischen Rechtsprechung überwiegt vielmehr die Ansicht, daß ein Schuldverhältniß durch eine unerlaubte Handlung nur dann begründet werde, wenn ein solches sowohl von den Gesetzen des Prozeßorts als des Thatorts anerkannt werde. Für Deutschland wird indessen grundsätzlich die oben dargelegte Auffassung festzuhalten sein.

2. Der unter Nr. 1 dargelegte Grundsatz erleidet nach zwei Seiten hin eine Modifikation.

a) Auf eine im Auslande begangene unerlaubte Handlung findet das deutsche Gesetz insoweit Anwendung, als es sich auch auf diese Handlung erstreckt. Die diesen Satz aussprechende Vorschrift des E. II § 2243 Abs. 2 ist zwar in das E.G. nicht aufgenommen. Seine Richtigkeit ist aber nicht zu bezweifeln. Auch das Reichsgericht hat ihn anerkannt, indem es annahm, daß dem Reichsgesetze v. 30. November 1874 §§ 13, 14 auch die von einem Inländer im Ausland erfolgte unbefugte Benutzung eines durch das Gesetz geschützten Zeichens unterliege (R.G. Bd. 18 Nr. 7).

b) Aus Art. 30 ergiebt sich, daß die ausländischen Gesetze, wenn sie nach dem unter Nr. 1 dargelegten Grundsatz auf eine im Auslande begangene unerlaubte Handlung Anwendung finden, doch nicht anzuwenden sind, wenn ihre Anwendung gegen die guten Sitten oder gegen den Zweck eines deutschen Gesetzes verstoßen würde. Ein in der zweiten Kommission gestellter Antrag, nach welchem dies durch einen Zusatz zu Art. 12 zum Ausdrucke gelangen sollte, ist nur deshalb nicht angenommen, weil er sich durch die später beschlossene allgemeine Fassung des Art. 30 erledigte (vergl. auch R.G. Bd. 29 S. 90). Der Art. 12 geht aber über die aus Art. 30 sich ergebende Konsequenz hinaus, indem er die Anwendung ausländischer Gesetze über Ansprüche aus unerlaubten Handlungen auf eine von einem Deutschen im Auslande begangene Handlung insoweit ausschließt, als nicht auch nach deutschen Gesetzen ein Anspruch aus der Handlung begründet sein würde. Es braucht also im einzelnen Falle nicht geprüft zu werden, ob die Anwendung der ausländischen Gesetze gegen die guten Sitten oder gegen den Zweck eines deutschen Gesetzes verstoßen würde; vielmehr wird gesetzlich festgestellt, daß nach dem Zwecke der deutschen Gesetze über unerlaubte Handlungen ein Deutscher aus einer von ihm im Auslande begangenen Handlung zu einer Entschädigung niemals verpflichtet sein soll, wenn dadurch, falls sie in Deutschland vorgenommen wäre, eine Entschädigungspflicht nicht begründet würde. Der Grundsatz, daß auf eine im Auslande begangene unerlaubte Handlung die ausländischen Gesetze Anwendung finden, bleibt insoweit bestehen, als aus einer solchen Handlung ein Anspruch niemals entsteht, wenn er nicht nach den betreffenden ausländischen Gesetzen begründet ist. Diese Frage ist also immer zunächst zu prüfen und, wenn sie zu verneinen ist, so ist ein Anspruch nicht entstanden,

Artikel 13.

Die Eingehung der Ehe wird, sofern auch nur einer der Verlobten ein Deutscher ist, in Ansehung eines jeden der Verlobten nach den Gesetzen des Staates beurtheilt, dem er angehört. Das Gleiche gilt für Ausländer, die im Inland eine Ehe eingehen.

In Ansehung der Ehefrau eines nach Artikel 9 Abs. 3 für todt erklärten Ausländers wird die Eingehung der Ehe nach den deutschen Gesetzen beurtheilt.

Die Form einer Ehe, die im Inlande geschlossen wird, bestimmt sich ausschließlich nach den deutschen Gesetzen.

---

auch wenn er nach deutschen Gesetzen begründet wäre. Wird die Frage aber bejaht, so ist nun weiter zu prüfen, ob durch die Handlung auch nach deutschen Gesetzen ein Anspruch begründet wird; ist diese Frage zu verneinen, so wird ein Anspruch nicht begründet. Der Anspruch entsteht also nur unter der doppelten Voraussetzung, daß er sowohl durch das deutsche als durch das ausländische Recht anerkannt wird.

Die Vorschrift des Art. 12 ist eine singuläre Vorschrift zu Gunsten der Deutschen und darf daher nicht auf die von einem Ausländer in Deutschland oder in einem dritten Staate begangene unerlaubte Handlung ausgedehnt werden.

3. Ueber Schuldverhältnisse aus anderen Gründen als aus unerlaubten Handlungen enthält das E.G. keine Vorschriften. Der E. II enthielt darüber die oben (s. Vorbm. zu Art. 7—31 Nr. 10) mitgetheilten Bestimmungen; sie dürften im Wesentlichen richtig sein.

Artikel 13—17.

Die Art. 13—17 betreffen die Ehe und zwar der Art. 13 die Eingehung der Ehe, Art. 14 die persönlichen Rechtsbeziehungen der Ehegatten, die Art. 15, 16 das eheliche Güterrecht und der Art. 17 die Scheidung der Ehe.

Artikel 13.

E. I § 8; II § 2245 rev. § 2370; E. d. E.G. III Art. 12. P. I S. 11515—8248, 8276 (Bd. 6 S. 46—51, 67). R.B. S. 2108, 2109. St.B. S. 3024, 3096.

1. Der Abs. 1 enthält die Regel über die für die Eingehung der Ehe maßgebenden Gesetze, während die Abs. 2, 3 Modifikationen dieser Regel enthalten. Die Regel wird im Abs. 1 aber nicht allgemein gegeben, sondern nur für die beiden Fälle, daß entweder wenigstens einer der Eheschließenden ein Deutscher ist oder daß zwar beide Eheschließende Ausländer sind, die Ehe, aber in Deutschland geschlossen wird. Die E. I und II enthielten diese Beschränkung nicht, sondern stellten die im Abs. 1 ausgesprochene Regel ganz allgemein auf. Was für den im Abs. 2 nicht geregelten Fall, daß beide Eheschließende Ausländer sind und die Ehe im Auslande geschlossen wird, gilt, ist nach dem in den Vorbm. zu Art. 7—31 Nr. 3 dargelegten Grundsätzen zu entscheiden. Da die Beschränkung, in welcher der Abs. 1 die Regel aufstellt, offenbar nur auf der Tendenz beruht, die Vorschriften des Gesetzes, soweit nicht das praktische Bedürfniß ein Anderes erfordert, auf die Rechtsverhältnisse deutscher Reichsangehöriger und auf die Anwendung deutscher Gesetze zu beschränken, so wird man im Abs. 1 eine wesentliche Unterstützung der Auffassung zu finden haben, daß allgemein für die Eingehung der Ehe sowohl die Gesetze des Staates, welchem der eine Eheschließende angehört, als auch die Gesetze des Staates, dem der andere Eheschließende angehört, maßgebend sind. Bei den Berathungen der zweiten Kommission war ein Antrag gestellt, nach welchem das Prinzip zu Grunde gelegt werden sollte, daß die Eingehung der Ehe nach den Gesetzen des Staates beurtheilt werde, dem der Ehemann angehöre, und daß die Gesetze des Heimathsstaats der Frau nur in Betreff der Geschäftsfähigkeit und Ehemündigkeit derselben sowie in Betreff der auf familienrechtlichen Verhältnissen beruhenden Ehehindernisse in Betracht zu ziehen seien, und daß insbesondere die Willensmängel lediglich nach den erstgedachten Gesetzen zu beurtheilen seien (v. Bar Theorie Bd. 1 S. 452, 453). Die Kommission lehnte den Antrag ab und entschied sich für das dem E. II § 2245 zu Grunde liegende Prinzip, weil man dieses für gerechter und zweckmäßiger hielt. Man wird daher berechtigt sein, dieses Prinzip trotz der jetzt im Abs. 1 hinzugefügten Beschränkung als das der Auffassung der deutschen Gesetze entsprechende anzunehmen und es daher auch in den im Art. 13 nicht entschiedenen Fällen anzuwenden. Auf diesem Standpunkte steht auch der § 3 des Ges. v. 4. Mai 1870 betr. die Eheschließung und die Beurkundung des Personenstandes 2c.

2. Aus dem in dem Abs. 1 ausgesprochenen Grundsatze folgt, wie bei den Berathungen der zweiten Kommission ausdrücklich hervorgehoben wurde, daß die Ehe nur gültig ist, wenn sie sowohl nach den Gesetzen des Staates, dem der Mann angehört, als nach den Gesetzen des Staates, dem die Frau angehört, gültig ist. Für einen Deutschen bestimmen sich die Erfordernisse der Eingehung der Ehe nach dem B.G.B. §§ 1303—1315 (materielle Erfordernisse), 1316—1321 (Form der Ehe), 1322 (Dispensation), 1323—1329 (Nichtigkeit der Ehe), 1330—1343, 1350 (Anfechtbarkeit der Ehe). Auch die Folgen, welche der Mangel eines Erfordernisses hat, bestimmen sich für den deutschen Eheschließenden nach den gedachten Vorschriften; insbesondere bestimmt sich hiernach, ob der Mangel nur ein aufschiebendes Ehehinderniß oder Nichtigkeit oder Anfechtbarkeit der Ehe begründet. In entsprechender Art ist aus den ausländischen Gesetzen zu entnehmen, welche Erfordernisse in Betreff des ausländischen Theiles gelten und welche Folgen der Mangel eines Erfordernisses hat. Aus der Verschiedenheit der in den verschiedenen Gesetzen bestimmten Folgen eines Mangels, insbesondere aus den verschiedenen Arten der Ungültigkeit können sich, wie bei den Berathungen der Kommission nicht verkannt ist, Zweifel ergeben; sie werden sich aber bei richtiger Anwendung des Prinzips beseitigen lassen. Hervorgehoben mag werden, daß wenn nach den Gesetzen des einen Staates wegen des Mangels eines Erfordernisses auf Seiten des diesem Staate angehörenden Theiles die Ehe nichtig ist, die nach den Gesetzen des Staates dem der andere Theil angehört, etwa eintretende Anfechtbarkeit oder relative Ungültigkeit nicht weiter in Betracht kommt; die Nichtigkeit wirkt begrifflich für beide Theile. Die Mittel, die Anfechtbarkeit oder eine sonstige Ungültigkeit, die nicht Nichtigkeit ist, geltend zu machen, bestimmen sich ebenso wie die Voraussetzungen für jeden Theil nach den Gesetzen des Staates, dem er angehört.

Die Zuständigkeit deutscher Gerichte für Klagen, durch welche die Nichtigkeit oder Anfechtbarkeit einer Ehe geltend gemacht wird, ist in C.P.O. § 606 (Konsulargerichtsbarkeitsgesetz v. 7. April 1900 §§ 2, 10 Nr. 1) geregelt.

3. Zweifelhaft ist, ob die Vorschrift des Abs. 1 sich auf das Verlöbniß bezieht. Von der ersten Kommission war dies, wie sich aus P. I S. 11515—11517 ergiebt, beabsichtigt und hatte in dem § 8 Abs. 1 des E. I, welcher mit dem Abs. 1 des E. II § 2245 Abs. 1 übereinstimmt, dadurch seinen Ausdruck gefunden, daß die Vorschriften über das Verlöbniß in dem E. I den ersten Titel des Abschnitts von der Eingehung der Ehe bildeten, die Worte „die Eingehung der Ehe" also auch diese Vorschriften mit umfaßte. Nach dem B.G.B. bilden die Vorschriften über das Verlöbniß aber keine Unterabtheilung des Abschnitts von der Eingehung der Ehe, sondern stehen im ersten Titel des Hauptabschnitts von der bürgerlichen Ehe selbständig neben und vor dem zweiten mit der Ueberschrift „Eingehung der Ehe" bezeichneten Titel. Nach der äußeren Anordnung gehören die Vorschriften über das Verlöbniß also nicht mehr zu den Vorschriften über die Eingehung der Ehe. Entscheidendes Gewicht wird aber hierauf um so weniger zu legen sein, als einerseits ein großer Theil der in dem dritten mit der Ueberschrift „Nichtigkeit und Anfechtbarkeit der Ehe" bezeichneten Titel enthaltenen Vorschriften unzweifelhaft die Eingehung der Ehe im Sinne des Art. 13 betrifft und als andererseits eine sachliche Aenderung des Sinnes des Art. 13 durch die gedachte Aenderung der Ueberschriften nicht beabsichtigt ist. Man wird indessen anerkennen müssen, daß nach der jetzigen Sachlage aus dem Wortlaute des Art. 13 eine Entscheidung der Frage nicht zu entnehmen ist. In dem bisherigen Rechte ist die Frage, welche Gesetze für das Verlöbniß maßgebend sind, bestritten. Nach R.G. Bd. 20, S. 333 wird das Recht des Erfüllungsorts d. h. hier desjenigen Ortes, an welchem die Verlobten ihr eheliches Domizil nehmen wollen, als maßgebend angesehen. Dem Standpunkte des B.G.B. dürfte diese Auffassung nicht entsprechen. Dieses sieht, wie sich aus dem Inhalt und dem Zusammenhange der betreffenden Vorschriften ergiebt, das Verlöbniß als einen die Ehe vorbereitenden Akt an und bezweckt durch die darüber gegebenen Vorschriften der §§ 1297 ff. die Freiheit der Eheschließung zu sichern. Dieser Auffassung entspricht es, wenn man unter die Vorschriften über die Eingehung der Ehe auch die Vorschriften über das Verlöbniß mit versteht. Hieraus folgt insbesondere, daß gegen einen Deutschen aus einem Verlöbnisse nicht auf Eingehung der Ehe geklagt werden kann (B.G.B. § 1297) und daß gegen einen Deutschen auf Grund eines Verlöbnisses Schadensersatzansprüche nicht in weiterem Umfange begründet werden als im B.G.B. §§ 1298—1300 anerkannt sind. In entsprechender Weise wird, wenn der Verlobte ein Ausländer ist, das Recht seines Heimathstaats über die für ihn durch das Verlöbniß begründeten Verpflichtungen zu entscheiden haben; doch finden auch hier die Vorschriften der C.P.O. §§ 888 Abs. 2, 894 Abs. 2 Anwendung (s. auch Erl. 2a zu Art. 30). Der in dem B.G.B. § 1301 geregelte Anspruch auf Rückgabe der von einem Verlobten dem anderen gemachten Geschenke im Falle des Unterbleibens der Ehe gehört aber nicht hierher; es handelt sich hierbei nicht um eine Folge des Verlöbnisses, sondern um einen Anspruch wegen Herausgabe ungerechtfertigter Bereicherung (s. Bd. IV S. 15, 16 Erl. zu § 1301); ein solcher Anspruch bestimmt sich nach den Gesetzen, welche für ein Schuldverhältniß ex lege maßgebend sind (s. Erl. 3 zu Art. 12).

4. Aus dem Grundsatze, daß für die Eingehung einer Ehe von Ausländern die ausländischen Gesetze maßgebend sind, darf nicht gefolgert werden, daß ein deutscher Standesbeamter bei der Schließung einer Ehe zwischen Ausländern auch dann mitzuwirken hat, wenn diese nach deutschen Gesetzen unbedingt verboten ist. In Betracht kommen hier das Verbot der Bigamie (B.G.B. § 1309) und das Verbot der Ehe zwischen den im § 1310 bezeichneten Verwandten und Verschwägerten. Aus Art. 30 ergiebt sich, daß der Standesbeamte die Mitwirkung zur Eingehung einer solchen Ehe abzulehnen hat und es wird zulässig sein, eine instruktionelle Vorschrift in diesem Sinne für die Standesbeamten zu treffen. Ist die Ehe aber trotzdem in der vorgeschriebenen Form geschlossen worden, so ist ihre Gültigkeit nicht nach den deutschen, sondern nach den betreffenden ausländischen Gesetzen zu beurtheilen (P. II S. 8245, 8246 s. auch Erl. 2d zu Art. 30).

5. Der im Abs. 1 aufgestellte Grundsatz erleidet folgende Modifikationen:

a) Aus Art. 27 ergiebt sich, daß wenn nach den ausländischen Gesetzen, welche nach Abs. 1 maßgebend sind, die deutschen Gesetze Anwendung finden, diese und nicht die ausländischen Gesetze anzuwenden sind. Wird also in den betreffenden ausländischen Gesetzen die Eingehung der Ehe nach den Gesetzen des Ortes, wo die Ehe geschlossen wird (so z. B. nach dem Schweizer Gesetz) oder nach den Gesetzen des Wohnsitzes der Eheschließenden beurtheilt, so finden die deutschen Gesetze Anwendung, wenn die Ehe in Deutschland geschlossen wird oder die Eheschließenden ihren Wohnsitz in Deutschland haben.

Eine Ausdehnung dieser Vorschrift auf solche Fälle, in denen das ausländische Recht nicht auf deutsche Gesetze, sondern auf das Recht eines dritten Staates verweist, ist unzulässig (s. Erl. zu Art. 27).

b) Ist der Ehemann einer deutschen Frau für todt erklärt, so ergiebt sich aus Abs. 1, daß die Frau nach B.G.B. § 1348 eine neue Ehe gültig schließen kann. Die neue Ehe ist auch dann gültig, wenn der Ehemann ein Ausländer war und nach dem Rechte seines Heimathsstaats die von der Ehefrau eines für todt erklärten Mannes geschlossene neue Ehe ungültig ist, wenn der für todt Erklärte in Wirklichkeit noch lebt. Dies ergiebt sich daraus, daß die nach deutschen Gesetzen erfolgte Todeserklärung nicht nur, wenn der für todt Erklärte ein Deutscher war, sondern nach Art. 9 Abs. 3 unter den dort bezeichneten Voraussetzungen auch dann, wenn er ein Ausländer war, unbeschränkt die nach deutschen Gesetzen die mit der Todeserklärung verbundenen Wirkungen, also auch die im § 1348 bestimmte Wirkung hat. Die Vorschrift des Abs. 2 geht nun über diese Konsequenz der angeführten Grundsätze noch insofern hinaus, als die Eingehung der Ehe in Ansehung der Ehefrau eines nach Art. 9 Abs. 3 für todt erklärten Ausländers auch dann nach den deutschen Gesetzen beurtheilt werden soll, wenn die Ehefrau zur Zeit der Eingehung der Ehe keine Deutsche war. Es soll genügen, wenn nur die Voraussetzungen des Art. 9 Abs. 3 vorliegen und diese sind auch dann gegeben, wenn die Ehefrau bis zur ihrer Verheirathung eine Deutsche war. Erforderlich ist nur, daß die Todeserklärung nach Maßgabe des Art. 9 Abs. 3 erfolgt ist (s. Erl. 6 zu Art. 9).

c) Die Form der Eheschließung bestimmt sich nach Art. 11 Abs. 1 Satz 1 nach denjenigen Gesetzen, welche für die Eingehung der Ehe maßgebend sind. Nach Satz 2 genügt die Beobachtung der an dem Orte der Eheschließung vorgeschriebenen Form. Diese Sätze werden durch Art. 13 Abs. 3 dahin modifizirt, daß die Form einer im Inlande geschlossenen Ehe sich ausschließlich nach deutschen Gesetzen bestimmt. Eine Ehe kann in Deutschland also auch wenn beide Theile Ausländer sind, nicht nach Maßgabe der für die Eingehung ihrer Ehe nach Abs. 1 maßgebenden Rechte, sondern nur nach Maßgabe des B.G.B. §§ 1317ff. geschlossen werden. Auch der Abschluß der Ehe vor einem ausländischen Konsul ist ausgeschlossen, sofern dies nicht durch Staatsvertrag zugelassen ist. Letzteres ist z. B. unter gewissen Voraussetzungen der Fall nach den Verträgen mit Italien v. 4. Mai 1891, Japan v. 4. April 1896, Serbien v. 6. Januar 1883. Für die Schließung einer Ehe im Auslande verbleibt es bei der Vorschrift des Art. 11. Deutsche können eine Ehe im Auslande also auch in der nach den dortigen Gesetzen vorgeschriebenen Form schließen. Im E. II § 2245 Abs. 2 Satz 2 war dies ausdrücklich ausgesprochen, um klar zu stellen, daß der Anerkennung einer in dieser Art geschlossenen Ehe nicht etwa der Art. 30 entgegen stehe. Diese Auffassung wird auch trotz der Weglassung des fraglichen Satzes als die richtige anzuerkennen sein.

6. Ob das Urtheil eines ausländischen Gerichts, durch welches die Nichtigkeit einer Ehe ausgesprochen wird, in Deutschland anzuerkennen ist, bestimmt sich nach C.P.O. § 328. Hier mag hervorgehoben werden, daß für die Frage, ob die Anerkennung des Urtheils deshalb ausgeschlossen ist, weil nach den deutschen Gesetzen die Gerichte des Staates, dem das ausländische Gericht angehört, nicht zuständig sind (§ 328 Nr. 1), die Vorschriften des § 606 der C.P.O. entscheidend sind. Aus der Nr. 3 des § 328 ergiebt sich, daß jedes Urtheil eines ausländischen Gerichts, durch welches zum Nachtheil einer deutschen Partei gegen die Vorschriften

Artikel 14.

Die persönlichen Rechtsbeziehungen deutscher Ehegatten zu einander werden nach den deutschen Gesetzen beurtheilt, auch wenn die Ehegatten ihren Wohnsitz im Auslande haben.

Die deutschen Gesetze finden auch Anwendung, wenn der Mann die Reichsangehörigkeit verloren, die Frau sie aber behalten hat.

---

des Art. 13 Abs. 1, 3 verstoßen ist, nicht anerkannt wird; das Gleiche gilt, wenn nach Maßgabe des Art. 9 Abs. 3 ein Ausländer auf Antrag seiner Ehefrau für todt erklärt ist und durch das ausländische Urtheil zum Nachtheile der Ehefrau gegen die Vorschrift des Art. 13 Abs. 2 verstoßen ist. Abgesehen von diesen Fällen kommt der materielle Inhalt des Urtheils nach C.P.O. § 328 Nr. 4 nur in sofern in Betracht, als dadurch gegen die guten Sitten oder gegen den Zweck eines deutschen Gesetzes verstoßen ist. Der Mangel der Verbürgung der Gegenseitigkeit (§ 328 Nr. 5) kommt nach Abs. 2 nicht in Betracht, wenn nach den deutschen Gesetzen ein Gerichtsstand im Inlande nicht begründet war.

7. Die Zulässigkeit der Eingehung einer Ehe von Seiten eines Ausländers in Deutschland kann nach B.G.B. § 1315 Abs. 2 durch die Landesgesetze von der Beibringung einer Erlaubniß oder eines Zeugnisses abhängig gemacht werden. Vorschriften in dieser Beziehung enthalten z. B. die A.G. zum B.G.B. für Preußen Art. 43, Württemberg Art. 256, Baden Art. 32, Hessen Art. 104, ferner das Bayerische Heimathgesetz Art. 34, die sächs. V. v. 12. Juli 1899 § 7. Auch instruktionelle landesgesetzliche Vorschriften für den Standesbeamten sind zulässig, z. B. dahin, daß der Standesbeamte, bevor er bei der Schließung der Ehe von Seiten des Ausländers mitwirkt, sich, wenn die Gültigkeit der Ehe nach den Gesetzen des Heimathstaats des Ausländers von der kirchlichen Trauung abhängt, vergewissern soll, daß diese erfolgen wird.

8. Ueber die Eheschließung Deutscher im Auslande vergl. noch das Ges. v. 4. Mai 1870 (in der Fassung des E.G. Art. 40); dazu wegen der Anwendung dieses Gesetzes in den Schutzgebieten die Ges. v. 17. April 1886, und v. 15. März 1888, ferner den § 36 des Konsulargerichtsbarkeitsges. v. 7. April 1900.

Artikel 14.

E. I §§ 9, 16; II §§ 2246, 2248 rev. §§ 2371, 2376; E. d. E.G. III Art. 13.
P. I S. 11517—11519, 11543—11546. P. II S. 8248—8267 (Bd. 6 S. 51, 62).

1. Der Art. 14 giebt eine Entscheidung über die Frage, nach welchen Gesetzen sich die persönlichen Rechtsbeziehungen der Ehegatten unter einander bestimmen, nur für den Fall, daß beide Ehegatten Deutsche sind. In diesem Falle soll die Staatsangehörigkeit, nicht der Wohnsitz entscheiden; die deutschen Gesetze kommen daher zur Anwendung, auch wenn die Ehegatten ihren Wohnsitz im Auslande haben. Dasselbe soll nach Abs. 2 gelten, wenn der Ehemann die Reichsangehörigkeit verloren, die Frau sie aber behalten hat. Die E. I und II stellten dagegen das allgemeine Prinzip auf, daß für die persönlichen Rechtsbeziehungen der Ehegatten die Gesetze des Staates maßgebend seien, dem der Ehemann angehört und machten hiervon nur eine der Vorschrift des Art. 14 Abs. 2 entsprechende Ausnahme. Es fragt sich nun, wie die durch die Beschränkung des Art. 14 auf den darin bezeichneten Fall entstandene Lücke auszufüllen ist. Man wird hier nicht auf das in den E. I und II ausgesprochene Prinzip zurückgreifen dürfen, indem offenbar eine Aenderung desselben beabsichtigt ist. Wäre bei der Fassung des Art. 14 nur die Tendenz maßgebend gewesen, die Vorschrift auf solche Fälle zu beschränken, in welchen das Interesse deutscher Reichsangehöriger oder die Anwendung deutscher Gesetze in Frage kommt, so hätte die Vorschrift dahin gegeben werden müssen, daß die deutschen Gesetze anzuwenden seien, wenn der Ehemann ein Deutscher ist. Dies will der Art. 14 aber nicht; die Staatsangehörigkeit des Mannes soll, auch wenn er ein Deutscher ist, nicht entscheiden, vielmehr sollen die deutschen Gesetze nur dann zur Anwendung kommen, wenn beide Ehegatten Deutsche sind. Dieser Grundsatz gestattet eine entsprechende Anwendung, nur auf den Fall, daß beide Ehegatten Ausländer sind und demselben fremden Staate angehören. Hier wird man die Anwendung der Gesetze des betreffenden Staates auf die persönlichen Rechtsbeziehungen der Ehegatten als der Absicht des deutschen Gesetzes entsprechend ansehen dürfen. Das Gleiche wird gelten müssen, wenn beide Ehegatten keinem Staate angehören und nach Art. 29 für diejenigen Rechtsverhältnisse, welche sich nach der Staatsangehörigkeit bestimmen, für beide Ehegatten das Recht desselben Staates Anwendung findet. Keinen direkten Anhaltspunkt aber bietet der Art. 14 für den Fall, daß die Ehegatten verschiedenen Staaten angehören oder daß im Falle des Art. 29

auf den einen Ehegatten das Recht eines anderen Staates Anwendung findet wie auf den anderen Ehegatten. Hier bleibt es der Wissenschaft und Praxis überlassen, die Entscheidung nach Maßgabe der in den Vorbemerkungen zu den Art. 7—31 Nr. 3 dargelegten Grundsätze zu finden. Der allgemeine Standpunkt, von welchem das E.G. bei der Regelung des internationalen Privatrechts ausgeht, dürfte dahin führen, auch bei dieser Frage das Prinzip der Staatsangehörigkeit zu Grunde zu legen und die Gesetze, sowohl des Staates dem der eine wie des Staates dem der andere Ehegatte angehört, anzuwenden. Sind die Gesetze beider hier fraglicher Staaten verschieden, so wird bei der Einheitlichkeit des durch die Ehe begründeten Verhältnisses ein Recht des einen Ehegatten gegen den anderen in der hier fraglichen Beziehung nur insoweit als begründet anzunehmen sein, als er dies nach den Gesetzen beider Staaten ist.

2. Die Staatsangehörigkeit der Ehefrau bestimmt sich regelmäßig nach der des Mannes. Dies ergiebt sich für Deutschland aus dem Gesetz betr. den Erwerb und Verlust der Bundes- und Staatsangehörigkeit v. 1. Juni 1870 und aus dessen Aenderungen durch Art. 41 des E.G. (vergl. Kahn Kommentar zu diesem Gesetze). Die Ausnahmen von dieser Regel ergeben sich aus den §§ 11, 19, 21, 22. Auch dürfte es obwohl dies in dem gedachten Gesetze nicht ausdrücklich bestimmt ist, möglich sein, daß die Ehefrau eines Ausländers ohne ihren Ehemann die deutsche Reichsangehörigkeit erwirbt, und daß eine deutsche Ehefrau mit Genehmigung ihres Ehemanns die deutsche Reichsangehörigkeit aufgiebt.

3. Aus dem Abs. 1 ergiebt sich, daß die persönlichen Rechtsbeziehungen der Ehegatten nicht dauernd durch ihre Staatsangehörigkeit zur Zeit der Eingehung der Ehe bestimmt werden, sondern daß die jeweilige Staatsangehörigkeit entscheidet. Die deutschen Gesetze sind nur maßgebend, wenn und solange die Ehegatten Deutsche sind, mögen sie dies schon bei Eingehung der Ehe gewesen sein oder die Reichsangehörigkeit erst später erworben haben; sie sind nicht mehr maßgebend, wenn einer der Ehegatten oder beide die Reichsangehörigkeit verlieren. Von diesem Zeitpunkt an finden nach Maßgabe des unter Nr. 1 Gesagten die ausländischen Gesetze ausschließlich oder doch auch Anwendung.

4. Der Abs. 2 des Art. 14 bestimmt eine Ausdehnung der Herrschaft der deutschen Gesetze zu Gunsten der deutschen Ehefrau. Voraussetzung ist, daß der Ehemann Reichsangehöriger gewesen, die Reichsangehörigkeit aber verloren hat. Die Vorschrift findet also keine Anwendung, wenn der Ehemann niemals Deutscher gewesen ist, mag auch die Ehefrau immer Deutsche gewesen oder später geworden sein. In einem Falle dieser Art greifen die unter Nr. 1 dargelegten Grundsätze über die bei verschiedener Staatsangehörigkeit der Ehegatten geltenden Grundsätze Platz. Eine analoge Anwendung des Abs. 2 zu Gunsten der ausländischen Gesetze für den Fall, daß der Ehemann die deutsche Reichsangehörigkeit erworben hat, die Ehefrau aber Ausländerin blieb, ist nicht zulässig, da der Abs. 2 nur eine Vorschrift zu Gunsten der deutschen Ehefrau geben will.

5. Was zu den persönlichen Rechtsbeziehungen der Ehegatten gehört bestimmt sich nach den deutschen Gesetzen (P. II S. 8248). Nach dem B.G.B. gehören dahin unzweifelhaft die Vorschriften der §§ 1353—1356 (Verpflichtung der Ehegatten zu gemeinschaftlichem ehelichen Leben, entscheidende Stimme des Mannes in den gemeinschaftlichen Angelegenheiten unter den näher bestimmten Beschränkungen, Namen der Ehefrau, Recht und Pflicht der Frau, dem Hauswesen vorzustehen). Hierher gehören aber auch die Vorschriften des § 1357 über die Schlüsselgewalt der Ehefrau, indem sie eine Ergänzung des § 1356 enthalten und die persönliche Stellung der Frau in der Ehe betreffen. Der für die abweichende Ansicht (Niemeyer Vorträge S. 21; Barazetti S. 70) in dieser Beziehung angeführte Grund, daß in dem von dem ehelichen Güterrechte handelnden Art. 16 Abs. 2 der § 1357 erwähnt sei, ist nicht durchschlagend. Von dem hier vertretenen Standpunkt aus würde freilich die Bestimmung, daß für ausländische Ehegatten, wenn sie ihren Wohnsitz im Inlande haben, der § 1357 gelte, als Ausnahme von dem Prinzipe des Art. 14 systematisch in diesen Artikel gehören, und die Vorschrift, daß dasselbe für ausländische Ehegatten gelte, welche später die Reichsangehörigkeit erwerben, würde überhaupt nicht erforderlich sein, da sie sich aus dem Art. 14 von selbst ergiebt. Der Grund indessen, aus welchem trotzdem die fragliche Vorschrift in den Art. 16 aufgenommen ist, liegt darin, daß es für zweckmäßig gehalten wurde, alle besonderen Vorschriften, die sich auf ausländische Ehegatten beziehen, welche ihren Wohnsitz im Inlande haben, zusammenzustellen. Aus dieser Anordnung kann man, auch wenn man sie für systematisch unrichtig hält, keinen Schluß auf die materielle Bedeutung des § 1357 ziehen; jedenfalls genügt das daraus etwa abzuleitende Argument nicht, um die sich aus dem Inhalte des § 1357 und aus dessen Stellung im B.G.B. ergebende Zugehörigkeit zu den Vorschriften über die persönlichen Rechtsbeziehungen der Ehegatten zu widerlegen.

Unzweifelhaft gehört hierher ferner die Vorschrift des § 1358, nach welcher der Mann, wenn die Frau sich zu einer von ihr in Person zu bewirkenden Leistung verpflichtet hat, das Rechts-

Artikel 15.

Das eheliche Güterrecht wird nach den deutschen Gesetzen beurtheilt, wenn der Ehemann zur Zeit der Eheschließung ein Deutscher war.

Erwirbt der Ehemann nach der Eingehung der Ehe die Reichsangehörigkeit oder haben ausländische Ehegatten ihren Wohnsitz im Inlande, so sind für das eheliche Güterrecht die Gesetze des Staates maßgebend, dem der Mann zur Zeit der Eingehung der Ehe angehörte; die Ehegatten können jedoch einen Ehevertrag schließen, auch wenn er nach diesen Gesetzen unzulässig sein würde.

---

verhältniß zu kündigen berechtigt ist. Zu den Vorschriften, welche die persönlichen Rechtsbeziehungen der Ehegatten betreffen, gehören endlich auch die Bestimmungen der §§ 1360, 1361 über die gegenseitige Unterhaltspflicht der Ehegatten. Auch dies ist zwar nicht unbestritten, aber die Unterhaltspflicht der Ehegatten ist, obwohl ihr Gegenstand eine vermögensrechtliche Leistung ist, doch ihrem Grunde und Wesen nach lediglich ein Ausfluß der persönlichen Rechtsbeziehungen der Ehegatten.

Zweifelhaft kann sein, welchen Charakter die Vorschrift des § 1359 hat, nach welchem die Ehegatten bei der Erfüllung der sich aus ihrem ehelichen Verhältniß ergebenden Verpflichtungen nur für die Sorgfalt einzustehen haben, welche sie in eigenen Angelegenheiten anzuwenden pflegen. Der Grund dieser Vorschrift beruht zwar in dem ehelichen Verhältniß aber dies ist nicht identisch mit den persönlichen Rechtsbeziehungen der Ehegatten; auch das ganze eheliche Güterrecht beruht ja im weiteren Sinne auf dem ehelichen Verhältnisse. Man wird daher zu unterscheiden haben. Soweit die fragliche Vorschrift sich auf die Erfüllung der aus dem persönlichen Rechtsverhältnisse der Ehegatten entspringenden Verpflichtung beruht, gehört sie dem persönlichen Rechtsverhältniß an; soweit sie sich aber auf die Erfüllung der aus dem ehelichen Güterrecht entspringenden Verpflichtung bezieht, gehört sie diesem an.

Nicht in die hier fragliche Kategorie dürften gehören die Vorschriften des § 1362. Auch diese Vorschriften sind zwar getroffen mit Rücksicht auf die durch das eheliche Verhältniß herbeigeführte Ungewißheit darüber, welchem der Ehegatten das Eigenthum an den im Besitze des einen oder anderen Ehegatten befindlichen beweglichen Sachen zusteht. Aber es handelt sich hierbei nicht um eine persönliche Rechtsbeziehung der Ehegatten, sondern um eine zum Schutze der Gläubiger des Mannes bestimmte Vorschrift. Höchstens könnte man den zweiten Absatz, der sich auf die ausschließlich zum persönlichen Gebrauche der Frau bestimmten Sachen bezieht deshalb hierher rechnen, weil die in dieser Beziehung zu Gunsten der Frau aufgestellte Vermuthung auch gegenüber dem Manne gelten soll. Sachlich indessen handelt es sich auch hier wohl um eine vermögensrechtliche Vorschrift, nicht um eine persönliche Rechtsbeziehung der Ehegatten (a. A. **Niedner** S. 39 Nr. 4).

Zu den Vorschriften über die persönlichen Rechtsbeziehungen der Ehegatten sind ferner noch die Vorschriften über den Wohnsitz (§ 10) und über die Hemmung der Anspruchsverjährung während der Ehe (§ 204) zu rechnen.

Die Vorschrift eines ausländischen Rechtes, daß Schenkungen unter Ehegatten unzulässig sind, gehört dann hierher, wenn sie vom ausländischen Rechte lediglich mit Rücksicht auf die Reinhaltung der persönlichen Beziehung der Ehegatten getroffen ist (P. I S. 11534); vergl. z. B. Code civil Art. 1096 und Erl. 2 d zu Art. 15.

Ueber die Vorschriften der §§ 1344—1347 s. Erl. 2 f zu Art. 15.

Artikel 15.

E. I § 11; II § 2250 rev. § 2372; E. d. EG. III Art. 14. P. I S. 11531—11534. P. II S. 8258—8263, 8287, 8288, 8293—8298 (Bd. 6 S. 57—60, 73, 74, 77—80).

1. Der Art. 15 entscheidet in Beziehung auf das eheliche Güterrecht drei in dem internationalen Privatrechte sehr bestrittene Fragen.

a) Nicht der Wohnsitz, sondern die Staatsangehörigkeit ist entscheidend: Die letztere ist maßgebend, auch wenn die Ehegatten ihren Wohnsitz in einem anderen Staate haben.

b) Nicht die Staatsangehörigkeit beider Ehegatten, sondern lediglich die des Mannes ist entscheidend. Nach dieser bestimmt sich das eheliche Güterrecht auch wenn die Frau einem anderen Staate angehört.

c) Das bei Schließung der Ehe nach Maßgabe der Grundsätze unter a und b begründete eheliche Güterrecht bleibt bestehen, auch wenn der Ehemann später eine andere Staatsangehörigkeit erwirbt. Dieser Satz ist im Art. 15 zwar nicht ausdrücklich ausgesprochen, er ergiebt sich aber daraus, daß das Recht desjenigen Staates für maßgebend erklärt ist, welchem der Ehemann zur Zeit der Schließung der Ehe angehört, und daß das Gesetz keine Bestimmung giebt, nach welcher eine Aenderung des ehelichen Güterrechts in dem Falle eintrete, daß der Ehemann eine andere Staatsangehörigkeit oder einen anderen Wohnsitz erwirbt (a. A. Schnell in Böhms Zeitschrift VII S. 116 für die im Art. 15 nicht bezeichneten Fälle; für diese sollen die Gesetze des Staates, dessen Angehörige die Ehegatten nach der Eheschließung werden, entscheiden).

Der Art. 15 spricht diese Grundsätze nun freilich nicht allgemein aus. Er bestimmt ausdrücklich nur, daß die deutschen Gesetze zur Anwendung kommen, wenn der Ehemann zur Zeit der Schließung der Ehe ein Deutscher war und, daß das ausländische Recht desjenigen Staates welchem der Ehemann bei Eingehung der Ehe angehört, maßgebend ist, wenn der Ehemann später die Reichsangehörigkeit erwirbt oder wenn die Ehegatten ihren Wohnsitz im Inlande haben. Der Grund, aus welchem das im E. II § 2250 allgemein ausgesprochene Prinzip, daß das eheliche Güterrecht nach den Gesetzen desjenigen Staates beurtheilt werde, welchem der Ehemann zur Zeit der Schließung der Ehe angehöre, im E.G. nur in der gedachten beschränkten Weise Ausdruck gefunden hat, beruht indessen offenbar lediglich auf der bereits mehrfach hervorgehobenen Tendenz, die Entscheidung auf solche Punkte zu beschränken, bei denen es sich um die Geltung deutscher Gesetze oder um deutsche Reichsangehörige oder doch um die Sicherheit des inländischen Verkehrs handelt. Daß hierin allein der Grund der Beschränkung liegt, ergiebt sich unzweideutig daraus, daß der Umstand, daß ein ausländischer Ehemann die Reichsangehörigkeit erwirbt oder seinen Wohnsitz im Inlande nimmt, unmöglich den Grund für die Vorschrift bilden kann, daß das Recht des Staates, dem der Ehemann bei Eingehung der Ehe angehörte, maßgebend sei. Die Hervorhebung jenes Umstandes hat nur die Bedeutung, daß nur bei dessen Vorliegen ein Interesse, die Frage zu entscheiden, anerkannt wurde. Man wird daher unbedenklich aus den Vorschriften des Art. 15 das oben hervorgehobene allgemeine Prinzip ableiten können, wobei nur vorzubehalten ist, daß sich möglicherweise aus dem danach maßgebenden ausländischen Rechte gewisse Modifikationen ergeben können (s. Erl. 4c zu Art. 27 ebenso Zitelmann I S. 226—229. Niemeyer Vorträge S. 22).

2. Das eheliche Güterrecht umfaßt alle für das eheliche Verhältniß geltenden sich auf das Vermögen der Ehegatten beziehenden Vorschriften. Ein und dasselbe Recht gilt, vorbehaltlich der unter Nr. 3 zu erwähnenden Ausnahmen, für alle Theile dieses Vermögens. Es umfaßt sowohl das gesetzliche Güterrecht (B.G.B. §§ 1363—1431), als das vertragsmäßige Güterrecht (B.G.B. §§ 1432—1563). Nach den für das eheliche Güterrecht maßgebenden Gesetzen entscheidet sich also auch die Frage, ob und in welcher Art Eheverträge zulässig sind (über eine Ausnahme s. unten Nr. 3). In Betreff der Form der Eheverträge bleibt indessen die Vorschrift des Art. 11 Abs. 1 Satz 2 unberührt. Ein Ehevertrag kann also von deutschen Ehegatten im Auslande gültig auch in der nach dem betreffenden ausländischen Rechte genügenden Form abgeschlossen werden. Der § 1434 bestimmt zwar für Eheverträge eine besonders strenge Form und es könnte in Frage kommen, ob man mit Rücksicht hierauf nicht anzunehmen hätte, daß die Anerkennung eines nicht in dieser Form geschlossenen Ehevertrags gegen den Zweck des deutschen Gesetzes verstoße und deshalb Art. 30 Platz greife. Aus der durch das deutsche Gesetz vorgeschriebenen Form kann indessen gegenüber dem Art. 11 Abs. 1 Satz 2 nicht gefolgert werden, daß die Nichtbeobachtung dieser Form unter den Art. 30 falle. In diesem Sinne ist die Frage auch von der zweiten Kommission aufgefaßt (P. II S. 8263, 8287, 8298). Um Zweifel abzuschneiden wurde beschlossen, eine ausdrückliche Bestimmung aufzunehmen (s. E. II § 2250 Abs. 2). Aus der Weglassung dieses Satzes im E.G. kann nicht geschlossen werden, daß eine Aenderung beabsichtigt ist. Die Weglassung wird vielmehr darauf beruhen, daß man den Satz, wie von einigen Mitgliedern auch schon in der zweiten Kommission angenommen wurde, für selbstverständlich hielt.

Im Einzelnen ist Folgendes zu bemerken:

a) Die Beschränkungen des Verfügungsrechts, welche in Folge des gesetzlichen Güterrechts für die Ehefrau (B.G.B. §§ 1395 ff.), in Folge des vertragsmäßigen Güterrechts für beide Ehegatten (B.G.B. §§ 1444 ff.) eintreten, bestimmen sich nach den für das eheliche Güterrecht überhaupt maßgebenden Gesetzen. Der Ehemann wird bei der Gütergemeinschaft durch die betreffenden Vorschriften auch in der Eingehung obligatorischer Verpflichtungen beschränkt (B.G.B. §§ 1444 ff.). Auch Beschränkungen dieser Art bestimmen sich nach dem für das eheliche Güterrecht maßgebenden Gesetzen. Davon zu unterscheiden sind aber die Beschränkungen der Geschäftsfähigkeit. Diese bestimmen sich nach Art. 7. In dem B.G.B. ist diese Unterscheidung streng durchgeführt. Bei ausländischen Rechten können Zweifel entstehen, insbesondere kommt es vor, daß auch eine Beschränkung der Geschäftsfähigkeit der Ehefrau sich lediglich als eine Folge des ehelichen Güterrechts darstellt. In den Uebergangsvorschriften (Art. 200 Abs. 3) ist ausdrücklich hervorgehoben, daß eine solche Beschränkung sich nach dem in Kraft bleibenden bisherigen Güterstande bestimmt. Derselbe Grundsatz wird auch in Beziehung auf das internationale Privatrecht gelten müssen. Die weitergehende Vorschrift des Art. 200 Abs. 3, daß auch eine in Folge der Ehe eintretende Beschränkung der Geschäftsfähigkeit bestehen bleibt, solange der bisherige Güterstand fortdauert, wird dagegen auf dem Gebiete des internationalen Privatrechts keine analoge Anwendung finden können. Ob im einzelnen Falle Vorschriften der hier fraglichen Art Bestandtheile des ehelichen Güterrechts sind, läßt sich nur aus dem Zusammenhange des gesammten in Betracht kommenden ausländischen Rechtes entscheiden.

b) Das B.G.B. unterscheidet scharf zwischen den in Folge des Todes eines Ehegatten eintretenden Nachwirkungen des ehelichen Güterrechts und den erbrechtlichen Folgen. Die erstere, zu denen insbesondere die fortgesetzte Gütergemeinschaft gehört (B.G.B. §§ 1483 ff.), bestimmen sich nach den für das eheliche Güterrecht maßgebenden Gesetzen. Auf die erbrechtlichen Folgen finden die Art. 24, 25 Anwendung. Bei manchen ausländischen Gesetzen ist indessen ebenso wie bei manchen der bisherigen deutschen Güterrechte diese Unterscheidung zwischen güterrechtlichen und erbrechtlichen Wirkungen des Todes nicht streng durchgeführt. Ein Beispiel bildet der E. I, in welchem die Nachwirkung der allgemeinen Gütergemeinschaft in einem für den überlebenden Ehegatten begründeten erbrechtlichen Verhältnisse bestand. Soweit in einem ausländischen Rechte die erbrechtlichen Folgen diesen Charakter haben, sind sie nach den für das eheliche Güterrecht maßgebenden Gesetzen zu beurtheilen. In den Uebergangsvorschriften wird der entsprechende Grundsatz ausdrücklich anerkannt. (Art. 200 Abs. 1 Satz 2). Auch hier läßt sich nur aus dem gesammten Zusammenhange des betreffenden ausländischen Rechtes entscheiden, ob erbrechtliche Vorschriften den gedachten Charakter haben (vergl. Silberschmidt in Böhms Zeitschrift III S. 133-154, VIII S. 98 ff. R.G. Bd. 36 Nr. 50, 81).

c) Die Wirkungen, welche die Ehescheidung auf den unter den Ehegatten bestehenden Güterstand haben, bestimmen sich selbstverständlich nach den für diesen geltenden Gesetzen. Dahin gehören insbesondere auch die Vorschriften, nach welchen im Falle einer Scheidung die Auseinandersetzung bei der Gütergemeinschaft nach anderen als den gewöhnlichen Grundsätzen erfolgt (s. z. B. B.G.B. §§ 1478, 1479). Die Wirkungen der Scheidung auf die persönlichen Rechtsbeziehungen der Ehegatten bestimmen sich nach Art. 14. Nach den hiernach maßgebenden Gesetzen dürfte sich auch die Unterhaltspflicht der geschiedenen Ehegatten gegen einander (B.G.B. §§ 1578 ff.) bestimmen. Ehescheidungsstrafen kennt das B.G.B. nicht. Soweit sie in anderen Rechten vorkommen, wird zu unterscheiden sein, ob sie in einer Entziehung oder Beschränkung des auf Grund des ehelichen Güterrechts gemachten Erwerbes bestehen oder ob sie einen selbständigen Charakter haben. Im ersteren Falle werden die für das eheliche Güterrecht maßgebenden Gesetze anwendbar sein, während im letzteren Falle der Art. 14 entsprechend anzuwenden sein wird. Derselbe Grundsatz gilt für die Folgen der Wiederverheirathung. Dem ehelichen Güterrechte z. B. gehört zweifellos die im B.G.B. § 1493 enthaltene Vorschrift an, nach welchem die fortgesetzte Gütergemeinschaft mit der Wiederverheirathung des überlebenden Ehegatten endigt.

d) Ein Verbot der Schenkung unter Ehegatten kennt das B.G.B. nicht. Soweit ein solches in ausländischen Rechten vorkommt, wird es sich regelmäßig als eine Folge der persönlichen Rechtsbeziehungen der Ehegatten darstellen und nach Art. 14 zu beurtheilen sein. Denkbar ist indessen auch, daß es sich dabei nur um einen Ausfluß des ehelichen Güterrechts bezw. um die Rücksicht auf die Gläubiger der Ehegatten handelt. In solchem Falle greift der Art. 15 Platz.

e) Ueber die Vorschriften des B.G.B. §§ 1359, 1362 s. Erl. 5 zu Art. 14 und unten unter f.

f) Zweifelhaft ist, wie die Vorschriften der §§ 1344—1347 zu beurtheilen sind. Sachlich werden dadurch an eine in der vorgeschriebenen Form abgeschlossene oder doch in das Heirathsregister eingetragene Ehe, obwohl diese materiell nichtig ist, gewisse Wirkungen theils zu Gunsten eines gutgläubigen Dritten, theils zu Gunsten des gutgläubigen Ehegatten geknüpft. Ob die Ehe in der vorgeschriebenen Form abgeschlossen bezw. in das Heirathsregister eingetragen, aber materiell nichtig ist, bestimmt sich nach Art. 13. Die Wirkungen, welche eine solche Ehe trotz ihrer materiellen Nichtigkeit hat, dürften nach denselben Gesetzen zu beurtheilen sein, nach welchen die Wirkungen einer vollgültigen Ehe zu beurtheilen sind, also je nachdem es sich um persönliche Rechtsbeziehungen oder um güterrechtliche Vorschriften handelt, die Art. 14 oder 15 zur Anwendung kommen. Der § 1344 bestimmt nun, daß die Wirksamkeit des zwischen einem Dritten und einem Ehegatten vorgenommenen Rechtsgeschäfts gegenüber dem anderen Ehegatten zu Gunsten des Dritten, sofern derselbe nicht die Nichtigkeit der Ehe kannte, so beurtheilt werden soll, wie wenn die Ehe gültig wäre. Die Wirkungen eines Rechtsgeschäfts der fraglichen Art gegenüber dem anderen Ehegatten können nun entweder in den persönlichen Rechtsbeziehungen der Ehegatten zu einander oder in dem Güterstand, in welchem sie leben, beruhen. In die erstere Kategorie gehören z. B. die Wirkungen, welche ein von der Ehefrau innerhalb ihres häuslichen Wirkungskreises ausdrücklich oder stillschweigend in Vertretung des Mannes vorgenommenes Rechtsgeschäft für diesen hat; in die zweite Kategorie gehören z. B. die für die Frau eintretenden Wirkungen der von dem Manne vorgenommenen Veräußerung von Früchten des eingebrachten Gutes (s. Bd. IV S. 68 Erl. 2 zu § 1344). Je nachdem die Wirkungen der einen oder der anderen Kategorie angehören, werden sie nach Maßgabe des Art. 14 oder des Art. 15 zu beurtheilen sein.

Durch den § 1345 wird dem gutgläubigen Ehegatten gegenüber dem bösgläubigen Ehegatten nach der Nichtigkeitserklärung oder der Auflösung der Ehe das Recht gegeben, zu verlangen, daß ihr Verhältniß in vermögensrechtlicher Beziehung, insbesondere auch in Ansehung der Unterhaltspflicht, so behandelt wird, wie wenn die Ehe zur Zeit der Nichtigkeitserklärung oder der Auflösung geschieden und der bösgläubige Ehegatte für allein schuldig erklärt worden wäre. Das Recht, um das es sich hier handelt, ist seinem wesentlichen Inhalte nach ein Vermögensrecht. Es gehört zwar nicht dem ehelichen Güterrecht im engeren Sinne an. Wollte man aber den Art. 15 auf dieses beschränken, so würde es, da der Art. 14 sich nur auf die persönlichen Rechtsbeziehungen beschränkt, an jeder Bestimmung in Betreff solcher Vorschriften fehlen, die ohne zu dem ehelichen Güterrecht im engeren Sinne zu gehören, doch die vermögensrechtlichen Beziehungen der Ehegatten als solcher betreffen, wie z. B. des § 1362 des B.G.B. und der hier fraglichen Vorschrift. Man wird daher den Art. 15 in einem weiteren Sinne verstehen oder doch die Vorschrift desselben entsprechend auf alle die vermögensrechtlichen Verhältnisse der Ehegatten als solcher betreffende Bestimmungen anwenden müssen. Ein Zweifel, ob der § 1345 des B.G.B. sich auf eine solche vermögensrechtliche Vorschrift beschränke, könnte aus der Erwähnung der Unterhaltspflicht hergeleitet werden. Diese ist, soweit sie während der Ehe zwischen den Ehegatten besteht, allerdings ein Ausfluß ihrer persönlichen Rechtsbeziehungen und fällt daher unter Art. 14. Die Unterhaltspflicht aber, um die es sich hier handelt, ist die des geschiedenen und für allein schuldig erklärten Ehegatten (§§ 1578 ff.) und beruht nicht auf einem noch bestehenden persönlichen Verhältniß unter den Ehegatten, sondern ist eine gesetzliche Folge der Scheidung (s. Art. 17 Erl. 2b). Sachlich handelt es sich daher auch hier lediglich um eine vermögensrechtliche Verpflichtung. Daß auch das Gesetz diese Auffassung theilt, ergiebt sich aus der Fassung des § 1345, „in vermögensrechtlicher Beziehung, insbesondere auch in Ansehung der Unterhaltspflicht." Hieraus ergiebt sich, daß der § 1345 und die sich darauf beziehenden Vorschriften der §§ 1346, 1347 des B.G.B. immer, aber auch nur dann zur Anwendung kommen, wenn der Ehemann zur Zeit der Schließung der Ehe ein Deutscher war.

3. Von dem Grundsatze, daß für das eheliche Güterrecht, wenn der Ehemann zur Zeit der Schließung der Ehe einem ausländischen Staate angehörte, die Gesetze dieses Staates maßgebend sind, gelten folgende Ausnahmen:

a) Nach Art. 27 kommen die deutschen Gesetze zur Anwendung, wenn diese nach den in dem betreffenden ausländischen Staate geltenden Vorschriften des internationalen Privatrechts maßgebend sind, wenn also z. B. nach diesen Vorschriften nicht die Staatsangehörigkeit, sondern der Wohnsitz für das eheliche Güterrecht entscheidend ist, und die Ehegatten ihren Wohnsitz in Deutschland haben (s. Erl. zu Art. 27).

b) Nach Art. 15 Abs. 2 Halbsatz 2 können die Ehegatten, wenn nach dem für ihr eheliches Güterrecht maßgebenden ausländischen Rechte die Abschließung eines Ehevertrags während bestehender Ehe unzulässig ist, doch einen solchen schließen. Die Ausnahme beschränkt sich indessen nach dem Wortlaute des Art. 15 Abs. 2 auf den darin überhaupt nur geregelten Fall, daß der Ehemann nach Eingehung der Ehe die Reichsangehörigkeit erwirbt oder daß ausländische Ehegatten ihren Wohnsitz im Inlande haben. Es fragt sich, ob die Ausnahme über den Wortlaut hinaus auf alle Fälle auszudehnen ist, in welchen für das eheliche Güterrecht nach den oben unter Nr. 1 dargelegten Grundsätzen die Gesetze des ausländischen Staates maßgebend sind, dem der Ehemann zur Zeit der Schließung der Ehe angehörten, sofern der Ehemann später Angehöriger eines anderen Staates wird, oder die Ehegatten ihren Wohnsitz in einem anderen Staate haben und nach den Gesetzen dieses Staates Eheverträge auch während bestehender Ehe geschlossen werden können. Der E. II rev. § 2372, welcher das Prinzip, daß das eheliche Güterrecht sich nach den Gesetzen des Staates bestimme, dem der Ehemann zur Zeit der Schließung der Ehe angehört allgemein aufstellt, machte hiervon in Betreff des Verbots der Abschließung eines Ehevertrags eine ebenfalls allgemeine Ausnahme für den Fall, daß der Ehemann später die Staatsangehörigkeit in einem anderen Staate erwirbt und nach den Gesetzen dieses Staates das Verbot nicht besteht. Wenn man nun wie oben unter Nr. 1 darzulegen versucht ist, aus der beschränkteren Vorschrift der Abs. 1, 2 Halbsatz 1 das allgemeine Prinzip

Artikel 16.

Haben ausländische Ehegatten oder Ehegatten, die nach der Eingehung der Ehe die Reichsangehörigkeit erwerben, den Wohnsitz im Inlande, so finden die Vorschriften des §. 1435 des Bürgerlichen Gesetzbuchs entsprechende Anwendung; der ausländische gesetzliche Güterstand steht einem vertragsmäßigen gleich.

Die Vorschriften der §§. 1357, 1362, 1405 des Bürgerlichen Gesetzbuchs finden Anwendung, soweit sie Dritten günstiger sind als die ausländischen Gesetze.

---

des E. II ableiten muß, so liegt es nahe, auch die Vorschrift des Abs. 2 Halbsatz 2 in demselben Sinne zu verallgemeinern. Gedacht ist indessen bei der Ausnahme des Halbsatz 2 lediglich an die beiden in dem Halbsatz 1 bezeichneten Fälle. In diesen soll mit Rücksicht auf die dabei in Betracht kommenden deutschen Interessen der Grundsatz des deutschen Rechtes über die Zulässigkeit eines Ehevertrags Geltung haben. Es erscheint um so bedenklicher diesen Satz zu Gunsten ausländischer Gesetze zu verallgemeinern, als er dann nicht nur wie nach dem E. II für den Fall gelten würde, daß der Ehemann die Angehörigkeit eines anderen Staates erworben hat, sondern auch für den Fall, daß beide Ehegatten in dem anderen Staate wohnen, die Ausdehnung auf den letzteren Fall aber eine Durchbrechung des Prinzips der maßgebenden Bedeutung der Staatsangehörigkeit enthalten würde. Die Ausdehnung, wie Niedner (S. 43 Nr. 5c) will, nur für den ersten Fall anzunehmen, weil die Fähigkeit, einen Ehevertrag abzuschließen, sich nach dem Personalstatute richten müsse, dürfte sich nicht rechtfertigen, weil einerseits das Verbot der Abschließung eines Ehevertrags während bestehender Ehe, wie auch von der Mehrheit der zweiten Kommission angenommen wurde (P. II S. 8262), nicht als ein die Geschäftsfähigkeit, sondern als eine das eheliche Güterrecht betreffende Vorschrift zu betrachten ist und, weil es andererseits vom Standpunkte des E.G. aus doch willkürlich ist, in solcher Weise zwischen den beiden im Abs. 2 gleichgestellten Fällen zu unterscheiden. Ueberwiegende Gründe dürften daher dafür sprechen, die Vorschrift des Halbsatzes 2 nicht zu verallgemeinern.

c) Ueber die nach Art. 16 geltenden Ausnahmen s. die Erl. zu diesem Artikel.

d) Ueber die sich möglicherweise aus Art. 30 ergebenden Ausnahmen s. die Erl. zu diesem Artikel. Eine praktische Bedeutung dürfte der Art. 30 in der hier fraglichen Beziehung nicht haben.

4. Eine Ausnahme sowohl von der Geltung des deutschen als von der Geltung des ausländischen ehelichen Güterrechts nach Maßgabe des Art. 15 kann sich aus Art. 28 für die dort bezeichneten Gegenstände ergeben (s. Erl. zu Art. 28).

5. Eine Modifikation des nach deutschem ehelichen Güterrechte geltenden Satzes des B.G.B. § 1433 Abs. 1 bestimmt der § 1433 Abs. 2 für den Fall, daß der Ehemann seinen Wohnsitz im Auslande hat.

Artikel 16.

E. I § 12; II § 2251 rev. § 2373; E. d. E.G. III § 15. P. I S. 11534—11538. P. II S. 8263—8267 (Bd. 6 S. 60—62).

1. Der Art. 16 bestimmt mehrere Ausnahmen von dem im Art. 15 aufgestellten Prinzipe der maßgebenden Bedeutung der Staatsangehörigkeit des Ehemanns für das eheliche Güterrecht für den Fall, daß die Ehegatten ihren Wohnsitz im Inlande haben. Mehrere Vorschriften des deutschen ehelichen Güterrechts sollen hiernach auch auf Ehen Anwendung finden, für welche im Allgemeinen ausländisches eheliches Güterrecht gilt. Es handelt sich hier lediglich um Vorschriften, die im Interesse des inländischen Verkehrs zu Gunsten der deutschen Gesetze getroffen sind. Eine Verallgemeinerung dieser Vorschriften ist hiernach nicht zulässig; insbesondere ist eine entsprechende Anwendung auf Ehegatten, für deren eheliches Güterrecht nach Art. 15 die deutschen Gesetze maßgebend sind, die aber im Ausland ihren Wohnsitz haben, ausgeschlossen.

Ueber die durch Art. 16 Abs. 2 auch von der Vorschrift des Art. 14 bestimmte Ausnahme s. unten Nr. 4 a.

2. Voraussetzung der durch Abs. 1 bestimmten Ausnahme ist, daß ausländische Ehegatten oder Ehegatten, die nach der Eingehung der Ehe die Reichsangehörigkeit erwerben, ihren Wohnsitz im Inlande haben.

a) Wenn das Gesetz allgemein von ausländischen Ehegatten spricht, so denkt es dabei doch, wie sich aus dem Halbsatze 2 des Abs. 1 ergiebt, nur an solche, für deren eheliches

Güterrecht nach Art. 15 ausländische Gesetze gelten. Sind die Ehegatten jetzt Ausländer, war der Ehemann aber zur Zeit der Eingehung der Ehe ein Deutscher, so gelten für ihr eheliches Güterrecht nach Art. 15 die deutschen Gesetze und die Vorschrift des Art. 16 ist daher gegenstandslos. Andererseits muß die Vorschrift ihrer Absicht nach auch dann gelten, wenn zur Zeit nur einer der Ehegatten ein Ausländer ist aber für das eheliche Güterrecht der Ehegatten ausländische Gesetze gelten, wenn also der Ehemann zur Zeit der Eingehung der Ehe ein Ausländer war. In Verbindung mit der zweiten Alternative, daß die Ehegatten nach Eingehung der Ehe die Reichsangehörigkeit erwerben, wird also die Voraussetzung dahin zu verstehen sein, daß Ehegatten, deren eheliches Güterrecht sich nach ausländischen Gesetzen bestimmt, ihren Wohnsitz im Inlande haben.

b) Für die Frage, ob die Ehegatten ihren Wohnsitz im Inlande haben, sind die Vorschriften des B.G.B. über den Wohnsitz (§§ 7—11) maßgebend. Beide Ehegatten müssen den Wohnsitz im Inlande haben. Nach § 10 theilt aber die Ehefrau den Wohnsitz des Mannes und die Voraussetzungen, unter denen eine Ausnahme hiervon möglich ist (§ 10 Abs. 2), können nicht eintreten, wenn der Mann seinen Wohnsitz im Inlande hat. Es genügt also der Nachweis, daß dies der Fall ist. Hat nur die Frau, was nach B.G.B. § 10 möglich ist, ihren Wohnsitz im Inlande, während der Mann seinen Wohnsitz im Auslande hat, so findet der Art. 16 keine Anwendung. Der Zweifel, den in dieser Beziehung der Wortlaut des Art. 16 lassen könnte, wird durch den Zweck der fraglichen Vorschrift sowie dadurch beseitigt, daß die nach dem Inhalte der Vorschrift vorausgesetzte Möglichkeit der Eintragung des Güterstandes in das Güterrechtsregister nur besteht, wenn der Ehemann seinen Wohnsitz in dem Bezirk eines deutschen Amtsgerichts hat (B.G.B. § 1558). Der bloße Aufenthalt des Ehemanns oder beider Gatten im Inlande genügt nicht, um die Anwendung des Art. 16 zu begründen.

3. Liegen die unter Nr. 2 dargelegten Voraussetzungen vor, so wird nach Art. 16 Abs. 1 der für die ausländischen Ehegatten geltende ausländische Güterstand so behandelt, wie ein von Ehegatten, für die das deutsche eheliche Güterrecht gilt, durch Ehevertrag vereinbarter Güterstand. Die Vorschriften des B.G.B. § 1435 finden daher darauf Anwendung. Hieraus ergiebt sich, daß einem Dritten gegenüber Einwendungen aus dem von dem deutschen gesetzlichen ehelichen Güterrecht abweichenden Bestimmungen des ausländischen Güterstandes gegen ein zwischen dem Dritten und einem der Ehegatten vorgenommenes Rechtsgeschäft oder gegen ein zwischen ihnen ergangenes Urtheil nur entgegengesetzt werden können, wenn der ausländische Güterstand zur Zeit der Vornahme des Rechtsgeschäfts oder des Eintritts der Rechtshängigkeit in das Güterrechtsregister eingetragen oder dessen Geltung für die betreffende Ehe dem Dritten bekannt war.

Die Eintragung des ausländischen Güterstandes erfolgt nach B.G.B. §§ 1558 ff. Nach § 1561 ist daher zur Eintragung der Antrag beider Ehegatten erforderlich; jeder von ihnen ist aber dem anderen gegenüber verpflichtet zur Mitwirkung. Gilt unter den Ehegatten das gesetzliche ausländische Güterrecht, so genügt, daß dies in der Eintragung vermerkt wird. Haben die Ehegatten einen durch das ausländische Güterrecht geregelten vertragsmäßigen Güterstand vereinbart, so wird die Eintragung dieser Vereinbarung ebenso für genügend anzusehen sein, wie dies bei der Eintragung eines Ehevertrags, durch welchen einer der im B.G.B. geregelten vertragsmäßigen Güterstände vereinbart ist, genügt. Sind aber Abweichungen von dem ausländischen gesetzlichen Güterrecht oder von einem durch dieses geregelten Güterstande vereinbart worden, so müssen diese in demselben Umfang eingetragen werden wie bei den vertragsmäßig vereinbarten Abweichungen von dem deutschen gesetzlichen Güterrecht oder einem der vertragsmäßigen deutschen Güterstände erforderlich ist.

4. Der Art. 16 Abs. 2 enthält drei weitere Vorschriften, durch welche die Anwendung von Bestimmungen des B.G.B. auf ausländische Ehegatten, die ihren Wohnsitz im Inlande haben, vorgeschrieben wird.

a) Der § 1357 des B.G.B. findet nach Art. 14 nur auf deutsche Ehegatten oder, wenn der Ehemann die Reichsangehörigkeit verloren, die Frau sie aber behalten hat, Anwendung. Nach Art. 16 soll der § 1357 aber zu Gunsten eines Dritten für ausländische Ehegatten gelten, wenn diese ihren Wohnsitz im Inlande haben. Der zweite im Abs. 1 gedachte Fall, daß ausländische Ehegatten nach Eingehung der Ehe die deutsche Reichsangehörigkeit erwerben, kommt hier nicht in Betracht, weil in diesem Falle der § 1357 schon nach Art. 14 auf sie Anwendung findet. Die Vorschrift des Art. 16 Abs. 2 wird aber ihrem Zwecke nach auch dann Anwendung finden müssen, wenn nur einer der Ehegatten ein Ausländer ist, da in diesem Falle die Anwendbarkeit des § 1357 nicht schon aus Art. 14 gefolgert werden kann (s. Erl. 5 zu Art. 14). Beide Ehegatten müssen ihren Wohnsitz im Inlande haben; in dieser Beziehung gilt das oben unter Nr. 2b Gesagte.

Aus der Anwendung des § 1357 des B.G.B. zu Gunsten Dritter ergiebt sich, daß die Frau dem Dritten gegenüber innerhalb ihres häuslichen Wirkungskreises die Geschäfte des Mannes zu besorgen und zur Vertretung des Mannes in solchen Geschäften berechtigt ist sowie daß ein von ihr innerhalb ihres häuslichen Wirkungskreises vorgenommenes Rechtsgeschäft als im Namen des Mannes vorgenommen gilt, soweit sich nicht aus den Umständen ein Anderes ergiebt. Der Mann wird also aus einem solchen Rechtsgeschäfte dem Dritten unmittelbar verpflichtet. Der Mann kann die Vertretungsmacht der Frau beschränken oder ausschließen. Dritten gegenüber gilt die Beschränkung oder Ausschließung aber nur, wenn sie zur Zeit der Vornahme des Rechtsgeschäfts in das Güterrechtsregister eingetragen oder dem Dritten bekannt war (s. Bd. IV S. 85 ff. Erl. zu § 1357). Die Eintragung erfolgt nach Maßgabe des B.G.B. §§ 1558 ff. und zwar nach § 1561 auf einseitigen Antrag des Mannes. Der Kenntniß des Dritten von der Beschränkung oder Ausschließung steht es nicht gleich, daß der Dritte gewußt hat, daß die Ehegatten Ausländer sind. Der § 1357 soll nicht nur dann zur Anwendung kommen, wenn der Dritte nicht gewußt hat, daß die Ehegatten Ausländer sind, sondern er soll Dritten gegenüber unbedingt gelten, wenn die Ehegatten ihren Wohnsitz im Inlande haben. Der Ehemann muß also, wenn er Dritten gegenüber die Vertretungsmacht der Frau nicht gelten lassen will, diese beschränken oder ausschließen und dies hat dem Dritten gegenüber nur Wirkung, wenn die Beschränkung oder Ausschließung eingetragen oder dem Dritten bekannt war.

Soweit die ausländischen Gesetze dem Dritten noch günstiger sind als die Bestimmungen des § 1357, soweit danach also z. B. der Mann unbeschränkt für die Verbindlichkeiten der Frau haftet, finden die ausländischen Gesetze zu Gunsten des Dritten Anwendung. Zweifelhaft ist, ob der Dritte, wenn nach den ausländischen Gesetzen die Frau abweichend von § 1357 aus den darin bezeichneten Rechtsgeschäften persönlich dem Dritten haftet, der Dritte auch diese Haftung geltend machen kann. Er kann dies gewiß, wenn nach den ausländischen Gesetzen sowohl die Frau als der Mann haftet. Haftet nach ihnen aber nur die Frau, nicht der Mann, so wird sich der Dritte nicht gleichzeitig zur Begründung der Haftung der Frau auf die ausländischen Gesetze und zur Begründung der Haftung des Mannes auf den § 1357 berufen können; denn die durch diesen bestimmte Haftung des Mannes beruht lediglich darauf, daß die Frau als Vertreterin des Mannes behandelt wird und deshalb aus dem betreffenden Rechtsgeschäfte nur der Mann, nicht sie verpflichtet wird; das eine kann von dem anderen nicht getrennt werden. Der Dritte wird also nur die Wahl haben je nachdem er das eine oder das andere für günstiger hält, die Haftung des Mannes nach B.G.B. § 1357 oder die Haftung der Frau auf Grund der ausländischen Gesetze geltend zu machen.

Nur im Verhältnisse zu dem Dritten, nicht im Verhältniß unter den Ehegatten gilt der § 1357. Ueber das letztere entscheiden die ausländischen Gesetze.

b) Der § 1362 des B.G.B. würde als zu dem ehelichen Güterrecht in dem hier fraglichen Sinne gehörend (s. Erl. 2e zu Art. 15), nur dann zur Anwendung kommen, wenn entweder nach Art. 15 die deutschen Gesetze für das eheliche Güterrecht maßgebend wären oder, wenn in dem Falle des Art. 16 Abs. 1 der für die Ehegatten geltende ausländische Güterstand nicht in das Güterrechtsregister eingetragen wäre. Nach Abs. 2 soll aber, wenn die Ehegatten ihren Wohnsitz im Inlande haben, der § 1362 auch dann Anwendung finden, wenn der für die Ehegatten geltende ausländische Güterstand nicht in das Güterrechtsregister eingetragen ist. Daß die Vorschrift auch unter der letztgedachten Voraussetzung gelten soll, ist zwar in dem Abs. 2 nicht ausdrücklich gesagt, ist aber deshalb selbstverständlich, weil nur für diesen Fall eine besondere Bestimmung überhaupt erforderlich war. Die in dem § 1362 bestimmten Vermuthungen gelten also zu Gunsten eines Dritten gegenüber allen Ehegatten, die im Inland ihren Wohnsitz haben. Daß allein die Frau ihren Wohnsitz im Inlande hat, genügt auch hier wie im Abs. 1 nicht, während wenn der Mann den Wohnsitz im Inlande hat, dadurch nach B.G.B. § 10 auch der Wohnsitz der Frau im Inlande begründet ist. Aus der Anwendbarkeit des § 1362 ergiebt sich, daß zu Gunsten der Gläubiger des Mannes die im § 1362 Abs. 1, zu Gunsten der Gläubiger der Frau die im § 1362 Abs. 2 bestimmte Vermuthung gilt. In beiden Fällen kann aber der betreffende Ehegatte, da es sich nur um eine Vermuthung handelt, diese durch den Beweis des Gegentheils widerlegen und er kann sich zu diesem Zwecke auch auf den unter den Ehegatten bestehenden ausländischen Güterstand berufen; er kann z. B., wenn nach diesem Güterstand allgemeine Gütergemeinschaft unter den Ehegatten gilt, die gedachte Vermuthung durch den Hinweis hierauf in Verbindung mit dem Beweise, daß die in Frage kommenden Sachen zu dem Gesammtgute gehören, widerlegen.

Auch der § 1362 gilt nur insoweit, als er dem Dritten günstiger ist, wie das an sich maßgebende ausländische Recht. Besteht nach diesem also z. B. ein über eine Vermuthung hinausgehender Rechtssatz zu Gunsten der Gläubiger in der hier fraglichen Beziehung, so findet dieser Rechtssatz Anwendung.

Nur Dritten gegenüber findet der § 1362 Anwendung. Soweit der § 1362 Abs. 2 eine Vermuthung über das Verhältniß unter den Ehegatten aufstellt, findet er keine Anwendung.

c) Der § 1405 ist erst von dem Bundesrath in den Abs. 2 eingestellt. In der zweiten Kommission war ein denselben Zweck verfolgender in einzelnen Beziehungen noch weiter gehender Antrag gestellt aber von der Kommission abgelehnt worden (P. II S. 8265—8268 Bd. 6 S. 61, 62). Nach§ 1405 ist, wenn die Frau selbständig ein Erwerbsgeschäft betreibt, die Zustimmung des Mannes zu solchen Rechtsgeschäften nicht erforderlich, die der Geschäftsbetrieb mit sich bringt und die Einwilligung des Mannes gilt als ertheilt, wenn er von dem Betriebe des Erwerbsgeschäfts durch die Frau Kenntniß hat und dagegen nicht Einspruch erhebt. Dritten gegenüber ist der Einspruch und der Widerruf der Einwilligung nur nach Maßgabe des § 1435 wirksam, also nur wenn er zur Zeit der Vornahme des Rechtsgeschäfts in das Güterrechtsregister eingetragen oder dem Dritten bekannt war. Das Gleiche gilt für Rechtsstreitigkeiten der Ehefrau, die der Geschäftsbetrieb mit sich bringt. Diese Vorschriften finden schon nach Art. 16 Abs. 1 dann Anwendung, wenn der maßgebende ausländische Güterstand nicht in das Güterrechtsregister eingetragen war. Die Aufnahme des § 1405 in den Art. 16 Abs. 2 hat also die Bedeutung, daß der § 1405 auch dann Anwendung finden soll, wenn der ausländische Güterstand in das Güterrechtsregister eingetragen war. Diese Auffassung wird durch die bei der Berathung der zweiten Kommission über den oben erwähnten Antrag für und gegen denselben geltend gemachten Gründe bestätigt, indem von dem Antragsteller gerade auf die hervorgehobene Bedeutung hingewiesen wurde, während die Mehrheit der Kommission der Ansicht war, daß ein Bedürfniß über die schon nach Abs. 1 zur Anwendung kommende Vorschrift des § 1435 hinauszugehen, nicht vorliege.

Es fragt sich nun aber noch, welche Tragweite der § 1405 neben dem im Uebrigen geltenden ausländischen Güterrechte hat. Der § 1405 schließt sich an die Vorschriften des gesetzlichen Güterrechts an, nach welchen die Frau ohne Zustimmung des Ehemanns nicht über ihr eingebrachtes Gut verfügen und die dazu gehörenden Rechte nicht gerichtlich geltend machen kann und nach welchen ihre Verbindlichkeiten aus den von ihr ohne solche Zustimmung vorgenommenen Rechtsgeschäften und geführten Passivprozessen dem Manne gegenüber in Ansehung des eingebrachten Gutes unwirksam sind. Die Einwilligung des Mannes in den Betrieb eines Erwerbsgeschäfts durch die Frau hat nach § 1405 die Wirkung, daß alle Rechtsgeschäfte und Prozesse der Frau, die der Betrieb des Erwerbsgeschäfts mit sich bringt, so behandelt werden, wie wenn der Mann dazu die Zustimmung ertheilt hätte. Eine Anwendung des § 1405 bei Geltung eines anderen Güterstandes als des gesetzlichen deutschen Güterrechts ist hiernach nicht direkt, sondern nur entsprechend möglich. Die entsprechende Anwendung führt dahin, daß soweit nach dem ausländischen Güterstande die Wirksamkeit von Verfügungen der Frau über ihr Vermögen oder die gerichtliche Geltendmachung ihrer Rechte oder die Wirksamkeit der von ihr eingegangenen Verbindlichkeiten und der Urtheile in den von ihr geführten Passivprozessen von der Zustimmung des Mannes abhängt, die gedachten Rechtsgeschäfte und Prozesse der Frau unter den Voraussetzungen des § 1405 auch bei mangelnder Zustimmung des Mannes dieselbe Wirkung haben, wie wenn diese ertheilt wäre. Ist daher nach dem betreffenden ausländischen Güterrechte das Vermögen der Frau in der Art dem Rechte des Mannes unterworfen, daß die Haftung dieses Vermögens aus Verbindlichkeiten und Urtheilen der gedachten Art von der Zustimmung des Mannes zu den betreffenden Rechtsgeschäften und Prozessen abhängt, so tritt diese Haftung auch unter den im § 1405 bezeichneten Voraussetzungen ein. Man wird aber auch wohl noch weiter annehmen müssen, daß wenn nach dem ausländischen Güterrechte Gütergemeinschaft gilt, und die Haftung des Gesammtguts oder die persönliche Haftung des Mannes aus Verbindlichkeiten und Prozessen der Frau von der Zustimmung des Mannes abhängt, diese Haftung ebenfalls eintritt, wenn die Voraussetzungen des § 1405 vorliegen (B.G.B. § 1452). In dem oben erwähnten in der zweiten Kommission gestellten Antrage war diese Haftung ausdrücklich bestimmt. Seinem Wortlaute nach ging der Antrag über die oben dargelegte Auffassung noch insofern hinaus, als die Haftung beim Vorliegen der im § 1405 bezeichneten Voraussetzungen schlechthin und ohne Rücksicht darauf eintreten sollte, ob sie nach dem betreffenden ausländischen Rechte bei wirklich erfolgter Zustimmung des Mannes zu den betreffenden Rechtsgeschäften und Prozessen der Frau eintrete. Dies dürfte sich indessen schwerlich rechtfertigen lassen. Wenn daher, was freilich nicht leicht vorkommen wird, das Vermögen der Frau oder das Gesammtgut wegen Verbindlichkeiten der Frau aus Rechtsgeschäften und Prozessen auch dann nicht haftet, wenn der Mann die Zustimmung dazu ertheilt hat, so tritt die Haftung auch nicht auf Grund des § 1405 ein. Durch die Eintragung des Einspruchs des Mannes gegen den Betrieb des Erwerbsgeschäfts von Seiten der Frau oder des Widerrufs der dazu ertheilten Einwilligung in das Güterrechtsregister, wird die fragliche Haftung ausgeschlossen. Keine Bedeutung hat die Geltung des § 1405, wenn nach dem betreffenden ausländischen Güterrechte Gütertrennung unter den Ehegatten gilt.

Wegen der Anwendbarkeit des § 1405 für gewerbetreibende Ehefrauen, für welche ein ausländisches Güterrecht gilt s. § 11a der Gew.O. in der Fassung des Art. 36 und Erl. zu Art. 36.

Artikel 17.

Für die Scheidung der Ehe sind die Gesetze des Staates maßgebend, dem der Ehemann zur Zeit der Erhebung der Klage angehört.

Eine Thatsache, die sich ereignet hat, während der Mann einem anderen Staate angehörte, kann als Scheidungsgrund nur geltend gemacht werden, wenn die Thatsache auch nach den Gesetzen dieses Staates ein Scheidungsgrund oder ein Trennungsgrund ist.

Ist zur Zeit der Erhebung der Klage die Reichsangehörigkeit des Mannes erloschen, die Frau aber Deutsche, so finden die deutschen Gesetze Anwendung.

Auf Scheidung sowie auf Aufhebung der ehelichen Gemeinschaft kann auf Grund eines ausländischen Gesetzes im Inlande nur erkannt werden, wenn sowohl nach dem ausländischen Gesetze als nach den deutschen Gesetzen die Scheidung zulässig sein würde.

Artikel 17.

E. I § 10; II §§ 2247—2249 rev. §§ 2374—2376; E. d. E.G. III Art. 16. P. I S. 11519—11529. P. II S. 8249—8258 (Bd. 6 S. 51—57). K.B. S. 2109. St.B. S. 3024, 3096.

1. Die Abs. 1, 2 des Art. 17 enthalten allgemeine, sowohl für Inländer wie für Ausländer geltende Vorschriften über die für die Scheidung einer Ehe maßgebenden Gesetze. Der Abs. 3 enthält eine besondere Vorschrift zu Gunsten der Anwendung der deutschen Gesetze für den Fall, daß der Ehemann die Reichsangehörigkeit verloren, die Ehefrau sie aber behalten hat, der Abs. 4 eine ebenfalls die Anwendung der deutschen Gesetze ausdehnende Vorschrift für den Fall, daß im Inland über die Scheidung zu erkennen ist. Die Vorschriften beider Absätze gestatten ihrem Zwecke nach keine entsprechende Anwendung zu Gunsten ausländischer Gesetze. In den entsprechenden Fällen verbleibt es daher bei den Vorschriften der Abs. 1, 2.

Nur auf die Scheidung der Ehe und auf die Aufhebung der ehelichen Gemeinschaft durch richterliches Urtheil beziehen sich die Vorschriften des Art. 17. Ueber die beständige oder zeitweise Trennung der Ehe von Tisch und Bett s. unten Nr. 7, über die Auflösung der Ehe aus anderen Gründen als durch Scheidung s. unten Nr. 8.

2. Durch die Vorschrift des Abs. 1, nach welcher für die Scheidung der Ehe die Gesetze des Staates maßgebend sind, dem der Ehemann zur Zeit der Erhebung der Klage auf Scheidung angehört, soll ausgedrückt werden, daß sich sowohl die Gründe, aus welchen die Scheidung zulässig ist, als auch die Wirkungen der Scheidung nach den gedachten Gesetzen bestimmen. Auf das Verfahren in Ehescheidungssachen bezieht sich die Vorschrift des Abs. 1 nicht (P. I S. 11524, 11525).

a) Die Gründe, aus welchen nach deutschen Gesetzen die Scheidung zulässig ist, sind in den §§ 1565—1569 des B.G.B. bestimmt. Soweit ausländische Gesetze zur Anwendung kommen, entscheidet sich nach diesen sowohl die Frage, ob die Scheidung überhaupt zulässig ist, als auch die Frage, aus welchen Gründen sie zulässig ist. Ueber die Frage, ob, wenn die ausländischen Gesetze nur eine Trennung von Tisch und Bett zulassen, auf diese von deutschen Gerichten erkannt werden kann, s. unten Nr. 7.

b) In Betreff der die Wirkungen der Scheidung betreffenden Vorschriften ist zu unterscheiden, ob es sich um selbständige Vorschriften über die Wirkungen der Scheidung oder um solche Vorschriften handelt, welche den Einfluß der Scheidung auf andere besonders geordnete Rechtsverhältnisse regeln. Nur die Wirkungen der erst gedachten Art bestimmen sich nach den für die Scheidung maßgebenden Gesetzen, während die Wirkungen der letztgedachten Art sich nach den für das betreffende Rechtsverhältniß maßgebenden Vorschriften bestimmen. In dem B.G.B. tritt der verschiedene Charakter der fraglichen Vorschriften in der Stellung hervor, welche sie im B.G.B. erhalten haben. Zu den Vorschriften der ersteren Art gehören die §§ 1564 (Auflösung der Ehe), 1577 (Wirkung der Scheidung auf den Familiennamen der Frau), 1578—1583 (Unterhaltspflicht der geschiedenen Ehegatten), 1584 (Zulässigkeit des Widerrufs einer Schenkung in Folge einer Scheidung), 1585 (Beitragspflicht der geschiedenen

Frau zum Unterhalte der gemeinschaftlichen Kinder). In Betreff der letztgedachten Vorschrift kann es zweifelhaft sein, ob sie nicht zu den die Unterhaltsverpflichtung der Eltern gegenüber den Kindern betreffenden Vorschriften gehört und deshalb die für dieses Rechtsverhältniß geltenden Gesetze maßgebend sind. Die Stellung indessen, welche der § 1585 im B.G.B. erhalten hat, spricht gegen diese Auffassung.

Zu den Vorschriften, welche ihrem Wesen nach einem anderen besonders geregelten Gebiet angehören, ist zu rechnen die Vorschrift des § 1478 über die Modifikationen, welche die Grundsätze über die Auseinandersetzung bei Beendigung der allgemeinen Gütergemeinschaft im Falle der Scheidung erfahren. Sie gehört dem ehelichen Güterrecht an und für ihre Anwendung sind daher die für dieses nach Art. 15 maßgebenden Gesetze entscheidend. Hierher gehören ferner die Vorschriften der §§ 1635, 1636 über den Einfluß, welchen die Scheidung auf die den Eltern kraft der elterlichen Gewalt obliegende thatsächliche Sorge für die Person der Kinder hat. Sie betreffen das Rechtsverhältniß zwischen Eltern und ehelichen Kindern, und ihre Anwendung bestimmt sich daher nach den für dieses nach Art. 19 maßgebenden Gesetzen (a. A. Niedner S. 49 Nr. 4d).

Nach denselben Grundsätzen ist die Frage zu entscheiden, ob für die in ausländischen Gesetzen bestimmten Wirkungen der Scheidung die im Art. 17 bezeichneten oder die für ein anderes Rechtsverhältniß, z. B. nach Art. 15, 19 maßgebenden Gesetze anzuwenden sind. Es kommt hier darauf an, ob die betreffenden Vorschriften nach der Absicht des ausländischen Gesetzes eine selbständige Wirkung der Scheidung bestimmen oder ob sie nur eine Modifikation der für ein anderes Rechtsverhältniß geltenden Vorschriften enthalten.

Die Vorschriften des Art. 17 finden Anwendung, ohne Unterschied, ob die Scheidungsklage von dem Ehemann oder von der Ehefrau angestellt ist.

3. Von dem in dem Abs. 1 aufgestellten Grundsatze gelten folgende Ausnahmen:

a) Nach Art. 27 finden, auch wenn der Ehemann zur Zeit der Erhebung der Klage ein Ausländer ist, die deutschen Gesetze Anwendung, wenn diese nach dem internationalen Privatrechte desjenigen Staates zur Anwendung kommen, dessen materielle Gesetze nach Art. 17 Abs. 1 maßgebend sein würden.

b) Nach Art. 17 Abs. 2 finden neben den Gesetzen desjenigen Staates, welche nach Abs. 1 maßgebend sind, auch die Gesetze eines anderen Staates Anwendung, wenn die Thatsache, auf Grund deren die Scheidung verlangt wird, sich zu einer Zeit ereignet hat, in welcher der Ehemann dem anderen Staate angehörte. In einem solchen Falle kann auf Scheidung nur erkannt werden, wenn

α) die Scheidung nach den Gesetzen desjenigen Staates zulässig ist, welchem der Ehemann zur Zeit der Erhebung der Scheidungsklage angehört, und wenn

β) die Thatsache, auf Grund deren die Scheidung verlangt wird, nach den Gesetzen desjenigen Staates einen Scheidungs- oder Trennungsgrund bildet, welchem der Mann zu der Zeit angehörte, als die Thatsache sich ereignete. Es genügt, wenn nach diesen Gesetzen auch nur eine zeitweise Trennung von Tisch und Bett zulässig ist. Es fragt sich aber, ob es genügt, daß die betreffende Thatsache überhaupt einen Scheidungs- oder Trennungsgrund bildet, oder ob erforderlich ist, daß auf Grund derselben nach den Gesetzen des betreffenden Staates noch zur Zeit der Erhebung der Scheidungsklage die Scheidung oder Trennung verlangt werden kann, daß das Recht darauf also nicht durch besondere Thatsachen, insbesondere durch Zeitablauf oder durch Verzeihung ausgeschlossen ist. Das Letztere dürfte das Richtige sein. Für das deutsche Recht ergiebt sich dies aus dem B.G.B., §§ 1570, 1571.

c) Nach Art. 17 Abs. 3 finden, obwohl der Ehemann zur Zeit der Erhebung der Klage ein Ausländer ist, doch die deutschen Gesetze Anwendung, wenn er früher Reichsangehöriger gewesen ist und die Ehefrau die Reichsangehörigkeit behalten hat. Ueber die Fälle, in welchen dies eintreten kann s. Erl. 2 zu Art. 14. Hat der Ehemann die Reichsangehörigkeit verloren, ohne die Staatsangehörigkeit in einem anderen Staate erworben zu haben, so finden die deutschen Gesetze schon nach Art. 29 Anwendung. Der Abs. 3 ist also nur von Bedeutung, wenn der Ehemann eine andere Staatsangehörigkeit erworben hat.

d) Nach Abs. 4 kommt neben dem nach Abs. 1 maßgebenden ausländischen Rechte, auch das deutsche Recht in Betracht, wenn die Scheidung im Inlande verlangt wird. Diese kann in solchen Fällen nur ausgesprochen werden, wenn sie auch nach deutschem Rechte zulässig ist. Es kommt nicht darauf an, ob das ausländische und das deutsche Recht genau dieselben Scheidungsgründe anerkennen. Erforderlich ist vielmehr nur, daß der

Thatbestand, auf Grund dessen die Scheidung verlangt wird, diese sowohl nach ausländischem wie nach deutschem Rechte rechtfertigt.

Der Abs. 4 enthält eine Anwendung des dem Art. 30 zu Grunde liegenden Gedankens. Im Uebrigen dürfte der Art. 30 nicht in Betracht kommen. Wenn Niedner (S. 46 Anm. 2b) annimmt, daß auf Grund des Art. 30 eine zweite polygamische Ehe nicht geschieden werden könne, so dürfte dies wenigstens in solcher Allgemeinheit nicht richtig sein.

4. Die Zuständigkeit deutscher Gerichte bei Klagen auf Scheidung bestimmt sich nach C.P.O. § 606 (Konsulargerichtsbarkeitsges. v. 7. April 1900 §§ 2 und 10). Nach Abs. 1 ist das Landgericht, bei welchem der Ehemann seinen allgemeinen Gerichtsstand hat, ausschließlich zuständig; nach Abs. 4 kann jedoch eine Scheidungsklage, wenn beide Ehegatten Ausländer sind, im Inlande nur erhoben werden, wenn das inländische Gericht auch nach den Gesetzen des Staates zuständig ist, dem der Ehemann angehört. Auch für den Fall aber, daß der Ehemann keinen allgemeinen Gerichtsstand im Inlande hat, kann die Scheidungsklage nach Abs. 2 in den dort bezeichneten Fällen bei einem deutschen Gericht erhoben werden. Diese Zuständigkeit ist indessen keine ausschließliche und die Scheidungsklage kann daher in den fraglichen Fällen auch bei dem ausländischen Gericht erhoben werden, bei welchem der Ehemann seinen allgemeinen Gerichtsstand hat. Aus diesen Vorschriften ergiebt sich, daß die Zuständigkeit des Gerichts nicht davon abhängt, welche Gesetze materiell für die Scheidung maßgebend sind, daß vielmehr in manchen Fällen deutsche Gerichte zuständig sind, obwohl die Zulässigkeit der Scheidung sich nach ausländischen Gesetzen bestimmt, und daß umgekehrt auch die Zuständigkeit eines ausländischen Gerichts begründet sein kann, obwohl materiell die deutschen Gesetze über die Scheidung anzuwenden sind.

5. Unter welchen Voraussetzungen ein die Scheidung aussprechendes Urtheil des ausländischen Gerichts in Deutschland als wirksam anerkannt wird, ergiebt sich aus C.P.O. § 328. Hervorzuheben ist, daß der im § 328 Nr. 1 bestimmte Fall des Ausschlusses der Wirksamkeit des ausländischen Urtheils, trotz der die ausschließliche Zuständigkeit des Gerichts, bei welchem der Ehemann seinen allgemeinen Gerichtsstand hat, aussprechenden Vorschrift der C.P.O. § 606 Abs. 1, nach Abs. 4 nicht vorliegt, wenn der Ehemann zwar seinen allgemeinen Gerichtsstand bei einem deutschen Gerichte hat, aber beide Ehegatten Ausländer sind und das inländische Gericht nach den Gesetzen des Staates, welchem der Ehemann angehört, nicht zuständig ist. Zu beachten ist ferner, daß die im § 606 Abs. 2 bestimmte Zuständigkeit keine ausschließliche ist, und daß dadurch also die nach § 606 Abs. 1 etwa begründete Zuständigkeit eines ausländischen Gerichts nicht ausgeschlossen wird (s. oben Nr. 4). Nach C.P.O. § 328 Nr. 3 ist die Anerkennung des ausländischen Urtheils immer ausgeschlossen, wenn in dem Urtheile zum Nachtheil einer deutschen Partei von der Vorschrift des Art. 17 abgewichen ist, wenn also insbesondere die Ehe eines Deutschen auf Grund ausländischer Gesetze geschieden ist, obwohl nach Art. 17 die deutschen Gesetze hätten angewendet werden müssen. Dagegen steht der Umstand, daß die Gegenseitigkeit nicht verbürgt ist, nach § 328 Abs. 2 der Anerkennung nicht entgegen, wenn für die Scheidungsklage im Inland ein Gerichtsstand nicht begründet war.

6. Dem Urtheil auf Scheidung wird im Abs. 4 das Urtheil auf Aufhebung der ehelichen Gemeinschaft gleichgestellt. Auch auf diese kann auf Grund eines ausländischen Gesetzes im Inlande nur erkannt werden, wenn sowohl nach dem maßgebenden ausländischen Gesetz als nach deutschem Rechte die Scheidung zulässig sein würde. Es genügt also nicht, daß nach dem ausländischen Gesetze die beständige oder zeitweise Trennung von Tisch und Bett zulässig sein würde; vielmehr muß der Thatbestand auf Grund dessen die Aufhebung der ehelichen Gemeinschaft verlangt wird, nach dem ausländischen Rechte genügen, die vollständige Scheidung der Ehe auszusprechen. Ist daher nach dem ausländischen Gesetze die Scheidung überhaupt ausgeschlossen, so kann in Deutschland auf Aufhebung der ehelichen Gemeinschaft ebensowenig wie auf Scheidung erkannt werden (a. A. Keidl in Böhms Zeitschrift VII S. 243, vergl. auch unten Nr. 7).

7. Der E. II (rev. § 2375) erwähnte neben der Scheidung auch die beständige oder zeitweilige Trennung von Tisch und Bett. Auch für diese sollte der Grundsatz gelten, daß für sie die Gesetze desjenigen Staates maßgebend seien, welchem der Ehemann zur Zeit der Erhebung der Scheidungsklage angehöre. Nach Abs. 3 sollte darauf im Inland aber nur erkannt werden können, wenn nach deutschen Gesetzen die Scheidung zulässig sein würde. Im Art. 17 ist die beständige oder zeitweilige Trennung von Tisch und Bett nicht erwähnt. Nur von der Aufhebung der ehelichen Gemeinschaft ist im Abs. 4 die Rede. Diese kann nicht ohne Weiteres als gleichbedeutend mit der beständigen oder zeitweiligen Trennung von Tisch und Bett angesehen werden. Das B.G.B. bezeichnet damit das in den §§ 1575, 1576, 1586, 1587 geregelte ihm eigenthümliche Institut, welches zwar mit den nach anderen Rechten,

insbesondere nach dem katholischen Eherechte stattfindenden beständigen Trennung von Tisch und Bett manches gemein hat, sich davon aber dadurch wesentlich unterscheidet, daß jeder Ehegatte auf Grund des die Aufhebung der ehelichen Gemeinschaft aussprechenden Urtheils nach § 1576 jederzeit die vollständige Scheidung der Ehe verlangen kann, daß ein solches Urtheil also den Charakter eines bedingten Scheidungsurtheils hat, bei welchem die Bedingung lediglich in der auf Grund des früheren Urtheils erhobenen Scheidungsklage besteht. Zweifellos ist nun, daß, wenn der Ehemann zur Zeit der Erhebung der Klage ein Deutscher ist, nur Scheidung oder Aufhebung der ehelichen Gemeinschaft im Sinne des B.G.B., nicht aber zeitweilige Trennung von Tisch und Bett zulässig ist. Zweifelhaft ist aber, ob, wenn der Ehemann zur Zeit der Erhebung der Klage ein Ausländer ist, und nach den Gesetzen seines Heimathstaats die beständige oder zeitweilige Trennung von Tisch und Bett entweder ausschließlich oder neben der Scheidung zulässig ist, auf die Trennung erkannt werden kann. Gegen die Zulässigkeit eines hierauf gerichteten Urtheils im Inlande spricht insbesondere, daß die Vorschriften der C.P.O. über das Verfahren in Ehesachen nur die Klagen auf Scheidung oder auf Aufhebung der ehelichen Gemeinschaft betreffen (C.P.O. §§ 606, 639), für Klagen auf beständige Trennung von Tisch und Bett aber ein besonderes Verfahren nicht geregelt ist. Da nun unmöglich angenommen werden kann, daß über derartige Klagen in dem gewöhnlichen Prozeßverfahren zu verhandeln wäre, so wird aus jenem Mangel eines besonderen Verfahrens geschlossen werden müssen, daß eine Klage auf beständige oder zeitweilige Trennung von Tisch und Bett in Deutschland überhaupt nicht zulässig ist. Gegen Ausländer, welche ihren allgemeinen Gerichtsstand in Deutschland haben, kann hiernach, wenn nach dem für sie maßgebenden Rechte die Scheidung der Ehe ausgeschlossen und nur beständige oder zeitweise Trennung von Tisch und Bett zulässig ist, weder auf Scheidung noch auf Trennung erkannt werden. Ob sie die letztere in ihrem Heimathstaat erlangen können, hängt von den dort geltenden Vorschriften über Zuständigkeit der Gerichte ab. Der Anerkennung eines solchen Urtheils des ausländischen Gerichts steht der Abs. 1 Nr. 1 des § 328 der C.P.O. nicht entgegen, weil bei der obigen Voraussetzung ein für die hier fragliche Klage zuständiges Gericht in Deutschland nicht existirt. Es läßt sich bezweifeln, ob dieses Ergebniß ein befriedigendes ist, und ob es nicht richtiger wäre, die Klage auf beständige Trennung von Tisch und Bett gegen einen Ausländer, welcher seinen Wohnsitz im Inlande hat, wenigstens dann zuzulassen, wenn nach den Gesetzen des Staates, dem er angehört, nur die Trennung von Tisch und Bett, nicht aber die Scheidung zulässig ist. Gegenüber den Vorschriften der C.P.O. und der von dem E. II offenbar absichtlich abweichenden Fassung des Art. 17 dürfte eine solche Auffassung indessen ausgeschlossen sein. Selbst wenn man unter der Aufhebung der ehelichen Gemeinschaft im Abs. 4 auch die beständige Trennung von Tisch und Bett mit verstehen wollte, würde damit für den oben angeführten Fall nichts gewonnen werden, weil die Trennung auch dann noch zulässig sein würde, wenn nicht nur nach den deutschen, sondern auch nach den betreffenden ausländischen Gesetzen die Scheidung zulässig wäre (a. A. wie es scheint Scherer S. 37; und für die beständige Trennung von Tisch und Bett Niedner S. 472b).

8. In den E. I und II ging den Vorschriften über die Scheidung der Ehe noch der allgemeine Satz voraus:

„Die Auflösung der Ehe wird nach den Gesetzen des Staates beurtheilt, dem der Mann zur Zeit der Verwirklichung des für die Auflösung in Betracht kommenden Thatbestandes angehört“. (E. II rev. § 2374 Satz 1). Dieser Satz ist zwar in dem E.G. weggelassen, wird aber trotzdem anzuwenden sein, weil er den allgemeinen Grundsätzen des internationalen Privatrechts entspricht. Nach deutschem Rechte kommt außer dem Tode eines Ehegatten, durch welchen nach allen Rechten die Ehe aufgelöst wird und der Scheidung, für welche die besonderen Vorschriften des Art. 17 gelten, nur noch die Auflösung der Ehe in Folge der Wiederverheirathung eines Ehegatten nach erfolgter Todeserklärung des anderen Gatten in Betracht (B.G.B. § 1348). In dieser Beziehung sind die besonderen Vorschriften der Art. 9, 13 Abs. 2 zu berücksichtigen (s. Erl. zu diesen Artikeln). Soweit nach ausländischen Gesetzen die Ehe noch aus anderen Gründen aufgelöst wird, z. B. auf Grund gegenseitiger Einwilligung der Ehegatten, sei es nach vorheriger Autorisation durch das Gericht oder unter besonderen Formen oder ohne solche gilt auch in Deutschland die Ehe für aufgelöst, wenn der Ehemann zu derjenigen Zeit, in welcher sich der nach den Gesetzen des ausländischen Staates zur Auflösung der Ehe erforderliche Thatbestand verwirklichte, diesem Staate angehörte.

Der E. II rev. § 2374 Satz 2 enthielt noch die Vorschrift, daß wenn nach dem Rechte des betreffenden ausländischen Staates die am Wohnsitze des Mannes geltenden Gesetze anzuwenden seien, diese Gesetze maßgebend seien. Dem Gedanken und der Tendenz des Art. 27 dürfte es entsprechen, jenen Satz mit der Beschränkung anzuwenden, daß nur wenn das ausländische Recht auf die deutschen Gesetze verweist, diese maßgebend sind.

Artikel 18.

Die eheliche Abstammung eines Kindes wird nach den deutschen Gesetzen beurtheilt, wenn der Ehemann der Mutter zur Zeit der Geburt des Kindes Deutscher ist oder, falls er vor der Geburt des Kindes gestorben ist, zuletzt Deutscher war.

Artikel 18.

E. I § 13; II § 2252 rev. § 2378; E. d. E.G. III Art. 17. P. I S. 11538, 11539. P. II S. 8267, 8541—8543 (Bd. 6 S. 62, 227, 228).

1. Die Art. 18—22 betreffen das Rechtsverhältniß zwischen Eltern und Kindern Der Art. 18 bestimmt, nach welchen Gesetzen die eheliche Abstammung eines Kindes beurtheilt wird, der Art. 19, welche Gesetze für das Rechtsverhältniß zwischen Eltern und ehelichen Kindern maßgebend sind. Die Art. 20, 21 betreffen die unehelichen Kinder, der Art. 20 das Rechtsverhältniß des Kindes zu der unehelichen Mutter, der Art. 21 das Rechtsverhältniß des Kindes zu dem unehelichen Vater. Der Art. 22 enthält Vorschriften über die Legitimation und die Annahme an Kindesstatt.

In den E. I und II schlossen sich an die entsprechende Vorschrift noch eine allgemeine Vorschrift über die gesetzliche Unterhaltungspflicht der Verwandten (E. I § 18; II § 2258; rev. § 2377). Durch diese war bestimmt, daß für die gesetzliche Unterhaltspflicht der Verwandten unbeschadet der über die rechtliche Stellung der Eltern und Kinder gegebenen Vorschriften die Gesetze des Staates maßgebend seien, welchem die Verwandten zu der für die Unterhaltspflicht in Betracht kommenden Zeit angehören. Gehören die Verwandten zu dieser Zeit verschiedenen Staaten an, so soll die Unterhaltspflicht nur insoweit bestehen, als sie nach den Gesetzen jedes der beiden Staaten begründet ist. In dem E.G. ist eine entsprechende Vorschrift nicht enthalten. Die gedachten Vorschriften dürften indessen als sachlich richtig anzuerkennen sein. Nach dem B.G.B. 1601 besteht eine gesetzliche Unterhaltspflicht nur zwischen Verwandten in gerader Linie. Da sich die Unterhaltspflicht zwischen Eltern und Kindern nach den Art. 19—22 bestimmt, so kommt hier nur die Unterhaltspflicht zwischen Voreltern und entfernteren Abkömmlingen in Betracht. Zwischen Geschwistern besteht nach dem B.G.B. eine Unterhaltspflicht nicht.

2. Während die E. I und II allgemeine Vorschriften darüber geben, nach welchen Gesetzen die Ehelichkeit eines Kindes zu beurtheilen ist, beschränkt sich der Art. 18 auf die Bestimmung der Fälle, in denen die deutschen Gesetze anzuwenden sind. Der dieser Vorschrift zu Grunde liegende Gedanke wird indessen entsprechend auch in denjenigen Fällen, in welchen der Art. 18 eine Regel nicht aufstellt, anzuwenden sein. Gehörte daher der Ehemann der Mutter zur Zeit der Geburt des Kindes einem ausländischen Staate an, oder gehörte er, falls er vor der Geburt des Kindes gestorben ist zuletzt einem solchen Staate an, so wird die eheliche Abstammung des Kindes nach den Gesetzen dieses Staates zu beurtheilen sein.

3. Die Voraussetzung, unter welcher die eheliche Abstammung eines Kindes nach deutschen Gesetzen beurtheilt wird, besteht darin, daß der Ehemann der Mutter zur Zeit der Geburt des Kindes ein Deutscher ist, oder falls er vorher gestorben, zuletzt ein Deutscher war. Auch hier entscheidet also das Prinzip der Staatsangehörigkeit, nicht das des Wohnsitzes. Lediglich die Staatsangehörigkeit des Ehemanns aber ist maßgebend; auf die Staatsangehörigkeit der Mutter oder des Kindes kommt es nicht an. Regelmäßig werden zwar die Mutter und das Kind die Staatsangehörigkeit des Ehemanns theilen; diese kann aber auch eine verschiedene sein (s. z. B. Ges. betr. die Erwerbung und den Verlust der Bundes- und Staatsangehörigkeit v. 1. Juni 1870 §§ 19, 21.

Nach Art. 29 finden die deutschen Gesetze in der hier fraglichen Beziehung auch dann Anwendung, wenn der Ehemann der Mutter zu der entscheidenden Zeit zwar kein Deutscher war aber auch einem anderen Staate nicht angehörte und entweder zuletzt ein Deutscher gewesen ist oder, falls er überhaupt einem Staate nicht angehört hat, zu der entscheidenden Zeit seinen Wohnsitz oder in Ermangelung seines Wohnsitzes seinen Aufenthalt in Deutschland hatte.

Keine Bestimmung enthält der Art. 18 für den Fall, daß die Ehe in anderer Weise als durch den Tod des Ehemanns der Mutter z. B. also durch Scheidung aufgelöst ist. Der dem Art. 18 zu Grunde liegende Gedanke dürfte hier dahin führen, darauf abzustellen, ob der Ehemann der Mutter zur Zeit der Auflösung der Ehe ein Deutscher war und einen späteren Wechsel der Staatsangehörigkeit auch dann unberücksichtigt zu lassen, wenn dieser vor der Geburt des Kindes eingetreten ist. Auch in dem letzteren Falle ist daher die eheliche Abstammung des Kindes nach deutschen Gesetzen zu beurtheilen.

4. Die Vorschriften, welche unter den in Nr. 3 bezeichneten Voraussetzungen Anwendung finden, sind in den §§ 1591—1600 des B.G.B. enthalten. Es finden also sowohl die Vorschriften der §§ 1591, 1592 über die Voraussetzungen, unter welchen ein Kind als ehelich anzusehen ist und die in dieser Beziehung geltenden Vermuthungen als auch die Vorschrift des § 1593 Anwendung, nach welcher die Unehelichkeit eines Kindes, das während der Ehe oder innerhalb 302 Tagen nach der Auflösung der Ehe geboren ist, nur geltend gemacht werden kann, wenn der Mann die Ehelichkeit angefochten hat oder, ohne das Anfechtungsrecht verloren zu haben, gestorben ist. Die Frist, innerhalb welcher die Anfechtung erfolgen muß, bestimmt sich nach § 1594, die Art, in welcher sie zu erfolgen hat, nach den §§ 1595—1597. Auf die Anerkennung des Kindes und deren Wirkungen finden die §§ 1598, 1599 Anwendung. Die Ansicht von Niedner (S. 51 Nr. 4), nach welcher für die Form der Anfechtung und Anerkennung auf Grund des Art. 11 Abs. 1 Satz 2 auch die Beobachtung der Gesetze des Ortes genüge, an welchem jene Rechtsakte vorgenommen werden und daß hiervon nur insofern eine Ausnahme gelte, als es sich um die Vorschrift handele, daß die Anfechtung bei Lebzeiten des Kindes durch Erhebung der Anfechtungsklage zu erfolgen habe, dürfte nicht richtig sein; denn die Vorschrift des § 1597, daß die Anfechtung nach dem Tode des Kindes durch Erklärung gegenüber dem Nachlaßgericht erfolge, ist ebensowenig eine Formvorschrift wie die Vorschrift, daß bei Lebzeiten des Kindes die Anfechtung durch Erhebung der Anfechtungsklage zu erfolgen habe; die Anerkennung bedarf überhaupt keiner Form. Es handelt sich hier nur um materielle Vorschriften; der Art. 11 kann also nicht in Frage kommen. Der § 1600 entscheidet die Frage, unter welchen Voraussetzungen das von einer Frau, die sich nach Auflösung ihrer Ehe wiederverheirathet hat, geborene Kind, welches nach den Vorschriften der §§ 1591—1599 sowohl als eheliches Kind der ersten wie der zweiten Ehe gelten würde, als eheliches Kind der einen oder der anderen Ehe zu betrachten ist. Für die Anwendung dieser Vorschrift genügt es, wenn entweder der erste oder der zweite Ehemann zur Zeit der Geburt des Kindes ein Deutscher war, oder sofern er vorher gestorben, zuletzt ein Deutscher war.

Das für die Anfechtungsklage zuständige Gericht wird durch C.P.O. § 642 (s. Konsulargerichtsbarkeitsges. v. 7. April 1900 §§ 2, 10) bestimmt. Regelmäßig wird hiernach ein deutsches Gericht zuständig sein und finden dann auf den Prozeß die Vorschriften des § 641 Anwendung. Für einen Fall aber ist die Zuständigkeit eines deutschen Gerichts nicht begründet, nämlich dann nicht, wenn das Kind keinen allgemeinen Gerichtsstand im Inlande hat und sowohl der Ehemann als das Kind die Reichsangehörigkeit verloren haben, das Kind aber eine andere Staatsangehörigkeit erworben hat. In solchem Falle muß die Klage bei dem zuständigen ausländischen Gericht erhoben werden. Zulässig ist dies übrigens auch in den Fällen des § 642 der C.P.O., da die durch die Vorschriften dieses Paragraphen bestimmte Zuständigkeit keine ausschließliche ist. Das zuständige Nachlaßgericht, dem gegenüber die Erklärung der Anfechtung nach dem Tode des Kindes zu erfolgen hat (B.G.B. § 1597), ist nach freiw. G.G. § 73 regelmäßig ebenfalls ein deutsches Gericht. Eine Ausnahme findet nur statt, wenn das Kind zur Zeit seines Todes weder seinen Wohnsitz noch seinen Aufenthalt im Inlande hatte und zur Zeit seines Todes kein Deutscher war.

5. Voraussetzung der §§ 1591—1600 ist eine gültige Ehe. Für die Beurtheilung der Frage, ob eine solche vorliegt, sind die im Art. 13 bezeichneten Gesetze maßgebend. Keine Vorschrift enthält das E.G. über die Kinder aus nichtigen Ehen (B.G.B. §§ 1699 ff.) In den Motiven des Redaktors des E. I wird angenommen, daß für die Entscheidung der Frage, ob und unter welchen Voraussetzungen solche Kinder die rechtliche Stellung ehelicher Kinder haben, das Gesetz des Staates maßgebend sei, „welchem die Ehe zur Zeit der Geburt des Kindes untersteht, mithin das Recht des Staates, welchem der Ehemann und Vater zu dieser Zeit angehört". Dies dürfte richtig sein. Die deutschen Gesetze werden daher über die Frage, ob ein Kind aus einer nichtigen Ehe die rechtliche Stellung eines ehelichen Kindes hat, zu entscheiden haben, wenn der Ehemann der nichtigen Ehe zur Zeit der Geburt des Kindes ein Deutscher war oder, falls er vor der Geburt des Kindes gestorben, zuletzt ein Deutscher war. Das Kind hat in diesem Falle unter den im B.G.B. § 1699 bestimmten Voraussetzungen die rechtliche Stellung eines ehelichen Kindes.

6. Sofern nach den unter Nr. 2, 3 dargelegten Grundsätzen ausländische Gesetze maßgebend sind, bestimmen sich nach diesen alle unter Nr. 4, 5 bezeichneten Fragen.

7. Für Rechtsstreitigkeiten, welche das Bestehen oder Nichtbestehen eines Eltern- oder Kindesverhältnisses unter den Parteien oder das Bestehen der elterlichen Gewalt der einen Partei über die anderen zum Gegenstande haben, ist im Allgemeinen das Gericht zuständig, bei dem der Beklagte seinen allgemeinen Gerichtsstand hat (C.P.O. §§ 12, 13, 16). Durch C.P.O. § 642 ist die Zuständigkeit deutscher Gerichte soweit ausgedehnt, daß sie fast in allen Fällen begründet ist, in welchen das Interesse eines

Artikel 19.

Das Rechtsverhältniß zwischen den Eltern und einem ehelichen Kinde wird nach den deutschen Gesetzen beurtheilt, wenn der Vater und, falls der Vater gestorben ist, die Mutter die Reichsangehörigkeit besitzt. Das Gleiche gilt, wenn die Reichsangehörigkeit des Vaters oder der Mutter erloschen, die Reichsangehörigkeit des Kindes aber bestehen geblieben ist.

Deutschen in Frage kommt. Ueber eine Ausnahme s. Erl. 4. Auf die betreffenden Rechtsstreitigkeiten finden die besonderen Vorschriften der C.P.O. §§ 640, 641 Anwendung.

8. Ueber die Anerkennung des Urtheils eines ausländischen Gerichts, durch welches die Ehelichkeit oder die Unehelichkeit eines Kindes festgestellt wird, entscheidet der § 328 der C.P.O. Das Urtheil ist also nach Abs. 1 Nr. 3 insbesondere dann nicht anzuerkennen, wenn darin zum Nachtheil einer deutschen Partei von den Vorschriften des E.G. Art. 18 abgewichen ist. Die durch C.P.O. § 642 bestimmte Zuständigkeit ist keine ausschließliche. Auf Grund des § 328 Nr. 1 der C.P.O. kann daher die Anerkennung nicht versagt werden, wenn der Beklagte seinen allgemeinen Gerichtsstand vor den Gerichten des betreffenden ausländischen Staates hatte.

Artikel 19.

E. I §§ 15, 16 Abs. 1; II § 2255 rev. § 2379; E. d. E.G. III Art. 18. P. I S. 11540—11545. P. II S. 8267, 8541—8543 (Bd. 6 S. 62, 227, 228).

1. Abweichend von den E. I und II bestimmt der Art. 19 nur die Fälle, in welchen das Rechtsverhältniß zwischen den Eltern und einem ehelichen Kinde nach deutschen Gesetzen zu beurtheilen ist. Die E. I und II stellten dagegen den allgemeinen Grundsatz auf, daß das Rechtsverhältniß zwischen den Eltern und einem ehelichen Kinde nach den Gesetzen des Staates beurtheilt werde, dem der Vater angehört und wenn der Vater gestorben sei, nach den Gesetzen des Staates, dem die Mutter angehöre. Dieser Grundsatz wird als das höhere der Vorschrift des Art. 19 Satz 1 zu Grunde liegende Prinzip auf die im Art. 19 Satz 1 nicht entschiedenen Fälle anzuwenden sein. Der Satz 2 enthält dagegen eine lediglich zu Gunsten der deutschen Gesetze getroffene Ausnahmebestimmung; eine Verallgemeinerung dieser Vorschrift ist daher unzulässig.

2. Abweichend vom Art. 18 bestimmt sich das Rechtsverhältniß zwischen Eltern und ehelichen Kindern nicht für alle Zeit nach denselben Gesetzen. Die maßgebenden Gesetze ändern sich vielmehr je nachdem die im Art. 19 bestimmten Voraussetzungen sich ändern. Nicht die Staatsangehörigkeit des Vaters oder der Mutter oder des Kindes zur Zeit der Geburt des letzteren, sondern die jeweilige Staatsangehörigkeit entscheidet über die maßgebenden Gesetze. Mit dem Wechsel dieser Gesetze kann daher auch das Rechtsverhältniß eine Aenderung erleiden.

3. Die deutschen Gesetze sind für das Rechtsverhältniß zwischen Eltern und ehelichen Kindern maßgebend,

a) wenn und solange der Vater lebt und die Reichsangehörigkeit besitzt. Es kommt nicht darauf an, ob auch die Mutter oder das Kind die Reichsangehörigkeit besitzt. Die Reichsangehörigkeit des Vaters entscheidet auch dann, wenn die Ehe, aus welcher die Kinder stammen, geschieden oder in Folge der Wiederverheirathung des einen Gatten im Falle der Todeserklärung des anderen Gatten aufgelöst ist. Verliert der Vater die Reichsangehörigkeit und wird er Angehöriger eines anderen Staates, so finden von diesem Zeitpunkt an, vorbehaltlich der Vorschrift des Art. 19 Satz 2 (s. unter c) die Gesetze dieses Staates, nicht mehr die deutschen Gesetze Anwendung. Verliert der Vater die Reichsangehörigkeit ohne Angehöriger eines anderen Staates zu werden, so finden nach Art. 29 die deutschen Gesetze auch noch ferner Anwendung,

b) wenn der Vater gestorben ist, die Mutter aber noch lebt und die Reichsangehörigkeit besitzt. Die deutschen Gesetze finden in diesem Falle auch dann Anwendung, wenn die Ehe schon vor dem Tode des Vaters geschieden oder durch Wiederverheirathung im Falle des § 1348 aufgelöst war. Für den Fall der Todeserklärung des Vaters bestehen keine besonderen Vorschriften. Nach B.G.B. § 18 wird also vermuthet, daß der Vater in dem durch das Urtheil bestimmten Zeitpunkte gestorben sei. Von diesem Zeitpunkt an gilt also auch eine Vermuthung zu Gunsten der Anwendung der Gesetze des Staates, dem die überlebende Mutter angehört. Aber es handelt sich nur um eine Vermuthung. Wird sie durch

Gegenbeweis widerlegt, so findet die der wahren Rechtslage entsprechende Beurtheilung statt, verliert die Mutter die Reichsangehörigkeit, so gilt dasselbe wie in dem Falle unter a, wenn der Vater die Reichsangehörigkeit verliert;

c) wenn die Reichsangehörigkeit des Vaters oder der Mutter erloschen, die Reichsangehörigkeit des Kindes aber bestehen geblieben ist. Die Möglichkeit eines solchen Falles ergiebt sich aus den §§ 19, 21 betr. die Erwerbung und den Verlust der Bundes- und Staatsangehörigkeit v. 1. Juni 1870. Solange der Vater lebt, kommt es nur darauf an, daß dieser die Reichsangehörigkeit verloren, das Kind sie aber behalten hat; ob die Mutter die Reichsangehörigkeit besitzt, ist in diesem Falle gleichgültig. Ist der Vater gestorben, so gilt dasselbe in Betreff der Mutter. In beiden Fällen wird vorausgesetzt, daß der Vater bezw. die Mutter die Reichsangehörigkeit besessen hat. Auch wenn die Reichsangehörigkeit des Kindes nicht bestehen geblieben ist, können übrigens, wie schon unter a hervorgehoben wurde, die deutschen Gesetze unter den im Art. 29 bestimmten Voraussetzungen Anwendung finden.

4. Die materiellen Vorschriften, welche Anwendung finden, wenn das deutsche Recht maßgebend ist, sind in dem B.G.B. §§ 1616—1698 enthalten. Es gelten also sowohl die allgemeinen Vorschriften über die rechtlichen Beziehungen zwischen Eltern und Kindern, als auch die besonderen Vorschriften über die elterliche Gewalt. Diese Vorschriften finden auch auf diejenigen Betheiligten Anwendung, welche nicht die Reichsangehörigkeit besitzen, also in dem Falle unter Nr. 3a auf die Mutter und das Kind, wenn diese einem fremden Staate angehören, in dem Falle unter b, auf das Kind, wenn dieses einem fremden Staate angehört, in dem Falle unter c, auf beide Eltern, wenn diese einem fremden Staate angehören. Insbesondere behalten z. B. in dem letztgedachten Falle der Vater oder die Mutter die elterliche Gewalt nach Maßgabe der deutschen Gesetze, auch wenn diese ihnen nach den Gesetzen des Staates, dem sie nunmehr angehören, nicht zusteht. Aus dem Prinzipe, daß die jeweilige Staatsangehörigkeit entscheidet (s. unter Nr. 2) folgt, daß, wenn der Vater oder nach dessen Tode die Mutter die Reichsangehörigkeit erwirbt, ihnen von diesem Zeitpunkt an die elterliche Gewalt über das Kind nach Maßgabe der deutschen Gesetze zusteht. Dies gilt auch dann, wenn ihre elterliche Gewalt nach dem früher maßgebend gewesenen ausländischen Rechte etwa ausgeschlossen oder beschränkt gewesen wäre. Der elterlichen Gewalt und der elterlichen Nutznießung wird in diesem Falle auch dasjenige Vermögen des Kindes unterworfen, was das Kind bereits früher erworben und welches nach dem bisher maßgebenden ausländischen Rechte der elterlichen Gewalt und Nutznießung nicht unterlag. Andererseits wird solches Vermögen des Kindes, welches nach dem bisher maßgebenden Rechte der elterlichen Gewalt oder doch der elterlichen Nutznießung unterlag, von dieser befreit, wenn es nach den deutschen Gesetzen demselben nicht unterliegt, z. B. weil das Kind bereits volljährig oder weil das betreffende Vermögen nach den deutschen Gesetzen zu dem freien Vermögen gehört (P. I S. 11541). Eine Modifikation dieser Grundsätze tritt ein, wenn das Kind nach dem bisher maßgebenden Rechte bereits volljährig war oder die rechtliche Stellung eines Volljährigen erlangt. Das Kind behält nach Art. 7 diese rechtliche Stellung auch, wenn es die Reichsangehörigkeit erwirbt und nach deutschen Gesetzen diese Stellung nicht haben würde. Daraus folgt, daß die elterliche Gewalt, da sie dem Vater oder der Mutter nur über Minderjährige zusteht, bei dem Erwerbe der Reichsangehörigkeit durch den Vater oder die Mutter nicht eintritt, wenn das Kind schon vorher die rechtliche Stellung eines Volljährigen erlangt hatte (P. I S. 11540, 11541).

Zu den materiellen Vorschriften, welche, wenn die deutschen Gesetze maßgebend sind, zur Anwendung kommen, gehören auch die §§ 11 (Wohnsitz), 204 (Hemmung der Verjährung), 1305—1308 (elterliche Einwilligung zur Eheschließung), 1747 (elterliche Einwilligung zur Annahme an Kindesstatt) sowie die §§ 1635, 1636 des B.G.B. über das Recht und die Pflicht der Sorge für die Person des Kindes im Falle der Scheidung der Ehe der Eltern (s. Erl. 2 zu Art. 17). Die letztgenannten Vorschriften werden selbst dann zur Anwendung kommen müssen, wenn die Scheidung durch das Urtheil eines ausländischen Gerichts erfolgt ist und in diesem Urtheile Bestimmungen über das Recht des einen oder des anderen Gatten in Beziehung auf die Person der Kinder enthalten sind. Das Rechtsverhältniß zwischen den Eltern und Kindern in Beziehung auf die Person der letzteren, welches in den §§ 1635, 1636 wesentlich mit Rücksicht auf das Interesse der Kinder geregelt ist, kann nicht durch ein Urtheil zwischen den Ehegatten geändert werden, welches lediglich die diesen gegen einander zustehenden Rechte feststellen kann (a. A. Niedner S. 53, der übrigens anerkennt, daß das in dem § 1635 bestimmte Recht des Vormundschaftsgerichts auch im Falle eines solchen Urtheils bestehen bleibt).

Zu den anwendbaren materiellen Vorschriften gehören endlich auch die Vorschriften über die gegenseitige Unterhaltspflicht der Eltern und Kinder (B.G.B. §§ 1601—1615). Sie sind zwar in dem Titel über die Unterhaltspflicht der Verwandten enthalten. Soweit sich die hierüber getroffenen Vorschriften aber auf die Unterhaltspflicht zwischen Eltern und Kindern beziehen, betreffen sie materiell das zwischen diesen bestehende Rechtsverhältniß, und dies gilt nicht nur von den sich auf die Unterhaltspflicht der Eltern gegen die Kinder, sondern auch auf die sich auf die Unterhaltspflicht dieser gegen jene beziehenden Vorschriften (a. A. Niedner S. 53. Erl. 4 c zu Art. 19).

Für die Form der Rechtsgeschäfte zwischen Eltern und Kindern ist der Art. 11 maßgebend. Es genügt also auch, die Beobachtung der Gesetze des Ortes, an welchem das Rechtsgeschäft vorgenommen wird. Zu den Formvorschriften gehört indessen nicht, wie Niedner (S. 53 Erl. 4 d) anzunehmen scheint, die Vorschrift des § 1662 des B.G.B., nach welcher der Verzicht auf die elterliche Nutznießung durch Erklärung gegenüber dem Vormundschaftsgericht erfolgt. Es ist dies eine materielle Vorschrift, und der Verzicht kann wirksam nur in der durch sie vorgeschriebenen Weise erfolgen.

5. In Frage kann kommen, ob die **Konsequenzen des Art. 19 unter Umständen mit den aus anderen Vorschriften des E.G. zu ziehenden Konsequenzen nicht vereinbar sind.**

a) Die elterliche Gewalt wird nach deutschen Gesetzen nicht durch die **Verheirathung des Kindes** beendigt. Söhne werden erst mit der Volljährigkeit ehemündig. Ueber Töchter, die sich vor erreichter Volljährigkeit verheirathen, bleibt die elterliche Gewalt bestehen; sie beschränkt sich nur in Betreff der Sorge für die Person, auf die Vertretung (B.G.B. § 1633), und die elterliche Nutznießung fällt regelmäßig weg (B.G.B § 1661). Hierbei bleibt es auch, wenn die Tochter durch ihre Verheirathung die Reichsangehörigkeit verliert. Anders aber dürfte das Verhältniß zu beurtheilen sein, wenn in einem Staate, dessen Angehörige die Tochter durch ihre Verheirathung wird, der Satz „Heirath macht mündig" gilt. Nach E.G. Art. 7 erlangt in solchem Falle die Tochter die rechtliche Stellung einer Volljährigen. Dadurch endigt dann die elterliche Gewalt, da sie nur über Minderjährige besteht.

b) Nach dem, dem Art. 14 zu Grunde liegenden Gedanken, bestimmen sich die **persönlichen Rechtsbeziehungen ausländischer Ehegatten** nach den Gesetzen des Staates, dem sie angehören. Steht nun nach dem Rechte dieses Staates die Vertretung einer noch unter elterlicher Gewalt stehenden verheiratheten Tochter in den ihre Person betreffenden Angelegenheiten nicht dem Vater, sondern dem Ehemanne zu, oder ist die Frau in dieser Beziehung ganz selbständig, so ergiebt sich hieraus, wenn eine nach Art. 19 unter elterlicher Gewalt stehende Tochter einen Ausländer heirathet und hierdurch dessen Staatsangehörigkeit erwirbt, ein Konflikt mit den sich aus Art. 19 ergebenden Konsequenzen, indem nach diesem die Vertretung in den die Person betreffenden Angelegenheiten dem Vater verbleiben würde. Nach Analogie der Grundsätze, welche gelten, wenn die Tochter durch ihre Heirath mit einem Ausländer die rechtliche Stellung einer Volljährigen erwirbt (s. unter a) dürften auch in diesem Falle die betreffenden ausländischen Gesetze anzuwenden sein.

c) Nach Art. 15 bestimmt sich das **eheliche Güterrecht** nach den Gesetzen des Staates, dem der Ehemann zur Zeit der Eheschließung angehört. Findet hiernach, wenn eine nach deutschem Rechte unter elterlicher Gewalt stehende Tochter heirathet, auf ihr eheliches Güterrecht ausländisches Recht Anwendung, so scheint sich auch hieraus ein Konflikt mit den Vorschriften des Art. 19 dann zu ergeben, wenn nach dem betreffenden ausländischen ehelichen Güterrechte jede Einwirkung des Inhabers der elterlichen Gewalt auf das Vermögen der Frau ausgeschlossen wird, während nach deutschem Rechte die elterliche Gewalt mit Ausnahme der elterlichen Nutznießung bestehen bleibt. Dieser Konflikt dürfte indessen nur ein scheinbarer sein. Soweit durch die Heirath der Tochter Rechte des Mannes an dem Vermögen der Frau entstehen, wird durch sie, soweit sie reichen, auch nach deutschem Rechte, eine Einwirkung der elterlichen Gewalt ausgeschlossen. So wird z. B. im Falle der allgemeinen Gütergemeinschaft das Recht des Mannes auf das Gesammtgut, im Falle des gesetzlichen Güterrechts sein Recht auf die Nutznießung und Verwaltung durch die dem Vater der Frau über diese noch zustehende elterliche Gewalt nicht berührt. Nur soweit die Frau nach Maßgabe des betreffenden Güterstandes noch selbständige vermögensrechtliche Befugnisse hat, z. B. das Recht der Zustimmung bei gewissen Verfügungen des Mannes, bestimmt sich die Ausübung dieser Befugnisse nach Maßgabe der aus der elterlichen Gewalt folgenden Grundsätze, d. h. also, der Vater ist in dieser Beziehung gesetzlicher Vertreter der Tochter. Das Gleiche gilt bei Geltung eines ausländischen ehelichen Güterrechts. Soweit nach diesem der Frau noch selbständige vermögensrechtliche Befugnisse zustehen, bleibt in Beziehung auf sie die gesetzliche Vertretung des Vaters bestehen; soweit ihr solche Befugnisse nicht zustehen wird die elterliche Gewalt gegenstandslos.

6. Die Vorschriften des Art. 19 müssen auch für das Rechtsverhältniß zwischen Eltern und solchen Kindern gelten, **welche die rechtliche Stellung ehelicher Kinder haben.** (P. I S. 11541). Nach den deutschen Gesetzen kommen in Betracht die Kinder aus nichtigen Ehen (§§ 1699 ff.), die legitimirten Kinder (§§ 1719, 1736), und die an Kindesstatt angenommenen

Artikel 20.

Das Rechtsverhältniß zwischen einem unehelichen Kinde und dessen Mutter wird nach den deutschen Gesetzen beurtheilt, wenn die Mutter eine Deutsche ist. Das Gleiche gilt, wenn die Reichsangehörigkeit der Mutter erloschen, die Reichsangehörigkeit des Kindes aber bestehen geblieben ist.

Personen (§ 1757). Welche Gesetze für die Beurtheilung der Frage maßgebend sind, ob ein Kind die rechtliche Stellung eines ehelichen Kindes hat, bestimmt sich für die Kinder aus nichtigen Ehen nach den in der Erl. 5 zu Art. 18 dargelegten Grundsätzen, für die legitimirten und an Kindesstatt angenommenen Kinder nach den Vorschriften des Art. 22 (s. Erl. zu Art. 22).

7. Die Vorschriften des Art. 19 finden nach Art. 28 keine Anwendung auf solche Gegenstände, die sich in dem Gebiet eines ausländischen Staates befinden und nach den Gesetzen dieses Staates besonderen Bestimmungen unterliegen (s. Erl. zu Art. 28). Soweit Bestimmungen dieser Art mit den Vorschriften der deutschen Gesetze über das Rechtsverhältniß zwischen Eltern und ehelichen Kindern nicht vereinbar sind, gehen sie den letzteren vor. Mittelbar kann auf Grund der Art. 134, 135 in Betreff der religiösen Erziehung der Kinder und der Zwangserziehung Minderjähriger durch Landesgesetze eine Modifikation der sich aus dem Art. 19 ergebenden Konsequenzen dadurch herbeigeführt werden, daß die Landesgesetze in den gedachten Beziehungen unter gewissen Voraussetzungen die Anwendung von Vorschriften ausländischer Gesetze vorschreiben.

8. Soweit das Rechtsverhältniß zwischen Eltern und Kindern sich nach dem Obigen nach ausländischen Gesetzen bestimmt, finden diese in allen unter Nr. 4 dargelegten Beziehungen Anwendung. Hieraus in Verbindung mit dem Prinzipe, daß die jeweilige Staatsangehörigkeit des Vaters bezw. der Mutter entscheidet, folgt z. B., daß die deutsche Mutter, welche nach dem Tode des Vaters die elterliche Gewalt über ihre ehelichen oder als ehelich geltenden Kinder hatte, diese Gewalt verliert, wenn sie Angehörige eines anderen Staates wird, nach dessen Gesetzen der Mutter die elterliche Gewalt nicht zusteht. Nur dann behält sie nach Art. 19 Satz 2 trotzdem die elterliche Gewalt, wenn die Kinder Angehörige des deutschen Reichs blieben.

9. Ueber Rechtsstreitigkeiten, welche die Feststellung des Eltern- oder Kindesverhältnisses oder der elterlichen Gewalt zum Gegenstande haben s. Erl. 7 zu Art. 18.

Das zuständige Vormundschaftsgericht bestimmt sich nach freiw. G.G. §§ 43, 36 und nach dem Konsulargerichtsbarkeitsgesetze v. 7. April 1900 (§§ 2, 7 Ziff. 2).

Artikel 20.

E. I § 17 Abs. 1; II § 2256 rev. § 2380; E. d. E.G. III Art. 19. P. I S. 11547—11551. P. II S. 8277 (Bd. 6 S. 68).

1. Abweichend von den E. I und II bestimmt der Art. 20 nur die Voraussetzungen, unter welchen das Rechtsverhältniß zwischen der Mutter und deren unehelichen Kinde nach deutschen Gesetzen zu beurtheilen ist. Der dem Art. 20 zu Grunde liegende Gedanke wird indessen ebenso wie bei dem Art. 19 zu einer Verallgemeinerung des Satz 1, also dahin führen müssen, daß das Rechtsverhältniß zwischen einem unehelichen Kinde und dessen Mutter nach den Gesetzen des Staates beurtheilt wird, dem die Mutter angehört. Der Satz 2 muß dagegen wie der entsprechende Satz 2 des Art. 19 auf den darin bezeichneten Fall beschränkt bleiben.

2. Entsprechend der Vorschrift des Art. 19 hängt nach Art. 20 die Anwendung der deutschen Gesetze auf das Rechtsverhältniß zwischen dem unehelichen Kinde und dessen Mutter nicht für alle Zeit von einer bestimmten Thatsache ab, vielmehr sind die deutschen Gesetze nur solange maßgebend, als die Mutter die deutsche Reichsangehörigkeit besitzt oder die im Satz 2 bestimmte Voraussetzung vorliegt. Die jeweilige Staatsangehörigkeit entscheidet also über die maßgebenden Gesetze. Mit dem Wechsel der Staatsangehörigkeit tritt auch ein Wechsel der maßgebenden Gesetze ein.

3. Die deutschen Gesetze sind maßgebend,

a) wenn die Mutter eine Deutsche ist. Gleichgültig ist, ob das Kind ein Deutscher oder ein Angehöriger eines ausländischen Staates ist. Verliert die Mutter die Reichsangehörigkeit, so finden von diesem Zeitpunkt an vorbehaltlich des Art. 20 Satz 2 (s. unter b) nicht mehr die

Artikel 21.

Die Unterhaltspflicht des Vaters gegenüber dem unehelichen Kinde und seine Verpflichtung, der Mutter die Kosten der Schwangerschaft, der Entbindung und

---

deutschen Gesetze, sondern die Gesetze des Staates Anwendung, dem die Mutter nunmehr angehört. Nur wenn die Mutter nicht Angehörige eines anderen Staates wird, finden nach Art. 29 die deutschen Gesetze auch ferner Anwendung. Erwirbt eine ausländische Mutter die deutsche Reichsangehörigkeit, so finden von diesem Zeitpunkt an nicht mehr die Gesetze des Staates, dem sie bisher angehörte, sondern die deutschen Gesetze Anwendung.

b) Wenn die Reichsangehörigkeit der Mutter erloschen, die Reichsangehörigkeit des Kindes aber bestehen geblieben ist (vergl. Erl. 3c zu Art. 19).

4. Das Rechtsverhältniß zwischen dem unehelichen Kinde und dessen Mutter wird in dem B.G.B. §§ 1705—1707 geordnet. Hiernach hat das uneheliche Kind im Verhältnisse zu der Mutter die rechtliche Stellung eines ehelichen Kindes; nur die elterliche Gewalt steht der Mutter nicht zu, jedoch hat diese die Sorge für die Person des Kindes in dem im § 1707 bestimmten Umfang. Ueber den Namen des Kindes entscheidet der § 1706. Aus diesen Vorschriften ergiebt sich insbesondere, daß wenn eine ausländische Mutter die deutsche Reichsangehörigkeit erwirbt, und ihr nach dem bisher maßgebenden Rechte die Sorge für die Person des Kindes nicht zustand, ihr diese nunmehr zusteht, daß sie aber andererseits, wenn ihr nach dem bisher maßgebenden Rechte die elterliche Gewalt zustand, diese bis auf die Sorge für die Person verliert. Zweifelhaft ist, ob das Kind, wenn es nach dem bisher maßgebenden Rechte einen anderen Namen als den der Mutter z. B. den Namen des unehelichen Vaters hat, diesen Namen verliert und den Namen der Mutter erhält, wenn die Mutter die deutsche Reichsangehörigkeit erwirbt. Die Frage dürfte zu verneinen sein, weil das nach dem bisherigen Rechte einmal erworbene Recht des Kindes auf den Namen durch den Wechsel der Staatsangehörigkeit der Mutter nicht rückgängig gemacht werden darf. Die Vorschrift des § 1706 Abs. 2 Satz 2, nach welchem der Ehemann der Mutter unter den dort bezeichneten Voraussetzungen dem Kinde seinen Namen beilegen kann, wird indessen auch in dem gedachten Falle zur Anwendung kommen müssen. Außer den Vorschriften der §§ 1705—1707 finden noch Anwendung die Vorschriften über die gegenseitige Unterhaltspflicht zwischen dem Kinde und der unehelichen Mutter (s. Erl. 4 zu Art. 19).

Für die Frage, wer die Mutter des unehelichen Kindes ist, kommen nach deutschem Rechte besondere rechtliche Voraussetzungen nicht in Betracht; es handelt sich dabei lediglich um den Beweis der Thatsache der Mutterschaft.

5. Solange die Mutter einem ausländischen Staate angehört, sind in allen unter Nr. 4 hervorgehobenen Beziehungen die Gesetze dieses Staates maßgebend. Nach diesen Gesetzen bestimmt sich auch, ob und inwieweit zu der Begründung des Rechtsverhältnisses zwischen dem unehelichen Kinde und der Mutter noch andere Thatsachen als die Thatsache der Mutterschaft erforderlich sind, ob insbesondere, wie dies nach französischem Rechte der Fall ist, die Anerkennung des Kindes von Seiten der Mutter hinzutreten muß.

6. Für Rechtsstreitigkeiten, welche das Bestehen oder Nichtbestehen eines Eltern- oder Kindesverhältnisses zum Gegenstande haben, gelten auch in Beziehung auf das Verhältniß des unehelichen Kindes zu dessen Mutter die Vorschriften der C.P.O. §§ 640, 642.

7. Keine Vorschriften enthält das E.G. über das Rechtsverhältniß des unehelichen Kindes zu den mütterlichen Verwandten. Ein in der ersten Kommission gestellter Antrag (P. I S. 11549, 11550), auch hierüber eine Bestimmung aufzunehmen, wurde abgelehnt, weil es sich dabei im Wesentlichen nur um die Unterhaltspflicht und das Erbrecht handele, in diesen Beziehungen aber besondere Vorschriften getroffen seien. Dieser Grund trifft jetzt in Betreff der Unterhaltspflicht nicht mehr zu; für sie gilt das in der Erl. 1 zu Art. 18 Gesagte. Ueber das Erbrecht entscheiden Art. 24, 25. Soweit nach ausländischem Rechte noch andere rechtliche Beziehungen zwischen dem unehelichen Kinde und den mütterlichen Verwandten anerkannt werden, wird in dieser Beziehnng dasselbe gelten müssen wie für die Unterhaltspflicht.

Artikel 21.

E. I § 17 Abs. 2; II § 2257 rev. § 2381; E. d. E.G. III Art. 20. P. I S. 11547—11549, 11551—11553. P II S. 8277 (Bd. 6 S. 68). K.B. S. 2109. St.B. S. 3024.

1. Gemeinrechtlich ist die Frage, nach welchen Gesetzen das Rechtsverhältniß des unehelichen Kindes und der unehelichen Mutter gegenüber dem unehelichen

des Unterhalts zu ersetzen, wird nach den Gesetzen des Staates beurtheilt, dem die Mutter zur Zeit der Geburt des Kindes angehört; es können jedoch nicht weitergehende Ansprüche geltend gemacht werden, als nach den deutschen Gesetzen begründet sind.

Vater zu beurtheilen ist, außerordentlich bestritten und die verschiedensten Ansichten sind darüber aufgestellt. Die Rücksicht hierauf ist es wohl hauptsächlich gewesen, welche den Bundesrath veranlaßt hat, sich nicht der von ihm sonst befolgten Methode gemäß auf eine Vorschrift über die Anwendbarkeit des deutschen Rechtes zu beschränken, sondern im Anschluß an die E. I und II einen allgemeinen Grundsatz darüber aufzustellen, nach welchen Gesetzen die Verpflichtungen des Vaters eines unehelichen Kindes und seine Verpflichtung zur Gewährung der in Art. 21 näher bezeichneten Leistungen an die Mutter zu beurtheilen ist. In dem Halbsatz 2 ist eine Beschränkung des Grundsatzes zu Gunsten der deutschen Gesetze hinzugefügt.

2. Maßgebend für die im Art. 21 bezeichneten Verpflichtungen sind die Gesetze des Staates, dem die Mutter zur Zeit der Geburt des Kindes angehört. Regelmäßig wird auch das Kind bei seiner Geburt demselben Staate angehören (s. § 93 des Ges. über die Erwerbung und den Verlust der Bundes- und Staatsangehörigkeit v. 1. Juni 1870). Die Regel findet indessen auch dann Anwendung, wenn dies ausnahmsweise nicht der Fall sein sollte, wenn z. B. nach dem Rechte eines ausländischen Staates ein in dessen Gebiete geborenes uneheliches Kind Angehöriger dieses Staates wird, obwohl die Mutter einem anderen Staate angehört. Auf die Zeit, in welcher das Kind empfangen ist, kommt es nicht an. Die Mutter kann also durch einen nach dieser Zeit vorgenommenen Wechsel der Staatsangehörigkeit auf die Entstehung und den Umfang der fraglichen Verpflichtungen einwirken.

3. Die Verpflichtungen, auf welche die Gesetze des Staates Anwendung finden, dem die Mutter zur Zeit der Geburt des Kindes angehört, sind:

a) Die Unterhaltspflicht des Vaters gegenüber dem unehelichen Kinde. Der materielle Inhalt und Charakter dieser Verpflichtung wird für das deutsche Recht in den §§ 1708—1714 das B.G.B. bestimmt. Niedner (S. 55 Erl. 3b zu Art. 21) will den § 1712 nicht anwenden, weil er das Verhältniß des unehelichen Kindes zu den Verwandten des Vaters betreffe. Dies dürfte unrichtig sein. Der § 1712 bestimmt nur die Vererblichkeit der Verpflichtung des unehelichen Vaters und fügt hinzu, daß der Anspruch des Kindes, auch wenn der Vater vor der Geburt gestorben war, gegen dessen Erben zur Entstehung gelange. Auch der letztere Anspruch fällt unter den Art. 21, da er nicht die Verwandten, sondern den Erben des Vaters trifft. Die §§ 1717, 1718 bestimmen die Voraussetzungen, unter welchen eine Person in Beziehung auf die Unterhaltspflicht gegenüber dem unehelichen Kinde als dessen Vater gilt. Daß sich der Art. 21, obwohl er diese Voraussetzungen nicht ausdrücklich erwähnt, auch auf diese mit bezieht, ergiebt sich aus dem Zwecke der Vorschrift und daraus, daß die Person des Verpflichteten ein wesentliches Moment der Unterhaltspflicht ist (a. A., jedoch im Ergebniß übereinstimmend Niedner S. 55 Erl. 3a zu Art. 21). Auch die Vorschriften des § 1716 Abs. 1 Satz 1, Abs. 2 werden durch den Art. 21 getroffen. Bei der Erlassung der einstweiligen Verfügung, durch welche nach § 1716 Abs. 1 Satz 1 schon vor der Geburt des Kindes angeordnet werden kann, daß der Vater den für die ersten drei Monate zu gewährenden Unterhalt alsbald nach der Geburt des Kindes an die Mutter oder den Vormund des Kindes zu entrichten habe, steht nun freilich noch nicht fest, ob die Mutter zur Zeit der Geburt des Kindes die deutsche Reichsangehörigkeit besitzen wird, ob also die deutschen Gesetze, insbesondere auch der § 1716 Anwendung zu finden haben. Nach der Natur der einstweiligen Verfügung wird es aber genügen, wenn wahrscheinlich gemacht wird, daß diese Voraussetzung eintreten werde, und hierzu genügt es, wenn die Mutter zur Zeit der Erlassung der einstweiligen Verfügung eine Deutsche ist. Auf die Zeit der Konception kommt es auch in diesem Falle nicht an. Stellt sich nachher heraus, daß die Mutter zur Zeit der Geburt des Kindes keine Deutsche mehr war, so ist, sofern nicht etwa nach Art. 29 doch die deutschen Gesetze Anwendung finden, die einstweilige Verfügung aufzuheben, wenn nach den Gesetzen des Staates, dem die Mutter zur Zeit der Geburt des Kindes angehört, der fragliche Anspruch nicht begründet ist.

b) Die Verpflichtung des Vaters, der Mutter des unehelichen Kindes die Kosten der Schwangerschaft, der Entbindung und des Unterhalts zu ersetzen. Die Worte „der Schwangerschaft" sind erst von dem Reichstage hinzugefügt (St.B. S. 3024), um den Art. 21 mit dem § 1715 des B.G.B., wie sich dieser durch die Beschlüsse des Reichstags gestaltet hatte, in Einklang zu bringen. Die für diesen Anspruch maßgebenden Bestimmungen des deutschen Rechtes sind in den §§ 1715, 1716 Abs. 1 Satz 2, Abs. 2, 1717, 1718 enthalten. In Betreff der Anwendbarkeit der §§ 1716—1718 gilt dasselbe wie unter a.

4. Nach Art. 29 werden die deutschen Gesetze für die unter Nr. 3 bezeichneten Ansprüche auch dann maßgebend sein müssen, wenn die Mutter zur Zeit der Geburt des Kindes zwar keine Deutsche war, aber keinem Staate angehörte und entweder zuletzt Deutsche war oder einem Staate überhaupt nicht angehört hat und zur Zeit der Geburt des Kindes ihren Wohnsitz oder in Ermangelung eines solchen ihren Aufenthalt in Deutschland hatte. Die Vorschrift des Art. 29 bezieht sich zwar direkt nur auf die Beurtheilung des Rechtsverhältnisses derjenigen Person, welche keinem Staate angehört. Der Art. 21 betrifft aber das Rechtsverhältniß der Mutter nur insofern, als er sich auf ihren Anspruch gegen den Vater des unehelichen Kindes bezieht, nicht aber, soweit er den Anspruch des unehelichen Kindes gegen den Vater betrifft. Nach der Absicht und dem Zwecke des Art. 29 dürfte dieser indessen auch für den hier fraglichen Fall entsprechend anzuwenden sein.

5. Sind die im Art. 21 bezeichneten Verpflichtungen nach ausländischem Rechte zu beurtheilen, so gelten diese in allen unter Nr. 3 dargelegten Beziehungen. Insbesondere ist auch die Frage, wer als Vater des unehelichen Kindes anzusehen ist, nach dem betreffenden ausländischen Rechte zu beurtheilen. Soweit also wie z. B. nach französischem Rechte nur derjenige als Vater gilt, welcher das Kind anerkannt hat, treffen ihn nur unter dieser Voraussetzung die im Art. 21 bestimmten Verpflichtungen. Zu beachten ist hierbei, daß die materiellrechtlichen Vorschriften des ausländischen Rechtes, wenn dieses nach Art. 21 anzuwenden ist, auch dann maßgebend sind, wenn nach den in diesen Staaten geltenden Vorschriften des internationalen Privatrechts in dem betreffenden Falle die deutschen Gesetze anwendbar sein sollten; denn nach Art. 27 findet in dem Falle des Art. 21 keine Rückverweisung statt (S. Erl. zu Art. 27).

Die Anwendung der ausländischen Gesetze erleidet aber nach Art. 21 Halbsatz 2 eine Modifikation. Weder von dem Kinde noch von der Mutter können weitergehende Ansprüche der im Halbsatz 1 gedachten Art geltend gemacht werden, als nach deutschem Rechte begründet sind. Durch diese Vorschrift wird nicht nur der Inhalt und der Umfang der fraglichen Ansprüche, sondern auch ihre Voraussetzung betroffen. Ist also z. B. eine Person nach § 1717 des B.G.B. deshalb nicht als Vater anzusehen, weil ein Anderer während der Empfängnißzeit der Mutter beigewohnt hat, so können gegen sie die im Art. 21 bezeichneten Ansprüche auch dann nicht geltend gemacht werden, wenn das maßgebende ausländische Recht die exceptio plurium nicht zuläßt. Der in der Reichstagskommission und im Reichstage gestellte Antrag, den Halbsatz 2 zu streichen, wurde hauptsächlich aus dem Grunde abgelehnt, um in dem oben gedachten Falle die Ansprüche gegen den Vater auszuschließen. Die Bedeutung des Halbsatz 2 besteht übrigens nur darin, daß bei einem deutschen Gerichte nicht weitergehende Ansprüche geltend gemacht werden können, als nach deutschem Rechte begründet sind. Es handelt sich um eine Anwendung des im Art 30 aufgestellten Prinzips. Dem von einem ausländischen Gericht erlassenen Urtheile, durch welches eine weitergehende Verurtheilung des Vaters erfolgt ist, kann, da in der C.P.O. § 328 Abs. 1 Nr. 3 der Art. 21 nicht mit aufgeführt ist, nicht deshalb die Anerkennung versagt werden, weil von der Vorschrift des Art. 21 abgewichen ist.

6. Keine Vorschrift enthält das E.G. über den einer Frauensperson nach § 825 zustehenden Entschädigungsanspruch gegen denjenigen, welcher sie durch Hinterlist, durch Drohung oder unter Mißbrauch eines Abhängigkeitsverhältnisses zur Gestattung der außerehelichen Beiwohnung bestimmt hat. Es handelt sich hier um einen Anspruch aus einer unerlaubten Handlung, welche nach den für solche Ansprüche maßgebenden Gesetzen zu beurtheilen ist. Nach Art. 12 können indessen gegen einen Deutschen, auch wenn die unerlaubte Handlung im Auslande begangen ist, nicht weitergehende Ansprüche geltend gemacht werden, als nach deutschen Gesetzen begründet sind.

Ueber den einer unbescholtenen Verlobten, welche dem Verlobten die Beiwohnung gestattet hat, nach B.G.B. § 1300 zustehenden Entschädigungsanspruch s. Erl. 3 zu Art. 13.

Einen allgemeinen Deflorationsanspruch kennt das B.G.B. nicht. Ob und unter welchen Voraussetzungen ein solcher auf Grund ausländischen Rechtes geltend gemacht werden kann, hängt davon ab, ob man einen solchen Anspruch aus einem Delikt oder als auf einem anderen Grunde beruhend ansieht. Hiernach bestimmt sich, welche Gesetze für die Beurtheilung eines solchen Anspruchs maßgebend sind.

Auch eine besondere Rechtsstellung der Brautkinder kennt das B.G.B. nicht. Soweit ihnen eine solche nach ausländischem Rechte zuerkannt wird, hängt die Frage, welche Gesetze für ihre Beurtheilung maßgebend sind, davon ab, welchen Charakter die betreffenden Vorschriften haben.

Ueber das Erbrecht des unehelichen Kindes gegenüber dem Vater und dieses gegen jenes s. Erl. 3 zu Art. 24, und Erl. 3 zu Art. 25.

Artikel 22.

Die Legitimation eines unehelichen Kindes sowie die Annahme an Kindesstatt bestimmt sich, wenn der Vater zur Zeit der Legitimation oder der Annehmende zur Zeit der Annahme die Reichsangehörigkeit besitzt, nach den deutschen Gesetzen.

Gehört der Vater oder der Annehmende einem fremden Staate an, während das Kind die Reichsangehörigkeit besitzt, so ist die Legitimation oder die Annahme unwirksam, wenn die nach den deutschen Gesetzen erforderliche Einwilligung des Kindes oder eines Dritten, zu dem das Kind in einem familienrechtlichen Verhältnisse steht, nicht erfolgt ist.

---

7. Keine Vorschrift enthält das E.G. über das Rechtsverhältniß eines unehelichen Kindes zu den Verwandten des Vaters. Ueber die Unterhaltspflicht zwischen diesen und dem Kinde s. Erl. 1 zu Art. 18. Ueber Erbrecht s. Erl. 3 zu Art. 24 und Erl. 3 zu Art. 25. Das deutsche Recht erkennt weder ein Verwandtschaftsverhältniß, noch eine Unterhaltspflicht noch ein Erbrecht zwischen dem unehelichen Kinde und den Verwandten des Vaters an.

Artikel 22.

E. I § 14; II § 2253, 2254 rev. § 2382, 2383; E. d. E.G. III Art. 21. P. I S. 11539, 11540 P. II S. 8269—8274 (Bd. 6 S. 63—67).

1. Abweichend von E. I und II bestimmt auch der Art. 22 nur die Fälle, in denen die Legitimation eines unehelichen Kindes und die Annahme einer Person an Kindesstatt nach deutschen Gesetzen zu beurtheilen sind. In dem Abs. 1 werden die Fälle bezeichnet, in welchen lediglich die deutschen Gesetze Anwendung finden, während der Abs. 2 einen Fall voraussetzt, in welchem im Allgemeinen ausländische Gesetze maßgebend sind. Auch für diesen Fall wird aber in der dort näher bezeichneten Beziehung die Berücksichtigung der deutschen Gesetze vorgeschrieben. Ueber die Frage, welche Gesetze für die Legitimation und Annahme an Kindesstatt maßgebend sind, wenn die Voraussetzungen, unter welchen nach Abs. 1 die deutschen Gesetze anwendbar sind, nicht vorliegen s. Nr. 5.

2. Voraussetzung der unbeschränkten Anwendbarkeit der deutschen Gesetze ist nach Abs. 1, daß der Vater bezw. der Annehmende zur Zeit der Legitimation oder der Annahme ein Deutscher ist. Nach Art. 29 finden die deutschen Gesetze aber auch dann Anwendung, wenn der Vater oder der Annehmende zur Zeit der Legitimation oder der Annahme keinem Staate angehört aber entweder zuletzt ein Deutscher gewesen ist oder sofern er überhaupt keinem Staate angehört hat, zur Zeit der Legitimation oder der Annahme seinen Wohnsitz oder in Ermangelung eines Wohnsitzes, seinen Aufenthalt in Deutschland hatte. Nach dem E. I § 14 sollte entsprechend dem im Art. 13 für die Eingehung der Ehe aufgestellten Grundsatze die Legitimation in Ansehung des Vaters nach den Gesetzen des Staates, dem dieser angehört, in Ansehung des Kindes nach den Gesetzen des Staates, dem das Kind angehört, beurtheilt werden. Derselbe Grundsatz sollte für die Annahme an Kindesstatt gelten. Von der zweiten Kommission wurde nicht verkannt, daß dieser Standpunkt prinzipiell vielleicht der richtigste sein möge. Man nahm aber an, daß überwiegende praktische Gründe dafür sprächen, entscheidendes Gewicht lediglich auf die Staatsangehörigkeit des Vaters oder des Annehmenden zu legen und nur für den Fall, daß dieser ein Ausländer sei, eine dem Art. 22 Abs. 2 entsprechende Modifikation eintreten zu lassen. Ob das Ges. betr. den Erwerb und Verlust der Staatsangehörigkeit v. 1. Juni 1870 §§ 4, 13 Nr. 4 auf demselben Standpunkte steht, ist zweifelhaft, kann aber dahingestellt bleiben, da jetzt lediglich der Art. 22 die entscheidende Norm giebt. Die Anwendung der deutschen Gesetze hängt also lediglich davon ab, ob der Vater oder der Annehmende zur Zeit der Legitimation oder der Annahme ein Deutscher ist. Auf die Staatsangehörigkeit des Kindes kommt es nicht an. Ebensowenig kommt der Wohnsitz des Vaters, des Annehmenden oder des Kindes in Betracht.

3. Nach den deutschen Gesetzen bestimmen sich, wenn die unter Nr. 2 bezeichneten Voraussetzungen vorliegen, sowohl die Erfordernisse als die Wirkungen der Legitimation und der Annahme an Kindesstatt. Die wesentlichen Vorschriften des B.G.B., welche hierfür in Betracht kommen, sind folgende:

a) für die Legitimation durch nachfolgende Ehe die §§ 1719—1722 des B.G.B. Die Legitimation erfolgt dadurch, daß sich der Vater mit der Mutter des Kindes verheirathet (§ 1719). Der entscheidende Zeitpunkt ist also der der Heirath des Vaters mit der Mutter des Kindes. Die Gültigkeit der Ehe bestimmt sich nach E.G. Art. 13. Auch im Falle der

Nichtigkeit der Ehe tritt indessen nach § 1721 die Legitimation unter den in den §§ 1699 ff. bestimmten Voraussetzungen ein. Ueber die Frage, unter welchen Voraussetzungen der Ehemann der Mutter als Vater des Kindes gilt, entscheidet der § 1720. Die Wirkung der Legitimation ist, daß das Kind die rechtliche Stellung eines ehelichen Kindes erhält. Nach welchen Gesetzen das sich hieraus ergebende Rechtsverhältniß zu beurtheilen ist, bestimmt sich nach E.G. Art. 19 (s. Erl. 6 zu Art. 19).

b) Für die Legitimation durch Ehelichkeitserklärung. Die Vorschriften des B.G.B. §§ 1723—1740. Die Legitimation erfolgt dadurch, daß das Kind durch eine Verfügung der Staatsgewalt für ehelich erklärt wird. Der entscheidende Zeitpunkt ist also derjenige, in welchem die Verfügung der Staatsgewalt erfolgt. Erfolgt diese nach dem Tode des Vaters, was nach § 1733 Abs. 2 unter den dort bezeichneten Voraussetzungen möglich ist, so kommt es darauf an, ob der Vater zur Zeit seines Todes Deutscher gewesen ist oder doch zu dieser Zeit die Voraussetzungen des Art. 29 vorliegen. Es genügt nicht, daß der Vater zu der Zeit, in welcher er den Antrag auf Ehelichkeitserklärung bei der zuständigen Behörde eingereicht oder den Notar damit betraut hat (§ 1733 Abs. 2), die Reichsangehörigkeit besessen hat. Ist er, nachdem dies geschehen, vor erfolgter Ehelichkeitserklärung Angehöriger eines anderen Staates geworden, so finden die deutschen Gesetze keine Anwendung. Ueber die Voraussetzungen der Wirksamkeit der Ehelichkeitserklärung vergl. §§ 1724—1733, 1735. Die Wirkung der Legitimation durch Ehelichkeitserklärung besteht darin, daß das Kind die rechtliche Stellung eines ehelichen Kindes des Vaters nach Maßgabe der in den §§ 1736—1740 getroffenen näheren Vorschriften erlangt. Nach welchen Gesetzen das sich hieraus ergebende Rechtsverhältniß zu beurtheilen ist, bestimmt sich wie unter a nach Art. 19. Dabei ist indessen zu beachten, daß die rechtliche Stellung eines ehelichen Kindes, welche durch die Ehelichkeitserklärung begründet wird, den in den §§ 1737—1740 bestimmten Beschränkungen unterliegt und daß daher die nach Art. 22 zu beurtheilende Wirkung der Legitimation nur in der nach Maßgabe dieser Vorschriften beschränkten rechtlichen Stellung eines ehelichen Kindes besteht. Eine weitergehende Wirkung kann die Ehelichkeitserklärung also auch dann nicht erlangen, wenn der Vater später Angehöriger eines anderen Staates wird und die in diesem Falle nach Art. 19 für das Rechtsverhältniß zwischem dem Vater und dem Kinde maßgebenden Vorschriften des ausländischen Rechtes weitergehende Wirkungen bestimmen.

c) Für die Annahme an Kindesstatt die §§ 1741—1767 des B.G.B. Die Annahme an Kindesstatt wird mit der Bestätigung des auf die Annahme gerichteten Vertrags durch das zuständige Gericht wirksam. Der entscheidende Zeitpunkt ist also derjenige, in welchem die Bestätigung erfolgt. Ist der Annehmende vor der Bestätigung gestorben und ist die Bestätigung noch zulässig (§ 1753 Abs. 2), so finden die deutschen Gesetze wie in dem entsprechenden Falle unter b Anwendung, wenn der Annehmende zur Zeit seines Todes Deutscher gewesen ist oder zu dieser Zeit die Voraussetzungen des Art. 29 vorliegen. Ueber die Voraussetzungen der Wirksamkeit der Annahme an Kindesstatt s. §§ 1741—1753, 1755, 1756. Die Wirkung der Annahme an Kindesstatt besteht darin, daß das Kind die rechtliche Stellung eines ehelichen Kindes des Annehmenden und im Falle des § 1757 Abs. 2 die rechtliche Stellung eines ehelichen gemeinschaftlichen Kindes der dort bezeichneten Ehegatten erlangt. Diese rechtliche Stellung unterliegt indessen den näheren Bestimmungen der §§ 1758—1767. Nach welchen Gesetzen das sich hieraus ergebende Rechtsverhältniß zu beurtheilen ist, bestimmt sich wie in den Fällen unter a und b nach Art. 19, jedoch findet das unter b a. E. Gesagte entsprechende Anwendung.

d) Für die Aufhebung des durch die Annahme an Kindesstatt begründeten Rechtsverhältnisses die §§ 1768—1772. Im Art. 22 ist die Aufhebung zwar nicht erwähnt; es dürfte indessen keinem Bedenken unterliegen, den Art. 22 auf sie entsprechend anzuwenden. Die deutschen Gesetze werden daher anzuwenden sein, wenn der Annehmende zur Zeit der Aufhebung ein Deutscher ist. Im Falle der Aufhebung durch Vertrag ist der entscheidende Zeitpunkt derjenige, in welchem die Bestätigung des Vertrags erfolgt (§ 1770). Im Uebrigen findet auf die vertragsmäßige Aufhebung das unter c Gesagte entsprechende Anwendung. Im Falle des § 1771 ist der entscheidende Zeitpunkt der Zeitpunkt der Schließung der Ehe zwischen dem Annehmenden und dem mit ihm durch die Annahme an Kindesstatt Verbundenen. Die Wirkung der Aufhebung der Annahme an Kindesstatt besteht darin, daß das Kind die rechtliche Stellung eines ehelichen Kindes des Annehmenden verliert. In Betreff des Rechtes, den Familiennamen des Annehmenden zu führen s. § 1772 (a. A. Niebner S. 57 Erl. 3a a. E.).

4. Im E. II § 2253 Abs. 2 (rev. § 2382) war bestimmt, daß die für die Erklärung der Betheiligten erforderliche Form sich ausschließlich nach den Gesetzen des Staates bestimme, welchem der Vater zur Zeit der Legitimation angehöre. Dasselbe sollte für die Annahme an Kindesstatt gelten. Im Art. 22 fehlt eine entsprechende Vorschrift. Der Art. 11 Abs. 1 Satz 2 wird daher auf die Form der für die Legitimation und die Annahme an Kindesstatt erforderlichen Rechtsgeschäfte angewendet werden müssen. Bei den Berathungen der zweiten

Kommission wurde zwar von einer Seite die Ansicht vertreten, daß die fragliche Vorschrift unnöthig sei, weil die für die Ehelichkeitserklärung zuständige Behörde und das für die Bestätigung an Kindesstatt zuständige Gericht auch ohne solche Vorschrift die nach den deutschen Gesetzen erforderliche Form verlangen werden. Die Mehrheit der Kommission theilte indessen diese Auffassung nicht und lehnte einen auf Streichung der obigen Vorschrift des E. II gerichteten Antrag ab (P. II S. 8269 ff.). Man wird dieser Ansicht der Mehrheit zustimmen und als Folge der Weglassung der fraglichen Vorschrift im Art. 22 daher die Anwendbarkeit des Art. 11 Abs. 1 Satz 2 betrachten müssen. Die Ehelichkeitserklärung braucht freilich, da sie Gnadensache ist, auch dann nicht zu erfolgen, wenn alle Voraussetzungen der Zulässigkeit vorliegen, und die zuständige Behörde kann sie also auch dann verweigern, wenn die erforderlichen rechtsgeschäftlichen Erklärungen in der nach Art. 11 Abs. 1 Satz 2 genügenden Form abgegeben sind. Sie kann hierdurch also mittelbar die Beobachtung der in den Vorschriften über die Ehelichkeitserklärung vorgeschriebenen Form erzwingen. Die Bestätigung der Annahme an Kindesstatt aber darf nach § 1754 Abs. 2 nur versagt werden, wenn ein gesetzliches Erforderniß fehlt. Sie darf also in Ermangelung einer besonderen Vorschrift, durch welche die Anwendung des Art. 11 Abs. 1 Satz 2 ausgeschlossen wird, nicht versagt werden, wenn die erforderlichen Erklärungen der Betheiligten in derjenigen Form abgegeben sind, welche nach den Gesetzen des Ortes, an welchem die Abgabe erfolgt, genügt. Als Formvorschriften kommen übrigens nur in Betracht die Vorschriften, durch welche für die Erklärungen der Betheiligten die gerichtliche oder notarielle Beurkundung gefordert wird (§§ 1730, 1748 Abs. 3) und die Vorschriften über die Form des Annahmevertrags (§ 1750). Nicht zu den Formvorschriften gehören die übrigen unter Nr. 3b—d aufgeführten Vorschriften, insbesondere nicht die Vorschriften über das Erforderniß der Ehelichkeitserklärung durch die zuständige staatliche Behörde und über die Bestätigung der Annahme an Kindesstatt durch das zuständige Gericht. Bei der Legitimation durch nachfolgende Ehe bestimmt sich die Form der Ehe, wenn sie im Inlande geschlossen wird, ausschließlich nach deutschen Gesetzen (Art. 13 Abs. 3).

5. Der Art. 22 enthält keine direkte Vorschrift darüber, *welche Gesetze anzuwenden sind, wenn der Vater zur Zeit der Legitimation oder der Annehmende zur Zeit der Annahme an Kindesstatt einem fremden Staate angehört.* Aus Abs. 2, nach welchem nur für den Fall, daß das Kind zu der betreffenden Zeit die Reichsangehörigkeit besitzt, ergiebt sich indessen, daß die deutschen Gesetze im Allgemeinen keine Anwendung finden, wenn der Vater oder der Annehmende einem fremden Staate angehört. Die Entscheidung, welche Gesetze für diesen Fall maßgebend sind, wird aus dem dem Abs. 1 zu Grunde liegenden höheren Prinzip abzuleiten sein und dieses besteht wie in den E. I und II ausdrücklich ausgesprochen war, darin, daß die Gesetze desjenigen Staates maßgebend sind, welchem der Vater oder der Annehmende zur Zeit der Legitimation oder der Annahme angehört. Ueber die Frage, ob dieses Prinzip dahin zu verstehen ist, daß lediglich die materiellen Vorschriften der Gesetze des betreffenden ausländischen Staates oder auch diejenigen Vorschriften Anwendung finden, welche Bestimmungen über die für die Beurtheilung der Legitimation und Annahme maßgebenden Gesetze, also Vorschriften des internationalen Privatrechts enthalten s. Erl. 4c zu Art. 27.

6. Von der nach Nr. 5 geltenden Regel der Anwendung der ausländischen Gesetze macht der Abs. 2 dahin *eine Ausnahme, daß wenn das Kind die Reichsangehörigkeit besitzt, die Legitimation oder Annahme unwirksam ist, wenn die nach den deutschen Gesetzen erforderliche Einwilligung des Kindes oder eines Dritten, zu dem das Kind in einem familienrechtlichen Verhältnisse steht, nicht erfolgt ist.* Die in Frage kommenden Bestimmungen der deutschen Gesetze sind folgende:

a) *Für die Legitimation durch Ehelichkeitserklärung* die §§ 1725—1731. Hiernach ist die Einwilligung des Kindes und unter den dort bezeichneten Voraussetzungen die Einwilligung der Mutter erforderlich. Die nach § 1726 Abs. 1 für den Fall, daß der Vater verheirathet ist, noch ferner erforderliche Einwilligung der Ehefrau des Vaters kommt nicht in Betracht, weil diese zu dem Kinde nicht in einem familienrechtlichen Verhältnisse steht. Ueber die Ersetzung der Zustimmung der Mutter des Kindes durch das Vormundschaftsgericht bestimmt der § 1727. Auch die Vorschriften über die Unzulässigkeit einer Vertretung des Kindes oder der Mutter (§ 1728), über die Mitwirkung des gesetzlichen Vertreters und des Vormundschaftsgerichts (§ 1729 Abs. 2, 3), über die Form, in der die Einwilligung zu erklären ist (§ 1730) und über die Anfechtbarkeit der Einwilligung (§ 1731) finden Anwendung.

b) *Für die Annahme an Kindesstatt* die Vorschriften der §§ 1741, 1746—1748, 1750—1752. Hiernach ist die Schließung des Annahmevertrags durch das Kind und die Einwilligung des Ehegatten desselben und, falls das Kind das einundzwanzigste Lebensjahr noch nicht vollendet hat, sofern es ein eheliches Kind ist, die Einwilligung der Eltern, falls es ein uneheliches ist, die Einwilligung der Mutter erforderlich. Die im § 1746 außerdem vorgeschriebene

Einwilligung des Ehegatten des Annehmenden kommt nicht in Betracht, weil dieser zu dem Kinde nicht in einem familienrechtlichen Verhältnisse steht. Dagegen sind die Vorschriften darüber, wem gegenüber die Einwilligung zu erklären ist und über die Unzulässigkeit einer Vertretung (§ 1748), über die nur ausnahmsweise zulässige Vertretung des Kindes bei dem Abschlusse des Annahmevertrags (§ 1750 Abs. 1), über die Mitwirkung des Vormundschaftsgerichts (§ 1751 Abs. 2) und über die Form, welcher der Annahmevertrag und die Einwilligung der Ehefrau und der Eltern des Angenommenen bedarf (§ 1750 Abs. 2, 1748 Abs. 3), im Falle des Art. 22 Abs. 2 ebenfalls zur Anwendung zu bringen.

c) Im Falle der Aufhebung der Annahme an Kindesstatt die §§ 1768—1770. Hiernach ist die vertragsmäßige Einwilligung des Kindes und der Abkömmlinge desselben, auf die sich die Annahme erstreckt sowie im Falle der Annahme des Kindes des einen Ehegatten durch den anderen Ehegatten auch die Einwilligung des erstgedachten Ehegatten erforderlich.

7. Fraglich ist, ob sich eine Ausdehnung des Abs. 2 dahin rechtfertigt, daß wenn der Vater oder der Annehmende ein Deutscher ist, und daher im Allgemeinen die deutschen Gesetze Anwendung finden, doch falls das Kind einem fremden Staate angehört, das Erforderniß der Einwilligung des Kindes und Dritter, die mit dem Kinde in einem familienrechtlichen Verhältnisse stehen, nach den Gesetzen des Staates beurtheilt wird, dem das Kind angehört, und daß daher die Legitimation sowie die Annahme unwirksam ist, wenn die nach diesen Gesetzen erforderliche Einwilligung der gedachten Person fehlt. In den E. I und II lautete die betreffende Vorschrift dahin, daß das Erforderniß der Einwilligung des Kindes oder der Einwilligung Dritter, zu denen das Kind in einem familienrechtlichen Verhältnisse stehe, sich nach den Gesetzen des Staates bestimme, dem das Kind zur Zeit der Legitimation angehöre. Die Ersetzung dieser Vorschrift durch die beschränktere Vorschrift des Art. 22 Abs. 2 läßt keine andere Deutung zu, als daß von der im Abs. 1 aufgestellten Regel der Anwendung deutscher Gesetze in den dort bezeichneten Fällen eine Ausnahme zu Gunsten ausländischer Gesetze auch für den Fall nicht stattfinden soll, daß das Kind einem fremden Staate angehört. Das zur Bestätigung der Annahme an Kindesstatt und deren Aufhebung zuständige Gericht darf daher, wenn der Annehmende ein Deutscher ist und die durch die deutschen Gesetze bestimmten Erfordernisse vorliegen, die Bestätigung nicht deshalb versagen, weil das Kind einem anderen Staate angehört und die nach den Gesetzen dieses Staates geltenden Bestimmungen in Betreff der Einwilligung des Kindes oder Dritter, mit welchem das Kind in einem familienrechtlichen Verhältnisse steht, nicht beobachtet sind, und der Mangel der durch das ausländische Recht vorgeschriebenen Erfordernisse macht die Annahme oder deren Aufhebung nicht unwirksam. Die Ehelichkeitserklärung kann zwar, da sie Gnadensache ist, verweigert werden, wenn die durch das ausländische Recht bestimmten Erfordernisse nicht vorliegen. Erfolgt sie aber, so ist sie wegen des Mangels dieser Erfordernisse nicht unwirksam (a. A. Niedner S. 56 Nr. 3a Erl. zu Art. 22).

8. Eine fernere Frage ist, ob, wenn die Legitimation oder Annahme an Kindesstatt im Allgemeinen nach dem Rechte des ausländischen Staates zu beurtheilen ist, dem der Vater oder der Annehmende angehört (s. oben Nr. 5), nach dem Rechte dieses Staates aber, wenn das Kind einem anderen Staate angehört, das Erforderniß der Einwilligung des Kindes und Dritter, mit welchen das Kind in einem familienrechtlichen Verhältnisse steht, nach dem Rechte dieses anderen Staates zu beurtheilen ist, eine solche Bestimmung auch in Deutschland anzuwenden ist. Nach Art. 22 Abs. 2 ist diese Frage ohne Bedeutung, wenn das Kind die deutsche Reichsangehörigkeit besitzt, weil in diesem Falle die deutschen Gesetze ohne Rücksicht darauf anzuwenden sind, was das im Allgemeinen maßgebende ausländische Recht bestimmt. Nicht entschieden ist die Frage aber für den Fall, daß das Kind einem dritten ausländischen Staate angehört. Wie sie für diesen Fall zu entscheiden ist, hängt von der Beurtheilung der schon oben unter Nr. 5 angedeuteten allgemeineren Frage ab, welchen Sinn die Verweisung auf ausländisches Recht hat (s. Erl. 4c zu Art. 27).

9. Für Rechtsstreitigkeiten welche das Bestehen oder Nichtbestehen eines durch Legitimation oder Annahme an Kindesstatt begründeten Eltern- und Kindesverhältnisses zum Gegenstande haben, gelten die §§ 640, 642 der C.P.O. Die Anerkennung eines dieses Rechtsverhältniß betreffenden Urtheils eines ausländischen Gerichts bestimmt sich nach C.P.O. § 328. Nach Abs. 1 Nr. 3 ist die Anerkennung insbesondere dann zu versagen, wenn in dem Urtheile zum Nachtheil einer deutschen Partei von den Vorschriften des Art. 22 abgewichen ist. Nicht versagt werden kann die Anerkennung auf Grund des Abs. 1 Nr. 1 deshalb, weil die Klage nicht bei dem nach § 642 der C.P.O. zuständigen Gericht erhoben ist; denn die hier bestimmte Zuständigkeit ist keine ausschließliche. Die Voraussetzung der Nr. 1 liegt daher nicht vor, wenn der Beklagte seinen allgemeinen Gerichtsstand bei dem betreffenden ausländischen Gerichte hatte.

Artikel 23.

Eine Vormundschaft oder eine Pflegschaft kann im Inland auch über einen Ausländer, sofern der Staat, dem er angehört, die Fürsorge nicht übernimmt, angeordnet werden, wenn der Ausländer nach den Gesetzen dieses Staates der Fürsorge bedarf oder im Inland entmündigt ist.

Das deutsche Vormundschaftsgericht kann vorläufige Maßregeln treffen, solange eine Vormundschaft oder Pflegschaft nicht angeordnet ist.

Artikel 23.

E. I §§ 19, 20; II §§ 2259, 2260 rev. §§ 2384, 2385; E. d. E.G. III Art. 22. P. I S. 11556—11566. P. II S. 8278—8283 (Bd. 6 S. 68—72).

1. Der Art. 23 bestimmt nur die Fälle, in welchen eine Vormundschaft oder eine Pflegschaft über einen Ausländer im Inland angeordnet oder das deutsche Vormundschaftsgericht vorläufige Maßregeln treffen kann. Hierbei ist indessen von folgenden allgemeinen Sätzen ausgegangen:

a) für das Recht und die Pflicht des Staates zur Gewährung des vormundschaftlichen Schutzes ist die Staatsangehörigkeit maßgebend. Die Anordnung einer Vormundschaft kann daher regelmäßig nur von den Behörden desjenigen Staates erfolgen, welchem der zu Bevormundende angehört. Für Gegenstände der im Art. 28 bezeichneten Art dürften indessen die Vorschriften dieses Artikels zur entsprechenden Anwendung zu bringen sein.

b) Die Frage, ob eine Person des vormundschaftlichen Schutzes bedarf, ist in Uebereinstimmung mit dem für die Geschäftsfähigkeit nach Art. 7 geltenden Grundsatze nach den Gesetzen des Staates zu beurtheilen, dem die Person angehört (P. I S. 11562; P. II S. 8278, 8281).

2. Die Voraussetzungen, unter welchen im Inland eine Vormundschaft über einen Ausländer angeordnet werden kann, sind folgende:

a) Der Ausländer muß entweder nach Art. 8 im Inland entmündigt sein oder nach den Gesetzen des Staates, dem er angehört, der vormundschaftlichen Fürsorge bedürfen. Für den letzteren Fall forderten die E. I und II außerdem, daß der betreffende Ausländer seinen Wohnsitz oder seinen Aufenthalt im Inlande habe. Die Weglassung dieses Erfordernisses im Art. 23 ist deshalb ohne praktische Bedeutung, weil nach freiw. G.G. § 36 die Zuständigkeit eines deutschen Gerichts zur Anordnung einer Vormundschaft über einen Ausländer nur dann begründet ist, wenn dieser seinen Wohnsitz oder in Ermangelung eines inländischen Wohnsitzes seinen Aufenthalt in dem Bezirke des Gerichts hat. Nur unter dieser Voraussetzung ist auch die Zuständigkeit des Gerichts zur Anordnung der Vormundschaft über einen Entmündigten begründet. Die Voraussetzung wird aber, wenn der Ausländer im Inland entmündigt ist, immer gegeben sein, weil die Entmündigung nach Art. 8 nur erfolgen kann, wenn der Ausländer seinen Wohnsitz und in Ermangelung eines solchen seinen Aufenthalt im Inlande hat.

b) Der Staat, dem der Ausländer angehört, muß die Fürsorge nicht übernehmen. Im E. I und E. II war diese Voraussetzung dahin bestimmt, daß der Staat, dem der Ausländer angehöre, die Fürsorge ablehne. Durch die jetzige Fassung wird klargestellt, daß es einer ausdrücklichen Ablehnung nicht bedarf. Erforderlich ist aber auch jetzt, daß die deutsche Vormundschaftsbehörde die Ueberzeugung gewinnt, daß der ausländische Staat die Fürsorge nicht übernehme. Dies wird nur dann angenommen werden können, wenn dem ausländischen Staate Kenntniß davon gegeben ist, daß das Bedürfniß einer Bevormundung vorliegt. Ob, wenn dieses geschehen ist, und der ausländische Staat sich passiv verhält, hieraus zu folgern ist, daß er die Fürsorge nicht übernehme, ist eine nach den Umständen des einzelnen Falles zu beurtheilende Thatfrage (P. I S. 11560, 11561). Wie in der Denkschrift zum freiw. G.G. S. 43 anerkannt ist, hat das Vormundschaftsgericht von Amtswegen die Ermittelungen zu pflegen, welche erforderlich sind, um festzustellen, daß der auswärtige Staat die Fürsorge nicht übernimmt. Der Nichtübernahme gleich steht übrigens der Fall, wenn der ausländische Staat eine bereits übernommene Vormundschaft wegen veränderter Verhältnisse, z. B. weil der Mündel seinen Wohnsitz verlegt hat, nicht fortführen will.

3. Aus dem Ausdrucke „kann" im Art. 23 ergiebt sich, daß auch, wenn die unter Nr. 2 bezeichneten Voraussetzungen vorliegen, die Anordnung einer Vormundschaft im Inlande nicht unbedingt erfolgen muß, sondern nur dann zu erfolgen hat, wenn das Vormundschaftsgericht nach pflichtmäßigem Ermessen die Anordnung als der Absicht des Gesetzes entsprechend ansieht

(Bd. I S. 25 Nr. 4a). Dies wird nur dann anzunehmen sein, wenn im einzelnen Falle das Bedürfniß einer Fürsorge vorliegt.

4. Für einen Deutschen, welcher der vormundschaftlichen Fürsorge bedarf, ist die Vormundschaft regelmäßig im Inland anzuordnen. Ein in der ersten Kommission gestellter Antrag, die Vorschriften über die Anordnung der Vormundschaft über einen Ausländer im Inland auf die Anordnung einer Vormundschaft über einen Inländer im Ausland entsprechend anzuwenden, wurde abgelehnt, weil einerseits die Vorschriften über die Zuständigkeit des Vormundschaftsgerichts noch nicht feststånden, und weil es sich andererseits hierbei um eine Frage publizistischer Natur handele (P. I S. 11566). In der zweiten Kommission einigte man sich dahin, die Frage unentschieden zu lassen (P. II S. 8281, 8282). Sie hat wenigstens mittelbar jetzt ihre Erledigung durch das freiw. G.G. erhalten. Nach § 36 ist immer ein deutsches Gericht vorhanden, das zur Anordnung der Vormundschaft über einen Deutschen zuständig ist. Hat der Deutsche weder seinen Wohnsitz noch seinen Aufenthalt im Inlande, so ist nach § 36 Abs. 2 das Gericht zuständig, in dessen Bezirke der Mündel seinen letzten inländischen Wohnsitz hatte. In Ermangelung eines solchen Wohnsitzes wird das zuständige Gericht, falls der Mündel einem Bundesstaat angehört, von der Landesjustizverwaltung, andernfalls von dem Reichskanzler bestimmt. Nach freiw. G.G. § 47 Abs. 1 kann indessen, wenn über einen Deutschen, der im Auslande seinen Wohnsitz oder Aufenthalt hat, die nach den Vorschriften des B.G.B. erforderliche Vormundschaft im Ausland angeordnet ist, die Anordnung der Vormundschaft im Inland unterbleiben, wenn dies im Interesse des Mündels liegt. Nach Abs. 2 kann sogar eine über einen Deutschen im Inland angeordnete Vormundschaft, wenn dieser seinen Wohnsitz oder Aufenthalt im Auslande hat, von dem Vormundschaftsgericht an den ausländischen Staat abgegeben werden, wenn dies im Interesse des Mündels liegt, der Vormund seine Zustimmung ertheilt und der ausländische Staat sich zur Uebernahme bereit erklärt. Aus diesen Bestimmungen ergiebt sich, daß die über einen Deutschen, welcher im Auslande seinen Wohnsitz oder Aufenthalt hat und der vormundschaftlichen Fürsorge nach deutschen Gesetzen bedarf, im Ausland angeordnete Vormundschaft anerkannt wird, sofern nicht im Inland eine Vormundschaft angeordnet ist oder wenn die im Inland angeordnete Vormundschaft an das Ausland abgegeben ist. Liegen diese Voraussetzungen nicht vor, so wird die über einen Deutschen im Ausland angeordnete Vormundschaft in Deutschland nicht anzuerkennen sein.

5. Die Zuständigkeit eines deutschen Gerichts zur Anordnung einer Vormundschaft über einen Ausländer bestimmt sich, wie schon unter Nr. 2a hervorgehoben ist, nach freiw. G.G. § 36 Abs. 1, die Zuständigkeit zur Anordnung einer Vormundschaft über einen Deutschen nach § 36 Abs. 1, 2. Für vorläufige Maßregeln und zum Zwecke der Fürsorge ist nach § 41 auch dasjenige Gericht zuständig, in dessen Bezirke das Bedürfniß der Fürsorge hervortritt. Soweit die Anordnung einer Vormundschaft im Ausland in Frage kommt, entscheiden über die Zuständigkeit des Gerichts die betreffenden ausländischen Gesetze. Das Gleiche gilt für vorläufige Maßregeln.

6. Im E. I § 20 war bestimmt:

> „Die Anordnung und Führung einer Vormundschaft, die Fürsorge und Aufsicht der Vormundschaftsbehörde sowie die Verbindlichkeiten zwischen dem Vormund und dem Mündel werden nach den Gesetzen des Staates beurtheilt, welchem die Vormundschaftsbehörde angehört."

Von der zweiten Kommission wurde dieser Satz gestrichen, weil er sich von selbst verstehe, da die Vormundschaft ein öffentliches Amt sei. Daß auch die Verbindlichkeiten zwischen Vormund und Mündel nach dem betreffenden Rechte sich bestimmen, folge schon aus der über die Beurtheilung der gesetzlichen Verbindlichkeiten getroffenen (im E.G. weggelassenen) Vorschrift. Andererseits sei die fragliche Vorschrift des E. I nicht vollständig, weil noch manche andere Fragen, z. B. die Berechtigung zur Berufung als Vormund, die Reihenfolge der Vormünder, das Bestimmungsrecht der Eltern des Mündels, in Betracht kämen (P. II S. 8283). Man wird den in dem E. I aufgestellten Grundsatz als richtig anzuerkennen und nach ihm auch die in der zweiten Kommission hervorgehobenen dadurch nicht entschiedenen Fragen zu beurtheilen haben. Die Verpflichtung, eine Vormundschaft zu übernehmen, besteht indessen nach § 1785 des B.G.B. nur für einen Deutschen.

7. Für die Anordnung der Pflegschaft über einen Ausländer gelten nach Art. 23 Abs. 1 dieselben Grundsätze wie für die Anordnung einer Vormundschaft. Regel ist also, daß die Anordnung der Pflegschaft dem betreffenden Auslande zu überlassen ist und, daß im Inland eine Pflegschaft nur unter den im Art. 23 bestimmten Voraussetzungen (s. Erl. 2, 3) anzuordnen ist. Auch in Betreff der Pflegschaft über einen Inländer gelten im Allgemeinen dieselben Grund-

sätze wie für die Vormundschaft (s. Erl. 4). Auch die unter Nr. 5 dargelegten Grundsätze finden auf die Pflegschaft entsprechende Anwendung. Für die einzelnen im B.G.B. bestimmten Fälle der Pflegschaft ergiebt sich hieraus in Verbindung mit den Vorschriften des freiw. G.G. Folgendes:

a) Für die Anordnung der im B.G.B. § 1909 bestimmten Pflegschaft über eine Person ist, wenn über die Person bei einem inländischen Gericht eine Vormundschaft anhängig ist, dieses Gericht zuständig (freiw. G.G. § 37 Abs. 1 Satz 1). Die Voraussetzungen, unter welchen die Pflegschaft anzuordnen ist sowie alle in der Erl. 5 aufgeführten Fragen bestimmen sich, auch wenn der unter Pflegschaft zu Stellende ein Ausländer ist, nach deutschem Rechte (s. Erl. 5). Ist die Vormundschaft bei einem ausländischen Gericht anhängig, so erfolgt die Anordnung der Pflegschaft durch dieses Gericht und die Voraussetzungen der Pflegschaft sowie die sonstigen in Erl. 5 aufgeführten Fragen bestimmen sich nach den für dieses Gericht maßgebenden Gesetzen, wenn es sich um einen Ausländer handelt oder, sofern ein Inländer in Frage steht, die über ihn im Ausland angeordnete Vormundschaft in Deutschland anzuerkennen ist (s. Erl. 4). Ist das letztere nicht der Fall, so erfolgt die Anordnung der Pflegschaft durch das nach freiw. G.G. § 3 Abs. 1 Satz 2 zuständige Gericht. Ist eine Vormundschaft noch nicht anhängig, so ist die Pflegschaft über einen Deutschen von dem nach freiw. G.G. § 37 Abs. 1 Satz 2 mit § 36 zuständigen Gericht anzuordnen. Die Voraussetzungen und die unter Nr. 5 aufgeführten Fragen bestimmen sich nach deutschem Rechte. Für die Anerkennung der von einem ausländischen Gericht über einen Deutschen angeordneten Pflegschaft werden die Vorschriften des freiw. G.G. § 47 (s. Erl. 4) entsprechend anzuwenden sein. Handelt es sich in dem gedachten Falle um einen Ausländer, so ist die Pflegschaft von einem deutschen Gerichte nur unter den im Art. 23 Abs. 1 bezeichneten Voraussetzungen (s. Erl. 2, 3) anzuordnen. Die Zuständigkeit des deutschen Gerichts bestimmt sich in solchem Falle nach freiw. G.G. § 37 Abs. 1 Satz 2, Abs. 2. Die unter Nr. 5 aufgeführten Fragen (nicht aber die Voraussetzungen der Zulässigkeit der Pflegschaft) sind nach deutschem Rechte zu beurtheilen.

b) Auf die Pflegschaft über einen Gebrechlichen (B.G.B. § 1910) finden in allen Beziehungen die für die Vormundschaft geltenden Grundsätze entsprechende Anwendung, insbesondere kann also eine solche Pflegschaft über einen Ausländer nur angeordnet werden, wenn sie nach den Gesetzen des Staates, dem der Gebrechliche angehört, erforderlich ist, und der ausländische Staat die Fürsorge nicht übernimmt. Die Zuständigkeit des deutschen Gerichts bestimmt sich, wenn diese Voraussetzungen vorliegen, nach freiw. G.G. § 38.

c) Auch auf die Pflegschaft über einen Abwesenden (B.G.B. § 1911) finden die für die Vormundschaft geltenden Grundsätze entsprechende Anwendung. Zuständig für die Anordnung der Pflegschaft ist das Gericht, in dessen Bezirke der Abwesende seinen Wohnsitz hat (freiw. G.G. § 39 Abs. 1). Hat er einen solchen Wohnsitz im Inlande nicht, so bestimmt sich die Zuständigkeit, wenn er ein Deutscher ist, nach freiw. G.G. § 36 Abs. 2, wenn er ein Ausländer ist nach § 37 Abs. 2 (freiw. G.G. § 39 Abs. 2).

d) Für die Pflegschaft über eine Leibesfrucht (B.G.B. § 1912) sind die Gesetze desjenigen Staates maßgebend, welche für die Vormundschaft maßgebend sein würden, wenn das Kind in derjenigen Zeit, zu welcher das Bedürfniß der Fürsorge hervortritt, geboren wäre. Je nachdem das Kind ein Ausländer oder ein Deutscher sein würde, finden also die unter Nr. 2, 3 oder die unter Nr. 4 dargelegten und immer die unter Nr. 5 aufgeführten Grundsätze Anwendung. Das zur Anordnung der Pflegschaft zuständige Gericht wird durch freiw. G.G. § 40 bestimmt.

e) Ist unbekannt oder ungewiß, wer bei einer Angelegenheit der Betheiligte ist, so ist die Frage, ob für den Betheiligten, falls eine Fürsorge erforderlich ist, eine Pflegschaft anzuordnen ist, nach den Gesetzen des Staates zu beurtheilen, in welchem das Bedürfniß der Fürsorge hervortritt. Aus dem Art. 23 kann eine Entscheidung für diesen Fall nicht entnommen werden, weil wenn der Betheiligte unbekannt oder ungewiß ist, auch unbekannt oder ungewiß ist, ob er ein Ausländer oder Inländer ist. Die obige Regel dürfte indessen sich aus allgemeinen Grundsätzen ergeben. Ihr entspricht die Vorschrift des freiw. G.G. § 41, nach welcher für die Anordnung der Pflegschaft (B.G.B. § 1913) in dem gedachten Falle immer dasjenige Gericht zuständig ist, in dessen Bezirke das Bedürfniß der Fürsorge hervortritt.

f) Die Zulässigkeit der Anordnung einer Pflegschaft zum Zwecke der Verwaltung eines im B.G.B. § 1914 bezeichneten Vermögens wird sich nach den Gesetzen des Ortes bestimmen müssen, an welchem bisher die Verwaltung des Vermögens geführt wurde. Hiermit stimmt die Vorschrift des freiw. G.G. § 42 über das für die Anordnung einer solchen Pflegschaft zuständige Gericht überein.

g) Ueber die Nachlaßpflegschaft und Nachlaßverwaltung (B.G.B. §§ 1960, 1962, 1981) s. Erl. 3c zu Art. 24 und Erl. 3 zu Art. 25.

Artikel 24.

Ein Deutscher wird, auch wenn er seinen Wohnsitz im Auslande hatte, nach den deutschen Gesetzen beerbt.

Hat ein Deutscher zur Zeit seines Todes seinen Wohnsitz im Auslande gehabt, so können die Erben sich in Ansehung der Haftung für die Nachlaßverbinlichkeiten auch auf die an dem Wohnsitze des Erblassers geltenden Gesetze berufen.

Erwirbt ein Ausländer, der eine Verfügung von Todeswegen errichtet oder aufgehoben hat, die Reichsangehörigkeit, so wird die Gültigkeit der Errichtung oder der Aufhebung nach den Gesetzen des Staates beurtheilt, dem er zur Zeit der Errichtung oder der Aufhebung angehörte; auch behält er die Fähigkeit zur Errichtung einer Verfügung von Todeswegen, selbst wenn er das nach den deutschen Gesetzen erforderliche Alter noch nicht erreicht hat. Die Vorschrift des Artikel 11 Abs. 1 Satz 2 bleibt unberührt.

---

8. Solange eine Vormundschaft oder Pflegschaft über einen Ausländer nicht angeordnet ist, kann nach Art. 23 Abs. 2 das deutsche Vormundschaftsgericht vorläufige Maßregeln treffen. Die Zuständigkeit des Gerichts bestimmt sich nach freiw. G.G. § 44. Für vorläufige Maßregeln der Fürsorge für einen Deutschen sind die §§ 1665, 1846 des B.G.B. und der § 44 des freiw. G.G. maßgebend.

9. Die deutschen Konsuln sind grundsätzlich nur in den Konsulargerichtsbarkeitsbezirken berechtigt, über einen Deutschen eine Vormundschaft oder Pflegschaft anzuordnen (§ 1 Satz 2 des Bundeskonsulatsges. vom 8. November 1867, König Handbuch d. deutsch. Konsularwesens, 5. Aufl. 1896 S. 34, Konsulargerichtsbarkeitsges. v. 7. April 1900 § 7 Ziff. 2).

Durch Staatsverträge ist häufig den ausländischen Konsuln in Deutschland und den deutschen Konsuln im Auslande das Recht, Vormundschaften über die Staatsangehörigen einzuleiten, eingeräumt. In Betracht kommen insbesondere die Verträge mit Brasilien v. 10. Januar 1882 Art. 21; Griechenland v. 26. November 1881 Art. 22; Italien (Art. 11 Ziff. 7 des Vertrags v. 11. Dezember 1868 und Vertrag v. 7. Februar 1872); Spanien v. 22. Februar 1870 und v. 12. Januar 1872; Serbien v. 6. Januar 1883; Japan v. 4. April 1896 Art. 13.

Wegen der Schutzgebiete s. Schutzgebietsges. v. 10. September 1900 §§ 2—4.

Artikel 24.

E. I § 21; II § 2261 rev. § 2386; E. d. E.G. III Art. 23. P. I S. 11572—11575, 11579—11582. P. II S. 7201—7206, 8285—8298 (Bd. 5 S. 346—349; Bd. 6 S. 72—80).

1. Der E. II rev. enthielt in wesentlicher Uebereinstimmung mit den E. I und II den allgemeinen Grundsatz „Die erbrechtlichen Verhältnisse werden nach den Gesetzen des Staates beurtheilt, dem der Erblasser zur Zeit seines Todes angehört hat," und fügte dann in Abs. 2, 3 Modifikationen in Betreff der Errichtung und Aufhebung der Verfügung von Todeswegen, im Abs. 4 Vorschriften über die Form hinzu. Das E.G. enthält sich in Konsequenz der von ihm befolgten Methode der Aufstellung eines allgemeinen Prinzips und beschränkt sich darauf, die maßgebenden Gesetze im Art. 24 für den Fall zu bestimmen, daß der Erblasser zur Zeit seines Todes die deutsche Reichsangehörigkeit besitzt, im Art. 25 für den Fall, daß ein Ausländer zur Zeit seines Todes seinen Wohnsitz im Inlande hatte. Ueber die Frage, ob aus den Vorschriften des Art. 25 ein allgemeines Prinzip über die für die Beerbung eines Ausländers maßgebenden Gesetze abgeleitet werden kann s. Erl. 1 zu Art. 25. Im Art 26 wird dann noch eine besondere Vorschrift in Beziehung auf das durch Vermittelung ausländischer Behörden an inländische Behörden gelangte zu einem im Ausland eröffneten Nachlasse gehörenden Vermögen hinzugefügt.

2. Im Abs. 1 wird der Grundsatz aufgestellt, daß ein Deutscher nach den deutschen Gesetzen beerbt wird. Es kommt also lediglich darauf an, daß der Erblasser zur Zeit seines Todes die Reichsangehörigkeit besitzt. Gleichgültig ist, wie ausdrücklich hervorgehoben wird, ob er seinen Wohnsitz im Inland oder im Auslande hatte. Durch Art. 29 wird die Anwendung der deutschen Gesetze auf den Fall ausgedehnt, daß der Erblasser zur Zeit seines Todes keinem Staate angehörte, aber entweder zuletzt Deutscher war oder, falls er früher keinem Staate angehört hat, zur Zeit seines Todes seinen Wohnsitz oder in Ermangelung eines Wohnsitzes

seinen Aufenthalt in Deutschland hatte. Ueber die Beschränkungen, welche der Grundsatz des Abs. 1 erleidet, s. Erl. 4.

3. Die Verschiedenheit der Fassung der E. I und II und des Art. 24 Abs. 1 ist ohne sachliche Bedeutung. Die Worte „Ein Deutscher wird nach den deutschen Gesetzen beerbt" sollen dasselbe ausdrücken wie die Worte der E. I und II „die erbrechtlichen Verhältnisse werden nach den deutschen Gesetzen beurtheilt". Im Falle des Todes eines Deutschen sollen in Betreff seiner Beerbung alle im fünften Buche des B.G.B. gegebenen Vorschriften zur Anwendung kommen. Nach diesen Vorschriften bestimmt sich also sowohl die gesetzliche Erbfolge als die Erbfolge auf Grund einer Verfügung von Todeswegen sowie die Erfordernisse und Wirkungen eines Erbverzichts. Es bestimmt sich danach ferner die Rechtsstellung des Erben, insbesondere der Anfall und Erwerb der Erbschaft, die Haftung gegenüber den Nachlaßgläubigern, der Erbschaftsanspruch und das Verhältniß mehrerer Miterben, sowohl nach innen wie nach außen. Zur Anwendung kommen ferner die Vorschriften über Vermächtnisse und Auflagen sowie über einen Testamentsvollstrecker, ferner die Vorschriften über das Pflichttheilsrecht und die Erbunwürdigkeit, endlich noch die Bestimmungen über den Erbschein. Im Einzelnen ist Folgendes hervorzuheben:

a) Aus dem dem deutschen Rechte zu Grunde liegenden Prinzipe der Universalsukzession folgt, daß es gleichgültig ist, ob das Vermögen des Erblassers sich im Inland oder im Auslande befindet. Auch das im Auslande befindliche Vermögen wird nach deutschen Gesetzen vererbt. Für die sich aus Art. 28 ergebende Ausnahme s. Erl. 4 a.

b) Verfügungen von Todeswegen d. h. also sowohl einseitige letztwillige Verfügungen als Erbverträge werden erst mit dem Tode des Erblassers wirksam. Ihre Zulässigkeit, ihre Erfordernisse und ihre Wirkungen bestimmen sich daher nach deutschem Rechte ohne Rücksicht darauf, an welchem Orte sie errichtet sind und an welchem Orte der Erblasser zur Zeit ihrer Errichtung seinen Wohnsitz gehabt hat. Möglich ist übrigens, daß das am Orte der Errichtung oder des Wohnsitzes geltende ausländische Recht Bedeutung für die Auslegung der von dem Erblasser getroffenen Bestimmungen hat (s. unten Nr. 4 c, d). In Betreff der Form der Verfügung von Todeswegen genügt statt der dafür durch die deutschen Gesetze vorgeschriebenen Form nach Art. 11 Abs. 1 Satz 2 die Beobachtung der Gesetze des Ortes, an welchem die Verfügung vorgenommen wird. Ueber die nach Abs 3 in den dort bezeichneten Fällen für die Errichtung und Aufhebung von Verfügungen von Todeswegen geltenden Ausnahmen s. Erl. 4c.

c) Zu den erbrechtlichen Verhältnissen gehören auch die erbrechtlichen Schuldverhältnisse. In dem E. I war dies ausdrücklich hervorgehoben. Die zweite Kommission hat die sich hierauf beziehende Bestimmung gestrichen, jedoch nur, weil sie dieselbe für selbstverständlich hielt. Von einer Seite wurde dabei freilich die Ansicht geäußert, daß die persönliche Haftung des Erben sich nach den Gesetzen des Staates bestimme, dem er angehöre oder in dem er wohne (P. II S. 8288). Diese Ansicht dürfte sich indessen nicht rechtfertigen lassen. Nach den deutschen Gesetzen ist hiernach sowohl die Frage zu beurtheilen, welche Verbindlichkeiten Nachlaßverbindlichkeiten sind, als auch die Frage, unter welchen Voraussetzungen und in welcher Art der Erbe dafür unbeschränkt oder beschränkt haftet (B.G.B. §§ 1967—2017, H.G.B. § 27). Ueber die hiervon nach Abs. 2 geltende Ausnahme s. Erl. 4 b.

d) Die Vorschriften der deutschen Gesetze über die Erbengemeinschaft (B.G.B. §§ 2032 bis 2063) kommen zur Anwendung ohne Rücksicht darauf, ob die Erben Deutsche oder Ausländer sind und ob sie im Inland oder im Auslande wohnen. Nach den deutschen Gesetzen bestimmt sich insbesondere auch der Einfluß der Erbengemeinschaft auf die Haftung des Erben gegenüber den Nachlaßgläubigern. Wegen der Ausnahme des Abs 2 s. auch hier Erl. 4 b.

e) Nach deutschen Gesetzen bestimmt sich, unter welchen Voraussetzungen und in welcher Art das Nachlaßgericht thätig zu werden hat (s. z. B. B.G.B. §§ 1960 ff., 1981 ff.). Nachlaßgerichte sind nach freiw. G.G. § 72 die Amtsgerichte. Die örtliche Zuständigkeit bestimmt sich nach freiw. G.G. §§ 73, 74, vergl. auch §§ 2, 7 Nr. 2 des Konsulargerichtsbarkeitsges. v. 7. April 1900. Hiernach ist, wenn der Erblasser ein Deutscher ist, auch wenn er im Auslande seinen Wohnsitz oder seinen Aufenthalt hatte, immer ein deutsches Gericht zuständig. Für Maßregeln zur Sicherung des Nachlasses ist außerdem jedes Gericht zuständig in dessen Bezirke das Bedürfniß hervortritt. Auf die Nachlaßpflegschaft einschließlich der Nachlaßverwaltung finden nach freiw G.G. § 75 die für Vormundschaftssachen geltenden Vorschriften Anwendung; die Funktionen des Vormundschaftsgerichts stehen jedoch dem Nachlaßgerichte zu.

Für den Nachlaßkonkurs ist ausschließlich zuständig das Gericht, bei welchem der Erblasser zur Zeit seines Todes den allgemeinen Gerichtsstand hatte (K.O. § 214).

Hiernach kann es unter Umständen an einem zur Eröffnung des Nachlaßkonkurses zuständigen deutschen Gerichte fehlen und dem Erben in Folge dessen eines der Mittel, um seine Haftung auf den Nachlaß zu beschränken (§ 1975), verschlossen sein. Für solche Fälle wird der Abs. 2 regelmäßig ausreichende Abhülfe gewähren. Versagt der Abs. 2, so werden die Vorschriften analog anzuwenden sein, welche gelten, wenn ein Konkurs nicht eröffnet werden kann (vergl. z. B §§ 1990, 1991).

f) Zweifelhaft ist, ob sich auch der Erbschaftskauf, wenn der Erblasser ein Deutscher war, nach deutschen Gesetzen bestimmt. Der Erbschaftskauf ist kein erbrechtliches, sondern ein obligatorisches Geschäft, deshalb war er im E. I im Rechte der Schuldverhältnisse unter den Vorschriften über den Kauf behandelt. Die zweite Kommission hat ihn mit Rücksicht auf die Wirkungen, welche er für die Nachlaßgläubiger hat (B.G.B. §§ 2382, 2383), zwar in das Erbrecht versetzt, der juristische Charakter des Erbschaftskaufs als eines obligatorischen Rechtsgeschäfts hat dadurch aber eine Aenderung nicht erfahren. Aus den Wirkungen, die der Erbschaftskauf für die Nachlaßgläubiger hat, dürfte nicht zu folgern sein, daß die für erbrechtliche Verhältnisse maßgebenden Gesetze auf ihn anzuwenden sind. Auch durch andere Verträge können Wirkungen für Dritte eintreten, ohne daß dadurch ihr juristischer Charakter eine Aenderung erleidet. Abgesehen von den Verträgen zu Gunsten Dritter kommt insbesondere in Betracht der Vertrag, durch welchen Jemand das ganze Vermögen eines Anderen übernimmt. Der Uebernehmer haftet hier kraft des Gesetzes den Gläubigern für die zu dem Vermögen gehörenden Verbindlichkeiten; seine Haftung beschränkt sich indessen auf das übernommene Vermögen, und wenn er diese Beschränkung geltend macht, so finden die für die Haftung des Erben geltenden Vorschriften des B.G.B. §§ 1990, 1991 Anwendung (B.G.B. § 419). So wenig hierdurch der obligatorische Charakter des fraglichen Vertrags eine Aenderung erleidet, ebensowenig wird man dies in Betreff des Erbschaftskaufs wegen der damit verbundenen Wirkung für die Nachlaßgläubiger anzunehmen berechtigt sein. Die für den Erbschaftskauf maßgebenden Gesetze bestimmen sich daher nicht nach den für die Beerbung, sondern nach den für Verträge unter Lebenden geltenden Grundsätzen. Auch nach diesen Gesetzen werden zwar, wenn es sich um die Erbschaft eines Deutschen handelt, wegen des Gegenstandes des Vertrags regelmäßig die deutschen Gesetze anzuwenden sein; jedoch dürfte dies nicht immer der Fall sein, z. B. nicht, wenn der Erbschaftskauf im Auslande zwischen dort wohnenden Ausländern geschlossen und im Ausland erfüllt werden soll. Unter Umständen kann freilich in einem solchen Falle die Anwendung der ausländischen Gesetze nach Art. 30 deshalb ausgeschlossen sein, weil dadurch der Zweck der deutschen Gesetze über die Wirkungen des Erbschaftskaufs für die Nachlaßgläubiger, welcher wenigstens mit darin besteht, die Gläubiger gegen die Gefahren des Erbschaftskaufs zu schützen, beeinträchtigt werden würde. Zu den nach Art. 24 maßgebenden deutschen Gesetzen gehört übrigens jedenfalls die Vorschrift, daß zwar nicht über die Erbschaft im Ganzen, wohl aber über den Erbtheil eines Miterben von diesem mit dinglicher Wirkung verfügt werden kann (B.G.B. § 2033); ebenso gehören dahin die Vorschriften über das den Miterben im Falle des Verkaufs eines Erbtheils zustehende Vorkaufsrecht (§§ 2034 ff.).

4. Von der Regel des Abs. 1 gelten folgende Ausnahmen:

a) Nach Art. 28 finden die deutschen Gesetze keine Anwendung in Betreff solcher Gegenstände, die sich in dem Gebiet eines ausländischen Staates befinden und in Betreff deren Vererbung nach den Gesetzen dieses Staates besondere Gesetze gelten (s Erl. zu Art. 28). In Betracht kommen hauptsächlich Grundstücke, wenn deren Vererbung nach den Gesetzen des Staates, in dem sie liegen, nicht nach den dort im Allgemeinen für die Beerbung einer Person geltenden Grundsätzen, sondern nach besonderen hiervon abweichenden Grundsätzen erfolgt.

b) Nach dem erst von dem Bundesrathe hinzugefügten Abs. 2 des Art. 24 können sich die Erben, wenn der Erblasser zur Zeit seines Todes seinen Wohnsitz im Auslande hatte, in Ansehung der Haftung für die Nachlaßverbindlichkeiten auch auf die an dem Wohnsitze des Erblassers bestehenden Gesetze berufen. Die Haftung des Erben für die Nachlaßverbindlichkeiten unterliegt in allen Staaten gewissen Beschränkungen. Das Maß dieser Beschränkungen und die Art und Weise, in welcher sie geltend zu machen sind, ist aber sehr verschieden bestimmt. Auf die nach den deutschen Gesetzen bestehenden Beschränkungen (s. oben Nr. 3c) kann sich der Erbe eines Deutschen immer berufen. Daneben gewährt ihm aber der Abs. 2, wenn der Erblasser zur Zeit seines Todes seinen Wohnsitz im Auslande hatte, das Recht, die Beschränkung seiner Haftung auch in dem Maße und in derjenigen Art geltend zu machen, wie nach den Gesetzen des betreffenden ausländischen Staates zulässig ist. In Betracht kommen insbesondere solche Vorschriften, nach welchen der Erbe kraft des Gesetzes entweder unbedingt oder unter der Voraussetzung, daß er ein Inventar errichtet hat, nur mit dem Nachlasse haftet und nicht erforderlich ist, daß er die Beschränkung auf einen der von den deutschen Gesetzen vorgeschriebenen Wege geltend macht. Hierher gehört auch die Bestimmung, nach welcher der Erbe nicht wie nach deutschem Rechte cum viribus sondern pro viribus haftet. Der Erbe hat die Wahl, ob er in der einen oder anderen Art haften will. Nicht durch den Abs. 2 berührt wird die Frage, ob der Erbe die Erbschaft erworben hat und dadurch überhaupt eine Haftung für die Nachlaßverbindlichkeiten eingetreten ist. Anfall und Erwerb der Erbschaft bestimmen sich ausschließlich nach deutschem Rechte. Wer hiernach kraft des Grundsatzes des ipso jure Erwerbes Erbe geworden ist, kann sich nicht darauf berufen, daß nach dem betreffenden ausländischen Rechte zu dem Erwerbe der Erbschaft und folgeweise zu der Haftung für die Nachlaßverbindlichkeiten die Antretung der Erbschaft erforderlich sei, daß er die Erbschaft aber nicht angetreten habe. Nicht berührt durch den Abs. 2 wird ferner die Frage, welche Verbindlichkeiten Nachlaßverbindlichkeiten sind. Auch diese Frage bestimmt sich lediglich nach deutschem Rechte, und der Erbe kann sich daher z. B. nicht darauf berufen, daß nach dem betreffenden ausländischen Rechte Verbindlichkeiten aus Delikten nicht auf den Erben übergehen oder, daß durch ein Vermächtniß oder eine Auflage eine Verbindlichkeit in dem durch das deutsche Recht begründeten Umfange nicht begründet sei oder daß eine nach deutschem Rechte begründete Pflichttheilsverbindlichkeit nicht bestehe. Auch das Verhältniß der Miterben bestimmt sich nach deutschem Rechte. Es gelten die Grundsätze über die Erbengemeinschaft und die sich hieraus ergebenden Pflichten der Erben unter einander. Soweit aber das betreffende ausländische Recht statt der nach deutschem Rechte in Folge der Erbengemeinschaft regelmäßig stattfindenden gesammtschuldnerischen Haftung nur eine Haftung nach Verhältniß des Erbtheils anerkennt, wird sich der Erbe nach Abs. 2 auf diese Beschränkung der Haftung berufen können.

c) Nach Abs. 3 Halbsatz 1 wird die Gültigkeit der Errichtung oder der Aufhebung einer Verfügung von Todeswegen, die der deutsche Erblasser zu einer Zeit errichtet, oder aufgehoben hat, in welcher er einem ausländischen Staate angehörte, nach den Gesetzen dieses Staates beurtheilt. An sich würden auf Verfügungen dieser Art, da sie erst mit dem Tode wirksam werden, nach Abs. 1 die deutschen Gesetze anzuwenden sein. Ueber den Umfang der von dieser Regel in dem Abs. 3 Halbsatz 1 gemachten Ausnahme ist Folgendes zu bemerken:

α) Die Ausnahme bezieht sich nur auf Verfügungen von Todeswegen, also nach dem Sprachgebrauche des B.G.B. sowohl auf einseitige letztwillige Verfügungen als auf Erbverträge, nicht aber auf einen Erbverzicht. Dieser ist zwar ein erbrechtliches Rechtsgeschäft, nicht aber eine Verfügung von Todeswegen (vergl. Art. 214 mit Art. 217).

β) Nur die Gültigkeit der Errichtung oder Aufhebung der Verfügung von Todeswegen wird nach dem betreffenden ausländischen Rechte beurtheilt. Was unter der Errichtung und Aufhebung zu verstehen ist, ergiebt sich im Wesentlichen aus dem Inhalte des mit der Ueberschrift „Errichtung und Aufhebung eines Testaments" versehenen siebenten Titels des dritten Abschnitts (B.G.B. §§ 2229ff.). Hinzu treten die entsprechenden Vorschriften aus dem Abschnitt über Erbverträge (B.G.B. §§ 2274ff.). Hiernach bestimmt sich nach dem betreffenden ausländischen Rechte zunächst die zur Errichtung oder Aufhebung einer Verfügung von Todeswegen erforderliche Geschäftsfähigkeit. Für Testamente wird diese bestimmt in den §§ 2229, 2230 des B.G.B., für Erbverträge in dem § 2275 des B.G.B. Nicht hierher gehört an sich die Rechtsfähigkeit, d. h. also in der hier fraglichen Beziehung die Fähigkeit, überhaupt eine Verfügung von Todeswegen zu errichten. Ein in der zweiten Kommission gestellter Antrag, daß die zur Errichtung einer Verfügung von Todeswegen erforderliche Rechtsfähigkeit auch nach den Gesetzen des Staates vorhanden sein müsse, dem der Erblasser zur Zeit des Todes angehöre, wurde zwar als sachlich richtig anerkannt, aber als praktisch ohne Bedeutung angesehen und der Redaktionskommission überwiesen (P. II S. 8286, 8287). Diese hat eine entsprechende Vorschrift nicht aufgenommen. Die Frage ist in der That ohne praktische Bedeutung, da das B.G.B. eine Beschränkung der Rechtsfähigkeit nicht kennt und auch das E.G. den Landesgesetzen zwar in den Art. 86, 87 eine Beschränkung des Erwerbes von Todeswegen, nicht aber der aktiven Rechtsfähigkeit in Beziehung auf Verfügungen von Todeswegen gestattet. Nach dem betreffenden ausländischen Rechte bestimmen sich ferner die formellen Erfordernisse der Errichtung oder Aufhebung einer Verfügung von Todeswegen. Diese sind für Testamente im B.G.B. §§ 2231ff., für Erbverträge im § 2276 bestimmt.

Soweit die Errichtung oder die Aufhebung einer Verfügung von Todeswegen in den hervorgehobenen Beziehungen den Gesetzen des Staates entspricht, dem der Erblasser zur Zeit der Errichtung oder der Aufhebung angehörte, ist die Verfügung als gültig errichtet oder aufgehoben anzusehen, auch wenn die Errichtung oder die Aufhebung nach deutschem Rechte ungültig sein würde. Umgekehrt ist die Verfügung ungültig, wenn sie den in dem betreffenden ausländischen Staate in den hervorgehobenen Beziehungen geltenden Vorschriften nicht entspricht, obwohl den durch das deutsche Recht bestimmten Erfordernissen genügt ist. Nur in Betreff der Form genügt, wie im Art. 24 Abs. 3 Satz 2 durch Bezugnahme auf Art. 11 Abs 1 Satz 2 hervorgehoben ist, immer die Beobachtung der Gesetze des Ortes, an welchem die Verfügung errichtet oder aufgehoben ist.

δ) Der Inhalt und die Wirkungen einer Verfügung von Todeswegen bestimmen sich auch im Falle des Abs. 3 immer nach deutschem Rechte. Es finden also insbesondere Anwendung die allgemeinen für Zuwendungen von Todeswegen gegebenen Auslegungsregeln und dispositiven Bestimmungen (B.G.B. §§ 2065ff.), die Vorschriften über Unwirksamkeit und Anfechtung der Zuwendungen von Todeswegen (§§ 2077ff.), ferner die Bestimmung über Erbeseinsetzung

(§§ 2087 ff.), über die Einsetzung eines Nacherben (§§ 2100 ff.), über Vermächtnisse (§§ 2147 ff.), über Auflagen (§§ 2192 ff.), über Testamentsvollstrecker (§§ 2197 ff.), endlich auch die Vorschriften über den Inhalt und die Wirkungen gemeinschaftlicher Testamente (§§ 2268 ff.) und über Erbverträge (§§ 2278 ff.). Hieraus ergiebt sich unter anderem, daß durch ein Vermächtniß, auch wenn dies nach dem betreffenden ausländischen Rechte die Wirkungen des Vindikationslegats hat, immer nur eine Forderung des Vermächtnißnehmers gegen den Beschwerten begründet wird und daß die rechtliche Stellung und die Befugniß des Testamentsvollstreckers sich ohne Rücksicht auf die abweichenden Vorschriften des betreffenden ausländischen Rechtes lediglich nach den deutschen Gesetzen bestimmen. Unter Umständen wird indessen das betreffende ausländische Recht für die Auslegung des Willens des Erblassers von Bedeutung sein können. Soweit ersichtlich ist, daß der Erblasser bei einer Verfügung z. B. bei der Bestellung eines Testamentsvollstreckers die Vorschriften des betreffenden ausländischen Rechtes vor Augen gehabt hat, wird häufig die Annahme berechtigt sein, daß der Erblasser seine Bestimmung in dem von dem ausländischen Rechte damit verbundenen Sinne gemeint habe, daß er z. B. einem Testamentsvollstrecker die diesem nach dem ausländischen Rechte zustehende Befugniß habe beilegen wollen. Soweit eine Verfügung dieses Inhalts nach deutschem Rechte zulässig ist, wird sie dann in dem von dem Erblasser gewollten Sinne zur Geltung zu bringen sein, aber nicht, weil das ausländische Recht dies bestimmt, sondern weil die Verfügung in diesem Sinne auszulegen ist.

d) Eine weitere Ausnahme findet nach Abs. 3 Halbsatz 2 dahin statt, daß der Erblasser, wenn er, während er dem ausländischen Staate angehörte, nach dem Rechte dieses Staates die Fähigkeit zur Errichtung einer Verfügung von Todeswegen erlangt hatte und eine solche Verfügung wirklich errichtet oder aufgehoben hat, diese Fähigkeit behält, auch wenn er das nach deutschem Rechte erforderliche Alter noch nicht erreicht hat. Zur Errichtung eines Testaments ist nach B.G.B. § 2229 die Vollendung des sechzehnten Lebensjahrs, zur Errichtung eines Erbvertrags, nach § 2275 die Volljährigkeit erforderlich. Genügte nach dem Rechte des Staates, dem der Erblasser früher angehörte, ein früheres Alter, so behält der Erblasser die damit erlangte Fähigkeit zur Errichtung einer Verfügung von Todeswegen jedoch nur dann, wenn er während er dem ausländischen Staate angehörte, wirklich eine Verfügung von Todeswegen der betreffenden Art errichtet hatte. Die von Barazetti (Böhms Zeitschrift Bd. 7 S. 4) vertheidigte Ansicht, daß die Bestimmung des Abs. 3 Halbsatz 2 dieselbe Tragweite habe wie die Vorschrift des Art. 7 Abs. 2, daß also die Fähigkeit ohne Rücksicht darauf fortdaure, ob der Erblasser, während er dem ausländischen Staate angehörte, eine Verfügung von Todeswegen errichtet habe oder nicht, dürfte weder mit dem Wortlaute noch mit dem Zwecke vereinbar sein. Die Worte „auch behält er" weisen offenbar auf den in dem ersten Halbsatze bezeichneten Erblasser, welcher eine Verfügung von Todeswegen errichtet oder aufgehoben hatte, hin. Der Zweck der Vorschrift aber besteht darin, den Uebelstand zu vermeiden, daß die von dem Erblasser früher errichtete und nach dem Halbsatze 1 gültige Verfügung von Todeswegen, dadurch daß der Erblasser die Reichsangehörigkeit erwirbt, für die Zwischenzeit bis dahin, daß er nach deutschem Rechte die Fähigkeit zur Errichtung einer Verfügung von Todeswegen erwirbt, unwiderruflich wird. Dieser Zweck erfordert keine weitergehende Ausnahme von der Regel als diejenige, welche die fragliche Bestimmung ihrem Wortlaute nach hat (P. II S. 8293). Ebenso Schnell in Böhms Zeitschrift Bd. 7 S. 114. Handelt es sich um eine einseitige letztwillige Verfügung, so muß der Erblasser, während er dem ausländischen Staate angehörte, eine solche errichtet und das dazu nach dem Rechte des betreffenden Staates erforderliche Alter erreicht haben. Handelt es sich um einen Erbvertrag, so muß er, während er dem ausländischen Staate angehörte, einen solchen abgeschlossen und das dazu erforderliche Alter erreicht haben.

Zweifelhaft ist, ob der Abs. 3 Halbsatz 2 auch auf solche Fälle zu beziehen ist, in welchen der Erblasser nach deutschem Rechte auf Grund des § 2229 Abs. 3 zur Errichtung einer Verfügung von Todeswegen deshalb unfähig ist, weil er wegen Geistesschwäche, Trunksucht oder Verschwendung entmündigt ist, ob also der Erblasser, wenn er aus einem dieser Gründe bereits zu der Zeit, während welcher er dem ausländischen Staate angehörte, entmündigt war, nach dem Rechte dieses Staates aber trotzdem zur Errichtung einer Verfügung von Todeswegen fähig war, und thatsächlich in diesem Zustande eine Verfügung von Todeswegen errichtet hatte, die Fähigkeit dazu auch nachdem er die deutsche Reichsangehörigkeit erworben hat, bei Fortdauer der Entmündigung behält. Der Wortlaut der zweiten Hälfte des Halbsatz 2, in welchem nur auf das erforderliche Lebensalter abgestellt ist, spricht dagegen; der Wortlaut der ersten Hälfte spricht dafür und der Zweck der ganzen Vorschrift dürfte die Ausdehnung der Vorschrift auch auf diesen Fall rechtfertigen. Aehnlich liegt die Frage, ob ein wegen Geisteskrankheit Entmündigter, wenn er nach dem betreffenden ausländischen Rechte in einem lichten Zwischenraum eine Verfügung von Todeswegen gültig errichten konnte und in einem solchen Zwischenraum eine solche Verfügung wirklich errichtet hat, die Fähigkeit dazu, nachdem er die deutsche Reichsangehörigkeit erworben hat, behält. Dieselben Fragen entstehen auch für Erbverträge und werden hier in entsprechender Weise zu entscheiden sein.

Artikel 25.

Ein Ausländer, der zur Zeit seines Todes seinen Wohnsitz im Inlande hatte, wird nach den Gesetzen des Staates beerbt, dem er zur Zeit seines Todes angehörte. Ein Deutscher kann jedoch erbrechtliche Ansprüche auch dann geltend machen, wenn sie nur nach den deutschen Gesetzen begründet sind, es sei denn, daß nach dem Rechte des Staates, dem der Erblasser angehörte, für die Beerbung eines Deutschen, welcher seinen Wohnsitz in diesem Staate hatte, die deutschen Gesetze ausschließlich maßgebend sind.

---

5. Selbstverständlich bleiben entgegenstehende Bestimmungen der Staatsverträge unberührt (vergl. Erl. 5 zu Art. 25).

6. Die Aufgabe der deutschen Konsuln in Beziehung auf den Nachlaß eines im Auslande gestorbenen Deutschen beschränkt sich außerhalb der Konsulargerichtsbezirke darauf, dem Nachlaßgerichte behülflich zu sein; sie haben z. B. regelmäßig die Liquidation des Nachlasses zu besorgen und stellen dann den Erlös zur Verfügung des Nachlaßgerichts (Instruktion für die Konsuln des Deutschen Reichs v. 6. Juni 1874 § 18).

Artikel 25.

E. I § 21; II § 2261 rev. § 2386; E. d. E.G. III Art. 24. P. I S. 11572—11575, 11579—11582. P. II S. 7201—7206, 8285—8298 (Bd. 5 S. 346—349; Bd. 6 S. 72—80).

1. Der Satz 1 des Art. 25 entscheidet die Frage, nach welchen Gesetzen ein Ausländer beerbt wird nur für den Fall, daß der Erblasser zur Zeit seines Todes seinen Wohnsitz im Inlande hatte. Die Beerbung soll in diesem Falle nach den Gesetzen des Staates beurtheilt werden, dem der Erblasser angehörte. Die E. I und II stellten den allgemeinen Grundsatz auf, daß die erbrechtlichen Verhältnisse sich nach den Gesetzen des Staates bestimmen, dem der Erblasser zur Zeit seines Todes angehörte (s. Erl. 1 zu Art. 24). Aus der Beschränkung, mit welcher der Art. 25 den Grundsatz für Ausländer aufstellt, wird auch hier nicht gefolgert werden können, daß die Beerbung eines Ausländers in anderen als den im Satz 1 des Art. 25 bezeichneten Fällen nicht nach den Gesetzen des Staates beurtheilt werden solle, dem der Erblasser angehöre. Die Thatsache, daß der Erblasser seinen Wohnsitz im Inlande hatte, kann nicht den Grund bilden, daß der Erblasser nach ausländischen Gesetzen beerbt werden soll. Jene Thatsache bildet vielmehr nur die Veranlassung, aus welcher eine Entscheidung der Frage für den fraglichen Fall als zweckmäßig betrachtet wurde. Das Prinzip, auf welchem die Entscheidung beruht, kann nur darin gefunden werden, daß für die Beerbung die Staatsangehörigkeit des Erblassers zur Zeit seines Todes entscheidend ist. Ueber die Frage, ob, wenn hiernach in anderem als dem im Satze 1 entschiedenen Falle die ausländischen Gesetze zur Anwendung zu bringen sind, nur die materiell- oder auch die international-rechtlichen Gesetze des betreffenden ausländischen Staates über die Beerbung zur Anwendung zu bringen sind, s. Erl. 4c zu Art. 27.

2. Die Regel des Satz 1 wird durch Art. 29 auf solche Fälle ausgedehnt, in denen der Erblasser keinem Staate angehört, aber zuletzt einem ausländischen Staate angehört hat. Die weiter im Art. 29 getroffene Bestimmung, daß, wenn die betreffende Person einem Staate überhaupt nicht angehört hat, die Gesetze des Staates maßgebend sein sollen, in dem die Person zu der entscheidenden Zeit ihren Wohnsitz oder in Ermangelung eines solchen ihren Aufenthalt hatte, paßt zwar für den im Art. 25 Satz 1 speziell entschiedenen Fall nicht, wird aber auf Grund des in der Erl. 1 hervorgehobenen allgemeinen Prinzips doch zur Anwendung zu bringen sein.

3. Der Umfang, in welchem die erbrechtlichen Verhältnisse in dem Falle des Art. 25 Satz 1 nach den Gesetzen des Staates zu beurtheilen sind, dem der Erblasser zur Zeit seines Todes angehörte, bestimmt sich nach denselben Grundsätzen, welche für den Fall gelten, daß der Erblasser zur Zeit seines Todes ein Deutscher war (s. Erl. 3 zu Art. 24). Die Form einer Verfügung von Todeswegen bestimmt sich nach Art. 11 Abs. 1 Satz 1 nach den für die Beerbung maßgebenden Gesetzen; jedoch genügt nach Art. 11 Abs. 1 Satz 2 die Beobachtung der Gesetze des Ortes, an dem die Verfügung errichtet wird.

Als Nachlaßgericht ist nach freiw. G.G. § 73 Abs. 1 zuständig das Gericht des Wohnsitzes des Erblassers zur Zeit des Erbfalls. In Ermangelung eines inländischen Wohnsitzes das Gericht, in welchem der Erblasser seinen Aufenthalt hatte. In Betreff eines Ausländers, der im Inlande weder Wohnsitz noch Aufenthalt hatte, ist jedes Gericht, in dessen Bezirke sich Nachlaßgegenstände befinden, für alle im Inlande befindlichen Nachlaßgegenstände zuständig. Für Sicherung des Nachlasses ist nach freiw. G.G. § 74 jedes Gericht zuständig, in dessen Bezirke sich das Bedürfniß herausstellt.

Durch den § 73 des freiw. G.G. wird übrigens nur über die örtliche, nicht über die sachliche Zuständigkeit entschieden. Die Frage, ob ein deutsches Gericht die Funktionen des Nachlaßgerichts in Beziehung auf den Nachlaß eines Ausländers wahrzunehmen hat, und welche Funktionen ihm in dieser Beziehung obliegen, bestimmt sich nach dem für den betreffenden Nachlaß geltenden materiellen Rechte. Nur wenn nach diesem die Zuständigkeit begründet ist, wird die örtliche Zuständigkeit durch freiw. G.G § 73 bestimmt. Für die sachliche Zuständigkeit kommen in erster Linie die Staatsverträge (s. unten Erl. 5) in Betracht, nach denen häufig die Zuständigkeit eines deutschen Nachlaßgerichts ausgeschlossen oder doch die Mitwirkung des Konsuls des betreffenden ausländischen Staates vorgeschrieben ist. In Ermangelung derartiger besonderer Bestimmungen sind die für die Beerbung eines Ausländers maßgebenden Gesetze seines Heimathstaats und nur, insoweit ausnahmsweise die deutschen Gesetze anwendbar sind (s. Art. 28), die deutschen Gesetze maßgebend (vergl. die Kommentare zum freiw. G.G. von Dorner S. 346, 347; Birkenbihl S. 243, 244).

Zweifelhaft ist die Frage, ob, wenn das Testament eines Ausländers sich in der amtlichen Verwahrung eines deutschen Gerichts befindet, dieses nach B.G.B. § 2261 die Eröffnung vorzunehmen oder sich darauf zu beschränken hat, dem für den Nachlaß zuständigen ausländischen Nachlaßgerichte von dem Vorhandensein des Testaments Nachricht zu geben und erst auf Ersuchen desselben die Eröffnung vorzunehmen. Für die Annahme einer solchen Beschränkung spricht die Konsequenz der über die Beerbung eines Ausländers geltenden Grundsätze. Dagegen aber spricht der Wortlaut sowie die Erwägung, daß die Zweckmäßigkeitsrücksichten, welche für die Bestimmung des § 2261 maßgebend gewesen sind, offenbar in demselben Maße zutreffen, wenn das zuständige Nachlaßgericht ein ausländisches wie wenn es ein deutsches Gericht ist. Der Absicht des Gesetzgebers dürfte es hiernach mehr entsprechen, den § 2261 auch in dem hier fraglichen Falle anzuwenden.

4. Von der Regel des Satz 1 gelten folgende Ausnahmen:

a) Nach Art. 27 finden die deutschen Gesetze Anwendung, wenn dies in den nach Satz 1 maßgebenden ausländischen Gesetzen bestimmt ist.

b) Nach Art. 28 finden die nach Satz 1 maßgebenden ausländischen Gesetze keine Anwendung auf solche Gegenstände, die sich nicht in dem betreffenden ausländischen Staate befinden und nach den Gesetzen des Staates, in welchem sie sich befinden, in Betreff der Beerbung besonderen Gesetzen unterliegen. Diese Vorschrift ist von besonderer Bedeutung für solche in Deutschland befindliche Gegenstände, welche nach Art. 59 den Landesgesetzen über Familienfideikommissen, über Lehen oder über Stammgüter unterliegen, ferner für die Rentengüter (Art. 62), für die Erbpachtrechte (Art. 63) und diejenigen Güter, welche dem Anerbenrecht unterliegen (Art. 64).

c) Auch der allgemeine Vorbehalt des Art. 30 kann im Falle des Art. 25 zur Anwendung kommen.

d) Eine Ausnahme durchaus positiver Natur zu Gunsten Deutscher bestimmt der Satz 2 des Art. 25 dahin, daß ein Deutscher erbrechtliche Ansprüche auch dann geltend machen kann, wenn sie nur nach deutschen Gesetzen begründet sind. Unter erbrechtlichen Ansprüchen ist nicht nur der Erbschaftsanspruch zu verstehen; es fallen darunter auch die Ansprüche aus Vermächtnissen und Auflagen sowie der Pflichttheilsanspruch; nicht darunter fallen aber die Ansprüche der Nachlaßgläubiger und ebensowenig der Anspruch des Erbschaftskäufers aus dem Erbschaftskaufe gegen den Erbschaftsverkäufer. Nur ein Deutscher kann sich zur Begründung seines Anspruchs auf das deutsche Recht berufen, nicht ein Ausländer. Wenn also z. B. zwei gleich nahe Verwandte des Erblassers vorhanden sind, die nach deutschen Gesetzen, nicht aber nach den betreffenden ausländischen Gesetzen erbberechtigt sind und von denen der eine ein Deutscher, der andere ein Ausländer ist, so kann nur der Deutsche, nicht aber der Ausländer das Erbrecht geltend machen. Soweit die nach den deutschen Gesetzen begründeten erbrechtlichen Ansprüche mit den durch das ausländische Gesetz begründeten Rechten unvereinbar sind, werden die letzteren insoweit beseitigt, als zur Durchführung der für den Deutschen begründeten Ansprüche erforderlich ist. Zweifelhaft kann sein, wie das Verhältniß ist, wenn beide Betheiligte Deutsche sind, und der eine sich auf die deutschen, der andere sich auf die ausländischen Gesetze beruft, wenn also z. B. die Wittwe des Erblassers, welche die deutsche Reichs-

6*

angehörigkeit besaß, das ihr nach deutschen Gesetzen neben Abkömmlingen zustehende Viertel der Erbschaft in Anspruch nimmt, während der einzige Sohn, der ebenfalls Deutscher ist, auf Grund des ausländischen Rechtes die Erbschaft als Alleinerbe in Anspruch nimmt. Nach dem Zwecke der fraglichen Vorschrift wird auch hier der durch die deutschen Gesetze begründete Anspruch vorgehen müssen. Die Ausnahme des Satz 2 greift übrigens nur in dem durch Satz 1 geregelten Falle, also dann Platz, wenn der Erblasser zur Zeit seines Todes seinen Wohnsitz im Inlande hatte. Sie darf nicht auch auf solche Fälle ausgedehnt werden, in welchen der Erblasser seinen Wohnsitz im Auslande hatte, denn der wesentliche Grund der Ausnahme liegt offenbar gerade darin, daß der Erblasser seinen letzten Wohnsitz in Deutschland hatte.

Die Ausnahme des Satz 2 gilt nicht, wenn nach dem Rechte des Staates, dem der Erblasser angehörte, für die Beerbung eines Deutschen, welcher seinen Wohnsitz in diesem Staate hatte, ausschließlich die deutschen Gesetze maßgebend sind. Das Prinzip der Retorsion, welches das deutsche Recht sonst nur in der durch Art. 31 bestimmten Beschränkung kennt, liegt also, wie sich aus dieser Modifikation des Satz 2 ergiebt, der ganzen Ausnahmebestimmung des Satz 2 zu Grunde. Erstrebt wird die allgemeine Anerkennung des Grundsatzes, daß die Staatsangehörigkeit für die Beerbung maßgebend ist, mag der Erblasser seinen Wohnsitz in seinem Heimathstaat oder in einem anderen Staate haben. Wenn ein ausländischer Staat diesen Grundsatz für Deutsche, die in ihm ihren Wohnsitz haben, anerkennt, so wird der Grundsatz auch für die Ausländer, welche ihren Wohnsitz in Deutschland haben, ohne die Ausnahme des Satz 2 anerkannt. Andernfalls wird in den Grenzen des Satz 2 Retorsion geübt. Die Voraussetzung, unter welcher der Satz 2 keine Anwendung findet, geht übrigens nicht blos dahin, daß die Beerbung eines Deutschen, der in dem betreffenden Staate seinen Wohnsitz hat, sich nach deutschen Gesetzen bestimmt, sondern dahin, daß sie sich ausschließlich nach deutschen Gesetzen bestimmt. Werden in den Gesetzen des betreffenden ausländischen Staates also Ausnahmen von der Anwendung der deutschen Gesetze gemacht, so findet die Regel des Satz 2 Anwendung. Zweifelhaft erscheint, ob dies auch dann anzunehmen ist, wenn die Ausnahmen nur den Vorschriften des Art. 24 Abs. 2, 3 und des Art. 28 entsprechen. Das Wort „ausschließlich" scheint auch diese Ausnahmen für unzulässig zu erklären. Nach dem Zwecke der fraglichen Vorschrift dürfte aber doch kein Grund vorliegen, die Nichtanwendung der in Satz 2 bestimmten Ausnahme deshalb als ausgeschlossen anzusehen, weil das ausländische Recht für die Beerbung eines Deutschen dieselben Modifikationen eintreten läßt, welche auch das deutsche Recht selbst in den gedachten Bestimmungen vorschreibt. Auch wenn nach dem betreffenden ausländischen Rechte eine dem Satze 2 des Art. 25 entsprechende Ausnahme zu Gunsten der Ausländer gilt, diese Ausnahme aber in derselben Weise beschränkt ist, wie dies in dem Satze 2 durch den Zusatz „es sei denn" . . 2c. geschehen ist, dürfte es dem Zwecke der fraglichen Vorschriften entsprechen, daß das Verhältniß so angesehen wird, wie wenn für beide Vorschriften die Voraussetzung der Nichtanwendung gegeben wäre.

e) Fraglich ist, ob von der Regel des Satz 1 eine der Vorschrift des Art. 24 Abs. 2 entsprechende Ausnahme anzuerkennen ist. Ob also die Erben eines Ausländers, welcher seinen Wohnsitz zur Zeit seines Todes in Deutschland gehabt hat, in Ansehung der Haftung für die Nachlaßverbindlichkeiten sich auch auf die deutschen Gesetze berufen können. So billig auf den ersten Blick die entsprechende Anwendung erscheint, so dürfte sie sich doch nicht rechtfertigen lassen, weil die Vorschrift des Art. 24 Abs. 2 sich als eine zu Gunsten der Erben eines Deutschen bestimmte Ausnahme darstellt und deshalb in Ermangelung einer ausdrücklichen Bestimmung des Art. 25 Satz 1 gegenüber nicht auf die Erben eines Ausländers ausgedehnt werden darf.

f) Dieselbe Frage erhebt sich in Betreff des Abs. 3 des Art. 24. Soll dieser in dem Falle des Art. 25 Satz 1 dahin entsprechende Anwendung finden, daß die Errichtung und die Aufhebung einer Verfügung von Todeswegen, wenn dieselbe erfolgt ist, bevor der Erblasser Angehöriger des ausländischen Staates geworden ist, nach den Gesetzen des Staates beurtheilt wird, dem der Erblasser zur Zeit der Errichtung angehörte. Der E. II rev. § 2386 stellte in Uebereinstimmung mit den E. I und II den allgemeinen Satz auf „Die Errichtung und die Aufhebung einer Verfügung von Todeswegen bestimmen sich nach den Gesetzen des Staates, dem der Erblasser zur Zeit der Errichtung oder der Aufhebung angehört". So gewichtige innere Gründe sich für eine solche allgemeine Bestimmung anführen lassen, so dürfte es doch bedenklich sein, aus der jetzt auf den Fall, daß ein Ausländer die deutsche Reichsangehörigkeit erwirbt, beschränkten Vorschrift des Art. 24 Abs. 3 ein allgemeines Prinzip abzuleiten. Dies würde vielleicht dann zulässig sein, wenn das E.G. eine Vorschrift über die Beerbung eines Ausländers überhaupt nicht gegeben hätte. Da das E.G. aber im Art. 25 Satz 1 eine solche Bestimmung wenigstens für den dort bezeichneten Fall trifft, so hätte, wenn auch für diesen Fall eine entsprechende Anwendung des Art. 24 Abs. 3 gewollt wäre, eine ausdrückliche Bestimmung in dieser Richtung gegeben werden müssen. Daraus, daß dies nicht geschehen ist, muß geschlossen

Artikel 26.

Gelangt aus einem im Ausland eröffneten Nachlasse für die nach den dortigen Gesetzen berechtigten Erben oder Vermächtnißnehmer durch Vermittelung deutscher Behörden Vermögen ins Inland, so kann ein Anderer der Herausgabe nicht aus dem Grunde widersprechen, daß er als Erbe oder Vermächtnißnehmer einen Anspruch auf das Vermögen habe.

---

werden, daß die entsprechende Anwendung nicht gewollt ist. Keinesfalls wird die in dem zweiten Halbsatze des Art. 24 Abs. 3 enthaltene Vorschrift über die Fortdauer der Fähigkeit zur Errichtung einer Verfügung von Todeswegen, welche auch in den Entwürfen auf den Fall beschränkt war, daß ein Ausländer die deutsche Reichsangehörigkeit erworben hat, bei der Beerbung eines Ausländers entsprechend angewendet werden dürfen. Ebenso Schnell in Böhms Zeitschrift VII S. 116 gegen Barazetti; a. A. wie es scheint Niedner S. 64 Nr. 5.

5. Selbstverständlich ist, daß der Art. 25 wie alle internationalrechtlichen Vorschriften des E.G. insoweit keine Anwendung findet, als durch Staatsverträge ein Anderes bestimmt ist.

In Betracht kommen insbesondere folgende Staatsverträge (s. die Zusammenstellungen im preuß. Justiz.M.Bl. 1894 S. 130, im bayer. Justiz M.Bl. 1900 S. 97): mit Argentinien v. 19. September 1857 (Preuß. Ges.-Samml. 1859 S. 405) Art. 9; Chili v. 1. Februar 1892 (Pr.G.S. 1863 S. 761) Art. 10, 12; Brasilien v. 30. November 1897 u. 15. Februar 1898 (R.G.Bl. 1899 S. 547); Columbien v. 23. Juli 1892 (R.G.Bl. 1894 S. 471) Art. 21; Griechenland v. 26. November 1881 (R.G.Bl. 1882 S. 101) Art. 15 ff und v. 9. Juli 1884 (R.G.Bl. 1885 S. 23) Art. 2; Guatemala v. 20. September 1857 (R.G.Bl. 1888 S. 238) Art. 25; Italien v. 7. Februar 1872 (R.G.Bl. S. 134), v. 21. Dezember 1868 (B.G.Bl. 1869 S. 113 Art. 11, 12 und v. 6. Dezember 1891 (R.G.Bl. 1892 S. 97) Art. 2; Japan v. 4. April 1896 (R.G.Bl. S. 715, 732); Mexiko v. 5. Dezember 1882 (R.G.Bl. 1883 S. 247) Art. 15; Niederlande v. 11. Januar 1872 (R.G.Bl. S. 67; Rußland v. 12. November (31. Oktober) 1874 u. v. 8. Dezember (26. November) 1874 Art. 9, 10 (R.G.Bl. 1875 S. 136, 145); Serbien v. 6. Januar 1883 (R.G.Bl. S. 62) Art. 11 ff. und v. 21./9. August 1892 (R.G.Bl. 1893 S. 269) Art. 2; Spanien v. 12. Januar 1872 (R.G.Bl. S. 211) Art. 1 und v. 22. Februar 1870 (B.G.Bl. S. 99) Art. 11 ff.; Türkei v. 26. August 1890 (R.G.Bl. 1891 S. 117) Art. 24; Vereinigte Staaten von Amerika v. 11. Dezember 1871 (R.G.Bl. 1872 S. 95 Art. 10.

Artikel 26.

E. d. E.G. III Art. 25.

Der von dem Bundesrathe hinzugefügte Art. 26 enthält keine materiellrechtliche Vorschrift, sondern bezweckt nur, den deutschen Behörden, welche mit der Uebermittelung von Gegenständen aus einer im Ausland eröffneten Erbschaft betraut sind, die Erfüllung dieses Auftrags zu erleichtern und sie gegen Ansprüche Dritter zu sichern. Die Vorschrift ist dadurch veranlaßt, daß die Regulirung des Nachlasses eines im Auslande verstorbenen Erblassers nach den dort geltenden Gesetzen häufig in der Art erfolgt, daß die zuständige Behörde denjenigen, welche nach den dortigen Gesetzen Erben oder Vermächtnißnehmer sind, wenn sie in einem anderen Staate wohnen, das ihnen aus dem Nachlasse Zukommende durch Vermittelung der Behörden des betreffenden Staates zugehen läßt. Werden nun deutsche Behörden mit einer solchen Uebermittelung betraut, so würde ihnen die Ausführung dieses Auftrags möglicherweise dadurch unmöglich gemacht werden, daß ein Anderer, der als Erbe oder Vermächtnißnehmer einen Anspruch auf die betreffenden Gegenstände zu haben behauptet, der Aushändigung an diejenigen, für welche die Gegenstände bestimmt sind, widerspricht und etwa durch Erwirkung einer einstweiligen gerichtlichen Verfügung die Aushändigung hindert. Dieser Fall kann insbesondere dann eintreten, wenn der Erblasser ein Deutscher war, also auf Grund des Art. 24 nach deutschen Gesetzen beerbt, wird, während seine Beerbung nach den Gesetzen des Staates in dem er gestorben ist, sich nach den dortigen Gesetzen bestimmt. Der nach den deutschen Gesetzen Berechtigte soll sein Recht nicht dadurch geltend machen können, daß er der Aushändigung des Vermögens widerspricht, welches an die deutschen Behörden zur Uebermittelung an die nach den ausländischen Gesetzen Berechtigten gelangt ist. Materiell wird sein Recht auf dieses Vermögen durch die Vorschrift des Art. 26 nicht berührt; er kann es gegen diejenigen, an welche das Vermögen gelangt ist, auf dem nach den deutschen Gesetzen zulässigen Wege, insbesondere also durch Erhebung des Erbschaftsanspruchs geltend machen.

Artikel 27.

Sind nach dem Rechte eines fremden Staates, dessen Gesetze in dem Artikel 7 Abs. 1, dem Artikel 13 Abs. 1, dem Artikel 15 Abs. 2, dem Artikel 17 Abs. 1 und dem Artikel 25 für maßgebend erklärt sind, die deutschen Gesetze anzuwenden, so finden diese Gesetze Anwendung.

Artikel 27.

E. II § 2245 Abs. 1 Satz 2, 2247 Abs. 4 rev. § 2370 Abs. 1 Satz 2, 2374 Satz 2; E. d. E.G. III Art. 26. P. I S. 11583—11587. P. II S. 8191—8196, 8245, 8256—8258, 8261, 8262 (Bd. 6 S. 17—20, 49, 56, 57, 59).

1. Enthalten die Gesetze eines Staates die Vorschrift, daß für die Beurtheilung eines Rechtsverhältnisses die Gesetze eines ausländischen Staates maßgebend sein sollen, so kann eine solche Verweisung auf das Recht eines anderen Staates eine zweifache Bedeutung haben. Es kann damit gemeint sein, daß die sich auf das betreffende Rechtsverhältniß beziehenden materiellen Gesetze des ausländischen Staates maßgebend sein sollen; Die Absicht kann aber auch dahin gehen, die Gesetzgebung des ausländischen Staates für kompetent zu erklären, über das betreffende Rechtsverhältniß in jeder Beziehung Bestimmungen zu geben. Ist das letztere beabsichtigt, so finden die materiellrechtlichen Bestimmungen der Gesetze des ausländischen Staates nur dann Anwendung, wenn sie nach den internationalrechtlichen Vorschriften dieses Staates auf das Rechtsverhältniß angewendet werden sollen, während, wenn nach diesen Vorschriften das Rechtsverhältniß nach den Gesetzen eines anderen Staates beurtheilt werden soll, diese Bestimmung maßgebend ist. Bestimmt das nationale Recht, in welchem Sinne eine Vorschrift der fraglichen Art gemeint ist, so ist diese Bestimmung selbstverständlich maßgebend. Enthält das nationale Recht aber eine solche Bestimmung nicht und ist auch aus dem Inhalte und dem Zusammenhange der einzelnen Vorschriften des nationalen Rechtes nicht mit Sicherheit zu ermitteln, in welchem Sinne die fragliche Vorschrift gemeint ist, so entsteht nun die Frage, welche Auslegung nach den allgemeinen Grundsätzen des internationalen Privatrechts als die richtige anzusehen ist. Diese Frage der sog. Rückverweisung ist in der Theorie wie in der Praxis außerordentlich bestritten; s. darüber insbesondere Regelsberger Bd. 1 § 40 Nr. 3; Gierke deutsches Privatrecht Bd. 4 § 25 215; v. Bar Theorie und Praxis Bd. 1 § 94 S. 280, 2 S. 696; Zitelmann Bd. 1 S. 237ff., 389ff.; Cahn Jahrbücher für Dogmatik Bd. 30 S. 7—36, Bd. 36 S. 366—408; (auf S. 401ff. ausführliche Angaben über Literatur und Rechtsprechung; die neueren Aufsätze von Kahn in den Jahrbüchern für Dogmatik Bd. 39 S. 1ff., 40 S. 1ff. berühren die Frage nicht direkt). Niemeyer Vorschläge S. 80—86, Schnell in Böhms Zeitschrift Bd. 4 S. 337ff., Barazetti daselbst Bd. 8 S. 32ff., v. Bar daselbst S. 177ff.; Buzzati daselbst S. 449ff. Die Praxis der Gerichte, insbesondere auch des Reichsgerichts ist schwankend, s. darüber die angeführten Schriften insbesondere bei Cahn a. a. O.

Auf eine eingehende Erörterung dieser zweifelhaften Frage muß hier verzichtet werden. Die folgenden Bemerkungen beschränken sich auf die Untersuchung, ob und in welchen Beziehungen aus dem Art. 27 und den sonstigen Bestimmungen des E.G. erhellt, in welchem Sinne die in dem E.G. erfolgte oder daraus abzuleitende Verweisung auf ausländisches Recht gemeint ist.

2. Der der ersten Kommission vorgelegte Entwurf enthielt in dem § 31 die Vorschrift:

> „Die Vorschriften des § 7 Abs. 1, des § 16 Abs. 1, des § 19 Abs. 1 Satz 1 und Abs. 2, der §§ 21, 22, des § 23 Satz 1 und 2, des § 26 Abs. 1 und des § 29 kommen nicht zur Anwendung, wenn nach den Gesetzen des Staates, welchem der Ausländer angehört, nicht die Gesetze dieses Staates, sondern die deutschen Gesetze Anwendung zu finden haben. In diesem Falle sind die deutschen Gesetze maßgebend." (P. I S. 11583). Die Bestimmungen der in der obigen Vorschrift angeführten Paragraphen entsprechen im Wesentlichen den im Art. 27 angeführten Paragraphen.

Nach eingehender Berathung sprach sich die Kommission gegen das Prinzip der Rückverweisung aus und lehnte den obigen § 31 ab. Auch die zweite Kommission verharrte auf diesem Standpunkte. Nur in zwei Beziehungen wurde eine Ausnahme gemacht. In dem E. II § 2245 rev. § 2370 wurde der Regel, daß die Eingehung der Ehe in Ansehung eines jeden der Verlobten nach den Gesetzen des Staates beurtheilt werde, dem er angehöre der Zusatz hinzugefügt:

„Gestattet das Recht dieses Staates, daß der Verlobte die Ehe nach den Gesetzen seines Wohnsitzes oder nach den Gesetzen des Ortes eingeht, an dem die Ehe geschlossen wird, so genügt für ihn die Beobachtung dieser Gesetze," und im E. II § 2247 im rev. §§ 2374, 2375 wurde der Regel, daß für die Auflösung der Ehe insbesondere auch für die Scheidung die Gesetze des Staates maßgebend seien, dem der Ehemann zu der in den gedachten Paragraphen bezeichneten Zeit angehört, die Beschränkung hinzugefügt:

„Sind nach dem Rechte dieses Staates die am Wohnsitze des Mannes geltenden Gesetze anzuwenden, so sind diese Gesetze maßgebend."

Beide Sätze wurden als Ausnahmen angesehen, welche aus Zweckmäßigkeitsgründen von dem im Allgemeinen als richtig anerkannten Prinzipe, daß eine Rückverweisung nicht stattfinde, zugelassen seien. Die weitergehende Vorschrift des Art. 27 ist vom Bundesrath eingestellt.

3. Der positive Inhalt des Art. 27 beschränkt sich auf die Bestimmung, daß wenn die Gesetze des fremden Staates, auf welche in den im Art. 27 bezeichneten Artikeln verwiesen worden, die deutschen Gesetze für anwendbar erklären, die deutschen Gesetze anzuwenden sind.

a) Die Voraussetzung der Vorschrift besteht darin, daß die in dem Staate, auf dessen Gesetze verwiesen ist, geltenden internationalrechtlichen Vorschriften bestimmen, daß das in Frage stehende Rechtsverhältniß nach deutschen Gesetzen zu beurtheilen sei. Insoweit sollen also nicht blos die materiellen, sondern die internationalrechtlichen ausländischen Gesetze berücksichtigt werden. Die Rückverweisung wird anerkannt aber nur für den Fall, daß auf das deutsche Recht zurückverwiesen wird. Gleichgültig ist, aus welchem Grunde die Rückverweisung erfolgt; es kommt lediglich darauf an, ob der einzelne zur Entscheidung stehende Fall nach Maßgabe der internationalrechtlichen ausländischen Gesetze nach deutschem Rechte zu beurtheilen ist. Zu den einzelnen im Art. 27 bezeichneten Artikeln ist Folgendes zu bemerken.

α) Nach Art. 7 Abs. 1 wird die Geschäftsfähigkeit einer Person nach den Gesetzen des Staates beurtheilt, dem sie angehört. Schreiben die internationalrechtlichen Gesetze dieses Staates nun aber vor, daß die Geschäftsfähigkeit einer Person sich nach den Gesetzen des Staates bestimme, in dem sie ihren Wohnsitz habe, und hatte die Person in dem zur Entscheidung stehenden Falle zur Zeit der Vornahme des in Frage stehenden Rechtsgeschäfts ihren Wohnsitz in Deutschland, so sind die deutschen Gesetze anzuwenden. Das Gleiche gilt, wenn nach den internationalrechtlichen Vorschriften des ausländischen Staates die Geschäftsfähigkeit einer Person nach den Gesetzen des Staates beurtheilt wird, in dem das Rechtsgeschäft vorgenommen wird und das in Frage stehende Rechtsgeschäft in Deutschland vorgenommen ist.

β) Nach Art. 13 Abs. 1 wird unter den dort bezeichneten Voraussetzungen die Eingehung einer Ehe in Ansehung eines jeden der Verlobten nach den Gesetzen des Staates beurtheilt, dem er angehört. Ist nun nach den in diesem Staate geltenden internationalrechtlichen Vorschriften für den diesem Staate angehörenden Verlobten nicht die Staatsangehörigkeit, sondern der Wohnsitz oder der Ort, an welchem die Ehe geschlossen wird, maßgebend, und hatte der betreffende Verlobte zur Zeit der Eingehung der Ehe seinen Wohnsitz in Deutschland, oder wurde die Ehe in Deutschland geschlossen, so wird in Ansehung dieses Verlobten die Eingehung der Ehe nach deutschen Gesetzen beurtheilt. Das Gleiche gilt, wenn nach den internationalrechtlichen ausländischen Vorschriften in Ansehung beider Verlobten die Staatsangehörigkeit des Mannes entscheidend ist; ist dieser ein Deutscher, so entscheiden in Ansehung der Frau, obwohl sie eine Ausländerin ist, doch die deutschen Gesetze.

γ) Nach Art. 15 Abs. 2 sind unter den dort bezeichneten Voraussetzungen für das eheliche Güterrecht die Gesetze des Staates maßgebend, dem der Ehemann zur Zeit der Eingehung der Ehe angehört. Sind nach den in diesem Staate geltenden internationalrechtlichen Vorschriften die Gesetze des Staates maßgebend, in welchen der Ehemann zur Zeit der Eingehung der Ehe seinen Wohnsitz hatte oder in welchem die Ehe geschlossen wurde, und hatte zu dieser Zeit der Ehemann seinen Wohnsitz in Deutschland oder wurde die Ehe in Deutschland geschlossen, so sind die deutschen Gesetze maßgebend (ebenso auch nach E. II; s. oben Nr. 2). Zweifelhaft ist die Frage, wie das Verhältniß zu beurtheilen ist, wenn die in dem ausländischen Staate geltenden internationalrechtlichen Vorschriften die jeweilige Staatsangehörigkeit oder den jeweiligen Wohnsitz für entscheidend erklären, und der Ehemann zu der für den Einzelnen in Frage stehenden Fall entscheidenden Zeit ein Deutscher war oder seinen Wohnsitz in Deutschland hatte. Der E. II berücksichtigte diesen Fall nicht und es läßt sich gegen dessen Berücksichtigung geltend machen, daß der Grundsatz der Unveränderlichkeit des bei der Eingehung der Ehe begründeten Güterstandes allgemein durch das deutsche Recht bestimmt und in dieser Beziehung nicht auf die ausländischen Gesetze verwiesen ist. Wenn indessen der einzelne zur Entscheidung stehende Fall bei Anwendung der gedachten internationalrechtlichen Vorschriften nach deutschen Gesetzen zu entscheiden ist, so dürfte sowohl nach dem Wortlaute wie nach der Absicht des Art. 27 die Voraussetzung gegeben sein, unter welcher die deutschen Gesetze anzuwenden sind.

δ) Nach Art. 17 Abs. 1 sind für die Scheidung der Ehe die Gesetze des Staates maßgebend, dem der Ehemann zur Zeit der Erhebung der Scheidungsklage angehörte. Sind nach den internationalrechtlichen Vorschriften des Staates, dem der Ehemann zu dieser Zeit angehörte für die Scheidung die Gesetze des Staates maßgebend, in welchem der Ehemann zu der fraglichen Zeit seinen Wohnsitz hatte oder, in welchem die Klage erhoben wurde und hatte der Ehemann zu der fraglichen Zeit seinen Wohnsitz in Deutschland, oder wurde die Klage in Deutschland erhoben, so sind die deutschen Gesetze anzuwenden (im E. II s. oben unter Nr. 2 wurde nur der Fall berücksichtigt, daß die ausländischen Gesetze auf den Wohnsitz verweisen). Ein ähnlicher Zweifel wie unter δ entsteht hier für den Fall, daß die in dem ausländischen Staate geltenden internationalrechtlichen Vorschriften nicht auf den Zeitpunkt der Erhebung der Scheidungsklage, sondern auf einen anderen Zeitpunkt z. B. auf den der Eingehung der Ehe abstellen. Auch hier dürften nach dem Wortlaute wie nach der Absicht des Art. 27 die deutschen Gesetze anzuwenden sein, wenn bei Anwendung der gedachten internationalrechtlichen Vorschriften die Scheidungsklage nach deutschem Rechte zu beurtheilen ist.

ε) Nach Art. 25 Satz 1 wird unter der dort bezeichneten Voraussetzung eine Person, die zur Zeit ihres Todes einem ausländischen Staate angehörte, nach dessen Gesetzen beerbt. Sind nach den in diesem Staate geltenden internationalrechtlichen Vorschriften für die Beerbung die Gesetze des Wohnsitzes des Erblassers zur Zeit seines Todes maßgebend und hatte zu dieser Zeit der Erblasser seinen Wohnsitz in Deutschland, so sind die deutschen Gesetze anzuwenden. Das Gleiche wird gelten müssen, wenn nach den gedachten internationalrechtlichen Vorschriften die Beerbung keine einheitliche ist, sondern zwischen den verschiedenen Theilen des Nachlasses z. B. zwischen beweglichem und unbeweglichem Vermögen unterschieden wird. Sind auf Grund dieser Vorschriften in dem einzelnen zur Entscheidung stehenden Falle die deutschen Gesetze maßgebend, so kommen diese zur Anwendung (vergl. auch Art. 28).

b) *Unter den deutschen Gesetzen, die nach Art. 27 Anwendung finden, sind nur die materiellrechtlichen deutschen Gesetze zu verstehen.* Wollte man darunter auch die internationalrechtlichen deutschen Gesetze mit verstehen, so würde dies zu einem unlösbaren Zirkel oder zu einem dem Zwecke des Art. 27 offenbar widersprechenden Ergebnisse führen.

4. *Die negative Bedeutung des Art. 27* besteht in Folgendem:

a) Wenn in den Fällen des Art. 27 die betreffenden ausländischen Gesetze nicht auf die deutschen Gesetze, sondern auf die Gesetze eines anderen ausländischen Staates verweisen, so wird diese Verweisung nicht berücksichtigt, vielmehr bleibt es bei der durch die im Art. 27 bezeichneten Artikel vorgeschriebenen Anwendung der betreffenden materiellrechtlichen ausländischen Gesetze. Denkbar wäre freilich die Auffassung, daß der Art. 27 eine Entscheidung nur dahin abgeben wolle, daß wenn auf die deutschen Gesetze verwiesen werde, die materiellrechtlichen deutschen Gesetze zur Anwendung zu bringen seien, daß aber die Frage, welche Folge eintrete, wenn auf die Gesetze eines anderen ausländischen Staates verwiesen werde, nicht entschieden werden solle. Wäre dieses indessen die Absicht gewesen, so hätte das, was danach allein entschieden werden sollte, daß nämlich die materiellrechtlichen deutschen Gesetze anzuwenden seien, ausdrücklich hervorgehoben werden müssen; und es würde überdem im höchsten Grade auffallend sein, wenn nicht im Anschluß an den E. II zugleich die Frage, ob die Verweisung auf die Gesetze eines anderen ausländischen Staates zu berücksichtigen seien, bejahend entschieden wäre. Unter Berücksichtigung dieser Umstände dürfte in diesem Falle das argumentum a contrario nicht abgewiesen werden können.

b) *In anderen als den im Art. 27 angeführten Fällen, in welchen das E.G. ausländische Gesetze für maßgebend erklärt, bleiben die internationalrechtlichen Vorschriften des ausländischen Staates überhaupt, also auch dann, wenn sie auf deutsches Recht verweisen, unberücksichtigt.* In Betracht kommen hier nur der Art. 11 Abs. 1 Satz 1 und der Art. 21. Wenn die in dem Art. 27 aufgestellte Regel nur für die dort aufgeführten Artikel gegeben wird, so dürfte auch hier das argumentum a contrario, daß die Regel für andere Artikel des E.G. nicht gelten soll, ein zwingendes sein. Liegen daher in den Fällen des Art. 11 Abs. 1 Satz 1 und des Art. 21 die dort bezeichneten Voraussetzungen, unter welchen ausländische Gesetze Anwendung finden sollen, vor, so sind ausschließlich die materiellrechtlichen Gesetze des betreffenden ausländischen Staates anzuwenden.

c) Zweifelhaft ist die Frage, ob *in denjenigen Fällen, in welchen das E.G. nicht ausdrücklich auf ausländische Gesetze verweist*, in welchen aber aus den bei den einzelnen Artikeln dargelegten Gründen aus den Vorschriften des E.G. ein höheres Prinzip abzuleiten ist und nach diesen ausländische Gesetze für maßgebend anzusehen sind, *nur die materiellrechtlichen ausländischen Gesetze zur Anwendung zu bringen oder, ob auch die in dem betreffenden ausländischen Staate geltenden internationalrechtlichen Vorschriften zu berücksichtigen sind.* Für die erstgedachte Auffassung läßt sich der Standpunkt der Entwürfe und die in beiden Kommissionen zur Geltung gelangte Auffassung, insbesondere aber der Umstand anführen, daß das E.G. in denjenigen Fällen, in welchen es ausdrücklich auf ausländische Gesetze verweist, hierunter nach dem unter a und b Gesagten nur die

Artikel 28.

Die Vorschriften der Artikel 15, 19, des Artikel 24 Abs. 1 und der Artikel 25, 27 finden keine Anwendung auf Gegenstände, die sich nicht in dem Gebiete des Staates befinden, dessen Gesetze nach jenen Vorschriften maßgebend sind, und die nach den Gesetzen des Staates, in dessen Gebiete sie sich befinden, besonderen Vorschriften unterliegen.

---

materiellrechtlichen Gesetze versteht und hiervon nur die im Art. 27 bestimmte Ausnahme macht. Entscheidendes Gewicht wird indessen hierauf nicht gelegt werden können, weil das E.G. in denjenigen Fällen, in welchen es ausdrücklich auf ausländische Gesetze verweist, theils durch die Vorschrift in Art. 27, theils durch besondere in den einzelnen Artikeln enthaltenen Bestimmungen (s. z. B. Art. 7 Abs. 2; 11 Abs. 1 Satz 2, Abs. 2; 13 Abs. 2, 3; 15 Abs. 2 Halbsatz 2; 16, 17 Abs. 2—4; 21 Halbsatz 2, 25 Satz 2) der von ihm aufgestellten Regel diejenigen Modifikationen hinzufügt, welche es für erforderlich erachtet. Solche Modifikationen konnte das E.G. in denjenigen Fällen, in welchen es eine ausdrückliche Entscheidung darüber, ob ausländische Gesetze anzuwenden sind, unterläßt, nicht bestimmen. Es fragt sich also, ob das aus den einzelnen Vorschriften abzuleitende höhere Prinzip darin gefunden werden muß, daß als Sitz des betreffenden Rechtsverhältnisses der ausländische Staat zu betrachten ist oder darin, daß der ausländische Staat für zuständig zu erachten ist, darüber zu entscheiden, nach welchen Grundsätzen das betreffende Rechtsverhältniß zu beurtheilen ist und, daß er diese Entscheidung auch in der Art treffen kann, daß er auf die Gesetze des anderen Staates verweist. Bei der erstgedachten Auffassung kommen nur die materiellrechtlichen, bei der letztgedachten auch die internationalrechtlichen Vorschriften des ausländischen Staates in Betracht. Nimmt man an, daß das E.G. von der letztgedachten Auffassung ausgegangen sei, so muß man weiter annehmen, daß das E.G. in denjenigen Fällen, in welchen es ausdrücklich auf ausländische Gesetze verweist und hierunter nach dem obigen vorbehaltlich des Art. 27 nur die materiellrechtlichen Gesetze versteht, zu dieser Entscheidung durch Zweckmäßigkeitsgründe, insbesondere durch die Rücksicht darauf bestimmt sei, daß in den von ihm entschiedenen Fällen besondere deutsche Interessen in Betracht kommen, und daß es für diese praktisch besonders wichtigen Fälle darauf ankomme, durch Verweisuug lediglich auf die materiellrechtlichen Vorschriften mit der alleinigen Modifikation des Art. 27 eine möglichst einfache und klare Entscheidungsnorm zu geben. Für die übrigen Fälle würde nach dieser Auffassung des E.G. die Entscheidung dem betreffenden ausländischen Staate überlassen. Für diese Auffassung (s. z. B. Schnell in Böhms Zeitschrift Bd. 7. S. 116) läßt sich insbesondere geltend machen, daß das E.G. eben keine Entscheidung über die gedachten übrigen Fälle hat treffen wollen und daß, wenn trotzdem nach den früher gegebenen Ausführungen anzunehmen ist, daß die ausländischen Gesetze maßgebend sein sollen, die Bestimmung darüber, in welcher Art und in welchem Umfange dies zu geschehen hat, den ausländischen Gesetzen hat überlassen werden sollen. Ein völlig sicheres Ergebniß dürfte indessen aus den Vorschriften des E.G. nicht zu entnehmen sein, die Entscheidung wird vielmehr doch schließlich davon abhängen, in welchem Sinne nach allgemeinen internationalrechtlichen Grundsätzen (s. oben unter Nr. 1) die Verweisung auf ausländische Gesetze zu verstehen ist. Aus dem Zusammenhange der Vorschriften des E.G. wird man indessen wohl so viel mit Sicherheit entnehmen können, daß soweit die in einem ausländischen Staate geltenden internationalrechtlichen Vorschriften zu berücksichtigen sind, dies doch nur insoweit zulässig ist, als in diesen Vorschriften auf die materiellrechtlichen Vorschriften eines anderen Staates verwiesen ist, daß aber die internationalrechtlichen Vorschriften dieses Staates, durch welche eine Weiterverweisung oder eine Rückverweisung bestimmt wird, nicht zu berücksichtigen sind. Andererseits kann aus den Vorschriften des E.G. eine Unterstützung für die Auffassung, daß soweit ausländische Gesetze zur Anwendung zu bringen sind, darunter auch die internationalrechtlichen Vorschriften mit zu verstehen sind, jedenfalls nur für diejenigen Fälle abgeleitet werden, in welchen die Staatsangehörigkeit über die maßgebenden Gesetze entscheidet, denn nur in diesem Falle trifft der oben hervorgehobene Gesichtspunkt zu, daß die Verweisung nur die Bedeutung einer Kompetenzbestimmung habe. Für alle übrigen Fälle kann die Entscheidung lediglich aus den allgemeinen Grundsätzen (s. oben unter Nr. 1) abgeleitet werden.

Artikel 28.

E. I § 22; II § 2262 rev. § 2387; E. d. E.G. III Art. 27. P. I S. 11575—11577. P. II S. 8298, 8299 (Bd. 6 S. 80, 81).

1. Die Vorschriften der deutschen oder ausländischen Gesetze, welche nach Art. 15 für das eheliche Güterrecht, nach Art. 19 für die Rechte der Eltern in Betreff des Vermögens der

Kinder, nach Art. 24, 25 für die Beerbung einer Person maßgebend sind, finden regelmäßig auf alle Gegenstände Anwendung, die zu dem betreffenden Vermögen gehören. Dasselbe gilt von den deutschen Gesetzen, soweit diese auf Grund des Art. 27 maßgebend sind. Von dieser Regel macht der Art. 28 für die darin bezeichneten Gegenstände eine Ausnahme. Diese Ausnahme wird auch für diejenigen Fälle gelten müssen, in welchen die ausländischen Gesetze nicht auf Grund der ausdrücklichen Bestimmungen der fraglichen Artikel, sondern auf Grund des daraus abzuleitenden höheren Prinzips (s. Erl. zu Art. 15, 19, 25) anzuwenden sind.

2. Voraussetzung der Ausnahme ist:

a) Daß sich die Gegenstände nicht in dem Gebiete des Staates befinden, dessen Gesetze nach der unter Nr. 1 angeführten Regel im Allgemeinen maßgebend sind. Praktisch in Betracht kommen hauptsächlich Grundstücke nnd deren Zubehör. Die Ausnahme beschränkt sich indessen nicht hierauf; sie bezieht sich auch nicht ausschließlich auf Sachen, sondern auf alle Gegenstände (s. Bd. I S. 127 Nr. 2). In Betreff der Frage, ob ein Gegenstand als im Inlande befindlich anzusehen ist, wird die Vorschrift des B.G.B. § 2369 Abs. 2 (vergl. auch E.G. Art. 9 Abs. 2 Halbsatz 2) entsprechend anzuwenden sein.

b) Daß die Gegenstände in dem Gebiete des Staates, in dem sie sich befinden, besonderen Gesetzen unterliegen. Die Durchführung des Grundsatzes, daß in den hier fraglichen Fällen das Vermögen als ein Ganzes zu behandeln und deshalb in allen Beziehungen den unter Nr. 1 angeführten Gesetzen unterliegt, ist in Betreff der gedachten Gegenstände praktisch häufig nicht möglich und die Festhaltung des Grundsatzes auch in Betreff dieser Gegenstände würde deshalb den Betheiligten häufig zum Nachtheile gereichen. Auf diesen Gesichtspunkten beruht die Ausnahmevorschrift. In Betreff der Frage, wann ein Gegenstand als in dem Gebiet eines Staates befindlich anzusehen ist, gilt das unter a Gesagte. In Betreff der Frage, wann ein Gegenstand als besonderen Gesetzen unterliegend anzusehen ist, wird die in dem der ersten Kommission vorgelegten sachlich gebilligten Entwurf enthaltene nähere Bestimmung für die Auslegung verwerthet werden können. In dem § 30 dieses Entwurfs lautete die Vorschrift dahin:

> „Die Vorschriften ... kommen nicht zur Anwendung insoweit zu dem betreffenden Vermögen (dem Vermögen eines der Ehegatten, dem Vermögen des Kindes, der Erbschaft) Gegenstände gehören, welche nicht in dem Gebiete des Staates, dessen Gesetze im Allgemeinen maßgebend sind, sich befinden, und diese Gegenstände nach den Gesetzen des Staates, in dessen Gebiete sie sich befinden, als von dem Gesammtvermögen ausgesonderte Vermögensgegenstände zu betrachten sind oder sonst unter ihnen eigenthümlichen eine abweichende Beurtheilung erheischenden Vorschriften stehen."

Die praktisch wichtigsten Anwendungsfälle liegen auf dem Gebiete des Erbrechts. Das B.G.B. selbst kennt zwar keine Gegenstände, welche den allgemeinen Vorschriften über die Beerbung nicht unterliegen; dagegen bestehen auf dem durch das E.G. den Landesgesetzen überlassenen Gebieten vielfach besondere Vorschriften in Betreff der Vererbung gewisser Gegenstände. Dies gilt insbesondere in Betreff der Güter der landesherrlichen und der vormals reichsständischen Familien (Art. 57, 68), der Familienfideikommisse, der Lehen, der Stammgüter (Art. 59), der Rentengüter (Art. 62), der Erbpachtrechte (Art. 63) und der Anerbengüter (Art. 64). Soweit für die Beerbung einer Person im Allgemeinen ausländische Gesetze maßgebend sind, finden diese Gesetze in Betreff der in Deutschland befindlichen Güter der gedachten Art insoweit keine Anwendung, als dies mit den für diese Güter in Deutschland geltenden besonderen Gesetzen nicht vereinbar ist. Umgekehrt finden z. B. die nach Art. 24 für die Beerbung eines Deutschen maßgebenden deutschen Gesetze keine Anwendung auf die zu dem Nachlasse gehörenden, in dem Gebiet eines ausländischen Staates liegenden Grundstücke, wenn für sie in dem betreffenden Staate, wie z. B. in England besondere Gesetze in Betreff der Vererbung bestehen. Aehnliche Verhältnisse können auf dem Gebiete des ehelichen Güterrechts und bei dem das Vermögen der Kinder betreffenden Rechtsverhältnisse stattfinden. Besteht z. B. nach den auf Grund des Art. 15 Abs. 2 für das eheliche Güterrecht maßgebenden Gesetzen allgemeine Gütergemeinschaft unter den Ehegatten, kraft deren alle zu dem Vermögen beider Ehegatten gehörenden Gegenstände gemeinschaftliches Eigenthum der Ehegatten werden, so bleiben von dieser Gemeinschaft doch die in Deutschland befindlichen Familienfideikommißgüter, Lehen und Stammgüter insoweit ausgeschlossen, als die Gemeinschaft mit den für diese Güter in Deutschland geltenden besonderen Gesetzen nicht vereinbar ist; nur die Nutzungen dieser Güter werden regelmäßig in die Gemeinschaft fallen können. Wenn umgekehrt die deutschen Gesetze für das eheliche Güterrecht maßgebend sind, so wird z. B., wenn allgemeine Gütergemeinschaft unter den Ehegatten vereinbart ist, die Vorschrift des B.G.B. § 1438, nach welchem das Vermögen beider Ehegatten mit dem Abschlusse des die Gütergemeinschaft bestimmenden Ehevertrags ipso jure Gesammtgut wird, keine An-

Artikel 29.

Gehört eine Person keinem Staate an, so werden ihre Rechtsverhältnisse, soweit die Gesetze des Staates, dem eine Person angehört, für maßgebend erklärt sind, nach den Gesetzen des Staates beurtheilt, dem die Person zuletzt angehört hat, und, wenn sie auch früher einem Staate nicht angehört hat, nach den Gesetzen des Staates, in welchem sie ihren Wohnsitz und in Ermangelung eines Wohnsitzes ihren Aufenthalt hat oder zu der maßgebenden Zeit gehabt hat.

---

wendung finden auf solche in dem Gebiet eines ausländischen Staates belegenen Grundstücke, in Betreff deren durch die Gesetze dieses Staates eine derartige Gemeinschaftlichkeit entweder überhaupt ausgeschlossen ist oder doch nicht ipso jure eintreten kann.

3. In dem Art. 28 ist ausdrücklich nur bestimmt, daß in den dort bezeichneten Fällen die sonst maßgebenden allgemeinen Gesetze keine Anwendung finden Die offen gelassene Frage, welche Gesetze an Stelle der ausgeschlossenen maßgebend sind, wird nach dem Zwecke der fraglichen Vorschrift dahin zu beantworten sein, daß die Gesetze desjenigen Staates anzuwenden sind, in dessen Gebiete sich die betreffenden Gegenstände befinden. In dem § 30 des der ersten Kommission vorgelegten Entwurfs war dies ausdrücklich bestimmt. Der betreffende Satz wurde zwar gestrichen aber nur deshalb, weil er selbstverständlich sei (P. I S. 11577).

Artikel 29.

E. I § 23; II § 2263 rev. § 2388; E. d. E.G. III Art. 28. P. I S. 11587, 11588. P. II S. 8299 (Bd. 6 S. 81).

1. In den Art. 7, 13—22, 24, 25 werden für die darin bezeichneten Rechtsverhältnisse die Gesetze des Staates für maßgebend erklärt, welchem eine Person angehört oder zu einer bestimmten Zeit angehört hat. Nun ist es aber möglich, daß eine Person keinem Staate angehört. Dieses Verhältniß kann insbesondere eintreten, wenn eine Person, welche einem bestimmten Staate angehörte, die Staatsangehörigkeit in diesem Staate verliert (s. § 13 Nr. 1—3 des Reichsges. v. 1. Juni 1870 über die Erwerbung und den Verlust der Bundes- und Staatsangehörigkeit), ohne Angehöriger eines anderen Staates zu werden; es kann auch dadurch mit der Geburt eintreten, daß die Eltern des Kindes keinem Staate angehören und nach den Gesetzen des Staates, in dessen Gebiete das Kind geboren wird, hierdurch die Staatsangehörigkeit nicht begründet wird oder dadurch, daß das Kind in dem Gebiet eines Staates geboren wird, dem die Eltern nicht angehören und in solchem Falle weder nach den Gesetzen des Staates, dem die Eltern angehören, die Angehörigkeit zu diesem Staate noch nach den Gesetzen des Staates, in dem das Kind geboren wird, die Angehörigkeit zu diesem Staate begründet wird (s. Cahn Kommentar zu dem oben gedachten Reichsgesetz S. 33); auch in Folge der Verschiedenheit der Gesetze über die Wirkung der Entlassung aus dem bisherigen Staatsverband und der Aufnahme in einen neuen Staatsverband für die Ehefrau und die Kinder (s. § 19 des gedachten Gesetzes) kann jenes Verhältniß eintreten. Die Lücke, welche in Fällen dieser Art die obengedachten Artikel lassen, wird durch Art. 29 in folgender Art ausgefüllt An die Stelle der Staatsangehörigkeit tritt, wenn die Person, durch deren Staatsangehörigkeit die für ein Rechtsverhältniß maßgebenden Gesetze bestimmt werden, keinem Staate angehört.

a) Die Angehörigkeit zu demjenigen Staate, welchem die Person zuletzt angehört hat. Das Verhältniß wird also in der hier fraglichen Beziehung so beurtheilt, wie wenn die Person diesem Staate noch angehörte oder zu der maßgebenden Zeit noch angehört hätte.

b) Für den Fall, daß die betreffende Person niemals einem Staate angehört hat.

α) Ihr Wohnsitz. Ueber den Erwerb und Verlust des Wohnsitzes nach deutschem Rechte s. B.G.B. §§ 7—11 und die Erl. dazu. Handelt es sich um den Wohnsitz in dem Gebiet eines ausländischen Staates, so entscheiden dessen Gesetze über den Erwerb und Verlust des Wohnsitzes, Zweifelhaft und bestritten ist die Frage, wie das Verhältniß zu beurtheilen ist, wenn die Person einen doppelten Wohnsitz hat (s. z. B. Jherings Jahrb. für Dogm. 30 S. 79; Neumann S. 51, 52; Zitelmann I S. 179ff Niemeyer Vorschläge S. 128). Ueber die Möglichkeit eines doppelten Wohnsitzes nach dem B.G.B. (s. Bd. I S. 61 Erl. Nr. 5 zu § 7). Ein solcher kann in der hier fraglichen Beziehung auch dadurch vorkommen, daß die Gesetze über Begründung und Aufhebung des Wohnsitzes in den verschiedenen Staaten verschieden sind, und der Wohnsitz nach den Gesetzen des einen Staates in diesem, nach den Gesetzen des anderen Staates in dem anderen begründet ist. Nach der einen Ansicht soll der ältere, nach der anderen der jüngere Wohnsitz vorgehen, nach einer dritten der Aufenthalt entscheiden. Daneben wird der Vorzug des deutschen Wohnsitzes vertheidigt. Bei den Berathungen der ersten Kommission ist davon ausgegangen, daß die Entscheidung aus den Umständen des einzelnen Falles zu entnehmen sei. Da eine Kombination der an den verschiedenen Wohnsitzen geltenden Rechte nach der Natur der zu entscheidenden Frage nicht möglich ist, so muß eine Wahl getroffen werden. Zunächst dürften nun vom Standpunkte des deutschen E.G. aus für den Fall, daß der eine Wohnsitz in Deutschland, der andere im Ausland ist, überwiegende Gründe dafür sprechen, dem deutschen Wohnsitze den Vorzug einzuräumen. Bestehen die Wohnsitze in verschiedenen ausländischen Staaten, so liegt es nahe, die Vorschrift des Art. 29, daß in Ermangelung eines Wohnsitzes der Aufenthalt entscheidet, zur entsprechenden Anwendung bringen, also demjenigen Wohnsitze den Vorzug zu geben, an welchem die betreffende Person sich zu der entscheidenden Zeit aufhält. Dies dürfte unbedenklich sein in denjenigen Fällen, in welchen es sich um die Beurtheilung eines einzelnen Rechtsakts und dessen Folgen handelt. So wird also z. B. die Geschäftsfähigkeit, wenn das betreffende Rechtsgeschäft an dem einen der mehreren Wohnsitze vorgenommen ist, nach den für diesen geltenden Gesetzen (Art. 7), die Gültigkeit der Ehe, wenn einer der Verlobten einen doppelten Wohnsitz hat und die Ehe an einem dieser Wohnsitze geschlossen wird, in Ansehung dieses Verlobten nach den für diesen Wohnsitz geltenden Gesetzen (Art. 13) zu beurtheilen sein. Derselbe Gesichtspunkt wird in Betreff des ehelichen Güterrechts (Art. 15) und in Betreff der Beerbung (Art. 24, 25) entscheidend sein müssen. In denjenigen Fällen aber, in welchen die maßgebenden Gesetze sich nach der jeweiligen Staatsangehörigkeit, in Ermangelung einer solchen also sich nach dem jeweiligen Wohnsitze bestimmen, wie z. B. in den Art. 14, 19, würde die Anwendung des fraglichen Grundsatzes zu einem wenig befriedigenden und der Absicht des Gesetzes schwerlich entsprechenden Ergebnisse führen. In dem Falle des Art. 19 z. B. würde bei Anwendung des demselben zu Grunde liegenden Prinzips auch auf solche Fälle, in welchen es sich nicht um deutsche Reichsangehörige handelt, das Rechtsverhältniß zwischen den Eltern und einem ehelichen Kinde sich jedesmal ändern, wenn der Vater bezw. die Mutter ihren Aufenthalt von dem einen nach dem anderen Wohnsitze verlegt. Das Gesetz bezweckt aber doch eine thunlichste Einheitlichkeit und Stetigkeit der für das fragliche Rechtsverhältniß maßgebenden Gesetze. In Fällen dieser Art dürfte es daher den Vorzug verdienen, die für den einen oder die für den anderen Wohnsitz geltenden Gesetze dauernd zur Anwendung zu bringen. Bei der Wahl zwischen den beiden Wohnsitzen dürften überwiegende Gründe zu Gunsten des älteren Wohnsitzes sprechen. In demselben Sinne wird die Entscheidung zu treffen sein, wenn der Aufenthalt weder an dem einen noch an dem anderen Wohnsitze stattfindet.

β) Für den Fall, daß die betreffende Person keinen Wohnsitz hat, entscheidet nicht, wie nach dem bisherigen Rechte vielfach angenommen wurde, der bisherige Wohnsitz, sondern der Aufenthalt. Nicht auf den gewöhnlichen Aufenthalt, sondern schlechthin auf den Aufenthalt wird abgestellt. In Ermangelung einer gesetzlichen Vorschrift dürfte es bedenklich sein, dem gewöhnlichen Aufenthalte den Vorzug einzuräumen, und zwar um so mehr, als der Begriff des gewöhnlichen Aufenthalts ein sehr unbestimmter ist.

2. Keine Entscheidung trifft das E.G. über den Fall, daß eine Person gleichzeitig mehreren Staaten angehört. Ein solcher Fall kann sowohl in der Art eintreten, daß die betreffende Person zunächst Angehöriger eines Staates ist und dann ohne ihre bisherige Staatsangehörigkeit zu verlieren, auch die Angehörigkeit in einem anderen Staate erwirbt, als auch in der Art, daß eine Person gleich mit ihrer Geburt Angehöriger verschiedener Staaten wird. Das letztere tritt z. B. ein, wenn die Eltern mehreren Staaten angehören und nach den Gesetzen dieser Staaten die Kinder die Staatsangehörigkeit ihrer Eltern theilen, oder wenn das Kind in einem Staate geboren wird, nach dessen Gesetzen die Geburt in dem Staate die Staatsangehörigkeit verschafft, zugleich aber nach den Gesetzen des Staates, dem die Eltern angehören, deren Staatsangehörigkeit auf das Kind übergeht. Die Frage, welche Staatsangehörigkeit in Fällen dieser Art entscheidet, ist zweifelhaft und bestritten (s. z. B. v. Bar Theorie und Praxis I S. 260; Niemeyer Vorträge S. 25; Zitelmann I S. 179ff.; Niedner S. 74 Erl. 3 zu Art. 29). Die erste wie die zweite Kommission haben eine Entscheidung nicht treffen wollen, diese vielmehr der Wissenschaft und Praxis überlassen. Es kommen hier ähnliche Gesichtspunkte in Betracht wie bei der oben unter Nr. 1b erörterten Frage, welcher Wohnsitz bei einem mehrfachen Wohnsitz entscheidend ist. Zunächst dürfte auch hier, wenn die betreffende Person die deutsche Reichsangehörigkeit besitzt, diese entscheidend sein. In den von der ersten Kommission gebilligten Motiven des derselben vorgelegten Entwurfs wird ein solcher unbedingter Vorzug der deutschen Reichsangehörigkeit zwar geleugnet; es wird insbesondere hervorgehoben, daß, wenn ein Deutscher die Angehörigkeit eines anderen Staates erwerbe, aber in Deutschland bleibe, zwar die deutsche Reichsangehörigkeit entscheidend sei, daß aber, wenn er mit seiner Familie auswandere, und dann die Angehörigkeit in dem Staate erwerbe, in dem er sich niedergelassen,

Artikel 30.

Die Anwendung eines ausländischen Gesetzes ist ausgeschlossen, wenn die Anwendung gegen die guten Sitten oder gegen den Zweck eines deutschen Gesetzes verstoßen würde.

---

diese falls er die deutsche Reichsangehörigkeit noch nicht verloren habe, vorgehen müsse. In jedem einzelnen Falle sei aus den Umständen desselben die Entscheidung zu entnehmen. Es kann dahingestellt bleiben, ob diese Auffassung bei dem Standpunkte, welchen der E. I einnahm gerechtfertigt war. Bei der Fassung und der Tendenz des E.G. wird indessen anzunehmen sein, daß in allen Fällen, in welchen das E.G. auf die deutsche Reichsangehörigkeit abstellt, diese auch dann maßgebend sein muß, wenn die betreffende Person zugleich einem anderen Staate angehört. Kommt die deutsche Reichsangehörigkeit nicht in Betracht, handelt es sich also um die Angehörigkeit zu mehreren ausländischen Staaten, so kann die Entscheidung entweder aus dem Wohnsitz in einem der mehreren Staaten oder daraus entnommen werden, welche Staatsangehörigkeit zuerst erworben ist, und in letzterem Falle kann wieder entweder der ersten oder der letzten Staatsangehörigkeit der Vorzug gegeben werden. Die Entscheidung nach dem letztgedachten Gesichtspunkte versagt, wenn die mehrfache Staatsangehörigkeit gleichzeitig erworben ist. Im Anschluß an die Vorschrift des Art. 29, nach welcher in Ermangelung einer Staatsangehörigkeit der Wohnsitz entscheidet, dürfte auch bei mehrfacher Staatsangehörigkeit, wenn die betreffende Person in einem der Staaten, dem sie angehört, ihren Wohnsitz hat, die Angehörigkeit zu diesem Staate als entscheidend zu betrachten sein. Bei dieser Auffassung wird zwar in denjenigen Fällen, in welchen die jeweilige Staatsangehörigkeit, hier dann also der jeweilige Wohnsitz entscheidet (s. z. B. Art. 14, 19), ein Wechsel der maßgebenden Gesetze leichter eintreten können, wie wenn man die eine oder die andere Staatsangehörigkeit entscheiden läßt; entscheidendes Gewicht dürfte indessen auf dieses Bedenken nicht zu legen sein. In Ermangelung eines Wohnsitzes in einem der in Frage kommenden Staaten, auf den Aufenthalt in einem dieser Staaten abzustellen dürfte wenigstens für die Fälle der Art. 14, 19 aus denselben Gründen bedenklich sein, aus welchen dies nach dem unter Nr. 1b Gesagten verneint ist. In Ermangelung eines Wohnsitzes in einem der in Frage kommenden Staaten dürfte der früheren Staatsangehörigkeit und bei gleichzeitigem Erwerbe der Angehörigkeit in mehreren Staaten der durch Abstammung erworbenen der Vorzug zu geben sein.

3. Bei den Berathungen der zweiten Kommission wurde auf die Bestimmung des B.G.B. § 1936 Abs. 1 Satz 2 verwiesen, nach welcher, wenn der Fiskus als Erbe berufen ist, und der Erblasser mehreren Bundesstaaten angehört hat, der Fiskus eines jeden der Bundesstaaten zu gleichem Antheile zur Erbfolge berufen ist. Eine entsprechende Anwendung dieser Vorschrift dürfte sich für den Fall rechtfertigen, daß der Erblasser zugleich Angehöriger des deutschen Reichs und eines anderen Staates gewesen ist und auch nach den Gesetzen dieses anderen Staates der Fiskus zur Erbfolge berufen ist. Die Erbschaft wird also in solchem Falle zu gleichen Antheilen dem Fiskus des betreffenden Bundesstaats oder des deutschen Reichs und dem Fiskus des ausländischen Staates anfallen. Eine hierüber hinausgehende Anwendung der fraglichen Vorschrift ist nicht möglich.

4. Auch über den Fall enthält das E.G. keine Vorschrift, daß in dem Staate, dem der Erblasser angehört hat, mehrere Rechtsgebiete bestehen und in diesem verschiedene Rechtssätze über die Beerbung gelten. Nach P. I S. 11588 ist davon ausgegangen, daß es sich hier um eine Frage der inneren Gesetzgebung des betreffenden Staates handele, in Betreff deren ein Rechtssatz nie fehlen könne und werde. Zitelmann (I S. 405) will in diesem Falle, wenn der Erblasser in einem der Rechtsgebiete seinen Wohnsitz gehabt hat, diesen entscheiden lassen, und falls der Erblasser einen Wohnsitz in dem betreffenden Staate überhaupt nicht gehabt hat, das Verhältniß so behandeln, wie wenn der Erblasser keinem Staate angehört hätte. Richtiger dürfte indessen die oben gedachte Auffassung der ersten Kommission sein, und die Entscheidung der Frage wird daher lediglich aus der in dem betreffenden Staate in der hier fraglichen Beziehung geltenden Rechte entnommen werden müssen.

Artikel 30.

E. I § 24; II § 2264 rev. § 2389; E. d. E.G. III Art. 29. P. I S. 11590—11594. P. II S. 8299—8305 (Bd. 6 S. 81—85). K.B. S. 2109. St.B. S. 3024.

1. Nach den Art. 7 ff. sollen in den dort bezeichneten Fällen die betreffenden Rechtsverhältnisse nach ausländischen Gesetzen beurtheilt werden. Dazu treten noch diejenigen Fälle, in denen die Anwendung ausländischer Gesetze zwar nicht durch das E.G. vorgeschrieben ist aber

auf Grund des den Vorschriften des E.G. zu Grunde liegenden höheren Prinzips oder, soweit das E.G. Vorschriften über das betreffende Rechtsverhältniß überhaupt nicht enthält, auf Grund der allgemeinen Grundsätze des internationalen Privatrechts erfolgen muß. Bei der Bestimmung des Wirkungskreises der ausländischen Gesetze ist auf den materiellen Inhalt derselben keine Rücksicht genommen. Die unbeschränkte Anwendung der ausländischen Gesetze kann aber durch das nationale Recht eines Staates nicht geduldet werden, wenn diese Anwendung mit Rücksicht auf den Inhalt der betreffenden Gesetze mit dem Sinne und Geiste der nationalen Rechtsordnung unvereinbar ist. Dies wird allgemein anerkannt. Aber außerordentlich bestritten ist die Frage, wann eine solche Unvereinbarkeit anzunehmen ist. In der verschiedensten Weise hat man die Voraussetzungen zu bestimmen versucht; insbesondere wird vielfach darauf abgestellt, daß die Anwendung unterbleiben müsse, wenn sie dem ordre public widerstreite oder wenn Prohibitivgesetze entgegenstehen. Eingehend erörtert ist diese zweifelhafte Frage neuerdings insbesondere von Zitelmann (I S. 321 ff.) und Cahn (Jherings Jahrbücher für Dogm. Bd. 39 S. 1 ff.) In dem letzeren Aufsatze findet sich auch eine ausführliche Angabe der Literatur und Rechtsprechung, auf die hier verwiesen werden mag.

In dem der ersten Kommission vorgelegten Entwurfe (§ 35) war die über die Frage entscheidende Bestimmung dahin gefaßt:

„Ein ausländisches Gesetz wird nicht angewandt, wenn dessen Anwendung durch die inländischen Gesetze nach der Vorschrift oder nach dem Zwecke derselben ausgeschlossen ist.“

Die erste Kommission beschloß statt dessen, die Vorschrift dahin zu fassen, daß die Anwendung ausgeschlossen sein solle, wenn sie gegen die guten Sitten oder die öffentliche Ordnung verstoße. In dem E. II rev. § 2389 wurde die Bezugnahme auf die öffentliche Ordnung weggelassen und die Ausschließung der Anwendung eines ausländischen Gesetzes für den Fall bestimmt, daß sie „gegen die guten Sitten oder gegen den Zweck eines deutschen Gesetzes verstoßen würde, oder wenn das ausländische Gesetz die Rechte der Fremden in unbilliger Weise beeinträchtigt.“ Dieser Fassung schließt sich der Art. 30 an, jedoch unter Weglassung der letzten Worte.

Für zwei Fälle schließt also das E.G. die Anwendung eines ausländischen Gesetzes aus, einmal, wenn sie gegen die guten Sitten und sodann, wenn sie gegen den Zweck eines deutschen Gesetzes verstoßen würde. Die Aufnahme des ersten Falles wurde in der zweiten Kommission bekämpft, weil er schon in dem zweiten mit begriffen sei. Die Aufnahme erfolgte aber in der Erwägung, daß auch das B.G.B. zwischen dem Verstoße gegen ein gesetzliches Verbot und gegen die guten Sitten unterscheide (B.G.B. §§ 134, 138), und daß andererseits die Frage auch für den Fall zu entscheiden sei, daß es sich lediglich um das Verhältniß mehrerer ausländischer Gesetze handele und ein deutsches Gesetz überhaupt nicht in Frage komme (P. II S. 8203). Zu beachten ist indessen, daß die beiden Fälle keinen Gegensatz bilden, daß vielmehr ein Verstoß gegen die guten Sitten, sofern man den Zweck eines deutschen Gesetzes nicht zu eng auffaßt, auch gegen diesen verstoßen wird.

In beiden Fällen geht die Voraussetzung nicht dahin, daß der Inhalt des ausländischen Gesetzes gegen die guten Sitten oder gegen den Zweck eines deutschen Gesetzes verstoße, sondern dahin, daß die Anwendung des ausländischen Gesetzes diesen Verstoß enthalte. Direkt ausgesprochen wird nur, daß die Anwendung des ausländischen Gesetzes ausgeschlossen, nicht aber, daß das deutsche Gesetz anzuwenden ist. Das letztere wird indessen dann als selbstverständlich anzunehmen sein, wenn die Rücksicht auf die guten Sitten oder den Zweck des deutschen Gesetzes die Anwendung des letzteren erfordert.

Eine eingehendere Erörterung aller sich aus der Vorschrift des Art. 30 ergebenden Konsequenzen ist, da sie eine Berücksichtigung des gesammten deutschen Rechtes erfordern würde, hier nicht möglich. Die folgenden Ausführungen beschränken sich daher auf die Hervorhebung einiger praktisch wichtiger Punkte, deren Erörterung zugleich Gelegenheit geben wird, die Bedeutung der Voraussetzung, daß die Anwendung des ausländischen Gesetzes den Verstoß enthalten muß, klar zu stellen.

2. Ueber den Begriff der guten Sitten s. Bd. I S. 189 Erl. zu § 138. Die Anwendung eines ausländischen Gesetzes verstößt hiernach gegen die guten Sitten, wenn sie demjenigen widerspricht, was nach dem jeweiligen Volksbewußtsein, als durch die Sittlichkeit erfordert angesehen wird. Im Einzelnen ist Folgendes zu bemerken:

a) Die Anwendung eines ausländischen Gesetzes verstößt immer gegen die guten Sitten, wenn dadurch die Verpflichtung zu einer Leistung (Handlung oder Unterlassung) begründet werden soll, die ihrem Inhalte nach selbst gegen die guten Sitten verstößt. Auf eine nach deutscher Auffassung unsittliche Handlung oder Unterlassung kann von einem deutschen Gerichte niemals erkannt werden. Einen Verstoß gegen die guten Sitten enthält die Anwendung eines ausländischen Gesetzes aber auch dann, wenn die

Leistung, welche auf Grund desselben verlangt wird, zwar nicht selbst gegen die guten Sitten verstößt, wenn sie aber von solcher Art ist, daß eine Verpflichtung zu ihr diesen Charakter hat. So verstößt z. B. der Religionswechsel nicht gegen die guten Sitten, wohl aber eine Verpflichtung dazu. Zweifelhaft ist, ob unter diese Kategorie auch die Verpflichtung zur Eingehung einer Ehe fällt. Dies kann selbstverständlich nicht allein daraus gefolgert werden, daß das deutsche Recht eine Klage auf Eingehung der Ehe aus einem Verlöbniß oder aus einem anderen Grunde nicht zuläßt (B.G.B. § 1297) Es kommt vielmehr darauf an, auf welchem Grunde diese Vorschrift beruht. Sie verfolgt den Zweck, die Freiheit der Willensbestimmung bei der Eingehung der Ehe zu sichern (s. Bd IV S. 7 Erl. 1). Aus diesem Zwecke folgt nicht, daß eine rechtliche Verpflichtung zur Eingehung der Ehe unbedingt als gegen die guten Sitten verstoßend angesehen wird. Das Gegentheil dürfte vielmehr aus den Vorschriften der C.P.O. §§ 888 Abs. 2, 894 Abs. 2 zu folgern sein. Die hiernach stattfindende Beschränkung der Zwangsvollstreckung bei einem Urtheil auf Eingehung der Ehe setzt die Möglichkeit eines solchen Urtheils voraus. Eine solche Möglichkeit bestand nach einzelnen der bisherigen Rechte. Sie besteht nicht mehr nach dem B.G.B.

Wenn trotzdem die gedachten Vorschriften der bisherigen C.P.O. (§§ 774 Abs. 2 779 Abs. 2) beibehalten sind, so ist dies geschehen mit Rücksicht auf solche Fälle, in welchen es sich um die Vollstreckung ausländischer Urtheile handelt, oder in welchen entgegen der Vorschrift des § 1297 eine Verurtheilung zur Eingehung der Ehe erfolgt sein sollte. (M d.E.G. S. 102; D. z. C.P.O. S 156). Mit Rücksicht auf die Vollstreckung ausländischer Urtheile aber würde die fragliche Vorschrift unnöthig sein, wenn die Anerkennung einer rechtlichen Verpflichtung zur Eingehung der Ehe als gegen die guten Sitten verstoßend anzusehen wäre; denn in diesem Falle würde nach C.P.O. §§ 723 Abs. 2 Satz 2, 328 Abs. 1 Nr. 4 ein Vollstreckungsurtheil nicht erlassen werden können. Die Möglichkeit eines solchen wird also vorausgesetzt. Ebensowenig aber wie einem solchen der Grund entgegensteht, daß die Verpflichtung zur Eingehung der Ehe gegen die guten Sitten verstößt, steht dieser Grund der Erlassung eines Urtheils von Seiten eines deutschen Gerichts auf Eingehung der Ehe entgegen, wenn die Verpflichtung dazu nach E.G. Art. 13 nicht nach deutschem, sondern nach ausländischem Rechte zu beurtheilen ist (s. Erl. 3 zu Art. 13). Ebensowenig wie die Rücksicht auf die guten Sitten steht einem solchen Urtheile der Zweck eines deutschen Gesetzes (B.G.B § 1297) entgegen; dieser wird genügend durch die Vorschriften der C.P.O. §§ 888 Abs. 2, 894 Abs 2 gesichert.

b) Knüpft das ausländische Gesetz die Entstehung eines Anspruchs an einen rechtsgeschäftlichen Thatbestand, so kann dieser Anspruch im Inlande nicht geltend gemacht werden, wenn nach deutscher Auffassung die Begründung des Anspruchs durch das in Frage stehende Rechtsgeschäft gegen die guten Sitten verstößt. Es handelt sich hier also um solche Rechtsgeschäfte, welche durch das deutsche Gesetz (B.G.B. § 138) wegen Verstoßes gegen die guten Sitten für nichtig erklärt sind. Zu beachten ist hierbei indessen, daß ein Rechtsgeschäft, welches, wenn es im Inlande von Inländern vorgenommen wird, als gegen die guten Sitten verstoßend anzusehen ist, diesen Charakter nach dem deutschen Volksbewußtsein möglicherweise nicht hat, wenn es unter den besonderen Verhältnissen des Auslandes in diesem von Ausländern vorgenommen wird. Ist das Rechtsgeschäft als gegen die guten Sitten verstoßend anzusehen, so ist nicht nur die Klage, durch welche ein darauf gegründeter Anspruch geltend gemacht wird, abzuweisen, sondern der Anspruch kann auch nicht im Wege der Einrede geltend gemacht werden, und die Aufrechnung mit ihm muß als unwirksam betrachtet werden. Ist auf Grund des Anspruchs aber die Leistung, also z. B. die Uebertragung der Sache, auf die der Anspruch ging, erfolgt, so macht sich nun der Grundsatz der Trennung des dinglichen Rechtsgeschäfts von der causa geltend. Das Eigenthum geht nach deutschem Rechte in einem Falle der gedachten Art über, auch wenn das zu Grunde liegende obligatorische Rechtsgeschäft nichtig war. Wäre der Uebergang des Eigenthums nach ausländischem Rechte zu beurtheilen und nach diesem von der Gültigkeit des zu Grunde liegenden obligatorischen Rechtsgeschäfts abhängig, aber deshalb als erfolgt anzusehen, weil das Rechtsgeschäft nach dem ausländischen Rechte gültig ist, so würde, wie es auf den ersten Blick scheint, die Konsequenz dahin führen, daß das deutsche Gericht den Eigenthumsübergang zu verneinen hätte, wenn das betreffende Rechtsgeschäft nach deutscher Auffassung gegen die guten Sitten verstößt. Dies dürfte indessen nicht richtig sein; denn die Anwendung des ausländischen das fragliche Rechtsgeschäft für gültig erklärenden Gesetzes führt in dem vorliegenden Falle zu demselben Ergebnisse, zu welchem man nach dem Obigen bei vollständiger Anwendung des deutschen Rechtes gelangt. Der Grund freilich ist in dem letzteren Falle ein anderer, nämlich die Trennung des dinglichen Rechtsgeschäfts von dem obligatorischen, aber bei der Beurtheilung der Frage, ob die Anwendung des ausländischen Gesetzes gegen die guten Sitten verstößt, wird man das entscheidende Gewicht doch nur auf das Endergebniß zu legen haben und man wird, wenn dieses mit dem Ergebnisse des deutschen Rechtes übereinstimmt, nicht annehmen können, daß das deutsche Sittlichkeitsgefühl durch die Anwendung des betreffenden ausländischen Gesetzes verletzt werde. Es fragt sich dann noch weiter, wie das Verhältniß zu beurtheilen ist, wenn das Geleistete zurückgefordert wird. Ist der Rückforderungsanspruch nach deutschem Rechte zu beurtheilen, so hängt seine Begründung in erster Linie davon ab, ob die Leistung nicht geschuldet war. Diese Frage ist bei der Zugrundelegung des für die Beurtheilung der Verpflichtung maßgebenden ausländischen Gesetzes zu verneinen, denn nach diesem Gesetze war das Rechtsgeschäft ja gültig. Aber das deutsche Gericht darf das ausländische Gesetz, weil das Rechtsgeschäft nach deutscher Auffassung gegen die guten Sitten verstößt, nicht anwenden; es muß, weil die Nichtanwendung des ausländischen Gesetzes hier zur Entscheidung des Falles nicht genügt, positiv das deutsche Gesetz anwenden. Nach diesem bestand die Verpflichtung zur Leistung nicht, und der Rückforderungsanspruch muß daher, wenn im Uebrigen die Voraussetzungen des § 813 oder des § 817 vorliegen, für begründet erkannt werden. Es fragt sich indessen, ob dies auch dann richtig ist, wenn die Leistung in dem betreffenden ausländischen Staate erfolgte und das Verhältniß daher nach den Gesetzen dieses Staates seine definitive Erledigung gefunden hatte. Erfordert das deutsche Sittlichkeitsgefühl — und diesem Rechnung zu tragen ist doch der wesentliche Zweck der fraglichen Vorschrift des Art. 30 — daß das in dem Auslande nach Maßgabe der ausländischen Gesetze definitiv erledigte und von allen Betheiligten als erledigt angesehene Verhältniß, weil zufällig für den Empfänger der Leistung ein Gerichtsstand in Deutschland begründet war, wieder in Frage gestellt und unter Nichtberücksichtigung des ausländischen Gesetzes nach deutschem Rechte entschieden werde. Die Frage dürfte zu verneinen sein.

c) Ein Rechtssatz, durch den ein Mensch nicht rechtsfähig erklärt und in wesentlichen Beziehungen als Sache behandelt wird, widerstreitet unsrer sittlichen Auffassung. In der ersten Kommission war beantragt, zu bestimmen:

„Insbesondere ist die Anwendung der auf die Anerkennung der Sklaverei beruhenden Gesetze ausgeschlossen."

Der Antrag wurde abgelehnt, weil er insofern selbstverständlich sei, als der deutsche Richter die Hand nicht zur Verwirklichung von Ergebnissen bieten dürfe, die sich als Ausfluß der Sklaverei darstellten, aber unrichtig sei, soweit er darüber hinausgehen wolle (P. 1 S. 1159). Zweifellos ist, daß der deutsche Richter eine Person, die in dem Staate, welchem sie angehört, ein Sklave ist, wenn sie in Deutschland sich befindet, als rechtsfähig anzuerkennen und einen gegen sie auf Grund des Sklavenverhältnisses erhobenen Anspruch abzuweisen hat. Auch in dieser Beziehung wird man aber nicht annehmen können, daß das deutsche Sittlichkeitsgefühl die Anerkennung aller in dem ausländischen Sklavenstaate bereits eingetretenen Wirkungen verbiete. Es handelt sich hier um eine ähnliche Frage, wie die bereits unter b erwähnte. Der maßgebende Gedanke wird in der Literatur verschieden ausgedrückt, z. B. dahin, daß das betreffende Rechtsverhältniß nur insofern unserm Rechte zu unterwerfen sei, als es sich um Wirkungen handelt, die im Gebiet unserer Rechtsordnung zu Tage treten (v. Bar), oder dahin, daß eine gewisse Beziehung zum Inlande vorliegen müsse, durch welche das deutsche Interesse berührt werde (Zitelmann). Von dem Standpunkte des Art. 30 aus wird man zu fragen haben, ob die deutsche Auffassung der guten Sitten, das deutsche Sittlichkeitsgefühl der in Frage stehenden Rechtsfolge der Sklaverei verbiete. Diese Frage wird zu verneinen sein, wenn es sich um eine in dem Sklavenstaat eingetretene bereits zum Abschlusse gelangte Wirkung der Sklaverei handelt. Hat also z. B. die Sklaverei nach den in dem Sklavenstaate geltenden Gesetzen die Wirkung, daß jeder von dem Sklaven gemachte Erwerb dem Herrn zufällt, und hat der Herr auf Grund dieser Vorschrift in dem Sklavenstaat Eigenthum erworben, so wird dieses Eigenthum auch in Deutschland anzuerkennen sein und geltend gemacht werden können; das deutsche Sittlichkeitsgefühl verlangt nicht die Negation dieses Eigenthums. Hat aber der Sklave den Erwerb gemacht, während er im Inlande war, so verlangt das deutsche Sittlichkeitsgefühl, daß der Herr des Sklaven auf Grund der Sklaverei kein Recht an diesem Erwerbe geltend machen kann, daß das Eigenthum daran, vielmehr dem Sklaven zusteht. Derselbe Gesichtspunkt kommt bei der Entscheidung der Frage in Betracht, ob eine durch den Herrn erfolgte Verletzung des Sklaven, zu welcher er in Folge des Sklavenverhältnisses nach den in dem Sklavenstaate geltenden Gesetzen berechtigt war, einen Ersatzanspruch des Sklaven gegen den Herrn wegen unerlaubter Handlung begründet. Die Frage ist zu bejahen, wenn die Verletzung in Deutschland, dagegen zu verneinen, wenn sie in dem Sklavenstaat erfolgt ist. Ein Anspruch auf Erfüllung des über einen Sklaven abgeschlossenen Kaufes ist nicht nur, wenn er von dem Käufer auf Lieferung des Sklaven, sondern auch, wenn er von dem Verkäufer auf Zahlung des Kaufpreises erhoben wird, abzuweisen. Dies folgt aus dem unter b Gesagten; aber auch hier gilt der dort begründete Satz, daß wenn die Zahlung der Kaufpreises in dem Sklavenstaat erfolgt ist, eine Zurückforderung in Deutschland nicht zulässig ist.

d) Aehnliche Fragen wie unter c ergeben sich, wenn es sich um ein familienrechtliches Verhältniß handelt, welches durch das ausländische Gesetz anerkannt wird, nach deutscher Auf fassung aber den guten Sitten widerspricht. In Betracht kommt hauptsächlich die Polygamie auch die Ehe zwischen Verwandten und Verschwägerten in den im B.G.B. § 1310 Abs. 1 bezeichneten Fällen gehört hierher. Solche Ehen sind in Deutschland verboten, verstoßen aber zugleich nach deutscher Auffassung gegen die guten Sitten. Zweifellos ist nun zunächst auch in dieser Beziehung, daß ein Anspruch auf Verwirklichung des durch eine solche Ehe begründeten Verhältnisses in Deutschland nicht zulässig ist. Eine von Türken in der Türkei bei Lebzeiten der ersten Frau geschlossene zweite Ehe ist gültig. In Deutschland aber kann gegen den Ehegatten der zweiten Ehe, solange die erste Ehe besteht, nicht auf Herstellung der Gemeinschaft geklagt werden. Auch ein Anspruch auf Gewährung des Unterhalts auf Grund der durch die Ehe begründeten Unterhaltspflicht wird, wenn er in Deutschland erhoben wird, abzuweisen sein. Dagegen wird auch hier zu unterscheiden sein, zwischen den in der Türkei eingetretenen Wirkungen der Ehe und solchen Wirkungen, die erst eintreten, während einer der Ehegatten sich in Deutschland aufhält. Die in der Türkei geborenen Kinder der zweiten polygamen Ehe sind als eheliche Kinder anzusehen und hiernach bestimmt sich das Verhältniß zwischen ihnen und den Eltern, insbesondere auch das Erbrecht. Anders, wenn die Ehegatten ihren Wohnsitz in Deutschland genommen haben und hier, bevor die erste Ehe aufgelöst ist, ein Kind geboren wird. Dieses als ein eheliches zu behandeln, dürfte mit dem deutschen Sittlichkeitsgefühle nicht vereinbar sein. Hat einer der Gatten in der Türkei auf Grund des dort geltenden ehelichen Güterrechts Eigenthum erworben, so wird dieses Eigenthum auch in Deutschland anzuerkennen sein, während wenn einer der Gatten der sich in Deuschland aufhält, hier Eigenthum erwirbt, dieser Erwerb so zu beurtheilen ist, wie wenn die Ehe nicht bestände. Wegen einer von dem Ehemann erfolgten Züchtigung der Frau wird diese, wenn der Ehemann dazu nach türkischem Rechte etwa berechtigt sein sollte, und die Züchtigung in der Türkei erfolgt ist, in Deutschland nicht wegen unerlaubter Handlung klagen können, während eine solche Klage für begründet zu erachten ist, wenn die Züchtigung in Deutschland erfolgte. Zu beachten ist übrigens, daß alle diese Fragen nur entstehen, wenn beide Verlobte zur Zeit der Eingehung der Ehe dem Staate, welcher die Polygamie anerkennt, in dem Beispielsfalle also der Türkei angehörten. War auch nur einer der Verlobten ein Deutscher, so findet in Ansehung seiner nach Art. 13 Abs. 1 das deutsche Recht Anwendung und die Ehe ist daher nach B.G.B. § 1326 nichtig. Sie wird zwar nach § 1329 solange als gültig behandelt, bis sie für nichtig erklärt oder aufgelöst ist, und eine Klage auf Herstellung des ehelichen Lebens würde daher auch im Falle einer solchen Ehe an sich zulässig sein; aber sobald die Nichtigkeitsklage angestellt wird, ist bis zur Entscheidung über diese das Verfahren in dem die Herstellung des ehelichen Lebens betreffenden Prozeß auszusetzen und durch die Vorschriften der C.P.O. § 606 ist dafür Sorge getragen, daß wenn in Deutschland ein Gerichtsstand für die Klage auf Herstellung des ehelichen Lebens besteht, ein solcher auch immer für die Nichtigkeitsklage begründet ist. In allen Fällen dieser Art ist für die Anwendung des Art. 30 kein Raum. Dieser kommt nur in Frage, wenn die Ehe nach ausländischem, hier also nach türkischem Rechte zu beurtheilen ist. Nach diesem ist sie gültig, aber die aus der Gültigkeit sich ergebenden Folgen werden in Deutschland, wie oben dargelegt ist, insoweit nicht anerkannt, als dies im einzelnen Falle gegen das deutsche Sittlichkeitsgefühl verstoßen würde; der § 1329 des B.G.B. kommt in diesem Falle überhaupt nicht in Frage.

In der Erl. 4 zu Art. 13 ist bereits hervorgehoben, daß aus Art. 30 folgt, daß ein Standesbeamter die Mitwirkung zu der Eingehung einer gegen die Vorschriften des B.G.B. §§ 1309, 1310 verstoßenden Ehe auch dann zu versagen hat, wenn beide Verlobte einem Staate angehören, nach dessen Gesetzen eine solche Ehe zulässig ist. Wird die Ehe im Widerspruche hiermit doch in Deutschland geschlossen, so ist sie zwar auf Grund des maßgebenden ausländischen Rechtes als gültig zu betrachten, aber in Betreff der Anerkennung der Wirkungen einer solchen Ehe in Deutschland gilt das oben Gesagte.

3. In Betreff der Frage, unter welchen Voraussetzungen die Anwendung eines ausländischen Gesetzes gegen den Zweck eines deutschen Gesetzes verstößt, läßt sich ein allgemeines Prinzip nicht aufstellen. Unrichtig würde es insbesondere sein, wenn man die Anwendung des ausländischen Gesetzes schon dann ausschließen wollte, wenn es mit einem deutschen zwingenden Gesetz in Widerspruch steht. In den Art. 7 ff. sind verschiedene Fälle anerkannt, in welchen unter den dort bestimmten Voraussetzungen ausländische Gesetze unter Nichtberücksichtigung zwingender deutscher Gesetze anzuwenden sind. Die deutschen Vorschriften z. B. über Geschäftsfähigkeit, über die Form der Rechtsgeschäfte, über familienrechtliche Verhältnisse, sind vom Standpunkte des deutschen Rechtes aus regelmäßig zwingender Natur; trotzdem sind die ausländischen Gesetze unter den früher dargelegten Voraussetzungen anzuwenden. Dasselbe gilt von manchen zwingenden Vorschriften des Sachenrechts, soweit z. B. nach allgemeinen internationalrechtlichen Grundsätzen für die Beurtheilung dinglicher Rechte ausländische Gesetze maßgebend sind, ist deren Anwendung nicht deshalb ausgeschlossen, weil die

ausländischen Gesetze noch andere dingliche Rechte anerkennen, als das deutsche Recht zuläßt. Auch darauf kann nicht abgestellt werden, daß die ausländischen Gesetze gegen deutsche Prohibitivgesetze oder gegen die öffentliche Ordnung verstoßen. Auf die letztere war im E. I abgestellt. Von der zweiten Kommission ist die Bezugnahme hierauf wie in dem B.G.B. so auch im E.G. gestrichen, weil der Begriff der öffentlichen Ordnung zu unbestimmt und zu vieldeutig sei. Versteht man darunter das öffentliche Recht, so ist es selbstverständlich, daß dieses immer anzuwenden ist und abweichende ausländische Gesetze nicht berücksichtigt werden können. Versteht man darunter aber auch privatrechtliche Vorschriften, welche einen besondern Charakter haben, so giebt der Begriff der öffentlichen Ordnung kein brauchbares Kriterium, um diesen Charakter zu bestimmen. Ob die Anwendung eines ausländischen Gesetzes gegen den Zweck eines deutschen Gesetzes verstößt, läßt sich also nur dadurch bestimmen, daß man das einzelne Gesetz selbst ins Auge faßt. Es kommt darauf an, ob das einzelne Gesetz unter Durchbrechung der in dem E.G. bestimmten oder der aus allgemeinen Grundsätzen abzuleitenden internationalrechtlichen Vorschriften auch auf solche Fälle Anwendung finden will, auf welche an sich nach jenen Vorschriften die ausländischen Gesetze Anwendung finden. Eine ausdrückliche dies bestimmende Vorschrift kommt nur selten vor; doch enthält das E.G. selbst eine Reihe von Bestimmungen, durch welche die als Regel vorgeschriebene Anwendung ausländischer Gesetze zu Gunsten deutscher Gesetze beschränkt wird; so z. B. in den Art. 7 Abs. 3, Art. 12, 13 Abs. 3, Art. 16, 17 Abs. 4, Art. 21 Halbsatz 2. Regelmäßig wird der Wille des deutschen Gesetzes die Anwendung ausländischer Gesetze auszuschließen, nur aus den Umständen, insbesondere aus dem Zwecke des Gesetzes entnommen werden können und hierauf verweist daher der Art. 30. Eine Durchmusterung der deutschen Gesetze in dieser Richtung ist hier natürlich nicht möglich; nur darauf mag noch hingewiesen werden, daß nicht gefragt werden darf, ob der Zweck des deutschen Gesetzes allgemein die Anwendung deutscher Gesetze ausschließt — dies wird nur selten der Fall sein — sondern daß zu untersuchen ist, ob in dem einzelnen vorliegenden Falle die Anwendung des ausländischen Gesetzes gegen den Zweck eines deutschen Gesetzes verstoßen würde. Ist diese Frage zu bejahen, so wird dann regelmäßig nicht nur die Nichtanwendung des ausländischen Gesetzes, sondern positiv die Anwendung des deutschen Gesetzes geboten sein. Beispiele einer Untersuchung der fraglichen Art für das bisherige Recht enthalten u. A. R.G. Bd. 5 Nr. 33 (Verkauf von Loosen zu verbotenen Lotterien), Bd. 5 Nr. 69 (Verbot der Zinseszinsen), Bd. 12 Nr. 77 (Verbot der außergerichtlichen Vermögensauseinandersetzung unter Ehegatten), Bd. 14 Nr. 58 (lex Anastasiana), Bd. 17 Nr. 67 (Verbot des Spielens in auswärtigen Lotterien), Bd. 19 Nr. 2; 21 Nr. 24; 29 Nr. 25 (Haftung des Rheders für den durch Zusammenstoß von Schiffen verursachten Schaden), Bd. 37 Nr. 68 (Differenzgeschäfte), Bd. 34 Nr. 18 (Ansprüche aus dem von einem Schiffer im Ausland ausgestellten Kannossement).

4. Der E. II rev. § 2389 bestimmte, daß die Anwendung des ausländischen Gesetzes auch dann ausgeschlossen sei, wenn dasselbe „die Rechte der Fremden in unbilliger Weise beeinträchtigt." In dem dem Reichstage vorgelegten Entwurfe sowie im Art. 30 selbst ist diese Bestimmung weggelassen. Den darin ausgesprochenen Satz, wie Zitelmann S. 378—380 und Barazetti in Böhms Zeitschrift 1—8 S. 126ff. wollen, trotzdem anzuwenden, dürfte sich nicht rechtfertigen lassen. Die Streichung des Satzes bezweckt offenbar, den Gerichten die Prüfung der Frage, ob das ausländische Gesetz die Rechte der Fremden in unbilliger Weise beeinträchtige, zu entziehen und die Abhülfe gegen solche Fälle nach Maßgabe des Art. 31 der Entscheidung des Bundesraths zu überlassen.

Steht die Gesetzgebung des ausländischen Staates mit einem Staatsvertrag im Widerspruche, so kann die Bestimmung des Staatsvertrags, wenn dieser im Inlande publizirt ist, die Bedeutung haben, daß die damit im Widerspruche stehenden Bestimmungen der ausländischen Gesetze für die in dem Staatsvertrage bezeichneten Fälle außer Kraft treten solle. In solchem Falle haben die Gerichte unmittelbar auf Grund des publizirten Staatsvertrags die fraglichen ausländischen Gesetze nicht anzuwenden. Wird durch den Staatsvertrag aber nur die Verpflichtung des ausländischen Staates begründet, seine Gesetze in bestimmten Beziehungen abzuändern, so können die Gerichte, solange diese Aenderung nicht erfolgt ist, die Anwendung der bestehenden nach den allgemeinen internationalrechtlichen Grundsätzen maßgebenden Gesetze nicht ablehnen. Die Abhülfe gegen ein solches Verhalten des ausländischen Staates hat auf völkerrechtlichem Wege und eventuell durch Anwendung des Art. 31 zu erfolgen. (a. A. wie es scheint Zitelmann a. a. O.).

5. Die Anerkennung des Urtheils eines ausländischen Gerichts sollte nach der alten C.P.O. § 661 Nr. 2 in der hier fraglichen Beziehung nur dann versagt werden, „wenn durch die Vollstreckung eine Handlung erzwungen würde, welche nach dem Rechte des über die Zulässigkeit der Zwangsvollstreckung urtheilenden deutschen Richters nicht erzwungen werden darf." Durch die neue Fassung der C.P.O. § 723 Abs. 2 Satz 2 mit § 328 Nr. 4 wird die Uebereinstimmung der prozeßrechtlichen Vorschriften mit den Bestimmungen des Art. 30

Artikel 31.

Unter Zustimmung des Bundesraths kann durch Anordnung des Reichskanzlers bestimmt werden, daß gegen einen ausländischen Staat sowie dessen Angehörige und ihre Rechtsnachfolger ein Vergeltungsrecht zur Anwendung gebracht wird.

---

hergestellt. Die Anerkennung des ausländischen Urtheils ist hiernach zu versagen, wenn die Anerkennung gegen die guten Sitten oder gegen den Zweck eines deutschen Gesetzes verstoßen würde. Auf die Beurtheilung der Frage, ob dies der Fall ist, finden die oben unter Nr. 1—3 dargelegten Grundsätze Anwendung.

Artikel 31.

E. I § 26; II § 2265 rev. § 2390; E. d. E.G. III Art. 30. P. I S. 11607—11611. P. II S. 8312 (Bd. 6 S. 89). K.B. S. 2109, 2110. St.B. S. 3024.

1. Durch Art. 31 wird in der dort bezeichneten Beziehung die gesetzgebende Gewalt auf den Reichskanzler und den Bundesrath delegirt. In die Hand dieser Organe wird die Anwendung der Retorsion gelegt. Die Gerichte haben damit nichts zu thun; sie müssen die Grundsätze des internationalen Privatrechts ohne Rücksicht darauf anwenden, ob in einem ausländischen Staate dieselben Grundsätze angewendet werden oder nicht, ob insbesondere doch die deutschen Gesetze unter denselben entsprechenden Voraussetzungen maßgebend sind, unter welchen in Deutschland die ausländischen Gesetze angewendet werden. Es wird hier also ein anderes Prinzip befolgt wie in der C.P.O. nach den §§ 110 Abs. 2 Nr. 1, 114 Abs. 2, 328 Nr. 5, 723 Abs. 2 Satz 2. Nur in dem Falle des E.G. Art. 25 Satz 2 tritt eine ähnliche Behandlung wie nach den ebengedachten Vorschriften der C.P.O. ein (s. Erl. 4 d zu Art. 25).

Aehnliche Vorschriften wie der Art. 30 enthält K.O. §§ 5 Abs. 2, 237 Abs. 2; ferner das Patentgesetz v. 7. April 1891 § 12 Abs. 2; das Ges. v. 12. Mai 1894 betr. den Schutz der Waarenbezeichnungen § 22.

2. Die Voraussetzungen, unter welchen der Reichskanzler mit Zustimmung des Bundesraths von der ihm durch Art. 31 beigelegten Befugniß Gebrauch machen darf, sind nicht (wie z. B. im § 22 des Ges. v. 12. Mai 1894 geschehen ist) speziell bestimmt, sondern nur durch den allgemeinen Begriff des Vergeltungsrechts bezeichnet. Von einem solchen kann nur die Rede sein, wenn in einem ausländischen Staate unter Abweichung von den in Deutschland geltenden internationalrechtlichen Grundsätzen Deutsche ungünstiger behandelt werden, wie dies bei Anwendung jener Grundsätze der Fall sein würde. Worin im Einzelnen diese ungünstigere Behandlung besteht, ist gleichgültig. Dem Ermessen des Reichskanzlers und des Bundesraths ist die Entscheidung überlassen, ob genügende Veranlassung vorliegt, von dem Vergeltungsrechte Gebrauch zu machen.

3. In Betreff der Art und Weise, in welcher das Vergeltungsrecht zur Anwendung zu bringen ist, wird nur bestimmt, daß es sich gegen den betreffenden ausländischen Staat sowie gegen dessen Angehörige und ihre Rechtsnachfolger richte. Die Worte „gegen den ausländischen Staat" sind erst vom Bundesrathe hinzugefügt. Dem Reichskanzler und dem Bundesrath ist also der weiteste Spielraum gelassen. Die Vergeltung wird sich regelmäßig auf dieselben Rechtsverhältnisse beziehen, deren Behandlung durch den ausländischen Staat zu der Anwendung des Vergeltungsrechts Veranlassung giebt. Beschränkt ist das Vergeltungsrecht aber hierauf nicht; die zur Ausübung desselben getroffenen Anordnungen können sich auch auf andere Rechtsverhältnisse beziehen. Die Befugniß des Reichskanzlers und des Bundesraths ist auch nicht in der Richtung beschränkt, daß nur allgemeine Anordnungen zulässig wären; die Anordnung ist auch wirksam, wenn sie sich — was freilich nicht leicht vorkommen wird — nur auf einen einzelnen Fall beschränkt (P. I S. 11610).

Zweiter Abschnitt.
Verhältniß des Bürgerlichen Gesetzbuchs zu den Reichsgesetzen.

Zweiter Abschnitt.

1. Das Prinzip, nach welchem sich das Verhältniß des B.G.B. zu den Reichsgesetzen bestimmt, besteht darin, daß die Reichsgesetze neben dem B.G.B. in Kraft bleiben. Dem wird aber im Art. 32 die Modifikation hinzugefügt, daß ein Reichsgesetz insoweit nicht in Kraft bleibt, als sich dessen Aufhebung aus dem B.G.B. oder aus dem E.G. ergiebt. Ueber die Gründe, auf welche diese Vorschriften beruhen, und über die Bedeutung der dem Prinzipe hinzugefügten Beschränkung s. Erl. zu Art. 32. Neben der prinzipiellen Vorschrift des Art. 32 enthält der zweite Abschnitt eine Reihe besonderer Vorschriften für einzelne Reichsgesetze, welche den Zweck verfolgen, diese mit dem B.G.B. in Einklang zu bringen (Art. 33—54). Soweit solche besondere Vorschriften nicht gegeben sind, muß bei jeder einzelnen reichsgesetzlichen Vorschrift geprüft werden, ob sie als durch das B.G.B. oder durch das E.G. aufgehoben oder geändert anzusehen ist. Selbstverständlich bezieht sich die Vorschrift des Art. 32 nur auf die zur Zeit des Inkrafttretens des B.G.B. neben demselben bestehenden Reichsgesetze. Die Tragweite später ergehender Reichsgesetze ist aus diesen selbst zu entnehmen.

2. Für folgende Reichsgesetze sind besondere Vorschriften gegeben:

a) Für das G.V.G., die C.P.O., die St.P.O., die K.O. und für das Gesetz, betr. die Anfechtung von Rechtshandlungen eines Schuldners außerhalb des Konkursverfahrens, v. 21. Juli 1879 in Beziehung auf die in diesen Gesetzen an die Verwandtschaft oder die Schwägerschaft geknüpften rechtlichen Folgen durch Art. 33.

b) Für das St.G.B. durch Art. 34.

c) Für die St.P.O. durch Art. 35.

d) Für die Gewerbeordnung durch Art. 36.

e) Für das Gesetz über die Freizügigkeit v. 1. November 1867 durch Art. 37.

f) Für das Gesetz, betr. die Organisation der Bundeskonsulate 2c., v. 8. November 1867 durch Art. 38.

g) Für das Gesetz, betr. die vertragsmäßigen Zinsen, v. 14. November 1867 durch Art. 39.

h) Für das Gesetz, betr. die Eheschließung und die Beurkundung des Personenstandes von Bundesangehörigen im Auslande, v. 4. Mai 1870 durch Art. 40.

i) Für das Gesetz, betr. die Erwerbung und den Verlust der Bundes- und Staatsangehörigkeit, v. 1. Juni 1870 durch Art. 41.

k) Für das Haftpflichtgesetz v. 7. Juni 1871 durch Art. 42.

l) Für das Gesetz, betr. die Rechtsverhältnisse der Reichsbeamten, v. 31. März 1873 durch Art. 43.

m) Für das Reichsmilitärgesetz v. 2. Mai 1874 durch Art. 44, 45.

n) Für das Gesetz, betr. die Beurkundung des Personenstandes und die Eheschließung, v. 6. Februar 1875 durch Art. 46.

o) Für das Gesetz, betr. den Wucher, v. 24. Mai 1880 durch Art. 47.

p) Für das Gesetz, betr. die Fürsorge für die Wittwen und Waisen der Reichsbeamten der Civilverwaltung, v. 20. April 1881 durch Art. 48.

q) Für das Gesetz, betr. die Fürsorge für die Wittwen und Waisen von Angehörigen des Reichsheeres und der Kaiserlichen Marine, v. 17. Juni 1887 durch Art. 49.

r) Für das Gesetz, betr. das Reichsschuldbuch, v. 31. Mai 1891 durch Art. 50.

s) Für das Gesetz, betr. die Fürsorge für die Wittwen und Waisen der Personen des Soldatenstandes 2c., v. 13. Juni 1895 durch Art. 51.

Die Art. 52, 53 enthalten allgemeine Vorschriften darüber, welche Rechte im Falle einer auf Grund eines Reichsgesetzes erfolgenden Enteignung an der dem Eigenthümer zukommenden Entschädigung demjenigen zustehen, welcher ein dingliches Recht an der durch die Enteignung

Artikel 32.

Die Vorschriften der Reichsgesetze bleiben in Kraft. Sie treten jedoch insoweit außer Kraft, als sich aus dem Bürgerlichen Gesetzbuch oder aus diesem Gesetze die Aufhebung ergiebt.

---

betroffenen Sache hat. Der Art. 54 endlich enthält Vorschriften, durch welche das Gesetz, betr. die Beschränkungen des Grundeigenthums in der Umgebung von Festungen, v. 21. Dezember 1871 mit den den Art. 52, 53 zu Grunde liegenden Gedanken thunlichst in Einklang gebracht werden soll.

Artikel 32.

E. d. E.G. I Art. 9; II Art. 6; III Art. 31. P. I S. 12328—12382; M. d. E.G. S. 67—69. P. II S. 9115—9120 (Bd. 6 S. 560—563).

1. Zwei Wege wären möglich gewesen, um vollständig klar zu stellen, welche privatrechtliche Vorschriften reichsrechtlich in Geltung stehen. Man hätte entweder die in den bisher erlassenen Reichsgesetzen enthaltenen privatrechtlichen Vorschriften, soweit sie bestehen bleiben sollten, in das B.G.B. mit aufnehmen oder man hätte bestimmen müssen, daß die bisher erlassenen Reichsgesetze mit Ausnahme derjenigen Vorschriften, welche ausdrücklich aufgehoben werden, bestehen bleiben. Der erste Weg erschien schon mit Rücksicht auf die großen Gebiete des Handelsrechts, des Wechselrechts, des Genossenschaftsrechts, die durch besondere Reichsgesetze ihre Regelung erfahren hatten bezw. erfahren sollten, unausführbar; aber auch in Betreff der übrigen, in den verschiedenen Reichsgesetzen enthaltenen privatrechtlichen Vorschriften hätte deren Aussonderung aus dem Zusammenhang, in welchem sie stehen, große Bedenken und praktisch kaum zu überwindende Schwierigkeiten gehabt. Der zweite Weg ist bei den Prozeßgesetzen eingeschlagen (s. E.G. z. C.P.O. § 13; E.G. z. K.O. § 3; E.G. z. St.P.O. § 5). Auch dieser Weg erschien aber bei der großen Zahl der in Betracht kommenden reichsgesetzlichen Vorschriften, bei der Schwierigkeit, die aufzuhebenden Bestimmungen ohne große Weitläufigkeit zutreffend zu bezeichnen, und bei der Gefahr, einzelne zu übersehen, als unzweckmäßig. Das E.G. schlägt deshalb einen Mittelweg ein. Als Regel wird im Art. 32 Satz 1 bestimmt, daß die bisherigen Reichsgesetze in Kraft bleiben. Daneben werden in den Art. 33—54 verschiedene Vorschriften der bisherigen Reichsgesetze aufgehoben oder geändert. Aber hierauf beschränkt sich die von der Regel des Art. 32 Satz 1 geltende Ausnahme nicht; vielmehr wird diese im Art. 32 Satz 2 allgemein dahin bestimmt, daß die bisherigen Reichsgesetze insoweit außer Kraft treten, als sich aus dem B.G.B. oder dem E.G. die Aufhebung ergiebt.

2. Die Bedeutung des Satz 2 besteht darin, daß die Regel, nach welcher das jüngere Gesetz dem älteren vorgeht, für das Verhältniß des B.G.B. und des E.G. zu den älteren Reichsgesetzen nicht gilt. Das Verhältniß ist im Wesentlichen so zu behandeln, wie wenn die Vorschriften der bisherigen Reichsgesetze und die Vorschriften des B.G.B. und des E.G. in einem und demselben Gesetz enthalten wären. Nur insoweit, als sich aus dem Inhalt einer Vorschrift des B.G.B. oder des E.G. ergiebt, daß eine ältere reichsgesetzliche Vorschrift dadurch aufgehoben werden sollte, als das Nebeneinanderbestehen beider Vorschriften also entweder unmöglich ist oder doch der erkennbaren Absicht des B.G.B. oder des E.G. widerspricht, tritt die ältere reichsrechtliche Vorschrift außer Kraft. Ob diese Voraussetzungen vorliegen, kann im einzelnen Falle zweifelhaft sein. In der ersten Kommission waren verschiedene Anträge gestellt, durch welche ein Anhaltspunkt für die Beurtheilung der Frage, ob der Aufhebungswille vorliege, gegeben werden sollte (P. I S. 12330); so insbesondere dahin, daß dieser Wille anzunehmen sei, wenn durch die Vorschriften des B.G.B., welche das ältere Reichsgesetz in Ansehung seines Gegenstandes ergreifen, die reichsgesetzlichen Vorschriften ersetzt, geändert oder beseitigt werden, oder wenn die Bestimmungen mit einander unvereinbar seien und das Verhältniß von Regel und Ausnahme nicht vorliege, oder wenn die frühere Normirung durch eine den identischen Rechtsstoff behandelnde neue Normirung ersetzt sei. Alle Anträge dieser Art wurden abgelehnt, weil sie nicht genügend und auch mißverständlich seien. Diesen Standpunkt hat auch die zweite Kommission festgehalten. Dem Richter ist also völlig freie Hand gelassen unter Berücksichtigung aller Umstände zu ermitteln, ob der Aufhebungswille vorhanden ist oder nicht. Folgende Momente werden hierbei besonders zu berücksichtigen sein.

a) Die bisherigen Reichsgesetze beziehen sich regelmäßig auf besondere Rechtsverhältnisse. Die für diese gegebenen Vorschriften können nicht deshalb als aufgehoben angesehen werden, weil sie mit allgemeinen Vorschriften des B.G.B. nicht übereinstimmen; sie werden vielmehr als besondere für das betreffende besondere Rechtsverhältniß geltende Ausnahmevorschriften anzusehen sein und deshalb in Kraft bleiben.

Artikel 33.

Soweit in dem Gerichtsverfassungsgesetze, der Civilprozeßordnung, der Strafprozeßordnung, der Konkursordnung und in dem Gesetze, betreffend die Anfechtung von Rechtshandlungen eines Schuldners außerhalb des Konkursverfahrens, vom 21. Juli 1879 (Reichs-Gesetzbl. S. 277) an die Verwandtschaft oder die Schwägerschaft rechtliche Folgen geknüpft sind, finden die Vorschriften des Bürgerlichen Gesetzbuchs über Verwandtschaft oder Schwägerschaft Anwendung.

---

b) Soweit in den Reichsgesetzen Rechtsbegriffe gebraucht sind, die auch in dem B.G.B. vorkommen, hängt die Frage, ob durch das B.G.B. eine Aenderung des Reichsgesetzes erfolgt ist, davon ab, ob der Gebrauch des betreffenden Begriffs in dem Reichsgesetze nur in dem Sinne erfolgt ist, daß dadurch auf das derzeitige allgemeine bürgerliche Recht verwiesen werden sollte, oder ob das Reichsgesetz den betreffenden Begriff in einem bestimmten Sinne voraussetzt. In dem ersteren Falle erleidet das Reichsgesetz durch das B.G.B. eine Aenderung, nicht aber in dem letzteren Falle. In dieser Beziehung entscheidet der Art. 4 und kann auf die Erläuterungen zu diesem Artikel verwiesen werden. Beispielsweise mag hier noch darauf hingewiesen werden, daß, wenn in den verschiedenen Gesetzen über das Urheberrecht, über Geschmacks- und Gebrauchmuster, über das Patentrecht und über Waarenzeichen von Schadensersatz die Rede ist, der allgemeine Begriff des Schadensersatzes aus dem B.G.B. zu entnehmen, insoweit also als dieser mit dem bisherigen Rechte nicht übereinstimmt, eine Aenderung jener Gesetze erfolgt ist, daß aber, wenn jene Gesetze die Schadensersatzverpflichtung an besondere Voraussetzungen knüpfen, eine solche Verpflichtung, wie z. B. in dem Gesetze zum Schutze der Waarenbezeichnungen v. 12. Mai 1894 § 14, in dem Patentgesetze v. 7. April 1891 § 35, in dem Gesetze, betr. den Schutz von Gebrauchsmustern, v. 1. Juni 1891 § 9 geschehen ist, lediglich im Falle des Vorsatzes und grober Fahrlässigkeit eintreten lassen, die Beschränkung der Schadensersatzpflicht nicht durch die allgemeine Vorschrift des B.G.B. § 823, nach welcher die Verpflichtung zum Schadensersatze bei jeder fahrlässigen Verletzung eines Rechtes eintritt, beseitigt wird. Aehnlich liegt das Verhältniß, wenn in den gedachten und anderen Reichsgesetzen Bestimmungen über die Verjährung gegeben sind. An die Stelle der bisherigen allgemeinen Grundsätze über Verjährung treten dann die Vorschriften des B.G.B.; soweit aber besondere Vorschriften in Betreff der Verjährung gegeben sind, z. B. eine besondere Verjährungsfrist bestimmt ist, sind diese Vorschriften nicht als durch das B.G.B. aufgehoben anzusehen.

c) Wird dasselbe besondere Rechtsverhältniß, welches in einem Reichsgesetze geordnet ist, auch in dem B.G.B. geregelt, so tritt das Reichsgesetz insoweit außer Kraft, als es mit der durch das B.G.B. erfolgten Regelung nicht vereinbar ist. Fälle dieser Art sind nur selten. In den Verhandlungen der ersten Kommission wurden als Beispiele angeführt die Vorschriften des B.G.B. über den Nachlaßkonkurs und die Vorschrift, daß im Falle der Gütergemeinschaft das Gesamtgut in den Konkurs des Mannes falle. Diese Fragen haben durch die Aenderungen der K.O. ihre Erledigung gefunden. Ein anderes in der zweiten Kommission angeführtes Beispiel (P. II S. 9118, 9119) trifft auch jetzt noch zu. Nach St.G.B. § 34 Nr. 5, 6 hat die Aberkennung der bürgerlichen Ehrenrechte die Unfähigkeit zur Folge, als Zeuge bei der Aufnahme von Urkunden mitzuwirken sowie Vormund, Nebenvormund, Kurator &c. zu sein. Nach B.G.B. §§ 1781 Nr. 4, 2237 Nr. 2 hat die Aberkennung der bürgerlichen Ehrenrechte nur die Folge, daß die Bestellung zum Vormund und die Zuziehung als Zeuge nicht erfolgen soll. Es handelt sich hier also nur um eine Ordnungsvorschrift. Die Vorschrift des St.G.B. ist, soweit der darin bestimmten „Unfähigkeit" nach der Absicht des St.G.B. eine weitergehende Wirkung zukam, durch die gedachten Vorschriften des B.G.B. aufgehoben und die Aberkennung der bürgerlichen Ehrenrechte hat nur noch die in den gedachten Vorschriften des B.G.B. bestimmten Wirkungen (vergl. ferner auch Erl. zu Art. 39).

3. Der Art. 32 erwähnt die von dem Reiche abgeschlossenen Staatsverträge nicht. Es wird als selbstverständlich angesehen, daß diese durch das B.G.B. keine Aenderung erleiden. Ueber die von einem Bundesstaat abgeschlossenen Staatsverträge s. Art. 56.

Artikel 33.

E. d. E.G. I Art. 10; II Art. 7; III Art. 32. P. I S. 12332—12334; M. d. E.G. S. 69, 70. P. II S. 9121, 9122 (Bd. 6 S. 564).

1. In der Erl. 2 zu Art. 4 ist schon darauf hingewiesen, daß durch Art. 33 der mögliche Zweifel abgeschnitten werden soll, ob, wenn in den bisherigen Reichsgesetzen von Verwandt-

Artikel 34.

Das Strafgesetzbuch wird dahin geändert:

I. Im §. 34 Nr. 6 werden die Worte: „Vormund, Nebenvormund, Kurator, gerichtlicher Beistand oder Mitglied eines Familienraths" ersetzt durch die Worte:

„Vormund, Gegenvormund, Pfleger, Beistand der Mutter, Mitglied eines Familienraths oder Kurator".

---

schaft und Schwägerschaft gesprochen wird, der Begriff dieses Verhältnisses für das in der betreffenden Vorschrift geregelte Verhältniß selbständig bestimmt werden soll oder ob darin nur eine Verweisung auf das allgemeine bürgerliche Recht zu finden ist und daher nach Art. 4 jene Begriffe sich nunmehr nach dem B.G.B. bestimmen. Die Frage wird durch Art. 33 für die darin bezeichneten Gesetze in dem letzteren Sinne entschieden. Für die gedachten Begriffe sind daher jetzt die §§ 1589, 1590 des B.G.B. maßgebend. Dabei ist jedoch zu beachten, daß diese Vorschriften eine Ergänzung durch diejenigen Bestimmungen des B.G.B. erhalten, nach welchen gewisse Personen die rechtliche Stellung ehelicher Kinder haben. In Betracht kommen die §§ 1699 ff. über die Kinder aus nichtigen Ehen, § 1719 über die durch nachfolgende Ehe legitimirten, §§ 1736, 1737 über die durch Ehelichkeitserklärung legitimirten Kinder, die §§ 1757, 1762, 1763 über die an Kindesstatt angenommenen Personen. Soweit hiernach die rechtliche Stellung eines ehelichen Kindes begründet wird, findet auch Verwandtschaft bezw. Schwägerschaft statt; jedoch tritt in den Fällen der Legitimation durch Ehelichkeitserklärung und der Annahme an Kindesstatt eine Verwandtschaft nur zwischen dem für ehelich erklärten Kinde und dessen Abkömmlingen und dem Vater auf der anderen Seite bezw. zwischen dem an Kindesstatt angenommenen Kinde und den in der Annahme mit begriffenen Abkömmlingen auf der einen Seite und dem Annehmenden auf der anderen Seite, nicht aber mit den Verwandten des Vaters bezw. des Annehmenden ein und ebensowenig findet in diesen Fällen ein Schwägerschaftsverhältniß statt.

2. Auf Verwandtschaft und Schwägerschaft wird Bezug genommen im G.V.G. § 156 1 Nr. 3; in der C.P.O. §§ 41 Nr. 3; 49; 383 Nr. 3; in der St.P.O. §§ 22 Nr. 3; 51 Nr. 3; 401 Abs. 2 (vergl. auch die §§ 31, 32, 54, 57, 74, 76, 85, 95 Abs. 2, 97); in der K.O. § 31 Nr. 2; in dem Anfechtungsgesetze v. 21. Juli 1879 § 3 Nr. 2. In der K.O. § 31 Nr. 2 wird nicht von Verwandten schlechthin, sondern von Verwandten in auf- und absteigender Linie und von voll- und halbbürtigen Geschwistern gesprochen. Auch diese Begriffe sind jetzt aus dem B.G.B. zu entnehmen; insbesondere gelten also mehrere uneheliche Kinder desselben Vaters von verschiedenen Müttern nicht als Geschwister; ebensowenig die durch Ehelichkeitserklärung legitimirten oder an Kindesstatt angenommenen Kinder als Geschwister der ehelichen Kinder des Vaters bezw. des Annehmenden.

3. In dem Art. 33 wird die Frage nur für die darin bezeichneten Gesetze entschieden. Hieraus darf indessen nicht ein argumentum a contrario für andere Gesetze entnommen werden. Um der Gefahr eines solchen Mißverständnisses vorzubeugen, war in der zweiten Kommission der Antrag gestellt, den Art. 33 zu streichen. Der Antrag wurde abgelehnt, weil man die Gefahr nicht für begründet und die Entscheidung des möglichen Zweifels für die in dem Art. 33 bezeichneten Gesetze im Interesse der Rechtssicherheit für zweckmäßig hielt. Soweit in anderen Reichsgesetzen auf Verwandtschaft und Schwägerschaft Bezug genommen wird, ist die Frage, ob diese Begriffe sich jetzt nach dem B.G.B. bestimmen, nach den in den Erl. zu Art. 4 dargelegten Grundsätzen zu entscheiden. Man wird dabei regelmäßig zu demselben Ergebnisse wie in den durch Art. 33 entschiedenen Fällen gelangen.

Artikel 34.

E. d. E.G. I Art. 16; II Art. 8; III Art. 33. P. I S. 12569—12582, 13006; M. d. E.G. S. 123—128. P. II S. 6119—6122, 9130—9146, 9161—9163 (Bd. 4 S. 633—635; Bd. 6 S. 568—577, 585). K.B. S. 2093, 2110.

I. Das St.G.B. verweist in einer Reihe von Vorschriften auf das bürgerliche Recht. Dies ist überall der Fall, wo bürgerlichrechtliche Begriffe verwendet sind wie z. B. der Begriff der Verwandtschaft und Schwägerschaft in den §§ 34 Nr. 6, 52, 247, 370 Nr. 5, der Minderjährigkeit in den §§ 301, 302, des Eigenthums im § 242, des Nießbrauchs, Pfandrechts-

II. An die Stelle des §. 55 treten folgende Vorschriften:

Wer bei Begehung der Handlung das zwölfte Lebensjahr nicht vollendet hat, kann wegen derselben nicht strafrechtlich verfolgt werden. Gegen denselben können jedoch nach Maßgabe der landesgesetzlichen Vorschriften die zur Besserung und Beaufsichtigung geeigneten Maßregeln getroffen werden. Die Unterbringung in eine Familie, Erziehungsanstalt oder Besserungsanstalt kann nur erfolgen, nachdem durch Beschluß des Vormundschaftsgerichtes die Begehung der Handlung festgestellt und die Unterbringung für zulässig erklärt ist.

---

und Zurückbehaltungsrechts im § 289. Regelmäßig wird für diese Begriffe jetzt das B.G.B. maßgebend sein müssen (s. Erl. zu Art. 4, 32, 33). Eine Ausnahme findet statt, wenn sich aus dem St.G.B. ergiebt, daß eine Verweisung auf das allgemeine bürgerliche Recht nicht beabsichtigt ist. Dies ist z. B. dann der Fall, wenn sich aus dem Zusammenhang ergiebt, daß das St.G.B. auf die Anschauungen des Verkehrs und des täglichen Lebens verweisen will, wie dies u. A. anzunehmen ist, wenn im § 246 zwischen Gewahrsam und Besitz unterschieden wird. In der Reichstagskommission ist deshalb ein Antrag, im § 246 die Worte „oder Gewahrsam" zu streichen, abgelehnt worden.

II. Die einzelnen Aenderungen des Art. 34.

1. Zu Ziff. I.

Nach der bisherigen Fassung des § 34 Nr. 6 des St.G.B. bewirkt die Aberkennung der bürgerlichen Ehrenrechte die Unfähigkeit, „Vormund, Nebenvormund, Kurator, gerichtlicher Beistand oder Mitglied eines Familienraths zu sein, es sei denn, daß es sich um Verwandte absteigender Linie handele und die obervormundschaftliche Behörde oder der Familienrath die Genehmigung ertheile." In der neuen Fassung ist

a) statt „Nebenvormund" gesetzt „Gegenvormund" (vergl. § 1792);

b) die Worte „gerichtlicher Beistand" sind gestrichen, weil sie mit Rücksicht darauf gegenstandslos geworden sind, daß die Verbeistandung des französischen Rechtes auch für die Uebergangszeit beseitigt worden ist (E.G. Art. 156 Abs. 2, Art. 211);

c) die Vorschrift ist durch die Worte „Pfleger" (vergl. § 1915) und „Beistand der Mutter" (vergl. §§ 1687, 1694) ergänzt. Der Ausdruck „Kurator" ist stehen geblieben, um z. B. auch den Konkursverwalter zu treffen.

Die Worte „es sei denn, daß die obervormundschaftliche Behörde oder der Familienrath die Genehmigung ertheile" sind nicht geändert, obwohl die Worte „oder der Familienrath" mit Rücksicht auf § 1872 überflüssig sind. Die obervormundschaftliche Behörde ist das Vormundschaftsgericht; vergl. hierzu Erl. zu § 1781 Nr. 4 und zu E.G. Art. 147.

Ueber die Aenderung, welche der § 34, sofern er von der Unfähigkeit Zeuge (Nr. 5) oder Vormund (Nr. 6) zu sein, spricht, nach Art. 32 durch das B.G.B. erfahren hat, wenn anzunehmen sein sollte, daß das St.G.B. an diese Unfähigkeit die Folge der Nichtigkeit des betreffenden Rechtsgeschäfts oder der Bestellung zum Vormunde habe knüpfen wollen, s. Erl. 2c zu Art. 32. Es ergiebt sich hieraus, daß ein Verstoß gegen das Verbot des § 34 jetzt lediglich die in dem B.G.B. bestimmten Folgen hat (s. §§ 1318, 1781, 2237 des B.G.B. und § 173 des freiw. G.G.).

2. Zu Ziff. II.

Die Aenderungen des § 55 bestehen, abgesehen davon, daß die Vorschrift nicht mehr in zwei Absätze, sondern in mehrere Sätze zerlegt ist, darin, daß

a) die Unterbringung in eine Familie der Unterbringung in eine Anstalt gleichgestellt, also gegebenen Falles nur auf Grund eines Beschlusses des Vormundschaftsgerichts zulässig ist;

b) statt „Vormundschaftsbehörde" gesetzt ist „Vormundschaftsgericht;"

c) die neue Fassung, welche der nunmehrige dritte Absatz gefunden hat, klar stellt, daß es sich dabei nur um eine Einschränkung der landesgesetzlichen Regelung handelt, nicht um eine unmittelbare reichsrechtliche Vorschrift, so daß die Unterbringung in eine Anstalt oder eine Familie dann nicht ausgeführt werden kann, wenn es an einer die Unterbringung gestattenden landesgesetzlichen Vorschrift fehlt. Die Landesgesetzgebung erscheint übrigens nicht verpflichtet, Ausführungsvorschriften zu erlassen, insbesondere ist sie nicht gehalten, Zwangserziehungsanstalten ins Leben zu rufen. Im Uebrigen vergl. die Erl. zu Art. 135.

III. An die Stelle des §. 65 treten folgende Vorschriften:

Der Verletzte, welcher das achtzehnte Lebensjahr vollendet hat, ist selbständig zu dem Antrage auf Bestrafung berechtigt. Solange er minderjährig ist, hat unabhängig von seiner eigenen Befugniß auch sein gesetzlicher Vertreter das Recht, den Antrag zu stellen.

Ist der Verletzte geschäftsunfähig oder hat er das achtzehnte Lebensjahr noch nicht vollendet, so ist sein gesetzlicher Vertreter der zur Stellung des Antrages Berechtigte.

---

3. Zu Ziff. III.

In einer Reihe von Fällen hängt die Strafverfolgung von einem Antrage des nach dem Gesetze zu dem Antrage Berechtigten ab (St.G.B. §§ 102—104, 123, 170, 172, 179, 182, 189, 194—196, 232, 236, 237, 247, 263, 288, 289, 292, 299, 300—303, 370 Nr. 5, 6; Ges. betr. das Urheberrecht an Schriftwerken v. 11. Juni 1870 § 27; Ges. betr. das Urheberrecht an Werken der bildenden Künste v. 9. Januar 1876 § 16; Ges. betr. den Schutz der Photographien v. 10. Januar 1876 § 9; Ges. betr. das Urheberrecht an Mustern und Modellen v. 11. Januar 1876 § 14; Patentgesetz v. 7. April 1891 § 36; Ges. betr. den Schutz von Gebrauchsmustern v. 1. Juni 1891 § 10; Ges. betr. den Schutz der Waarenbezeichnungen v. 12. Mai 1894 § 15). Der § 65 des St.G.B. enthält Vorschriften darüber, wer zu dem Antrage berechtigt ist, wenn der Verletzte minderjährig oder ein bevormundeter Geisteskranker oder wenn er taubstumm ist. Der Art. 34 III bezweckt, diese Vorschriften mit dem B.G.B. in Einklang zu bringen. Die Aenderung beschränkt sich auf diejenigen Punkte, zu denen die Vorschriften des B.G.B. Anlaß boten. Eine Entscheidung aller über den § 65 entstandenen Zweifel ist nicht bezweckt; insbesondere wird auch die Frage, wer der Verletzte im Sinne des § 65 ist, durch das E.G. nicht berührt. Die Entscheidung dieser Frage bleibt der strafrechtlichen Wissenschaft überlassen.

a) Die beiden ersten Absätze des § 65 sind in einem Absatze zusammengefaßt, sachlich aber unverändert geblieben. In der zweiten Kommission war beantragt, allgemein auszusprechen, daß ein Verletzter, der in der Geschäftsfähigkeit beschränkt sei, zu dem Antrage der Zustimmung des gesetzlichen Vertreters nicht bedürfe, daß aber der gesetzliche Vertreter selbständig zu dem Antrage berechtigt sei. Daneben sollte die Bestimmung beibehalten werden, daß ein Minderjähriger den Antrag nur stellen könne, wenn er das achtzehnte Lebensjahr vollendet habe. Die Kommission lehnte diesen Antrag ab. Es scheint nicht bezweifelt worden zu sein, daß ein in der Geschäftsfähigkeit beschränkter Verletzter, abgesehen von der für Minderjährige unter achtzehn Jahren geltenden Beschränkung, den Antrag ohne Zustimmung seines gesetzlichen Vertreters stellen kann. Für bedenklich aber wurde die Bestimmung gehalten, daß der gesetzliche Vertreter nicht nur bei einem Minderjährigen, sondern auch bei einer anderen in der Geschäftsfähigkeit beschränkten Person, also in den Fällen der Entmündigung wegen Geistesschwäche, Verschwendung oder Trunksucht sowie in den Fällen der vorläufigen Bevormundung (§ 114) selbständig und unabhängig von der Befugniß des durch ihn Vertretenen zur Stellung des Antrags berechtigt sein solle. Die zivilrechtlichen Vorschriften über Geschäftsfähigkeit können nicht ohne Weiteres auf den strafrechtlichen Antrag angewendet werden. Vom strafrechtlichen Standpunkte ließen sich gute Gründe für die selbständige Antragsbefugniß des Vertreters bei Minderjährigen anführen, die bei anderen in der Geschäftsfähigkeit beschränkten Personen nicht zuträfen. Insbesondere zeige sich dies in den Fällen, in welchen eine Zurücknahme des Antrags zulässig sei. Der gesetzliche Vertreter könne als Vertreter ebenso wie ein Bevollmächtigter den Antrag stellen, da die Antragsberechtigung nicht als ein höchst persönliches die Vertretung ausschließendes Recht zu betrachten sei. Aber der Wille des Vertretenen müsse entscheidend bleiben, und diesem daher insbesondere das Recht zustehen, den von dem Vertreter gestellten Antrag, sofern dies zulässig sei, zurückzunehmen. Diese Auffassung dürfte richtig sein. Eine nähere Erörterung derselben gehört indessen dem Strafrecht an und kann daher nicht hier erfolgen. Hier ist nur festzustellen, daß das E.G. die strafrechtlichen Vorschriften in der hier fraglichen Beziehung nicht geändert hat.

b) Der Abs. 3 des § 65 hat in dem jetzigen Abs. 2 zunächst die Aenderung erfahren, daß statt von dem Vormund eines bevormundeten Geisteskranken von dem gesetzlichen Vertreter eines Geschäftsunfähigen gesprochen wird. Wer geschäftsunfähig ist, bestimmt der § 104. Ein Geschäftsunfähiger kann persönlich den Antrag nicht stellen; er kann nur durch seinen gesetzlichen Vertreter handeln. Dieser ist zur Stellung des Antrags berechtigt, nicht wie im Falle des Abs. 1 Satz 2 kraft eines ihm unabhängig von der Befugniß des von ihm Ver-

IV. Als §. 145a wird folgende Vorschrift eingestellt:

Wer im Inlande Schuldverschreibungen auf den Inhaber, in denen die Zahlung einer bestimmten Geldsumme versprochen wird, ohne die erforderliche staatliche Genehmigung ausstellt und in den Verkehr bringt, wird mit einer Geldstrafe bestraft, die dem fünften Theile des Nennwerths der ausgegebenen Schuldverschreibungen gleichkommen kann, mindestens aber dreihundert Mark beträgt.

---

tretenen zustehenden Rechtes, sondern in Ausübung der dem Geschäftsunfähigen zustehenden Befugniß und in dessen Namen. Von der bisherigen Fassung unterscheidet sich die jetzige in folgenden Beziehungen.

α) Die jetzige Vorschrift beschränkt sich nicht auf Geisteskranke, sondern umfaßt auch solche Personen, die nicht geisteskrank, aber wegen Geisteskrankheit entmündigt sind (§ 104 Nr. 3) und Personen unter sieben Jahren (§ 104 Nr. 1).

β) Die jetzige Vorschrift beschränkt sich nicht auf den Vormund eines Bevormundeten, sondern spricht allgemein vom gesetzlichen Vertreter. Dies ist nur für volljährige Entmündigte immer der Vormund, für minderjährige Geschäftsunfähige dagegen je nach Lage der Sache der Inhaber der elterlichen Gewalt oder der Vormund. Solange ein volljähriger Geisteskranker weder entmündigt noch unter vorläufige Vormundschaft gestellt ist (B.G.B. §§ 6 Nr. 1, 1906, 104 Nr. 2), hat er keinen gesetzlichen Vertreter. In diesem Falle kann der Antrag überhaupt nicht gestellt werden.

c) Dem Geschäftsunfähigen werden in der jetzigen Vorschrift gleichgestellt die Minderjährigen, welche das achtzehnte Lebensjahr noch nicht vollendet haben. Diese können persönlich nach Abs. 1 den Antrag nicht stellen. In ihrem Namen hat ihr gesetzlicher Vertreter zu handeln. Dieser kann den Antrag also in doppelter Eigenschaft stellen, entweder kraft seines ihm nach Abs. 1 unabhängig von der Befugniß des Minderjährigen zustehenden selbständigen Rechtes oder als Vertreter des Minderjährigen in dessen Namen.

d) Weggelassen ist von der bisherigen Vorschrift die Erwähnung der Taubstummen. Diese sind also jetzt rechtlich befugt, persönlich den Antrag zu stellen. Ob sie thatsächlich dazu im Stande sind, hängt davon ab, ob sie sich genügend verständigen können. Hat ein Taubstummer nach B.G.B. § 1910 einen Pfleger erhalten, so kann dieser als Vertreter des Taubstummen in dessen Namen den Antrag stellen.

e) Keine Vorschrift enthält der § 65 darüber, ob, wenn die Sorge für die Person und die Sorge für das Vermögen verschiedenen gesetzlichen Vertretern zusteht, der eine oder der andere derselben zu dem Antrage berechtigt ist. Ein in der ersten Kommission gestellter Antrag, die Antragsberechtigung demjenigen Vertreter zu geben, welchem die Sorge für die Person zustehe, ist abgelehnt, weil es sich hier um eine Frage handele, die auch schon nach dem bisherigen Rechte vorkommen könne, und weil das B.G.B. eine allgemeine Entscheidung darüber nicht getroffen habe, welche Angelegenheiten der Sorge für die Person und welche der Sorge für das Vermögen angehören. Die Entscheidung der Frage bleibt also der Wissenschaft überlassen und es wird dabei einerseits der Begriff der Sorge für die Person und andererseits der Inhalt der betreffenden strafrechtlichen Vorschriften zu berücksichtigen sein. Regelmäßig wird hiernach die Stellung des Antrags als eine die Sorge für die Person betreffende Angelegenheit anzusehen sein (s. Bd. IV S. 383, 384 Erl. 1 zu § 1627); in solchen Fällen jedoch, in welchen die strafgesetzliche Vorschrift lediglich den Schutz des Vermögens bezweckt (s. z. B. St.G.B. §§ 288, 289, 301, 302, 303, 370 Nr. 5, 6) dürfte die Stellung des Antrags zu dem Wirkungskreise desjenigen Vertreters gehören, welchem die Sorge für das Vermögen zusteht.

4. Zu Ziff. IV.

Der neu eingestellte § 145a des St.G.B. verfolgt den Zweck, die Beobachtung der Vorschrift des B.G.B. § 795 Abs. 1, nach welcher im Inland ausgestellte Schuldverschreibungen auf den Inhaber, in denen die Zahlung einer bestimmten Geldsumme versprochen wird, nur mit staatlicher Genehmigung in den Verkehr gebracht werden dürfen, auch strafrechtlich zu sichern. Eine Verschiedenheit besteht zwischen dem § 795 des B.G.B und dem neuen § 145a des St.G.B. insofern, als in dem ersteren das in den Verkehr bringen einer im Inland ausgestellten Schuldverschreibung auf den Inhaber ohne Rücksicht darauf, wer sie ausgestellt hat, von der staatlichen Genehmigung abhängig gemacht wird, während in dem § 145a nur derjenige mit Strafe bedroht wird, welcher im Inland eine Schuldverschreibung der fraglichen Art ohne die erforderliche staatliche Genehmigung ausstellt und in den Verkehr

V. Im §. 171 Abs. 1 und Abs. 3 werden die Worte: „aufgelöst, für ungültig oder nichtig erklärt worden ist“, ersetzt durch die Worte:

„aufgelöst oder für nichtig erklärt worden ist“.

VI. An die Stelle des §. 195 tritt folgende Vorschrift:

Ist eine Ehefrau beleidigt worden, so hat sowohl sie als ihr Ehemann das Recht, auf Bestrafung anzutragen.

VII. Im §. 235 werden die Worte: „ihren Eltern oder ihrem Vormunde“ ersetzt durch die Worte:

„ihren Eltern, ihrem Vormunde oder ihrem Pfleger“.

VIII. Im §. 237 werden die Worte: „ihrer Eltern oder ihres Vormundes“ ersetzt durch die Worte:

„ihrer Eltern, ihres Vormundes oder ihres Pflegers“.

IX. Im §. 238 werden die Worte: „für ungültig erklärt worden ist“ ersetzt durch die Worte:

„für nichtig erklärt worden ist“.

---

bringt. Praktisch dürfte diese Verschiedenheit ohne Bedeutung sein. Bisher bestand eine reichsgesetzliche Strafvorschrift nur für die Ausgabe von Inhaberpapieren mit Prämien nach dem Reichsgesetze v. 8. Juni 1871 § 6 (vergl. auch § 249b des alten H.G.B.). Daneben bestanden verschiedene landesgesetzliche Vorschriften ähnlichen Inhalts, so z. B. in dem preuß. Ges. betr. das Verbot der Ausgabe von Inhaberpapieren ohne königliche Genehmigung v. 17. Juni 1883 § 5; in dem bayrischen Ges. v. 18. März 1896 betr. einige Bestimmungen über Inhaberpapiere. Diese Vorschriften kommen jetzt in Wegfall (s. E.G. zum St.G.B. Nr. 2).

5. Zu Ziff. V und IX.

Die Aenderung der §§ 171, 238 ist durch die Ausdrucksweise des B.G.B. veranlaßt, welches unter einer für nichtig erklärten Ehe auch eine Ehe versteht, die anfechtbar ist, wenn die Anfechtungsklage für begründet erkannt wurde (vergl. Vorbm. vor § 1323 II Bd. IV S. 43).

6. Zu Ziff. VI.

Nach der bisherigen Fassung des § 195 hatten, wenn Ehefrauen oder unter väterlicher Gewalt stehende Kinder beleidigt worden sind, sowohl die Beleidigten als deren Ehemänner und Väter das Recht, auf Bestrafung anzutragen. Das Gleiche gilt nach § 232 Abs. 3 des St.G.B. im Falle einer Körperverletzung der im § 232 Abs. 1 bezeichneten Art. Das E.G. beseitigt das selbständige Recht des Vaters bezw. nach dem B.G.B. auch der Mutter, die Bestrafung zu beantragen. Das Antragsrecht des Vaters und der Mutter richtet sich infolgedessen ausschließlich nach den im § 65 des St.G.B. enthaltenen Vorschriften über das Antragsrecht des gesetzlichen Vertreters; der Elterntheil hat das Antragsrecht nicht, wenn ihm die gesetzliche Vertretung nicht zusteht (vergl. Erl. 1 zu § 1627).

7. Zu Ziff. VII und VIII.

Die Vorschriften der §§ 235, 237 werden dahin ergänzt, daß neben den Eltern und dem Vormund auch der Pfleger erwähnt ist. In Ansehung der Eltern kommt es nicht darauf an, ob ihnen die elterliche Gewalt zusteht. Der Vormund und der Pfleger kommen nur in Betracht, sofern ihnen die Vertretung zusteht (§§ 1628, 1793, 1909).

III. An Literatur vergl. auch Lobe, Ueber den Einfluß des B.G.B. auf das Strafrecht, Leipzig, 1898; Schmidt, der Einfluß des B.G.B. auf das Strafrecht, in der deutsch. Jur. Ztg. 1900 S. 146.

IV. In der zweiten Kommission (P. II S. 2802, 9150, Bd. 2 S. 612, Bd. 6 S. 579) war beantragt auszusprechen, daß die reichsgesetzlichen Vorschriften über die Buße, insbesondere die Bestimmung, daß die Buße die Geltendmachung eines weiteren Schadensersatzanspruchs ausschließt, unberührt bleiben. Der Antrag wurde mit Rücksicht auf Art. 32 als selbstverständlich abgelehnt.

Artikel 35.

Die Strafprozeßordnung wird dahin geändert:

I. Im §. 11 Abs. 1 treten an die Stelle der Sätze 2, 3 folgende Vorschriften:

In Ermangelung eines solchen Wohnsitzes gilt die Hauptstadt des Heimathstaats als ihr Wohnsitz; ist die Hauptstadt in mehrere Gerichtsbezirke getheilt, so wird der als Wohnsitz geltende Bezirk von der Landesjustizverwaltung durch allgemeine Anordnung bestimmt. Gehört ein Deutscher einem Bundesstaate nicht an, so gilt als sein Wohnsitz die Stadt Berlin; ist die Stadt Berlin in mehrere Gerichtsbezirke getheilt, so wird der als Wohnsitz geltende Bezirk von dem Reichskanzler durch allgemeine Anordnung bestimmt.

II. An die Stelle des §. 149 Abs. 2 tritt folgende Vorschrift:

Dasselbe gilt von dem gesetzlichen Vertreter eines Angeklagten.

Artikel 35.

E. d. E.G. I Art. 17; II Art. 9; III Art. 34. P. I S. 12583, 12584; M. d. E.G. S. 128. P. II S. 9147—9150 (Bd. 6 S. 577—579). R.B. S. 2110. St.B. S. 3025.

1. Zu Ziff. I.

In der St.P.O. § 11 Abs. 1 ist bestimmt, daß Deutsche, welche das Recht der Exterritorialität genießen, sowie die im Ausland angestellten Beamten des Reichs oder eines Bundesstaats in Ansehung des Gerichtsstandes den Wohnsitz behalten, welchen sie in dem Heimathstaate hatten. Nach den Sätzen 2, 3 gilt in Ermangelung eines solchen Wohnsitzes die Hauptstadt des Heimathstaats als ihr Wohnsitz und wird, wenn die Hauptstadt in mehrere Gerichtsbezirke zerfällt, der als Wohnsitz geltende Bezirk im Wege der Justizverwaltung durch allgemeine Anordnung bestimmt. Diese Gesetze haben nur eine kleine redaktionelle Aenderung erfahren, sind aber sachlich unverändert geblieben, Hinzugefügt ist in den letzten beiden Halbsätzen eine Bestimmung *für den Fall, daß ein Deutscher einem Bundesstaate nicht angehört.* Dieser Fall kann nach § 6 des Ges. v. 19. März 1888, betr. die Rechtsverhältnisse in den deutschen Schutzgebieten, jetzt § 9 des Schutzgebietsgesetzes in der Fassung v. 10. September 1900, eintreten. Für ihn war also eine neue Vorschrift nothwendig, und diese wird dahin gegeben, daß für solche Deutsche die Stadt Berlin in Ansehung des Gerichtsstandes als Wohnsitz gilt und daß, wenn diese in mehrere Gerichtsbezirke getheilt ist, der Reichskanzler (nicht die preußische Justizverwaltung) den als Wohnsitz geltenden Gerichtsbezirk durch allgemeine Anordnung zu bestimmen hat. Einen entsprechenden Zusatz hat der § 16 der bisherigen C.P.O. in dem § 15 der jetzigen C.P.O. erhalten.

2. Zu Ziff. II.

Der § 149 *Abs. 2 der* St.P.O. bestimmt, daß der Vater, der Adoptivvater oder Vormund eines minderjährigen Angeklagten in der Hauptverhandlung als Beistand zuzulassen und auf sein Verlangen zu hören sei. Die Aenderung, welche diese Vorschrift in dem E.G. Art. 35 II erfahren hat, beruht auf dem Gedanken, daß *als Beistand eines schutzbedürftigen Angeklagten derjenige, aber auch nur derjenige zuzulassen sei, welchem nach dem B.G.B. die Vertretung des Interesses des Schutzbedürftigen obliege.* Dies ist sein gesetzlicher Vertreter. Der Vater eines Minderjährigen ist daher als Beistand zuzulassen, wenn er kraft elterlicher Gewalt zur Vertretung des Minderjährigen berechtigt ist. Er ist nicht zuzulassen, wenn er die elterliche Gewalt verwirkt hat (B.G.B. § 1680) oder wenn seine elterliche Gewalt ruht (B.G.B. §§ 1676—1678) oder wenn ihm die Vertretung von dem Vormundschaftsgericht entzogen ist (B.G.B. § 1666). Ob in diesen Fällen die gesetzliche Vertretung der Mutter kraft elterlicher Gewalt oder einem Vormund oder einem Pfleger zusteht, bestimmt sich nach den Vorschriften des B.G.B. §§ 1684, 1685, 1773, 1909. Hervorzuheben ist, daß, wenn der Vater thatsächlich an der Ausübung der elterlichen Gewalt verhindert ist, diese während der Dauer der Ehe von der Mutter ausgeübt wird (B.G.B. § 1695). In einem solchen Falle ist daher die Mutter als Beistand zuzulassen. Mit Rücksicht hierauf ist ein in der R.T.K. gestellter Antrag, dem § 149 Abs. 2 die Bestimmung hinzuzufügen, daß auch die Mutter des minderjährigen Angeklagten als Beistand zuzulassen sei, abgelehnt. Nach dem Tode des Vaters steht regelmäßig der Mutter die elterliche Gewalt und damit die gesetzliche Vertretung des Kindes zu

Artikel 36.

Die Gewerbeordnung wird dahin geändert:

I. Der §. 11 Abs. 2 fällt weg; als §. 11a werden folgende Vorschriften eingestellt:

Betreibt eine Ehefrau, für deren güterrechtliche Verhältnisse ausländische Gesetze maßgebend sind, im Inlande selbständig ein Gewerbe, so ist es auf ihre Geschäftsfähigkeit in Angelegenheiten des Gewerbes ohne Einfluß, daß sie Ehefrau ist.

Soweit die Frau in Folge des Güterstandes in der Verfügung über ihr Vermögen beschränkt ist, finden die Vorschriften des §. 1405 des Bürgerlichen Gesetzbuchs Anwendung. Hat die Frau ihren Wohnsitz nicht im Inlande, so ist der Einspruch des Mannes gegen den Betrieb des Gewerbes und der Widerruf der ertheilten Einwilligung in das Güterrechtsregister des Bezirks einzutragen, in welchem das Gewerbe betrieben wird.

(B.G.B. § 1684). Steht ihr ausnahmsweise die Vertretung nicht zu — es sind dies dieselben Fälle, in welchen nach dem Obigen dem Vater die Vertretung nicht zusteht (B.G.B. § 1686), — so ist der zu bestellende Vormund oder Pfleger der gesetzliche Vertreter.

Der Adoptivvater, d. h. also nach der Terminologie des B.G.B. derjenige, welcher einen Anderen an Kindesstatt angenommen hat, hat die rechtliche Stellung eines ehelichen Vaters (B.G.B. § 1757), ist also kraft elterlicher Gewalt der gesetzliche Vertreter des minderjährigen Kindes. Die elterliche Gewalt steht aber auch einer Frau, welche einen Anderen an Kindesstatt angenommen hat, in demselben Umfange zu wie der ehelichen Mutter (B.G.B. §§ 1741, 1757 Abs. 1). Ueber die Fälle, in welchen ein angenommenes Kind die rechtliche Stellung eines ehelichen Kindes eines Ehepaars erlangt s. B.G.B. § 1757 Abs. 2.

Ueber die gesetzliche Vertretung von Kindern aus nichtigen Ehen s. B.G.B. §§ 1699—1702; über die gesetzliche Vertretung von legitimirten Kindern s. B.G.B. §§ 1719, 1736.

In Konsequenz des oben angeführten Gedankens soll nach der jetzigen Fassung des § 149 Abs. 2 nicht nur der gesetzliche Vertreter eines Minderjährigen, sondern auch der gesetzliche Vertreter eines Volljährigen als Beistand zugelassen werden. Ein Volljähriger erhält in dem für ihn zu bestellenden Vormund einen gesetzlichen Vertreter, wenn er entmündigt ist (B.G.B. § 1896) oder wenn die Entmündigung beantragt und eine vorläufige Vormundschaft angeordnet ist (B.G.B. § 1906). Der § 149 enthält keine Vorschrift darüber, wer als Beistand zuzulassen ist, wenn die gesetzliche Vertretung in den die Person und das Vermögen betreffenden Angelegenheiten verschiedenen Personen zusteht. Auch das B.G.B. enthält keine allgemeinen Vorschriften darüber, welche Angelegenheiten unter die eine und welche unter die andere Kategorie fallen. Die Vertretung der Interessen des Angeklagten dürfte indessen immer zu den die Person betreffenden Angelegenheiten zu zählen sein (s. Bd. IV S. 383, 384, Erl. 1 zu § 1627).

Ist im einzelnen Falle für eine unter elterlicher Gewalt oder unter Vormundschaft stehende Person oder auf Grund des B.G.B. § 1909 Abs. 3 ein Pfleger bestellt (B.G.B. § 1909), so steht diesem die gesetzliche Vertretung in den ihm überwiesenen Angelegenheiten zu (B.G.B. § 1915); er ist also als Beistand zuzulassen, wenn sein Wirkungskreis die hier fragliche persönliche Angelegenheit umfaßt. Das Gleiche gilt für einen nach Maßgabe des B.G.B. § 1910 für die persönlichen Angelegenheiten eines Volljährigen bestellten Pfleger. Die übrigen Fälle (B.G.B. §§ 1911—1914) kommen nicht in Betracht.

Artikel 36.

E. d. E.G. I Art. 18; II Art. 10; III Art. 35. P. I S. 12587—12598; M. d. E.G. S. 129—131. P. II S. 9150—9158, 9164, 9187 (Bd. 6 S. 579—587, 600). K.B. S. 2093, 2110.

Der Art. 36 behandelt die durch das B.G.B. erforderlich gewordenen Aenderungen und Ergänzungen der Gew.O.

I. Zu Ziff. I (§§ 11, 11a Gew.O.).

1. Der Abs. 1 der bisherigen Fassung des § 11 bestimmt, daß das Geschlecht in Beziehung auf die Befugniß zum selbständigen Betrieb eines Gewerbes keinen Unterschied macht. Diese

Betreibt die Frau das Gewerbe mit Einwilligung des Mannes oder gilt die Einwilligung nach §. 1405 Abs. 2 des Bürgerlichen Gesetzbuchs als ertheilt, so haftet für die Verbindlichkeiten der Frau aus dem Gewerbebetriebe ihr Vermögen ohne Rücksicht auf die dem Manne kraft des Güterstandes zustehenden Rechte; im Falle des Bestehens einer ehelichen Gütergemeinschaft haftet auch das gemeinschaftliche Vermögen.

Vorschrift hat nur gewerbepolizeiliche Bedeutung und wird deshalb durch das B.G.B. nicht berührt; sie ist als § 11 in Kraft geblieben.

Der Abs. 2 des bisherigen § 11 legt der Frau, welche selbständig ein Gewerbe betreibt, für den Umfang des Gewerbebetriebs volle Geschäfts- und Prozeßfähigkeit bei. Durch die C.P.O. § 52 (bisher § 51) Abs. 2 ist jede Beschränkung der Prozeßfähigkeit einer Frau beseitigt. Das B.G.B. beseitigt auch die Beschränkung der Geschäftsfähigkeit der Frauen. Nach dem B.G.B. ist weder die Frau als solche noch die Ehefrau, sei es in Folge der Ehe oder des in der Ehe geltenden Güterstandes, in der Geschäftsfähigkeit beschränkt (Bd. IV S. 79). Nach dem Inkrafttreten des B.G.B. kann eine ledige oder verheirathet gewesene Frau, die in Deutschland ein Gewerbe betreibt, sofern sie eine Deutsche ist, in der Geschäftsfähigkeit überhaupt nicht mehr beschränkt sein. Wenn sie eine Ausländerin ist, ist zwar nach Art. 7 des E.G. für ihre Geschäftsfähigkeit das ausländische Recht maßgebend, sie kann also je nach dem ausländischen Rechte in der Geschäftsfähigkeit beschränkt sein. Allein nach dem Abs. 3 des Art. 7 wird ein Ausländer, welcher in Deutschland ein Rechtsgeschäft vornimmt, für das er nach dem ausländischen Rechte nicht geschäftsfähig ist, für dieses Rechtsgeschäft insoweit als geschäftsfähig betrachtet, als er nach den deutschen Gesetzen geschäftsfähig sein würde. Die lediglich an die Eigenschaft der ausländischen Gewerbtreibenden als einer Frau geknüpfte Beschränkung der Geschäftsfähigkeit kommt daher nicht in Betracht. Eine verheirathete Frau, welche in Deutschland ein Gewerbe betreibt, kann, sofern sie eine Deutsche ist — oder genauer gesprochen, wenn für ihren Güterstand das deutsche Recht maßgebend ist, — in der Geschäftsfähigkeit nur beschränkt sein, wenn sie vor dem Inkrafttreten des B.G.B. geheirathet hat und für den in der Ehe geltenden Güterstand eines der bisherigen Rechte maßgebend ist, welches, sei es als Folge des Güterstandes oder der Ehe, die Ehefrau in der Geschäftsfähigkeit beschränkt (Art. 200 des E.G.). Ist die verheirathete Gewerbetreibende eine Ausländerin oder eine Deutsche, für deren Güterstand ein ausländisches Recht maßgebend ist (z. B. wenn die Ehegatten erst nach der Verheirathung die Reichsangehörigkeit erworben haben), so sind für die Frage, inwieweit die Frau in Folge der Ehe oder des Güterstandes in der Geschäftsfähigkeit beschränkt ist, diejenigen ausländischen Gesetze maßgebend, nach welchen sich die güterrechtlichen Verhältnisse der Frau richten (Art. 15 des E.G.). Mit Rücksicht hierauf hat der bisherige Abs. 2 des § 11 der Gew.O. nur mehr für die Geschäftsfähigkeit der verheiratheten gewerbetreibenden Frauen Bedeutung und zwar, wenn für die Güterrechtsverhältnisse der Frau das deutsche Recht gilt, nur, wenn die Ehe vor dem Inkrafttreten des B.G.B. geschlossen ist.

Da man die Fortgeltung des Abs. 2 des bisherigen § 11 in Ansehung der gewerbetreibenden Frau, für deren Güterrecht das deutsche Recht maßgebend ist, als selbstverständliche Folge des Art. 200 des E.G. ansah, ist die Vorschrift des bisherigen § 11 Abs. 2 auf ausländische Frauen und auf deutsche Frauen, für deren Güterstand ein ausländisches Recht maßgebend ist, beschränkt und als Abs. 1 in den neuen § 11a in der Gew.O. eingestellt worden.

2. Anlangend den neuen § 11a, so gilt die Vorschrift des Abs. 1 ohne Rücksicht darauf, ob die Frau mit oder ohne Einwilligung des Mannes das Geschäft betreibt.

Der Abs. 2 Satz 1 des § 11a spricht durch die Verweisung auf § 1405 des B.G.B. aus, daß auch eine nach dem ausländischen Rechte etwa als Folge der Ehe oder des Güterstandes eintretende Beschränkung der Verfügungsmacht der Frau in Ansehung der Rechtsgeschäfte und Rechtsstreitigkeiten, die der Geschäftsbetrieb mit sich bringt, dann wegfällt, wenn der Mann der Frau die Einwilligung zum selbständigen Betriebe des Erwerbsgeschäfts ertheilt oder wenn die Frau mit Wissen und ohne Einspruch des Mannes das Erwerbsgeschäft betreibt. Der Einspruch des Mannes sowie der Widerruf seiner Einwilligung sind Dritten gegenüber nur dann wirksam, wenn sie in das Güterrechtsregister eingetragen oder dem Dritten bekannt sind. Für den Fall, daß die Frau ihren Wohnsitz nicht im Inlande hat, trifft der Abs. 2 Satz 2, weil in diesem Falle es an einem zuständigen Registergerichte fehlt, die Vorschrift dahin, daß der Einspruch und der Widerruf in das Güterrechtsregister des Bezirkes einzutragen sind, in welchem das Gewerbe betrieben wird (vergl. auch Art. 4 des E.G. z. H.G.B. und Erl. 1 zu § 1558 des B.G.B.). Die Vorschrift des § 11a Abs. 2 Satz 1 hat übrigens mit Rücksicht auf Art. 16 Abs. 2 des E.G. nur für den Fall Bedeutung, daß der Wohnsitz der Ehegatten sich nicht in Deutschland befindet.

II. Im §. 107 Abs. 1 werden

1. im Satz 4 die Worte: „an den Vater oder Vormund, sofern diese es verlangen", ersetzt durch die Worte:
„an den gesetzlichen Vertreter, sofern dieser es verlangt",

2. im Satz 5 die Worte: „an die Mutter" ersetzt durch die Worte:
„an die zur gesetzlichen Vertretung nicht berechtigte Mutter".

III. Im §. 108 treten an die Stelle des Satz 2 folgende Vorschriften:

Die Ausstellung erfolgt auf Antrag oder mit Zustimmung des gesetzlichen Vertreters. Ist die Erklärung des gesetzlichen Vertreters nicht zu beschaffen oder verweigert dieser die Zustimmung ohne genügenden Grund und zum Nachtheile des Arbeiters, so kann die Gemeindebehörde die Zustimmung ergänzen.

IV. Im §. 110 Abs. 1 werden die Worte: „seines Vaters oder Vormunds" ersetzt durch die Worte:
„seines gesetzlichen Vertreters".

V. Im §. 113 tritt an die Stelle des Abs. 4 folgende Vorschrift:

Ist der Arbeiter minderjährig, so kann das Zeugniß von dem gesetzlichen Vertreter gefordert werden. Dieser kann verlangen, daß das Zeugniß an ihn, nicht an den Minderjährigen ausgehändigt werde. Mit Genehmigung der Gemeindebehörde des im §. 108 bezeichneten Ortes kann auch gegen den Willen des gesetzlichen Vertreters die Aushändigung unmittelbar an den Arbeiter erfolgen.

Der Abs. 3 stellt die Wirkungen der erfolgten oder der anzunehmenden Einwilligung des Mannes auf die Rechte des Mannes am Vermögen der Frau und im Falle des Bestehens einer allgemeinen oder partikulären Gütergemeinschaft auch auf das gemeinschaftliche Vermögen der Ehegatten in der gleichen Weise fest, wie es das B.G.B. in den §§ 1412, 1445, 1459, 1460, 1530, 1532 für die nach dem deutschen Rechte zu beurtheilende Gewerbefrau gethan hat.

II. Zu Ziff. II—IV.

Die §§ 107ff. der Gew.O. enthalten die Vorschriften über das von den minderjährigen gewerblichen Arbeitern zu führende Arbeitsbuch. Die vom Art. 36 vorgenommenen Aenderungen tragen

a) der Regelung, welche das B.G.B. der gesetzlichen Vertretung Minderjähriger gegeben hat, Rechnung. Es wird deshalb einerseits nicht mehr vom Vater oder Vormunde, sondern vom gesetzlichen Vertreter gesprochen, weil auch die Mutter gesetzliche Vertreterin sein oder umgekehrt dem Vater die Vertretung nicht zustehen kann, andererseits ist im § 107 Abs. 1 Satz 5 zur Verdeutlichung des Gesetzes beigefügt, daß nur der Fall gemeint ist, in welchem die Mutter nicht zur gesetzlichen Vertretung des Kindes berechtigt ist.

b) Im Satz 2 der nach der Ziff. III an die Stelle des § 108 Satz 2 tretenden Vorschrift ist insofern eine Neuerung enthalten, als die ohne genügenden Grund verweigerte und die nicht zu beschaffende Zustimmung eines jeden gesetzlichen Vertreters von der Gemeindebehörde ergänzt werden kann, während dies bisher nur in Ansehung der Zustimmung des Vaters der Fall war, in Ansehung des Vormundes aber das Vormundschaftsgericht angerufen werden mußte. Die Neuerung beruht auf einem Beschlusse der Reichstagskommission.

III. Zu Ziff. V.

Der § 113 der Gew.O. betrifft das dem Arbeiter nach der Beendigung des Arbeitsverhältnisses auszustellende Zeugniß. Die vorgenommenen Aenderungen beruhen lediglich auf den Vorschriften des B.G.B. über die gesetzliche Vertretung Minderjähriger.

VI. Im §. 131 Abs. 1 Satz 1 werden die Worte: „von dem Vater oder Vormunde" ersetzt durch die Worte:

„von dem gesetzlichen Vertreter".

VII. Im §. 133 Abs. 2 Satz 1 werden die Worte: „der Vater des Lehrlings" ersetzt durch die Worte:

„der Vater des Lehrlings, sofern er die Sorge für die Person des Lehrlings hat,".

Artikel 37.

Der §. 2 des Gesetzes über die Freizügigkeit vom 1. November 1867 (Bundes-Gesetzbl. S. 55) wird dahin geändert:

Wer die aus der Reichsangehörigkeit folgenden Befugnisse in Anspruch nimmt, hat auf Verlangen den Nachweis seiner Reichsangehörigkeit und, sofern er unter elterlicher Gewalt oder unter Vormundschaft steht, den Nachweis der Genehmigung des gesetzlichen Vertreters zu erbringen.

Eine Ehefrau bedarf der Genehmigung des Ehemanns.

IV. Zu Ziff. VI und VII.

Die §§ 126—133 regeln die Rechtsverhältnisse der gewerblichen Lehrlinge. Nach § 131 kann das Lehrlingsverhältniß von dem Lehrling ohne Einhaltung einer Kündigungsfrist gekündigt werden, wenn vom Vater oder vom Vormunde die schriftliche Erklärung über die beabsichtigte Berufsänderung des Lehrlings abgegeben wird. Der § 133 verpflichtet den Vater zur solidarischen Mittragung der vom Lehrlinge wegen unbefugter Lösung des Lehrlingsverhältnisses zu zahlenden Entschädigung. Die Aenderung des § 131 trägt lediglich den Vorschriften des B.G.B. über die gesetzliche Vertretung Rechnung, die Vorschrift des § 133 ist auf den Fall eingeschränkt, daß dem Vater das Erziehungsrecht zusteht. Ob dem Vater die Vertretungsmacht zukommt oder nicht ist ohne Belang; der Vater haftet also z. B. nicht, wenn ihm, weil die Ehe geschieden ist, nach § 1635 zwar die Vertretung des Kindes in den persönlichen Angelegenheiten, nicht dagegen die thatsächliche Sorge für die Person gebührt. Die Vorschrift des § 133 ist auf den Fall, daß die Mutter das Erziehungsrecht hat, nicht ausgedehnt und zwar selbst für den Fall nicht, daß die Mutter neben dem Erziehungsrecht auch die gesetzliche Vertretung hat. Es beruht dies darauf, daß der Mutter im praktischen Leben nicht die gleiche Autorität wie dem Vater zukommt und es deshalb hart wäre, sie in der hier fraglichen Beziehung wie den Vater haften zu lassen.

Durch Art. 2 des Ges., betr. Aenderungen der Gew.O., v. 26. Juli 1897 ist übrigens die Paragraphenbezeichnung geändert worden, indem nunmehr der § 131 als § 127e und der § 133 als § 127g eingestellt ist (vergl. die Neufassung der Gew.O. v. 26. Juli 1900 Reichs-Gesetzbl. S. 871).

Artikel 37.

E. d. E.G. I Art. 19; II Art. 11; III Art. 36. P. I S. 12598—12600; M. d. E.G. S. 131. P. II S. 9158 (Bd. 6 S. 584).

Nach der bisherigen Fassung des § 2 des Freizügigkeitsgesetzes hat derjenige, welcher die aus der Bundesangehörigkeit fließenden Befugnisse in Anspruch nimmt, auf Verlangen den Nachweis seiner Bundesangehörigkeit und, wenn er unselbständig ist, den Nachweis der Genehmigung desjenigen, unter dessen väterlicher, vormundschaftlicher oder eheherrlicher Gewalt er steht, zu erbringen. In der neuen Fassung ist zunächst das Wort „Bundesangehörigkeit" mit dem den gegenwärtigen Verhältnissen entsprechenden Worte „Reichsangehörigkeit" vertauscht. Der Begriff der unselbständigen Personen ist ferner mit Rücksicht auf die Vorschriften des B.G.B., das einerseits nicht nur eine elterliche Gewalt des Vaters, sondern auch eine dieser gleichstehende elterliche Gewalt der Mutter kennt, andererseits von einer eheherrlichen Gewalt nicht spricht, — auf die unter elterlicher Gewalt oder unter Vormundschaft (Pflegschaft § 1915) stehenden Personen beschränkt und dementsprechend die Fassung geändert; die neue Fassung bringt zugleich zum Ausdrucke, daß die Ertheilung der Genehmigung nicht als Ausfluß der that-

Artikel 38.

Das Gesetz, betreffend die Organisation der Bundeskonsulate, sowie die Amtsrechte und Pflichten der Bundeskonsuln, vom 8. November 1867 (Bundes-Gesetzbl. S. 137) wird dahin ergänzt:

I. Der §. 16 erhält folgenden Abs. 2:

Einem Wahlkonsul steht in Ansehung der Errichtung einer Verfügung von Todeswegen das im Abs. 1 bezeichnete Recht der Notare nur dann zu, wenn das Recht ihm von dem Reichskanzler besonders beigelegt ist.

II. Als §. 17a wird folgende Vorschrift eingestellt:

Auf die Errichtung einer Verfügung von Todeswegen finden nicht die Vorschriften des §. 17, sondern die Vorschriften des Bürgerlichen Gesetzbuchs Anwendung.

---

sächlichen Fürsorge für die Person, sondern der Vertretungsmacht (s. Erl. zu § 1627) aufzufassen ist. Bezüglich der Ehefrauen ist mit Rücksicht auf § 1354 die Genehmigung des Mannes erfordert; steht eine Ehefrau unter elterlicher Gewalt oder unter Vormundschaft, so ist auch noch die Genehmigung des gesetzlichen Vertreters nothwenig.

Artikel 38.

E. d. E.G. I Art. 20; II Art. 12; III Art. 37. P. I S. 12600—12602; M. V S. 288; M. d. E.G. S. 132, 133. P. II S. 9158, 9159 (Bd. 6 S. 584).

1. Nach § 16 des im Art. 38 bezeichneten Gesetzes steht den Bundeskonsuln innerhalb ihres Amtsbezirks in Ansehung der Rechtsgeschäfte, welche Bundesangehörige errichten, das Recht der Notare zu. Auf Grund dieser Vorschrift würden die Konsuln nach B.G.B. §§ 2231 Nr. 1, 2276 auch zu der Aufnahme eines Testaments oder Erbvertrags berechtigt sein. Die hierzu erforderliche Kenntniß kann aber bei Wahlkonsuln nicht ohne Weiteres angenommen werden. Deshalb macht der Art. 38 Abs. 1 das fragliche Recht bei Wahlkonsuln von einer besonderen Ermächtigung des Reichskanzlers abhängig.

Zweifelhaft ist, ob den Konsuln das Recht der Notare nach Maßgabe des B.G.B. unbeschränkt in Betreff aller Reichsangehörigen zusteht oder ob es in Betreff der Angehörigen derjenigen Bundesstaaten ausgeschlossen ist, in welchen auf Grund des E.G. Art. 141 landesgesetzlich bestimmt ist, daß nur die Gerichte zu der Beurkundung von Rechtsgeschäften zuständig seien. Nach dem bisherigen Rechte war ein Konsul auf Grund des gedachten § 16 zu der Beurkundung eines Rechtsgeschäfts nur dann befugt, wenn die Notare für solche Beurkundungen nach den Gesetzen desjenigen Bundesstaats zuständig waren, welchem die Person, die die Urkunde errichtet hatte, angehörte. Mit Rücksicht hierauf wird in den Motiven (S. 132) angenommen, daß das fragliche Recht den Konsuln auch künftig nicht zustehe in Betreff der Angehörigen solcher Bundesstaaten, in welchen die Notare landesgesetzlich nicht zuständig seien. In der zweiten Kommission wurde diese Auffassung als unrichtig bezeichnet, weil der Art. 141 den Bundesstaaten nur für ihr Gebiet die Befugniß einräume, die Zuständigkeit der Notare zu beschränken. Hiergegen wurde von keiner Seite Widerspruch erhoben (P. II S. 9158, 9159). Die Ansicht der zweiten Kommission verdient den Vorzug, denn wenn auch bisher das Recht der Konsuln in der gedachten Art beschränkt war, so ist diese Beschränkung doch, weil sie lediglich eine Folge der bisherigen Verschiedenheit der Landesgesetze war, mit der einheitlichen Regelung durch das B.G.B. weggefallen und durch eine landesgesetzliche Regelung auf Grund des Art. 141 kann hieran aus dem oben angeführten Grunde nichts geändert werden (a. A. Niedner S. 95 Erl. 1b).

2. Der § 17 des in dem Art. 38 bezeichneten Gesetzes bestimmt die Form, welche der Konsul bei der Aufnahme von Urkunden zu beobachten hat. In Ermangelung einer besonderen Vorschrift würde die Beobachtung dieser Form auch für die Aufnahme einer Verfügung von Todeswegen genügen. Dies ist zwar nicht zweifellos, aber es lassen sich dafür doch gewichtige Gründe anführen. Ein solches Ergebniß würde aber gegenüber der besonders strengen Formvorschriften, welche das B G B. für die Verfügung von Todeswegen trifft, bedenklich sein. Deshalb wird im Art. 38 II bestimmt, daß für die Aufnahme von Verfügungen von Todeswegen nicht die Vorschriften des § 17, sondern die Bestimmungen des B.G.B. (§§ 2232ff., 2276) maßgebend sein sollen.

Artikel 39.

Das Gesetz, betreffend die vertragsmäßigen Zinsen, vom 14. November 1867 (Bundes-Gesetzbl. S. 159) wird aufgehoben.

Artikel 40.

Das Gesetz, betreffend die Eheschließung und die Beurkundung des Personenstandes von Bundesangehörigen im Auslande, vom 4. Mai 1870 (Bundes-Gesetzbl. S. 599) wird dahin geändert:

I. In dem §. 3 Abs. 1 Satz 1, dem §. 9, dem §. 11 Abs. 2 und dem §. 12 Abs. 1 Satz 2 wird das Wort: „muß" ersetzt durch das Wort: „soll".

Artikel 39.

E. d. E.G. I Art. 21; II Art. 13; III Art. 38. P. I S. 12603; M. d. E.G. S. 134. P. II S. 9158 (Bd. 6 S. 584).

Der in dem § 1 des Reichsgesetzes v. 14. November 1867 ausgesprochene Grundsatz der Vertragsfreiheit in Betreff der Zinsen gilt auch nach dem B.G.B. (§ 246). Dem § 2 entspricht sachlich der § 247 des B.G.B.; weggelassen ist nur die im § 2 Abs. 3 in Betreff der kaufmännischen Schulden gemachte Ausnahme; sie würde durch die Weglassung im B.G.B. und da auch das H.G.B. §§ 352 ff. eine entsprechende Ausnahme nicht vorschreibt, auch wohl ohne die ausdrückliche Vorschrift des Art. 39 als aufgehoben anzusehen sein. Der Inhalt des § 3 wird durch das allgemeine Prinzip des B.G.B. § 288 Abs. 1 Satz 2 gedeckt. Die im § 4 aufrecht erhaltenen privatrechtlichen Vorschriften über die Zinsen von Zinsen sind, da sie auf Landesgesetzen beruhen, durch E.G. Art. 55 aufgehoben. An ihre Stelle treten die Vorschriften des B.G.B. §§ 248, 249 (vergl. H.G.B. § 353). Dem in demselben § 4 gemachten Vorbehalte zu Gunsten der gewerblichen Pfandleihanstalten entspricht der Art. 94 d. E.G. Der im § 5 gemachte Vorbehalt zu Gunsten der Landesgesetze ist durch E.G. Art. 55 aufgehoben.

Da hiernach alle Vorschriften des in dem Art. 39 bezeichneten Gesetzes entweder in das B.G.B. bezw. in das E.G. aufgenommen oder dadurch materiell aufgehoben sind, so empfahl es sich der Einfachheit halber und, um jeden Zweifel abzuschneiden, das ganze Gesetz auch formell aufzuheben.

Artikel 40.

E. d. E.G. I Art. 22; II Art. 14; III Art. 39. P. I S. 12653, 12658; M. d. E.G. S. 134. P. II S. 9165—9169 (Bd. 6 S. 587—590). K.B. S. 2093, 2110.

Das Gesetz v. 4. Mai 1870 über die Eheschließung Deutscher im Auslande stimmt mit den Vorschriften, welche nach dem Personenstandsgesetze v. 6. Februar 1875 für in Deutschland erfolgende Eheschließungen gelten, im Wesentlichen überein und mußte daher, um mit diesen durch das B.G.B. geänderten Vorschriften im Einklange zu bleiben, in einigen Beziehungen Aenderungen und Ergänzungen erfahren. Diesem Zwecke dienen die Vorschriften des Art. 40.

I. Zu Ziff. I.

1. Der § 3 Abs. 1 Satz 1 des Ges. v. 4. Mai 1870 schreibt vor, daß der Eheschließung das Aufgebot voranzugehen hat. Nach der bisherigen Fassung „muß" das Aufgebot vorhergehen. Im Einklange mit der Fassung des § 1316 Abs. 1 des B.G.B. ist die Vorschrift des § 3 Abs. 1 Satz 1 in eine bloße Ordnungsvorschrift verwandelt.

2. Der § 9 bestimmt, welche Angaben die in das Heirathsregister über die geschlossene Ehe einzutragende Urkunde zu enthalten hat. Durch die neue Fassung wird die Uebereinstimmung mit der Fassung des § 54 des Personst.G. hergestellt. Eine sachliche Abweichung ist darin nicht enthalten.

3. Aus dem gleichen Grunde ist die Fassung des § 11 Abs. 2, welcher von der Eintragung in das Geburtsregister handelt, mit der Fassung des § 22 des Personst.G. und die Fassung des § 12, welcher die Eintragung in das Sterberegister betrifft, mit der Fassung des § 59 des Personst.G. in Einklang gesetzt.

II. An die Stelle der §§. 7, 8 treten folgende Vorschriften:

§. 7.

Die Ehe wird dadurch geschlossen, daß die Verlobten vor dem Beamten persönlich und bei gleichzeitiger Anwesenheit erklären, die Ehe mit einander eingehen zu wollen. Der Beamte muß zur Entgegennahme der Erklärungen bereit sein.

Die Erklärungen können nicht unter einer Bedingung oder einer Zeitbestimmung abgegeben werden.

§. 7a.

Der Beamte soll bei der Eheschließung in Gegenwart von zwei Zeugen an die Verlobten einzeln und nach einander die Frage richten, ob sie die Ehe mit einander eingehen wollen, und, nachdem die Verlobten die Frage bejaht haben, aussprechen, daß sie kraft dieses Gesetzes nunmehr rechtmäßig verbundene Eheleute seien.

Als Zeugen sollen Personen, die der bürgerlichen Ehrenrechte für verlustig erklärt sind, während der Zeit, für welche die Aberkennung der Ehrenrechte erfolgt ist, sowie Minderjährige nicht zugezogen werden. Personen, die mit einem der Verlobten, mit dem Beamten oder mit einander verwandt oder verschwägert sind, dürfen als Zeugen zugezogen werden.

§. 8.

Als zur Eheschließung ermächtigter Beamter (§. 1) gilt auch derjenige, welcher, ohne ein solcher Beamter zu sein, das Amt eines solchen öffentlich ausübt, es sei denn, daß die Verlobten den Mangel der amtlichen Befugniß bei der Eheschließung kennen.

§. 8a.

Eine Ehe, die vor einem zur Eheschließung ermächtigten Beamten (§. 1) oder vor einer im §. 8 einem solchen Beamten gleichgestellten Person geschlossen wird, ist wegen Formmangels nur dann nichtig, wenn bei der Eheschließung die im §. 7 vorgeschriebene Form nicht beobachtet worden ist.

Ist die Ehe in das Heirathsregister eingetragen worden und haben die Ehegatten nach der Eheschließung zehn Jahre oder, falls einer von ihnen vorher gestorben ist, bis zu dessen Tode, jedoch mindestens drei Jahre als Ehegatten mit einander gelebt, so ist die Ehe als von Anfang an gültig anzusehen. Diese Vorschrift findet keine Anwendung, wenn bei dem Ablaufe der zehn Jahre oder zur Zeit des Todes des einen Ehegatten die Nichtigkeitsklage erhoben ist.

Artikel 41.

Das Gesetz über die Erwerbung und den Verlust der Bundes- und Staatsangehörigkeit vom 1. Juni 1870 (Bundes-Gesetzbl. S. 355) wird dahin geändert:

II. Zu Ziff. II.

Die §§ 7, 7a, 8 entsprechen den §§ 1317—1319, der § 8a dem § 1324 des B.G.B.

Artikel 41.

E. I §§ 1507, 1657; E. d. E.G. I Art. 23; II Art. 15; III Art. 40. P. I S. 7719, 8300, 12605—12612; M. IV S. 756, 1098; M. d. E.G. S. 134—136. P. II S. 5996, 6350—6352, 9169, 9421 (Bd. 4 S. 565, 757; Bd. 6 S. 590, 743).

Der Art. 41 enthält in den Ziff. I, III und IV Aenderungen und in der Ziffer II eine Ergänzung des Bundes- und Staatsangehörigkeitsgesetzes.

I. An die Stelle des §. 11 treten folgende Vorschriften:

Die Verleihung der Staatsangehörigkeit erstreckt sich, insofern nicht dabei eine Ausnahme gemacht wird, zugleich auf die Ehefrau und auf diejenigen minderjährigen Kinder, deren gesetzliche Vertretung dem Aufgenommenen oder Naturalisirten kraft elterlicher Gewalt zusteht. Ausgenommen sind Töchter, die verheirathet sind oder verheirathet gewesen sind.

II. Als §. 14a werden folgende Vorschriften eingestellt:

Die Entlassung eines Staatsangehörigen, der unter elterlicher Gewalt oder Vormundschaft steht, kann von dem gesetzlichen Vertreter nur mit Genehmigung des Vormundschaftsgerichts beantragt werden.

Die Genehmigung des Vormundschaftsgerichts ist nicht erforderlich, wenn der Vater oder die Mutter die Entlassung für sich und zugleich kraft elterlicher Gewalt für ein Kind beantragt. Erstreckt sich der Wirkungskreis eines der Mutter bestellten Beistandes auf die Sorge für die Person des Kindes, so bedarf die Mutter in einem solchen Falle der Genehmigung des Beistandes zu dem Antrag auf Entlassung des Kindes.

III. An die Stelle des §. 19 treten folgende Vorschriften:

Die Entlassung erstreckt sich, insofern nicht dabei eine Ausnahme gemacht wird, zugleich auf die Ehefrau und auf diejenigen Kinder, deren gesetzliche Vertretung dem Entlassenen kraft elterlicher Gewalt zusteht.

Diese Vorschrift findet keine Anwendung auf Töchter, die verheirathet sind oder verheirathet gewesen sind, sowie auf Kinder, die unter der elterlichen Gewalt der Mutter stehen, falls die Mutter zu dem Antrage auf Entlassung der Kinder nach §. 14a Abs. 2 Satz 2 der Genehmigung des Beistandes bedarf.

IV. An die Stelle des §. 21 Abs. 2 treten folgende Vorschriften:

Der hiernach eingetretene Verlust der Staatsangehörigkeit erstreckt sich zugleich auf die Ehefrau und auf diejenigen Kinder, deren gesetzliche Vertretung dem Ausgetretenen kraft elterlicher Gewalt zusteht, soweit sich die Ehefrau oder die Kinder bei dem Ausgetretenen befinden. Ausgenommen sind Töchter, die verheirathet sind oder verheirathet gewesen sind.

---

1. Zu Ziff. I, III, IV.

Die §§ 11, 19, 21 Abs. 2 des Bundes- und Staatsangehörigkeitsgesetzes bestimmen den Einfluß, welchen die Verleihung oder der Verlust der Staatsangehörigkeit auf die Ehefrau und die minderjährigen Kinder des Aufgenommenen oder Ausscheidenden hat. Die Aenderungen, welche diese Vorschriften erleiden, bestehen

a) darin, daß nicht von den unter elterlicher Gewalt stehenden Kindern gesprochen wird, sondern von den minderjährigen Kindern, deren gesetzliche Vertretung dem Aufgenommenen oder Ausscheidenden kraft elterlicher Gewalt zusteht. Dies ist einerseits mit Rücksicht darauf geschehen, daß das B.G.B. eine der elterlichen Gewalt des Vaters gleichstehende elterliche Gewalt der Mutter kennt, andererseits zu dem Zwecke, um klar zu stellen, daß es nicht genügt, wenn dem Elterntheil überhaupt die elterliche Gewalt zusteht, sondern daß er kraft der elterlichen Gewalt auch die Vertretung in den die Person des Kindes betreffenden Angelegenheiten haben muß, daß er also z. B. nicht blos die thatsächliche Fürsorge oder blos die Vermögensverwaltung haben darf. Ist der Mutter ein Beistand bestellt (§ 1687) und fällt die Sorge für die Person

Artikel 42.

Das Gesetz, betreffend die Verbindlichkeit zum Schadenersatze für die bei dem Betriebe von Eisenbahnen, Bergwerken u. s. w. herbeigeführten Tödtungen und Körperverletzungen, vom 7. Juni 1871 (Reichs-Gesetzbl. S. 207) wird dahin geändert:

---

des Kindes in den Wirkungskreis des Beistandes (§ 1688), so bedarf die Mutter zum Antrag auf Entlassung des Kindes aus dem Staatsverbande nach § 14a (s. Ziff. II) der Genehmigung des Beistandes auch dann, wenn sie zugleich für sich selbst die Entlassung beantragt; mit Rücksicht hierauf ist im neuen Abs. 2 des § 19 bestimmt, daß die Entlassung der Mutter sich unter der bezeichneten Voraussetzung nicht von selbst auf die Kinder erstreckt.

b) darin, daß von der Regel, wonach sich in den Fällen der §§ 11, 19, 21 Abs. 2 die Verleihung und der Verlust der Staatsangehörigkeit auf die unter der elterlichen Gewalt stehenden minderjährigen Kinder erstreckt, in Ansehung der verheiratheten oder verheirathet gewesenen minderjährigen Töchter eine Ausnahme gemacht ist. Die neue Fassung enthält in dieser Beziehung nur eine Verdeutlichung des Gesetzes. Da die Frau die Staatsangehörigkeit des Mannes theilt, so liegt es schon im Sinne der bisherigen Fassung, daß der Erwerb oder der Verlust der Staatsangehörigkeit seitens des Familienoberhaupts sich nicht auf die verheirathete Tochter erstrecken kann. Die Fassungsänderung ist dadurch veranlaßt worden, daß die unter **a** bezeichnete Fassungsänderung auf den gesetzlichen Vertreter abstellt, nach § 1633 des B.G.B. aber die Vertretungsmacht des Gewalthabers durch die Verheirathung der Tochter nicht beendigt wird.

Daß übrigens, was die Anwendbarkeit des § 11 betrifft, die Frage, ob dem Naturalisirten die gesetzliche Vertretung seiner minderjährigen Kinder kraft elterlicher Gewalt zusteht, sich nach demjenigen Rechte bemißt, welchem der naturalisirte Elterntheil vor der Erlangung der Staatsangehörigkeit angehörte, ist in der zweiten Kommission anerkannt worden (P. II S. 9421); vergl. auch Erl. zu Art. 19.

2. Zu Ziff. II.

Die Vorschrift des § 14a ist im E. I als §§ 1507, 1657 in das B.G.B. eingestellt gewesen. In der zweiten Kommission erhielt die Vorschrift die jetzige Fassung.

a) Zu dem Antrag auf Verleihung der Staatsangehörigkeit bedarf der Inhaber der elterlichen Gewalt oder der Vormund, wenn es sich um die Aufnahme eines Deutschen handelt, wie sich aus dem Mangel einer gegentheiligen Bestimmung ergiebt, nicht der Genehmigung des Gegenvormundes, des Beistandes oder des Vormundschaftsgerichts. Bezüglich der Naturalisation eines Ausländers richtet sich diese Frage lediglich nach dem ausländischen Rechte, welches für das Kind oder den Mündel maßgebend ist.

b) In Ansehung der Entlassung aus dem Staatsverband ist im neuen § 14a bestimmt, daß der Gewalthaber sowie der Vormund hierzu der Genehmigung des Vormundschaftsgerichts bedarf, nur wenn der Vater oder die Mutter die Entlassung für sich selbst und zugleich kraft der Vertretungsmacht in den die Person des Kindes betreffenden Angelegenheiten für das Kind beantragt, ist die Genehmigung des Vormundschaftsgerichts nicht erforderlich; ist der Mutter aber ein Beistand bestellt, in dessen Wirkungskreis die Sorge für die Person des Kindes fällt (§ 1688), so ist zwar nicht die Genehmigung des Vormundschaftsgerichts, wohl aber die des Beistandes nothwendig; die Genehmigung des Beistandes wird dabei durch die Genehmigung des Vormundschaftsgerichts ersetzt (§ 1690 Abs. 2). Vergl. wegen der vorherigen Anhörung des Mündels und von Angehörigen desselben die §§ 1827, 1847 des B.G.B.

3. Soweit die Genehmigung des Beistandes und des Vormundschaftsgerichts erforderlich ist, gelten die Vorschriften der §§ 1690, 1831.

Artikel 42.

E. d. E.G. I Art. 24; II Art. 16; III Art. 41. P. I S. 12614—12617; M. d. E.G. S. 136, 137. P. II S. 9170—9178, 9187, 9188 (Bd. 6 S. 590—595, 601).

Der Art. 42 bezweckt, die Vorschriften des in dem Artikel bezeichneten Gesetzes über den im Falle einer Tödtung oder Körperverletzung zu leistenden Schadensersatz mit den Vorschriften des B.G.B. und der C.P.O. in Einklang zu bringen. Jenes Gesetz hatte mit Rücksicht auf die zur Zeit seiner Erlassung bestehende Verschiedenheit des in Deutschland über Schadensersatz wegen Tödtung oder Körperverletzung geltenden Rechtes

I. An die Stelle des §. 3 treten folgende Vorschriften:

§. 3.

Im Falle der Tödtung ist der Schadenersatz (§§. 1 und 2) durch Ersatz der Kosten einer versuchten Heilung sowie des Vermögensnachtheils zu leisten, den der Getödtete dadurch erlitten hat, daß während der Krankheit seine Erwerbsfähigkeit aufgehoben oder gemindert oder eine Vermehrung seiner Bedürfnisse eingetreten war. Der Ersatzpflichtige hat außerdem die Kosten der Beerdigung demjenigen zu ersetzen, dem die Verpflichtung obliegt, diese Kosten zu tragen.

Stand der Getödtete zur Zeit der Verletzung zu einem Dritten in einem Verhältnisse, vermöge dessen er diesem gegenüber kraft Gesetzes unterhaltspflichtig war oder unterhaltspflichtig werden konnte, und ist dem Dritten in Folge der Tödtung das Recht auf den Unterhalt entzogen, so hat der Ersatzpflichtige dem Dritten insoweit Schadenersatz zu leisten, als der Getödtete während der muthmaßlichen Dauer seines Lebens zur Gewährung des Unterhalts verpflichtet gewesen sein würde. Die Ersatzpflicht tritt auch dann ein, wenn der Dritte zur Zeit der Verletzung erzeugt, aber noch nicht geboren war.

§. 3a.

Im Falle einer Körperverletzung ist der Schadenersatz (§§. 1 und 2) durch Ersatz der Kosten der Heilung sowie des Vermögensnachtheils zu leisten, den der Verletzte dadurch erleidet, daß in Folge der Verletzung zeitweise oder dauernd seine Erwerbsfähigkeit aufgehoben oder gemindert oder eine Vermehrung seiner Bedürfnisse eingetreten ist.

II. Im §. 5 werden die Worte: „der in den §§. 1 bis 3 enthaltenen Bestimmungen" ersetzt durch die Worte:

„der in den §§. 1 bis 3a enthaltenen Bestimmungen".

---

die betreffenden Fragen für seinen Bereich selbständig ordnen müssen. Nachdem durch das B.G.B. in den fraglichen Beziehungen ein einheitliches Recht in Deutschland geschaffen worden, konnte dieses zu Grunde gelegt werden, und es fehlte an inneren Gründen, um für die Fälle des gedachten Gesetzes Abweichungen bestehen zu lassen. Im Einzelnen ist Folgendes zu bemerken:

1. Der § 3 Abs. 1 Satz 1 entspricht den Grundsätzen, welche für den Schadensersatz wegen Tödtung aus den Vorschriften des B.G.B. §§ 823, 842, 843 Abs. 1 zu entnehmen sind. Die Kosten einer versuchten Heilung sind in dem B.G.B. nicht besonders erwähnt, die Verpflichtung zum Ersatze derselben ergiebt sich für das B.G.B. aus den allgemeinen Grundsätzen des § 823 über die aus einer unerlaubten Handlung entspringende Verpflichtung zum Schadensersatze. Da diese Grundsätze nicht ohne Weiteres auf die in dem Haftpflichtgesetze bestimmte Schadensersatzverpflichtung Anwendung finden, die auf Grund dieses Gesetzes begründete Verpflichtung sich vielmehr auf den in dem Gesetze näher bezeichneten Schaden beschränkt, so mußten die Kosten der versuchten Heilung, da in dieser Beziehung eine Aenderung des bisherigen § 3 nicht beabsichtigt ist, ebenso wie bisher ausdrücklich erwähnt werden. Der Abs. 1 Satz 2 entspricht dem B.G.B. § 844 Abs. 1; der Abs. 2 dem § 844 Abs. 2 Satz 1 Halbsatz 1 und dem Satze 2.

2. Der § 3a entspricht sachlich dem B.G.B. § 843 Abs. 1. Wegen der auch hier erwähnten Kosten der versuchten Heilung gilt das unter Nr. 1 Gesagte.

3. Die Aenderung des § 5 ist lediglich Folge der unter Nr. 1, 2 erwähnten Aenderungen.

III. An die Stelle der §§. 7, 8, 9 treten folgende Vorschriften:

§. 7.

Der Schadenersatz wegen Aufhebung oder Minderung der Erwerbsfähigkeit und wegen Vermehrung der Bedürfnisse des Verletzten sowie der nach §. 3 Abs. 2 einem Dritten zu gewährende Schadenersatz ist für die Zukunft durch Entrichtung einer Geldrente zu leisten.

Die Vorschriften des §. 843 Abs. 2 bis 4 des Bürgerlichen Gesetzbuchs und des §. 648 Nr. 6 der Civilprozeßordnung finden entsprechende Anwendung. Das Gleiche gilt für die dem Verletzten zu entrichtende Geldrente von der Vorschrift des §. 749 Abs. 3 und für die dem Dritten zu entrichtende Geldrente von der Vorschrift des §. 749 Abs. 1 Nr. 2 der Civilprozeßordnung.

Ist bei der Verurtheilung des Verpflichteten zur Entrichtung einer Geldrente nicht auf Sicherheitsleistung erkannt worden, so kann der Berechtigte gleichwohl Sicherheitsleistung verlangen, wenn die Vermögensverhältnisse des Verpflichteten sich erheblich verschlechtert haben; unter der gleichen Voraussetzung kann er eine Erhöhung der in dem Urtheile bestimmten Sicherheit verlangen.

§. 8.

Die Forderungen auf Schadenersatz (§§. 1 bis 3a) verjähren in zwei Jahren von dem Unfall an. Gegen denjenigen, welchem der Getödtete Unterhalt zu gewähren hatte (§. 3 Abs. 2), beginnt die Verjährung mit dem Tode. Im Uebrigen finden die Vorschriften des Bürgerlichen Gesetzbuchs über die Verjährung Anwendung.

§. 9.

Die gesetzlichen Vorschriften, nach welchen außer den in diesem Gesetze vorgesehenen Fällen der Unternehmer einer in den §§. 1, 2 bezeichneten Anlage oder eine andere Person, insbesondere wegen eines eigenen Verschuldens, für den bei dem Betriebe der Anlage durch Tödtung oder Körperverletzung eines Menschen entstandenen Schaden haftet, bleiben unberührt.

---

4. Der bei der Aenderung des § 7 weggelassene Satz, daß das Gericht unter Würdigung aller Umstände über die Höhe des Schadens nach freiem Ermessen zu erkennen habe, war mit Rücksicht auf die allgemeinen Grundsätze der C.P.O. § 287 nicht mehr erforderlich. Im Uebrigen entsprechen die Aenderungen den Vorschriften des B.G.B. §§ 843 Abs. 2—4; 844 Abs. 2 Satz 1 Halbsatz 2 und der C.P.O. §§ 648 Nr. 6; 749 Abs. 1 Nr. 2; 749 Abs. 3 (C.P.O. §§ 708 Nr. 6; 850 Abs. 1 Nr. 2, Abs. 3). Der Abs. 3 des § 7 entspricht dem § 324 der C.P.O. Der neue § 323 der C.P.O. ist nicht besonders erwähnt, er findet aber in Folge seiner allgemeinen Fassung auch auf eine Verurtheilung zu den hier fraglichen künftig fällig werdenden Leistungen Anwendung.

5. Die beiden ersten Sätze des § 8 über die Verjährung der Ansprüche auf Schadensersatz sind sachlich unverändert geblieben. Der dritte Satz des früheren § 8, nach welchem die Verjährung auch gegen Minderjährige unter Ausschluß der Wiedereinsetzung in den vorigen Stand laufen sollte, ist weggelassen. An dessen Stelle treten auf Grund des neuen Satz 3, nach welchem, abgesehen von den Vorschriften der Sätze 1, 2 die allgemeinen Vorschriften des B.G.B. über die Verjährung auch auf die Verjährung der hier fraglichen Ansprüche Anwendung finden, die Vorschriften des B.G.B. § 206.

Artikel 43.

Der §. 6 Abs. 2 des Gesetzes, betreffend die Rechtsverhältnisse der Reichsbeamten, vom 31. März 1873 (Reichs-Gesetzbl. S. 61) wird aufgehoben.

---

6. Der § 9 des früheren Gesetzes enthielt einen Vorbehalt zu Gunsten solcher Landesgesetze, welche die Haftung des Unternehmers einer in den §§ 1, 2 bezeichneten Anlage oder eine andere Person, insbesondere wegen eigenen Verschuldens für den bei dem Betriebe der Anlage durch Tödtung oder Körperverletzung eines Menschen entstandenen Schaden auch außer den in dem Gesetze bezeichneten Fällen bestimmen. Derartige Landesgesetze treten nach E.G. Art. 55 außer Kraft. Künftig kommen nur noch die Reichsgesetze, insbesondere die Unfallversicherungsgesetze und das B.G.B. in Betracht. Dem entspricht die geänderte Fassung des § 9, welcher jetzt nur die Bedeutung eines Hinweises darauf hat, daß weitergehende reichsgesetzliche Bestimmungen durch das hier fragliche Gesetz nicht berührt werden. Der zweite Absatz des früheren § 9 ist, da er nur für die in dem Abs. 1 bezeichneten Landesgesetze Bedeutung hatte, gestrichen. Die Beseitigung des in dem bisherigen § 9 enthaltenen Vorbehalts zu Gunsten der Landesgesetze verliert ihre Bedeutung nicht durch den im E.G. Art. 105 bestimmten Vorbehalt (s. hierüber Eger, das Reichshaftpflichtgesetz, fünfte Auflage S. 585—588 und die dort angeführte Literatur). Der Vorbehalt des Art. 105 hat wie alle Vorbehalte des dritten Abschnitts des E.G. nur die Bedeutung, daß die Landesgesetze von den Vorschriften des B.G.B. abweichen können; er ermächtigt sie aber nicht, auch Abweichungen von anderen Reichsgesetzen zu bestimmen. Aenderungen dieser sind nur zulässig, soweit in ihnen selbst ein Vorbehalt zu Gunsten der Landesgesetze gemacht ist. Ein solcher Vorbehalt war in dem bisherigen § 9 enthalten; er ist weggefallen in Folge der Aenderung, die der § 9 erfahren hat. Die Landesgesetze können also nunmehr die Vorschriften des Haftpflichtgesetzes über die Verpflichtung zum Ersatze des bei dem Betrieb einer in dem Gesetze bezeichneten Anlage durch Tödtung oder Körperverletzung eines Menschen entstandenen Schaden weder erweitern noch beschränken (vergl. Erl. zu Art. 105).

7. In der zweiten Kommission war der Antrag gestellt, dem § 249 jetzt 254 des B.G.B., welcher die Berücksichtigung des mitwirkenden Verschuldens des Verletzten vorschreibt, für anwendbar zu erklären in Betreff der Verpflichtung zum Schadensersatz an diejenigen, welchen der Getödtete gesetzlich zur Gewährung des Unterhalts verpflichtet war (§ 4 Abs. 2). Dabei war davon ausgegangen, daß sich die Anwendung des § 254 auf die Verpflichtungen gegenüber dem Getödteten sowie im Falle der Körperverletzung gegenüber dem Verletzten schon aus der Vorschrift des § 254 selbst ergebe. Die Mehrheit lehnte den Antrag aus folgenden Erwägungen ab: „Die Rechtsprechung habe für das Haftpflichtgesetz den Satz gewonnen, daß bei der Anwendung des Gesetzes hinsichtlich des Einflusses eines mitwirkenden Verschuldens des Verletzten nicht auf die allgemeinen Grundsätze des bürgerlichen Rechtes zurückzugehen, vielmehr selbständig zu prüfen sei, ob durch das in Frage kommende Verschulden des Beschädigten der ursächliche Zusammenhang zwischen dem Unfall und der Verletzung gestört werde. Es solle nach § 2 des Gesetzes nicht auf ein Verschulden des Verletzten ankommen, welches seinen Grund darin habe, daß der Arbeiter in einem gewerblichen Betriebe durch das tägliche Umgehen mit der Gefahr gegen diese abgestumpft sei (so wiederholte Entscheidungen des R.O.H.G. und des R.G.; vergl. auch Dernburg preuß. Privatrecht vierte Auflage II § 301 Anm. 19, 20). Bei diesen sachlich angemessenen Sätzen werde man verbleiben müssen. Dann aber sei es richtiger den § 249 (jetzt 255) im Haftpflichtgesetze nicht zu zitiren, weil der Abs. 2 des § 249 (jetzt 254), welcher eine Diligenzpflicht aufstelle, Bedenken errege, und weil der § 249 (jetzt 254) bezüglich des Haftpflichtgesetzes überhaupt nur mit den Modifikationen zur Anwendung kommen könnte, die sich aus der vorstehend entwickelten Absicht der Garantievorschriften des Gesetzes ergäben (P. II S. 9177; Bd. 6 S. 595). Die in diesen Erwägungen vertretene Auffassung wird als richtig anzuerkennen sein.

Artikel 43.

E. d. E.G. I Art. 25; II Art. 17; III Art. 42. P. I S. 12642, 12643. M. d. E.G. S. 138. P. II S, 9178, 9179 (Bd. 6 S. 596).

Der § 6 Abs. 2 des Ges. v. 31. März 1873 bestimmt, daß die Benachrichtigung von der Uebertragung des übertragsfähigen Theiles des Diensteinkommens, der Pension oder des Wartegeldes eines Reichsbeamten durch eine der auszahlenden Kasse auszuhändigenden Urkunde geschehe. Diese Vorschrift wird durch die allgemeine Vorschrift des § 411 des B.G.B. ersetzt (vergl. Bd. II S. 196, 197 Erl. 1—3 zu § 411).

Artikel 44.

Die Vorschriften des §. 44 des Reichs-Militärgesetzes vom 2. Mai 1874 (Reichs-Gesetzbl. S. 45) finden entsprechende Anwendung auf Personen, die zur Besatzung eines in Dienst gestellten Schiffes der Kaiserlichen Marine gehören, solange das Schiff sich außerhalb eines inländischen Hafens befindet oder die Personen als Kriegsgefangene oder Geißeln in der Gewalt des Feindes sind, ingleichen auf andere an Bord eines solchen Schiffes genommene Personen, solange das Schiff sich außerhalb eines inländischen Hafens befindet und die Personen an Bord sind. Die Frist, mit deren Ablaufe die letztwillige Verfügung ihre Gültigkeit verliert, beginnt mit dem Zeitpunkt, in welchem das Schiff in einen inländischen Hafen zurückkehrt oder der Verfügende aufhört, zu dem Schiffe zu gehören, oder als Kriegsgefangener oder Geißel aus der Gewalt des Feindes entlassen wird. Den Schiffen stehen die sonstigen Fahrzeuge der Kaiserlichen Marine gleich.

Artikel 44.

E. d. E.G. I Art. 26; II Art. 18; III Art. 43. P. I S. 12645—12649. M. d. E.G. S. 138, 139. P. II S. 9179 (Bd. 6 S. 596).

Der § 44 des Reichsmilitärgesetzes v. 2. Mai 1874 bestimmt eine erleichterte Form für die Errichtung einer letztwilligen Verfügung für die in dem § 44 bezeichneten Militärpersonen. Diese Vorschrift wird durch Art. 44 auf die Kaiserliche Marine ausgedehnt. Durch die Ausdehnung wird zugleich der § 2251 des B.G.B. über die Errichtung eines Testaments durch die sich während einer Seereise an Bord eines deutschen nicht zur Kaiserlichen Marine gehörenden Fahrzeugs befindlichen Personen ergänzt. In den ersten Sätzen des Art. 44 ist nur von den Schiffen der Kaiserlichen Marine die Rede. Diesen werden durch den letzten Satz aber die sonstigen Fahrzeuge der Kaiserlichen Marine gleichgestellt. Die Unterscheidung beruht auf der Organisation der Kaiserlichen Marine. Diese steht nach dem Reichsgesetze v. 26. Mai 1893, betr. die Ersatzvertheilung, dem Kaiser zu. Hiernach bestimmt sich, was unter einem Schiffe oder einem Fahrzeuge der Kaiserlichen Marine zu verstehen ist. Nicht dazu gehören die zum Transporte von Truppen gecharterten Schiffe; auf diese findet der § 2251 des B.G.B. Anwendung. Im Einzelnen ist Folgendes zu bemerken:

1. Den Militärpersonen, welche nach § 44 des oben bezeichneten Gesetzes eine letztwillige Verfügung in der dort bestimmten erleichterten Form errichten können, stehen in dieser Beziehung gleich,

a) Personen, die zur Besatzung eines in Dienst gestellten Schiffes oder Fahrzeugs der Kaiserlichen Marine gehören, solange das Schiff oder Fahrzeug sich außerhalb eines inländischen Hafens befindet oder die Personen als Kriegsgefangene oder Geißeln in der Gewalt des Feindes sind. Es ist also nicht wie nach § 44 des Reichs-Militärgesetzes erforderlich, daß die Errichtung der letztwilligen Verfügung in Kriegszeiten oder während eines Belagerungszustandes erfolgt. An die Stelle dieses Erfordernisses tritt das Erforderniß, daß das Schiff oder Fahrzeug in Dienst gestellt ist und sich außerhalb eines inländischen Hafens befindet. Das subjektive Erforderniß besteht darin, daß die Person, welche die letztwillige Verfügung errichtet, entweder zu der Besatzung eines Schiffes oder Fahrzeugs der gedachten Art gehören oder als Kriegsgefangener oder als Geißel in der Gewalt des Feindes ist. Nicht erforderlich ist, daß die betreffende Person sich an Bord des Schiffes oder Fahrzeugs befindet. Die erleichterte Form gilt für sie, solange sie zu der Besatzung gehört, auch wenn sie zeitweise nicht an Bord ist, also z. B. zu einer Landungstruppe gehört. Als Kriegsgefangener oder als Geißel in der Gewalt des Feindes kann die betreffende Person auch dann sein, wenn offiziell der Krieg nicht erklärt ist, aber doch gegen einen Feind gekämpft wird. Die Vorschrift wird daher z. B. auch auf die jetzt in China befindlichen zu den von der Kaiserlichen Marine ausgeschifften Landungstruppen gehörenden Personen Anwendung finden, welche als Kriegsgefangene oder als Geißeln in die Gewalt der Chinesen gerathen sein sollten.

b) Andere als zu der Besatzung eines Schiffes oder eines Fahrzeugs der unter a gedachten Art gehörende Personen, welche an Bord des Schiffes oder des Fahrzeugs genommen, solange das Schiff oder Fahrzeug sich außerhalb eines inländischen Hafens befindet und die Personen an Bord sind. Erforderlich ist, daß die betreffende Person an Bord genommen ist. Wer sich gegen oder ohne den Willen desjenigen, welchem die Verfügung darüber zusteht, an Bord

Artikel 45.

Der §. 45 Abs. 2 Satz 2 des Reichs-Militärgesetzes vom 2. Mai 1874 (Reichs-Gesetzbl. S. 45) wird aufgehoben.

Artikel 46.

Das Gesetz über die Beurkundung des Personenstandes und die Eheschließung vom 6. Februar 1875 (Reichs-Gesetzbl. S. 23) wird dahin geändert:

I. Die §§. 28 bis 40, 42, 43, 51 bis 53 werden aufgehoben.

---

begiebt, hat das Privilegium des Art. 44 nicht. Gleichgültig ist, aus welchem Grunde die betreffenden Personen an Bord genommen sind, ob z. B. als Civilbedienstete, Schiffbrüchige, Flüchtlinge oder aus einem anderen Grunde. Das im Art. 44 bestimmte Recht steht aber abweichend von dem Falle unter a der betreffenden Person nur zu, solange sie sich an Bord befindet.

2. Nach § 44 Nr. 5 des Reichs-Militärgesetzes verlieren die privilegirten militärischen Testamente ihre Gültigkeit mit dem Ablauf eines Jahres von dem Tage ab, an welchem der Truppentheil, zu dem der Testator gehört, demobil gemacht ist oder der Testator aufgehört hat, zu dem mobilen Truppentheile zu gehören oder als Kriegsgefangener oder als Geißel aus der Gewalt des Feindes entlassen ist. An die Stelle dieser Vorschrift tritt nach Art. 44 Satz 2 die Bestimmung, daß die einjährige Frist beginnt mit dem Zeitpunkt

a) in welchem das Schiff oder Fahrzeug in einen inländischen Hafen zurückkehrt; oder

b) falls der Verfügende vorher in dem Falle unter Nr. 1a aufgehört hat, zu der Besatzung des Schiffes oder Fahrzeugs zu gehören, in dem Falle unter Nr. 1b das Schiff oder Fahrzeug verlassen hat, mit dem Zeitpunkt, in welchem dies geschehen ist; oder

c) falls der Verfügende sich als Kriegsgefangener oder als Geißel in der Gewalt des Feindes befunden hat, mit dem Zeitpunkt in welchem er aus dieser Gewalt entlassen ist.

Neben dieser Vorschrift finden die Bestimmungen des Reichs-Militärgesetzes § 44 Nr. 5 Abs. 2, 3 über die Hemmung der Frist durch anhaltende Unfähigkeit des Testators zur Errichtung einer anderweitigen letztwilligen Verfügung und über die Folgen der Todeserklärung, wenn der Testator innerhalb des Jahres vermißt war, entsprechende Anwendung.

3. Für die Errichtung letztwilliger Verfügungen auf Schiffen und Fahrzeugen der Kaiserlichen Marine ist von Bedeutung auch die Vorschrift des freiw. G.G. § 184, nach welcher für die nach § 167 den Amtsgerichten obliegenden Verrichtungen in Ansehung solcher Personen, die zur Besatzung eines in Dienst gestellten Schiffes oder Fahrzeugs der Kaiserlichen Marine gehören oder die in anderer Eigenschaft an Bord eines solchen Schiffes oder Fahrzeugs sind, auch die Geschwaderauditeure zuständig sind.

Artikel 45.

E. d. E.G. I Art. 27; II Art. 19; III Art. 44. P. I S. 12646, 12648. M. d. E.G. S. 139. P. II S. 9179 (Bd. 6 S. 596).

Der § 45 Abs. 2 Satz 2 des Reichsmilitärgesetzes v. 2. Mai 1874 entspricht dem § 2 Abs. 2 des Reichsbeamtengesetzes v. 31. März 1873 und ist aus denselben Gründen wie dieser aufgehoben (s. Erl. zu Art. 43).

Artikel 46.

E. d. E.G. I Art. 28; II Art. 20; III Art. 45. P. I S. 12651—12658, 13009, 13011; M. IV S. 8—10; M. d. E.G. S. 139—141. P. II S. 4960, 5833, 9179—9182 (Bd. 4 S. 48; Bd. 5 S. 133; Bd. 6 S. 596). K.B. S. 2033, 2093, 2110.

Durch die im B.G.B. enthaltene Regelung des Eheschließungsrechts ist ein Theil der Vorschriften des Personst.G. gegenstandslos geworden (s. Vorbm. vor § 1303 Bd. IV S. 17). Der Art. 46 ändert deshalb das genannte Gesetz entsprechend.

1. Zu Ziff. I.

Die §§ 28—36, 38, 40, 42, 43, 51—53 des Personenst.G. sind durch die §§ 1303—1347 des B.G.B. ersetzt.

II. An die Stelle der §§. 41, 44, 50, 55 treten folgende Vorschriften:

§. 41.

Für die Eheschließung sind die Vorschriften des Bügerlichen Gesetzbuchs maßgebend.

§. 44.

Für die Anordnung des vor der Eheschließung zu erlassenden Aufgebots ist jeder Standesbeamte zuständig, vor dem nach §. 1320 des Bürgerlichen Gesetzbuchs die Ehe geschlossen werden darf.

§. 50.

Der Standesbeamte soll ohne Aufgebot die Eheschließung nur vornehmen, wenn ihm ärztlich bescheinigt wird, daß die lebensgefährliche Erkrankung eines der Verlobten den Aufschub der Eheschließung nicht gestattet.

§. 55.

Ist eine Ehe für nichtig erklärt, ist in einem Rechtsstreite, der die Feststellung des Bestehens oder des Nichtbestehens einer Ehe zwischen den Parteien zum Gegenstande hat, das Nichtbestehen der Ehe festgestellt, ist eine Ehe vor dem Tode eines der Ehegatten aufgelöst oder ist nach §. 1575 des Bügerlichen Gesetzbuchs die eheliche Gemeinschaft aufgehoben, so ist dies am Rande der über die Eheschließung bewirkten Eintragung zu vermerken.

Wird die eheliche Gemeinschaft nach der Aufhebung wiederhergestellt, so ist dies auf Antrag am Rande zu vermerken.

Der § 37, welcher die Eheschließung zwischen dem Vormund und dessen Kindern und dem Mündel während der Dauer der Vormundschaft für unzulässig erklärt, ist ersatzlos beseitigt worden. Die Ehe zwischen dem Vormund und dessen Kindern und dem Mündel ist nach dem B.G.B. nicht verboten, sie setzt jedoch mit Rücksicht auf die §§ 181, 1795, 1897, 1909 die Bestellung eines Pflegers voraus.

Auch der § 39, welcher alle Vorschriften aufhebt, die das Recht der Eheschließung weiter beschränken als es im Personst.G. geschieht, ist nicht ins B.G.B. übergegangen. In Ansehung der bürgerlichrechtlichen Beschränkungen der Eheschließung wird durch die Verweisung der jetzigen Fassung des § 41 des Personst.G. auf die Vorschriften des B.G.B. zum Ausdrucke gebracht, daß andere Ehehindernisse als die im B.G.B. aufgeführten keine Geltung haben. Die Beseitigung der öffentlichrechtlichen Beschränkungen der Eheschließung aber ist in dem unberührt gebliebenen Gesetze v. 4. Mai 1868 ausdrücklich vorgeschrieben. Wegen des bayrischen Reservatrechts s. Vorbm. a. a. O. Bd. IV S. 18.

2. Zu Ziff. II.

a) Die bisherige Fassung des § 41 lautete: „Innerhalb des Gebiets des deutschen Reichs kann eine Ehe rechtsgültig nur vor dem Standesbeamten geschlossen werden." Diese Vorschrift ist durch den Art. 13 Abs. 3 des E.G. gegenstandslos geworden. Die Bedeutung der neuen Fassung des § 41 liegt insbesondere in dem negativen Inhalte, daß andere Vorschriften als die des B.G.B. in bürgerlichrechtlicher Hinsicht für die Eheschließung nicht maßgebend sind.

b) Die neue Fassung des § 44 entspricht dem bisherigen § 44 Abs. 2 unter Aenderung der Verweisung. Der bisherige Abs. 1 des § 44 ist durch den § 1316 Abs. 1 Satz 1 des B.G.B. ersetzt worden.

c) Der § 50 Abs. 1 der bisherigen Fassung ist theils als selbstverständlich, theils mit Rücksicht auf § 1322 aufgehoben. Der jetzige § 50 entspricht dem Abs. 2 des früheren § 50; die Fassung („soll" statt „kann nur") bringt zugleich zum Ausdrucke, daß der Vorschrift nur die Bedeutung einer Ordnungsvorschrift zukommt.

d) Die neue Fassung des § 55 stimmt mit dem bisherigen § 55 Abs. 1 überein. Die Fassung ist mit den verschiedenen Gründen der Auflösung der Ehe in Einklang gebracht. Der

III. Der §. 67 erhält folgenden Absatz 2:

Eine strafbare Handlung ist nicht vorhanden, wenn der Geistliche oder der Religionsdiener im Falle einer lebensgefährlichen, einen Aufschub nicht gestattenden Erkrankung eines der Verlobten zu den religiösen Feierlichkeiten der Eheschließung schreitet.

IV. Im §. 69 werden die Worte: „in diesem Gesetze" ersetzt durch die Worte: „in diesem Gesetze und in dem Bürgerlichen Gesetzbuche".

V. Im §. 75 Abs. 1 werden die Worte: „nach den Vorschriften dieses Gesetzes" ersetzt durch die Worte:

„nach den Vorschriften des Bürgerlichen Gesetzbuchs".

Artikel 47.

Der Artikel 3 des Gesetzes, betreffend den Wucher, vom 24. Mai 1880 (Reichs-Gesetzbl. S. 109) in der Fassung des Artikel II des Gesetzes, betreffend Ergänzung der Bestimmungen über den Wucher, vom 19. Juni 1893 (Reichs-Gesetzbl. S. 197) wird aufgehoben.

---

bisherige § 55 Abs. 2, welcher die landesgesetzlichen Vorschriften unberührt läßt, nach welchen es zur Trennung einer Ehe einer besonderen Erklärung und Beurkundung vor dem Standesbeamten bedarf, ist mit Rücksicht auf § 1564 Satz 3 weggelassen worden.

3. Zu Ziff. III.

Nach § 67 Abs. 1 des Personst.G. wird ein Geistlicher oder anderer Religionsdiener, welcher zu den religiösen Feierlichkeiten einer Eheschließung schreitet, bevor ihm nachgewiesen worden ist, daß die Ehe vor dem Standesbeamten geschlossen sei, bestraft. Der neue Abs. 2 ist von der Reichstags-Kommission eingesetzt worden. Selbstverständlich ist die ohne die Mitwirkung des Standesbeamten geschlossene Ehe bürgerlichrechtlich nichtig und wird nicht deshalb, weil die Strafbarkeit des Geistlichen ausgeschlossen ist, gültig.

4. Zu Ziff. IV, V.

Die Aenderungen der §§ 69 und 75 Abs. 1 hängen mit der Uebernahme der Vorschriften der §§ 28ff. in das B.G.B. zusammen.

5. In den M. S. 140 wird bemerkt, es bleibe der Auslegung überlassen, ob § 25 des Personst.G. noch gilt oder durch die Vorschriften des B.G.B. gegenstandslos geworden ist. Wie sich aus dem § 167 des freiw. G.G. ergiebt, hat der § 25 seine Bedeutung behalten. Ueber das Verhältniß des § 25 zu dem § 167 s. Erl. zu § 1718 (Bd. IV S. 473).

6. Das Personst.G. ist zwar nicht neu textirt worden, es ist dagegen vom Reichs-Justizamt eine Zusammenstellung der Vorschriften in der neuen Fassung unter Einschaltung der an die Stelle der aufgehobenen Vorschriften getretenen Bestimmungen des B.G.B. herausgegeben worden. Dieser Text des Personst.G. ist in der besonderen Beilage zu Nr. 97 des Reichs-Anzeigers vom 25. April 1899 sowie durch die Landesregierungen veröffentlicht worden.

Artikel 47.

K.B. S. 1958. St.B. S. 3025, 3096.

Der Art. 47 ist auf den Antrag der R.T.K. von dem Reichstag in das E.G. eingestellt. Der aufgehobene Art. 3 enthält besondere Vorschriften über die zivilrechtlichen Folgen eines wucherlichen Geschäfts. An ihre Stelle treten die sich aus den allgemeinen Grundsätzen des B.G.B. über unerlaubte Handlungen und ungerechtfertigte Bereicherung ergebenden Konsequenzen. Diese sind im Bd. I S. 190, 191 Erl. 3, 4 zu § 138 dargelegt. Hinzugefügt mag noch werden, daß an die Stelle der in dem aufgehobenen Art. 3 Abs. 3 für das Recht der Rückforderung bestimmten Verjährungsfrist von fünf Jahren seit dem Tage, an welchem die Leistung erfolgt ist, für den Anspruch auf Schadensersatz die im B.G.B. § 852 Abs. 1 bestimmte Verjährungsfrist von drei Jahren von dem Zeitpunkt an, in welchem der Verletzte von dem Schaden und

Artikel 48.

Der §. 16 Abs. 2 des Gesetzes, betreffend die Fürsorge für die Wittwen und Waisen der Reichsbeamten der Civilverwaltung, vom 20. April 1881 (Reichs-Gesetzbl. S. 85) wird aufgehoben.

Artikel 49.

Der §. 18 Abs. 2 des Gesetzes, betreffend die Fürsorge für die Wittwen und Waisen von Angehörigen des Reichsheeres und der Kaiserlichen Marine, vom 17. Juni 1887 (Reichs-Gesetzbl. S. 237) wird aufgehoben.

Artikel 50.

Der §. 9 des Gesetzes, betreffend das Reichsschuldbuch, vom 31. Mai 1891 (Reichs-Gesetzbl. S. 321) wird dahin geändert:

Eine Ehefrau wird zu Anträgen ohne Zustimmung des Ehemannes zugelassen.

Die Ehefrau bedarf der Zustimmung des Ehemannes, wenn ein Vermerk zu dessen Gunsten eingetragen ist. Ein solcher Vermerk ist einzutragen, wenn die Ehefrau oder mit ihrer Zustimmung der Ehemann die Eintragung beantragt. Die Ehefrau ist dem Ehemanne gegenüber zur Ertheilung der Zustimmung verpflichtet, wenn sie nach dem unter ihnen bestehenden Güterstande über die Buchforderung nur mit Zustimmung des Ehemannes verfügen kann.

---

von der Person des Ersatzpflichtigen Kenntniß erlangt, ohne Rücksicht auf diese Kenntniß aber die regelmäßige dreißigjährige Verjährungsfrist tritt und daß die letztere immer für den Anspruch aus der ungerechtfertigten Bereicherung gilt. Die im Art. 3 Abs. 4 bestimmte Haftung der für die vertragsmäßige Forderung bestellten Sicherheit für den Rückforderungsanspruch des Gläubigers besteht nach dem B.G.B. nicht.

Artikel 48.

E. d. E.G. I Art. 29; II Art. 22; III Art. 46. M. d. E.G. S. 142, 143. P. II S. 9183, 9184 (Bd. 6 S. 598, 599).

Der durch den Art. 48 aufgehobene § 16 Abs. 2 des im Art. 48 bezeichneten Gesetzes bestimmte, daß nicht abgehobene Theilbeträge des Wittwen- und Waisengeldes binnen vier Jahren vom Tage ihrer Fälligkeit an gerechnet verjähren. Für die Verjährung von Ansprüchen dieser Art eine besondere Vorschrift bestehen zu lassen, lag, nachdem das B.G.B. die Verjährung einheitlich geordnet hat, kein Grund vor. An die Stelle der aufgehobenen Vorschrift treten die §§ 197, 201 des B.G.B. Nach dem § 197 beträgt die Verjährungsfrist für Ansprüche der hier fraglichen Art ebenfalls vier Jahre; die Verjährung beginnt aber nach § 201 erst mit dem Schlusse des Jahres, in welchem der betreffende Anspruch fällig wurde.

Artikel 49.

E. d. E.G. I Art. 30; II Art. 23; III Art. 47. P. I S. 12661, 12662. M. d. E.G. S. 142, 143. P. II S. 9183, 9184 (Bd. 6 S. 598, 599).

Der durch den Art. 49 aufgehobene § 18 Abs. 2 des in dem Art. 49 bezeichneten Gesetzes entspricht sachlich dem in der Erl. zu Art. 48 angeführten § 16 Abs. 2 des dort bezeichneten Gesetzes und ist aus denselben Gründen wie dieser aufgehoben. An seine Stelle treten die in der Erl. zu Art. 48 dargelegten Vorschriften der §§ 197, 201 des B.G.B.

Artikel 50.

E. d. E.G. II Art. 24; III Art. 48. P. II S. 9191—9194 (Bd. 6 S. 603—605).

Der Art. 50 betrifft das Gesetz über das Reichsschuldbuch (s. Erl. zu Art. 97).

1. Der Abs. 1 des § 9 der neuen Fassung dieses Gesetzes entspricht dem bisherigen § 9 mit der Abweichung, daß der nach dem B.G.B. nicht mehr mögliche Fall weggelassen ist, daß ein Volljähriger unter väterlicher Gewalt steht.

Artikel 51.

Der §. 8 Abs. 2 des Gesetzes, betreffend die Fürsorge für die Wittwen und Waisen der Personen des Saldatenstandes des Reichsheeres und der Kaiserlichen Marine vom Feldwebel abwärts, vom 13. Juni 1895 (Reichs-Gesetzbl. S. 261) wird aufgehoben.

Artikel 52.

Ist auf Grund eines Reichsgesetzes dem Eigenthümer einer Sache wegen der im öffentlichen Interesse erfolgenden Entziehung, Beschädigung oder Benutzung der Sache oder wegen Beschränkung des Eigenthums eine Entschädigung zu gewähren und steht einem Dritten ein Recht an der Sache zu, für welches nicht eine besondere Entschädigung gewährt wird, so hat der Dritte, soweit sein Recht beeinträchtigt wird, an dem Entschädigungsanspruche dieselben Rechte, die ihm im Falle des Erlöschens seines Rechtes durch Zwangsversteigerung an dem Erlöse zustehen.

---

2. Der dem § 9 neu angefügte Abs. 2 trifft für das Reichsschuldbuch die gleiche Bestimmung, wie sie nach Art. 97 für das Staatsschuldbuch der Bundesstaaten durch die Landesgesetzgebung getroffen werden kann. Nach dem bisherigen Rechte war im Interesse der Erleichterung der Geschäftsführung der Buchbehörde dieser die Prüfung abgenommen, ob eine Frau, welche zum Reichsschuldbuch Anträge stellt, verheirathet oder ledig ist bezw. in welchem Güterstande sie lebt und ob an ihrem Vermögen dem Manne Rechte zustehen. Der neue Abs. 2 verpflichtet die Buchbehörde, die Anträge einer Ehefrau für den Fall, daß ein Vermerk zu Gunsten des Mannes eingetragen ist, nur dann zu berücksichtigen, wenn der Ehemann seine Zustimmung ertheilt hat; andernfalls haftet die Buchbehörde dem Manne. Die Buchbehörde muß den Vermerk eintragen, wenn die Ehefrau oder mit ihrer Zustimmung der Mann die Eintragung beantragt und der Mann hat der Frau gegenüber ein Recht darauf, daß sie ihre Zustimmung zur Eintragung ertheilt, wenn nach dem unter ihnen geltenden Güterstande die Frau über die Buchforderung nur mit Zustimmung des Mannes verfügen kann. Kommt die Frau dieser Pflicht nicht nach, so kann sie vom Manne verklagt werden, das Urtheil ersetzt nach § 894 der C.P.O. die Erklärung der Frau und der Mann kann auf Grund des Urtheils die Eintragung des Vermerks herbeiführen. Die Voraussetzung, daß die Frau nur mit Zustimmung des Mannes über die Buchforderung verfügen kann, trifft zu, wenn die Ehegatten im gesetzlichen Güterstande leben und die Forderung zum eingebrachten Gute der Frau gehört (§§ 1383 mit 1081, 1395) oder wenn zwischen den Ehegatten eine Gütergemeinschaft gilt und die Buchforderung zum Gesammtgut oder zum eingebrachten Gute gehört (§§ 1438, 1519 Abs. 2, 1525, 1549, 1550). Erlangt die Frau nach der Eintragung des Vermerks das Recht, über die eingetragene Forderung ohne Zustimmung des Mannes zu verfügen, wird z. B. die Forderung durch Ehevertrag für Vorbehaltsgut erklärt, so ist der Mann gegenüber der Frau verpflichtet, den Vermerk löschen zu lassen und die Frau kann den Mann hierauf verklagen und auf Grund des Urtheils die Löschung herbeiführen.

Artikel 51.

E. d. E.G. II Art. 25; III Art. 49. P. II S. 9267, 9268, 9270 (Bd. 6 S. 598, 599).

Der durch den Art. 51 aufgehobene § 8 Abs. 2 des in dem Artikel bezeichneten Gesetzes entspricht sachlich dem in der Erl. zu Art. 48 angeführten § 16 Abs. 2 des dort bezeichneten Gesetzes und ist aus denselben Gründen wie dieser aufgehoben. An seine Stelle treten die in der Erl. zu Art. 48 dargelegten Vorschriften der §§ 197, 201 des B.G.B.

Artikel 52.

E. d. E.G. I Art. 31 Abs. 1, 2; II Art. 26; III Art. 50. P. I S. 12619—12642. M. d. E.G. S. 134—145. P. II S. 8779, 8950—8958 (Bd. 6 S. 464—469, 586).

1. Das reichsrechtliche Enteignungsrecht wird durch das B.G.B. nicht berührt. Ein besonderer Ausspruch hierüber war angesichts des Art. 32 nicht erforderlich. Die Vorschriften über die kraft Reichsrechts stattfindende Enteignung bedürfen indessen nach einer Richtung der Ergänzung. Die in Betracht kommenden Gesetze bestimmen nämlich eine staatliche Entschädigungspflicht nur gegenüber dem enteigneten Eigenthümer, dessen Sache in Benutzung genommen, beschädigt oder entzogen ist. Wenn an der enteigneten Sache Rechte dritter Personen bestehen,

Artikel 53.

Ist in einem Falle des Artikel 52 die Entschädigung dem Eigenthümer eines Grundstücks zu gewähren, so finden auf den Entschädigungsanspruch die Vorschriften des §. 1128 des Bürgerlichen Gesetzbuchs entsprechende Anwendung. Erhebt ein Berechtigter innerhalb der im §. 1128 bestimmten Frist Widerspruch gegen die Zahlung der Entschädigung an den Eigenthümer, so kann der Eigenthümer und jeder Berechtigte die Eröffnung eines Vertheilungsverfahrens nach den für die

---

z. B. ein Nießbrauch, eine Hypothek, eine Reallast, so ist die Entschädigung für diese Rechte in der dem Eigenthümer zu gewährenden Entschädigung inbegriffen und für das Verhältniß zwischen dem Eigenthümer und dem an der Sache Berechtigten sowie für das Verhältniß des an der Sache Berechtigten zu dem Enteignungsberechtigten sind nach dem bisherigen Rechte die Landesgesetze maßgebend, ein Grundsatz, der z. B. im § 37 des Reichsrayonges. v. 21. Dezember 1871 ausdrücklich ausgesprochen ist. Die in Bezug genommenen Landesgesetze sind durch das B.G.B. beseitigt. Die Art. 52, 53 treffen nun die Vorschriften, welche an Stelle der Landesgesetze treten; der Art. 54 enthält für das Reichsrayonges. einige Sonderbestimmungen.

Die Art. 52, 53 gelten nicht blos für die zur Zeit des Inkrafttretens des B.G.B. schon erlassenen Enteignungsgesetze, sondern auch für die künftigen. Als Gesetze, in welchen zur Zeit die in den Art. 52, 53 enthaltenen Fälle behandelt sind, kommen in Betracht: § 51 der Gew.O., § 3 des Rinderpestges. v. 7. April 1869, §§ 34 ff., §§ 44 ff. des Reichsrayonges. v. 21. Dezember 1871, §§ 14—27 des Kriegsleistungsges. v. 13. Juni 1873, § 14 des Naturalleistungsges. v. 13. Februar 1875/24. Mai 1898, §§ 57 ff. des Viehseuchenges. v. 23. Juni 1880/1. Mai 1894, § 10 des Reblausges. vom 3. Juli 1883 und § 12 des Telegraphenwegges. v. 18. Dezember 1899.

2. Der Art. 52 bestimmt die Rechte, welche dem an der Sache Berechtigten, für welchen nicht eine besondere Entschädigung gewährt wird, an dem für den Eigenthümer gewährten Entschädigungsansprüche zustehen. Die Regelung ist dahin getroffen, daß der Dritte, soweit sein Recht beeinträchtigt wird, an dem Entschädigungsanspruche dieselben Rechte hat, die ihm im Falle des Erlöschens seines Rechtes durch Zwangsversteigerung zustehen. Der Fall, daß dem an der Sache Berechtigten die Sache durch die Zwangsversteigerung und der Fall, daß sie ihm unmittelbar durch das Gesetz entzogen wird, sind also gleich gestellt. Wie der Art. 52 ausdrücklich hervorhebt, steht dem dinglich Berechtigten an dem Entschädigungsanspruch ein Recht nur zu, soweit das Recht des dinglich Berechtigten beeinträchtigt wird. Letztere Voraussetzung trifft z. B. nicht zu, wenn sich die Ausübung einer Grunddienstbarkeit auf einen bestimmten Theil des Grundstücks beschränkt und der außerhalb des Bereichs der Ausübung liegende Theil des Grundstücks Gegenstand der Enteignung ist, oder wenn im Wege der Enteignung eine Dienstbarkeit auferlegt wird und diese die schon bestehende Dienstbarkeit in der Ausübung nicht behindert. Die Rechte, welche den dinglich Berechtigten im Falle des Erlöschens ihrer Rechte durch Zwangsversteigerung an dem Erlöse zustehen, sind, soweit es sich um bewegliche Sachen handelt, im § 1247 Satz 2 des B.G.B., soweit unbewegliche Sachen in Frage stehen, im § 92 des Zw.V.G. bestimmt. Bei beweglichen Sachen tritt also der Erlös an die Stelle der Sache. Bei unbeweglichen Sachen aber ist zu unterscheiden: Ist das Recht des Dritten auf die Bezahlung eines Kapitals gerichtet (Hypothek, Grundschuld, Rentenschuld), so tritt an die Stelle des Rechtes der Anspruch auf den entsprechenden Betrag der Entschädigungssumme; ist das Recht des Dritten nicht auf die Bezahlung eines Kapitals gerichtet (Erbbaurecht, Dienstbarkeit, Reallast, Nutzungsrecht, Vorkaufsrecht), so tritt an die Stelle des Rechtes der Anspruch auf Ersatz des Werthes aus dem Versteigerungserlöse. Bei einem Nießbrauch, einer beschränkten persönlichen Dienstbarkeit sowie einer Reallast von unbestimmter Dauer ist der Ersatz des Werthes durch Zahlung einer Geldrente zu leisten, die dem Jahreswerthe des Rechtes gleichkommt; bei ablösbaren Rechten bestimmt sich der Betrag der Ersatzleistung durch die Ablösungssumme.

3. Wegen der Anwendbarkeit der Art. 52, 53 auf die Beschädigungen des Grundstücks durch Bergbau und auf die landesgesetzlichen Fälle der Enteignung s. Art. 67, 109.

Artikel 53.

E. d. E.G. I Art. 31 Abs. 1, 2; II Art. 27; III Art. 51. P. I S. 12619—12641.

M. d. E.G. S. 143—145. P. II S. 8779, 8950—8958 (Bd. 6 S. 464—469, 586).

Der Art. 53 regelt das Verhältniß des Enteigners zu den an der enteigneten Sache bestehenden dinglichen Rechten, welchen nach Art. 52 an Stelle der Sache nunmehr der Entschädigungsanspruch haftet.

Vertheilung des Erlöses im Falle der Zwangsversteigerung geltenden Vorschriften beantragen. Die Zahlung hat in diesem Falle an das für das Vertheilungsverfahren zuständige Gericht zu erfolgen.

Ist das Recht des Dritten eine Reallast, eine Hypothek, eine Grundschuld oder eine Rentenschuld, so erlischt die Haftung des Entschädigungsanspruchs, wenn der beschädigte Gegenstand wiederhergestellt oder für die entzogene bewegliche Sache Ersatz beschafft ist. Ist die Entschädigung wegen Benutzung des Grundstücks oder wegen Entziehung oder Beschädigung von Früchten oder von Zubehörstücken zu gewähren, so finden die Vorschriften des §. 1123 Abs. 2 Satz 1 und des §. 1124 Abs. 1, 3 des Bürgerlichen Gesetzbuchs entsprechende Anwendung.

---

1. Zu Abs. 1. Aus der Anwendbarkeit des § 1128 folgt, daß der Enteigner die Entschädigungssumme mit Wirkung gegen die dinglich Berechtigten erst zahlen kann, wenn er oder der Eigenthümer den Eintritt des Entschädigungsfalls dem dinglich Berechtigten angezeigt hat und seit dem Empfange der Anzeige ein Monat verstrichen ist. Der dinglich Berechtigte kann bis zum Ablaufe der Frist dem Enteigner gegenüber der Zahlung an den Eigenthümer widersprechen. Die Anzeige darf unterbleiben, wenn sie unthunlich ist, z. B. wenn der Aufenthalt des Berechtigten unbekannt ist; in diesem Falle beginnt die Frist mit dem Zeitpunkt, in welchem die Entschädigungssumme fällig wird. Im Uebrigen finden die für eine verpfändete Forderung geltenden Vorschriften (§§ 1281—1290 des B.G.B.) Anwendung; der Enteigner kann sich jedoch nicht darauf berufen, daß er ein aus dem Grundbuch ersichtliches Recht nicht gekannt habe.

Wird innerhalb der im § 1128 bezeichneten Frist von einem Monate Widerspruch erhoben, so bestimmt sich das weitere Verfahren nach Abs. 1 Satz 2, 3. Der Enteigner kann die Entschädigungssumme mit Wirkung gegen den Eigenthümer und die dinglich Berechtigten gerichtlich hinterlegen und es dem Eigenthümer und den dinglich Berechtigten überlassen, im Wege des gewöhnlichen Rechtsstreits ihre Ansprüche zum Austrage zu bringen. Der Eigenthümer und jeder dinglich Berechtigte kann jedoch die Eröffnung eines Vertheilungsverfahrens nach den für die Vertheilung des Erlöses im Falle der Zwangsversteigerung geltenden Vorschriften beantragen. Diese Vorschriften sind in den §§ 105—145 des ZwV.G. enthalten. Der Antrag ist an eine Frist nicht gebunden und bis zur rechtskräftigen Entscheidung eines etwaigen Rechtsstreits zwischen den Betheiligten zulässig. Wird die Eröffnung des Vertheilungsverfahrens beantragt, so hat der Enteigner die Entschädigungssumme nicht bei der gewöhnlichen ordentlichen Hinterlegungsstelle zu hinterlegen, sondern an das für das Vertheilungsverfahren zuständige Amtsgericht zu bezahlen.

Im Uebrigen vergl. wegen der Anwendbarkeit des § 1128 und der in diesem angezogenen Vorschriften die Erl. zu § 1128.

2. Der Abs. 2 Satz 1 spricht den dem § 1127 Abs. 2 des B.G.B. entsprechenden Grundsatz aus, daß die Entschädigungssumme nicht mehr haftet, sobald der beschädigte Gegenstand wieder hergestellt oder für die entzogene bewegliche Sache Ersatz beschafft ist. Dieser Grundsatz gilt indessen nur, wenn das Recht des Dritten auf die Bezahlung einer Geldsumme gerichtet ist, also in einer Reallast, Hypothek, Grundschuld oder Rentenschuld besteht. Bei anderen dinglichen Rechten, z. B. bei einem Erbbaurecht oder einem Nießbrauche verbleibt es bei den Vorschriften des Abs. 1.

3. Die Vorschrift des Abs. 2 Satz 2 beruht im Wesentlichen auf den gleichen Erwägungen, wie die des § 1129 des B.G.B. Die entsprechende Anwendung des § 1123 Abs. 2 und des § 1124 Abs. 1, 3 führt zu folgendem Ergebnisse: Soweit die Entschädigungsforderung fällig ist, wird sie mit dem Ablauf eines Jahres nach dem Eintritte der Fälligkeit von der Haftung frei, wenn nicht vorher die Beschlagnahme zu Gunsten des Berechtigten erfolgt. Wird die Entschädigung eingezogen, bevor sie zu Gunsten des Berechtigten in Beschlag genommen worden ist oder wird vor der Beschlagnahme in anderer Weise, z. B. durch Uebertragung, Aufrechnung, über sie verfügt, so ist die Verfügung dem Berechtigten gegenüber wirksam; besteht die Verfügung in der Uebertragung der Forderung auf einen Dritten, so erlischt die Haftung der Forderung; erlangt ein Dritter ein Recht an der Forderung, so geht es dem Rechte des Berechtigten im Range vor. Der Uebertragung der Forderung auf einen Dritten steht es gleich, wenn das Grundstück ohne die Forderung veräußert wird.

4. Wegen der auf Grund eines Unschädlichkeitszeugnisses möglichen Befreiung der Entschädigungsforderung von der Haftung s. E.G. Art. 120 Nr. 3.

5. Ueber die Anwendbarkeit des Art. 53 auf die Entschädigung wegen Beschädigung durch Bergbau und auf die Fälle der landesgesetzlichen Enteignung s. E.G. Art. 67, 109.

Artikel 54.

Die Vorschrift des §. 36 Abs. 4 des Gesetzes, betreffend die Beschränkungen des Grundeigenthums in der Umgebung von Festungen, vom 21. Dezember 1871 (Reichs-Gesetzbl. S. 459) wird durch die Vorschriften der Artikel 52, 53 nicht berührt. Findet nach diesen Vorschriften ein Vertheilungsverfahren statt, so ist die Entschädigung auf Ersuchen des für das Verfahren zuständigen Gerichts an dieses zu leisten, soweit sie zur Zeit der Stellung des Ersuchens noch aussteht.

Die Vorschrift des §. 37 desselben Gesetzes wird dahin geändert:

> Ist das Grundstück mit einem Rechte belastet, welches durch die Beschränkung des Eigenthums beeinträchtigt wird, so kann der Berechtigte bis zum Ablauf eines Monats, nachdem ihm der Eigenthümer die Beschränkung des Eigenthums mitgetheilt hat, die Eröffnung des Vertheilungsverfahrens beantragen.

Artikel 54.

E. d. E.G. I Art. 31 Abs. 3; II Art. 28; III Art. 52. P. I S. 12619—12641. M. d. E.G. S. 145. P. II S. 8957, 8958, 9194 (Bd. 6 S. 469, 605).

Der Art. 54 bedeutet einen reichsgesetzlichen Vorbehalt zu Gunsten des Reichsrayongesetzes gegenüber den Vorschriften der Art. 52, 53.

1. Das Rayongesetz unterwirft die Benutzung des Grundeigenthums in der Umgebung von Festungen gewissen dauernden Beschränkungen. Für die in Folge des Rayongesetzes eintretenden Beschränkungen wird vom Reiche eine Entschädigung gewährt. Die Entschädigung wird theils in einer Rente, theils in Kapital bezahlt. Der § 36 Abs. 1—3 bestimmt, wann eine Rente und wann ein Kapital zu bezahlen ist, und trifft über die Höhe der Rente Vorsorge. Nach dem Abs. 4 des § 36 wird die Rente dem jeweiligen im Rayonkataster bezeichneten Besitzer des Grundstücks in $^1/_4$jährigen Raten postnummerando bezahlt. Der Abs. 5 bestimmt, daß Renten, welche jährlich weniger als Einen Thaler betragen, mit dem $16^2/_3$fachen Betrage kapitalisirt und sofort dem Besitzer ausbezahlt werden. Indem der Abs. 1 des Art. 54 die Vorschrift des § 36 Abs. 4 für unberührt erklärt, bringt er zum Ausdrucke, daß die Festungskasse ohne Rücksicht auf die im Art. 52 bestimmte Haftung der Rente für die Ansprüche der dinglich Berechtigten und ohne Rücksicht auf die im Art. 53 festgesetzte Zahlungssperre an den jeweiligen als Besitzer (Eigenthümer) im Rayonkataster Eingetragenen mit Wirkung auch gegen den dinglich Berechtigten zahlen darf. Die Befugniß hört erst dann auf, wenn auf Grund des Art. 53 ein Vertheilungsverfahren beantragt und die Kasse von dem für das Vertheilungsverfahren zuständigen Amtsgericht um Bezahlung der Entschädigung an das Gericht ersucht worden ist.

Aus der Aufrechterhaltung des Abs. 4 des § 36 folgt auch die Aufrechterhaltung des Abs. 5 des § 36, nach welchem Renten, welche jährlich weniger als Einen Thaler betragen, mit dem $16^2/_3$fachen Betrage kapitalisirt sofort, also nicht erst nach Ablauf der im § 1128 bestimmten einmonatigen Frist an den Besitzer bezahlt werden.

Im Uebrigen finden auch auf das Rayongesetz die Vorschriften der Art. 52, 53 Anwendung. Insbesondere kann also jeder dinglich Berechtigte die Einleitung des Vertheilungsverfahrens beantragen. Sein Antrag allein genügt jedoch nicht, um zu verhindern, daß die Festungskasse mit befreiender Wirkung an den im Kataster Eingetragenen zahlen darf, sondern erst das auf Grund der Einleitung des Vertheilungsverfahrens gestellte Ersuchen des Gerichts. Uebrigens ist die Festungskasse nicht gehindert, die Vorschriften des Art. 53 vollinhaltlich zur Anwendung zu bringen. Der Abs. 1 des Art. 54 soll nur der Festungskasse ein Recht verleihen; der im Kataster Eingetragene soll durch den Abs. 1 kein weiteres Recht erlangen, als ihm nach den Art. 52, 53 zusteht.

2. Der § 37 der bisherigen Fassung bestimmt, daß sich nach den Landesgesetzen richte, welche Rechte den Realrechten an der Entschädigung zustehen. Dieser Satz ist durch die reichsrechtliche Regelung dieser Frage in den Vorschriften der Art. 52, 53 gegenstandslos geworden. Die jetzt als § 37 eingestellte Vorschrift bezweckt lediglich die Anwendbarkeit des Art. 53 Abs. 1 durch inhaltliche Wiedergabe klar zu stellen.

3. Zur Auslegung des § 36 des Rayongesetzes vergl. R.G. 17 S. 33; 22 S. 32.

Dritter Abschnitt.
Verhältniß des Bürgerlichen Gesetzbuchs zu den Landesgesetzen.

Dritter Abschnitt.

1. Im Gegensatze zu der nach Art. 32 für Reichsgesetze geltenden Regel, nach welcher die Reichsgesetze in Kraft bleiben, soweit sie nicht durch das B.G.B. oder das E.G. aufgehoben sind, gilt umgekehrt für die privatrechtlichen Vorschriften der Landesgesetze das Prinzip, daß sie außer Kraft treten, soweit nicht in dem B.G.B. oder in dem E.G. ein Anderes bestimmt ist. Ueber die Bedeutung und Tragweite dieses Prinzips s. Erl. 2 zu Art. 55. Die Gründe, aus welchen das Kodifikationsprinzip in Beziehung auf die Landesgesetze nicht vollständig durchgeführt ist, sondern weitgehende Vorbehalte gelten, sind verschiedener Art. Die Vorbehalte betreffen einerseits solche landesgesetzliche Vorschriften, bei denen es zweifelhaft sein kann, ob sie dem Privatrecht oder dem öffentlichen Rechte angehören. Der Vorbehalt zu Gunsten der Landesgesetzgebung macht die Entscheidung dieses Zweifels überflüssig. Andererseits beziehen sich die Vorbehalte auf solche Materien oder solche einzelne Rechtsverhältnisse, welche sich zu einer einheitlichen Regelung deshalb nicht eignen, weil sie entweder in engem Zusammenhange mit den politischen oder sonstigen besonderen Verhältnissen der Bundesstaaten stehen, oder weil es nach der Natur dieser Verhältnisse zweckmäßig erscheint, die Regelung je nach den örtlichen Verhältnissen verschieden zu gestalten (M. d. E.G. S. 148). Einzelne Vorbehalte beziehen sich auf Materien, deren künftige reichsgesetzliche Regelung in Aussicht genommen ist, so z. B. der Vorbehalt in Betreff des Versicherungs- und Verlagsrechts (Art. 75, 76).

2. Die Vorbehalte sind entweder allgemeiner Natur und umfassen ganze Rechtsmaterien oder beziehen sich auf einzelne Fragen. Soweit die Vorbehalte allgemeiner Art sind, hat die Landesgesetzgebung völlig freien Spielraum. Sie kann für die vorbehaltenen Materien sowohl die allgemeinen wie die besonderen Vorschriften des B.G.B. ändern; sie kann insbesondere auch in Betreff der Fragen, welche in dem allgemeinen Theile des B.G.B. entschieden sind, also z. B. in Betreff der Geschäftsfähigkeit, der Nichtigkeit und Anfechtbarkeit der Rechtsgeschäfte, der Zulässigkeit und Wirkungen, der Bedingungen und der Stellvertretung, der Voraussetzungen und der Wirkungen der Verjährung andere Grundsätze aufstellen, als nach dem B.G.B. gelten. Soweit die Vorbehalte sich auf einzelne Fragen beziehen, bestimmt sich der Umfang des der Landesgesetzgebung gelassenen Spielraums nach dem Inhalte des einzelnen Vorbehalts.

3. Keinen allgemeinen Vorbehalt zu Gunsten der Landesgesetzgebung macht das E.G. in Beziehung auf das Postrecht, für das Telegraphenrecht, für das Kirchenrecht, das Schulrecht, das Militärrecht und das Verwaltungsrecht. Die Rechtssätze, um welche es sich bei diesen Materien handelt, gehören zum größten Theile dem öffentlichen Rechte an oder sind wie das Post-, Telegraphen- und Militärrecht reichsgesetzlich geordnet. Soweit in den die gedachten Materien betreffenden Landesgesetzen privatrechtliche Vorschriften enthalten sind, treten diese außer Kraft, sofern sie nicht durch einen besonderen Vorbehalt aufrecht erhalten werden (z. B. Art. 80, 132, 133). Die Beseitigung landesgesetzlicher Vorschriften hat übrigens selbstverständlich niemals die Wirkung, daß die auf Grund derselben bereits entstandenen subjektiven Rechte wegfallen.

4. Nach G.B.O. § 83, E.G. zum Zw.V.G. § 2, freiw. G.G. § 189 gelten die Vorbehalte zu Gunsten der Landesgesetzgebung auch für die in den gedachten Gesetzen gegebenen Vorschriften.

5. Die Tragweite der Vorbehalte für die Vergangenheit und Zukunft ergiebt sich aus Art. 3. Landesgesetzliche Vorschriften, die unter den Vorbehalt fallen, bleiben, soweit sie zur Zeit des Inkrafttretens des B.G.B. bestehen, auch ferner bestehen und können in Zukunft neu getroffen werden.

6. Eine große Zahl direkt oder indirekt ausgesprochener Vorbehalte zu Gunsten der Landesgesetze findet sich in dem B.G.B. selbst (s. z. B. §§ 85, 233, 907, 919, 1315, 1784, 1807 Abs. 2, 1808, 1888, 2249). Mittelbar hierher gehören auch diejenigen Vorschriften, in denen einem Bundesstaat oder dessen Behörden gewisse Befugnisse zugewiesen sind (s. z. B. §§ 61, 193, 1322, 1722 Abs. 2, 1745 Abs. 2).

7. Neben den Vorbehalten zu Gunsten der Landesgesetze sind in dem Art. 56 noch Vorbehalte zu Gunsten der von einzelnen Bundesstaaten mit ausländischen Staaten abgeschlossenen Verträge, in den Art. 57, 58 zu Gunsten der Hausverfassungen der landesherrlichen und der ihnen gleichgestellten Familien sowie der früher reichsständisch gewesenen seit 1806 mittelbar gewordenen und der ihnen gleichgestellten Häuser bestimmt.

Die im dritten Abschnitte bestimmten Vorbehalte zu Gunsten der Landesgesetze sind in der Art geordnet, daß zunächst in den Art. 59—76 die Vorbehalte von mehr oder weniger allgemeiner Natur aufgeführt sind, dann in den Art. 77—140 die besonderen Vorbehalte und zwar nach Vorausschickung einiger sich auf die Rechtsverhältnisse der Beamten beziehenden Bestimmungen in der Reihenfolge des B.G.B. getroffen sind und endlich in den Art. 141—152 einige sich auf das Verfahren beziehende Vorschriften folgen.

Allgemeine Vorbehalte bestimmen die Art. 59—61 für Familienfideikommisse, Lehen und Stammgüter (die Art. 60, 61 enthalten zugleich Bestimmungen, die sich auf die Art. 56, 57 beziehen), der Art. 62 für Rentengüter, der Art. 63 für Erbpachtrechte, der Art. 64 für das Anerbenrecht, der Art. 65 für das Wasserrecht, der Art. 66 für das Deich- und Sielrecht, die Art. 67, 68 für das Bergrecht und das Recht zur Gewinnung von Mineralien, die dem Bergrechte nicht unterliegen, die Art. 69—72 für das Jagd- und Fischereirecht sowie für gewisse Vorschriften über den Ersatz des Wildschadens, der Art. 73 für Regalien, der Art. 74 für Zwangsrechte, Bannrechte und Realgewerbeberechtigungen, die Art. 75, 76 für das Versicherungsrecht und das Verlagsrecht.

Die besonderen Vorbehalte der Art. 77—81 beziehen sich auf die Rechtsverhältnisse der Beamten und der zur Schätzung von Grundstücken bestellten Sachverständigen. Mit Art. 82 beginnen die sich an die Reihenfolge des B.G.B. anschließenden Vorbehalte. Auf den allgemeinen Theil beziehen sich die Art. 82—91 und zwar die Art. 82—85 auf Vereine, Waldgenossenschaften und Religionsgesellschaften, die Art. 86—88 auf die Erwerbsbeschränkungen der Juristischen Personen, der Religiosen und der Ausländer, der Art. 89 auf das Pfändungsrecht, die Art. 90, 91 auf die Sicherheitsleistung. Die Art. 92—108 beziehen sich auf das Recht der Schuldverhältnisse und zwar der Art. 92 auf Zahlungen aus öffentlichen Kassen, der Art. 93 auf die Miethe, der Art. 94 auf die Pfandleihanstalten, der Art. 95 auf das Gesinderecht, der Art. 96 auf Altentheilsverträge die Art. 97, 98 auf Staatsschulden, insbesondere auf die Eintragung in das Staatsschuldbuch, der Art. 99 auf öffentliche Sparkassen, die Art. 100—102 auf Schuldverschreibungen auf den Inhaber, die Art. 103—108 auf verschiedene landesgesetzlich bestimmte Ersatzansprüche.

Die Art. 109—133 betreffen sachenrechtliche Verhältnisse und zwar der Art. 109 die Enteignung, die Art. 110, 111 gewisse Beschränkungen des Eigenthums, der Art. 112 die besonderen Vorschriften über die für eine Eisenbahn oder Kleinbahn bestimmten Grundstücke und sonstigen Gegenstände, der Art. 113 die Zusammenlegung von Grundstücken und Gemeinheitstheilungen, der Art. 114 die Ablösungsrenten, der Art. 115 die Grunddienstbarkeiten und Reallasten, der Art. 116 Beschränkungen der Vorbehalte der Art. 113—115, der Art. 117 Beschränkungen der Belastung des Grundeigenthums, der Art. 118 die sog. Meliorationsrenten, der Art. 119 die Beschränkung der Veräußerung und Theilung von Grundstücken, der Art. 120 die Befreiung von einer Belastung im Falle der Veräußerung eines Theiles des Grundstücks auf Grund eines Unschädlichkeitsattestes der Behörde, der Art. 121 besondere Vorschriften über Reallasten im Falle der Veräußerung oder Theilung eines zu Gunsten des Staates oder einer öffentlichen Anstalt belasteten Grundstücks, die Art. 122—124 das sog. Nachbarrecht, der Art. 125 die Ausdehnung des § 26 der Gewerbeordnung, der Art. 126 die Uebertragung des dem Staate oder einem Kommunalverbande zustehenden Eigenthums an einem Grundstücke, der Art. 177 die Uebertragung des Eigenthums an einem Grundstücke,' das im Grundbuche nicht eingetragen ist und nicht eingetragen zu werden braucht, der Art. 128 die Begründung einer Dienstbarkeit an einem solchen Grundstücke, der Art. 129 das Recht einer anderen Person als des Fiskus zur Aneignung eines aufgegebenen Grundstücks, der Art. 130 das Recht zur Aneignung von Tauben, der Art. 131 das Miteigenthum an einem mit einem Gebäude versehenen Grundstücke, der Art. 132 die Kirchenbaulasten und Schulbaulasten, der Art. 133 das Recht auf einen Platz in einer Kirche oder auf einem Kirchhofe.

Auf das Familienrecht beziehen sich die Art. 134—136, und zwar der Art. 134 auf die religiöse Erziehung, der Art. 135 auf die Zwangserziehung Minderjähriger, der Art. 136 auf die Vormundschaft.

Das Erbrecht betreffen die Art. 137—140 und zwar der Art. 137 die Grundsätze, nach welchen in den Fällen der §§ 1515 Abs. 2, 3, 2049, 2312 des B.G.B. der Ertragswerth eines Landguts festzustellen ist, der Art. 138 die Ersetzung des Fiskus als gesetzlichen Erben durch eine Körperschaft, Stiftung oder eine Anstalt des öffentlichen Rechtes, der Art. 139 das Recht

Artikel 55.

Die privatrechtlichen Vorschriften der Landesgesetze treten außer Kraft, soweit nicht in dem Bürgerlichen Gesetzbuch oder in diesem Gesetz ein Anderes bestimmt ist.

---

des Fiskus oder einer anderen juristischen Person an dem Nachlaß einer verpflegten oder unterstützten Person, der Art. 140 die erweiterte Befugniß des Nachlaßgerichts.

Von den das Verfahren betreffenden Vorschriften der Art. 141—152 handeln die Art. 141—143 von dem Rechte der Landesgesetzgebung, die Zuständigkeit der Gerichte und Notare zur Beurkundung von Rechtsgeschäften abweichend von dem B.G.B. zu bestimmen, die Art. 144—146 von der Hinterlegung, der Art. 147 von der Ersetzung des Vormundschaftsgerichts durch andere Behörden, der Art. 148 von der Beschränkung der Zuständigkeit des Nachlaßgerichts, die Art. 149, 150 von den zulässigen Aenderungen der Vorschriften über die Form einer Verfügung von Todeswegen, der Art. 151 von der Aufrechterhaltung landesgesetzlicher Vorschriften über die Aufnahme gerichtlicher oder notarieller Urkunden, der Art. 152 endlich von den bei Rechtsstreitigkeiten, die nicht nach den Vorschriften der C.P.O. zu erledigen sind, an die Stelle der Klagerhebung und der Rechtshängigkeit tretenden Vorgängen.

8. Ob eine landesgesetzliche Vorschrift, weil sie dem öffentlichen Rechte angehört oder weil sie unter einen der Vorbehalte des E.G. fällt, trotz der Vorschrift des Art. 55 bestehen bleibt, wird häufig zweifelhaft sein. Diesen Zweifel suchen viele der in den einzelnen Bundesstaaten erlassenen Ausführungsgesetze dadurch zu beseitigen, daß sie eine große Zahl von Landesgesetzen, auch soweit sie nicht schon in Folge des B.G.B. ihre Geltung verloren haben, ausdrücklich vollständig aufheben. So bezeichnet z. B. das preuß. A.G. Art. 89 unter 31 Nummern die Gesetze, welche ganz oder theilweise aufgehoben sein sollen, darunter die Einleitung und der erste Theil des A.L.R. mit einzelnen Ausnahmen und einer Reihe speziell bezeichneter Vorschriften des zweiten Theiles, soweit diese Vorschriften sich nicht auf öffentliches Recht beziehen, ebenso das rheinische bürgerliche Gesetzbuch mit Ausnahme einer Reihe speziell bezeichneter Vorschriften. Ebenso werden in dem preuß. Ges. über freiw. G.G. Art. 144 unter 22 Nummern die darin bezeichneten gesetzlichen Vorschriften, die sich auf die freiwillige Gerichtsbarkeit beziehen, und in dem preuß. A.G. zur G.B.O. Art. 33 unter 12 Nummern die dort bezeichneten Gesetze aufgehoben.

Im bayerischen A.G. zum B.G.B. Art. 1 wird zunächst bestimmt, daß neben dem B.G.B. die Vorschriften des bürgerlichen Rechtes, welche aus der Zeit vor der Erlassung der Verfassungsurkunde v. 26. Mai 1818 stammen, nur insoweit in Geltung bleiben, als sie in den Art. 56—59, 69, 74—76, 78, 80, 89, 109, 111, 132, 133 des E.G. zum B.G.B. und im § 16 Nr. 1 des E.G. zur C.P.O. vorbehalten sind. Dann werden im Art. 175 unter 35 Nummern die Gesetze aus der Zeit nach 1818 bezeichnet, welche aufgehoben werden. Der Code civil wird im Art. 175 Abs. 2 im Ganzen aufgehoben.

Das württembergische A.G. zum B.G.B. bezeichnet im Art. 283 unter 47 Nummern die Landesgesetze, welche, auch soweit sie nicht durch das B.G.B. und dessen Nebengesetze aufgehoben sind, außer Wirksamkeit treten.

Das badische A.G. zum B.G.B hebt im Art. 39 unter 37 Nummern die darin bezeichneten Gesetze auf, darunter das durch die Edikte v. 3. Februar 1809 und v. 22. Dezember 1809 eingeführte Landrecht in seiner dermaligen Fassung.

Das hessische A.G. zum B.G.B. hebt im Art. 286 unter 118 Nummern die dort bezeichneten statutarischen Rechte und Gesetze auf, darunter den code civil.

In Elsaß-Lothringen sind durch ein besonderes Gesetz v. 29. November 1899 unter 138 Nummern die dort bezeichneten Gesetze, darunter auch der code civil aufgehoben.

Aehnliche Vorschriften finden sich in den Ausführungsgesetzen der meisten Bundesstaaten, doch wird zum Theil weniger entschieden eingegriffen. So beschränkt sich z. B. das sächsische A.G. zum B.G.B. darauf, eine Reihe von Paragraphen des bisherigen sächsischen B.G.B. zu bezeichnen, welche aufgehoben sein sollen, soweit sie neben dem B.G.B. in Kraft bleiben würden; im sächsischen Gesetze v. 15. Juni 1900 § 133 sind dann noch eine Reihe anderer Gesetze besonders aufgehoben.

Artikel 55.

E. d. E.G. I Art. 32; II Art. 29; III Art. 53. P. I S. 12679—12686. M. d. E.G. S. 146—154. P. II S. 8779, 8780 (Bd. 6 S. 365). K.B. S. 2111 St.B. S. 3025.

1. Ueber das in dem Art. 55 zum Ausdrucke gelangte Kodifikationsprinzip s. Vorbm. zu diesem Abschnitte. Die privatrechtlichen Vorschriften der Landesgesetze treten, soweit sie nicht unter die Vorbehalte des B.G.B. oder des E.G. fallen, ohne Rücksicht

darauf außer Kraft, ob die Materie, auf welche sie sich beziehen, in dem B.G.B. geregelt ist oder nicht (anders bei dem St.G.B.).

2. Der Begriff der privatrechtlichen Vorschriften wird durch das E.G. nicht definirt. Den Gegensatz bilden die öffentlichrechtlichen Vorschriften. Für beide Begriffe sind zunächst die aus der Wissenschaft zu entnehmenden allgemeinen Grundsätze maßgebend (s. Bd. I S. 16, III S. 1; vergl. auch Gierke deutsches Privatrecht I S. 26 ff.). Aber diese Grundsätze haben in den einzelnen Bundesstaaten eine verschiedene Entwickelung erfahren. Das in dem einzelnen Staate geltende Recht entscheidet deshalb darüber, welche Rechtssätze als dem öffentlichen Rechte und welche als dem Privatrecht angehörend anzusehen sind (M. d. E.G. S. 147). Es ist daher möglich, daß dasselbe Rechtsverhältniß in dem einen Staate als dem öffentlichen Rechte angehörend sich auch künftig nach den Landesgesetzen bestimmt, während es in einem anderen Staate unter Beseitigung der Landesgesetze den Vorschriften des B.G.B. untersteht. Hierin liegt unzweifelhaft ein Nachtheil; die Beseitigung desselben war aber bei der Lage unseres öffentlichen Rechtes nicht möglich. Privatrecht ist gleichbedeutend mit bürgerlichem Rechte. In diesem Sinne wird in dem G.V.G. § 13 von bürgerlichen Rechtsstreitigkeiten gesprochen.

Die Zweifel, welche sich aus der unsicheren Grenze zwischen öffentlichem und Privatrecht ergeben, erledigen sich praktisch in den wichtigsten Beziehungen dadurch, daß entweder das B.G.B. ein auf der Grenze liegendes Rechtsverhältniß regelt oder daß ein solches Rechtsverhältniß durch das B.G.B. oder das E.G. der Landesgesetzgebung überwiesen wird. Im ersteren Falle sind die Vorschriften des B.G.B. maßgebend, auch wenn das betreffende Rechtsverhältniß nach allgemeinen Grundsätzen oder nach dem besonderen Staatsrecht eines einzelnen Bundesstaats als dem öffentlichen Rechte angehörend anzusehen sein sollte (s. z. B. B.G.B. § 89). Die Landesgesetze können in solchem Falle die Vorschriften des B.G.B. nicht ändern und sind, soweit sie damit in Widerspruch stehen, aufgehoben. Aber nur soweit die Vorschriften des B.G.B. gehen, ist die Zuständigkeit der Landesgesetzgebung ausgeschlossen; sie bleibt im Uebrigen, sofern das Rechtsverhältniß nach dem Rechte des betreffenden Staates dem öffentlichen Rechte angehört, bestehen. Dies gilt insbesondere auch von den die freiwillige Gerichtsbarkeit betreffenden Vorschriften. Soweit solche in dem B.G.B. gegeben sind, wie z. B. in Ansehung der Verfügungen von Todeswegen können die Landesgesetze daran nichts ändern; im Uebrigen würden sie in dieser Beziehung nicht beschränkt sein, wenn ihnen nicht durch das besondere Reichsgesetz über die freiwillige Gerichtsbarkeit eine Schranke gezogen wäre. In Betreff dieses Gesetzes gelten aber nach § 189 desselben nicht nur dieselben Vorbehalte wie nach dem E.G. Art. 55 für die privatrechtlichen Vorschriften (s. Vorbm. Nr. 4), sondern nach § 200 ist der Landesgesetzgebung allgemein nicht nur die Ausführung, sondern auch die Ergänzung gestattet.

3. Unter Landesgesetzen sind nach Art. 2 alle landesrechtlichen Rechtsnormen zu verstehen, mögen sie auf Gesetz, Verordnung, Verfügung einer zuständigen Behörde oder auf Gewohnheitsrecht beruhen. Man kann dies auch negativ dahin ausdrücken, daß alle Rechtsnormen, welche nicht auf Reichsgesetzen beruhen, als landesrechtliche anzusehen sind. Es gehört dahin insbesondere auch das gemeine Recht. Dieses ist zwar nicht durch einen Akt der Gesetzgebung der einzelnen Staaten oder durch partikuläres Gewohnheitsrecht, sondern auf Grund eines allgemeinen deutschen Gewohnheitsrechts Recht geworden und als solches durch Gesetze des früheren deutschen Reichs anerkannt. Aber im Sinne des Art. 55 gehört es trotzdem zu den Landesgesetzen, weil es nicht auf einem Gesetze des jetzigen Deutschen Reichs beruht.

In Ansehung der für Elsaß-Lothringen erlassenen Gesetze ist zu unterscheiden, ob sie Reichsgesetze oder Landesgesetze sind. Im ersteren Falle fallen sie unter Art. 32, im letzteren Falle unter Art. 55. Ein und dasselbe Gesetz kann möglicherweise in einer Beziehung Reichsgesetz, in einer anderen Beziehung Landesgesetz sein. So gilt z. B. in Elsaß-Lothringen das Reichsbeamtengesetz v. 31. März 1873 in zweifacher Eigenschaft als Reichsgesetz für die dortigen Reichsbeamten und als Landesgesetz für die Elsaß-Lothringenschen Landesbeamten sowie für die Lehrer und Lehrerinnen an öffentlichen Schulen. Dies giebt das Einführungsgesetz v. 23. Dezember 1873 (Gesetzblatt für Elsaß-Lothringen S. 479) im Eingange zu erkennen; die weiteren Bestimmungen dieses Gesetzes enthalten nur Landesrecht. Die Reichsgesetze v. 21. April 1886 und v. 25. Mai 1887, durch welche das Reichsbeamtengesetz abgeändert ist, gelten für die Reichsbeamten in Elsaß-Lothringen ohne Weiteres kraft der Publikation im Reichsgesetzblatte; dagegen sind dieselben hinsichtlich der Landesbeamten sowie der Lehrer und Lehrerinnen durch Kaiserliche Verordnung v. 21. November 1887 (Gesetzblatt für Elsaß-Lothringen S. 85) für anwendbar erklärt (P. I S. 12682). Die als Landesrecht geltenden Vorschriften des Reichsbeamtengesetzes sind landesgesetzliche Vorschriften im Sinne des Art. 55; sie werden also durch diesen Artikel insoweit aufgehoben, als sie, was freilich nur bei einzelnen in Frage kommen kann, nicht dem öffentlichen Rechte angehören, sondern privatrechtlicher Natur sind.

Artikel 56.

Unberührt bleiben die Bestimmungen der Staatsverträge, die ein Bundesstaat mit einem ausländischen Staate vor dem Inkrafttreten des Bürgerlichen Gesetzbuchs geschlossen hat.

Soweit in bestehenbleibenden Reichsgesetzen auf Landesgesetze verwiesen ist, kommt es darauf an, ob die Verweisung die Bedeutung hat, daß die betreffende landesgesetzliche Norm dadurch zu einem Theile des Reichsgesetzes gemacht, also zu einer reichsgesetzlichen Norm erhoben werden soll, oder ob auf das Landesgesetz nur als solches verwiesen ist. Im ersteren Falle fällt die landesgesetzliche Norm, soweit darauf verwiesen ist, unter Art. 32; im letzteren Falle wird sie durch Art. 55 aufgehoben und tritt an ihre Stelle nach Art. 4 das B.G.B. Die Auffassung der Motive (S. 147), daß es hierauf nicht ankomme, weil die Reichsgesetze nicht daran gedacht hätten, diese Landesgesetze auch gegenüber einem künftigen, auf dem Kodifikationsprinzipe beruhenden B.G.B. aufrecht zu erhalten, ist in dieser Allgemeinheit wohl nicht richtig. Im Zweifel wird indessen eine Erhebung der landesrechtlichen Norm zu einer reichsrechtlichen nicht anzunehmen sein.

4. Ueber die durch das B.G.B. und das E.G. gemachten Ausnahmen von der Regel des Art. 55 s. Vorbm. 6, 7 zu diesem Abschnitte.

Artikel 56.

E. d. E.G. II Art. 30; III Art. 54. P. I S. 13, 12990. M. d. E.G. S. 148. P. II S. 8780—8782 (Bd. 6 S. 365—367).

1. Der Art. 56 ist von der zweiten Kommission eingestellt. Eine entsprechende Vorschrift war in den Entwürfen der E.G. zu dem G.V.G. und zu der C.P.O. enthalten, wurde aber als unnöthig gestrichen. Aus dem Mangel einer solchen Vorschrift entstand in der Praxis aber Streit und deshalb hatte schon die erste Kommission die Aufnahme einer dem Art. 56 entsprechenden Vorschrift in Aussicht genommen. Es wurde davon aber abgesehen, weil die Hauptbedeutung der Vorschrift in den internationalrechtlichen Bestimmungen der in dem Art. 56 gedachten Verträge liege, das internationale Privatrecht aber in dem E. I des B.G.B. nicht aufgenommen war. Dieser Grund ist weggefallen; deshalb ist die Vorschrift jetzt aufgenommen worden.

2. Wie die Vorschriften, welche in dem von dem Reiche geschlossenen Verträgen enthalten sind, den Reichsgesetzen gleich stehen, so würden in Ermangelung einer besonderen Vorschrift die in Verträgen, welche ein Bundesstaat geschlossen hat, enthaltenen Vorschriften den Landesgesetzen gleich stehen und daher, soweit sie privatrechtlicher Natur sind, nach Art. 55 außer Wirksamkeit treten. Bei dieser Konsequenz verbleibt es in Beziehung auf die zwischen einzelnen Bundesstaaten geschlossenen Verträge. Die mit einem ausländischen Staate geschlossenen Verträge sollen aber nach Art. 56 bestehen bleiben. Die Rücksicht auf die durch Verträge dieser Art betroffenen Interessen der einzelnen Bundesstaaten ließ die Ausnahme als geboten erscheinen. Praktisch in Betracht kommen hauptsächlich solche Verträge, durch welche Fragen des internationalen Privatrechts geregelt werden. Im Sinne des E.G. gehören auch Vorschriften dieser Art zu den privatrechtlichen (s. Vorbm. Art. 7—31 Nr. 4).

Wird in Staatsverträgen der in Art. 56 gedachten Art auf inländisches Recht verwiesen, so gilt dasselbe wie in dem Falle, daß eine solche Verweisung in einem bestehen bleibenden Gesetze stattfindet. Es ist also zu untersuchen, ob die Vorschriften, auf welche verwiesen ist, zu einem Bestandtheile der durch den Vertrag erfolgten Regelung gemacht sind oder ob dies nicht der Fall ist. Im ersteren Falle werden die Vorschriften, auf welche verwiesen ist, in Beziehung auf das durch Vertrag geregelte Verhältniß durch Art. 56 mit aufrecht erhalten; im letzteren Falle treten an ihre Stelle nach Art. 4 die betreffenden Vorschriften des B.G.B. und, sofern es sich um internationalrechtliche Bestimmungen handelt, die Vorschriften des E.G. Art. 7—31 (s. Erl. zu Art. 4).

3. Nur solche Staatsverträge, die ein Bundesstaat vor dem Inkrafttreten des B.G.B. mit einem ausländischen Staate geschlossen hat, werden durch Art. 56 aufrecht erhalten. Nach dem Inkrafttreten des B.G.B. kann ein Bundesstaat Verträge privatrechtlichen Inhalts nur schließen, soweit es sich um eine der Landesgesetzgebung vorbehaltene Materie handelt. Die Worte „unberührt bleiben" haben also in dem Art. 56 nicht die ihnen nach Art. 3 regelmäßig zukommende Bedeutung, nach welcher dadurch auch die Erlassung neuer Vorschriften für zulässig erklärt wird. Der Inhalt des Artikels selbst ergiebt unzweifelhaft, daß die fraglichen Worte hier in einem engeren Sinne verstanden sind.

Artikel 57.

In Ansehung der Landesherren und der Mitglieder der landesherrlichen Familien sowie der Mitglieder der Fürstlichen Familie Hohenzollern finden die Vorschriften des Bürgerlichen Gesetzbuchs nur insoweit Anwendung, als nicht besondere Vorschriften der Hausverfassungen oder der Landesgesetze abweichende Bestimmungen enthalten.

Das Gleiche gilt in Ansehung der Mitglieder des vormaligen Hannoverschen Königshauses, des vormaligen Kurhessischen und des vormaligen Herzoglich Nassauischen Fürstenhauses.

Artikel 57.

E. d. E.G. I Art. 33; II Art. 31; III Art. 55. P. I S. 12686, 12687; M. I S. 10, 11. M. d. E.G. S. 154. P. II S. 8782, 8787, 9421, 9422 (Bd. 6 S. 367, 369, 743). St.B. S. 3025. K.B. S. 2111.

Heffter, die Sonderrechte der souveränen Häuser. Gierke, Deutsches Privatrecht Bd. 1 S. 149 ff.

1. Der Vorbehalt des Art. 57 rechtfertigt sich durch die besondere staatsrechtliche Stellung der Landesherren und ihrer Familien. Die Gleichstellung der Fürstlichen Familie Hohenzollern mit den landesherrlichen Familien ist mit Rücksicht auf die dem Fürstlichen Hause Hohenzollern durch den Akzessionsvertrag v. 7. Dezember 1849 und das preuß. Ges. v. 12. März 1850 eingeräumte Stellung erfolgt. Der zweite Absatz ist vom Reichstage hinzugefügt worden, um jeden Zweifel abzuschneiden, daß die darin bezeichneten Familien in der hier fraglichen Beziehung den landesherrlichen Familien gleichstehen. Für das Nassau'sche Fürstenhaus hat die Bestimmung keine Bedeutung mehr, da dasselbe wieder souverän geworden ist und seine rechtliche Stellung sich hiernach bestimmt.

Ein dem Abs. 1 des Art. 57 entsprechender Vorbehalt findet sich in E.G. zum G.V.G. § 5, in der St.P.O. § 71 Abs. 1, im E.G. zur St P.O. § 4, in dem E.G. zur C.P.O. § 5, in dem E.G. zur K.O. § 7. Eine dem Abs. 2 entsprechende Vorschrift ist diesen Bestimmungen durch das Ges. betr. Aenderungen des G.V.G. und der St.P.O. v. 17. Mai 1898 Art. II, das E.G. zum Ges. betr. Aenderungen der C.P.O. v. 17. Mai 1898 Art. II, und das E.G. zum Ges. betr. Aenderungen der K.O. Art. II Nr. 3 hinzugefügt. Vergl. ferner C.P.O. §§ 219, 375, 479, 482.

Der Vorbehalt des Art. 57 gilt nach G.B.O. § 83, nach dem E.G. zum Zw.V.G. § 2, nach freiw. G.G. § 189 auch für die in diesen Gesetzen enthaltenen Vorschriften.

2. Für die Mitglieder der in Art. 57 bezeichneten landesherrlichen Familien gelten die Vorschriften des B.G.B. nur insoweit, als sich nicht aus der Hausverfassung oder aus den Landesgesetzen eine Abweichung ergiebt. Der rechtliche Bestand solcher Hausverfassungen wird als geschichtlich gegeben vorausgesetzt. In welcher Art eine Aenderung derselben erfolgen kann, ist aus ihnen selbst zu entnehmen. Hiernach bestimmt sich insbesondere, ob das Haupt der Familie für sich allein befugt ist, eine Aenderung vorzunehmen oder ob und in welchem Umfange die Zustimmung von Mitgliedern der Familie erforderlich ist. Auch die Frage, ob und inwieweit die Observanz rechtliche Bedeutung hat, entscheidet sich nach den in der einzelnen Hausverfassung aufgestellten Grundsätzen. Subsidiär kommt für alle Hausverfassungen das gemeine deutsche Privatfürstenrecht in Betracht (vergl. R.G. 2 S. 149; 26 S. 149). Daß der Vorbehalt des Art. 57 auch für dieses gilt, wurde in der zweiten Kommission ausdrücklich anerkannt (P. II S. 9421, 9422). Landesgesetzlich kann für eine Aenderung der Hausverfassung auch die Beobachtung der für eine Aenderung der Landesgesetze oder der Staatsverfassung geltenden Vorschriften vorgeschrieben sein. In solchem Falle tritt dieses Erforderniß zu den durch die Hausverfassungen bestimmten Erfordernissen hinzu. Möglich ist indessen auch, daß die Beobachtung der für die Entstehung eines Landesgesetzes gegebenen Vorschriften für sich allein zu einer Aenderung genügt.

Wird in den Hausverfassungen auf bestehende Gesetze verwiesen, so ist ebenso wie bei den in Kraft bleibenden Landesgesetzen zu untersuchen, ob die Bestimmungen, auf welche verwiesen ist, Bestandtheile der Hausverfassung sein sollen oder ob die Verweisung nur die Bedeutung einer Bezugnahme auf das allgemeine Recht hat. Im ersteren Falle werden die Bestimmungen auf welche verwiesen ist, durch das B.G.B. nicht berührt; im letzteren Falle treten nach E.G. Art. 4 an ihre Stelle die Vorschriften des B.G.B.

3. Der Vorbehalt ist ein ganz allgemeiner. Prinzipiell kann jede Vorschrift des B.G.B. für die Mitglieder der im Art. 57 bezeichneten Familien durch die Hausverfassung oder durch die Landesgesetze für unanwendbar erklärt oder durch eine andere Vorschrift ersetzt werden. Praktische Bedeutung hat der Vorbehalt nach Maßgabe der bestehenden Hausverfassungen und Landesgesetze hauptsächlich für die Bestimmungen über Volljährigkeit, für die Eingehung und Scheidung der Ehe, für die elterliche Gewalt und die Vormundschaft, für das Erbrecht und für die Uebertragung und Belastung der zu dem Hausvermögen gehörenden Gegenstände.

4. Der Vorbehalt bezieht sich nur auf die Vorschriften des B.G.B., nicht auf die Vorschriften anderer nach Art. 32 in Kraft bleibender Reichsgesetze. Ob ein entsprechender Vorbehalt auch für sie gilt, ist aus ihnen zu entnehmen (s. oben unter Nr. 1). Soweit in ihnen ein solcher Vorbehalt nicht gemacht ist, gelten sie auch für die Mitglieder der im Art. 57 bezeichneten Familien. In der ersten Kommission war eine Bestimmung beantragt, nach welcher der Vorbehalt unbeschadet der besonderen Bestimmungen der Hausverfassung über die Zulässigkeit der Stellvertretung bei der Eheschließung keine Anwendung finden sollte auf die Vorschriften des E. I §§ 1245, 1248, 1249, 1440 Abs. 3 Satz 1. Den ersten drei Paragraphen entsprechen sachlich die §§ 1317, 1318 des B.G.B., während die in dem § 1440 Abs. 3 Satz 1 enthaltene Bestimmung, nach welcher auf beständige Trennung von Tisch und Bett nicht erkannt werden kann, in dem B.G.B. dadurch zum Ausdrucke gelangt ist, daß dieses eine Vorschrift, durch welches eine solche Trennung für zulässig erkannt wird, abgesehen von den besonderen Vorschriften über die Aufhebung der ehelichen Gemeinschaft (§ 1575) nicht enthält. Der obige Antrag wurde von der Kommission zwar als sachlich richtig anerkannt, aber abgelehnt, weil sich sein Inhalt schon aus den bestehenbleibenden §§ 72, 77 des Personenstandsgesetzes ergebe. Dies dürfte indessen nicht richtig sein. Der § 72 Abs. 1 bestimmt nur, daß für die Landesherren und die Mitglieder der landesherrlichen Familien sowie der Fürstlichen Familie Hohenzollern die Ernennung des Standesbeamten und die Bestimmung über die Art der Führung und Aufbewahrung der Standesregister durch Anordnung des Landesherrn erfolgt. Nach Abs. 2 soll in Betreff der Stellvertretung der Verlobten und des Aufgebots die Observanz entscheiden, während nach Abs. 3 im Uebrigen in Ansehung der Mitglieder der gedachten Familien die auf Hausgesetzen oder auf Observanz bestehenden Bestimmungen über die Erfordernisse der Eheschließung und über die Gerichtsbarkeit in Ehesachen nicht berührt werden sollen. Der Abs. 1 bezieht sich auf die früher im Personenstandsgesetz enthaltenen Vorschriften über die Form der Eheschließung. Diese sind jetzt aber aufgehoben und durch die §§ 1317, 1318 des B.G.B. ersetzt. Die Vorschriften des B.G.B. aber können nach Art. 57 durch die Hausverfassung geändert werden, also auch die gedachten §§ 1317, 1318. Daraus, daß daneben der Abs. 1 des § 72 des Personenstandsgesetzes bestehen bleibt und durch die Hausverfassung nicht geändert werden kann, kann man höchstens folgern, daß das Erforderniß der Eheschließung vor einem Standesbeamten auch für die Mitglieder der gedachten Familien gilt und durch die Hausverfassung nicht geändert werden kann, nicht aber, daß dies auch in Betreff der übrigen in den §§ 1317, 1318 enthaltenen Bestimmungen der Fall ist. Diese können daher jedenfalls für die Mitglieder der fraglichen Familien durch die Hausverfassung geändert werden. Aehnlich steht es mit dem § 77 des Personenstandsgesetzes. Dieser bestimmt im Abs. 1, daß, wenn nach dem bisherigen Rechte auf beständige Trennung von Tisch und Bett zu erkennen sei, nunmehr auf Scheidung erkannt werden müsse und enthält dann im Abs. 2 eine Vorschrift über die früher ergangenen auf beständige Trennung von Tisch und Bett lautenden Urtheile. Daraus, daß diese Vorschriften neben dem B.G.B. bestehen bleiben und durch die Hausverfassungen nicht geändert werden können, folgt nicht, daß für die nach dem B.G.B. zu beurtheilenden Ehen der aus dem B.G.B. zu entnehmende Grundsatz der Unzulässigkeit einer beständigen Trennung von Tisch und Bett durch die Hausverfassung für die Mitglieder der im Art. 57 bezeichneten Familien nicht geändert werden könnte.

5. Eine Beschränkung erleidet der Art. 57 durch den Art. 61, nach welchem bei einer nach Art. 57 unzulässigen Verfügung, die Vorschriften zu Gunsten derjenigen, welche Rechte von einem Nichtberechtigten herleiten, entsprechende Anwendung finden. Die Anwendung dieser Vorschriften kann durch die Hausverfassung oder die Landesgesetze nicht ausgeschlossen werden. Der Art. 60 enthält keine Beschränkung des Art. 57, sondern nur eine durch denselben erforderlich gewordene Modifikation des B.G.B. (s. Erl. zu Art. 60, 61).

6. Von den in Betracht kommenden Landesgesetzen sind zu erwähnen das preuß. A.L.R. I 11 §§ 676, 677; 12 § 176; II 1 (A.G. z. B.G.B. Art. 89 mit Begr. S. 209); bayer. Familienstatut v. 5. August 1819 mit Verfassungsurkunde v. 26. Mai 1818 Titel II, III, Verord. v. 6. Juni 1900; württemb. A.G. z. B.G.B. Art. 130, 131; sächs. Ges., betr. die Ergänzung und Aenderung des Königlichen Hausgesetzes v. 30. Dezember 1837 und des

Artikel 58.

In Ansehung der Familienverhältnisse und der Güter derjenigen Häuser, welche vormals reichsständisch gewesen und seit 1806 mittelbar geworden sind oder welche diesen Häusern bezüglich der Familienverhältnisse und der Güter durch Beschluß der vormaligen deutschen Bundesversammlung oder vor dem Inkrafttreten des Bürgerlichen Gesetzbuchs durch Landesgesetz gleichgestellt worden sind, bleiben die Vorschriften der Landesgesetze und nach Maßgabe der Landesgesetze die Vorschriften der Hausverfassungen unberührt.

Das Gleiche gilt zu Gunsten des vormaligen Reichsadels und derjenigen Familien des landsässigen Adels, welche vor dem Inkrafttreten des Bürgerlichen Gesetzbuchs dem vormaligen Reichsadel durch Landesgesetz gleichgestellt worden sind.

Nachtrags v. 20. August 1879, v. 6. Juli 1900 und das hess. Ges., betr. den Gerichtsstand und das gerichtliche Verfahren in Ansehung des Landesherrn und der Mitglieder des Großherzoglichen Hauses, v. 7. Juni 1879 in der Fassung v. 31. März 1900.

Artikel 58.

E. d. E.G. I Art. 34; II Art. 32; III Art. 56. P. I S. 12687—12696; M. I S. 11—14. M. d. E.G. S. 155—157. P. II S. 8782—8786 (Bd. 6 S. 367—369. K.B. S. 2111. St.B. S. 3025.

1. Durch Art. 14 der Bundesakte v. 8. Juni 1815 war zu Gunsten der früheren reichsständischen, seit 1806 mittelbar gewordenen Häuser u. A. bestimmt, daß „ihnen in Rücksicht ihrer Person, Familie und Besitzungen alle diejenigen Rechte und Vorzüge zugesichert werden oder bleiben, welche aus ihrem Eigenthum und dessen ungestörtem Genusse herrühren und nicht zu der Staatsgewalt und den höheren Regierungsrechten gehören."

Hinzugefügt ist dann noch unter Nr. 2:

> „... werden nach den Grundsätzen der früheren deutschen Verfassung die noch bestehenden Familienverträge aufrecht erhalten und ihnen die Befugniß zugesichert, über ihre Güter und Familienverhältnisse verbindliche Verfügungen zu treffen, welche jedoch dem Souverän vorgelegt und bei den höchsten Landesstellen zur allgemeinen Kenntniß und Nachachtung gebracht werden müssen. Alle bisher dagegen erlassenen Verordnungen sollen für künftige Fälle nicht weiter anwendbar sein."

In demselben Art. 14 der Bundesakte werden dem Reichsadel „die sub. Nr. 1 und 2 angeführten Rechte" — (betr. die Freiheit der Wahl des Aufenthaltsorts und die Familienautonomie) — ... „zugesichert. Diese Rechte werden jedoch nur nach Vorschrift der Landesgesetze ausgeübt."

Diese Vorschriften der Bundesakte sind für die Reichsgesetzgebung nicht bindend. Mit Rücksicht indessen auf die rechtliche Stellung, welche *die in dem Art. 14 der Bundesakte bezeichneten Familien* in Folge der geschichtlichen Entwickelung und der gedachten Vorschriften der Bundesakte bisher gehabt haben, *sind ihnen die in dem Art. 58 bestimmten Rechte eingeräumt. Der Art. 58 geht indessen insofern über die Bundesakte hinaus,* als den vormals reichsständischen Häusern diejenigen Häuser gleichgestellt sind, welche jenen bezüglich der Familienverhältnisse und der Güter durch Beschluß der vormaligen Deutschen Bundesversammlung oder vor dem Inkrafttreten des B.G.B. durch Landesgesetz gleichgestellt worden sind, und als neben dem Reichsadel diejenigen Familien des landsässigen Adels erwähnt werden, welche vor dem Inkrafttreten des B.G.B. dem vormaligen Reichsadel durch Landesgesetz gleichgestellt worden sind. Diese Ausdehnung beruht auf einem Beschlusse des Bundesraths; sie bezweckt die Erhaltung des bestehenden Rechtszustandes in seinem ganzen Umfange. Der zweite Zusatz insbesondere, welcher bereits in beiden Kommissionen beantragt, aber abgelehnt war, beruht darauf, daß in einzelnen Staaten, insbesondere in Württemberg, der im Besitze gewisser Güter befindliche altlandsässige Adel, durch Landesgesetz dem Reichsadel gleichgestellt ist und daß die hierdurch begründeten Verhältnisse geschont werden sollen.

2. *Der Vorbehalt des Art. 58 ist in mehrfacher Beziehung beschränkter als der des Art. 57.*

---

a) Der Vorbehalt des Art. 57 ist ein ganz allgemeiner; der Art. 58 dagegen ist beschränkt auf die Familienverhältnisse und die Güter der in dem Art. 58 bezeichneten Häuser. Die hierdurch bestimmte Grenze ist nicht ganz zweifelsfrei. Nach einem in der ersten Kommission gestellten Antrage sollten die Rechtsverhältnisse, welche durch den Vorbehalt getroffen werden, spezieller bestimmt und begrenzt werden (P. I S. 12688, 12689). In dem Art. 58 ist aber eine solche nähere Bestimmung nicht erfolgt. Man wird die Entscheidung über den Umfang des Vorbehalts daher aus der geschichtlichen Entwickelung und der bisherigen rechtlichen Stellung der fraglichen Häuser zu entnehmen haben. Dem Wortlaute nach würde darunter das ganze Familienrecht fallen; dies dürfte indessen der Bedeutung, in welcher der Ausdruck „Familienverhältnisse" in der Bundesakte und im Anschlusse daran auch wohl im Art. 58 gebraucht ist, und der bisherigen Gestaltung der Rechtsverhältnisse der in Frage kommenden Familien nicht entsprechen. Auszuschließen sein dürften vielmehr die Vorschriften über die Schließung und Scheidung der Ehe, während allerdings das eheliche Güterrecht sowie die Vorschriften über die elterliche Gewalt und die Vormundschaft unter den Vorbehalt fallen. Durch die Erwähnung der „Güter" der fraglichen Häuser in dem Art. 58 wird die Zulässigkeit von Verfügungsbeschränkungen über die zu dem Vermögen der betreffenden Häuser gehörenden Gegenstände sowie von erbrechtlichen von den Vorschriften des B.G.B. abweichenden Bestimmungen anerkannt. Hiermit stimmt auch der Inhalt der bestehenden Landesgesetze und Hausverfassungen überein. Nicht unter den Vorbehalt fallen, abweichend vom Art. 57, die Bestimmungen des B.G.B. über die Volljährigkeit. Auch das Ges. v. 17. Februar 1875 über das Alter der Großjährigkeit enthielt keinen Vorbehalt zu Gunsten der im Art. 58 bezeichneten Familien.

b) Während im Art. 57 die Hausverfassung und die Landesgesetze neben einander erwähnt sind, gilt der Vorbehalt des Art. 58 in erster Linie für die Landesgesetze, für die Hausverfassungen der fraglichen Familien aber nur „nach Maßgabe der Landesgesetze." Während also nach Art. 57 die Hausverfassungen und die Landesgesetze koordinirt neben einander stehen, bleiben nach Art. 58 die Hausverfassungen nur insoweit unberührt, als nicht die Landesgesetze entgegenstehen. Diese können die Grenzen, innerhalb deren das B.G.B. durch die Hausverfassungen für die Mitglieder der fraglichen Häuser geändert werden kann, näher bestimmen; sie können insbesondere auch die Wirksamkeit aller oder gewisser Bestimmungen der Hausverfassungen von bestimmten Voraussetzungen, z. B. von der Mittheilung an den Landesherrn oder von dessen Genehmigung abhängig machen. Rechtlich würde sogar nichts entgegenstehen, wenn die Landesgesetze den Hausverfassungen überhaupt die Wirksamkeit versagten. Thatsächlich ist dieses indessen bis jetzt nirgends geschehen, während beschränkende Bestimmungen der oben gedachten Art in verschiedenen Staaten erfolgt sind. Selbstverständlich können die Landesgesetze die von ihnen getroffenen beschränkenden Bestimmungen auch wieder aufheben und die Autonomie der im Art. 58 gedachten Familien soweit ausdehnen, als der Art. 58 dies gestattet. Soweit in den Landesgesetzen keine beschränkenden Bestimmungen enthalten sind, gelten die Hausverfassungen kraft des Art. 58 in dem dort bezeichneten Umfange (s. Nr. 1).

3. In Betreff der Art und Weise, in welcher die bestehenden Hausverfassungen geändert werden können, gilt, sofern in den Landesgesetzen keine Bestimmungen darüber gegeben sind, dasselbe wie nach den Erl. zu Art. 57 für die Aenderung der dort bezeichneten Hausverfassungen. Nach der betreffenden Hausverfassung entscheidet sich auch, ob und inwieweit die Observanz als hausverfassungsmäßige Rechtsquelle in Betracht kommt. Endlich gilt auch in Betreff der Frage, welche Wirkung es hat, wenn in den Hausverfassungen auf das bisherige Recht verwiesen ist, dasselbe wie im Falle des Art. 57 (s. Erl. 2 zu Art. 57).

4. Der Vorbehalt des Art. 58 bezieht sich, ebenso wie der des Art. 57 nur auf das B.G.B., nicht auf die Vorschriften anderer neben dem B.G.B. in Kraft bleibender Reichsgesetze (s. Erl. 4 zu Art. 57). Einen dem Art. 58 entsprechenden Vorbehalt enthalten die G.B.O. § 83, das E.G. z. Zw.V.G. § 2 und das freiw. G.G. § 189.

5. Ebenso wie der Art. 57 wird auch der Art. 58 durch die Vorschriften des Art. 61 beschränkt und durch die des Art. 60 ergänzt.

6. An landesgesetzlichen Vorschriften sind einschlägig z. B. für Preußen A.L.R. II 1 §§ 835 ff. (A.G. z. B.G.B. Art. 89 mit Begr. S. 209), V. v. 21. Juni 1815, Instruktion v. 30. Mai 1820; für Bayern Verf. Urkunde v. 26. Mai 1818 Titel V § 2 und IV. Beilage § 65, Deklaration v. 19. März 1807. Von den in Veranlassung des B.G.B. erlassenen landesgesetzlichen Vorschriften sind zu erwähnen das sächs. Ges. v. 15. Juni 1900 zur Ausführung einiger mit dem B.G.B. zusammenhängender Reichsgesetze § 15, und das sächs. Ges. über Familienanwartschaften v. 7. Juli 1900 § 109, ferner das württemb. A.G. Art. 14, 24—31, 281.

Artikel 59.

Unberührt bleiben die landesgesetzlichen Vorschriften über Familienfideikommisse und Lehen, mit Einschluß der allodifizirten Lehen, sowie über Stammgüter.

Artikel 59.

E. d. E.G. I Art. 35; II Art. 33; III Art. 57. P. I S. 12697—12706. M. d. E.G. S. 157—159. P. II S. 8787—8791, 9195, 9196, 9422 (Bd. 6 S. 369—371, 606, 743). K.B. S. 2111. St.B. S. 3025.

Stobbe, Handbuch des deutschen Privatrechts Bd. 2 §§ 116—128, 137—140. Neubauer, Zusammenstellung des in Deutschland geltenden Rechtes, betr. Stammgüter 2c.

1. Der Vorbehalt des Art. 59 rechtfertigt sich durch die besondere Entwickelung, welche die Institute der Familienfideikommisse, der Lehen und der Stammgüter in den verschiedenen deutschen Staaten erfahren haben, eine Entwickelung, die ihren Grund in der Verschiedenheit der wirthschaftlichen und öffentlichrechtlichen Verhältnisse der einzelnen Staaten hat. Der Vorbehalt ist ein allgemeiner (s. Vorbm. Nr. 2 zu diesem Abschnitte). Die Landesgesetzgebung kann daher, soweit dies zu einer zweckmäßigen Regelung der im Art. 59 gedachten Institute erforderlich erscheint, in Beziehung auf diese Institute Abweichungen von allen Vorschriften des B.G.B. bestimmen. Sie kann daher z. B., wie bei den Berathungen der zweiten Kommission hervorgehoben wurde, bestimmen, daß nicht alle Kinder, welche nach dem B.G.B. eheliche sind oder die rechtliche Stellung ehelicher Kinder haben, zur Nachfolge in Fideikommisse, Lehen oder Stammgüter berechtigt sind; sie kann die Vorschriften über die Anfechtung der Ehelichkeit abweichend von den Vorschriften des B.G.B. §§ 1593 ff. regeln (vergl. Bd. IV S. 345, 375); sie kann z. B. ferner bestimmen, daß Schuldverschreibungen auf den Inhaber auf das Fideikommiß oder das Lehen umzuschreiben sind (P. II S. 9422). Alle derartige Vorschriften sind aber selbstverständlich nur für die hier fraglichen Institute wirksam. Durch den Vorbehalt wird auch die Observanz vorbehalten, soweit diese in den die fraglichen Institute betreffenden Landesgesetzen als maßgebend anerkannt wird.

2. Der Vorbehalt für Familienfideikommisse bezieht sich nur auf die sog. deutschrechtlichen Fideikommisse (P. I S. 12704, M. d. E.G. S. 158). Diese haben sich in Deutschland im Gegensatze zu den römischrechtlichen Fideikommissen zunächst für den hohen Adel entwickelt, sind dann aber auch ein Institut des gemeinen Rechtes geworden. Sie unterscheiden sich von den römischrechtlichen Fideikommissen, abgesehen von ihrem sich auf die Familie beschränkendem Zwecke, hauptsächlich dadurch, daß sie einer zeitlichen Beschränkung nicht unterliegen, während die römischrechtlichen Fideikommisse mit der vierten Generation endigen. Im Einzelfalle kann es zweifelhaft sein, ob ein deutschrechtliches oder ein römischrechtliches Fideikommiß angeordnet ist; es ist dies eine Frage der Auslegung der Willenserklärung, durch welche das Fideikommiß errichtet wird. Römischrechtliche Fideikommisse können seit dem Inkrafttreten des B.G.B. nicht mehr errichtet werden, während selbstverständlich die vorher errichteten in Wirksamkeit bleiben. An die Stelle der Vorschriften des bisherigen Rechtes über die nicht deutschrechtlichen Familienfideikommisse sind jetzt die Vorschriften des B.G.B. über die Nacherbfolge und das Nachvermächtniß getreten. In Betreff der deutschrechtlichen Familienfideikommisse bleibt dagegen das bisherige Recht bestehen und die Landesgesetze können neue Vorschriften in Beziehung darauf geben. Das bisherige gemeine Recht enthält in Folge seiner Entstehung durch Gewohnheitsrecht nur sehr dürftige Bestimmungen; der Inhalt des Stiftungsgeschäfts ist entscheidend; nur der Grundsatz der successio ex pacto et providentia majorum und die sich daraus ergebenden Konsequenzen in Betreff der Unzulässigkeit der Veräußerung und Belastung des Fideikommißvermögens werden allgemein anerkannt. In den meisten deutschen Staaten sind indessen besondere Gesetze über die Fideikommisse gegeben. In Oldenburg, in der bayerschen Rheinpfalz und in Elsaß-Lothringen ist das Institut vollständig beseitigt. In den übrigen Staaten ist die Errichtung regelmäßig an besondere Voraussetzungen geknüpft, die sich theils auf die Form, theils auf den Gegenstand des Fideikommisses beziehen. So wird z. B. ein Fideikommiß häufig nur für Grundstücke von einem gewissen Werthe oder für andere bestimmt bezeichnete Gegenstände zugelassen. Bisweilen wird auch staatliche Genehmigung erfordert. Daneben bestehen häufig Vorschriften über die Erbfolge, die indessen regelmäßig nur subsidiär für den Fall gelten, daß in dem Stiftungsgeschäfte nicht ein Anderes bestimmt ist. Allen gemeinschaftlich ist aber entsprechend dem Zwecke des Familienfideikommisses, das Fideikommißvermögen der Familie zu erhalten, der schon oben hervorgehobene Grundsatz der successio ex pacto et providentia majorum und die Beschränkung des Fideikommißbesitzers in der Veräußerung und Belastung des

Fideikommißvermögens. Daran knüpfen sich dann besondere Vorschriften über die Fideikommißschulden, über die Trennung des Fideikommißvermögens von dem übrigen Vermögen eines verstorbenen Fideikommißbesitzers und Aehnliches.

Unter den Vorbehalt dürften auch fallen das bayerische Ges. v. 22. Februar 1855, die landwirthschaftlichen Erbgüter betreffend, und das hessische Ges. v. 11. September 1858, die landwirhschaftlichen Erbgüter betreffend, da es sich bei diesen Gesetzen sachlich um Fideikommisse handelt (P. II S. 9422); eventuell würden sie unter den Vorbehalt des Art. 64, betreffend das Anerbenrecht fallen. Ob das Stammgut des badischen Rechtes als Familienfideikommiß aufzufassen ist, kann zweifelhaft sein; die Frage ist ohne praktische Bedeutung, da, wenn man sie verneint, die betreffenden Vorschriften unter den Vorbehalt für Stammgüter fallen.

Der Vorbehalt bezieht sich nicht auf Familienstiftungen. Der den Landesgesetzen in dieser Beziehung gelassene Spielraum bestimmt sich nach B.G.B. §§ 85, 87.

3. Das **Lehenrecht** hat die große Bedeutung, welche es im Mittelalter hatte, jetzt verloren; es ist ein absterbendes Institut. In den meisten deutschen Staaten ist der Lehensverband entweder aufgehoben oder doch für ablösbar erklärt oder es ist doch die Errichtung neuer Lehen ausgeschlossen (so z. B. in Preußen durch das Ges. v. 5. Juni 1852). Immerhin besteht aber doch noch in manchen deutschen Staaten das Lehensverhältniß. Als gemeines Lehenrecht gilt das longobardische Lehenrecht; in einzelnen Theilen von Deutschland, insbesondere in Norddeutschland, hat sich aber das deutsche Lehenrecht erhalten; in vielen Gebieten bestehen besondere Gesetze und Gewohnheitsrechte. Die Abweichungen des Lehenrechts von dem allgemeinen Rechte beziehen sich hauptsächlich auf das Sachenrecht und auf das Erbrecht. Besondere Vorschriften bestehen insbesondere für die Begründung, Uebertragung und Belastung des Lehens, für Lehenschulden, für die Erbfolge in das Lehen und für die Trennung des Lehens von dem Allod. **Der Vorbehalt ist ein allgemeiner** (s. Nr. 1). Ausdrücklich hervorgehoben wird, daß er sich auch auf die **allodifizirten Lehen** erstreckt. Für diese gelten vielfach wenigstens für eine gewisse Zeit noch besondere Vorschriften, so z. B., daß das Lehen noch einmal nach Lehenrecht vererbt wird oder daß der Besitzer die Wahl hat, das Lehen in ein Fideikommiß zu verwandeln oder zum freien Allod zu machen. Ist das Lehen einmal freies Allod geworden, so fällt es nicht mehr unter den Vorbehalt des Art. 59.

4. Der Begriff der **Stammgüter** ist kein scharf begrenzter. Er hat sich zunächst bei dem hohen Adel entwickelt, kommt für diesen aber nicht mehr in Betracht, da hier die weitergehenden Vorschriften der Art. 57, 58 Platz greifen. Stammgüter des niederen Adels und des Bürgerstandes kommen jetzt nur noch in einzelnen Theilen Deutschlands vor, so z. B. nach dem Bremischen Ritterrechte v. 19. April 1847 und der Verordnung, betr. die revidirten Statuten des Herzogthums Bremen, v. 11. Dezember 1863, nach den Statuten der Ritterschaft in den Fürstenthümern Calenberg, Göttingen und Grubenhagen v. 4. Sept. 1847. Auch die durch die Kabinetsordre v. 16. Januar 1836, v. 26. und 28. Februar 1837 für gewisse Familien des rheinischen und westfälischen Adels gegebenen Vorschriften kann man hierher rechnen (M. d. E.G. S. 159; vergl. Art. 216); über die Stammgüter des badischen Rechtes s. oben Nr. 2. Das Institut der Stammgüter hat sich aus dem altdeutschen Rechte des nächsten Erben entwickelt. Seine Bedeutung liegt daher wesentlich auf dem erbrechtlichen Gebiet; es sind damit indessen auch gewisse Beschränkungen der Veräußerung und Belastung verbunden; diese gehen indessen nicht soweit wie bei den Familienfideikommissen und Lehen; insbesondere können regelmäßig die Gläubiger eines verstorbenen Stammgutsbesitzers ihre Befriedigung auch aus dem Stammgute fordern. **Auch der Vorbehalt für die Stammgüter ist übrigens ein allgemeiner.**

5. Von den in Veranlassung des B.G.B. erlassenen landesgesetzlichen Vorschriften sind hervorzuheben, das preuß. A.G. z. B.G.B. Art. 69 § 2, in welchem Aenderungen der die elterliche Gewalt, insbesondere die elterliche Nutznießung, der Mutter betreffenden Vorschriften des B.G.B. in Beziehung auf das Fideikommißvermögen bestimmt sind; das bayer. A.G. z. B.G.B. Art. 135, 152, welches die Bestimmungen des Fideikommißedikts (VII. Beilage zur Verf.Urkunde) und des Ges. v. 22. Februar 1855 über die landwirthschaftlichen Erbgüter ändert; das sächs. Ges. v. 15. Juni 1900 zur Ausführung einiger mit dem B.G.B. zusammenhängender Reichsgesetze §§ 30, 31 und das sächs. Ges. über Familienanwartschaften v. 7. Juli 1900; das württemb. A.G. z. B.G.B. Art. 24—31, 93, welche Vorschriften über die Grundbuchgeschäfte in Beziehung auf Fideikommisse, Stammgüter und Lehen sowie über die Ertheilung eines Nachfolgescheins an den Fideikommißnachfolger enthalten; das bad. A.G. Art. 36, durch welches in 17 Paragraphen das Rechtsverhältniß der Stammgüter eingehend geregelt wird; das hess. A.G. z. B.G.B. Art. 277, durch welches das Ges. über Familienfideikommisse v. 13. Sept. 1858 geändert wird; die mecklenburg. A.V. z. B.G.B., welches ausführliche Vorschriften in den §§ 124—152 über Familienfideikommisse und in den §§ 153—163, 265—348, 389, 390 über Lehen giebt.

Artikel 60.

Unberührt bleiben die landesgesetzlichen Vorschriften, welche die Bestellung einer Hypothek, Grundschuld oder Rentenschuld an einem Grundstücke, dessen Belastung nach den in den Artikeln 57 bis 59 bezeichneten Vorschriften nur beschränkt zulässig ist, dahin gestatten, daß der Gläubiger Befriedigung aus dem Grundstücke lediglich im Wege der Zwangsverwaltung suchen kann.

Artikel 61.

Ist die Veräußerung oder Belastung eines Gegenstandes nach den in den Artikeln 57 bis 59 bezeichneten Vorschriften unzulässig oder nur beschränkt zulässig, so finden auf einen Erwerb, dem diese Vorschriften entgegenstehen, die Vorschriften des Bürgerlichen Gesetzbuchs zu Gunsten derjenigen, welche Rechte von einem Nichtberechtigten herleiten, entsprechende Anwendung.

Artikel 60.

E. d. E.G. I Art. 36; II Art. 34; III Art. 58. P. I S. 12711. M. d. E.G. S. 159. P. II S. 8786, 9196 (Bd. 6 S. 369, 606).

1. Die Vorbehalte der Art. 57—59 gestatten der Landesgesetzgebung die selbständige Regelung der Frage, inwieweit und in welcher Art die unter diese Artikel fallenden Grundstücke (die Grundstücke des Landesherrn und der Mitglieder der landesherrlichen Familie sowie der Mitglieder des hohen Adels, ferner die zu einem Fideikommisse, Lehen oder Stammgute gehörenden Grundstücke) zum Zwecke der Ausnützung des Realkredits belastet werden können. Die Landesgesetzgebung kann aber auch auf eine völlige Regelung der Frage der Belastung verzichten und die für gewöhnliche Grundstücke im allgemeinen bürgerlichen Rechte gegebenen Formen der Belastung für die bezeichneten Grundstücke gleichfalls zulassen. Für diese Fälle stellt der Art. 60 klar, daß die Landesgesetzgebung berechtigt ist, den Inhalt der gewöhnlichen Hypothek, Grundschuld oder Rentenschuld, welche für den allgemeinen bürgerlichen Rechtsverkehr nur eine Substanzhypothek ist (s. M. III S. 633, Vorbm. zum 8. Abschnitt des 3. Buches und B.G.B. §§ 1113, 1118, 1119, 1147, ferner E.G. Art. 192 Abs. 2), derart umzugestalten, daß die Befriedigung des Gläubigers aus dem Grundstücke nur im Wege der Zwangsverwaltung, also nur aus den Nutzungen des Grundstücks (C.P.O. § 866, Zw.V.G. §§ 146 ff.) zulässig ist (sog. Revenuenhypothek). Die Vorschrift des Art. 60 gilt für alle Arten der Hypothek. Wenn die Landesgesetzgebung vom Vorbehalte des Art. 60 Gebrauch macht, kann auch eine Zwangshypothek (C.P.O. §§ 866, 867) nur in der Form der Revenuensicherungshypothek eingetragen werden.

Der Art. 60 ist im Grunde genommen nur eine Verdeutlichung der Art. 57—59, da in dem weitergehenden umfassenden Vorbehalte dieser Artikel die spezielle Ermächtigung des Art. 60 schon enthalten ist.

2. In Betracht kommende Landesgesetze, z. B. Preußen Allg. L.R. I 18 § 228, II 4 §§ 76 ff. (Dernburg, das bürgerliche Recht des deutschen Reichs und Preußens, Bd. 3 § 131, Eccius Bd. 3 § 242) und A.G. z. Zw.V.G. Art. 13, Württemberg A.G. §§ 216, 280, 281.

Artikel 61.

E. d. E.G. I Art. 37; II Art. 35; III Art. 59. P. I S. 12707. M. d. E.G. S. 160. P. II S. 8791, 9196 (Bd. 6 S. 371, 607).

Der Art. 61 schränkt die in den Art. 57—59 aufgestellten Vorbehalte ein. Auf eine nach den Art. 57—59 unzulässige oder nur beschränkt zulässige Veräußerung oder Belastung eines Gegenstandes finden reichsrechtlich die Vorschriften des B.G.B. zu Gunsten derjenigen, welche Rechte von einem Nichtberechtigten herleiten, entsprechende Anwendung. Diese entsprechende Anwendung kann durch die Landesgesetze oder durch die nach den gedachten Artikeln zulässigen autonomischen Satzungen nicht ausgeschlossen werden; Bestimmungen welche hiermit in Widerspruch stehen, treten außer Kraft. Die entsprechende Anwendung der gedachten Vorschriften führt dahin, daß der Erwerb des Dritten auf Grund einer nach den Vorschriften der Art. 57—59 unzulässigen Verfügung unter denselben Voraussetzungen wirksam ist, unter welchen nach den Vorschriften des B.G.B. der Erwerb

Artikel 62.

Unberührt bleiben die landesgesetzlichen Vorschriften über Rentengüter.

---

auf Grund einer von einem Nichtberechtigten getroffenen Verfügung wirksam ist. Die Vorschriften des B.G.B. zu Gunsten derjenigen, welche Rechte von einem Nichtberechtigten herleiten, sind in den §§ 407, 892, 893, 932—936, 1032, 1138, 1155, 1207, 1208, 1244 enthalten. Mit Rücksicht auf die Natur der unter die Art. 57—59 fallenden Gegenstände kommen insbesondere die Vorschriften der §§ 892, 893 über den öffentlichen Glauben des Grundbuchs in Frage. Wenn also z. B. bei einem im Grundbuch eingetragenen Grundstücke die Eigenschaft des Grundstücks als zu einem Fideikommisse gehörend nicht eingetragen ist und Jemand das Grundstück von dem Eingetragenen in Unkenntniß der Fideikommißeigenschaft erwirbt, so können die Fideikommißanwärter, auch wenn deren Zustimmung zur Veräußerung nicht vorliegt, die Revocationsklage nicht erheben. Die Vorschrift des Art. 61 hat in Ansehung der unter die Art. 57—59 fallenden Grundstücke und Rechte an Grundstücken zur Folge, daß die aus den Art. 57—59 sich ergebende Gebundenheit des Besitzers des Grundstücks oder der Rechte an dem Grundstücke zur Wirksamkeit gegenüber dem öffentlichen Glauben des Grundbuchs in das Grundbuch eingetragen werden muß (vergl. Hessen A.G. z. B.G.B. Art. 102, 103). In welcher Weise dies zu geschehen hat, ist der Landesgesetzgebung überlassen (G.B.O. § 83).

Uebrigens gilt die Vorschrift des Art. 61 auch für die buchungsfreien (G.B.O. § 90) Grundstücke.

Artikel 62.

E. d. E.G. II Art. 36; III Art. 60. P. II S. 4825, 4826, 8902, 8963—8966 (Bd. 3 S. 766, 767; Bd. 6 S. 434, 472—474). R.B. S. 1999, 2111, 2112. St.B. S. 3026, 3096.

1. Der Begriff des Renteguts ist durch die neuere preuß. Gesetzgebung entstanden und aus ihr zu entnehmen. Die Gesetzgebung wollte die Bildung und den Erwerb von Bauernhöfen erleichtern. Der Erwerber soll nicht nöthig haben, durch Kapitalzahlung den Werth zu vergüten; an die Stelle der Zahlung des Kaufpreises soll die Belastung des erworbenen Bauernguts mit einer Rente treten, die regelmäßig nur mit Einwilligung beider Theile oder doch nicht ohne Einwilligung des Verpflichteten ablösbar ist. Andererseits soll aber auch für die Erhaltung der so gebildeten Bauerngüter durch besondere Vorschriften über die Zulässigkeit der Veräußerung und Belastung und über die Vererbung gesorgt werden. Um die Bildung solcher Rentengüter zu befördern, wurde einerseits die Ansiedlungskommission in Posen errichtet, andererseits in den übrigen Provinzen besondere Vorschriften für die Generalkommissionen gegeben. Durch die Rentenbanken wurde die erforderliche finanzielle Hülfe gewährt. Folgende preußische Gesetze verfolgen die angedeuteten Zwecke:

Ges. v. 26. April 1886, betr. die Beförderung deutscher Ansiedelungen; Ges. v. 27. Juni 1890 über die Rentengüter; Ges. v. 7. Juli 1891, betr. die Beförderung der Errichtung von Rentengütern; Ges. v. 8. Juni 1896, betr. das Anerbenrecht bei Renten- und Ansiedelungsgütern; Ges. v. 20. April 1898, betr. Abänderung des Ansiedelungsgesetzes.

Zu dem Begriffe des Rentenguts im Sinne des Art. 62 ist nicht erforderlich, daß alle in den gedachten preußischen Gesetzen für die darin bezeichneten Güter gegebenen Vorschriften Anwendung finden. Als wesentlich wird vielmehr nur zu betrachten sein, daß der Erwerber Eigenthümer des Gutes wird, daß das Gut aber dauernd mit einer Rente zu Gunsten des Veräußerers belastet ist. Die Bildung solcher Güter ist schon durch die Vorschriften des B.G.B. über Reallasten (§§ 1105 ff.) und über Rentenschulden (§§ 1199 ff.) möglich. Nach dem B.G.B. aber würde für solche Güter ein großer Theil derjenigen Bestimmungen nicht getroffen werden können, welche in den gedachten preußischen Gesetzen gegeben sind. Der Art. 62 bezweckt, diese Gesetze aufrecht zu erhalten und die Erlassung ähnlicher Gesetze zu ermöglichen.

2. Der Vorbehalt des Art. 62 ist ein allgemeiner (s. Vorbm. Nr. 2 zu diesem Abschnitte). Dies war nothwendig, weil das Institut erst in der Entwickelung begriffen ist. Die Landesgesetzgebung kann daher insbesondere in Betreff der Begründung eines Rentenguts, des dazu erforderlichen Vertrags, der Beschränkung der Veräußerung, der Theilung und Belastung und in Betreff der Vererbung Vorschriften geben, die von denen das B.G.B. abweichen (s. die oben angeführten preuß. Gesetze und das unter Nr. 4 angeführte preuß. A.G.).

3. Neben den Rentengütern waren im E. III noch erwähnt „die dem preußischen Gesetze, betreffend die Beförderung deutscher Ansiedelungen vom 26. April 1886 unterliegenden sonstigen Güter.“ Von der R.T.K. wurden diese Worte ersetzt durch das Wort „Ansiedelungs-

Artikel 63.

Unberührt bleiben die landesgesetzlichen Vorschriften über das Erbpachtrecht, mit Einschluß des Büdnerrechts und des Häuslerrechts, in denjenigen Bundesstaaten, in welchen solche Rechte bestehen. Die Vorschriften des §. 1017 des Bürgerlichen Gesetzbuchs finden auf diese Rechte entsprechende Anwendung.

---

stellen", um die Erwähnung des von manchen Seiten als Ausnahmegesetz betrachteten Ges. v. 26. April 1886 zu vermeiden. Der Reichstag strich aber, nachdem er in der zweiten Lesung den Artikel in dieser Fassung angenommen hatte, in der dritten Lesung die Erwähnung der Ansiedelungsstellen überhaupt. Praktische Bedeutung hat die Streichung nur insofern, als die preußische Landesgesetzgebung dadurch verhindert wird, über solche von der Ansiedelungskommission gebildete Stellen, welche entweder nur in Zeitpacht gegeben oder dem Erwerber ohne Belastung mit einer Rente zum freien Eigenthum übertragen werden, besondere von den Vorschriften des B.G.B. abweichende Bestimmungen zu treffen. Soweit die Ansiedelungsstellen, wie regelmäßig geschieht, unter Belastung mit einer Rente zum Eigenthum übertragen werden, sind sie Rentengüter und fallen als solche unter den Vorbehalt des Art. 62.

4. Aus den preußischen A.G. sind folgende sich auf den Art. 62 beziehende Bestimmungen zu erwähnen. Im Art. 12 § 1 wird abweichend von dem B.G.B. § 313 bestimmt, daß für den Vertrag, durch welchen sich Jemand verpflichtet, das Eigenthum an einem Grundstücke gegen Uebernahme einer festen Geldrente zu übertragen (Rentengutsvertrag), bei den durch Vermittelung der Generalkommission begründeten und bei den vom Staate ausgegebenen Rentengütern die schriftliche Form genügt. Der Art. 29 läßt bei Rentengütern die Begründung eines dinglichen Wiederkaufsrechts zu Gunsten des Veräußerers gegenüber dem Eigenthümer zu und ordnet dasselbe im Anschluß an die Vorschriften des B.G.B. über das dingliche Vorkaufsrecht (§§ 1094ff.). (Vergl. auch preuß. A.G. zur G.B.O. Art. 12.)

Nach der Mecklenburg'schen A.V. § 180 finden auf Rentengüter die in den §§ 164—179 gegebenen Vorschriften über das Erbpachtrecht (Art. 63) entsprechende Anwendung.

Artikel 63.

E. d. E.G. II Art. 37; III Art. 61.

P. II S. 8963—8976, 8985, 9197, 9268 (Bd. 6 S. 472—479, 485, 607, 650). R.B. S. 2112.

1. Das B.G.B. hat das Erbpachtrecht, die Emphyteuse und das Erbzinsrecht nicht aufgenommen und damit die Neubegründung dieser Rechte unmöglich gemacht. Die schon bestehenden Rechte werden nach Maßgabe des Art. 184 aufrecht erhalten. Der E. I wollte auch der Landesgesetzgebung nicht das Recht einräumen, die Bestellung eines solchen Rechtes zu gestatten. In der zweiten Kommission wurde jedoch auf Antrag der mecklenburg-schwerin'schen Regierung dieser Standpunkt verlassen und zunächst die Vorschrift aufgenommen, daß unberührt bleiben die Gesetze der beiden Mecklenburg über das Erbpachtrecht und ähnliche veräußerliche und vererbliche Nutzungsrechte. Später wurde dann der Vorbehalt in der jetzigen theils allgemeineren theils beschränkteren Fassung aufgenommen.

2. Der Vorbehalt wahrt die landesgesetzlichen Vorschriften über das Erbpachtrecht mit Einschluß des Büdner- und des Häuslerrechts. Unter Erbpachtrecht ist die deutschrechtliche sog. bäuerliche Erbleihe (s. Stobbe-Lehmann, deutsches Privatrecht, 3. Aufl. Bd. 2 §§ 188ff.) zu verstehen. Büdnerrecht und Häuslerrecht sind den beiden Mecklenburg eigenthümliche Unterarten des Erbpachtrechts. Büdnerrecht ist das Erbpachtrecht an Grundflächen, die zwar landwirthschaftlich selbständig benutzbar, jedoch nur von geringerem Umfange sind; Häuslerrecht ist das Erbpachtrecht an hauptsächlich für die Seßhaftmachung landwirthschaftlicher Arbeiter bestimmten Hausstellen (Haus, Hofraum und Gartenland). Diese Unterarten, deren Unterscheidungsmerkmal nicht auf dem Gebiete des bürgerlichen Rechtes liegt, sondern theils von der wirthschaftlichen Bedeutung, theils vom öffentlichen Rechte hergenommen ist, haben sich im Mecklenburger Domanium entwickelt, kommen aber auch in den übrigen Mecklenburger Landestheilen vor.

Den Gegensatz zur Erbpacht bilden einerseits die gemeinrechtliche Emphyteuse, andererseits die sog. bäuerliche oder schlechte Leihe. Letztere gewährt dem Berechtigten kein dingliches veräußerliches Recht, sondern nur ein persönliches Recht, das allerdings in der Regel seitens des Grundherrn unkündbar und regelmäßig auch vererblich ist. Die Vorschriften über die

Emphyteuse und die schlechte bäuerliche Leihe sind nicht vorbehalten. Die Emphyteuse kommt nur mehr für die Uebergangszeit in Betracht (Art. 184), sie kann nicht mehr neu begründet werden, bestehende Rechte aber bleiben aufrecht erhalten. Die bäuerliche oder schlechte Leihe dagegen kann nach Art. 197 an den Grundstücken, an welchen sie beim Inkrafttreten des B.G.B. schon besteht, im Falle des Erlöschens des Rechtes wieder neu begründet werden.

Der Art. 63 gilt nur für die Bundesstaaten, in welchen das Erbpachtrecht schon am 1. Januar 1900 bestanden hat; in den anderen Bundesstaaten kann es nicht mehr eingeführt werden.

3. Der Satz 2 des Art. 63 überträgt auf das Erbpachtrecht die für das Erbbaurecht geltenden Vorschriften des § 1017 des B.G.B. Zufolge der Anwendbarkeit des § 1017 gelten die sich auf Grundstücke beziehenden Vorschriften auch für das Erbpachtrecht und es finden die für den Erwerb des Eigenthums und für die Ansprüche aus dem Eigenthume geltenden Vorschriften auf das Erbpachtrecht entsprechende Anwendung.

a) Von den sich auf Grundstücke beziehenden Vorschriften (s. z. B. B.G.B. §§ 94—96, 98, 232, 313, 416, 436, 444, 446, 449, 468, 477, 503, 510, 537, 551, 556, 559—561, 565, 571—579, 581ff., 753, 859, 867, 875, 876, 891, 900, 905, 916, 946, 1009, 1010, 1018ff., 1030ff., 1094ff., 1113ff., 1378, 1423, 1445, 1821) sind insbesondere die Vorschriften des § 313 von Bedeutung. Danach bedarf der Vertrag, durch welchen sich Jemand zur Uebertragung des Erbpachtrechts verpflichtet, der gerichtlichen oder notariellen Beurkundung. Für den Vertrag, durch welchen die Verpflichtung zur Begründung eines Erbpachtrechts übernommen wird, gilt der § 313 Satz 1 nicht. Zweifelhaft kann sein, ob die sich auf Grundstücke beziehenden Vorschriften auch insoweit gelten, als sie in anderen Gesetzen als im B.G.B. enthalten sind, z. B. im Zw.V.G., in der C.P.O. (§§ 864ff., 870, 932) oder in Landesgesetzen. Die Frage dürfte zu bejahen sein. Zu den sich auf Grundstücke beziehenden Vorschriften gehören aber nicht die für das Eigenthum an Grundstücken geltenden Bestimmungen. Die §§ 905—912, 917, 928 finden keine Anwendung; für die Aufhebung des Erbpachtrechts im Wege des Verzichts sind statt des § 928 die §§ 875, 876 maßgebend.

b) Wegen der für den Erwerb des Eigenthums und die Ansprüche aus dem Eigenthume geltenden Vorschriften s. §§ 925—927, 985, 1004.

Im Uebrigen s. Erl. zu § 1017.

c) Die grundbuchliche Behandlung des Erbpachtrechts ist durch § 84 der G.B.O. in der gleichen Weise wie die des Erbbaurechts geregelt. Insbesondere muß, wenn das Erbpachtrecht veräußert oder belastet werden soll, von Amtswegen ein besonderes Grundbuchblatt angelegt werden. Uebrigens kann für das Erbpachtrecht ein besonderes Grundbuchblatt auch dann angelegt werden, wenn ein Grundbuchblatt für das belastete Grundstück nicht vorhanden ist (so auch Denkschrift z. G.B.O. § 84, a. A. Turnau-Förster, das Liegenschaftsrecht Bd. 1 S. 411) und die Landesgesetzgebung kann zur Begründung des Erbpachtrechts die Eintragung in das Grundbuch für erforderlich erklären.

4. Die im Satz 2 des Art. 63 enthaltene Gleichstellung des Erbpachtrechts mit dem Erbbaurechte bedeutet eine nicht unwesentliche Einschränkung des Vorbehalts. Die Landesgesetzgebung kann danach im Wesentlichen nur für die Begründung und den Inhalt mit Einschluß der Frage der Veräußerlichkeit und der Belastbarkeit Vorschriften treffen, während sich die Rechtsverhältnisse des einmal begründeten Erbpachtrechts oder, wie die P. II bemerken, die Art und Weise, wie das entstandene Recht am Vermögensverkehre theilnimmt, in der Hauptsache nach den reichsrechtlichen Vorschriften bestimmen. Die nicht auf Rechtsgeschäft beruhenden Aufhebungsgründe kann die Landesgesetzgebung regeln, auch wird durch die Beschränkung des Satz 2 die Erlassung von Vorschriften über die Vererbung des Erbpachtrechts nicht ausgeschlossen. Dagegen kann der Güterstand von auf dem Erbpachtgrundstücke wohnenden Ehegatten von der Landesgesetzgebung nicht abweichend geordnet werden.

5. Der Vorbehalt hat hauptsächlich für die beiden Mecklenburg Bedeutung (vergl. A.G. z. B.G.B. für Mecklenburg-Schwerin §§ 164—179, für Mecklenburg-Strelitz §§ 161—177, dazu Langfeld, mecklenburgische Ausführungsverordnungen z. B.G.B. Leipzig bei Sufferott 1899). In den übrigen Bundesstaaten, insbesondere in Preußen, Bayern, Sachsen und Württemberg, ist die Begründung eines Erbpachtrechts schon vor dem Inkrafttreten des B.G.B. ausgeschlossen oder doch das Erbpachtrecht für ablösbar erklärt worden. Vergl. wegen des bisherigen Rechtszustandes in Deutschland Neubauer, Zusammenstellung des in Deutschland geltenden Rechtes betr. Stammgüter, Fideikommisse ꝛc. Berlin 1879 bei Decker. Für Oldenburg ist das Erbpachtrecht durch das Ges. v. 25. April 1899, betr. das nutzbare Eigenthum an Grundstücken, aufgehoben worden.

Artikel 64.

Unberührt bleiben die landesgesetzlichen Vorschriften über das Anerbenrecht in Ansehung landwirthschaftlicher und forstwirthschaftlicher Grundstücke nebst deren Zubehör.

Die Landesgesetze können das Recht des Erblassers, über das dem Anerbenrecht unterliegende Grundstück von Todeswegen zu verfügen, nicht beschränken.

Artikel 64.

E. d. E.G. I Art. 83—87; II Art. 108; III Art. 62. P. I S. 12868—12973. M. d. E.G. S. 205—230. P. II S. 8928, 9020—9038, 9219—9224, 9423 (Bd. 6 S. 510—515, 622—625, 744). K.B. S. 2112. St.B. S. 3026.

Stobbe, Handbuch des Deutschen Privatrechts Bd. 2 §§ 130ff; von Miaskowsky, das Erbrecht und die Grundeigenthumsvertheilung im Deutschen Reiche; Neubauer, Zusammenstellung des in Deutschland geltenden Rechts betr. Stammgüter ꝛc.; Frommhold, Deutsches Anerbenrecht.

1. Für die Bauerngüter hatte sich in einem großen Theile von Deutschland, insbesondere von Norddeutschland ein besonderes Erbrecht, das sog. Anerbenrecht entwickelt. In engem Zusammenhange standen damit die Institute der Leibzucht und der Interimswirthschaft. Im Einzelnen war die Gestaltung, die theils auf partikulären Gesetzen, theils auf Gewoheitsrecht beruhte, sehr verschieden. Gemeinschaftlich war aber der Zweck, durch die gedachten Institute den Hof in solchem Zustande zu erhalten, daß der Bauer die auf dem Hofe ruhenden gutsherrlichen Lasten zu entrichten vermochte. Mit der Aufhebung der Gutsherrlichkeit fiel dieser Zweck weg und in Folge davon ist häufig auch das Anerbenrecht weggefallen. Aber in neuerer Zeit trat ein anderer Gesichtspunkt, der auch schon früher, wenn auch nicht entscheidend auf die Entwickelung des Anerbenrechts eingewirkt hatte, in den Vordergrund. Die Erhaltung eines gesunden und wohlhabenden Bauernstandes liegt unzweifelhaft im öffentlichen Interesse. Hierfür liegt in der übermäßigen Zersplitterung und Verschuldung der Bauernhöfe eine große Gefahr. Dieser entgegenzuwirken wurde das Anerbenrecht für geeignet gehalten. In den letzten Jahrzehnten sind deshalb in verschiedenen Staaten Norddeutschlands Gesetze erlassen, welche das Anerbenrecht, wo es noch bestand, neu regelten oder in größerem oder geringerem Umfange neu einführten. Zu erwähnen sind hier insbesondere folgende Gesetze:

a) Das erste in Preußen erlassene Gesetz war das Ges. betr. das Höferecht in der Provinz Hannover v. 2 Juni 1874. Durch dieses Gesetz wurde die sog. Höferolle eingeführt. Nur die in diese Rolle eingetragenen Höfe unterliegen dem Anerbenrechte. Die Eintragung aber hängt von dem freien Willen des Eigenthümers ab. Auf derselben Grundlage beruhen die für verschiedene andere preußische Provinzen erlassenen Höfegesetze und Landgüterordnungen (für Lauenburg v. 21. Februar 1881, für Westphalen v. 30. April 1882, für Brandenburg v. 10. Juli 1883, für Schlesien v. 24. April 1884, für Schleswig-Holstein v. 2. April 1886, für den Regierungsbezirk Kassel v. 1. Juli 1887). Zur Ergänzung dieser Gesetze dient das Ges. betr. die Eintragungen in die Höferolle und Landgüterrolle auf Ersuchen der Generalkommission v. 11. Juli 1891. In den neusten preußischen Gesetzen, nämlich dem Ges. betr. das Anerbenrecht bei Renten- und Ansiedelungsgütern v. 8. Juni 1896 und in dem an die Stelle des oben erwähnten Gesetzes für Westphalen getretenen Ges., betr. das Anerbenrecht bei Landgütern in der Provinz Westphalen ꝛc., v. 2. Juli 1898 ist zwar das Institut der Höferolle beibehalten, aber insoweit abweichend von den früheren Gesetzen geregelt, als die Eintragung nicht mehr von dem freien Willen des Eigenthümers abhängt, sondern unter gewissen näher bestimmten Voraussetzungen von Amtswegen erfolgt.

b) Von den Gesetzen anderer Staaten sind zu erwähnen: für Meklenburg-Schwerin die Verordnung, betr. die Intestaterbfolge in die bäuerlichen Erbpachtgüter der Domainen, v. 24. Juni 1869 und Verordnung v. 4. Mai 1872, für Schaumburg-Lippe Ges., betr. die Rechtsverhältnisse der Bauernhöfe, v. 11. April 1870, für das Herzogthum Oldenburg Ges., betr. das Erbrecht v. 24. April 1873, für Bremen Ges., betr. die Rechtsverhältnisse des Grundbesitzes im Landgebiete, v. 14. Januar 1876 mit Nachtrag v. 28. Juni 1885, für das Fürstenthum Lübeck das Ges., betr. das Erbrecht, v. 10. Januar 1879, für Braunschweig das Ges., betr. den bäuerlichen Grundbesitz, v. 28. März 1874. Die bei Art. 59 erwähnten Gesetze für Bayern und Hessen dürften, wie dort schon hervorgehoben ist, nicht hierher gehören. Ueber die späteren Aenderungen s. Erl. 6.

2. Aus der Thätigkeit der Landesgesetzgebung ergab sich das Bedürfniß, das Institut des Anerbenrechts bei der Erlassung des B.G.B. zu berücksichtigen. Eine

Regelung durch das B.G.B. selbst wurde aber für bedenklich gehalten, weil einerseits das Bedürfniß nicht für ganz Deutschland bejaht werden konnte und insbesondere in Süddeutschland eine Abneigung dagegen besteht, und weil andererseits die Regelung des Instituts im Einzelnen sich an die lokalen Gewohnheiten anschließen muß. Deshalb wurde nur ein Vorbehalt für die Landesgesetze beschlossen. Nach dem E. I sollte der Vorbehalt nur ein beschränkter sein. Um die Einfügung des Anerbenrechts in die allgemeinen erbrechtlichen Grundsätze des B.G.B. zu sichern, sollte das Anerbenrecht nur in einer bestimmten juristischen Konstruktion, im Wesentlichen nämlich nur als ein dem Anerben bei der Theilung des Nachlasses den übrigen Miterben gegenüber eingeräumtes Vorzugsrecht zugelassen werden (E. I d. E.G. Art. 83—87). Von der zweiten Kommission wurde angenommen, daß diese Beschränkung dem Bedürfnisse nicht entspreche; der Vorbehalt wurde deshalb allgemeiner gefaßt und nur die Beschränkung des Abs. 2 hinzugefügt.

3. Ueber die Tragweite des Vorbehalts ist Folgendes zu bemerken:

a) Gegenstand des Anerbenrechts können nur landwirthschaftliche und forstwirthschaftliche Grundstücke und deren Zubehör sein. Ausgeschlossen sind alle anderen zu dem Nachlasse gehörenden Gegenstände, insbesondere auch städtische Grundstücke. Ob alle land- und forstwirthschaftlichen Grundstücke oder ob nur bestimmte Kategorien dem Anerbenrecht unterliegen sollen, ob der Eintritt des Anerbenrechts von der Eintragung des Grundstücks in ein bestimmtes Register (Höferolle) abhängen soll oder nicht, und in welcher Art die Eintragung zu erfolgen hat, bleibt der Bestimmung der Landesgesetzgebung überlassen. Diese hat auch darüber zu entscheiden, welche Gegenstände als Zubehör der dem Anerbenrecht unterliegenden Grundstücke zu betrachten sind. Sie kann in dieser Beziehung Bestimmungen treffen, welche von den Vorschriften des B.G.B. (§§ 97ff.) abweichen (K.B. S. 2112).

b) Das Anerbenrecht ist in den bisherigen Rechten in sehr verschiedener Art gestaltet. In einzelnen Gebieten wurde der Anerbe als alleiniger Erbe betrachtet und ihm nur die Verpflichtung auferlegt, diejenigen, welche nach gemeinem Rechte Miterben sein würden, von dem außer dem Hofe vorhandenen Nachlaß abzufinden. In anderen Gebieten wurde das Anerbenrecht als ein Sondererbrecht in das Anerbengut behandelt, wobei aber häufig ebenfalls eine Verpflichtung des Anerben anerkannt wurde, den Miterben eine Abfindung von einem Theile des Werthes des Hofes, insbesondere von dem Werthe der Gebäude zu gewähren. Die dritte Hauptform besteht darin, daß dem Anerben bei der Theilung des Nachlasses den Miterben gegenüber ein Vorzugsrecht in Betreff des Anerbenguts eingeräumt wird. Dabei besteht noch insofern eine Verschiedenheit, als das Recht des Anerben entweder nur als ein obligatorischer Anspruch gegenüber den Miterben behandelt wird, oder daß das Anerbengut zwar als ein Theil des Nachlasses betrachtet aber doch mit dem Tode des Erblassers ähnlich wie bei einem Vindikationslegate den Anerben ipso jure anfällt. Die neueren Gesetze legen meistens die Konstruktion eines Vorzugsrechts bei der Theilung zu Grunde. Der Vorbehalt des Art. 64 läßt eine Regelung des Verhältnisses in der erstgedachten Art nicht mehr zu, gewährt aber in Betreff der letztgedachten Konstruktionen der Landesgesetzgebung freien Spielraum. Man wird diesen Spielraum insbesondere auch in der Richtung anerkennen müssen, daß die Vorschriften der Landesgesetzgebung sich nicht ausschließlich auf die dem Anerbenrecht unterliegenden Grundstücke zu beschränken brauchen, daß die Landesgesetzgebung vielmehr berechtigt ist, auch in Betreff des übrigen Vermögens, insbesondere auch in Betreff der Nachlaßschulden, diejenigen Vorschriften zu treffen, welche sie für erforderlich hält, um das Anerbenrecht in die allgemeinen erbrechtlichen Grundsätze in zweckmäßiger Weise einzufügen. Im Einzelnen ist zu bemerken:

α) Die Landesgesetzgebung kann bestimmen, in welchen Fällen das Anerbenrecht eintreten soll, ob nur bei dem Vorhandensein von Abkömmlingen des Erblassers oder auch bei der Beerbung desselben durch Geschwister oder entferntere Verwandte; sie hat ferner zu bestimmen, wer von mehreren Miterben der Anerbe sein soll (Majorat, Minorat); sie kann ferner bestimmen ob und unter welchen Voraussetzungen der Erblasser eine andere Person als den gesetzlichen Anerben zum Anerben bestimmen und ob eine hierauf gerichtete Verfügung auch in anderer als der für letztwillige Verfügungen vorgeschriebenen Form erfolgen kann (s. z. B. § 12 des preuß. Ges. für Westphalen v. 2. Juli 1898).

β) Die Landesgesetzgebung hat die juristische Konstruktion des Anerbenrechts in einer der beiden oben hervorgehobenen Arten zu bestimmen. Sowohl dann, wenn das Anerbenrecht als Sonderrecht gestaltet wird als wenn es nur einen Vorzug bei der Theilung begründet, kann bestimmt werden, daß und zu welchem Betrage der Anerbe die Miterben von dem Werthe des Anerbenguts abzufinden hat. Das Landesgesetz kann bestimmen, daß die Abfindung nicht in Kapital, sondern in Rente zu erfolgen hat; es kann dem Anerben auch Verpflichtungen anderer Art auferlegen, z. B. die Verpflichtung, die minderjährigen Miterben zu erziehen und ihnen Unterhalt zu gewähren oder ihnen auch über die Minderjährigkeit hinaus, den Aufenthalt auf dem Anerbengute zu gestatten. Auch die Fälligkeit der zu entrichtenden Abfindung kann hinausgeschoben werden. Im engen Zusammenhange mit dem Anerbenrechte stehen die Institute der Leibzucht und der Interimswirthschaft. Auch diese werden durch den Vorbehalt aufrecht erhalten; jedoch ist ein in älteren Gesetzen vorkommendes Recht des Interimswirths zur Erziehung des Anerben und der Miterben unter Ausschluß des gesetzlichen Vertreters nicht mehr zulässig (P. II S. 9423).

γ) Den schwierigsten Theil bei der Regelung des Anerbenrechts bilden die Bestimmungen über die Nachlaßverbindlichkeiten. Hierbei ist zunächst zu beachten, daß die Landesgesetzgebung durch den Abs. 2 des Art. 64 nicht behindert wird, den Erblasser in der Verfügung unter Lebenden über das Anerbengut zu beschränken. Ein auf eine solche Beschränkung gerichteter Antrag ist von der zweiten Kommission abgelehnt. Die Landesgesetzgebung kann daher auch bestimmen, daß alle oder gewisse Belastungen des Anerbenguts dem Anerben gegenüber unwirksam sind. Der Erblasser kann freilich eine solche Bestimmung dadurch gegenstandslos machen, daß er durch letztwillige Verfügung das Anerbenrecht ausschließt; wenn er dies aber nicht gethan hat und das Anerbenrecht eintritt, so sind die im Widerspruche mit einer Bestimmung der gedachten Art erfolgten Verfügungen des Erblassers unwirksam. Dies ist insbesondere dann von praktischer Bedeutung, wenn die Landesgesetzgebung das Anerbenrecht als ein Sondererbrecht konstruirt. Sie kann in solchem Falle ähnlich wie bei Fideikommissen den Anerben als solchen von der Haftung für die Nachlaßverbindlichkeiten befreien und ihn nur für bestimmte Arten von Schulden, die sog. Hofesschulden haften lassen; dabei kann sie ihn dann andererseits den Miterben gegenüber verpflichten, sie von Schulden dieser Art zu befreien. Zulässig würde auch sein, daß der Anerbe das Anerbengut anzunehmen, im Uebrigen aber die Erbschaft auszuschlagen berechtigt wäre. Die Gefahr, welche eine solche Gestaltung des Verhältnisses für die Gläubiger des Erblassers herbeiführen würde, hat die Gesetzgebung der neueren Zeit veranlaßt, von einer Konstruktion der gedachten Art abzusehen. Die neueren Gesetze gehen regelmäßig davon aus, daß das Anerbengut zum Nachlasse gehört und daß Anerbe nur werden kann, wer Erbe ist. Bei dieser Konstruktion haftet den Nachlaßgläubigern als solchen auch das Anerbengut. Aber die allgemeinen Vorschriften über die Haftung für die Nachlaßverbindlichkeiten muß dann eine Modifikation erleiden, wenn der Anerbe wie in verschiedenen Gesetzen bestimmt wird, das Anerbengut ipso jure erwirbt, ohne daß es einer Uebertragung von Seiten der Miterben bedarf. In solchem Falle werden besondere von den allgemeinen Vorschriften abweichende Bestimmungen über das Verhältniß des Anerben zu den Nachlaßgläubigern und zu den Miterben erforderlich. Auch dann aber, wenn das Anerbengut dem Anerben nicht ipso jure zufällt, diesen vielmehr prinzipiell nur ein bei der Theilung geltend zu machender persönlicher Anspruch gegen die Miterben zusteht, lassen sich insbesondere mit Rücksicht auf die Vorschriften des B.G.B. über die Erbengemeinschaft und über die Art, in welcher die Beschränkung der Haftung der Erben geltend zu machen ist, besondere Vorschriften nicht wohl entbehren, wenn das Interesse des Anerben, der Miterben und der Nachlaßgläubiger gleichmäßig gesichert werden soll. Um der Landesgesetzgebung die zu diesem Zwecke erforderliche Berechtigung zu gewähren, war in der zweiten Kommission folgender Antrag gestellt:

> „Die Landesgesetze können vorschreiben, daß ungeachtet der Geltendmachung des Rechtes des Anerben die anderen Erben das im § 2036 Abs. 1 (jetzt § 2059 Abs. 1) des B.G.B. bestimmte Recht behalten, sofern nicht der außer dem Grundstück und dem Zubehöre vorhandene Nachlaß getheilt wird. Die einem Miterben aus dem Grundstück und dem Zubehöre gewährte Abfindung gilt als zum Nachlasse gehörend; die Vorschriften der §§ 1967—1969 (jetzt §§ 1990—1992) des B.G.B. finden entsprechende Anwendung."

Im Falle der Ablehnung dieses Antrags sollte dem Art. 80a (jetzt Art. 64) der Zusatz hinzugefügt werden:

> „mit Einschluß der Vorschriften, welche für den Fall, daß in Ansehung eines zu dem Nachlasse gehörenden Grundstücks das Anerbenrecht ausgeübt wird, die Haftung der Erben für die Nachlaßverbindlichkeiten abweichend von den Vorschriften des Bürgerlichen Gesetzbuchs bestimmen."

Beide Anträge wurden abgelehnt, jedoch nur deshalb, weil die Mehrheit, obwohl im Einzelnen die Ansichten auseinander gingen, im Wesentlichen doch darin übereinstimmte, daß der Vorbehalt schon aus seiner jetzigen Fassung dahin auszulegen sei, daß die Landesgesetzgebung die in den Anträgen bezeichneten Bestimmungen oder ähnliche treffen könne, wenn sie dies zu einer dem Interesse aller Betheiligten entsprechenden Regelung des Anerbenrechts für erforderlich halte (P. II S. 9219—9224. Bd. 6 S. 622—625). Diese Auffassung dürfte als richtig anzuerkennen sein.

δ) Dem Wortlaute nach bezieht sich der Vorbehalt nur auf die Beerbung. Nach der geschichtlichen Entwickelung und nach dem Inhalte der bestehenden Gesetze sowie nach der Absicht der zweiten Kommission (P. II S. 9038 Bd. 6 S. 515) umfaßt der Ausdruck „Anerbenrecht“ indessen auch das Vorzugsrecht, welches bei der Auseinandersetzung einer Gütergemeinschaft einem der Betheiligten in Ansehung eines zu dem Gesammtgute gehörenden Anerbenguts zusteht. Anerbe ist hier entweder der überlebende Ehegatte oder einer der betheiligten Abkömmlinge und das Verhältniß gestaltet sich im Falle der Geltendmachung des Anerbenrechts in Betreff der Auseinandersetzung über das Gesammtgut in entsprechender Weise wie sonst bei der Auseinandersetzung über den Nachlaß. In Betreff der erforderlichen näheren Bestimmungen hat die Landesgesetzgebung freie Hand (s. z. B. die §§ 20, 21, 27 des preuß. Ges. für Westphalen v. 2. Juli 1898).

c) Wendet man die in dem Bisherigen entwickelten Grundsätze über die Tragweite des Vorbehalts des Art. 64 auf die zur Zeit bestehenden Gesetze über das Anerbenrecht an, so dürfte sich ergeben, daß sich dieselben innerhalb des Vorbehalts halten und daher bestehen bleiben. Im Einzelnen werden freilich manche Zweifel über das Verhältniß der Bestimmungen jener Gesetze zu den jetzt an die Stelle des bisherigen allgemeinen bürgerlichen Rechtes getretenen Vorschriften des B.G.B. entstehen können. Auf diese Zweifel kann hier nicht näher eingegangen werden. Von besonderem Interesse in dieser Beziehung ist das schon mehrfach erwähnte Gesetz für Westphalen v. 2. Juli 1898, weil bei seiner Abfassung bereits auf die Vorschriften des B.G.B. Rücksicht genommen ist.

4. Nach dem Abs. 2 des Art. 64 unterliegt das im Abs. 1 bestimmte Recht der Landesgesetzgebung insofern einer Beschränkung, als das Recht des Erblassers, von Todeswegen über das dem Anerbenrecht unterliegende Grundstück zu verfügen, nicht beschränkt werden kann. Der Erblasser ist hiernach immer berechtigt, durch Verfügung von Todeswegen sowohl das Anerbenrecht vollständig auszuschließen und damit den Eintritt der gesetzlichen Erbfolge herbeizuführen, als auch jede nach den Vorschriften des B.G.B. zulässige von der gesetzlichen Erbfolge abweichende Bestimmung zu treffen. Macht er von dem letzteren Rechte Gebrauch, so finden die allgemeinen Vorschriften des B.G.B. Anwendung; insbesondere gelten dann auch in Betreff des Pflichttheils nicht die in dieser Beziehung für den Fall des Eintritts des Anerbenrechts geltenden Vorschriften, sondern die allgemeinen Vorschriften des B.G.B. (a. A. wie es scheint Niedner S. 135 Anm. 6). Nur wenn das Landesgesetz dem Anerben gestattet, an Stelle des gesetzlichen Anerben eine andere Person zum Anerben zu bestimmen, kann der Erblasser dadurch, daß er von diesem Rechte Gebrauch macht, bewirken, daß sich das Rechtsverhältniß in Ansehung des Anerbenguts, insbesondere auch in Beziehung auf das Pflichttheilsrecht nach den Vorschriften über das Anerbenrecht bestimmt.

Die in dem preuß. Ges. betr. das Anerbenrecht bei Renten- und Ansiedelungsgütern v. 8. Juni 1896 enthaltenen Vorschriften über die Beschränkungen des Erblassers in Ansehung der Verfügungen von Todeswegen, bleiben trotz der Vorschrift des Abs. 2 bestehen, weil es sich bei jenen Vorschriften um Rentengüter handelt und für diese eine dem Abs. 2 entsprechende Beschränkung nicht gilt.

5. Nicht behindert ist die Landesgesetzgebung, wie bereits oben hervorgehoben ist, den Eigenthümer eines dem Anerbenrecht unterliegenden Grundstücks in der Verfügung unter Lebenden über das Grundstück zu beschränken. Wird eine solche Beschränkung bestimmt, so finden auf den im Widerspruche damit erfolgenden Erwerb von Seiten eines Dritten die Vorschriften zu Gunsten derjenigen, welche Rechte von einem Nichtberechtigten herleiten, entsprechende Anwendung. Dies ist zwar nicht, wie im Art. 61 in Betreff der auf Grund der Art. 57—59 geltenden Beschränkungen des Verfügungsrechts geschehen ist, ausdrücklich bestimmt, dürfte aber aus allgemeinen Grundsätzen abzuleiten sein. Aus dem Fehlen einer dem Art. 61 entsprechenden Vorschrift für den Art. 64 wird aber gefolgert werden müssen, daß die Landesgesetzgebung auf Grund des Vorbehalts des Art. 64 berechtigt ist, die entsprechende Anwendung der gedachten Vorschriften auszuschließen. Praktisch wird indessen hiervon schwerlich Gebrauch gemacht werden.

6 Von den in Veranlassung des B.G.B. erlassenen landesgesetzlichen Vorschriften sind zu erwähnen die Mecklenburg-Schwerin'sche A.V. zum B.G.B. §§ 349—388, 390, für Mecklenburg-Strelitz A.G. z. B.G.B. §§ 324—345, welche das Anerbenrecht abweichend von den preuß. Gesetzen auf der Grundlage eines Sondererbrechts in das Anerbengut regeln; das Gesetz für das Herzogthum Oldenburg v. 19. April 1899, betr. das Grunderbrecht, welches dem Anerben im Wesentlichen nur einen Vorzug bei der Erbtheilung einräumt, die Grunderbstelle auf ihn aber kraft des Gesetzes übergehen läßt; ähnlich in dem Gesetze für das Fürstenthum Lübeck v. 14. Juni 1899; das Bremische Gesetz, betr. die durch die Einführung des B.G.B. und anderer Reichsgesetze veranlaßten Aenderungen verschiedener Bremischer Gesetze, v. 1899 Art. 5, welches einige Vorschriften des auf derselben Grundlage wie das hannoversche Höfegesetz

Artikel 65.

Unberührt bleiben die landesgesetzlichen Vorschriften, welche dem Wasserrecht angehören, mit Einschluß des Mühlenrechts, des Flötzrechts und des Flößereirechts sowie der Vorschriften zur Beförderung der Bewässerung und Entwässerung der Grundstücke und der Vorschriften über Anlandungen, entstehende Inseln und verlassene Flußbetten.

---

beruhenden Gesetzes v. 14. Mai 1890 betr. die Rechtsverhältnisse des Grundbesitzes im Landgebiet ändert; das Lübeckſche A.G. zum B.G.B. v. 7. November 1899 § 148, welches sich darauf beschränkt, die bestehenden gewohnheitsrechtlichen Bestimmungen über Anerbenrecht, Altentheil und Interimswirthschaft aufrecht zu halten.

Artikel 65.

E. d. E.G. I Art. 39; II Art. 38; III Art. 63. P. I S. 12731, 12732; M. III S. 5. M. d. E.G. S. 161, 162. P. II S. 3280, 3299, 3551, 8793 (Bd. 3 S. 3, 4, 12, 13, 133, Bd. 6 S. 372). R.B. S. 2002, 2112. St.B. S. 3026.

Dernburg, Sachenrecht §§ 134—139. Windscheid (achte Auflage) Bd. 1 § 146 Nr. 3 und die in der Anm. 5 angeführte Literatur. Neubauer, Zusammenstellung des in Deutschland geltenden Wasserrechts. Stobbe, Handbuch des deutschen Privatrechts II § 144.

1. Das Wasserrecht gehört theils dem öffentlichen Rechte, theils dem Privatrecht an und ist in den verschiedenen Theilen von Deutschland mit Rücksicht auf lokale Verhältnisse verschieden geregelt (s. z. B. das preuß. Vorfluthsedikt v. 15. November 1811, das preuß. Ges. v. 28. Februar 1843, betr. Benutzung der Privatflüsse; das hannov. Ges. v. 22. August 1847 über Ent- und Bewässerung der Grundstücke sowie über Stauanlagen, das preuß. Ges. v. 1. April 1879, betr. die Bildung von Wassergenossenschaften). Sowohl mit Rücksicht auf die Zweifel, welche auch hier in Betreff der Grenze zwischen dem öffentlichen Rechte und dem Privatrechte bestehen, als wegen der Verschiedenheit der lokalen Verhältnisse war der Vorbehalt des Art. 65 nothwendig. Der Vorbehalt ist ein allgemeiner (s. Vorbm. zu diesem Abschnitt). Er umfaßt das Wasserrecht im weitesten Sinne, also sowohl die Rechtsverhältnisse des Meeres, der Flüsse und der Bäche wie des wildfließenden Wassers, insbesondere auch des Regenwassers. Auch die Meeres- und Flußufer fallen unter den Vorbehalt. Aufrecht erhalten bleiben die landesgesetzlichen Vorschriften, insbesondere auch die Vorschriften des gemeinen Rechtes darüber, welche Flüsse als öffentliche, und welche als Privatflüsse anzusehen sind, und welche Rechte daran bestehen; ebenso die Vorschriften darüber, wie weit die Ufer des Meeres und der Flüsse gehen. Besonders hervorgehoben wird in dem Art. 65, daß auch die Regelung des Mühlenrechts, des Flötzrechts und des Flößereirechts sowie die Vorschriften über Entwässerung und Bewässerung der Grundstücke und über Anlandungen, entstehende Inseln und verlassene Flußbetten unter den Vorbehalt fallen. Auch die gemeinrechtliche aquae pluviae arcendae actio wird durch den Vorbehalt aufrecht erhalten (Windscheid, achte Auflage Bd. 2 § 473). Im E. I § 856 war bestimmt:

> „Der Eigenthümer eines Grundstückes hat den in Folge der natürlichen Bodenverhältnisse stattfindenden Wasserabfluß von einem anderen Grundstücke zu dulden.
> Die abweichenden Vorschriften der Landesgesetze bleiben unberührt".

Von der zweiten Kommission sind diese Vorschriften mit Rücksicht auf den allgemeinen Vorbehalt des Art 65 gestrichen. Sachlich liegt darin eine Aenderung nur insofern, als die in dem gedachten § 856 enthaltene subsidiäre reichsrechtliche Norm in Betreff des natürlichen Wasserabflusses weggefallen ist. Im praktischen Ergebnisse dürfte durch die Streichung, da nach dem Abs. 2 des § 856 die abweichenden Vorschriften der Landesgesetze aufrecht erhalten bleiben sollten, keine Aenderung eingetreten sein.

2. Von den in Veranlassung des B.G.B. erlassenen landesgesetzlichen Vorschriften sind hervorzuheben das bayerische A.G. zum B.G.B. Art. 147—149, durch welches die bayerischen Gesetze v. 28. Mai 1852 über die Benutzung des Wassers, über die Bewässerungs- und Entwässerungsunternehmungen und über den Uferschutz und den Schutz gegen Ueberschwemmungen in einzelnen Beziehungen geändert werden; das badische Wassergesetz v. 26. Juni 1899; das hessische A.G. zum B.G.B. Art. 281, 282, durch welche das Ges. v. 14. Juni 1887, betr. das Dammbauwesen und das Wasserrecht sowie das Ges. v. 30. Juli 1887 (neue Fassung v. 30. September 1899) betr. die Bäche und die nicht ständig fließenden Gewässer, geändert werden; das elsaß-lothringensche A.G. zum B.G.B. § 44—61; das hamburg'sche A.G. zum B.G.B. §§ 51—66.

Artikel 66.

Unberührt bleiben die landesgesetzlichen Vorschriften, welche dem Deich- und Sielrecht angehören.

Artikel 67.

Unberührt bleiben die landesgesetzlichen Vorschriften, welche dem Bergrecht angehören.

Ist nach landesgesetzlicher Vorschrift wegen Beschädigung eines Grundstücks durch Bergbau eine Entschädigung zu gewähren, so finden die Vorschriften der Artikel 52, 53 Anwendung, soweit nicht die Landesgesetze ein Anderes bestimmen.

Artikel 66.

E. d. E.G. I Art. 40; II Art. 39; III Art. 64. P. I S. 12731, 12732; M. III S. 5. M. d. E.G. S. 161, 162. P. II S. 8783 (Bd. 6 S. 372).

Dieselben Gesichtspunkte, welche zu dem im Art. 65 bestimmten Vorbehalt in Betreff des Wasserrechts geführt haben, rechtfertigen auch den Vorbehalt für das mit dem Wasserrecht im engsten Zusammenhange stehende Deich- und Sielrecht. Der Vorbehalt bezieht sich sowohl auf die Meeres- wie auf die Flußdeiche. Die sich hierauf beziehenden Rechtsregeln betreffen hauptsächlich die Deichlast, also die Verpflichtung zur Erhaltung und erforderlichenfalls der Neuerrichtung der Deiche und Siele. Diese ist regelmäßig den Grundstücken eines bestimmten Bezirks und zwar häufig in verschiedenem Umfange, je nachdem sie in größerem oder geringerem Umfange durch die Deiche geschützt werden, auferlegt. Verschieden bestimmt ist die Art, in welcher die Verpflichtung zu erfüllen ist. Theils ist Naturalleistung, theils Geldleistung bestimmt. Die Eigenthümer der verpflichteten Grundstücke bilden besondere Verbände, die Deich- und Sielverbände, für deren Organisation, Rechte und Verpflichtungen besondere Vorschriften bestehen. Die Regelung ist allenthalben durch Partikulargesetze, welche sich häufig auf kleine Bezirke beschränken, erfolgt.

Ueber die in Veranlassung des B.G.B. erlassenen landesgesetzlichen Vorschriften s. Erl. 2 zu Art. 65.

Artikel 67.

E. d. E.G. I Art. 38; II Art. 40; III Art. 65. P. I S. 12738; M. III S. 4. M. d. E.G. S. 161. P. II S. 8791, 8958, 8959 (Bd. 6 S. 371, 469). K.B. S. 2112.

Der Art. 67 schließt das Bergrecht von der Regelung durch das B.G.B. aus.

1. Der Ausdruck „Bergrecht" ist im weitesten Sinne zu fassen. Der Vorbehalt deckt insbesondere die Vorschriften, welche gewisse Mineralien vom Verfügungsrechte des Grundeigenthümers ausschließen, die Begründung, Veränderung und Aufhebung sowie den Inhalt des Bergwerkseigenthums regeln, die Gewerkschaft und deren Verfassung, die Rechtsverhältnisse zwischen den Bergbautreibenden und den Grundbesitzern, die Haftung der Bergwerkseigenthümer für den anderen Bergwerken verursachten Schaden sowie die Rechtsverhältnisse der Bergarbeiter ordnen. Unter den Vorbehalt fallen die Vorschriften, welche die Gewinnung gewisser Mineralien bergrechtlichen Vorschriften unterwerfen, auch dann, wenn das Mineral dem Verfügungsrechte des Eigenthümers nicht entzogen ist, also z. B. auch die besonderen Vorschriften, welche für die Gewinnung von Kohlen in Sachsen, Altenburg und den vormals sächsischen Landestheilen Preußens (vergl. sächsisches Berggesetz v. 16. Juni 1868 mit Ges. v. 18. März 1887 und Ges. v. 20. Juni 1898, preußisches Gesetz v. 22. Februar 1869 in der Fassung des Art. 38 des A.G. z. B.G.B., sachsen-altenburgisches Ges. v. 18. April 1872 in der Fassung des § 53 des A.G. z. B.G.B.) gelten. Soweit indessen die Gewinnung von Mineralien, mögen diese dem Verfügungsrechte des Eigenthümers entzogen sein oder nicht, den für den Bergbau geltenden Vorschriften des öffentlichen Rechtes nicht unterworfen ist, greift auch der Vorbehalt des Art. 67 nicht ein. Die Landesgesetzgebung hat übrigens darin freie Hand, inwieweit sie die Gewinnung von Mineralien bergrechtlichen Vorschriften unterwerfen will.

2. Wenn ein Bergwerk Gegenstand eines Nießbrauchs ist oder zu einer Erbschaft gehört, können der Eigenthümer und der Nießbraucher bezw. der Vorerbe sowie der Nacherbe nach § 1038 Abs. 2, § 2123 Abs. 2 des B.G.B. verlangen, daß das Maß der Nutzung und die Art der wirthschaftlichen Behandlung durch einen Betriebsplan festgestellt wird. Wie in der zweiten Kommission anerkannt wurde, genügt ein den landesrechtlichen Vorschriften entsprechender Betriebsplan auch den erwähnten Bestimmungen des B.G.B.

Artikel 68.

Unberührt bleiben die landesgesetzlichen Vorschriften, welche die Belastung eines Grundstücks mit dem vererblichen und veräußerlichen Rechte zur Gewinnung eines den bergrechtlichen Vorschriften nicht unterliegenden Minerals gestatten und den Inhalt dieses Rechtes näher bestimmen. Die Vorschriften der §§. 874, 875, 876, 1015, 1017 des Bürgerlichen Gesetzbuchs finden entsprechende Anwendung.

---

3. Der Abs. 2 überträgt die für die Fälle der auf Reichsrecht beruhenden Enteignung geltenden Vorschriften der Art. 52, 53 auf die wegen Beschädigung eines Grundstücks durch Bergbau zu gewährenden Entschädigungen. Die Art. 52, 53 setzen voraus, daß durch die Enteignung das Recht eines am enteigneten Grundstücke dinglich Berechtigten betroffen wird, für welches eine besondere Entschädigung nicht gewährt wird. Demgemäß sind die Art. 52, 53 auch beim Bergbau nur anwendbar, wenn nach dem Landesrechte die Entschädigung dem Eigenthümer des beschädigten Grundstücks zu gewähren ist, Dritten dagegen, denen ein durch die Beschädigung beeinträchtigtes Recht zusteht, eine besondere Entschädigung nicht gewährt wird.

Zweifelhaft ist, ob unter den Abs. 2 auch solche landesgesetzliche Vorschriften fallen, welche die Ersatzpflicht wegen Werthsverminderung durch Benutzung eines Grundstücks zum Schürfen oder zum Bergbau bestimmen. Die Frage wird zu bejahen sein, weil der Ausdruck „Beschädigung durch Bergbau" im Abs. 2 im weitesten Sinne zu fassen ist und die Absicht des E.G. dahin geht, den dinglich Berechtigten möglichsten Schutz angedeihen zu lassen. Der Entwurf des preußischen A.G. z. B.G.B. (Begründung zu Art. 37 unter 7) läßt die Frage offen, der bayerische Entwurf eines Ausführungsgesetzes (Begründung zu Art. 24 des Entwurfes B unter Ziffer 1, 16) hat die Frage bejaht und dementsprechend das Berggesetz geändert.

Uebrigens ist die Vorschrift des Abs. 2 nur subsidiärer Natur; sie greift nur ein, wenn das Landesgesetz nicht ein Anderes bestimmt. Vergl. hierzu noch die Erl. 3 zu Art. 109. Ueber die Enteignung zum Zwecke des Bergbaus und das in Betreff der dafür zu leistenden Entschädigung stattfindende Rechtsverhältniß s. Erl. zu Art. 109.

4. Ueber Bergwerksgesellschaften, die nicht die Rechte einer juristischen Person haben, s. E.G. z. H.G.B. Art. 5.

5. In Betracht kommende einschlägige Landesgesetze: Preußisches allgemeines Berggesetz v. 24. Juni 1865 mit Art. 22 Nr 1, 2, Art. 37—39 des A.G. z. B.G.B.; bayerisches Berggesetz in der Fassung v. 20. Juli 1900; sächsisches Berggesetz v. 16. Juni 1868 mit Ges. v. 18. März 1887 und v. 20. Juni 1898, A.G. z. B.G.B. § 29, V. v. 24. Juli 1900; württembergisches Gesetz v. 7. Oktober 1874 mit A.G. z. B.G.B. Art. 207; badisches Bergges. v. 22. Juni 1890, Ges. v. 16. August 1900; hessisches Bergges. in der Fassung v. 30. September 1899; Elsaß-Lothringen A.G. z. B.G.B. §§ 80—85.

Artikel 68.

E. d. E.G. I Art. 71; II Art. 41; III Art. 66. P. I S. 12742—12746. M. d. E.G. S. 195. P. II S. 8902 (Bd. 6 S. 434).

1. Das Landesrecht — soviel ersichtlich nur das des Königreichs Sachsen — kennt vererbliche und veräußerliche Berechtigungen, welche darauf gerichtet sind, ein Grundstück zur Gewinnung von Bodenbestandtheilen, welche dem Verfügungsrechte des Eigenthümers nicht entzogen sind, zu benutzen, ohne daß die Ueberlassung eines solchen Rechtes bergrechtlichen Vorschriften unterworfen ist. In Betracht kommen nur Abbaurechte, die nicht auf metallische Mineralien oder auf Kohlen gerichtet sind, namentlich Rechte, welche die Gewinnung von Thon, Lehm, Schiefer, Kalk, Sandstein, Granit und Porzellanerde zum Gegenstande haben. Da die Ueberlassung dieser Berechtigungen den bergrechtlichen Vorschriften nicht unterstellt ist, werden die sie regelnden landesrechtlichen Vorschriften durch den das Bergrecht betreffenden Vorbehalt des Art. 67 nicht gedeckt. Der Art. 68 wahrt dem Landesrechte jedoch seine Bedeutung auch für die erwähnten Abbaurechte.

2. Der Vorbehalt läßt der Landesgesetzgebung nur soweit Raum, als sie die Zulässigkeit und die Art und Weise der Begründung des Abbaurechts sowie den Inhalt dieses Rechtes regeln kann. Zu den Vorschriften über den Inhalt sind die Vorschriften über die Veräußerlichkeit und die Belastbarkeit zu rechnen.

3. Im Uebrigen ist das Rechtsverhältniß der Abbaurechte dadurch geregelt, daß nach Satz 2 des Art. 68 auf die bezeichneten Rechte die Vorschriften der §§ 874, 875, 876, 1015,

Artikel 69.

Unberührt bleiben die landesgesetzlichen Vorschriften über Jagd und Fischerei, unbeschadet der Vorschrift des §. 958 Abs. 2 des Bürgerlichen Gesetzbuchs und der Vorschriften des Bürgerlichen Gesetzbuchs über den Ersatz des Wildschadens.

1017 des B.G.B. Anwendung finden. Dadurch werden reichsrechtlich die unter den Art. 68 fallenden Abbaurechte dem Erbbaurecht in gewissen Beziehungen gleichgestellt.

a) Von Bedeutung ist insbesondere die Anwendbarkeit des § 1017 Abs. 1. Aus dieser ergiebt sich, daß die sich auf Grundstücke beziehenden Vorschriften des B.G.B. und sonstiger Gesetze, insbesondere der C.P.O. und des Zw.V.G. auch für die unter Art. 68 fallenden Rechte gelten. Nach § 1017 Abs. 2 finden die für den Erwerb des Eigenthums und die Ansprüche aus dem Eigenthume geltenden Vorschriften des B.G.B. auf die genannten Abbaurechte gleichfalls entsprechende Anwendung. Ueber die Tragweite der Anwendbarkeit des § 1017 s. Erl. zu § 1017 und zu Art. 63.

b) Zufolge der Anwendbarkeit des § 1015 muß die nach § 873 zur Begründung des Abbaurechts erforderliche Einigung des Abbauberechtigten und desjenigen, welcher das Recht erwerben will, bei gleichzeitiger Anwesenheit beider Theile vor dem Grundbuchamt erklärt werden. Die Anwendbarkeit der §§ 874, 875, 876 ist besonders hervorgehoben, um außer Zweifel zu stellen, daß die in den gedachten Paragraphen allgemein für Rechte an Grundstücken getroffenen Bestimmungen über die Zulässigkeit einer Bezugnahme auf die Eintragungsbewilligung in Betreff des Inhalts des Rechtes und über die rechtsgeschäftliche Aufhebung solcher Rechte auch auf die hier fraglichen Abbaugerechtigkeiten Anwendung finden.

4. Ueber die grundbuchliche Behandlung der genannten Abbaurechte s. G.B.O. § 84.

5. An Landesgesetzen kommt das sächsische A.G. z. B.G.B. §§ 14—17 und die A.V. v. 6. Juli 1899 hierzu § 19 in Betracht.

Artikel 69.

E. d. E.G. I Art. 43; II Art. 42; III Art. 67. P. I S. 12746—12748; M. III S. 5. M. d. E.G. S. 164, 165. P. II S. 3785, 3786, 3791, 8798—8801 (Bd. 3 S. 250, 251, 253, 375—377).

Stobbe, Handbuch des deutschen Privatrechts II § 151. Dernburg, Sachenrecht §§ 112, 113. Neubauer, Zusammenstellung des in Deutschland geltenden Rechtes betr. verschiedene Rechtsmaterien (Expropriation, Forstrecht, Jagdrecht, Fischereirecht, u. s. w.).

1. Das Jagdrecht auf fremdem Grund und Boden, das früher von großer Bedeutung war, ist seit 1848 in Deutschland fast allenthalben aufgehoben. Prinzipiell steht das Jagdrecht auf einem Grundstücke jetzt regelmäßig dem Eigenthümer des Grundstücks zu. Die Ausübung des Jagdrechts ist aber beschränkt. Sie steht dem Eigenthümer selbst nur zu, wenn er eine zusammenhängende Grundfläche von einer gewissen Größe (häufig auf 300 Morgen festgesetzt) besitzt. Soweit dies nicht der Fall ist, steht die Ausübung der Jagd dem Verbande der Grundeigenthümer des betreffenden Bezirks zu. Die Ausübung erfolgt dann entweder durch angestellte Jäger oder durch Verpachtung. Dies ist nach den in den einzelnen deutschen Staaten geltenden Jagdgesetzen der regelmäßige Zustand. In Betreff der Organisation der durch die Grundeigenthümer gebildeten Verbände und der einzelnen für die Ausübung ihrer Befugnisse geltenden Vorschriften weichen die Landesgesetze vielfach von einander ab. Auf einzelnen Grundstücken, z. B. Gärten kann das Jagdrecht auch ruhen; selbst für ganze Bezirke kann nach einzelnen Gesetzen unter Umständen ein solches Ruhen eintreten. Auch die Bestimmungen darüber, welche Thiere dem Jagdrecht unterliegen, sind partikularrechtlich verschieden. Für Preußen wird regelmäßig angenommen, daß die in dem Ges. über die Schonzeiten des Wildes v. 26. Februar 1870 bezeichneten Thiere dem Jagdrecht unterliegen.

Nicht weniger verschieden sind die in Deutschland zur Zeit geltenden Vorschriften über das Fischereirecht. In öffentlichen Flüssen steht es regelmäßig dem Staate, in Privatflüssen den Ufereigenthümern zu. An öffentlichen Flüssen bestehen aber Fischereigerechtigkeiten einzelner Personen oder Gemeinden; hin und wieder sind gewisse Arten der Fischerei, z. B. die Angelfischerei frei. Auch an Privatflüssen bestehen Fischereigerechtigkeiten Dritter in größerem oder geringerem Umfange. Fast allenthalben gelten besondere, im Einzelnen jedoch wieder sehr verschiedene Vorschriften über die Art, in welcher die Fischerei auszuüben ist, insbesondere über die Schonzeit.

Die große Verschiedenheit der über das Jagdrecht und das Fischereirecht in Deutschland geltenden Gesetze hat ihren Grund zum großen Theile in der Verschiedenheit der lokalen Verhältnisse und in der verschiedenen geschichtlichen Entwickelung, welche jene Rechte in den einzelnen Staaten gehabt haben. Dazu kommt, daß auch hier die Grenzen zwischen dem öffentlichen Rechte und dem Privatrecht oft zweifelhaft sind. Mit Rücksicht auf diese Verhältnisse erschien eine einheitliche Regelung durch das B.G.B. unthunlich und es mußte daher den Landesgesetzen freie Hand gelassen werden.

2. Der Vorbehalt des Art. 69 ist ein allgemeiner (s. Vorbm. zu diesem Abschnitt). Aus dem Begriffe des Jagd- und Fischereirechts folgt aber, daß sich diese Rechte nur auf herrenlose Thiere beziehen können (B.G.B. § 860). Innerhalb der hierdurch gegebenen Grenzen hat die Landesgesetzgebung freien Spielraum. Sie hat darüber zu bestimmen, ob überhaupt ein Jagd- und Fischereirecht und in welchem Umfang es bestehen soll. Sie hat die Person des Berechtigten und die Art, in welcher das Recht ausgeübt werden darf, zu bestimmen. Alle unter Nr. 1 angeführten Bestimmungen der Landesgesetze bleiben daher aufrecht erhalten und die Landesgesetzgebung kann sie nach ihrem Ermessen ändern. Ueber die Beschränkungen dieses Rechtes s. Nr. 3, 4.

3. Nach dem E. I d. E.G. Art. 43 sollten auch die Vorschriften über den Ersatz des Wildschadens der Landesgesetzgebung überlassen bleiben. Dieser Theil des Vorbehalts ist jetzt weggefallen, weil die Verpflichtung zum Ersatze des Wildschadens reichsrechtlich durch das B.G.B. § 835 geregelt ist. Auf Bestimmungen über Ersatz des Wildschadens erstreckt sich daher der Vorbehalt des Art. 69 nicht. In dieser Beziehung ist der Landesgesetzgebung nur innerhalb der durch die Art. 70, 71 bestimmten Grenzen Spielraum gelassen.

4. Eine weitere Beschränkung erleidet der Vorbehalt des Art. 69 dadurch, daß die Landesgesetzgebung die Vorschrift des B.G.B. § 958 Abs. 2 nicht ändern kann. Nach § 958 Abs. 1 gilt als Regel, daß das Eigenthum einer herrenlosen Sache von demjenigen erworben wird, welcher sie in Eigenbesitz nimmt. Von dieser Regel gilt nach Abs. 2 eine Ausnahme, wenn die Aneignung gesetzlich verboten ist oder wenn durch die Besitzergreifung das Aneignungsrecht eines Dritten verletzt wird. Liegt eine dieser Voraussetzungen vor, so wird durch die Besitzergreifung das Eigenthum nicht erworben; die Sache bleibt also herrenlos (s. Bd. III Erl. zu § 958). Die Anwendung dieses Grundsatzes auf die Besitzergreifung eines dem Jagd- oder Fischereirecht unterliegenden Thieres ergiebt Folgendes: Das Jagd- oder Fischereirecht begründet begrifflich in Ansehung der ihm unterliegenden Thiere ein ausschließliches Aneignungsrecht. Das Eigenthum an einem solchen Thiere wird also, wenn es unter Verletzung des Jagd- oder Fischereirechts von einem Dritten in Besitz genommen wird, hierdurch nicht erworben, sondern bleibt herrenlos. In der bisherigen Theorie gingen die Ansichten darüber, welches Rechtsverhältniß in Folge einer solchen Besitzergreifung eintrete, sehr auseinander, insbesondere wurde auch die Ansicht vertreten, daß durch die Besitzergreifung von Seiten des Wilddiebs zwar nicht diesem, wohl aber dem Jagd- oder Fischereiberechtigten das Eigenthum erworben werde. Diese Auffassung ist dadurch, daß der § 958 Abs. 2 auch auf das Jagd- und Fischereirecht Anwendung finden soll, ausgeschlossen. Man könnte zwar den Eingang des Abs. 2 „das Eigenthum wird nicht erworben," dahin auslegen, daß nur der Eigenthumserwerb von Seiten desjenigen ausgeschlossen werden sollte, welcher den Besitz ergriffen, daß aber die Frage, ob nicht ein Anderer, insbesondere der Aneignungsberechtigte das Eigenthum erwerbe, nicht entschieden sei. Die Absicht der zweiten Kommission, auf deren Beschlüsse der fragliche Abs. 2 beruht, ist dies unzweifelhaft nicht gewesen und der Wortlaut des Abs. 2 dürfte in dem Zusammenhang, in welchem der Abs. 2 mit dem Abs. 1 steht, zu einer Auslegung der eben gedachten Art nicht berechtigen. Muß man hiernach annehmen, daß das unter Verletzung des Jagd- oder Fischereirechts in Besitz genommene Thier herrenlos bleibt, so wird man hierdurch zu der weiteren Annahme genöthigt, daß das durch die Besitzergreifung des Thieres verletzte Aneignungsrecht des Jagd- oder Fischereiberechtigten trotz der Besitzergreifung noch fortbesteht. Es würde widersinnig sein, wenn der Wilddieb zwar durch die Besitzergreifung das Eigenthum nicht erwürbe, aber weil durch sie das ausschließliche Aneignungsrecht des Jagd- oder Fischereiberechtigten aufgehoben wäre, nunmehr Jeder durch die Besitzergreifung des herrenlos gebliebenen Thieres das Eigenthum desselben erwerben könnte. Man muß auch weiter annehmen, daß das Aneignungsrecht des Jagd- und Fischereiberechtigten nicht dadurch erlischt, daß das Thier an einen Ort außerhalb desjenigen Bezirks gebracht wird, auf welchen sich das Jagd- oder Fischereirecht erstreckt; denn sonst würde sich mit dem Zeitpunkte der Verbringung das oben hervorgehobene widersinnige Resultat ergeben. Aus dem Bestehenbleiben des ausschließlichen Aneignungsrechts wird nun freilich nicht gefolgert werden können, daß der Jagd- oder Fischereiberechtigte, solange das Thier in dem Besitze des Wilddiebs oder eines Dritten sich befindet, dasselbe eigenmächtig in Besitz nehmen dürfte; denn der Besitzerwerb wird durch die Verletzung des ausschließlichen Aneignungsrechts nicht ausgeschlossen und die eigenmächtige Besitzentziehung ist nach B.G.B. § 858 auch dann verboten,

Artikel 70.

Unberührt bleiben die landesgesetzlichen Vorschriften über die Grundsätze, nach welchen der Wildschaden festzustellen ist, sowie die landesgesetzlichen Vorschriften, nach welchen der Anspruch auf Ersatz des Wildschadens innerhalb einer bestimmten Frist bei der zuständigen Behörde geltend gemacht werden muß.

---

wenn der gegenwärtige Besitzer den Besitz widerrechtlich erlangt hat. Der Jagd- oder Fischereiberechtigte wird also regelmäßig, wenn der Besitzer nicht freiwillig den Besitz herausgiebt, gegen ihn im Wege des Prozesses die Herausgabe des Besitzes fordern müssen. Hierzu ist er auf Grund seines Aneignungsrechts befugt. Mit der freiwilligen oder erzwungenen Herausgabe des Besitzes erlangt der Jagd- oder Fischereiberechtigte dann das Eigenthum. Die praktischen Bedenken, welche sich gegen dieses Ergebniß zu erheben scheinen, werden dadurch wesentlich gemildert, daß der Jagd- oder Fischereiberechtigte, wenn die Voraussetzungen der erlaubten Selbsthülfe vorliegen (§ 229), das Thier, ohne widerrechtlich zu handeln, eigenmächtig in Besitz nehmen darf; diese Voraussetzungen aber werden dem Wild- oder Fischdiebe gegenüber regelmäßig, häufig auch dritten Besitzern gegenüber vorliegen. Dazu kommt, daß der Besitz des Wildes dem Besitzer meistens im Wege des Strafverfahrens entzogen werden wird und der Jagd- oder Fischereiberechtigte dann auf diesem Wege den Besitz erlangen kann. Selbstverständlich werden übrigens durch die in dem Bisherigen dargelegten Grundsätze die Vorschriften über den Erwerb des Eigenthums in gutem Glauben nicht berührt. Hat also ein Dritter das Thier in gutem Glauben von dem Wild- oder Fischdieb erworben, so wird er, da der § 935 nicht entgegensteht, weil das Thier noch nicht im Besitze des Jagd- oder Fischereiberechtigten gewesen ist, Eigenthümer und hiermit ist das Aneignungsrecht des Jagd- oder Fischereiberechtigten erloschen.

5. Von den in Veranlassung des B.G.B. erlassenen landesrechtlichen Vorschriften sind hervorzuheben das bayerische A.G. zum B.G.B. Art. 143, durch welchen das Ges. v. 30. März 1850, betr. die Ausübung der Jagd, geändert wird; das württemberg'sche A.G. zum B.G.B. Art. 206, durch welchen das Ges. v. 27. Oktober 1855 geändert wird, und Art. 208, durch welchen auf selbständige Fischereigerechtigkeiten die Vorschriften über Grundstücke für anwendbar erklärt werden; Baden Ges. v. 9. August 1898. Vergl. auch bayer. A.G. z. G.B.O. Art. 17.

Artikel 70.

E. d. E.G. II Art. 43; III Art. 68. P. II S. 3260, 3266, 3267, 8801—8803 (Bd. 2 S. 839, 841, 842; Bd. 6 S. 377, 378).

1. Während der E. I Art 43 die Bestimmungen über den Ersatz des Wildschadens der Landesgesetzgebung überlassen wollte, ist die Ersatzpflicht jetzt durch das B.G.B. selbst im § 835 geregelt. Ersetzt werden soll der Schaden, welcher durch Schwarz-, Roth-, Elch-, Dam- oder Rehwild oder durch Fasanen an Grundstücken, an welchen dem Eigenthümer das Jagdrecht nicht zusteht oder in Ansehung dessen ihm die Ausübung des Jagdrechts durch das Gesetz entzogen ist, angerichtet wird. Zugleich wird die Person des Ersatzpflichtigen bestimmt. Ueber das Nähere s. Bd. II S 630 ff. Erl. zu § 835. Die Regelung ist durch § 835 so vollständig erfolgt, daß es keiner weiteren Vorschriften bedarf, um dem Verletzten die Erlangung des ihm gebührenden Schadensersatzes zu ermöglichen. Dabei wurde aber nicht verkannt, daß in verschiedenen Beziehungen besondere Bestimmungen für wünschenswerth erachtet werden könnten. In den meisten deutschen Staaten bestehen besondere Gesetze über den Ersatz des Wildschadens. Die in diesen enthaltenen wesentlichen Vorschriften sind zusammengestellt in der Anlage des Protokolls der Sitzung v. 19. Dezember 1892 (P. II S. 3219—3230 Bd. 2 S. 820—826). Aus diesen Vorschriften ergiebt sich, in welchen Richtungen unter Berücksichtigung der in den einzelnen Staaten bestehenden besonderen Verhältnisse eine Ergänzung oder Modifikation der in dem § 835 gegebenen prinzipiellen Vorschriften in Frage kommt. Das E.G. geht davon aus, daß den besonderen Verhältnissen der einzelnen Staaten in der hier fraglichen Beziehung thunlichst Rechnung getragen werden soll, und macht daher in den Art. 70, 71 weitgehende Vorbehalte zu Gunsten der Landesgesetzgebung, durch welche die Aufrechterhaltung der meisten Vorschriften der bestehenden Landesgesetze, soweit sie mit den prinzipiellen Grundsätzen des § 835 vereinbar sind, ermöglicht wird. Daran schließt sich dann im Art. 72 noch eine den § 835 ergänzende Vorschrift.

2. Nach G.V.G. § 13 steht der Landesgesetzgebung das Recht zu, für die Ersatzansprüche wegen Wildschadens die Verwaltungsbehörden oder Verwaltungsgerichte für zuständig zu erklären. Macht die Landesgesetzgebung von diesem Rechte Gebrauch, so bestimmen sich auch die Vorschriften

Artikel 71.

Unberührt bleiben die landesgesetzlichen Vorschriften, nach welchen

1. die Verpflichtung zum Ersatze des Wildschadens auch dann eintritt, wenn der Schaden durch jagdbare Thiere anderer als der im §. 835 des Bürgerlichen Gesetzbuchs bezeichneten Gattungen angerichtet wird;

über das Verfahren nach den Landesgesetzen. Das preuß. Wildschadengesetz v. 11. Juli 1891 bestimmt z. B. in den §§ 6—11 die Zuständigkeit der Ortspolizeibehörde bezw. der Verwaltungsgerichte für die Feststellung des wegen Wildschadens geforderten Ersatzes. Macht die Landesgesetzgebung von dem oben gedachten Rechte keinen Gebrauch und gehören demnach die Ansprüche auf Ersatz des Wildschadens vor die ordentlichen Gerichte, so bestimmt sich das Verfahren nach den Vorschriften der C.P.O. Für diesen Fall ist die Vorschrift des Art. 70 von Bedeutung; die Landesgesetze sollen danach ohne Rücksicht darauf, ob für die Ansprüche für Ersatz des Wildschadens die Verwaltungsbehörden oder die ordentlichen Gerichte zuständig sind, Grundsätze darüber aufstellen können, in welcher Art der Wildschaden festzustellen ist. Es handelt sich hierbei nicht nur um das bei der Feststellung zu beobachtende formelle Verfahren, sondern auch um die materiellen für die Bestimmung des Schadens maßgebenden Grundsätze (s. z. B. die §§ 5, 7, 8 des erwähnten preuß. Wildschadensgesetzes). Selbstverständlich kann dadurch die prinzipielle Vorschrift des § 835, daß der dort bezeichnete Schaden zu ersetzen ist, nicht geändert werden.

Eine Modifikation der Regel des § 835 können die Landesgesetze auf Grund des zweiten im Art. 70 ausgesprochenen Vorbehalts insofern bestimmen, als sie danach befugt sind, die Geltendmachung des Ersatzanspruchs bei der zuständigen Behörde innerhalb einer bestimmten Frist vorzuschreiben. In welcher Art und bei welcher Behörde die Geltendmachung zu erfolgen hat, ob also z. B. durch Erhebung der Klage bei dem ordentlichen Gericht oder durch Anmeldung bei der Polizeibehörde, ist Sache der Landesgesetzgebung. Diese hat auch darüber zu bestimmen, welche Folgen eintreten, wenn die Geltendmachung nicht rechtzeitig erfolgt. Regelmäßig wird es sich um eine Präklusivfrist handeln, mit deren Ablaufe der Ersatzanspruch erlischt, sofern nicht vorher die Geltendmachung erfolgt ist. Aufrechterhalten durch diesen Vorbehalt werden insbesondere auch die Vorschriften, nach welchen die Anzeige des erlittenen Schadens binnen einer kurzen Frist bei der Polizeibehörde erfolgen muß und der Anspruch, wenn dies nicht geschieht, nicht mehr geltend gemacht werden kann (s. z. B. § 6 des unter Nr. 1 gedachten preuß. Wildschadensgesetzes). Eine solche Bestimmung ist auch zulässig, wenn im Uebrigen die Geltendmachung des Anspruchs vor den ordentlichen Gerichten zu erfolgen hat. Besondere Vorschriften über die Verjährung des Ersatzanspruchs zu treffen ist die Landesgesetzgebung auf Grund des Vorbehalts des Art. 70 nicht berechtigt.

3. Soweit die Ansprüche auf Ersatz des Wildschadens vor die ordentlichen Gerichte gehören, sind nach G.V.G. § 23 Nr. 2 die Amtsgerichte ohne Rücksicht auf den Werth des Streitgegenstandes zuständig.

4. Von den in Veranlassung des B.G.B. erlassenen landesgesetzlichen Vorschriften sind hervorzuheben das bayerische A.G. zum B.G.B. Art. 144, durch welchen das Ges. v. 15. Juni 1850, betr. den Ersatz des Wildschadens geändert wird; das sächs. Ges., den Ersatz von Wildschaden und die Rechtsfähigkeit der Jagdgenossenschaft betreffend, v. 28. Mai 1898; das württembergische A.G. zum B.G.B. Art. 190—201, durch welche verschiedene Vorschriften der in Art. 70, 71 gedachten Art gegeben werden; das badische Ges. v. 9. August 1898; das hessische A.G. zum B.G.B. Art. 276, durch welchen das Ges. betr. den Ersatz des Wildschadens, v. 1. Juni 1895 geändert wird (s. die neue Fassung v. 28. Juli 1899); mecklenburg'sche Verordnung v. 9. April 1899, betr. den Ersatz von Wildschaden; das Elsaß-Lothringen'sche A.G. zum B.G.B. §§ 16—36, durch welche verschiedene Vorschriften der in Art. 70, 71 gedachten Art gegeben werden.

Artikel 71.

E. d. E.G. II Art. 44; III Art. 69. P. II S. 3231—3235, 3242—3249, 3254—3259, 3261—3266, 8801, 8802 (Bd. 2 S. 827—829, 833—835, 837—841; Bd. 6 S. 377, 378). K.B. S. 1989, 1990, 2112. St.B. S. 2821—2852, 3030.

Der Art. 71 bestimmt unter sieben Nummern die materiellen Modifikationen und Ergänzungen des B.G.B. § 835, zu welchen die Landesgesetzgebung berechtigt ist.

1. Nach B.G.B. § 835 ist der Wildschaden nur zu ersetzen, wenn er durch Thiere der dort bezeichneten Gattung angerichtet ist. Durch die Vorschrift unter Nr. 1 wird der Landesgesetz-

2. für den Wildschaden, der durch ein aus einem Gehege ausgetretenes jagdbares Thier angerichtet wird, der Eigenthümer oder der Besitzer des Geheges verantwortlich ist;
3. der Eigenthümer eines Grundstücks, wenn das Jagdrecht auf einem anderen Grundstücke nur gemeinschaftlich mit dem Jagdrecht auf seinem Grundstück ausgeübt werden darf, für den auf dem anderen Grundstück angerichteten Wildschaden auch dann haftet, wenn er die ihm angebotene Pachtung der Jagd abgelehnt hat;
4. der Wildschaden, der an Gärten, Obstgärten, Weinbergen, Baumschulen und einzelstehenden Bäumen angerichtet wird, dann nicht zu ersetzen ist, wenn die Herstellung von Schutzvorrichtungen unterblieben ist, die unter gewöhnlichen Umständen zur Abwendung des Schadens ausreichen;
5. die Verpflichtung zum Schadensersatz im Falle des §. 835 Abs. 3 des Bürgerlichen Gesetzbuchs abweichend bestimmt wird;
6. die Gemeinde an Stelle der Eigenthümer der zu einem Jagdbezirke vereinigten Grundstücke zum Ersatze des Wildschadens verpflichtet und zum Rückgriff auf die Eigenthümer berechtigt ist oder an Stelle der Eigenthümer oder des Verbandes der Eigenthümer oder der Gemeinde oder neben ihnen der Jagdpächter zum Ersatze des Schadens verpflichtet ist;
7. der zum Ersatze des Wildschadens Verpflichtete Erstattung des geleisteten Ersatzes von demjenigen verlangen kann, welcher in einem anderen Bezirke zur Ausübung der Jagd berechtigt ist.

---

gebung gestattet, die Verpflichtung zum Ersatz auch auf den durch jagdbare Thiere anderer Gattung angerichteten Schaden auszudehnen. Durch diese Vorschrift wird insbesondere die Aufrechterhaltung derjenigen Vorschriften der bestehenden Wildschadengesetze ermöglicht, welche die Verpflichtung zum Ersatz auch auf den durch Hasen und Kaninchen angerichteten Schaden erstrecken (vergl. die in der Erl. 1 zu Art. 70 angeführte Zusammenstellung der Wildschadengesetze. S. auch die in der Erl. 4 zu Art. 70 angeführten Gesetze für Bayern, Württemberg, Baden, Hessen, Mecklenburg und Elsaß-Lothringen). Bei den Verhandlungen des Reichstags war die Aufnahme der Hasen in den Art. 835 beantragt, wurde aber schließlich abgelehnt. Voraussetzung des Vorbehalts ist, daß die Thiere, auf welche der § 835 ausgedehnt werden soll, jagdbar sind. Auf Kaninchen kann daher der § 835 für solche Bezirke nicht ausgedehnt werden, in welchen sie nicht jagdbar sind. Nur zu einer Ausdehnung der Ersatzpflicht auf den durch Thiere anderer als der im § 835 bezeichneten Gattung angerichtete Schaden berechtigt der Vorbehalt Nr. 1 die Landesgesetzgebung nicht zu einer Beschränkung. Die Vorschrift des bayerischen Ges. v. 15. Juni 1850 Art. 6 z. B., nach welcher für den durch Federwild angerichteten Schaden kein Ersatz zu leisten ist, konnte also in Beziehung auf Fasanen der Vorschrift des § 835 gegenüber nicht aufrecht erhalten werden.

2. Nach § 835 ist zum Ersatze des Wildschadens derjenige verpflichtet, welchem das Jagdrecht oder im Falle des Abs. 2 die Ausübung des Jagdrechts auf dem Grundstücke zusteht, auf welchem der Schaden angerichtet ist. Der Vorbehalt unter Nr. 2 bezweckt, die Aufrechterhaltung derjenigen Landesgesetze zu ermöglichen, welche für den Schaden, der durch ein aus einem Gehege ausgetretenes jagdbares Thier angerichtet wird, den Eigenthümer oder den Besitzer des Geheges verantwortlich machen. Derartige Vorschriften bestehen z. B. in größerem oder geringerem Umfang und unter verschiedenen Modifikationen in Preußen (nach dem preuß. Wildschadengesetze nur für Schwarzwild), Württemberg, Baden, Braunschweig. Voraussetzung ist, daß das Wild, obwohl in einem Gehege eingeschlossen, sich in diesem doch auf freier Wildbahn befindet (P. II S. 3264). Ist es in solcher Art eingeschlossen, daß man es als gefangen anzusehen hat, so kommen die Vorschriften des B.G.B. § 833 über die Haftung desjenigen zur Anwendung, welcher ein Thier hält. Die Landesgesetze können die Art, in welcher die Verantwortlichkeit desjenigen, aus dessen Gehege das Wild ausgetreten ist, sowohl in der Weise regeln, daß der Verletzte sich unmittelbar an ihn halten kann, als auch in der Weise, daß dem Verletzten zunächst der Jagdberechtigte haftet, dieser aber wieder einen Rückgriff gegen den Besitzer des Geheges hat. Auch das in solchen Fällen stattfindende Verfahren kann die Landesgesetzgebung nach ihrem Ermessen bestimmen.

3. Die Vorschrift unter Nr. 3 enthält eine Ergänzung der Bestimmung des B.G.B. § 835 Abs. 2 Satz 2. Nach diesem ist, wenn der Eigenthümer eines Grundstücks, auf dem das Jagdrecht wegen der Lage des Grundstücks nur gemeinschaftlich mit dem Jagdrecht auf einem anderen Grundstück ausgeübt werden darf, das Jagdrecht dem Eigenthümer dieses Grundstücks verpachtet, der letztere für den Wildschaden verantwortlich. Durch den Vorbehalt unter Nr. 3 sollen diejenigen landesgesetzlichen Bestimmungen aufrecht erhalten werden, welche die Haftung auf den Fall ausdehnen, daß die Verpachtung des Jagdrechts dem Eigenthümer des betreffenden Grundstücks angeboten, von diesem aber abgelehnt ist. Nach § 7 des preuß. Jagdpolizeigesetzes v. 7. März 1850 ist z. B. der Besitzer eines Grundstücks, das von einem über dreitausend Morgen großen zusammenhängenden Walde umschlossen ist, der eine einzige Besitzung bildet, verpflichtet, die Jagd auf diesem Grundstücke dem Waldeigenthümer gegen eine nach dem Jagdertrage zu bemessende Entschädigung in Zeitpacht zu überlassen oder die Jagd ruhen zu lassen. Macht der Waldeigenthümer von seinem Rechte zu pachten auf das Anerbieten des Besitzers keinen Gebrauch, so steht diesem die Ausübung der Jagd auf dem enklavirten Grundstücke zu. Daneben aber ist der Waldeigenthümer nach § 3 des preuß. Wildschadengesetzes den auf dem enklavirten Grundstück angerichteten Wildschaden zu ersetzen verpflichtet. Aus diesen Vorschriften ergiebt sich das eigenthümliche Resultat, daß der Besitzer der Enklave auf derselben zur Ausübung der Jagd berechtigt sein kann, trotzdem aber Ersatz des Wildschadens zu fordern berechtigt ist. Die hiergegen sprechenden Bedenken sind in der zweiten Kommission erwogen, aber nicht für durchschlagend erachtet, weil es in der Hand des Eigenthümers des umschließenden Grundstücks liegt, durch Annahme der angebotenen Verpachtung jenes Resultat abzuwenden. Aehnliche Vorschriften finden sich in anderen Partikulargesetzen.

4. Der Eigenthümer eines Grundstücks ist nicht verpflichtet, Schutzvorrichtungen zu treffen, durch welche die Zufügung von Beschädigungen durch Wild verhütet wird. Die Unterlassung solcher Vorrichtungen begründet wenigstens regelmäßig auch kein mitwirkendes Verschulden des Eigenthümers im Sinne des B.G.B. § 254. Durch die Vorschrift der Nr. 4 des Art. 71 wird aber im Anschluß an die in einzelnen Staaten bestehenden Vorschriften der Landesgesetzgebung gestattet, den Anspruch auf Ersatz des Wildschadens an den in Nr. 4 bezeichneten Grundstücken und einzeln stehenden Bäumen auszuschließen, wenn der Eigenthümer es unterlassen hat, solche Schutzvorrichtungen zu treffen, die nach dem gewöhnlichen Laufe der Dinge zur Abwendung des Schadens genügen. Welcher Art die Schutzvorrichtungen sein müssen, ist nach den Umständen des einzelnen Falles zu bestimmen; dabei wird auf die in der betreffenden Gegend bestehenden üblichen Vorrichtungen der fraglichen Art Rücksicht zu nehmen sein. Von praktischer Bedeutung ist die Vorschrift insbesondere für diejenigen Landestheile, in welchen, wie z. B. in Bayern, Württemberg, Baden, Hessen, Elsaß-Lothringen und in der Provinz Hannover auch für den durch Hasen angerichteten Schaden Ersatz zu leisten ist.

5. Nach § 835 Abs. 3 sind die Eigenthümer der Grundstücke eines Bezirks, welche zum Zwecke der gemeinschaftlichen Ausübung des Jagdrechts durch das Gesetz zu einem Verbande vereinigt sind, der nicht als solcher haftet, nach dem Verhältniß der Größe ihrer Grundstücke ersatzpflichtig. Durch die Vorschrift unter Nr. 5 wird der Landesgesetzgebung gestattet, die Verpflichtung zum Ersatz in diesem Falle abweichend von der gedachten Vorschrift zu regeln. Voraussetzung dieser Befugniß der Landesgesetzgebung ist, daß der Verband der Eigenthümer nicht als solcher haftet. Besteht eine Haftung des Verbandes als solchen, so kann sich der Verletzte nur an ihn halten. Die Art und Weise, wie der Betrag des Ersatzes von den Mitgliedern des Verbandes aufzubringen ist, kann die Landesgesetzgebung kraft ihres Rechtes, die Organisation der fraglichen Verbände zu regeln, bestimmen. Ein besonderer Vorbehalt für die Landesgesetzgebung war also nur für den Fall erforderlich, daß der Verband als solcher nicht haftet. Statt der praktisch schwer durchzuführenden Haftung der einzelnen Eigenthümer nach Verhältniß der Größe ihrer Grundstücke kann die Landesgesetzgebung eine andere Art der Haftung bestimmen. Sie kann z. B. die Haftung der Eigenthümer nach Kopftheilen oder als Gesammtschuldner vorschreiben. Sie kann aber auch durch besondere Verfahrensvorschriften die Haftung in einer für den Verletzten günstigeren Weise regeln. So wird z. B. durch die Nr. 5 die Vorschrift des § 2 des preuß. Wildschadengesetzes v. 11. Juli 1891 aufrechterhalten, nach welcher die Grundeigenthümer zwar prinzipiell in derselben Weise wie in dem § 835 Abs. 3 bestimmt ist, haften, aber durch die Gemeindebehörde vertreten werden.

6. Auch der Vorbehalt unter Nr. 6 bezweckt, der Landesgesetzgebung die Möglichkeit zu gewähren, die Haftung in einer den Verhältnissen des betreffenden Landestheils entsprechenden zweckmäßigen Weise für den Fall zu regeln, daß die Haftung den Eigenthümern der zu einem Jagdbezirke vereinigten Grundstücke obliegt. Die Landesgesetzgebung soll in solchem Falle zunächst bestimmen können, daß an Stelle der Eigenthümer die Gemeinde zum Ersatze verpflichtet und zum Rückgriff an die Eigenthümer berechtigt ist. Diese Befugniß steht der Landesgesetzgebung zu sowohl dann, wenn die Eigenthümer zu einem Verbande vereinigt sind, der als

Artikel 72.

Besteht in Ansehung eines Grundstücks ein zeitlich nicht begrenztes Nutzungsrecht, so finden die Vorschriften des §. 835 des Bürgerlichen Gesetzbuchs über die Verpflichtung zum Ersatze des Wildschadens mit der Maßgabe Anwendung, daß an die Stelle des Eigenthümers der Nutzungsberechtigte tritt.

---

solcher haftet, als auch dann, wenn dies nicht der Fall ist, die Eigenthümer also in Ermangelung einer anderweiten Bestimmung nach Maßgabe des B.G.B. § 835 Abs. 3 haften würden. Praktische Bedeutung hat der Vorbehalt nur für den letzten Fall. Selbstverständlich kann die Landesgesetzgebung auch darüber Bestimmungen treffen, in welcher Art der Rückgriff an die Eigenthümer erfolgt und in welchem Verhältnisse diese der Gemeinde haften. Der zweite Theil des Vorbehalts gestattet der Landesgesetzgebung eine Haftung des Jagdpächters zu bestimmen. Durch den Pachtvertrag kann schon nach allgemeinen Grundsätzen bestimmt werden, daß in dem Verhältnisse zwischen Verpächter und Pächter dem letzteren die Verpflichtung obliegt, den Wildschaden zu bezahlen. Denkbar ist auch, daß in dem Pachtvertrag über die Jagd dem Verletzten nach den Vorschriften über die Verträge zu Gunsten Dritter ein unmittelbarer Anspruch auf Ersatz des Wildschadens gegen den Jagdpächter eingeräumt wird. Der Vorbehalt unter Nr. 6 gestattet aber der Landesgesetzgebung, dem Jagdpächter ohne Rücksicht auf den Inhalt des Pachtvertrags eine unmittelbare Verpflichtung zum Ersatze des Wildschadens gegenüber dem Verletzten aufzuerlegen. Diese Verpflichtung kann sowohl in der Art bestimmt werden, daß der Jagdpächter *an Stelle* des Verbandes, der Gemeinde oder der Eigenthümer haftet, die an sich nach B.G.B. § 835 Verpflichteten also von der Haftung befreit werden, als auch in der Art, daß der Jagdpächter *neben* jenen Verpflichteten haftet. Im letzteren Falle kann die Haftung wieder sowohl dahin bestimmt werden, daß der Jagdpächter und der nach der Regel des B.G.B. Verpflichtete als Gesammtschuldner haften, oder dahin, daß der Verletzte die Wahl hat, wen von Beiden er in Anspruch nehmen will oder dahin, daß er zunächst den einen und nur subsidiär den anderen in Anspruch nehmen kann. Auch dieser Vorbehalt schließt sich an die in den bestehenden Landesgesetzen getroffenen verschiedenartigen Bestimmungen an.

7. In der R.T.K. war beschlossen, in das B.G.B. selbst eine Bestimmung dahin aufzunehmen, daß, wenn der Schaden durch Schwarz- oder Rothwild verursacht sei, das seinen Stand in einem anderen Jagdbezirke habe, dem Ersatzpflichtigen gegenüber derjenige für den Schaden verantwortlich sei, welcher in dem anderen Jagdbezirk ersatzpflichtig sein würde. In Konsequenz dieses Beschlusses strich die R.T.K. die Nr. 7 des Art. 71. Der Reichstag lehnte aber die von der R.T.K. beschlossene Bestimmung ab und *stellte die Nr. 7 des Art. 71 wieder her*. Hiernach kann die Landesgesetzgebung eine Bestimmung treffen, welche der von der R.T.K. beschlossenen Vorschrift entspricht. Der Vorbehalt geht indessen noch hierüber hinaus. Die Landesgesetzgebung kann nicht nur denjenigen, in dessen Jagdbezirke das Wild seinen Stand hatte, zum Ersatze verpflichten — in dieser Art ist die Ersatzpflicht in dem § 4 des hannöverschen Ges. v. 21. Juli 1848, welcher den Anlaß zu dem Vorbehalte gegeben hat, beschränkt —, sondern auch den in irgend einem andern Bezirke zur Ausübung der Jagd Berechtigten. Sie kann die Ersatzpflicht also insbesondere auch demjenigen auferlegen, aus dessen Jagdbezirke das Wild, obwohl es seinen Stand in einem dritten Jagdbezirke hatte, unmittelbar auf das beschädigte Grundstück übergetreten ist. Eine Bestimmung dieser Art zu ermöglichen, ist wohl der Hauptzweck der erweiterten Fassung gewesen.

8. Wegen der in Veranlassung des B.G.B. erlassenen landesgesetzlichen Vorschriften vergl. Erl. 4 zu Art. 70.

Artikel 72.

E. d. E.G. II Art. 45; III Art. 70. P. II S. 3237—3242, 8801, 9422 (Bd. 2 S. 829—832; Bd. 6 S. 377, 743).

1. Der Art. 72 enthält *keinen Vorbehalt für die Landesgesetzgebung, sondern eine Ergänzung des § 835 des B.G.B.* In der zweiten Kommission war zuerst beschlossen, die Ergänzung in dem § 835 selbst aufzunehmen; die später erfolgte Verweisung in das E.G. hat ihren Grund wohl darin, daß zeitlich nicht begrenzte Nutzungsrechte von praktischer Bedeutung nur in den in Kraft bleibenden Landesgesetzen vorkommen (s. unter Nr. 3).

2. Ersatz für den an einem Grundstück angerichteten Wildschaden kann der Verletzte von dem Jagdberechtigten nach B.G.B. § 835 nur dann fordern, wenn dem Eigenthümer des Grundstücks das Jagdrecht auf dem Grundstücke nicht zusteht oder wenn er durch Gesetz von der Ausübung des Jagdrechts ausgeschlossen ist. Hat der Eigenthümer das Jagdrecht und ist er auch von dessen Ausübung durch das Gesetz nicht ausgeschlossen, so kann der Pächter des Grund-

Artikel 73.

Unberührt bleiben die landesgesetzlichen Vorschriften über Regalien.

---

stücks Ersatz des Wildschadens nicht fordern. Es bleibt diesem überlassen, sich durch den Pachtvertrag mit dem jagdberechtigten Eigenthümer zu schützen. Dieses Auskunftsmittel versagt aber regelmäßig, wenn es sich nicht um eine Zeitpacht, sondern um ein zeitlich nicht begrenztes Nutzungsrecht handelt. In diesem Falle soll deshalb nach Art. 72 der Nutzungsberechtigte an die Stelle des Eigenthümers treten, d. h. also, die Voraussetzung, unter welcher Ersatz des Wildschadens gefordert werden kann, besteht in diesem Falle nicht darin, daß der Eigenthümer, sondern darin, daß der Nutzungsberechtigte nicht jagdberechtigt oder daß er doch von der Ausübung der Jagd durch das Gesetz ausgeschlossen ist. Ersatzverpflichtet ist auch hier der Jagdberechtigte oder im Falle des § 835 Abs. 2 der zur Ausübung der Jagd Berechtigte. Dies kann und wird häufig der Eigenthümer des Grundstücks sein.

3. Voraussetzung des Art. 72 ist nur, daß in Ansehung des Grundstücks, nicht daß an dem Grundstück ein zeitlich nicht begrenztes Nutzungsrecht besteht. Das Recht braucht daher kein dingliches zu sein, es genügt auch ein obligatorischer Anspruch auf Benutzung des Grundstücks. In der zweiten Kommission wurde ausdrücklich hervorgehoben, daß unter den hier fraglichen Nutzungsrechten auch die in Mecklenburg vorkommenden Pachtverhältnisse mitverstanden werden, bei welchen dem Pächter zwar kein dingliches, aber ein vererbliches und regelmäßig unkündbares Pachtrecht ohne jede zeitliche Beschränkung zustehe (P. II S. 3239). Andererseits wurde hervorgehoben, daß ein Nutzungsrecht der hier fraglichen Art nicht vorliege, wenn Jemand nur einen Anspruch auf den Reingewinn oder einen Theil des Reingewinns hat, welchen der das Grundstück Nutzende, sei es der Eigenthümer, sei es ein Dritter, aus der Nutzung zieht (P. II S. 9422).

In Betracht kommen hiernach im Wesentlichen nur die auf dem bisherigen Rechte beruhenden dinglichen, zeitlich nicht begrenzten Nutzungsrechte, z. B. auch die Emphyteuse, welche nach Art. 184 mit dem sich aus dem bisherigen Rechte ergebenden Inhalt und Range bestehen bleiben, ferner die im Art. 63 der Landesgesetzgebung vorbehaltenen Erbpachtrechte, endlich solche obligatorische Pachtrechte, welche auf einem vor dem Inkrafttreten des B.G.B. abgeschlossenen Vertrage beruhen, durch welchen dem Pächter ein zeitlich nicht begrenztes und regelmäßig unkündbares Pachtrecht eingeräumt wird, sofern Verträge dieser Art nach dem bisherigen Rechte zulässig waren. Ein Verhältniß der letztgedachten Art ist nach Art. 170 nach dem bisherigen Rechte zu beurtheilen und die nach Art. 171 für Mieth- und Pachtverträge geltende Modifikation kommt nicht in Betracht, weil ja vorausgesetzt wird, daß das Pachtverhältniß als ein regelmäßig unkündbares eingegangen ist.

Von den nach dem B.G.B. zulässigen dinglichen Rechten kann nur etwa das Erbbaurecht in Betracht kommen, wenn sich dieses nach B.G.B. § 1013 auf die Benutzung eines für das Bauwerk nicht erforderlichen Theiles des Grundstücks erstreckt. Zweifelhaft ist, ob auch die durch einen nach dem Inkrafttreten des B.G.B. abschlossenen Vertrag begründeten Pachtrechte dann hierher gehören, wenn die Pacht ohne Begrenzung auf eine bestimmte Zeit eingeräumt ist. Sie gehören unzweifelhaft nicht hierher, wenn der Vertrag auf unbestimmte Zeit abgeschlossen ist, denn in solchem Falle ist nach B.G.B. § 564 mit § 581 Abs. 2 die Kündigung unter Einhaltung der gesetzlichen Kündigungsfrist immer zulässig. Zweifelhaft ist aber, wenn der Pachtvertrag, was nicht unzulässig ist, für ewige Zeit unter Ausschluß der Kündigung geschlossen wird, das Pachtrecht doch deshalb nicht als ein zeitlich nicht begrenztes angesehen werden kann, weil in solchem Falle nach der zwingenden Vorschrift des § 567 mit § 581 Abs. 2 jeder Theil nach Ablauf von dreißig Jahren unter Einhaltung der gesetzlichen Kündigungsfrist das Pachtverhältniß kündigen kann. Sachlich ist hiernach jeder auf Grund des B.G.B. für ewige Zeit abgeschlossene Pachtvertrag nur als für dreißig Jahre, darüber hinaus aber nur auf unbestimmte Zeit abgeschlossen anzusehen. Nach der Absicht und nach dem Zwecke des Art. 72 dürfte das durch einen solchen Vertrag begründete Nutzungsrecht nicht als ein zeitlich nicht begrenztes angesehen werden können. Nach dem Inkrafttreten des B.G.B. kann also auf Grund desselben ein Nutzungsrecht der im Art. 72 gedachten Art, abgesehen von dem oben erwähnten Falle des Erbbaurechts, überhaupt nicht mehr begründet werden.

Artikel 73.

E. d. E.G. I Art. 45; II Art. 46; III Art. 71. P. I S. 12842—12844. M. d. E.G. S. 165, 166. P. II S. 8803 (Bd. 6 S. 378).

Bei dem Vorbehalte des Art. 73 kommen nur die sog. niederen Regalien in Betracht. Für die bisweilen als höhere Regalien bezeichneten staatlichen Hoheitsrechte war ein Vorbehalt

Artikel 74.

Unberührt bleiben die landesgesetzlichen Vorschriften über Zwangsrechte, Bannrechte und Realgewerbeberechtigungen.

---

nicht erforderlich, weil sie dem öffentlichen Rechte angehören und schon aus diesem Grunde die Landesgesetze in Ansehung ihrer unberührt bleiben. In früheren Zeiten hatten die niederen Regalien große Bedeutung; jetzt haben sie diese zum größten Theile verloren. Das Jagd-, Fischerei-, Berg- und Mühlenregal wird, soweit es noch vorkommt, schon durch die Art. 65, 67, 69 gedeckt. Für Preußen kommt u. A. in Betracht das Bernsteinregal (Ges. v. 22. Februar 1867. Dernburg I S. 546), für Bayern die Perlenfischerei und das Salzregal (Wasserbau-Ges. v. 28. Mai 1852 Art. 46, Berggeſ. in der Fassung v. 20. Juli 1900 Art. 2); die beiden letztgenannten Regalien sind übrigens schon durch die Vorbehalte der Art. 65, 67 gedeckt.

Der Vorbehalt ist übrigens ein allgemeiner (s. Vorbm. zu diesem Abschnitte Nr. 2). Die Landesgesetzgebung kann also Bestimmungen treffen sowohl über die Existenz als über den Umfang und die Ausübung der Regalien; sie kann ferner bestimmen, ob und unter welchen Voraussetzungen sie übertragbar sind und ob sie von Privatpersonen auch auf anderem Wege als durch Uebertragung, z. B. durch Verjährung erworben werden können.

Nicht zu den Regalien im Sinne des Art. 73 dürfte das Recht des Fiskus auf Aneignung herrenloser Grundstücke gehören. Dieses Recht ist in Ansehung der von dem Eigenthümer aufgegebenen Grundstücke durch B.G.B. § 928 Abs. 2 und in Ansehung solcher Grundstücke, die zu der Zeit, in welcher das Grundbuch als angelegt gilt, herrenlos sind, durch E.G. Art. 190 anerkannt. Nach Art. 129, 190 bleiben die Landesgesetze aber unberührt, nach welchen dieses Aneignungsrecht anderen Personen als dem Fiskus zusteht.

Artikel 74.

E. d. E.G. I Art. 44; II Art. 47; III Art. 72. P. I S. 12748—12751, 12831. M. d. E.G. S. 165. P. II S. 8803 (Bd. 6 S. 378). K.B. S. 2112. St.B. S. 3030.

1. Zwangsrechte sind die Rechte einer Person, gewissen anderen Personen die Anschaffung gewisser Gegenstände von einem Anderen als von ihr zu untersagen; Bannrechte sind die Zwangsrechte, die sich auf alle in einem bestimmten Bezirke befindlichen Personen oder auf gewisse Klassen derselben erstrecken; Realgewerbeberechtigungen sind die mit einem Grundstücke verbundenen oder als selbständiges Recht bestehenden Berechtigungen zum Betrieb eines Gewerbes. Derartige Rechte kamen früher in großem Umfange vor und hatten große wirthschaftliche Bedeutung. Jetzt kommen sie nur noch einzeln vor und sind im Absterben begriffen. Die meisten dieser Rechte sind durch die Gew.O. §§ 7, 8 aufgehoben oder für ablösbar erklärt. Nach § 10 können Gewerbeberechtigungen, Zwangs- und Bannrechte, die durch das Gesetz aufgehoben oder für ablösbar erklärt sind, und ausschließliche Gewerbeberechtigungen überhaupt nicht mehr begründet werden. Nicht berührt werden hierdurch indessen nach § 6 Apothekerberechtigungen und Fährgerechtigkeiten sowie solche Berechtigungen, auf welche sich die Gewerbeordnung überhaupt nicht bezieht. Auch die Abdeckereigerechtigkeiten und die Schornsteinfegergerechtigkeiten sind nicht aufgehoben. Der Kreis der noch in Betracht kommenden Rechte ist also nur noch ein kleiner, denn die Vorschriften der Gewerbeordnung bleiben nach Art. 32 bestehen und der Vorbehalt des Art. 74 bezieht sich nur auf das B.G.B., nicht auf die daneben in Kraft bleibenden Reichsgesetze.

Die bestrittene Frage, ob durch den Vorbehalt des Art. 74 auch die Vorschriften des preuß. A.L.R. I 23 §§ 56, 58 über das sog. Krugverlagsrecht aufrechterhalten werden (dagegen M. d. E.G. S. 165 und M. d. E. d. preuß. A.G. z. B.G.B. zu Art. 87 S. 236, 237; dafür Dernburg, Sachenrecht S. 199) ist ohne praktische Bedeutung, weil durch das preuß. A.G. z. B.G.B. Art. 89 Nr. 1b der ganze dreiundzwanzigste Titel des ersten Theiles des A.L.R. aufgehoben ist. Die zur Zeit des Inkrafttretens des B.G.B. bestehenden Krugverlagsrechte sind nach den gedachten Vorschriften des preuß. A.L.R. und der Gew.O. zu beurtheilen.

2. Abgesehen von der durch die Gew.O. begründeten Beschränkung (s. Nr. 1) ist der Vorbehalt ein allgemeiner (s. Vorbm. zu diesem Abschnitte Nr. 2). Die Landesgesetzgebung kann daher, soweit die Gew.O. nicht entgegensteht, sowohl über die Existenz, als über den Inhalt der fraglichen Rechte Bestimmungen treffen; ebenso über den Erwerb, über die Uebertragung und das Erlöschen dieser Rechte.

3. Nach dem preuß. A.G. zum B.G.B. Art. 40 gelten für Gerechtigkeiten der im Art. 74 gedachten Art, die nach dem bisherigen Rechte in Ansehung der Eintragung den Grundstücken gleichstehen, wenn sie in das Grundbuch eingetragen sind, die Vorschriften über Grundstücke. Für Bayern s. A.G. z. G.B.O. Art. 17.

Artikel 75.

Unberührt bleiben die landesgesetzlichen Vorschriften, welche dem Versicherungsrecht angehören, soweit nicht in dem Bürgerlichen Gesetzbuche besondere Bestimmungen getroffen sind.

Artikel 75.

E. d. E.G. II Art. 48; III Art. 73. P. II S. 4421, 8911—8913, 8961, 9201 (Bd. 3 S. 571; Bd. 6 S. 440, 441, 471, 610, 611).

1. Der Vorbehalt des Art. 75 beruht auf anderen Gründen als die Vorbehalte der übrigen Artikel. Er beruht darauf, daß die Regelung des Versicherungsrechts durch ein Reichsspezialgesetz in Aussicht genommen ist und daß nur bis zu dessen Erlassung die Landesgesetze unberührt bleiben sollen. Im E. I des E.G. war der Vorbehalt nicht enthalten, da man damals davon ausging, daß das in Aussicht genommene Spezialgesetz gleichzeitig mit dem B.G.B. in Kraft treten werde. Da diese Aussicht aufgegeben werden mußte, so war es nothwendig, den Vorbehalt einzustellen. Jetzt (November 1900) liegt der Entwurf eines Versicherungsgesetzes dem Reichstage vor. Er umfaßt indessen nicht das ganze Versicherungsrecht und der Vorbehalt wird also dadurch nicht überflüssig.

2. Der Vorbehalt ist ein allgemeiner (s. Vorbm. zu diesem Abschnitte Nr. 2). Soweit es sich bei dem Versicherungsrecht um Vorschriften des öffentlichen Rechtes handelt, würde der Vorbehalt nicht erforderlich sein; dadurch aber, daß auch die privatrechtlichen Vorschriften des Versicherungsrechts der Landesgesetzgebung vorbehalten werden, verliert die oft zweifelhafte Frage, ob eine Vorschrift dem öffentlichen oder dem Privatrecht angehört, ihre Bedeutung.

Das zur Zeit bestehende Versicherungsrecht beruht nur zum geringeren Theile auf Partikulargesetzen; zum größeren Theile beruht es auf Gewohnheitsrecht und auf der Entwickelung durch Wissenschaft und Praxis (s. Ehrenberg). Häufig beruhen die für das Versicherungsrecht aufgestellten Grundsätze zum Theil auf der Anwendung des allgemeinen bürgerlichen Rechtes, enthalten aber zum anderen Theile auch Modifikationen der sich aus den Grundsätzen des allgemeinen Rechtes ergebenden Konsequenzen. Soweit nun in dem bisherigen Versicherungsrechte lediglich Konsequenzen aus gemeinrechtlichen Grundsätzen gezogen werden, handelt es sich um eine Verweisung auf das durch das B.G.B. aufgehobene gemeine Recht; an die Stelle dieses Rechtes tritt also nach Art. 4 das Recht des B.G.B. und es wird daher zu prüfen sein, ob jene Konsequenzen sich auch aus dem Rechte des B.G.B. ergeben. Dabei ist indessen zuzusehen, ob es sich bei den in Frage kommenden Rechtssätzen wirklich lediglich um Anwendung gemeinrechtlicher Grundsätze handelt, oder ob diese Grundsätze, obwohl sie dem gemeinen Rechte entnommen sind, nicht doch in Folge der Entwickelung, welche das Versicherungsrecht durch Wissenschaft und Praxis gefunden hat, Bestandtheile dieses Sonderrechts geworden sind. Ist dies anzunehmen, so bleiben sie auch nach dem Inkrafttreten des B.G.B. in Geltung. Die Frage wird oft recht zweifelhaft sein und es ist deshalb doppelt wünschenswerth, daß das in Aussicht genommene Reichsgesetz bald zu Stande kommt.

3. Durch den Zusatz „soweit nicht in dem Bürgerlichen Gesetzbuche besondere Bestimmungen getroffen sind" wird der Vorbehalt dahin beschränkt, daß einerseits das bestehende Versicherungsrecht, soweit es mit jenen Vorschriften des B.G.B. nicht übereinstimmt, geändert wird und daß andererseits die Landesgesetzgebung auch künftig jene Vorschriften nicht ändern kann. In Betracht kommen folgende Vorschriften des B.G.B.:

a) Die Vorschriften des § 1045 über die Verpflichtung des Nießbrauchers, die dem Nießbrauch unterliegende Sache zu versichern sowie darüber, in welcher Art die Versicherung zu nehmen ist und wem die Versicherungsbeiträge zur Last fallen;

b) die §§ 1127—1130 über die Erstreckung der Hypothek an versicherten Gegenständen auf die Forderung gegen den Versicherer sowie darüber, wie sich die Haftung dieser Forderung je nachdem es sich um die Versicherung eines Gebäudes oder anderer Gegenstände handelt, verschieden gestaltet;

c) die §§ 1385 Nr. 3, 1388 über die Verpflichtung des Ehemanns zu den Zahlungen welche für die Versicherung der zu dem eingebrachten Gute gehörenden Gegenstände zu leisten sind, sowohl gegenüber der Frau als gegenüber dem Versicherer;

d) der § 1654 über die der Verpflichtung des Ehemanns entsprechende Verpflichtung des Inhabers der elterlichen Gewalt in Ansehung der Zahlungen, welche für die Versicherung der zu dem nicht freien Vermögen des Kindes gehörenden Gegenstände zu leisten sind.

4. Der Vorbehalt erstreckt sich nicht auf die Vorschriften des H.G.B. §§ 778ff. über die Seeversicherung.

Artikel 76.

Unberührt bleiben die landesgesetzlichen Vorschriften, welche dem Verlagsrecht angehören.

Artikel 77.

Unberührt bleiben die landesgesetzlichen Vorschriften über die Haftung des Staates, der Gemeinden und anderer Kommunalverbände (Provinzial-, Kreis-, Amtsverbände) für den von ihren Beamten in Ausübung der diesen anvertrauten öffentlichen' Gewalt zugefügten Schaden sowie die landesgesetzlichen Vorschriften, welche das Recht des Beschädigten, von dem Beamten den Ersatz eines solchen Schadens zu verlangen, insoweit ausschließen, als der Staat oder der Kommunalverband haftet.

Artikel 76.

E. d. E.G. II Art. 49; III Art. 74. P. II S. 8913 (Bd. 6 S. 441).

Ueber den Grund und die Tragweite des in dem Art. 76 ausgesprochenen Vorbehalts gilt dasselbe, was in den Erl. 1, 2 über den Vorbehalt des Art. 75 gesagt ist. Der Zusatz „soweit nicht in dem Bürgerlichen Gesetzbuche besondere Bestimmungen getroffen sind" fehlt im Art. 76, weil das B.G.B. keine besonderen Vorschriften über das Verlagsrecht enthält. Für Preußen s. A.G. z. H.G.B. Art. 5. Nunmehr (Dezember 1900) liegt dem Reichstag ein Entwurf des Verlagsrechts vor.

Artikel 77.

E. d. E.G. I Art. 56; II Art. 50; III Art. 75. P. I S. 12755—12757. M. d. E.G. S. 185. P. II S. 1216, 2911, 2912, 8857, 8858 (Bd. 1 S. 611; Bd. 2 S. 670, 671; Bd. 6 S. 410). K.B. S. 1992—1994, 2119. St.B. S. 3030.

1. Mit dem Art. 77 beginnen die speziellen Vorbehalte. Die Art. 77—81 beziehen sich insbesondere auf Beamte. Es sind darunter nur öffentliche Beamte zu verstehen. Wer öffentlicher Beamter ist, bestimmt sich für Reichsbeamte nach dem öffentlichen Reichsrechte, für Landesbeamte nach dem öffentlichen Landesrechte (M. d. E.G. S. 180). Für die Bestimmungen des dritten Abschnitts kommen nur Landesbeamte in Betracht. Als solche gelten nach dem Landesrechte bisweilen auch Hof- und Kirchendiener. Soweit das Landesrecht Zweifel läßt, kann der § 359 des St.G.B., der freilich nicht direkt Anwendung findet, einen Anhalt bieten (vergl. Bd. II S. 197 Erl. 2 zu § 411).

2. Der erste Theil des Vorbehalts des Art. 77 betrifft eine Frage des öffentlichen Rechtes, in Betreff deren indessen nach M. d. E.G. S. 185 ein Vorbehalt für zweckmäßig gehalten ist, weil man die Verpflichtung des Staates und der Kommunalverbände zum Ersatze des von ihren Beamten in Ausübung der diesen anvertrauten öffentlichen Gewalt zugefügten Schadens, als eine privatrechtliche betrachten könne. Die Entscheidung über diese Verpflichtung müsse aber, auch wenn jene Auffassung richtig sein sollte, wegen ihres Zusammenhanges mit dem öffentlichen Rechte der Landesgesetzgebung überlassen bleiben. Nur von dem Ersatze des von einem Beamten in Ausübung der ihm anvertrauten öffentlichen Gewalt zugefügten Schadens handelt der Vorbehalt des Art. 77. Wenn ein Beamter in Vertretung privatrechtlicher Interessen des Staates oder des Kommunalverbandes gehandelt hat, bestimmt sich die Haftung des Staates bezw. des Kommunalverbandes, soweit es sich um den Ersatz des Schadens handelt, den der Beamte durch eine in Ausführung der ihm obliegenden Verrichtungen begangene, zum Schadensersatze verpflichtende Handlung einem Dritten zugefügt hat, nach B.G.B. §§ 89, 31, soweit es sich um die schuldvolle Nichterfüllung einer Verbindlichkeit des Staates bezw. des Kommunalverbandes handelt, nach B.G.B. § 278. Keine Entscheidung trifft das B.G.B. in Ansehung des von einem Beamten in Ausübung der ihm anvertrauten öffentlichen Gewalt zugefügten Schadens. In dem bisherigen Rechte ist diese Frage eine sehr bestrittene (s. über die verschiedenen Ansichten und die Literatur Windscheid, achte Auflage II § 470 Anm. 4). Auch die Partikulargesetze gehen sehr auseinander (Stobbe III § 202 Nr. III, 6). Der Art. 77 läßt der Landesgesetzgebung völlig freien Spielraum. Sie kann daher die Haftung des Staates bezw. des Kommunalverbandes ganz ausschließen oder unbedingt oder für gewisse Fälle oder unter gewissen Voraussetzungen z. B. bei einer culpa in eligendo bestimmen. Das zur Zeit in dieser Beziehung bestehende Landesrecht bleibt bestehen, kann aber jederzeit durch die Landesgesetzgebung geändert werden. Ueber die Haftung des Staates im Falle der Hinterlegung s. E.G. Art. 145.

Artikel 78.

Unberührt bleiben die landesgesetzlichen Vorschriften, nach welchen die Beamten für die von ihnen angenommenen Stellvertreter und Gehülfen in weiterem Umfange als nach dem Bürgerlichen Gesetzbuche haften.

---

3. Die Haftung des Beamten selbst wegen Verletzung der ihm einem Dritten gegenüber obliegenden Amtspflicht bestimmt sich nach B.G.B. §§ 839—841 (s. Bd. II S. 637 ff. Erl. zu §§ 839—841). Der zweite Theil des im Art. 77 ausgesprochenen Vorbehalts gestattet der Landesgesetzgebung, diese Haftung des Beamten insoweit auszuschließen, als der Staat oder der Kommunalverband haftet. Dabei wird als selbstverständlich vorausgesetzt, daß die Landesgesetzgebung, wenn sie eine Bestimmung dieser Art trifft, zugleich bestimmen kann, daß der Staat oder der Kommunalverband Regreß gegen den betreffenden Beamten nehmen kann. Die desfallsige Verpflichtung des Beamten gegenüber dem Staate oder dem Kommunalverbande kann aber nie weiter gehen, als die ihm nach den §§ 839—841 dem Dritten obliegende Verpflichtung.

Reichsrechtlich ist eine diesem Vorbehalt entsprechende Vorschrift durch G.B.O. § 12 dahin getroffen, daß, wenn ein Grundbuchbeamter vorsätzlich oder fahrlässig die Amtspflicht verletzt, dem Betheiligten gegenüber die im § 839 bestimmte Verantwortlichkeit den Staat oder die Körperschaft trifft, in deren Dienste der Beamte steht, daß aber das Recht des Staates oder der Körperschaft, von dem Beamten Ersatz zu verlangen, unberührt bleibt.

4. Von den in Veranlassung des B.G.B. erlassenen landesgesetzlichen Vorschriften sind hervorzuheben das preuß. A.G. z. B.G.B. Art. 89 Nr. 2, nach welchem der Art. 1384 des code civil aufrecht bleibt, soweit er auf die Haftung des Staates 2c. 2c. Anwendung findet, und das preuß. A.G. zur G.B.O. Art. 8, nach welchem, wenn ein Grundbuchbeamter vorsätzlich oder aus grober Fahrlässigkeit die ihm obliegende Amtspflicht verletzt, ihn dem Staate gegenüber die im B.G.B. § 839 bestimmte Verantwortlichkeit trifft; das bayerische A.G. zum B.G.B. Art. 60, 61, nach welchen regelmäßig in allen Fällen des B.G.B. § 839 dem Dritten an Stelle des Beamten der Staat bezw. die Körperschaft haften, der Beamte aber dem Staate bezw. der Körperschaft den Schaden zu ersetzen hat, welcher diesen aus der Verletzung der Amtspflicht entsteht; das württembergsche A.G. zum B.G.B. Art. 202—204, welches ähnliche Bestimmungen enthält wie die bayerischen; das badische A.G. zum B.G.B. Art 5, welcher ähnliche Vorschriften enthält, jedoch in der Art, daß, wenn der Staat den Verletzten befriedigt, die Forderung des letzteren gegen den Beamten auf den Staat übergeht; das hessische A.G. zum B.G.B. Art. 78—80, nach welchen der Staat neben dem Beamten wie ein Bürge haftet; die mecklenburgsche A.V. zum B.G.B. § 49, nach welchem der Fiskus nur haftet, soweit dies durch Reichsgesetz oder besondere Landesgesetze bestimmt ist; das Elsaß-Lothringensche A.G. zum B.G.B. § 40, nach welchem ähnliche Vorschriften wie in Hessen gelten; das Elsaß-Lothringensche A.G. zur G.B.O. v. 6. Nov. 1899 § 8, nach welchem in Betreff der Grundbuchbeamten ähnliche Bestimmungen wie in Preußen gelten; das Hamburgsche Ges., betr. Ausführung der Grundbuchordnung, v. 14. Juli 1899 § 34, nach welchem der Grundbuchbeamte dem Staate insoweit haftet, als dieser dem Beschädigten Ersatz zu leisten hat; das Bremensche A.G. zur G.B.O. v. 18. Juli 1899 § 10, nach welchem ähnliche Bestimmungen wie in Hamburg gelten, jedoch mit dem Zusatze, daß der Senat bei leichtem Verschulden die Haftung erlassen oder ermäßigen kann. In Sachsen ist die Haftung des Staates gewohnheitsrechtlich anerkannt.

Artikel 78.

E. d. E.G. II Art. 51; III Art. 76. P. II S. 2911—2913, 8857 (Bd. 2 S. 670, 671; Bd. 6 S. 409, 410). K.B. S. 2112. St.B. S. 3030.

1. Der Art. 78 ist von der zweiten Kommission in Folge eines Wunsches der bayerischen Regierung (Zstlg. d. B.R. Bd. 1 S. 89) eingestellt (vergl. Jacubezky S. 176). Der Vorbehalt des Art. 78 bezieht sich nicht auf die Haftung der Beamten gegenüber dem Staate. In dieser Beziehung ist die Zuständigkeit der Landesgesetzgebung, soweit sie sich nicht schon daraus ergiebt, daß es sich um eine Frage des öffentlichen Rechtes handelt, durch Art. 80 allgemein vorbehalten. Hier handelt es sich nur um die Verantwortlichkeit der Beamten gegenüber Dritten. Diese wird im § 839 dahin bestimmt, daß der Beamte, wenn er die ihm einem Dritten gegenüber obliegende Amtspflicht vorsätzlich oder fahrlässig verletzt, den hierdurch dem Dritten er-

Artikel 79.

Unberührt bleiben die landesgesetzlichen Vorschriften, nach welchen die zur amtlichen Feststellung des Werthes von Grundstücken bestellten Sachverständigen für den aus einer Verletzung ihrer Berufspflicht entstandenen Schaden in weiterem Umfange als nach dem Bürgerlichen Gesetzbuche haften.

---

wachsenden Schaden zu ersetzen verpflichtet ist. Bedient sich nun der Beamte bei der Erfüllung seiner Amtspflichten eines Vertreters oder Gehülfen, so verschärft sich seine Haftung nach den auch für die Fälle des § 839 anwendbaren Vorschriften des § 831 insofern, als er für den von dem Vertreter oder Gehülfen in Ausführung ihrer Verrichtungen zugefügten Schaden haftet, ohne daß es des Beweises eines ihm zur Last fallenden Verschuldens bedarf, sofern er nicht den Beweis seiner Schuldlosigkeit nach Maßgabe des § 831 Satz 2 erbringt. Die Landesgesetzgebung kann nun auf Grund des Art. 78 diese Haftung des Beamten für das Verschulden von Vertretern und Gehülfen noch erweitern, insbesondere also bestimmen, daß dem Beamten der gedachte Gegenbeweis nicht zustehen, daß der Beamte vielmehr unbedingt haften soll. In Betracht kommen hier insbesondere Fälle, in welchen Gerichtsvollziehern, Versteigerungsbeamten und Notaren die Zuziehung von Vertretern und Gehülfen gestattet ist. Beschränken kann die Landesgesetzgebung auf Grund des Art. 78 die Haftung des Beamten gegenüber Dritten nicht.

Nicht in Betracht kommt bei dem Art. 78 die Vorschrift des B.G.B. § 278, indem es sich in diesem nur um die Haftung des Schuldners für das Verschulden derjenigen handelt, deren er sich zur Erfüllung seiner Verbindlichkeit bedient.

2. Von den in Veranlassung des B.G.B. erlassenen Vorschriften vergl. für Preußen A.G. z. B.G.B. Art. 89 Nr. 1b und A.L.R. I 13 §§ 41—45; Bayern Notariatsges. v. 9. Juni 1899 Art. 115; Württemberg Art. 96 Abs. 5, Art. 102 Abs. 2; Hessen Notariatsges. v. 15. März 1899 Art. 21, 32, V. v. 2. August 1899, die Ortsgerichte betr., Art. 15 Abs. 3; Elsaß-Lothringen A.G. z. B.G.B. §§ 37, 38.

Artikel 79.

E. d. E.G. II Art. 52; III Art. 77. P. II S. 2911—2913, 8857 (Bd. 2 S. 670, 671; Bd. 6 S. 409, 410). K.B. S. 2112. St.B. S. 3030.

1. Auch dieser Artikel beruht auf einem in Folge einer Anregung der bayerischen Regierung von der zweiten Kommission gefaßten Beschlusse. Nach allgemeinen Grundsätzen würden die im Art. 79 bezeichneten Sachverständigen für den durch eine unrichtige Schätzung entstandenen Schaden dem Beschädigten nur dann haften, wenn sie mit diesem in einem Vertragsverhältnisse gestanden haben und ihre Vertragspflichten bei der Schätzung schuldvoller Weise verletzt haben, oder wenn in ihrer Handlungsweise der Thatbestand einer unerlaubten Handlung nach Maßgabe des § 823 oder des § 826 lag. Der Vorbehalt des Art. 79 bezweckt, der Landesgesetzgebung die Möglichkeit zu gewähren, eine Haftung der zur amtlichen Feststellung des Werthes von Grundstücken bestellten Sachverständigen Dritten gegenüber, mit denen sie in keinem Vertragsverhältnisse stehen, für den Fall zu bestimmen, daß die Dritten in Folge eines Verschuldens bei der Schätzung einen Schaden erlitten haben. In Betracht kommt insbesondere, daß nach B.G.B. § 1807 Abs. 1 Nr. 1 die Anlegung von Mündelgeldern erfolgen kann in Forderungen, für die eine sichere Hypothek an einem inländischen Grundstücke besteht, oder in sicheren Grundschulden oder Rentenschulden an inländischen Grundstücken. Nach § 1807 Abs. 2 können die Landesgesetze für die innerhalb ihres Geltungsbereichs belegenen Grundstücke die Grundsätze bestimmen, nach denen die Sicherheit einer Hypothek, einer Grundschuld oder einer Rentenschuld festzustellen ist. Wird landesgesetzlich zu diesem Zwecke die amtliche Feststellung des Werthes durch Sachverständige vorgeschrieben, so hat diese nach dem B.G.B. nur die Bedeutung, daß derjenige, welcher verpflichtet ist, Geld mit mündelmäßiger Sicherheit zu belegen, sich auf diese Feststellung verlassen kann. Die Landesgesetze können nun aber auf Grund des Art. 79 einer amtlichen Feststellung eine weitergehende Bedeutung geben, indem sie den Schätzer Jedem gegenüber, welcher im Vertrauen auf die Schätzung Geld auf das Grundstück geliehen hat, für die Richtigkeit der Schätzung verantwortlich machen. Mittelbar wird hierdurch eine größere Sicherheit des Realkredits erreicht. Bei den Verhandlungen der zweiten Kommission wurde hervorgehoben, daß durch den Vorbehalt insbesondere bezweckt werde, die Beibehaltung des in Bayern bestehenden amtlichen Verfahrens zur Ermittelung des Werthes von Grundstücken, auf welche Geld gegen Hypothekbestellung aufgenommen werden solle, zu ermöglichen. Die amtlich bestellten und

Artikel 80.

Unberührt bleiben, soweit nicht in dem Bürgerlichen Gesetzbuch eine besondere Bestimmung getroffen ist, die landesgesetzlichen Vorschriften über die vermögensrechtlichen Ansprüche und Verbindlichkeiten der Beamten, der Geistlichen und der Lehrer an öffentlichen Unterrichtsanstalten aus dem Amts- oder Dienstverhältnisse, mit Einschluß der Ansprüche der Hinterbliebenen.

Unberührt bleiben die landesgesetzlichen Vorschriften über das Pfründenrecht.

---

beeidigten Schätzer seien für die bei der Schätzung begangenen Pflichtverletzungen den Hypothekengläubigern verantwortlich (s. Jacubezky S. 176).

Der Vorbehalt bezieht sich nur auf Sachverständige, nicht auf Beamte. Ein Antrag, ihn mit Rücksicht auf die in Württemberg den Gemeindebeamten obliegende Schätzung auch auf Beamte auszudehnen, wurde zurückgezogen, indem anerkannt wurde, daß in Ansehung der Beamten die Vorschrift des § 839 (vergl. Art. 80) genüge.

2. Von den in Veranlassung des B.G.B. erlassenen Vorschriften sind hervorzuheben das bayerische A.G. zum B.G.B. Art. 87, 88, welche Bestimmungen der im Art. 79 gedachten Art enthalten; ebenso das hessische A.G. zum B.G.B. Art. 76.

Artikel 80.

E. d. E.G. I Art. 54; II Art. 53; III Art. 78. P. I S. 12751—12754, 12831. M. d. E.G. S. 180—184. P. II S. 8855, 8856, 8903—8905, 9202 (Bd. 6 S. 408, 409, 435, 436, 611).

1. Das Rechtsverhältniß der Beamten gehört, soweit es sich um deren Anstellung und Entlassung sowie um ihre dienstlichen Verrichtungen handelt, unzweifelhaft dem öffentlichen Rechte an. Bestritten ist aber, ob die vermögensrechtlichen Ansprüche und Verbindlichkeiten der Beamten aus dem Dienstverhältnisse privatrechtlicher Natur sind. Es läßt sich dafür u. A. anführen, daß das B.G.B. selbst verschiedene Vorschriften in dieser Beziehung giebt (s. unten Nr. 3) und daß fast allenthalben die Verfolgung der fraglichen Ansprüche im Rechtswege gestattet ist. Bei dem Zusammenhange der fraglichen Ansprüche mit der öffentlichrechtlichen Stellung der Beamten lassen sie sich aber von dieser nicht trennen; deshalb bestimmt der Art. 80, daß die für die öffentlichrechtliche Stellung der Beamten zuständige Landesgesetzgebung auch für die fraglichen Ansprüche zuständig sein soll.

Ueber den Begriff der Beamten s. Erl. 1 zu Art. 77. Den Beamten gleichgestellt sind im Anschluß an das B.G.B. § 411 und an die C.P.O. §§ 850 Nr. 8, 871 Nr. 7, 8 die Geistlichen und Lehrer an den öffentlichen Unterrichtsanstalten, weil auch in Beziehung auf sie ähnliche Zweifel entstehen können wie in Betreff der Beamten. Die Lehrer an öffentlichen Unterrichtsanstalten sind zwar sehr häufig Beamte, aber doch nicht allenthalben und mußten deshalb besonders erwähnt werden. Der Vorbehalt erstreckt sich endlich auch auf die Hinterbliebenen der gedachten Personen. Wer zu den Hinterbliebenen zu rechnen ist, bestimmt sich nach den Landesgesetzen. Regelmäßig sind es die Frau und die Kinder. Ob unter den letzteren alle Kinder, welche eheliche sind oder die rechtliche Stellung ehelicher Kinder haben, oder nur einzelne Kategorien zu verstehen, ob insbesondere z. B. die für ehelich erklärten oder an Kindesstatt angenommenen Kinder als ausgeschlossen zu betrachten sind, muß durch Auslegung des betreffenden Landesgesetzes ermittelt werden (vergl. Bd. IV S. 500 Erl. zu § 1757).

2. Der Vorbehalt bezieht sich nur auf die vermögensrechtlichen Ansprüche und Verbindlichkeiten der unter Nr. 1 bezeichneten Personen aus dem Amts- oder Dienstverhältniß, also insbesondere einerseits auf die Ansprüche auf Gehalt, Diäten, Repräsentationsgelder, Wohnungsgeld, Dienstwohnung, Wartegeld, Pension, andererseits auf die Verbindlichkeiten zum Ersatze des durch Verletzung der Dienstpflicht zugefügten Schadens. Der Vorbehalt erstreckt sich nicht auf andere Verpflichtungen und Beschränkungen, die den gedachten Personen im Interesse des Dienstes auferlegt sind. Als solche kommen z. B. vor Vorschriften, nach welchen Beamte oder deren Angehörige zum Betrieb eines Gewerbes oder zur Uebernahme eines Nebenamts oder einer Nebenbeschäftigung besonderer behördlicher Genehmigung bedürfen (s. Gew.O. § 12 Abs. 2), oder welche dem Beamten untersagen, Grundstücke oder sonstige Vermögensgegenstände zu erwerben, Pachtungen zu übernehmen, Bürgschaften einzugehen oder für

sich eingehen zu lassen, oder an Veräußerungen, Verpachtungen und ähnlichen Rechtsgeschäften, welche ihrer Leitung anvertraut sind, unmittelbar oder durch Stellvertreter als Partei theilzunehmen bezw. später in solche Geschäfte einzutreten (Beispiele landesgesetzlicher Vorschriften dieser und ähnlicher Art s. M. d. E.G. S. 181—188). Alle Vorschriften dieser Art bleiben, soweit sie das Verhältniß des Beamten, Geistlichen oder Lehrers zu der Dienstbehörde betreffen, als dem öffentlichen Rechte angehörend, bestehen. Soweit sie aber darüber hinaus privatrechtliche Folgen an die Uebertretung knüpfen, soweit sie z. B. ein dem Beamten untersagtes Rechtsgeschäft für nichtig erklären, treten sie nach Art. 55 außer Kraft und werden durch den Vorbehalt des Art. 80 nicht aufrecht erhalten. Nur wenn solche Vorschriften sich auf ein der Landesgesetzgebung generell vorbehaltenes Rechtsgebiet beziehen, bleiben sie kraft dieses generellen Vorbehalts bestehen. Dies gilt z. B. von den in manchen Berggesetzen vorkommenden Vorschriften, durch welche den Bergbeamten und deren Angehörigen die Muthung und der Erwerb von Kuxen untersagt und ein gegen dieses Verbot verstoßendes Rechtsgeschäft für unwirksam erklärt wird, kraft des allgemeinen Vorbehalts des Bergrechts (Art. 67). Außer Kraft treten auch landesgesetzliche Vorschriften, welche die Volljährigkeit an den Eintritt in den Staatsdienst knüpfen oder bestimmen, daß ein Beamter an seinem dienstlichen Wohnsitz auch seinen privatrechtlichen Wohnsitz habe. Landesgesetzliche Vorschriften, welche die Einziehung von Akten und Papieren vorschreiben, bleiben, soweit sie sich auf dienstliche Akten und Papiere beziehen, als dem öffentlichen Rechte angehörend, aufrecht erhalten, können aber auch, soweit sie sich auf die im Eigenthum des Beamten stehenden Akten und Papiere beziehen, kraft des Vorbehalts des Art. 109 bestehen bleiben.

Einzelne landesgesetzliche Vorschriften, welche nicht unter den Vorbehalt des Art. 80 fallen, werden durch besondere Bestimmungen des B.G.B. insofern geschützt, als an deren Verletzung reichsrechtlich privatrechtliche Folgen geknüpft werden. So bestimmt der § 1315 des B.G.B., daß der Mangel der landesgesetzlich erforderlichen Genehmigung zu der Eheschließung eines Beamten ein aufschiebendes Ehehinderniß bildet. Ferner soll nach § 1784, wenn landesgesetzlich zur Uebernahme einer Vormundschaft von Seiten eines Beamten die Genehmigung der Dienstbehörde erforderlich ist, die Bestellung zum Vormunde nicht ohne diese Genehmigung erfolgen und nach § 1888 soll der Vormund wegen Versagung oder Zurücknahme der dienstlichen Genehmigung entlassen werden. Landesgesetzliche Vorschriften, welche einem Beamten das Recht zur Ablehnung der Vormundschaft einräumen, sind durch das B.G.B. aufgehoben. Landesgesetzliche Vorschriften, welche einem Beamten das Mitbieten bei einer von ihm geleiteten Versteigerung verbieten und privatrechtliche Folgen an die Uebertretung des Verbots knüpfen, sind durch das B.G.B. §§ 456—458 ersetzt.

3. **Der Vorbehalt des Art. 80 gilt nicht, soweit in Betreff der darin bezeichneten Ansprüche und Verbindlichkeiten besondere Vorschriften in dem B.G.B. gegeben sind.** Solche Vorschriften enthalten der § 197 über die Verjährung der hier fraglichen Ansprüche, die §§ 394, 400, 1069, 1274 Abs. 2 mit C.P.O. § 850 Nr. 7, 8 über die Aufrechnung, Abtretung und Belastung der fraglichen Ansprüche (vergl. aber Art. 81), der § 411 über die Benachrichtigung der öffentlichen Kasse von der Abtretung eines Anspruchs der fraglichen Art. Mittelbar kommen in Betracht die Vorschriften des § 570 über das Recht der Beamten, Geistlichen und Lehrer zur Kündigung eines Miethverhältnisses im Falle ihrer Versetzung und der § 839 über die Haftung eines Beamten wegen Verletzung ihrer Amtspflicht.

4. Der Abs. 2 beruht auf einem Beschlusse der zweiten Kommission. Das **Pfründenrecht** ist ein altes kirchenrechtliches Institut. Es gewährt dem Berechtigten ein ausgedehntes Nutzungsrecht an gewissen Gegenständen, insbesondere an Grundstücken, das in vielfachen Beziehungen einen ähnlichen Inhalt hat wie der Nießbrauch, sich von diesem aber doch in Folge seiner Verbindung mit dem kirchlichen Amte nicht unwesentlich unterscheidet. Da das E.G. einen allgemeinen Vorbehalt für das Kirchenrecht nicht enthält, so erschien ein besonderer das Pfründenrecht betreffender Vorbehalt erforderlich, wenn die besonderen dafür geltenden privatrechtlichen Vorschriften aufrecht erhalten werden sollten; eine solche Aufrechterhaltung aber war wegen des Zusammenhanges mit den kirchlichen Einrichtungen erforderlich. Der Vorbehalt ist in den Art. 80 eingefügt, weil der Geistliche durch die Pfründe seine Besoldung oder doch einen Theil derselben erhält. Der Vorbehalt bezieht sich nicht nur auf die Pfründen der Geistlichen, sondern auch auf die Pfründen anderer Kirchendiener und geht insofern über den Abs. 1 hinaus (P. II S. 8903—8905. Näheres über das Kirchenrecht s. bei **Richter**, Kirchenrecht §§ 315 ff.

5. Von den in Veranlassung des B.G.B. erlassenen landesrechtlichen Vorschriften sind hervorzuheben das bayerische A.G. zum B.G.B. Art. 89, welcher unter gewissen Voraussetzungen den Gemeinden einen Anspruch auf Bestellung einer Sicherungshypothek gegen ihre Beamten einräumt; das badische A.G. zum B.G.B. Art. 6, welcher dem Staate ein solches Recht unter gewissen Voraussetzungen einräumt.

Artikel 81.

Unberührt bleiben die landesgesetzlichen Vorschriften, welche die Uebertragbarkeit der Ansprüche der im Artikel 80 Abs. 1 bezeichneten Personen auf Besoldung, Wartegeld, Ruhegehalt, Wittwen- und Waisengeld beschränken, sowie die landesgesetzlichen Vorschriften, welche die Aufrechnung gegen solche Ansprüche abweichend von der Vorschrift des §. 394 des Bürgerlichen Gesetzbuchs zulassen.

Artikel 82.

Unberührt bleiben die Vorschriften der Landesgesetze über die Verfassung solcher Vereine, deren Rechtsfähigkeit auf staatlicher Verleihung beruht.

Artikel 81.

E. d. E.G. II Art. 54; III Art. 79. P. II S. 751—753, 773—775, 8855, 8856 (Bd. 1 S. 374, 375, 384, 385; Bd. 6 S. 409).

Der Art. 81 beruht auf einem Beschlusse der zweiten Kommission.

1. Nach dem B.G.B. § 400 kann eine Forderung nicht übertragen werden, soweit sie der Pfändung nicht unterliegt. Die Ansprüche der Beamten, der Geistlichen und der Lehrer an öffentlichen Unterrichtsanstalten und der Hinterbliebenen derselben auf Besoldung, Wartegeld, Ruhegehalt, Wittwen- und Waisengeld sind daher nicht übertragbar, soweit sie nach der C.P.O. § 850 Abs. 1 Nr. 7, 8, Abs. 2, 4, 5 der Pfändung nicht unterworfen sind. Der Art. 81 gestattet den Landesgesetzen die Uebertragbarkeit der gedachten Ansprüche noch in weiterem Umfange zu beschränken.

2. Nach dem B.GB. § 394 findet die Aufrechnung gegen eine Forderung insoweit nicht statt, als diese der Pfändung nicht unterworfen ist. Gegen die unter Nr. 1 bezeichneten Ansprüche ist hiernach die Aufrechnung insoweit unzulässig, als die Ansprüche nach dem unter Nr. 1 Bemerkten der Pfändung nicht unterworfen sind. Der Art 81 gestattet aber den Landesgesetzen, die Aufrechnung in diesen Fällen zuzulassen. Insbesondere kann also bestimmt werden, daß gegen die fraglichen Ansprüche Forderungen aufgerechnet werden können, welche aus dem Dienstverhältnisse der Beamten 2c. gegen dieselben entstanden sind. Die Rücksicht auf die öffentliche Natur des Dienstverhältnisses ist bei dieser Bestimmung maßgebend gewesen. Der in M. II S. 114 angedeutete, in Ermangelung einer solchen Bestimmung der Dienstbehörde verbleibende Ausweg wurde für nicht genügend erachtet.

3. Von den in Veranlassung des B.G.B. erlassenen Vorschriften sind hervorzuheben das bayerische A.G. zum B.G.B. Art. 12, welches Vorschriften der im Artikel 81 gedachten Art enthält; ebenso das hessische A.G. zum B.G.B. Art. 35, die mecklenburg'sche A.V. zum B.G.B. § 38, das oldenburg'sche A.G. zum B.G.B. § 3.

Artikel 82.

E. d. E.G. II Art. 56; III Art. 81. P. II S. 1015—1017, 8837—8839 (Bd. 1 S. 504, 505; Bd. 6 S. 399, 400).

1. Mit dem Art. 82 beginnen die Vorschriften, welche sich auf juristische Personen beziehen. Der E. III enthielt noch zwei andere sich hierauf beziehende Vorschriften. Im Art. 80 war bestimmt, daß die landesgesetzlichen Vorschriften über die Beaufsichtigung juristischer Personen unberührt bleiben. Die im E. I Art. 49 Abs. 1 enthaltene Ausdehnung dieses Vorbehalts auf die Verwaltung war schon von der zweiten Kommission gestrichen, ein dem Art. 80 entsprechender Vorbehalt aber beibehalten (E. II Art. 55). Der Art. 80 des E. III wurde von der R.T.K. gestrichen (K.B. S. 1947, 1948). Dabei wurde aber ausdrücklich anerkannt, daß der Inhalt des Art. 80, weil er sich nur auf das öffentliche Aufsichtsrecht beziehe, von selbst gelte. Da das B.G.B. nur das Privatrecht, nicht das öffentliche Recht regele, so brauchten die landesgesetzlichen Vorschriften über die Beaufsichtigung nicht besonders vorbehalten werden.

Im E. III Art. 85 war ferner bestimmt, daß die landesgesetzlichen Vorschriften über das Erlöschen und die Umwandelung von Stiftungen unberührt bleiben. Auch diese dem E. II Art. 60 und dem § 62 des E. I das B.G.B. entsprechende Vorschrift ist von der R.T.K. mit Rücksicht auf die zu dem § 83 des E. III des B.G.B. gefaßten Beschlüsse gestrichen (K.B.

S. 1947, 1949). Den erwähnten zu dem § 83 des E. III gefaßten Beschlüssen entspricht der jetzige § 87 des B.G.B. Hiernach werden in dem B.G.B. selbst die erforderlichen Vorschriften über die Auflösung und Umwandelung von Stiftungen getroffen (Bd. I S. 124 Erl. 1—4 zu § 87).

2. Im E. I des B.G.B. § 43 war bestimmt, daß die Verfassung eines mit juristischer Persönlichkeit versehenen Personenvereins, soweit sie nicht auf Reichsgesetz oder Landesgesetz beruhe, durch den Gründungsvertrag bestimmt werde. Bei der Berathung dieser Vorschrift in der zweiten Kommission wurde der Vorbehalt zu Gunsten der Reichsgesetze und der Landesgesetze gestrichen. Im E. II des B.G.B. wird daher für die Verfassung eines Vereins, soweit sie nicht auf den in dem B.G.B. gegebenen Vorschriften beruhen, schlechthin die Vereinssatzung für maßgebend erklärt. Damit stimmt der E. III des B.G.B. § 22 und das B.G.B. § 25 überein. Bei der Berathung des E.G. in der zweiten Kommission wurde ein dem jetzigen Art. 82 des E.G. entsprechender Antrag gestellt. Dieser Antrag wurde angenommen, jedoch unter Hinzufügung des Wortes „besonderen" vor „Vorschriften" (E. II Art. 56). Von dem Bundesrath ist dieses hinzugefügte Wort wieder gestrichen (E. III Art. 81); in dieser Fassung ist der Artikel vom Reichstag angenommen worden.

Für die Aufnahme des Vorbehalts sind folgende Gründe maßgebend gewesen:

Das B.G.B. §§ 21, 22 unterscheidet zwischen Vereinen, deren Zweck auf einen wirthschaftlichen Geschäftsbetrieb gerichtet ist, und solchen Vereinen, deren Zweck nicht hierauf geht. Vereine der ersteren Art erlangen die Rechtsfähigkeit durch staatliche Verleihung, Vereine der letzteren Art durch Eintragung in das Vereinsregister des zuständigen Amtsgerichts. Der dem Erfordernisse der staatlichen Verleihung zu Grunde liegende Gedanke führt dahin, den Landesgesetzen für Vereine, bei denen dieses Erforderniß gilt, den im Art. 82 bezeichneten Spielraum zu gewähren. Die staatliche Behörde kann zwar die Verleihung der Rechtsfähigkeit in jedem einzelnen Falle davon abhängig machen, daß die Satzung des Vereins in der erforderlich erachteten Art festgestellt wird; aber einerseits ist eben deshalb der Vorbehalt, welcher zur Vereinfachung des Geschäftsganges dient, unbedenklich und andererseits enthält das B.G.B. verschiedene zwingende Vorschriften über die Verfassung eines Vereins, die in Ermangelung eines Vorbehalts für die Landesgesetze und einer auf Grund derselben getroffenen gesetzlichen Bestimmung durch die Satzung nicht geändert werden könnten. Dazu kommt, daß die Möglichkeit, die Verleihung der Rechtsfähigkeit davon abhängig zu machen, daß die Satzung die für erforderlich erachteten Bestimmungen enthält, für die bei dem Inkrafttreten des B.G.B. bereits vorhandenen Vereine nicht besteht. Auch für diese Vereine gelten aber, soweit nicht besondere Uebergangsvorschriften getroffen sind, die Vorschriften des B.G.B. (Art. 163). Im Einzelnen ist noch Folgendes zu bemerken:

a) Der Vorbehalt des Art. 82 bezieht sich nicht auf alle Vorschriften über Vereine der im Art. 82 bezeichneten Art, sondern nur auf Vorschriften über die Verfassung solcher Vereine. Welche Bestimmungen als Vorschriften über die Verfassung des Vereins zu betrachten sind, kann in einzelnen Beziehungen zweifelhaft sein. Man kann den Begriff der Verfassung in einem engeren und in einem weiteren Sinne nehmen und darunter entweder nur diejenigen Vorschriften verstehen, welche sich auf die Organisation des Vereins und auf die Art und Weise beziehen, in welcher er nach Außen hin thätig wird, oder man kann darunter auch diejenigen Vorschriften mit begreifen, welche die Auflösung des Vereins und das nach der Auflösung eintretende Rechtsverhältniß betreffen. Die letztere Auffassung dürfte der Anschauung des Lebens und der Absicht des Art. 82 entsprechen (P. II S. 8998). Auch bei dieser Auffassung bleiben indessen noch Zweifel. Die Vorschrift des B.G.B. § 25 giebt keinen sicheren Anhaltspunkt. Es wird darin zwar bestimmt, daß die Verfassung eines Vereins, soweit sie nicht auf den nachfolgenden Vorschriften beruht, durch die Satzung bestimmt werde. Daraus ergiebt sich zwar, daß in den nachfolgenden Vorschriften Bestimmungen über die Verfassung enthalten sind, aber es ist daraus nicht mit Sicherheit zu entnehmen, ob alle in den §§ 26—53 enthaltenen Bestimmungen als Vorschriften über die Verfassung zu betrachten sind. Unzweifelhaft werden zu den Bestimmungen über die Verfassung zu zählen sein diejenigen Vorschriften, welche nach § 40 durch die Satzung geändert werden können. Unrichtig dürfte es aber sein, umgekehrt alle zwingenden Vorschriften nicht als Vorschriften über die Verfassung zu betrachten. Der Art. 82 des E.G. soll nach den oben angeführten Gründen gerade mit den Zweck haben, der Landesgesetzgebung die Möglichkeit zu gewähren, solche zwingende Vorschriften zu ändern. Nach dem oben angeführten Begriffe der Verfassung dürften alle in den §§ 26—53 des B.G.B. enthaltenen Vorschriften mit Ausnahme der §§ 31, 42—44 als Vorschriften über die Verfassung des Vereins zu betrachten sein. Der § 31, welcher die Haftung des Vereins für den Schaden bestimmt, welchen ein Vertreter des Vereins durch eine in Ausführung der ihm zustehenden Verrichtungen begangene, zum Schadensersatze verpflichtende Handlung einem Dritten zufügt, hängt mit der Verfassung des Vereins nur insofern zusammen, als dabei ein verfassungsmäßig berufener Vertreter des Vereins vorausgesetzt wird; seinem Inhalte nach enthält der § 31 eine

Vorschrift zu Gunsten Dritter, die nicht als eine Vorschrift über die Verfassung des Vereins zu betrachten sein dürfte. Die Vorschriften des § 42 Abs. 1 und der §§ 43, 44 bestimmen die Voraussetzungen, unter welchen die Rechtsfähigkeit des Vereins wegfällt und können ebensowenig wie die Vorschriften über die Voraussetzungen, unter welchen der Verein die Rechtsfähigkeit erlangt, als Vorschriften über die Verfassung des Vereins betrachtet werden. Die Vorschrift des § 42 Abs. 2, welche die Haftung der Mitglieder des Vorstandes gegenüber den Gläubigern des Vereins für den Fall bestimmt, daß sie die Stellung des Antrags auf Eröffnung des Konkurses schuldhafter Weise verzögern, dürfte aus denselben Gründen als nicht die Verfassung des Vereins betreffend anzusehen sein, aus denen dies nach dem Obigen in Betreff § 31 nicht anzunehmen ist. Eine Unterstützung findet diese Auffassung dadurch, daß nach § 89 des B.G.B. die Vorschriften des § 31 und des § 42 Abs. 2 des B.G.B. auch für Körperschaften des öffentlichen Rechtes gelten. Die §§ 31 und 41—44 des B.G.B. werden hiernach auch in Betreff der im Art. 82 bezeichneten Vereine durch die Landesgesetze nicht geändert werden können.

b) Der Vorbehalt des Art. 82 bezieht sich nach Art. 3 sowohl auf neu zu erlassende als auch auf die bestehenden Landesgesetze. In letzterer Beziehung ist es indessen zweifelhaft, ob durch den Vorbehalt aufrecht erhalten werden nur solche Landesgesetze, welche für Vereine, deren Rechtsfähigkeit auf staatlicher Verleihung beruht, besondere von den allgemeinen Vorschriften über rechtsfähige Vereine abweichende Bestimmungen geben oder ob in Beziehung auf Vereine, deren Rechtsfähigkeit auf staatlicher Verleihung beruht, auch solche Landesgesetze durch den Vorbehalt aufrecht erhalten werden, welche allgemeine auch für die gedachten Vereine geltende Vorschriften enthalten. Hierbei ist zu berücksichtigen, daß in einem großen Theile von Deutschland die Erlangung der Rechtsfähigkeit durch staatliche Verleihung bisher die gesetzliche Regel bildete und daß daher in denjenigen Gebieten, in welchen dies der Fall war, nach der oben gedachten zweiten Auffassung alle sich auf rechtsfähige Vereine beziehenden Vorschriften durch den Vorbehalt des Art. 82 aufrechterhalten werden. So hängt z. B. nach dem preuß. A.L.R. II 6 § 25 die Rechtsfähigkeit eines Vereins von staatlicher Genehmigung ab. Dasselbe wurde früher für das gemeine Recht angenommen; die herrschende Auffassung steht indessen jetzt auf einem anderen Standpunkte. Die aufgeworfene Frage ist von Bedeutung nicht nur für diejenigen Vereine, welchen nach dem Inkrafttreten des B.G.B. die Rechtsfähigkeit auf Grund des § 22 verliehen wird, sondern auch für die zur Zeit des Inkrafttretens des B.G.B. bereits bestehenden konzessionirten Vereine. Auf diese finden zwar nach Art. 163 die Vorschriften des B.G.B. Anwendung, aber der Vorbehalt des Art. 82 gilt auch für sie. Bei den Berathungen der zweiten Kommission kam der hervorgehobene Zweifel zur Sprache. Insbesondere wurde hervorgehoben, daß in solchen Bundesstaaten, welche kein eigenes Vereinsrecht besäßen, die Auffassung entstehen könne, es solle für die Vereine, die ihre Rechtsfähigkeit staatlicher Verleihung verdanken, das alte gemeine Vereinsrecht weiter gelten. Dagegen wurde erwiedert, grundsätzlich sollten die Vorschriften des B.G.B. auch für die konzessionirten Vereine gelten. Die allgemeinen landesgesetzlichen Vorschriften über das Vereinsrecht würden durch die Art. 4, 32 (jetzt Art. 4, 55) beseitigt. Es könne sich nur darum handeln, für die konzessionirten Vereine einzelne Bestimmungen des neuen reichsrechtlichen Vereinsrechts, die auf jene Vereine oder einzelne Arten derselben nicht paßten, von der Anwendung auszuschließen und insoweit dem Landesrechte Raum zu geben. Um diesen Sinn klar zu stellen, wurde beantragt und beschlossen, das Wort „besonderen“ vor „Vorschriften“ einzuschalten. Die zweite Kommission hat hiernach den Vorbehalt des Art. 82 nur in dem obengedachten engeren Sinne aufnehmen wollen. Nachdem indessen das Wort „besonderen“ durch welches dieser Sinn zum Ausdrucke gebracht werden sollte, von dem Bundesrathe wieder gestrichen ist — die Materialien geben keinen Aufschluß darüber, aus welchem Grunde die Streichung erfolgt ist, — spricht der Wortlaut des Art. 82 gegen eine derartige Beschränkung und zwingende Gründe für eine einschränkende Auslegung dürften nicht vorliegen (a. A. Niedner, S. 152 Erl. 3 zu Art. 82).

Hiernach werden also z. B. die Vorschriften des preuß. A.L.R. II 6 §§ 26ff. über die Verfassung der auf staatlicher Genehmigung beruhenden Vereine durch den Art. 82 aufrecht erhalten. Durch das preuß. A.G. zum B.G.B. Art. 89 Nr. 1c werden indessen diese Vorschriften für Vereine, die nach dem Inkrafttreten des B.G.B. Rechtsfähigkeit erlangen, aufgehoben. In Kraft bleiben sollen sie aber für die zur Zeit des Inkrafttretens des B.G.B. bereits bestehenden, auf staatlicher Genehmigung beruhenden Vereine. Es ergiebt sich hieraus, daß auch das preuß. A.G. zum B.G.B. auf dem hier vertretenen Standpunkte steht. In Betreff des gemeinen Rechtes dürfte die Frage ohne praktische Bedeutung sein; denn dieses enthält, abgesehen von den Vorschriften über sog. universitates inordinatae keine allgemeine Bestimmungen über die Verfassung rechtsfähiger Vereine, verweist in dieser Beziehung vielmehr auf die Satzung des Vereins oder auf etwaige besondere Gesetze. Die Vorschriften über universitates inordinatae kommen aber deshalb nicht in Betracht, weil die Rechtsfähigkeit einer solchen universitas wohl niemals auf staatlicher Verleihung beruht.

Artikel 83.

Unberührt bleiben die landesgesetzlichen Vorschriften über Waldgenossenschaften.

Artikel 84.

Unberührt bleiben die landesgesetzlichen Vorschriften, nach welchen eine Religionsgesellschaft oder eine geistliche Gesellschaft Rechtsfähigkeit nur im Wege der Gesetzgebung erlangen kann.

Artikel 83.

E. d. E.G. II Art. 57; III Art. 82. P. II S. 1225—1239, 8995, 8996, 8999—9002 (Bd. 1 S. 612—619; Bd. 6 S. 491, 494—496).

Eine rationelle Forstwirthschaft ist regelmäßig nur auf einem größeren Landkomplexe möglich. Um Erfolge zu erzielen ist daher vielfach die Zusammenfassung mehrerer verschiedenen Eigenthümern gehörenden Forstgrundstücke zu gemeinsamen Betrieb erforderlich. Das öffentliche Interesse an der Erhaltung des Waldes erfordert es, eine solche Zusammenfassung in zweckmäßiger, den besonderen Bedürfnissen der Waldkultur entsprechenden Weise zu erleichtern. Die Vorschriften des B.G.B. über juristische Personen, über Gesellschaften und Gemeinschaften genügen für die besonderen Bedürfnisse der Waldkultur nicht; ebensowenig paßt dafür die Form der Aktiengesellschaft oder einer der anderen reichsgesetzlich anerkannten Genossenschaften; insbesondere stehen die Vorschriften über den Austritt einzelner Mitglieder und über die Auflösung der Genossenschaft mit den Zwecken einer Waldgenossenschaft häufig im Widerspruche. Die Landesgesetzgebung ist nun zwar auch ohne besonderen Vorbehalt berechtigt, öffentlichrechtliche Vorschriften über die Bildung und Verfassung von Waldgenossenschaften zu treffen. Die Grenzen zwischen dem öffentlichen Rechte und dem Privatrecht ist indessen auf diesem Gebiet oft recht zweifelhaft. Dem öffentlichen Interesse kann häufig durch Vorschriften, die ihrem Inhalte nach rein privatrechtlicher Natur sind, Genüge geschehen. Solche Vorschriften werden aber durch den Zweck, welchen sie verfolgen, nicht zu öffentlichrechtlichen und können deshalb ohne besonderen Vorbehalt von der Landesgesetzgebung nicht getroffen werden. Der Art 83 bezweckt, der Landesgetzgebung in dieser Beziehung freien Spielraum zu geben. Soweit es sich um Waldgenossenschaften handelt, die zur Zeit des Inkrafttretens des B.G.B. bereits bestehen, würde für den gedachten Zweck die Vorschrift des Art. 164 des E.G. genügen. Das Bedürfniß erfordert aber auch die Neubildung von Waldgenossenschaften zu ermöglichen. Der Art. 83 giebt daher der Landesgesetzgebung allgemein die Befugniß, Vorschriften sowohl für die bestehenden wie für die künftig entstehenden Waldgenossenschaften zu treffen; selbstverständlich bleiben auch die in dieser Beziehung bereits bestehenden Gesetze in Kraft.

Der Ausdruck „Waldgenossenschaften" umfaßt alle Arten von Vereinigungen zum Zwecke der Waldkultur ohne Rücksicht auf deren juristische Konstruktion. Es fallen darunter also sowohl diejenigen Vereinigungen, welche als juristische Personen oder als deutschrechtliche Genossenschaften zu betrachten sind, als auch die Gemeinschaften von Miteigenthümern eines Waldes und die Vereinigungen der Eigenthümer einzelner Waldgrundstücke, sofern nur ihr Zweck die Erhaltung, Bewirthschaftung oder Benutzung des Waldes betrifft.

Ueber die Bildung und Verfassung von Waldgenossenschaften s. z. B. das preuß. Ges., betr. Schutzwaldungen und Waldgenossenschaften, v. 6. Juli 1875 §§ 23ff.

Artikel 84.

E. d. E.G. II Art. 58; III Art. 83. P. II S. 1240, 1241, 8807—8809 (Bd. 1 S. 619; Bd. 6 S. 381, 382).

1. Das öffentliche Recht wird durch das B.G.B. nicht berührt. Daraus folgt, daß die öffentlichrechtlichen Vorschriften der Landesgesetze über die Zulassung von Religionsgesellschaften und geistlichen Gesellschaften, insbesondere auch von geistlichen Orden bestehen bleiben und daß derartige Vorschriften neu erlassen werden können. Es folgt daraus ferner, daß die landesgesetzlichen Vorschriften über die Entstehung und Verfassung solcher Gesellschaften, soweit diese juristische Personen des öffentlichen Rechtes sind, vorbehaltlich der Vorschrift des § 89 des B.G.B., unberührt bleiben. Dagegen würden solche Gesellschaften, soweit sie nicht juristische Personen des öffentlichen Rechtes sind, die Rechtsfähigkeit nach den allgemeinen Vorschriften des B.G.B. über eingetragene Vereine (§§ 55ff.) erlangen können und die Landesgesetze würden in Ermangelung eines besonderen Vorbehalts nicht berechtigt sein, abweichende

Artikel 85.

Unberührt bleiben die landesgesetzlichen Vorschriften, nach welchen im Falle des §. 45 Abs. 3 des Bürgerlichen Gesetzbuchs das Vermögen des aufgelösten Vereins an Stelle des Fiskus einer Körperschaft, Stiftung oder Anstalt des öffentlichen Rechtes anfällt.

Artikel 86.

Unberührt bleiben die landesgesetzlichen Vorschriften, welche den Erwerb von Rechten durch juristische Personen beschränken oder von staatlicher Genehmigung abhängig machen, soweit diese Vorschriften Gegenstände im Werthe von mehr als

---

Vorschriften zu geben. Dem tritt die Vorschrift des Art. 84 entgegen. Unberührt sollen danach bleiben diejenigen landesgesetzlichen Vorschriften, nach welchen eine Religionsgesellschaft oder eine geistliche Gesellschaft Rechtsfähigkeit nur im Wege der Gesetzgebung erlangen kann. Derartige Vorschriften bestehen bereits in verschiedenen Bundesstaaten, z. B. in Preußen (Preuß. Verf. Art. 13). Der E. I bedurfte der Vorschrift des Art. 84 nicht, weil nach dem E. I des B.G.B. § 42 die juristische Persönlichkeit eines Vereins sich überhaupt nach den Landesgesetzen bestimmt.

Nicht getroffen durch den Vorbehalt werden solche Vorschriften, nach welchen Religionsgesellschaften oder geistliche Gesellschaften auf einem anderen Wege als dem der Gesetzgebung also z. B. durch Verleihung von Seiten der Regierung Rechtsfähigkeit erlangen können. So dürfte z. B. die Vorschrift des § 45 der II. bayer. Verf.-Beilage, nach welcher die Eigenthumsfähigkeit der nicht öffentlichen Kirchengesellschaften nach ihrer Aufnahmsurkunde oder wenn in dieser darüber nichts festgesetzt ist, nach den Rechten der Privatgesellschaften bestimmt wird, durch den Vorbehalt des Art. 84 nicht aufrecht erhalten werden.

2. Von den in Veranlassung des B.G.B. erlassenen landesgesetzlichen Vorschriften, welche eine Bestimmung der im Art. 84 gedachten Art enthalten, sind zu erwähnen die mecklenburg'sche A.V. zum B.G.B. § 14; das lübeck'sche A.G. zum B.G.B. § 2.

Artikel 85.

E. d. E.G. II Art. 59; III Art. 84. P. II S. 1089, 8853, 8924 (Bd. 1 S. 544; Bd. 6 S. 407, 448).

1. Nach dem E. I des B.G.B. § 49 sollte das Vermögen einer erloschenen Körperschaft in Ermangelung einer Bestimmung der Verfassung an denjenigen fallen, welcher in den Landesgesetzen als der Anfallberechtigte bestimmt ist. Durch § 45 des B.G.B. wird die Anfallberechtigung reichsrechtlich bestimmt und im Abs. 3 für den dort bezeichneten Fall der Anfall an den Fiskus des Bundesstaats, in dessen Gebiete der Verein seinen Sitz hatte, vorgeschrieben. Nach Art. 85 soll es den Landesgesetzen überlassen bleiben, an die Stelle des Fiskus eine Körperschaft, Stiftung oder Anstalt des öffentlichen Rechtes zu setzen. Eine ähnliche Vorschrift enthält der Art. 138 in Betreff des Erbrechts des Fiskus und in noch weiterem Umfange der Art. 129 in Betreff des Rechtes zur Aneignung eines von dem Eigenthümer aufgegebenen Grundstücks.

2. Von den in Veranlassung des B.G.B. erlassenen landesgesetzlichen Vorschriften sind hervorzuheben das preuß. A.G. zum B.G.B. Art. 5, nach welchem das Anfallsrecht bei Vereinen sich lediglich nach dem B.G.B. bestimmt, während für Stiftungen besondere Vorschriften gegeben werden; das württembergische A.G. zum B.G.B. Art. 136, welches je nach dem Zwecke des Vereins verschiedene Anfallberechtigte bestimmt; Art. 138 über Stiftungen.

Artikel 86.

E. d. E.G. I Art. 49 Abs. 3, 3; II Art. 61; III Art. 86. P. I S. 12770—12774. M. d. E.G. S. 172—177. P. II S. 8839—8843, 8845—8853, 9203—9209 (Bd. 6 S. 400—407, 612—616. K.B. S. 1949—1951, 2113. St.B. S. 3030, 3031, 3096.

1. Aus der Rechtsfähigkeit folgt die Fähigkeit, Rechte zu erwerben. Juristische Personen sind rechtsfähig; sie sind daher auch fähig, Rechte zu erwerben. Der Art. 86 will aber den Landesgesetzen die Möglichkeit gewähren, den Gefahren entgegenzutreten, welche sich aus übermäßigen Zuwendungen an juristische Personen für das öffentliche Interesse wie für das Interesse

fünftausend Mark betreffen. Wird die nach dem Landesgesetze zu einem Erwerbe von Todeswegen erforderliche Genehmigung ertheilt, so gilt sie als vor dem Erbfall ertheilt; wird sie verweigert, so gilt die juristische Person in Ansehung des Anfalls als nicht vorhanden; die Vorschrift des §. 2043 des Bürgerlichen Gesetzbuchs findet entsprechende Anwendung.

---

der Familie ergeben. Aufrecht erhalten durch Art. 86 werden also innerhalb der in dem Art. 86 bestimmten Grenzen die in vielen deutschen Staaten bestehenden sog. Amortisationsgesetze (s. Kohl, die deutschen Amortisationsgesetze 1880. M. d. E.G. S. 172) und können derartige Gesetze auch neu erlassen werden.

2. Der Vorbehalt des Art. 86 bezieht sich auf alle juristischen Personen, mag deren Rechtsfähigkeit auf dem B.G.B. oder auf besonderen Reichsgesetzen oder auf staatlicher Verleihung beruhen; er bezieht sich sowohl auf Vereine wie auf Stiftungen. Als juristische Personen im Sinne des Art. 86 sind insbesondere auch die Aktiengesellschaften, die Gesellschaften mit beschränkter Haftung und die verschiedenen Arten der reichsgesetzlich geordneten Genossenschaften anzusehen. Im E. I Art. 49 Abs. 3 war bestimmt, daß der Vorbehalt sich nicht beziehe auf juristische Personen, deren juristische Persönlichkeit auf besonderer reichsgesetzlicher Vorschrift beruht. Im Anschlusse hieran bestimmte der E. II Art. 61 Abs. 2

„die Vorschriften des Abs. 1 finden keine Anwendung auf juristische Personen, deren Rechtsfähigkeit auf reichsgesetzlichen, neben dem Bürgerlichen Gesetzbuche bestehenden Vorschriften beruht."

Die Weglassung dieses Absatzes in dem B.G.B. beruht auf einem Beschlusse des Bundesraths. Selbstverständlich können die Landesgesetze ihre Vorschriften auf juristische Personen einer bestimmten Art beschränken. In der R.T.K. war im Anschluß an einen bereits in der zweiten Kommission gestellten Antrag beantragt, dem Art. 86 die Bestimmung hinzuzufügen „daß die einem anderen Bundesstaate angehörenden juristischen Personen, deren Rechtsfähigkeit auf einem neben dem Bürgerlichen Gesetzbuche geltenden Reichsgesetze beruhe, nicht weitergehende Beschränkungen im Erwerbe von Rechten unterworfen werden können, als die dem Bundesstaat selbst angehörenden juristischen Personen derselben Art". Der Antrag gelangte, weil bei der ersten Lesung der Kommission der Art. 86 ganz gestrichen wurde, nicht zur Abstimmung. Bei der zweiten Lesung wurde der Vermittelungsantrag gestellt und angenommen, dem Art. 86 die jetzige Fassung zu geben. Diese steht einer landesgesetzlichen Vorschrift nicht entgegen, durch welche die einem anderen deutschen Bundesstaat angehörenden juristischen Personen weitergehenden Beschränkungen im Erwerbe von Rechten unterworfen werden, wie die dem Staate, in welchem das Gesetz ergeht, angehörenden juristischen Personen. Eine solche Bestimmung besteht z. B. in Betreff des Erwerbes von Grundeigenthum in Preußen nach dem Ges. v. 4. Mai 1846. Eine andere Frage ist, ob eine derartige Vorschrift durch den Art. 3 der Reichsverfassung ausgeschlossen wird. Es hängt dies davon ab, ob der Art. 3 sich nur auf physische oder auch auf juristische Personen bezieht. Das Reichsgericht hat sich in den Entscheidungsgründen eines Urtheils v. 14. April 1882 (R.G. Bd. 6 Nr. 34 S. 142) für die letztere Ansicht erklärt. Die preuß. Regierung hält indessen die entgegengesetzte Ansicht fest und die Praxis scheint auf demselben Standpunkte zu stehen. Auf eine nähere Erörterung dieser Frage einzugehen ist hier nicht der Ort.

3. Der Art. 86 bezieht sich auf jede Art des Erwerbes, auf den Erwerb durch Rechtsgeschäfte unter Lebenden oder von Todeswegen, auf den entgeltlichen wie auf den unentgeltlichen Erwerb. Auch in Betreff der Gegenstände findet, vorbehaltlich der Werthgrenze (s. unter Nr. 4), keine Beschränkung statt; bewegliche und unbewegliche Sachen sowie Rechte jeder Art werden durch die Vorschrift des Art. 86 getroffen; der Landesgesetzgebung wird dadurch ferner gestattet, nicht nur den dinglichen Erwerb, sondern auch den Erwerb eines Anspruchs durch ein obligatorisches Rechtsgeschäft zu beschränken. Selbstverständlich kann die Landesgesetzgebung ihre Vorschriften auf gewisse Erwerbsarten z. B. auf den Erwerb durch Schenkungen oder durch Verfügungen von Todeswegen oder auf gewisse Grundstücke oder auf den dinglichen Erwerb beschränken. Auch in Betreff der Art, in welcher der Erwerb beschränkt werden soll, läßt der Art. 86 der Landesgesetzgebung freien Spielraum. Die Landesgesetze können den Erwerbsakt für unwirksam erklären oder seine Wirksamkeit von staatlicher Genehmigung abhängig machen; sie können aber auch z. B. eine Beschränkung nur insofern eintreten lassen, als sie die juristische Person verpflichten, einen erworbenen Gegenstand innerhalb einer bestimmten Zeit wieder zu veräußern. Ueber den Erwerb von Todeswegen s. Nr. 5.

4. Nur eine Grenze wird den Landesgesetzen durch den Art. 86 gezogen. Die landesgesetzlichen Vorschriften können nur den Erwerb solcher Gegenstände beschränken oder von staat-

licher Genehmigung abhängig machen, deren Werth mehr als fünftausend Mark beträgt. Bei dieser Begrenzung hat das preuß. Ges. v. 23. Februar 1870 zum Vorbilde gedient; nur ist die dort bestimmte Werthgrenze von dreitausend Mark auf fünftausend erhöht. Unter dem „Werthe" ist der gemeine Werth zu verstehen, den der betreffende Gegenstand zur Zeit des Erwerbes hat. Hat eine juristische Person mehrere Gegenstände durch ein und dasselbe Rechtsgeschäft von einer und derselben anderen Person erworben, so wird der Gesammtwerth dieser Gegenstände entscheidend sein müssen. Sind einer juristischen Person mehrere Gegenstände von demselben Erblasser durch verschiedene Verfügungen von Todeswegen zugewendet, so werden diese Verfügungen, da sie zusammen als letzter Wille des Erblassers mit dessen Tode in Wirksamkeit treten, in der hier fraglichen Beziehung als ein einheitliches Ganzes zu betrachten sein; der Werth aller Gegenstände ist daher zusammenzurechnen. Erwirbt dagegen eine juristische Person Gegenstände von verschiedenen Personen, so ist der Werth jedes einzelnen Gegenstandes zu Grunde zu legen, auch wenn der Erwerb durch ein und dasselbe Rechtsgeschäft gemacht wird. Ebenso kommt es, wenn eine juristische Person mehrere Gegenstände von derselben Person, aber durch verschiedene Rechtsgeschäfte unter Lebenden erwirbt, auf den Werth jedes einzelnen Gegenstandes an; doch ist in diesem Falle zu beachten, ob die Zerlegung in mehrere Rechtsgeschäfte, von denen jedes einzelne sich nur auf einen Gegenstand zum Werthe von weniger als fünftausend Mark bezieht, nicht lediglich zu dem Zwecke erfolgt ist, um die landesgesetzliche, den Erwerb von Gegenständen über fünftausend Mark betreffende Vorschrift zu umgehen; in einem solchem Falle würden die verschiedenen Rechtsgeschäfte nach den allgemeinen über die im fraudem legis vorgenommen Rechtsgeschäfte geltenden Grundsätzen als ein Ganzes zu behandeln, und der Werth der durch sie erworbenen Gegenstände also zusammenzurechnen sein.

Ob der Erwerb eines Gegenstandes, dessen Werth mehr als fünftausend Mark beträgt, seinem ganzen Umfange nach oder nur insoweit, als er den Betrag von fünftausend Mark übersteigt, beschränkt sein oder von staatlicher Genehmigung abhängen soll, hat das betreffende Landesgesetz zu bestimmen.

Ueber die Entscheidung der hier berührten Fragen nach dem preuß. Gesetz v. 23. Februar 1870 s. Dernburg preuß. Privatrecht Bd. I § 55 Z. 2; Bd. II S. 309 § 3.

5. Der Art. 86 Satz 2 Halbsätze 1, 2 schließt sich an die Vorschrift des § 84 des B.G.B. an. Wird die zu einem Erwerbe von Todeswegen erforderliche staatliche Genehmigung ertheilt, so gilt sie als vor dem Tode, der Erwerb der juristischen Person als mit dem Tode erfolgt. Wird die staatliche Genehmigung verweigert, so gilt die juristische Person in Ansehung des Anfalls als nicht vorhanden, der Erwerb also als nicht erfolgt. Unter dem Erwerbe von Todeswegen ist nach B.G.B. § 1369 der Erwerb durch Erbfolge, durch Vermächtniß oder als Pflichttheil zu verstehen. Der Erwerb durch gesetzliche Erbfolge oder als Pflichttheil kommt hier nur in den Ausnahmefällen in Betracht, in welchen einer juristischen Person auf Grund einer nach E.G. Art. 138, 139 zulässigen landesgesetzlichen Vorschrift ein Erbrecht oder ein Pflichttheilsrecht zusteht. Abgesehen hiervon handelt es sich nur um den Erwerb durch Erbfolge oder Vermächtniß auf Grund einer Verfügung von Todeswegen (B.G.B. §§ 1937, 1939, 1941.) Ist die juristische Person als Miterbe berufen, so ist die Auseinandersetzung mit den übrigen Miterben nach dem im Art. 86 Satz 2 Halbsatz 3 für entsprechend anwendbar erklärten § 2043 des B.G.B. bis dahin ausgeschlossen, daß die Entscheidung über die staatliche Genehmigung erfolgt ist.

6. Von den in Veranlassung des B.G.B. erlassenen landesgesetzlichen Vorschriften sind hervorzuheben das preuß. A.G. zum B.G.B. Art. 6, 7, nach welchen die staatliche Genehmigung erforderlich ist zu jedem Erwerbe durch Schenkung oder Verfügung von Todeswegen bei einem Betrage von mehr als 5000 Mark, ferner bei dem Erwerbe von Grundbesitz zum Werthe von mehr als 5000 Mark, jedoch mit gewissen Ausnahmen und für ausländische Personen ohne Rücksicht auf den Werth (dazu V. v. 16. November 1899 Art. 6); das bayerische A.G. zum B.G.B. Art. 7—10, nach welchen die staatliche Genehmigung nur bei einem Werthe über 10000 Mark und nur bei ausländischen juristischen Personen bei einem Werthe von über 5000 Mark erforderlich ist; das württemberg'sche A.G. zum B.G.B. Art. 140, nach welchem je nach der Art der juristischen Personen und nach der Art und dem Zwecke der Zuwendung unterschieden wird; das hessische A.G. zum B.G.B. Art. 12, 13, nach welchen die staatliche Genehmigung zu dem Erwerbe durch Schenkungen oder Verfügungen von Todeswegen zum Werthe von über 5000 Mark erfordert wird; die mecklenburg'sche A.V. zum B.G.B. §§ 27—30, welche die staatliche Genehmigung zu dem Erwerbe von Grundstücken zum Werthe von mehr als 5000 Mark erfordert; das Elsaß-Lothringen'sche A.G. zum B.G.B. § 6, nach welchem Schenkungen und Verfügungen von Todeswegen an juristische Personen, jedoch mit gewissen Ausnahmen, soweit nicht gesetzlich ein Anderes bestimmt ist, der staatlichen Genehmigung bedürfen; das lübeck'sche A.G. zum B.G.B. § 13, nach welchem die staatliche Genehmigung für Schenkungen und letztwillige Zuwendungen zum Werthe von mehr als 5000 Mark erforderlich ist.

Artikel 87.

Unberührt bleiben die landesgesetzlichen Vorschriften, welche die Wirksamkeit von Schenkungen an Mitglieder religiöser Orden oder ordensähnlicher Kongregationen von staatlicher Genehmigung abhängig machen.

Unberührt bleiben die landesgesetzlichen Vorschriften, nach welchen Mitglieder religiöser Orden oder ordensähnlicher Kongregationen nur mit staatlicher Genehmigung von Todeswegen erwerben können. Die Vorschriften des Artikel 86 Satz 2 finden entsprechende Anwendung.

Mitglieder solcher religiöser Orden oder ordensähnlicher Kongregationen, bei denen Gelübde auf Lebenszeit oder auf unbestimmte Zeit nicht abgelegt werden, unterliegen nicht den in den Abs. 1, 2 bezeichneten Vorschriften.

Artikel 87.

E. d. E.G. I Art. 48; II Art. 62; III Art. 87. P. I S. 12762—12765. M. d. E.G. S. 168—170. P. II S. 8807 (Bd. 6 S. 381). K.B. S. 1949—1951, 2113. St.B. S. 3030, 3031, 3096.

1. In einem großen Theile von Deutschland tritt nach dem bisherigen Rechte in Folge der feierlichen Klostergelübde eine weitgehende Beschränkung der Vermögensfähigkeit ein. In Folge derselben fällt entweder das Vermögen sowie der spätere Erwerb der betreffenden Person dem Kloster zu oder die betreffende Person wird für bürgerlich todt betrachtet (so nach dem preuß. Landrecht) oder ihr Vermögen fällt entweder ganz oder doch im beschränkten Umfange dem Kloster zu und ein späterer Erwerb von Vermögen wird ganz oder theilweise ausgeschlossen (so nach den sog. Amortisationsgesetzen verschiedener Staaten). Nach dem B.G.B. hat die Ablegung der feierlichen Klostergelübde keinen Einfluß auf die Vermögens- oder Erwerbsfähigkeit der betreffenden Person. Die gedachten Vorschriften des bisherigen Rechtes treten daher nach Art. 55 des E.G. außer Kraft. Der Art. 87 hält aber derartige Vorschriften innerhalb der durch den Art. 87 bestimmten Grenzen aufrecht und gestattet der Landesgesetzgebung, sie neu zu erlassen, weil sonst durch Zuwendung an Mitglieder religiöser Orden und ordensähnlicher Kongregationen mittelbar der Zweck des Art. 86, die Anhäufung des Vermögens in der todten Hand zu verhindern, vereitelt werden könnte.

2. Der Begriff religiöser Orden und ordensähnlicher Kongregationen bestimmt sich nach dem Kirchenrechte (s. Richter, Kirchenrecht § 293). Nach dem von dem Reichstage dem Art. 87 hinzugefügten Abs. 3 sollen die Vorschriften des Art. 87 aber nur Anwendung finden auf solche Orden und ordensähnliche Kongregationen, bei denen Gelübde auf Lebenszeit oder auf unbestimmte Zeit abgelegt werden.

3. Den Landesgesetzen wird durch Art. 87 nur gestattet, die Wirksamkeit von Schenkungen an Mitglieder religiöser Orden und ordensähnlicher Kongregationen sowie den Erwerb solcher Personen von Todeswegen von staatlicher Genehmigung abhängig zu machen. Eine andere Art der Beschränkung ist unzulässig und der Erwerb durch entgeltliche Rechtsgeschäfte kann überhaupt nicht beschränkt werden. Der Begriff der Schenkung umfaßt sowohl die schenkweise Veräußerung als das Schenkungsversprechen. Unter dem Erwerbe von Todeswegen ist nach B.G.B. § 1369 ebenso wie im Falle des Art. 86 der Erwerb durch Erbfolge, Vermächtniß oder als Pflichttheil zu verstehen. Hier kommt aber, abweichend von dem Falle des Art. 86, auch der Erwerb auf Grund der gesetzlichen Erbfolge des B.G.B. §§ 1924 ff. und als Pflichttheil nach Maßgabe der §§ 2303 ff. in Betracht.

4. Eine Schenkung, deren Wirksamkeit nach Art. 87 Abs. 1 von staatlicher Genehmigung abhängig gemacht ist, wird erst wirksam, wenn diese Genehmigung ertheilt ist. Ob der Schenker schon vorher gebunden ist, ob für die Zwischenzeit die für bedingte Rechtsgeschäfte geltenden Vorschriften (s. Bd. I S 206, 207 Erl. 1, 2 zu § 160) entsprechende Anwendung finden und ob im Falle der Genehmigung eine Zurückbeziehung Platz greift (B.G.B. § 159), hängt von der Bestimmung des Landesgesetzes ab, welches die staatliche Genehmigung erfordert. Die Schenkung wird durch das Erforderniß der staatlichen Genehmigung nicht zu einer bedingten im Sinne der §§ 158 ff. des B.G.B., aber das Erforderniß der staatlichen Genehmigung kann in dem Sinne bestimmt werden, daß die Vorschriften über Bedingungen entsprechende Anwendung finden. Wird die staatliche Genehmigung verweigert, so ist die Schenkung unwirksam.

5. Wird der Erwerb von Todeswegen von staatlicher Genehmigung abhängig gemacht, so finden dieselben Grundsätze Anwendung, welche für den Fall gelten, daß der Erwerb einer

Artikel 88.

Unberührt bleiben die landesgesetzlichen Vorschriften, welche den Erwerb von Grundstücken durch Ausländer von staatlicher Genehmigung abhängig machen.

Artikel 89.

Unberührt bleiben die landesgesetzlichen Vorschriften über die zum Schutze der Grundstücke und der Erzeugnisse von Grundstücken gestattete Pfändung von Sachen, mit Einschluß der Vorschriften über die Entrichtungv on Pfandgeld oder Ersatzgeld.

---

juristischen Person von Todeswegen landesgesetzlich von staatlicher Genehmigung abhängig gemacht ist (s. Erl. zu Art. 86).

6. Nur wenige Staaten haben von der Ermächtigung des Art. 87 Gebrauch gemacht, z. B. das lübeck'sche A.G. zum B.G.B. § 14. Nach diesem wird zu allen Schenkungen an die im Art. 87 bezeichneten Personen sowie zu jedem Erwerbe von Todeswegen von Seiten derselben die Genehmigung des Senats erfordert.

Artikel 88.

E. d. E.G. III Art. 88.

Der Art. 88 beruht auf einem Beschlusse des Bundesraths. Ausländer werden nach den Grundsätzen des internationalen Privatrechts in Deutschland als rechtsfähig anerkannt, sind also an sich auch fähig, Grundstücke zu erwerben. Der Art. 88 gestattet aber den Landesgesetzen, diese Fähigkeit in Beziehung auf den Erwerb von Grundstücken dadurch zu beschränken, daß der Erwerb eines Grundstücks von staatlicher Genehmigung abhängig gemacht wird. Nur der Erwerb, nicht das auf den Erwerb gerichtete obligatorische Rechtsgeschäft kann von staatlicher Genehmigung abhängig gemacht werden. Ueber die Folgen, welche eintreten, wenn die vorgeschriebene staatliche Genehmigung ertheilt oder verweigert wird und über das Verhältniß in der Zwischenzeit zwischen dem Erwerbsgeschäft und der Entscheidung über die staatliche Genehmigung enthält der Art. 88 keine Bestimmungen. Die Entscheidung steht also ebenso wie in den Fällen des Art. 86 Satz 1 und des Art. 87 der Landesgesetzgebung zu (s. Erl. 3 zu Art. 86 und Erl. 4 zu Art. 87). Ist das auf den Erwerb gerichtete obligatorische Rechtsgeschäft gültig, so wird dessen Erfüllung durch die Verweigerung der staatlichen Genehmigung unmöglich. Die Folgen dieser Unmöglichkeit ergeben sich aus den §§ 275 ff., 323 ff. des B.G.B.

Unter Ausländern im Sinne des Art. 88 sind nur die Angehörigen eines nicht deutschen Staates, nicht auch die Angehörigen anderer deutscher Staaten zu verstehen.

Praktische Bedeutung hat der Vorbehalt des Art. 88 wohl nur für ausländische juristische Personen (s. z. B. das preuß. Ges. über die Erwerbung von Grundeigenthum für Korporationen und andere juristische Personen des Auslandes v. 4. Mai 1864; das preuß. A.G. zum B.G.B. Art. 7, das bayer. Art. 10, das hessisch. Art. 15, das hamburgische § 28). Hervorgehoben mag indessen noch werden, daß während im Allgemeinen ein Vergeltungsrecht gegen Ausländer nach Art. 31 nur von dem Reichskanzler unter Zustimmung des Bundesraths in Anwendung gebracht werden kann, die Landesgesetzgebung auf Grund des Art. 88 berechtigt ist, zum Zwecke der Vergeltung den Erwerb von Grundstücken durch Ausländer zu beschränken.

Artikel 89.

E. d. E.G. I Art. 62; II Art. 63; III Art. 89. P. I S. 12786, 12787, 12806—12809; M. I S. 353, 354. M. d. E.G. S. 187—190. P. II S. 8897—8900, 9209 (Bd. 6 S. 431—433, 616).

1. Die §§ 229—231 des B.G.B. bestimmen die Voraussetzungen, unter welchen Selbsthülfe zulässig ist. Hierüber hinaus geht die Selbsthülfe durch Pfändung, deren Zulassung der

Art. 89 den Landesgesetzen gestattet. Das Pfändungsrecht besteht seit alter Zeit in einem großen Theile von Deutschland (Stobbe, Handbuch des deutschen Privatrechts Bd. 1 S. 588 ff.) und wird durch viele neuere Partikulargesetze z. B. in Preußen durch das Ges., betr. Forstdiebstahl, v. 15. April 1878 § 15 Abs. 2 und das Forstpolizeigesetz v. 1. April 1880 § 96, in Sachsen durch das B.G.B. §§ 488—494, V. v. 9. Januar 1865 §§ 9, 10 (s. auch M. d. E.G. S. 188) anerkannt. Das Pfändungsrecht hat den Zweck, den sonst oft schwer zu erbringenden Beweis widerrechtlichen Betretens von Grundstücken oder der Beschädigung derselben oder ihrer Erzeugnisse durch Menschen oder Thiere zu sichern und für den zugefügten Schaden Sicherheit zu erlangen. Der Art. 89 begrenzt das Recht insofern, als nur die Wegnahme von Sachen, nicht die Festnahme von Menschen gestattet wird. In Betracht kommt hauptsächlich die Pfändung von Thieren. Auch andere bewegliche Sachen aber können gepfändet werden und, soweit das Anhalten eines Menschen erforderlich ist, um ihm die zu pfändenden Sachen wegzunehmen, ist auch das Anhalten nöthigenfalls mit Gewalt gestattet. In Betreff der Voraussetzungen der Zulässigkeit der Pfändung beschränkt sich der Art. 89 auf die Bestimmung, daß sie zum Schutze der Grundstücke und der Erzeugnisse von Grundstücken gestattet sei. Sie ist also nicht auf land- oder forstwirthschaftliche Grundstücke beschränkt, sondern ist bei allen Grundstücken zulässig. Selbstverständlich ist, daß die Pfändung nur wegen objektiv widerrechtlichen Verhaltens zulässig ist. Die Voraussetzungen der Zulässigkeit im Einzelnen näher zu bestimmen, insbesondere auch die Person des Berechtigten und die Sachen, welche gepfändet werden dürfen, ist Sache des betreffenden Landesgesetzes.

2. In den Vorschriften über Pfändung befindet sich häufig die Bestimmung, daß das Pfand durch Bezahlung einer bestimmten Geldsumme (Pfandgeld) gelöst werden müsse oder könne. Das Pfandgeld kann gefordert werden ohne Rücksicht darauf, ob wirklich ein Schaden entstanden ist und wie hoch sich derselbe beläuft; doch ist regelmäßig der Beweis eines höheren Schadens nicht ausgeschlossen. In den neueren Gesetzen wird häufig der Anspruch auf Bezahlung eines festbestimmten Geldbetrags wegen widerrechtlichen Betretens eines fremden Grundstücks durch Menschen oder durch Thiere oder wegen eines sonstigen widerrechtlichen Verhaltens in Beziehung auf Grundstücke und deren Erzeugnisse auch dann zugelassen, wenn eine Pfändung nicht erfolgt ist. Diese als Ersatzgeld bezeichnete Leistung hat ebenso wie das Pfandgeld den Charakter einer Aversionalvergütung für den angerichteten Schaden und, sofern ein solcher nicht oder nur in geringem Maße entstanden ist, den Charakter einer Privatstrafe. Auch in dieser Beziehung ist den Landesgesetzen durch Art. 89 freie Hand gelassen.

3. Der Vorbehalt des Art. 89 bezieht sich, wie in der zweiten Kommission ausdrücklich anerkannt wurde (P. II S. 8900), auch auf die Vorschriften über das der Pfändung von Sachen sich anschließende und das die Entrichtung von Pfandgeld oder Ersatzgeld betreffende Verfahren.

4. In der zweiten Kommission war der Antrag gestellt, dem Art. 62 (jetzt Art. 89) folgenden Abs. 2 hinzuzufügen:

> „Wird das Pfändungsrecht in der irrigen Annahme ausgeübt, daß die Voraussetzungen der Ausübung vorliegen, so findet die Vorschrift des § 225 (jetzt § 231) des B.G.B. Anwendung".

Bei objektiv widerrechtlicher Pfändung sollte der Pfändende also zum Schadensersatze verpflichtet sein, auch wenn der Irrthum über das Vorliegen der Voraussetzungen nicht auf Fahrlässigkeit beruht. Der Antrag wurde abgelehnt, weil der § 225 (jetzt § 231) gegenüber dem sonst im B.G.B. festgehaltenen Verschuldungsprinzip eine Spezialbestimmung sei, die keine analoge Anwendung dulde. Eine Ausdehnung derselben auf die Pfändung stelle die Vortheile des Instituts wesentlich in Frage, da rasches Zugreifen mit ängstlicher Prüfung der Rechtmäßigkeit schwer vereinbar sei. Die Vorschrift würde auch die zum Forst- und Feldschutze berufenen Beamten treffen, dadurch aber theoretisch gegen die Grundsätze über die Beamtenhaftung verstoßen und praktisch in nachtheiliger Weise auf die Energie der Beamten einwirken. In Betreff der Verpflichtung zum Schadensersatz im Falle widerrechtlicher Pfändung verbleibt es daher bei den allgemeinen Grundsätzen des B.G.B. Eine solche Verpflichtung tritt daher nur nach den Vorschriften über unerlaubte Handlungen (§§ 823 ff. des B.G.B.), regelmäßig also nur im Falle eines Verschuldens ein. Bei der allgemeinen Fassung des Art. 89 ist es aber den Landesgesetzen unbenommen, eine der Vorschrift des § 231 des B.G.B. entsprechende Bestimmung für den Fall objektiv widerrechtlicher Pfändung zu treffen.

5. Der § 18 des Ges. über das Postwesen des deutschen Reichs v. 28. Oktober 1871, nach welchem die Pfändung gegen Posten, Extraposten &c. sowie gegen Postillone, welche mit dem ledigen Gespanne zurückkehren, nicht erlaubt ist, wird durch den Art. 89 nicht berührt.

Artikel 90.

Unberührt bleiben die landesgesetzlichen Vorschriften über die Rechtsverhältnisse, welche sich aus einer auf Grund des öffentlichen Rechtes wegen der Führung eines Amtes oder wegen eines Gewerbebetriebs erfolgten Sicherheitsleistung ergeben.

Artikel 91.

Unberührt bleiben die landesgesetzlichen Vorschriften, nach welchen der Fiskus, eine Körperschaft, Stiftung oder Anstalt des öffentlichen Rechtes oder eine unter der Verwaltung einer öffentlichen Behörde stehende Stiftung berechtigt ist, zur Sicherung gewisser Forderungen die Eintragung einer Hypothek an Grundstücken des Schuldners zu verlangen, und nach welchen die Eintragung der Hypothek auf Ersuchen einer bestimmten Behörde zu erfolgen hat. Die Hypothek kann nur als Sicherungshypothek eingetragen werden; sie entsteht mit der Eintragung.

Artikel 90.

E. d. E.G. I Art. 53; II Art. 64; III Art. 90. P. I S. 12757—12759. M. d. E.G. S. 179, 180. P. II S. 8855, 9209 (Bd. 6 S. 408, 616).

1. Die reichsrechtlichen Vorschriften der in dem Art. 89 gedachten Art werden nach Art. 32 durch das B.G.B. nicht berührt. Die Verpflichtung der Reichsbeamten zur Kautionsleistung nach Maßgabe des Ges. v. 2. Juni 1869 ist durch § 1 des Ges. v. 20. Februar 1898 aufgehoben und nur die Bestimmungen über die Kautionspflicht der Reichsbankbeamten sind durch § 3 des gedachten Gesetzes aufrecht erhalten. Ueber das Rechtsverhältniß der Auswanderungsunternehmer und -Agenten s. Ges. v. 9. Juni 1897 §§ 5, 7, 14, 20, 21. Neben diesen reichsrechtlichen Vorschriften bestehen aber in mehreren deutschen Bundesstaaten partikularrechtliche Vorschriften der im Art. 90 bezeichneten Art (s. M. d. E.G. S. 179). Die landesgesetzlich bestimmte Kautionspflicht gehört dem öffentlichen Rechte an und wird durch das B.G.B. nicht berührt. Die aus der Sicherheitsleistung sich ergebenden Rechtsverhältnisse sind aber privatrechtlicher Natur. Auf sie finden daher die Vorschriften des B.G.B., insbesondere die §§ 232—240 Anwendung. Wegen des Zusammenhanges, in welchem diese Rechtsverhältnisse mit dem öffentlichen Rechte stehen, sollen die sich darauf beziehenden landesgesetzlichen Vorschriften nach Art. 90 unberührt bleiben. Dies gilt insbesondere von den Vorschriften, nach welchen die Kaution für den von dem Beamten zu ersetzenden Schaden nicht nur dem Staate, sondern auch Dritten haftet. Auch in Preußen ist übrigens die Verpflichtung der Staatsbeamten zur Kautionsleistung nach Maßgabe des Ges., betr. die Kautionsleistung der Staatsbeamten, v. 25. März 1873 durch § 1 des Ges. v. 7. März 1898 vorbehaltlich der im § 2 dieses Gesetzes bestimmten Ausnahmen aufgehoben. Ebenso in Bayern (V. v. 11. Dezember 1898).

2. Von den in Betracht kommenden Landesgesetzen s. die A.G. zum B.G.B. für Hessen Art. 23—31, Elsaß-Lothringen § 42.

Artikel 91.

E. d. E.G. I Art. 74; II Art. 65; III Art. 91. P. I S. 12774, 13009. M. d. E.G. S. 199. P. II S. 8907—8909 (Bd. 6 S. 437).

1. Das B.G.B. kennt weder eine gesetzliche Hypothek noch sog. gesetzliche Hypothektitel. Der Art. 91 giebt jedoch der Landesgesetzgebung das Recht, in gewissem Umfang einen gesetzlichen Hypothektitel zu schaffen.

2. Der Hypothektitel kann nur zu Gunsten von juristischen Personen gewährt werden, welche in das öffentliche Recht eingegliedert sind, nämlich nur zu Gunsten des Fiskus, einer Körperschaft, Stiftung oder Anstalt des öffentlichen Rechtes (über den Begriff s. Bd. I S. 125 Erl. zu § 89) oder einer unter Verwaltung einer öffentlichen Behörde stehenden Stiftung. In Ansehung der Forderungen, für welche der Hypothektitel gewährt werden kann, ist die Landesgesetzgebung nicht beschränkt. Praktisch in Frage kommen hauptsächlich die Ansprüche der Staatskasse wegen öffentlicher Abgaben und Kosten eines Verfahrens und die Forderungen, welche dem Staate, den Gemeinden und Stiftungen aus der Verwaltung ihres Vermögens gegen den Verwalter zustehen. Auch hinsichtlich des Maßes der Sicherheit ist der Landesgesetzgebung keine Schranke gezogen, die Landesgesetzgebung kann z. B. die Vorschrift treffen, daß die Eintragung an mehreren Grundstücken soweit verlangt werden kann, daß der Werth der Grundstücke unter Abzug der vorgehenden Belastungen ein Vielfaches des zu sichernden Betrags erreicht.

Artikel 92.

Unberührt bleiben die landesgesetzlichen Vorschriften, nach welchen Zahlungen aus öffentlichen Kassen an der Kasse in Empfang zu nehmen sind.

---

3. Der Vorbehalt geht nur dahin, daß die Landesgesetzgebung den bezeichneten juristischen Personen das Recht geben kann, zur Sicherung gewisser Forderungen die Eintragung einer Hypothek an Grundstücken des Schuldners (nicht des Rechtsnachfolgers des Schuldners auf dem Grundstücke, wenn der Rechtsnachfolger nicht selbst der Schuldner ist,) zu verlangen und daß die Landesgesetzgebung vorschreiben kann, daß die Eintragung der Hypothek auf Ersuchen einer bestimmten Behörde zu erfolgen hat, so daß es also der im § 873 vorgesehenen Einigung der Betheiligten nicht bedarf. Im Uebrigen ist reichsrechtlich bestimmt, daß die Hypothek nur als Sicherungshypothek eingetragen werden kann und mit der Eintragung entsteht. Für diese Sicherungshypothek gelten die allgemeinen Vorschriften der §§ 1184 ff. über die Sicherungshypothek. Hieraus folgt insbesondere, daß das Ersuchen der Behörde den Vorschriften der §§ 1113, 1190 des B.G.B. und des § 28 der G.B.O. entsprechen, also die Bezeichnung des zu belastenden Grundstücks und die Angabe des Betrags der Forderung oder des Höchstbetrags enthalten muß, bis zu welchem das Grundstück haften soll. Auch die Löschung der Sicherungshypothek richtet sich lediglich nach den allgemeinen Vorschriften. Das Ersuchen der Behörde genügt daher nicht zur Löschung, vielmehr ist außer der Löschungsbewilligung der Behörde die Zustimmung des Eigenthümers des Grundstücks nach den Vorschriften des § 1183 des B.G.B. und der §§ 19, 27 der G.B.O. erforderlich.

4. Macht eine Landesgesetzgebung vom Vorbehalte des Art. 91 Gebrauch, so wirkt die Vorschrift nicht nur in Ansehung der in dem betreffenden Bundesstaate gelegenen Grundstücke, sondern in Ansehung aller in Deutschland gelegenen.

5. Dem nach Art. 91 gestellten Ersuchen der zuständigen Behörde um Eintragung hat das Grundbuchamt nach § 39 der G.B.O. ohne Weiteres zu entsprechen.

6. Von dem Vorbehalte haben insbesondere Gebrauch gemacht Bayern, A.G. z. B.G.B. Art. 89, 123; Baden, Art. 6, 30, 31 des A.G. z. B.G.B.; keinen Gebrauch gemacht haben: Preußen, Sachsen (s. Bgr. zu § 52 des Entw. des A.G.), Württemberg (s. Bgr. vor Art. 190 des Entw. des A.G.), Elsaß-Lothringen (s. Bgr. zu § 104 des A.G.).

7. Für diejenigen Bundesstaaten, in welchen den Verwaltungsbehörden ohne Mitwirkung der Gerichte das Recht der Zwangsvollstreckung und zwar auch bezüglich der Ansprüche aus der Verwaltung öffentlichen Gutes zusteht, ist der Vorbehalt des Art. 91, wie die M. des E.G. S. 199 bemerken, nur von geringer praktischer Bedeutung. Bezüglich dieser Staaten erscheint hauptsächlich die Bestimmung von Bedeutung, daß das Grundbuchamt dem Ersuchen der Verwaltungsbehörde um Eintragung stattzugeben hat (für Preußen vergl. z. B. V.O. v. 15. November 1899 § 51, 52).

Artikel 92.

E. d. E.G. II Art. 66; III Art. 92. P. II S. 615—617, 8855 (Bd. 1 S. 307—309; Bd. 6 S. 408).

1. Nach § 270 des B.G.B. hat der Schuldner Geld im Zweifel auf seine Gefahr und seine Kosten dem Gläubiger an dessen Wohnsitz zu übermitteln. Dies gilt reichsrechtlich auch von den Beträgen, welche der Fiskus oder andere juristischen Personen des öffentlichen Rechtes aus privatrechtlichen Titeln schulden. Im Interesse einer geordneten Kassenführung und im Anschluß an das in einem großen Theile von Deutschland, z. B. in Preußen, Bayern, Sachsen, bestehende bisherige Recht gestattet aber der Art. 92 der Landesgesetzgebung eine Ausnahme von dieser Regel für die aus öffentlichen Kassen zu leistenden Zahlungen zu machen. Oeffentliche Kassen sind nicht nur die Kassen des Staates, sondern auch die Kassen anderer juristischer Personen des öffentlichen Rechtes, insbesondere der Gemeinden und der sonstigen Kommunalverbände. Ob das Privilegium den öffentlichen Kassen unbedingt oder etwa nur mit der Beschränkung zustehen soll, daß es sich nicht auf solche Zahlungen bezieht, die nach dem zu Grunde liegenden Schuldverhältniß am Wohnorte des Gläubigers zu machen sind, oder daß der Gläubiger wenigstens berechtigt sein soll, die Uebersendung des Geldes auf seine Gefahr und seine Kosten zu verlangen, ist Sache der Landesgesetzgebung.

Nur die Vorschriften des B.G.B. § 270 Abs. 1—3 können von der Landesgesetzgebung nach Maßgabe des Art. 92 modifizirt werden. Im Uebrigen werden die Vorschriften über den Leistungsort durch den Art. 92 nicht berührt (s. Bd. II S. 42 Erl. 1 zu § 270).

Für Zahlungen an öffentliche Kassen verbleibt es bei den Vorschriften des B.G.B.

Artikel 93.

Unberührt bleiben die landesgesetzlichen Vorschriften über die Fristen, bis zu deren Ablaufe gemiethete Räume bei Beendigung des Miethverhältnisses zu räumen sind.

Artikel 94.

Unberührt bleiben die landesgesetzlichen Vorschriften, welche den Geschäftsbetrieb der gewerblichen Pfandleiher und der Pfandleihanstalten betreffen.

Unberührt bleiben die landesgesetzlichen Vorschriften, nach welchen öffentlichen Pfandleihanstalten das Recht zusteht, die ihnen verpfändeten Sachen dem Berechtigten nur gegen Bezahlung des auf die Sache gewährten Darlehens herauszugeben.

---

2. Von den landesgesetzlichen Vorschriften der im Art. 92 gedachten Art sind hervorzuheben das preuß. A.G zum B.G.B. Art. 11; das bayerische A.G. zum B.G.B. Art. 11; das sächs. B.G.B. § 709; das württemberg'sche A.G. zum B.G.B. Art. 142; das badische A.G. zum B.G.B. Art. 10, 11 (nur für Brandversicherungsentschädigungen und für Dienstbezüge der Beamten); das hessische A.G. zum B.G.B. Art. 32; die mecklenburg'sche A.V. zum B.G.B. § 35 (nur für gewisse Kassen); das oldenburgische A.G. zum B.G.B. § 1; Elsaß-Lothringen'sches A.G. zum B.G.B. § 10; das Hamburg'sche A.G. zum B.G.B. § 23; das Bremen'sche A.G. zum B.G.B. § 11; das Lübeck'sche A.G. zum B.G.B. § 24.

Artikel 93.

E. d. E.G. I Art. 58; II Art. 67; III Art. 93. P. I S. 12790, 12791. M. d. E.G. S. 186. P. II S. 8871; Bd. 6 S. 417.

1. Der Zeitpunkt, mit welchem ein Miethverhältniß endigt, bestimmt sich nach B.G.B. § 564. Nach der Beendigung hat der Miether die gemiethete Sache dem Vermiether zurückzugeben (§ 556). Bei der Erfüllung dieser Verpflichtung wird dem Miether nach den §§ 157, 242 des B.G.B., soweit Treu und Glauben mit Rücksicht auf die Verkehrssitte, hier also auf den Ortsgebrauch dies erfordert, eine billige Frist zu gewähren sein (M. II S. 410). Der Art. 93 gestattet der Landesgesetzgebung für gemiethete Räume bestimmte Fristen festzusetzen, nach deren Ablaufe die Räumung zu erfolgen hat. Derartige gesetzliche Vorschriften bestehen in vielen deutschen Staaten. Bisweilen ist der Polizeibehörde die Befugniß beigelegt, für ihren Bezirk die Fristen zu bestimmen. Die Bestimmung wird häufig in der Art getroffen, daß die Frist je nach der Größe der Wohnung verschieden ist (s. z. B. preuß. Ges. über die Termine bei Wohnungs-, Miethverträgen v. 30. Juni 1834). Erfolgt die Räumung innerhalb der bestimmten Frist, so ist sie ohne Rücksicht auf die Verhältnisse des einzelnen Falles als rechtzeitig erfolgt anzusehen.

Nur über die Fristen der Räumung, nicht über die Beendigung des Miethverhältnisses ist die Landesgesetzgebung auf Grund des Art. 93 Bestimmungen zu treffen befugt.

Nur auf die Miethe von Räumen, nicht auf die Pacht von Grundstücken bezieht sich der Vorbehalt.

2. Von den landesgesetzlichen Vorschriften, welche Bestimmungen der im Art. 93 gedachten Art enthalten, sind hervorzuheben die preuß. Ges. v. 30. Juni 1834 und 4. Juni 1890, die mecklenburg'sche A.V. zum B.G.B. § 40; das Hamburg'sche A.G. zum B.G.B. § 24; das Bremen'sche A.G. zum B.G.B. § 13; das Lübeck'sche A.G. zum B.G.B. § 26.

Artikel 94.

E. d. E.G. I Art. 47; II Art. 68; III Art. 94. P. I S. 12790, 12791, 12851, 12852. M. d. E.G. S. 167, 168. P. II S. 4031, 4032, 8806, 8807 (Bd. 3 S. 369, 370; Bd. 6 S. 380, 381). K.B. S. 2113. St.B. S. 3030, 3031.

1. Der gewerbliche Betrieb des Pfandleihgeschäfts bedarf nach der Gew.O. § 34 der staatlichen Erlaubniß. Nach § 38 der Gew.O. sind die Zentralbehörden befugt, über den Umfang der Befugnisse und Verpflichtungen sowie über den Geschäftsbetrieb der Pfandleiher, soweit darüber die Landesgesetze nicht Bestimmungen treffen, Vorschriften zu erlassen. In vielen deutschen

Bundesstaaten sind derartige Vorschriften theils durch Landesgesetze theils durch Verfügungen der Zentralbehörden getroffen (s. z. B. preuß. Ges. v. 17. März 1881; sächs. Ges. v. 21. April 1882). Ein großer Theil dieser Vorschriften gehört dem öffentlichen Rechte an und wird deshalb durch das B.G.B. nicht berührt. Daneben aber finden sich in den gedachten Gesetzen vielfach auch Vorschriften, welche einen privatrechtlichen Charakter haben, indem sie die Voraussetzungen der Gültigkeit und die Wirkungen der von den Pfandleihern vorgenommenen Rechtsgeschäfte betreffen. Vorschriften dieser Art würden ohne einen Vorbehalt für die Landesgesetzgebung auf Grund des Art. 55 außer Kraft treten; sie hängen aber mit den öffentlichrechtlichen Vorschriften so enge zusammen, daß eine verschiedene Behandlung in der hier fraglichen Beziehung unzweckmäßig wäre; dehalb wird die Landesgesetzgebung durch Art. 94 auch in Betreff dieser Vorschriften für zuständig erklärt.

2. Unter den Vorschriften, die den „Geschäftsbetrieb der gewerblichen Pfandleiher und Pfandleihanstalten" betreffen, sind alle Vorschriften zu verstehen, welche die Erfordernisse und die Wirkungen derjenigen Rechtsgeschäfte betreffen, welche der Betrieb des Pfandleihgeschäfts mit sich bringt. Auf Grund des Vorbehalts können sowohl die dispositiven als die zwingenden Vorschriften des B.G.B., welche an sich auf Rechtsgeschäfte der gedachten Art Anwendung finden würden, durch die Landesgesetzgebung geändert werden. Solche Aenderungen enthalten insbesondere die Bestimmungen, durch welche zur Begründung des Pfandrechts abweichend vom B.G.B. § 1205 neben den dort bestimmten Erfordernissen auch die Eintragung in ein Pfandbuch erfordert oder der Pfandleiher zur Ausstellung eines Pfandscheins verpflichtet wird; ferner diejenigen, welche abweichend vom B.G.B. § 609 die Kündigung des gegebenen Darlehens von Seiten des Pfandleihers vor Ablauf einer bestimmten Frist ausschließen, während dem Schuldner trotz der Verzinslichkeit des Darlehens die Rückzahlung zu jeder Zeit gestattet wird sowie diejenigen, welche dem Pfandschein insofern den Charakter eines Inhaberpapiers beilegen, als der Inhaber des Pfandscheins zur Ausübung der Rechte des Verpfänders befugt ist, ohne die Uebertragung derselben nachweisen zu müssen, und durch welche andererseits die Einlösung des Pfandes innerhalb einer bestimmten Frist nur gegen Rückgabe des Pfandscheins erfolgen kann, während sie nach dem Ablaufe dieser Frist durch den Verpfänder auch ohne Rückgabe des Pfandes erfolgen kann; endlich diejenigen, welche in Betreff des Pfandverkaufs besondere von den Vorschriften des B.G.B. §§ 1234 ff. abweichende Bestimmungen geben oder welche den Anspruch des Pfandleihers bei zufälligem Untergange der Sache vollständig, bei einem Mindererlös in Beziehung auf den überschießenden Betrag erlöschen lassen. Hierher zu rechnen sind aber auch die Vorschriften, welche das Maximum der zulässigen Zinsen bestimmen, bis zu diesem Maximum Zinsen aber unbedingt zulassen, oder welche Bestimmungen über die Berechnung der Zinsen, über deren Vorausbezahlung sowie über die Unzulässigkeit anderer Nebenleistungen geben. Nach dem Wortlaute des Abs. 1 könnte es zweifelhaft sein, ob durch ihn auch solche Vorschriften getroffen werden, durch welche den von dem Pfandleiher abgeschlossenen Rechtsgeschäften über die Parteien hinaus Wirkungen gegen Dritte eingeräumt, durch welche insbesondere die dinglichen Rechte Dritter an den verpfändeten Sachen berührt werden. Der Zweifel wird beseitigt durch den Abs. 2, indem nach diesem eine Vorschrift der fraglichen Art nur in Beziehung auf öffentliche Pfandleihanstalten zugelassen wird (s. Nr. 4). Der Vorbehalt des Abs. 1 wird daher auf die Regelung des Rechtsverhältnisses unter den Parteien zu beschränken sein.

3. Als Pfandleihgewerbe gilt nach Gew.O. § 34 Abs. 2 auch der gewerbsmäßige Ankauf beweglicher Sachen mit Gewährung des Rückkaufsrechts. Inwieweit Banken oder Kreditanstalten unter den Begriff von Pfandleihanstalten fallen, hängt von deren Geschäftsbetrieb ab (M. d. E.G. S. 168).

4. Der Abs. 2 des Art. 94 beschränkt sich auf öffentliche Pfandleihanstalten. Hierunter sind sowohl die von dem Staate als die von Gemeinden und anderen Kommunalverbänden errichten Pfandleihanstalten zu verstehen. Bei den Berathungen der zweiten Kommission war die Ansicht vertreten, daß der Vorbehalt des Abs. 1 sich auch auf die im Abs. 2 bezeichneten Bestimmungen erstrecke. Die Mehrheit theilte indessen diese Ansicht nicht und hielt einen Vorbehalt der im Abs. 2 gedachten Art nur für öffentliche Pfandleihanstalten für gerechtfertigt, in Betreff anderer aber für bedenklich.

Nach B.G.B. § 1207 mit § 935 würde ein Pfandrecht des Pfandleihers an einer dem Verpfänder nicht gehörenden Sache auch im Falle des Pfandleihers nicht begründet werden, wenn die Sache dem Eigenthümer gestohlen, verloren gegangen oder sonst abhanden gekommen ist. Der Eigenthümer würde also zur Vindikation berechtigt sein. Dieses Recht sollen die Landesgesetze zwar nicht ausschließen, aber doch insoweit modifiziren können, daß die öffentliche Pfandleihanstalt das Pfand nur gegen Bezahlung des auf die Sache gewährten Dahrlehens herauszugeben verpflichtet ist. Eine solche Bestimmung besteht z. B. in Bayern für die Pfandleihanstalten der Gemeinden; für Preußen vergl. Reglement v. 25. Februar 1834 § 20.

Artikel 95.

Unberührt bleiben die landesgesetzlichen Vorschriften, welche dem Gesinderecht angehören. Dies gilt insbesondere auch von den Vorschriften über die Schadensersatzpflicht desjenigen, welcher Gesinde zum widerrechtlichen Verlassen des Dienstes verleitet oder in Kenntniß eines noch bestehenden Gesindeverhältnisses in Dienst nimmt oder ein unrichtiges Dienstzeugniß ertheilt.

Die Vorschriften der §§. 104 bis 115, 131, 278, 617 bis 619, 624, 831, des §. 840 Abs. 2 und des §. 1358 des Bürgerlichen Gesetzbuchs finden Anwendung, die Vorschriften des §. 617 jedoch nur insoweit, als die Landesgesetze dem Gesinde nicht weitergehende Ansprüche gewähren.

Ein Züchtigungsrecht steht dem Dienstberechtigten dem Gesinde gegenüber nicht zu.

---

5. Von den in Veranlassung des B.G.B. erlassenen landesgesetzlichen Vorschriften, welche Bestimmungen der in dem Art. 94 gedachten Art enthalten, sind hervorzuheben das preuß. A.G. zum B.G.B. Art. 41, durch welchen das preuß. Ges. über das Pfandleihgewerbe v. 17. März 1881 geändert wird; das bayerische A.G. zum B.G.B Art. 91; das sächs. A.G. zum B.G.B. § 51; das badische A.G. zum B.G.B Art. 29; die Lübeck'sche Leihhausordnung v. 30. Oktober 1899 und das Lübeck'sche Ges., betr. das Pfandleihgewerbe, v. 30. Oktober 1899; die hessische V. v. 2. August 1899.

Artikel 95.

E. d. E.G. I Art. 46; II Art. 69; III Art. 95. P. I S. 12791–12798. M. d. E.G. S. 166, 167. P. II S. 2167, 2168, 2175, 2177–2179, 8805, 8806 (Bd. 2 S. 290, 294, 295; Bd. 6 S. 379, 380). K.B. S. 1979, 2113. St.B. S. 3031.

Neubauer, Zusammenstellung des in Deutschland geltenden Rechtes betr. verschiedener Rechtsmaterien (auch Gesinderecht). Kähler, Gesindewesen und Gesinderecht in Deutschland, Jena 1896.

1. Das Gesindeverhältniß ist ein privatrechtliches Dienstverhältniß. In Ermangelung eines besonderen Vorbehalts würden darauf also die Vorschriften des B.G.B. §§ 611—630 über den Dienstvertrag und daneben die allgemeinen Vorschriften des B.G.B. über Verträge Anwendung finden. Die besondere Natur des Gesindeverhältnisses erfordert aber mit Rücksicht auf die dabei in Betracht kommenden wirthschaftlichen und sozialen Verhältnisse eine in manchen Beziehungen von den allgemeinen Vorschriften abweichende Regelung. Jene Verhältnisse sind in den einzelnen Theilen Deutschlands so verschieden, daß eine einheitliche Regelung für unthunlich erachtet werden mußte. Wie groß diese Verschiedenheit ist, ergiebt sich aus der großen Zahl und Verschiedenheit der in den einzelnen deutschen Staaten geltenden und häufig noch innerhalb desselben Staates für einzelne Landestheile wieder verschiedenen Gesindeordnungen. Der Art. 95 überweist deshalb das gesammte Gesinderecht prinzipiell der Landesgesetzgebung und bestimmt nur in Abs. 2, 3 im Interesse der Rechtseinheit in einzelnen Beziehungen eine Beschränkung.

2. Der Vorbehalt des Art. 95 ist, obwohl er nicht unter den allgemeinen Vorbehalten steht und sich auch in der Fassung von diesen unterscheidet, doch prinzipiell ein allgemeiner (s. Vorbm. 2 zu diesem Abschnitte S. 130), wenn er auch durch die Abs. 2, 3 in verschiedenen Beziehungen beschränkt ist. Die Landesgesetzgebung kann daher zunächst bestimmen, welche Personen zu dem Gesinde zu rechnen sind. Ein in der R.T.K. sowie im Reichstage selbst gestellter Antrag, den Begriff des Gesindes dahin zu definiren:

> „Unter Gesinde (Dienstboten) sind diejenigen Personen zu verstehen, welche sich einem Anderen unter Eintritt in seine Hausgenossenschaft zur fortlaufenden Verrichtung von häuslichen Diensten und Arbeiten gegen Vergütung verpflichtet haben"

eventuell hinter dem Worte „häuslichen" im Anschluß an die Bremer Gesindeordnung v. 22. Juli 1894 § 2 noch die Worte „oder wirthschaftlichen" einzuschalten, wurde abgelehnt, weil die Landesgesetzgebung mit Rücksicht auf die Verschiedenheit der Verhältnisse freien Spielraum haben müsse. Soweit indessen die Landesgesetzgebung keine besonderen Bestimmungen enthält, dürfte die in dem obigen Antrage gegebene Definition im Wesentlichen als richtig zu betrachten sein. Dadurch, daß die Landesgesetzgebung auf gewisse Personen einzelne für das Gesinde geltende Vorschriften für anwendbar erklärt, werden diese Personen noch nicht Gesinde. So sind z. B. nach preuß. Rechte Erzieher, Privatsekretäre nicht Gesinde (A.L.R. II 5 §§ 187 ff.), obwohl auch für sie nach A.L.R. II 5 § 194 gewisse Vorschriften des Gesinderechts Anwendung finden. Andererseits verlieren Personen, welche nach den landesgesetzlichen Vorschriften im Allgemeinen zu dem Gesinde gerechnet werden, diese Eigenschaft nicht dadurch, daß einzelne Vorschriften des Gesinderechts auf sie keine Anwendung finden. So dürften z. B. die Hausoffizianten des preuß. Rechtes (A.L.R. II §§ 177 ff.) zu dem Gesinde zu rechnen sein, obwohl einzelne Vorschriften des Gesinderechts auf sie keine Anwendung finden. Die Bestimmung des Begriffs des Gesindes ist übrigens selbstverständlich nur insoweit Sache der Landesgesetzgebung, als die Reichsgesetze nicht schon für einzelne Kategorien von Dienstverpflichteten Sonderbestimmungen enthalten (vergl. H.G.B. Buch I Abschnitt VI; Gew.O. Tit. VII; Seemannsordnung v. 27. Dezember 1872; Binnenschifffahrtsgesetz in der Fassung v. 1898 §§ 21—25; Flößereigesetz v. 15. Juni 1895 §§ 16, 17).

Unter den Vorbehalt des Art. 95 fallen ferner die Vorschriften über die Erfordernisse des Gesindevertrags, über dessen Wirkungen, sowohl unter den Parteien wie gegenüber Dritten und über die Beendigung des Dienstverhältnisses. In Betracht kommen z. B. Vorschriften, nach welchen der Miethvertrag erst als geschlossen gilt, wenn ein Miethgeld gegeben ist sowie Vorschriften, welche die Gründe der Kündigung oder die Kündigungsfristen bestimmen oder welche besondere Bestimmungen über die Verjährung der Ansprüche aus dem Gesindeverhältnisse geben (P. II S. 8806). Es fallen unter den Vorbehalt auch die Vorschriften über die Befugnisse der Polizei in Ansehung des Gesindeverhältnisses, z. B. über das Erforderniß einer polizeilichen Erlaubniß zum Antritte des Dienstes und über das Recht zum Einschreiten im Falle des Kontraktbruchs, soweit diese Vorschriften nicht schon als dem öffentlichen Rechte angehörend unter die Zuständigkeit der Landesgesetzgebung fallen. Um Zweifel darüber abzuschneiden, ob der Vorbehalt sich auch auf die Wirkungen des Gesindeverhältnisses gegenüber Dritten bezieht, ist der Satz 2 des Abs. 1 aufgenommen. Auch die Vorschriften über Gesindemakler dürften unter den Vorbehalt fallen (P. I S. 12793 Nr. 11).

3. Nach Abs. 2 finden folgende Vorschriften des B.G.B. auf das Gesindeverhältniß Anwendung und fallen nicht unter den Vorbehalt des Abs. 1:

a) die sich auf das Erforderniß der Geschäftsfähigkeit bei Willenserklärungen beziehenden Vorschriften der §§ 104—115 einschließlich der Vorschrift über die Nichtigkeit einer im Zustande der Bewußtlosigkeit oder vorübergehender Störung der Geistesthätigkeit abgegebenen Willenserklärung. Hervorzuheben ist die Vorschrift des § 113 über die von dem gesetzlichen Vertreter einer in der Geschäftsfähigkeit beschränkten Person ertheilte Ermächtigung, in Dienst oder Arbeit zu treten, und über die Folgen einer solchen Ermächtigung.

b) Der § 131 über die Voraussetzungen der Wirksamkeit der einer geschäftsunfähigen oder in der Geschäftsfähigkeit beschränkten Person gegenüber abgegebenen Willenserklärung.

c) Der § 278, nach welchem ein Schuldner das Verschulden derjenigen Personen, deren er sich zur Erfüllung seiner Verbindlichkeit bedient, in gleichem Umfange zu vertreten hat wie eigenes Verschulden. Dies gilt also auch für das Gesinde, dessen sich der Dienstherr zur Erfüllung einer Verbindlichkeit bedient.

d) Der § 617, nach welchem, wenn bei einem dauernden Dienstverhältnisse, welches die Erwerbsthätigkeit des Verpflichteten vollständig oder hauptsächlich in Anspruch nimmt, der Verpflichtete in die häusliche Gemeinschaft aufgenommen ist, der Dienstberechtigte ihm im Falle der Erkrankung die erforderliche Verpflegung und ärztliche Behandlung bis zur Dauer von sechs Wochen, jedoch nicht über die Beendigung des Dienstverhältnisses hinaus zu gewähren hat, sofern nicht die Erkrankung von dem Verpflichteten vorsätzlich oder durch grobe Fahrlässigkeit herbeigeführt worden ist, und nach welchem über die Art und Weise, wie diese Verpflichtung zu erfüllen ist und über die Fälle, in denen sie ausnahmsweise nicht eintritt, nähere Vorschriften gegeben sind. Diese Vorschriften binden die Landesgesetzgebung indessen nur insofern, als sie die Verpflichtung des Dienstherrn dem Gesinde gegenüber nicht unter das in § 617 bestimmte Maß herabsetzen kann; weitergehende Verpflichtungen dem Dienstherrn aufzuerlegen, ist die Landesgesetzgebung nicht gehindert.

e) Der § 618, nach welchem dem Dienstberechtigten dem Dienstverpflichteten gegenüber die dort näher bezeichneten Verpflichtungen in Ansehung der Räume, Vorrichtungen und Gerätschaften, die er zur Verrichtung der Dienste zu beschaffen hat, und in Ansehung der Regelung der Dienstleistungen obliegen, und nach welchem dem Dienstberechtigten, wenn der Dienstverpflichtete in die häusliche Gemeinschaft aufgenommen ist, in Ansehung der Wohn- und Schlafräume, der Verpflegung, der Arbeits- und Erholungszeit noch die besonderen im Abs. 2 bezeichneten Verpflichtungen obliegen. Die Landesgesetzgebung kann diese Verpflichtungen weder erhöhen noch beschränken.

Artikel 96.

Unberührt bleiben die landesgesetzlichen Vorschriften über einen mit der Ueberlassung eines Grundstücks in Verbindung stehenden Leibgedings-, Leibzuchts-,

---

f) Der § 619, nach welchem die in den §§ 617, 618 bestimmten Verpflichtungen des Dienstberechtigten durch Vertrag im Voraus nicht aufgehoben oder beschränkt werden können. Eine vertragsmäßige Erhöhung ist zulässig.

g) Der § 624, nach welchem ein Dienstverhältniß, das auf Lebenszeit oder auf länger als fünf Jahre eingegangen ist, nach Ablauf von fünf Jahren von den Verpflichteten gekündigt werden kann. Die Landesgesetzgebung kann dieses Recht des Dienstverpflichteten in Beziehung auf das Gesinde nicht beschränken; sie dürfte aber auch nicht berechtigt sein, in den Fällen des § 624 dem Gesinde unbedingt schon nach Ablauf einer kürzeren Zeit ein Kündigungsrecht zu geben.

h) Die §§ 831, 840 Abs. 2 über die Verpflichtung desjenigen, welcher einen Anderen zu einer Verrichtung bestellt, den von diesem in der Ausführung der Verrichtung einem Dritten widerrechtlich zugefügten Schaden zu ersetzen und über das Verhältniß, in welchem, wenn auch der zu der Verrichtung Bestellte für den Schaden verantwortlich ist, dieser und der Besteller untereinander haften.

i) Der § 1358 über das Recht des Ehemanns, für den Fall, daß die Ehefrau sich zu einer von ihr in Person zu bewirkenden Leistung verpflichtet hat, das Rechtsverhältniß zu kündigen.

4. Nach Abs. 3 ist ein Züchtigungsrecht des Dienstberechtigten dem Gesinde gegenüber ausgeschlossen. Ein solches steht dem Dienstberechtigten nach dem B.G.B. nicht zu. Um klar zu stellen, daß auch die Landesgesetzgebung nicht befugt sei, ein Züchtigungsrecht zuzulassen, und daß alle damit in Widerspruch stehenden Vorschriften der Landesgesetze aufgehoben seien, ist der Abs. 3 vom Reichstage hinzugefügt worden. Zweifelhaft kann sein, ob auf Grund des Abs. 3 auch solche Vorschriften, wie die des § 77 der preuß. Gesindeordnung v. 8. November 1810, nach welchem ein Dienstbote wegen geringer Thätlichkeiten von der Herrschaft keine gerichtliche Genugthuung fordern kann, wenn er die Herrschaft durch ungebührliches Betragen gereizt hat, als aufgehoben zu betrachten sind. Soweit Bestimmungen dieser Art dem Strafrecht angehören, werden sie durch den Art. 95 überhaupt nicht berührt. Soweit sie aber dahin aufzufassen sind, daß dadurch der Dienstherrschaft unter gewissen Voraussetzungen auf Grund des Gesindeverhältnisses ein Recht zu geringen Thätlichkeiten gegen das Gesinde eingeräumt und auf Grund dieses Rechtes die Forderung einer gerichtlichen Genugthuung ausgeschlossen wird, dürften sie als aufgehoben zu betrachten sein (Weißler in der deutschen Juristenzeitung 1899 S. 18, 19).

Ein Beispiel, welche Aenderungen die bestehenden Gesindeordnungen in Folge der Vorschriften der Abs. 2, 3 des Art. 95 erleiden, giebt Franke, die hannoverschen Dienstbotenordnungen, wie sie von Neujahr 1900 an gelten.

5. Die in anderen Reichsgesetzen als dem B.G.B. enthaltenen Vorschriften über das Gesinderecht, z. B. C.P.O. § 850 Nr. 1; K.O. §§ 22, 61 Nr. 1; Zw.V.G. § 10 Abs. 1 Nr. 2 bleiben nach Art. 32 bestehen und können auf Grund des Art. 95 von der Landesgesetzgebung nicht geändert werden.

6. Von den in Veranlassung des B.G.B. erlassenen landesgesetzlichen Vorschriften, welche Bestimmungen über das Gesindeverhältniß enthalten, sind hervorzuheben das preuß. A.G. zum B.G.B. Art. 14, 89 Nr. 1c zu A.L.R. II 5; das bayerische A.G. zum B.G.B. Art. 15—31; das sächs. Ges. v. 31. Mai 1898, betr. einige Abänderungen der revidirten Gesindeordnung v. 2. Mai 1892; das württemberg'sche A.G. zum B.G.B. Art. 175 und die württemberg'sche Gesindeordnung v. 28. Juli 1899; das badische Ges. v. 20. August 1898; das hessische A.G. zum B.G.B. Art. 273 und die Gesindeordnung in der Fassung v. 3. August 1899; die mecklenburg'sche Gesindeordnung v. 9. April 1899, die oldenburg'sche Gesindeordnung v. 15. Mai 1899; die Bremen'sche Gesindeordnung v. 18. Juli 1899 in der Fassung v. 23. Dezember 1899; die Lübeck'sche Gesindeordnung v. 19. Juli 1899.

Artikel 96.

E. d. E.G. I Art. 59; II Art. 70; III Art. 96. P. I S. 2676—2684, 2686, 11838, 12798, 12799; M. II S. 636. M. d. E.G. S. 186, 187. P. II S. 8874, 8875 (Bd. 6 S. 419).

1. Das B.G.B. enthält keine allgemeinen Vorschriften über Versorgungsverträge und die in dem Art. 96 bezeichneten Arten dieser Verträge. Der gemeinschaftliche Charakter der Verträge dieser Art besteht darin, daß sich der eine Theil verpflichtet, dem anderen Theile für dessen

Altentheils- oder Auszugsvertrag, soweit sie das sich aus dem Vertrag ergebende Schuldverhältniß für den Fall regeln, daß nicht besondere Vereinbarungen getroffen werden.

Lebenszeit gewisse Leistungen zu machen, welche den Zweck haben, ihm den Lebensunterhalt zu gewähren; sie sind nach den allgemeinen Grundsätzen über Verträge und, soweit eine Leibrente versprochen wird, nach den besonderen Vorschriften der §§ 759—761 zu beurtheilen. In Verbindung mit der Ueberlassung eines Grundstücks, insbesondere mit der Uebertragung eines Bauernhofs kommen derartige Verträge unter verschiedenen Bezeichnungen, von denen der Art. 96 die üblichsten hervorhebt, sehr häufig vor und theils durch Partikulargesetze, theils gewohnheitsrechtlich haben sich für Verträge dieser Art häufig besondere Grundsätze entwickelt. Diese aufrecht zu erhalten und der Landesgesetzgebung die Möglichkeit zu gewähren, solche Grundsätze gesetzlich neu zu bestimmen, bezweckt der Art. 96. In den Erl. zu Art. 64 ist bereits darauf hingewiesen, daß durch den Vorbehalt der Vorschriften über das Anerbenrecht auch die Vorschriften über eine im Falle des Eintritts des Anerbenrechts zu gewährende Leibzucht vorbehalten sei. Unter den Vorbehalt des Art. 64 würden aber auch wohl solche Vorschriften fallen, welche für den Fall, daß ein Anerbengut dem Anerben mit Rücksicht auf sein künftiges Anerbenrecht unter Lebenden übertragen wird, in Ansehung dieses Uebergabevertrags und der in Verbindung damit zu Gunsten des abtretenden Eigenthümers ausbedungenen Leibzucht besondere Bestimmungen geben. Soweit es sich also um Grundstücke handelt, die dem Anerbenrecht unterliegen, würde es eines besonderen Vorbehalts der im Art. 96 gedachten Art nicht bedürfen. Der Art. 96 geht aber hierüber hinaus, indem er ohne Rücksicht darauf, ob das abgetretene Grundstück dem Anerbenrecht unterliegt oder nicht, die in Verbindung mit einer solchen Abtretung abgeschlossenen Leibzuchtsverträge trifft. Im E. I d. E.G. hieß es statt „Grundstücks" „Gutes". Es sollten durch diese Fassung solche Fälle ausgeschieden werden, in welchen es sich lediglich um die Veräußerung einzelner Parzellen handelt. Die zweite Kommission hielt eine derartige Beschränkung für nicht erforderlich. Praktische Bedeutung hat der Vorbehalt allerdings im Wesentlichen nur für die Fälle, in welchen es sich um die Uebertragung eines sog. Gutes, insbesondere eines Bauernhofs handelt. Voraussetzung des Vorbehalts ist aber nur, daß ein Grundstück irgend einer Art überlassen wird und daß der Leibzuchtsvertrag mit dieser Ueberlassung in Verbindung steht. Um eine solche Verbindung anzunehmen, ist nicht erforderlich, daß der Leibzuchtsvertrag und der Ueberlassungsvertrag in derselben Urkunde enthalten sind. Regelmäßig wird dies zwar der Fall sein; nothwendig ist aber nur, daß beide Verträge nach der Absicht der Parteien in innerer Verbindung stehen, und daß also der Leibzuchtsvertrag eben nur mit Rücksicht auf die Ueberlassung des Grundstücks abgeschlossen wird.

2. Durch den Vorbehalt werden nur getroffen solche landesgesetzliche Bestimmungen, welche sich auf das aus dem Vertrag ergebende Schuldverhältniß beziehen. Geht der Vertrag, wie dies regelmäßig der Fall ist, auf die Begründung gewisser dinglicher Rechte z. B. eines Nießbrauchs, einer beschränkten persönlichen Dienstbarkeit, einer Reallast oder einer Hypothek für die versprochenen Leistungen, so kann die Landesgesetzgebung weder über den Inhalt solcher dinglicher Rechte noch über die Erfordernisse ihrer Begründung Bestimmungen treffen; in diesen Beziehungen entscheiden lediglich die Bestimmungen des B.G.B. Auch in Ansehung des obligatorischen Vertrags beschränkt sich die Zuständigkeit der Landesgesetzgebung auf dessen Inhalt. Sie ist nicht berechtigt, eine Form für den Vertrag vorzuschreiben; ebenso wenig ist sie berechtigt, eine in dem B.G.B. enthaltene Formvorschrift zu ändern. Als solche kommt, wenn durch den Vertrag eine Leibrente versprochen wird, in Betracht die Vorschrift des § 761, durch welche schriftliche Form des Versprechens erfordert wird; mittelbar hierher gehört auch die Vorschrift des § 313, welche für den auf Uebertragung eines Grundstücks gerichteten Vertrag gerichtliche oder notarielle Beurkundung verlangt.

Auch in Betreff des Inhalts des Schuldverhältnisses beschränkt sich der Vorbehalt, wie sich aus dem Schlusse des Artikels ergibt, auf dispositive und auf Auslegungsvorschriften. Zu zwingenden Vorschriften ist die Landesgesetzgebung nicht befugt. In Betreff der dispositiven und der Auslegungsvorschriften aber war der Vorbehalt nothwendig, weil sich in dieser Beziehung das Verhältniß in den verschiedenen Landestheilen unter der Einwirkung wirthschaftlicher sozialer und geschichtlicher Momente in mannigfacher Art gestaltet hat. In Betracht kommen insbesondere Vorschriften über die Verpflichtung des Erwerbers des Grundstücks zur Bestellung der den Leistungen entsprechenden dinglichen Rechte, über die Qualität der zu liefernden landwirthschaftlichen Erzeugnisse, über die Tragung der Lasten, welche auf dem dem Leibzüchter zur Benutzung überlassenen Theile des Grundstücks ruhen, über die Beschaffenheit der dem Leibzüchter eingeräumten Wohnung, über das Recht des Leibzüchters, andere Personen mit in die Wohnung aufzunehmen, über die Folgen des Verzugs der Leistung, über das Recht des Leibzüchters, unter gewissen

Artikel 97.

Unberührt bleiben die landesgesetzlichen Vorschriften, welche die Eintragung von Gläubigern des Bundesstaats in ein Staatsschuldbuch und die aus der Eintragung sich ergebenden Rechtsverhältnisse, insbesondere die Uebertragung und Belastung einer Buchforderung, regeln.

Soweit nach diesen Vorschriften eine Ehefrau berechtigt ist, selbständig Anträge zu stellen, ist dieses Recht ausgeschlossen, wenn ein Vermerk zu Gunsten des Ehemanns im Schuldbuch eingetragen ist. Ein solcher Vermerk ist einzutragen, wenn die Ehefrau oder mit ihrer Zustimmung der Ehemann die Eintragung beantragt. Die Ehefrau ist dem Ehemanne gegenüber zur Ertheilung der Zustimmung verpflichtet, wenn sie nach dem unter ihnen bestehenden Güterstand über die Buchforderung nur mit Zustimmung des Ehemanns verfügen kann.

Voraussetzungen statt der eingeräumten Wohnung eine Geldleistung zu verlangen, über das bei der Bestellung der Leibzucht für mehrere Personen z. B. für Ehegatten im Falle des Todes eines der Berechtigten eintretende Verhältniß.

3. Vergl. auch die G.B.O. § 50; E.G. z. Zw.V.G. § 9.

4. Von den in Veranlassung des B.G.B. erlassenen landesgesetzlichen Vorschriften, welche Bestimmungen der in dem Art. 96 gedachten Art enthalten, sind hervorzuheben das preuß. A.G. zum B.G.B. Art. 15, 89 Nr. 5; das bayerische A.G zum B.G.B. Art. 32—48; das sächs. A.G. zum B.G.B. § 31; das badische A.G. zum B.G.B. Art. 9; das hessische A.G. zum B.G.B. Art. 37—66; das Lübeck'sche A.G. zum B.G.B. §§ 28—43.

Artikel 97.

E. d. E.G. I Art. 57; II Art. 71; III Art. 97. P. I S. 12787—12789, 12802—12805. M. d. E.G. S. 185, 186. P. II S. 4317, 4318, 5150, 5206, 5207, 8627, 8859—8867 (Bd. 3 S. 518, 519; Bd. 4 S. 144, 168; Bd. 6 S. 275, 276, 411—416, 612).

1. In einzelnen deutschen Staaten besteht entsprechend der Einrichtung des Reichsschuldbuchs für die Reichsschulden (s. Erl. zu Art. 50) die Einrichtung eines Staatsschuldbuchs (s. für Preußen, die Ges., betr. das Staatsschuldbuch, v. 20. Juli 1883; Ges., betr. die Erweiterung des Staatsschuldbuchs, v. 12. April 1886 und v. 8. Juni 1891, für Sachsen das Ges., betr. das Staatsschuldbuch, v. 25. April 1884, für Hessen das Ges. v. 27. März 1898, für Weimar das Ges. v. 20. Januar 1900). Die Einrichtung bezweckt die Umwandelung von Staatsschuldverschreibungen auf den Inhaber in Forderungen einer bestimmten Person gegen den Staat. Die gedachten Gesetze enthalten nähere Vorschriften einerseits darüber, wer zu dem Antrag auf Umwandelung berechtigt ist, und in welcher Art diese Umwandelung erfolgt, andererseits über den Inhalt des durch die Eintragung in das Staatsschuldbuch begründeten Schuldverhältnisses sowie über die Legitimation zu Anträgen, die sich auf die eingetragenen Forderungen, insbesondere deren Umschreibung und die Hinzufügung von Vermerken beziehen, ferner über die Voraussetzungen, unter welchen eine Uebertragung oder Belastung der Buchbehörde gegenüber wirksam ist (s. z. B. preuß. Ges. v. 1883 § 7 Abs. 3, 5, § 18). Der Vorbehalt bezweckt, alle diese Vorschriften aufrechtzuerhalten und die Landesgesetzgebung zu ermächtigen, ähnliche Vorschriften zu treffen. Ein Zweifel über die Tragweite des Vorbehalts kann in der Richtung entstehen, ob die Worte „die sich aus der Eintragung ergebenden Rechtsverhältnisse" dahin auszulegen sind, daß die Landesgesetzgebung auch befugt ist, Bestimmungen über die Rechte Dritter an den Buchforderungen zu geben, insbesondere solche Rechte, soweit sie nach dem B.G.B. begründet sind, zu beseitigen. In den M. d. E. I des E.G. wird betont, daß durch den Vorbehalt nur die Regelung des Rechtsverhältnisses zwischen dem Gläubiger und dem Staate der Landesgesetzgebung vorbehalten werde, nicht aber das Verhältniß des Gläubigers zu Dritten. In Konsequenz dieser Auffassung wurde auch in der zweiten Kommission ein Antrag abgelehnt, in den Vorbehalt die Worte aufzunehmen „sowie die Befugniß einer Ehefrau regeln, über die für sie eingetragene Forderung selbständig zu verfügen" und statt dessen nur die Einschaltung der Worte „sowie die Befugnisse einer Ehefrau zur selbständigen Stellung von Anträgen bei der Staatsschuldbuchbehörde regeln" beschlossen. Dabei wurde anerkannt, daß auch durch diesen Zusatz einer Ehefrau, welche, weil die Forderung zum eingebrachten Gute gehöre, nicht berechtigt sei, darüber zu verfügen, mittelbar die Möglichkeit gewährt werde, auf die Forderung einzuwirken, aber es liege kein Bedürfniß vor, eine materielle Vorschrift, durch welche das Recht des Ehemanns

Artikel 98.

Unberührt bleiben die landesgesetzlichen Vorschriften über die Rückzahlung oder Umwandlung verzinslicher Staatsschulden, für die Inhaberpapiere ausgegeben oder die im Staatsschuldbuch eingetragen sind.

---

aufgehoben werde, zuzulassen, vielmehr genüge für das Interesse der Buchbehörde, die gedachte formelle Legitimation der Frau zu Anträgen der gedachten Art. Der fragliche Zusatz ist bei der Redaktion später aus dem ersten Absatze weggelassen, durch die Fassung des Einganges des zweiten Absatzes aber klar gestellt, daß die Landesgesetzgebung zu einer Bestimmung der fraglichen Art befugt ist. Das Verhältniß wird also so gedacht, daß die Umschreibung einer zu dem eingebrachten Gute der Ehefrau gehörenden Buchforderung auf alleinigen Antrag der Frau erfolgen kann und daß, wenn dies geschehen ist, die Buchbehörde berechtigt ist, denjenigen, auf welchen die Forderung umgeschrieben ist, als den Gläubiger zu behandeln. Das materielle Recht des Ehemanns aber soll hierdurch nicht beseitigt werden, dieser also befugt bleiben, die Unwirksamkeit der Umschreibung gegenüber der Ehefrau und den Dritten, auf welchen die Forderung umgeschrieben ist, geltend zu machen und die dementsprechende Berichtigung des Staatsschuldbuchs zu verlangen. Den Gefahren, welchen der Ehemann dadurch ausgesetzt ist, daß die Buchbehörde den Dritten als berechtigten Gläubiger zu betrachten befugt ist, ihm also z. B. mit befreiender Wirkung die Zinsen zahlen und die Buchforderung wieder in eine Schuldverschreibung auf den Inhaber umwandeln kann, wird soweit als möglich durch die Bestimmungen des Abs. 2 vorgebeugt. Diese Auffassung des Verhältnisses dürfte mit dem Wortlaute des Abs. 1 vereinbar und wird als die Absicht des Gesetzes anzuerkennen sein. Dies dürfte um so unbedenklicher erscheinen, als keines der bestehenden Gesetze eine über die gedachte formelle Befugniß der Ehefrau hinausgehende Bestimmung enthält. Ein Zweifel könnte daraus entnommen werden, daß abweichend von dem E. I jetzt in den Art. 97 noch die Worte aufgenommen sind „insbesondere die Uebertragung und Belastung einer Buchforderung". Nimmt man diese Worte im weitesten Sinne, so fallen darunter auch Bestimmungen, welche die materielle Berechtigung zu der Uebertragung und Belastung betreffen, also auch die Berechtigung einer Ehefrau, ohne Einwilligung des Ehemanns über eine zum eingebrachten Gute gehörende Forderung zu verfügen. Nach der Entstehungsgeschichte der fraglichen Vorschrift dürfte es aber richtiger sein, die gedachten Worte in einem engeren Sinne, nämlich dahin zu verstehen, daß darunter nur Bestimmungen über die Erfordernisse des die Uebertragung oder Belastung enthaltenden Rechtsgeschäfts fallen, z. B. die Bestimmung, daß die Verpfändung der Forderung durch die auf Antrag des Gläubigers erfolgende Eintragung eines Vermerks im Schuldbuch erfolge. Im Interesse der Buchbehörde ist eine hierüber hinausgehende Auslegung jener Bestimmung nicht erforderlich; sie wird genügend geschützt durch die Vorschriften darüber, wen die Buchbehörde als legitimirt anzuerkennen berechtigt ist.

2. Die Bestimmungen des Abs. 2 entsprechen den durch Art. 50 für das Reichsschuldbuch gegebenen Vorschriften. Es wird daher in dieser Beziehung auf die Erl. zu Art. 50 verwiesen.

3. Auf Forderungen, die in das Reichsschuldbuch oder in das Staatsschuldbuch eingetragen sind, und auf die Umwandelung von Schuldverschreibungen auf den Inhaber in solche Forderungen beziehen sich die Vorschriften des B.G.B. §§ 1393, 1815, 2117. Der Ehemaun, der Vormund und der Nacherbe, welche verpflichtet sind, Inhaberpapiere zu hinterlegen oder auf den Namen umschreiben zu lassen, können statt dessen, soweit dies bei den betreffenden Papieren zulässig ist, diese nach den gedachten Paragraphen in Buchforderungen umwandeln; zugleich kann durch Eintragung eines Vermerkes in das Schuldbuch nach Maßgabe der näheren Bestimmungen der gedachten Paragraphen für die Sicherung des Berechtigten Vorsorge getroffen werden.

4. Von den in Veranlassung des B.G.B. erlassenen landesgesetzlichen Vorschriften, welche Bestimmungen der im Art. 97 gedachten Art enthalten, sind hervorzuheben das preuß. A.G. zum B.G.B. Art. 16; das sächs. A.G. zum B.G.B. § 52; die sächs. A.V. v. 6. Juli 1899 § 54.

Artikel 98.

R.B. S. 2113. St.B. S. 3031, 3096.

1. Der Art. 98 beruht auf einem Beschlusse der R.T.K. Er ist veranlaßt durch die Vorschrift des § 2 des preuß. Ges. v. 4. Mai 1885, nach welcher, bevor die Kündigung erfolgt, den Inhabern der Schuldverschreibungen der 4½ prozentigen konsolidirten Staatsanleihe die Umwandelung dieser Schuldverschreibungen in solche der 4 prozentigen konsolidirten Staatsanleihe durch öffentliche Bekanntmachung des Finanzministers mit der Wirkung anzubieten ist, daß das Angebot für angenommen gilt, wenn nicht binnen einer Frist unter Einreichung der Staatsschuldverschreibungen die Bezahlung des Kapitals beantragt wird. Eine entsprechende

Artikel 99.

Unberührt bleiben die landesgesetzlichen Vorschriften über die öffentlichen Sparkassen, unbeschadet der Vorschriften des §. 808 des Bürgerlichen Gesetzbuchs und der Vorschriften des Bürgerlichen Gesetzbuchs über die Anlegung von Mündelgeld.

Vorschrift enthält das preuß. Ges. betr. die Kündigung und Umwandelung der 4 prozentigen Staatsanleihe v. 23. Dezember 1896 § 2. Die Vorschrift, daß das in der gedachten Bestimmung erfolgte Angebot als angenommen gilt, wenn nicht binnen einer bestimmten Frist der dort bezeichnete Antrag gestellt wird, steht nicht im Einklange mit den Vorschriften des B.G.B. über einen Vertragsantrag und dessen Annahme (§§ 145 ff.). Das Interesse des preußischen Staates erfordert aber die Aufrechterhaltung der fraglichen Vorschrift und im Interesse aller Bundesstaaten liegt es, ihnen die Möglichkeit zu gewähren, ähnliche Vorschriften im Wege der Landesgesetzgebung zu treffen. Die Fassung des Vorbehalts geht noch über dessen spezielle Veranlassung hinaus und gestattet der Landesgesetzgebung generell, Vorschriften über die Rückzahlung oder Umwandelung verzinslicher Staatsschulden der im Art. 98 gedachten Art zu treffen. Bestimmungen dieses Inhalts sind schon nach allgemeinen Grundsätzen wirksam, wenn sie in der Schuldverschreibung auf den Inhaber selbst enthalten oder vertragsmäßig bei der Eintragung in das Schuldbuch getroffen sind. Das Besondere, was durch den Vorbehalt ermöglicht wird, liegt darin, daß Bestimmungen des gedachten Inhalts nicht nur durch die Schuldverschreibung bezw. durch Vertrag, sondern durch Landesgesetz getroffen werden können.

2. Wegen der in Veranlassung des B.G.B. erlassenen landesgesetzlichen Vorschriften, welche Bestimmungen der im Art. 98 gedachten Art enthalten, vergl. z. B. die mecklenburgische A.V. zum B.G.B. § 44.

Artikel 99.

E. d. E.G. II Art. 72; III Art. 98. P. II S. 9214—9216 (Bd. 6 S. 618—620).

1. Der Vorbehalt des Art. 99 ist von der zweiten Kommission eingestellt. Veranlassung dazu gab das Elsaß-Lothringische Ges. v. 14. Juli 1895, die Sparkassen betreffend, nach dessen § 12 die Sparkassen berechtigt sind, den Ehefrauen und Minderjährigen die von ihnen gemachten Einlagen ohne Zustimmung des Ehemanns oder des gesetzlichen Vertreters zurückzuzahlen. Mit den Vorschriften des B.G.B. über die beschränkte Geschäftsfähigkeit der Minderjährigen (§§ 107 ff.) und über die Beschränkung des Verfügungsrechts der Ehefrau über ihr eingebrachtes Gut (§§ 1395 ff.) ist die angeführte Bestimmung nicht vereinbar. Man hielt es aber für wünschenswerth, sie aufrecht zu erhalten und der Landesgesetzgebung auch in anderen Staaten die Möglichkeit zu eröffnen, ähnliche Bestimmungen zu treffen. Den Vorbehalt aber auf diese einzelnen Bestimmungen zu beschränken erschien zu kasuistisch und man nahm an, daß das praktische Bedürfniß einen allgemeinen Vorbehalt in Betreff der öffentlichen Sparkassen rechtfertige.

2. Der Begriff der öffentlichen Sparkassen ist derselbe wie im § 1807 Abs. 1 Nr. 5. Er bestimmt sich für jeden Bundesstaat nach der Landesgesetzgebung (s. Erl. zu § 1807). Die Einrichtung, Verwaltung und Beaufsichtigung der öffentlichen Sparkassen gehört schon deshalb, weil es sich hierbei um Fragen des öffentlichen Rechtes handelt, zur Landesgesetzgebung. Die Bedeutung des Art. 99 liegt darin, daß auch privatrechtliche Vorschriften über die von den öffentlichen Sparkassen vorgenommenen Rechtsgeschäfte, insbesondere über die Entstehung, den Inhalt und die Aufhebung des durch die Einlagen bei den Sparkassen begründeten Schuldverhältnisses von der Landesgesetzgebung getroffen werden können. Soweit es sich hierbei um Auslegungs- oder dispositive Vorschriften handelt, würde dem Bedürfnisse schon dadurch genügt werden, daß die betreffenden Bestimmungen in dem mit den Einlegern geschlossenen Vertrag oder in das die Grundlage solcher Verträge bildende Statut der Sparkasse aufgenommen werden. Der Vorbehalt ermöglicht einerseits Bestimmungen dieser Art auch durch Landesgesetze zu treffen, andererseits aber auch zwingende Vorschriften des B.G.B., soweit sie sich auf die gedachten Rechtsgeschäfte der öffentlichen Sparkassen beziehen, durch die Landesgesetze zu ändern. Ein Beispiel der letzteren Art bietet das Gesetz, welches nach dem unter Nr. 1 Gesagten die Veranlassung zu dem Vorbehalte gegeben hat.

3. Der Vorbehalt unterliegt einer zweifachen Beschränkung.

a) Die Vorschrift des B.G.B. § 808 kann nicht geändert werden. Nach dieser wird, wenn eine Urkunde, in welcher der Gläubiger benannt ist, mit der Bestimmung ausgegeben

Artikel 100.

Unberührt bleiben die landesgesetzlichen Vorschriften, nach welchen bei Schuldverschreibungen auf den Inhaber, die der Bundesstaat oder eine ihm angehörende Körperschaft, Stiftung oder Anstalt des öffentlichen Rechtes ausstellt:

1. die Gültigkeit der Unterzeichnung von der Beobachtung einer besonderen Form abhängt, auch wenn eine solche Bestimmung in die Urkunde nicht aufgenommen ist;
2. der im §. 804 Abs. 1 des Bürgerlichen Gesetzbuchs bezeichnete Anspruch ausgeschlossen ist, auch wenn die Ausschließung in dem Zins- oder Rentenscheine nicht bestimmt ist.

---

ist, daß die in der Urkunde versprochene Leistung an jeden Inhaber bewirkt werden kann, der Schuldner durch die Leistung an den Inhaber befreit. Der Inhaber ist aber nicht berechtigt, die Leistung zu verlangen; der Schuldner ist nur gegen Aushändigung der Urkunde zur Leistung verpflichtet. Im Abs. 2 werden dann noch Bestimmungen über die Kraftloserklärung der Urkunde gegeben. Urkunden dieser Art sind die Sparkassenbücher. In Beziehung auf sie ist die Landesgesetzgebung daher nicht berechtigt, die Vorschriften des B.G.B. § 808 zu ändern. Hieraus ergiebt sich insbesondere, daß eine Außerkurssetzung der Sparkassenbücher unzulässig ist. Zulässig ist aber nach allgemeinen Grundsätzen, daß durch Vertrag zwischen dem Einleger und der Sparkasse das Recht der letzteren an jeden Inhaber des Sparkassenbuchs zu leisten ausgeschlossen, daß also z. B. durch einen solchen Vertrag bestimmt wird, daß die von einem Vormunde gemachte Einlage nur an diesen selbst mit Einwilligung des Vormundschaftsgerichts zurückgezahlt werden kann. Wird ein solcher Vertrag durch Vermerk in dem Sparkassenbuch erkennbar gemacht, so verliert das Sparkassenbuch insoweit den Charakter eines Legitimationspapiers der im § 808 gedachten Art und die Sparkasse wird nur durch eine nach Maßgabe des Vertrags erfolgende Leistung befreit.

b) Nicht geändert werden können ferner durch die Landesgesetzgebung die Vorschriften des B.G.B. über die Anlegung von Mündelgeldern. In dieser Beziehung bestimmt das B.G.B. § 1807 Abs. 1 Nr. 5, daß Mündelgelder in inländischen öffentlichen Sparkassen belegt werden können, wenn die zuständige Behörde des Bundesstaats, in welchem die Kasse ihren Sitz hat, diese als geeignet erklärt hat. Nach § 1809 soll der Vormund Mündelgelder bei einer Sparkasse nur mit der Bestimmung anlegen, daß die Erhebung des Geldes nur mit Genehmigung des Gegenvormundes oder des Vormundschaftsgerichts erfolgen kann. Diese Vorschriften können durch die Landesgesetzgebung nicht geändert werden.

4. Von den in Veranlassung des B.G.B. erlassenen landesgesetzlichen Vorschriften, welche Bestimmungen der im Art. 99 gedachten Art enthalten, sind hervorzuheben das preuß. A.G. zum B.G.B. Art. 75, nach dessen § 2 eine vor dem Inkrafttreten des B.G.B. erfolgte Außerkurssetzung eines Sparkassenbuchs noch die Wirkung behält, daß zur Erhebung des Geldes die Genehmigung des Gegenvormundes oder des Vormundschaftsgerichts erforderlich ist; das bayerische A.G. zum B.G.B. Art. 109—121, welche unter anderem Bestimmungen über die Berechtigung von Frauen und Minderjährigen zu Spareinlagen und über die Kraftloserklärung der Sparkassenbücher enthalten.

Artikel 100.

E. I § 701 Abs. 4. E. d. E.G. I Art. 60; II Art. 73; III Art. 99. P. I S. 11841, 11843, 12801, 12802; M. II S. 721. M. d. E.G. S. 187. P. II S. 2688, 2693, 8875—8877, 9210, 9211 (Bd. 2 S. 555, 556, 558; Bd. 6 S. 419, 420, 617).

1. Der Art. 100 gestattet der Landesgesetzgebung für Schuldverschreibungen auf den Inhaber, welche von dem betreffenden Bundesstaat oder einer ihm angehörenden Körperschaft, Stiftung oder Anstalt des öffentlichen Rechtes ausgestellt werden, Abweichungen von zwei Vorschriften des B.G.B. zu bestimmen. Die Abweichung kann nur für den Bundesstaat, durch dessen Gesetzgebung die Bestimmung erfolgt und für die ihm angehörenden in dem Artikel bezeichneten juristischen Personen bestimmt werden. Der Ausdruck „Körperschaften, Stiftungen und Anstalten des öffentlichen Rechtes" hat hier dieselbe Bedeutung wie im B.G.B. § 89 (Bd. I S. 125 Erl. 1 zu § 89). Zu den dem betreffenden Staate angehörenden Anstalten des öffentlichen Rechtes gehören, wie bei den Verhandlungen

Artikel 101.

Unberührt bleiben die landesgesetzlichen Vorschriften, welche den Bundesstaat oder ihm angehörende Körperschaften, Stiftungen und Anstalten des öffentlichen Rechtes abweichend von der Vorschrift des §. 806 Satz 2 des Bürgerlichen Gesetzbuchs verpflichten, die von ihnen ausgestellten, auf den Inhaber lautenden Schuldverschreibungen auf den Namen eines bestimmten Berechtigten umzuschreiben, sowie die landesgesetzlichen Vorschriften, welche die sich aus der Umschreibung einer solchen Schuldverschreibung ergebenden Rechtsverhältnisse, mit Einschluß der Kraftloserklärung, regeln.

---

der zweiten Kommission ausdrücklich hervorgehoben wurde, auch die Rentenbanken (s. preuß. Ges. v. 2. März 1850. P. II S. 8875—8877).

2. Von folgenden Bestimmungen des B.G.B. kann die Landesgesetzgebung für die unter Nr. 1 bezeichneten Schuldverschreibungen eine Abweichung gestatten:

a) von der Vorschrift des § 793 Abs. 2, nach welcher die Gültigkeit der Unterzeichnung durch eine in die Urkunde aufzunehmende Bestimmung von der Beobachtung einer besonderen Form abhängig gemacht werden kann. Die zugelassene Abweichung besteht darin, daß die Bestimmung nicht in die Urkunde aufgenommen zu werden braucht, sondern durch Landesgesetz erfolgen kann.

b) Von der Vorschrift des § 804 Abs. 2. Nach dieser kann der im § 804 Abs. 1 näher geregelte Anspruch des früheren Inhabers eines zerstörten oder abhanden gekommenen Zins-, Renten- oder Gewinnantheilscheins in dem betreffenden Scheine ausgeschlossen werden. Für Zins- und Rentenscheine wird nun die Abweichung zugelassen, daß der Ausschluß jenes Anspruchs nicht nur durch eine in den Schein selbst aufgenommene Bestimmung, sondern auch durch Landesgesetz erfolgen kann. Die Ausnahme ist auf die in dem § 804 mit erwähnten Gewinnantheilscheine nicht ausgedehnt, weil diese auch in dem B.G.B. nur da erwähnt werden, wo sie als selbständige Inhaberpapiere in Betracht kommen können, nicht aber da, wo dies, wie z. B. bei der Bestimmung des § 805 nicht der Fall ist und, weil auch hier bei der Beschränkung auf die im Eingange des Artikels bezeichneten Schuldverschreibungen auf den Inhaber dieser Fall nicht vorliegt (P. II S. 9210, 9211).

3. Von den in Veranlassung des B.G.B. erlassenen landesgesetzlichen Vorschriften, welche Bestimmungen der im Art. 100 gedachten Art enthalten, sind hervorzuheben das preuß. A.G. zum B.G.B. Art. 17; das Lübeck'sche A.G. zum B.G.B. § 46 (vergl. Reichsschuldenordnung v. 19. März 1900 § 4, § 16 Abs. 2).

Artikel 101.

E. d. E.G. I Art. 57; II Art. 74; III Art. 100. P. I S. 12787—12789, 12802—12805. M. d. E.G. S. 185, 186. (P. II S. 8859—8867 (Bd. 6 S. 414—416).

1. Nach B.G.B. § 806 kann die Umschreibung einer Schuldverschreibung auf den Inhaber auf den Namen einer bestimmten Person nur durch den Aussteller erfolgen. Dieser ist aber zu der Umschreibung nicht verpflichtet. In einzelnen Bundesstaaten ist der Staat verpflichtet, die von ihm ausgestellten auf den Inhaber lautenden Schuldverschreibungen auf Antrag des Berechtigten auf dessen Namen umschreiben zu lassen. Mit dieser Verpflichtung zur Umschreibung werden ähnliche Zwecke verfolgt wie in anderen Staaten mit der Verpflichtung zur Eintragung in das Staatsschuldbuch. Wie der Art. 97 die landesgesetzlichen Vorschriften über die Eintragung in das Staatsschuldbuch aufrecht erhält, so sollen durch Art. 101 die Vorschriften über die Umschreibung auf den Namen eines bestimmten Berechtigten aufrecht erhalten und soll zugleich der Landesgesetzgebung die Möglichkeit gegeben werden, ähnliche Vorschriften neu zu treffen. Von der zweiten Kommission ist der Vorbehalt auf die dem Bundesstaat angehörenden Körperschaften, Stiftungen und Anstalten des öffentlichen Rechtes ausgedehnt. Ueber den Begriff der Körperschaften, Stiftungen und Anstalten des öffentlichen Rechtes s. Bd. I S. 125 Erl. zu § 89 und Erl. 1 zu Art. 91, 100).

2. Entsprechend der im Art. 97 für die Umwandelung von Schuldverschreibungen auf den Inhaber gegebene Vorschrift wird durch die zweite Hälfte des Art. 101 die Zuständigkeit der Landesgesetzgebung auf die Regelung des aus der Umschreibung auf den Namen eines bestimmten Berechtigten sich ergebenden Rechtsverhältnisses ausgedehnt.

Artikel 102.

Unberührt bleiben die landesgesetzlichen Vorschriften über die Kraftloserklärung und die Zahlungssperre in Ansehung der im §. 807 des Bürgerlichen Gesetzbuchs bezeichneten Urkunden.

Unberührt bleiben die landesgesetzlichen Vorschriften, welche für die Kraftloserklärung der im §. 808 des Bürgerlichen Gesetzbuchs bezeichneten Urkunden ein anderes Verfahren als das Aufgebotsverfahren bestimmen.

In Betracht kommen insbesondere Vorschriften über die Legitimation desjenigen, welcher die Umschreibung beantragt sowie über die Voraussetzungen, unter welchen die Wiederumschreibung einer auf den Namen umgeschriebenen Schuldverschreibung in eine Schuldverschreibung auf den Inhaber verlangt werden kann. Auf Grund des Vorbehalts kann die Landesgesetzgebung auch bestimmen, daß die Zahlung, auch wenn die Schuldverschreibung auf einen bestimmten Berechtigten umgeschrieben ist, nur gegen Rückgabe der Urkunde zu erfolgen braucht, daß also insofern eine Abweichung von der Vorschrift des B.G.B § 371 Satz 2 stattfindet, als nach dieser der Schuldner, wenn er behauptet, zur Rückgabe außer Stande zu sein, nur verpflichtet ist, dem Gläubiger ein öffentlich beglaubigtes Anerkenntniß über das Erlöschen der Schuld auszustellen. Mit Rücksicht auf die Zulässigkeit einer Vorschrift der gedachten Art wird besonders hervorgehoben, daß sich die Zuständigkeit der Landesgesetzgebung auch auf Vorschriften über die Kraftloserklärung erstrecke. Solche Vorschriften kennt das B.G.B. für die auf den Namen lautenden Schuldurkunden mit Rücksicht auf die Vorschrift des § 371 Satz 2 nicht; sie mußten deshalb für den hier fraglichen Fall der Landesgesetzgebung gestattet werden.

3. Die zweite Hälfte des im Art. 101 bestimmten Vorbehalts beschränkt sich nicht auf diejenigen Fälle, in welchen nach landesgesetzlicher Vorschrift der Bundesstaat oder eine ihm angehörende Körperschaft, Stiftung oder Anstalt des öffentlichen Rechtes zur Umschreibung verpflichtet ist, sondern erstreckt sich auf alle Fälle, in welchen eine Umschreibung, sei es auch ohne eine dazu bestehende Verpflichtung, erfolgt. Immer aber können sich die landesgesetzlichen Vorschriften nur auf die von dem Bundesstaat oder von einer ihm angehörenden Körperschaft, Stiftung oder Anstalt des öffentlichen Rechtes ausgestellten Schuldverschreibung beziehen. Vergl. auch E.G. z. C.P.O. § 11.

4. Von den in Veranlassung des B.G.B. erlassenen landesgesetzlichen Vorschriften, welche Bestimmungen der im Art. 101 gedachten Art enthalten, sind hervorzuheben das preuß. A.G. zum B.G.B. Art. 18; das bayer. A.G. z. B.G.B. Art. 49—57; das württemberg'sche A.G. zum B.G.B. Art. 181, 183; das hessische A.G. zum B.G.B. Art. 68, 69; die mecklenburg'sche A.V. zum B.G.B. §§ 45—48; das oldenburg'sche A.G. zum B.G.B. § 5; das oldenburg'sche Ges. zur C.P.O. 2c. v. 15. Mai 1899 § 6; das Lübeck'sche A.G. zum B.G.B. § 48.

Artikel 102.

E. d. E.G. I Art. 61; II Art. 75; III Art. 101. P. I S. 13294, 13295. M. d. E.G. S. 187. P. II S. 2703, 2706—2708, 8491, 8492, 8877 (Bd. 2 S. 562—566; Bd. 6 S. 198, 199, 420).

1. Nach B.G.B. § 807 finden auf die dort bezeichneten Karten, Marken und ähnlichen Urkunden, in welchen ein Gläubiger nicht genannt ist, die aber unter Umständen ausgegeben werden, aus welchen erhellt, daß die Leistung an den Inhaber erfolgen solle, verschiedene der für Schuldverschreibungen auf den Inhaber geltenden Vorschriften Anwendung. Nicht mit für anwendbar erklärt sind die Vorschriften der §§ 799, 800 über die Kraftloserklärung und die Zahlungssperre. Ein allgemeines Bedürfniß, diese Vorschriften auch auf die im § 807 bezeichneten Urkunden anzuwenden, wurde nicht anerkannt. Durch Art. 102 Abs 1 wird aber der Landesgesetzgebung in dieser Beziehung Spielraum gewährt. Ihre Zuständigkeit beschränkt sich nicht darauf, die Vorschriften der §§ 799, 800 auf die im § 807 bezeichneten Urkunden für anwendbar zu erklären, sondern die Landesgesetzgebung kann auch besondere von jenen Vorschriften abweichende Vorschriften über die Kraftloserklärung und die Zahlungssperre geben. Nach § 11 des E.G. zur C.P.O. können die Landesgesetze, wenn durch die Landesgesetzgebung die Kraftloserklärung der im § 807 bezeichneten Urkunden zugelassen ist, die Anwendung der Vorschriften der C.P.O. ausschließen oder diese Vorschriften durch andere ersetzen. In Betracht kommen werden hauptsächlich die von Verkehrsanstalten oder Kreditinstituten ausgegebenen Urkunden der im § 807 bezeichneten Art.

Artikel 103.

Unberührt bleiben die landesgesetzlichen Vorschriften, nach welchen der Staat sowie Verbände und Anstalten, die auf Grund des öffentlichen Rechtes zur Gewährung von Unterhalt verpflichtet sind, Ersatz der für den Unterhalt gemachten Aufwendungen von der Person, welcher sie den Unterhalt gewährt haben, sowie von denjenigen verlangen können, welche nach den Vorschriften des Bürgerlichen Gesetzbuchs unterhaltspflichtig waren.

---

2. Der Abs. 2 bezieht sich auf die im B.G.B. § 808 bezeichneten sog. Legitimationspapiere. In Betracht kommen besonders die Sparkassenbücher; auch Versicherungspolicen, Leihhausscheine, Depotscheine können hierher gehören. Nach B.G.B. § 808 Abs. 2 ist der Schuldner nur gegen Rückgabe der Urkunde zur Zahlung verpflichtet. Ist die Urkunde aber vernichtet oder abhanden gekommen, so kann sie im Wege des Aufgebotsverfahrens für kraftlos erklärt werden. Hier ist also durch das B.G.B. selbst abweichend vom E. I die Kraftloserklärung für zulässig erklärt und bedurfte es daher in dieser Beziehung nicht wie im Falle des § 807 eines Vorbehalts für die Landesgesetzgebung. Das nach der Vorschrift des § 808 zum Zwecke der Kraftloserklärung erforderliche Aufgebotsverfahren erscheint aber für manche Urkunden der hier fraglichen Art zu schwerfällig und deshalb wird der Landesgesetzgebung durch Art. 102 Abs. 2 gestattet, für die Kraftloserklärung ein anderes Verfahren als das Aufgebotsverfahren zu bestimmen. Insbesondere kann, wenn es sich um Sparkassenbücher handelt, bestimmt werden, daß die Sparkasse selbst die Aufforderung zur Anmeldung erlassen und nach Ablauf einer bestimmten Frist die Kraftloserklärung aussprechen kann. Zu beachten ist hierbei übrigens, daß durch die Kraftloserklärung einer Urkunde der hier fraglichen Art nicht ohne Weiteres derjenige, welcher die Kraftloserklärung erwirkt hat, berechtigt wird, die Zahlung zu verlangen. Der Schuldner kann vielmehr ebenso wie in dem Falle, daß die Urkunde noch vorliegt, die Zahlung an jeden anderen als den in der Urkunde benannten Gläubiger oder denjenigen, welcher sich als Rechtsnachfolger legitimirt hat, verweigern. Die Kraftloserklärung hat also nur die Bedeutung, daß dem Gläubiger, wenn er sich als solcher legitimirt, die Zahlung nicht deshalb verweigert werden kann, weil er die Urkunde zurückzugeben außer Stande ist.

3. Von den in Veranlassung des B.G.B. erlassenen Vorschriften, welche Bestimmungen der im Art. 102 Abs. 2 gedachten Art enthalten, sind hervorzuheben das bayerische A.G. zum B.G.B. Art. 111 ff.; das sächs. A.G. zum B.G.B. § 5; das württemberg'sche A.G. zum B.G.B. Art. 188, 189; das hessische A.G. zum B.G.B. Art. 71; die mecklenburg'sche A.V. zur Ausführung der C.P.O. v. 9. April 1899 §§ 30—41; das oldenburg'sche Ges. zur Ausführung der C.P.O. rc. v. 15. Mai 1899 § 12; das Lübeck'sche A.G. zur C.P.O. v. 7. November 1899.

Vom Vorbehalte des Abs. 1 hat, soviel ersichtlich, kein Bundesstaat Gebrauch gemacht.

Artikel 103.

E d. E.G. II Art. 76; III Art. 102. P II S. 8980—8982, 9210 (Bd. 6 S. 482, 483, 616, 617).

1. Nach M. IV S. 676 ist davon ausgegangen, daß die Vorschriften der Landesgesetze über die Unterhaltspflicht der öffentlichen Armenverbände und über deren Verhältniß zu der privatrechtlichen Unterhaltspflicht der Verwandten, insbesondere auch der etwaige Ersatzanspruch der ersteren gegen die letzteren, als dem öffentlichen Rechte angehörend, durch das B.G.B. nicht berührt werde. Bei den Berathungen der zweiten Kommission wurde in Zweifel gezogen, ob dies richtig sei, ob nicht wenigstens bei der Konstruktion, von welcher einige Landesgesetze in Betreff des den Verbänden, welche den Unterhalt gewährt haben, eingeräumten Ersatzanspruchs ausgehen, für diese Landesgesetze die Annahme gerechtfertigt werden könne, daß es sich um privatrechtliche Vorschriften handle. Um diesen Zweifel unschädlich zu machen, wurde der Vorbehalt des Art. 103 beschlossen, nach welchem die fraglichen landesgesetzlichen Vorschriften ohne Rücksicht darauf, ob sie dem öffentlichen Rechte oder dem Privatrecht angehören, durch das B.G.B. nicht berührt werden. Daneben bleibt nach Art. 32 bestehen die Vorschrift des § 62 des Ges. des Norddeutschen Bundes über den Unterstützungswohnsitz v. 6. Juni 1870, welches durch das Ges. v. 8. November 1871 auf Württemberg und Baden ausgedehnt ist. Hiernach ist jeder Armenverband, welcher auf Grund dieses Gesetzes einen Hilfsbedürftigen unterstützt hat, befugt, Ersatz derjenigen Leistungen, zu deren Gewährung ein Dritter aus anderen als den durch dieses Gesetz begründeten Titeln verpflichtet ist, von dem Verpflichteten in demselben Maße und unter denselben Voraussetzungen zu fordern, als dem Unterstützten auf jene Leistungen ein

Recht zusteht. Die Bestimmung beschränkt sich also auf die von den Armenverbänden auf Grund des gedachten Gesetzes gemachten Leistungen und giebt einen Ersatzanspruch nur gegen diejenigen, welche den Hülfsbedürftigen aus anderen Gründen zur Gewährung des Unterhalts verpflichtet waren, nicht gegen den Hülfsbedürftigen selbst. In beiden Beziehungen können die Landesgesetze auf Grund des Art. 103 ergänzende Vorschriften treffen und haben dies bereits vielfach gethan.

2. Voraussetzung der durch den Vorbehalt zugelassenen landesgesetzlichen Vorschriften ist, daß auf Grund des öffentlichen Rechtes für den Staat oder einen Verband oder eine Anstalt die Verpflichtung zur Gewährung des Unterhalts besteht, und daß in Erfüllung dieser Verpflichtung der Unterhalt gewährt ist. Nicht erforderlich ist, daß eine Verpflichtung gegenüber demjenigen bestand, welchem der Unterhalt gewährt wurde. Die hier hauptsächlich in Frage kommenden Wohlthätigkeitsanstalten sind kraft öffentlichen Rechtes verpflichtet, ihre Mittel innerhalb gewisser Grenzen zur Unterstützung Hülfsbedürftiger zu verwenden. Welchen einzelnen Personen aber die Unterstützung gewährt werden soll, bleibt der Entscheidung der Anstalt überlassen. Bestimmte einzelne Personen haben regelmäßig kein Recht, eine Unterstützung zu verlangen. Dieser Auffassung entsprechend wird z. B. in dem bayerischen A.G. zum B.G.B. Art. 101 schlechthin den öffentlichen Wohlthätigkeitsanstalten, welche Personen unterstützt und verpflegt haben, ein Anspruch der im Art. 103 bezeichneten Art gegeben, indem davon ausgegangen wird, daß öffentliche Wohlthätigkeitsanstalten immer kraft öffentlichen Rechtes zur Gewährung der von ihnen geleisteten Unterstützung oder Verpflegung verpflichtet sind.

Welcher Art die Verbände und Anstalten sind, ist gleichgültig; es kommt nur darauf an, daß ihnen die gedachte Verpflichtung auf Grund des in dem Staate, welchem sie angehören, bestehenden öffentlichen Rechtes obliegt. In Betracht kommen hauptsächlich die Gemeinden oder sonstigen Armenverbände und deren für die Unterstützung der Armen bestimmten Anstalten. Die Vorschrift beschränkt sich indessen nicht auf die Fälle, in welchen es sich um die Unterstützung von Hülfsbedürftigen handelt, sondern sie findet in allen Fällen Anwendung, in welchen das öffentliche Recht aus irgend welchem Grunde die Gewährung des Unterhalts vorschreibt. Dies ist besonders von Bedeutung für den Staat, sofern dieser auf Grund öffentlichen Rechtes verpflichtet ist, den Gefangenen in Strafanstalten Unterhalt zu gewähren (P. II S. 8981; M. IV S. 123, 124). Der Ersatzanspruch ist zulässig

a) gegen die Person, wecher der Unterhalt gewährt ist. Nach den Grundsätzen des B.G.B. würde sich ein Ersatzanspruch gegen diese Person weder aus dem Gesichtspunkte der Geschäftsführung ohne Auftrag noch aus dem Gesichtspunkte der ungerechtfertigten Bereicherung rechtfertigen lassen, weil ja vorausgesetzt wird, daß die Gewährung des Unterhalts auf Grund einer öffentlichrechtlichen Verpflichtung erfolgt ist.

b) gegen diejenigen, welche nach den Vorschriften des B.G.B. unterhaltspflichtig waren. Auch ein Ersatzanspruch gegen diese Personen läßt sich aus dem unter a angeführten Grunde aus dem B.G.B. nicht ableiten. Hier indessen wie in dem Falle unter a rechtfertigt sich die landesgesetzliche Anerkennung eines Ersatzanspruchs, weil der Zweck der öffentlichrechtlichen Verpflichtung zur Gewährung des Unterhalts nicht darin besteht, den nach privatrechtlichen Grundsätzen zunächst Verpflichteten diese Verpflichtung abzunehmen, sondern nur darin, vorläufig und unbeschadet jener Verpflichtung für den Unterhalt zu sorgen. Als zur Gewährung des Unterhalts verpflichtet kommen nach dem B.G.B. in Betracht der Ehegatte des Unterhaltenen (§§ 1360, 1361), der geschiedene Ehegatte (§§ 1578 ff.), der Ehegatte in den Fällen der §§ 1345, 1351, die Verwandten in gerader Linie (§§ 1601 ff.) und der uneheliche Vater (§§ 1708 ff.). Ersatz kann von einer dieser Personen nur insoweit gefordert werden, als dieselbe während der Zeit, in welcher der Unterhalt gewährt wurde, zur Gewährung des Unterhalts verpflichtet war. Hängt daher die Unterhaltspflicht davon ab, daß der zu Unterhaltende sich selbst zu unterhalten entweder überhaupt nicht im Stande ist oder daß doch gewisse Einkünfte desselben dazu nicht hinreichen, oder davon, daß der Unterhaltspflichtige den Unterhalt ohne Gefährdung seines eigenen standesmäßigen Unterhalts zu gewähren im Stande ist, so muß das Vorliegen dieser Voraussetzungen für die betreffende Zeit dargethan werden, um den Ersatzanspruch zu begründen, während der Ersatzanspruch unbedingt begründet ist, wenn die Unterhaltspflicht wie die des unehelichen Vaters bis zur Vollendung des sechzehnten Lebensjahrs des Kindes eine unbedingte ist. Nicht zu den hier in Frage stehenden Unterhaltspflichten gehört die im Falle der Körperverletzung nach B.G.B. § 843 dem Verletzten gegenüber und im Falle der Tödtung nach § 844 denjenigen gegenüber, welchen der Getödtete zur Gewährung des Unterhalts verpflichtet war, eintretende Verpflichtung des Thäters zur Gewährung einer Geldrente. Diese Geldrente soll zwar dazu dienen, dem Verletzten bezw. dem Unterhaltsberechtigten den Unterhalt zu gewähren; aber es handelt sich dabei nicht um eine gesetzliche Verpflichtung zur Gewährung des Unterhalts, sondern um eine Verpflichtung zum Schadensersatze wegen unerlaubter Handlung (P. II S. 8981).

Artikel 104.

Unberührt bleiben die landesgesetzlichen Vorschriften über den Anspruch auf Rückerstattung mit Unrecht erhobener öffentlicher Abgaben oder Kosten eines Verfahrens.

Die Art und Weise sowie den Umfang zu bestimmen, in welchem der Ersatzanspruch, soweit er nach dem Obigen zulässig ist, gewährt werden soll, bleibt der Landesgesetzgebung überlassen. Diese kann also entweder schlechthin einen Ersatzanspruch gewähren oder bestimmen, daß der dem Unterhaltenen gegen den nach dem B.G.B. zur Gewährung des Unterhalts Verpflichteten zustehende Anspruch auf den Staat oder Verband oder die Anstalt übergehe. Wird der letztere Weg gewählt, so wird, um den Zweck vollständig zu erreichen, zugleich bestimmt werden müssen, daß die Vorschrift des B.G.B. § 1613 keine Anwendung findet, nach welcher für die Vergangenheit die Erfüllung der Unterhaltsverpflichtung oder Ersatz wegen Nichterfüllung nur gefordert werden kann, wenn der Verpflichtete im Verzug ist oder der Anspruch rechtshängig geworden ist.

Auch darüber steht der Landesgesetzgebung die Entscheidung zu, ob der Ersatzanspruch zunächst immer gegen den Unterhaltenen selbst zu richten ist und nur, wenn dieser zur Bezahlung außer Stande ist, die unter b bezeichneten Personen in Anspruch genommen werden können, oder ob der Anspruch gegen diese, sofern er nach dem Obigen begründet ist, nach Wahl des Berechtigten ohne Weiteres geltend gemacht werden kann.

3. Von den in Veranlassung des B.G.B. erlassenen landesgesetzlichen Vorschriften, welche Bestimmungen der im Art. 103 gedachten Art enthalten, sind hervorzuheben das bayerische A.G. zum B.G.B. Art. 101, 160; das sächs. A.G. zum B.G.B. § 6; das hessische A.G. zum B.G.B. Art. 72, 73; das Lübeck'sche A.G. zum B.G.B. §§ 59, 61.

Artikel 104.

E. d. E.G. I Art. 65; II Art. 77; III Art. 103. P. I S. 12092—12098. M. d. E.G. S. 191. P. II S. 8879—8883 (Bd. 6 S. 422—424).

1. Die Regelung der öffentlichen Abgaben und der Kosten eines Verfahrens ist Sache des öffentlichen Rechtes und gehört deshalb zur Zuständigkeit der Landesgesetzgebung. Zweifelhaft kann sein, ob auch die Frage, unter welchen Voraussetzungen ein Anspruch auf Rückerstattung der mit Unrecht erhobenen öffentlichen Abgaben und der Kosten eines Verfahrens besteht, dem öffentlichen oder dem Privatrecht angehört. Die Landesgesetzgebung kann in dieser Beziehung von verschiedenen Standpunkten ausgehen. Durch den Art. 104 wird es überflüssig, den Zweifel zu entscheiden. Alle landesgesetzlichen Vorschriften, die jene Frage betreffen, mögen sie öffentlichrechtlichen oder privatrechtlichen Charakters sein, werden aufrechterhalten und können neu erlassen werden. Durch den Vorbehalt betroffen werden insbesondere auch solche Vorschriften, welche den Anspruch auf Rückerstattung nur innerhalb einer bestimmten Frist zulassen oder besondere Vorschriften über dessen Verjährung geben. Ob die Verhandlung und Entscheidung über Ansprüche der fraglichen Art vor die ordentlichen Gerichte gehört und nach den Vorschriften der C.P.O. zu erfolgen hat, hängt davon ab, ob die Landesgesetzgebung von dem ihr nach dem G.V.G. § 13 zustehenden Rechte Gebrauch gemacht hat, Ansprüche der fraglichen Art vor die Verwaltungsbehörden oder die Verwaltungsgerichte zu verweisen. Ist dies nicht geschehen und ergiebt sich aus dem Rechte des in Frage kommenden Staates nicht, daß die betreffenden Fragen als dem öffentlichen Rechte angehörend angesehen werden, so werden sie, wenn Streit darüber entsteht, als bürgerliche Rechtsstreitigkeiten anzusehen sein und daher nach G.V.G. vor die ordentlichen Gerichte gehören. In einzelnen Staaten ist die Frage ausdrücklich entschieden. So bestimmt z. B. das preuß. Gesetz v. 24. Mai 1866 betr. die Erweiterung des Rechtsweges §§ 9, 10, daß der Rechtsweg zulässig ist, wenn behauptet wird, daß die einzelne Forderung getilgt oder verjährt sei, oder daß es sich nicht um eine öffentliche Abgabe handelt.

Soweit reichsrechtlich eine Bestimmung über die vorliegende Frage erfolgt ist, wie z. B. in § 28 des Reichsstempelgesetzes in der Fassung v. 14. Juni 1900 behält es hierbei nach Art. 32 sein Bewenden.

Mittelbar können auch die bisherigen Landesgesetze, welche Vorschriften über die Ansprüche auf Rückerstattung mit Unrecht erhobener öffentlicher Abgaben oder Kosten eines Verfahrens enthalten, trotz der Vorschrift des Art. 104 durch das B.G.B. berührt werden. Dies ist dann der Fall, wenn in den betreffenden Gesetzen wegen der Voraussetzungen des Anspruchs auf Rück=

Artikel 105.

Unberührt bleiben die landesgesetzlichen Vorschriften, nach welchen der Unternehmer eines Eisenbahnbetriebs oder eines anderen mit gemeiner Gefahr verbundenen Betriebs für den aus dem Betrieb entstehenden Schaden in weiterem Umfang als nach den Vorschriften des Bürgerlichen Gesetzbuchs verantwortlich ist.

---

erstattung auf die allgemeinen Rechtsgrundsätze über Rückforderung einer nicht geschuldeten Leistung verwiesen wird oder doch ersichtlich ist, daß die getroffenen Bestimmungen lediglich das geltende allgemeine Recht zur Anwendung bringen wollen. In Fällen dieser Art treten nach Art. 4 an die Stelle der gedachten allgemeinen Rechtsgrundsätze die Vorschriften des B.G.B.

2. Der Begriff der öffentlichen Abgaben bestimmt sich nach den Gesetzen des betreffenden Staates. In Ermangelung einer besonderen Vorschrift fallen darunter nicht nur die an den Staat, sondern auch die an Gemeinden oder sonstige Kommunalverbände, an Kirchen, öffentliche Religionsgemeinschaften ꝛc. zu entrichtenden Abgaben (M. d. E.G. S. 191).

3. In den Ausführungsgesetzen finden sich vielfach Vorschriften über Ansprüche der im Art. 104 gedachten Art, insbesondere über die Verjährung der Ansprüche; z. B. in dem preuß. A.G. zum B.G.B. Art. 8 § 1 Nr. 4, § 2, Art. 9, ferner in den A.G. z. B.G.B. von Bayern Art. 125, Sachsen § 2, Württemberg Art. 141, Hessen Art. 19, 20 und Lübeck § 21 und in dem badischen Ges. v. 26. September 1899.

Artikel 105.

E. d. E.G. II Art. 78; II Art. 104. P. II S. 2787, 2788, 8877 (Bd. 2 S. 604, 605; Bd. 6 S. 421).

Die Art. 105—108 enthalten Vorschriften, nach welchen die Landesgesetze unberührt bleiben, welche die Verpflichtung zum Ersatz eines entstandenen Schadens noch für andere Fälle als in welchen eine solche Verpflichtung nach dem B.G.B. besteht, bestimmen.

1. Der Art. 105 betrifft die Haftung des Unternehmers eines Eisenbahnbetriebs oder eines anderen mit gemeiner Gefahr verbundenen Betriebs für den aus dem Betrieb entstehenden Schaden. Nach dem B.G.B. haftet der Unternehmer für einen solchen Schaden nur nach Maßgabe der Vorschriften über unerlaubte Handlungen (§§ 823, 831). Eine hierüber hinausgehende Haftung wird für gewisse Fälle schon durch das Reichshaftpflichtgesetz v. 7. Juni 1871 bestimmt, indem nach dessen § 1 der Unternehmer eines Eisenbahnbetriebs für den in Folge des Betriebs durch Verletzung einer Person entstandenen Schaden unbedingt haftet und nach § 2 eine gleiche Haftung den Unternehmer eines Bergwerks oder eines sonstigen dort näher bezeichneten Betriebs dann trifft, wenn der Schaden in Folge eines Verschuldens der in dem § 2 näher bezeichneten Personen entstanden ist. Diese Vorschriften bleiben nach Art. 32 bestehen. Der Landesgesetzgebung soll aber nach Art. 105 das Recht zustehen, die Haftung noch über diese Grenze hinaus auszudehnen, jedoch nur in folgenden beiden Fällen:

a) im Falle eines Eisenbahnbetriebs. Hier kann nach dem oben angeführten § 1 des Reichshaftpflichtgesetzes eine Ausdehnung der Haftung des Unternehmers nur insoweit in Frage kommen, als diese auch auf den durch Beschädigung von Sachen entstehenden Schaden erstreckt wird. Nach dem § 25 des preuß. Eisenbahngesetzes v. 3. November 1838 mit dem ergänzenden Gesetze v. 3. Mai 1869 wird eine von einem Verschulden unabhängige Verpflichtung zum Schadensersatze wegen Beschädigung von Sachen bestimmt. Die preußische Regierung legte Gewicht darauf, daß diese Vorschrift aufrechterhalten werde und dies gab Veranlassung zur Aufnahme des Vorbehalts, der dann aber eine allgemeinere Fassung erhielt.

b) im Falle eines anderen mit gemeiner Gefahr verbundenen Betriebs. Durch die Worte „mit gemeiner Gefahr verbundenen" soll ausgedrückt werden, daß es sich um einen Betrieb handeln muß, der nicht blos für die dabei beschäftigten Personen, sondern darüber hinaus auch für andere Personen und Sachen die Gefahr eines Schadens begründet. Gedacht ist dabei hauptsächlich an die elektrischen oder sonstigen neu entstehenden maschinellen Betriebe. Bei den Berathungen der zweiten Kommission wurde anerkannt, daß es wünschenswerth sei, die Haftung in Fällen dieser Art reichsrechtlich zu ordnen. Bis dahin aber, daß dies geschehen sei, solle der Landesgesetzgebung die Möglichkeit eröffnet werden, das Erforderliche zu bestimmen.

Artikel 106.

Unberührt bleiben die landesgesetzlichen Vorschriften, nach welchen, wenn ein dem öffentlichen Gebrauche dienendes Grundstück zu einer Anlage oder zu einem Betriebe benutzt werden darf, der Unternehmer der Anlage oder des Betriebs für den Schaden verantwortlich ist, der bei dem öffentlichen Gebrauche des Grundstücks durch die Anlage oder den Betrieb verursacht wird.

---

2. Die Landesgesetzgebung kann die Haftung bei Betrieben der unter Nr. 1 bezeichneten Art nur bestimmen

a) für den Unternehmer des Betriebs,

b) für den aus dem Betrieb entstehenden Schaden.

Die Begriffe des „Unternehmers" des „Betriebs" und des „aus demselben entstehenden Schadens" sind hier in demselben Sinne zu verstehen wie nach dem Reichshaftpflichtgesetz und es kann daher in dieser Beziehung auf die dieses Gesetz betreffende Literatur und Judikatur Bezug genommen werden. Ueber die durch diese Begriffe gegebenen Grenzen kann die Landesgesetzgebung nicht hinausgehen; innerhalb derselben aber kann sie nähere Vorschriften über die Voraussetzungen der Haftung und den Umfang des zu ersetzenden Schadens treffen.

3. Eine ähnliche Bestimmung wie das oben gedachte preußische Gesetz hat z. B. das Lübeck'sche A.G. zum B.G.B. § 61 aufgenommen. Vergl. ferner die A.G. z. B.G.B. für Bayern Art. 58, für Hessen Art. 74.

Artikel 106.

E. d. E.G. II Art. 79; III Art. 105. P. II S. 2787, 2788, 8877—8879 (Bd. 2 S. 604, 605; Bd. 6 S. 421, 422).

1. Wird durch widerrechtliche Benutzung eines dem öffentlichen Gebrauche dienenden Grundstücks z. B. eines öffentlichen Weges ein Schaden zugefügt, so bestimmt sich die Verpflichtung zum Ersatze des Schadens nach B.G.B. § 823 Abs. 2. Ist die Benutzung des Grundstücks nicht widerrechtlich, sondern zulässig, so bestimmt sich die Verpflichtung zum Ersatze des dadurch zugefügten Schadens nach B.G.B. § 823 Abs. 1. Durch Art. 106 wird der Landesgesetzgebung gestattet, eine hierüber hinausgehende Verpflichtung zum Schadensersatze zu bestimmen, wenn

a) das Grundstück zu einer Anlage oder zu einem Betriebe benutzt wird und, wenn

b) bei dem öffentlichen Gebrauche des Grundstücks durch die Anlage oder den Betrieb ein Schaden verursacht wird.

Handelt es sich um einen Eisenbahnbetrieb oder um einen mit gemeiner Gefahr verbundenen Betrieb, also z. B. um den auf einem öffentlichen Wege gestatteten Betrieb einer Straßenbahn, so steht der Landesgesetzgebung schon auf Grund des Art. 105 die Befugniß zu, Bestimmungen über den Ersatz des durch den Betrieb verursachten Schadens zu geben. Der Art. 106 geht aber in zwei Richtungen über den Art. 105 hinaus, einmal insofern, als nicht erforderlich ist, daß der Betrieb mit gemeiner Gefahr verbunden sei und dann insofern, als neben dem Betrieb auch eine Anlage z. B. ein Baugerüst oder eine Tribüne als Ursache des Schadens in Betracht kommt. Andererseits tritt aber im Art. 106 in Betreff des zu ersetzenden Schadens noch eine in dem Art. 105 nicht in Frage kommende Voraussetzung hinzu. Während nämlich nach Art. 105 die Ersatzpflicht für jeden aus dem Betrieb entstehenden Schaden bestimmt werden kann, beschränkt sich die nach Art. 106 zulässige Bestimmung auf den bei dem öffentlichen Gebrauche des Grundstücks durch den Betrieb oder die Anlage verursachten Schaden. Der Gedanke, welcher der Vorschrift zu Grunde liegt, besteht darin, daß der öffentliche Gebrauch durch die Anlagen oder durch den Betrieb nicht beeinträchtigt werden soll, daß deshalb jeder bei dem öffentlichen Gebrauche durch die Anlage oder durch den Betrieb entstehende Schaden ersetzt werden soll und daß der Unternehmer der Anlage oder des Betriebs das Risiko dieses Schadens zu tragen hat. In Betreff des Begriff des Unternehmers gilt dasselbe wie im Falle des Art. 105 (s. Erl. 2 zu Art. 105).

2. Von den in Veranlassung des B.G.B. erlassenen landesgesetzlichen Vorschriften, welche Bestimmungen der im Art. 106 gedachten Art enthalten, sind hervorzuheben das bayerische A.G. zum B.G.B. Art. 59; das hessische A.G. zum B.G.B. Art. 75.

Artikel 107.

Unberührt bleiben die landesgesetzlichen Vorschriften über die Verpflichtung zum Ersatze des Schadens, der durch das Zuwiderhandeln gegen ein zum Schutze von Grundstücken erlassenes Strafgesetz verursacht wird.

Artikel 108.

Unberührt bleiben die landesgesetzlichen Vorschriften über die Verpflichtung zum Ersatze des Schadens, der bei einer Zusammenrottung, einem Auflauf oder einem Aufruhr entsteht.

Artikel 107.

E. d. E.G. I Art. 63; II Art. 80; III Art. 106. P. I S. 12806—12809. M. d. E.G. S. 190, 191. P. II S. 8879 (Bd. 6 S. 422).

1. Jede Zuwiderhandlung gegen ein zum Schutze von Grundstücken erlassenes Strafgesetz fällt unter die Vorschrift des § 823 Abs. 2. Der Zuwiderhandelnde ist also zum Ersatze des durch seine Handlung entstehenden Schadens verpflichtet, jedoch wenn nach dem Inhalte des Strafgesetzes ein Verstoß gegen dasselbe ohne Verschulden möglich ist, nur dann, wenn ihm ein Verschulden zur Last fällt (s. Bd. II S. 611 ff. Erl. 2 zu § 823). Eine Haftung für den Schaden, den ein Anderer durch Verstoß gegen ein Strafgesetz zufügt, findet nur nach Maßgabe des B.G.B. §§ 31, 831, 832 statt. Durch Art. 107 wird der Landesgesetzgebung gestattet, die Schadensersatzpflicht in den beiden gedachten Beziehungen zu erweitern. Sie kann also bestimmen,

a) daß derjenige, welcher gegen ein Strafgesetz der im Art. 107 gedachten Art verstößt, für den dadurch entstehenden Schaden haftet, auch wenn ihm kein Verschulden zur Last fällt.

b) daß die Haftung für den Schaden, welchen Dritte durch Verstoß gegen das Strafgesetz zufügen, in weiterem Umfang als nach den §§ 31, 831, 832 eintritt. Insbesondere kann also bestimmt werden, daß derjenige, welcher einen Anderen zu einer Verrichtung bestellt hat, für den Schaden, welchen der Andere bei der Ausführung der Verrichtung durch Verstoß gegen das Strafgesetz einem Dritten zugefügt hat, unbedingt d. h. ohne daß er sich durch den im § 831 Abs. 1 Satz 2 nachgelassenen Beweis befreien kann, verantwortlich ist. Es kann ferner bestimmt werden, daß derjenige, welcher kraft Gesetzes zur Führung der Aufsicht über eine Person verpflichtet ist, die wegen Minderjährigkeit oder wegen ihres geistigen oder körperlichen Zustandes der Beaufsichtigung bedarf, für den durch einen Verstoß gegen das Strafgesetz von Seiten dieser Person zugefügten Schaden verantwortlich ist, ohne daß er sich durch den im § 832 Abs. 1 Satz 2 bestimmten Beweis befreien kann. Eine entsprechende Haftung kann demjenigen auferlegt werden, welcher durch Vertrag mit dem Geschäftsherrn die Besorgung eines Geschäfts der fraglichen Art oder durch Vertrag mit dem Aufsichtspflichtigen die Beaufsichtigung übernommen hat.

In Betracht kommen hauptsächlich die Feld- und Forstpolizeigesetze (vergl. z. B. das preuß. Feld- und Forstpolizeigesetz v. 1. April 1880 § 5; das preuß. Forstdiebstahlgesetz v. 15. April 1878 §§ 11, 12), ferner die zum Schutze von Deichen und Wasserläufen bestimmten Strafgesetze 2c.

2. Der Art. 107 enthält eine Ergänzung des Art. 89 über das Pfändungsrecht und den Ersatz von Pfandgeld. Die nach diesem Artikel unter den darin bezeichneten Voraussetzungen im Falle der Pfändung zugelassene Bestimmung über die Verpflichtung zum Schadensersatz auch ohne Verschulden kann nach Art. 107 im Falle des Verstoßes gegen ein Strafgesetz der im Art. 107 bezeichneten Art ohne Rücksicht auf eine erfolgte Pfändung bestimmt werden. Im E. I war dieser Zusammenhang der beiden Artikel dadurch zum Ausdrucke gelangt, daß beide als Art. 106, 107 unmittelbar hintereinander folgten.

Artikel 108.

E. d. E.G. I Art 64; II Art. 81; III Art. 107. P. I S. 12805—12806. M. d. E.G. S. 191. P. II S. 8879 (Bd. 6 S. 422). R.B. S. 1990, 1991, 2113. St.B. S. 3031.

1. In vielen deutschen Staaten bestehen Gesetze der in dem Art. 108 bezeichneten Art. Ihr gemeinschaftlicher Charakter besteht darin, daß sie die Haftung für den bei einer Zu-

Artikel 109.

Unberührt bleiben die landesgesetzlichen Vorschriften über die im öffentlichen Interesse erfolgende Entziehung, Beschädigung oder Benutzung einer Sache, Beschränkung des Eigenthums und Entziehung oder Beschränkung von Rechten. Auf die nach landesgesetzlicher Vorschrift wegen eines solchen Eingriffs zu gewährende Entschädigung finden die Vorschriften der Artikel 52, 53 Anwendung, soweit nicht die Landesgesetze ein Anderes bestimmen.

---

sammenrottung, einem Auflauf oder einem Aufruhr entstandenen Schaden über den Kreis derjenigen ausdehnen, welche dafür nach allgemeinen Grundsätzen verantwortlich sind. Im Einzelnen ist ihr Inhalt verschieden. Häufig wird insbesondere bestimmt, daß Jeder der zu einer näher bestimmten Zeit an der Zusammenrottung, an dem Auflauf oder dem Aufruhre theilgenommen hat, für den dabei verursachten Schaden verantwortlich ist. In den meisten findet sich ferner die Bestimmung, daß wenigstens in subsidium die Gemeinde, in welcher die Zusammenrottung, der Auflauf oder der Aufruhr stattgefunden hat, für den Schaden verantwortlich ist. Wird die Haftung der Gemeinde als eine prinzipale bestimmt, so wird derselben regelmäßig ein Regreßanspruch gegen diejenigen eingeräumt, welche nach allgemeinen Grundsätzen zum Schadensersatze verpflichtet sind. Bisweilen wird die Verantwortlichkeit der Gemeinde ausgeschlossen, wenn die Zusammenrottung, der Auflauf oder der Aufruhr durch Zuzug von Außen entstanden ist. Daneben finden sich Vorschriften über die Art, in welcher der Schaden zu ermitteln, und über den Umfang, in welchem er zu ersetzen ist. Mit Rücksicht auf das öffentliche Interesse, auf welchem die Vorschriften dieser Art beruhen, sollen sie nach Art. 108 aufrecht erhalten bleiben und soll der Landesgesetzgebung gestattet sein, neue Vorschriften dieser Art zu erlassen. In der ersten Kommission bestand Meinungsverschiedenheit darüber, ob durch den Vorbehalt auch die in den fraglichen Gesetzen vorkommenden Vorschriften über die Haftung der Anstifter und Gehülfen und über die Ermittelung und den Umfang des zu ersetzenden Schadens aufrecht erhalten werden. Die Mehrheit nahm mit Recht an, daß dies davon abhänge, ob mit den fraglichen Vorschriften nur eine Verweisung auf das geltende allgemeine Recht oder ob eine besondere Bestimmung für den hier in Frage stehenden besonderen Fall beabsichtigt sei. Im ersteren Falle treten an die Stelle der fraglichen Vorschriften die Bestimmungen des B.G.B. § 830; im letzteren Falle bleiben die Vorschriften bestehen. Das letztere dürfte regelmäßig in Betreff der Vorschriften über die Ermittelung und über den Umfang des zu ersetzenden Schadens anzunehmen sein. Ein in der R.T.K. gestellter Antrag, die ganze Frage reichsrechtlich zu regeln, wurde abgelehnt, weil insbesondere in Betreff der Haftung der Gemeinden und der sonstigen Komunalverbände auf die in den einzelnen Staaten verschiedene öffentlichrechtliche Organisation dieser Verbände Rücksicht genommen werden müsse.

Der Begriff der Zusammenrottung, des Auflaufs und des Aufruhrs ist hier derselbe wie im Strafrechte (s. St.G.B. §§ 115, 116).

2. Von den in Veranlassung des B.G.B. erlassenen landesgesetzlichen Vorschriften, welche Bestimmungen der im Art. 108 gedachten Art enthalten, sind hervorzuheben das bayerische A.G. zum B.G.B. Art. 142, 145, durch welche das Ges. v. 12. März 1850, betr. die Verpflichtung zum Ersatze des bei Aufläufen diesseits des Rheins verursachten Schadens, auf die Pfalz ausgedehnt wird; das hessische A.G. zum B.G.B. Art. 275 und das Ges. v. 3. März 1859, betr. die Verantwortlichkeit der Gemeinden für Verletzungen und Beschädigungen in Folge von Zusammenrottungen, in der Fassung v. 30. September 1899.

Artikel 109.

E. d. E.G. I Art. 42; II Art. 82; III Art. 108. P. I S. 12723; M. III S. 5, 27. M. d. E.G. S. 162—164. P. II S. 8960, 9207 (Bd. 6 S. 470, 610).

Der Art. 109 überweist das Enteignungsrecht der Landesgesetzgebung.

1. Umfang des Vorbehalts. Während der E. I als Gegenstand des Vorbehalts die Vorschriften über die „Zwangsenteignung" bezeichnete, umschreibt der Art. 109 — übrigens in sachlicher Uebereinstimmung mit dem E. I — den Inhalt des Vorbehalts näher als Vorschriften über die im öffentlichen Interesse erfolgende Entziehung, Beschädigung oder Benutzung einer Sache, Beschränkung des Eigenthums und Entziehung oder Beschränkung von Rechten.

Der Vorbehalt ist im weitesten Sinne auszulegen.

Er bezieht sich nicht nur auf Eingriffe in Ansehung des unbeweglichen, sondern auch in Ansehung des beweglichen Vermögens. Insbesondere fallen unter ihn die Vorschriften über die Beschlagnahme und Einziehung der Akten, Register, Dienstsiegel und anderer Dienstgegenstände von Beamten, Offizieren, Notaren, Gerichtsvollziehern sowie die von den genannten Personen unter Benutzung amtlicher Materialien und amtlicher Kenntnißnahme hergestellten Schriften, Zeichnungen, Modelle u. dergl. Beispielsweise gehören hierher die in den Notariatsgesetzen nicht selten vorgesehene Bestimmung, daß beim Ausscheiden, dem Tode oder der Versetzung eines Notars in einen anderen Amtsbezirk alle das Amt betreffenden Papiere und das Dienstsiegel von der zuständigen Behörde in Besitz zu nehmen und aufzubewahren sind (vergl. z. B. Preußen, freiw. G.G. Art. 102, 103) oder daß gewisse Litteralien z. B. die Gesetzsammlungen, zu deren Haltung der Notar gesetzlich verpflichtet ist, unentgeltlich auf den Amtsnachfolger übergehen. Der Vorbehalt deckt ferner die landesgesetzlichen Vorschriften über die Pflicht zur Ablieferung gefundener Gegenstände von geschichtlichem und künstlerischem Werthe sowie die z. B. in Preußen und Mecklenburg erlassenen Vorschriften über die in dienstlicher Stellung hergestellten Zeichnungen, Pläne und Schriften.

Für die Anwendbarkeit des Art. 109 ist es ohne Belang, aus welchem Anlaß ein Eingriff in die Privatrechtssphäre von der Landesgesetzgebung vorgeschrieben ist. Unter den Art. 109 fallen nicht blos die in den eigentlichen Enteignungsgesetzen getroffenen Bestimmungen, sondern auch die bei der Regelung einer anderen Materie z. B. des Wasserrechts, des Bergrechts, der Brandversicherung, der Flurbereinigung vorgesehenen Eingriffe. Soweit für diese Materien der Landesgesetzgebung ein besonderer Vorbehalt eingeräumt ist, wie dies z. B. für die eben aufgezählten der Fall ist (Art. 65, 67, 75, 113 des E.G.), ist die Landesgesetzgebung zum Eingriffe nicht nur auf Grund des allgemeinen Vorbehalts des Art. 109, sondern auch des speziellen Vorbehalts, welcher für die Materie besteht, berechtigt. Hierüber s. unten Nr. 3.

Voraussetzung für die Anwendbarkeit des Art. 109 ist aber immerhin, daß ein Eingriff in die Privatrechtssphäre wirklich erfolgt. Im Gegensatze zu Art. 111, welcher eine von selbst eintretende Beschränkung des Privateigenthums zum Gegenstande hat, setzt der Art. 109 voraus, daß die Beschränkung des Privateigenthums erst durch eine obrigkeitliche Verfügung eintritt. Rechtsakte, welche nur durch die Uebereinstimmung des Zweckes mit einer Enteignung zusammenhängen, im Uebrigen aber außerhalb einer solchen liegen, fallen daher nicht unter die landesgesetzliche Regelung, während als Theil des Enteignungsverfahrens und damit der Landesgesetzgebung unterworfen jeder Rechtsakt zu erachten ist, welcher nach der Feststellung der Nothwendigkeit des Eingriffs durch die zuständige Behörde liegt, und zwar auch dann, wenn der Rechtsakt freiwillig zu dem Zwecke, um der Zwangsentäußerung ꝛc. zu entgehen, erfolgt. Bezüglich der Veräußerung eines Grundstücks z. B., die zwar für die Zwecke eines mit dem Enteignungsrecht ausgestatteten Unternehmens etwa eines Bahnbaues, jedoch vor der Einleitung des Enteignungsverfahrens bezüglich des Grundstücks erfolgt, kann die Landesgesetzgebung keine Vorschriften, etwa über den Eigenthumsübergang, treffen, während sie freie Hand hat, wenn die Veräußerung erfolgt, nachdem die Behörde die Nothwendigkeit des Eingriffs festgesetzt hat. Bestimmungen der letzteren Art enthalten z. B. die A.G. z. B.G.B. für Preußen Art. 12 § 1 Abs. 2, für Bayern Art. 166 Ziff. XI.

Für das Enteignungsrecht sind die Vorschriften über den öffentlichen Glauben des Grundbuchs, insbesondere die §§ 892, 893 nicht zwingend. Von der Landesgesetzgebung hängt es ab, ob derjenige geschützt wird, welcher im Vertrauen auf das Grundbuch ein Grundstück oder ein Recht an einem Grundstücke, bezüglich dessen das Enteignungsverfahren eingeleitet oder das schon enteignet ist, erwirbt (so nach preuß. und bayer. Rechte), oder ob ein solcher Schutz nicht stattfindet. Ausdrücklich ausgeschlossen ist die Wirksamkeit der Vorschriften über den öffentlichen Glauben des Grundbuchs z. B. in Sachsen (A.G. § 18).

2. Zu Satz 2. In den auf Reichsgesetz beruhenden Fällen der Enteignung eines Grundstücks, in denen die Entschädigung dem Eigenthümer zu gewähren ist, einem Dritten aber, dem ein Recht an dem Grundstücke zusteht, eine besondere Entschädigung nicht gewährt wird, hat nach Art. 52 der Dritte, soweit sein Recht beeinträchtigt wird, an dem Entschädigungsanspruche dieselben Rechte, die ihm im Falle des Erlöschens seines Rechtes durch Zwangsversteigerung an dem Erlöse zustehen; erhebt ein Berechtigter innerhalb der gesetzlich bestimmten Frist Widerspruch gegen die Zahlung der Entschädigung an den Eigenthümer, so kann dieser und jeder Berechtigte nach Art. 53 die Eröffnung eines Vertheilungsverfahrens nach den für die Vertheilung des Erlöses im Falle der Zwangsversteigerung geltenden Vorschriften beantragen. Nach Art. 109 Satz 2 finden die Vorschriften der Art. 52, 53 auf die die nach landesgesetzlicher Vorschrift wegen einer Enteignung zu gewährenden Entschädigung Anwendung. Dadurch wird eine sich in den Landesgesetzen mitunter vorfindende Lücke ausgefüllt.

Die Vorschrift des Satz 2 des Art. 109 ist, wie sich schon aus ihrem Wortlaut ergiebt, nur dispositiv. Sie gilt nur, soweit nicht die Landesgesetze ein Anderes bestimmen. Die

Artikel 110.

Unberührt bleiben die landesgesetzlichen Vorschriften, welche für den Fall, daß zerstörte Gebäude in anderer Lage wiederhergestellt werden, die Rechte an den betheiligten Grundstücken regeln.

Landesgesetze können die Anwendbarkeit der Art. 52, 53 ganz ausschließen oder auch nur modifiziren; letzteres ist z. B. in Preußen im A.G. z. Zw.V.G. Art. 35—41 geschehen.

Im Uebrigen s. Erl. zu Art. 52, 53.

3. Wie schon unter Nr. 1 bemerkt ist, kreuzt sich der Vorbehalt des Art. 109 zum Theil mit anderen Vorbehalten. Es frägt sich, ob die im Satz 2 des Art. 109 vorgesehene Anwendbarkeit der Art. 52, 53 auch für die Fälle gilt, in welchen der Eingriff in die Privatrechtssphäre nicht auf dem eigentlichen Enteignungsgesetze des betreffenden Bundesstaats, sondern auf einem anderen Gesetze beruht, das durch einen anderen Vorbehalt des E.G. gedeckt wird, beispielsweise wenn ein auf Grund des Vorbehalts des Art. 113 im Zwangsweg abgelöstes Forstrecht mit einer Hypothek belastet ist (was z. B. nach bayerischer Praxis zulässig ist), für welche eine besondere Entschädigung nicht gewährt wird. Auch für das Bergrecht ist die Frage durch Art. 67 Abs. 2 nicht entschieden. Dort wird nur bestimmt, daß, wenn wegen Beschädigung eines Grundstücks durch Bergbau eine Entschädigung zu gewähren ist, die Vorschriften der Art. 52, 53 Anwendung finden. Von dem Falle der Enteignung für bergbauliche Zwecke und der hierfür zu gewährenden Entschädigung ist in dem gedachten Absatze nicht die Rede. Beide Fälle sind rechtlich offenbar verschieden und werden in den Berggesetzen verschieden behandelt; so werden z. B. in dem preuß. Berggesetze die Vorschriften über die Enteignung und die dafür zu leistende Entschädigung in den §§ 137ff., die Vorschriften über die Beschädigung durch Bergbau und die dafür zu leistende Entschädigung in den §§ 148ff. gegeben und sind inhaltlich von einander verschieden. Die Gründe freilich, auf welchen die Vorschrift des Art. 67 Abs. 2 beruht, treffen im Wesentlichen auch für die im Falle der Enteignung zu gewährende Entschädigung zu und der Grund, aus welchem dieser Fall in dem Art. 67 Abs. 2 nicht erwähnt ist, dürfte darin liegen, daß er schon als durch die Vorschrift des Art. 109 Abs. 2 gedeckt angesehen worden ist. Ein Zweifel über die Anwendbarkeit der Vorschrift dieses Absatzes auf Fälle der hier fraglichen Art könnte daraus entnommen werden, daß der Art. 109 Abs. 1 eine im öffentlichen Interesse erfolgende Enteignung voraussetzt und daß in Frage gestellt werden könnte, ob dieses Erforderniß bei einer auf Grund der bergrechtlichen Vorschriften im Interesse des Unternehmers des Bergwerks erfolgenden Enteignung vorliegt. Man wird indessen davon auszugehen haben, daß die Enteignung, auch wenn sie zunächst auf Antrag und im Interesse des Unternehmers erfolgt, doch nur deshalb zugelassen wird, weil sie als im öffentlichen Interesse liegend angesehen wird. Dasselbe dürfte für alle anderen Fälle gelten, in welchen eine Enteignung auf Grund der oben erwähnten besonderen Vorbehalte zugelassen wird. Die oben gedachte Frage wird daher allgemein zu bejahen sein.

Selbstverständlich ist jedoch die Frage, ob nicht das Landesgesetz die Anwendbarkeit ausschließen will, nur an der Hand des einzelnen Landesgesetzes zu beurtheilen und es ist sehr wohl der Fall möglich, daß ein Landesrecht für die eine Rechtsmaterie die Art. 52, 53 ausschließt, für die andern aber nicht.

4. Die in Betracht kommenden landesgesetzlichen Vorschriften sind naturgemäß in den verschiedenartigsten Gesetzen zerstreut. Hervorzuheben sind für Preußen: A.G. z. B.G.B. Art. 12, 22 und Art. 89 Nr. 1b mit Allg. L.R. Einl. 74, 75, I 8 §§ 29—31, I 11 §§ 4—11, Enteignungsgesetz v. 11. Juni 1874, A.G. z. Zw.V.G. Art. 35ff.; Bayern: Enteignungsgesetz v. 17. November 1837 mit A.G. z. C.P.O. in der Fassung v. 26. Juni 1899 Art. 16—26 und A.G. z. B.G.B. Art. 139, 166; Sachsen: A.G. v. 18. Juni 1898 §§ 18—20; Württemberg: Enteignungsgesetz v. 20. Dezbr. 1888 mit A.G. z. B.G.B. Art. 209; Baden: Enteignungsgesetz v. 26. Juni 1899; Hessen: Enteignungsgesetz in der Fassung v. 30. Septbr. 1899.

Artikel 110.

E. d. E.G. I Art. 77; II Art. 83; III Art. 109. P. I S. 12730. M. d. E.G. S. 202. P. II S. 8911 (Bd. 6 S. 440).

Die Vorschrift des Art. 110, durch welchen die sog. Retablissementgesetze aufrecht erhalten werden, hat, soviel ersichtlich, zur Zeit nur für Sachsen, Württemberg, Baden, Hessen und Weimar

Artikel 111.

Unberührt bleiben die landesgesetzlichen Vorschriften, welche im öffentlichen Interesse das Eigenthum in Ansehung thatsächlicher Verfügungen beschränken.

Bedeutung. Nach den Gesetzen dieser Staaten kann unter gewissen Voraussetzungen gestattet oder angeordnet werden, daß ein z. B. durch Brand zerstörtes Gebäude auf einem anderen Grundstück als dem bisherigen wieder aufgebaut wird. Für den Fall des Wiederaufbaues an anderer Stelle sind die Rechtsverhältnisse derjenigen, welche an dem zerstörten Gebäude und derjenigen, welche an dem nunmehrigen Bauplatze dingliche Rechte haben, durch besondere Vorschriften geordnet. Diese Vorschriften werden durch den Art. 110 aufrecht erhalten.

Unter den Art. 110 fällt also z. B. die Vorschrift, daß die Rechte, welche an dem zerstörten Gebäude bestanden haben, auf die neue Baustelle übertragen werden oder daß die Rechte, welche bisher an der neuen Baustelle bestanden haben, hinter die von der bisherigen Baustelle übergegangenen Rechte ganz oder verhältnißmäßig zurücktreten müssen. Für den Fall, daß das zerstörte Gebäude nicht mehr aufgebaut werden darf, sondern hierfür eine Geldentschädigung gewährt wird, ist der Art. 110 schon seinem Wortlaute nach nicht anwendbar.

Uebrigens ist der Grund, warum das Gebäude zerstört worden ist, gleichgültig. Die Zerstörung muß nicht gerade durch Brand oder auch nur mittelbar durch Naturgewalt herbeigeführt sein, sie kann z. B. durch Abbruch verursacht sein, welcher von der Polizei etwa wegen Einsturzgefahr, verfügt worden ist.

2. Wegen der in Betracht kommenden Landesgesetze s. das sächs. Bauges. v. 1. Juli 1900 §§ 54—63, die A.G. z. B.G.B. von Württemberg Art. 205 III, IV, Baden Art. 28, Hessen Art. 274 Nr. I und das sachsen-weimarische Brandversicherungsges. v. 10. Mai 1899 §§ 80 ff.

3. Der Vorbehalt des Art. 110 kreuzt sich zum Theile mit anderen Vorbehalten. Insbesondere können die unter ihn fallenden Vorschriften in Ansehung der Brandversicherung oder, soweit es sich um eine Zwangsenteignung oder Zusammenlegung von Grundstücken handelt, schon auf Grund der Art. 75, 109, 113 getroffen werden.

Artikel 111.

E. d. E.G. I Art. 66; II Art. 84; III Art. 110. P. I S. 12810—12821; M. III S. 258. M. d. E.G. S. 192. P. II S. 8890 (Bd. 6 S. 428).

1. Die dem Eigenthümer nach § 903 zustehende Befugniß zu thatsächlichen Verfügungen über die Sache wird schon im B.G.B. gewissen, in den §§ 904—924 enthaltenen Beschränkungen unterworfen. Diese Beschränkungen beruhen nur auf Rücksichten des Privatrechts; inwieweit die thatsächliche Verfügungsmacht des Eigenthümers im öffentlichen Interesse Beschränkungen unterliegt, ist durch den Art. 111 dem Landrecht überlassen. Ob sich der Vorbehalt des Art. 111 nicht von selbst versteht, lassen die M. d. E.G. S. 192 dahingestellt; jedenfalls dient der Vorbehalt dazu, die Erörterung darüber zu ersparen, ob eine im öffentlichen Interesse aufgestellte Beschränkung des Eigenthums dem öffentlichen oder dem Privatrecht angehört.

Die Tragweite des Vorbehalts des Art. 111 ergiebt sich aus seinem Wortlaute. Die Landesgesetzgebung kann auf Grund des Art. 111 das Eigenthum beschränken nur in Ansehung der thatsächlichen Verfügungsmacht und nur im öffentlichen Interesse. Inwieweit dem Landesrechte gestattet ist, in Ansehung der rechtlichen Verfügungsmacht das Eigenthum zu beschränken, ist in den Art. 113, 115—117, 119 bestimmt und zur Aufstellung von Beschränkungen der thatsächlichen Verfügungsmacht im Privatinteresse ist die Landesgesetzgebung nur im Rahmen der Art. 122—124 befugt. Selbstverständlich ist die Landesgesetzgebung zu Eigenthumsbeschränkungen sowohl nach der rechtlichen wie nach der thatsächlichen Seite und sowohl im öffentlichen wie im privaten Interesse ohne Schranken zuständig, soweit ein allgemeiner Vorbehalt des E.G. einschlägt. Von den allgemeinen Vorbehalten, welche zu Beschränkungen der thatsächlichen Verfügungsmacht des Eigenthümers berechtigen, sind insbesondere die der Art. 65 (Wasserrecht z. B. Leinpfad), 67 (Bergrecht z. B. Schürfen), 69 (Jagd- und Fischereirecht), 113 (Zusammenlegungen, Gemeinheitstheilungen 2c.) zu erwähnen.

Der Art. 111 bezieht sich sowohl auf Grundstücke, wie auf bewegliche Sachen, praktisch kommen hauptsächlich Grundstücke in Frage.

2. Das Anwendungsgebiet des Art. 111 ist sehr umfangreich. Die wichtigsten Fälle betreffen das Bauwesen und die Waldkultur.

Artikel 112.

Unberührt bleiben die landesgesetzlichen Vorschriften über die Behandlung der einem Eisenbahn- oder Kleinbahnunternehmen gewidmeten Grundstücke und sonstiger Vermögensgegenstände als Einheit (Bahneinheit), über die Veräußerung und Belastung einer solchen Bahneinheit oder ihrer Bestandtheile, insbesondere die Belastung im Falle der Ausstellung von Theilschuldverschreibungen auf den Inhaber, und die sich dabei ergebenden Rechtsverhältnisse sowie über die Liquidation zum Zwecke der Befriedigung der Gläubiger, denen ein Recht auf abgesonderte Befriedigung aus den Bestandtheilen der Bahneinheit zusteht.

Artikel 113.

Unberührt bleiben die landesgesetzlichen Vorschriften über die Zusammenlegung von Grundstücken, über die Gemeinheitstheilung, die Regulirung der Wege, die Ordnung der gutsherrlich-bäuerlichen Verhältnisse sowie über die Ablösung, Umwandlung oder Einschränkung von Dienstbarkeiten und Reallasten. Dies gilt insbesondere auch von den Vorschriften, welche die durch ein Verfahren dieser Art begründeten gemeinschaftlichen Angelegenheiten zum Gegenstande haben oder welche sich auf den Erwerb des Eigenthums, auf die Begründung, Aenderung und Aufhebung von anderen Rechten an Grundstücken und auf die Berichtigung des Grundbuchs beziehen.

Artikel 112.

E. d. E.G. II Art. 85; III Art. 111. P. II S. 9101, 9202 (Bd. 6 S. 552, 611).

1. Das preuß. Ges. v. 19. August 1895 über das Pfandrecht an Privateisenbahnen und Kleinbahnen und die Zwangsvollstreckung in dieselben enthält eine Reihe von Vorschriften, welche von den Bestimmungen des B.G.B. abweichen. Nach diesem Gesetze werden die zum Eisenbahnunternehmen gehörenden Grundstücke, die dem Unternehmer gehörenden und zum Betriebe dienenden beweglichen Sachen sowie die zum Betrieb erforderlichen Fonds und Betriebsforderungen zu einem Gegenstande des unbeweglichen Vermögens, einer sog. Bahneinheit, vereinigt. Die Veräußerung und Belastung der einzelnen Gegenstände, aus welchen die Bahneinheit zusammengesetzt ist, ist unstatthaft; es findet auch keine Zwangsvollstreckung in sie statt. Die Bahneinheit wird in das beim Amtsgerichte geführte Bahngrundbuch eingetragen und unterliegt im Allgemeinen den für Grundstücke geltenden Vorschriften. Die Zwangsvollstreckung in die Bahneinheit geschieht in den Formen der Zwangsversteigerung von Grundstücken, jedoch mit gewissen Abweichungen; namentlich findet zum Zwecke der Befriedigung der Gläubiger, denen ein Recht auf abgesonderte Befriedigung aus den Bestandtheilen der Bahneinheit zusteht, eine besondere Liquidation statt. Die Belastung im Falle der Ausstellung von Theilschuldverschreibungen auf den Inhaber ist zum Theile abweichend geregelt, z. B. können von den Versammlungen der Gläubiger bindende Beschlüsse für und wider alle Gläubiger gefaßt werden.

Der Art. 112 bezweckt nun die Aufrechthaltung dieses Gesetzes zu ermöglichen und den übrigen Bundesstaaten die Erlassung ähnlicher Gesetze offen zu halten.

2. Mit dem Art. 112 zusammenhängende Vorbehalte enthalten die C.P.O. § 871 für die Zwangsvollstreckung in ein zum Betriebe berechtigendes Nutzungsrecht und das Ges. v. 4. Dezbr. 1899, betr. die gemeinsamen Rechte der Besitzer von Schuldverschreibungen, § 25.

3. Für Preußen vergl. noch A.G. z. Zw.V.G. Art. 45, zur G.B.O. Art. 31, preuß. freiw. G.G. Art. 3.

Artikel 113.

E. d. E.G. I Art. 41 Abs. 1; II Art. 86; III Art. 112. P. I S. 12719, 12831; M. d. E.G. S. 162. P. II S. 8793, 9422 (Bd. 6 S. 372, 581, 743).

1. Der Art. 113 scheidet den wesentlichsten Theil des sog. Agrarrechts von der Regelung des B.G.B. aus und überweist es der Landesgesetzgebung. Er bezieht sich übrigens nicht nur auf ländliche Grundstücke, sondern auch auf städtische (P. II S. 9423, Bd. 6 S. 743). Gemeinsam ist den sämmtlichen im Art. 113 aufgeführten Angelegenheiten, daß ihre Ordnung gegebenen Falles durch eine Art von Zwangsenteignung erfolgt.

Artikel 114.

Unberührt bleiben die landesgesetzlichen Vorschriften, nach welchen die dem Staate oder einer öffentlichen Anstalt in Folge der Ordnung der gutsherrlich-bäuerlichen Verhältnisse oder der Ablösung von Dienstbarkeiten, Reallasten oder der Oberlehnsherrlichkeit zustehenden Ablösungsrenten und sonstigen Reallasten zu ihrer Begründung und zur Wirksamkeit gegenüber dem öffentlichen Glauben des Grundbuchs nicht der Eintragung bedürfen.

---

2. Im Einzelnen betrifft der Vorbehalt:

a) die Zusammenlegung von Grundstücken. Hierunter fallen auch die sog. Separation, Konsolidation, Verkoppelung, die Feld- und Flurbereinigung, die Neueintheilung von Grundstücken durch Aenderung ihrer Grenzen. Gemeinschaftlich ist diesen Unternehmungen, daß zwei oder mehrere Grundstücke zum Zwecke der besseren Bewirthschaftung in ihrem Flächenbestand Aenderungen erleiden.

b) die Gemeinheitstheilungen, d. h. die Vertheilung von Grundstücken, die bisher gemeinschaftlich waren, oder von gewissen Grundgerechtigkeiten z. B. Forst- oder Weiderechten, die bisher gemeinschaftlich ausgeübt wurden, unter die Antheilsberechtigten. Der Ausdruck „Gemeinheitstheilung" ist im weitesten Sinne zu nehmen. Es macht keinen Unterschied, ob es sich um bisheriges Eigenthum einer politischen oder Realgemeinde oder um sog. Interessenteneigenthum handelt.

c) die Regulirung der Wege. Diese fällt, soweit sie ländliche Grundstücke betrifft, regelmäßig schon unter die Zusammenlegung von Grundstücken (oben a). Die ausdrückliche Erwähnung stellt klar, daß sie durch den Vorbehalt auch dann gedeckt wird, wenn sie sich nur auf Wege innerhalb einer Ortschaft oder nur auf städtische Grundstücke bezieht. Es gehört also, wie auch in den P. II S. 9423 besonders anerkannt ist, auch die sog. Baufluchtregulirung hierher; zum Theil fällt freilich die Baufluchtregulirung auch unter den Vorbehalt des Art. 111.

d) die Ordnung der gutsherrlich bäuerlichen Verhältnisse, d. h. der Verhältnisse, welche sich aus der früheren ständischen Verfassung ergeben.

e) die Ablösung, Umwandelung oder Einschränkung von Dienstbarkeiten, insbesondere von Forst- und Weidegerechtigkeiten. Unter die Vorschriften über die Ablösung fallen auch die Vorschriften über das Rechtsverhältniß der in Folge der Ablösung begründeten Renten, z. B. über das ihnen beigelegte Vorzugsrecht, über ihre Vertheilung im Falle der Theilung des belasteten Grundstücks. Auch hier kommt nicht in Betracht, ob die Dienstbarkeit an einem ländlichen oder einem städtischen Grundstücke besteht.

f) die Ablösung, Umwandelung oder Einschränkung von Reallasten. Hier gilt das zu e Bemerkte entsprechend.

Zu e und f vergl. auch Art. 114 und 115. Eine Einschränkung dem Gegenstande nach enthält der Art. 116.

3. In Ansehung der vorbezeichneten Angelegenheiten ist der Vorbehalt des Art. 113 ein allgemeiner. Insbesondere kann die Landesgesetzgebung, wie der Satz 2 des Art. 113 hervorhebt, den Erwerb des Eigenthums, die Begründung, Aenderung und Aufhebung von anderen Rechten an Grundstücken und die Berichtigung des Grundbuchs abweichend von den Vorschriften des B.G.B. regeln, z. B. das Eigenthum ohne Auflassung und Eintragung im Grundbuch übergehen lassen. Eine Einschränkung erfährt der Vorbehalt auf dem Gebiete der Zwangsversteigerung durch den § 3 des E.G. zum Zw.V.G.

4. Die einschlägigen Landesgesetze sind naturgemäß entsprechend der geschichtlichen Entwickelung des Agrarrechts in den verschiedenartigsten Gesetzen zerstreut.

Artikel 114.

E. d. E.G. II Art. 87; III Art. 113. M. d. E.G. S. 193. P. II S. 8793 (Bd. 6 S. 372).

1. Die Landesgesetzgebung ist auf den Gebieten, die ihr durch allgemeine Vorbehalte überwiesen sind, ermächtigt, Ausnahmen von dem Grundsatze des öffentlichen Glaubens des Grundbuchs zu machen, soweit der Grundsatz nicht für einzelne Vorbehaltsgebiete reichsgesetzlich für maßgebend erklärt ist (vergl. insbesondere Art. 61, 118). Wenn daher nach dem Art. 59 die landesgesetzlichen Vorschriften über das Lehenrecht und nach dem Art. 113 die landesgesetzlichen Vorschriften über die Ordnung der gutsherrlich-bäuerlichen Verhältnisse sowie über die Ablösung

Artikel 115.

Unberührt bleiben die landesgesetzlichen Vorschriften, welche die Belastung eines Grundstücks mit gewissen Grunddienstbarkeiten oder beschränkten persönlichen

---

von Dienstbarkeiten und Reallasten unberührt bleiben, so folgt aus der allgemeinen Fassung dieser Vorbehalte bereits, daß die Landesgesetzgebung zur Erlassung von Vorschriften befugt ist, nach welchen die im Art. 114 bezeichneten Ablösungsrenten und sonstige Reallasten zu ihrer Begründung und zur Wirksamkeit gegenüber dem öffentlichen Glauben des Grundbuchs nicht der Eintragung bedürfen.

Von diesem Standpunkt aus ist der Art. 114 im Grunde genommen entbehrlich. Nach den P. II S. 8793 (Bd. 6 S. 372) ist er in der That auch nur im Interesse der Klarstellung aufgenommen worden und beruht seine Aufnahme darauf, daß die M. des E.G. S. 193 davon ausgehen, die auf Grund der Ablösung von Grundlasten des öffentlichen Rechtes oder der Ablösung der staatlichen Oberlehnsherrlichkeit an den Staat oder an vermittelnde Institute zu entrichtenden Ablösungsrenten und Allodifikationsgelder hätten das Vorrecht der Steuern und bedürften deshalb weder zu ihrer Begründung noch zur Erhaltung der Wirksamkeit gegenüber Dritten der Eintragung in das Grundbuch, während den bezeichneten Lasten nach manchen Landesgesetzen, insbesondere nach der bayerischen Rechtssprechung (bayer. O.L.G. Samml. XI S. 178) nicht die Natur von öffentlichen Lasten zukommt.

Allerdings ist nicht zu verkennen, daß diese Erklärung nicht recht genügend ist, weil, mögen die fraglichen Renten als dem öffentlichen Rechte angehörend angesehen werden oder nicht, die Aufnahme, wenn die obige Voraussetzung richtig ist, nicht nur in dem ersteren, sondern auch im letzteren Falle unnöthig sein würde.

Eine andere Auffassung des Verhältnisses des Art. 114 zu den Art. 113, 59 scheint dadurch nahe gelegt zu werden, daß der Vorbehalt des Art. 114 sich, wie unter Nr. 2 hervorgehoben ist, nur auf die dem Staate und öffentlichen Anstalten zustehenden Ablösungsrenten und sonstigen Reallasten bezieht. Hiernach enthielte der Art. 114 eine Beschränkung der aus dem Art. 113, 59 an sich zu ziehenden Konsequenz, daß die Landesgesetzgebung die im Art. 114 bezeichneten Vorschriften für alle, also auch für die anderen Personen als dem Staate und öffentlichen Anstalten zustehenden Ablösungsrenten 2c. treffen könne. Eine solche Beschränkung würde sich materiell sehr wohl rechtfertigen lassen. Von dieser Auffassung aus müßte dann freilich angenommen werden, daß das E.G. davon ausgegangen ist, daß die allgemeinen Vorbehalte der Art. 113, 59 nicht so weit auszulegen sind, daß sie generell zu den im Art. 114 bezeichneten Vorschriften berechtigen, und daß deshalb diese Berechtigung in der Beschränkung des Art. 114 ausdrücklich zu bestimmen war.

Allein wenn auch die erstgedachte Erklärung der Aufnahme des Art. 114 wenig befriedigt, so spricht doch gegen die zweite Auffassung entscheidend, daß nicht nur die Art, wie diese Auffassung des Verhältnisses des Art. 114 zu den Art. 59, 113 zum Ausdrucke gebracht wäre, sehr ungewöhnlich und mit der sonstigen Redaktionsweise des B.G.B. nicht übereinstimmend wäre, sondern auch, daß der Satz 2 des Art. 113 ausdrücklich die landesgesetzlichen Vorschriften über die Begründung von Rechten an Grundstücken (also auch von Reallasten) aufrechterhält.

2. Der Vorbehalt gilt nur für die dem Staate oder einer öffentlichen Anstalt zustehenden Renten oder sonstigen Reallasten. Für Renten oder Reallasten, welche einer Korporation oder Stiftung des öffentlichen Rechtes, z. B. einer Gemeinde, einer Kirchenstiftung, oder einem Privaten zustehen, verbleibt es bei den allgemeinen Grundsätzen und den aus den Vorbehalten der Art. 59, 113 sich ergebenden Konsequenzen (s. unter Nr. 1).

3. Ueber die in Betracht kommenden Landesgesetze vergl. die A.G. zum B.G.B. für Preußen Art. 22 Ziff. 3, für Bayern Art. 128, ferner Hessen A.G. zur G.B.O. Art. 11 und Ablösungsges. v. 24. Juli 1899 Art. 17.

Artikel 115.

E. d. E.G. I Art. 70 Abs. 1 Nr. 2; II Art. 88; III Art. 114. P. I S. 12810, 12824, 12831; M. d. E.G. S. 194. P. II S. 8900, 9198 (Bd. 6 S. 433, 608).

Neubauer, Zusammenstellung des in Deutschland geltenden Rechtes der Reallasten (1879); Stobbe — Lehmann Bd. II 2 S. 42ff. (1897); Roth, Deutsches Privatr. Bd. 3 S. 469ff.

1. Das B.G.B. beschränkt sich bezüglich der Grunddienstbarkeiten, der beschränkten persönlichen Dienstbarkeiten und der Reallasten auf gewisse allgemeine Grundsätze (§§. 1018—1029, 1090—1093, 1105—1112) und überläßt der Landesgesetzgebung Bestimmungen über die Zulässigkeit, den Inhalt und das Maß sowie die Ablösung, Umwandelung oder Einschränkung zu

Dienstbarkeiten oder mit Reallasten untersagen oder beschränken, sowie die landesgesetzlichen Vorschriften, welche den Inhalt und das Maß solcher Rechte näher bestimmen.

---

treffen (vergl. Vorbm. vor § 1018 und vor § 1105). Die landesgesetzlichen Vorschriften über die Ablösung, Umwandelung oder Einschränkung von Grunddienstbarkeiten, beschränkten persönlichen Dienstbarkeiten und Reallasten sind durch den Art. 113 vorbehalten. Der Art. 115 behält die landesgesetzlichen Vorschriften über die Zulässigkeit, den Inhalt und das Maß dieser Rechte vor.

2. Die einzelnen Vorbehalte des Art. 115.

a) Unberührt bleiben die landesgesetzlichen Vorschriften, welche die Belastung eines Grundstücks mit gewissen Grunddienstbarkeiten oder beschränkten persönlichen Dienstbarkeiten untersagen oder beschränken. Die Belastung eines Grundstücks mit Grunddienstbarkeiten oder beschränkten persönlichen Dienstbarkeiten kann mithin nicht völlig untersagt werden, die Befugniß der Untersagung bezieht sich nur auf einzelne von dem Landesgesetze bestimmt zu bezeichnende Grunddienstbarkeiten oder beschränkte persönliche Dienstbarkeiten.

Als Beispiele hierher gehörender Landesgesetze sind zu erwähnen:

In Preußen können Jagdservituten nicht begründet werden (Ges. v. 31. Oktober 1848). Die Berechtigungen ferner zur Gräserei und zur Nutzung von Schilf, Binsen oder Rohr, zum Pflücken des Unkrauts oder Grases in bestellbaren Feldern, zum Nachrechen auf geernteten Feldern, zur Fischerei und zum Krebsen, zur Torfnutzung ꝛc. können nur mit den in der Gem. Theil. Ord. § 27 bezeichneten Beschränkungen erworben werden. Vergl. ferner preuß. Ges. v. 2. März 1850 Art. 12. In Bayern können Forstberechtigungen, Jagdberechtigungen und Weiderechte weder als Dienstbarkeiten noch als Reallasten begründet werden (Jagdges. v. 30. März 1852 Art. 1, Forstges. v. 28. März 1852 Art. 34, Weideges. v. 28. Mai 1852 Art. 34, 45, A.G. z. B.G.B. Art. 86).

b) Unberührt bleiben die landesgesetzlichen Vorschriften, welche die Belastung eines Grundstücks mit Reallasten untersagen oder beschränken. Bezüglich der Reallasten geht mithin die Befugniß der Landesgesetzgebung weiter. Sie kann die Belastung eines Grundstücks mit Reallasten überhaupt verbieten.

Als Beispiele hierher gehörender Landesgesetze sind zu erwähnen.

In Preußen können im Geltungsgebiete des Ablösungsges. v. 2. März 1850 Reallasten nur in den durch den § 91 Abs. 2—4 dieses Gesetzes gezogenen Schranken begründet werden. Für Hohenzollern, Wiesbaden, die vormals großherzogl. hessischen Gebietstheile, Schleswig-Holstein und Cassel gelten die sachlich übereinstimmenden Vorschriften der (preuß.) Ges. v. 28. Mai 1860, 15. Februar 1872, 3. Januar 1873 und 23. Juli 1876. In Hannover gelten ähnliche Grundsätze nach der V. v. 23. Juli 1833. Im Wesentlichen gelten hiernach die gleichen Grundsätze, welche der Art. 30 des A.G. z. B.G.B. für Rheinpreußen aufstellt. Diese lauten: „Mit Ausnahme fester Geldrenten können beständige Abgaben und Leistungen einem Grundstück als Reallasten nicht auferlegt werden. Eine neu auferlegte Geldrente ist der Eigenthümer nach vorgängiger sechsmonatiger Kündigung mit dem zwanzigfachen Betrag abzulösen berechtigt, sofern nicht ein Anderes bestimmt ist. Es kann jedoch vertragsmäßig die Kündigung nur während eines bestimmten Zeitraums, welcher dreißig Jahre nicht übersteigen darf, ausgeschlossen und ein höherer Ablösungsbetrag als der fünfundzwanzigfache Betrag der Rente nicht festgesetzt werden. Vertragsmäßige Bestimmungen, welche diesen Vorschriften zuwider laufen, sind unwirksam."

In Bayern bestimmt der Art. 85 des A.G. z. B.G.B. für das ganze Königreich: „Als Reallast kann außer dem Rechte auf Leistungen, die zu einer Leibrente, insbesondere zu einem Leibgedinge, gehören, nur das Recht auf die regelmäßig wiederkehrende Leistung von fest bestimmten Geldbeträgen oder fest bestimmten Mengen von Bodenerzeugnissen bestellt werden. Bei der Bestellung einer Reallast solcher Art muß der Geldbetrag bestimmt werden, durch dessen Zahlung der Eigenthümer die Reallast ablösen kann."

In Württemberg ist die Begründung von Reallasten überhaupt untersagt (Ges. v. 14. April 1848 Art. 1).

Wegen des sächsischen Rechtes vergl. die Ges. v. 17. März 1832 §§ 54, 55, 103, 104 und v. 15. Mai 1851 §§ 23, 25—28. Wegen Baden s. A.G. z. B.G.B. Art. 26, 27, wegen Hessen A.G. z. B.G.B. Art. 93, wegen Elsaß-Lothringen A.G. z. B.G.B. § 75.

c) Die Landesgesetzgebung kann, soweit sie Grunddienstbarkeiten, beschränkte persönliche Dienstbarkeiten und Reallasten überhaupt zuläßt, deren Inhalt und Maß näher bestimmen.

Artikel 116.

Die in den Artikeln 113 bis 115 bezeichneten landesgesetzlichen Vorschriften finden keine Anwendung auf die nach den §§. 912, 916, 917 des Bürgerlichen Gesetzbuchs zu entrichtenden Geldrenten und auf die in den §§. 1021, 1022 des Bürgerlichen Gesetzbuchs bestimmten Unterhaltungspflichten.

Die Landesgesetzgebung kann hiernach nicht schlechthin den Inhalt und das Maß regeln, sie kann nur den Inhalt und das Maß näher bestimmen, d. h. Grundsätze aufstellen, welche neben den Vorschriften des B.G.B. und unbeschadet derselben über den Inhalt und das Maß weitere Vorschriften geben. Die Landesgesetzgebung darf sich also nicht mit den vom B.G.B. über den Inhalt und das Maß getroffenen Vorschriften in Widerspruch setzen, sie darf z. B. nicht den Einfluß der Theilung des Grundstücks des Berechtigten oder des belasteten Grundstücks auf die Grunddienstbarkeit oder die Reallast abweichend von den Vorschriften der §§ 1025, 1026, 1109 regeln, dagegen kann sie z. B. über die Breite des Weges bei einer Wegegerechtigkeit, über die Anzahl der Viehstücke bei einer Weidegerechtigkeit Bestimmungen treffen. Uebrigens haben die landesgesetzlichen Vorschriften, welche den Inhalt oder das Maß einer Dienstbarkeit oder Reallast näher bestimmen, sehr häufig zugleich die Bedeutung, daß sie damit einen weitergehenden Inhalt als unzulässig ausschließen wollen. Soweit dies der Fall ist, können sie vertragsmäßig nicht abgeändert werden, sonst aber gilt der dem B.G.B. zu Grunde liegende Grundsatz, daß über den Inhalt und das Maß einer Dienstbarkeit und Reallast zunächst die Vereinbarung der Parteien entscheidet, auch gegenüber dem Landesrechte.

Zweifelhaft ist, ob die Landesgesetzgebung berechtigt ist, den Inhalt des Leistungsbegriffs dahin zu bestimmen, daß die Reallast auch auf ein Unterlassen gehen kann (P. II S. 4763, Bd. 3 S. 734). Hierüber s. Erl. zu § 1105.

Beispiele landesgesetzlicher Vorschriften bieten die Bestimmungen der §§ 55—242 des preuß. L.R. I 22 (aufrechterhalten im A.G. z. B.G.B. Art. 89 Nr. 1) über Gebäudegerechtigkeiten, Wegegerechtigkeiten, Hütungsgerechtigkeiten, Mastungsrechte 2c. (hierüber vergl. Dernburg Sachenrecht 2. Aufl. S. 498ff., Turnau-Förster, Liegenschaftsrecht S. 413, 498—505, Stranz-Gerhard S. 204, 428ff.), ferner gehören hierher die Bestimmungen des sächs. B.G.B. §§ 542—551, 553, 554, die A.G. z. B.G.B. von Weimar §§ 133—146, Meiningen Art. 17 und Coburg-Gotha Art. 28. Durch den Art. 115 sind auch die gemeinrechtlichen Regeln des römischen Rechtes über die Befugnisse, die mit den einzelnen Arten von Grunddienstbarkeiten verbunden sind (Windscheid-Kipp Pand. 8. Aufl. §§ 211, 211a, Dernburg Pand. 6. Aufl. Bd. I §§ 242ff.), aufrechterhalten worden. Für Bayern sind übrigens diese Vorschriften des gemeinen Rechtes ebenso wie die des bayerischen L.R. nur für die schon bestehenden Rechte in Kraft geblieben (E.G. Art. 184), im Uebrigen aber beseitigt (A.G. z. B.G.B. Art. 1).

3. Weiter geht selbstverständlich die Befugniß der Landesgesetzgebung, soweit es sich um einen allgemeinen Vorbehalt handelt, z. B. um das Jagdrecht (Art. 69), um das Recht der Rentengüter (Art. 62 und dazu preuß. A.G. z. B.G.B. Art. 30 Abs. 4) oder um Recht der der Ablösung (Art. 113 und dazu preuß. A.G. z. B.G.B. Art. 31, Achilles-Strecker G.B.O. S. 58). Hier kann die Landesgesetzgebung auch die absoluten Vorschriften des B.G.B. über die Dienstbarkeiten und Reallasten durchbrechen. Beispielsweise bleiben auf Grund des Art. 113 die Vorschriften des preuß. L.R. über die Verlegung von Grunddienstbarkeiten (L.R. I 22 §§ 81, 235, 236, Gem. Theil. Ord. §§ 116ff., Dernburg Sachenrecht S. 476) aufrecht.

Artikel 116.

E. d. E.G. I Art. 41 Abs. 2, Art. 70 Abs. 2; II Art. 89; III Art. 115. P. I S. 12719, 12810; M. d. E.G. S. 162, 194. P. II S. 8793, 8902, 9188 (Bd. 6 S. 372, 433, 608).

Auf die für einen Ueberbau (§§ 912, 916) oder für die Duldung eines Nothwegs (§ 917) geschuldete Geldrente sowie auf die Pflicht des Eigenthümers des belasteten Grundstücks zur Unterhaltung einer zur Ausübung einer Grunddienstbarkeit erforderlichen Anlage (§§ 1021, 1022) finden nach § 914 Abs. 3, § 917, § 1021 Abs. 2 und § 1022 Satz 2 die Vorschriften über die Reallasten Anwendung. Der Art. 116 stellt klar, daß für diese reichsrechtlich geordnete Reallast die Vorbehalte der Art. 113 und 115 (die Unanwendbarkeit des Art. 114 ergiebt sich von selbst aus der Unanwendbarkeit des Art. 113) nicht gelten, bezüglich ihrer kann also z. B. landesgesetzlich nicht die Ablösbarkeit, das Maß oder der Inhalt oder die Umwandelung geregelt werden.

Artikel 117.

Unberührt bleiben die landesgesetzlichen Vorschriften, welche die Belastung eines Grundstücks über eine bestimmte Werthgrenze hinaus untersagen.

Unberührt bleiben die landesgesetzlichen Vorschriften, welche die Belastung eines Grundstücks mit einer unkündbaren Hypothek oder Grundschuld untersagen oder die Ausschließung des Kündigungsrechts des Eigenthümers bei Hypothekenforderungen und Grundschulden zeitlich beschränken und bei Rentenschulden nur für eine kürzere als die im §. 1202 Abs. 2 des Bürgerlichen Gesetzbuchs bestimmte Zeit zulassen.

Artikel 118.

Unberührt bleiben die landesgesetzlichen Vorschriften, welche einer Geldrente, Hypothek, Grundschuld oder Rentenschuld, die dem Staate oder einer öffentlichen Anstalt wegen eines zur Verbesserung des belasteten Grundstücks gewährten Dar-

---

Artikel 117.

E. d. E.G. I Art. 70 Abs. 1 Nr. 3; II Art. 90; III Art. 116. P. I S. 12810—12821; M. d. E.G. S. 194. P. II S. 8900 (Bd. 6 S. 433).

1. Der Vorbehalt des Abs. 1 ermächtigt die Landesgesetzgebung eine Verschuldungsgrenze, sei es für alle Grundstücke oder nur gewisse Arten, z. B. nur die ländlichen, aufzustellen. Der Vorbehalt bezieht sich zwar seinem Wortlaute nach auf alle dinglichen Rechte an fremder Sache, ist aber bezüglich des Vorkaufsrechts und des Nießbrauchrechts mit Rücksicht auf den Inhalt dieser Rechte gegenstandslos und wird bezüglich der Grunddienstbarkeiten, der beschränkten persönlichen Dienstbarkeiten und der Reallasten im Wesentlichen schon durch den Art. 115 gedeckt. Von praktischer Bedeutung ist der Vorbehalt demnach hauptsächlich für Hypotheken, Grundschulden und Rentenschulden.

Soviel ersichtlich, hat zur Zeit kein Bundesstaat von dem Vorbehalte des Abs. 1 Gebrauch gemacht. Es giebt nur Vorschriften über die Verschuldungsgrenze bei Rentengütern, Anerbengütern und Erbpachtgrundstücken; diese werden durch die Art. 62—64 gedeckt.

2. Der Vorbehalt des Abs. 2 gestattet der Landesgesetzgebung

a) bei Hypotheken und Grundschulden die Belastung eines Grundstücks mit einer unkündbaren Hypothek oder Grundschuld zu untersagen oder die Ausschließung des Kündigungsrechts des *Eigenthümers* zeitlich zu beschränken. Bezüglich des Kündigungsrechts des *Gläubigers* kann nur der völlige Ausschluß dieses Rechtes untersagt werden; besteht dagegen ein solches Verbot nicht, so gilt bezüglich des Kündigungsrechts des Gläubigers Vertragsfreiheit. Für den persönlichen Schuldner, der nicht Eigenthümer des Grundstücks ist, sind schlechtweg die vertragsmäßigen Bestimmungen maßgebend.

b) bei Rentenschulden, bei welchen nach § 1202 des B.G.B. reichsrechtlich die Unkündbarkeit oder der Ausschluß der Kündbarkeit für eine längere Zeit als dreißig Jahre verboten ist, die Ausschließung des Kündigungsrechts nur für eine kürzere Zeit zuzulassen.

Von dem Vorbehalte des Abs. 2 haben insbesondere Gebrauch gemacht die A.G. z. B.G.B. von Preußen Art. 32; Württemberg Art. 213; Baden Art. 27; keinen Gebrauch gemacht haben z. B. Bayern und Sachsen.

3. Die Verletzung einer unter den Abs. 1 fallenden landesgesetzlichen Vorschrift begründet, wenn durch Landesgesetz nicht ein Anderes bestimmt ist, soweit die Werthgrenze überschritten ist, Nichtigkeit der Hypothek, Grundschuld oder Rentenschuld; inwieweit die Vorschriften über den öffentlichen Glauben des Grundbuchs Platz greifen, bestimmt die Landesgesetzgebung. Die Verletzung einer unter den Abs. 2 fallenden landesgesetzlichen Vorschrift bewirkt, daß die Hypothek, Grundschuld oder Rentenschuld nach Ablauf der landesgesetzlich bestimmten Höchstgrenze des Ausschlusses der Kündbarkeit frei kündbar wird. Selbstverständlich kann die Landesgesetzgebung etwas Anderes bestimmen; wenn dies aber, wie in Preußen, nicht geschehen ist, so ist z. B. eine Hypothek, bei welcher die Kündbarkeit auf Lebenszeit des Eigenthümers oder des Gläubigers ausgeschlossen ist, nicht nichtig, sondern nur nach Ablauf der landesgesetzlich bestimmten Zeit, in Preußen nach Ablauf von zwanzig Jahren, sofern nicht vorher der Eigenthümer oder der Gläubiger gestorben ist, frei kündbar.

4. Wegen der Hypothekenbanken s. Reichsges. v. 13. Juli 1899 §§ 17—21, 49 Satz 2.

lehens zusteht, den Vorrang vor anderen Belastungen des Grundstücks einräumen. Zu Gunsten eines Dritten finden die Vorschriften der §§. 892, 893 des Bürgerlichen Gesetzbuchs Anwendung.

Artikel 119.

Unberührt bleiben die landesgesetzlichen Vorschriften, welche

1. die Veräußerung eines Grundstücks beschränken;
2. die Theilung eines Grundstücks oder die getrennte Veräußerung von Grundstücken, die bisher zusammen bewirthschaftet worden sind, untersagen oder beschränken;
3. die nach §. 890 Abs. 1 des Bürgerlichen Gesetzbuchs zulässige Vereinigung mehrerer Grundstücke oder die nach §. 890 Abs. 2 des Bürgerlichen Gesetzbuchs zulässige Zuschreibung eines Grundstücks zu einem anderen Grundstück untersagen oder beschränken.

Artikel 118.

E. d. E.G. I Art. 75; II Art. 91; III Art. 117. P. I S. 12824; M. d. E.G. S. 199. P. II S. 8909, 9199 (Bd. 6 S. 439, 609).

1. Der Art. 118 ermöglicht der Landesgesetzgebung zu bestimmen, daß eine Geldrente (Reallast), Hypothek, Grundschuld oder Rentenschuld, welche dem Staate oder einer öffentlichen Anstalt für ein sog. Meliorationsdarlehen zusteht, kraft Gesetzes den Vorrang vor allen oder gewissen anderen Belastungen des Grundstücks erhält. Der Vorbehalt gestattet also eine Durchbrechung der für die Rangverhältnisse und die Rangänderung bestehenden Vorschriften (§§ 879, 880). Die Rangänderung trifft die zur Zeit ihres Eintritts Berechtigten, ohne daß es der Einwilligung der in ihrem Rechte Beeinträchtigten bedarf. Die im Range beeinträchtigten Berechtigten erhalten durch die Melioration eine Ausgleichung für den Rangrücktritt. An gewisse Voraussetzungen ist die Rangänderung reichsrechtlich nicht geknüpft. Insbesondere ist nicht Voraussetzung, daß die beeinträchtigten Berechtigten von dem Vorgange Kenntniß erhalten oder ihnen nur Gelegenheit gegeben wird, Einwendungen gegen die Rechtsänderung vorzubringen. Der für das Meliorationsdarlehen bestellten Reallast, Hypothek, Grundschuld oder Rentenschuld kann der Vorrang aber nur in Ansehung des Grundstücks gegeben werden, zu dessen Verbesserung das Darlehen gewährt wird, nicht in Ansehung anderer Grundstücke desselben Eigenthümers. Die Bestimmung kann ferner nur zu Gunsten der vom Staate oder einer öffentlichen Anstalt gewährten Darlehen getroffen werden, nicht zu Gunsten öffentlicher Korporationen oder Stiftungen. Soll z. B. für die von einer Gemeinde gewährten Meliorationsdarlehen von der Vorschrift des Art. 118 Gebrauch gemacht werden, so darf nicht die Gemeinde selbst als Darlehensgeberin erscheinen, sondern es muß eine besondere, mit juristischer Persönlichkeit ausgestattete öffentliche Anstalt ins Leben gerufen werden, welche das Darlehen gewährt.

2. Der Erwerb des Vorranges ist reichsrechtlich nicht von der Eintragung in das Grundbuch abhängig. Nach Satz 2 des Art. 118 finden aber die Vorschriften der §§ 892, 893 über den öffentlichen Glauben des Grundbuchs Anwendung. Die Wirksamkeit des Vorranges gegenüber dem öffentlichen Glauben des Grundbuchs hängt also von der Eintragung ab; gegenüber denjenigen dinglichen Rechten, welche erst nach der Vorrangseinräumung zur Entstehung gelangen, sowie gegenüber denjenigen, welche ein zu dieser Zeit schon bestehendes Recht oder ein Recht an einem solchen Rechte später erwerben, gilt der Vorrang ohne die Eintragung nur, wenn sie von dem Vorrange Kenntniß hatten. Soweit nicht die Rechte dieser Berechtigten entgegenstehen, kann daher die Eintragung des Vorranges auch nachträglich erfolgen.

3. In Betracht kommende Landesgesetze: Preuß. Ges. v. 13. Mai 1879, betr. die Errichtung von Landeskulturrentenbanken, mit A.G. zum B.G.B. Art. 21; bayer. Ges. über die Landeskulturrentenanstalt in der Fassung v. 30. Mai 1900 (A.G. Art. 170); sächs. A.G. zum B.G.B. § 30; hess. Ges. v. 20. März 1880. Für Preußen vergl. Achilles-Strecker Erl. 3 zu Art. 12 des preuß. A.G. z. G.B.O.

Artikel 119.

E. d. E.G. I Art. 70 Abs. 1 Nr. 1; II Art. 92; III Art. 118. P. I S. 12810—12821; M. d. E.G. S. 194. P. II S. 8900, 8976 (Bd. 6 S. 433, 479).

Der Art. 119 behält gewisse Vorschriften der Landesgesetze über die Beschränkung von Grundstücksveräußerungen, Theilungen und Vereinigungen vor. Nur die Ziff. 2 ist in den Entwürfen der Kommission enthalten gewesen; der übrige Inhalt des Artikels ist vom Bundesrathe beschlossen worden.

1. Die Ziff. 1 ermächtigt die Landesgesetzgebung die Veräußerung eines Grundstücks zu beschränken. Eine Beschränkung der Veräußerung gewisser Grundstücke ist der Landesgesetzgebung schon auf Grund anderer Vorbehalte möglich, insbesondere auf Grund der Vorschriften, welche das Lehen-, das Fideikommiß-, Stammgüter-, Rentengüter- und Anerbenrecht oder das Recht der Erbpachtgüter sowie das Recht der Zusammenlegung rc. rc. vorbehalten (Art. 59, 62, 63, 64, 113). Der Art. 119 läßt eine Veräußerungsbeschränkung allgemein zu. Aus welchem Grunde die Veräußerung beschränkt wird, kommt nicht in Betracht, regelmäßig werden es Rücksichten der Landeskultur, insbesondere zur Hintanhaltung der Güterzertrümmerung, oder Rücksichten der Steuererhebung oder der Erhöhung des Realkredits sein. Gestattet ist der Landesgesetzgebung aber nur die Veräußerung zu beschränken, sie kann sie nicht völlig untersagen, wenn sie sie auch an solche Beschränkungen knüpfen kann, daß thatsächlich die Veräußerung nicht möglich oder von dem freien Ermessen einer Behörde abhängig ist. Unzulässig ist ferner eine Beschränkung der Belastung der Grundstücke. Soweit nicht allgemeine Vorbehalte, wie der Vorbehalt des Lehen-, des Fideikommiß-, des Anerbenrechts, Platz greifen, ist eine Beschränkung der Belastung nur im Rahmen der Art. 115, 117 zulässig. Im Uebrigen ist der Begriff der Veräußerung hier derselbe, wie an anderen Stellen des B.G.B. (s. Bd. I S. 148 Vorbm. IX 4). Unter Veräußerung ist also die Uebertragung des Eigenthums ohne Rücksicht auf den Grund des Uebertragungsgeschäfts (Kauf, Tausch, Schenkung rc.) zu verstehen. Zweifelhaft kann sein, ob auch die Zwangsversteigerung unter die Vorschrift fällt. Der Ausdruck „Veräußerung" wird zwar regelmäßig nur für die rechtsgeschäftliche Uebertragung des Eigenthums gebraucht und bei der Zwangsversteigerung erfolgt die Uebertragung durch den Zuschlag, also durch einen richterlichen Ausspruch (Zw.V.G. § 90). Dazu kommt, daß das B.G.B. da, wo die Verfügung im Wege der Zwangsvollstreckung ebenso behandelt werden soll wie die Verfügung des Berechtigten, dies ausdrücklich bestimmt (s. §§ 161 Abs. 1 Satz 2, 184 Abs. 2, 353 Abs. 2, 499, 883 Abs. 2; vergl. auch § 2115). Der Art. 119 spricht indessen nicht von einer Veräußerung durch den Berechtigten, sondern allgemein von der Veräußerung und dieser Ausdruck dürfte in dem weiteren Sinne zu verstehen sein, daß darunter auch die Veräußerung im Wege der Zwangsversteigerung mitverstanden wird, wie ja auch das B.G.B. in den oben allegirten Paragraphen von einer Verfügung im Wege der Zwangsvollstreckung spricht. Man wird hier diese weitere Auslegung um so mehr annehmen müssen, als sonst die Möglichkeit nahe läge, eine nur auf die rechtsgeschäftliche Veräußerung beschränkte Vorschrift im Wege der Zwangsversteigerung zu umgehen.

Die Landesgesetzgebung hat, soviel ersichtlich, von dem Vorbehalte des Art. 119 Nr. 1 nur sehr geringen Gebrauch gemacht. In Betracht kommen z. B. die Vorschriften des § 181 der A.V. zum B.G.B. von Mecklenburg-Schwerin über die Eigenthumsparzellirung und des braunschw. A.G. zum B.G.B. § 52 über Genossenschaftsforsten.

2. Nach der Ziff. 2 kann

a) die Theilung eines Grundstücks untersagt oder beschränkt werden. Unter Theilung ist die Abschreibung einer Fläche von einer im Grundbuche (Flurbuch) unter einer gewissen Nummer vorgetragenen Grundfläche und die Buchung der abgeschriebenen Fläche als ein besonderes Grundstück zu verstehen. Die Theilung kann von der Landesgesetzgebung verboten werden ohne Rücksicht auf den Zweck, welchen die Theilung verfolgt, also z. B. auch dann, wenn die getheilten Grundstücke in der Hand desselben Eigenthümers verbleiben sollen. Beschränkungen der Theilung kommen insbesondere in der Weise vor, daß ohne die Genehmigung der Behörde die Theilung unzulässig ist oder daß jedes Grundstück ein gewisses Mindestmaß haben muß oder daß bei einer Theilung mindestens ein Theil eine gewisse Größe besitzen muß.

b) die getrennte Veräußerung von Grundstücken, die bisher zusammen bewirthschaftet worden sind, untersagt oder beschränkt werden. Der Vorbehalt bildet eine Ergänzung des vorigen (2a), er ist der Landesgesetzgebung hauptsächlich deshalb eingeräumt worden, weil sonst die landesgesetzlichen Theilungsbeschränkungen nur für den Fall der rechtlichen d. h. grundbuchmäßigen Vereinigung mehrerer Grundstücke aufrecht erhalten wären, nicht aber auch für den Fall einer nur wirthschaftlichen Vereinigung. Die Frage, ob die Grundstücke bisher zusammen bewirthschaftet worden sind, ist Thatfrage, für die die Einheit der Kulturart ohne Bedeutung ist. Gleichgültig ist, ob auch der Rechtsvorgänger des jetzigen Eigenthümers die Grundstücke zusammen bewirthschaftet hat. Auch ist nicht erforderlich, daß ein einheitlicher Wirthschaftsplan vorliegt.

An einschlägigen Landesgesetzen sind zu erwähnen z. B. das sächs. Ges. v. 30. November 1843 über die Theilbarkeit des Grundeigenthums, die A.G. zum B.G.B. von Württemberg Art. 172—174, von Hessen Art. 94—96 und von Mecklenburg-Schwerin §§ 107, 108, 111—113, 181, die bad. Ges. v. 16. August 1900 über die Untheilbarkeit der Grundstücke und v. 20. August 1898 über die geschlossenen Hofgüter.

Artikel 120.

Unberührt bleiben die landesgesetzlichen Vorschriften, nach welchen im Falle der Veräußerung eines Theiles eines Grundstücks dieser Theil von den Belastungen des Grundstücks befreit wird, wenn von der zuständigen Behörde festgestellt wird, daß die Rechtsänderung für die Berechtigten unschädlich ist.

Unberührt bleiben die landesgesetzlichen Vorschriften, nach welchen unter der gleichen Voraussetzung:

1. im Falle der Theilung eines mit einer Reallast belasteten Grundstücks die Reallast auf die einzelnen Theile des Grundstücks vertheilt wird;
2. im Falle der Aufhebung eines dem jeweiligen Eigenthümer eines Grundstücks an einem anderen Grundstücke zustehenden Rechtes die Zustimmung derjenigen nicht erforderlich ist, zu deren Gunsten das Grundstück des Berechtigten belastet ist;
3. in den Fällen des §. 1128 des Bürgerlichen Gesetzbuchs und des Artikel 52 dieses Gesetzes der dem Eigenthümer zustehende Entschädigungsanspruch von dem einem Dritten an dem Anspruche zustehenden Rechte befreit wird.

Auch das Theilungsverbot und die Theilungsbeschränkungen können für gewisse Grundstücke schon auf Grund anderer Vorbehalte getroffen werden. In Betracht kommen z. B. der Vorbehalt des Art. 62, unter welchen die Theilungsbeschränkung des § 4 des preuß. Rentengüterges. v. 7. Juli 1891 fällt, ferner der Vorbehalt des Art. 113, welcher die Theilungsbeschränkung der Flurbereinigungsgesetze (z. B. bayer. Ges. in der Fassung v. 30. Juli 1899 Art. 47) deckt.

3. Zu Ziff. 3. Nach § 890 können mehrere Grundstücke zu einem Grundstücke verbunden werden entweder in der Art, daß die Grundstücke als rechtlich gleichwerthig zu einem neuen Ganzen vereinigt werden (§ 890 Abs. 1), oder in der Weise, daß eines dem anderen als Bestandtheil zugeschrieben wird (§ 890 Abs. 2). Der Art. 119 Ziff. 3 gestattet der Landesgesetzgebung die Vereinigung oder die Zuschreibung zu untersagen oder zu beschränken. Auf welchem Grunde das landesgesetzliche Verbot beruht, ist gleichgültig, es kann z. B. auch nur im Interesse der Ordnung des Grundbuchs erlassen sein, obgleich nach dem Reichsrechte der Vereinigung und der Zuschreibung nicht entgegensteht, daß die Grundstücke verschieden belastet sind.

In Betracht kommende Vorschriften enthalten z. B. Sachsen A.G. zum B.G.B. §§ 7—12 und A.V. v. 6. Juli 1899 §§ 13—18; Württemberg A.G. zum B.G.B. Art. 19; Hessen A.G. zum B.G.B. Art. 81; Mecklenburg-Schwerin A.G. zum B.G.B. §§ 105, 107—111; Elsaß-Lothringen A.G. zur G.B.O. § 16. Ob preuß. A.L.R. I 8 §§ 76, 77 hierher gehört, ist zweifelhaft (vergl. Stranz-Gerhard Anm. 15 S. 414); verneint wird es von Achilles-Strecker zu § 5 G.B.O.

4. Die Wirksamkeit der nach Art. 119 zulässigen Theilungs- und Veräußerungsbeschränkungen ist, soweit nicht landesgesetzlich ein Anderes bestimmt wird, nicht von der Eintragung in das Grundbuch abhängig.

5. Zu Ziff. 3 vergl. auch G.B.O. §§ 4, 5, 86 und Achilles-Strecker S. 156, 340.

Artikel 120.

E. d. E.G. I Art. 76 Abs. 1; II Art. 93; III Art. 119. P. I S. 12832; M. III S. 58; M. d. E.G. S. 200. P. II S. 8910 (Bd. 6 S. 439). K.B. S. 2113.

Der Art. 120 erlaubt der Landesgesetzgebung die Zustimmung der dinglich Berechtigten zu gewissen Verfügungen über die Sache, insbesondere zu Theilungen, dann für entbehrlich zu erklären, wenn durch ein sog. Unschädlichkeitszeugniß die Unschädlichkeit der Verfügung für die Rechte der Berechtigten festgestellt wird.

1. Zu Abs. 1.

a) Der Eigenthümer ist nicht befugt, über ein Grundstück Verfügungen zu treffen, welche die Wirksamkeit der auf dem Grundstücke lastenden Rechte Dritter beeinträchtigen. Wenn daher Jemand von dem Nachbargrundstück eine Fläche, die für dieses ohne Belang ist, für ihn aber vermöge ihrer Lage von erheblichem Werthe sein würde, erwerben will, so muß er entweder die vorhandenen Belastungen mitübernehmen oder die Zustimmung der Berechtigten zur lastenfreien Abschreibung oder zur Vertheilung der Belastungen auf die einzelnen Theile erwirken. Der erstere Weg wird sich wegen der mit der Gesammthaft verbundenen Gefahr regelmäßig von selbst verbieten, beim zweiten Wege wird die Zahl der dinglich Berechtigten, die Verschiedenheit oder Unbekanntheit ihres Aufenthalts, der Mangel ihrer Verfügungsfähigkeit oder Legitimation oder auch des guten Willens häufig nicht zu überwindende Schwierigkeiten bieten oder doch das Ziel nur mit unverhältnißmäßigen Opfern erreichen lassen.

Der Abs. 1 ermächtigt nun die Landesgesetzgebung, im Falle der Veräußerung eines Trennstücks das Ausscheiden des Trennstücks aus der Mithaft für die Belastungen des Stammgrundstücks unter der Voraussetzung zu gestatten, daß von einer Behörde festgestellt wird, die Rechtsänderung sei für die Berechtigten unschädlich.

b) Der Ausdruck „Veräußerung" begreift alle Fälle der Ueberlassung zu Eigenthum, die entgeltliche ebenso wie die unentgeltliche. Von den Fällen der unentgeltlichen Veräußerung ist besonders wichtig die Abtretung des Trennstücks zu einem öffentlichen Zwecke z. B. zu einer Entwässerungsanlage.

Die Landesgesetzgebung kann die Feststellung der Unschädlichkeit gegenüber allen oder nur gegenüber gewissen Belastungen z. B. nur gegenüber den Hypotheken, Grundschulden, Rentenschulden und Reallasten zulassen. Unter den Belastungen sind auch die Ueberbau- und Nothwegrenten (§ 914 Abs. 2, 3, § 917 Abs. 2) sowie die in den §§ 1021, 1022 bestimmten Unterhaltungspflichten zu verstehen. Beim Erbbaurecht und dem Nießbrauche macht übrigens der Inhalt des Rechtes die Ertheilung des Unschädlichkeitszeugnisses regelmäßig unthunlich und beim Vorkaufsrechte wird sie nur praktisch werden, wenn das Vorkaufsrecht nicht auf den ersten Veräußerungsfall beschränkt ist. Bei den Grunddienstbarkeiten und den beschränkten persönlichen Dienstbarkeiten ferner gewähren die Vorschriften der §§ 1026, 1090 Abs. 2 für die Regel schon ausreichenden Schutz.

Die Bezeichnung der zuständigen Behörde ist gleichfalls Sache der Landesgesetzgebung, insbesondere kann diese die Voraussetzungen der Unschädlichkeit und das Verfahren, in welchem die Feststellung erfolgt, regeln sowie Vorschriften darüber treffen, wie die Befreiung eines veräußerten Trennstücks sich vollzieht.

2. Zu Abs. 2 Nr. 1.

Wird das mit einer Reallast belastete Grundstück getheilt, so wird die Reallast, sofern nicht der Berechtigte in die lastenfreie Abschreibung willigt oder seine Einwilligung in Folge der auf Grund des Art. 120 Abs. 1 erfolgenden Unschädlichkeitserklärung entbehrlich ist, auf das Trennstück im vollen Umfang übertragen und es haften nach § 1108 Abs. 2 der Eigenthümer des Stammgrundstücks und der Eigenthümer des Trennstücks für die während der Dauer ihres Eigenthums fällig werdenden Leistungen als Gesammtschuldner. Der Abs. 2 Nr. 1 ermächtigt die Landesgesetzgebung die Parzellirung noch in anderer Weise als durch die Ermöglichung der lastenfreien Abschreibung des Trennstücks (Abs. 1) zu erleichtern, nämlich dadurch, daß im Falle der Unschädlichkeit die Reallast auf die einzelnen Theile des Grundstücks vertheilt wird. Wie die Vertheilung vorzunehmen ist, ob das Stammgrundstück aushülfsweise fortzuhaften hat, ferner die Voraussetzungen der Vertheilung, die Zuständigkeit für dieselbe und das Verfahren sind völlig der Landesgesetzgebung überlassen. Was übrigens die Voraussetzungen der Unschädlichkeit anbetrifft, so ist streng genommen dem Reallastberechtigten die Vertheilung stets schädlich, insofern sie immer eine Erschwerung der Einziehung der einzelnen Leistungen bedeutet. Darauf legt natürlich der Abs. 2 kein Gewicht, sonst wäre der Vorbehalt gegenstandslos; worauf es ankommt, ist hier wie in dem Falle unter Nr. 1 die unverminderte Sicherheit des Berechtigten.

Von Bedeutung ist der Vorbehalt besonders für die Bundesstaaten (z. B. Sachsen), nach deren bisherigem Rechte die Reallast bei der Theilung des Grundstücks sich kraft Gesetzes gleichfalls theilte.

3. Zu Abs. 2 Nr. 2.

Aehnlich wie im Falle der Veräußerung des Trennstücks können die Verhältnisse gelagert sein, wenn der Eigenthümer über ein mit dem Eigenthum an seinem Grundstücke verbundenes Recht an einem anderen Grundstücke verfügen will, das für sein Grundstück von geringem Werthe, dessen Aufhebung aber für das belastete Grundstück von großem Werthe ist, z. B. eine Fahrtgerechtigkeit, wenn das herrschende Grundstück die Zufahrt etwa durch Neuanlage eines Weges erhält. Die Vorschrift des § 21 der G.B.O. in Verbindung mit § 8 das. erleichtert nur die zur Verfügung über das Recht erforderliche Eintragung, läßt aber das Recht des Dritten, dessen Zustimmung nicht erholt worden ist, sich auf die Unwirksamkeit der eingetragenen Verfügung (§§ 876, 877) zu berufen und nach § 894 die Berichtigung des Grundbuchs zu verlangen, unberührt. Der Abs. 2 Nr. 2 gestattet daher für den Fall der Aufhebung eines dem jeweiligen Eigenthümer eines Grundstücks an einem anderen Grundstücke zustehenden Rechtes von der Zu-

Artikel 121.

Unberührt bleiben die landesgesetzlichen Vorschriften, nach welchen im Falle der Theilung eines für den Staat oder eine öffentliche Anstalt mit einer Reallast

---

stimmung derjenigen abzusehen, zu deren Gunsten das Grundstück des Berechtigten belastet ist (§§ 96, 876 Satz 2). Rechte dieser Art sind Grunddienstbarkeiten (§ 1018) sowie möglicherweise Vorkaufsrechte (§ 1094 Abs. 2) und Reallasten (§ 1105 Abs. 2).

Selbstverständlich hat der Vorbehalt des Abs. 2 Nr. 2 nur dann Bedeutung, wenn nicht schon nach den Vorschriften des B.G.B. die Einwilligung des Berechtigten um deswillen entbehrlich ist, weil dessen Recht durch die Aufhebung der subjektiv dinglichen Berechtigung nicht berührt wird (vergl. Erl. 6 zu § 876). Selbstverständlich ist ferner, daß, wenn die Zustimmung der am Grundstücke Berechtigten im Falle der Feststellung der Unschädlichkeit auf Grund des Abs. 1 nicht erforderlich ist, es auch nicht der Zustimmung derjenigen bedarf, die nur ein Recht an einem an dem Grundstücke bestehenden Rechte haben, die also nur mittelbar berechtigt sind.

Bei der allgemeinen Fassung des Vorbehalts hat die Landesgesetzgebung auch in Ansehung des Abs. 2 Nr. 2 bezüglich der Voraussetzungen der Unschädlichkeit, der zuständigen Behörde und des Verfahrens freie Hand.

4. Zu Abs. 2 Nr. 3.

Der Anspruch auf die Brandversicherungssumme haftet den Hypotheken-, Grundschuld- und Rentenschuldgläubigern nach Maßgabe des § 1128. In gleicher Weise gehen nach den Art. 52, 53 auf den Anspruch auf Entschädigung wegen einer auf Reichsrecht beruhenden Enteignung einer beweglichen Sache oder eines Grundstücks die an der Sache bestehenden Rechte, für welche eine besondere Entschädigung für die Enteignung nicht gewährt wird, über. Der Abs. 2 Nr. 3 eröffnet der Landesgesetzgebung die Möglichkeit, den Anspruch auf die Versicherungssumme und den Anspruch auf die Entschädigung wegen der Enteignung von den Rechten Dritter zu befreien, wenn die Befreiung sich den Rechten der Dritten als nicht nachtheilig erweist, z. B. wenn das abgebrannte Gebäude wieder aufgebaut wird und die Rechte der Gläubiger sich auf die neue Baustelle in der gleichen Rangordnung, welche sie auf der früheren hatten, erstrecken. Die Befreiung auf Grund der Feststellung der Unschädlichkeit dient dazu, im Interesse des Entschädigungsberechtigten die Entschädigungsfrage einer raschen Lösung zuzuführen. Beruht die Enteignung auf Landesrecht, so ist die Landesgesetzgebung auf Grund des allgemeinen Vorbehalts des Art. 109 berechtigt, die Befreiung der Entschädigung wegen Unschädlichkeit zu ordnen.

5. In Betracht kommende Landesgesetze: Preußen, Ges. v. 3. März 1850, betr. den erleichterten Verkauf kleinerer Grundstücke, und v. 27. Juni 1860, betr. die Aenderung des Gesetzes über den erleichterten Austausch einzelner Parzellen, ferner die Ges. v. 25. März 1889, betr. die Erleichterung der Abveräußerung einzelner Theile von Grundstücken in der Provinz Hannover, und v. 25. Juli 1890, betr. der Erleichterung der unentgeltlichen Abtretung von einzelnen Gutstheilen oder Zubehörstücken zu öffentlichen Zwecken; dazu A.G. zum B.G.B. Art. 19, 20 und A.G. zur G.B.O. Art. 20; Bayern, Ges. v. 15. Juni 1898 über das Unschädlichkeitszeugniß; Sachsen, A.G. zum B.G.B. §§ 21—27 mit A.V. §§ 20—23; Hessen, A.G. zum B.G.B. Art. 97—101; Mecklenburg-Schwerin, A.V. zum B.G.B. §§ 114—120, 181.

Die angegebenen Gesetze haben übrigens von den Vorbehalten des Art. 120 nicht im vollen Umfange Gebrauch gemacht. So ist in Bayern der Vorbehalt des Abs. 2 Nr. 1 überhaupt nicht und der des Abs. 2 Nr. 3 nur in Bezug auf die Brandversicherungssumme benutzt worden.

Zur Ertheilung des Unschädlichkeitszeugnisses sind in Preußen die Generalkommissionen (Auseinandersetzungsbehörden), in einigen Provinzen bei landschaftlich beliehenen Grundstücken die Kreditdirektionen zuständig; in Bayern und Sachsen die Amtsgerichte, bezüglich der Befreiung der Entschädigungssumme für die Enteignung aber in Sachsen die Verwaltungsbehörden.

Voraussetzung ist in Ansehung des im Abs. 1 bezeichneten Falles im Allgemeinen, daß das Trennstück im Verhältnisse zum übrigen Theile des Grundstücks sowohl von geringem Umfang als auch von geringem Werthe ist und daß die Werthsminderung in Geld oder durch ein anderes Grundstück ausgeglichen wird. Bei unentgeltlichen Abtretungen zu öffentlichen Zwecken wird auf die Werthsminderung die Werthserhöhung angerechnet, die sich aus der dem öffentlichen Zwecke dienenden Anlage ergiebt.

Artikel 121.

E. d. E.G. I Art. 76 Abs. 2; II Art. 94; III Art. 120. P. I S. 2832; M. d. E.G. S. 2021. P. II S. 8910 (Bd. 6 S. 609).

Der Vorbehalt trägt den Vorschriften des bisherigen sächsischen Rechtes (Ges. v. 26. November 1861 § 4) Rechnung, nach welchen bei der Dismembration eines landrenten- oder landeskulturbelasteten Grundstücks nur ein Theil des Grundstücks mit der Reallast belastet bleibt und dafür zu Gunsten des jeweiligen Eigenthümers dieses Theiles die übrigen Theile mit gleichartigen Reallasten belastet werden.

Artikel 122.

Unberührt bleiben die landesgesetzlichen Vorschriften, welche die Rechte des Eigenthümers eines Grundstücks in Ansehung der auf der Grenze oder auf dem Nachbargrundstücke stehenden Obstbäume abweichend von den Vorschriften des §. 910 und des §. 923 Abs. 2 des Bürgerlichen Gesetzbuchs bestimmen.

---

rentenpflichtigen Grundstücks das Hauptgrundstück die volle Rentenlast behält, während der Erwerber des Trennstücks mit der Entrichtung des darauf treffenden Rentenantheils unter entsprechender Belastung des Trennstücks an das Hauptgrundstück verwiesen wird. Die einschlagenden sächsischen Vorschriften sind durch die V. v. 26. Juli 1899 § 181 und das Ges. v. 15. Juni 1900 § 133 Nr. 1, 3 beseitigt.

Artikel 122.

E. d. E.G. I Art. 67; II Art. 95; III Art. 121 Abs. 2. P. I S. 12810; M. d. E.G. S. 193. P. II S. 3570, 8891 (Bd. 3 S. 143; Bd. 6 S. 428). K.B. S. 1998, 2113. St.B. S. 3031.

1. Nach § 910 des B.G.B. kann der Eigenthümer eines Grundstücks Wurzeln eines Baumes, die von einem Nachbargrundstück eingedrungen sind, abschneiden und behalten; das Gleiche gilt von herüberragenden Zweigen, wenn der Eigenthümer dem Besitzer des Nachbargrundstücks eine angemessene Frist zur Beseitigung bestimmt hat und die Beseitigung nicht innerhalb der Frist erfolgt. Nach § 923 Abs. 2 des B.G.B. kann, wenn auf der Grenze ein Baum steht, jeder der Nachbarn die Beseitigung des Baumes verlangen. Der Art. 122 ermächtigt die Landesgesetzgebung in Ansehung von Obstbäumen (nicht auch von Sträuchern) von den Vorschriften des § 910 und des § 923 Abs. 2 abweichende Vorschriften zu treffen. Gemeint ist, daß die Landesgesetze die Rechte des Nachbarn im Interesse des Obstbaues noch weiter, als in den §§ 910, 923 bestimmt ist, beschränken können; nach dem Wortlaute des Art. 122 wäre die Landesgesetzgebung auch umgekehrt zu einer Erweiterung der Rechte des Nachbarn befugt. Dem Interesse der Obstkultur ist übrigens schon durch die Bestimmungen des Abs. 2 des § 910 Rechnung getragen (vergl. P. II S. 3770 Bd. 3 S. 143). Während aber nach dem Abs. 2 des § 910 in jedem Falle untersucht werden muß, wie weit das Recht des Eigenthümers beschränkt ist, ermöglicht es der Vorbehalt des Art. 122 der Landesgesetzgebung feste Regeln aufzustellen. Auf Grund des Art. 124 (Nachbarrecht) würde die Landesgesetzgebung nicht in der Lage sein, diejenigen Rechte, welche dem Eigenthümer eines Grundstücks in Ansehung der auf der Grenze oder auf dem Nachbargrundstücke stehenden Obstbäume in den §§ 910, 923 Abs. 2 zugestanden sind, abzuändern (s. Erl. zu Art. 124).

2. Die Landesgesetzgebung hat einen Vorbehalt zu Abweichungen von den Vorschriften der §§ 910, 923 Abs. 2 nur in Ansehung von Obstbäumen; in Ansehung sonstiger Bäume verbleibt es bei den Vorschriften des B.G.B. und zwar auch dann, wenn die Bäume zur Zeit des Inkrafttretens des B.G.B. schon stehen (Art. 181). Eine Ausnahme macht nur der Art. 183, welcher zu Gunsten bestehender Waldungen eine dem Art. 122 entsprechende Uebergangsbestimmung zuläßt. Ob das Grundstück, dessen Eigenthümer in den ihm nach den §§ 910, 923 Abs. 2 zustehenden Rechten verkürzt werden kann, mit Obstbäumen oder überhaupt mit Bäumen bepflanzt ist, kommt nicht in Betracht.

Von der Vorschrift des § 923 Abs. 1, daß, wenn der Baum auf der Grenze steht, die Früchte und, wenn der Baum gefällt wird, auch der Baum den Nachbarn zu gleichen Theilen gebührt, kann die Landesgesetzgebung eine Ausnahme nicht schaffen und zwar auch nicht in Ansehung bestehender Bäume oder von Obstbäumen. Auch von der Vorschrift des § 911 (Ueberfallsrecht bei Früchten) kann die Landesgesetzgebung keine Abweichung bestimmen.

3. Die landesgesetzlichen Abweichungen von § 910 werden regelmäßig darin bestehen, daß der Nachbar verpflichtet wird, herüberragende Zweige von Obstbäumen in seinem Luftraum von einer gewissen Höhe an zu dulden, daß er zwar die Beseitigung der bis zu dieser Höhe herüberragenden Zweige verlangen kann, aber nicht befugt ist, die Zweige selbst zu beseitigen, sondern das Recht auf Beseitigung im Wege der Klage verfolgen muß und daß auch das Beschneiden der ordnungswidrig herüberragenden Zweige nur innerhalb einer bestimmten Jahreszeit (nicht während der Zeit des Wachsthums) und innerhalb einer dem Umfange der Arbeit entsprechenden Frist verlangt werden kann.

Artikel 123.

Unberührt bleiben die landesgesetzlichen Vorschriften, welche das Recht des Nothwegs zum Zwecke der Verbindung eines Grundstücks mit einer Wasserstraße oder einer Eisenbahn gewähren.

Artikel 124.

Unberührt bleiben die landesgesetzlichen Vorschriften, welche das Eigenthum an Grundstücken zu Gunsten der Nachbarn noch anderen als den im Bürgerlichen Gesetzbuche bestimmten Beschränkungen unterwerfen. Dies gilt insbesondere auch von den Vorschriften, nach welchen Anlagen sowie Bäume und Sträucher nur in einem bestimmten Abstande von der Grenze gehalten werden dürfen.

---

4. Von dem Vorbehalte haben Gebrauch gemacht z. B. die A.G. zum B.G.B. von Württemberg Art. 241—244, Hessen Art. 88, Sachsen-Altenburg § 71. Keinen Gebrauch gemacht haben Preußen, Bayern und Sachsen.

Artikel 123.
E. d. E.G. III Art. 122. P. II S. 9103 (Bd. 6 S. 553).

Nach den §§ 917, 918 kann, wenn einem Grundstücke die zur ordnungsmäßigen Benutzung nothwendige Verbindung mit einem öffentlichen Wege fehlt, der Eigenthümer von den Nachbarn verlangen, daß sie bis zur Hebung des Mangels die Benutzung ihrer Grundstücke zur Herstellung der erforderlichen Verbindung dulden. Der Art. 123 ermächtigt die Landesgesetzgebung den Anspruch auf einen Nothweg, über den in den §§ 917, 918 bezeichneten Fall hinaus auf solche Fälle auszudehnen, in welchen der Weg zur Verbindung des Grundstücks mit einer Wasserstraße oder einer Eisenbahn dient. Der Vorbehalt ist erst vom Bundesrath aufgenommen worden; in der zweiten Kommission wurde ein den gleichen Vorbehalt bezweckender Antrag abgelehnt. Gedacht ist insbesondere an den Fall, daß eine auf dem Lande gelegene Fabrik, z. B. eine Zuckerfabrik, ein Verbindungsgeleis oder einen Verbindungsweg zur nächsten Eisenbahn oder Wasserstraße braucht.

Wie der Wortlaut ergiebt, fallen nur die Vorschriften unter den Vorbehalt, welche „das Recht des Nothwegs" gewähren. Der Vorbehalt bezieht sich also nur darauf, daß die Landesgesetzgebung die Voraussetzungen des Nothwegs abweichend bestimmen kann. Die rechtliche Bedeutung des Nothwegs, die Frage, in welcher Weise die zur Duldung verpflichteten Eigenthümer entschädigt werden, die Eintragung der Entschädigung in das Grundbuch, die Verjährung ꝛc. richten sich nach den §§ 917, 924 des B.G.B.

Soviel ersichtlich, hat kein Bundesstaat bis jetzt von dem Vorbehalte Gebrauch gemacht.

Artikel 124.
E. I § 866; d. E.G. II Art. 96; III Art. 123. P. I S. 3868, 6212, 6274, 11948; M. III S. 259, 296. P. II S. 3611, 8890 (Bd. 3 S. 163; Bd. 6 S. 428). K.B. S. 2114. St.B. S. 3031.

Literatur: Habicht, die Einwirkung des B.G.B. auf zuvor entstandene Rechtsverhältnisse, 3. Aufl. S. 387ff. Meisner, das in Bayern geltende Nachbarrecht (1. Lief. 1901).

1. Die §§ 906—918 des B.G.B. stellen eine Reihe von dem privaten Interesse dienenden Eigenthumsbeschränkungen auf. Das B.G.B. beabsichtigt aber nicht, in der dem Zwecke des Privatinteresses dienenden Begrenzung des Inhalts des Eigenthums an Grundstücken erschöpfend zu sein, sondern bestimmt nur diejenigen Eigenthumsbeschränkungen, welche für alle örtlichen Verhältnisse des deutschen Reichs passen (s. Vorbm. z. ersten Titel des dritten Abschnitts des Sachenrechts). Soweit lokale Besonderheiten der einzelnen Landestheile weitere Eigenthumsbeschränkungen erforderlich machen, ist der Landesgesetzgebung überlassen, die erforderlichen Vorschriften zu treffen. Der Art. 124 enthält den hierauf bezüglichen Vorbehalt.

2. Entsprechend dem Zwecke des Vorbehalts giebt der Art. 124 der Landesgesetzgebung nur die Befugniß, das Eigenthum an Grundstücken zu Gunsten der Nachbarn noch anderen als den im B.G.B. bestimmten Beschränkungen zu unterwerfen. Dagegen ist die Landesgesetzgebung nicht ermächtigt, die im B.G.B. aufgestellten Eigenthumsbeschränkungen abweichend zu regeln.

Sie kann sie weder verschärfen noch mildern oder beseitigen, z. B. nicht die Einwirkungen durch Dampf, Rauch rc. über das im § 906 des B.G.B. bestimmte Maß hinaus zulassen. Landesrechtliche Vorschriften, die von den §§ 906—918 zu Gunsten des Eigenthümers oder des Nachbarn abweichen, treten außer Kraft. Zu abweichenden Vorschriften ist die Landesgesetzgebung nur im Rahmen der Art. 122 (erweiterter Schutz für Obstbäume) und Art. 123 (Nothweg) oder, soweit ein allgemeiner Vorbehalt wie z. B. der des Wasserrechts reicht, berechtigt.

Daß der Art. 124 der Landesgesetzgebung nur die Einführung von thatsächlichen Beschränkungen des Eigenthums gestattet, die Landesgesetzgebung dagegen die rechtliche Verfügungsmacht des Eigenthümers auf Grund des Art. 124 nicht einschränken darf, folgt aus dem Zusammenhange sowie daraus, daß es sich um Beschränkungen zu Gunsten der Nachbarn handeln muß. Auf der anderen Seite ermächtigt der Art. 124 selbstverständlich die Landesgesetzgebung auch dazu, dem Eigenthümer gewisse obligatorische Verpflichtungen (z. B. zur Tragung der Kosten der Ausbesserung einer Mauer) aufzuerlegen. Wegen der im öffentlichen Interesse erfolgenden Beschränkungen der thatsächlichen Verfügungsmacht des Eigenthümers s. Erl. zu Art. 111.

3. Als andere Beschränkungen als die im B.G.B. bestimmten kommen insbesondere in Betracht:

a) die z. B. im gemeinen Rechte bestehenden Vorschriften über Mauerausbauchungen, soweit nicht die in dem B.G.B. gegebenen Vorschriften über den Ueberbau Anwendung finden. Unter Umständen wird übrigens, wenn die Mauerausbauchung weder bedrohlich noch störend ist, auch wo für sie keine Vorschriften gelten, ihre Entfernung nach § 226 des B.G.B. nicht verlangt werden können.

b) Das Hammerschlags- und Leiterrecht, z. B. im preuß. L.R. I 8 § 155 zur Ausbesserung von Planken anerkannt. Für Preußen ist die Bestimmung des L.R. aufrecht erhalten worden (A.G. Art. 89); in Bayern ist sie beseitigt (A.G. Art. 1). Das Hammerschlagsrecht gilt ferner in Sachsen (B.G.B. § 350, dazu A.G. § 53) und in Hessen (A.G. z. B.G.B. Art. 83).

c) Vorschriften über den Neidbau.

d) Vorschriften über einen allgemeinen Bauabstand, wie sie z. B. im preuß. L.R. I 8 §§ 139, 140 enthalten sind. Die Bestimmungen gelten in Preußen fort (A.G. Art. 89); ob gemeinrechtlich eine Bestimmung der fraglichen Art auf Grund der l. 13 D. 10, 1 gilt, ist bestritten, für Hannover aber durch ein publizirtes Präjudiz des früheren hannoverschen O.A.G. anerkannt.

e) Das Traufrecht. Einen Traufabstand bestimmen z. B. die A.G. z. B.G.B. von Württemberg Art. 219—221, Baden Art. 24, Elsaß-Lothringen § 60.

f) Das Schaufelschlagrecht.

g) Das Fenster- oder Lichtrecht. Der Bestand fremder Fenster in unmittelbarer Nähe des Grundstücks bedroht den Eigenthümer mit der ständigen Gefahr, daß aus ihnen Sachen auf das Grundstück geworfen oder Flüssigkeiten auf dieses ausgegossen werden. Hiergegen giebt das B.G.B. keinen Schutz, weil die Einwirkung auf das Nachbargrundstück sich nicht aus dem Bestand und der bestimmungsgemäßen Benützung des Fensters ergiebt, sondern ein Mißbrauch ist. Dagegen geben die Landesgesetze vielfach Schutz. Meistens wird der Nachbar dabei gleichzeitig gegen die Belästigung durch den Einblick aus allzugroßer Nähe geschützt. Das Fensterrecht kommt auch als Schutz der Fenster vor Verdunkelung durch Verbauen vor. Einschlägige Vorschriften enthalten z. B. das preuß. L.R. I 8 §§ 138, 142—144, 146 und der Code civil Art. 675—680 (beide für Preußen aufrecht erhalten Art. 89 Nr. 1, 2), die A.G. z. B.G.B. von Bayern Art. 62—67, Württemberg Art. 222, Baden Art. 19—22, Elsaß-Lothringen §§ 65—68.

h) Vorschriften über die Benützung und Unterhaltung gemeinschaftlicher Mauern, insbesondere Vorschriften über die Befugniß des Nachbars, eine gemeinschaftliche Mauer zu seinen Zwecken zu erhöhen, und die Verpflichtung des anderen Theiles, wenn er die Erhöhung für sich benützt, die Hälfte der Kosten zu ersetzen (sog. Kommunmauern). Ueber einschlägige Vorschriften s. die A.G. z. B.G.B. von Preußen Art. 23, 24, Bayern Art. 68—70, Code civil Art. 653 ff.

i) Das Anwenderecht, auch Trepprecht oder Tretrecht genannt. Das preuß. L.R., der Code civil und das sächs. B.G.B. kennen es nicht, dagegen ist es z. B. in den A.G. z. B.G.B. von Bayern Art. 76, 79, Weimar § 114 und Meiningen Art. 15 geregelt.

k) Vorschriften über Aufbereitung, z. B. Aufschichten von Holz, Brettern rc. rc. auf Grundstücken, wie sie das württemberg. A.G. Art. 225 aufstellt.

l) Vorschriften über die Erhöhung der Grundstücke; vergl. z. B. württemberg. A.G. Art. 226, 227.

Artikel 125.

Unberührt bleiben die landesgesetzlichen Vorschriften, welche die Vorschrift des §. 26 der Gewerbeordnung auf Eisenbahn-, Dampfschiffahrts- und ähnliche Verkehrsunternehmungen erstrecken.

---

m) Vorschriften über die Beschaffenheit der Einfriedungen an der Grenze, vergl. württemberg. A.G. Art. 228.

n) Vorschriften, nach welchen Anlagen sowie Bäume und Sträucher nur in einem bestimmten Abstand von der Grenze gehalten werden dürfen. Diese Vorschriften sind im Abs. 2 des Art. 124 auf Beschluß der Reichstagskommission wegen ihrer Wichtigkeit besonders hervorgehoben. Vorschriften über den Abstand schadendrohender oder störender Anlagen (wie Dungstätten, Aborte, Brunnen, Kamine) treffen z. B. die A.G. von Württemberg Art. 223—225, Baden Art. 18 und Elsaß-Lothringen § 64. Vorschriften über den Abstand von Bäumen, Waldungen und Sträuchern (Hecken sowie sonstigen lebenden Einfriedungen) geben die A.G. von Bayern Art. 71—75, Württemberg Art. 229—254, Baden Art. 15—17, Hessen Art. 85—89, Weimar §§ 109—113, Elsaß-Lothringen §§ 62, 63; s. ferner Code civil Art. 671, 672 (im preuß. A.G. Art. 89 Nr. 2 aufrechterhalten).

Durch die Einhaltung des landesgesetzlichen Abstandes werden übrigens die Vorschriften des § 906 und der §§ 910, 911 des B.G.B. nicht berührt. Der Eigenthümer, welcher den landesgesetzlichen Abstand einhält, darf mithin auf das Nachbargrundstück durch Dämpfe, Rauch ꝛc. nicht mehr einwirken, als sich der Nachbar nach § 906 gefallen lassen muß, und trotz der Einhaltung des landesgesetzlichen Abstandes muß der Eigenthümer eines Baumes oder Strauches dulden, daß der Nachbar nach Maßgabe des § 910 Wurzeln und Zweige, die in sein Grundstück eingedrungen sind, abschneidet und behält und Früchte, die von dem Baume oder Strauche auf das Nachbargrundstück gefallen sind, sich aneignet. Anders liegt dagegen die Sache gegenüber den Vorschriften des § 907 des B.G.B.; hierüber s. Erl. zu § 907.

4. Soweit die Landesgesetzgebung nachbarrechtliche Beschränkungen treffen kann, hat sie nicht nur in der Bestimmung des Inhalts derselben, sondern auch bezüglich der Wirksamkeit freie Hand. Insbesondere kann sie bestimmen, daß eine von ihr aufgestellte Eigenthumsbeschränkung erlischt, wenn sie gegen eine sie beeinträchtigende Anlage nicht binnen einer bestimmten Frist geltend gemacht wird. Der § 924 des B.G.B., welcher die Verjährung der aus den Eigenthumsbeschränkungen sich ergebenden Ansprüche ausschließt, gilt nicht für die landesgesetzlich bestimmten Beschränkungen.

5. Ueber neuere Kodifikationen des Nachbarrechts s. die A.G. zum B.G.B. von Bayern Art. 62—79, Württemberg Art. 217—254, Baden Art. 13—24, Hessen Art. 82—89, 138, 278, Weimar Art. 109—117, Meiningen Art. 15, Elsaß-Lothringen §§ 59—72.

Keine Vorschriften über das Nachbarrecht enthalten die A.G. von Preußen (außer den nur das rheinische Recht berührenden Art. 23, 24) und Sachsen. Für Preußen verbleibt es in den landrechtlichen Gebieten bei den Vorschriften des A.L.R. I 8 §§ 125—128, 131, 133, 138—140, 142—144, 148, 152, 153, 155, 156, 162—167, 169—174, 185, 186 (dazu vergl. Stranz und Gerhard S. 415ff., Dernburg Sachenrecht 2. Aufl. S. 242, Fischer und Schröder, Preuß. Bürgerl. Gesetzsammlung Bd. 1, Berlin bei Guttentag), in den rheinisch-rechtlichen Gebieten bei den Vorschriften des Code civil Art. 671, 672, 674—681; diese Vorschriften hält darum das preuß. A.G. zum B.G.B. Art. 89 Nr. 1, 2 aufrecht (vergl. die Begründung zum Entw. S. 248, 263). Für Sachsen bleiben die Vorschriften des sächs. B.G.B. §§ 350, 351, 352—357, 359 in Kraft; vergl. übrigens auch sächs. Bauges. v. 1. Juli 1900 §§ 85—89.

6. Wegen der in Betracht kommenden Uebergangsfragen s. Erl. zu Art. 181.

Artikel 125.

E. d. E.G. II Art. 97; III Art. 124. P. II S. 4047, 8890 (Bd. 3 S. 379; Bd. 6 S. 428).

Der Eigenthümer eines Grundstücks braucht nach § 906 die Zuführung von Gasen, Dämpfen, Gerüchen, Rauch, Ruß, Wärme, Geräusch, Erschütterungen und ähnliche von einem anderen Grundstück ausgehende Wirkungen nur in beschränktem Maße zu dulden. Wird das Maß überschritten, so kann er auf Grund des § 1004 Beseitigung der Beeinträchtigung durch Einstellung des Betriebs verlangen. Gegenüber den in § 26 der Gew.O. bezeichneten Anlagen ist dieses Recht reichsrechtlich eingeschränkt. Bei gewissen gewerblichen Anlagen, die mit Genehmigung der zuständigen Behörde errichtet sind, kann hiernach nicht Einstellung des Betriebs, sondern nur die Herstellung von Einrichtungen, welche die benachtheiligende Wirkung ausschließen, und unter Um-

Artikel 126.

Durch Landesgesetz kann das dem Staate an einem Grundstücke zustehende Eigenthum auf einen Kommunalverband und das einem Kommunalverband an einem Grundstücke zustehende Eigenthum auf einen anderen Kommunalverband oder auf den Staat übertragen werden.

Artikel 127.

Unberührt bleiben die landesgesetzlichen Vorschriften über die Uebertragung des Eigenthums an einem Grundstücke, das im Grundbuche nicht eingetragen ist und nach den Vorschriften der Grundbuchordnung auch nach der Uebertragung nicht eingetragen zu werden braucht.

---

ständen Schadensersatz gefordert werden. Dadurch, daß die Landesgesetzgebung die Vorschrift des § 26 auf Eisenbahnen, Dampfschifffahrts- und ähnliche Verkehrsunternehmungen für anwendbar erklären kann, kann sie auch diesen Unternehmungen gegenüber den Anspruch auf Einstellung des Betriebs ausschließen und den Eigenthümer auf die Befugniß beschränken, die Herstellung von Einrichtungen, welche die benachtheiligende Wirkung ausschließen, oder Schadloshaltung zu verlangen.

Von dem Vorbehalte haben Gebrauch gemacht z. B. die A.G. zum B.G.B. von Bayern Art. 80, Sachsen § 28, Württemberg Art. 218, Hessen Art. 92, Mecklenburg-Schwerin § 106.

Artikel 126.

E. d. E.G. I Art. 68; II Art. 98; III Art. 125. P. I S. 12845; M. d. E.G. S. 193. P. II S. 8891 (Bd. 6 S. 429).

Der Art. 126, dem übrigens neben dem Vorbehalte des Art. 127 nur geringe Bedeutung zukommt, giebt der Landesgesetzgebung bezüglich der von ihm bezeichneten Eigenthumsübertragungen völlig freie Hand. Die Landesgesetzgebung kann insbesondere den Eigenthumsübergang auch unmittelbar kraft Gesetzes eintreten lassen. Selbstverständlich ist die auf Grund des Art. 126 erlassene Vorschrift auf die im Gebiete des betreffenden Bundesstaats gelegenen Grundstücke beschränkt. Unter Kommunalverband im Sinne des Art. 126 sind nicht nur die politischen, sondern auch die Kirchengemeinden zu verstehen.

Hierher gehörende Beispiele enthalten die preuß. Ges. v. 8. Juli 1875 § 18 Abs. 2 und v. 18. Januar 1881 § 2.

Artikel 127.

E. d. E.G. II Art. 99; III Art. 126. P. II S. 8887 (Bd. 6 S. 426).

1. Nach § 90 der G.B.O. kann durch landesherrliche Verordnung bestimmt werden, daß die Grundstücke des Fiskus und gewisser juristischer Personen, die öffentlichen Wege und Gewässer sowie solche Grundstücke, welche einem dem öffentlichen Verkehre dienenden Bahnunternehmen gewidmet sind, nur auf Antrag ein Grundbuchblatt erhalten. Das Gleiche gilt von den Grundstücken eines Landesherrn und den Grundstücken, welche den Mitgliedern einer landesherrlichen Familie oder eines den landesherrlichen Familien gleichstehenden Hauses gehören. Zur rechtsgeschäftlichen Uebertragung des Eigenthums ist auch bei diesen, vom Buchungszwange befreiten Grundstücken reichsrechtlich die gleiche Form (Auflassung und Eintragung in das Grundbuch) wie bei den nicht befreiten Grundstücken erforderlich und zwar auch dann, wenn das Eigenthum an eine Person übertragen wird, welche gleichfalls vom Buchungszwange befreit ist. Da indessen der Erwerber des Grundstücks, wenn er vom Buchungszwange befreit ist, jederzeit die Ausbuchung verlangen kann, so ist die jedesmalige Anlegung eines Grundbuchblatts in solchen Fällen eine überflüssige Formalität. Der Art. 127 giebt deshalb der Landesgesetzgebung die Möglichkeit, die Uebertragung des Eigenthums an einem buchungsfreien Grundstücke, wenn der Erwerber gleichfalls vom Buchungszwange befreit ist, abweichend von den Vorschriften des B.G.B. insbesondere der §§ 873, 925 zu regeln.

In welcher Weise die Landesgesetzgebung die Eigenthumsübertragung regelt, ist ihr völlig freigestellt. Sie kann sich z. B. mit formlosen Erklärungen begnügen und die Eigenthumsübertragung entgegen dem § 925 Abs. 2 unter einer Bedingung oder Zeitbestimmung zulassen. Dagegen kann sie über die Erwerbung des Zubehörs von den Vorschriften des § 926 abweichende

Artikel 128.

Unberührt bleiben die landesgesetzlichen Vorschriften über die Begründung und Aufhebung einer Dienstbarkeit an einem Grundstücke, das im Grundbuche nicht eingetragen ist und nach den Vorschriften der Grundbuchordnung nicht eingetragen zu werden braucht.

Bestimmungen nicht treffen, denn die Vorschriften des § 926 betreffen die Uebertragung des Eigenthums an beweglichen Sachen und bestimmen zwar für den Fall, daß diese Sachen Zubehör eines Grundstücks sind und mit diesem zusammen veräußert werden sollen, in einzelnen Beziehungen Abweichungen von den allgemeinen Grundsätzen über die Veräußerung beweglicher Sachen, können aber doch wohl deshalb, weil sie nur für den Fall gegeben sind, daß die Veräußerung gleichzeitig mit der Veräußerung des Grundstücks erfolgt, nicht als Vorschriften über die Uebertragung eines Grundstücks angesehen werden. Selbstverständlich kann die Landesgesetzgebung nur für die in dem betreffenden Bundesstaate gelegenen Grundstücke Vorschriften geben. Aus dem Wortlaute des Art. 127 ergiebt sich übrigens, daß die auf Grund desselben erlassene landesgesetzliche Bestimmung nicht anwendbar ist, wenn ein an sich buchungsfreies Grundstück eingetragen oder wenn ein nicht buchungsfreies Grundstück nicht eingetragen ist. Der Vorbehalt des Art. 127 bezieht sich ferner nur auf den Eigenthumsübergang, nicht auf den obligatorischen Vertrag, durch welchen sich der Eigenthümer zur Uebertragung des Eigenthums verpflichtet. In dieser Hinsicht verbleibt es bei dem § 313 mit E.G. Art. 141; nur wird die Vorschrift des § 313 Satz 2, daß ein ohne die gerichtliche oder notarielle Beurkundung geschlossener Vertrag seinem ganzen Inhalte nach gültig wird, wenn die Auflassung und die Eintragung ins Grundbuch erfolgt, hier dahin auszulegen sein, daß die Heilung des gegen den § 313 Satz 1 verstoßenden Vertrags dann eintritt, wenn die nach dem Landesgesetze zur Eigenthumsübertragung erforderliche Form gewahrt ist. Der Vorbehalt des Art. 127 bezieht sich endlich nicht auf das einseitige Aufgeben des Eigenthums an buchungsfreien Grundstücken (§ 928) und ebensowenig auf die Belastung der fraglichen Grundstücke.

2. Von dem Vorbehalte haben Gebrauch gemacht die A.G. zum B.G.B. von Preußen Art. 27, Bayern Art. 83, Württemberg Art. 212, Baden Art. 25, Mecklenburg-Schwerin § 103, Elsaß-Lothringen § 74.

Wegen der buchungsfreien Grundstücke s. für Preußen V. v. 13. Novbr. 1899, für Bayern V. v. 1. Juli 1898, für Sachsen V. v. 26. Juli 1899 § 5, für Württemberg V. v. 30. Juli 1899, für Baden V. v. 22. Oktober 1897, für Elsaß-Lothringen V. v. 11. Dezbr. 1899.

Artikel 128.

E. d. E.G. III Art. 127.

1. Der Art. 128 enthält für die Begründung und Aufhebung einer Dienstbarkeit an einem buchungsfreien (§ 90 der G.B.O.) Grundstück einen ähnlichen Vorbehalt wie der Art. 127 für die Uebertragung des Eigenthums. Die Landesgesetzgebung kann — selbstverständlich nur für die in ihrem Gebiete belegenen Grundstücke — die Begründung und Aufhebung einer Dienstbarkeit an einem buchungsfreien Grundstück abweichend von den Vorschriften des B.G.B., insbesondere der §§ 873, 875, 876, 1028, 1061, 1062, 1090 Abs. 2 regeln, sie kann z. B. die Ersitzung oder das Erlöschen durch Nichtausübung zulassen. Unter den Art. 128 fallen nicht nur die Grunddienstbarkeiten, sondern auch andere Dienstbarkeiten, z. B. der Nießbrauch. Nach dem Wortlaute des Art. 128 ist Voraussetzung, daß das belastete Grundstück zu den buchungsfreien gehört und im Grundbuch auch wirklich nicht eingetragen ist; ist es zwar buchungsfrei, aber thatsächlich eingetragen oder ist es nicht buchungsfrei, aber nicht eingetragen, so finden die auf Grund des Art. 128 erlassenen oder aufrecht erhaltenen landesgesetzlichen Vorschriften keine Anwendung. Dagegen ist nicht Voraussetzung, daß das Grundstück, zu dessen Gunsten die Dienstbarkeit begründet wird oder besteht, zu den buchungsfreien Grundstücken gehört. Die Aenderung des Inhalts einer Dienstbarkeit stellt sich, soweit sie in einer Erweiterung der Befugnisse des Berechtigten besteht, als eine Neubelastung des Grundstücks dar, soweit sie aber eine Einschränkung der Befugnisse bezweckt, erscheint sie als eine theilweise Aufhebung (s. Erl. zu § 877); der Vorbehalt des Art. 128 umfaßt daher auch die Befugniß zu Vorschriften über die Aenderung des Inhalts.

2. Ueber den Besitzschutz bei Grunddienstbarkeiten, die nach Art. 128 nicht der Eintragung in das Grundbuch bedürfen, s. Art. 191 Abs. 2.

3. Von dem Vorbehalte haben Gebrauch gemacht z. B. die A.G. zum B.G.B von Bayern Art. 84, Württemberg Art. 212, Mecklenburg-Schwerin § 122. Keine Vorschriften geben insbesondere Preußen und Elsaß-Lothringen. In den landrechtlichen und den rheinisch-rechtlichen

Artikel 129.

Unberührt bleiben die landesgesetzlichen Vorschriften, nach welchen das Recht zur Aneignung eines nach §. 928 des Bürgerlichen Gesetzbuchs aufgegebenen Grundstücks an Stelle des Fiskus einer bestimmten anderen Person zusteht.

Artikel 130.

Unberührt bleiben die landesgesetzlichen Vorschriften über das Recht zur Aneignung der einem Anderen gehörenden, im Freien betroffenen Tauben.

Gebieten Preußens ist aber die Begründung einer Dienstbarkeit an einem buchungsfreien Grundstücke nur nach B.G.B. § 873 möglich, da im preuß. A.G. Art. 89 die von der Begründung von Dienstbarkeiten handelnden Vorschriften des A.L.R. I 22 §§ 13 ff. und des Code civil Art. 690 ff. aufgehoben sind (Turnau-Förster S. 389, 399).

4. Was übrigens die Aufhebung der Dienstbarkeiten anbelangt, so ist auf Art. 189 Abs. 3 zu verweisen, nach welchem die Landesgesetze in dieser Beziehung auch für die Zeit nach der Grundbuchanlegung in Ansehung der zu dieser Zeit bestehenden Dienstbarkeiten solange maßgebend bleiben, als die Dienstbarkeiten nicht eingetragen sind.

5. Für die übrigen dinglichen Rechte (Hypothek, Grundschuld, Rentenschuld, Reallast, Vorkaufsrecht) besteht kein Vorbehalt. Sie können auch an buchungsfreien Grundstücken nur nach Maßgabe der Vorschriften des B.G.B. begründet werden, die Begründung setzt also Eintragung in das Grundbuch voraus. Gleiches gilt von dem Erbbaurechte.

Artikel 129.

E. d. E.G. II Art. 101; III Art. 128. P. II S. 3663, 8892 (Bd. 3 S. 188; Bd. 6 S. 429).

1. Der § 928 ermöglicht dem Eigenthümer eines Grundstücks, das Eigenthum aufzugeben, ohne es auf einen Anderen zu übertragen (Dereliktion). Der § 928 Abs. 1 regelt die Erfordernisse der Dereliktion, nach § 928 Abs. 2 steht das Recht zur Aneignung des Grundstücks, das durch die in das Grundbuch eingetragene Dereliktion herrenlos geworden ist, nur dem Fiskus desjenigen Bundesstaats zu, in dessen Gebiete das aufgegebene Grundstück liegt. Der Art. 129 behält jedoch der Landesgesetzgebung die Befugniß vor, das Recht der Aneignung an Stelle des Fiskus einer bestimmten anderen Person zuzugestehen. Der Landesgesetzgebung ist also nicht das Recht eingeräumt, für die Voraussetzungen der Dereliktion eine abweichende Vorschrift zu treffen (weshalb Code civil Art. 539 außer Kraft tritt), sie kann nur die Person desjenigen, welcher aneignungsberechtigt ist, abweichend bestimmen, z. B. die Gemeinde oder den Gutsherrn als aneignungsberechtigt erklären. Aber auch hier muß die Person bestimmt bezeichnet sein, es könnte nicht das Aneignungsrecht dem primus occupans eingeräumt werden. Der Fiskus erwirbt das Eigenthum an dem Grundstücke nach § 928 Abs. 2 Satz 2 dadurch, daß er sich als Eigenthümer in das Grundbuch eintragen läßt. An diesen Satz ist die Landesgesetzgebung gebunden. Wer nach Landesrecht an Stelle des Fiskus aneignungsberechtigt ist und das Eigenthum erwerben will, kann es nur dadurch thun, daß er sich als Eigenthümer in das Grundbuch eintragen läßt.

2. Für die im Zeitpunkte der Grundbuchanlegung herrenlosen Grundstücke giebt der Art. 190 der Landesgesetzgebung die gleichen Rechte wie der Art. 129.

3. Einschlägige landesgesetzliche Vorschriften giebt es, soviel bekannt, nur wenige. In Preußen besteht keine allgemeine hierher gehörende Vorschrift, nur einige Partikularrechte kommen in Betracht. So gehören den Städten die innerhalb der Flurgrenze gelegenen Grundstücke, welche keinem Anderen aus speziellen Titel gehören (Obertribunal bei Simon und Strampf Rspr. I S. 238 ff.) und nach der Kabinetsordre v. 14. März 1825 (Kamptz Ann. 9 S. 605) sollen in der Rheinprovinz und in Westfalen Parzellen, die sich bei der Katastervermessung als herrenlos erweisen, den Gemeinden überwiesen werden, in deren Feldmark sie liegen. Ein ähnliches Recht ist das sog. Auenrecht der Rittergutsbesitzer (Dernburg, preuß. Privatrecht I S. 546, Sachenrecht S. 197, 275). In Bayern bestehen keine einschlägigen Vorschriften; die älteren Partikularrechte sind durch Art. 1 des A.G. zum B.G.B. aufgehoben worden.

Artikel 130.

E. d. E.G. I Art. 69; II Art. 102; III Art. 129. P. I S. 4089—4091, 12841, 12842. M. d. E.G. S. 194.

1. In den Protokollen der zweiten Kommission, insbesondere auch auf der bei dem Art. 102 des E. II d. E.G., welcher dem Art. 130 des E.G. entspricht, allegirten Seite (P. II S. 8892) ist nichts über diesen Artikel gesagt; er wird also ohne Bemerkung angenommen sein.

Artikel 131.

Unberührt bleiben die landesgesetzlichen Vorschriften, welche für den Fall, daß jedem der Miteigenthümer eines mit einem Gebäude versehenen Grundstücks die ausschließliche Benutzung eines Theiles des Gebäudes eingeräumt ist, das Gemeinschaftsverhältniß näher bestimmen, die Anwendung der §§. 749 bis 751 des Bürgerlichen Gesetzbuchs ausschließen und für den Fall des Konkurses über das Vermögen eines Miteigenthümers dem Konkursverwalter das Recht, die Aufhebung der Gemeinschaft zu verlangen, versagen.

---

2. Zahme Tauben werden dadurch nicht herrenlos, daß sie frei umherfliegen (B.G.B. § 960). Ein Recht, sich dieselben anzueignen (B.G.B. § 958) besteht also nicht. Durch manche Landesgesetze wird aber unter gewissen Voraussetzungen ein Aneignungsrecht eingeräumt. Dieses Recht steht in Verbindung mit der landesgesetzlich im Interesse der Grundeigenthümer stattfindenden Beschränkung des Rechtes, Tauben zu halten, und mit dem Verbote, sie zu gewissen Zeiten, insbesondere sie zur Zeit der Saat und der Ernte ausfliegen zu lassen. Landesgesetzliche Vorschriften dieser Art werden durch das B.G.B. nicht berührt. Das Aneignungsrecht der dem Gebote zuwider gehaltenen oder ausfliegenden Tauben würde aber in Ermangelung eines Vorbehalts durch das B.G.B. aufgehoben sein. Durch den Art. 130 wird es aufrecht erhalten, weil es den Zweck verfolgt, zum Schutze der gedachten Beschränkungen und Verbote zu dienen. Bestimmungen der gedachten Art enthält z. B. die preuß. Feldpolizeiordnung v. 1. November 1847 § 40; sie sind durch das Feld- und Forstpolizeigesetz v. 1. April 1880 nicht aufgehoben (vergl. auch Kreisordnung v. 13. Dezember 1872 § 135 IV Ziff. 3; Ges. v. 26. Juli 1876 § 84 u. A.L.R. I 9 §§ 111—113). Der Art. 27 des E. des preuß. A.G., nach welchem die gedachten besonderen Bestimmungen über Tauben aufgehoben werden sollten, ist in das A.G. zum B.G.B. nicht aufgenommen.

Der Art. 130 ist übrigens so allgemein gefaßt, daß die Befugniß der Landesgesetzgebung nicht davon abhängt, daß Beschränkungen oder Verbote der oben gedachten Art in Betreff des Haltens von Tauben bestehen; vielmehr wird der Landesgesetzgebung unbeschränkt das Recht eingeräumt, die Aneignung der einem Anderen gehörenden im Freien betroffenen Tauben zu gestatten.

3. Auf Militärbrieftauben finden die durch den Art. 130 aufrechterhaltenen Landesgesetze keine Anwendung (Reichsges. v. 28. Mai 1894); nach der Ansicht des Kammergerichts gilt Gleiches für das preuß. Recht in Ansehung von Brieftauben (D. J.Z. 1900 S. 26).

Artikel 131.

E. d. E.G. I Art. 73; II Art. 103; III Art. 130. P. I S. 12849; M. d. E.G. S. 197. P. II S. 3839, 8901 (Bd. 3 S. 279; Bd. 6 S. 437).

1. Das sog. Stockwerkseigenthum (Herbergsrecht, Geschoßeigenthum) des bisherigen Rechtes, wie es namentlich fast im ganzen rechtsrheinischen Bayern (Entsch. d. Bayer. O.L.G. VI S. 553. VIII S. 217, XIII S. 105, Jacubezky S. 188), in Württemberg und im Gebiete des französischen Rechtes (Code civil Art. 664) vorkommt, — vergl. Roth, Deutsches Privatr. III S. 162 und bayer. Civilr. I. Aufl. II S. 56 — ist dem B.G.B. fremd. Nach dem B.G.B. kann zwar ein Gebäude im Eigenthum eines Anderen als des Eigenthümers des Grundstücks stehen. Dies ist der Fall, wenn ein Gebäude in Ausübung eines Rechtes an dem Grundstücke von dem Dritten mit dem Grundstücke verbunden worden ist (§ 95 des B.G.B.). Dagegen ist eine horizontale Theilung des Eigenthums am Gebäude selbst unzulässig. Es kann kein Sondereigenthum an dem einzelnen Stockwerke geben. Ein Sondereigenthum an den einzelnen Bestandtheilen des Gebäudes ist nach den §§ 93, 94 des B.G.B. ausgeschlossen und auch die Bestellung eines Erbbaurechts an einem Theile des Gebäudes ist nach § 1014 des B.G.B. nicht möglich. Gestattet ist nur eine Theilung nach senkrechten Linien.

Die Benutzung eines gemeinschaftlichen Gebäudes kann zwar nach den §§ 745, 746, 1010 des B.G.B. dauernd in der Weise geregelt werden, daß jedem Theilhaber die ausschließliche Benutzung eines Theiles des Gebäudes zusteht; aber die Gemeinschaft unterliegt der Aufhebung nach den Vorschriften der §§ 749—751 des B.G.B. und des § 16 Abs. 2 der K.O. Unter der Herrschaft des B.G.B. ist demnach auch auf diesem Wege die Neubegründung eines Stockwerkseigenthums ausgeschlossen.

Dagegen läßt das E.G. der Landesgesetzgebung in Ansehung des Stockwerkseigenthums eine gewisse Freiheit.

Artikel 132.

Unberührt bleiben die landesgesetzlichen Vorschriften über die Kirchenbaulast und die Schulbaulast.

Das beim Inkrafttreten des B.G.B. bestehende Stockwerkseigenthum hält der Art. 182 schlechthin aufrecht. Der Art. 131 aber ermächtigt die Landesgesetzgebung, die Neubegründung eines Stockwerkseigenthums in der Art zuzulassen, daß zwar lediglich ein Miteigenthumsverhältniß vorliegt, die Theilung aber ausgeschlossen und den einzelnen Theilhabern die alleinige Benutzung einzelner Theile des Gebäudes dauernd zugewiesen ist. Nicht erlaubt ist also die Neubegründung in dem Sinne, daß die dem Sonderrechte der einzelnen Theilhaber unterworfenen Theile des Gebäudes als selbständige unbewegliche Sachen gelten und daß das Miteigenthum an der Grundfläche und den gemeinschaftlichen Theilen des Gebäudes dem Theilhaber als ein mit dem Eigenthum an den ersteren verbundenes Recht zusteht.

2. Der Art. 131 enthält einen Vorbehalt nur für den Fall, daß jedem der Miteigenthümer eines mit einem Gebäude versehenen Grundstücks die ausschließliche Benutzung eines Theiles des Gebäudes eingeräumt ist. Die Fassung dieser Voraussetzung bringt die alleinige juristische Konstruktion, unter welcher die Landesgesetzgebung die Neubegründung von Stockwerkseigenthum gestatten darf, zum Ausdrucke (s. Erl. 1).

3. Unter dieser Voraussetzung ermächtigt der Vorbehalt des Art. 131 die Landesgesetzgebung

a) das Gemeinschaftsverhältniß näher zu bestimmen. Es darf also bestimmt werden, welche Theile des Gebäudes jedem Miteigenthümer zu gesonderter Benutzung zustehen und welche Theile gemeinschaftlich sind. Es können bezüglich der zur ausschließlichen Benutzung zugewiesenen Theile und bezüglich der gemeinschaftlichen Theile die Rechte und Pflichten eines jeden Miteigenthümers festgestellt werden. Dies gilt insbesondere in Ansehung der Vornahme von Ausbesserungen und Vorrichtungen zur leichteren Benutzung gemeinschaftlicher Theile (z. B. Beleuchtung, Reinigung), der Tragung von Kosten und Lasten, der Theilung etwaiger Erträgnisse. Auch können die Gründe geregelt werden, aus welchen die Aufhebung des Gemeinschaftsverhältnisses verlangt werden kann.

b) die Anwendung der in den §§ 749—751 des B.G.B. und im § 16 Abs. 2 der K.O. getroffenen Vorschriften ausschließen. Danach kann das Recht eines jeden Theilhabers und im Falle der Eröffnung des Konkurses über das Vermögen eines Theilhabers das Recht des Konkursverwalters, die Aufhebung der Gemeinschaft zu fordern, ausgeschlossen werden.

Soweit die Landesgesetzgebung Vorschriften nicht trifft, kommen die Bestimmungen der §§ 1008, 1009, 1011 und der §§ 742ff. des B.G.B. zur Anwendung.

4. Da nach der im Art. 131 festgelegten Konstruktion des Rechtsverhältnisses der Grund und Boden mit dem Gebäude im Sinne des Grundbuchrechts ein Grundstück bildet, wird nur für dieses ein Grundbuchblatt angelegt; die Anlegung eines Blattes für das Recht des einzelnen Miteigenthümers ist unzulässig (Achilles-Strecker G.B.O. I S. 16). Die Ausschließung des Rechtes, die Aufhebung der Gemeinschaft zu verlangen sowie die für die Verwaltung und Benutzung des Gebäudes geltenden gesetzlichen Vorschriften wirken, auch wenn im Grundbuche nicht vermerkt ist, daß an dem Gebäude das Stockwerkseigenthum besteht. Der § 1010 des B.G.B. findet keine Anwendung, weil er nur die rechtsgeschäftliche Regelung der Verhältnisse der Miteigenthümer betrifft. Uebrigens kann die Landesgesetzgebung auch die Eintragung in das Grundbuch vorschreiben.

5. Von dem Vorbehalte des Art. 131 hat, soviel ersichtlich, keine Landesgesetzgebung Gebrauch gemacht.

Artikel 132.

E. d. E.G. III Art. 131. M. d. E.G. S. 152. P. II S. 8903 (Bd. 6 S. 435).

1. Die Vorschriften über die Kirchenbaulasten und Schulbaulasten gehören zum weitaus größten Theile dem öffentlichen Rechte an. Sie haben überdies thatsächlich wohl nur für die bereits entstandenen Rechtsverhältnisse Bedeutung, insoweit aber sind sie nach Maßgabe der Art. 184ff. ohnehin fast vollständig aufrecht erhalten. Mit Rücksicht hierauf sahen die Entwürfe von dem Vorbehalt ab. Der Bundesrath hat jedoch den Vorbehalt des Art. 132 aufgenommen, hauptsächlich deshalb, weil es zweifelhaft erschien, ob nach dem B.G.B. künftig ein Grundstück mit einer solchen Baulast belastet werden kann, und um die Erörterung darüber abzuschneiden, ob eine die Kirchenbaulast oder die Schulbaulast betreffende landesgesetzliche Vorschrift dem öffentlichen oder dem Privatrecht angehört.

Artikel 133.

Unberührt bleiben die landesgesetzlichen Vorschriften über das Recht zur Benutzung eines Platzes in einem dem öffentlichen Gottesdienste gewidmeten Gebäude oder auf einer öffentlichen Begräbnißstätte.

Artikel 134.

Unberührt bleiben die landesgesetzlichen Vorschriften über die religiöse Erziehung der Kinder.

---

2. Da die Kirchenbaulast sowie die Schulbaulast, soweit sie überhaupt als eine privatrechtliche Last erscheinen, wohl fast überall als Reallasten betrachtet werden, so liegt die praktische Bedeutung des Vorbehalts darin, daß die Landesgesetzgebung Abweichungen von den Vorschriften über die Reallast (§§ 873 ff., 1105 ff.) treffen kann. Der Vorbehalt ist im Uebrigen in Ansehung der in ihm bezeichneten Materien ein allgemeiner.

Artikel 133.

E. d. E.G. I Art. 72; II Art. 104; III Art. 132. P. I S. 12767; M. d. E.G. S. 196. P. II S. 8903 (Bd. 6 S. 435).

Der Art. 133 wahrt die landesgesetzlichen Vorschriften über das Recht zur Benutzung eines Platzes in einem dem öffentlichen Gottesdienste gewidmeten Gebäude (insbesondere das Recht auf einen Kirchenstuhl oder einen in der Kirche befindlichen Begräbnißplatz oder auf eine öffentliche Begräbnißstätte). Innerhalb dieses Rahmens ist der Vorbehalt ein allgemeiner. An landesgesetzlichen Vorschriften kommen fast ausschließlich nur ältere Gesetze (z. B. preuß. A.L.R. II 11 §§ 676, 681, 684, 685) in Frage (vergl. Stobbe, deutsch. Privatr. 3. Aufl. Bd. I S. 598; Meurer, Begriff und Eigenthümer der heiligen Sachen Bd. II insbes. §§ 9, 10; Meurer, bayerisches Kirchenvermögensrecht, Bd. II S. 235 ff.).

Artikel 134.

E. I §§ 1508, 1658; E. d. E.G. II Art. 105; III Art. 133. P. I S. 7620, 7624, 8235; M. IV S. 757, 1099. P. II S. 6545—6570, 8913 (Bd. 4 S. 865—878; Bd. 6 S. 441).

Literatur: Hübler, die religiöse Erziehung der Kinder aus gemischten Ehen (1888); Schmidt, die Konfession der Kinder nach den Landesgesetzen in Deutschland (1890); Kahl, die Konfession der Kinder aus gemischter Ehe (1895); Habermann, die Konfession der Kinder aus gemischter Ehe (1896); Hinrichs im Arch. f. d. civ. Praxis 75 S. 100 ff.; ferner die Aufsätze in Gruchot Bd. 35 S. 377, Bd. 37 S. 853.

1. Wie schon in den Erl. zu § 1631 Nr. 1c und zu § 1800 bemerkt ist, behält der Art. 134 die Regelung der religiösen Erziehung der Kinder dem Landesrechte vor. Unter Kindern versteht der Art. 134 nicht nur die unter elterlicher Gewalt stehenden, sondern auch diejenigen, welche bevormundet sind oder für die in Ansehung der Erziehung ein Pfleger aufgestellt ist oder deren Mutter einen Beistand erhalten hat.

Die Landesgesetze sind zur Regelung der religiösen Erziehung nach allen Seiten berufen. Sie können insbesondere bestimmen, ob die Eltern oder der Vormund oder Pfleger verpflichtet sind, das Kind überhaupt in einem religiösen Bekenntnisse zu erziehen und in welchem Bekenntnisse die Erziehung zulässig sein soll. Sie können weiter einem Elterntheile das Bestimmungsrecht in Ansehung der religiösen Erziehung einräumen, die Vertragsfreiheit unter den Ehegatten oder Verlobten in Betreff der religiösen Erziehung der Kinder zulassen oder beschränken, vorschreiben, daß das Kind von einem gewissen Alter an das Recht der Wahl des Bekenntnisses hat, die Mitwirkung des Vormundschaftsgerichts oder sonstiger Behörden bei Streitigkeiten über die religiöse Erziehung regeln und das Beschwerderecht, insbesondere der Geistlichen, ordnen.

2. Wenn der Art. 134 der Landesgesetzgebung die Regelung der religiösen Erziehung überläßt, so war hierfür zunächst die politische Erwägung maßgebend, daß es unzweckmäßig gewesen wäre, die Frage der religiösen Erziehung den Gesetzgebungsfaktoren des Reichs anläßlich des B.G.B. zur Entscheidung zu unterbreiten und dadurch das Zustandekommen des B.G.B. zu gefährden. Dagegen wird durch den Art. 134 die Frage nicht entschieden, ob die religiöse Erziehung dem bürgerlichen oder dem öffentlichen Rechte angehört. Legt man das entscheidende

Artikel 135.

Unberührt bleiben die landesgesetzlichen Vorschriften über die Zwangserziehung Minderjähriger. Die Zwangserziehung ist jedoch, unbeschadet der Vorschriften der §§. 55, 56 des Strafgesetzbuchs nur zulässig, wenn sie von dem Vormundschaftsgericht angeordnet wird. Die Anordnung kann außer den Fällen der §§. 1666, 1838 des Bürgerlichen Gesetzbuchs nur erfolgen, wenn die Zwangserziehung zur Verhütung des völligen sittlichen Verderbens nothwendig ist.

Gewicht auf den Zusammenhang der religiösen Erziehung mit dem Erziehungsrecht überhaupt, so ist das Recht der religiösen Erziehung als ein Theil des Familienrechts zu betrachten; dabei kann es keinen Unterschied machen, je nachdem es sich um Kinder aus konfessionell gemischten Ehen handelt oder nicht. Eine derartige Unterscheidung hätte überdies jetzt, nachdem das Reichsgesetz v. 3. Juli 1869 die Gleichstellung der Konfessionen im öffentlichen und im bürgerlichen Rechte ausgesprochen hat, keinen Boden mehr. Daß dem öffentlichen Rechte die religiöse Erziehung jedenfalls insoweit angehört, als es sich um die Frage handelt, ob das Kind überhaupt in einem religiösen Bekenntnisse zu erziehen ist und in welchem Bekenntnisse die Erziehung überhaupt zulässig ist, dürfte unbestreitbar sein.

In der ersten Kommission hatte der Redaktor des Familienrechts einen Entwurf von Vorschriften über die religiöse Erziehung ausgearbeitet. Der Entwurf wurde aus den in den M. IV S. 757 enthaltenen Gründen abgelehnt. In der zweiten Kommission wurde die Regelung der religiösen Erziehung im B.G.B. abermals versucht. Der diesbezügliche Entwurf findet sich in den P. II S. 6545ff. Bd. 4 S. 865—875; daselbst sind auch die Gründe angeführt, aus welchen die Kommission auf den Antrag nicht eingegangen ist.

3. Soweit das Landesrecht keine Bestimmungen trifft, wie z. B. das mecklenburgische Recht in Ansehung der nicht aus einer gemischten Ehe stammenden Kinder (Langfeld S. 188), entscheidet über die religiöse Erziehung derjenige, welchem das Recht der Erziehung überhaupt zusteht, also regelmäßig derjenige, welchem die thatsächliche Sorge für die Person des Kindes gebührt. Dies sind der Vater (§ 1631) oder die Mutter (§ 1686) und zwar letztere in den Fällen der §§ 1634, 1635, 1696—1698, auch soweit sie nicht die elterliche Gewalt hat, die uneheliche Mutter (§ 1707), der Vormund (§ 1800), soweit nicht nach § 1801 für die religiöse Erziehung ein Pfleger aufgestellt ist, endlich unter Umständen der Pfleger (§ 1915).

Gegen eine Entscheidung des Vormundschaftsgerichts, welche die religiöse Erziehung betrifft, steht nach § 57 Nr. 9 des freiw. G.G. auch dem Geistlichen der Konfession, in welcher das Kind erzogen wird oder erzogen werden soll, das Recht der Beschwerde zu.

4. In Betracht kommende Landesgesetze: Preußen A.L.R. II 2 §§ 77, 78, 81—84, 642, Dekl. v. 21. Novbr. 1803, Kab.O. v. 17. August 1825, nassau. Edikt v. 22./26. März 1808, Frankf. V. v. 5. September 1811, Ges. v. 30. Dezbr. 1819, bayer. Edikt v. 26. Mai 1818, hannov. V. v. 31. Juli 1826, kurh. Ges. v. 29. Oktober 1848, V. v. 13. April 1853, holst. Ges. v. 14. Juli 1863, schlesw. Verf. v. 23. April 1864; Bayern II. Beilage z. Verf. Urkunde v. 26. Mai 1818; Sachsen A.G. z. B.G.B. § 49, Ges. v. 1. November 1836, v. 20. Juni 1870 § 20, v. 26. April 1873 § 6 Abs. 4; Württemberg Edikt v. 15. Oktober 1806; Baden Ges. v. 9. Oktober 1860, V. v. 11. November 1899 § 34; Hessen A.G. z. B.G.B. Art. 108 bis 116; Elsaß-Lothringen A.G. z. B.G.B. §§ 119—122.

Artikel 135.

E. d. E.G. II Art. 106; III Art. 134. M. IV S. 805—807, 1156. P. II S. 6090—6121, 8913 (Bd. 4 S. 619—625, 630—635; Bd. 6 S. 441). D. S. 707. R.B. S. 2077, 2114. St.B. S. 3031—3035, 3096.

Literatur: Aschrott, die Zwangserziehung Minderjähriger (1900); ferner die Kommentare zum preuß. Fürsorgegesetz von Schmitz, von Massow, Nölle und Wittig (angekündigt von Aschrott) und zum württemb. Zwangserziehungsges. von Kiene.

Der Art. 135 behält der Landesgesetzgebung die Zwangserziehung vor, jedoch nur mit gewissen Einschränkungen.

1. Unter Zwangserziehung ist die Erziehung eines Minderjährigen zu verstehen, welche im Widerspruche mit dem Willen desjenigen erfolgt, welchem an sich das Erziehungsrecht zusteht. Nicht der Zwang kommt in Betracht, welcher sich gegen den zu Erziehenden, sondern der Zwang, welcher sich gegen den Erziehungsberechtigten richtet. Aus dem

Die Landesgesetze können die Entscheidung darüber, ob der Minderjährige, dessen Zwangserziehung angeordnet ist, in einer Familie oder in einer Erziehungs- oder Besserungsanstalt unterzubringen sei, einer Verwaltungsbehörde übertragen, wenn die Unterbringung auf öffentliche Kosten zu erfolgen hat.

Anwendungsgebiete des Art. 135 scheiden daher die Fälle aus, daß der Vater oder die Mutter auf Grund des § 1631 Abs. 2 Satz 2 oder der Vormund auf Grund des § 1800 die Hülfe des Vormundschaftsgerichts in Anspruch nimmt, damit das mißrathene Kind in einer Erziehungsanstalt untergebracht wird. Hier liegt zwar eine zwangsweise Erziehung des Kindes, aber keine Zwangserziehung im Sinne des Art. 135 vor. Die Landesgesetze können hier nur über die Möglichkeit der Anrufung polizeilicher Hülfe und darüber, inwieweit und unter welchen Voraussetzungen öffentliche Mittel in Anspruch genommen werden dürfen, Bestimmungen treffen. Uebrigens ist nach den meisten Zwangserziehungsgesetzen die Zwangserziehung (im Sinne des Landesrechts) wegen Verwahrlosung des Kindes auch dann zulässig, wenn der Erziehungsberechtigte die Zwangserziehung beantragt; unter der Voraussetzung der Verwahrlosung des Kindes können also zum Zwecke der Unterstützung des Erziehungsberechtigten öffentliche Mittel nach Maßgabe der für die Zwangserziehung überhaupt geltenden Vorschriften in Anspruch genommen werden.

2. Die Voraussetzungen eines Eingriffs in die Erziehungsrechte des Erziehungsberechtigten, d. h. der Zwangserziehung, sind zum Theil durch das Reichsrecht bestimmt. Reichsrechtlich ist die Zwangserziehung zulässig

a) auf Grund des § 55 des St.G.B. (Art. 34 des E.G.), wenn der Mündel eine strafbare Handlung begangen hat, bei der Begehung der That aber das zwölfte Lebensjahr noch nicht vollendet hat, vorausgesetzt, daß das Vormundschaftsgericht die Begehung der That festgestellt hat;

b) auf Grund des § 56 des St.G.B., wenn der Mündel eine strafbare Handlung begangen, bei der Begehung der That aber zwar das zwölfte, nicht aber das achtzehnte Lebensjahr vollendet hat und, weil er bei Begehung der That die zur Kenntniß der Strafbarkeit erforderliche Einsicht nicht besaß, freigesprochen worden ist, vorausgesetzt, daß im Urtheile die Unterbringung in einer Erziehungs- oder Besserungsanstalt ausgesprochen worden ist;

c) auf Grund der §§ 1666, 1686, 1707 des B.G.B., wenn das geistige oder leibliche Wohl des Kindes dadurch gefährdet wird, daß der Vater oder, wenn das Erziehungsrecht der Mutter zusteht, die Mutter die Sorge für die Person des Kindes mißbraucht, das Kind vernachlässigt oder sich eines ehrlosen oder unsittlichen Verhaltens schuldig macht;

d) auf Grund der §§ 1838, 1915 des B.G.B., wenn der Mündel unter Vormundschaft oder Pflegschaft steht und dem Vormund oder Pfleger das Erziehungsrecht zusteht, sofern jedoch der Vater oder die eheliche oder die uneheliche Mutter Vormund oder Pfleger sind, nur dann, wenn die Voraussetzungen des § 1666 (oben c) gegeben sind.

Reichsrechtlich ist also Voraussetzung der Zwangserziehung, sofern das Erziehungsrecht dem Vater oder der ehelichen oder unehelichen Mutter zusteht, — und zwar gleichgültig, ob der Vater oder die Mutter die elterliche Gewalt hat oder nicht, — daß entweder das Kind eine strafbare Handlung begangen hat (§§ 55, 56 des St.G.B.) oder dem Vater oder der Mutter die Verwahrlosung des Kindes zur Last fällt. Nur wenn das Erziehungsrecht dem Vormund oder Pfleger zusteht (und nicht der Vater oder die Mutter Vormund oder Pfleger sind), ist die Zwangserziehung reichsrechtlich ohne besondere Voraussetzungen zulässig.

Der Art. 135 gestattet nun der Landesgesetzgebung die Zwangserziehung darüber hinaus zuzulassen. Nach Lage der Reichsgesetzgebung bezieht sich diese Ermächtigung nur auf den Fall, daß das Erziehungsrecht dem Vater oder der Mutter zusteht und das Kind (Mündel) ohne Verschulden des erziehungsberechtigten Elterntheils verwahrlost ist z. B. wenn die Eltern, weil sie ihrem Berufe nachgehen mußten und nicht genügend Mittel besaßen, um eine Aufsichtsperson zu bezahlen, das Kind sich selbst überlassen mußten und das Kind dann verwahrloste. Der Landesgesetzgebung ist aber im Art. 135 Abs. 1 Satz 3 eine Schranke gezogen. Die Anwendung der Zwangserziehung kann nur erfolgen, wenn diese zur Verhütung des völligen sittlichen Verderbens nothwendig ist.

Einen größeren Spielraum hat die Landesgesetzgebung — jedoch nicht auf Grund des Art. 135, sondern des § 55 des St.G.B. — bezüglich derjenigen noch nicht zwölf Jahre alten Kinder, welche eine strafbare Handlung begangen haben, gleichviel wem das Erziehungsrecht zusteht. Hier bestimmt der § 55 Satz 2 des St.G.B., daß gegen eine solche Person nach Maßgabe der landesgesetzlichen Vorschriften die zur Besserung und Beaufsichtigung erforderlichen Maßregeln getroffen werden können. Hier ist also die Landesgesetzgebung nur insofern eingeschränkt, als die Begehung der That durch das Vormundschaftsgericht festgestellt sein muß, im Uebrigen aber kann die Landesgesetzgebung die Voraussetzungen bestimmen, unter welchen die Zwangserziehung zu erfolgen hat. Sie kann sie z. B. nur wegen Handlungen, die sich als Vergehen oder Verbrechen darstellen, zulassen, nicht wegen bloßer Uebertretungen oder von den Uebertretungen nur gewisse für geeignet erklären, z. B. nur Landstreicherei, gewerbsmäßige Unzucht und Bettel.

3. Die zur Anordnung der Zwangserziehung zuständige Behörde ist für alle Fälle außer dem Falle des § 55 des St.G.B. reichsgesetzlich bestimmt. Im Falle des § 56 des St.G.B. wird die Zulässigkeit der Zwangserziehung durch das Strafgericht ausgesprochen, in den Fällen der §§ 1666, 1838 des B.G.B. und im Falle, daß die Landesgesetzgebung die Zwangserziehung darüber hinaus auf Grund des Art. 135 gestattet, ist zur Anordnung der Zwangserziehung das Vormundschaftsgericht zuständig. Im Falle des § 55 des St.G.B. kann die Landesgesetzgebung die zuständige Behörde bestimmen; von den Landesgesetzen ist übrigens durchweg auch in diesem Falle das Vormundschaftsgericht als zuständig bezeichnet worden.

4. Die Entscheidung darüber, ob der Minderjährige, dessen Zwangserziehung angeordnet worden ist, in einer Familie oder in einer Erziehungs- oder Besserungsanstalt unterzubringen sei, steht in den Fällen des § 55 des St.G.B. derjenigen Behörde zu, welcher sie landesgesetzlich übertragen ist. In den Fällen des § 56 des St.G.B. hat der Strafrichter zu bestimmen, ob der Minderjährige einer Familie zu überweisen oder ob er in einer Anstalt unterzubringen sei; giebt der Strafrichter die Entscheidung dahin ab, daß die Unterbringung in eine Erziehungs- oder Besserungsanstalt erforderlich sei, so steht die weitere Entscheidung darüber, welche der beiden Kategorien von Anstalten gewählt werden soll, der Verwaltungsbehörde zu (R.G. in Str. 7 S. 180). In den übrigen Fällen steht die Entscheidung dem Vormundschaftsgerichte zu; sie kann jedoch landesgesetzlich einer Verwaltungsbehörde übertragen werden, wenn die Unterbringung auf öffentliche Kosten erfolgt (Art. 135 Abs. 2). Die Voraussetzung ist gegeben, wenn weder das Vermögen des Minderjährigen ausreicht, um die Kosten der Zwangserziehung zu decken, noch diese von einem unterhaltspflichtigen Verwandten gedeckt werden. Besitzt zwar nicht der Mündel, dagegen ein unterhaltspflichtiger Verwandter die Mittel zur Deckung der Kosten, ist aber der Unterhaltspflichtige nicht bereit, die Mittel herzugeben, so daß die Kosten zunächst aus öffentlichen Mitteln vorgeschossen werden müssen, so trifft die Voraussetzung des Abs. 2 gleichfalls zu. Bei der Anordnung der Zwangserziehung wird sich oft nicht sofort übersehen lassen, ob die Kosten der gesammten Zwangserziehung von dem Mündel oder einem unterhaltspflichtigen Verwandten gedeckt werden, dies wird namentlich dann der Fall sein, wenn die Dauer der Zwangserziehung nicht von Anfang an bestimmt ist. Die bloße Möglichkeit der Inanspruchnahme öffentlicher Mittel dürfte nach dem Zwecke, welcher mit der Einstellung des die Landesgesetzgebung beschränkenden Abs. 2 verfolgt worden ist, nicht hinreichen, um die Voraussetzungen des Abs. 2 als gegeben anzunehmen; es wird also zunächst das Vormundschaftsgericht die Entscheidung auch über die Art der Zwangserziehung zu treffen haben und die Entscheidung auf die Verwaltungsbehörde erst von dem Zeitpunkt an übergehen, in welchem feststeht, daß öffentliche Mittel beansprucht werden müssen. Wenn dagegen von Anfang an feststeht, daß zwar ein Theil der Kosten aus Privatmitteln gedeckt wird, später aber öffentliche Mittel in Anspruch genommen werden müssen, so wird die Entscheidung über die Art der Zwangserziehung von Anfang an der Verwaltungsbehörde übertragen werden können.

Von einigen Landesgesetzen, z. B. von Preußen, Württemberg und Elsaß-Lothringen ist bestimmt worden, daß die Kosten der Zwangserziehung stets aus öffentlichen Mitteln vorgeschossen werden; diese Landesgesetze nehmen mit Rücksicht hierauf das Vorhandensein der Voraussetzungen des Abs. 2 als in jedem Falle gegeben an.

5. Das Verfahren, in welchem die Zwangserziehung angeordnet wird, kann von der Landesgesetzgebung — abgesehen von den Fällen des § 56 des St.G.B. — selbständig geregelt werden. Die Landesgesetzgebung kann insbesondere bestimmen, wer antrags- und beschwerdeberechtigt ist, z. B. ob es Geistliche, Lehrer, öffentliche Verbände, denen die Kostentragung obliegt, sind. Daraus, daß die Zwangserziehung in den unter Nr. 3 angegebenen Fällen nur vom Vormundschaftsgericht angeordnet werden kann, wird zu folgern sein, daß das Landesrecht in diesen Fällen an die Vorschriften des § 1673 gebunden ist. Die Anhörung des Erziehungsberechtigten, in dessen Recht durch die Zwangserziehung eingegriffen werden soll, darf also nur unterbleiben, wenn sie unthunlich ist.

6. Ueber die Ausführung der Zwangserziehung haben im Uebrigen die Landesgesetze freie Hand.

7. Auch über die Dauer der Zwangserziehung kann die Landesgesetzgebung Bestimmungen treffen. Hier besteht nur die eine selbstverständliche Schranke, daß die Zwangserziehung nicht über das Alter der Minderjährigkeit hinaus erstreckt werden kann.

Artikel 136.

Unberührt bleiben die landesgesetzlichen Vorschriften, nach welchen

1. der Vorstand einer unter staatlicher Verwaltung oder Aufsicht stehenden Erziehungs- oder Verpflegungsanstalt oder ein Beamter alle oder einzelne Rechte und Pflichten eines Vormundes für diejenigen Minderjährigen hat, welche in der Anstalt oder unter der Aufsicht des Vorstandes oder des Beamten in einer von ihm ausgewählten Familie oder Anstalt erzogen oder verpflegt werden, und der Vorstand der Anstalt oder der Beamte auch nach der Beendigung der Erziehung oder der Verpflegung bis zur Volljährigkeit des Mündels diese Rechte und Pflichten behält, unbeschadet der Befugniß des Vormundschaftsgerichts, einen anderen Vormund zu bestellen;
2. die Vorschriften der Nr. 1 bei unehelichen Minderjährigen auch dann gelten, wenn diese unter der Aufsicht des Vorstandes oder des Beamten in der mütterlichen Familie erzogen oder verpflegt werden;
3. der Vorstand einer unter staatlicher Verwaltung oder Aufsicht stehenden Erziehungs- oder Verpflegungsanstalt oder ein von ihm bezeichneter Angestellter der Anstalt oder ein Beamter vor den nach §. 1776 des Bürgerlichen Gesetzbuchs als Vormünder berufenen Personen zum Vormunde der in Nr. 1, 2 bezeichneten Minderjährigen bestellt werden kann;
4. im Falle einer nach den Vorschriften der Nr. 1 bis 3 stattfindenden Bevormundung ein Gegenvormund nicht zu bestellen ist und dem Vormunde die nach §. 1852 des Bürgerlichen Gesetzbuchs zulässigen Befreiungen zustehen.

---

8. Daraus, daß das Vormundschaftsgericht in den unter Nr. 3 bezeichneten Fällen zur Anordnung der Zwangserziehung berufen ist, ergiebt sich gemäß § 1671, daß ihm auch in diesen Fällen das Recht zusteht, die Zwangserziehung aufzuheben. Ob daneben noch andere Behörden z. B. im Falle des Art. 135 Abs. 2 die Verwaltungsbehörden dieses Recht haben, hat die Landesgesetzgebung zu bestimmen. Auch steht nichts im Wege, der Verwaltungsbehörde das Recht der vorläufigen Entlassung des Minderjährigen zu geben.

9. Einschlägige Landesgesetze: Preußen Ges. v. 2. Juli 1900; Sachsen A.G. z. B.G.B. § 50; Württemberg Ges. v. 29. Dezember 1899, Verf. v. 14. Februar 1900; Baden Ges. in der Fassung v. 31. August 1900; Hessen Ges. in der Fassung v. 30. Septbr. 1899; Mecklenburg-Schwerin V. v. 9. April 1899; Elsaß-Lothringen A.G. z. B.G.B. §§ 123—127, z. freiw. G.G. §§ 14, 64.

Artikel 136.

E. d. E.G. I Art. 79; II Art. 107; III Art. 135. P. I S. 8138, 8459; M. IV S. 1038; M. d. E.G. S. 203. P. II S. 6325, 6513, 8920, 9269 (Bd. 4 S 743, 848; Bd. 6 S. 445, 651).

Literatur: Taube, der Schutz der unehelichen Kinder in Leipzig; Wolf im Archiv f. öff. Recht XI S. 46; Cuno und Schmidt, die Organisation der Gemeindewaisenpflege, Schriften des deutschen Vereins für Armenpflege, 47. Heft.

Der Art. 136 ermöglicht der Landesgesetzgebung für den Fall der Bevormundung eines Minderjährigen durch einen sog. Anstalts- oder Generalvormund gewisse Abweichungen von den Vorschriften des Vormundschaftsrechts zu treffen. Die Abweichungen beziehen sich auf das Bestellungsprinzip (Art. 136 Nr. 1, 2), auf die Uebergehung der durch das Gesetz oder die Eltern als Vormund Berufenen (Art. 136 Nr. 3) und auf die dem Vormunde bei Führung der Vormundschaft zustehenden Befreiungen von gewissen Pflichten (Art. 136 Nr. 4).

1. Zu Nr. 1, 2.

a) Nach § 1774 ist die Vormundschaft vom Vormundschaftsgericht anzuordnen. Es giebt keine gesetzliche Vormundschaft. Hiervon kann die Landesgesetzgebung eine Ausnahme schaffen.

Sie kann dem Vorstand einer unter staatlicher Verwaltung oder Aufsicht stehenden Erziehungs- oder Verpflegungsanstalt oder einem Beamten alle oder einzelne Rechte und Pflichten eines Vormundes einräumen, so daß ihm also die Rechte und Pflichten nicht vom Vormundschaftsgericht übertragen werden, sondern kraft Gesetzes zustehen. Werden die Rechte und Pflichten eines Vormundes dem Vorstand einer Anstalt übertragen, so pflegt man von einem Anstaltsvormund zu sprechen, während man den Beamten, welchem die Rechte und Pflichten eines Vormundes übertragen werden, als Generalvormund bezeichnet.

Die Einrichtung des Anstalts- oder Generalvormundes bedeutet übrigens nicht nur eine Durchbrechung des § 1774, sondern auch des § 1776 d. h. ist ein Anstaltsvorstand oder ein Beamter gesetzlicher Vormund, so giebt es für Niemand ein Recht auf die Berufung zur Vormundschaft. Auch erhält der Anstalts- oder Generalvormund vom Vormundschaftsgerichte keine Bestallung und unterbleibt selbstverständlich die Verpflichtung (§ 1779).

b) Die Anstalt, deren Vorstand zum Vormund erklärt werden kann, muß eine unter staatlicher Verwaltung oder Aufsicht stehende Erziehungs- oder Verpflegungsanstalt sein. Sie braucht keine staatliche Anstalt zu sein, die Rechtsstellung des Vormundes kann auch einer Privatanstalt, insbesondere einer kirchlichen Anstalt (Kloster) eingeräumt werden, sofern sie nur staatlich beaufsichtigt ist. Wann letztere Voraussetzung zutrifft, bestimmt sich nach dem Landesrechte. Von den Erziehungsanstalten kommen insbesondere diejenigen in Betracht, in welchen Minderjährige sich in Zwangserziehung befinden.

c) Als Vorstand im Sinne des Art. 136 ist nicht derjenige zu erachten, welcher die gesetzliche Vertretung der Anstalt hat, sondern derjenige, welchem die thatsächliche Leitung der Anstalt zukommt, gleichgültig, ob er zur Vertretung der Anstalt befugt ist oder nicht. Für diese Auslegung spricht insbesondere der Zweck des Vorbehalts; nur der thatsächliche Leiter der Anstalt ist mit den Verhältnissen der Mündel vertraut und vermag die Rechte und Pflichten eines Vormundes in dem Maße zu erfüllen, daß sich die Durchbrechung des Bestellungsprinzips rechtfertigen läßt. Auch Frauen, welche Vorsteherinnen von Anstalten sind, können die Rechte des Vormundes ausüben. Ist der Vorstand ein Kollegium, so haben sämmtliche Mitglieder die Rechte und Pflichten des Vormundes, sie sind Mitvormünder zu ungetheilter Verwaltung (§ 1797 Abs. 1). Man wird entscheidendes Gewicht auch nicht ausschließlich darauf zu legen haben, welches Organ der Anstalt in deren Statuten als Vorstand bezeichnet ist. Es dürfte vielmehr wesentlich darauf ankommen, wem statutenmäßig die Leitung der Anstalt obliegt. Dies kann z. B. eine Person sein, die in den Statuten als Direktor der Anstalt bezeichnet ist, während dem als Vorstand bezeichneten Organe sachlich nur die Funktion der Aufsichtsführung obliegt. Die in dieser Beziehung erforderliche Bestimmung wird die Landesgesetzgebung zu treffen berechtigt sein.

Ist der Vorstand einer Anstalt gesetzlicher Vormund, so ist er dies nicht für seine Person, sondern als Vorstand. Im Falle der Behinderung tritt sein verfassungs- oder satzungsgemäß bestellter Stellvertreter ein. Dieser ist aber als solcher Vormund, nicht bloß stellvertretender Vormund.

d) Als Beamter kann nicht bloß ein staatlich angestellter Beamter, sondern auch ein Gemeindebeamter von der Landesgesetzgebung mit dem Amte des Vormundes betraut werden, dagegen nicht ein Privatbeamter, auch nicht ein Beamter einer Kirchengesellschaft oder Kirchengemeinde. Durch die Zulassung der gesetzlichen Bestellung eines Beamten zum Vormund und durch den Vorbehalt unter Nr. 2 soll namentlich eine wirksame Vertretung der Interessen unehelicher Kinder ermöglicht werden. Als Beamte werden vorzugsweise Beamte der Gemeindearmenverwaltung in Betracht kommen.

e) Der Art. 136 läßt nicht nur eine gesetzliche Vormundschaft, sondern auch eine gesetzliche Pflegschaft zu. Hierfür spricht nicht nur der Grundsatz des § 1915, sondern auch daß in der Gestattung des maius der ges. Vormundschaft das minus der Pflegschaft liegt. Insbesondere aber ist zu beachten, daß, wenn man sich an den Wortlaut klammern wollte, der Art. 136 die für ihn praktisch wichtigsten Fälle nicht decken würde, daß nämlich unter der elterlichen Gewalt stehende Kinder der Erziehung durch den Gewalthaber entzogen (§ 1666), der Zwangserziehung unterstellt und in eine Anstalt gebracht werden. Solche Kinder erhalten nach § 1909 einen Pfleger. Den Anstaltsvorstand für untergebrachte Mündel Vormund werden zu lassen, für die Kinder der bezeichneten Art dagegen nicht Pfleger, fehlt jeder Anlaß. Dies war auch nicht der Standpunkt der ersten Kommission. Nach E. I § 1633 trat nicht wie nach B.G.B. § 1909 Pflegschaft, sondern Vormundschaft ein, wenn dem Gewalthaber das Erziehungsrecht entzogen war, und der dem Art. 136 entsprechende E. I Art. 79 hatte nach den M. d. E.G. ausdrücklich den Fall im Auge, daß eine solche Entziehung des Erziehungsrechts eingetreten war. Die zweite Kommission wollte keine sachliche Aenderung, sondern den Vorbehalt möglichst weit fassen (P. II S. 6328). Von den Landesgesetzen ist die Frage, soviel ersichtlich, nur im sächs. (§ 37) entschieden; sie wird dort wie hier bejaht.

f) Dem Vorstand oder Beamten kann die gesammte Rechsstellung des Vormundes oder nur einzelne Rechte und Pflichten eines Vormundes übertragen werden z. B. nur die thatsächliche Fürsorge oder nur die Fürsorge für die Person.

g) Voraussetzung für den Eintritt der gesetzlichen Vormundschaft des Vorstandes oder Beamten ist, daß nach den allgemeinen Vorschriften der §§ 1773, 1909 die Voraussetzungen für die Bevormundung gegeben sind. Für ein unter elterlicher Gewalt stehendes Kind z. B., welches in einer Anstalt untergebracht ist, kann dem Vorstande die Rechtsstellung des Vormundes nur dann eingeräumt werden, wenn und soweit die Voraussetzungen vorliegen, unter welchen trotz der elterlichen Gewalt ein Vormund oder Pfleger bestellt werden kann. Dem Vorstand oder Beamten können ferner die Rechte und Pflichten eines Vormundes nur soweit übertragen werden, als sie einem Vormunde nach den allgemeinen Vorschriften des B.G.B. überhaupt zustehen. Dies ist von besonderer Bedeutung mit Rücksicht darauf, daß neben dem Vormunde dem Vater und der ehelichen oder unehelichen Mutter in den in der Erl. zu § 1800 bezeichneten Fällen das Recht der thatsächlichen Fürsorge für die Person zusteht. Insbesondere gilt dies für die der unehelichen Mutter nach § 1707 zustehende thatsächliche Fürsorge für das Kind. Dem Anstaltsvormunde kann die Stellung des Vormundes nur unbeschadet des Rechtes des Elterntheils eingeräumt werden. Selbstverständlich gilt dies nur, soweit dem Elterntheile das Recht nicht nach Maßgabe des § 1666 entzogen ist.

h) Die Rechtsstellung des Vormundes kann nur in Ansehung derjenigen Minderjährigen gewährt werden, welche in der Anstalt oder unter Aufsicht des Vorstandes oder des Beamten in einer von ihm ausgewählten Familie oder Anstalt erzogen oder verpflegt werden. Bezüglich derjenigen Minderjährigen, bei welchen nicht der Vormund, sondern der Vater oder die eheliche oder uneheliche Mutter die thatsächliche Fürsorge haben (s. Erl. zu § 1800), liegt die Voraussetzung, daß der Minderjährige in einer von dem Vorstand oder dem Beamten ausgewählten Familie oder Anstalt erzogen oder verpflegt wird, auch dann vor, wenn die Auswahl zwar von dem zur thatsächlichen Fürsorge berechtigten Elterntheile getroffen ist, der Vorstand oder der Beamte aber der Auswahl zugestimmt haben. Dies gilt nicht nur für die Fälle, in welchen bei einer Meinungsverschiedenheit zwischen dem Vormund und dem Elterntheile die Meinung des Vormundes vorgeht, sondern auch für die Fälle, in welchen die Meinung des Elterntheils den Ausschlag giebt. Denn im Sinne des Art. 136 kommt es nur darauf an, daß der Vorstand oder Beamte bei der Auswahl mitgewirkt hat, weil, wenn diese Voraussetzung zutrifft, anzunehmen ist, daß er die Verhältnisse kennt und deshalb zum Vormunde geeignet ist.

Für diejenigen Minderjährigen, welche in die Anstalt aufgenommen oder in der vom Vorstand oder Beamten ausgewählten Familie oder Anstalt untergebracht gewesen sind, kann ferner die Rechtsstellung des Vormundes dem Vorstand oder Beamten auch dann belassen werden, wenn der Minderjährige die Anstalt oder die Familie verlassen hat. Der Vorstand z. B. behält die Stellung eines Vormundes insbesondere auch dann, wenn der Mündel in ein vom Vorstande bestimmtes Lehr-, Dienst- oder Arbeitsverhältniß eintritt.

Die Nr. 2 des Art. 136 schwächt andererseits die berührte Voraussetzung insofern ab, als die Rechte und Pflichten des Vormundes dem Vorstand oder Beamten in Ansehung der unehelichen Kinder auch dann eingeräumt werden können, wenn das Kind in der mütterlichen Familie unter der Aufsicht des Vorstandes oder Beamten erzogen oder verpflegt wird.

i) Die Befugniß des Vormundschaftsgerichts, einen anderen Vormund zu bestellen, kann landesgesetzlich nicht ausgeschlossen werden. Findet das Vormundschaftsgericht, daß der Vorstand oder Beamte seinen Pflichten als Vormund nicht genügend nachkommt oder nachkommen kann, so ist es zur Aufstellung eines anderen Vormundes stets befugt. Von der Befugniß wird das Vormundschaftsgericht insbesondere nach dem Austritte des Mündels aus der Anstalt Gebrauch zu machen veranlaßt sein, wenn der Mündel seinen Aufenthalt in größere Entfernung von der Anstalt verlegt hat oder der Anstalt gänzlich fremd geworden ist. Für die Bestellung gelten die allgemeinen Grundsätze. Mit der Bestellung erlischt das vormundschaftliche Amt des Vorstandes oder Beamten kraft Gesetzes, selbstverständlich ist aber der Vorstand oder Beamte von dem Erlöschen zu verständigen.

Treten die Voraussetzungen der gesetzlichen Vormundschaft des Anstaltsvorstandes erst nach der Bestellung eines anderen Vormundes ein, so endigt, wenn nicht die Landesgesetzgebung ein Anderes vorschreibt, das Amt des bisherigen Vormundes kraft Gesetzes. Natürlich ist auch hier der bisherige Vormund von dem Erlöschen zu verständigen.

k) An dem Aufsichtsrechte des Vormundschaftsgerichts wird durch den Art. 136 nichts geändert. Die in Frage kommenden Vorstände und Beamten unterstehen zwar bezüglich ihrer sonstigen Amtsführung regelmäßig der Aufsicht einer Verwaltungsbehörde; die Aufsicht der Verwaltungsbehörde erstreckt sich aber nicht auf die Führung des Vormundschaftsamts. Das Vormundschaftsgericht hat insbesondere das Recht der Ordnungsstrafe (§ 1837) und kann vom

Vorstand oder Beamten jederzeit Auskunft über die Führung der Vormundschaft verlangen. Sollte der Mündel Vermögen haben, so müßte der Vorstand oder Beamte auch entsprechend den §§ 1840 ff., 1890 Rechnung legen.

Auch die Haftung des Vorstandes oder Beamten für die Ausübung der vormundschaftlichen Rechte und Pflichten richtet sich nur nach den allgemeinen Vorschriften des Reichsrechts (§ 1833). Dies gilt auch dann, wenn die ordnungsgemäße Führung der Vormundschaft für den Vormund zugleich eine Dienstpflicht ist, also beim Generalvormunde sowie wenn der Anstaltsvorstand ein öffentlicher Beamter ist. Es kann ohne ausdrückliche Vorschrift nicht angenommen werden, daß dem Vormunde hier die Wahrnehmung der Rechte und Pflichten eines Vormundes nur als eine Dienstpflicht, nicht auch als eine privatrechtliche Verantwortlichkeit gegenüber dem Mündel obliegen soll. Bilden mehrere Personen den Anstaltsvormund, so haften sie wie Mitvormünder, die zu ungetheilter Verwaltung bestellt sind. Die Anstalt selbst oder im Falle des Generalvormundes die Körperschaft, welche den Beamten angestellt hat, haftet für den von dem Vormunde verursachten Schaden dem Mündel nicht; landesgesetzlich kann sich allerdings in Gemäßheit der auf Grund des Art. 77 erlassenen Gesetze unter Umständen eine Haftung ergeben.

Ob der Vormund eine Vergütung beanspruchen kann, bestimmt sich nach Landesrecht. Aus dem öffentlichrechtlichen Charakter des Amtes eines Anstaltsvormundes wird übrigens zu folgern sein, daß auch ohne ausdrückliche landesgesetzliche Vorschrift ein Recht auf Vergütung nicht besteht.

1) Der Vorstand und der Beamte stehen unter der Aufsicht des Gemeindewaisenraths wie jeder andere Vormund, sie haben also auch dem Gemeindewaisenrath Auskunft zu geben und ihm die Verlegung des Aufenthaltsorts des Mündels anzuzeigen.

2. Zu Nr. 3.

Nach § 1776 können die Eltern einen Vormund für ihr Kind benennen; in Ermangelung einer elterlichen Berufung sind kraft Gesetzes die Großeltern des Kindes väterlicher und mütterlicherseits berufen. Der Vorbehalt unter Nr. 3 gestattet dem Vorstand oder Beamten oder dem von dem Vorstande zu bezeichnenden Angestellten der Anstalt, auch wenn solche Personen vorhanden sind, die Rechte und Pflichten des Vormundes zu übertragen. Der Vorstand, Beamte oder Angestellte geht also diesen Personen vor. Der Vorbehalt ermöglicht mithin der Landesgesetzgebung, von der Einrichtung des Anstalts- oder Generalvormundes selbst zwar abzusehen, die Bestellung des Anstaltsvorstandes, eines Angestellten der Anstalt oder eines Beamten zum Vormunde für eine Mehrzahl von Minderjährigen aber dadurch zu erreichen, daß den Personen, welche nach § 1776 ein Recht zur Vormundschaft haben, dies Recht genommen wird, so daß das Vormundschaftsgericht den Vorstand, Angestellten oder Beamten ohne Rücksicht auf etwaige Berufene bestellen kann. In der Konsequenz des Vorbehalts liegt es wohl, daß, wenn von ihm Gebrauch gemacht ist, auch das Recht der Eltern, eine Person von der Vormundschaft auszuschließen (§ 1782), gegenüber dem Vorstand, Angestellten oder Beamten nicht besteht. Im Uebrigen finden, wenn vom Vorbehalte Gebrauch gemacht ist, die §§ 1774—1792 mit Ausnahme der mit § 1776 zusammenhängenden Bestimmungen Anwendung. Von Bedeutung ist der Vorbehalt namentlich wegen der unehelichen Kinder. Nach dem Wortlaute der Nr. 3 kann der Vorstand, Beamte oder Angestellte nur zum Vormunde bestellt werden; daraus darf nicht geschlossen werden, daß ihm im Vorrange vor den bezeichneten Personen nicht auch nur einzelne Rechte und Pflichten übertragen werden könnten.

3. Zu Nr. 4.

Dem Vorstand oder Beamten können danach diejenigen Befreiungen kraft Gesetzes eingeräumt werden, welche mit dem Verbote der Bestellung eines Gegenvormundes verknüpft sind. Der Vorstand oder Beamte oder Angestellte der Anstalt unterstehen also nicht der Aufsicht eines Gegenvormundes, es darf ein Gegenvormund nicht bestellt werden und das Amt des etwa bestellten Gegenvormundes erlischt mit dem Beginne des Amtes des Anstalts- oder Generalvormundes. Der Vorstand und der Beamte können ferner Geld des Mündels bei einer Sparkasse, Bank oder Hinterlegungsstelle ohne die Bestimmung hinterlegen, daß zur Erhebung des Geldes die Genehmigung des Vormundschaftsgerichts erforderlich ist, sie können die Anlegung des Geldes ohne die Genehmigung des Vormundschaftsgerichts bewirken und bedürfen zu den im § 1812 bezeichneten Verfügungen über Ansprüche und Werthpapiere des Mündels nicht der Genehmigung des Vormundschaftsgerichts.

4. **Die Ausdehnung des Vorbehalts des Art. 136 auf Volljährige auf Grund des § 1897 des B.G.B. ist ausgeschlossen.**

5. Ueber einschlägige Landesgesetze vergl. die A.G. z. B.G.B. von Preußen Art. 78 (dazu Verf. d. Min. d. Innern v. 13. Juli 1900, M.Bl. d. i. V. S. 224), Bayern Art. 100

Artikel 137.

Unberührt bleiben die landesgesetzlichen Vorschriften über die Grundsätze, nach denen in den Fällen des §. 1515 Abs. 2, 3 und der §§. 2049, 2312 des Bürgerlichen Gesetzbuchs der Ertragswerth eines Landguts festzustellen ist.

(dazu V. v. 24. Dezbr. 1899 § 23), Sachsen §§ 37—39 (dazu V. v. 6. Juli 1899 § 37), Elsaß-Lothringen §§ 136—140, ferner das bad. Ges. v. 16. August 1900 Art. III, IV.

Die Ausf.Ges. haben von dem Vorbehalt in verschiedener Weise Gebrauch gemacht. In Preußen ist dem Vorstand einer jeden unter der Verwaltung des Staates oder einer Gemeindebehörde stehenden Erziehungs- oder Verpflegungsanstalt die Stellung des Anstaltsvormundes eingeräumt; Anstalten, die nur unter staatlicher Aufsicht stehen, sind ausgeschlossen. Das Institut des Generalvormundes ist nur der gesetzlichen Grundlage nach geschaffen, indem durch ortsstatutarische Bestimmung Beamte der Gemeindearmenverwaltung zum Generalvormunde für die Minderjährigen aufgestellt werden können, welche im Wege öffentlicher Armenpflege unterstützt werden. In Bayern ist vom Vorbehalt, einen Generalvormund aufzustellen, kein Gebrauch gemacht worden; dagegen ist der Vorbehalt bezüglich des Anstaltsvormundes benutzt worden. Für eine unter staatlicher Verwaltung oder Aufsicht stehende Erziehungs- oder Verpflegungsanstalt kann dem Vorstande die Stellung eines Vormundes durch Anordnung der zuständigen Staatsministerien eingeräumt werden. In Sachsen kann die Gemeinde mit Genehmigung des Justizministers den Vorstand einer unter staatlicher Aufsicht stehenden Erziehungs- oder Verpflegungsanstalt oder einen Beamten bestimmen, dem die Rechte und Pflichten eines Vormundes oder Pflegers über alle oder über gewisse Minderjährige zustehen, die in der Anstalt oder unter der Aufsicht des Vorstandes oder Beamten in einer von ihm ausgewählten Familie oder Anstalt oder, soweit sie unehelich sind, in der mütterlichen Familie erzogen oder verpflegt werden; dies gilt nicht für Minderjährige, für deren Bevormundung ein anderes als ein sächsisches Gericht zuständig ist.

Wegen des Anstaltsvormundes für die der Zwangserziehung unterworfenen Minderjährigen s. preuß. Fürsorgeges. v. 2. Juli 1900 § 12, Württemb. Ges. v. 29. Dezbr. 1899 Art. 13.

Artikel 137.

E. d. E.G. II Art. 109; III Art. 136. P. II S. 8723, 8724, 8924—8928 (Bd. 6 S. 334, 335, 448—450).

1. Nach B.G.B. § 2049 kann ein Erblasser anordnen, daß einer von mehreren Erben ein Landgut zu dem Ertragswerthe solle übernehmen können. Hat der Erblasser eine solche Anordnung getroffen, oder gilt sie als getroffen, so ist der Ertragswerth nach B.G.B. § 2312 auch für die Berechnung des Pflichttheils maßgebend. Nach § 1515 kann unter den dort näher bezeichneten Voraussetzungen auch bei der Auseinandersetzung einer fortgesetzten Gütergemeinschaft die Uebernahme eines Landguts zu dem Ertragswerthe durch einen der Betheiligten angeordnet werden (s. Bd. IV S. 281 Erl. 4 zu § 1515; Bd. V S. 201 Erl. 2, 3 zu § 2049; Bd. I S. 136, 137 Erl. 3 zu § 98).

Unter einem Landgut ist ein zum selbständigen Betriebe der Landwirthschaft eingerichtetes Grundstück zu verstehen. Auch ein zum selbständigen Betriebe der Forstwirthschaft eingerichtetes Grundstück dürfte aber im Sinne der obigen Vorschriften als ein Landgut zu betrachten sein. Nur ist immer vorauszusetzen, daß das Grundstück zu dem selbständigen Betriebe der Forstwirthschaft eingerichtet sein muß. Nicht jeder Wald kann also ohne Weiteres als ein Landgut betrachtet werden.

Der Begriff des Ertragswerths wird durch § 2049 Abs. 2 festgestellt. Er bestimmt sich nach dem Reinertrage, den das Landgut nach seiner bisherigen wirthschaftlichen Bestimmung bei ordnungsmäßiger Bewirthschaftung gewähren kann.

Durch den Vorbehalt des Art. 137 wird die Landesgesetzgebung ermächtigt, die Grundsätze festzustellen, nach welchen in den obengedachten Fällen der Ertragswerth eines Landguts zu ermitteln ist. Die Landesgesetzgebung kann den Begriff des Landguts und des Ertragswerths nicht in einer von dem B.G.B. abweichenden Weise bestimmen. Die Ermächtigung des Vorbehalts geht nur dahin, daß die Landesgesetzgebung innerhalb der Grenzen, welche durch die aus dem B.G.B. zu entnehmende Begriffsbestimmung gegeben sind, die Grundsätze feststellen kann, nach welchen die Ermittelung des Ertragswerths zu erfolgen hat. Selbstverständlich kann sich die Landesgesetzgebung darauf beschränken, jene Grundsätze nur für einzelne Arten von Landgütern zu bestimmen (s. Erl. 3 zu § 2049). Die wichtigsten Punkte, welche durch die Landesgesetzgebung festgestellt werden können, sind folgende:

Artikel 138.

Unberührt bleiben die landesgesetzlichen Vorschriften, nach welchen im Falle des §. 1936 des Bürgerlichen Gesetzbuchs an Stelle des Fiskus eine Körperschaft, Stiftung oder Anstalt des öffentlichen Rechtes gesetzlicher Erbe ist.

---

a) Wie der nach § 2049 Abs. 2 zu Grunde zu legende Reinertrag zu ermitteln ist, insbesondere auch, welche Lasten und Kosten von dem Bruttoertrage des Landguts abzusetzen und in welcher Art der Bruttoertrag zu bestimmen ist, wie ferner der Durchschnitt des Ertrags zu berechnen ist, wie viele Jahre also z. B. zu Grunde zu legen sind. Nach dem preuß. A.G. zum B.G.B. sind Bestimmungen dieser Art durch den Justizminister und den Landwirthschaftsminister zu treffen.

b) Wie aus dem ermittelten Reinertrage der Kapitalwerth des Landguts zu ermitteln, welcher Zinsfuß also dabei zu Grunde zu legen ist. Nach dem preuß. und dem bayer. A.G. bildet z. B. der fünfundzwanzigfache Betrag des Reinertrags den Kapitalwerth.

2. Die nach dem Obigen aus dem durch das B.G.B. festgestellten Begriffe des Ertragswerths folgende Beschränkung der Landesgesetzgebung gilt nur für die Ermittelung des Ertragswerths in den durch Art. 137 bezeichneten Fällen. Soweit der Werth eines Landguts bei der Vererbung eines Rentenguts, eines Erbpachtrechts oder eines Anerbenguts in Betracht kommt, hat die Landesgesetzgebung auf Grund der allgemeinen Vorbehalte der Art. 62—64 völlig freie Hand, Bestimmungen darüber zu treffen, in welcher Art der Werth festzustellen ist.

3. Von den in Veranlassung des B.G.B. erlassenen landesgesetzlichen Vorschriften, welche Bestimmungen der im Art. 137 gedachten Art treffen, sind hervorzuheben das preuß. A.G. zum B.G.B. Art. 83, das bayer. A.G. zum B.G.B. Art. 103, das bad. A.G. zum B.G.B. Art. 35, die bad. A.V. zum B.G.B. vom 11. November 1899 §§ 38—42, das hessische A.G. zum B.G.B. Art. 106, 130, die mecklenburg'sche A.V. zum B.G.B. §§ 254 bis 257, das oldenburg'sche A.G. zum B.G.B. § 37, das Lübeck'sche A.G. zum B.G.B. §§ 160—162.

Artikel 138.

E. d. E.G. I Art. 82; II Art. 110; III Art. 137. P. I S. 10119, 10120, 12776, 12777, 12779—12781; M. d. E.G. S. 205. P. II S. 8923, 8924 (Bd. 6 S. 447, 448).

1. Nach B.G.B. § 1936 ist, wenn weder Verwandte noch ein Ehegatte des Erblassers vorhanden sind, der Fiskus des Bundesstaats, dem der Erblasser angehörte, und, wenn er mehreren Bundesstaaten angehörte, der Fiskus eines jeden dieser Staaten zu gleichen Antheilen gesetzlicher Erbe. War der Erbe ein Deutscher, gehörte er aber keinem Bundesstaat an, so ist der Reichsfiskus gesetzlicher Erbe. Nach manchen der bisherigen Partikularrechte stand das Erbrecht in Ermangelung anderer gesetzlicher Erben statt dem Fiskus einer anderen Person, insbesondere häufig einer Gemeinde oder Stiftung zu. Der Art. 138 bezweckt, Vorschriften dieser Art aufrechtzuerhalten und der Landesgesetzgebung zu ermöglichen, neue Bestimmungen der fraglichen Art zu treffen. Der Vorbehalt ist aber insofern ein beschränkter, als nicht jeder Person, sondern nur einer Körperschaft, Stiftung oder Anstalt des öffentlichen Rechtes das fragliche Erbrecht beigelegt werden kann. Der E. I d. E.G. ging weiter, indem er der Landesgesetzgebung unbeschränkt gestattete, das fragliche Erbrecht irgend einer Person beizulegen. Man war hierbei davon ausgegangen, daß es sich bei dem fraglichen Erbrechte des Fiskus um ein nutzbares Regal handele und daß es als solches auch an andere Personen als juristische Personen des öffentlichen Rechtes verliehen werden könne und verliehen worden sei. Die zweite Kommission theilte diese Auffassung nicht und hielt eine Ausdehnung des Vorbehalts auf Andere als juristische Personen des öffentlichen Rechtes für bedenklich, weil dem gesetzlichen Erben nicht nur Rechte, sondern auch Verpflichtungen, insbesondere in Beziehung auf die Gläubiger und auf die Abwickelung der Erbschaft oblägen. Diese Funktionen könne man nicht jeder beliebigen Privatperson, sondern nur einer juristischen Person des öffentlichen Rechtes anvertrauen. Anders liegt das Verhältniß bei dem Rechte des Fiskus, aufgegebene Grundstücke sich anzueignen; dieses Recht kann nach Art. 129 an Stelle des Fiskus jeder beliebigen anderen Person eingeräumt werden. Aus der Beschränkung, mit welcher der Landesgesetzgebung das im Art. 138 bezeichnete Recht eingeräumt ist, wird zu folgern sein, daß die Landesgesetzgebung auch in einem solchen Staate, in welchem das gesetzliche Erbrecht des Fiskus als ein Regal betrachtet wird, nicht etwa auf Grund des allgemeinen Vorbehalts des Art. 73 für Regalien berechtigt ist, das fragliche Erbrecht einem Anderen als einer Körperschaft, Stiftung oder Anstalt des öffentlichen Rechtes einzuräumen.

Artikel 139.

Unberührt bleiben die landesgesetzlichen Vorschriften, nach welchen dem Fiskus oder einer anderen juristischen Person in Ansehung des Nachlasses einer verpflegten oder unterstützten Person ein Erbrecht, ein Pflichttheilsanspruch oder ein Recht auf bestimmte Sachen zusteht.

Soweit die Landesgesetzgebung von der ihr nach Art. 138 eingeräumten Befugniß Gebrauch macht, tritt die Körperschaft, Stiftung oder Anstalt des öffentlichen Rechtes als gesetzlicher Erbe in jeder Beziehung an die Stelle des Fiskus. An den ihr hiernach zustehenden Rechten und Pflichten kann die Landesgesetzgebung nichts ändern.

Ueber den Begriff einer Körperschaft, Stiftung oder Anstalt des öffentlichen Rechtes s. Bd. I S. 125 Erl. zu § 89.

Ueber den bisherigen Rechtszustand s. Stobbe V § 297 Anm. 12—16; für Preußen s. A.L.R. II 16 §§ 20, 22. Für Bayern vergl. Art. 1 des A.G.

2. Eine Bestimmung des in dem Art. 138 gedachten Inhalts enthält das Elsaß-Lothringensche A.G. zum B.G.B. §§ 166—168.

Artikel 139.

E. d. E.G. I Art. 81; II Art. 111; III Art. 138. P. I S. 10119, 10120, 12776, 12777, 12779—12781; M. d. E.G. S. 204, 205. P. II S. 8922, 8923 (Bd. 6 S. 446, 447). K.B. S. 2114. St.B. S. 3035.

1. Rechte der im Art. 139 bezeichneten Art stehen nach verschiedenen Partikularrechten gewissen Armenversorgungs-, Heil-, Straf-, Besserungs- und Erziehungsanstalten in Beziehung auf die in die Anstalt aufgenommenen oder von ihr unterstützten Personen zu. Der Umfang des Rechtes ist sehr verschieden. Die Anstalt hat bald ein Recht auf den ganzen Nachlaß, bald nur auf die eingebrachten Sachen; das Recht steht ihr entweder unbedingt oder nur dann zu, wenn Pflichttheilsberechtigte oder sonstige nähere Verwandte nicht vorhanden sind; bisweilen ist das Recht auch davon abhängig gemacht, daß dem in die Anstalt Aufgenommenen oder von ihr Unterstützten bei der Aufnahme oder bei der Gewährung der Unterstützung bekannt gemacht wird, daß der Anstalt das fragliche Recht zustehe (s. z. B. A.L.R. II 19 §§ 50—75, II 16 § 22; sächs. B.G.B. §§ 2057—2060, 2617. Ueber andere Gesetze s. M. d. E.G. S. 204). Der Art. 139 bezweckt, Rechte dieser Art innerhalb gewisser Grenzen aufrecht zu erhalten und der Landesgesetzgebung die Begründung ähnlicher Rechte zu ermöglichen, weil es sich dabei um die Befriedigung der durch die besonderen Verhältnisse der gedachten Anstalten begründeten Bedürfnisse handelt und die Rücksicht auf die Einheitlichkeit des Rechtes ein Eingreifen in diese Verhältnisse nicht erfordert.

2. Rechte der fraglichen Art können auf Grund landesgesetzlicher Vorschriften nur zustehen dem Fiskus oder einer anderen juristischen Person, nicht einer physischen Person. Die juristische Person braucht nicht wie im Art. 138 eine juristische Person des öffentlichen Rechtes zu sein. Ein auf eine solche Beschränkung gerichteter, in der zweiten Kommission gestellter Antrag wurde abgelehnt. Rechte der fraglichen Art können also jedem rechtsfähigen Verein und jeder rechtsfähigen Stiftung eingeräumt werden.

3. Die Person, in Beziehung auf deren Nachlaß die fraglichen Rechte zustehen sollen, muß von dem Berechtigten verpflegt oder unterstützt sein. Ob eine gewisse Art oder Dauer der Verpflegung oder Unterstützung erforderlich ist, oder ob noch andere Voraussetzungen z. B. die vorherige Mittheilung über das Bestehen des Rechtes vorliegen müssen, hat die Landesgesetzgebung zu bestimmen.

4. Eingeräumt werden kann in Ansehung des Nachlasses ein Erbrecht, ein Pflichttheilsanspruch oder ein Recht auf bestimmte Sachen. Der Entscheidung der Landesgesetzgebung bleibt es überlassen, ob das Erbrecht auf den ganzen Nachlaß oder nur auf einen Theil desselben gehen, ob es dem gesetzlichen Erbrechte der Verwandten und des Ehegatten unbedingt vorgehen oder bei dem Vorhandensein gewisser naher Verwandten oder eines Ehegatten ausgeschlossen oder beschränkt sein soll.

Zweifelhaft ist, ob die Landesgesetzgebung auch im Uebrigen in Betreff der Gestaltung des Erbrechts freien Spielraum hat oder ob sie in dieser Beziehung an die Vorschriften des B.G.B. gebunden ist. Mit dem Zwecke der Vorschrift würde eine Beschränkung der letztgedachten Art wohl vereinbar sein; insbesondere ist kaum abzusehen, welches Interesse die Landes-

Artikel 140.

Unberührt bleiben die landesgesetzlichen Vorschriften, nach welchen das Nachlaßgericht auch unter anderen als den im §. 1960 Abs. 1 des Bürgerlichen Gesetzbuchs bezeichneten Voraussetzungen die Anfertigung eines Nachlaßverzeichnisses sowie bis zu dessen Vollendung die erforderlichen Sicherungsmaßregeln, insbesondere die Anlegung von Siegeln, von Amtswegen anordnen kann oder soll.

---

gesetzgebung dabei haben könnte, die Vorschriften des B.G.B. über den Erwerb der Erbschaft und über das Verhältniß zu den Nachlaßgläubigern zu ändern. Die allgemeine Fassung des Vorbehalts spricht indessen gegen eine solche Beschränkung und es ist möglich, daß sich in einzelnen der bestehenden Landesgesetze Bestimmungen finden, welche mit den Vorschriften des B.G.B. nicht vereinbar sind, die abzuändern aber ein Bedürfniß nicht vorliegt. In einer Beziehung dürfte wohl jedenfalls eine Abweichung von den Grundsätzen des B.G.B. für zulässig zu erachten sein, insofern nämlich, als die Landesgesetzgebung auch bestimmen kann, daß das dem Fiskus oder der juristischen Person eingeräumte Erbrecht durch eine letztwillige Verfügung des Erblassers nicht entzogen werden kann, daß also der gesetzliche Erbe hier Notherbe, nicht bloß pflichttheilsberechtigt ist. Im Uebrigen dürfte die Frage ohne große praktische Bedeutung sein; denn regelmäßig wird in den bestehenden Landesgesetzen bei der Einräumung des Erbrechts ausdrücklich oder stillschweigend auf die allgemeinen erbrechtlichen Vorschriften verwiesen, ohne daß besondere Abweichungen dabei bestimmt werden und treten dann insoweit auf Grund des Art. 4 die Vorschriften des B.G.B. an die Stelle der bisherigen erbrechtlichen Vorschriften. Bei neuer Einführung eines Erbrechts der im Art. 139 gedachten Art durch die Landesgesetzgebung wird diese aber nicht leicht daran denken, Abweichungen von den allgemeinen erbrechtlichen Grundsätzen des B.G.B. zu bestimmen.

Eine ähnliche Frage entsteht in Betreff der zugelassenen Einräumung eines Pflichttheilsanspruchs. Unzweifelhaft kann die Landesgesetzgebung die Höhe des Pflichttheils abweichend von dem B.G.B. bestimmen, z. B. also vorschreiben, daß der Pflichttheil dem Werthe des ganzen Erbtheils gleichstehe. Auch in anderer Beziehung dürfte aber die Landesgesetzgebung nicht an die Vorschriften des B.G.B. über den Pflichttheil gebunden sein; im praktischen Ergebnisse werden diese aber aus den oben in Beziehung auf das Erbrecht dargelegten Gründen doch wohl immer zur Anwendung kommen.

Unzweifelhaft ist, daß die Landesgesetzgebung, wenn sie ein Recht auf bestimmte Sachen einräumt, hierbei nicht an die Vorschriften des B.G.B. über Vermächtnisse gebunden ist und daß sie insbesondere also bestimmen kann, daß dem Fiskus oder der juristischen Person nicht bloß eine Forderung auf die betreffenden Sachen zustehen, sondern daß diese dem Bedachten kraft Gesetzes zufallen und daß eine Haftung gegenüber den Nachlaßgläubigern in Betreff ihrer nicht stattfindet (so z. B. Bayern).

Schließlich mag noch hervorgehoben werden, daß, wenn dem Fiskus auf Grund des Art. 139 ein Erbrecht eingeräumt wird, auf dieses Erbrecht nicht die besonderen Vorschriften über das dem Fiskus nach B.G.B. § 1936 zustehende Erbrecht Anwendung finden, daß sich dasselbe vielmehr in Ermangelung besonderer Vorschriften lediglich nach den allgemeinen erbrechtlichen Vorschriften bestimmt.

5. Von den in Veranlassung des B.G.B. erlassenen landesgesetzlichen Vorschriften, welche Bestimmungen der im Art. 139 gedachten Art enthalten, sind hervorzuheben das bayer. A.G. zum B.G.B. Art. 101, 102; das sächs. A.G. zum B.G.B. §§ 42—45; das hessische A.G. zum B.G.B. Art. 127, 128; das Elsaß-Lothringen'sche A.G. zum B.G.B. §§ 166, 167; das Bremen'sche A.G. zum B.G.B. § 62, in welchen unter anderen auch besondere Vorschriften über die Haftung des zum Erben berufenen Nachlaßverbandes gegenüber den Nachlaßgläubigern enthalten sind; das Lübeck'sche A.G. zum B.G.B. §§ 14—147.

Artikel 140.

E. d. E.G. I Art. 88; II Art. 112; III Art. 139. P. I S. 12857—12863; M. d. E.G. S. 230, 231. P. II S. 8930—8932 (Bd. 6 S. 452, 453). R.B. S. 2114. St.B. S. 3035, 3096.

1. Nach B.G.B. § 1960 Abs. 1 hat das Nachlaßgericht, soweit erforderlich, für die Sicherung des Nachlasses zu sorgen, wenn die Annahme der Erbschaft noch nicht erfolgt oder wenn der Erbe unbekannt oder wenn ungewiß ist, ob er die Erbschaft angenommen hat. Auf den Wunsch der Württemberg'schen Regierung wurde schon von der ersten Kommission ein Vorbehalt

Artikel 141.

Die Landesgesetze können bestimmen, daß für die Beurkundung von Rechtsgeschäften, die nach den Vorschriften des Bürgerlichen Gesetzbuchs gerichtlicher oder notarieller Beurkundung bedürfen, entweder nur die Gerichte oder nur die Notare zuständig sind.

---

für die Landesgesetze beschlossen, um die Erhaltung der in Württemberg geltenden Vorschriften zu ermöglichen, nach welchen bei jedem Erbfalle die Aufnahme des Nachlaßverzeichnisses von Amtswegen durch das Nachlaßgericht zu erfolgen hat und die zu diesem Zwecke erforderlichen Sicherungsmaßregeln angeordnet werden können. Von der zweiten Kommission und der R.T.K. ist der Vorbehalt noch in zweifacher Beziehung erweitert. Während nach dem E. I des E.G. Art. 88 der Landesgesetzgebung nur gestattet werden sollte zu bestimmen, daß das Nachlaßgericht in der im Art. 88 bezeichneten Art einschreiten könne, soll nach Art. 140 auch bestimmt werden können, daß das Nachlaßgericht in der bezeichneten Art einschreiten solle. Nach dem E. I des E.G. sollte ferner die Befugniß des Nachlaßgerichts nur unbeschadet der Bestimmung des E. I § 2058 Abs. 2 stattfinden, das Nachlaßgericht also, wenn ein Testamentsvollstrecker vorhanden ist, verpflichtet sein, diesem die Sorge für den Nachlaß zu überlassen, soweit er dazu nach den Anordnungen des Erblassers berufen ist. Diese Beschränkung ist gestrichen. Die Landesgesetze können also auch bei dem Vorhandensein eines Testamentsvollstreckers das Einschreiten des Nachlaßgerichts zulassen oder anordnen.

Das Einschreiten des Nachlaßgerichts ist nach Art. 140 beschränkt auf die Aufnahme eines Nachlaßverzeichnisses und bis zu dessen Vollendung auf die Anordnung der erforderlichen Sicherungsmaßregeln, insbesondere der Anlegung von Siegeln. Ein in der zweiten Kommission gestellter Antrag, die Worte „bis zu dessen Vollendung" zu streichen, wurde abgelehnt, weil ein Bedürfniß zu Sicherungsmaßregeln nach diesem Zeitpunkte nicht mehr vorliege. In anderen als den im B.G.B. § 1960 bezeichneten Fällen können also Sicherungsmaßregeln, insbesondere die Anlegung von Siegeln durch landesgesetzliche Vorschrift nur bis zur Anfertigung des Nachlaßverzeichnisses zugelassen und müssen, sobald die Anfertigung vollendet ist, wieder aufgehoben werden. Ob für die Nachlaßgerichte nur die Befugniß oder auch die Verpflichtung zu den gedachten Maßregeln bestimmt und ob diese immer oder nur unter gewissen Voraussetzungen z. B. bei dem Vorhandensein geschäftsunfähiger oder in der Geschäftsfähigkeit beschränkter Erben angeordnet werden sollen, bleibt der Entscheidung der Landesgesetze überlassen.

Auf die Anordnung einer Pflegschaft bezieht sich der Vorbehalt des Art. 140 nicht. Eine solche kann also von dem Nachlaßgerichte nur unter den im B.G.B. § 1960 bestimmten Voraussetzungen angeordnet werden und die Landesgesetzgebung kann hieran nichts ändern.

Nach einer anderen Richtung wird die Befugniß des Nachlaßgerichts erweitert durch die Vorschrift des freiw. G.G. § 192, nach welcher das Nachlaßgericht die Auseinandersetzung in Ansehung eines Nachlasses von Amtswegen zu vermitteln hat.

2. Von den in Veranlassung des B.G.B. erlassenen landesgesetzlichen Vorschriften, welche sich auf den Art. 140 beziehen, sind hervorzuheben das preuß. A.G. z. B.G.B. Art 79, durch welchen bestimmt wird, daß die Vorschriften, nach welchen das Nachlaßgericht auch unter anderen als den im § 1960 Abs. 1 des B.G.B. bezeichneten Voraussetzungen die Anfertigung eines Nachlaßverzeichnisses sowie die erforderlichen Sicherungsmaßregeln von Amtswegen anordnen kann, außer Kraft treten; das württemberg'sche A.G. zum B.G.B. Art. 88, 89; das badische Rechtspolizeigesetz v. 17. Juni 1899 § 46; das hessische A.G. zum freiw. G.G. v. 18. Juli 1899 Art. 46, 47; das Elsaß-Lothringen'sche A.G. zum freiw. G.G. v. 6. November 1899 § 29.

Artikel 141.

E. d. E.G. I Art. 91 Abs. 3; II Art. 114; III Art. 141. P. I S. 12980—12982; M. I S. 186. M. d. E.G. S. 234. P. II S. 8333—8336 (Bd. 6 S. 456, 457).

1. Für eine große Zahl von Rechtsgeschäften wird von dem B.G.B. die gerichtliche oder notarielle Beurkundung vorgeschrieben (s. Bd. I S. 179 Erl. 2 zu § 128). Für die gerichtliche Beurkundung sind, wie durch freiw. G.G. § 167 Abs. 1 ergänzend bestimmt wird, die Amtsgerichte zuständig. Mit Rücksicht auf die Verschiedenheit, welche in Betreff der Organisation der Behörden und in Betreff des Notariats in den einzelnen Bundesstaaten besteht,

gestattet der Art. 141 der Landesgesetzgebung, die Vorschrift zu treffen, daß für die Beurkundung von Rechtsgeschäften, die nach dem B.G.B. sowohl durch ein Gericht als durch einen Notar erfolgen kann, nur das Gericht oder nur der Notar zuständig ist. Der Vorbehalt des Art. 141 bezieht sich nicht auf die nach B.G.B. § 126 Abs. 1, § 129 Abs. 1 Satz 2 erforderliche gerichtliche oder notarielle Beglaubigung eines Handzeichens. Nach freiw. G.G. § 191 Abs. 2 kann indessen auch für die Beglaubigung eines Handzeichens die Zuständigkeit der Amtsgerichte ausgeschlossen werden. Auch auf die öffentliche Beglaubigung einer Erklärung (B.G.B. § 29 Abs. 1 Satz 1) bezieht sich der Art. 141 nicht. Hierüber s. freiw. G.G. §§ 167 Abs. 2, 191. Endlich gilt der Art. 141 nicht für die Beurkundungen anderer Erklärungen als Rechtsgeschäfte, z. B. nicht für eidesstattliche Versicherungen (z. B. § 2356 Abs. 2).

2. Auf Grund des Vorbehalts des Art. 141 können die Landesgesetze entweder die Zuständigkeit der Gerichte oder die der Notare entweder für die Beurkundung von Rechtsgeschäften überhaupt oder nur für die Beurkundung einzelner Rechtsgeschäfte ausschließen. Was die bestehenden Landesgesetze anlangt, so bleiben diejenigen aufrechterhalten, welche allgemein die Beurkundung von Rechtsgeschäften nur durch die Notare zulassen; diese gelten, eben weil sie allgemein sind, auf Grund des Art. 141 auch für diejenigen Rechtsgeschäfte, für welche das B.G.B. gerichtliche oder notarielle Beurkundung vorschreibt. Anders dagegen steht es, wenn für ein bestimmtes Rechtsgeschäft nach dem bisherigen Rechte ausschließlich die gerichtliche oder ausschließlich die notarielle Form gefordert wird. Diese Vorschrift ist ebenso wie die materiellen sich auf das betreffende Rechtsgeschäft beziehenden Vorschriften des bisherigen Rechtes durch Art. 55 aufgehoben. Die für ein Rechtsgeschäft derselben Art durch das B.G.B. gegebene Vorschrift, nach welcher notarielle oder gerichtliche Beurkundung genügt, ist eine selbständige neue Vorschrift; auf sie bezieht sich die bisherige landesrechtliche Vorschrift nicht und diese wird daher durch Art. 141 nicht aufrecht erhalten. So ist z. B. die gemeinrechtliche Vorschrift, nach welcher eine Schenkung über 500 solidi der Erklärung zu gerichtlichem Protokoll bedarf, durch den Art. 55 beseitigt. Der § 518 des B.G.B. schreibt nun zwar vor, daß jedes Schenkungsversprechen der gerichtlichen oder notariellen Beurkundung bedürfe. Dies ist aber eine neue selbständige Vorschrift und es würde unzulässig sein, die in dem bisherigen Rechte für Schenkungen über 500 solidi vorgeschriebene gerichtliche Beurkundung als durch Art. 141 des E.G. für Schenkungen zu diesem Betrag auch gegenüber der Vorschrift des § 518 des B.G.B. für aufrecht erhalten anzusehen.

3. Von den in der Veranlassung des B.G.B. erlassenen landesgesetzlichen Vorschriften sind zu erwähnen das preuß. freiw. G.G. Art. 31, nach welchem von dem Vorbehalte des Art. 141 kein Gebrauch gemacht wird, vielmehr sowohl die Gerichte wie die Notare für zuständig zur Beurkundung von Rechtsgeschäften erklärt und damit die bisher bestehenden Beschränkungen beseitigt werden; das bayerische A.G. zum B.G.B. Art. 167 Nr. 1, nach welchem die Amtsgerichte zur Beurkundung von Rechtsgeschäften der im Art. 141 bezeichneten Art nicht zuständig sind; das bayersche Notariatsgesetz v. 9. Juni 1899 Art. 1, durch welches die Zuständigkeit der Notare bestimmt wird; das sächsische Gesetz v. 15. Juni 1900 § 37, nach welchem Gerichte und Notare zuständig sind; das württemberg'sche A.G. zum B.G.B. Art. 105, durch welches die Zuständigkeit der Notare bestimmt ist; das badische Rechtspolizeigesetz §§ 34, 35, nach welchem regelmäßig die Notare und nur für einzelne Rechtsgeschäfte auch die Gerichte zuständig sind; das hessische A.G. zum freiw. G.G. v. 18. Juli 1899 Art. 1, 2 und die hessische Notariatsordnung v. 15. März 1899 Art. 10, nach welchen regelmäßig Gerichte und Notare zuständig sind; das Elsaß-Lothringensche A.G. zum freiw. G.G. v. 6. November 1899 § 44, nach welchem nur die Notare zuständig sind; das Bremische A.G. zum B.G.B., nach welchem regelmäßig ebenfalls nur die Notare zuständig sind.

Die Zuständigkeit ist — von kleineren Modifikationen abgesehen — im Wesentlichen folgendermaßen geordnet. Nur die Notare sind zuständig in Bayern, Württemberg, Baden, Elsaß-Lothringen, Hamburg und Bremen; nur die Gerichte sind zuständig in Weimar, Oldenburg, Schwarzburg-Rudolstadt, beiden Lippe und Waldeck; in den übrigen Bundesstaaten sind die Gerichte und die Notare zuständig.

4. Die auf Grund des Art. 141 erfolgte Ausschließung des Notars oder des Gerichts hat natürlich nur Bedeutung für die in dem Gebiete des Bundesstaats aufgenommenen Urkunden. Es kann nicht etwa in einem Bundesstaate, der nur die Notare für zuständig erklärt hat, eine in einem anderen Bundesstaate von einem Gericht innerhalb der Grenzen seiner Zuständigkeit aufgenommene Urkunde nicht als öffentliche Urkunde behandelt werden; dies gilt auch dann, wenn die Urkunde eine in dem Bundesstaate gelegene Sache betrifft. Dem § 313 z. B. wird durch eine vor einem preuß. Gericht aufgenommene Urkunde auch dann genügt, wenn es sich um ein in Bayern gelegenes Grundstück handelt (P. II S. 7369 ff., Bd. 5 S. 433, K.B. z. freiw. G.G. S. 60 ff.).

Artikel 142.

Unberührt bleiben die landesgesetzlichen Vorschriften, welche in Ansehung der in dem Gebiete des Bundesstaats liegenden Grundstücke bestimmen, daß für die Beurkundung des im §. 313 des Bürgerlichen Gesetzbuchs bezeichneten Vertrags sowie für die nach §. 873 Abs. 2 des Bürgerlichen Gesetzbuchs zur Bindung der Betheiligten erforderliche Beurkundung der Erklärungen außer den Gerichten und Notaren auch andere Behörden und Beamte zuständig sind.

Artikel 143.

Unberührt bleiben die landesgesetzlichen Vorschriften, welche in Ansehung der in dem Gebiete des Bundesstaats liegenden Grundstücke bestimmen, daß die

---

Artikel 142.

E. d. E.G. II Art. 115; III Art. 142. P. II S. 921—932, 8869, 8883, 9268 (Bd. 1 S. 458 ff.; Bd. 6 S. 416, 424, 650).

1. Nach § 313 des B.G.B. bedarf ein Vertrag, durch welchen sich der eine Theil verpflichtet, das Eigenthum an einem Grundstücke zu übertragen, der gerichtlichen oder notariellen Beurkundung. Bezüglich der Frage, ob das Gericht oder der Notar oder nur der Notar oder nur das Gericht zur Beurkundung zuständig sind, hat die Landesgesetzgebung nach Art. 141 freie Hand. Nach Art. 142 kann die Landesgesetzgebung überdies außer den Gerichten und Notaren auch andere Behörden und Beamte für zuständig erklären. Die Zuständigkeit des Gerichts oder des Notars kann sie nicht ausschließen.

Die gleiche Ermächtigung hat die Landesgesetzgebung bezüglich der Zuständigkeit zur Beurkundung von Erklärungen des im § 873 Abs. 2 des B.G.B. bezeichneten Inhalts. Die Einigung der Betheiligten über die Uebertragung des Eigenthums an dem Grundstück, über die Belastung des Grundstücks mit einem Rechte sowie über die Uebertragung oder Belastung eines solchen Rechtes bedarf — abgesehen von der Auflassung (§ 925 des B.G.B.) und der Begründung und die Uebertragung eines Erbbaurechts (§§ 1015, 1017 des B.G.B.) — hierüber s. Erl. zu Art. 143 — keiner Form. Die Betheiligten sind jedoch vor der Eintragung in das Grundbuch an die Einigung nur unter gewissen Voraussetzungen, insbesondere dann gebunden, wenn die Erklärungen gerichtlich oder notariell beurkundet sind (s. Erl. 4 zu § 873 des B.G.B.). Auch hier kann die Landesgesetzgebung auf Grund des Art. 142 neben dem Notar oder dem Gericht (Art. 141) noch andere Behörden oder Beamte zur Beurkundung der Erklärungen für zuständig erklären. Daß die Landesgesetzgebung nicht die im § 873 Abs. 2 des B.G.B. neben der gerichtlichen oder notariellen Beurkundung noch genannten Formen, deren Beobachtung zur Bindung der Parteien genügt — die Erklärung vor dem Grundbuchamte, die Einreichung der Erklärungen beim Grundbuchamte, die Aushändigung der Eintragungsbewilligung — ausschließen kann, versteht sich nach dem Wortlaute des Art. 142 von selbst.

Die Zuständigkeit anderer Behörden und Beamten kann indessen nur in Ansehung der in dem betreffenden Bundesstaate gelegenen Grundstücke bestimmt werden.

2. Gedacht wurde bei der Aufnahme des Vorbehalts hauptsächlich an die Beurkundung durch Gemeindebeamte. Der Vorbehalt sollte Verkehrserleichterungen für Gebiete mit zerstückeltem Grundbesitz ermöglichen. Die Landesgesetzgebung hat aber von dem Vorbehalt in viel ausgedehnterem Maße Gebrauch gemacht. Ueber einschlägige landesgesetzliche Vorschriften s. preuß. A.G. z. B.G.B. Art. 12 §§ 2—4, Gesetz v. 21. Septbr. 1899 Art. 122 Abs. 1 Satz 3, Art. 125; Sachsen A.G. z. B.G.B. § 20, Gesetz v. 15. Juni 1900 § 45; Württemberg A.G. z. B.G.B. Art. 33, 35; Baden A.G. z. G.B.O. § 3 Abs. 2, § 6 Abs. 3, § 38, Rechtspolizeiges. §§ 34, 35; Hessen A.G. z. B.G.B. Art. 279 (Nr. I Art. 38 Abs. 3), Art. 282 Nr. 5; Elsaß-Lothringen A.G. z. freiw. G.G. § 45. Die Vorschrift des preuß. A.G., daß, wenn bei einem Vertrage des im § 313 des B.G.B. bezeichneten Inhalts einer der Vertragschließenden durch eine öffentliche Behörde vertreten ist, für die Beurkundung auch der Beamte zuständig ist, welcher von dem Vorstande der zur Vertretung berufenen Behörde oder von der vorgesetzten Behörde bestimmt ist, ist von einer Reihe von Bundesstaaten (theils ohne, theils mit Modifikationen) übernommen worden, so von Sachsen, von Oldenburg A.G. § 2, von Bremen, Ges. v. 20. Dezbr. 1899, von Hamburg A.G. § 11.

Artikel 143.

E. d. E.G. II Art. 100, 116; III Art. 143. P. II S. 3632 ff., 8884, 9268 (Bd. 3 S. 173 ff.; Bd. 6 S. 425, 650). K.B. S. 1999.

Der Art. 143 enthält zwei Vorbehalte in Ansehung der Form der Auflassung.

Einigung der Parteien in den Fällen der §§. 925, 1015 des Bürgerlichen Gesetzbuchs außer vor dem Grundbuchamt auch vor Gericht, vor einem Notar, vor einer anderen Behörde oder vor einem anderen Beamten erklärt werden kann.

Unberührt bleiben die landesgesetzlichen Vorschriften, nach welchen es bei der Auflassung eines Grundstücks der gleichzeitigen Anwesenheit beider Theile nicht bedarf, wenn das Grundstück durch ein Gericht oder einen Notar versteigert worden ist und die Auflassung noch in dem Versteigerungstermine stattfindet.

---

1. Nach dem Abs. 1 kann die Landesgesetzgebung bestimmen, daß die Auflassung (§ 925 des B.G.B.) sowie die zur Begründung (§ 1015) und die zur Uebertragung (§ 1017 mit § 925) eines Erbbaurechts erforderliche Einigung der Betheiligten nicht nur vor dem Grundbuchamte, wie in den §§ 925, 1015 vorgeschrieben ist, sondern auch vor Gericht, vor einem Notare, vor einer anderen Behörde oder vor einem anderen Beamten erklärt werden kann. Die Zuständigkeit des Grundbuchamts kann landesgesetzlich nicht ausgeschlossen werden. Da die Auflassung nur bei gleichzeitiger Anwesenheit beider Theile erklärt werden kann, so wirft sich, wenn die Landesgesetzgebung von dem Vorbehalte des Art. 143 Gebrauch macht und die Parteien sich gegenseitig zur Auflassung verpflichtet sind, die Frage auf, welche Bedeutung es hat, wenn der eine Theil die Auflassungserklärung nur vor dem Grundbuchamte, der andere nur vor der landesgesetzlich zugelassenen anderen Behörde oder einem Notar oder einem Beamten abgeben will. Die Landesgesetzgebung kann diese Frage in dem Sinne beantworten, daß jede Partei die Erklärungsabgabe nur vor dem Grundbuchamte verlangen kann. Wenn aber die Landesgesetzgebung hierüber schweigt, so wird davon auszugehen sein, daß, weil die Zuständigkeit des Grundbuchamts landesrechtlich nicht ausgeschlossen werden kann, der zur Abgabe einer Erklärung nach den §§ 925, 1015 Verpflichtete seiner Verpflichtung nachkommt, wenn er sich bereit erklärt, vor dem Grundbuchamte die Erklärung abzugeben, er also nicht gezwungen werden kann, die Erklärung vor einem Beamten oder einer anderen Behörde abzugeben, während er durch die Abgabe vor einer anderen Behörde, einem Beamten oder einem Notare seiner Verpflichtung genügt. Die Verurtheilung des Verpflichteten zur Abgabe der Erklärung (C.P.O. §§ 894, 895) wird deshalb alternativ beantragt werden müssen. Ueber die Frage, ob und in welcher Art die Vorschrift der C.P.O. § 894 auf ein in dieser Art ergehendes Urtheil Anwendung findet, s. Bd. III Erl. 2b zu § 925. Der Vorbehalt des Abs. 1 ermöglicht z. B., das Nachlaßgericht für zuständig zu erklären, die erforderlichen Auflassungserklärungen in dem Falle entgegen zu nehmen, daß ein zu dem Nachlaß oder zu dem Gesammtgut einer ehelichen oder einer fortgesetzten Gütergemeinschaft gehörendes Grundstück oder Erbbaurecht auf einen von mehreren Erben als Eigenthümer oder Erbbauberechtigten übertragen werden soll. Im Zusammenhange hiermit gewährt § 99 der G.B.O. mit den §§ 37, 38 das. der Landesgesetzgebung die Befugniß vorzuschreiben, daß zum Nachweise der Erbfolge und der Auflassungserklärung ein Zeugniß des Nachlaßgerichts genügt.

2. Der Abs. 2 gestattet von dem Erfordernisse der gleichzeitigen Anwesenheit der Betheiligten bei der Auflassung für den Fall eine Ausnahme zu machen, daß das Grundstück durch einen Notar oder ein Gericht versteigert worden ist und die Auflassung noch im Versteigerungstermine stattfindet. Der Grund für diesen Vorbehalt liegt darin, daß es bei Versteigerungen in manchen Gegenden üblich ist, eine Reihe von Grundstücken auf einmal zur Versteigerung zu bringen und daß es dabei nicht gebräuchlich ist, die Auflassung sofort nach der Versteigerung einer jeden Parzelle zu erledigen, sondern der Bieter, wenn festgestellt ist, daß er Höchststeigerer ist, seine Auflassungserklärung abgiebt und sich entfernt. Seinem Wortlaute nach ist der Vorbehalt auf den Fall der Versteigerung durch ein Gericht oder einen Notar beschränkt, die vorbehaltene Vorschrift kann also nicht für den Fall gegeben werden, daß zur Auflassung eine andere Behörde oder ein anderer Beamter zuständig ist. Auch gilt die Bestimmung nur, wenn beide Auflassungserklärungen noch im Versteigerungstermin abgegeben werden; sie findet z. B. keine Anwendung, wenn sich der Veräußerer den Zuschlag für einen späteren Zeitpunkt vorbehält.

3. Selbstverständlich kann sowohl von dem Vorbehalte des Abs. 1 als von dem des Abs. 2 nur in Ansehung der in dem betreffenden Bundesstaate gelegenen Grundstücke Gebrauch gemacht werden.

4. Einschlägige landesgesetzliche Vorschriften:

Zu Abs. 1. Nach dem preuß. A.G. z. B.G.B. Art. 26 kann in Preußen im Geltungsgebiete des rheinischen Rechtes die Auflassung sowie die zur Bestellung oder Uebertragung eines Erbbaurechts erforderliche Einigung außer vor dem Grundbuchamt auch vor einem anderen preußischen Amtsgericht oder preußischen Notar erklärt werden; jeder Theil ist berechtigt, zu verlangen, daß die Auflassung vor dem Grundbuchamt erfolgt. Nach dem bayer. A.G. z. B.G.B.

Artikel 144.

Unberührt bleiben die landesgesetzlichen Vorschriften über die sachliche und örtliche Zuständigkeit der Hinterlegungsstellen. Die Landesgesetze können bestimmen, daß die Anlegung von Mündelgeld nach §. 1808 des Bürgerlichen Gesetzbuchs bei den Hinterlegungsstellen des Bundesstaats nicht stattfindet.

Art. 81 sind die bayerischen Notare neben dem Grundbuchamte zuständig. Nach dem sächsischen A.G. z. B.G.B. § 13 kann die Auflassung auch vor einem anderen als dem zur Führung des Grundbuchs zuständigen Amtsgericht oder vor einem Notar erklärt werden. Gleiches gilt in Hessen (Notariatsges. Art. 10, A.G. z. G.B.O. Art. 9) und in Elsaß-Lothringen (A.G. z. G.B.O. § 12, A.G. z. B.G.B. § 89). Für Hessen vgl. noch A.G. z. B.G.B. Art 270. Nach dem württemberg. A.G. Art. 34 kann die Auflassung auch vor dem Rathschreiber derjenigen Gemeinde, in deren Bezirke das Grundstück liegt, erklärt werden. In Baden (A.G. z. G.B.O. §§ 6, 7, 15, 16) ist neben dem Grundbuchamt auch der Notar, der Rathschreiber oder ein anderer Gemeindebeamter, bei einem zu einem Nachlaß oder einem Gesammtgute gehörenden Grundstück auch das Nachlaßgericht zuständig. Wegen Mecklenburg s. § 104 der A.V. z. B.G.B.

Zu Abs. 2 vergl. die A.G. z. B.G.B. von Preußen Art. 26 § 2 (für den Geltungsbereich des rheinischen Rechtes), Bayern Art. 82, Hessen Art. 91, ferner die A.G. z. G.B.O. von Baden § 15 und Elsaß-Lothringen § 13. Für letzteres auch A.G. z. B.G.B. §. 90.

Artikel 144.

E. d. E.G. II Art. 117; III Art. 144. P. II S. 687, 719, 720, 723, 8945—8948 (Bd. 1 S. 343, 359, 361; Bd. 6 S. 461—463, 618).

1. Die Hinterlegung von Geld und Werthpapieren wird im B.G.B. zugelassen zum Zwecke der Sicherheitsleistung (B.G.B. § 232) und als Surrogat der Erfüllung einer Verbindlichkeit (B.G.B. §§ 372ff.). Zu dem letztgedachten Zwecke können auch sonstige Urkunden und Kostbarkeiten hinterlegt werden (B.G.B. § 372). Die Hinterlegung zum Zwecke der Erfüllung findet ferner statt in den Fällen der §§ 432, 660, 1077, 1281, 2039, 2114 des B.G.B.; vergl. auch §§ 52, 422, 1142, 1224 daselbst. Nach B.G.B. § 1808 können unter den dort bezeichneten Voraussetzungen Mündelgelder bei einer Hinterlegungsstelle auch verzinslich angelegt werden. Ueber andere Fälle der Hinterlegung s. B.G.B. §§ 489, 691, 1082, 1174, 1217, 1292, 1716, 1814, 1818, 1960, 2116. Die Einrichtung der Hinterlegungsstellen ist Sache der Behördenorganisation und deshalb den Landesgesetzen überlassen (s. Bd. I S. 287 Erl. 2 zu § 232. Bd. II S. 154 Vorbm. zum zweiten Titel des dritten Abschnitts Nr. 2, 3). Eine dem Art. 144 Satz 1 entsprechende Vorschrift war im E. I des B.G.B. § 280 getroffen (M. II S. 92, 97, 104); sie ist von der zweiten Kommission in das E.G. verwiesen.

2. Durch die von der zweiten Kommission beschlossene Hervorhebung der sachlichen Zuständigkeit der Hinterlegungsstellen soll darauf hingewiesen werden, daß die Landesgesetze auch befugt sind, je nach dem Zwecke oder dem Gegenstande der Hinterlegung verschiedene Hinterlegungsstellen zu bestimmen. Die Landesgesetze können insbesondere auch bestimmen, daß in dringenden Fällen die Hinterlegung bei einer anderen als der regelmäßigen Hinterlegungsstelle z. B. bei dem Amtsgerichte statt bei der im Allgemeinen zur Hinterlegung bestimmten Verwaltungsstelle erfolgen könne und daß die betreffende ausnahmsweise zugelassene Stelle darüber zu entscheiden hat, ob die Voraussetzung der Dringlichkeit vorliege.

Aus der Befugniß der Landesgesetzgebung, die örtliche Zuständigkeit der Hinterlegungsstellen zu bestimmen, folgt nicht die Befugniß, die Vorschrift des B.G.B. § 374 Abs. 1 Halbsatz 1, nach welcher die Hinterlegung bei der Hinterlegungsstelle des Leistungsorts zu erfolgen hat, zu ändern; die Landesgesetzgebung kann vielmehr nur bestimmen, welche Hinterlegungsstelle für den Leistungsort örtlich zuständig ist. Auch die Vorschrift des § 374 Abs. 1 Halbsatz 2, nach welcher die Hinterlegung bei einer anderen Hinterlegungsstelle als der des Leistungsorts nicht unwirksam ist, kann auf Grund des Art. 144 von der Landesgesetzgebung nicht geändert werden; diese kann aber dadurch, daß sie die Hinterlegung nur bei der für den Leistungsort örtlich zuständigen Hinterlegungsstelle zuläßt, mittelbar die Möglichkeit für den Schuldner ausschließen, sich durch Hinterlegung bei einer anderen Hinterlegungsstelle zu befreien (M. II S. 97, 98).

3. Die nach § 1808 zugelassene Anlegung von Mündelgeld bei einer Hinterlegungsstelle setzt eine Einrichtung der Hinterlegungsstelle voraus, die nicht in allen Bundesstaaten besteht und deren Herstellung, da eine zweckmäßige Anlegung nach § 1808 auch in

Artikel 145.

Die Landesgesetze können über die Hinterlegung nähere Bestimmungen treffen, insbesondere den Nachweis der Empfangsberechtigung regeln und vorschreiben, daß die hinterlegten Gelder und Werthpapiere gegen die Verpflichtung zur Rückerstattung in das Eigenthum des Fiskus oder der als Hinterlegungsstelle bestimmten Anstalt übergehen, daß der Verkauf der hinterlegten Sachen von Amtswegen angeordnet werden kann sowie daß der Anspruch auf Rückerstattung mit dem Ablauf einer gewissen Zeit oder unter sonstigen Voraussetzungen zu Gunsten des Fiskus oder der Hinterlegungsanstalt erlischt. In den Fällen des §. 382, des §. 1171 Abs. 3 und des §. 1269 Satz 3 des Bürgerlichen Gesetzbuchs muß dem Hinterleger die Rücknahme des hinterlegten Betrags mindestens während eines Jahres von dem Zeitpunkt an gestattet werden, mit welchem das Recht des Gläubigers auf den hinterlegten Betrag erlischt.

Von einer gerichtlichen Anordnung kann die Hinterlegung nicht abhängig gemacht werden.

---

anderer Weise erfolgen kann, den Bundesstaaten nicht zugemuthet werden soll. Der Art. 144 Satz 2 gestattet deshalb den Landesgesetzen, die Anlegung von Mündelgeld bei den Hinterlegungsstellen auszuschließen. Dies ist z. B. in Preußen, Bayern, Sachsen, Württemberg, Baden, Hessen geschehen.

4. Von den in Veranlassung des B.G.B. erlassenen landesgesetzlichen Vorschriften, welche Bestimmungen der im Art. 144 gedachten Art enthalten, sind hervorzuheben das preuß. A.G. zum B.G.B. Art. 84, 85 u. Erlasse v. 17. u. 18. Dezbr. 1899, V. v. 19. Dezbr. 1899, Allg. Verf. v. 26. Dezbr. 1899; das bayer. A.G. z. B.G.B. Art. 167 Nr. XXII; die bayer. Hinterlegungsordnung v. 18. Dezember 1899; das sächsische A.G. z. B.G.B. § 4; das sächsische Ges. v. 15. Juni 1900 §§ 102—118; die sächsische V. v. 16. Juni 1900 §§ 63—70; das württemberg'sche A.G. z. B.G.B. Art. 143—171; das badische A.G. z. B.G.B. Art. 37 und das Ges. v. 7. Juni 1880 in der neuen Fassung v. 30. Juli 1899; das hessische A.G. z. B.G.B. Art. 33, 34 und V. die gerichtlichen Hinterlegungen betreffend v. 19. August 1899; die mecklenburg'sche V. v. 9. April 1899 betreffend das Hinterlegungswesen; das oldenburg'sche A.G. z. B.G.B. §§ 38—42; das Elsaß-Lothringensche Ges. betr. das Hinterlegungswesen v. 1. November 1899; die Hamburg'sche Hinterlegungsordnung v. 14. Juli 1899; die Bremen'sche Hinterlegungsordnung v. 18. Juli 1899; die Lübeck'sche Hinterlegungsordnung v. 7. Novbr. 1899.

5. Vergl. Ges. über die Konsulargerichtsbarkeit v. 7. April 1900 § 39.

Artikel 145.

E. d. E.G. II Art. 118; III Art. 145. P. II S. 687, 697, 719—723, 8432, 8945—8949 Bd. 1 S. 343, 359—361; Bd. 6 S. 165, 461—463, 618). K.B. S. 2114. St.B. S. 3035, 3097.

1. Ein dem Art. 145 entsprechender Vorbehalt sollte nach dem E. I in dem B.G.B. selbst getroffen worden (E. I §§ 273 Abs. 2, 280 Abs. 3). Von der zweiten Kommission ist die Bestimmung in etwas veränderter Gestalt in das E.G. verwiesen.

2. Wegen des Zusammenhanges, in welchem die für die Hinterlegung (s. Erl. 1 zu Art. 144) geltenden näheren Bestimmungen mit der Organisation der Hinterlegungsstellen stehen, sind diese Bestimmungen der Landesgesetzgebung überlassen. Von selbst versteht sich, daß die von der Landesgesetzgebung erlassenen Bestimmungen mit den Vorschriften des B.G.B. nicht im Widerspruche stehen dürfen (s. Bd. II S. 154 Vorbm. zum zweiten Titel des dritten Abschnitts Nr. 3, 4). Vorschriften der fraglichen Art sind in den Hinterlegungsordnungen der meisten Bundesstaaten getroffen. Es handelt sich dabei nicht um das Verhältniß zwischen dem Schuldner und dem Gläubiger, sondern um das Verhältniß zwischen diesen und der Hinterlegungsstelle. Dieses bestimmt sich im Allgemeinen nach den Vorschriften des B.G.B. über die Verwahrung (§§ 688 ff.; vergl. auch § 278). Soweit es sich dabei aber um dispositive Vorschriften handelt, können diese auf Grund des Vorbehalts des Art. 145 von der Landesgesetzgebung geändert werden. Die Aenderung zwingender Vorschriften dürfte nicht zulässig sein (a. A. wie es scheint Niedner, Erl. 7 zu Art. 145). Die besondere Hervorhebung einzelner Vorschriften beruht theils auf der hervorragend praktischen Bedeutung derselben, theils auf dem Gesichtspunkte, daß bei ihnen Zweifel über die Zulässigkeit entstehen könnten.

3. Wer die Rückgabe der hinterlegten Sache zu fordern berechtigt ist, ergiebt sich aus der Art, in welcher die Hinterlegung erfolgt ist, für die Hinterlegung zum Zwecke der Erfüllung einer Verbindlichkeit insbesondere aus den §§ 372, 373, 376—378, 382 des B.G.B. Ueber den Nachweis der Empfangsberechtigung kann die Landesgesetzgebung aber Vorschriften treffen, insbesondere kann sie bestimmen, daß zum Nachweise der Empfangsberechtigung des Gläubigers eine Erklärung des Schuldners erforderlich und genügend ist. Ueber die für diesen Fall dem Schuldner dem Gläubiger gegenüber obliegende Verpflichtung s. Bd. II S. 161, 162 Erl. zu § 380.

4. Nach B.G.B. § 700 können vertretbare Sachen in der Art hinterlegt werden, daß das Eigenthum auf den Verwahrer übergehen und dieser verpflichtet sein soll, Sachen von gleicher Art, Güte und Menge zurückzugewähren. Die Landesgesetze können vorschreiben, daß die Hinterlegung immer als in dieser Art erfolgt anzusehen ist. Ist eine solche Bestimmung landesgesetzlich getroffen, so bedarf es auch bei Werthpapieren der im § 700 Abs. 2 vorgeschriebenen ausdrücklichen Vereinbarung nicht.

5. Nach den Vorschriften über den Verwahrungsvertrag (B.G.B. §§ 688ff.) ist der Verwahrer nicht berechtigt, die hinterlegte Sache zu verkaufen, sofern ihm ein solches Recht nicht durch Vereinbarung zugestanden ist. Die Landesgesetze können bestimmen, daß eine solche Vereinbarung nicht erforderlich ist, das fragliche Recht vielmehr der Hinterlegungsstelle immer oder unter bestimmten Voraussetzungen zusteht. Der durch den Verkauf erzielte Erlös tritt an die Stelle der hinterlegten Sache.

6. Der Anspruch des Hinterlegers unterliegt nach allgemeinen Grundsätzen der Verjährung. Abgesehen hiervon findet ein Erlöschen des Anspruchs durch Ablauf einer bestimmten Frist nicht statt, sofern dies nicht durch besondere Vereinbarung bestimmt ist. Den Landesgesetzen steht indessen auch in dieser Beziehung die Befugniß zu, eine derartige Bestimmung allgemein zu treffen. Statt des Ablaufs einer Frist oder neben derselben können auch andere Voraussetzungen für das Erlöschen des Anspruchs auf Rückerstattung bestimmt werden. Die Fassung der betreffenden Vorschrift des Art. 145, nach welcher die Landesgesetzgebung bestimmen kann „daß der Anspruch auf Rückerstattung mit dem Ablauf einer gewissen Zeit oder unter sonstigen Voraussetzungen zu Gunsten des Fiskus oder der Hinterlegungsanstalt erlischt", ist so allgemein, daß sie sich auf den in dem B.G.B. § 382 bezeichneten Fall mit zu beziehen scheint. Die Landesgesetzgebung würde hiernach also auch zu der Bestimmung befugt sein, daß bei einer auf Grund des § 382 erfolgten Hinterlegung der Anspruch des Gläubigers auf den hinterlegten Betrag schon vor dem Ablaufe der in dem § 382 für das Erlöschen dieses Anspruchs bestimmten Frist von dreißig Jahren erlöschen soll. Dies ist indessen, wie sich aus P. II S. 8948, 8949 (Bd. 6 S. 463) ergiebt, nicht beabsichtigt gewesen; vielmehr ist die zweite Kommission davon ausgegangen, daß durch die Vorschrift des § 382, nach welcher der fragliche Anspruch des Gläubigers nach Ablauf von dreißig Jahren von dem Empfange der Anzeige der Hinterlegung an erlösche, zugleich positiv bestimmt sei, daß der Anspruch bis zum Ablaufe dieser Frist bestehen bleibe und daß diese reichsrechtliche Vorschrift auf Grund des Vorbehalts des Art. 145 durch die Landesgesetzgebung nicht geändert werden könne. Diese Auffassung wird bei der Auslegung des Art. 145 als maßgebend zu betrachten sein. Kann hiernach die Landesgesetzgebung die in dem § 382 bestimmte Frist nicht abkürzen, so dürfte sie doch berechtigt sein, besondere Bestimmungen zu dem Zwecke zu treffen, um die Schwierigkeiten zu beseitigen, welche aus der Bestimmung entstehen, daß die dreißigjährige Frist erst von dem Zeitpunkt an läuft, in welchem der Gläubiger die Anzeige von der Hinterlegung empfangen hat. Die Anzeige ist Sache des Schuldners (B.G.B. § 374 Abs. 2), aber dieser kann nicht dazu gezwungen werden. Soll daher das Recht des Gläubigers auf den hinterlegten Betrag nicht in Folge der Unterlassung der Anzeige durch den Schuldner ewig fortdauern, so wird der Hinterlegungsstelle das Recht eingeräumt werden müssen, diese Anzeige selbst zu bewirken. Einer landesgesetzlichen Vorschrift, durch welche dies bestimmt wird, steht der § 382 Halbsatz 2 nicht entgegen, weil er zu dem Beginne der Frist nur den Empfang der Anzeige überhaupt, nicht den Empfang einer Anzeige des Schuldners erfordert. Hiernach ist das im Bd. II S. 164 Erl. 2 Abs. 3 a. E. zu § 382 Gesagte zu berichtigen. Auf dem hier vertretenen Standpunkte stehen z. B. auch das preuß. A.G. z. B.G.B. Art. 84 §§ 18, 58a und die bayerische Verordnung, das gerichtliche Hinterlegungswesen betreffend, v. 18. Dezember 1899 §§ 22, 33.

Eine zweite Beschränkung des Rechtes der Landesgesetzgebung wird im Abs. 1 Satz 2 des Art. 145 bestimmt. Nach B.G.B. § 382 ist der Schuldner, wenn das Recht des Gläubigers auf den hinterlegten Betrag durch den Ablauf der dreißigjährigen Frist erloschen ist, zur Rücknahme berechtigt. Dieses Recht soll dem Schuldner durch die Landesgesetzgebung nicht verkümmert werden können und deshalb wird in dem gedachten Satz 2 bestimmt, daß dem Hinterleger die Rücknahme des hinterlegten Betrags mindestens während eines Jahres von dem Zeitpunkt an gestattet bleiben müsse, in welchem das Recht des Gläubigers auf den hinterlegten Betrag er-

Artikel 146.

Ist durch Landesgesetz bestimmt, daß die Hinterlegungsstellen auch andere Sachen als Geld, Werthpapiere und sonstige Urkunden sowie Kostbarkeiten anzunehmen haben, so finden auf Schuldverhältnisse, die auf Leistung derartiger Sachen gerichtet sind, die Vorschriften der §§. 372 bis 382 des Bürgerlichen Gesetzbuchs Anwendung.

---

loschen sei. In ähnlicher Weise wie im § 382 wird in den §§ 1171 Abs. 3, 1269 Satz 3 dem Hinterleger das Recht eingeräumt, den hinterlegten Betrag, nachdem das Recht des Gläubigers darauf durch den Ablauf von dreißig Jahren nach der Erlassung des Ausschlußurtheils erloschen ist, zurückzunehmen. Auch dieses Recht des Hinterlegers sollen die Landesgesetze nicht verkümmern können, und ihr Recht wird deshalb dahin beschränkt, daß das Recht des Hinterlegers auf den hinterlegten Betrag mindestens noch ein Jahr nach dem Erlöschen des Rechtes des Gläubigers bestehen bleiben muß. Die gleiche Beschränkung ergiebt sich für die analogen Fälle des § 142 Zw.V.G. aus § 2 Abs. 1 Satz 1 des E.G. hierzu.

7. Der Abs. 2 enthält eine weitere Beschränkung des im Abs. 1 bestimmten Rechtes der Landesgesetzgebung, nähere Bestimmungen über die Hinterlegung zu treffen. Das Recht des Schuldners oder des sonst zur Hinterlegung Berechtigten soll nicht dadurch verkümmert werden können, daß die Hinterlegung von einer gerichtlichen Anordnung abhängig gemacht wird (s. Bd. II S. 154 Vorbm. zum zweiten Titel des dritten Abschnitts Nr. 4). Der Abs. 2 bezieht sich übrigens nicht nur auf die Hinterlegung zum Zwecke der Befreiung von einer Schuld, sondern auf alle Fälle der Hinterlegung, für welche diese nicht reichsrechtlich von der Anordnung durch eine Behörde abhängig gemacht ist; s. B.G.B. §§ 489, 1716, 1818.

8. In der R.T.K. war der Antrag gestellt, an einer passenden Stelle folgenden neuen Absatz einzuschalten: „Aufgehoben werden diejenigen Vorschriften, welche den Rechtsweg für die Ansprüche gegen die Hinterlegungsstelle ausschließen oder beschränken."

Begründet wurde dieser Antrag durch die Hinweisung darauf, daß die preuß. Hinterlegungsordnung in Bezug auf die Rückforderung hinterlegter Gelder, den Rechtsweg ausschließe, und daß dies, da es sich dabei um einen lediglich privatrechtlichen Anspruch handele, ungehörig und nicht zu rechtfertigen sei. Der Antrag wurde von den Regierungsvertretern, obwohl sie anerkannten, daß diese Beschränkung des Rechtswegs prinzipiell nicht begründet sei, durch die Hinweisung darauf bekämpft, daß die fragliche Bestimmung dem nur unter großen Schwierigkeiten bei Emanation des Gerichtsverfassungsgesetzes v. 1877 im § 13 desselben zu Stande gekommenen staatsrechtlichen Kompromisse zwischen der Reichsgesetzgebung und der Landesgesetzgebung entspreche. Der Antrag wurde darauf zurückgezogen. Die bei der Berathung von einzelnen Mitgliedern geäußerte Ansicht, daß die Folge der reichsrechtlichen Regelung der Hinterlegung mit dem Inkrafttreten des B.G.B. die preußische Vorschrift hinfällig werde, dürfte sich nicht rechtfertigen lassen. Die von anderen Mitgliedern als nothwendig bezeichnete Aenderung des § 13 des G.V.G. ist nicht erfolgt. Es verbleibt daher in dieser Beziehung bei dem bisherigen Rechtszustande.

9. Ueber die in Veranlassung des B.G.B. erlassenen landesgesetzlichen Vorschriften s. Erl. 4 zu Art. 144.

Artikel 146.

E. d. E.G. II Art. 119; III Art. 146. P. II S. 688, 689, 714—718, 719—721, 723, 8945—8947, 8949 (Bd. 1 S. 343, 344, 356—361; Bd. 6 S. 461—463, 618—620). R.B. S. 2114. St.B. S. 3035, 3097.

1. Nach § 372 des B.G.B. sind nur Geld, Werthpapiere und sonstige Urkunden sowie Kostbarkeiten zur Hinterlegung von Seiten des Schuldners geeignet. Für andere bewegliche Sachen tritt an die Stelle des Rechtes der Hinterlegung nach Maßgabe der §§ 383 ff. des B.G.B. das Recht, die Sache zu versteigern und den Erlös zu hinterlegen. Die Beschränkung der Hinterlegung auf die im § 372 bestimmten Sachen beruht auf dem Grunde, daß den einzelnen Bundesstaaten nicht zugemuthet werden könne, die Hinterlegungsstelle so einzurichten, daß sie auch für die Hinterlegung anderer als der im § 372 bezeichneten Sachen geeignet seien. Einer Ausdehnung der Hinterlegung auf andere Sachen steht vom rechtlichen Standpunkt aus kein Bedenken entgegen. Im E. I des B.G.B. § 280 Abs. 2 war daher den Landesgesetzen gestattet, zu bestimmen, daß die Hinterlegungsstellen auch noch andere Sachen als Geld und Werthpapiere anzunehmen haben, und daß auf die Schuldverhältnisse, bei welchen

Artikel 147.

Unberührt bleiben die landesgesetzlichen Vorschriften, nach welchen für die dem Vormundschaftsgericht oder dem Nachlaßgericht obliegenden Verrichtungen andere als gerichtliche Behörden zuständig sind.

Sind durch Landesgesetz die Verrichtungen des Nachlaßgerichts einer anderen Behörde als einem Gericht übertragen, so ist für die Abnahme des im §. 2006 des Bürgerlichen Gesetzbuchs vorgeschriebenen Offenbarungseids das Amtsgericht zuständig, in dessen Bezirke die Nachlaßbehörde ihren Sitz hat.

---

der Leistungsgegenstand in solchen anderen Sachen besteht, die Vorschrift des § 272 (jetzt § 372) Anwendung findet. Von der zweiten Kommission ist diese Vorschrift in das E.G. verwiesen und insofern geändert, als die Zulässigkeit einer Bestimmung, nach welcher die Hinterlegungsstellen auch andere als die im B.G.B. § 372 bezeichneten Sachen anzunehmen haben, als selbstverständlich angesehen und deshalb nur bestimmt wird, daß wenn die Landesgesetze die Hinterlegung anderer Sachen zulassen, auf Schuldverhältnisse, die auf die Leistung solcher Sachen gerichtet sind, die Vorschriften des B.G.B. §§ 372—382 Anwendung finden. Kraft Reichsrechts wird also ein solches Schuldverhältniß, sobald die Landesgesetze die Hinterlegungsstelle zu der Annahme von Sachen, auf welche das Schuldverhältniß geht, ermächtigen, den Vorschriften des B.G.B. §§ 372—382 über die Hinterlegung unterworfen und die Landesgesetzgebung ist weder berechtigt, die Voraussetzungen der Zulässigkeit der Hinterlegung noch deren Wirkungen für ein solches Schuldverhältniß abweichend von dem B.G.B. zu bestimmen. Die Vorschriften der Art. 144, 145 finden indessen auch auf die Hinterlegung solcher anderer Sachen Anwendung. Selbstverständlich wird durch den Art. 146 eine Hinterlegung nicht berührt, welche nicht zu dem Zwecke der Erfüllung einer Verbindlichkeit erfolgt.

2. In dem preuß. A.G. zum B.G.B. Art. 84 XX § 89 ist ausdrücklich bestimmt, daß andere als die im B.G.B. § 372 bezeichneten Sachen zur Hinterlegung nicht geeignet sind. Auf demselben Standpunkte stehen, soviel ersichtlich, die A.G. der übrigen Staaten.

Artikel 147.

E. d. E.G. I Art. 91 Abs. 1, 4, 5; II Art. 120; III Art. 147. P. I S. 12973—12978; M. d. E.G. S. 232—234. P. II S. 7914, 7916, 8933—8936, 8938—8944, 8949, 8950 (Bd. 5 S. 757, 758; Bd. 6 S. 454, 455, 457—461, 463, 464).

1. Das B.G.B. enthält eine große Zahl von Vorschriften, durch welche bestimmt wird, daß dem Vormundschaftsgericht in gewissen Angelegenheiten die Entscheidung, die Aufsicht oder eine Mitwirkung zustehe. Eine solche Zuständigkeit des Vormundschaftsgerichts ist insbesondere begründet bei der Volljährigkeitserklärung, bei der elterlichen Gewalt, der Vormundschaft und in einzelnen Beziehungen bei dem Rechtsverhältniß unter Ehegatten (s. z. B. die §§ 3, 1308, 1314, 1357 Abs. 2, 1358, 1402, 1447, 1451, 1612, 1629, 1635—1637, 1640, 1665—1673, 1677, 1685, 1687, 1693; und aus dem die Vormundschaft betreffenden dritten Abschnitte des vierten Buches insbesondere §§ 1773—1908). Nach freiw. G.G. § 35 sind für die dem Vormundschaftsgericht obliegenden Verrichtungen die Amtsgerichte zuständig. Daneben enthält das freiw. G.G. noch eine Reihe anderer sich auf die Thätigkeit des Vormundschaftsgerichts beziehender Vorschriften (s. z. B. freiw. G.G. §§ 48—50, 54). Durch den Art. 147 wird nun der Landesgesetzgebung gestattet, die Verrichtungen des Vormundschaftsgerichts einer anderen Behörde als einem Gerichte zu übertragen. Nach freiw. G.G. § 189 gilt ein dem Art. 147 entsprechender Vorbehalt auch für die das Vormundschaftsgericht betreffenden Vorschriften des freiw. G.G.

Was unter einer Behörde zu verstehen ist, bestimmt sich nach den Landesgesetzen. In Betracht kommen hauptsächlich die Gemeindebehörden, denen z. B. in Württemberg von Alters her die Verrichtungen des Vormundschaftsgerichts im großen Umfang oblagen. Auch die Uebertragung dieser Vorschriften an Notare ist zulässig, wenn diese nach den Landesgesetzen als Behörden zu betrachten sind.

Die Befugniß der Landesgesetzgebung beschränkt sich darauf, andere als gerichtliche Behörden für die dem Vormundschaftsgericht obliegenden Verrichtungen für zuständig zu erklären. In der zweiten Kommission war ein Antrag gestellt, den Vorbehalt dahin zu erweitern, daß auch ein dem Vormundschaftsgericht im Instanzenzuge vorgesetztes Gericht für zuständig erklärt werden könne. Gegen den Antrag wurde von mehreren Seiten eingewendet, daß aus der Befugniß der Landesgesetzgebung, andere als gerichtliche Behörden für zuständig zu erklären,

Artikel 148.

Die Landesgesetze können die Zuständigkeit des Nachlaßgerichts zur Aufnahme des Inventars ausschließen.

---

auch die weniger weitgehende Befugniß zu folgern sei, ein dem Vormundschaftsgerichte vorgesetztes Gericht für zuständig zu erklären. Der Antrag ist dann zurückgezogen (P. II S. 8949, 8950 Bd. 6 S. 463, 464). Die hiernach in der Kommission vertretene Ansicht über die Tragweite des Vorbehalts dürfte nicht richtig sein. Die Befugniß, ein anderes Gericht als das gesetzlich bestimmte für zuständig zu erklären, ist nicht ein minus der Befugniß, eine andere als eine gerichtliche Behörde für zuständig zu erklären, sondern etwas ganz Anderes. Das B.G.B. enthielt noch gar keine Vorschrift darüber, welches Gericht als Vormundschaftsgericht zuständig sein solle. Zu einem Vorbehalt in dieser Richtung lag daher gar keine Veranlassung vor. Erst durch das freiw. G.G. ist bestimmt, daß als Vormundschaftsgericht das Amtsgericht zuständig sei. Einen Vorbehalt, durch welchen die Landesgesetzgebung ermächtigt würde, an Stelle des Amtsgerichts ein anderes Gericht für zuständig zu erklären, enthält das freiw. G.G. nicht; der § 189 beschränkt sich vielmehr darauf, die Vorbehalte des E.G. auf das freiw. G.G. auszudehnen. Die Landesgesetzgebung wird hiernach z. B. zwar befugt sein, für die Volljährigkeitserklärung das Justizministerium für zuständig zu erklären, nicht aber das Landgericht.

2. Verrichtungen verschiedener Art werden durch das B.G.B. dem Nachlaßgericht übertragen (s. insbesondere §§ 1342, 1507, 1597, 1945, 1955, 1960—1962, 1965, 1966, 1981—1988, 1994—2013, 2081, 2202, 2353—2370). Nach freiw. G.G. § 72 sind für die Verrichtungen des Nachlaßgerichts die Amtsgerichte zuständig. Andere die Thätigkeit des Nachlaßgerichts betreffende Vorschriften enthält das freiw. G.G. §§ 83, 86ff. Nach Art. 147 und der entsprechenden Vorschrift des freiw. G.G. § 189 können die Verrichtungen des Nachlaßgerichts ebenso wie die des Vormundschaftsgerichts anderen Behörden als den Gerichten übertragen werden. In Betreff der Tragweite des Vorbehalts gilt dasselbe wie unter Nr. 1.

3. Der Abs. 2 bestimmt eine Beschränkung des im Abs. 1 ausgesprochenen Vorbehalts. Die Abnahme des im § 2006 des B.G.B. vorgeschriebenen Offenbarungseids kann, wenn die Verrichtungen des Nachlaßgerichts einer anderen Behörde als einem Gericht übertragen sind, nicht von dieser Behörde erfolgen; vielmehr ist hierfür nur das Amtsgericht, in dessen Bezirke die Nachlaßbehörde ihren Sitz hat, zuständig.

4. Für die Thätigkeit der Behörden, welchen nach landesgesetzlicher Vorschrift die Verrichtungen des Vormundschaftsgerichts oder des Nachlaßgerichts übertragen sind, gelten die in dieser Beziehung durch das B.G.B. für die Vormundschaftsgerichte und die Nachlaßgerichte gegebenen Vorschriften. In Betreff des Verfahrens trifft dasselbe nach freiw. G.G. § 194 Abs. 1 zu; in einzelnen Beziehungen sind jedoch in dem § 194 Abs. 2–4 und in den §§ 195, 196 besondere Vorschriften gegeben. Besondere neben dem Art. 147 und dem freiw. G.G. § 189 geltende Vorbehalte zu Gunsten der Landesgesetzgebung enthalten die §§ 190, 192 des freiw. G.G. in Betreff des Vorsitzes im Familienrath und der Berechtigung des Nachlaßgerichts, unter gewissen Voraussetzungen von Amtswegen die Auseinandersetzung über einen Nachlaß zu bewirken.

5. Von den in Veranlassung des B.G.B. erlassenen landesgesetzlichen Vorschriften sind zu erwähnen das preuß. A.G. zum freiw. G.G. v. 21. September 1899 Art. 21, 104ff., das bayerische A.G. zum B.G.B. Art. 2, 104—106; die bayerische Notariatsordnung v. 9. Juni 1899 Art. 1, 2; das württembergische A.G. zum B.G.B. Art. 41—70 über das Vormundschaftswesen, Art. 71—73 über das Nachlaßwesen, Art. 125ff. über öffentliche Vermögensverzeichnisse; das badische Rechtspolizeigesetz v. 17. Juni 1899 §§ 16—21, 44—46; das hessische Ges. betr. das Notariat v. 15. März 1899 Art. 11; das hessische A.G. zum freiw. G.G. Art. 47, 49—52; die mecklenburg'sche A.V. zum B.G.B. § 253; das oldenburg'sche A.G. zum freiw. G.G. v. 15. Mai 1899 § 12; das Elsaß-Lothringen'sche A.G. zum freiw. G.G. v. 6. November 1899 §§ 24—27, 28, 30—38; das Hamburg'sche A.G. zum B.G.B. §§ 70—78; das Hamburg'sche Ges. betr. die Vormundschaftsbehörde v. 14. Juli 1899; das Hamburg'sche Ges. betr. das Notariat v. 29. Dezember 1899 § 6 Nr. 2; das Bremen'sche A.G. zum B.G.B. § 63.

Artikel 148.

E. d. E.G. II Art. 121; III Art. 148. P. II S. 8934, 8944 (Bd. 6 S. 454, 461).

1. Die Inventarerrichtung (B.G.B. § 1993) erfolgt durch den Erben selbst unter Zuziehung einer zuständigen Behörde oder eines zuständigen Beamten oder Notars (B.G.B.

Artikel 149.

Unberührt bleiben die landesgesetzlichen Vorschriften, nach welchen bei der Errichtung einer Verfügung von Todeswegen der Richter an Stelle des Gerichtsschreibers oder der zwei Zeugen eine besonders dazu bestellte Urkundsperson zuziehen kann.

Auf die Urkundsperson finden die Vorschriften der §§. 2234 bis 2236 des Bürgerlichen Gesetzbuchs Anwendung.

---

§ 2002). Der Erbe kann aber statt dessen auch die Aufnahme des Inventars durch das Nachlaßgericht selbst beantragen. Durch diesen Antrag wird die Inventarfrist gewahrt. Das Nachlaßgericht hat, wenn der Antrag gestellt wird, entweder das Inventar selbst aufzunehmen oder die Aufnahme einer zuständigen Behörde oder einem zuständigen Beamten oder Notar zu übertragen. Im E. I § 2103 lautet der erste Satz dahin:

„Auf Antrag des Erben hat das Nachlaßgericht das Inventar entweder selbst aufzunehmen, sofern es für die Aufnahme nach den Landesgesetzen zuständig ist oder die zuständige Behörde oder einen zuständigen Beamten mit der Aufnahme zu beauftragen."

Im B.G.B. sind die Worte „sofern es für die Aufnahme nach den Landesgesetzen zuständig ist" weggefallen. An ihre Stelle ist der Vorbehalt des Art. 148 getreten. Hieraus ergiebt sich die Tragweite des Vorbehalts. Die Landesgesetze können bestimmen, daß, wenn der Erbe den im § 2003 bezeichneten Antrag an das Nachlaßgericht stellt, dieses nicht zuständig ist, das Inventar selbst aufzunehmen, sondern die Aufnahme einer zuständigen Behörde oder einem zuständigen Beamten oder Notar zu übertragen hat. Die Landesgesetze können aber nicht das Recht des Erben ausschließen, den fraglichen Antrag an das Nachlaßgericht oder an die auf Grund des Art. 147 landesgesetzlich an dessen Stelle tretende Behörde zu stellen und hierdurch die Inventarfrist zu wahren. Der Vorbehalt des Art. 148 war neben dem des Art. 147 nothwendig, weil durch diese nur die Ersetzung des Nachlaßgerichts durch eine andere Behörde zugelassen wird, während der Art. 148 den Ausschluß einer reichsrechtlich bestimmten Zuständigkeit des Nachlaßgerichts und zwar auch für den Fall zuläßt, daß landesgesetzlich die Verrichtungen des Nachlaßgerichts nicht einer anderen Behörde übertragen sind. (Mit Unrecht beziehtNiedner den Vorbehalt des Art. 148 auf § 200 des B.G.B.)

2. Wegen der in Veranlassung des B.G.B. erlassenen landesgesetzlichen Vorschriften s. Erl. 5 zu Art. 147 (vergl. auch das bayerische A.G. zum B.G.B. Art. 167 I Abs. 3).

Artikel 149.

E. d. E.G. II Art. 122; III Art. 149. P. II S. 7176—7178, 8928, 8929 (Bd. 2 S. 330—332; Bd. 6 S. 450, 451). K.B. S. 2114. St.B. S. 3035.

1. Nach B.G.B. §§ 2233, 2276 muß der Richter zu der Errichtung eines Testaments oder Erbvertrags einen Gerichtsschreiber oder zwei Zeugen zuziehen. Mit Rücksicht auf die in einzelnen Staaten z. B. in Sachsen bestehenden Einrichtungen gestattet der Art. 149 der Landesgesetzgebung die Vorschrift, daß der Richter statt des Gerichtsschreibers oder der zwei Zeugen eine besonders bestellte Urkundsperson zuziehen kann. Nach Abs. 2 finden auf die Urkundsperson die Vorschriften des B.G.B. §§ 2234—2236 Anwendung. Die Urkundsperson kann also bei der Errichtung nicht mitwirken, wenn sie zu dem Erblasser oder zu dem Richter in einem Verhältnisse der im § 2234 bezeichneten Art steht oder wenn sie in der betreffenden Verfügung von Todeswegen bedacht wird oder zu dem Bedachten in einem Verhältnisse der im § 2234 bezeichneten Art steht. Ein Verstoß gegen die erstgedachten Vorschriften begründet die Nichtigkeit des ganzen Testaments oder Erbvertrags, ein Verstoß gegen die letztgedachte Vorschrift die Nichtigkeit der Zuwendung an den Bedachten. Die für Zeugen in dem § 2237 gegebenen Sollvorschriften finden auf die Urkundsperson keine Anwendung.

Ueber die Art und Weise, in welcher die Bestellung der Urkundsperson erfolgt, und über die Voraussetzungen einer gültigen Bestellung sowie über die sonstigen hierbei zu beachtenden Vorschriften entscheidet die Landesgesetzgebung. Nicht erforderlich ist eine dauernde Anstellung. Die Bestellung kann auch für einen einzelnen Fall erfolgen; nothwendig ist nur eine besondere Bestellung. Von wem diese zu erfolgen hat bestimmt die Landesgesetzgebung. Daß die Urkundsperson während der ganzen Verhandlung zugegen sein muß, ergiebt sich aus B.G.B. § 2239.

2. Vergl. das sächsische A.G. zum B.G.B. § 46.

Artikel 150.

Unberührt bleiben die landesgesetzlichen Vorschriften, nach welchen im Falle des §. 2249 des Bürgerlichen Gesetzbuchs an Stelle des Vorstehers oder neben dem Vorsteher eine andere amtlich bestellte Person zuständig ist.

Artikel 151.

Durch die Vorschriften der §§. 2234 bis 2245, 2276 des Bürgerlichen Gesetzbuchs und des Artikel 149 dieses Gesetzes werden die allgemeinen Vorschriften der Landesgesetze über die Errichtung gerichtlicher oder notarieller Urkunden

---

Artikel 150.

E. d. E.G. II Art. 123; III Art. 150. P. II S. 7196, 7198, 8929, 8930 (Bd. 5 S. 343, 344; Bd. 6 S. 451).

1. Nach B.G.B. § 2249 kann, wenn zu besorgen steht, daß der Erblasser früher sterben werde als die Errichtung eines Testaments vor einem Richter oder vor einem Notar möglich ist, das Testament vor dem Vorsteher der Gemeinde, in welcher er sich aufhält, oder falls er sich in dem Bereich eines durch Landesgesetz einer Gemeinde gleichgestellten Verbandes oder Gutsbezirkes aufhält, vor dem Vorsteher dieses Verbandes oder Bezirkes errichtet werden. Der Art. 150 gestattet der Landesgesetzgebung vorzuschreiben, daß an die Stelle des Vorstehers oder neben demselben eine andere amtlich bestellte Person zuständig ist. Der Vorbehalt war von der zweiten Kommission mit Rücksicht auf die in Hessen und Sachsen bestehenden Einrichtungen nur in beschränkterer Art nämlich dahin beschlossen, daß die Errichtung des Testaments auch vor einem zur Vornahme von Akten der freiwilligen Gerichtsbarkeit für die Gemeinde bestellten Beamten erfolgen könne. Die jetzige allgemeinere Fassung beruht auf dem Beschlusse des Bundesraths. Die Landesgesetzgebung kann hiernach allgemein bestimmen, daß an Stelle des Vorstehers oder neben demselben irgend eine andere amtlich bestellte Person zuständig sein soll. Nur die amtliche Bestellung ist also erforderlich. Von wem und in welcher Art diese zu erfolgen hat, bestimmt die Landesgesetzgebung. Diese kann also insbesondere auch bestimmen, daß der Pfarrer der betreffenden Gemeinde amtlich bestellt werden könne. Von praktischer Bedeutung ist dies, wie in der Begründung zum preuß. A.G. ausgeführt wird, namentlich für die nordfriesischen und ostfriesischen Inseln, in denen bisweilen der Vorsteher die für die Aufnahme des Testaments erforderlichen Eigenschaften nicht in genügendem Maße besitzt.

2. Nach B.G.B. § 2250 kann derjenige, welcher sich an einem Orte aufhält, der in Folge des Ausbruchs einer Krankheit oder in Folge sonstiger außerordentlicher Umstände dergestalt abgesperrt ist, daß die Errichtung eines Testaments vor einem Richter oder vor einem Notar nicht möglich oder doch erheblich erschwert ist, ein Testament in der durch den § 2249 Abs. 1 des B.G.B. vorgeschriebenen Form errichten. Obwohl nun der Art. 150 die dort bezeichnete Befugniß den Landesgesetzen nur im Falle des § 2249 ertheilt, so wird doch, wenn von dieser Befugniß Gebrauch gemacht wird, auch im Falle des § 2250 das Testament vor der an Stelle des Vorstehers oder neben demselben amtlich bestellten Person errichtet werden können; denn durch die Errichtung vor dieser wird in dem vorausgesetzten Falle die [in dem § 2249 vorgeschriebene Form beobachtet.

3. Von den in Veranlassung des B.G.B. erlassenen landesgesetzlichen Vorschriften sind zu erwähnen das preuß. A.G. zum B.G.B. Art. 80; das sächsische A.G. zum B.G.B. § 47; das badische Rechtspolizeigesetz v. 17. Juni 1899 §§ 38, 39; das hessische A.G. zum freiw. G.G. v. 18. Juli 1899 Art. 130; das oldenburg'sche A.G. zum B.G.B. § 35; das lübeck'sche A.G. zum B.G.B. § 149. Vgl. auch preuß. Allg. Verf. v. 7. Juli 1900.

Artikel 151.

E. I § 1924. E. d. E.G. II Art. 124; III Art. 151. P. I S. 9763—9767, 9827—9831, 12250; M. V S. 280, 281. P. II S. 7195, 8939, 8940 (Bd. 5 S. 342; Bd. 6 S. 458). K.B. S. 2114, 2115. St.B. S. 3035, 3097.

1. Die in dem Art. 151 angeführten §§ 2234—2245, 2276 des B.G.B enthalten die Vorschriften über die Errichtung eines Testaments oder eines Erbvertrags vor einem Richter oder

nicht berührt. Ein Verstoß gegen eine solche Vorschrift ist, unbeschadet der Vorschriften über die Folgen des Mangels der sachlichen Zuständigkeit, ohne Einfluß auf die Gültigkeit der Verfügung von Todeswegen.

Artikel 152.

Unberührt bleiben die landesgesetzlichen Vorschriften, welche für die nicht nach den Vorschriften der Civilprozeßordnung zu erledigenden Rechtsstreitigkeiten die Vorgänge bestimmen, mit denen die nach den Vorschriften des Bürgerlichen Gesetzbuchs an die Klagerhebung und an die Rechtshängigkeit geknüpften Wirkungen eintreten. Soweit solche Vorschriften fehlen, finden die Vorschriften der Civilprozeßordnung entsprechende Anwendung.

---

vor einem Notar. Der Art. 149 des E.G. gestattet den Landesgesetzen die dort bestimmte Modifikation. Abgesehen hiervon **können die Landesgesetze die erwähnten Vorschriften des B.G.B. nicht ändern.** In den meisten Bundesstaaten bestehen indessen allgemeine Vorschriften über die Errichtung gerichtlicher oder notarieller Urkunden. Insbesondere bestehen häufig Vorschriften über das bei der Aufnahme solcher Urkunden zu beobachtende Verfahren, z. B. über Durchstreichungen, Rasuren 2c., ferner darüber, in welcher Art der Richter oder Notar die Indentität und die Geschäftsfähigkeit der vor ihm erscheinenden Personen feststellen soll. **Alle Vorschriften solcher Art sollen nach Art. 151 neben den gedachten Vorschriften des B.G.B. über die Form der Verfügung von Todeswegen bestehen bleiben und neu getroffen werden können.** Ihre Nichtbeobachtung soll aber abgesehen von den Vorschriften über die sachliche Zuständigkeit ohne Einfluß auf die Gültigkeit der Verfügung von Todeswegen sein; diese bestimmt sich vielmehr ausschließlich nach den Vorschriften des B.G.B. und nach den landesgesetzlichen Vorschriften über die Zuständigkeit der Gerichte und Notare. In letzterer Beziehung kommen hauptsächlich landesgesetzliche Vorschriften in Betracht, durch welche auf Grund des Art. 141 des E.G. bestimmt wird, daß nur die Gerichte oder nur die Notare zuständig seien. Wo verschiedene Arten von Notaren bestehen, können die Landesgesetze auch bestimmen, daß nur die Notare einer bestimmten Kategorie für die Errichtung einer Verfügung von Todeswegen zuständig seien. Als sachlich zuständige Gerichte werden durch das freiw. G.G. § 167 die Amtsgerichte bestimmt. Die in dem freiw. G.G. §§ 169—182 gegebenen Vorschriften über die Errichtung gerichtlicher und notarieller Urkunden gelten nach § 168 nur unbeschadet der Vorschriften des B.G.B. über die Errichtung von Testamenten und Erbverträgen. Einen, dem Art. 151 entsprechenden Vorbehalt zu Gunsten der Landesgesetze enthält das freiw. G.G. § 200 Abs. 2, während der Abs. 1 noch darüber hinaus den Landesgesetzen Vorschriften zur Ergänzung und Ausführung des freiw. G.G. gestattet. Von der Beobachtung der Vorschriften über die örtliche Zuständigkeit der Gerichte oder Notare können die Landesgesetze die Gültigkeit einer Verfügung von Todeswegen nicht abhängig machen.

2. Von den in Veranlassung des B.G.B. erlassenen landesgesetzlichen Vorschriften sind zu erwähnen das preuß. Gesetz über die freiw. G. v. 21. September 1899 Art. 40—52, 63—65; das bayerische Notariatsgesetz v. 9. Juni 1899 Art. 24—47; das sächsische Ges. v. 15. Juni 1900 §§ 46—69, B. v. 16. Juni 1900 §§ 7—30; das württembergische A.G. zum B.G.B. Art. 105—118; das badische Rechtspolizeigesetz v. 17. Juni 1899 §§ 56—68; die badische B. v. 11. November 1899 §§ 57—70; das hessische A.G. zum freiw. G.G. v. 18. Juli 1899 Art. 74—80; das Elsaß-Lothringen'sche A.G. zum freiw. G.G. v. 6. November 1899 §§ 44—65.

Artikel 152.

E. d. E.G. I Art. 52; II Art. 125; III Art. 152. P. I S. 12982—12987; M. d. E.G. S. 178, 179. P. II S. 8855 (Bd. 6 S. 408).

1. Das B.G.B. knüpft wichtige privatrechtliche Wirkungen an die Klagerhebung und an die Rechtshängigkeit (s. z. B. §§ 209, 291, 292, 818 Abs. 4, 941, 981, 989, 1002, 2033). Die prozessualischen Vorgänge, welche hiermit gemeint sind, ergeben sich aus der C.P.O., insbesondere aus den §§ 253, 263 (vergl. auch §§ 281, 500, 693). Die Vorschriften der C.P.O. finden aber nicht auf alle Rechtsstreitigkeiten Anwendung, deren Gegenstand Rechtsverhältnisse bilden, die materiell den Vorschriften des B.G.B. unterliegen. Nach § 3 Abs. 1 des E.G. zur C.P.O.

findet die C.P.O. nur auf solche bürgerlichen Rechtsstreitigkeiten Anwendung, welche vor die ordentlichen Gerichte gehören. Nach § 13 des G.V.G. gehören vor die ordentlichen Gerichte nicht solche Rechtsstreitigkeiten, für welche die Zuständigkeit von Verwaltungsbehörden oder Verwaltungsgerichten begründet ist, oder für welche reichsgesetzlich besondere Gerichte bestellt oder zugelassen sind (s. § 14 des G.V.G.). Für das Verfahren in Rechtsstreitigkeiten dieser Art gelten landesrechtliche Vorschriften. Diesen ist der Rechtsakt der Klagerhebung und der Begriff der Rechtshängigkeit mitunter unbekannt. Um die hierdurch entstehende Lücke auszufüllen, überläßt es der Art 152 den Landesgesetzen, die Vorgänge zu bestimmen, mit denen die nach den Vorschriften des B.G.B. an die Klagerhebung und an die Rechtshängigkeit geknüpften Wirkungen eintreten. Soweit solche Vorschriften fehlen, sollen die Vorschriften der C.P.O. entsprechende Andwendung finden. In solchem Falle muß also aus dem Zwecke und dem Zusammenhange der betreffenden landesrechtlichen-Verfahrensvorschriften ermittelt werden, welcher Rechtsakt der Klagerhebung gleichzustellen ist und mit welchen anderen Thatsachen etwa noch außerdem die Rechtshängigkeit als eingetreten anzusehen ist. Für die Verjährung wird dieser Grundsatz bereits in dem § 220 des B.G.B. anerkannt (s. Bd. I S. 268 Erl. 2 zu § 220).

2. Der E. I d. E.G. enthielt neben dem dem Art. 152 entsprechenden Art. 52 in Art. 51 noch folgende Vorschrift:

> „Unberührt bleiben die landesgesetzlichen Vorschriften, nach welchen die privatrechtlichen Vorschriften der C.P.O. auf die nicht nach den Vorschriften der C.P.O. zu erledigenden Rechtsstreitigkeiten Anwendung finden."

Diese Vorschrift beruht auf dem Gedanken, daß das materielle Prozeßrecht einen Theil des Privatrechts bilde, und daß daher die landesrechtlichen Vorschriften des materiellen Prozeßrechts nach Art. 32 des E. I d. E.G. (Art. 55 des E.G.) mit dem Inkrafttreten des B.G.B. aufgehoben werden und künftig nicht mehr erlassen werden können, soweit es sich nicht um Materien handele, deren privatrechtliche Regelung der Landesgesetzgebung vorbehalten sei. Hieraus ergebe sich, daß die Zuständigkeit der Landesgesetze für Verfahrensvorschriften für Rechtsstreitigkeiten, auf welche nach § 3 des E.G. zur C.P.O. und nach § 13 des G.V.G. die C.P.O. keine Anwendung findet, sich künftig nicht mehr auf die Vorschriften materiellen Prozeßrechts beziehe, daß daher auch solche landesrechtliche Vorschriften, nach welchen die privatrechtlichen Vorschriften der C.P.O. auf Rechtsstreitigkeiten der fraglichen Art Anwendung finden, wegfallen und nicht mehr erlassen werden können. Diesem Ergebnisse sollte der Art. 51 entgegentreten.

Die zweite Kommission hat den Art. 51 gestrichen, indem sie annahm, daß bei richtiger Auslegung die Rechtsprechung zu dem Ergebnisse gelangen werde, daß der Vorbehalt, welcher der Landesgesetzgebung gestatte, das Verfahren abweichend von der C.P.O. zu regeln, auch die landesgesetzlichen Vorschriften decke, welche Abweichungen von den privatrechtlichen Bestimmungen der C.P.O. enthalten.

3. Vergl. das hessische A.G. zum B.G.B. Art. 21, 22 und das preuß. Ges. v. 18. Febr. 1880 §§ 37–39.

Vierter Abschnitt.
Uebergangsvorschriften.

Vierter Abschnitt.

Windscheid, achte Auflage Bd. 1 §§ 32, 38; Regelsberger Bd. 1 §§ 47, 48; Gierke, deutsches Privatrecht, Bd. 1 §§ 23, 24; H. Goeppert, in Iherings Jahrbüchern für Dogmatik Bd. XXII S. 1 ff.; Pfaff und Hofmann, Exkurse über österr. allgm. bürgerl. Recht Bd. 1 S. 112—350; Habicht, die Einwirkung des bürgerlichen Gesetzbuchs auf zuvor entstandene Rechtsverhältnisse, dritte Auflage; Fuchs, die Uebergangsbestimmungen, in Gruchots Beiträgen Bd. 44 S. 1—64; Lehmann in der Zeitschr. f. d. gesammte Handelsrecht Bd. 48 S. 1 ff.; Crome System des deutsch. bürg. Rechtes Bd. 1 S. 110 ff.; Affolter, das intertemporale Recht (1901 in Lief., rechtsgeschichtlich).

1. Das B.G.B. enthält keinen die zeitlichen Herrschaftsgrenzen der Rechtssätze betreffenden allgemeinen Satz (M. I S. 19—23). Ebensowenig enthält das E.G. einen solchen Rechtssatz in Betreff der zeitlichen Herrschaft des B.G.B.; es giebt nur Vorschriften für einzelne Rechtsverhältnisse, für welche entweder wegen ihrer praktischen Wichtigkeit oder wegen der dabei möglichen Zweifel oder deshalb eine besondere Bestimmung für erforderlich erachtet wurde, weil eine Abweichung von den sich aus allgemeinen Grundsätzen ergebenden Konsequenzen geboten erschien. Soweit das E.G. besondere Vorschriften nicht enthält, ist es die Aufgabe der Wissenschaft, die leitenden Grundsätze festzustellen. Hierbei wird, wie die Motive mit Recht hervorheben, davon auszugehen sein, daß jedes Gesetz selbst darüber zu entscheiden hat, auf welche Verhältnisse es Anwendung finden will. Dies ist, soweit eine ausdrückliche Bestimmung fehlt, durch Auslegung zu ermitteln. Im Zweifel wird anzunehmen sein, daß das Gesetz rückwirkende Kraft nicht haben will. Der Begriff der Rückwirkung wird indessen in der Wissenschaft in verschiedenem Sinne verstanden, die Motive erläutern ihn dahin, daß die abstrakte Gesetzesnorm in der Regel dazu bestimmt sei, diejenigen Thatbestände zu ergreifen und diejenigen Verhältnisse rechtlich auszuprägen, welche während ihrer Geltung sich verwirklichen, und daß der zum Schirmer der Rechtsordnung berufene Staat mit sich selbst in Widerspruch treten würde, wenn er den Versuch machen wollte, den unter dem Schutze staatlicher Gesetze begründeten Rechten und Rechtsverhältnissen ihren Bestand in willkürlicher Weise wieder zu entziehen. Nicht als Rückwirkung stelle sich dar, daß das neue Recht vor bloßen Möglichkeiten oder Erwartungen, welche nach dem früheren Rechte bestanden, sich nicht zurückziehe. Ein Thatbestand, der aus mehreren zeitlich auf einander folgenden einzelnen Thatsachen sich zusammensetze, gehöre dem Rechte der Zeit an, in welchem der Thatbestand sich vollende, vorausgesetzt, daß die während der Geltung des früheren Rechtes eingetretenen Thatsachen nur die Aussicht auf künftigen Rechtserwerb, nicht aber eine diese Aussicht schützende Willensgebundenheit erzeugt haben (M. I S. 21). Diese Grundsätze werden sowohl bei der Auslegung der einzelnen in dem vierten Abschnitte des E.G. enthaltenen Vorschriften, als bei der Beurtheilung derjenigen Verhältnisse maßgebend sein müssen, für welche es an besonderen Vorschriften fehlt. Die praktisch wichtigeren Fälle der letztgedachten Art werden im Anschluß an die von dem E.G. entschiedenen Fragen erörtert werden.

2. Das Verhältniß, in welchem die einzelnen Vorschriften des vierten Abschnitts zu dem unter Nr. 1 dargelegten Prinzipe stehen, ist ein verschiedenes. Einzelne Vorschriften sprechen nur eine Konsequenz jenes Prinzips aus (s. z. B. Art. 158, 170, 184 Satz 1, 200 Abs. 1). Die meisten enthalten Modifikationen des Prinzips; diese sind aber mehr oder weniger weitgehend. Die aus einem vor dem Inkrafttreten des B.G.B. begründeten Rechtsverhältnisse bereits entstandenen konkreten Ansprüche und Verpflichtungen werden regelmäßig als fortbestehend anerkannt. Die Wirkungen des Rechtsverhältnisses für die Zukunft werden aber entweder vollständig (s. z. B. die Art. 155, 173, 177, 180, 199) oder in einzelnen Beziehungen dem neuen Rechte unterworfen. Nur in wenigen Fällen wird eine Rückwirkung des neuen Gesetzes in noch weiterem Umfange nämlich daß einem vor dem Inkrafttreten des B.G.B. eingetretenen Thatbestande, welcher nach dem bisherigen Rechte keine rechtliche Wirkung hatte, unter gewissen Voraussetzungen diejenige rechtliche Wirkung beigelegt wird, welche nach dem B.G.B. mit einem Thatbestande dieser Art verbunden ist (s. z. B. Art. 198 Abs. 2, 215 Abs. 2).

3. Soweit das B.G.B. nach dem E.G. auf Rechtsverhältnisse Anwendung findet, die bereits vor dem 1. Januar 1900 entstanden sind, wird diese Anwendung von einzelnen Ausnahmen

abgesehen (s. z. B. Art. 161 Abs. 1) auch nicht dadurch ausgeschlossen, daß bereits vor dem 1. Januar 1900 ein auf jenes Rechtsverhältniß gegründeter Anspruch rechtshängig geworden ist. Selbst in der Berufungsinstanz kann die Einwirkung des neuen Rechtes auf das betreffende Rechtsverhältniß noch geltend gemacht werden. Dies gilt z. B. für die aus dem persönlichen Rechtsverhältnisse der Ehegatten entspringenden Ansprüche (Art. 199, 201). Nur bei der Revision gegen ein vor dem 1. Januar 1900 ergangenes Urtheil muß lediglich das zur Zeit der Erlassung dieses Urtheils geltende bisherige Recht zu Grunde gelegt werden. Wird aber der Revision aus anderen Gründen stattgegeben und die Sache zur erneuten Verhandlung vor dem Berufungsgerichte verwiesen oder findet eine neue Verhandlung in der Sache selbst vor dem Reichsgerichte statt, so ist bei dieser die inzwischen eingetretene Aenderung des Rechtes zu berücksichtigen. In diesem Sinne hat das Reichsgericht bereits wiederholt erkannt (s. D.J.Z. v. 1900 Nr. 4 S. 95; Nr. 5 S. 117; Entsch. d. R.G. 45 S. 95, 422).

4. **Die Ausdrücke, mit welchen die Uebergangsvorschriften Rechtsverhältnisse bezeichnen**, sind regelmäßig in demselben Sinne zu verstehen, in dem das B.G.B. sie gebraucht, so z. B. Anspruch (Art. 169), Beschränkung nach Bruchtheilen (Art. 173), Besitzverhältniß (Art. 180), Testament, Erbvertrag (Art. 214, 215). Dies gilt auch dann, wenn das bisherige Recht mit dem betreffenden Ausdruck einen anderen Sinn verbindet, wie dies z. B. bei dem Ausdrucke „Besitz" der Fall ist, unter welchem nach dem bisherigen Rechte regelmäßig die Detention nicht mitverstanden wird. Einzelne Fälle, in welchen es zweifelhaft sein kann, ob ein Ausdruck im Sinne des B.G.B. oder im Sinne des älteren Rechtes gebraucht ist (s. z. B. Art. 155), werden bei den betreffenden Artikeln erörtert werden. Wo das E.G. Vorschriften über Rechtsverhältnisse giebt, die dem B.G.B. fremd sind (z. B. über Emanzipirte (Art. 154), über erwählten Wohnsitz (Art. 157), über Verschollenheitserklärung (Art. 161, 162), werden selbstverständlich die Bezeichnungen dieser Rechtsverhältnisse in demjenigen Sinne gebraucht, welchen das bisherige Recht damit verbindet.

5. Bei einem Rechtsverhältnisse kann gleichzeitig die Frage **nach der zeitlichen und nach der örtlichen Herrschaft der Gesetze** entstehen. In solchem Falle ist immer zunächst festzustellen, ob nach den Vorschriften des vierten Abschnitts bezw. den allgemeinen Grundsätzen über die zeitliche Herrschaft der Gesetze das neue Recht oder das bisherige Recht für das Rechtsverhältniß maßgebend ist. Ist das erstere anzunehmen, so bestimmt sich die Frage, ob deutsches oder ausländisches Recht anzuwenden ist, nach den in dem E.G. Art. 7—31 aufgestellten bezw. den aus ihnen abzuleitenden Grundsätzen des internationalen Privatrechts; denn die Bestimmungen hierüber bilden obwohl sie jetzt nicht mehr wie im E. II als sechstes Buch im B.G.B. selbst, sondern im E.G. stehen, doch sachlich einen Theil des mit dem 1. Januar 1900 in Kraft getretenen neuen materiellen Rechtes und können daher nur zur Anwendung kommen, wenn das Rechtsverhältniß diesem Rechte untersteht. Ist das Rechtsverhältniß dagegen nach dem bisherigen Rechte zu beurtheilen, so entscheidet sich die Frage, ob deutsches oder ausländisches Recht Anwendung findet, nach den bisher geltenden international rechtlichen Grundsätzen (s. **Habicht**, S. 39—43, **Zitelmann** in Iherings Jahrb. 45 S. 189, **Niemeyer**, internationales Privatrecht (1901) S. 179, **Diena** in Böhms Zeitschr. für intern. Privat- und Strafr. 10 S. 353 ff., a. A. **Niedner** im „Recht" 1900 S. 250). Nach denselben Grundsätzen ist die Entscheidung im Falle einer Kollision zwischen verschiedenen der bisher in Deutschland geltenden Rechte zu treffen.

6. Die einzelnen im vierten Abschnitte gegebenen Vorschriften sind im Wesentlichen in derselben Reihenfolge gegeben wie sie das B.G.B. befolgt. Die Art. 153—169 betreffen den allgemeinen Theil, die Art. 170—179 das Recht der Schuldverhältnisse, die Art. 180—197 das Sachenrecht, die Art. 198—212 das Familienrecht, die Art. 213—217 das Erbrecht, der Art. 218 endlich bestimmt, daß soweit nach den Bestimmungen des vierten Abschnitts die bisherigen Landesgesetze maßgebend bleiben, sie auch nach dem Inkrafttreten des B.G.B. durch Landesgesetz geändert werden können.

7. Auf Grund des **Vorbehalts des Art. 218** ist die Landesgesetzgebung befugt, die bisherigen Landesgesetze, soweit sie nach den Vorschriften des vierten Abschnitts des E.G. maßgebend bleiben (die Ausdrücke, durch welche dies bestimmt wird, sind in den einzelnen Artikeln verschieden), auch nach dem Inkrafttreten des B.G.B. noch zu ändern (s. Erl. zu Art. 218).

Eine besondere Bedeutung haben die Art. 187, 188, 193—196, indem sie der Landesgesetzgebung die Bestimmung einer Abweichung von Vorschriften das B.G.B. und des E.G. gestatten (s. die Erl. zu jenen Artikeln). Selbstverständlich blieb die Landesgesetzgebung bis zum 1. Januar 1900 berechtigt, ohne Rücksicht auf das B.G.B. Aenderungen der Landesgesetze vorzunehmen. Für die Beurtheilung der am 1. Januar 1900 bestehenden Rechtsverhältnisse und des Einflusses, welchen das B.G.B. darauf hat, ist es gleichgültig, ob die Rechtsverhältnisse auf älteren Landesgesetzen oder auf den erst neuerdings vielleicht mit Rücksicht auf das bevorstehende Inkrafttreten des B.G.B. erlassenen Landesgesetzen beruhen.

Die Landesgesetzgebung hat von dem ihr zustehenden Rechte in ausgedehntem Maße Gebrauch gemacht. Die in den einzelnen Bundesstaaten in Veranlassung des B.G.B. erlassenen Landesgesetze (s. die Uebersicht derselben in den Vorbemerkungen zu diesem Buche) enthalten durchweg mehr oder weniger eingehende Uebergangsvorschriften. Die wichtigeren Bestimmungen werden bei den einzelnen Artikeln erwähnt werden.

Zu Artikel 153—169.

1. Die Art. 153—169 enthalten die Vorschriften, welche sich auf den allgemeinen Theil des B.G.B. beziehen. Die Art. 153—162 handeln von den natürlichen Personen und zwar der Art. 153 von der rechtlichen Stellung eines Volljährigen, der Art. 154 von den nach französischem oder badischem Rechte Emanzipirten oder aus der Gewalt Entlassenen, der Art. 155 von den wegen Geisteskrankheit Entmündigten, der Art. 156 von den wegen Verschwendung Entmündigten sowie von denjenigen, für welche nach französischen oder badischen Gesetzen wegen Verschwendung die Bestellung eines Beistandes angeordnet ist, der Art. 157 von dem erwählten Wohnsitze des französischen oder badischen Rechtes, die Art. 158—160 von der Todeserklärung, die Art. 161, 162 von der nach bisherigem Rechte beantragten und erfolgten Verschollenheitserklärung und vorläufigen oder endgültigen Einweisung des muthmaßlichen Erben in den Besitz oder Genuß des Vermögens, die Art. 163—167 handeln von den juristischen Personen. Nach Art. 163 gilt als Regel, daß auf die zur Zeit des Inkrafttretens des B.G.B. bestehenden juristischen Personen die Vorschriften des B.G.B. Anwendung finden. Das bisherige Recht soll aber anwendbar bleiben nach Art. 164 auf Realgemeinden und ähnliche Verbände, nach Art. 165 auf Vereine und registrirte Gesellschaften, welche auf Grund der bayerischen Gesetze betr. die privatrechtliche Stellung der Vereine sowie der Erwerbs- und Wirthschaftsgesellschaften v. 29. April 1869 bestehen, nach Art. 166 auf Personenvereine, welche auf Grund des sächs. Gesetzes betr. die juristischen Personen v. 15. Juni 1868 die Rechtsfähigkeit durch Eintragung in das Genossenschaftsregister erlangt haben, nach Art. 167 auf die bestehenden landschaftlichen oder ritterschaftlichen Kreditanstalten. Der Art. 168 enthält Bestimmungen über die zur Zeit des Inkrafttretens des B.G.B. bestehenden Verfügungsbeschränkungen, der Art. 169 über Verjährung.

2. Soweit in den unter Nr. 1 angeführten Artikeln Vorschriften nicht enthalten sind, bestimmt sich die Anwendbarkeit der in dem allgemeinen Theile des B.G.B. enthaltenen Vorschriften nach den allgemeinen in den Vorbemerkungen zu diesem Abschnitt unter Nr. 1 dargelegten Grundsätzen. Hieraus ergiebt sich insbesondere:

a) Die Rechtsfähigkeit einer Person bestimmt sich nach den Gesetzen, welche für das Rechtsverhältniß, bei dem sie in Frage kommt, maßgebend sind, wenn dieses also nach dem bisherigen Rechte zu beurtheilen ist, nach diesem, anderenfalls nach dem B.G.B. Ueber Todeserklärung s. Erl. zu Art. 158—162; über juristische Personen s. Erl. zu Art. 163—167.

b) Die Geschäftsfähigkeit einer Person bestimmt sich, je nachdem das Rechtsgeschäft, bei dem sie in Frage kommt, vor oder nach dem 1. Januar 1900 vorgenommen ist, nach dem bisherigen Rechte oder nach dem B.G.B. Das Gleiche gilt von den Folgen, welche sich an einen Mangel der Geschäftsfähigkeit knüpfen (vergl. jedoch Erl. zu Art. 153—156).

c) Auch die Erfordernisse der Wirksamkeit eines Rechtsgeschäfts bestimmen sich, je nachdem dasselbe vor oder nach dem 1. Januar 1900 vorgenommen ist, nach dem bisherigen Rechte oder nach dem B.G.B. Dies gilt insbesondere von der Form der Rechtsgeschäfte, von dem Einflusse der Willensmängel und von den Folgen eines Verstoßes gegen ein Verbotsgesetz oder gegen die guten Sitten. Auch für die Art, in welcher ein Mangel geltend gemacht werden muß, ist der Zeitpunkt maßgebend, in welchem das Rechtsgeschäft vorgenommen ist; ebenso für die Wirkungen des Rechtsgeschäfts.

d) Hängt die Wirkung, welche mit einem Rechtsgeschäfte bezweckt wurde, noch von dem Hinzutreten eines anderen Umstandes ab, und tritt dieser erst nach dem 1. Januar 1900 ein, so ist das Rechtsgeschäft, wenn es vor dem 1. Januar 1900 vorgenommen ist, sowohl in Betreff seiner Erfordernisse wie seiner Wirksamkeit doch nach dem bisherigen Rechte zu beurtheilen. Solche Fälle liegen z. B. vor, wenn die Vornahme eines Rechtsgeschäfts durch eine in der Geschäftsfähigkeit beschränkte Person oder durch einen Geschäftsführer ohne Auftrag vor dem 1. Januar 1900 erfolgt ist, die erforderliche Genehmigung des gesetzlichen Vertreters oder des Geschäftsherrn aber erst nach dem 1. Januar 1900 erfolgt.

e) Die Wirkungen der einem Rechtsgeschäfte hinzugefügten Bedingung bestimmen sich, wenn das Rechtsgeschäft vor dem 1. Januar 1900 vorgenommen wurde, auch dann nach dem bisherigen Rechte, wenn die Bedingung erst nach dem 1. Januar 1900 eintritt oder ausfällt.

Artikel 153.

Wer zur Zeit des Inkrafttretens des Bürgerlichen Gesetzbuchs nicht das einundzwanzigste Lebensjahr vollendet hat, aber für volljährig erklärt ist oder sonst die rechtliche Stellung eines Volljährigen erlangt hat, steht von dieser Zeit an einem Volljährigen gleich.

Das Gleiche gilt von einem befristeten Rechtsgeschäfte. Vergl. hierzu wegen des Eigenthumserwerbes die Erl. zu den Art. 181, 189.

f) Die Erfordernisse, die Wirkungen und die Widerruflichkeit einer vor dem 1. Januar 1900 ertheilten **Vollmacht** bestimmen sich nach dem bisherigen Rechte und zwar auch dann, wenn die Rechtsgeschäfte, auf deren Vornahme die Vollmacht geht, erst nach dem 1. Januar 1900 vorgenommen werden oder der Widerruf erst nach diesem Zeitpunkt erfolgt.

Auf eine nähere Erörterung der bei der Anwendung dieser Grundsätze entstehenden Fragen muß hier verzichtet werden, weil es über den Rahmen dieses Kommentars hinausgehen würde; vergl. darüber Habicht, S. 130 ff. Auf einzelne Fragen wird bei den Artikeln, bei denen sie in Betracht kommen, eingegangen werden.

Artikel 153.

E. d. E.G. I Art. 95; II Art. 126; III Art. 153; M. d. E.G. S. 242—244. P. II S. 8986 (Bd. 6 S. 486).

1. Die **Volljährigkeit** tritt nach § 2 des B.G.B. mit der Vollendung des einundzwanzigsten Lebensjahrs ein. Nach § 3 kann ein Minderjähriger, der das achtzehnte Lebensjahr vollendet hat, durch Beschluß des Vormundschaftsgerichts für volljährig erklärt werden. Durch die **Volljährigkeitserklärung** erlangt der Minderjährige die rechtliche Stellung eines Volljährigen. Mit der Volljährigkeit tritt die unbeschränkte Geschäftsfähigkeit ein (B.G.B. § 104 Nr. 1, §§ 106 ff.). Die Volljährigkeit begründet ferner für das männliche Geschlecht die Fähigkeit zur Eingehung einer Ehe (B.G.B. § 1303) und die Beendigung der elterlichen Gewalt (B.G.B. § 1626).

2. In der Wissenschaft besteht Streit darüber, ob eine Person, welche nach den bisherigen Gesetzen volljährig ist oder die rechtliche Stellung eines Volljährigen erlangt hat, diese Rechtsstellung wieder verliert, wenn ein neues Gesetz in Kraft tritt, nach welchem die betreffende Person noch nicht volljährig sein und die rechtliche Stellung eines Volljährigen nicht erlangt haben würde. Diese Frage ist, soweit es sich um das die Volljährigkeit bedingende Alter handelt, für das B.G.B. gegenstandslos, weil in dieser Beziehung das B.G.B. mit dem die Volljährigkeit auf das vollendete einundzwanzigste Lebensjahr feststellende Reichsgesetz v. 17. Februar 1875 übereinstimmt. Der Art. 153 beschränkt sich daher auf die Entscheidung der Frage über die rechtliche Stellung einer Person, welche zur Zeit des Inkrafttretens des B.G.B. nicht das einundzwanzigste Lebensjahr vollendet hat, aber **für volljährig erklärt ist oder sonst die rechtliche Stellung eines Volljährigen erlangt hat.** Eine solche Person soll die erlangte rechtliche Stellung nach dem Inkrafttreten des B.G.B. nicht nur behalten, sondern in jeder Beziehung einem Volljährigen gleichstehen; auf sie finden daher die Vorschriften des B.G.B. über Volljährige Anwendung. Hieraus ergiebt sich insbesondere, daß wenn die Volljährigkeitserklärung nach dem bisherigen Rechte nicht alle Wirkungen hat, welche nach dem B.G.B. mit der Volljährigkeit eintreten, wenn z. B. der für volljährig Erklärte zu der Veräußerung von Grundstücken noch der Genehmigung einer Behörde bedarf, mit dem Inkrafttreten des B.G.B. Beschränkungen der gedachten Art wegfallen.

3. Die Frage, **ob eine gültige Volljährigkeitserklärung erfolgt ist,** bestimmt sich nach den bisherigen Gesetzen. Ist einem darauf gerichteten Antrage bei dem Inkrafttreten des B.G.B. noch nicht definitiv stattgegeben, so bestimmen sich die Voraussetzungen, unter welchen die Volljährigkeitserklärung erfolgen kann, und das Verfahren nach den Vorschriften des B.G.B. und des freiw. G.G. § 56 (s. Bd. I S. 53—57. Erl. zu den §§ 3—5).

4. Unter den Gründen, aus welchen nach den bisherigen Gesetzen eine Person die rechtliche Stellung eines Volljährigen erlangt, kommt neben der Volljährigkeitserklärung hauptsächlich **der Rechtssatz „Heirath macht mündig"** in Betracht. Nach dem B.G.B. gilt dieser Satz nicht. Wer aber vor dem Inkrafttreten des B.G.B. durch Heirath die rechtliche Stellung eines Volljährigen erlangt hat, behält diese Stellung auch nach dem Inkrafttreten des B.G.B. und zwar mit denjenigen Wirkungen, welche das B.G.B. daran knüpft.

5. Ueber die Fähigkeit zur Errichtung einer Verfügung von Todeswegen s. Erl. zu Art. 215.

Artikel 154.

Wer nach den französischen oder den badischen Gesetzen emanzipirt oder aus der Gewalt entlassen ist, steht von dem Inkrafttreten des Bürgerlichen Gesetzbuchs an, wenn er zu dieser Zeit das achtzehnte Lebensjahr vollendet hat einem Volljährigen, anderenfalls einem Minderjährigen gleich.

Artikel 154.

E. d. E.G. I Art. 96; II Art. 127; III Art. 154; M. d. E.G. S. 244, 245. P. II S. 8986 (Bd. 6 S. 486).

1. Das französische und das badische Recht haben neben der Volljährigkeitserklärung das eigenthümliche Institut der Emanzipation (Gewaltentlassung). Der Emanzipirte steht nicht mehr unter elterlicher Gewalt oder unter Vormundschaft, hat aber doch nicht die volle rechtliche Stellung eines Volljährigen. Seine Geschäftsfähigkeit ist über die der Minderjährigen hinaus erweitert, aber doch noch in eigenthümlicher Weise beschränkt. Das B.G.B. kennt ein solches Verhältniß nicht. Der Art. 154 beseitigt es auch für die Uebergangszeit. Mit Rücksicht auf § 3 des B.G.B., nach welchem ein Minderjähriger, der das achtzehnte Lebensjahr vollendet hat, für volljährig erklärt werden kann, wird bestimmt, daß dieser Zeitpunkt für die Wirkung maßgebend sein soll, die eine vor dem Inkrattreten des B.G.B. erfolgte Emanzipation nach dem Inkrafttreten haben soll. Die Emanzipation soll von dem Inkrafttreten des B.G.B. an, wenn der Emanzipirte zu dieser Zeit bereits das achtzehnte Lebensjahr vollendet hat, die Wirkung der Volljährigkeitserklärung haben, anderenfalls jede Wirkung verlieren. Diese Vorschrift findet auch auf diejenigen Personen Anwendung, welche die Emanzipation durch Verehelichung oder nach badischem Rechte durch die von den Eltern gebilligte Begründung einer selbständigen häuslichen Niederlassung erlangt haben. Ein zur Zeit des Inkrafttretens des B.G.B. anhängiges Verfahren zum Zwecke der Herbeiführung der Emanzipation ist selbstverständlich einzustellen.

2. Nach den in verschiedenen deutschen Staaten bisher geltenden Gesetzen erlangt ein Minderjähriger, wenn ihm die Ermächtigung zu dem Betrieb eines Erwerbsgeschäfts, insbesondere eines Handelsgeschäfts von seinem gesetzlichen Vertreter ertheilt ist, entweder für alle Rechtsgeschäfte oder doch für diejenigen, welche der Betrieb des Erwerbsgeschäfts mit sich bringt, die Fähigkeit, jene Rechtsgeschäfte ohne Einwilligung seines gesetzlichen Vertreters vorzunehmen. Die Voraussetzungen und die Wirkung einer solchen Ermächtigung sind im Einzelnen verschieden bestimmt; ebenso die Art und Weise, in welcher die Zurücknahme der Ermächtigung erfolgen kann. Auch die juristische Konstruktion des Verhältnisses ist verschieden, indem sie bald als partielle Volljährigkeitserklärung, bald als eine im Voraus erfolgte Ertheilung der Einwilligung zu den in Frage kommenden Rechtsgeschäften aufgefaßt wird. Denselben Zweck wie diese Bestimmungen des bisherigen Rechtes verfolgt der § 112 des B.G.B. Sowohl die Voraussetzungen und die Wirkungen, als die Art und Weise, in welcher die Zurücknahme der Ermächtigung erfolgt, sind aber zum Theil abweichend von dem bisherigen Rechte geregelt. Es fragt sich nun, welche Wirkungen eine auf Grund des bisherigen Rechtes ertheilte Ermächtigung der fraglichen Art nach dem Inkrafttreten des B.G.B. hat. Das E.G. enthält keine Bestimmung über diese Frage; ihre Entscheidung sollte der Wissenschaft überlassen bleiben. Keinem Zweifel kann es unterliegen, daß die Erfordernisse der Ermächtigung nach dem bisherigen Rechte zu beurtheilen sind. In Betreff der Wirkungen nach dem Inkrafttreten des B.G.B. sind drei Ansichten möglich. Man kann entweder annehmen, daß die Ermächtigung nach dem Inkrafttreten des B.G.B. überhaupt keine Wirkung mehr hat oder man legt der Ermächtigung dieselben Wirkungen bei, welche eine auf Grund des B.G.B. § 112 ertheilte Ermächtigung hat, oder man nimmt an, daß die Wirkungen, welche die Ermächtigung nach dem bisherigen Rechte hatte, auch nach dem Inkrafttreten des B.G.B. fortdauern. Zu der erstgedachten Ansicht gelangt man, wenn man annimmt, daß die Geschäftsfähigkeit sich nach dem Inkrafttreten des B.G.B. ausschließlich und unbedingt nach diesem bestimmt. Dies dürfte indessen mindestens für solche Fälle unrichtig sein, in welchen die Geschäftsfähigkeit durch einen vor dem Inkrafttreten des B.G.B. erfolgten Rechtsakt erweitert ist. Ein solcher Rechtsakt liegt in der vor dem Inkrafttreten des B.G.B. ertheilten Ermächtigung der hier fraglichen Art. Von den beiden anderen oben als möglich bezeichneten Auffassungen dürfte der zuletztgedachten der Vorzug zu geben sein. Nicht nur die Erfordernisse, sondern auch die Wirkungen eines vor dem Inkrafttreten des B.G.B. erfolgten Rechtsakts sind regelmäßig nach dem bisherigen Rechte zu beurtheilen. Dem Grundsatze, daß das neue Gesetz keine rückwirkende Kraft hat, würde es nicht entsprechen, wenn man der fraglichen Ermächtigung von dem Inkrafttreten des B.G.B. an eine stärkere oder eine schwächere oder überhaupt eine andere Wirkung beilegte, als sie nach dem bisherigen Rechte hatte. Hierzu würde es einer ausdrücklichen Bestimmung bedürfen. Von dieser Auffassung geht auch das E.G. bei den Vorschriften der

Artikel 155.

Wer zur Zeit des Inkrafttretens des Bürgerlichen Gesetzbuchs wegen Geisteskrankheit entmündigt ist, steht von dieser Zeit an einem nach den Vorschriften des Bürgerlichen Gesetzbuchs wegen Geisteskrankheit Entmündigten gleich.

Art. 153—156 aus, indem es durch diese ausdrücklich bestimmt, daß die darin bezeichneten Rechtsakte von dem Inkrafttreten des B.G.B. an die darin bestimmten einem unter der Herrschaft des B.G.B. vorgenommenen Rechtsakte zukommenden Wirkungen haben sollen. Es kann sich nun zwar fragen, ob diese Vorschriften nicht auf den vorliegenden Fall analog anzuwenden sind. Ihnen allen liegt freilich der Gedanke zu Grunde, daß Wirkungen von Rechtsakten der hier fraglichen Art, welche unter der Herrschaft des bisherigen Rechtes vorgekommen sind, thunlichst dem B.G.B. anzupassen sind. Aber dieser Gedanke hat doch nur die Bedeutung eines Motivs für die fraglichen Vorschriften, nicht die eines allgemeinen aus ihnen abzuleitenden höheren Prinzips. Dies dürfte sich schon aus der mehr oder weniger positiven Art ergeben, in welcher die Wirkungen der in den gedachten Vorschriften bezeichneten Rechtsakte für die Zukunft geändert sind. Aus dem hier vertretenen Standpunkte folgt insbesondere, daß, wenn nach dem bisherigen Rechte die Ermächtigung die Folge hatte, daß der Minderjährige alle Rechtsgeschäfte ohne Einwilligung des gesetzlichen Vertreters vornehmen konnte, es hierbei verbleibt, daß ferner das Erforderniß der Genehmigung des gesetzlichen Vertreters und des Vormundschaftsgerichts zu einzelnen Rechtsgeschäften sich nicht nach den Vorschriften des § 112 des B.G.B., sondern nach dem bisherigen Rechte bestimmt, daß es also z. B., wenn nach diesem nur die Genehmigung des Vormundschaftsgerichts, nicht auch die des gesetzlichen Vertreters erforderlich ist, es hierbei abweichend von § 112 verbleibt. Auch die Voraussetzungen, unter welchen die Ermächtigung zurückgenommen werden kann, müssen sich nach dem bisherigen Rechte bestimmen, weil sie mit dem Wesen der Ermächtigung in untrennbarem Zusammenhange stehen. Bedurfte es also nach dem bisherigen Rechte abweichend von § 112 des B.G.B. der Genehmigung des Vormundschaftsgerichts zu der Zurücknahme der Ermächtigung nicht, so bedarf es dieser auch nach dem Inkrafttreten des B.G.B. nicht (a. A. Habicht, S. 49ff., Niedner S. 247 Anm. 2 zu Art. 154).

Nach den in dem Bisherigen dargelegten Grundsätzen wird auch die Frage zu entscheiden sein, ob die vor dem Inkrafttreten des B.G.B. einem Minderjährigen ertheilte Ermächtigung zu der Eingehung eines Dienst- oder Arbeitsverhältnisses die in dem B.G.B. § 113 bestimmten Wirkungen oder nur die damit nach dem bisherigen Rechte verknüpften Wirkungen hat. Die Frage ist besonders deshalb von praktischer Bedeutung, weil der Minderjährige nach B.G.B. § 113 durch die Ermächtigung die unbeschränkte Geschäftsfähigkeit in Beziehung auf alle Rechtsgeschäfte erlangt, welche die Eingehung und Aufhebung des Dienst- oder Arbeitsverhältnisses betreffen, in Beziehung hierauf also auch prozeßfähig wird, während dies nach den bisherigen Rechten häufig nicht der Fall ist. Nach dem hier vertretenen Standpunkt erlangt der Minderjährige, wenn die ihm vor dem Inkrafttreten des B.G.B. ertheilte Ermächtigung zu der Eingehung von Dienst- und Arbeitsverhältnissen nicht die Folge hatte, ihn in den fraglichen Beziehungen prozeßfähig zu machen, die Prozeßfähigkeit auch nach dem Inkrafttreten des B.G.B. nicht. Auch die im § 113 Abs. 4 gegebene Auslegungsregel, daß die für einen einzelnen Fall ertheilte Ermächtigung im Zweifel als allgemeine Ermächtigung zur Eingehung von Verhältnissen derselben Art gelte, findet auf eine vor dem Inkrafttreten des B.G.B. ertheilte Ermächtigung keine Anwendung; eine solche ist vielmehr nach Maßgabe des bisherigen Rechtes auszulegen.

Artikel 155.

E. d. E.G. I Art. 97 Abs. 1; II Art. 128; III Art. 155. P. I S. 13040—13043; M. d. E.G. S. 245—247. P. II S. 8987—8990, 9216—9219 (Bd. 6 S. 486—488, 620—622).

1. Nach dem B.G.B. § 6 Nr. 1 kann entmündigt werden, wer wegen Geisteskrankheit seine Angelegenheiten nicht zu besorgen vermag. Der wegen Geisteskrankheit Entmündigte ist nach § 104 Nr. 3 geschäftsunfähig. Die Vorschriften des bisherigen Rechtes über die Entmündigung wegen Geisteskrankheit weichen zum Theil sowohl in Betreff der Voraussetzungen als in Betreff der Wirkungen von den Vorschriften des B.G.B. ab. Insbesondere hat gemeinrechtlich nach der herrschenden Ansicht die Entmündigung nicht unbedingt die vollständige Geschäftsunfähigkeit zur Folge, vielmehr ist im einzelnen Falle der Nachweis zulässig, daß der Entmündigte in einem lichten Zwischenraume gehandelt habe. Nach preuß. Rechte hat die Entmündigung wegen Blödsinns nur eine Beschränkung der Geschäftsfähigkeit zur Folge. Der Art. 155 läßt diese Verschiedenheit des bisherigen Rechtes und des B.G.B. unberücksichtigt. Mit dem Inkrafttreten des B.G.B. wird ein wegen Geisteskrankheit Entmündigter, mögen die Voraussetzungen und die Wirkungen der Entmündigung auch andere gewesen sein wie nach dem B.G.B., vollständig geschäftsunfähig. Erforderlich ist nur, daß wirklich eine Entmündigung wegen Geisteskrankheit erfolgt ist. Eine solche konnte seit dem Inkrafttreten der C.P.O. nur nach deren Vorschriften durch Urtheil erfolgen. Für die Zeit vor dem Inkrafttreten der C.P.O. bestimmt sich nach dem bis dahin geltenden Landesrechte, welche Behörde die Entmündigung auszusprechen berechtigt war und in welcher Art dieselbe zu erfolgen hatte (s. unten Erl. 3).

2. Die nach dem B.G.B. § 6 Nr. 1 zulässige Entmündigung wegen Geistesschwäche hat nach § 114 des B.G.B. die Beschränkung der Geschäftsfähigkeit zur Folge. Dem bisherigen Rechte ist eine besondere in ihren Voraussetzungen und in ihren Wirkungen von der Entmündigung wegen Geisteskrankheit unterschiedene Entmündigung wegen Geistesschwäche unbekannt. Die Geistesschwäche wurde, sofern sie zur Entmündigung führte, als eine Unterart der Geisteskrankheit angesehen. Der Art. 155 erwähnt daher nur die Entmündigung wegen Geisteskrankheit; die wegen Geistesschwäche nach dem bisherigen Rechte erfolgte Entmündigung ist hierunter mit zu verstehen. Dies ist dadurch zum Ausdrucke gebracht, daß im Art. 210 Abs. 1 Satz 3 die Voraussetzung, unter welcher eine wegen Geistesschwäche angeordnete Vormundschaft als Pflegschaft im Sinne des B.G.B. § 1910 Abs. 2 behandelt werden soll, dahin bestimmt ist, daß die Vormundschaft angeordnet ist „ohne daß eine Entmündigung erfolgt ist". Ist eine solche erfolgt, so soll — wie hinzugedacht werden muß — auf sie, auch wenn sie wegen eines Geisteszustandes erfolgt ist, der nach dem B.G.B. nicht als Geisteskrankeit, sondern als Geistesschwäche zu betrachten ist, die Vorschrift des Art. 155 Anwendung finden. Eine Vormundschaft aber, welche ohne die vorherige oder gleichzeitige Entmündigung angeordnet ist, soll, wenn sie nach dem bisherigen Rechte, wie dies bisweilen der Fall war, eine Beschränkung der Geschäftsfähigkeit zur Folge hatte, diese Wirkung von dem Inkrafttreten des B.G.B. an verlieren und sich nach Maßgabe des Art. 210 in eine Pflegschaft umwandeln.

3. Um anzunehmen, daß nach dem bisherigen Rechte eine Entmündigung wegen Geisteskrankheit oder Geistesschwäche erfolgt sei, ist nicht erforderlich, daß in der betreffenden Verfügung der Ausdruck „Entmündigung" gebraucht ist. Seit dem Inkrafttreten der C.P.O. konnte freilich eine Entmündigung nur dadurch erfolgen, daß sie in dem in der C.P.O. angeordneten Verfahren ausdrücklich ausgesprochen wurde. Vor dem Inkrafttreten der C.P.O. begnügte man sich in den Gebieten des gemeinen Rechtes häufig auch im Falle einer Geisteskrankheit im Sinne des B.G.B. damit, dieserhalb eine Vormundschaft anzuordnen (so auch nach dem sächs. G.B. § 1981). Das in einem solchen Falle eintretende Verhältniß läßt sich verschieden beurtheilen. Man kann entweder annehmen, daß die Anordnung der Vormundschaft als solche keinen Einfluß auf die Geschäftsfähigkeit des Bevormundeten hat, daß dieser vielmehr nur deshalb geschäftsunfähig ist, weil er geisteskrank ist. Hieraus wird dann zu folgern sein, daß trotz der Anordnung der Vormundschaft noch der Beweis zulässig ist, daß der Bevormundete nicht mehr geisteskrank ist oder daß er in einem lichten Zwischenraume gehandelt hat oder daß die Handlung, um deren Beurtheilung es sich handelt, von der Geisteskrankheit nicht beeinflußt ist. Nur insofern kann man auch bei dieser Auffassung der Anordnung der Vormundschaft eine Bedeutung beilegen, als durch sie die Geisteskrankheit bewiesen wird und daher demjenigen, welcher sie oder ihren Einfluß auf die betreffende Handlung bestreitet, der Gegenbeweis obliegt. Man kann aber auch annehmen, daß die Anordnung der Vormundschaft eine selbständige rechtliche Wirkung hat, daß durch sie die Geisteskrankheit und damit die Geschäftsfähigkeit rechtlich festgestellt wird. Auch von denjenigen, welche diese Auffassung für die richtige halten, wird indessen regelmäßig die Zulässigkeit des Beweises angenommen, daß der Bevormundete im einzelnen Falle in einem lichten Zwischenraume gehandelt habe (s. sächs. G.B. § 1984). Die erstgedachte Auffassung führt konsequent dahin, in der Anordnung der Vormundschaft eine Entmündigung im Sinne des Art. 155 nicht zu erblicken, während bei der letztgedachten Auffassung darin sachlich eine Entmündigung gefunden werden kann. Nach den M. d. E.G. S. 246 wird davon ausgegangen, daß die Anordnung der Vormundschaft, wenn sie wegen Geisteskrankheit erfolgt ist, immer die Bedeutung der Entmündigung im Sinne des Art. 155 habe. Dem Zwecke der Vorschrift des Art. 155 dürfte dies entsprechen. Dabei entsteht dann freilich die Schwierigkeit, daß im einzelnen Falle untersucht werden muß, ob die Anordnung der Vormundschaft wegen Geisteskrankheit oder wegen Geistesschwäche erfolgt ist und daß hierbei die Bedeutung zu Grunde gelegt werden muß, welche die Ausdrücke im B.G.B. haben. Ergiebt diese Untersuchung kein sicheres Resultat, so kann eine Entmündigung im Sinne des Art. 155 nicht angenommen werden und die Vormundschaft verwandelt sich daher nach Art. 210 in eine Pflegschaft (s. Habicht, S. 54 ff.).

4. Das französische und das badische Recht kennen neben der Entmündigung wegen Geisteskrankheit das Institut der Anordnung eines Beistandes wegen Geistesschwäche. Der Verbeistandete behält die Verwaltung seines Vermögens, ist aber in Beziehung auf gewisse

Artikel 156.

Wer zur Zeit des Inkrafttretens des Bürgerlichen Gesetzbuchs wegen Verschwendung entmündigt ist, steht von dieser Zeit an einem nach den Vorschriften des Bürgerlichen Gesetzbuchs wegen Verschwendung Entmündigten gleich.

Dasselbe gilt von demjenigen, für welchen nach den französischen oder den badischen Gesetzen wegen Verschwendung die Bestellung eines Beistandes angeordnet ist.

Rechtsgeschäfte an die Genehmigung des Beistandes gebunden. Nach § 10 des E.G. zur C.P.O. findet das Verfahren in Entmündigungssachen auch auf die Anordnung eines solchen Beistandes Anwendung. Der E. I des E.G. Art. 97 Abs. 2 bestimmte, daß die Bestellung eines Beistandes mit dem Inkrafttreten des B.G.B. ihr Wirkung verliere. Dieselbe Vorschrift enthielt der Art. 181 des E. II d. E.G. Im E. III d. E.G. Art. 210 und im E.G. Art. 211 ist der Zusatz hinzugefügt, daß der Wegfall der Wirkung erst sechs Monate nach dem Inkrafttreten des B.G.B. eintrete. Bis zu diesem Zeitpunkte behält die Bestellung des Beistandes ihre bisherige Wirkung. Durch die Hinausschiebung des Zeitpunkts des Wegfalls soll die Möglichkeit gewährt werden, im Falle des Bedürfnisses eine Entmündigung des Verbeistandeten wegen Geistesschwäche so zeitig herbeizuführen, daß derselbe nicht inzwischen zeitweise unbeschränkt geschäftsfähig wird.

5. Ist zur Zeit des Inkrafttretens des B.G.B. ein auf Entmündigung gerichtetes Verfahren anhängig aber noch nicht erledigt, so finden die Vorschriften des B.G.B über die Voraussetzungen der Entmündigung und die Vorschriften der C.P.O. Novelle über das Verfahren Anwendung (R.G. in Jur.W. 1901 S. 72). Auch die Aufhebung einer vor dem 1. Januar 1900 erfolgten Entmündigung bestimmt sich nach dem B.G.B. (R.G. in Jur.W. 1901 S. 475).

Artikel 156.

E. d. E.G. I Art. 98; II Art. 129; III Art. 156. P. I S. 13043; M. d. E.G. S. 247, 248. P. II S. 8990, 8991 (Bd. 6 S. 488, 489).

1. Nach § 6 Nr. 2 des B.G.B. kann wegen Verschwendung entmündigt werden, wer durch Verschwendung sich oder seine Familie der Gefahr des Nothstandes aussetzt. Die Entmündigung hat nach § 114 des B.G.B. die Beschränkung der Geschäftsfähigkeit zur Folge. Ueber weitere Wirkungen der Entmündigung wegen Verschwendung s. die §§ 1418 Nr. 3, 1468 Nr. 4, 1495 Nr. 4, 1542, 1549 (Folgen für das eheliche Güterrecht), 2229 Abs. 3, 2230, 2253 (Folgen für die Fähigkeit zur Errichtung und Aufhebung eines Testaments). Ueber die Folgen der beschränkten Geschäftsfähigkeit für die Eheschließung s. § 1304, für die elterliche Gewalt s. §§ 1676 Abs. 2, 1678, 1685 Abs. 2. Das Entmündigungsverfahren bestimmt sich nach den §§ 680 ff. der C.P.O. Die Vorschriften des bisherigen Rechtes über Entmündigung wegen Verschwendung weichen zwar sowohl in Betreff der Voraussetzungen als der Wirkungen, als des Verfahrens in einigen Beziehungen von den Vorschriften des B.G.B. und der jetzigen C.P.O. ab. Die Abweichungen sind indessen hier noch von geringerer Bedeutung wie bei den Entmündigung wegen Geisteskrankheit. Man hat es aus denselben Gründen wie bei der Entmündigung wegen Geisteskrankheit (s. Erl. zu Art. 155) für unbedenklich erachtet für einen nach dem bisherigen Rechte wegen Verschwendung Entmündigten mit dem Inkrafttreten des B.G.B. die durch dieses mit der Entmündigung wegen Verschwendung verknüpften Wirkungen eintreten zu lassen. Es ergiebt sich hieraus insbesondere, daß der vor dem 1. Januar 1900 Entmündigte von diesem Zeitpunkt an der Einwilligung seines gesetzlichen Vertreters zur Eingehung der Ehe auch dann bedarf, wenn diese Einwilligung nach dem bisherigen Rechte nicht erforderlich war und daß er die Fähigkeit zur Errichtung eines Testaments, wenn er diese nach dem bisherigen Rechte behalten hatte, von dem 1. Januar 1900 an verliert. Andererseits erlangt ein vor dem 1. Januar 1900 Entmündigter, welcher nach dem bisherigen Rechte nicht die Fähigkeit hatte, ein vor seiner Entmündigung von ihm errichtetes Testament zu widerrufen, diese Fähigkeit vom 1. Januar 1900 an (§ 2253 Abs. 2). Ueber die Folgen der Entmündigung auf den Güterstand einer vor dem 1. Januar 1900 geschlossenen Ehe s. Erl. zu Art. 200; über ihre Folgen für die am 1. Januar 1900 bereits bestehende elterliche Gewalt s. Erl. zu Art. 204.

2. Nach dem code civil Art. 513 findet wegen Verschwendung keine eigentliche Entmündigung statt. Der Verschwender erhält aber einen Beistand, dessen Mitwirkung bei gewissen Rechtsgeschäften des Verschwenders erforderlich ist. Bestritten ist, ob diese Vorschriften durch § 81 der preuß. Vormundschaftsordnung beseitigt sind oder ob sich die Geschäftsfähigkeit eines

Artikel 157.

Die Vorschriften der französischen und der badischen Gesetze über den erwählten Wohnsitz bleiben für Rechtsverhältnisse, die sich nach diesen Gesetzen bestimmen, in Kraft, sofern der Wohnsitz vor dem Inkrafttreten des Bürgerlichen Gesetzbuchs erwählt worden ist.

Verschwenders in den Gebieten des französischen Rechtes noch nach dem code civil bestimmen. Das badische Recht kennt zwei Grade der Mundtodtmachung eines Verschwenders; der erste Grad besteht in der Verbeistandung, der zweite Grad in der vollständigen Entmündigung des Verschwenders. Der Art. 156 Abs. 2 stellt die nach französischem und badischem Rechte stattfindende Verbeistandung des Verschwenders der Entmündigung wegen Verschwendung gleich. Mit dem Inkrafttreten des B.G.B. sollen die Wirkungen einer vorher erfolgten Verbeistandung sich nach den Vorschriften des B.G.B. über die Entmündigung wegen Verschwendung bestimmen. Es findet in dieser Beziehung also eine Abweichung von den für die Verbeistandung wegen Geistesschwäche getroffenen Bestimmungen (s. Erl. zu Art. 155 Nr. 4) statt. Während in diesem Falle die Verbeistandung nach sechs Monaten von dem Inkrafttreten des B.G.B. an gerechnet wegfällt, und der Verbeistandete daher nach dem Ablaufe dieser Zeit, sofern nicht inzwischen eine Entmündigung erfolgt ist, unbeschränkt geschäftsfähig wird, bleibt hier die Verbeistandung bestehen und erhält die Wirkungen der Entmündigung wegen Verschwendung. Der Grund für diese Verschiedenheit liegt darin, daß im Falle der Verbeistandung wegen Verschwendung festgestellt ist, daß der Thatbestand der Verschwendung vorliegt und daß dieser sich nicht wesentlich von dem für die Entmündigung wegen Verschwendung nach dem B.G.B. erforderlichen Thatbestand unterscheidet, daß aber im Falle der Verbeistandung wegen Geistesschwäche nicht ohne Weiteres angenommen werden kann, daß die nach dem B.G.B. für die Entmündigung wegen Geisteskrankheit oder Geistesschwäche erforderlichen Voraussetzungen vorliegen.

3. In Betreff eines zur Zeit des Inkrafttretens des B.G.B. anhängigen auf Entmündigung wegen Verschwendung gerichteten Verfahrens sowie bezüglich der Aufhebung der Entmündigung gilt das in der Erl. zu Art. 155 Nr. 5 Gesagte.

4. Die Entmündigung wegen Trunksucht ist dem bisherigen Rechte unbekannt. Sie kann jetzt selbstverständlich auch dann erfolgen, wenn die im B.G.B. § 6 Nr. 3 bestimmten Voraussetzungen schon vor dem 1. Januar 1900 eingetreten waren, sofern sie nur auch jetzt noch vorliegen.

Artikel 157.

E. d. E.G. I Art. 100; II Art. 130; III Art. 157. P. I S. 13169—13171; M. d. E.G. S. 249, 250. P. II S. 8992—8994 (Bd. 6 S. 490).

1. Nach französischem und badischem Rechte können die Parteien behufs der Vollziehung eines Rechtsgeschäfts einen besonderen nur für diesen Zweck geltenden Wohnsitz erwählen. Die rechtliche Wirkung einer solchen rechtsgeschäftlichen Bestimmung besteht darin, daß sich die Partei der Gerichtsbarkeit des Gerichts des erwählten Wohnsitzes unterwerfen und daß Zustellungen, die sich auf das betreffende Rechtsverhältniß beziehen, der Partei oder dem von ihr bezeichneten Bevollmächtigten regelmäßig einem Notar oder Anwalt an dem erwählten Wohnsitze gemacht werden können. Durch die C.P.O. sind diese Vorschriften, soweit sie sich auf den Gerichtsstand beziehen, aufgehoben. Die Begründung der Zuständigkeit des Gerichts durch Vereinbarung der Parteien bestimmt sich lediglich nach § 38 der C.P.O. Aufrechterhalten sind aber durch das E.G. zur C.P.O. § 15 Nr. 5 die Vorschriften des französischen und des badischen Rechtes, soweit es sich um Zustellungen handelt. Durch Art. II Nr. 3 des E.G. zu dem Ges. betr. Aenderungen der C.P.O. v. 17. Mai 1898 wird nun die gedachte Nr. 5 aufgehoben. Hiermit sind die Wirkungen des erwählten Wohnsitzes für den Prozeß vollständig beseitigt. Seine Wirkungen außerhalb des Prozesses bestimmen sich vom 1. Januar 1900 an nach E.G. Art. 55 lediglich nach dem B.G.B. In beiden Beziehungen soll aber nach Art. 157 die vor dem 1. Januar 1900 erfolgte Wahl des Wohnsitzes noch Bedeutung erhalten. Voraussetzung ist,

a) daß es sich um ein Rechtsverhältniß handelt, welches nach französischen oder badischen Gesetzen zu beurtheilen ist, und

b) daß für dieses Rechtsverhältniß ein Wohnsitz bereits vor dem Inkrafttreten des B.G.B. erwählt ist.

Die unter **a** gedachte Voraussetzung liegt z. B. vor bei einem Schuldverhältnisse, für welches nach Art. 170 oder bei einem erbrechtlichen Verhältnisse, für welches nach Art. 213 die bisherigen Gesetze maßgebend sind, sofern es sich dabei um französisches oder badisches Recht handelt. Das Gleiche gilt für Rechtsverhältnisse, in Betreff deren auf Grund der allgemeinen Vorbehalte des E.G. z. B. des Vorbehalts für das Bergrecht oder für das Versicherungs- oder für das Verlagsrecht (Art. 67, 75, 76) das bisherige Landesrecht in Kraft bleibt, wenn dieses das französische oder badische Recht ist. Bei Rechtsverhältnissen der letzteren Art kann freilich die Landesgesetzgebung die fernere Geltung über den erwählten Wohnsitz allgemein und ohne Rücksicht darauf bestimmen, ob die unter b bezeichnete Voraussetzung vorliegt. Bei ihnen kommt daher der Art. 157 nur dann in Betracht, wenn die Vorschriften über den erwählten Wohnsitz keinen Bestandtheil des Sonderrechts bilden, sondern nur deshalb bisher zur Anwendung kamen, weil sie nach dem allgemeinen Rechte, auf welches jene Sonderrechte verwiesen, gelten. In Fällen dieser Art ist nach Art. 4 das B.G.B. an die Stelle der bisherigen allgemeinen Vorschriften getreten und bleibt daher Raum für die Anwendung des Art. 157.

Die Tragweite des Vorbehalts beschränkt sich auf die Wirkungen, welche der erwählte Wohnsitz für die Zustellungen hat und zwar sowohl für die in einem Prozeß, als für die außerhalb eines solchen erfolgenden Zustellungen. Die Wirkungen, welche der erwählte Wohnsitz für den Gerichtsstand hatte und welche nach dem Obigen bereits durch die C.P.O. beseitigt sind, werden durch den Art. 157 nicht wiederhergestellt.

In Betreff der Frage, ob, soweit nach dem Art. 189 für das Liegenschaftsrecht das bisherige Recht maßgebend bleibt, die Vorschriften des französischen und badischen Rechtes über den erwählten Wohnsitz noch bis zur Grundbuchanlegung Anwendung finden, s. Erl. zu Art. 189 (vergl. Art. 4 des bayr. Ges. über das Liegenschaftsrecht in der Pfalz v. 1. Juli 1898 und Schneider Kommentar hierzu S. 16, 74).

2. Andere Uebergangsvorschriften als die im Art. 157 enthält das E.G. in Betreff des Wohnsitzes nicht. Aus den allgemeinen Grundsätzen ergiebt sich in dieser Beziehung Folgendes:

a) Der Wohnsitz wird begründet durch eine Handlung derjenigen Person, deren Wohnsitz in Frage steht (B.G.B. § 7). Diese Handlung ist kein Rechtsgeschäft aber eine Rechtshandlung (Bd. I S. 61 Erl. zu § 8). Ob durch eine vor dem 1. Januar 1900 vorgenommene Handlung der Wohnsitz begründet ist, bestimmt sich nach dem bisherigen Rechte. War hiernach der Wohnsitz begründet, so dauert er auch nach dem Inkrafttreten des B.G.B. fort. Die Vorschriften des B.G.B. § 7 Abs. 1 finden darauf also keine Anwendung. Die Aufhebung des begründeten Wohnsitzes bestimmt sich aber nach § 7 Abs. 3.

b) Soweit nach dem bisherigen Rechte, z. B. nach dem französischen Rechte ein mehrfacher Wohnsitz nicht möglich ist, kann ein solcher nach dem Inkrafttreten des B.G.B. entstehen (B.G.B. § 7 Abs. 2); er entsteht, wenn die Voraussetzungen des B.G.B. § 7 Abs. 1 für mehrere Orte vorliegen und zwar auch dann, wenn sie bereits vor dem 1. Januar 1900 eingetreten sind.

c) Ein Wohnsitz, der nach dem bisherigen Rechte nicht durch den Willen der betreffenden Person, sondern lediglich durch das Gesetz gegründet war, wird mit dem Inkrafttreten des B.G.B. aufgehoben, soweit dieses nicht ebenfalls diesen Wohnsitz anerkennt (B.G.B. §§ 9—11). So wird z. B. der Wohnsitz der Strafgefangenen in der Strafanstalt, sofern dieser nach dem bisherigen Rechte als Kraft des Gesetzes begründet angenommen wurde, mit dem Inkrafttreten des B.G.B. aufgehoben.

d) Soweit nach dem B.G.B. §§ 9—11 ein gesetzlicher Wohnsitz besteht, tritt dieser, wenn die gesetzlichen Voraussetzungen beim Inkrafttreten des B.G.B. vorliegen, ein; ein damit im Widerspruche stehender nach dem früheren Rechte begründeter Wohnsitz wird damit aufgehoben.

e) Soweit das E.G. allgemeine Vorbehalte zu Gunsten der Landesgesetzgebung bestimmt, kann diese für die betreffende Materie auch Vorschriften über den Wohnsitz treffen. Dies gilt insbesondere auch für das Gesinderecht. Im preuß. A.G. zum B.G.B. Art. 14 § 1 Abs. 4 ist ausdrücklich bestimmt, daß durch das Gesindeverhältniß ein Wohnsitz nicht begründet wird. Dasselbe wird auch nach dem bayr. A.G. anzunehmen sein, da nach dessen Art. 15 auf das Rechtsverhältniß zwischen der Dienstherrschaft und den Dienstboten die allgemeinen Vorschriften des B.G.B. insoweit Anwendung finden, als sich nicht aus den Art. 16—28 ein Anderes ergiebt, in diesen aber eine Bestimmung über den Wohnsitz nicht enthalten ist.

Zu Artikel 158—162.

Ueber die Voraussetzungen und Wirkungen der Todeserklärung nach dem B.G.B. s. §§ 13—19 (Bd. I S. 68—75 Erl. zu §§ 13—19).

Die Vorschriften des bisherigen Rechtes über Verschollenheit und Todeserklärung weichen in wesentlichen Beziehungen sowohl von den Vorschriften des B.G.B. als unter einander

Artikel 158.

Die Wirkungen einer vor dem Inkrafttreten des Bürgerlichen Gesetzbuchs erfolgten Todeserklärung bestimmen sich nach den bisherigen Gesetzen, soweit sich nicht aus den Artikeln 159, 160 ein Anderes ergiebt.

---

ab (Roth, Deutsches Privatrecht I § 61; Gierke, Deutsches Privatrecht I S. 365ff.). Drei Hauptgruppen lassen sich im bisherigen Rechte unterscheiden (M. I S. 33ff.).

1. Nach gemeinem Rechte gilt die Vermuthung, daß ein Verschollener nicht über den Zeitpunkt hinaus gelebt habe, in welchem er das siebenzigste Lebensjahr vollendet haben würde. Diese Vermuthung tritt aber erst in Kraft, wenn auf Grund eines Aufgebotsverfahrens eine gerichtliche Todeserklärung erfolgt ist. Partikularrechtlich wird das Vermögen des Verschollenen schon nach Ablauf einer kürzeren Frist dem vermuthlichen Erben ausgehändigt. Bisweilen erfolgt zu diesem Zwecke eine besondere Verschollenheitserklärung, so namentlich in Mecklenburg.

2. Verschiedene Rechte, insbesondere das preußische, bayerische, sächsische Recht lassen die gerichtliche Todeserklärung eines Abwesenden zu, wenn diese Abwesenheit, ohne daß Nachrichten von dem Abwesenden vorhanden sind, eine bestimmte Zeit gedauert hat. Bei der Bestimmung dieser Frist wird nach einigen Rechten auf das Alter des Abwesenden Rücksicht genommen. Der Eintritt der Todesvermuthung wird bald an den Akt der Todeserklärung bald an das Ende der Aufgebotsfrist, bald an den Ablauf der Abwesenheitsfrist oder an die Erreichung des erforderlichen Lebensalters geknüpft.

3. Nach französischem und badischem Rechte findet eine Todeserklärung nicht statt. Die nachrichtslose Abwesenheit hat je nach ihrer Dauer verschiedene rechtliche Wirkungen. Drei Stufen werden unterschieden, Vermißtheit, Verschollenheit und endgültige Einweisung in das Vermögen des Verschollenen. Die Verschollenheitserklärung kann nach Ablauf eines vier- bezw. zehnjährigen Zeitraums nachrichtsloser Abwesenheit beantragt werden. Auf Grund derselben können diejenigen, welche zur Zeit des Verschwindens des Verschollenen die vermuthlichen Erben gewesen sein würden, die vorläufige Einweisung in den Besitz des Vermögens des Verschollenen verlangen. Nach Ablauf von dreißig Jahren von dieser Einweisung an gerechnet, können die Eingewiesenen bezw. ihre Rechtsnachfolger die endgültige Einweisung verlangen. Von diesem Zeitpunkt an gilt die Vermuthung, daß der Verschollene nicht mehr am Leben ist; daneben gelten für einzelne Rechtsverhältnisse besondere Vorschriften.

Die Art. 158—161 bestimmen, in welchen Fällen die unter Nr. 1—3 bezeichneten Vorschriften des bisherigen Rechtes auch ferner zur Anwendung kommen und welche Modifikationen sie erleiden sollen. Die Art. 158—161 beziehen sich auf diejenigen Fälle, in welchen vor dem Inkrafttreten des B.G.B. bereits eine Todeserklärung erfolgt ist, der Art. 161 auf diejenigen, in welchen eine Todeserklärung noch nicht erfolgt, aber das auf Herbeiführung derselben gerichtete Verfahren bereits eingeleitet ist sowie auf die nach französischem oder badischem Rechte zu beurtheilenden Fälle, in welchen das nach diesen Rechten im Falle nachrichtsloser Abwesenheit zulässige unter Nr. 3 bezeichnete Verfahren bereits eingeleitet ist. Für alle Fälle dieser Art wird die Regel aufgestellt, daß das bisherige Recht auch ferner Anwendung findet; nur in einzelnen Beziehungen werden Ausnahmen von dieser Regel bestimmt. Soweit dagegen ein Verfahren der gedachten Art noch nicht eingeleitet ist, kann es nach dem Inkrafttreten des B.G.B. nicht mehr eingeleitet werden, auch wenn die vor diesem Zeitpunkte vorgekommenen Thatsachen nach dem bisherigen Rechte die Einleitung begründet haben würden. Ueber die Anwendung des B.G.B. in solchen Fällen s. Erl. 2 zu Art. 158. Der Art. 162 läßt die Todeserklärung nach den Vorschriften des B.G.B., jedoch mit beschränkter Wirkung auch für den Fall zu, daß ein nach den bisherigen Gesetzen zu beurtheilendes Verfahren durch die endgültige Einweisung des muthmaßlichen Erben in den Besitz und Genuß des Vermögens des Verschollenen bereits zum Abschlusse gelangt ist.

Artikel 158.

E. d. E.G. I Art. 92 Satz 1; II Art. 131; III Art. 158. P. I S. 13018—13024, 13292; M. d. E.G. S. 236—241. P. II S. 8961, 8962 (Bd. 6 S. 471, 472).

1. Der Art. 158 spricht den Grundsatz aus, daß die Wirkung einer vor dem Inkrafttreten des B.G.B. erfolgten Todeserklärung sich nach den bisherigen Gesetzen bestimmt. Die Verschiedenheit der Voraussetzungen, unter welchen nach dem bisherigen Rechte

oder nach dem B.G.B. eine Todeserklärung zulässig ist, macht eine Vorschrift ähnlichen Inhalts wie die in den Art. 155, 156 über die Entmündigung wegen Geisteskrankheit und wegen Verschwendung gegebene unmöglich. Die Todeserklärung behält alle Wirkungen, welche sie nach dem bisherigen Rechte hatte, aber auch nur diese. Es gilt dies für alle Rechtsverhältnisse, bei denen die Annahme des Todes in Betracht kommt, ohne Unterschied, ob dieselben im Uebrigen den Vorschriften des bisherigen Rechtes oder dem B.G.B. unterstehen. Das bisherige Recht entscheidet daher über die konstitutive oder deklaratorische Natur des ergangenen Spruches, über den Zeitpunkt, den der Abwesende muthmaßlich nicht überlebt hat oder in welchem er muthmaßlich gestorben ist, über die Beschränkung der Todesvermuthung auf das Gebiet des Vermögensrechts, über die Erstreckung auf die persönlichen und familienrechtlichen Verhältnisse. Auch die Beerbung des für todt Erklärten sowie die Entscheidung der Frage, ob der Erbe wegen Erstattung des Vermögens für den Fall der Rückkehr des für todt Erklärten Sicherheit zu leisten und welche Ansprüche der für todt Erklärte im Falle seiner Rückkehr auf Herausgabe seines Vermögens hat, bestimmt sich nach dem bisherigen Rechte. Ueber die Ausnahme von diesen Grundsätzen s. Art. 159, 160.

2. War am 1. Januar 1900 auf Grund des bisherigen Rechtes ein Verfahren der in Erl. 1 bezeichneten Art noch nicht anhängig (s. Erl. zu Art. 161), so kann eine Todeserklärung nur nach Maßgabe der Vorschriften des B.G.B. §§ 13—18 und der C.P.O. §§ 960ff. erfolgen. Die Vorschriften finden auch dann Anwendung, wenn die Thatsachen, auf Grund deren die Todeserklärung erfolgen soll, insbesondere also der Eintritt der Verschollenheit und der Ablauf der erforderlichen Zeit vor dem 1. Januar 1900 liegen. Ausdrücklich bestimmt ist dies im E.G. nicht, muß aber deshalb angenommen werden, weil es sonst an jeder Vorschrift für Fälle dieser Art fehlen würde. In den M. d. E.G. (S. 239 Nr. 4) wird auch ausdrücklich hervorgehoben, daß in Fällen der fraglichen Art die Vorschriften des B.G.B. unbeschränkt Platz greifen. Aus der Anwendung dieser Vorschriften ergiebt sich nun die Möglichkeit, daß in dem Todeserklärungsurtheil als Zeitpunkt des Todes ein Zeitpunkt festgestellt werden muß, der vor dem 1. Januar 1900 liegt (B.G.B. § 18). Auf die Beerbung des für todt Erklärten finden in solchem Falle nach E.G. Art. 213 die Vorschriften des bisherigen Rechtes Anwendung. Andererseits gilt auch, so lange die Todeserklärung nicht erfolgt ist, nach B.G.B. § 19 die Vermuthung des Fortlebens des Verschollenen bis zu dem Zeitpunkte, welcher nach B.G.B. § 18 Abs. 2 in Ermangelung eines anderen Ergebnisses der Ermittelungen als Zeitpunkt des Todes anzunehmen ist. Da nach dem bisherigen Rechte in Betreff der Lebensvermuthung andere unter einander wieder vielfach abweichende Vorschriften gelten, nach welchen entweder eine Lebensvermuthung überhaupt nicht bestand, oder die Fortdauer des Lebens bis zu einem anderen Zeitpunkt als dem in dem B.G.B. bezeichneten vermuthet wurde, so kann die Anwendung der obigen Grundsätze zu dem Ergebnisse führen, daß eine nach Maßgabe des bisherigen Rechtes noch nicht als eingetreten vermuthete Beerbung nunmehr als schon vor dem 1. Januar 1900 eingetreten gilt oder daß umgekehrt eine nach dem bisherigen Rechte als zu einer bestimmten Zeit eingetreten vermuthete Beerbung nunmehr als entweder überhaupt nicht oder als nicht zu dieser Zeit, sondern als zu einer anderen Zeit eingetreten vermuthet wird. Um diese Ergebnisse zu vermeiden, will Habicht (S. 98—104) dem bisherigen Rechte noch einen gewissen Einfluß auf eine nach Maßgabe des B.G.B. erfolgende Todeserklärung einräumen und gelangt zu dem Satze (S. 101, 104) „daß zwar an sich bei Todeserklärungen, die nach dem 1. Januar 1900 auf Grund des B.G.B. erfolgen, auch der § 18 des B.G.B. Geltung zu beanspruchen hat, daß aber eine Verlegung des Zeitpunkts des Todes in die Zeit vor dem 1. Januar 1900 nur insoweit stattfinden darf, als dies bei Behandelung des Falles nach dem bisherigen Rechte zulässig gewesen wäre". Die für diese Auffassung angeführten Gründe dürften indessen höchstens dafür sprechen, daß es vom gesetzgeberischen Standpunkt aus zweckmäßig und billig gewesen sein würde, das Verhältniß so zu ordnen, wie Habicht es will; aus dem Gesetz aber, wie es liegt, läßt sich jene Auffassung wohl nicht rechtfertigen. Entscheidend dürfte dagegen sprechen, daß auf Grund der bisherigen Gesetze in den hier fraglichen Beziehungen noch keine festen Rechte entstanden sind, daß es sich vielmehr immer nur um Vermuthungen handelt. Auf Grund dieser wurde der Tod oder das Fortleben einer bestimmten Person vermuthet und trat eine dieser Vermuthung entsprechende Gestaltung der Verhältnisse ein. Durch Gegenbeweis konnten diese Vermuthungen aber jeder Zeit widerlegt werden und wenn dies geschah, so erwies sich damit die bisherige Gestaltung der Verhältnisse als unrechtmäßig und mußte die der nunmehr bewiesenen wahren Sachlage entsprechende Umgestaltung erfahren. Dasselbe muß eintreten, wenn ein neues Gesetz, hier also das B.G.B., die bisher geltenden Vermuthungen aufhebt und durch andere ersetzt. Die Gestaltung, welche die Verhältnisse auf Grund der bisherigen Vermuthung erfahren haben, erscheint auf Grund der neuen gesetzlichen Vermuthung vorbehaltlich des Gegenbeweises als eine rechtlich nicht gerechtfertigte und muß die der nunmehr als bestehend vermutheten Sachlage entsprechende Aenderung erfahren. Diese Auffassung führt, konsequent durchgeführt, zu einfachen und klaren Ergebnissen, während die Habicht'sche Auffassung zu

Artikel 159.

Der Ehegatte einer vor dem Inkrafttreten des Bürgerlichen Gesetzbuchs für todt erklärten Person kann nach dem Inkrafttreten des Bürgerlichen Gesetzbuchs eine neue Ehe eingehen, auch wenn die Wiederverheirathung nach den bisherigen Gesetzen nicht zulässig sein würde. Die Vorschriften der §§. 1348 bis 1352 des Bürgerlichen Gesetzbuchs finden entsprechende Anwendung.

---

einer großen Reihe von Zweifeln und Schwierigkeiten führt. Es dürfte auch recht zweifelhaft sein, ob die nach der hier vertretenen Auffassung allerdings unter Umständen eintretende Zerstörung von Aussichten, die nach dem bisherigen Rechte begründet erschien, wirklich zu großen Härten führt und ob nicht auch bei der Habicht'schen Auffassung in anderer Richtung nicht minder große Härten eintreten. Ohne gewisse Härten ist eine neue gesetzliche Regelung bei Verhältnissen der hier fraglichen Art nicht möglich. Das Bestreben, solche Härten zu mildern, darf nicht dahin führen, den Vorzug der Einfachheit und Klarheit des neuen Gesetzes zu beeinträchtigen.

Artikel 159.

E. d. E.G. I Art. 92 Satz 2; II Art. 132; III Art. 159. P. I S. 13018—13024, 13292; M. d. E.G. S. 236—238. P. II S. 8961, 8962 (Bd. 6 S. 471, 472).

Nach der herrschenden Ansicht hat die gemeinrechtliche Todeserklärung nur Bedeutung für die vermögensrechtlichen Verhältnisse, nicht aber für die Ehe. Bisweilen wird angenommen, daß die durch die Todeserklärung begründete Vermuthung des Todes zwar insofern auch für die Ehe wirke, als der Ehegatte des für todt Erklärten eine neue Ehe eingehen könne; dabei wird aber daran festgehalten, daß die Todeserklärung nur eine Vermuthung des Todes begründe und hieraus gefolgert, daß die neue Ehe nichtig sei, wenn bewiesen werde, daß der für todt Erklärte zur Zeit der Eingehung der neuen Ehe noch gelebt habe. Verschiedene Partikulargesetze lassen die Eingehung einer neuen Ehe von Seiten des für todt Erklärten nur auf Grund eines besonderen gerichtlichen Verfahrens zu (s. z. B. sächs. Gesetzbuch § 1708); andere Gesetze geben dem Ehegatten des für todt Erklärten das Recht, auf Grund der Todeserklärung die Scheidung der Ehe zu verlangen und gestatten erst, wenn diese erfolgt ist, die Eingehung einer neuen Ehe. Nach dem B.G.B. § 18 gilt die durch die Todeserklärung begründete Vermuthung des Todes ganz allgemein, also auch für die Ehe und nach den §§ 1348 ff. wird, wenn auf Grund dieser Vermuthung der Ehegatte des für todt Erklärten eine neue Ehe geschlossen hat, hierdurch, falls der für todt Erklärte noch lebte, die frühere Ehe aufgelöst. Die sozialen und wirthschaftlichen Gründe, auf denen diese Vorschriften des B.G.B. beruhen, treffen auch für solche Fälle zu, in denen die Todeserklärung vor dem Inkrafttreten des B.G.B. erfolgt ist. Deshalb bestimmt der Art. 159, daß die vor dem Inkrafttreten des B.G.B. erfolgte Todeserklärung in der hier fraglichen Beziehung dieselbe Wirkung haben soll, wie wenn sie auf Grund der Vorschriften des B.G.B. erfolgt wäre. Der Ehegatte des vor dem Inkrafttreten des B.G.B. für todt Erklärten kann also nach dem Inkrafttreten des B.G.B. auch in denjenigen Gebieten eine neue Ehe eingehen, in welchen dies nach dem bisherigen Rechte unzulässig war und mit der Schließung der neuen Ehe wird, wenn der für todt Erklärte noch lebt, die frühere Ehe nach Maßgabe des B.G.B. §§ 1348, 1349 aufgelöst. Die neue Ehe ist aber anfechtbar nach Maßgabe des § 1350 und in Betreff der Unterhaltspflicht gelten die Vorschriften des B.G.B. §§ 1351, 1352. Keine Anwendung finden die Vorschriften der §§ 1348—1352, wenn die Eingehung der neuen Ehe auf Grund der Todeserklärung schon nach dem bisherigen Rechte zulässig und die neue Ehe bereits vor dem 1. Januar 1900 geschlossen war. Das in Folge der neuen Ehe eintretende Rechtsverhältniß wird in diesem Falle lediglich nach dem bisherigen Rechte beurtheilt. Vergl. hierzu auch Erl. zu Art. 198, 201. Zweifelhaft ist, ob dasselbe auch gilt, wenn die neue Ehe auf Grund der nach dem früheren Rechte erfolgten Todeserklärung erst nach dem 1. Januar 1900 geschlossen wird und die neue Ehe nach dem früheren Rechte auch für den Fall gültig sein würde, daß der für todt Erklärte noch lebte. Die Frage dürfte zu verneinen sein; denn der Art. 159 bezieht sich, obwohl er seine Hauptbedeutung für diejenigen Rechtsgebiete hat, in welchen die neue Ehe nach dem bisherigen Rechte unzulässig war, doch wie sich aus der Fassung „auch wenn" ergiebt, auch auf solche Rechtsgebiete, in welchen eine neue Ehe zulässig war. Hieraus ergiebt sich, daß auf eine nach dem Inkrafttreten des B.G.B. geschlossene neue Ehe nach Maßgabe des Satz 2 immer die Vorschriften der §§ 1348—1352 des B.G.B. Anwendung finden (ebenso Zimmerle, württemb. Zeitschr. für F.G. 1900 S. 266, 305; Scherer, Das erste Jahr des B.G.B. S. 24; a. A. Habicht S. 72).

Artikel 160.

Soweit nach den Vorschriften des Bürgerlichen Gesetzbuchs in Folge einer Todeserklärung die elterliche Gewalt des Verschollenen, die Vormundschaft, die Pflegschaft sowie das Amt als Vormund, Gegenvormund, Pfleger, Beistand oder Mitglied eines Familienraths endigt, gelten diese Vorschriften von dem Inkrafttreten des Bürgerlichen Gesetzbuchs an auch für eine vorher erfolgte Todeserklärung.

Artikel 160.

E. d. E.G. I Art. 92 Satz 2; II Art. 133; III Art. 160. P. I S. 13018—13024, 13292; M. d. E.G. S. 236—238. P. II S. 8961, 8962 (Bd. 6 S. 471, 472).

In einer Reihe von Fällen begründet die Todeserklärung nach dem B.G.B. nicht nur eine Vermuthung des Todes, sondern sie bewirkt ohne Rücksicht darauf, ob der Tod wirklich erfolgt ist oder nicht, die Beendigung gewisser Rechtsverhältnisse. Diese Wirkung soll nach Art. 160 mit dem Inkrafttreten des B.G.B. auch die nach dem bisherigen Rechte erfolgte Todeserklärung erhalten. Im Einzelnen ist hierzu Folgendes zu bemerken:

1. Nach § 1679 Abs. 1 endigt die elterliche Gewalt des Vaters, wenn er für todt erklärt wird, mit dem Zeitpunkte, der als Zeitpunkt des Todes gilt. Dasselbe gilt nach § 1686 für die elterliche Gewalt der Mutter. Soweit nach dem bisherigen Rechte die Todeserklärung ohne Einfluß auf die elterliche Gewalt war, verbleibt es hierbei bis zu dem Inkrafttreten des B.G.B. Nach Art. 203 würden der Vater und die Mutter nach dem Inkrafttreten des B.G.B. die elterliche Gewalt nach Maßgabe der Vorschriften des B.G.B. erlangen. Auf Grund des Art. 160 erlangen sie die elterliche Gewalt aber nicht, wenn sie vor dem Inkrafttreten des B.G.B. für todt erklärt sind. Sie können indessen die elterliche Gewalt, falls sie noch leben, auf Grund des § 1679 Abs. 2 dadurch erlangen, daß sie ihren hierauf gerichteten Willen dem Vormundschaftsgericht erklären. Für die Todeserklärung des Kindes besteht eine dem § 1679 des B.G.B. entsprechende Vorschrift nicht. Für sie verbleibt es bei der allgemeinen Vorschrift des § 18. Auf sie bezieht sich daher die Vorschrift des Art. 160 nicht. Dies ist dadurch zum Ausdrucke gebracht, daß nur von der elterlichen Gewalt des Verschollenen gesprochen wird, während für die Vormundschaft oder Pflegschaft, welche durch die Todeserklärung beendet werden, allgemein von der Wirksamkeit gesprochen wird, welche die Todeserklärung auf sie hat. Die Wirkung, welche eine vor dem Inkrafttreten des B.G.B. erfolgte Todeserklärung des Kindes auf die elterliche Gewalt des Vaters oder der Mutter des für todt Erklärten hat, bestimmt sich daher nach dem bisherigen Rechte (Art. 158).

2. Nach B.G.B. §§ 1884 Abs. 2, 1897 endigt die Vormundschaft mit der Erlassung des die Todeserklärung des Mündels aussprechenden Urtheils. Das Gleiche gilt für die Pflegschaft (§§ 1915, 1921 Abs. 3 des B.G.B.). Soweit eine vor dem Inkrafttreten des B.G.B. erfolgte Todeserklärung des Mündels nach dem bisherigen Rechte nicht die Wirkung hatte, die Vormundschaft oder Pflegschaft zu beenden, erhält sie diese Wirkung mit dem Inkrafttreten des B.G.B. Die Vormundschaft oder Pflegschaft über einen für todt erklärten Mündel oder Pflegling endet also mit dem 1. Januar 1900.

3. Das Amt des Vormundes endigt nach B.G.B. § 1885 Abs. 2 mit der Erlassung des die Todeserklärung des Vormundes aussprechenden Urtheils; ebenso nach § 1895 das Amt des Gegenvormundes, nach § 1915 das Amt des Pflegers, nach § 1694 das Amt eines Beistandes und nach § 1878 das Amt eines Mitglieds des Familienraths. Soweit eine vor dem Inkrafttreten des B.G.B. erfolgte Todeserklärung nach dem bisherigen Rechte diese Wirkung nicht hatte, erlangt sie dieselbe mit dem Inkrafttreten des B.G.B. Das Amt der gedachten Personen endigt daher mit dem Inkrafttreten des B.G.B. und die Vorschrift des Art. 210 Abs. 2, nach welcher die bisherigen Vormünder, Pfleger und Mitglieder eines Familienraths im Amte bleiben, findet deshalb in diesem Falle keine Anwendung.

4. Die im E. I des E.G. Art. 92 noch erwähnten Fälle, in welchen das Erforderniß der Einwilligung gewisser Personen zu der Ehelichkeitserklärung und zu der Annahme an Kindesstatt in Folge der Todeserklärung dieser Personen wegfällt (E. I §§ 1587, 1611), kommen in Folge der veränderten Fassung, welche diese Vorschriften in den §§ 1726 Abs. 3, 1747 des B.G.B. gefunden haben, nicht mehr in Betracht.

5. Die Vorschriften des B.G.B. §§ 1420, 1494, 1544, nach welchen im Falle der Todeserklärung des Ehemanns die Verwaltung und Nutznießung, im Falle der Todeserklärung des überlebenden Ehegatten die fortgesetzte Gütergemeinschaft und im Falle

Artikel 161.

Ein zur Zeit des Inkrafttretens des Bürgerlichen Gesetzbuchs anhängiges Verfahren, das eine Todeserklärung, eine Verschollenheitserklärung oder die Einweisung des muthmaßlichen Erben in den Besitz oder Genuß des Vermögens eines Verschollenen zum Gegenstande hat, ist nach den bisherigen Gesetzen zu erledigen.

Ist vor dem Inkrafttreten des Bürgerlichen Gesetzbuchs eine Verschollenheitserklärung oder die vorläufige Einweisung des muthmaßlichen Erben in den Besitz oder Genuß des Vermögens eines Verschollenen erfolgt, so sind die bisherigen Gesetze auch für die Todeserklärung sowie für die endgültige Einweisung maßgebend.

Nach den bisherigen Gesetzen bestimmen sich auch die Wirkungen der nach Abs. 1, 2 ergehenden Entscheidungen. Im Falle der Todeserklärung finden die Vorschriften der Artikel 159, 160 Anwendung.

---

der Todeserklärung eines der Ehegatten die Errungenschaftsgemeinschaft mit dem Zeitpunkt endigt, welcher als Zeitpunkt des Todes gilt, kommen nicht in Betracht, weil sie sich nur auf Rechtsverhältnisse beziehen, die erst auf Grund des B.G.B. eingetreten sind. Sollten auf Grund des Art. 218 die für eine zur Zeit des Inkrafttretens des B.G.B. bestehende Ehe in Geltung bleibenden bisherigen Gesetze durch Landesgesetz dahin geändert werden, daß an ihre Stelle die Vorschriften des B.G.B. treten, so würden dadurch die gedachten §§ 1420, 1494, 1544 des B.G.B. auch für die bestehenden Ehen Geltung erlangen. Die Wirkung einer vor dem Inkrafttreten des B.G.B. erfolgten Todeserklärung auf einen Güterstand des früheren Rechtes bestimmt sich selbstverständlich nach diesem. Ueber die Wirkungen einer nach dem Inkrafttreten des B.G.B. erfolgten Todeserklärung auf einen solchen Güterstand s. Erl. zu Art. 200.

Artikel 161.

E. d. E.G. I Art. 93, 94; II Art. 134; III Art. 161. P. I S. 13026—13033, 13292; M. d. E.G. S. 238, 239. P. II S. 8962 (Bd. 6 S. 472).

1. Der Art. 161 bezieht sich sowohl auf diejenigen Gebiete, in welchen nach den bisherigen Gesetzen eine Todeserklärung stattfindet, als auch auf diejenigen, in welchen das französische oder badische Recht gilt (s. Vorbm. zu Art. 158—162). Die in diesen Rechtsgebieten bisher geltenden Vorschriften über die Voraussetzungen und Wirkungen der Todeserklärung bezw. der Verschollenheitserklärung oder der Einweisung in den Besitz und Genuß des Vermögens des Verschollenen, hängen so enge mit den Vorschriften über das Verfahren zusammen, daß die Ueberleitung eines zur Zeit des Inkrafttretens des B.G.B. anhängigen Verfahrens in ein die Todeserklärung nach Maßgabe des B.G.B. bezweckendes Verfahren unthunlich erscheint. Man hatte daher nur die Wahl, entweder das bereits anhängige Verfahren einzustellen und den Betheiligten zu überlassen, das behufs Erwirkung einer Todeserklärung nach Maßgabe des B.G.B. erforderliche Verfahren zu beantragen oder das schon anhängige Verfahren nach den bisherigen Gesetzen zur Erledigung zu bringen. Das E.G. hat sich für den letzteren Weg entschieden. Dabei ist davon ausgegangen, daß in denjenigen Rechtsgebieten, in welchen der Todeserklärung eine Verschollenheitserklärung oder die Einweisung des muthmaßlichen Erben in den Besitz oder Genuß des Vermögens des Verschollenen vorhergeht, oder doch vorhergehen kann, das ganze Verfahren bis zur Todeserklärung als ein einheitliches Ganzes zu betrachten ist und daß daher, wenn auch nur das jene vorläufigen Maßregeln bezweckende Verfahren anhängig geworden ist, das ganze Verfahren bis zur Todeserklärung nach den bisherigen Gesetzen zu erledigen ist. Wann das Verfahren als anhängig zu betrachten ist, bestimmt sich nach den betreffenden landesgesetzlichen Vorschriften. Regelmäßig tritt die Anhängigkeit ein, wenn der Antrag auf die Todeserklärung oder auf die Verschollenheitserklärung oder auf die Einweisung in den Besitz oder Genuß des Vermögens des Verschollenen bei der zuständigen Behörde eingegangen ist. Wird das Verfahren durch den Antrag auf Erlassung eines Aufgebots bei dem zuständigen Gericht eingeleitet, so tritt die Anhängigkeit, sofern die Landesgesetze nicht ein Anderes bestimmen, mit der Stellung dieses Antrags ein. Ist das Verfahren vor dem 1. Januar 1900 noch nicht anhängig geworden, so kann die Todeserklärung nur nach Maßgabe des B.G.B. und der C.P.O. erfolgen (s. Erl. zu Art. 158). Dasselbe gilt, wenn der vor dem 1. Januar 1900 gestellte Antrag auf Einleitung des Verfahrens zurückgewiesen wird. Hervorgehoben mag noch werden, daß, wenn sich das Verfahren nach dem bisherigen Rechte bestimmt und nach diesem

ein Aufgebotsverfahren nach Maßgabe der Vorschriften der C.P.O. in der vor dem 1. Januar 1900 bestehenden Fassung erforderlich ist, diese Vorschriften, nicht die Vorschriften der jetzigen C.P.O. Anwendung finden.

2. Führt ein nach den bisherigen Gesetzen zu erledigendes Verfahren zu einer Verschollenheitserklärung oder zu einer Einweisung in den Besitz oder Genuß des Vermögens des Verschollenen, so sind die bisherigen Gesetze für die Wirkungen dieser Rechtsakte sowie für die demnächstige Todeserklärung und die endgültige Einweisung maßgebend. Nach diesen ist insbesondere auch die Frage zu entscheiden, ob, wenn demnächst die Todeserklärung oder die endgültige Einweisung erfolgt, die Erbfolge ex nunc oder ex tunc stattfindet, d. h. ob sich der Anfall der Erbschaft nach dem Zeitpunkte der Todeserklärung bezw. der endgültigen Einweisung oder nach dem Zeitpunkte der früheren Verschollenheitserklärung bezw. der vorläufigen Einweisung bestimmt. Zweifelhaft ist, ob, wenn nach Maßgabe des bisherigen Rechtes als Zeitpunkt des Todes ein Zeitpunkt gilt, der nach dem 1. Januar 1900 liegt, die Beerbung sich nach dem früheren Rechte oder nach dem B.G.B. bestimmt. Für die erste Auffassung läßt sich geltend machen, daß materiell der Zweck des ganzen auf die Todeserklärung gerichteten Verfahrens darauf geht, die Beerbung des für todt Erklärten herbeizuführen und daß daher, wenn jenes Verfahren und die Todeserklärung sich nach dem bisherigen Rechte bestimmen, dieses auch für die Beerbung maßgebend sein müsse. Auf diese Auffassung deuten auch, obwohl nicht ganz klar, die M. d. E.G. S. 239 hin. Ueberwiegende Gründe sprechen indessen für die zweite Auffassung. Die Wirkung der Todeserklärung besteht lediglich darin, daß festgestellt wird, daß und in welchem Zeitpunkte der Tod als eingetreten anzunehmen sei. Wer bei Zugrundelegung dieses Zeitpunkts Erbe ist und wie sich im Uebrigen die Erbfolge gestaltet, bestimmt sich nicht nach den für die Todeserklärung geltenden, sondern nach den erbrechtlichen Vorschriften. Ebenso gut wie eine Aenderung dieser Vorschriften, welche bei dem Fortbestehen des bisherigen Rechtes über die Todeserklärung während eines darauf gerichteten Verfahrens eintritt, in Ermangelung besonderer Vorschriften für die auf Grund der Todeserklärung stattfindende Beerbung maßgebend sein würde, ebenso muß auch in dem Falle des Art. 161 die durch das B.G.B. eingetretenen Aenderungen der erbrechtlichen Vorschriften berücksichtigt werden. Nur wenn auf Grund der Todeserklärung nach Maßgabe des bisherigen Rechtes ein vor dem 1. Januar 1900 liegender Zeitpunkt für die Beerbung maßgebend ist, bestimmen sich diese sowie die gesammten erbrechtlichen Verhältnisse nach Art. 213 nach dem bisherigen Rechte; liegt jener Zeitpunkt nach dem 1. Januar 1900, so finden in den gedachten Beziehungen die Vorschriften des B.G.B. Anwendung. Dieselben Grundsätze wie für die Todeserklärung müssen auch, wenn statt derselben nach dem bisherigen Rechte nur eine endgültige Einweisung in den Besitz und Genuß stattfindet, für diese gelten (a. A. Habicht S. 79, 86 ff.). Eine andere Frage ist, ob die Lebensvermuthung des B.G.B. § 19 auch dann gilt, wenn die Wirkungen der Todeserklärung oder der endgültigen Einweisung sich nach dem bisherigen Rechte bestimmen. Diese Frage dürfte zu verneinen sein, weil die Lebensvermuthung des § 19 im engsten Zusammenhange mit der im § 18 bestimmten Wirkung der Todeserklärung steht. Bestimmt sich diese nicht nach dem B.G.B., sondern nach dem bisherigen Rechte, so muß dieses auch in Betreff der Lebensvermuthung maßgebend sein (ebenso Habicht S. 89 ff.).

3. Die unter Nr. 2 dargelegten Grundsätze gelten auch dann, wenn bereits vor dem Inkrafttreten des B.G.B. eine Verschollenheitserklärung oder die vorläufige Einweisung in den Besitz oder Genuß stattgefunden hat. Das fernere Verfahren bis zu der Todeserklärung bezw. bis zu der endgültigen Einweisung in den Besitz oder Genuß bestimmt sich nach dem bisherigen Rechte. Keine ausdrückliche Vorschrift enthält das E.G. darüber, nach welchen Vorschriften sich die Wirkungen einer vor dem Inkrafttreten des B.G.B. auf Grund des französischen oder badischen Rechtes erfolgten endgültigen Einweisung in den Besitz oder Genuß bestimmen. Es kann indessen keinem Zweifel unterliegen, daß in einem solchen Falle das bisherige Recht ebenso Anwendung findet wie in dem Falle, daß die endgültige Einweisung nach dem Inkrafttreten des B.G.B. in Folge eines schon vorher eingeleiteten Verfahrens erfolgt ist.

4. Die Regel, daß für ein bei dem Inkrafttreten des B.G.B. bereits anhängiges Verfahren und für die Wirkung der darin ergehenden Rechtsakte die bisherigen Gesetze maßgebend sind, erleidet insofern eine Ausnahme, als für die Wirkungen der in diesem Verfahren ergehenden Todeserklärung ebenso wie für eine bereits vor dem Inkrafttreten des B.G.B. erfolgte Todeserklärung die besonderen Vorschriften der Art. 159, 160 maßgebend sind und daß also auf eine solche Todeserklärung die in den Art. 159, 160 bezeichneten Vorschriften des B.G.B. Anwendung finden. In den Fällen des Art. 160 gilt als Zeitpunkt der Beendigung der elterlichen Gewalt &c. statt des 1. Januar 1900 derjenige Zeitpunkt, welcher nach dem für die Todeserklärung maßgebenden Rechte als Zeitpunkt des Todes gilt, wenn dieser nach dem 1. Januar 1900 liegt.

Artikel 162.

Soweit eine nach den bisherigen Gesetzen erfolgte oder nach Artikel 161 Abs. 2 zulässige endgültige Einweisung des muthmaßlichen Erben in den Besitz oder Genuß des Vermögens des Verschollenen ohne Einfluß auf Rechtsverhältnisse ist, auf die sich die Wirkungen der Todeserklärung nach dem Bürgerlichen Gesetzbuch erstrecken, ist nach dem Inkrafttreten des Bürgerlichen Gesetzbuchs eine Todeserklärung nach dessen Vorschriften zulässig; die Wirkungen beschränken sich auf diese Rechtsverhältnisse.

---

5. Von den in Veranlassung des B.G.B. erlassenen landesgesetzlichen Vorschriften, die sich auf das bisherige Recht über Verschollenheit beziehen, sind zu erwähnen das bayr. Ges. v. 9. Juni 1899 betr. Uebergangsvorschriften, Art. 107—112; das hessische A.G. zum B.G.B. Art. 156—160, 209, 210; die mecklenb. A.V. zum B.G.B. § 12; das oldenb. A.G. zum B.G.B. für Birkenfeld § 1; das Bremensche A.G. zum B.G.B. § 1.

Artikel 162.

E. d. E.G. II Art. 135; III Art. 162. P. II S. 8982—8984 (Bd. 6 S. 483—485).

1. Der Art. 162 beruht auf einem Beschlusse der zweiten Kommission. Die Wirkungen einer nach dem bisherigen Rechte erfolgten Todeserklärung sind durch die Art. 159, 160, 161 Abs. 3 Satz 2 auf Rechtsverhältnisse ausgedehnt, auf welche die Todeserklärung nach dem bisherigen Rechte ohne Einfluß war. Der nach französischem und badischem Rechte den Abschluß des Verfahrens bildenden endgültigen Einweisung des muthmaßlichen Erben in den Besitz und Genuß des Vermögens des Verschollenen konnten diese ausgedehnteren Wirkungen mit Rücksicht auf die Konstruktion des nach französischem und badischem Rechte stattfindenden Verfahrens nicht beigelegt werden. Der Art. 162 eröffnet deshalb behufs Erreichung des durch Art. 159, 160 verfolgten Zweckes einen anderen Weg. Soweit eine nach den bisherigen Gesetzen sei es vor dem Inkrafttreten des B.G.B. oder auf Grund des Art. 161 Abs. 1 erfolgte endgültige Einweisung ohne Einfluß auf Rechtsverhältnisse ist, auf die sich die Wirkungen der Todeserklärung nach dem B.G.B. erstrecken, soll daneben eine Todeserklärung nach den Vorschriften des B.G.B. zulässig sein. Die Zulässigkeit dieses Weges wird dann aber noch weiter ausgedehnt auf den Fall, daß eine endgültige Einweisung noch nicht erfolgt, aber nach Art. 161 Abs. 2 zulässig ist, daß also vor dem Inkrafttreten des B.G.B. eine vorläufige Einweisung erfolgt ist, und deshalb die bisherigen Gesetze auch für die endgültige Einweisung maßgebend sind. Die Vorschrift dürfte, obwohl in dem Art. 162 nur der Art. 161 Abs. 2 angezogen ist, auch auf den Fall auszudehnen sein, daß zur Zeit des Inkrafttretens des B.G.B. ein Verfahren, das die Einweisung des muthmaßlichen Erben in den Besitz und Genuß des Vermögens zum Gegenstande hat, bereits anhängig ist, aber noch nicht zu einer vorläufigen Einweisung geführt hat; denn in diesem Falle kann bis zur endgültigen Einweisung eine ebenso lange und noch längere Zeit vergehen wie in dem Falle des Abs. 2 und der Zweck des Art. 162, die Härte zu vermeiden, welche darin liegen würde, wenn der Betheiligte genöthigt wäre, mit dem Antrag auf Todeserklärung bis zur endgültigen Einweisung zu warten, erfordert daher die Ausdehnung der fraglichen Vorschrift auf diesen Fall. Bedenklich aber dürfte es sein, mit Habicht (S. 95 Anm. 1) soweit zu gehen, die Vorschrift des Art. 162 auch auf den Fall auszudehnen, daß nach den bisherigen Gesetzen eine Todeserklärung zulässig und das auf diese gerichtete Verfahren vor dem Inkrafttreten des B.G.B. bereits anhängig geworden ist, die Todeserklärung nach den bisherigen Gesetzen aber keine Einwirkung auf die Ehe hat. Nach der Habicht'schen Ansicht würden hier zwei Verfahren, welche beide auf Todeserklärung gerichtet sind, neben einander herlaufen. Daß dies die Absicht des Gesetzes, welches ausdrücklich nur von der Einweisung, nicht von der Todeserklärung spricht, gewesen sei, läßt sich doch wohl mit Sicherheit nicht annehmen.

2. Die unter den obigen Voraussetzungen zulässige Todeserklärung erfolgt nach den Vorschriften des B.G.B. und der C.P.O. Ob die nach B.G.B. §§ 14—17 erforderlichen thatsächlichen Voraussetzungen vor oder nach dem Inkrafttreten des B.G.B. eingetreten sind, ist gleichgültig. Die in diesem Verfahren erfolgte Todeserklärung hat dann aber nicht alle nach dem B.G.B. mit der Todeserklärung verbundenen Wirkungen; sie ist ohne Einfluß auf diejenigen Rechtsverhältnisse, welche nach dem bisherigen Rechte durch die endgültige Einweisung betroffen werden; ihre Wirkung beschränkt sich vielmehr auf die durch die endgültige Einweisung nicht berührten Rechtsverhältnisse. Die Fassung der fraglichen Vorschrift des Art. 162 lautet allgemeiner wie die der

Artikel 163.

Auf die zur Zeit des Inkrafttretens des Bürgerlichen Gesetzbuchs bestehenden juristischen Personen finden von dieser Zeit an die Vorschriften der §§. 25 bis 53, 85 bis 89 des Bürgerlichen Gesetzbuchs Anwendung, soweit sich nicht aus den Artikeln 164 bis 166 ein Anderes ergiebt.

Art. 159, 160. Praktisch in Betracht kommen indessen wohl nur die in den Art. 159, 160 bezeichneten Rechtsverhältnisse. Der bei der Berathung in der zweiten Kommission daneben noch erwähnte Fall des E. II § 840 Abs. 1 Satz 3 hat dadurch seine Erledigung gefunden, daß in dem dem § 840 des E. II entsprechenden § 911 des E. III und des § 927 des B.G.B. hinter dem Worte „gestorben" die Worte „oder verschollen" eingeschaltet sind. Die wichtigste Folge des Art. 162 besteht darin, daß auf dem von ihm bezeichneten Wege der Ehegatte des Verschollenen die Möglichkeit erhält, eine neue Ehe einzugehen und daß auf eine solche Ehe die Vorschriften der §§ 1348—1352 des B.G.B. Anwendung finden.

Artikel 163—167.

Die Art. 163—167 enthalten Uebergangsvorschriften für die zur Zeit des Inkrafttretens des B.G.B. bestehenden juristischen Personen und gewisse deutschrechtliche Genossenschaften, in Betreff deren es zweifelhaft ist, ob sie juristische Personen sind oder ob sie einen anderen juristischen Charakter haben. Der Art. 163 spricht das Prinzip aus, während die Art. 164—167 die Ausnahmen von der Regel bestimmen. Die Art. 163—166 beruhen auf Beschlüssen der zweiten Kommission, der Art. 167 auf einem Beschlusse des Bundesraths. In dem Art. 163 sind nur die Vorschriften der Art. 164—166 als solche hervorgehoben, welche Ausnahmen von dem im Art. 163 aufgestellten Prinzip enthalten. Auch der Art. 167 enthält indessen noch eine solche Ausnahme. Im E. I d. E.G. sind entsprechende Vorschriften nicht enthalten, weil in den §§ 42, 43, 60, 62 des E. I bereits bestimmt war, inwieweit die Landesgesetze maßgebend bleiben sollen.

Artikel 163.

E. d. E.G. II Art. 136; III Art. 163. P. II S. 8994—8998 (Bd. 6 S. 490—492).

1. Die Erfordernisse der Entstehung einer juristischen Person bestimmen sich nach den zur Zeit der Entstehung geltenden Gesetzen. Dies folgt aus den allgemeinen Grundsätzen über die zeitliche Herrschaft der Gesetze; man hat es deshalb für überflüssig gehalten, eine ausdrückliche Vorschrift in dieser Richtung aufzunehmen. Im einzelnen Falle kann es zweifelhaft sein, in welchem Zeitpunkt eine juristische Person als entstanden anzusehen ist. In P. II S. 8996 ist z. B. die Frage als zweifelhaft hervorgehoben, ob auf Grund eines unter der Herrschaft des früheren Gesetzes vorgenommenen Stiftungsgeschäfts nach dem Inkrafttreten des B.G.B. die staatliche Genehmigung nachgesucht und ertheilt werden könne, wenn die Form, in welcher das Stiftungsgeschäft vorgenommen worden, zwar den Vorschriften des früheren Rechtes, nicht aber den Vorschriften des B.G.B. (§ 81) genüge. Für die Verneinung dieser Frage läßt sich geltend machen, daß, wenn nach dem bisherigen Rechte zur Entstehung der Stiftung außer dem Stiftungsgeschäfte die staatliche Genehmigung erforderlich war, die Stiftung, wenn die staatliche Genehmigung bei dem Inkrafttreten des B.G.B. noch nicht ertheilt war, zu diesem Zeitpunkte noch nicht bestand, daß die Voraussetzungen ihrer Entstehung daher nunmehr nach dem B.G.B. beurtheilt werden müssen und deshalb auch für das Stiftungsgeschäft die durch das B.G.B. vorgeschriebene Form zu erfordern ist. Diese Auffassung dürfte indessen der Bedeutung des Stiftungsgeschäfts nicht gerecht werden. Auf ihm beruht die Stiftung. Ist es in der Form vorgenommen, welche dem zur Zeit der Vornahme geltenden Rechte entspricht, so ist dadurch die Grundlage für die Stiftung in der Art gelegt, daß diese bei dem Hinzutreten der staatlichen Genehmigung von selbst zur Entstehung gelangt. Diese durch das Stiftungsgeschäft bereits eingetretene rechtliche Wirkung will das neue Recht ebensowenig beseitigen wie es die durch ein bedingtes Rechtsgeschäft schon vor dem Eintritte der Bedingung eingetretene rechtliche Wirkung beseitigen will. Die staatliche Genehmigung kann daher in dem gedachten Falle auf Grund des dem bisherigen Rechte entsprechenden Stiftungsgeschäfts ertheilt werden und damit entsteht die Stiftung nach Maßgabe des bisherigen Rechtes (ebenso Habicht S. 117 Anm. 1).

2. Auf die zur Zeit des Inkrafttretens des B.G.B. bereits bestehenden juristischen Personen sollen nach Art. 163 die Vorschriften des B.G.B. Anwendung finden. Die Bestimmung des Art. 163 gilt sowohl für Vereine wie für Stiftungen. Sie beschränkt sich

nicht, wie der Art. 82 auf die Vorschriften über die Verfassung der juristischen Personen, sondern erstreckt sich auf alle Vorschriften der §§ 25—53, 85—89 des B.G.B. Soweit in diesen Vorschriften auf die Verfassung der juristischen Personen verwiesen wird oder soweit sie durch die Verfassung geändert werden können, bleiben die Bestimmungen der bisherigen Verfassung der juristischen Person in Kraft. Als Bestimmungen der Verfassung dürften auch solche zu betrachten sein, welche auf dem in einem Vereine geltenden Herkommen beruhen. Die Bestimmungen der Landesgesetze über die Verfassung treten aber außer Kraft. Dies dürfte auch für solche Bestimmungen gelten, welche nicht im Widerspruche mit den Vorschriften des B.G.B. stehen, sondern neben diesen bestehen können; denn das B.G.B. will erschöpfende gesetzliche Vorschriften über die Verfassung geben; und hiermit ist das Fortbestehen anderer gesetzlicher Vorschriften über die Verfassung unvereinbar (a. A. Habicht S. 117). Nur für die Verfassung von Stiftungen bleiben die Landesgesetze nach Maßgabe des B.G.B. §§ 85, 86 aufrecht erhalten.

3. Der Art. 163 erleidet außer den in den Art. 164—167 bestimmten Ausnahmen eine weitere Ausnahme durch die Vorschriften des Art. 82, nach welchem für die Verfassung solcher Vereine, deren Rechtsfähigkeit auf staatlicher Verleihung beruht, die bisherigen Landesgesetze maßgebend bleiben (s. Erl. 2 zu Art. 82). Weitere Ausnahmen ergeben sich aus den Art. 83, 85, 86 sowie daraus, daß soweit die Landesgesetze nach den Vorschriften des E.G. in Beziehung auf ganze Materien unberührt bleiben, dieser Vorbehalt sich auch auf die juristischen Personen erstreckt, welche diesen Materien angehören. So erstreckt sich z. B. der Vorbehalt der Art. 65—67, 75 auch auf die wasserrechtlichen Genossenschaften, auf die Deich- und Realgenossenschaften sowie auf die bergrechtlichen Gewerkschaften und Knappschaftsvereine und auf die Versicherungsvereine. Die Vorschriften der hiernach außer den Art. 164—167 in Betracht kommenden Art. des E.G. unterscheiden sich aber von den Art. 164—167 dadurch, daß sie den Landesgesetzen ganz allgemein, also auch in Betreff der erst künftig entstehenden juristischen Personen Spielraum gewähren, während die Art. 164—167 ebenso wie der Art. 163 nur Uebergangsvorschriften für die zur Zeit des Inkrafttretens des B.G.B. bereits bestehenden Vereine der in den Artikeln bezeichneten Art enthalten. In Betreff dieser Vereine ist die Landesgesetzgebung aber ebenso unbeschränkt wie auf Grund der obengedachten allgemeinen Vorbehalte. Es bleiben also für diese Vereine nicht nur die zur Zeit des Inkrafttretens des B.G.B. bestehenden Gesetze in Kraft, sondern diese können nach Art. 218 auch von der Landesgesetzgebung geändert werden. Die Unterscheidung, welche Habicht S. 107 ff. in der letztgedachten Beziehung dahin macht, daß die Landesgesetzgebung auf Grund der Art. 164—166 nur die für die fraglichen Vereine bestehenden Sondervorschriften zu ändern befugt sei, nicht aber die allgemeinen für die Vereine geltenden Vorschriften, auf welche in den für die betreffenden Vereine geltenden Vorschriften ausdrücklich oder stillschweigend verwiesen sei, dürfte nicht richtig sein. Weder der Wortlaut noch der Zweck der Vorschriften der Art. 164—166 spricht für eine solche Einschränkung der Landesgesetzgebung. Von praktischer Bedeutung ist die Frage wohl nur für die im Art. 164 bezeichneten sog. Realgemeinden. Für diese würde bei den Zweifeln, die häufig darüber bestehen, ob es sich um besondere Vorschriften oder um Konsequenzen der allgemeinen für Vereine geltenden Grundsätze handelt, eine Beschränkung der fraglichen Art im hohen Grade unzweckmäßig sein.

4. In der zweiten Kommission war eine weitere Ausnahme von der Regel des Art. 163 dahin beantragt, daß die landesgesetzlichen Vorschriften in Kraft bleiben sollten, welche den Anfall des Vereinsvermögens in einer von den Vorschriften des § 45 des B.G.B. abweichenden Weise regeln (P. II S. 8994). Der Antrag wurde aus folgenden Gründen abgelehnt: „Entweder enthalte die Satzung des Vereins eine Vorschrift über den Anfall des Vermögens, dann genüge der § 45 des B.G.B. oder die Satzung enthalte eine solche Vorschrift nicht, dann genüge für die konzessionspflichtigen Vereine der Art. 82 und für die in den Art. 165, 166 bezeichneten Vereine die Vorschriften dieser Artikel, während in Betreff anderer Vereine kein Grund vorliege, die Vorschriften des B.G.B. auszuschließen".

5. Auf öffentlichrechtliche juristische Personen finden nach B.G.B. § 89 nur die §§ 31, 42 Abs. 2 Anwendung. Dies gilt nach Art. 163 auch für die bei dem Inkrafttreten des B.G.B. bereits bestehenden öffentlichrechtlichen juristischen Personen. Im Uebrigen gelten in Betreff aller juristischen Personen dieser Art, weil es sich dabei um öffentliches Recht handelt, lediglich die Landesgesetze. Aus der reichsrechtlichen Geltung der §§ 31, 42 Abs. 2 des B.G.B. für juristische Personen des öffentlichen Rechtes mit Habicht S. 123 den Schluß zu ziehen, daß die Vorschriften dieser Paragraphen durch die Landesgesetze auch für solche juristische Personen nicht geändert werden können, in Betreff deren die Zuständigkeit der Landesgesetzgebung auf anderen Gründen als darauf beruht, daß die betreffenden juristischen Personen dem öffentlichen Rechte angehören, dürfte sich nicht rechtfertigen lassen. Die Vorschrift des § 42 Abs. 2 gilt natürlich nur, sofern der Konkurs landesrechtlich zulässig ist (s. Art. IV des E.G. zur Konkursnovelle v. 1898).

Artikel 164.

In Kraft bleiben die landesgesetzlichen Vorschriften über die zur Zeit des Inkrafttretens des Bürgerlichen Gesetzbuchs bestehenden Realgemeinden und ähnlichen Verbände, deren Mitglieder als solche zu Nutzungen an land- und forstwirthschaftlichen Grundstücken, an Mühlen, Brauhäusern und ähnlichen Anlagen berechtigt sind. Es macht keinen Unterschied, ob die Realgemeinden oder sonstigen Verbände juristische Personen sind oder nicht und ob die Berechtigung der Mitglieder an Grundbesitz geknüpft ist oder nicht.

---

6. Die in Veranlassung des B.G.B. erlassenen Landesgesetze enthalten vielfach Vorschriften über Stiftungen, die sich theils auf die bereits bestehenden, theils auf neu entstehende Stiftungen, theils auf beide beziehen. So z. B. das preuß. A.G. zum B.G.B. Art. 1—5; die preuß. A.V. v. 16. November 1899 Art. 4, 5; das bayerische A.G. zum B.G.B. Art. 5, 6; das sächsische A.G. zum B.G.B. § 1; das württembergische A.G. zum B.G.B. Art. 138; das hessische A.G. zum B.G.B. Art. 7—9; die mecklenburgische A.V. zum B.G.B. §§ 16—25; das Elsaß-Lothringensche A.G. zum B.G.B. § 7; das Hamburgsche A.G. zum B.G.B. §§ 7—21; das Bremische A.G. zum B.G.B. §§ 4, 5; das Lübecksche A.G. zum B.G.B. §§ 6—12.

7. Auf nicht rechtsfähige Vereine, welche zur Zeit des Inkrafttretens des B.G.B. bestehen, finden die Vorschriften des bisherigen Rechtes Anwendung (M. d. E.G. S. 249). Eine dem Art. 163 entsprechende Vorschrift, durch welche der § 54 des B.G.B. auf solche Vereine für anwendbar erklärt würde, besteht nicht. Die Annahme, daß trotzdem die Vorschrift des § 54 Satz 2 über die Haftung aus den im Namen eines nicht rechtsfähigen Vereins vorgenommenen Rechtsgeschäfte auch für die bereits vor dem Inkrafttreten des B.G.B. begründeten nicht rechtsfähigen Vereine gelte (s. Habicht S. 128, Gierke, Vereine ohne Rechtsfähigkeit nach dem B.G.B.), dürfte nicht richtig sein, weil das Gesetz bei dieser Vorschrift ebenso wie bei der Vorschrift des Abs. 1 nur den Zweck verfolgt, das Verhältniß der nach dem Inkrafttreten des B.G.B. entstehenden nicht rechtsfähigen Vereine zu ordnen. In einzelnen Bundesstaaten sind jedoch ausdrückliche Vorschriften für die zur Zeit des Inkrafttretens des B.G.B. bereits bestehenden nicht rechtsfähigen Vereine gegeben, welche sachlich den Bestimmungen des § 54 entsprechen; so durch das bayerische Gesetz, die Uebergangsvorschriften v. 9. Juni 1896 Art. 2 und durch das hessische A.G. zum B.G.B. Art. 134.

Aus der Unanwendbarkeit des § 54 auf bestehende nicht rechtsfähige Vereine kann übrigens nicht gefolgert werden, daß auch die §§ 50, 735 der C.P.O. und der § 213 der K.O. auf solche Vereine keine Anwendung finden. Es handelt sich hierbei um Verfahrensvorschriften und deshalb dürften sie auch auf bestehende nicht rechtsfähige Vereine anzuwenden sein (bei anhängigen Rechtsstreitigkeiten a. A. das R.G. in J.W. 1900 S. 517, s. auch Rechtspr. d. O.L.G. 1 S. 237).

Artikel 164.

E. d. E.G. II Art. 137; III Art. 164. P. II S. 1225—1239, 8994—8996, 8998, 8999 (Bd. 1 S. 612—618; Bd. 6 S. 490—492, 493, 494).

1. Die in dem Art. 164 bestimmte Ausnahme von der Regel des Art. 163 beruht auf der Erwägung, daß die im Art. 164 bezeichneten Rechtsgebilde einen so eigenthümlichen Charakter haben, daß die Anwendung der Vorschriften des B.G.B. auf sie ihren wirthschaftlichen Zweck gefährden und eine Verkümmerung der Rechte ihrer Mitglieder zur Folge haben würden. Der Begriff der Realgemeinden ist kein scharf begrenzter. Zwischen Realgemeinde und politischer Gemeinde bestand in älterer Zeit kein Unterschied. Die Trennung beider war eine Folge der politischen und wirthschaftlichen Entwickelung und der dadurch bedingten Aenderung der Gemeindeverfassung. Die Entwickelung ist in den einzelnen Theilen Deutschlands eine verschiedene gewesen. In mannigfachen Formen und in verschiedenem Umfange bildeten sich neben der politischen Gemeinde oft noch in einem gewissen Zusammenhange mit derselben Verbände, welchen die Nutzung gewisser Grundstücke oder Rechte ausschließlich zustand. Unter dem Ausdrucke „Realgemeinden" werden in der Theorie bisweilen alle Verbände dieser Art, bisweilen aber auch nur gewisse Kategorien derselben verstanden. Für das E.G. kommt es hierauf nicht an, weil der Art. 164 dadurch, daß er den Realgemeinden ähnliche Verbände, deren Mitglieder als solche zu Nutzungen an land- und forstwirthschaftlichen Grundstücken, an Mühlen, Brauhäusern und ähnlichen Anlagen berechtigt sind, gleichstellt, die Aufrechterhaltung des bisherigen Rechtes nicht von dem Bestehen einer Realgemeinde, sondern lediglich davon abhängig macht, daß es sich um

Artikel 165.

In Kraft bleiben die Vorschriften der bayerischen Gesetze, betreffend die privatrechtliche Stellung der Vereine sowie der Erwerbs- und Wirthschaftsgesellschaften, vom 29. April 1869 in Ansehung derjenigen Vereine und registrirten Gesellschaften, welche auf Grund dieser Gesetze zur Zeit des Inkrafttretens des Bürgerlichen Gesetzbuchs bestehen.

---

einen Verband der bezeichneten Art handelt. Verbände dieser Art kommen unter den verschiedensten Namen war. Beispielsweise sind in einem bei der Berathung der zweiten Kommission gestellten Antrage neben den Realgemeinden noch angeführt Markgenossenschaften, Märkerschaften, Erbengenossenschaften, Gütergemeinden, Wüstungsgemeinden, Nutzungsgemeinden, Rechtsamegemeinden, Mentegemeinden, Interessenschaftsforsten, Halbengebrauchswaldungen, Haubergsgenossenschaften, Gehöferschaften. Die Kommission hat es abgelehnt, solche Beispiele in dem Gesetz anzuführen, weil sie nicht erschöpfend seien und in manchen Beziehungen zu Zweifeln Anlaß gäben. Es kommt hiernach nicht auf den Namen, sondern lediglich darauf an, ob die im Art. 164 bestimmten sachlichen Voraussetzungen vorliegen. Diese Voraussetzungen sind:

a) eine Realgemeinde oder ein ähnlicher Verband. Ausgeschlossen sind die den Grundsätzen des bisherigen gemeinen Rechtes unterliegenden Gesellschaften und Gemeinschaften, auch wenn den Gegenstand derselben die Benutzung land- oder forstwirthschaftlicher Grundstücke oder der im Art. 164 bezeichneten Anlagen bildet. Erforderlich ist die besondere durch die geschichtliche Entstehung und Entwickelung bedingte Gestaltung des Verbandes, welche die Anwendung der allgemeinen Grundsätze über Gesellschaft und Miteigenthum ausschließt. Unerheblich ist, ob der Zusammenhang mit der alten Gemeindeverfassung erkennbar ist; es genügt, daß der Verband rechtlich und wirthschaftlich einen ähnlichen Charakter hat, wie die unzweifelhaft von der früheren einheitlichen Gemeinde ausgeschiedenen sog. Realgemeinden. Auf die juristische Konstruktion kommt es im Uebrigen nicht an. Es ist gleichgültig, ob der Verband eine juristische Person oder eine deutschrechtliche Genossenschaft oder eine Vereinigung anderer besonderer Art ist. Auch darauf kommt es nicht an, von welchen Voraussetzungen die Mitgliedschaft des Verbandes abhängt. Diese kann, wie dies regelmäßig bei den eigentlichen Realgemeinden der Fall ist, mit dem Eigenthum eines bestimmten Grundstücks verbunden sein; sie kann aber auch ein selbständiges Recht bilden und dieses Recht kann wieder vererblich oder nicht vererblich, veräußerlich oder nicht veräußerlich sein.

b) Die Mitglieder des Verbandes müssen als solche zu der Nutzung an land- oder forstwirthschaftlichen Grundstücken, an Mühlen, Brauhäusern und ähnlichen Anlagen berechtigt sein. Der Ausdruck „ähnliche Anlagen" wird im weitesten Sinne zu verstehen sein; er umfaßt nicht nur gewerbliche Anlagen, sondern alle gemeinsamen Betriebe, die einen ähnlichen Charakter haben wie der Betrieb einer Brauerei oder Mühle. Gleichgültig ist, welchen juristischen Charakter das Nutzungsrecht hat, ob insbesondere die Gegenstände, an denen es besteht, im Eigenthume der Mitglieder des Verbandes stehen und ob dieses Eigenthum deutschrechtliches Gesammteigenthum oder gewöhnliches und nur durch die nach a erforderliche Organisation gebundenes Miteigenthum ist oder ob das Eigenthum dem Verband als juristischer Person oder einem Dritten zusteht und die Mitglieder das Nutzungsrecht als Mitglieder der juristischen Person oder als Servitutberechtigte haben. Lediglich darauf kommt es an, daß das Nutzungsrecht den Mitgliedern des Verbandes kraft ihrer Mitgliedschaft zusteht.

2. Die im Art. 164 bezeichneten Verbände sind auch nach dem Inkrafttreten des B.G.B. nach dem bisherigen Rechte zu beurtheilen. Nach diesem bestimmt sich, ob ein Verein der fraglichen Art besteht, welche rechtliche Natur er hat, wie seine Verfassung ist und aus welchen Gründen er erlischt. In allen diesen Beziehungen kann aber das bisherige Recht nach Art. 218 auch künftig durch Landesgesetze geändert werden.

3. Unter den Art. 164 fallen an sich auch die Waldgenossenschaften. Für diese gilt aber die weitergehende Vorschrift des Art. 83, nach welcher die Landesgesetze auch in Betreff der nach dem Inkrafttreten des B.G.B. entstehenden Waldgenossenschaften unberührt bleiben (s. Erl. zu Art. 83).

Artikel 165.

E. d. E.G. II Art. 138; III Art. 165. P. II S. 8995, 9003, 9004 (Bd. 6 S. 491, 496, 497)

In Bayern sind am 29. April 1869 zwei Gesetze erlassen, von denen das eine die privatrechtliche Stellung der Erwerbs- und Wirthschaftsgenossenschaften, das andere die privatrechtliche Stellung von Vereinen regeln.

Artikel 166.

In Kraft bleiben die Vorschriften des sächsischen Gesetzes vom 15. Juni 1868, betreffend die juristischen Personen, in Ansehung derjenigen Personenvereine, welche zur Zeit des Inkrafttretens des Bürgerlichen Gesetzbuchs die Rechtsfähigkeit durch Eintragung in das Genossenschaftsregister erlangt haben.

---

1. Das erstgedachte Gesetz, welches von dem Bundesgesetze v. 4. Juli 1868 insoweit abweicht, daß es neben den Genossenschaften mit unbeschränkter Haftpflicht auch sog. registrirte Gesellschaften mit beschränkter Haftpflicht anerkennt, ist durch das Reichsgesetz v. 23. Juni 1873, durch welches das Bundesgesetz v. 4. Juli 1868 nebst dem deklarirenden Reichsgesetze v. 19. Mai 1871 in Bayern eingeführt wird, aufgehoben. Nach § 2 des Reichsgesetzes von 1873 sollen aber die Bestimmungen des bayerischen Ges. v. 1869 für die auf Grund dieses Gesetzes vor dem 1. August 1873 eingetragenen registrirten Gesellschaften maßgebend bleiben. Auf diese registrirten Gesellschaften sollen nach § 6 des E.G. zur K.O. die Vorschriften der §§ 193, 194, 196, 214 der alten K.O. entsprechende Anwendung finden. Durch den § 153 des Ges. betr. die Erwerbs- und Wirthschaftsgenossenschaften v. 1. Mai 1889 sind das Ges. v. 4. Juli 1868 nebst der Deklaration v. 19. Mai 1871 und die §§ 195—197 der alten K.O. aufgehoben. Der oben gedachte Vorbehalt des § 2 des Ges. v. 23. Juni 1873 zu Gunsten der auf Grund des bayerischen Ges. v. 29. April 1869 vor dem 1. August 1873 eingetragenen registrirten Gesellschaften wird indessen durch diese Vorschrift nicht berührt und ausdrücklich ist in dem gedachten § 153 des Ges. v. 1. Mai 1889 bestimmt, daß auch die Vorschrift des oben gedachten § 6 des E.G. zur K.O. unberührt bleibt. Nach Art. 165 soll jener Vorbehalt auch nach dem Inkrafttreten des B.G.B. in Geltung bleiben. Ergänzt wird diese Vorschrift durch den Art. II Nr. 2 des E.G. zu dem Ges. betr. Aenderungen der K.O. v. 17. Mai 1898, durch welchen sachlich die Vorschrift des § 6 des E.G. zur K.O. in Beziehung auf die gedachten registrirten Gesellschaften aufrecht erhalten und nur die Fassung desselben insoweit geändert wird, als nur noch die §§ 193, 194, 214 (jetzt 207, 208, 244) der K.O. für anwendbar erklärt werden, während eine dem aufgehobenen § 196 der alten K.O. entsprechende Vorschrift im Abs. 2 dahin getroffen wird, daß die Gesellschaft in dem Konkursverfahren durch den Vorstand oder die Liquidatoren vertreten wird und daß ein Zwangsvergleich nicht stattfindet.

Hiernach verbleibt es für die auf Grund des bayerischen Ges. v. 29. April 1869 vor dem 1. August 1873 eingetragenen registrirten Gesellschaften, soweit sie bei dem Inkrafttreten des B.G.B. noch bestehen, sowohl in Betreff des materiellen Rechtes als des Konkursrechts bei den bestehenden Gesetzen. Vergl. bayer. A.G. z. B.G.B. Art. 161, 166 Ziff. XVI.

2. Das obengedachte zweite bayerische Ges. v. 29. April 1869 erstreckt sich nach dessen Art. 1 auf rechtlich bestehende oder rechtlich zulässige Vereinigungen, welche nicht auf einzelne bestimmte Mitglieder beschränkt sind, sofern sie nicht zu den öffentlichen Korporationen, zu den Handels- oder Versicherungsgesellschaften, ihrem Zwecke nach ferner nicht zu den Erwerbs- und Wirthschaftsgenossenschaften gehören, auch sonst nicht auf Erwerb, Gewinn oder eigentlichen Geschäftsbetrieb abzielen. Derartige Vereine erlangen unter den im Gesetze näher angegebenen Bedingungen die Rechtsstellung eines anerkannten Vereins. Die durch Art. 165 bestimmte Aufrechterhaltung der für bestehende Vereine dieser Art in dem gedachten Gesetze gegebenen Vorschriften hat dadurch ihre Bedeutung verloren, daß in dem bayerischen Ges. die Uebergangsvorschriften betreffend v. 9. Juni 1899 Art. 1 bestimmt ist, daß diese Vereine von dem Inkrafttreten des B.G.B. an als eingetragene Vereine gelten.

Artikel 166.

E. d. E.G. II Art. 139; III Art. 166. P. II S. 8995, 9004, 9005 (Bd. 6 S. 491, 497).

Das sächsische Ges. v. 15. Juni 1868 enthält eingehende Vorschriften über solche Personenvereine, welche auf Grund des § 6 dieses Gesetzes die juristische Persönlichkeit durch Eintragung in das Genossenschaftsregister erlangt haben. An die Stelle dieser Vorschriften treten mit dem Inkrafttreten des B.G.B. die Vorschriften der §§ 21—79 über rechtsfähige Vereine. Für diejenigen Vereine aber, welche auf Grund des gedachten sächsischen Gesetzes die Rechtsfähigkeit durch Eintragung in das Genossenschaftsregister erlangt haben, soll es, soweit sie bei dem Inkrafttreten des B.G.B. bestehen, nach Art. 166 auch ferner bei den bisherigen Vorschriften verbleiben; diese können aber durch die Landesgesetzgebung geändert werden (Art. 218). In Betreff des Konkurses über das Vermögen von Vereinen der gedachten Art gelten die allgemeinen für juristische Personen geltenden Vorschriften des § 213 der K.O.

Artikel 167.

In Kraft bleiben die landesgesetzlichen Vorschriften, welche die zur Zeit des Inkrafttretens des Bürgerlichen Gesetzbuchs bestehenden landschaftlichen oder ritterschaftlichen Kreditanstalten betreffen.

Artikel 168.

Eine zur Zeit des Inkrafttretens des Bürgerlichen Gesetzbuchs bestehende Verfügungsbeschränkung bleibt wirksam, unbeschadet der Vorschriften des Bürgerlichen Gesetzbuchs zu Gunsten derjenigen, welche Rechte von einem Nichtberechtigten herleiten.

Artikel 167.

E. d. E.G. III Art. 167. K.B. S. 2115. St.B. S. 3035.

1. Der Art. 167 ist auf Antrag Preußens durch den Bundesrath eingestellt. Landschaftliche oder ritterschaftliche Kreditanstalten bestehen besonders in verschiedenen preußischen Provinzen sowie in Sachsen. Für die zur Zeit des Inkrafttretens des B.G.B. bestehenden Anstalten dieser Art sollen die bestehenden Landesgesetze aufrecht erhalten werden; dadurch ist zugleich die Befugniß der Landesgesetzgebung ausgesprochen, die bisherigen landesgesetzlichen Vorschriften zu ändern. Der Vorbehalt des Art. 167 hat zunächst die Bedeutung einer Ausnahme von der Regel des Art. 163. Die dort für maßgebend erklärten Vorschriften des B.G.B. sind in Betreff der in dem Art. 167 bezeichneten Anstalten für die Landesgesetzgebung nicht bindend. Der Art. 167 geht aber noch weiter. Die rechtliche Stellung der fraglichen Anstalten soll überhaupt durch das B.G.B. nicht berührt werden, insbesondere sollen die statutenmäßigen Vorschriften der fraglichen Anstalten über Pfandbriefdarlehen und deren Eintragung und Löschung im Grundbuche bestehen bleiben. Daß dies der Absicht des Art. 167 entspricht, dürfte sich aus dessen allgemeiner Fassung ergeben und wird bestätigt durch den § 2 des E.G. zum Zw.V.G., indem aus diesem erhellt, daß die darin bestimmte Ausdehnung der Vorbehalte des E.G. auf das Zw.V.G. sich auch auf die Zwangsversteigerung wegen der Ansprüche der fraglichen Anstalten erstreckt und dabei nur die im Abs. 2 bestimmte Ausnahme für ältere als zweijährige Rückstände wiederkehrender Leistungen gemacht wird. Auf das Gebiet der Grundbuchordnung ist der Vorbehalt ausgedehnt durch den § 83 der G.B.O. Nach Art. 212 bleiben auch die Landesgesetze in Kraft, nach welchen die von den fraglichen Kreditanstalten ausgegebenen Werthpapiere zur Anlegung von Mündelgeld für geeignet erklärt sind.

2. In dem preuß. A.G. zum B.G.B. Art. 21 wird zur Klarstellung der Tragweite des Art. 167 bestimmt, daß die satzungsmäßigen Vorschriften, welche für die zur Zeit des Inkrafttretens des B.G.B bestehenden landschaftlichen oder ritterschaftlichen Kreditanstalten über die Aufnahme, Eintragung oder Löschung der Pfandbriefdarlehen sowie über die Umschreibung der eingeschriebenen Forderungen in Pfandbriefdarlehen und die Umwandelung der Pfandbriefe ergangen sind, in Kraft bleiben. Hinzugefügt wird die Vorschrift, daß als landschaftliche Kreditanstalten im Sinne der vorstehenden Bestimmung auch die provinzial-(kommunal-)ständischen öffentlichen Grundkreditanstalten gelten.

Artikel 168.

E. d. E.G. I Art. 101; II Art 140; III Art. 168. P. I S. 13230, 13231; M. d. E.G. S. 250. P. II S. 9005, 9006 (Bd. 6 S. 497, 498).

1. Die bisherigen Landesgesetze, nach welchen ein Berechtigter unter gewissen Voraussetzungen in der Verfügung über sein Recht beschränkt wird, werden, soweit sie nicht als dem öffentlichen Rechte angehörend aufrecht erhalten bleiben, durch das B.G.B. aufgehoben. Sind aber vor dem Inkrafttreten des B.G.B. in einem einzelnen Falle die Voraussetzungen eingetreten, unter welchen nach dem bisherigen Rechte eine Verfügungsbeschränkung entstand, so soll diese Beschränkung auch nach dem Inkrafttreten des B.G.B. ihre Wirksamkeit nach Maßgabe des bisherigen Rechtes behalten. Nach diesem entscheidet sich insbesondere auch, ob die im Widerspruche mit der Verfügungsbeschränkung vorgenommene Verfügung nichtig oder nur gewissen Personen gegenüber unwirksam ist oder nur von gewissen Personen angefochten werden kann. Gleichgültig ist, ob die Voraussetzung, unter welcher die Verfügungsbeschränkung eintritt, in einem Rechtsgeschäfte, sei es für sich allein oder in Verbindung mit anderen Thatsachen besteht, oder ob die Verfügungsbeschränkung ohne Rücksicht auf ein dieselbe bestimmendes Rechtsgeschäft bei dem Vorliegen

Artikel 169.

Die Vorschriften des Bürgerlichen Gesetzbuchs über die Verjährung finden auf die vor dem Inkrafttreten des Bürgerlichen Gesetzbuchs entstandenen, noch nicht verjährten Ansprüche Anwendung. Der Beginn sowie die Hemmung und Unterbrechung der Verjährung bestimmen sich jedoch für die Zeit vor dem Inkrafttreten des Bürgerlichen Gesetzbuchs nach den bisherigen Gesetzen.

Ist die Verjährungsfrist nach dem Bürgerlichen Gesetzbuche kürzer als nach den bisherigen Gesetzen, so wird die kürzere Frist von dem Inkrafttreten des Bürgerlichen Gesetzbuchs an berechnet. Läuft jedoch die in den bisherigen Gesetzen bestimmte längere Frist früher als die im Bürgerlichen Gesetzbuche bestimmte kürzere Frist ab, so ist die Verjährung mit dem Ablaufe der längeren Frist vollendet.

---

bestimmter Thatsachen kraft Gesetzes eintritt. Sind die thatsächlichen Voraussetzungen, von welchen das bisherige Recht die Verfügungsbeschränkung abhängig macht, und ist damit diese selbst eingetreten, so bleibt sie auch nach dem Inkrafttreten des B.G.B. bestehen. Nach § 2548 des sächs. G.B. behält z. B. der Erblasser trotz eines Erbvertrags das Recht der freien Verfügung unter Lebenden. Ein Verzicht auf dieses Recht ist aber wirksam, wenn er in dem Erbvertrag erklärt und auf einzelne unbewegliche Sachen oder auf einzelne Forderungen beschränkt und in dem ersteren Falle sowie bei hypothekarischen Forderungen im Grund- und Hypothekenbuch eingetragen, bei anderen Forderungen aber der Schuldner davon gerichtlich benachrichtigt worden ist. Ist vor dem Inkrafttreten des B.G.B. der Verzicht in der angegebenen Weise erklärt und die Eintragung bezw. die Benachrichtigung des Schuldners erfolgt, so behält die dadurch eingetretene Verfügungsbeschränkung auch nach dem Inkrafttreten des B.G.B. die ihr nach dem sächs. G.B. zukommende Wirksamkeit.

2. Eine nach Maßgabe des Vorstehenden in Wirksamkeit bleibende Verfügungsbeschränkung erleidet aber insofern eine Abschwächung, als auch für sie die Vorschriften des B.G.B. zu Gunsten derjenigen, welche Rechte von einem Nichtberechtigten herleiten, entsprechende Anwendung finden. Die Vorschrift entspricht dem § 135 Abs. 2 (s. Bd. I S. 188 Erl. 5 zu § 135).

3. Vergl. noch Erl. zu Art. 179, 184, 189 und wegen der Belastungs- und Veräußerungsverbote zu Gunsten von Hypothekengläubigern Erl. zu Art. 192.

Artikel 169.

E. d. E.G. I Art. 102; II Art. 141; III Art. 169. P. I S. 13051—13056; M. d. E.G. S. 250—254. P. II S. 9006 (Bd. 6 S. 498).

1. In der Theorie herrscht Streit über die Wirkungen eines neuen Verjährungsgesetzes. Auch die Gesetzgebungen nehmen einen verschiedenen Standpunkt zu dieser Frage ein (s. M. d. E.G. S. 250ff.). Der Art. 169 entscheidet diesen Streit durch die Aufstellung eines allgemeinen Prinzips für diejenigen Fälle, in welchen die Verjährung eines Anspruchs nach den Vorschriften des bisherigen Rechtes bei dem Inkrafttreten des B.G.B. noch nicht vollendet ist (Abs. 1 Satz 1), bestimmt aber in einzelnen Beziehungen Ausnahmen von diesem Prinzipe (Abs. 1 Satz 2, Abs. 2). Keine ausdrückliche Vorschrift enthält das E.G. für den Fall, daß die Verjährung eines Anspruchs nach dem bisherigen Rechte bei dem Inkrafttreten des B.G.B. bereits vollendet ist. Es wird als selbstverständlich angesehen, daß in einem solchen Falle lediglich das bisherige Recht maßgebend ist. Dies gilt insbesondere auch von den Wirkungen der eingetretenen Verjährung. Sind diese nach dem bisherigen Rechte größere oder geringere als nach dem B.G.B., so verbleibt es bei ihnen auch nach dem Inkrafttreten des B.G.B. Hieraus ergiebt sich, daß, wenn nach dem bisherigen Rechte die Verjährung nur eine Vermuthung für das Erlöschen der Schuld begründete und deshalb noch ein Gegenbeweis zulässig war (so nach französischem und preußischem Rechte mit gewissen verschieden bestimmten Einschränkungen), dieser Gegenbeweis auch nach dem Inkrafttreten des B.G.B. zulässig ist, wenn die Verjährung, auf welche sich der Beklagte beruft, vor dem Inkrafttreten des B.G.B. vollendet ist. Es ergiebt sich daraus ferner, daß, wenn nach dem bisherigen Rechte das zur Erfüllung einer verjährten Forderung Gezahlte zurückgefordert werden kann, sofern der Schuldner bei der Zahlung die Verjährung nicht kannte, dieser Anspruch, falls die Verjährung vor dem Inkrafttreten des B.G.B. vollendet war, begründet ist, auch wenn die Zahlung nach diesem Zeitpunkt erfolgt, obwohl er, wenn die Verjährung auf Grund des B.G.B. eingetreten wäre,

nach § 222 Abs. 2 nicht zulässig sein würde. Es ergiebt sich daraus andererseits, daß die Aufrechnung mit einer verjährten Forderung, falls sie nach dem bisherigen Rechte unbeschränkt zulässig wäre, und die Verjährung schon vor dem Inkrafttreten des B.G.B. eingetreten ist, auch nach diesem Zeitpunkte zulässig bleibt, obwohl sie nach § 390 Satz 2 nur in dem dort bezeichneten Falle zulässig ist. Eine Umwandelung der nach dem bisherigen Rechte eintretenden geringeren Wirkung findet auch dann nicht statt, wenn nach dem Inkrafttreten des B.G.B. alle Voraussetzungen eingetreten sind, unter welchen der Anspruch, wenn er noch nicht verjährt gewesen wäre, verjährt sein würde; denn eine verjährte Forderung kann nicht noch einmal verjähren. A.A. Habicht S. 146ff., der, wenn die Wirkungen der Verjährung nach dem bisherigen Rechte schwächere sind wie nach dem B.G.B., mit dem Inkrafttreten des B.G.B. eine neue Verjährung nach dessen Grundsätzen eintreten lassen will, mit deren Vollendung die stärkeren Wirkungen eintreten. Hiergegen dürfte, abgesehen von anderen Gründen insbesondere sprechen, daß dem Gläubiger die Möglichkeit entzogen sein würde, die neue Verjährung durch Erhebung der Klage zu unterbrechen, weil dieser Klage die Einrede der nach bisherigem Rechte vollendeten Verjährung entgegenstehen würde.

2. Für die zur Zeit des Inkrafttretens des B.G.B. noch nicht verjährten Ansprüche gilt als Regel, daß ihre Verjährung sich, auch wenn sie vor dem Inkrafttreten des B.G.B. entstanden sind, nach dessen Vorschriften bestimmt. Ein Anspruch, der nach dem B.G.B. unverjährbar ist, kann daher, wenn er nach dem bisherigen Rechte der Verjährung unterlag, nicht mehr verjähren. Umgekehrt fängt ein Anspruch, der nach dem bisherigen Rechte unverjährbar war, nach dem B.G.B. aber der Verjährung unterliegt, mit dem Inkrafttreten desselben zu verjähren an, sofern in diesem Zeitpunkte die durch das B.G.B. bestimmten Voraussetzungen der Verjährung bestehen. Der zwischen dem Eintritte dieser Voraussetzungen und dem Inkrafttreten des B.G.B. liegende Zeitraum bleibt außer Betracht (s. unter a). Die Wirkungen der Verjährung bestimmen sich nach dem B.G.B., mögen dieselben stärker oder schwächer sein wie die nach dem bisherigen Rechte mit der Verjährung verbundenen Wirkungen.

Von der angegebenen Regel gelten für Ansprüche, die auch nach dem B.G.B. der Verjährung unterliegen, folgende Ausnahmen:

a) Der Beginn der Verjährung (§§ 198—201) bestimmt sich für die Zeit vor dem Inkrafttreten das B.G.B. nach dem bisherigen Rechte. Nach diesem Rechte bestimmen sich also die Voraussetzungen, unter welchen ein Anspruch zu verjähren beginnt ohne Rücksicht darauf, ob sie auch nach dem B.G.B. genügen, um den Beginn der Verjährung zu begründen. Die begonnene Verjährung läuft nach dem Inkrafttreten des B.G.B. fort, selbst wenn nach diesem die Voraussetzungen des Beginns noch nicht vorliegen. Hiernach ist also z. B. für den Beginn der Verjährung eines vor dem Inkrafttreten des B.G.B. entstandenen Anspruchs der in den §§ 196, 197 bezeichneten Art, wenn dessen Verjährung nach dem bisherigen Rechte mit seiner Entstehung beginnt, dieser Zeitpunkt maßgebend, obwohl nach § 201 des B.G.B. die Verjährung erst mit dem 1. Januar des auf die Entstehung folgenden Jahres beginnen würde. Waren die durch das bisherige Recht bestimmten Voraussetzungen des Beginns der Verjährung bei dem Inkrafttreten des B.G.B. noch nicht eingetreten, bestehen aber zu dieser Zeit diejenigen Voraussetzungen, von welchen der Beginn der Verjährung nach dem B.G.B. abhängt, so beginnt die Verjährung mit dem Inkrafttreten des B.G.B. Hiernach beginnt z. B. die Verjährung eines auf Kündigung stehenden Anspruchs, wenn diese nach dem bisherigen Rechte erst mit der erfolgten Kündigung beginnt, eine solche aber vor dem Inkrafttreten des B.G.B. nicht erfolgt ist, erst mit dem Inkrafttreten des B.G.B., obwohl nach § 198 die Verjährung eines solchen Anspruchs schon mit dem Zeitpunkte beginnt, in welchem die Kündigung erfolgen konnte. Fände z. B. nach dem bisherigen Rechte die Verjährung eines dinglichen Anspruchs gegen den Besitzer nur statt, wenn derselbe in gutem Glauben ist, so beginnt die Verjährung, wenn der gute Glaube fehlte, erst mit dem Inkrafttreten des B.G.B., obwohl nach diesem der gute Glaube zum Beginne der Verjährung nicht erforderlich ist.

b) Die Unterbrechung der Verjährung (B.G.B. §§ 208—217) bestimmt sich für die Zeit vor dem Inkrafttreten des B.G.B. nach dem bisherigen Rechte. Eine vor dem Inkrafttreten des B.G.B. eingetretene Thatsache unterbricht also die begonnene Verjährung, wenn sie nach dem bisherigen Rechte dazu genügte, auch wenn sie nach dem B.G.B. dazu nicht genügt und unterbricht andererseits die Verjährung nicht, wenn sie nach dem bisherigen Rechte dazu nicht geeignet war, nach dem B.G.B. aber dazu genügt. So wird z. B. die Verjährung, wenn nach dem bisherigen Rechte die Mahnung zur Unterbrechung genügt hätte, durch eine vor dem Inkrafttreten des B.G.B. erfolgte Mahnung unterbrochen, obwohl eine solche nach dem B.G.B. zur Unterbrechung der Verjährung nicht genügt. Andererseits wird die Verjährung durch ein vor dem Inkrafttreten des B.G.B. erfolgtes einseitiges Anerkenntniß der Schuld von Seiten des Schuldners gegenüber dem Berechtigten nicht unterbrochen, wenn nach dem bisherigen Rechte zur Unterbrechung der Verjährung ein vertragsmäßiges Anerkenntniß gefordert wird, obwohl nach dem B.G.B. § 208 das einseitige Anerkenntniß genügt. Ebenso wird die Verjährung durch eine vor dem Inkrafttreten des B.G.B. erfolgende Geltendmachung der Aufrechnung im Prozeß oder durch eine Streitverkündung in dem Prozesse, von dessen Ausgange der Anspruch abhängt, nicht unterbrochen, wenn diese Handlungen nach dem bisherigen Rechte die Unterbrechung nicht begründen, obwohl sie nach dem B.G.B. § 209 Abs. 2 Nr. 3, 4 dazu genügen. Zweifelhaft kann sein, ob in Fällen der letztgedachten Art die Unterbrechung mit dem Inkrafttreten des B.G.B. eintritt. Die Frage dürfte zu verneinen sein. Es handelt sich nicht um einen Zustand, an dessen Bestehen das B.G.B. die Unterbrechung knüpft — in einem solchen Falle würde allerdings mit dem Fortbestehen des Zustandes bei dem Inkrafttreten des B.G.B. die Unterbrechung eintreten —, sondern um eine vorübergehende Handlung. Ob diese die Wirkung der Unterbrechung hat, soll sich nach dem bisherigen Rechte bestimmen; die Vorschriften des B.G.B. ergreifen nur solche Handlungen, die unter seiner Herrschaft vorgenommen sind. Zweifelhaft ist, ob, wenn durch eine Handlung sowohl nach dem bisherigen Rechte als nach dem B.G.B. die Verjährung unterbrochen wird, diese Unterbrechung aber nach den Vorschriften des B.G.B. bei dem späteren Eintritte gewisser Umstände als nicht erfolgt gilt (s. z. B. §§ 212, 213, 214 Abs. 2, 215 Abs. 2, 216), während das bisherige Recht eine derartige Vorschrift nicht hat, die Unterbrechung als nicht erfolgt anzusehen ist, wenn jene Umstände nach dem Inkrafttreten des B.G.B. eintreten. Die Frage dürfte zu verneinen sein, weil die Wirkung der Unterbrechung sich nach dem bisherigen Rechte bestimmt und dieses die Wirkung definitiv und ohne die Möglichkeit einer Rückgängigmachung eintreten läßt (ebenso Habicht S. 148ff.).

Auch die Dauer der Unterbrechung bestimmt sich, wenn diese vor dem Inkrafttreten des B.G.B. eingetreten ist, nach dem bisherigen Rechte. Hört die Unterbrechung nach dem B.G.B. mit dem Eintritte gewisser Umstände auf, so tritt diese Wirkung, wenn die Umstände nach dem Inkrafttreten des B.G.B. eintreten, für eine vor dem Inkrafttreten des B.G.B. eingetretene Unterbrechung auch dann ein, wenn das bisherige Recht den fraglichen Umständen diese Wirkung nicht beilegt (s. z. B. §§ 211, 214 Abs. 1, 215 Abs. 1). Sind solche Umstände schon vor dem Inkrafttreten des B.G.B. eingetreten, so erlangen sie jene Wirkung, sofern diese nach dem bisherigen Rechte nicht eintritt, auch mit dem Inkrafttreten des B.G.B. nicht.

c) Die Hemmung der Verjährung (§§ 202—207) bestimmt sich für die Zeit vor dem Inkrafttreten des B.G.B. nach dem bisherigen Rechte. Bei der Hemmung der Verjährung handelt es sich nicht wie bei der Unterbrechung um den Einfluß einer vorübergehenden Handlung auf die Verjährung, sondern um die Wirkung, welche der während einer bestimmten Zeit bestehende Zustand auf den Lauf der Verjährung ausübt. Hieraus ergiebt sich einerseits, daß, wenn ein Zustand der fraglichen Art, der nach dem bisherigen Rechte die Verjährung hemmte, nach dem B.G.B. diese Wirkung aber nicht mehr hat, vor dem Inkrafttreten des B.G.B. eingetreten ist, und nach diesem Zeitpunkte noch fortdauert, die Verjährung bis zu dem Inkrafttreten des B.G.B. gehemmt ist, daß die Hemmung aber mit dem Inkrafttreten des B.G.B. aufhört. So würde z. B., wenn nach dem bisherigen Rechte die Verjährung einer Forderung dadurch gehemmt wird, daß der Forderung eine peremtorische Einrede oder eine aufschiebende Einrede der im § 202 Abs. 2 bezeichneten Art entgegensteht und eine solche Einrede vor dem Inkrafttreten des B.G.B. entstanden ist, die Verjährung bis zu dem Inkrafttreten des B.G.B. gehemmt sein, mit diesem Zeitpunkt aber wieder zu laufen beginnen. Andererseits erlangt ein Zustand, der nach dem B.G.B., nicht aber nach dem bisherigen Rechte die Wirkung hat, die Verjährung zu hemmen, wenn er vor dem Inkrafttreten des B.G.B. eingetreten ist, nach diesem Zeitpunkt aber noch fortdauert, diese Wirkung mit dem Inkrafttreten des B.G.B. So tritt z. B. wenn nach dem bisherigen Rechte eine verzögerliche nicht unter die Vorschriften des § 202 Abs. 2 fallende Einrede oder ein Zustand der im § 203 oder 204 bezeichneten Art die Verjährung nicht hemmte, die Hemmung mit dem Inkrafttreten des B.G.B. ein, wenn in diesem Zeitpunkte die Einrede bezw. der Zustand noch besteht.

In den Fällen der §§ 206, 207 spricht das B.G.B. nicht von Hemmung der Verjährung. Sachlich handelt es sich indessen auch hier um eine solche Hemmung, für die nur die besondere Vorschrift gilt, daß die Hemmung nur berücksichtigt wird, wenn sie in den letzten sechs Monaten der Verjährungsfrist stattfindet, dann aber auch nach dem Wegfalle des sie begründenden Zustandes noch insofern weiterwirkt, als die Verjährung nicht vor dem Ablaufe von sechs Monaten nach dem Wegfalle des betreffenden Zustandes vollendet werden kann. Die Bestimmung des Art. 169 Abs. 2 wird daher auch für die Fälle der §§ 206, 207 gelten müssen.

d) In Ansehung der Verjährungsfrist erleidet die Regel des Abs. 1 Satz 1 keine Ausnahme, wenn die Frist nach dem B.G.B. länger ist als nach dem bisherigen Rechte. Die bei dem Inkrafttreten des B.G.B. bereits begonnene Verjährung wird also erst vollendet, wenn seit dem nach dem bisherigen Rechte zu beurtheilenden Beginne der Verjährung die in dem B.G.B. bestimmte Frist abgelaufen ist. Wenn aber die Verjährungsfrist nach dem B.G.B. kürzer ist als nach dem bisherigen Rechte, so bleibt es zwar in Betreff der Dauer der Frist bei

Artikel 170.

Für ein Schuldverhältniß, das vor dem Inkrafttreten des Bürgerlichen Gesetzbuchs entstanden ist, bleiben die bisherigen Gesetze maßgebend.

---

der Regel des Abs. 1 Satz 1, aber die Frist beginnt abweichend von der Bestimmung des Abs. 1 Satz 2 nicht mit dem nach dem bisherigen Rechte zu beurtheilenden Zeitpunkte, sondern erst mit dem Inkrafttreten des B.G.B. Nur dann bleibt es sowohl in Betreff des Beginns der Verjährung als der Dauer der Verjährungsfrist bei dem bisherigen Rechte, wenn die nach diesem bemessene längere Frist eher abläuft, als die kürzere aber erst von dem Inkrafttreten des B.G.B. an laufende Frist des letzteren. Bei der Entscheidung der Frage, ob die Verjährungsfrist nach dem B.G.B. kürzer ist als nach dem bisherigen Rechte, wird auch eine vertragsmäßig erfolgte Verlängerung der Frist, sofern eine solche nach dem bisherigen Rechte zulässig war, berücksichtigt werden müssen (s. Habicht S. 151).

Ueber die zweifelhafte Frage, welche Verjährungsfrist für Ansprüche des bisherigen Rechtes gilt, die dem B.G.B. unbekannt sind, s. Habicht S. 154ff.

Ueber die Verjährung der Ansprüche und Einreden wegen Mängel verkaufter oder bestellter Sachen s. Habicht S. 157ff.

3. Der Art. 169 bezieht sich nur auf die Verjährung, nicht auf jede in Folge des Ablaufs einer bestimmten Zeit eintretende Rechtsänderung, insbesondere nicht auf die sog. Präklusivfristen. Die Zwecke, welche durch diese Fristen erreicht werden sollen, sind zu verschieden, als daß sich in der hier fraglichen Beziehung eine einheitliche Regel für sie aufstellen ließe. Im Allgemeinen wird man davon auszugehen haben, daß, soweit ein Rechtsverhältniß nach dem bisherigen Rechte zu beurtheilen ist, die Vorschriften dieses Rechtes auch über die durch Präklusivfristen bestimmte Dauer der durch das Rechtsverhältniß begründeten Rechte entscheiden, daß aber, soweit das Rechtsverhältniß dem B.G.B. unterworfen wird, die Vorschriften des B.G.B. auch in Betreff der Präklusivfristen zur Anwendung kommen. Ob und inwieweit die Vorschriften des Art. 169 entsprechend anzuwenden sind, läßt sich nicht allgemein bestimmen. Die Entscheidung der Frage hängt vielmehr in jedem einzelnen Falle von dem Zwecke und der Natur der betreffenden Frist und von den besonderen für sie gegebenen Vorschriften ab (vergl. Habicht S. 159ff.).

4. Ueber die Ersitzung s. Art. 185.

5. Die meisten Ausführungsgesetze enthalten Vorschriften über die Verjährung der dem Landesrecht unterliegenden Ansprüche, durch welche eine entsprechende Anwendung des Art. 169 oder des Art. 169 Abs. 1 vorgeschrieben wird (vergl. hierüber Habicht S. 162, 163).

Zu Artikel 170—179.

Die Art. 170—179 betreffen das Recht der Schuldverhältnisse. In dem Art. 170 wird das leitende Prinzip dahin ausgesprochen, daß für Schuldverhältnisse, die vor dem Inkrafttreten des B.G.B. entstanden sind, die bisherigen Gesetze maßgebend bleiben. Die Art. 171—179 enthalten Bestimmungen für einzelne Schuldverhältnisse, die sich im Wesentlichen als Modifikation jenes Prinzips darstellen, zum Theil aber auch nur Zweifel in Betreff der Anwendung entscheiden. Die Art. 171, 172 beziehen sich auf Mieth- und Pachtverhältnisse, der Art. 171 zugleich auch auf die Dienstverhältnisse. Der Art. 173 betrifft die Gemeinschaft nach Bruchtheilen; die Art. 174—176 handeln von den Schuldverschreibungen auf den Inhaber, der Art. 177 von den sog. qualifizirten Legitimationspapieren (B.G.B. § 808). Der Art. 178 enthält Bestimmungen über ein bei dem Inkrafttreten des B.G.B. anhängiges Verfahren, das die Kraftloserklärung einer Schuldverschreibung auf den Inhaber oder eines qualifizirten Legitimationspapiers zum Gegenstande hat; der Art. 179 endlich betrifft Ansprüche aus Schuldverhältnissen, die durch Eintragung in ein öffentliches Buch nach dem bisherigen Rechte Wirksamkeit gegen Dritte erlangt haben.

Artikel 170.

E. d. E.G. I Art. 103; II Art. 142; III Art. 170. P. I S. 13057—13061, 13293, 13294; M. d. E.G. S. 255—257. P. II S. 9006—9008 (Bd. 6 S. 498, 499).

Habicht S. 157ff.

1. In dem Art. 170 wird die sich für Schuldverhältnisse aus dem für die zeitliche Herrschaft der Gesetze geltenden allgemeinen Prinzip ergebende Konsequenz wegen ihrer besonderen Wichtigkeit ausdrücklich ausgesprochen. Hat sich unter der Herrschaft des bisherigen

Rechtes der nach diesem zur Entstehung eines Schuldverhältnisses erforderliche Thatbestand verwirklicht, so bestimmen sich auch nach dem Inkrafttreten des B.G.B. der Inhalt, der Umfang und die Wirkungen des Schuldverhältnisses nach dem bisherigen Rechte. Ist zur Entstehung eines Schuldverhältnisses nach dem bisherigen Rechte eine Mehrheit von Thatsachen erforderlich, so müssen regelmäßig alle diese Thatsachen unter der Herrschaft des bisherigen Rechtes eingetreten sein (s. jedoch unten Nr. 2). Die Regel des Art. 170 gilt für Schuldverhältnisse aller Art, also sowohl für Schuldverhältnisse aus Rechtsgeschäften als auch aus anderen Gründen.

Ist ein Schuldverhältniß unter der Herrschaft des bisherigen Rechtes entstanden, treten aber nach dem Inkrafttreten des B.G.B. Thatsachen ein, deren Wirkung auf ein bestehendes Schuldverhältniß nach dem B.G.B. anders bestimmt ist, als nach dem bisherigen Rechte, so entsteht die Frage, nach welchem Rechte die Wirkung dieser Thatsachen zu beurtheilen ist. Aus dem der Regel des Art. 170 zu Grunde liegenden Gedanken wird zu folgern sein, daß das bisherige Recht zur Anwendung zu bringen ist, wenn die Thatsache in einer solchen Verbindung mit dem Schuldverhältnisse steht, daß sie dasselbe nach dessen Natur affizirt, wenn es sich also nur um eine weitere Entwickelung des Schuldverhältnisses handelt, daß aber, wenn diese Voraussetzungen nicht vorliegen, das B.G.B. Anwendung findet.

Die Anwendung dieser Grundsätze auf die einzelnen in Betracht kommenden Fragen ist häufig zweifelhaft. Die praktisch wichtigen Punkte sollen im Folgenden kurz erörtert werden.

2. Ob durch ein vor dem Inkrafttreten des B.G.B. vorgenommenes Rechtsgeschäft ein Schuldverhältniß entstanden ist, bestimmt sich nach dem bisherigen Rechte. Nach diesem ist also insbesondere die Geschäftsfähigkeit derjenigen Personen zu beurtheilen, welche das Rechtsgeschäft vorgenommen haben sowie die Folgen, welche ein Mangel in dieser Beziehung hat. Dasselbe gilt von der Wirkung, welche Willensmängel haben. Insbesondere bestimmt sich nach dem bisherigen Rechte, ob die Folge eines Willensmangels Nichtigkeit oder Anfechtbarkeit des Rechtsgeschäfts ist und in welcher Art die Anfechtbarkeit geltend gemacht werden muß. Die Vorschriften des B.G.B. über die Anfechtung finden in diesen Fällen auch dann keine Anwendung, wenn die Anfechtung erst nach dem Inkrafttreten des B.G.B. erfolgt. Hat z. B. nach dem bisherigen Rechte die Anfechtung durch Erhebung einer Klage zu erfolgen, so bleibt es hierbei auch nach dem Inkrafttreten des B.G.B.

Das Rechtsgeschäft ist vor dem Inkrafttreten des B.G.B. vorgenommen, wenn vor diesem Zeitpunkt alle nach dem bisherigen Rechte zum Thatbestande des Rechtsgeschäfts gehörenden Thatsachen eingetreten sind. Ist ein Vertrag vor dem 1. Januar 1900 geschlossen, so ist er nach dem bisherigen Rechte auch dann zu beurtheilen, wenn er erst nach dem Inkrafttreten des B.G.B. in Wirksamkeit treten soll. Wenn also z. B. der Miethvertrag am 1. November 1899 geschlossen ist, das Miethverhältniß aber am 1. Februar 1900 begonnen hat, so sind die bisherigen Gesetze maßgebend (so auch das R.G. in D. J.Z. 1901 S. 275). Bei bedingten und betagten Rechtsgeschäften kommt es nicht auf den Zeitpunkt an, in welchem die Bedingung oder der Termin eingetreten ist, sondern auf den Zeitpunkt der Vornahme des Rechtsgeschäfts. Liegt dieser vor dem 1. Januar 1900, so sind die Fragen, ob die Hinzufügung einer Bedingung oder einer Zeitbestimmung bei dem Rechtsgeschäfte zulässig ist, welche Wirkungen sie auf das Schuldverhältniß hat, wann die Bedingung als eingetreten oder ausgefallen anzusehen ist und welche Folgen der Eintritt oder der Ausfall hat, nach dem bisherigen Rechte zu entscheiden. Nach der Auffassung des B.G.B. (§ 158) entsteht zwar bei einem auf Begründung eines Schuldverhältnisses gerichteten aufschiebend bedingten Rechtsgeschäfte das Schuldverhältniß selbst erst mit dem Eintritte der Bedingung; durch das bedingte Rechtsgeschäft werden die Parteien aber doch bereits gebunden und die mit dem Eintritte der Bedingung erfolgende Entstehung des Schuldverhältnisses stellt sich nur als die Entwickelung des durch das Rechtsgeschäft bereits entstandenen Rechtsverhältnisses dar. Auch wenn das bisherige Recht daher auf demselben Standpunkte steht, muß die Wirkung eines unter seiner Herrschaft vorgenommenen auf Begründung eines Schuldverhältnisses gerichteten bedingten Rechtsgeschäfts nach dem bisherigen Rechte beurtheilt werden.

Zweifelhaft ist die Frage, wie das Rechtsverhältniß beurtheilt werden muß, wenn ein Vertragsantrag vor dem Inkrafttreten des B.G.B. gestellt aber erst nachher angenommen ist. Unzweifelhaft bestimmt sich nach dem bisherigen Rechte die Gültigkeit der den Antrag enthaltenden Willenserklärung sowie ferner, ob und wie lange der Antragende an den Vertragsantrag gebunden ist, und ob eine Zurücknahme des Antrags rechtlich ohne Bedeutung oder zwar die Möglichkeit der Annahme ausschließt, aber den Antragenden doch zu dem Ersatze des negativen Interesses an den anderen Theil verpflichtet. Andererseits ist die Gültigkeit der die Annahme enthaltenden Willenserklärung, wenn sie nach dem Inkrafttreten des B.G.B. erfolgt, in allen Beziehungen, insbesondere in Ansehung der Geschäftsfähigkeit oder der Willensmängel nach dem B.G.B. zu beurtheilen. Fraglich aber ist, nach welchem Rechte der Vertrag selbst, wenn er durch die Annahme zu Stande gekommen ist, beurtheilt werden muß. Für die Anwendung des B.G.B. scheint zu sprechen, daß erst unter dessen Herrschaft der Vertrag zu Stande gekommen ist. Andererseits ist zu erwägen, daß der Antrag unter der Herrschaft des bisherigen Rechtes gestellt, daß also anzunehmen ist, daß der Antragende dabei als Inhalt des Vertrags dasjenige gewollt hat, was nach dem bisherigen Rechte für einen Vertrag dieser Art galt. Der Antrag kann nur so angenommen werden, wie er gestellt ist, die Annahme muß also, wenn sie überhaupt wirksam sein soll, als in demselben Sinne gemeint angesehen werden, in welchem der Antrag gestellt ist. Hieraus ergiebt sich, daß Inhalt und Wirkungen des Vertrags nach dem bisherigen Rechte zu beurtheilen sind. Nur wenn eine zwingende Vorschrift des B.G.B. einem Vertrage dieses Inhalts entgegenstände, würde diese zur Anwendung kommen müssen und ein Vertrag würde also durch die Annahme nicht zu Stande kommen. (Im Wesentlichen wohl ebenso Habicht S. 172ff.)

Wird ein Vertrag, welcher nach dem bisherigen Rechte wegen Formmangels nichtig ist, aber durch Erfüllung geheilt werden kann, vor dem Inkrafttreten des B.G.B. geschlossen, aber nach diesem Zeitpunkt erfüllt, so erfolgt sachlich der Abschluß erst unter der Herrschaft des B.G.B. Er ist also nach diesem zu beurtheilen; jedoch ist für den Inhalt des Vertrags, soweit dieser nach dem B.G.B. durch den Willen der Parteien bestimmt werden kann, der vor dem Inkrafttreten des B.G.B. geschlossene Vertrag insoweit maßgebend, als sich nicht eine spätere Aenderung des Willens der Parteien ergiebt.

3. Das Schuldverhältniß aus einer unerlaubten Handlung bestimmt sich nach dem Zeitpunkt, in welchem die Handlung vorgenommen ist. Für das Strafrecht ist freilich bestritten, ob nicht der Zeitpunkt, in welchem der widerrechtliche Erfolg eingetreten ist, wenigstens mit in Betracht gezogen werden muß. Für die privatrechtlichen Folgen einer unerlaubten Handlung dürfte aber, ähnlich wie bei den bedingten Rechtsgeschäften lediglich der Zeitpunkt der Vornahme des Rechtsgeschäfts in Betracht kommt, hier der Zeitpunkt der Begehung der unerlaubten Handlung maßgebend sein.

4. Bei Schuldverhältnissen, welche kraft des Gesetzes entstehen, wird die Anwendung des unter Nr. 1 aufgestellten Grundsatzes häufig in der Richtung zu Zweifeln Anlaß geben, welche Thatsachen als die wesentliche Grundlage für die Entstehung des Schuldverhältnisses zu betrachten sind und ob daher, wenn diese vor dem Inkrafttreten des B.G.B. eingetreten sind, das Schuldverhältniß nach dem bisherigen Rechte auch dann zu beurtheilen ist, wenn im einzelnen Falle noch andere Thatsachen hinzutreten müssen, um zur Geltendmachung eines Anspruchs zu berechtigen. Diese Frage läßt sich indessen nicht allgemein, sondern nur unter Berücksichtigung der Umstände des einzelnen Falles entscheiden.

5. Bei alternativen Schuldverhältnissen, welche vor dem Inkrafttreten des B.G.B. entstanden sind, bestimmen sich das Recht zur Wahl, die Art, wie dieselbe zu erfolgen hat, die Folgen der getroffenen Wahl sowie der Unmöglichkeit einer der mehreren wahlweise geschuldeten Leistungen nach dem bisherigen Rechte, auch wenn erst nach dem Inkrafttreten des B.G.B. die Wahl erfolgt oder die Unmöglichkeit eintritt. Nur die Erfordernisse der Wahl selbst als eines einseitigen Rechtsgeschäfts bestimmen sich, wenn die Wahl nach dem Inkrafttreten des B.G.B. erfolgt, nach diesem.

6. Zweifelhaft ist, wie diejenigen Verhältnisse zu beurtheilen sind, in welchen nach dem bisherigen Rechte ein Anspruch der zunächst gegen eine bestimmte Person begründet ist, auch gegen einen Dritten geltend gemacht werden kann, wenn dieser in den Besitz des Gegenstandes gelangt, auf welchen der Anspruch gerichtet ist. In Betracht kommen hier insbesondere die Vorschriften des gemeinen Rechtes über die sog. actiones in rem scriptae und die Vorschriften des preußischen Rechtes, nach welchen jeder persönliche Anspruch auf Leistung eines individuell bestimmten Gegenstandes nicht nur gegen den unmittelbar Verpflichteten, sondern auch gegen denjenigen geltend gemacht werden kann, welcher in Kenntniß jenes Anspruchs sich den Gegenstand versprechen und auf Grund dieses Versprechens übertragen läßt. Es handelt sich hier um ein zwischen dinglichen und rein obligatorischen Rechtsverhältnissen in der Mitte liegendes Rechtsverhältniß. Handelt es sich in den gedachten Fällen um ein dingliches Recht, so würde dieses, wenn es unter der Herrschaft des bisherigen Rechtes entstanden ist, nach Art. 184 auch nach dem Inkrafttreten des B.G.B. mit seinem bisherigen Inhalt und Range bestehen bleiben und deshalb gegen den dritten Erwerber des betreffenden Gegenstandes, auch wenn der Erwerb erst nach dem Inkrafttreten des B.G.B. erfolgt ist, geltend gemacht werden können. Um ein dingliches Recht handelt es sich aber in den gedachten Fällen nicht. Was zunächst das preußische Recht anlangt, so wird das in Frage stehende Recht von der Theorie als sog. Recht zur Sache behandelt. In den Motiven des E. I des E.G. S. 260 wird ausgeführt, daß ein Recht dieser Art nicht gegen denjenigen geltend gemacht werden könne, welcher den betreffenden Gegenstand erst nach dem Inkrafttreten des B.G.B. erworben habe, indem es als ein fundamentaler Grundsatz des B.G.B. betrachtet werden müsse, daß die Kenntniß des einem Anderen zustehenden Rechtes auf Leistung eines Gegenstandes weder den gültigen Erwerb des

Gegenstandes hindere, noch für den Erwerber eine persönliche Verpflichtung zur Herausgabe begründe. Von diesem Grundsatze wird im Art. 104 Abs. 1 des E. I des E.G. eine Ausnahme für den Miether oder Pächter eines Grundstücks gemacht. Eine entsprechende auf Mieth- oder Pachtverträge über Sachen überhaupt ausgedehnte Vorschrift enthält der Art. 172 des E.G. Eine weitere Ausnahme bestimmt der Art. 104 Abs. 2 für alle aus einem Schuldverhältniß entstandenen Ansprüche, sofern diese nach den bisherigen Gesetzen durch Eintragung in ein öffentliches Buch Wirksamkeit gegen Dritte erlangt haben (ebenso Art. 179 des E.G.). Abgesehen von diesen Ausnahmen soll aber das Recht zur Sache mit dem Inkrafttreten des B.G.B. insoweit seine Wirksamkeit verlieren, als es nicht mehr gegen solche Dritte geltend gemacht werden kann, welche den betreffenden Gegenstand nach dem Inkrafttreten des B.G.B. erworben haben. Ist der Erwerb bereits vor dem Inkrafttreten des B.G.B. erfolgt, so bleibt der hiermit gegen den Dritten begründete Anspruch auch nach dem Inkrafttreten des B.G.B. bestehen. Auf diesem von dem E. I des E.G. eingenommenen Standpunkte steht auch das E.G. selbst. In den Fällen der hier fraglichen Art entsteht das Schuldverhältniß gegenüber dem dritten Erwerber des Gegenstandes erst mit dem Erwerb; es ist also, wenn der Erwerb erst nach dem Inkrafttreten des B.G.B. erfolgt ist, erst nach diesem Zeitpunkt entstanden und der Art. 170 findet deshalb darauf keine Anwendung.

Zweifelhaft liegt die Frage in Betreff der actiones in rem scriptae des gemeinen Rechtes. In Betracht kommt hierbei insbesondere die actio quod metus causa. Aus einer erzwungenen Rechtshandlung entsteht ein Anspruch nicht nur gegen den Zwingenden, sondern auch gegen einen Dritten, welcher dasjenige in Händen hat, was dem Gezwungenen durch den Zwang entzogen worden ist, oder welcher es arglistigerweise wieder verloren hat, auf Herausgabe des in seinen Händen Befindlichen oder in der angegebenen Weise wieder Verlorenen. Auf den ersten Blick scheint das Verhältniß hier ebenso zu liegen wie in den oben hervorgehobenen Fällen. Zur Begründung des Schuldverhältnisses zwischen dem Gezwungenen und dem Dritten ist nicht nur der Zwang, sondern auch der Erwerb des betreffenden Gegenstandes durch den Dritten erforderlich. Erst mit diesem Erwerbe vollendet sich der zur Entstehung des Schuldverhältnisses erforderliche Thatbestand. Zur Zeit dieses Erwerbes muß also das Gesetz noch bestehen, das an diesen Erwerb die Entstehung des Schuldverhältnisses knüpft. Nach dem B.G.B. wird durch den Erwerb kein Schuldverhältniß gegen den Dritten begründet; es entsteht also ein solches nicht, wenn der Erwerb erst nach dem Inkrafttreten des B.G.B. erfolgt. Gegen diese Auffassung sprechen aber folgende Erwägungen: Auch das B.G.B. gewährt dem zu einem Rechtsgeschäfte Gezwungenen Schutz gegen einen Dritten, welcher den durch das erzwungene Rechtsgeschäft verlorenen Gegenstand erworben hat. Es gewährt diesen Schutz dadurch, daß es das erzwungene Rechtsgeschäft für anfechtbar erklärt (§ 123). Erfolgt die Anfechtung, so gilt das erzwungene Rechtsgeschäft als von Anfang an nichtig. Der übertragene Gegenstand ist dem Gezwungenen verblieben und dieser kann also, wenn es sich um eine Sache handelt, diese von jedem dritten Erwerber vindiziren, soweit nicht die Vorschriften zu Gunsten derjenigen, welche Rechte von einem Nichtberechtigten herleiten, entgegenstehen. Ist das erzwungene Rechtsgeschäft vor dem Inkrafttreten des B.G.B. vorgenommen, so findet die Anfechtung auf Grund des B.G.B. nicht statt. Nach der obigen Auffassung versagt in solchem Falle aber, wenn der Erwerb des betreffenden Gegenstandes nach dem Inkrafttreten des B.G.B. erfolgt, auch der Schutz, welchen das bisherige Recht dem Gezwungenen gegen den Dritten gewährt. Dieses Ergebniß entspricht der Billigkeit offenbar nicht. Die Gleichstellung des hier fraglichen Falles mit den oben erörterten Fällen ist aber auch innerlich nicht begründet. Der wesentliche Unterschied besteht darin, daß es sich in jenen Fällen um die Erstreckung der Wirkungen eines obligatorischen Rechtsgeschäfts auf Dritte, hier aber um einen Anspruch handelt, welcher dem durch ein Rechtsgeschäft Geschädigten wegen des in dem Zwange zu dem Rechtsgeschäfte liegenden Mangels desselben gegeben wird. Es handelt sich in der That also um den Einfluß, welchen ein Willensmangel auf ein Rechtsgeschäft hat. Während wegen eines solchen Mangels nach dem B.G.B. das Rechtsgeschäft angefochten werden kann, erfolgt nach dem bisherigen Rechte die erforderliche Reaktion gegen den Zwang auf dem durch die actio und exceptio quod metus causa gegebenen Wege. Es handelt sich also sachlich um eine Frage der oben unter Nr. 2 gedachten Art und hieraus ergiebt sich, daß die Art und Weise, in welcher ein vor dem Inkrafttreten des B.G.B. vorgenommenes Rechtsgeschäft wegen Zwanges direkt oder indirekt angegriffen werden kann, sich nach dem bisherigen Rechte bestimmt.

7. Aus den unter Nr 1 dargelegten Grundsätzen ergiebt sich, daß die Frage, welchen Einfluß die Nichterfüllung der dem Schuldner obliegenden Verpflichtung auf das Schuldverhältniß hat, nach dem bisherigen Rechte zu beurtheilen ist. Nach diesem bestimmt sich, ob und für welches Verschulden der Schuldner haftet und welche Folgen die durch Zufall oder Verschulden eingetretene Unmöglichkeit der Leistung hat, mag das Verschulden oder die Unmöglichkeit vor oder nach dem Inkrafttreten des B.G.B. eingetreten sein. In der

ersten Kommission war beantragt, ausdrücklich auszusprechen, daß die bisherigen Gesetze besonders auch in Ansehung des Verzugs anwendbar seien, auch wenn dieser erst nach dem Inkrafttreten des B.G.B. eintrete. Der Antrag wurde abgelehnt, weil man durch die Entscheidung dieser einzelnen Frage nicht der richtigen Anwendung des oben angegebenen allgemeinen Prinzips präjudiziren wolle. Der gedachte Antrag dürfte indessen mindestens in Ansehung des Verzugs des Schuldners materiell richtig sein, denn die Vorschriften über den Verzug bestimmen die Entwickelung, welche das Schuldverhältniß in Folge der nicht rechtzeitigen Erfüllung von Seiten des Schuldners nimmt. Auch die Voraussetzungen des Verzugs des Schuldners bestimmen sich nach dem bisherigen Rechte; dies wird auch von den Vorschriften gelten müssen, welche eine besondere Form für die Mahnung vorschreiben, wie z. B. das französische Recht die Vermittelung des Gerichtsvollziehers oder Notars dabei verlangt (a. A. Habicht S. 204). Aus dem aufgestellten Grundsatze folgt dagegen nicht, daß die Höhe der Verzugszinsen sich auch nach dem Inkrafttreten des B.G.B. noch nach dem bisherigen Rechte bestimmt. Ueber diese Frage herrscht lebhafter Streit (s. z. B. D. J.Z. 1900 S. 42, 64, 90, 91, 113, 133, Habicht S. 208). Die Verzugszinsen bilden die Entschädigung, welche der Gläubiger wegen nicht rechtzeitiger Erfüllung von Seiten des Schuldners fordern kann, ohne den Beweis erbringen zu brauchen, daß ihm wirklich ein Schaden zu diesem Betrag entstanden ist. Wie nun der Betrag des durch Nichtleistung während einer bestimmten Zeit entstandenen Schadens sich selbstverständlich nur nach den während dieser Zeit bestehenden Verhältnissen bestimmt, so kann auch die Aversionalentschädigung, welche der Gläubiger in Form der Verzugszinsen für eine bestimmte Zeit verlangt, sich nur nach den Gesetzen bestimmen, welche für diese Zeit die Höhe der Zinsen festsetzen. Hieraus folgt, daß, obwohl für ein vor dem Inkrafttreten des B.G.B. entstandenes Schuldverhältniß die Voraussetzungen und Folgen des Verzugs sich im Allgemeinen nach dem bisherigen Rechte bestimmen, doch für die Höhe der Verzugszinsen von dem 1. Januar 1900 an die Vorschriften des B.G.B. maßgebend sind und zwar ohne Unterschied, ob der Verzug vor oder nach diesem Zeitpunkt eingetreten ist. In diesem Sinne hat auch das Reichsgericht wiederholt erkannt (D. J.Z. 1900 S. 141, 253, 301). Das Gleiche wie für Verzugszinsen gilt für gesetzliche Zinsen überhaupt. Die Höhe beträgt also vier vom Hundert (B.G.B. § 288).

Zweifelhaft kann sein, ob dieselben Grundsätze wie für den Verzug des Schuldners auch für den Verzug des Gläubigers gelten. Nach Habicht S. 215 sollen für diesen die Vorschriften des B.G.B. von dessen Inkrafttreten an maßgebend sein, weil es sich dabei darum handele, daß das Erfüllungsgeschäft durch die verweigerte Mitwirkung des Gläubigers unmöglich werde, das Erfüllungsgeschäft aber nach dem B.G.B. zu beurtheilen sei. Dies dürfte indessen nicht richtig sein. Das B.G.B. (§§ 293ff.) nimmt zwar im Allgemeinen eine Verpflichtung des Gläubigers zur Annahme der geschuldeten Leistung nicht an. Einerseits aber steht das bisherige Recht zum Theil auf einem anderen Standpunkt, indem es auch bei dem Verzuge des Gläubigers von einer verschuldeten Nichterfüllung der dem Gläubiger obliegenden Verpflichtung zur Annahme ausgeht. Andererseits handelt es sich aber auch bei dem Standpunkte des B.G.B. lediglich um eine weitere Entwickelung des Schuldverhältnisses, welche dadurch eintritt, daß der Gläubiger die ihm nach dem Wesen des Schuldverhältnisses obliegende Mitwirkung zu dessen Erfüllung unterläßt. Hiernach müssen sich bei einem vor dem Inkrafttreten des B.G.B. entstandenen Schuldverhältnisse sowohl die Voraussetzungen als die Wirkungen des Verzugs des Gläubigers auch nach dem Inkrafttreten des B.G.B. nach den Vorschriften des bisherigen Rechtes bestimmen.

Hervorgehoben mag noch werden, daß aus dem aufgestellten Grundsatz auch folgt, daß wenn ein gegenseitiger Vertrag vor dem Inkrafttreten des B.G.B. geschlossen ist, sowohl die Einrede des nicht erfüllten Vertrags als die Folgen, welche die zufällige oder verschuldete Unmöglichkeit der dem einen Theile obliegenden Leistung oder der Verzug des einen Theiles auf die Verpflichtung des andern Theiles hat (B.G.B. §§ 320—327), sich nach dem bisherigen Rechte bestimmen. Dasselbe gilt überhaupt von dem vertragsmäßigen und gesetzlichen Rücktrittsrecht in Ansehung eines vor dem Inkrafttreten des B.G.B. geschlossenen Vertrags.

8. Zu den von Außen zu einem Schuldverhältnisse hinzutretenden Thatsachen, welche eine Aenderung desselben bewirken, die nicht als eine aus dem Wesen des Schuldverhältnisses folgende Entwickelung zu betrachten und deshalb wenn die Thatsachen nach dem Inkrafttreten des B.G.B. eingetreten sind, nach dessen Vorschriften zu beurtheilen ist, gehören insbesondere die Uebertragung der Forderung und die Schuldübernahme. Auch bei diesen bestimmt sich der Inhalt des Schuldverhältnisses, welches aktiv oder passiv übergeht, wenn es unter der Herrschaft des bisherigen Rechtes entstanden ist, nach dessen Vorschriften. Die Art und Weise aber, in welcher der Uebergang erfolgt sowie die Wirkungen desselben bestimmen sich nach dem Inkrafttreten des B.G.B. nach dessen Vorschriften. Im Einzelnen ist zu bemerken:

a) Die Uebertragbarkeit einer vor dem Inkrafttreten des B.G.B. entstandenen Forderung bestimmt sich nach dem bisherigen Rechte, weil es sich hierbei um eine das

Wesen und den Inhalt der Forderung selbst betreffende Frage handelt. Nur die Vorschrift des B.G.B. § 400, nach welcher eine Forderung nicht abgetreten werden kann, die der Pfändung nicht unterliegt, dürfte nach dem Inkrafttreten des B.G.B. auch für die früher entstandenen Forderungen gelten, weil es sich hierbei, wie bei dem Verbote der Pfändung selbst, um ein im Interesse aller Gläubiger bestimmte Verfügungsbeschränkung handelt. Nur die in der C.P.O. § 850, nicht die in den §§ 851, 852 bestimmten Beschränkungen der Pfändung kommen aber in Betracht (ebenso Habicht S. 226).

b) Das Rechtsgeschäft der Abtretung der Forderung bestimmt sich sowohl in Betreff seines Inhalts wie seiner Form und seiner Wirkungen, wenn es nach dem Inkrafttreten des B.G.B. vorgenommen wird, nach dessen Vorschriften. Dies gilt selbstverständlich auch dann, wenn das obligatorische Rechtsgeschäft, durch welches die Verpflichtung zu einer Abtretung übernommen wurde, vor dem Inkrafttreten des B.G.B. vorgenommen ist. Die Vorschriften des B.G.B. § 405 über die Wirkung der Abtretung einer Forderung unter Vorlegung der darüber aufgestellten Urkunde dürfte indessen keine Anwendung finden, wenn die Schuldurkunde vor dem Inkrafttreten des B.G.B. ausgestellt ist, weil diese Vorschrift sachlich die Wirkungen der Ausstellung der Schuldurkunde bestimmt (ebenso Habicht S. 228 Anm. 1).

Ueber die Wirkungen einer vor dem Inkrafttreten des B.G.B. vorgenommenen Zession gegenüber dem Schuldner insbesondere in dem Falle, wenn das bisherige Recht die Denunziation fordert s. Habicht S. 229.

c) In Betreff des Ueberganges einer Forderung Kraft Gesetzes findet das bisherige Recht oder das B.G.B. Anwendung je nachdem der Thatbestand, an welchen das Gesetz diesen Uebergang knüpft, vor oder nach dem Inkrafttreten des B.G.B. eingetreten ist (s. z. B. §§ 268, 426, 774, 1143, 1225). In dem Falle des § 426 indessen, in welchem bei Befriedigung des Gläubigers durch einen Gesammtschuldner der Uebergang der Forderung des ersteren gegen die übrigen Gesammtschuldner auf den befriedigenden Gesammtschuldner davon abhängt, daß dem Letzteren ein Anspruch auf Ausgleichung gegen die übrigen Gesammtschuldner zusteht, entscheidet sich die Frage, ob die Forderung übergeht, auch wenn die Befriedigung nach dem Inkrafttreten des B.G.B. erfolgt ist, nach den über die Ausgleichungspflicht bestehenden Vorschriften des bisherigen Rechtes, wenn das Gesammtschuldverhältniß unter dessen Herrschaft entstanden ist s. Habicht S. 232 Anm. 1.

d) Die Schuldübernahme bestimmt sich, wenn sie nach dem Inkrafttreten des B.G.B. erfolgt, sowohl in Betreff ihrer Erfordernisse als ihrer Wirkungen nach den Vorschriften des B.G.B. und zwar auch dann, wenn das auf die Schuldübernahme gerichtete obligatorische Rechtsgeschäft vor dem Inkrafttreten des B.G.B. vorgenommen ist. Ueber die bei der Anwendung des § 416 entstehenden Zweifel s. Habicht S. 235 und Erl. zu Art. 189. Derselbe Grundsatz gilt für die Erfüllungsübernahme. Läßt das B.G.B. den Uebergang der Schuld oder die Haftung für eine fremde Schuld Kraft des Gesetzes bei dem Vorliegen gewisser Thatsachen eintreten (s. z. B. § 419), so tritt diese Wirkung ein, wenn die betreffenden Thatsachen nach dem Inkrafttreten des B.G.B. eingetreten sind.

Bei den vor dem Inkrafttreten des B.G.B. vorgenommenen eine Schuldübernahme betreffenden Rechtsgeschäften bestimmen sich die Voraussetzungen wie die Wirkungen insbesondere auch in der Richtung, ob dadurch nur eine obligatorische Verpflichtung begründet wird oder ob die Schuld selbst übergeht und ob, wenn das Letztere bezweckt ist, zu der Erreichung dieses Zweckes noch das Hinzutreten eines anderen Thatumstandes erforderlich ist, nach dem bisherigen Rechte.

9. Was behufs Erfüllung eines unter der Herrschaft des bisherigen Rechtes entstandenen Schuldverhältnisses geleistet werden muß, bestimmt sich nach dem bisherigen Rechte; ebenso der Ort und die Zeit der Leistung. Nach dem bisherigen Rechte bestimmen sich auch die aus der Natur des Schuldverhältnisses selbst sich ergebenden Erlöschungsgründe. Soweit es sich aber um selbständige Rechtsgeschäfte handelt, durch welche das Schuldverhältniß beendigt wird, bestimmen sich diese, wenn sie nach dem Inkrafttreten des B.G.B. vorgenommen werden, sowohl in Ansehung ihrer Erfordernisse als ihrer Wirkungen nach den Vorschriften des B.G.B. Im Einzelnen ist zu bemerken:

a) Das Erfüllungsgeschäft bestimmt sich, wenn es nach dem Inkrafttreten des B.G.B. vorgenommen wird, nach dessen Vorschriften (§§ 362—370). Dabei ist aber zu beachten, daß über dasjenige, was behufs Erfüllung geleistet werden muß, sowie über die Art, den Ort und die Zeit der Leistung das bisherige Recht entscheidet. Vorschriften des B.G.B., welche sich hierauf beziehen, gelten nur für die unter der Herrschaft des B.G.B. entstandenen Schuldverhältnisse. Dahin dürften auch die Vorschriften der §§ 242, 259—261 gehören (a. A. Habicht S. 189 ff.). Die Vorschrift des § 371, nach welcher der Schuldner, wenn ein Schuldschein über die Forderung ausgestellt ist, nach der Zahlung außer der Quittung die Rückgabe des Schuldscheins oder ein öffentlich beglaubigtes Anerkenntniß, daß die Schuld erloschen sei, verlangen kann, dürfte dagegen zu den die Wirkungen des Erfüllungsgeschäfts betreffenden Vorschriften zu rechnen und daher, auch wenn der Schuldschein vor dem Inkrafttreten des B.G.B. ausgestellt ist, bei einer nach diesem Zeitpunkt erfolgenden Erfüllung anwendbar sein (a. A. Habicht S. 191).

Eine Vermuthung der Tilgung, welche das bisherige Recht an gewisse Thatsachen knüpft, gilt nur, wenn die Thatsachen vor dem Inkrafttreten des B.G.B. eingetreten sind.

b) Die Voraussetzungen der Zulässigkeit der Hinterlegung, die Art, in welcher sie zu erfolgen hat, und ihre Wirkungen bestimmen sich nach dem Inkrafttreten des B.G.B. nach dessen Vorschriften (§§ 372—382). Das Gleiche gilt von dem Rechte des Gläubigers, eine geschuldete zur Hinterlegung nicht geeignete Sache zu versteigern (§§ 383—386).

c) Auch die Aufrechnung bestimmt sich sowohl in Ansehung der Voraussetzungen ihrer Zulässigkeit als in Ansehung der Art, in welcher sie erfolgt, und der Wirkungen, welche sie hat, von dem Inkrafttreten des B.G.B. an nach dessen Vorschriften (§§ 387—396; vergl. Rechtspr. Bd. 1 Nr. 78). Ist der Thatbestand an welchen das bisherige Recht die Aufrechnung knüpft, unter dessen Herrschaft eingetreten, so behält es dabei auch in Betreff der Wirkungen der Aufrechnung sein Bewenden. Dies gilt auch dann, wenn, wie nach französischem Rechte angenommen wird, die gegenseitigen Forderungen in dem Augenblick, in welchem sie einander gegenüberstehen, ipso jure erlöschen. Gewährt das bisherige Recht dem zur Aufrechnung berechtigten Schuldner, wenn er zahlt, die condictio indebiti, so behält er diese auch nach dem Inkrafttreten des B.G.B., wenn die Zahlung vorher erfolgt ist; denn hier handelt es sich nicht um die Zulässigkeit der Aufrechnung, sondern um ein wegen Unterlassens derselben bereits erworbenes Recht. Selbstverständlich kann der Schuldner nach dem Inkrafttreten des B.G.B. statt die condictio geltend zu machen, auch noch aufrechnen.

Zweifelhaft ist, ob, wenn das bisherige Recht dem Bürgen oder dem Gesammtschuldner das Recht giebt, mit einer Forderung des Hauptschuldners oder eines anderen Gesammtschuldners aufzurechnen, dieses Recht auch nach dem Inkrafttreten des B.G.B. bestehen bleibt oder ob nur noch eine verzögerliche Einrede nach Maßgabe des § 770 Abs. 2 stattfindet. Die Frage dürfte in dem ersteren Sinne zu entscheiden sein, weil es sich hier um ein durch die Bürgschaft bezw. das Gesammtschuldverhältniß begründetes Recht handelt (s. Habicht S. 195).

d) Endigt nach dem bisherigen Rechte ein Schuldverhältniß mit dem Tode des Gläubigers oder des Schuldners oder tritt mit dem Tode doch eine Beschränkung der Haftung ein wie z. B. nach gemeinem Rechte in Betreff der Haftung aus Delikten, so bleibt es hierbei, auch wenn der Tod erst nach dem Inkrafttreten des B.G.B. erfolgt; denn es handelt sich hier um eine aus dem Wesen des betreffenden Schuldverhältnisses folgende Endigung oder Beschränkung (s. Habicht S. 200, 201).

e) Ueber die Verjährung der Ansprüche s. Art. 169 und die Erl. dazu.

10. Die Regel des Art. 170 gilt nicht, wenn und soweit sich aus einer Vorschrift des B.G.B. ergiebt, daß sie auch auf ein schon vor dem Inkrafttreten des B.G.B. entstandenes Schuldverhältniß Anwendung finden soll. In der ersten Kommission war beantragt, dies durch einen Zusatz ausdrücklich zu bestimmen. In der zweiten Kommission war die Streichung des ganzen Art. 170 beantragt, weil sein Inhalt als Regel selbstverständlich, das ausdrückliche Aussprechen dieser Regel aber wegen der nach dem obigen Gesichtspunkte davon zu machenden Ausnahmen, die sich im Einzelnen nicht anführen ließen, bedenklich sei. Beide Anträge wurden abgelehnt, indem man davon ausging, daß die Hervorhebung der Regel zweckmäßig, die eben hervorgehobene Ausnahme aber selbstverständlich sei. Hiernach wird bei jeder einzelnen ein Schuldverhältniß betreffenden Vorschrift des B.G.B. zu prüfen sein, ob sie ihrer Absicht nach auf bestehende Schuldverhältnisse Anwendung finden soll. Dabei ist aber festzuhalten, daß die Nichtanwendung die Regel bildet und daß daher besondere Umstände vorliegen müssen, um die Annahme zu begründen, daß die Vorschrift ausnahmsweise auch für die bereits vor dem Inkrafttreten des B.G.B. entstandenen Schuldverhältnisse gelten solle. Solche Umstände können insbesondere darin liegen, daß die Vorschrift im öffentlichen Interesse oder daß sie deshalb getroffen ist, um sittlichen Anforderungen zu genügen oder um den Schuldner gegen eine mit den guten Sitten nicht vereinbare Beschränkung seiner wirthschaftlichen Freiheit zu schützen. Als Beispiele von Vorschriften, welche diesen Charakter haben, wurden in beiden Kommissionen die den jetzigen §§ 247, 624, 723, 2302 entsprechenden Vorschriften der Entwürfe angeführt. In dem Falle des § 247 handelt es sich um das Recht des Schuldners, ein Kapital zu kündigen, wenn ein höherer Zinssatz als sechs vom Hundert ausbedungen ist, in dem Falle des § 624 um das Recht des Dienstverpflichteten, ein Dienstverhältniß, das auf Lebenszeit oder auf länger als fünf Jahre eingegangen ist, nach dem Ablaufe von fünf Jahren zu kündigen, in dem Falle des § 723 um das Recht eines Gesellschafters, die Gesellschaft aus wichtigen Gründen vor dem Ablaufe der für die Dauer der Gesellschaft bestimmten Zeit zu kündigen, in dem Falle des § 2302

Artikel 171.

Ein zur Zeit des Inkrafttretens des Bürgerlichen Gesetzbuchs bestehendes Mieth-, Pacht- oder Dienstverhältniß bestimmt sich, wenn nicht die Kündigung nach dem Inkrafttreten des Bürgerlichen Gesetzbuchs für den ersten Termin erfolgt, für den sie nach den bisherigen Gesetzen zulässig ist, von diesem Termin an nach den Vorschriften des Bürgerlichen Gesetzbuchs.

---

endlich um die Nichtigkeit eines Vertrags, durch den sich Jemand verpflichtet, eine Verfügung von Todeswegen zu errichten, aufzuheben oder nicht aufzuheben. Alle diese Vorschriften sind zwingender Natur und die Gründe, auf welchen sie beruhen, sowie die Zwecke, welche sie verfolgen, dürften nach dem oben Gesagten die Annahme rechtfertigen, daß sie auch auf die zur Zeit des Inkrafttretens des B.G.B. bestehenden Schuldverhältnisse Anwendung finden sollen (a. A. in Betreff des § 247 **Habicht** S. 250, 251).

Von den Vorschriften des ersten Buches des B.G.B. und des allgemeinen Theiles des Rechtes der Schuldverhältnisse dürfte in die hier fragliche Kategorie noch gehören:

a) der § 138 Abs. 2, soweit er sich auf den durch die bisherigen Gesetze nicht getroffenen Sachwucher, der nicht gewerbs- oder gewohnheitsmäßig betrieben wird, bezieht. Im Uebrigen werden dagegen die vor dem Inkrafttreten des B.G.B. vorgenommenen wucherischen Geschäfte nach den Vorschriften des durch das E.G. Art. 47 aufgehobenen § 3 des Ges. über den Wucher v. 24. Mai 1880 in der Fassung des Art. II des Ges. betr. Ergänzung der Bestimmungen über den Wucher v. 19. Juni 1893 zu beurtheilen sein (s. Bd. I S. 190, 191 Erl. 3, 4 zu § 138);

b) der § 310, welcher einen Vertrag, durch welchen sich Jemand verpflichtet, sein künftiges Vermögen zu übertragen oder mit einem Nießbrauche zu belasten, für nichtig erklärt;

c) der § 342, welcher die richterliche Ermäßigung einer unverhältnißmäßig hohen Vertragstrafe gestattet.

11. Nur auf Schuldverhältnisse nicht allgemein auf Rechtsgeschäfte bezieht sich die Regel des Art. 170. Nur solche Rechtsgeschäfte, durch welche ein Schuldverhältniß begründet wird, werden durch die Regel getroffen. Für dingliche, familienrechtliche und erbrechtliche Rechtsgeschäfte gelten besondere Vorschriften (vergl. Art. 189 ff., 198 ff., 213 ff.).

12. Für einzelne Schuldverhältnisse trifft das E.G. noch besondere von der Regel des Art. 170 abweichende Vorschriften (s. Art. 171—179). Auch für die aus dinglichen, familienrechtlichen und erbrechtlichen Verhältnissen entspringenden Ansprüche gelten die für diese Verhältnisse getroffenen besonderen Vorschriften (s. Art. 180 ff.). Wegen der Anwendbarkeit der obligationenrechtlichen Vorschriften, soweit sie sich auf Grundstücke beziehen, in der Zeit bis zur Anlegung des Grundbuchs, s. Erl. zu Art. 189.

Artikel 171.

E. d. E.G. II Art. 143; III Art. 171. P. II S. 9008—9011 (Bd. 6 S. 499—501).

Literatur: **Habicht** S. 263 ff.; **Dernburg** B. R. II § 215; **Fuld**, Miethrecht (1898) S. 10 ff.; **Görtz**, Zur Auslegung des Art. 171; **Schuhmacher**, Archiv f. Bürgerl. Recht Bd. 15 S. 258; **Taube**, sächs. Archiv Bd. 8 S. 425; **Fränkel**, Mieth- und Pachtrecht S. 105 ff.; **Mittelstein**, die Miethe; **Arnold**, Wohnungsmiethe.

Der Art. 171 bestimmt für **Mieth-, Pacht- und Dienstverhältnisse** eine Ausnahme von der Regel des Art. 170. Solche Verhältnisse sollen sich, auch wenn sie auf einem vor dem Inkrafttreten des B.G.B. geschlossenen Vertrage beruhen, von dem im Art. 171 bezeichneten Zeitpunkt an nach den Vorschriften des B.G.B. bestimmen. Die Vorschrift ist erst von der zweiten Kommission eingestellt. Sie beruht auf der Erwägung, daß Verhältnisse der fraglichen Art häufig auf lange Zeit eingegangen werden und daß daher ohne die Bestimmung des Art. 171 das bisherige Recht noch für diese ganze Zeit zur Anwendung kommen würde. Daneben wurde auch berücksichtigt, daß es, wenn die im Art. 171 bestimmten Voraussetzungen eingetreten seien, regelmäßig der Absicht der Parteien entsprechen werde, sich den Vorschriften des B.G.B. zu unterwerfen.

1. Ein **Mieth- oder Pachtverhältniß** bestimmt sich nach den Vorschriften des B.G.B., wenn nicht die Kündigung nach dem Inkrafttreten des B.G.B. für den ersten Termin erfolgt, für den sie nach den bisherigen Gesetzen zulässig ist.

a) Nach dem Inkrafttreten des B.G.B. muß eine Kündigung auf Grund des bisherigen Rechtes zulässig sein. Gedacht wurde bei der Einstellung des Art. 171 zunächst an solche Fälle, in welchen der Mieth- oder Pachtvertrag auf unbestimmte Zeit geschlossen, jedem Theile aber die Kündigung innerhalb der gesetzlichen oder der vertragsmäßigen Frist vorbehalten ist. Die Bestimmung beschränkt sich aber nicht auf diesen Fall, sondern trifft auch solche Fälle, in welchen das Verhältniß auf bestimmte Zeit eingegangen, daneben aber vereinbart ist, daß es fortdauern solle, wenn nicht vor Ablauf einer bestimmten Zeit eine Kündigung erfolge. Die Kündigung ist hier auf den Zeitpunkt zulässig, mit welchem das Verhältniß nach dem Vertrag in Ermangelung einer Kündigung endigen soll. Beruht die Fortsetzung des bisherigen Verhältnisses nach diesem Zeitpunkte nicht auf einer Vereinbarung der gedachten Art, sondern auf einer Vorschrift des bisherigen Rechtes, nach welcher bei thatsächlicher Fortsetzung des Verhältnisses eine relocatio tacita angenommen wird, so ist das auf dem ursprünglichen Vertrage beruhende Verhältniß mit dem Ablaufe der dafür in dem Vertrage bestimmten Zeit beendet und das durch die relocatio tacita eingetretene Verhältniß ist ein neues Verhältniß, auf das die Vorschriften des B.G.B. deshalb Anwendung finden, weil es unter der Herrschaft des B.G.B. entstanden ist. Auch wenn man übrigens die relocatio tacita juristisch anders konstruirt und darin eine Fortsetzung des durch den ursprünglichen Vertrag begründeten Verhältnisses erblickt, bleibt das praktische Ergebniß dasselbe, weil man in diesem Falle die Kündigung als auf den Zeitpunkt zulässig betrachten muß, mit welchem das Verhältniß nach dem Vertrag endigen soll.

Ist das Mieth- oder Pachtverhältniß auf eine bestimmte Zeit eingegangen, ohne daß daneben eine Vereinbarung der oben gedachten Art getroffen ist, so verbleibt es, weil die Voraussetzung des Art. 171 nicht eintreten kann, bei der Regel des Art. 170.

b) Es kommt nicht darauf an, daß für die Kündigung gesetzlich eine Kündigungsfrist bestimmt ist (so anscheinend Fränkel, Mieth- und Pachtrecht nach dem B.G.B. S. 105 Anm. 6). Die Voraussetzung wird im Art. 171 nicht dahin bestimmt, daß das bisherige Recht eine gesetzliche Kündigungsfrist bestimmt und die Kündigung nicht zu dem hierdurch bestimmten Termin erfolgt, sondern dahin, daß die Kündigung nicht für den ersten Termin erfolgt, für welchen sie nach dem bisherigen Rechte zulässig ist. Nach dem bisherigen Rechte ist die Kündigung aber nicht nur für den ersten gesetzlich bestimmten Termin, sondern auch für den ersten Termin zulässig, welcher durch Vertrag unter den Parteien bestimmt ist. Es kommt lediglich darauf an, ob die Kündigung nach dem Inkrafttreten des B.G.B., sei es auf Grund des Gesetzes oder des Vertrags zulässig war.

c) Die Kündigung muß für beide Theile zulässig sein. Dies ist zwar nicht ausdrücklich bestimmt, ergiebt sich aber aus dem der Vorschrift zu Grunde liegenden Gedanken. Nur wenn beiden Theilen die Möglichkeit gegeben war, das Verhältniß durch Kündigung zu beendigen, kann angenommen werden, daß sie sich durch die Unterlassung der Kündigung den Vorschriften des B.G.B. haben unterwerfen wollen. Genügte es, daß nur einem Theile die Kündigung zustand und würde dadurch, daß dieser die Kündigung unterließe, das Verhältniß den Vorschriften des B.G.B. unterworfen, so würde der andere Theil, der ein Recht auf die Fortsetzung des Verhältnisses nach Maßgabe des bisherigen Verhältnisses hat, in offenbar ungerechter Weise beeinträchtigt und der Willkür des zur Kündigung Berechtigten preisgegeben. Wollte man das Verhältniß nur für denjenigen, welchem das Recht der Kündigung zusteht, den Vorschriften des B.G.B. unterwerfen, es aber für den anderen Theil nach dem bisherigen Rechte beurtheilen, so würde dadurch eine zu den größten Unzuträglichkeiten und Widersprüchen führende Zerreißung des einheitlichen Verhältnisses in zwei Theile eintreten, die das Gesetz nicht gewollt haben kann. Beiden Theilen muß daher die Kündigung zustehen. Die Vorschrift des Art. 171 findet also z. B. keine Anwendung, wenn im Falle des Todes des Miethers oder, falls er ein Beamter ist, im Falle seiner Versetzung nur seinen Erben bezw. ihm oder, wenn im Falle der nicht rechtzeitigen Zahlung des Miethgeldes oder der schuldvollen Verschlechterung der vermietheten Sache durch den Miether nur dem Vermiether das Recht der Kündigung zusteht (a. A. Scherer S. 165).

Zweifelhaft kann sein, wie das Verhältniß zu beurtheilen ist, wenn nach dem Vertrage zwar beiden Theilen aber zu verschiedenen Zeiten die Kündigung zusteht. Der Absicht des Gesetzes dürfte es entsprechen, in einem solchen Falle die Geltung des neuen Rechtes eintreten zu lassen, wenn beide Theile von ihrem Kündigungsrechte keinen Gebrauch gemacht haben.

d) Nur darauf kommt es an, daß die Kündigung rechtlich zulässig war, nicht darauf, ob die Parteien thatsächlich in der Lage waren, von der Kündigung Gebrauch zu machen. Das Gesetz geht zwar davon aus, daß bei Unterlassung der Kündigung angenommen werden könne, daß beide Theile mit der Unterwerfung unter das neue Recht einverstanden seien; aber es beschränkt sich nicht darauf, eine Vermuthung für die hierauf gerichtete Absicht der Parteien zu bestimmen, sondern schreibt, wenn die gedachte Voraussetzung vorliegt, positiv die Anwendung des neuen Rechtes vor.

e) Ist die zulässige Kündigung des Verhältnisses von dem einen oder anderen Theile erfolgt, so endigt das Verhältniß mit dem Zeitpunkte, für welchen die Kündigung erfolgte. Eine Vereinbarung unter den Parteien, daß trotz der Kündigung das Verhältniß fortdauern solle, enthält den Abschluß eines neuen Mieth- oder Pachtvertrags unter den bisherigen Bedingungen und das dadurch begründete Verhältniß steht, da es unter der Herrschaft des B.G.B. eingegangen wurde, selbstverständlich unter dessen Vorschriften. Als eine Vereinbarung der gedachten Art ist es auch anzusehen, wenn die Parteien vereinbaren, daß die Kündigung als nicht erfolgt angesehen werden soll. Wer sich darauf beruft, daß ein bei dem Inkrafttreten des B.G.B. bestehendes Mieth- oder Pachtverhältniß von einem bestimmten Zeitpunkt an nach den Vorschriften des B.G.B. zu beurtheilen sei, braucht daher nur zu beweisen, daß beide Theile auf Grund des bisherigen Rechtes berechtigt gewesen seien, nach dem Inkrafttreten des B.G.B. für jenen Zeitpunkt das Verhältniß zu kündigen.

2. Bis zu dem Termine, für welchen gekündigt werden konnte (nicht etwa nur bis zu dem Zeitpunkt, in welchem gekündigt werden konnte) wird das Verhältniß nach dem bisherigen Rechte beurtheilt. Nach diesem bestimmen sich daher die Rechte und Verpflichtungen beider Parteien, ihre Ansprüche auf Schadensersatz wegen Nichterfüllung, das dem Miether wegen Mängel der Sache zustehende Recht, sein Recht zur Untervermiethung, das dem einen oder dem anderen Theile zustehende Kündigungsrecht sowie die Kündigungsfrist. Im Einzelnen ist noch Folgendes zu bemerken:

a) Dem Vermiether oder Verpächter stehen zur Sicherung seiner Ansprüche aus dem Mieth- oder Pachtvertrage nur diejenigen Rechte zu, welche ihm die bisherigen Gesetze gewähren. Er erlangt also, wenn diese ihm ein Pfandrecht an den von dem Pächter oder Miether eingebrachten Sachen oder an den Früchten des verpachteten Grundstücks nicht gewähren, ein solches auch nach dem Inkrafttreten des B.G.B. (§§ 559—563, 581, 585) nicht. Soweit das bisherige Recht ihm ein Zurückbehaltungsrecht einräumt, behält er dieses. Gewährt ihm das bisherige Recht ein Pfandrecht an Sachen, die der Miether eingebracht hat, so behält er dieses unzweifelhaft, soweit die Sachen schon vor dem Inkrafttreten des B.G.B. eingebracht sind, und das hierdurch entstandene Pfandrecht bestimmt sich nach dem bisherigen Rechte. Zweifelhaft ist, ob das Pfandrecht nach Maßgabe des bisherigen Rechtes auch an solchen Sachen entsteht, welche erst nach dem Inkrafttreten des B.G.B. von dem Miether oder Pächter eingebracht werden. Man kann dagegen geltend machen, daß die Entstehung eines Pfandrechts als eines dinglichen Rechtes sich nach dem Inkrafttreten des B.G.B. lediglich nach dessen Vorschriften bestimme, indem das E.G. Art. 184 das bisherige Recht nur in Betreff des Inhalts und Ranges der vor dem Inkrafttreten des B.G.B. entstandenen dinglichen Rechte aufrecht erhält. Richtiger aber dürfte es sein, die Vorschriften über das zur Sicherung der Ansprüche des Vermiethers oder Verpächters dienende Pfandrecht als einen integrirenden Bestandtheil der Vorschriften über das Mieth- und Pachtverhältniß zu betrachten und deshalb in dem hier fraglichen Falle das Pfandrecht auch dann entstehen zu lassen, wenn die Sachen, an welchen das bisherige Recht im Falle ihrer Einbringung ein Pfandrecht entstehen läßt, erst nach dem Inkrafttreten des B.G.B., jedoch während der Zeit, in welcher sich das Mieth- oder Pachtverhältniß noch nach dem bisherigen Rechte bestimmt, eingebracht sind. Aus dieser Auffassung der Vorschriften über das Pfandrecht als eines integrirenden Bestandtheils der Vorschriften über das Mieth- und Pachtverhältniß folgt dann ferner, daß das Pfandrecht auch an solchen Sachen entsteht, an welchen es nach dem B.G.B. § 559 nicht begründet wird, sofern die Voraussetzungen eintreten, unter welchen es nach dem bisherigen Rechte zur Entstehung gelangt. So werden also z. B., wenn das bisherige Recht dem Vermiether oder Verpächter ein Pfandrecht auch an denjenigen von dem Pächter oder Miether eingebrachten Sachen einräumt, welche diesem nicht gehören, solche Sachen dem Pfandrecht abweichend von § 559 des B.G.B. unterworfen, wenn sie nach dem Inkrafttreten des B.G.B. aber noch während der Zeit eingebracht werden, in welcher sich das Mieth- oder Pachtverhältniß noch nach dem bisherigen Rechte bestimmt. Auf die Art und Weise, wie dieses Pfandrecht geltend zu machen ist, und auf die Gründe, aus welchen es endigt, finden dann ebenfalls nicht die Vorschriften der §§ 560—562, sondern die Vorschriften des bisherigen Rechtes Anwendung. Im Allgemeinen finden zwar auf das Erlöschen eines dinglichen Rechtes nach dem Inkrafttreten des B.G.B. dessen Vorschriften Anwendung. Die hier fraglichen Vorschriften der §§ 560—562 charakterisiren sich aber sachlich als Vorschriften über den Inhalt des Pfandrechts und können, da auf diesen das bisherige Recht Anwendung findet, für ihn nicht maßgebend sein. Auch in den hier fraglichen Beziehungen bestimmt sich das Pfandrecht daher lediglich nach dem bisherigen Rechte. Dasselbe wird endlich auch gelten müssen in Betreff der Wirkungen des Pfandrechts gegenüber anderen Gläubigern (B.G.B. § 563, a. A. Habicht S. 269 ff.).

b) In der Erl. 5 zu Art. 170 ist darauf hingewiesen, daß einzelne Vorschriften einen solchen Charakter haben können, daß sie auch ohne daß dies ausdrücklich bestimmt ist, auf bestehende Schuldverhältnisse anzuwenden sind. Es fragt sich, ob sich Vorschriften dieser Art unter den Bestimmungen des B.G.B. über das Mieth- und Pachtverhältniß finden. Die Frage dürfte zu bejahen sein in Betreff des § 544, nach welchem, wenn eine Wohnung oder ein anderer zum Aufenthalte von Menschen bestimmter Raum so beschaffen ist, daß die Benutzung mit einer erheblichen Gefährdung der Gesundheit verbunden ist, der Miether das Miethverhältniß ohne Einhaltung einer Kündigungsfrist kündigen kann. Das öffentliche Interesse an der Erhaltung der Gesundheit ist der Grund, auf welchem diese Vorschrift beruht. Ihre Anwendung kann durch Vertrag nicht ausgeschlossen werden. Das letztere würde freilich für sich allein die Anwendung auf bestehende Miethverhältnisse nicht rechtfertigen; in Verbindung aber mit dem oben hervorgehobenen Grunde der Vorschrift dürfte daraus auf die Absicht des Gesetzes zu schließen sein, auch die bestehenden Miethverhältnisse zu treffen.

Zweifelhaft kann sein, ob auch die im § 567 des B.G.B. bestimmte Kündbarkeit von länger als auf dreißig Jahre geschlossenen Miethverträgen nach Ablauf der dreißig Jahre diesen Charakter hat. Auch hier handelt es sich um eine zwingende Vorschrift. Nicht im gleichen Maße aber wie bei § 544 des B.G.B. kommt hier das öffentliche Interesse in Betracht; vielmehr sind es wirthschaftliche Zweckmäßigkeitsrücksichten, welche Anlaß zu der Beschränkung der Dauer der Miethverhältnisse auf die im § 567 bestimmte Zeit gegeben haben (a. A. Fuld, Neumann S. 1462, wie hier Dernburg S. 153). Jedenfalls aber kann die dreißigjährige Frist erst vom 1. Januar 1900 an gerechnet werden.

Ebensowenig wird man die Vorschrift des § 570 des B.G.B. über das Militärpersonen, Beamten, Geistlichen und Lehrern zustehende Kündigungsrecht auf die nach dem bisherigen Rechte zu beurtheilenden Miethverhältnisse anwenden dürfen (a. A. Scherer S. 165).

c) Unrichtig dürfte die Ansicht sein, daß die Vorschriften des B.G.B. insoweit zur Anwendung kommen, als sie sich auf Fragen beziehen, über die das bisherige Recht oder der Mieth- oder Pachtvertrag keine Bestimmung enthält (Fuld, das Miethrecht S. 10 ff.). Die Vorschriften des B.G.B. wie die des bisherigen Rechtes bilden jede für sich ein einheitliches Ganze und die letzteren können daher aus dem ersteren nicht ergänzt werden.

d) Ueber die Anwendung der §§ 571 ff. auf Miethverhältnisse, die nach dem bisherigen Rechte zu beurtheilen sind, s. Erl. zu Art. 172.

3. Von dem Termin an, zu welchem gekündigt werden konnte (s. unter Nr. 1), finden auch auf die vor dem Inkrafttreten des B.G.B. eingegangenen Mieth- und Pachtverhältnisse die Vorschriften des B.G.B. Anwendung. Daneben bleibt aber der unter den Parteien abgeschlossene Mieth- oder Pachtvertrag in Kraft. Das Verhältniß ist im Wesentlichen so zu beurtheilen, wie wenn in dem angegebenen Zeitpunkte das bisherige Mieth- oder Pachtverhältniß beendigt wäre, gleichzeitig aber ein neues Mieth- oder Pachtverhältniß unter denselben Bedingungen eingegangen wäre, welche der frühere Mieth- oder Pachtvertrag enthält. Die auf Grund des bisherigen Mieth- oder Pachtverhältnisses für die eine oder die andere Partei bereits entstandenen Rechte bleiben bestehen. Dies gilt insbesondere von den Ansprüchen auf Schadensersatz, welche einer Partei wegen Nichterfüllung der der anderen Partei obliegenden Verpflichtungen namentlich auch wegen Mängel der Sache zustehen. Soweit nach dem entscheidenden Zeitpunkte Mängel der vermietheten oder verpachteten Sache noch fortdauern oder neu entstehen, kann der Miether oder Pächter dieserhalb die ihm nach dem B.G.B. zustehenden Rechte ausüben. Wegen aller bis zu dem entscheidenden Zeitpunkt auf Grund des Mieth- oder Pachtverhältnisses bereits entstandenen Ansprüche des Vermiethers oder Verpächters stehen diesem alle aber auch nur die nach dem bisherigen Rechte begründeten Sicherungsmittel zu (s. unter Nr. 2). Er hat wegen dieser Ansprüche, wenn das bisherige Recht nur ein Zurückbehaltungsrecht gewährt, nur dieses, nicht ein Pfandrecht nach Maßgabe der §§ 559 ff. Gewährte das bisherige Recht wegen der fraglichen Ansprüche ein Pfandrecht, so bleibt dieses in Betreff aller Sachen bestehen, an welchen es bis zu dem entscheidenden Zeitpunkte nach dem bisherigen Rechte begründet worden war, insbesondere auch an solchen, an welchen es nach dem B.G.B. nicht besteht. Auch die Art und Weise, in welcher dieses Pfandrecht geltend zu machen ist, und die Gründe, aus welchen es endigt, bestimmen sich wegen des untrennbaren Zusammenhanges, in welchem die hierfür geltenden Vorschriften mit dem Inhalte des Pfandrechts stehen, nach dem bisherigen Rechte. In Betreff aller nach dem entscheidenden Zeitpunkt aus dem Mieth- oder Pachtverhältniß entstehenden Ansprüche sind aber für das dieserhalb dem Vermiether oder Verpächter zustehende Pfandrecht die Vorschriften des B.G.B. maßgebend.

War nach dem bisherigen Rechte dem Miether oder Pächter die Untervermiethung oder Unterverpachtung gestattet, so finden auf eine vor dem entscheidenden Zeitpunkt erfolgte Untervermiethung oder Unterverpachtung die Vorschriften der §§ 549, 553 keine Anwendung, wogegen sie auf eine nach dem entscheidenden Zeitpunkte vorgenommene oder fortgesetzte Untervermiethung oder Unterverpachtung anzuwenden sind.

Artikel 172.

Wird eine Sache, die zur Zeit des Inkrafttretens des Bürgerlichen Gesetzbuchs vermiethet oder verpachtet war, nach dieser Zeit veräußert oder mit einem

---

4. Nach E.G. Art. 93 bleiben unberührt die landesgesetzlichen Vorschriften über die Fristen, bis zu deren Ablauf gemiethete Räume bei Beendigung des Miethverhältnisses zu räumen sind. Vorschriften dieser Art, welche das bisherige Recht enthält, finden also auf ein bestehendes Miethverhältniß auch nach dem entscheidenden Zeitpunkt Anwendung, sofern nicht die Landesgesetzgebung ein Anderes bestimmt (s. z. B. das Bremensche A.G. zum B.G.B. § 13; das Hamburgsche A.G. zum B.G.B. § 25).

5. Dieselben Grundsätze, welche nach dem Obigen für ein Mieth- oder Pachtverhältniß gelten, finden auch auf ein Dienstverhältniß Anwendung (B.G.B. §§ 611 ff.). Ein solches Verhältniß bestimmt sich also bis zu dem ersten Termine, für welchen nach dem Inkrafttreten des B.G.B. eine Kündigung nach dem bisherigen Rechte zulässig war, nach dem bisherigen Rechte, für die spätere Zeit nach dem B.G.B. Für die Bestimmung dieses Termins gilt das unter Nr. 1 Gesagte. Auch in Betreff der Anwendung des bisherigen Rechtes bezw. des B.G.B. kann im Allgemeinen auf das unter Nr. 2 und 3 Gesagte verwiesen werden. Nur in Betreff der Frage, welche Vorschriften des B.G.B. nach ihrer Absicht auch für diejenige Zeit anzuwenden sind, in welcher das Miethverhältniß nach dem bisherigen Rechte beurtheilt werden muß, ist noch Folgendes zu bemerken:

a) Nach § 624 kann ein Dienstverhältniß, welches für die Lebenszeit einer Person oder für längere Zeit als fünf Jahre eingegangen ist, von dem Verpflichteten nach dem Ablaufe von fünf Jahren gekündigt werden. Diese Vorschrift bezweckt, die persönliche und wirthschaftliche Freiheit gegen ungebührliche Beschränkung zu sichern, und ist deshalb wohl mit Recht von beiden Kommissionen als eine solche betrachtet, welche auch auf Dienstverhältnisse anzuwenden ist, die im Allgemeinen nach dem bisherigen Rechte zu beurtheilen sind (s. Erl. 10 zu Art. 170). Die fünfjährige Frist, nach deren Ablaufe gekündigt werden kann, dürfte aber bei den zur Zeit des Inkrafttretens des B.G.B. bereits bestehenden Dienstverhältnissen erst von dem Inkrafttreten des B.G.B. an zu berechnen sein.

b) Aehnliche Gründe wie die unter a angeführten dürften auch für die Anwendung des § 626 sprechen.

c) Zweifelhaft und bestritten ist die Frage, ob auch die §§ 617—619 unter die hier fragliche Kategorie gehören. Durch die §§ 617, 618 werden dem Dienstberechtigten weitgehende Verpflichtungen gegenüber dem Dienstverpflichteten auferlegt und nach § 619 können diese Verpflichtungen im Voraus durch Vertrag nicht geändert werden. Es handelt sich also um zwingende Vorschriften, die im Interesse des Dienstverpflichteten als des wirthschaftlich schwächeren Theiles getroffen sind. Dieser Zweck der fraglichen Vorschriften scheint für deren Anwendung auch auf bestehende im Allgemeinen nach dem bisherigen Rechte zu beurtheilende Dienstverhältnisse zu sprechen. Andererseits ist aber doch zu erwägen, daß es sich um neue Verpflichtungen handelt, welche dem Dienstberechtigten auferlegt werden und daß unter Umständen eine große und unbillige Härte darin liegen kann, wenn ein bestehendes Dienstverhältniß, das nach dem bisherigen Rechte für den Dienstberechtigten diese Verpflichtungen nicht begründete, eine derartige Umgestaltung zu seinem Nachtheil erleidet, ohne daß ihm die Möglichkeit gegeben ist, das Dienstverhältniß aufzuheben. Die zweite Kommission hat die §§ 618, 619 nicht zu den Vorschriften gerechnet, welche auf die nach dem bisherigen Rechte zu beurtheilenden Dienstverhältnisse anzuwenden sind. Es ergiebt sich dies daraus, daß zur Begründung des Antrags auf Einstellung des Art. 171 besonders geltend gemacht wurde, daß es wünschenswerth sei, die Vorschriften des E. II rev. §§ 609, 610, welche den jetzigen §§ 616, 618, 619 entsprechen, von dem im Art. 171 bezeichneten Zeitpunkt an zur Anwendung zu bringen (P. II S. 9009, Bd. 6 S. 500). Daß der § 616 nicht zu den Vorschriften der hier fraglichen Kategorie gehört, ist wohl unzweifelhaft; aber auch in Betreff der §§ 618, 619 dürfte die Auffassung der Kommission als die richtige anzusehen sein. Der § 617 ist erst von der R.T.K. eingestellt. Es muß für ihn aber in der hier fraglichen Beziehung dasselbe gelten wie für die §§ 618, 619 (a. A. Habicht S. 301, Neumann S. 1463).

Artikel 172.

E. d. E.G. I Art. 104; II Art. 144; III Art. 172. P. I S. 13061—13066, 13226, 13229, 13230. M. d. E.G. S. 257—261. P. II S. 9013—9019 (Bd. 6 S. 501—504).

1. Der E. I d. E.G. Art. 104 stellte den Grundsatz auf, daß ein vor dem 1. Januar 1900 geschlossener Mieth- oder Pachtvertrag über ein Grundstück in Ansehung der Wirksamkeit gegen

Rechte belastet, so hat der Miether oder Pächter dem Erwerber der Sache oder des Rechtes gegenüber die im Bürgerlichen Gesetzbuche bestimmten Rechte. Weitergehende Rechte des Miethers oder Pächters, die sich aus den bisherigen Gesetzen ergeben, bleiben unberührt, unbeschadet der Vorschrift des Artikel 171.

---

denjenigen, welcher nach dem Inkrafttreten des B.G.B. das Eigenthum des Grundstücks oder ein Recht daran erwerbe, nach dem bisherigen Rechte beurtheilt wird. Das in dem E. I d. E.G. Art. 103 (jetzt Art. 170) aufgestellte Prinzip sollte also in Betreff des durch einen Mieth- oder Pachtvertrag über ein Grundstück begründeten Schuldverhältnisses dahin erläutert bezw. ausgedehnt werden, daß dieses Schuldverhältniß auch in Ansehung seiner Wirksamkeit gegen einen Dritten, welcher das Grundstück nach dem Inkrafttreten des B.G.B. erwerbe, nach dem bisherigen Rechte beurtheilt werde. Die Vorschriften des E. I über den Mieth- und Pachtvertrag wichen in Betreff des Rechtes des Erwerbers eines vermietheten oder verpachteten Grundstücks, den Miether oder Pächter auszutreiben, in mehrfachen Beziehungen von dem bisherigen Rechte, insbesondere von dem gemeinen, dem preußischen und französischen Rechte ab, von dem ersteren, indem sie das Recht des Erwerbers auf Austreibung beschränkten, von dem letzteren, indem sie es erweiterten. In Ansehung des gemeinen Rechtes erscheinen die Vorschriften des E. I d. E.G. lediglich als eine Konsequenz des Prinzips des Art. 103 (jetzt Art. 170), wogegen sie in Ansehung derjenigen Rechte, welche dem durch einen Mieth- oder Pachtvertrag begründeten Schuldverhältnisse Wirksamkeit gegen Dritte beilegen, sich als eine Ausdehnung dieses Prinzips nach dessen richtiger Auslegung (s. Erl. 6 zu Art. 170) darstellen. Der Art. 172 Satz 2 beläßt es bei dem Grundsatze des E. I d. E.G. insoweit, als dem Miether oder Pächter nach dem bisherigen Rechte weitergehende Rechte gegen den Erwerber der vermietheten oder verpachteten Sache zustehen als nach dem B.G.B.; er dehnt diesen Grundsatz auch auf Mieth- und Pachtverträge über andere Sachen als Grundstücke aus. Dagegen wird mit Rücksicht auf die wirthschaftlichen und sozialpolitischen Gründe, welche zu den Vorschriften des B.G.B. über die Rechte des Miethers und Pächters gegenüber dem Erwerber der vermietheten oder verpachteten Sache sowie gegenüber demjenigen, welcher ein Recht daran erwirbt, geführt haben, bestimmt, daß dem Miether und Pächter mindestens die im B.G.B. bestimmten Rechte gegen jene Personen von dem Inkrafttreten des B.G.B. an zustehen sollen

2. Voraussetzungen der im Satz 1 aufgestellten Regel sind:

a) der Abschluß eines Mieth- oder Pachtvertrags über eine Sache vor dem Inkrafttreten des B.G.B. Auf Mieth- oder Pachtverträge über Rechte bezieht sich der Art. 172 nicht; diese sind lediglich nach den allgemeinen Grundsätzen zu beurtheilen. Andererseits bezieht sich der Artikel aber auf Sachen jeder Art, nicht bloß wie der E. I auf Grundstücke. Ob ein Mieth- oder Pachtvertrag zum Abschlusse gelangt ist, bestimmt sich nach bisherigem Rechte. Nur auf den Abschluß kommt es an, nicht darauf, ob der Besitz dem Miether oder Pächter bereits überlassen ist.

b) die Veräußerung der vermietheten oder verpachteten Sache oder deren Belastung mit einem Rechte nach dem Inkrafttreten des B.G.B. Das dingliche Rechtsgeschäft muß also nach diesem Zeitpunkte vorgenommen sein. Wann das obligatorische auf die Veräußerung oder Belastung gerichtete Rechtsgeschäft vorgenommen wurde, ist gleichgültig. Ist das dingliche Rechtsgeschäft vor dem Inkrafttreten des B.G.B. vorgenommen, so bestimmen sich die Rechte des Miethers oder Pächters gegen den Erwerber der Sache oder des Rechtes nach dem bisherigen Rechte. Nach diesem bestimmt sich auch, wann die Veräußerung oder Belastung als erfolgt anzusehen ist, ob dazu insbesondere der Vertrag genügt (französisches Recht) oder ob Tradition (gemeines Recht) oder bei Grundstücken Auflassung erforderlich ist (preußisches Recht).

3. Inhalt der Ausnahme des Satz 1.

a) Ist der Besitz des vermietheten oder verpachteten Grundstücks dem Miether oder Pächter bereits überlassen, so treten, wenn das Grundstück veräußert oder belastet wird, nach dem B.G.B. die in den §§ 571—577, 579—581 bestimmten Folgen ein. Die durch den Mieth- oder Pachtvertrag begründeten Rechte und Verpflichtungen gehen nach Maßgabe der gedachten Vorschriften auf den Erwerber der Sache über, während für den Erwerber eines Rechtes, mit welchem die Sache belastet wird, die besonderen Vorschriften des § 577 gelten. Nach § 571 Abs. 2, § 581 haftet der Vermiether oder Verpächter, wenn der Erwerber die auf ihn übergegangenen Verpflichtungen nicht erfüllt, für den dadurch entstandenen Schaden wie ein Bürge. Nach dem Wortlaute des Art. 172 Satz 1 sollen aber in dem hier fraglichen Falle nicht alle eben bezeichneten durch das B.G.B. bestimmten Rechtsfolgen eintreten; vielmehr wird nur bestimmt, daß der Miether oder Pächter gegen den Erwerber der Sache oder des Rechtes die in dem B.G.B. bestimmten Rechte habe. Hiernach kann der Miether oder

Pächter von dem Erwerber der Sache und unter den im § 577 Satz 1 bestimmten Voraussetzungen auch von dem Erwerber des Rechtes, mit dem die Sache belastet ist, die Erfüllung der dem Vermiether oder Verpächter obliegenden Verpflichtungen verlangen (§ 571 Abs. 1, § 577 Satz 1) und er kann ferner nach § 572 Satz 2 unter den dort bezeichneten Voraussetzungen die Rückgewähr der von ihm geleisteten Sicherheit von dem Erwerber fordern. Daß auch die Rechte des Vermiethers oder Verpächters gegen den Miether oder Pächter auf den Erwerber übergehen und daß sich überhaupt das obligatorische Verhältniß zwischen dem Vermiether oder Verpächter einerseits und dem Miether oder Pächter andererseits ändern soll, ergiebt sich aus dem Wortlaute des Satz 1 nicht. Eine Aenderung des Rechtsverhältnisses würde hiernach nur insoweit eintreten, daß der Miether oder Pächter wegen der dem Vermiether oder Verpächter obliegenden Verpflichtungen auch den Erwerber als Gesammtschuldner in Anspruch nehmen könnte, während seine Verpflichtungen nach wie vor nur gegenüber dem Vermiether oder Verpächter bestehen. Damit werden denn auch die Vorschriften der §§ 573—576 gegenstandslos.

Ob dieses Ergebniß der Absicht des Gesetzes entspricht, ist nicht unzweifelhaft. Habicht S. 286 ff. will auf das Rechtsverhältniß, das in Folge der Veräußerung oder Belastung entsteht, alle Vorschriften der §§ 571—577, 579, 580 anwenden. Er geht davon aus, daß der Uebergang der Rechte des Vermiethers oder Verpächters auf den Erwerber sich daraus ergebe, daß er nach §§ 571 Abs. 1, 577 Satz 1 eine Folge der Veräußerung oder Belastung sei und daß Folgen, welche das B.G.B. an das dingliche Rechtsgeschäft der Veräußerung oder Belastung knüpfe, auch ohne ausdrückliche Bestimmung bei jeder nach dem Inkrafttreten des B.G.B. erfolgenden Veräußerung oder Belastung eintreten müssen. Die Vorschriften der §§ 571 Abs. 2, 572—576 dienten nur zur Ergänzung jenes Grundsatzes und müßten deshalb ebenfalls Anwendung finden. Insbesondere gelte dies von der Vorschrift des § 571 Abs. 2, die zwar nicht das Verhältniß des Miethers oder Pächters zu dem Erwerber, sondern zu dem Vermiether oder Verpächter betreffe, die aber doch wegen ihres untrennbaren Zusammenhanges mit dem Uebergange der Verpflichtungen des Vermiethers oder Verpächters auf den Erwerber Anwendung finden müsse. Nur bei der Anwendung der §§ 573—575 müßten einige Modifikationen eintreten, insbesondere in Ansehung der vor dem Inkrafttreten des B.G.B. von dem Miether oder Pächter an den Vermiether oder Verpächter erfolgten Zahlung des Mieth- oder Pachtpreises und sonstiger zwischen ihnen vor jenem Zeitpunkte vorgenommenen Rechtsgeschäfte sowie in Ansehung einer nach jenem Zeitpunkt erfolgten Zahlung des Miethers oder Pächters, zu welcher dieser verpflichtet gewesen sei.

Gegen diese Auffassung spricht indessen Folgendes. Man kann freilich die Veräußerung oder Belastung eines vermietheten oder verpachteten Grundstücks als eine selbständige Thatsache betrachten, deren Wirkungen auf das Mieth- oder Pachtverhältniß, wenn sie unter der Herrschaft des B.G.B. eintritt, sich wie die Wirkungen der Abtretung einer Forderung oder der Schuldübernahme nach dem B.G.B. bestimmen. Wäre das Gesetz aber von dieser Auffassung ausgegangen, so würde die Vorschrift des Art. 172 Satz 1 einerseits völlig unnöthig und selbstverständlich, andererseits aber zu eng sein, weil sie nur von den Rechten des Miethers oder Pächters gegen den Erwerber spricht. Es hätte doch, wenn das Gesetz von jener Auffassung ausgegangen wäre und, nur um Zweifel abzuschneiden, die sich daraus für die Veräußerung oder Belastung eines vermietheten oder verpachteten Grundstücks ergebende Konsequenz hätte aussprechen wollen, außerordentlich nahe gelegen, dies durch den einfachen Satz zu thun, daß in dem vorausgesetzten Falle die Vorschriften der §§ 571 ff. Anwendung finden. Die jetzige engere Fassung nöthigt, wenn man nicht eine schwer begreifliche Ungenauigkeit der Redaktion annehmen will, zu der Annahme, daß das Gesetz davon ausgegangen ist, daß die §§ 571 ff. nur die Wirkungen der Veräußerung oder Belastung eines Grundstücks auf diejenigen in Ansehung des Grundstücks bestehenden Mieth- oder Pachtverhältnisse bestimmen sollen, welche nach dem Inkrafttreten des B.G.B. eingegangen sind, daß aber die vor dem Inkrafttreten des B.G.B. eingegangenen Mieth- oder Pachtverhältnisse sich im Allgemeinen nach dem bisherigen Rechte bestimmen und ihre Wirkungen für den Fall der Veräußerung oder Belastung des vermietheten oder verpachteten Grundstücks nur die Modifikation erleiden sollen, daß der Miether oder Pächter die im Satz 1 bezeichneten Rechte gegen den Erwerber erlangt. Wie Habicht auch Neumann S. 1464.

Bei dieser Auffassung ist freilich die Stellung des Erwerbers eine verhältnißmäßig ungünstige. Ihn treffen die durch den Mieth- oder Pachtvertrag begründeten Verpflichtungen; er erhält aber nicht von selbst die dadurch begründeten Rechte gegen den Miether oder Pächter. Um diese zu erlangen, muß er sie sich von dem Veräußerer abtreten lassen, und er erhält sie hierdurch nur nach Maßgabe der allgemeinen über die Abtretung von Forderungen geltenden Grundsätze; insbesondere kommen ihm die Vorschriften der §§ 573—575 nicht zu Statten. Für den Miether oder Pächter ist diese Regelung dagegen sehr günstig. Sein obligatorisches Verhältniß zu dem Vermiether oder Verpächter wird durch die Veräußerung der vermietheten oder verpachteten Sache, ähnlich wie nach gemeinem Rechte, überall nicht berührt. Er ist nur dem

Vermiether oder Verpächter gegenüber verpflichtet und behält alle ihm gegen diese zustehenden Rechte, hat aber den Vortheil, daß er diese Rechte auch gegen den Erwerber geltend machen kann. Der Vermiether oder Verpächter wird nicht benachtheiligt; er behält seine bisherigen Rechte und Verpflichtungen und es ist seine Sache, sich mit dem Erwerber auseinander zu setzen. Daß ein solches Verhältniß rechtlich möglich ist, läßt sich nicht bezweifeln und ebenso wird man anerkennen müssen, daß der Gesetzgeber sich durch die Rücksicht auf die Interessen des Miethers oder Pächters sehr wohl veranlaßt sehen konnte, eine derartige Regelung für die Uebergangszeit zu treffen. Hat doch das B.G.B. selbst für den Fall, daß die Ausübung des Rechtes, mit welchem das Grundstück belastet wird, nur eine Beschränkung des Miethers in dem vertragsmäßigen Gebrauche zur Folge hat, das Verhältniß insofern ähnlich geordnet, als in diesem Falle das obligatorische Verhältniß zwischen dem Miether oder Pächter und dem Vermiether oder Verpächter nicht berührt, der Miether oder Pächter aber berechtigt wird, von dem Erwerber die Unterlassung der Ausübung seines Rechtes insoweit zu fordern, als dadurch der vertragsmäßige Gebrauch des Miethers oder Pächters beeinträchtigt werden würde.

Aus der in dem Bisherigen dargelegten Auffassung ergiebt sich von selbst, daß die Vorschriften des § 576 keine Anwendung finden, weil sie den Uebergang der dem Vermiether oder Verpächter zustehenden Rechte auf den Erwerber voraussetzen. Andererseits findet der § 579 insoweit Anwendung, als dem Miether oder Pächter, falls der Erwerber das Grundstück weiter veräußert, die oben bezeichneten Rechte auch gegen den neuen Erwerber zustehen. Endlich gilt das bisher Gesagte nach § 580 auch für die Miethe von Wohnräumen und anderen Räumen.

b) Hat der Vermiether oder Verpächter das vermiethete oder verpachtete Grundstück vor der Ueberlassung des Besitzes an den Miether oder Pächter veräußert oder mit einem Rechte der im § 577 bezeichneten Art belastet, so finden nach §§ 578, 581 die Vorschriften der §§ 571 Abs. 1, 577 Anwendung, wenn der Erwerber dem Vermiether oder Verpächter gegenüber die Erfüllung der sich aus dem Mieth- oder Pachtverhältniß ergebenden Verpflichtungen übernommen hat. Das Gleiche gilt nach § 580 bei der Vermiethung von Wohnräumen und anderen Räumen. Aus Art. 172 Satz 1 ergiebt sich, daß dem Miether oder Pächter, wenn das vor dem Inkrafttreten des B.G.B. vermiethete oder verpachtete Grundstück, bevor der Besitz dem Miether oder Pächter überlassen ist, nach dem Inkrafttreten des B.G.B. veräußert oder belastet wird, dieselben Rechte wie unter a gegen den Erwerber hat, wenn dieser sich in der angegebenen Weise dem Vermiether gegenüber verpflichtet hat. Die Rechte des Vermiethers oder Verpächters gegen den Miether oder Pächter gehen auf den Erwerber aber nur über, wenn sie ihm abgetreten sind und zwar nach Maßgabe der allgemeinen für die Abtretung von Forderungen geltenden Grundsätze. Das unter a Gesagte gilt auch in dieser Beziehung.

c) Dem Miether oder Pächter von anderen Gegenständen als Grundstücken räumt das B.G.B. keine besonderen Rechte gegen den Erwerber des vermietheten oder verpachteten Gegenstandes ein. Für die Anwendung des Art. 172 Satz 1 kann in Fällen dieser Art nur in Betracht kommen die Vorschrift des § 986 Abs. 2, nach welcher der Besitzer einer Sache, die nach § 931 durch Abtretung des Anspruchs auf Herausgabe veräußert worden ist, dem neuen Eigenthümer die Einwendungen entgegensetzen kann, welche ihm gegen den abgetretenen Anspruch zustehen. Dieses Recht steht auf Grund des Art. 172 Satz 1, auch wenn das Mieth- oder Pachtverhältniß vor dem Inkrafttreten des B.G.B. eingegangen ist, dem Miether oder Pächter einer Sache demjenigen gegenüber zu, welcher nach dem Inkrafttreten des B.G.B. nach Maßgabe des § 931 die Sache erworben hat.

4. Nach Art. 172 Satz 2 bleiben unberührt weitergehende Rechte des Miethers oder Pächters, welche sich aus dem bisherigen Rechte ergeben. Dies bedeutet nicht, daß es in Betreff weitergehender Rechte des Miethers oder Pächters gegen den Erwerber des vermietheten oder verpachteten Gegenstandes bei den sich aus den allgemeinen Grundsätzen ergebenden Konsequenzen (s. Erl. 6 zu Art. 170) verbleibt; vielmehr sollen durch die gedachte Vorschrift die dem Miether oder Pächter nach dem bisherigen Rechte zustehenden weitergehenden Rechte gegen den Erwerber auch insoweit aufrechterhalten werden, als sie ihm nach allgemeinen Grundsätzen im Falle einer nach dem Inkrafttreten des B.G.B. erfolgenden Veräußerung oder Belastung des vermietheten oder verpachteten Gegenstandes gegen den Erwerber nicht zustehen würden. Gedacht ist hierbei nicht an die Fälle, in welchen dem Miether oder Pächter nach dem bisherigen Rechte ein dingliches Recht an dem vermietheten oder verpachteten Gegenstande zusteht. Das Fortbestehen eines solchen Rechtes auch nach dem Inkrafttreten des B.G.B. ist selbstverständlich und durch Art. 184 (vergl. auch Art. 179, 188 Abs. 2) ausdrücklich anerkannt. In Frage kommen vielmehr diejenigen Vorschriften des bisherigen Rechtes, nach welchen entweder allgemein demjenigen, welcher durch einen obligatorischen Vertrag ein Forderungsrecht auf einen Gegenstand erlangt hat, die Geltendmachung dieses Rechtes auch gegen den späteren Erwerber des Gegen-

Artikel 173.

Auf eine zur Zeit des Inkrafttretens des Bürgerlichen Gesetzbuchs bestehende Gemeinschaft nach Bruchtheilen finden von dieser Zeit an die Vorschriften des Bürgerlichen Gesetzbuchs Anwendung.

---

standes, sei es unbedingt oder unter der Voraussetzung, daß der Erwerber den fraglichen Anspruch kennt, zusteht, oder nach welchen doch dem Miether oder Pächter eines Gegenstandes ein derartiges Recht eingeräumt ist (sog. jus ad rem). Soweit das bisherige Recht dem Miether oder Pächter ein solches Recht giebt, steht ihm dieses, wenn das Mieth- oder Pachtverhältniß vor dem Inkrafttreten des B.G.B. eingegangen ist, auch gegen denjenigen zu, welcher nach dem Inkrafttreten des B.G.B. den vermietheten oder verpachteten Gegenstand oder ein Recht daran erwirbt. Von praktischer Bedeutung ist diese Vorschrift einerseits für die Vermiethung und Verpachtung von Grundstücken, wenn dem Miether oder Pächter der Besitz noch nicht eingeräumt und eine Vereinbarung der im B.G.B. § 578 gedachten Art nicht getroffen ist und andererseits für die Vermiethung und Verpachtung anderer Gegenstände als Grundstücke.

5. Durch die letzten Worte des Satz 2 wird darauf hingewiesen, daß die Vorschriften des Art. 171 durch den Art. 172 keine Aenderung erleiden. Die Folgen einer Veräußerung oder Belastung des vermietheten oder verpachteten Gegenstandes, welche nach demjenigen Zeitpunkt erfolgt, von welchem an nach Art. 171 die Vorschriften des B.G.B. auf das Mieth- oder Pachtverhältniß Anwendung finden, bestimmen sich lediglich nach dem B.G.B. War der vermiethete oder verpachtete Gegenstand ein Grundstück und dessen Besitz dem Miether oder Pächter bereits überlassen, so hat die Veräußerung oder Belastung die im B.G.B. §§ 571—575, 577, 579 bestimmten Folgen. Die Wirkung einer von dem Vermiether dem Miether gemachten Anzeige von der Uebertragung des Grundstücks bestimmt sich nach § 576. War der Besitz des Grundstücks dem Miether oder Pächter noch nicht überlassen, hatte der Erwerber aber die Verpflichtungen des Miethers übernommen, so findet der § 578 Anwendung. Dasselbe gilt bei der Vermiethung von Wohnräumen und anderen Räumen. In allen anderen Fällen der Vermiethung oder Verpachtung hat die Veräußerung oder Belastung des vermietheten oder verpachteten Gegenstandes, abgesehen von der Vorschrift des § 986 Abs. 2 keine Aenderung des Mieth- oder Pachtverhältnisses zur Folge; dem Miether oder Pächter stehen die ihm nach dem bisherigen Rechte zustehenden Rechte (s. Nr. 4) nicht mehr zu.

6. Auf eine im Wege der Zwangsversteigerung erfolgte Veräußerung findet der Art. 172 keine Anwendung (so auch R.G. in J.W. 1901 S. 238). Im Uebrigen s. über die Anwendbarkeit des Zw.V.G. §§ 57, 152 Abs. 2, 183 unter Berücksichtigung des § 2 des E.G. zum Zw.V.G. und der in verschiedenen Staaten ergangenen Ausführungsgesetze Habicht S. 292ff.

7. Ueber Mieth- und Pachtrechte, die in dem Zeitpunkt, in welchem das Grundbuch als angelegt gilt, als dingliche Rechte bestehen, s. E.G. Art. 179, 188 Abs. 2.

Artikel 173.

E. d. E.G. II Art. 145; III Art. 173. P. II S. 9019, 9020 (Bd. 6 S. 504, 505).

Der Art. 173 ist erst von der zweiten Kommission eingestellt. Es wird dadurch der mögliche Zweifel entschieden, ob das durch die Gemeinschaft nach Bruchtheilen begründete obligatorische Verhältniß, wenn es vor dem Inkrafttreten des B.G.B. entstanden ist, auch nachher auf Grund des Art. 170 nach dem bisherigen Rechte zu beurtheilen oder ob das Verhältniß unter den Theilhabern als ein in jedem Augenblicke neu entstehendes zu betrachten ist und deshalb von dem Inkrafttreten des B.G.B. an dessen Vorschriften unterliegt. Die Entscheidung ist in dem letzteren Sinne erfolgt. Sie entspricht dem im Art. 181 aufgestellten Grundsatze, daß auf das zur Zeit des Inkrafttretens des B.G.B. bestehende Eigenthum die Vorschriften des B.G.B. Anwendung finden (s. insbesondere B.G.B. §§ 1008—1011).

1. Die Regel des Art. 173 gilt nur für eine Gemeinschaft nach Bruchtheilen (B.G.B. §§ 741—758), nicht für die Gemeinschaft zur gesammten Hand (B.G.B. §§ 718, 719, 1438, 1442, 2032). Das Rechtsverhältniß von Gemeinschaften der letztgedachten Art, die zur Zeit des Inkrafttretens des B.G.B. bestehen, bestimmt sich auch nach diesem Zeitpunkte nach dem bisherigen Rechte (vergl. Art. 181 Abs. 2).

2. Die Regel des Art. 173 gilt für alle Gemeinschaften nach Bruchtheilen. Sie gilt also nicht nur für die sog. Communio incidens, sondern auch für eine Gemeinschaft

nach Bruchtheilen, die auf einem Gesellschaftsvertrag oder auf Erbrecht beruht. Soweit indessen durch einen vor dem Inkrafttreten des B.G.B. geschlossenen Vertrag Verpflichtungen der Theilhaber in Betreff der Gemeinschaft entstanden sind, bleiben diese nach Art. 170 bestehen und für erbrechtliche Gemeinschaften gelten die besonderen Vorschriften des Art. 213. Bei Gemeinschaften, welche auf den letztgedachten Gründen beruhen findet der Art. 173 daher nur insoweit Anwendung, als die vertragsmäßigen Vereinbarungen oder die besonderen erbrechtlichen Vorschriften dafür Raum lassen.

3. Mit dem Inkrafttreten des B.G.B. treten an die Stelle der bisherigen gesetzlichen Bestimmungen über die Gemeinschaft nach Bruchtheilen und die in dieser Beziehung den Theilhabern zustehenden Rechte und obliegenden Verpflichtungen die Vorschriften des B.G.B. §§ 742—758. Insbesondere hat jeder Theilhaber die ihm nach § 742 zustehenden Rechte in Betreff der Früchte und des Mitgebrauchs des gemeinschaftlichen Gegenstandes sowie andererseits die im § 748 bestimmten Verpflichtungen in Betreff der Lasten des gemeinschaftlichen Gegenstandes und der Kosten der Erhaltung und Verwaltung. Die Verwaltung des gemeinschaftlichen Gegenstandes bestimmt sich nach den §§ 744, 745. Die über die Verwaltung und Benutzung des gemeinschaftlichen Gegenstandes nach dem Inkrafttreten des B.G.B. getroffene Regelung wirkt für und gegen die Sondernachfolger (B.G.B. § 746). Das Gleiche gilt von einer Vereinbarung über den Ausschluß oder die Beschränkung der Theilung (§ 751); eine solche ist jedoch zulässig nur unter den in den §§ 749, 750 bestimmten Beschränkungen. Ueber seinen Antheil kann jeder Theilhaber verfügen (§ 747). Gesetzliche Rechte der anderen Theilhaber, durch welche dieses Recht nach dem bisherigen Rechte beschränkt wird, z. B. Vorkaufsrechte oder Widerspruchsrechte, fallen weg. Die Aufhebung der Gemeinschaft erfolgt nach §§ 752—758.

4. Die vor dem Inkrafttreten des B.G.B. von den Theilhabern über die Verwaltung und Nutzung des gemeinschaftlichen Gegenstandes nach Maßgabe des bisherigen Rechtes gültig getroffenen Vereinbarungen behalten ihre Wirkung auch nach dem Inkrafttreten des B.G.B. Das Gleiche gilt von einer durch Mehrheitsbeschluß erfolgten Regelung, soweit eine solche nach dem bisherigen Rechte zulässig und wirksam war. Die in dieser Beziehung durch § 745 Abs. 3 bestimmten Beschränkungen finden auf eine vor dem Inkrafttreten des B.G.B. erfolgte Regelung keine Anwendung (a. A. Habicht S. 317).

Eine vertragsmäßige Beschränkung des Rechtes eines Theilhabers, über seinen Antheil zu verfügen, bleibt, soweit das bisherige Recht sie als wirksam anerkannte, nach E.G. Art. 168 bestehen.

Vereinbarungen der Theilhaber, durch welche das Recht, die Theilung zu verlangen, ausgeschlossen oder beschränkt wird, bleiben mit derjenigen Wirkung insbesondere auch für diejenige Zeit bestehen, welche das bisherige Recht bestimmt; jedoch dürfte die Bestimmung des § 749 Abs. 2, nach welcher trotz einer solchen Vereinbarung die Aufhebung der Gemeinschaft verlangt werden kann, wenn ein wichtiger Grund vorliegt, auch auf die vor dem Inkrafttreten des B.G.B. getroffene Vereinbarung dieser Art anzuwenden sein.

Die Wirkung einer vor dem Inkrafttreten des B.G.B. getroffenen Vereinbarung über die Verwaltung oder Benutzung des gemeinschaftlichen Gegenstandes oder über die Beschränkung des Rechtes, die Aufhebung der Gemeinschaft zu verlangen, für und gegen die Sondernachfolger bestimmt sich nach dem bisherigen Rechte. Vergl. dazu Erl. zu Art. 181, 186.

5. Die Ansprüche der Theilhaber gegen einander, welche auf Grund der Gemeinschaft vor dem Inkrafttreten des B.G.B. entstanden sind, behalten die ihnen nach dem bisherigen Rechte zukommende Wirksamkeit. Bei der Theilung werden indessen, wenn sie nach dem Inkrafttreten des B.G.B. erfolgt, die über die Ausgleichung von Ansprüchen der Theilhaber unter einander im § 756 gegebenen Vorschriften auch auf die vor dem Inkrafttreten des B.G.B. entstandenen Ansprüche dieser Art anzuwenden sein. Selbstverständlich jedoch, sofern die Theilung zwischen Sondernachfolgern des ursprünglichen Gläubigers oder Schuldners stattfindet, nur dann wenn der Anspruch nach Maßgabe des bisherigen Rechtes dem Sondernachfolger bezw. gegen denselben zusteht oder eine gültige Uebertragung des Anspruchs bezw. der Verpflichtung auf die jetzigen Theilhaber erfolgt ist.

6. Ist vor dem Inkrafttreten des B.G.B. ein obligatorischer Vertrag über die Art, in welcher die Auseinandersetzung erfolgen soll, geschlossen, so hat diese nach Maßgabe des Vertrags zu erfolgen und die Vorschriften des B.G.B. über die Auseinandersetzung finden nur insoweit Anwendung, als der Vertrag hierzu Raum läßt. Insbesondere wird in solchem Falle die Verpflichtung zur Gewährleistung in Betreff des einem Theile zugetheilten Gegenstandes nicht nach den Vorschriften des § 757, sondern nach den für den Vertrag unter Berücksichtigung des bisherigen Rechtes maßgebenden Grundsätzen zu bestimmen sein.

Artikel 174.

Von dem Inkrafttreten des Bürgerlichen Gesetzbuchs an gelten für die vorher ausgestellten Schuldverschreibungen auf den Inhaber die Vorschriften der §§. 798 bis 800, 802, 804 und des §. 806 Satz 1 des Bürgerlichen Gesetzbuchs. Bei den auf Sicht zahlbaren unverzinslichen Schuldverschreibungen sowie bei Zins-, Renten- und Gewinnantheilscheinen bleiben jedoch für die Kraftloserklärung und die Zahlungssperre die bisherigen Gesetze maßgebend.

Die Verjährung der Ansprüche aus den vor dem Inkrafttreten des Bürgerlichen Gesetzbuchs ausgestellten Schuldverschreibungen auf den Inhaber bestimmt sich, unbeschadet der Vorschriften des §. 802 des Bürgerlichen Gesetzbuchs, nach den bisherigen Gesetzen.

Artikel 174.

E. d. E.G. I Art. 105 Abs. 1, 3; II Art. 146; III Art. 174. P. I S. 13066—13074, 13295, 13296; M. d. E.G. S. 261—264. P. II S. 9020—9027 (Bd. 6 S. 505—509).

1. Das Schuldverhältniß aus einer vor dem Inkrafttreten des B.G.B. ausgestellten Schuldverschreibung auf den Inhaber bestimmt sich nach Art. 170 nach dem bisherigen Rechte. Nach diesem bestimmt sich insbesondere, welche Thatsachen vorliegen müssen, um eine Schuldverschreibung auf den Inhaber als ausgestellt anzusehen (vergl. B.G.B. § 793 Abs. 2). Nach dem bisherigen Rechte bestimmt sich ferner, welche Wirkung die Ausstellung für die Entstehung des Schuldverhältnisses hat, ob also der Aussteller, ohne daß es einer weiteren Handlung von Seiten des Ausstellers bedarf, dem Inhaber der Schuldverschreibung gegenüber auch dann verpflichtet wird, wenn die Schuldverschreibung ihm gestohlen, verloren oder sonst ohne seinen Willen abhanden gekommen ist (vergl. B.G.B. § 794) oder ob eine Verpflichtung des Ausstellers erst durch die Begebung der Schuldverschreibung eintritt. Auch in dem ersteren Falle (sog. Kreationstheorie) entsteht zwar durch die Ausstellung für sich allein noch kein Schuldverhältniß, weil dieses nicht ohne Gläubiger denkbar ist; aber es entsteht dadurch doch eine Gebundenheit des Ausstellers, in Folge deren er, wenn später die Schuldverschreibung in den Besitz eines Dritten gelangt, diesem gegenüber verpflichtet wird. Diese Gebundenheit genügt, ähnlich wie bei der unter einer aufschiebenden Bedingung eingegangenen Verpflichtung, um die Anwendung des bisherigen Rechtes auf die unter dessen Herrschaft ausgestellte Schuldverschreibung auf den Inhaber zu begründen. Das bisherige Recht findet also auch dann Anwendung, wenn die Erlangung des Besitzes von Seiten eines Dritten erst nach dem Inkrafttreten des B.G.B. erfolgt ist. In dem zweiten Falle dagegen, wenn also das bisherige Recht zur Entstehung der Gebundenheit außer der Ausstellung der Schuldverschreibung noch deren Begebung verlangte, entsteht kein nach dem bisherigen Rechte zu beurtheilendes Schuldverhältniß, wenn nicht auch die Begebung unter der Herrschaft des bisherigen Rechtes erfolgte. Die Ausstellung der Schuldverschreibung für sich allein hatte dann nur den Charakter einer vorbereitenden Handlung. Wird die Schuldverschreibung dem Aussteller nach dem Inkrafttreten des B.G.B. gestohlen oder kommt sie ihm sonst abhanden, so entsteht ein Schuldverhältniß gegenüber dem dritten Besitzer nicht, weil die unter der Herrschaft des bisherigen Rechtes stehende Ausstellung diese Wirkung nicht hatte. Ein Schuldverhältniß kann in einem Falle dieser Art nur nach den Vorschriften des B.G.B. entstehen. Daraus würde nach dem Wortlaute der fraglichen Vorschrift folgen, daß die Ausstellung der Schuldverschreibung nach dem Inkrafttreten des B.G.B. nach Maßgabe des § 793 erfolgt sein muß. Es dürfte indessen eine formalistische Uebertreibung sein, wenn man die Wiederholung der Ausstellung nach dem Inkrafttreten des B.G.B. verlangen wollte; zur Begründung des Schuldverhältnisses nach Maßgabe der Vorschriften des B.G.B. dürfte vielmehr genügen, daß der Aussteller die vor dem Inkrafttreten des B.G.B. ausgestellte Schuldverschreibung nach diesem Zeitpunkte begiebt. Die Zeit der Ausstellung ergiebt sich aus dem Datum der Schuldverschreibung. Die Datirung schließt aber den Gegenbeweis nicht aus. Wenn also z. B. bewiesen wird, daß eine vom 1. Dezember 1899 datirte Schuldverschreibung erst nach dem Inkrafttreten des B.G.B. ausgestellt ist, so bestimmt sich die Haftung des Ausstellers, wenn ihm die Schuldverschreibung gestohlen, verloren oder sonst abhanden gekommen ist, nach den Vorschriften des B.G.B. (§ 794), auch wenn nach dem am 1. Dezember 1899 geltenden Rechte eine solche Haftung nicht eintrat.

Von der Regel, daß die vor dem Inkrafttreten des B.G.B. ausgestellten Schuldverschreibungen auf den Inhaber nach dem bisherigen Rechte, die nachher ausgestellten aber nach dem B.G.B. zu beurtheilen sind, machen die Art. 174—176 verschiedene Ausnahmen.

2. Für Schuldverschreibungen auf den Inhaber mit Ausnahme der auf Sicht zahlbaren unverzinslichen sowie der Zins-, Renten- und Gewinnantheilscheine gelten, auch wenn sie vor dem Inkrafttreten des B.G.B. ausgestellt sind, folgende Vorschriften des B.G.B.:

a) die Vorschrift des § 798, nach welcher, wenn eine Schuldverschreibung auf den Inhaber in Folge einer Beschädigung oder einer Verunstaltung zum Umlaufe nicht mehr geeignet ist, der Inhaber, sofern ihr wesentlicher Inhalt und ihre Unterscheidungsmerkmale noch mit Sicherheit erkennbar sind, von dem Aussteller die Ertheilung einer neuen Schuldverschreibung auf den Inhaber gegen Aushändigung der beschädigten oder verunstalteten verlangen kann, die Kosten aber zu tragen und vorzuschießen hat. Die Vorschrift findet Anwendung ohne Unterschied, ob die Beschädigung oder Verunstaltung vor oder nach dem Inkrafttreten des B.G.B. eingetreten ist.

b) die §§ 799, 800, welche die Zulässigkeit der Kraftloserklärung einer vernichteten oder abhanden gekommenen Schuldverschreibung auf den Inhaber im Wege des Aufgebotsverfahrens bestimmen, sofern nicht in der Urkunde selbst das Gegentheil bestimmt ist. Das Verfahren bestimmt sich nach C.P.O. §§ 1003ff. Der Aussteller ist verpflichtet, dem bisherigen Inhaber die im § 799 Abs. 2 bezeichneten Mittheilungen zum Zwecke des Aufgebotsverfahrens zu machen. Nach C.P.O. § 1018 Abs. 1 hat derjenige, welcher das Ausschlußurtheil erwirkt hat, die Befugniß, den Anspruch aus der Schuldverschreibung geltend zu machen. Nach B.G.B. § 800 kann er außerdem von dem Aussteller die Ertheilung einer neuen Schuldverschreibung auf den Inhaber an Stelle der für kraftlos erklärten verlangen, hat jedoch die Kosten zu tragen und vorzuschießen.

Zweifelhaft ist, ob diese Vorschriften auch dann Anwendung finden, wenn die Schuldverschreibung schon vor dem Inkrafttreten des B.G.B. vernichtet oder abhanden gekommen ist. Die Frage ist von Bedeutung insbesondere dann, wenn das bisherige Recht eine Kraftloserklärung überhaupt nicht kennt, der Anspruch aus der Schuldverschreibung also, wenn diese vernichtet oder abhanden gekommen ist, wenigstens thatsächlich nicht mehr geltend gemacht werden kann. Die Anwendung der fraglichen Vorschrift im Falle eines vor dem Inkrafttreten des B.G.B. erfolgten Verlustes der Schuldverschreibung führt hier sachlich zu einer Wiederherstellung eines untergegangenen Anspruchs. Der Wortlaut des Art. 174 dürfte aber eine Ausscheidung der gedachten Fälle nicht zulassen (a. A. Habicht S. 327). Sie würde auch praktisch in manchen Fällen schwer durchführbar und unzweckmäßig sein. Jedenfalls wird, wenn das bisherige Recht überhaupt eine Kraftloserklärung zuläßt, ein nach dem Inkrafttreten des B.G.B. eingeleitetes Verfahren (vergl. Art. 178) sich nach dem B.G.B. und nach der C.P.O. bestimmen müssen.

c) die Vorschriften des B.G.B. § 802 über die Hemmung der Vorlegungsfrist und der Verjährung durch die im Aufgebotsverfahren erfolgte Zahlungssperre. Das Erlöschen des Rechtes aus einer vor dem Inkrafttreten des B.G.B. ausgestellten Schuldverschreibung auf den Inhaber bestimmt sich im Allgemeinen nach dem bisherigen Rechte (s. jedoch unter b). Nach diesem bestimmt sich insbesondere die Verjährung. Auf diese finden nach Art. 174 Abs. 2 die Vorschriften des bisherigen Rechtes unbeschadet der Vorschrift des B.G.B. § 802 in ihrem vollen Umfang in der Art Anwendung, daß die besonderen sonst für die Verjährung von Ansprüchen geltenden Bestimmungen des Art. 169 ausgeschlossen sind. Die Vorschriften des B.G.B. § 801 über das Erlöschen des Anspruchs aus der Schuldverschreibung und über dessen Verjährung sind auf die Ansprüche aus einer vor dem Inkrafttreten des B.G.B. ausgestellten Schuldverschreibung nicht ausgedehnt. Die Anwendung des § 802 erfolgt also in der Art, daß die Frage, ob und welche Vorlegungsfrist besteht, sowie der Beginn, der Lauf und die Dauer der Verjährung aus dem bisherigen Rechte entnommen wird, daß aber eine Vorlegungsfrist, soweit sie besteht und die Verjährung außer durch die in dem bisherigen Rechte bestimmten Gründe auch durch die Zahlungssperre nach Maßgabe des § 802 gehemmt wird (s. C.P.O. §§ 1020—1022).

d) der § 806 Satz 1 des B.G.B., nach welchem die Umschreibung einer Schuldverschreibung auf den Inhaber auf den Namen einer bestimmten Person nur durch den Aussteller erfolgen kann (vergl. Art. 176). Keine Anwendung findet § 806 Satz 2, nach welchem der Aussteller zur Umschreibung nicht verpflichtet ist. Die Frage, ob eine solche Verpflichtung besteht, bestimmt sich also für die vor dem Inkrafttreten des B.G.B. ausgestellten Schuldverschreibungen auf den Inhaber nach dem bisherigen Rechte.

3. Für Zins-, Renten- und Gewinnantheilscheine, die vor dem Inkrafttreten des B.G.B. ausgestellt sind, bestimmt der Art. 174 Folgendes:

a) Der § 798 des B.G.B. findet Anwendung (s. oben Nr. 2a).

b) Keine Anwendung finden die Vorschriften des B.G.B. über die Kraftloserklärung und die Zahlungssperre, insbesondere nicht die Vorschrift des § 799 Abs. 1 Satz 2, nach welcher die

Kraftloserklärung von Zins-, Renten- und Gewinnantheilscheinen ausgeschlossen ist. Die Frage, ob eine Kraftloserklärung und Zahlungssperre stattfindet, bestimmt sich vielmehr lediglich nach dem bisherigen Rechte (Art. 174 Abs. 1 Satz 2). Hierdurch dürfte auch die Anwendung des § 802 des B.G.B. über die Hemmung der Vorlegungsfrist und der Verjährung durch die Zahlungssperre ausgeschlossen sein.

c) Die Verjährung bestimmt sich unter Ausschluß des Art. 169 nach dem bisherigen Rechte (Art. 174 Abs. 2).

d) Nach dem Wortlaute des Art. 174 Abs. 1 soll auch der § 804 des B.G.B. Anwendung finden. Es fragt sich indessen, ob dieses Allegat nicht auf einem Versehen beruht und statt des § 804 der § 805 für anwendbar erklärt werden sollte. In dem dem Art. 174 entsprechenden Art. 146 des von der zweiten Kommission dem Bundesrathe vorgelegten E. II d. E.G. war für anwendbar erklärt nicht der dem § 804 enspreचhende § 789, sondern der von den Erneuerungsscheinen handelnde dem § 805 entsprechende § 790 des dem Bundesrathe vorgelegten E. II rev. des B.G.B. Dies entsprach dem Beschlusse der zweiten Kommission (P. II S. 9023ff. Bd. 6 S. 505ff). In dem dem Reichstage vorgelegten E. III wurde aber nicht der dem § 790 des E. II rev. und dem jetzigen § 805 entsprechende § 789 des dem Reichstage vorgelegten E. III des E.G., sondern der dem § 789 des E. II rev. und dem jetzigen § 804 entsprechende § 788 jenes E. III allegirt. Im Reichstag erfolgte die Annahme nach Maßgabe der Vorlage. Es ist wahrscheinlich, daß die Aenderung des fraglichen Allegats nicht auf einem Beschlusse des Bundesraths, sondern auf einem Versehen bei der Umparagraphirung beruht. In der Reichsschuldenordnung v. 19. März 1900 § 21 wird auch nicht der § 804, sondern § 805 allegirt. Da indessen nicht mit Sicherheit zu konstatiren ist, ob es sich hier wirklich nur um ein Versehen handelt, und da die Anwendung des § 804 und die Nichtanwendung des § 805 zwar auffallend ist, aber doch nicht zu einem widersinnigen Ergebnisse führt, so dürfte es bedenklich sein, den publizirten Gesetzestext durch eine andere Bestimmung zu ersetzen.

Der § 804 giebt für den Fall, daß ein Zins-, Renten- oder Gewinnantheilschein abhanden gekommen oder vernichtet ist, dem bisherigen Inhaber, wenn dieser den Verlust dem Aussteller vor dem Ablaufe der Vorlegungsfrist anzeigt, das Recht, nach dem Ablaufe der Frist den Betrag des Scheines von dem Aussteller zu fordern, sofern nicht der Schein dem Aussteller vor dem Ablaufe der Frist zur Einlösung vorgelegt oder der Anspruch daraus gerichtlich geltend gemacht ist. Diese Vorschrift setzt das Bestehen einer Vorlegungsfrist voraus. Eine solche ist durch § 801 Abs. 2 des B.G.B. für Zins-, Renten- und Gewinnantheilscheine auf vier Jahre bestimmt. Der § 801 findet aber auf die vor dem Inkrafttreten des B.G.B. ausgestellten Zins-, Renten- und Gewinnantheilscheine keine Anwendung. Um den § 804 also auf Scheine dieser Art anzuwenden, muß vorausgesetzt werden, daß das bisherige Recht eine Vorlegungsfrist für sie bestimmt. Diese Vorlegungsfrist des bisherigen Rechtes tritt an die Stelle der Vorlegungsfrist des § 801, die der § 804 vor Augen hat. Erfolgt innerhalb derselben die Anzeige des Verlustes, so treten die im § 804 bestimmten Folgen ein. Kennt das bisherige Recht eine Vorlegungsfrist nicht, so ist der § 804 unanwendbar. In solchem Falle, der Vorlegungsfrist etwa die Verjährungsfrist zu substituiren, dürfte weder mit dem Wortlaute vereinbar sein noch dem Zwecke des Gesetzes entsprechen oder zu einem befriedigenden Ergebnisse führen (a. A. Habicht S. 338).

Ueber das Recht der Landesgesetzgebung, die Anwendbarkeit des § 804 für gewisse Schuldverschreibungen auf den Inhaber auszuschließen, s. Art. 100 Nr. 2.

e) Anwendbar, aber praktisch wohl nicht in Betracht kommend ist der § 806 Satz 1 (s. oben unter Nr. 2d).

4. Auf die vor dem Inkrafttreten des B.G.B. ausgestellten auf Sicht zahlbaren unverzinslichen Schuldverschreibungen auf den Inhaber finden die §§ 798, 806 Satz 1 (s. oben Nr. 2a und d) Anwendung. In Betreff der Kraftloserklärung und Zahlungssperre gilt das unter Nr. 3b, in Betreff der Verjährung das unter Nr. 3c Gesagte.

5. In Betreff der Erneuerungsscheine (Talons) enthält das B.G.B. § 805 die Vorschrift, daß Zins- und Rentenscheine dem Inhaber des Erneuerungsscheins nicht ausgehändigt werden dürfen, wenn der Inhaber der Schuldverschreibung, zu welcher der Erneuerungsschein ausgegeben ist, widerspricht; sie sind in solchem Falle diesem auszuhändigen, wenn er die Schuldverschreibung vorlegt. Der § 805 ist durch Art. 174 auf die vor dem Inkrafttreten des B.G.B. ausgestellten Erneuerungsscheine nicht für anwendbar erklärt, sofern man nicht das Allegat des § 804 durch das des § 805 ersetzen zu dürfen glaubt (s. oben Nr. 3d). Nach dem B.G.B. haben die Erneuerungsscheine nicht den Charakter selbständiger Schuldverschreibungen auf den Inhaber, sondern dienen nur zur Erleichterung der Legitimation des Inhabers der Schuld-

Artikel 175.

Für Zins-, Renten- und Gewinnantheilscheine, die nach dem Inkrafttreten des Bürgerlichen Gesetzbuchs für ein vor dieser Zeit ausgestelltes Inhaberpapier ausgegeben werden, sind die Gesetze maßgebend, welche für die vor dem Inkrafttreten des Bürgerlichen Gesetzbuchs ausgegebenen Scheine gleicher Art gelten.

---

verschreibung. Meistens haben sie diesen Charakter auch nach dem bisherigen Rechte. Soweit dies der Fall ist, findet auf sie der Art. 174 keine Anwendung; die vor dem Inkrafttreten des B.G.B. ausgegebenen Erneuerungsscheine sind daher nach Maßgabe der allgemeinen Grundsätze nach dem bisherigen Rechte zu beurtheilen. Soweit nach dem bisherigen Rechte aber die Erneuerungsscheine den Charakter von Schuldverschreibungen auf den Inhaber haben, findet auf sie der Art. 174 und zwar ohne die im Abs. 1 Satz 2 bestimmte Beschränkung Anwendung (s. oben Nr. 2).

6. Die im B.G.B. § 807 bezeichneten Karten, Marken und ähnlichen Urkunden sind keine Schuldverschreibungen auf den Inhaber, obwohl einzelne der für diese geltenden Vorschriften auf sie für anwendbar erklärt sind. Der Art. 174 findet auf sie daher keine Anwendung. Soweit sie vor dem Inkrafttreten des B.G.B. ausgestellt sind, findet auf sie nach Maßgabe der allgemeinen Grundsätze das bisherige Recht Anwendung.

7. Abweichend vom E. I bezieht sich der Art. 174 nicht auf Aktien auf den Inhaber. Die hierauf bezügliche Bestimmung des E. I ist von der zweiten Kommission in das H.G.B. verwiesen. Sie ist dort in dem E.G. zum H.G.B. Art. 25 (vergl. H.G.B. § 228) gegeben.

8. Bestimmungen über verschiedene den Art. 174 berührende Fragen enthalten z. B. das preuß. A.G. Art. 18 § 10, das bayer. Ges. betr. Uebergangsvorschriften zum B.G.B. v. 9. Juni 1899 Art. 8; das württembergische A.G. zum B.G.B. Art. 183, 184, 186; das hessische A.G. zum B.G.B. Art. 137; das oldenburgische A.G. zum B.G.B. § 4; das bad. A.G. zur C.P.O. v. 18. Juni 1899 §. 12.

Artikel 175.

E. d. E.G. I Art. 105 Abs. 3; II Art. 147; III Art. 175. P. I S. 13067—13074; M. d. E.G. S. 263. P. II S. 9022, 9026, 9027, 9227—9230 (Bd. 6 S. 507, 509, 626—628).

1. Zins-, Renten- und Gewinnantheilscheine, welche zu einem Inhaberpapier ausgegeben werden, stehen ihrer Natur nach mit diesem im Zusammenhange, haben aber doch andererseits den Charakter selbständiger Schuldverschreibungen auf den Inhaber. Wo das B.G.B. im Allgemeinen von Schuldverschreibungen auf den Inhaber spricht, versteht es darunter auch die Zins-, Renten- und Gewinnantheilscheine; soweit eine Bestimmung für diese nicht mit gelten soll, wird dies besonders hervorgehoben. Aus dem Charakter der fraglichen Scheine als Schuldverschreibungen auf den Inhaber würde nach allgemeinen Grundsätzen folgen, daß auf sie, wenn sie nach dem Inkrafttreten des B.G.B. ausgestellt sind, dessen Vorschriften Anwendung finden. Der E. I beließ es im Allgemeinen bei dieser Konsequenz und gab nur für die Verjährung eine besondere Vorschrift. Mit Rücksicht auf den Zusammenhang, im welchem die fraglichen Scheine mit dem Inhaberpapiere stehen, zu welchem sie ausgegeben werden, und auf das Interesse des Verkehrs hat die zweite Kommission die Vorschrift des Art. 175 eingestellt. Auf Scheine der fraglichen Art, welche nach dem Inkrafttreten des B.G.B. zu einem vor diesem Zeitpunkt ausgestellten Inhaberpapier ausgegeben werden, sollen die bisherigen Gesetze, welche für die vor dem Inkrafttreten des B.G.B. ausgegebenen Scheine gleicher Art gelten, Anwendung finden. Voraussetzung ist also, daß das Inhaberpapier, zu welchem die Scheine ausgegeben werden, vor dem Inkrafttreten des B.G.B. ausgestellt ist. Dies ist in demselben Sinne zu verstehen, wie im Art. 174; es kommt darauf an, daß das Inhaberpapier durch die Ausstellung dem bisherigen Rechte unterworfen wird. Würde es trotz der Ausstellung vor dem Inkrafttreten des B.G.B. den Vorschriften des letzteren unterliegen, weil das bisherige Recht nicht schon durch die Ausstellung, sondern erst durch die Begebung eine Bindung eintreten läßt und die Begebung erst nach dem Inkrafttreten des B.G.B. erfolgt ist (s. Erl. 1 zu Art. 174), so findet der Art. 175 keine Anwendung. Es kommt darauf an, daß das Hauptpapier und dessen Wirkungen sich nach dem bisherigen Rechte bestimmen; dann sollen nach diesem alle zu dem Papier ausgegebenen Scheine der fraglichen Art beurtheilt werden, mögen sie vor oder nach dem Inkrafttreten des B.G.B. ausgegeben sein. Es kommt auch nicht darauf an, ob vor dem

Artikel 176.

Die Außerkurssetzung von Schuldverschreibungen auf den Inhaber findet nach dem Inkrafttreten des Bürgerlichen Gesetzbuchs nicht mehr statt. Eine vorher erfolgte Außerkurssetzung verliert mit dem Inkrafttreten des Bürgerlichen Gesetzbuchs ihre Wirkung.

Parteien in der Urkunde etwas anderes bestimmt werde. Es kann darin insbesondere bestimmt Inkrafttreten des B.G.B. wirklich schon Scheine der fraglichen Art ausgegeben sind. Das bisherige Recht findet auch Anwendung, wenn die ersten Scheine der fraglichen Art erst nach dem Inkrafttreten des B.G.B. ausgegeben sind, sofern nur das Hauptpapier nach dem bisherigen Rechte zu beurtheilen ist.

2. Der Art. 175 spricht von Scheinen der fraglichen Art, welche zu einem Inhaberpapier ausgegeben sind. Der Begriff des Inhaberpapiers ist ein weiterer als der der Schuldverschreibungen auf den Inhaber, von denen der Art. 174 spricht. Es werden darunter nach der Terminologie des B.G.B. auch die Aktien auf den Inhaber mitverstanden. Die Gewinnantheilscheine kommen ja auch für diese in Betracht.

3. Nur auf Inhaberpapiere, nicht auf Schuldverschreibungen oder Aktien auf den Namen bezieht sich die Vorschrift des Art. 175. Werden indessen zu Papieren der letztgedachten Art, wie das bisweilen geschieht, nach Maßgabe der in denselben getroffenen Bestimmung auf den Inhaber lautende Zins-, Renten- oder Gewinnantheilscheine ausgegeben, so dürfte eine entsprechende Anwendung des Art. 175 auf diese Scheine dahin gerechtfertigt sein, daß wenn die auf den Namen lautende Schuldverschreibung oder Aktie nach dem bisherigen Rechte zu beurtheilen ist, nach diesem auch alle zu demselben ausgegebenen Scheine der fraglichen Art, mögen sie vor oder nach dem Inkrafttreten des B.G.B. ausgegeben sein, beurtheilt werden.

Artikel 176.

E. d. E.G. I Art. 175 Abs. 2; II Art. 148; III Art. 176. P. I S. 13067–13074; M. d. E.G. S. 263. P. II S. 9021, 9022, 9025, 9026 (Bd. 6 S. 506, 508, 509).

1. Den Begriff der Außerkurssetzung definirt das E.G. nicht. Es wird darunter jeder auf eine Schuldverschreibung auf den Inhaber gesetzte Vermerk zu verstehen sein, durch den dieser die Eigenschaft einer Schuldverschreibung auf den Inhaber entzogen oder diese Eigenschaft beschränkt wird. Ausgenommen ist nur derjenige Vermerk, durch welchen die Schuldverschreibung von dem Aussteller auf den Namen einer bestimmten Person umgeschrieben wird. Dies ergiebt sich aus dem B.G.B. § 806 Satz 1, nach welchem die Umschreibung einer Schuldverschreibung auf den Inhaber auf eine bestimmte Person nur durch den Aussteller erfolgen kann. Aus diesem Satze in Verbindung mit der Bestimmung des Art. 174, nach welcher dieser Satz auch auf die vor dem Inkrafttreten des B.G.B. ausgestellten Schuldverschreibungen auf den Inhaber Anwendung findet, könnte vielleicht schon die Bestimmung des Art. 176 Satz 1 abgeleitet werden. Da indessen die Außerkurssetzung auch solche Vermerke mit begreift, durch welche der Schuldverschreibung, ohne sie auf eine bestimmte Person umzuschreiben, die Eigenschaft eines Inhaberpapiers entzogen werden soll, so ist es für rathsam erachtet, das Verbot der Außerkurssetzung in dem ersten Satze allgemein auszusprechen.

2. Der Satz 2 bestimmt die rückwirkende Kraft des in dem Satz 1 ausgesprochenen Verbots auf die vor dem Inkrafttreten des B.G.B. erfolgten Außerkurssetzungen und zwar abweichend vom E. I, der die rückwirkende Kraft in diesem Umfange nicht wollte. Der Grund, aus welchem der auf den Beschlüssen der zweiten Kommission beruhende Satz 2 die Rückwirkung eintreten läßt, liegt hauptsächlich darin, daß die Außerkurssetzungen nach dem bisherigen Rechte häufig ohne Angabe des Datums erfolgten und daß es daher nicht möglich sein würde, zu unterscheiden, ob eine Außerkurssetzung vor oder nach dem Inkrafttreten des B.G.B. erfolgt ist. Die Rückwirkung findet übrigens nur in der Art statt, daß die Außerkurssetzung mit dem Inkrafttreten des B.G.B. ihre Wirkungen verliert, nicht dahin, daß die bereits vorher eingetretenen Wirkungen als nicht eingetreten angesehen werden. Hieraus ergiebt sich, daß, wenn Jemand vor dem Inkrafttreten des B.G.B. eine außer Kurs gesetzte Schuldverschreibung auf den Inhaber unter Umständen erlangt hat, unter denen er nach dem bisherigen Rechte, weil die Außerkurssetzung erfolgt war, ein Recht auf die Schuldverschreibung nicht erworben hat, durch das Inkrafttreten des B.G.B. ein Recht für ihn nicht begründet wird. Wer nach dem bisherigen Rechte das Eigenthum oder ein sonstiges Recht an der Schuldverschreibung auf den Inhaber trotz der Erlangung derselben durch einen Dritten behalten hatte, behält dieses Recht auch nach

Artikel 177.

Von dem Inkrafttreten des Bürgerlichen Gesetzbuchs an gelten für vorher ausgegebene Urkunden der im §. 808 des Bürgerlichen Gesetzbuchs bezeichneten Art, sofern der Schuldner nur gegen Aushändigung der Urkunde zur Leistung verpflichtet ist, die Vorschriften des §. 808 Abs. 2 Satz 2, 3 des Bürgerlichen Gesetzbuchs und des Artikel 102 Abs. 2 dieses Gesetzes.

---

dem Inkrafttreten des B.G.B. Mit diesem Zeitpunkt aber erlangt die Schuldverschreibung wieder in jeder Beziehung die Eigenschaft der Schuldverschreibung auf den Inhaber; der Vermerk der Außerkurssetzung wird von nun an als nicht mehr vorhanden angesehen und jedes Rechtsgeschäft, das in Betreff der Schuldverschreibung vorgenommen wird, hat die in dem B.G.B. für Rechtsgeschäfte über Schuldverschreibungen auf den Inhaber durch das B.G.B. bestimmten Wirkungen (s. insbesondere § 935 Abs. 2).

Es steht übrigens nichts entgegen, daß auf einer Schuldverschreibung, die außer Kurs gesetzt war, nach dem Inkrafttreten des B.G.B. vermerkt wird, daß die Schuldverschreibung mit dem Inkrafttreten des B.G.B. kraft des Gesetzes wieder als in Kurs gesetzt anzusehen sei.

3. Von den A.G. zum B.G.B. s. die Mecklenburg'sche A.V. § 48; zu Satz 2 vergl. Sachsen V. v. 6. Juli 1899 § 12.

4. Vergl. das E.G. z. H.G.B. Art. 26.

Artikel 177.

E. d. E.G. II Art. 149; III Art. 177. P. II S. 9039, 9040 (Bd. 6 S. 515, 516).

1. Auf Urkunden der im B.G.B. § 808 bezeichneten Art (sog. qualifizirte Legitimationspapiere) findet, wenn sie vor dem Inkrafttreten des B.G.B. ausgegeben sind (die Zeit der Ausstellung kommt hier nicht in Betracht), das bisherige Recht Anwendung. Von dieser Regel macht der Art. 177 eine Ausnahme für den Fall, daß der Schuldner wie dies nach § 808 die Regel bildet, auch nach dem bisherigen Rechte nur gegen die Aushändigung der Urkunde zu leisten verpflichtet ist. In solchem Falle sollen auf die fraglichen Urkunden von dem Inkrafttreten des B.G.B. an die Vorschriften des B.G.B. § 808 Abs. 2 Satz 2, 3 Anwendung finden. Es soll also

a) die Urkunde, wenn sie abhanden gekommen oder vernichtet ist, im Wege des Aufgebotsverfahrens für kraftlos erklärt werden können, sofern nicht ein Anderes bestimmt ist. Das Verfahren wird durch C.P.O. §§ 1003ff. geregelt; insbesondere finden nach § 1023 auch die Vorschriften der §§ 1020—1022 über die Zahlungssperre Anwendung. Das Verfahren findet statt, ohne daß es darauf ankommt, ob die Urkunde vor oder nach dem Inkrafttreten des B.G.B. abhanden gekommen oder vernichtet ist. Es soll ferner

b) auf die Verjährung die Vorschrift des B.G.B. § 802 Anwendung finden, d. h. also die Verjährung des Anspruchs aus der Urkunde wird durch die Zahlungssperre nach Maßgabe der im § 802 des B.G.B. gegebenen näheren Vorschriften gehemmt. Auf die Verjährung der hier fraglichen Ansprüche findet im Allgemeinen nicht die Vorschrift des Art. 174 Abs. 2, sondern der Art. 169 Anwendung. Nach diesem bestimmt sich die Hemmung der Verjährung für die Zeit vor dem Inkrafttreten des B.G.B. nach dem bisherigen Rechte, für die spätere Zeit nach dem B.G.B. Zu den allgemeinen Hemmungsgründen tritt hier aber noch die Hemmung durch die Zahlungssperre nach Maßgabe des § 802 hinzu. Es soll endlich

c) der Art. 102 Abs. 2 Anwendung finden. Diese Vorschrift hat nur die Bedeutung einer Hinweisung darauf, daß die landesgesetzlichen Vorschriften unberührt bleiben, welche für die Kraftloserklärung der im § 808 des B.G.B. bezeichneten Urkunden ein anderes Verfahren als das Aufgebotsverfahren bestimmen.

2. Keine Vorschrift enthält der Art. 177 über die Außerkurssetzung der hier fraglichen Urkunden. In der Erl. 3a zu Art. 99 ist bereits hervorgehoben, daß die Unzulässigkeit der Außerkurssetzung eines Sparkassenbuchs sich aus der Vorschrift des § 808 Satz 1 ergebe. Dies gilt von allen Urkunden der dort bezeichneten Art. Die in einer solchen Urkunde getroffene Bestimmung, daß der Gläubiger durch die Leistung an jeden Inhaber der Urkunde befreit werde, kann nicht durch einen von dem Gläubiger oder einem Dritten auf die Urkunde gesetzten Vermerk außer Kraft gesetzt werden. In der Erl. 3a zu Art 99 ist aber auch schon darauf hingewiesen, daß hieraus nicht folge, daß nicht auf Grund einer Vereinbarung unter den

Artikel 178.

Ein zur Zeit des Inkrafttretens des Bürgerlichen Gesetzbuchs anhängiges Verfahren, das die Kraftloserklärung einer Schuldverschreibung auf den Inhaber oder einer Urkunde der im §. 808 des Bürgerlichen Gesetzbuchs bezeichneten Art oder die Zahlungssperre für ein solches Papier zum Gegenstande hat, ist nach den bisherigen Gesetzen zu erledigen. Nach diesen Gesetzen bestimmen sich auch die Wirkungen des Verfahrens und der Entscheidung.

---

werden, daß der Schuldner durch die Leistung an den Inhaber nur unter bestimmten Voraussetzungen oder daß er überhaupt nur durch Leistung an den wirklichen Gläubiger befreit werde. Durch eine solche Bestimmung wird die Eigenschaft der Urkunde als eine Urkunde der im § 808 bezeichneten Art aufgehoben oder beschränkt. In Konsequenz dieser Auffassung wird man auch die Bestimmung als zulässig betrachten müssen, daß der Inhaber der Urkunde oder ein Dritter berechtigt sein solle, die Urkunde außer Kurs zu setzen. Dies bedeutet dann, daß der Schuldner sich verpflichtet, für den Fall, daß eine solche Außerkurssetzung erfolge, nur an den nach allgemeinen Grundsätzen legitimirten Gläubiger zu leisten. Der Satz, daß die Außerkurssetzung unzulässig ist, gilt also nur, sofern in der Urkunde nicht etwas Anderes bestimmt worden ist.

Für die vor dem Inkrafttreten des B.G.B. ausgegebenen Urkunden verbleibt es in Betreff der Außerkurssetzung bei dem bisherigen Rechte. Die Vorschriften des Art. 176 gelten nur für Schuldverschreibungen auf den Inhaber, nicht für Urkunden der im § 808 des B.G.B. bezeichneten Art. Insbesondere gilt für diese auch nicht der Satz 2 des Art. 176, daß eine vor dem Inkrafttreten des B.G.B. erfolgte Außerkurssetzung mit dem Inkrafttreten ihre Wirkung verliert (a. A. Nußbaum D.J. 1899 S. 414).

3. Bei Sparkassenbüchern wird es häufig vorkommen, daß darin Einlagen sowohl aus der Zeit vor dem Inkrafttreten des B.G.B. als aus der späteren Zeit beurkundet werden. Eine einheitliche Beurtheilung aller solcher Einlagen nach denselben Grundsätzen dürfte sich nicht rechtfertigen lassen. Man wird vielmehr auf die vor dem Inkrafttreten des B.G.B. gemachten Einlagen die Vorschriften des bisherigen Rechtes mit den unter Nr. 1 angeführten Modifikationen, auf die später gemachten die Vorschriften des B.G.B. anzuwenden haben. Das Verhältniß ist so zu beurtheilen wie wenn für jede der verschiedenen Einlagen ein besonderes Sparkassenbuch ausgegeben wäre (a. A. Habicht S. 347).

4. Von den Bestimmungen der A.G. sind hervorzuheben das preuß. A.G. Art. 75 § 2, das bayer. A.G. Art. 109—121, das württemberg. A.G. Art. 188, 189; das hessische A.G. Art. 71.

Artikel 178.

E. d. E.G. I Art. 105 Abs. 4; II Art. 150; III Art. 178. P. I S. 13067—13074. M. d. E.G. S. 263, 264. P. II S. 9027, 9227—9230 (Bd. 6 S. 509, 627, 628).

1. Auf ein anhängiges Verfahren finden, wenn die für dieses Verfahren geltenden Vorschriften geändert werden, nach allgemeinen Grundsätzen die neuen Vorschriften sofort Anwendung. Aus naheliegenden Zweckmäßigkeitsgründen bestimmt der Art. 178 für ein zur Zeit des Inkrafttretens des B.G.B. anhängiges Verfahren, welches die Kraftloserklärung einer Schuldverschreibung auf den Inhaber oder einer Urkunde der im § 808 des B.G.B. bezeichneten Art oder die Zahlungssperre zum Gegenstande hat, das Gegentheil. Das Verfahren soll nach den bisherigen Gesetzen erledigt werden und nach diesen soll sich auch die Wirkung sowohl des Verfahrens als der Entscheidung bestimmen. Die Vorschrift findet Anwendung sowohl, wenn für das anhängige Verfahren die Vorschriften der alten C.P.O. gelten, als auch, wenn das bisherige Recht ein besonderes Verfahren bestimmte. Für den ersteren Fall bestimmt der Art. 178 eine Abweichung von dem Art. I des E.G. zu dem Ges. betr. Aenderungen der C.P.O. v. 17. Mai 1898, nach welchem dieses Gesetz gleichzeitig mit dem B.G.B. in Kraft tritt. Für den letztgedachten Fall kommt der Art. 102 Abs. 2 in Betracht. Hiernach können die Landesgesetze in Ansehung der im § 808 des B.G.B. bezeichneten Urkunden Vorschriften geben, welche von der Bestimmung des Art. 178 abweichen.

2. Nach dem E. I sollte die Vorschrift des Art. 178 auch für Aktien auf den Inhaber gelten. Die zweite Kommission verwies diese wie alle sich auf Aktien auf den Inhaber beziehenden Vorschriften in das H.G.B. In dieses und in das E.G. zum H.G.B. ist aber eine dem Art. 178 entsprechende Vorschrift nicht aufgenommen worden. Eine entsprechende Anwendung des Art. 178 dürfte sich aber wohl rechtfertigen.

Artikel 179.

Hat ein Anspruch aus einem Schuldverhältnisse nach den bisherigen Gesetzen durch Eintragung in ein öffentliches Buch Wirksamkeit gegen Dritte erlangt, so behält er diese Wirksamkeit auch nach dem Inkrafttreten des Bürgerlichen Gesetzbuchs.

---

3. Auf die im § 807 des B.G.B. bezeichneten Urkunden bezieht sich der Art. 178 nicht. In Betreff dieser bleiben aber für das Aufgebotsverfahren und die Zahlungssperre nach Art. 102 Abs. 1 die bisherigen Gesetze maßgebend.

Artikel 179.

E. d. E.G. I Art. 104 Abs. 2; II Art. 151; III Art. 179. P. I S. 13226, 13227, 13229, 13230. M. d. E.G. S. 257—261. P. II S. 9014, 9019 (Bd. 6 S. 501, 504).

1. Nach Art. 170 bestimmen sich die Wirkungen eines vor dem Inkrafttreten des B.G.B. entstandenen Schuldverhältnisses nach dem bisherigen Rechte. Nach diesem sind also die Ansprüche zu beurtheilen, welche der nach dem Inhalte des Schuldverhältnisses Berechtigte (der Gläubiger) gegen den durch das Schuldverhältniß bestimmten Verpflichteten (den Schuldner) hat. In der Erl. zu Art. 170 Nr. 6 ist dargelegt, daß, wenn nach dem bisherigen Rechte das Schuldverhältniß unter gewissen Voraussetzungen auch Wirksamkeit gegen Dritte erhält, diese Wirkung regelmäßig nur dann eintritt, wenn jene Voraussetzungen bereits unter der Herrschaft des bisherigen Rechtes eingetreten sind. Es ist dort auch schon auf die durch Art. 179 bestimmte Ausnahme von dieser Regel hingewiesen. Erlangt der durch ein Schuldverhältniß begründete Anspruch nach dem bisherigen Rechte durch die Eintragung in ein öffentliches Buch Wirksamkeit gegen Dritte, so behält er diese Wirksamkeit, wenn die Eintragung vor dem Inkrafttreten des B.G.B. erfolgt ist, auch nach diesem Zeitpunkte; der Anspruch kann also, wenn er nach dem bisherigen Rechte gegen den dritten Besitzer oder Erwerber eines Gegenstandes geltend gemacht werden kann, gegen diesen auch dann geltend gemacht werden, wenn der Dritte den Besitz oder das Recht an dem Gegenstand erst nach dem Inkrafttreten des B.G.B. erlangt hat. Das durch die Eintragung begründete Recht wird also in der hier fraglichen Beziehung ebenso wie ein dingliches Recht behandelt. Welche Bücher als öffentliche Bücher im Sinne des Art. 179 anzusehen sind, bestimmt sich nach dem Landesrecht. In Betracht kommen besonders diejenigen Vorschriften des bisherigen Rechtes, nach welchen durch die Eintragung in das Grundbuch oder in das Pfandbuch der Anspruch des Miethers oder Pächters eines Grundstücks oder allgemein der persönliche Anspruch auf Erwerbung oder Wiedererlangung eines Grundstücks gegen jeden späteren Erwerber des Grundstücks Wirksamkeit erlangt (s. z. B. preuß. A.L.R. I 21 § 4, jedoch ist bestritten, ob die Eintragung nach dem Gesetz über den Eigenthumserwerb v. 5. Mai 1872 noch zulässig ist; sächs. G.B. § 1224, württembergisches Ges. v. 21. Mai 1828 Art. 71). Für Miether und Pächter hat der Art. 179 einen großen Theil seiner Bedeutung durch die Vorschriften des Art. 172 verloren (s. Erl. 3 zu Art. 172). Außer den Grundbüchern können z. B. auch Schiffsregister in Betracht kommen.

2. Zweifelhaft ist, ob, wenn die Wirksamkeit eines Anspruchs von der Eintragung in das Grundbuch abhängt, die Eintragung auch noch nach dem Inkrafttreten des B.G.B., aber bevor das Grundbuch als angelegt gilt, zulässig ist. Für dingliche Rechte ergiebt sich die Bejahung dieser Frage aus Art. 189. Für obligatorische Rechte der hier fraglichen Art fehlt eine entsprechende Bestimmung. Für sie wird die Frage daher zu verneinen sein. Aus der Zulässigkeit einer Vormerkung nach B.G.B. § 883 dürfte das Gegentheil nicht gefolgert werden können (a. A. Habicht S. 254 Anm. 1).

3. Keine ausdrückliche Entscheidung enthält das E.G. über die Frage, ob, wenn ein Anspruch nach dem bisherigen Rechte durch Eintragung in das Grundbuch Wirksamkeit gegen den dritten Erwerber des Grundstücks erlangt hat, diese Wirksamkeit, wenn das Grundbuch in Ansehung des Grundstücks als angelegt anzusehen ist (Art. 186), auch gegenüber dem gutgläubigen Erwerber des Grundstücks besteht. Für dingliche Mieth- und Pachtrechte bestimmt Art. 188 Abs. 2 die Zulässigkeit einer landesherrlichen Verordnung, nach welcher sie zur Erhaltung ihrer Wirksamkeit gegenüber dem öffentlichen Glauben des Grundbuchs der Eintragung nicht bedürfen. Obligatorische Ansprüche der hier fraglichen Art können keine größere Wirksamkeit haben als dingliche Rechte. Hieraus wird zu folgern sein, daß sie zur Erhaltung ihrer Wirksamkeit gegenüber dem öffentlichen Glauben des Grundbuchs der Eintragung bedürfen.

Artikel 180.

Auf ein zur Zeit des Inkrafttretens des Bürgerlichen Gesetzbuchs bestehendes Besitzverhältniß finden von dieser Zeit an, unbeschadet des Artikel 191, die Vorschriften des Bürgerlichen Gesetzbuchs Anwendung.

Zu Artikel 180—197.

Die Art. 180—197 beziehen sich auf das Sachenrecht. Für den Besitz (Art. 180) und für das Eigenthum (Art. 181) werden die Vorschriften des neuen Rechtes sofort für anwendbar erklärt, die Art. 182, 183 enthalten jedoch für das Stockwerkseigenthum (Art. 182) und für die Eigenthumsbeschränkungen in Bezug auf Waldbäume (Art. 183) Ausnahmen zu Gunsten des bisherigen Rechtes. Der Art. 184 regelt die Rechte an fremden Sachen und an Rechten, der Art. 185 die Ersitzung von beweglichen Sachen.

Das Liegenschaftsrecht des B.G.B. setzt das Vorhandensein des Grundbuchs voraus. Da indessen am 1. Januar 1900 nicht alle Grundstücke im Deutschen Reiche in das Grundbuch eingetragen sein können, so ergiebt sich für das Gebiet des Liegenschaftsrechts für eine Reihe von Bundesstaaten ein nach dem 1. Januar 1900 liegender Zeitraum, in welchem die Vorschriften des Liegenschaftsrechts noch nicht Geltung erlangen können. Dieser Zeitraum dauert bis zu dem Zeitpunkt, in welchem das Grundbuch für den Bezirk, in dem das Grundstück liegt, angelegt ist (das Nähere s. Erl. zu Art. 186). Die Art. 186—195 treffen die Uebergangsbestimmungen, welche durch die Einführung der Grundbuchverfassung veranlaßt sind. Der Art. 186 ordnet die Anlegung der Grundbücher. Die Art. 187, 188 nehmen von den Wirkungen des öffentlichen Glaubens des Grundbuchs die Grunddienstbarkeiten und gewisse gesetzliche Pfandrechte und Mieth- und Pachtrechte aus, die zu der Zeit bestehen, zu welcher das Grundbuch als angelegt anzusehen ist. Der Art. 189 betrifft den Erwerb und Verlust von Rechten an einem Grundstück in der Zeit zwischen dem Inkrafttreten des B.G.B. und der Anlegung des Grundbuchs. Der Art. 190 regelt das Aneignungsrecht des Fiskus an den zur Zeit der Grundbuchanlegung herrenlosen Grundstücken. Der Art. 191 hat den Besitzschutz bei Dienstbarkeiten in der Zeit vom Inkrafttreten des B.G.B. bis zur Grundbuchanlegung und von da an zum Gegenstande. In den Art. 192—195 werden die zur Ueberleitung der im Zeitpunkte der Grundbuchanlegung bestehenden Hypotheken und Grundschulden erforderlichen Bestimmungen getroffen.

Die Art. 196, 197 regeln gewisse dem B.G.B. fremde Nutzungsrechte an Grundstücken.

Artikel 180.

E. d. E.G. I Art. 106 Abs. 1; II Art. 152; III Art. 180. P. I S. 13183, 13191, 13225; M. d. E.G. S. 264. P. II S. 9040, 9230 (Bd. 6 S. 516, 628).

Der Art. 180 unterwirft die zur Zeit des Inkrafttretens des B.G.B. bestehenden Besitzverhältnisse von dieser Zeit an den Vorschriften des B.G.B.; ob in diesem Zeitpunkte das Grundbuch für den Bezirk schon angelegt ist (Art. 186), kommt nicht in Betracht.

1. Ob zur Zeit des Inkrafttretens des B.G.B. ein Besitzverhältniß besteht, bestimmt sich nach den Vorschriften des B.G.B.

a) Es erlangt deshalb ein Verhältniß, welches zwar nach dem bisherigen Rechte, nicht aber nach dem B.G.B. ein Besitzverhältniß ist, diese Eigenschaft; für solche Verhältnisse dauert auch nicht etwa das bisherige Recht fort, so daß sie als Besitzverhältnisse nach Maßgabe des bisherigen Rechtes zu behandeln wären. Insbesondere giebt es keinen Rechtsbesitz (s. Vorbm. 4 vor § 854) mehr; von Bedeutung ist dies z. B. für den vom bisherigen Rechte nicht selten anerkannten Besitz an Reallasten.

b) Auf der anderen Seite wird ein zur Zeit des Inkrafttretens des B.G.B. bestehendes Verhältniß, welches zwar nicht nach dem bisherigen Rechte, dagegen nach dem neuen Rechte die Erfordernisse eines Besitzverhältnisses erfüllt, Besitzverhältniß. Das B.G.B. bestimmt zwar nicht die Erfordernisse des Bestehens eines Besitzverhältnisses, sondern nur die Voraussetzungen, unter denen der Besitz erlangt wird (§ 854). Hieraus lassen sich indessen auch die Voraussetzungen ableiten, unter welchen ein Besitzverhältniß als bestehend anzunehmen ist. Insbesondere wird im Gebiete des gemeinen Rechtes der Miether, der Verwahrer ꝛc. mit dem 1. Januar 1900 Besitzer im Sinne des B.G.B., der Vermiether ꝛc. erlangt den mittelbaren Besitz. Dies gilt auch für das Verhältniß des Miethers ꝛc. zum Vermiether ꝛc. und zwar ohne Rücksicht darauf, ob das Rechtsverhältniß zwischen dem Vermiether und Miether ꝛc. im Uebrigen nach dem alten oder dem neuen Rechte (Art. 170, 171) sich beurtheilt. Von Bedeutung ist die sofortige Geltung des neuen Besitzrechts namentlich für die Frage, inwieweit der Vermiether ꝛc. gegenüber dem Miether ꝛc. Besitzschutzmittel hat und umgekehrt (s. Erl. 2 zu § 869).

Die Frage, ob die Voraussetzungen für die Entstehung eines mittelbaren Besitzverhältnisses (s. Erl. 3 zu § 868) vorliegen, bestimmt sich nach dem bisherigen Rechte; sie ist übrigens von keiner weittragenden Bedeutung, weil das im § 868 vorausgesetzte Verhältniß nicht ein rechtsgültiges Verhältniß zu sein braucht (s. Erl. 2 zu § 868).

c) Für die Frage, ob der Besitz vom Erblasser auf den Erben unmittelbar Kraft Gesetzes übergegangen ist, giebt nicht der § 857 des B.G.B., sondern das bisherige Recht Maß, da nach Art. 213 bei einem vor dem Inkrafttreten des B.G.B. eingetretenen Erbfalle für die erbrechtlichen Verhältnisse die bisherigen Gesetze maßgebend bleiben, die Frage des Besitzüberganges aber ein erbrechtliches Verhältniß betrifft (s. Erl. zu Art. 213, so auch Habicht S. 360, a. A. Neumann zu Art. 180).

2. Für den Besitzschutz sowohl gegenüber Entziehung als gegen Störung sind vom Inkrafttreten des B.G.B. an dessen Vorschriften (§§ 858ff.) maßgebend, wenn die Entziehung oder Störung nach dem 1. Januar 1900 verübt worden ist.

a) Dies gilt zunächst für die Voraussetzungen, unter welchen der Besitzschutz gewährt wird. Es dürfte auch für die Frage gelten, ob die Einwendung begründet ist, daß der entzogene oder gestörte Besitz dem gegenwärtigen Besitzer gegenüber fehlerhaft und innerhalb des letzten Jahres vor der Entziehung oder Störung erlangt sei (§ 861 Abs. 2, § 862 Abs. 2). Auch wenn der entzogene oder gestörte Besitz vor dem Inkrafttreten des B.G.B. erlangt ist, wird die Frage, ob der Besitz fehlerhaft erlangt sei, bei der Entscheidung über jene Einwendung nach dem B.G.B. zu bestimmen sein. A. A. Habicht S. 362. Allein der Begriff der Fehlerhaftigkeit ist nach dem bisherigen Rechte, z. B. nach dem gemeinen Rechte, ein anderer als nach dem B.G.B. Es dürfte nicht angehen, daß man, wenn das B.G.B. den Besitzschutz versagt, sofern der Kläger von dem Beklagten den Besitz fehlerhaft erlangt hat, hierbei den Begriff des bisherigen Rechtes zu Grunde legen kann, während man für die Begründung der Klage den Begriff der Fehlerhaftigkeit des B.G.B. zu Grunde legt. Mit dem Ausdrucke „Fehlerhaftigkeit" wird nur ein Komplex von Thatsachen, nicht ein Rechtsverhältniß bezeichnet.

b) Das B.G.B. ist auch für den Inhalt des Besitzschutzes maßgebend.

3. Ist die Thatsache, aus welcher eine Besitzstörung oder Besitzentziehung abgeleitet wird, vor dem Inkrafttreten des B.G.B. vorgefallen, so bestimmen sich ihre Folgen nach dem bisherigen Rechte; dieses ist für die Frage entscheidend, ob überhaupt eine Störung oder Entziehung des Besitzes vorliegt, welchen Inhalt der Besitzschutz hat und wann die Besitzklagen verjähren oder erlöschen (so auch Habicht S. 365, Niedner Aufl. II S. 360, Turnau-Förster Bd. I S. 53; letzterer scheint allerdings anzunehmen, daß die Frist des § 864 Abs. 1 des B.G.B. auch für die auf das alte Recht sich gründende Besitzklage gilt. A. A. Scherer Nr. 232, nach welchem das neue Recht sogar auf anhängige Besitzklagen sofort Anwendung finden soll). Selbstverständlich bleiben, wenn aus einer vor dem 1. Januar 1900 vorgefallenen Besitzstörung oder Entziehung Schadensersatzansprüche oder Bereicherungsansprüche entstanden sind, diese unberührt (Art. 170). Was übrigens Besitzstörungen anbelangt, so ist zu beachten, daß, wenn die Störung nach dem 1. Januar 1900 fortdauert, nicht nur eine Verletzung des bisherigen Rechtes, sondern auch des neuen Rechtes vorliegt. Es ist Sache des Gestörten, ob er seine Ansprüche auf das alte oder, wenn dieses ihm günstiger ist, auf das neue Recht gründet. Begründet eine vor dem Inkrafttreten des B.G.B. erfolgte und nach diesem Zeitpunkte fortgesetzte Besitzstörung eine Besitzklage nur nach dem neuen, nicht nach dem bisherigen Rechte, so ist selbstverständlich die Besitzklage nur nach Maßgabe des neuen Rechtes gegeben, so daß die einjährige Ausschlußfrist des § 864 Abs. 1 des B.G.B. Platz greift; sie wird übrigens nicht vom Inkrafttreten des B.G.B., sondern von dem noch unter der Herrschaft des alten Rechtes liegenden Beginne der Störung an zu berechnen sein.

4. Wegen Besitzschutzes bei Grunddienstbarkeiten und beschränkten persönlichen Dienstbarkeiten s. Erl. zu Art. 191; wegen der Anwendbarkeit der §§ 1006, 1007 des B.G.B. auf alte Besitzverhältnisse s. Erl. 5 zu Art. 181.

5. Auf den der Landesgesetzgebung vorbehaltenen Rechtsgebieten bestimmt sich auch die Frage, inwieweit die bestehenden Besitzverhältnisse dem alten oder dem neuen Rechte unterstehen, nach den Vorschriften der Landesgesetze. Diese sind also z. B. für die Frage maßgebend, inwieweit das Recht auf einen Kirchenstuhl (Art. 133) Besitzschutz genießt.

Artikel 181.

Auf das zur Zeit des Inkrafttretens des Bürgerlichen Gesetzbuchs bestehende Eigenthum finden von dieser Zeit an die Vorschriften des Bürgerlichen Gesetzbuchs Anwendung.

Steht zur Zeit des Inkrafttretens des Bürgerlichen Gesetzbuchs das Eigenthum an einer Sache Mehreren nicht nach Bruchtheilen zu oder ist zu dieser Zeit ein Sondereigenthum an stehenden Erzeugnissen eines Grundstücks, insbesondere an Bäumen, begründet, so bleiben diese Rechte bestehen.

Artikel 181.

E. d. E.G. I Art. 106 Abs. 1; II Art. 153; III Art. 181. P. I S. 13183, 13191, 13225; M. d. E.G. S. 264. P. II S. 9040, 9230 (Bd. 6 S. 516, 628).

1. Der Art. 181 unterwirft das zur Zeit des Inkrafttretens des B.G.B. bestehende Eigenthum mit den sich aus seinem Inhalt ergebenden Befugnissen von dieser Zeit an den Vorschriften des B.G.B. Die Vorschriften des B.G.B. finden auf das am 1. Januar 1900 bestehende Eigenthum auch dann Anwendung, wenn in diesem Zeitpunkte das Grundbuch für den Bezirk noch nicht angelegt ist (Art. 186, 189).

2. Ob zur Zeit des Inkrafttretens des B.G.B. Eigenthum besteht, d. h. ob ein Rechtsverhältniß vorliegt, das als Eigenthum anzusehen ist, bestimmt sich nach den Vorschriften des B.G.B. Auf die Benennung des bisherigen Rechtes kommt es nicht an. Der Grundsatz des Art. 181 gilt auch für eigenthumsähnliche Rechtsverhältnisse des bisherigen Rechtes, sofern sie sachlich dem Eigenthume des B.G.B. gleichzuachten sind. Können derartige Rechtspositionen nicht als Eigenthum gelten, kann ihnen aber doch die Eigenschaft der Dinglichkeit nicht abgesprochen werden, so greift der Art. 184 ein. Selbstverständlich ist nach dem bisherigen Rechte zu beurtheilen, ob einem Rechtsverhältniß ein dem Eigenthumsbegriffe des B.G.B. entsprechender Inhalt innewohnt. Der Art. 181 findet deshalb z. B. auf die Rechtsstellung Anwendung, welche das gemeine Recht dem publizianischen Eigenthümer gewährt, und auf den französischrechtlichen Mobilienbesitz.

3. Ob Jemand zur Zeit des Inkrafttretens des B.G.B. Eigenthümer ist, bestimmt sich nach dem bisherigen Rechte. Erwerb und Verlust des Eigenthums bestimmen sich nach demjenigen Rechte, unter dessen Herrschaft sich die für den Eigenthumsübergang maßgebenden Thatsachen vollzogen haben.

a) Sind vor dem Inkrafttreten des B.G.B. alle nach dem bisherigen Rechte zum Eigenthumsübergange gehörenden Thatsachen eingetreten, so bewendet es hierbei, auch wenn das B.G.B. für den Eigenthumsübergang andere Voraussetzungen aufstellt. Das durch ein Vindikationslegat nach dem gemeinen Rechte mit dem Tode des Erblassers auf den Vermächtnißnehmer übergegangene Eigenthum, das im Gebiete des gemeinen Rechtes durch bloßen Vertrag und Tradition erworbene Eigenthum, das im Gebiete des französischen Rechtes schon durch den bloßen Vertrag auf den Erwerber übergegangene Eigenthum wird auch vom B.G.B. als Eigenthum anerkannt, wenn nur die angeführten Thatbestände sich schon vor dem 1. Januar 1900 vollzogen haben. Der gute Glaube des Bankiers, welcher vor dem Inkrafttreten des B.G.B. ein Inhaberpapier erworben hat, gilt nicht mit dem Inkrafttreten des B.G.B. auf Grund des § 367 des H.G.B. für ausgeschlossen, mag auch schon vorher der Verlust des Papiers im Reichs-Anzeiger bekannt gemacht worden sein (Lehmann in der Zeitschr. f. Handelsrecht 48 S. 68).

Umgekehrt wird, wenn mit einer vor dem Inkrafttreten des B.G.B. eingetretenen Thatsache nach dem bisherigen Rechte der Eigenthumsübergang nicht verbunden war, mit dem Inkrafttreten des B.G.B. nicht deshalb Eigenthum erworben, weil das B.G.B. an den gleichen Thatbestand den Eigenthumserwerb knüpft. Es tritt nicht eine nachträgliche Konvalescenz ein (R.G. in J.W. 1900 S. 890). Der unter der Herrschaft des gemeinen Rechtes vollzogene gutgläubige Erwerb einer beweglichen Sache z. B. wird nicht mit dem Inkrafttreten des B.G.B. Eigenthum, wenn auch die Voraussetzungen, unter denen nach den §§ 932—934 des B.G.B. Eigenthum übergeht, vorliegen und der gute Glaube beim Inkrafttreten des B.G.B. noch fortdauert. Die im bösen Glauben unter der Herrschaft des preuß. L.R. oder des gemeinen Rechtes vorgenommene Verarbeitung giebt nicht Eigenthum, obgleich § 950 des B.G.B. guten Glauben nicht verlangt.

b) Hat vor dem Inkrafttreten des B.G.B. eine **bedingte** Eigenthumsübertragung stattgefunden, so beurtheilen sich die Fragen, wann die Bedingung als eingetreten oder ausgefallen anzusehen ist und welche Folge der Eintritt oder Ausfall auf den Eigenthumsübergang hat, nach dem bisherigen Rechte. Es geht also z. B. im bisherigen Geltungsgebiete des gemeinen Rechtes beim Kaufe eines Grundstücks unter einer aufschiebenden Bedingung mit dem Zeitpunkte des Eintritts der Bedingung, auch wenn die Bedingung erst nach dem Inkrafttreten des Liegenschaftsrechts das B.G.B. eintritt, das Eigenthum an dem Grundstück auf den Erwerber ohne Weiteres über, ebenso fällt im Falle des Verkaufs eines Grundstücks unter einer auflösenden Bedingung das Eigenthum beim Eintritte der Bedingung an den Verkäufer ohne Weiteres zurück, ohne daß im einen oder anderen Falle die Auflassung nothwendig wäre; derjenige, welcher das Eigenthum erwirbt oder zurückerwirbt, hat nach § 894 des B.G.B. den Anspruch auf Berichtigung des Grundbuchs und kann zu dessen Sicherung nach § 899 des B.G.B. einen Widerspruch eintragen lassen. Wenn ferner im bisherigen Geltungsgebiete des französ. Rechtes eine bewegliche Sache unter einer aufschiebenden Bedingung verkauft worden ist, bedarf es, falls die Bedingung nach dem Inkrafttreten des B.G.B. eintritt, nicht noch der Uebergabe. Wenn dem Eintritte der Bedingung nach dem bisherigen Rechte absolute Wirkung auch gegenüber den in der Zwischenzeit von dem Eigenthümer erfolgten Verfügungen zukommt, so bleibt diese Wirkung aufrecht; freilich können die Vorschriften über den öffentlichen Glauben des Grundbuchs (§§ 892, 893 des B.G.B.) und bei beweglichen Sachen der Grundsatz: Hand muß Hand wahren (§§ 932ff., 1032, 1207 des B.G.B.) ein anderes Ergebniß herbeiführen, wenn die Verfügungen in die Zeit der Herrschaft des B.G.B. fallen. Daß die Frage, ob die Hinzufügung einer Bedingung bei dem den Eigenthumsübergang bezweckenden Rechtsgeschäfte, wenn dieses vor dem 1. Januar 1900 vorgenommen worden, überhaupt zulässig ist, nach dem bisherigen Rechte entschieden werden muß, versteht sich von selbst.

Das Gesagte gilt auch für **befristete** Eigenthumsübertragungen und für das französischrechtliche Rückfallsrecht (**Resolutionsrecht**) d. h. für die Fälle, daß im Gebiete des französ. Rechtes die rechtsgeschäftliche Uebertragung vor dem Inkrafttreten des B.G.B. stattgefunden hat, die Uebertragung aber nach dem code civil widerruflich ist und die die Widerruflichkeit begründende Thatsache erst nach dem Inkrafttreten des B.G.B. eintritt.

In Ansehung von Grundstücken haben übrigens die Landesgesetze für den Fall der auflösenden Bedingung und für das widerrufliche Eigenthum im Gebiete des französ. Rechtes vielfach ein Anderes bestimmt; vergl. für Preußen A.G. Art. 25, Bayern Ueb.-Ges. Art. 39, L.G. Art. 17, Hessen Anl.Ges. Art. 43, 44.

c) Ist vor dem Inkrafttreten des B.G.B. **erst das obligatorische Kausalgeschäft vorgenommmen worden**, so bestimmt sich der Eigenthumsübergang nach dem neuen Rechte; denn das Kausalgeschäft ist für den Eigenthumsübergang ohne Bedeutung; für den Eigenthumsübergang kommt nur das dingliche Rechtsgeschäft in Betracht, dieses aber kann nicht nach altem Rechte beurtheilt werden, weil zur Zeit seiner Vornahme das alte Recht nicht mehr gilt. Ist also z. B. im Gebiete des gemeinen Rechtes vor dem Inkrafttreten des B.G.B. ein Grundstück mit der Bestimmung verkauft worden, daß es erst nach diesem Zeitpunkt auf den Käufer übergehen soll, so genügt die Tradition nicht mehr, vielmehr ist die Auflassung erforderlich. Wenn freilich ein Recht, wie das französische, an die Vornahme des Kausalgeschäfts schon den Eigenthumsübergang knüpft, so verbleibt es selbstverständlich hierbei.

d) Ist **der vom bisherigen Rechte zum Eigenthumserwerbe geforderte Thatbestand beim Inkrafttreten des B.G.B. noch nicht völlig eingetreten**, so bestimmt sich der Eigenthumsübergang lediglich nach dem neuen Rechte; dessen Voraussetzungen für den Eigenthumserwerb müssen vorliegen. Den unter der Herrschaft des bisherigen Rechtes liegenden Thatsachen kommt für den Eigenthumsübergang eine rechtliche Bedeutung zu, soweit sie nach dem neuen Rechte von Bedeutung wären, wenn sie unter dessen Herrschaft eingetreten wären. Hat z. B. im bisherigen Geltungsgebiete des preuß. L.R. ein Nichteigenthümer eine bewegliche Sache vor dem Inkrafttreten des B.G.B. durch constitutum possessorium übertragen und findet nach diesem Zeitpunkte die körperliche Uebergabe statt, so wird der Erwerber unter den Voraussetzungen des § 933 des B.G.B. mit der Uebergabe Eigenthümer. Natürlich muß, soweit der Thatbestand in die Zeit der Herrschaft des alten Rechtes fällt, für die Frage, ob die nach dem neuen Rechte erforderlichen (oder genügenden) Voraussetzungen zutreffen, das alte Recht zu Grunde gelegt werden. Hat z. B. A, der nach altem Rechte Nichtkaufmann war, dem B vor dem 1. Januar 1900 den Anspruch auf Herausgabe einer Sache, die C besitzt, abgetreten und erlangt B den Besitz von C nach diesem Zeitpunkte, so darf die Anwendbarkeit des § 366 des H.G.B. nicht deshalb bejaht werden, weil A mit dem 1. Januar 1900 Kaufmann geworden ist; ob er Kaufmann war, richtet sich nach dem zur Zeit der Abtretung geltenden Rechte (das Beispiel ist von **Lehmann** S. 66, dazu **Staub** H.G.B. Anm. 78 zu § 366 S. 1187).

e) Für den Erwerb des Eigenthums durch **Fund** gelten vom Inkrafttreten des B.G.B. an dessen Vorschriften (§§ 973ff.), wenn in diesem Zeitpunkt auf Grund der bisherigen Vorschriften über den Fund das Eigenthum noch nicht erworben ist. Die im § 973 bestimmte einjährige Frist wird aber erst vom Inkrafttreten des B.G.B. an zu berechnen sein. Hat also Jemand im bisherigen Geltungsgebiete des preuß. L.R. vor dem 1. Januar 1900 eine Sache gefunden, so kann nach diesem Zeitpunkte durch Ausschlußurtheil (Art. 23 des preuß. A.G. z. C.P.O.) Eigenthum nicht mehr übertragen werden, auch wenn das Aufgebot schon vorher beantragt war. Auf dem gleichen Standpunkte steht der § 11 der preuß. Anweisung über die polizeiliche Behandlung von Fundsachen (preuß. Just.Min.Bl. 1899 S. 382). Uebrigens wird es in denjenigen Rechtsgebieten, in denen das Eigenthum an gefundenen Sachen nur nach den Grundsätzen über die Ersitzung erworben wurde (z. B. in den gemeinrechtlichen Theilen Bayerns), dem Finder freistehen müssen, sich auf die Ersitzung (Art. 185) zu berufen, wenn diese ihm günstiger ist. Soweit es sich um das Schuldverhältniß zwischen dem Finder und dem Verlierer handelt, insbesondere also für den Finderlohn, ist bei den vor dem 1. Januar 1900 gefundenen Sachen das bisherige Recht maßgebend (Art. 170).

Ueber den Einfluß des Eintritts des neuen Rechtes auf eine beim Inkrafttreten des B.G.B. noch nicht vollendete **Ersitzung** s. bezüglich der beweglichen Sachen Erl. zu Art. 185, bezüglich der unbeweglichen Sachen Erl. zu Art. 189.

f) Nach dem bisherigen Rechte bestimmt sich auch, ob der vor dem Inkrafttreten des B.G.B. erfolgte Eigenthumserwerb wegen eines zu Grunde liegenden Willensmangels oder aus einem sonstigen Grunde (z. B. wegen eines Mangels des Rechtsgrundes) ungültig ist und in welcher Form die Ungültigkeit erscheint, ob als Nichtigkeit oder Anfechtbarkeit sowie in welcher Weise die Anfechtung zu erfolgen hat. Die Vorschriften des B.G.B. über die Anfechtung finden in diesem Falle auch dann keine Anwendung, wenn die Anfechtung erst nach dem Inkrafttreten des B.G.B. geschieht.

g) **Ausnahmen** hiervon ergeben sich für das an wesentlichen Bestandtheilen einer Sache beim Inkrafttreten des B.G.B. bestehende Sondereigenthum. Hierüber vergl. unten Erl. 7.

Eine weitere Ausnahme bedeutet der Art. 189, insofern er bestimmt, daß, wenn im Zeitpunkte des Inkrafttretens des B.G.B. das Grundbuch für einen Bezirk noch nicht angelegt ist (Art. 186), sich der Erwerb und Verlust des Eigenthums an Grundstücken noch bis zur Grundbuchanlegung nach dem bisherigen Rechte richten. Hierüber s. Erl. zu Art. 189.

Eine Ausnahme kann sich endlich auch auf Grund der Vorschrift des Art. 213 ergeben, daß bei den vor dem Inkrafttreten des B.G.B. eingetretenen Erbfällen für die erbrechtlichen Verhältnisse die bisherigen Gesetze maßgebend sind; hierüber vergl. Erl. zu Art. 213.

4. **Der Inhalt des Eigenthums** bestimmt sich vom Inkrafttreten des B.G.B. an nach dessen Vorschriften. Dies gilt sowohl von dem positiven Inhalte des Eigenthums — in welchem freilich das bisherige Recht und das B.G.B. nicht von einander abweichen —, als auch von den Beschränkungen, welchen das Eigenthum unterworfen ist, und von der Beschränkbarkeit des Eigenthums, und zwar ohne Rücksicht darauf ob die Beschränkungen gegenüber dem bisherigen Rechte durch das B.G.B. eine Verschärfung oder eine Milderung erfahren haben. Insbesondere greift das Chikaneverbot des § 226 des B.G.B. auch gegenüber dem bestehenden Eigenthume Platz.

a) Nach Art. 184 bleiben Rechte, mit denen eine Sache zur Zeit des Inkrafttretens des B.G.B. belastet ist, mit dem sich aus den bisherigen Gesetzen ergebenden Inhalt und Range bestehen, soweit nicht der Art. 184 Satz 2 für das Erbbaurecht und für Grunddienstbarkeiten und die Art. 192—195 für Hypotheken, Grundschulden und Rentenschulden ein Anderes bestimmen. Hieraus folgt, daß **für das Verhältniß des Eigenthümers zu denjenigen, welchen an der Sache zur Zeit des Inkrafttretens des B.G.B. ein dingliches Recht zusteht, auch nach diesem Zeitpunkte die bisherigen Gesetze** nach Maßgabe der Art. 184, 192—195 **maßgebend bleiben**. Nach dem bisherigen Rechte richten sich also z. B. die Frage, ob der Nießbraucher Sicherheit zu leisten hat, welche Lasten der Eigenthümer und welche der Nießbraucher zu tragen hat, ob der Eigenthümer dem Reallastberechtigten auch persönlich haftet. Insofern ist der Grundsatz des Art. 181, daß für den Inhalt des Eigenthums vom Inkrafttreten des B.G.B. an das B.G.B. gilt, eingeschränkt.

b) Dagegen fallen die sog. **Nachbarrechte** nicht unter den Art. 184; die Vorschriften der §§ 906—924 des B.G.B. treten vielmehr auch für das am 1. Januar 1900 bestehende Eigenthum sofort in Geltung. Der Eigenthümer kann also, wenn er z. B. nach dem neuen Rechte eine Anlage nicht oder nicht in demselben Umfange wie bisher dulden muß, ihre Beseitigung oder Einschränkung verlangen, auch wenn sie schon vor dem 1. Januar 1900 errichtet worden ist. Dies gilt selbst für den Fall, daß die Duldungspflicht des Eigenthümers durch ein rechtskräftiges Urtheil ausgesprochen worden ist. Daß, wenn in Folge der Einwirkung des neuen Rechtes der Eigenthümer oder der Nachbar eine Vermögensschädigung erfahren, der Staat entschädigungspflichtig ist, wie Niedner Aufl. II S. 366 zu Art. 181 anzunehmen geneigt ist, läßt sich nicht rechtfertigen.

Hervorzuheben ist:

a) Daß die Vorschriften über den Ueberbau (§§ 912—916 des B.G.B.) Anwendung finden, auch wenn der Ueberbau schon vor dem 1. Januar 1900 errichtet worden ist und die Ansprüche hieraus in diesem Zeitpunkte schon gerichtlich geltend gemacht worden sind. So auch Habicht, S. 397, Niedner Aufl. II Note 4b S. 367, Wolff, Der Bau auf fremdem Boden S. 189, R.G. in J.W. 1900 S. 561. A. A. Dernburg, Sachenrecht S. 237, Fuchs in Gruchot 44 S. 21, Neumann S. 1467. Schon die Stellung der Vorschriften über den Ueberbau im Titel „Inhalt des Eigenthums" giebt zu erkennen, daß das B.G.B. diese Vorschriften zu denjenigen rechnet, welche den Inhalt des Eigenthums begrenzen. Hierfür spricht aber ferner die Bestimmung des § 912 des B.G.B., wonach der Nachbar den Ueberbau zu dulden hat, sein Eigenthumsrecht also eine gesetzliche Einschränkung erleidet. Liegt aber nach dem B.G.B. eine gesetzliche Eigenthumsbeschränkung vor, so kann nicht für den zur Zeit des Inkrafttretens des B.G.B. schon vollendeten oder schon begonnenen Ueberbau auf Grund des Art. 170 das bisherige Recht fortgelten; denn der Art. 170 findet nicht auf dingliche, sondern nur auf persönliche, aus dem Eigenthume hervorgegangene Ansprüche, welche durch den Inhalt des Besitzes begründet sind, Anwendung.

Die §§ 912—916 des B.G.B. verweisen zwar auf das Grundbuch, allein sie setzen es nicht voraus. Die auf das Grundbuch bezüglichen Bestimmungen der §§ 912—916 haben nur die Bedeutung, das Verhältniß zum öffentlichen Glauben des Grundbuchs klarzustellen. Daraus ergiebt sich, daß die §§ 912—916 nicht erst mit der Anlegung des Grundbuchs, sondern mit dem 1. Januar 1900 in Kraft getreten sind. In den Bezirken, in welchen das Grundbuch am 1. Januar 1900 noch nicht angelegt ist, tritt, soweit die §§ 912—916 auf das Grundbuch verweisen, nicht etwa an dessen Stelle das im bisherigen Rechte bestimmte öffentliche Buch, auch wenn dieses bestimmt ist, zum Grundbuche zu werden (z. B. das bayerische Hypothekenbuch); in solchen Bezirken sind vielmehr der Verzicht auf das Recht sowie die Feststellung der Höhe der Rente durch Vertrag, für welche der § 914 Abs. 2 des B.G.B. die Eintragung in das Grundbuch verlangt, auch ohne die Eintragung nicht bloß obligatorisch, sondern auch dinglich wirksam. Eine andere Frage ist, inwieweit die Rechte der an dem einen oder dem anderen Grundstücke bestehenden Realberechtigten durch den Verzicht oder die vertragsmäßige Festsetzung berührt werden können. Hierfür ist, bis das Grundbuch für angelegt erklärt ist, das bisherige Recht maßgebend (Art. 189); nach ihm richtet sich insbesondere die Frage, inwieweit die Zustimmung der Realberechtigten zum Verzicht oder der vertragsmäßigen Festsetzung erforderlich ist.

Die gemäß § 912 des B.G.B. zu entrichtenden Ueberbaurenten sind bei den zur Zeit des Inkrafttretens des B.G.B. schon bestehenden Ueberbauten, da der Art. 181 die Vorschriften des B.G.B. auf das Eigenthum erst vom Inkrafttreten des B.G.B. für anwendbar erklärt, erst von diesem Zeitpunkt an zu entrichten. Auf die Berechnung der Höhe der Rente ist es ohne Einfluß, daß die Zahlungspflicht in solchen Fällen erst später beginnt, für die Höhe der Rente ist vielmehr gemäß § 912 Abs. 2 Satz 2 die Zeit der Grenzüberschreitung zu Grunde zu legen. Haben die Betheiligten das Verhältniß schon vor dem Inkrafttreten des B.G.B. geordnet, sei es durch Abtretung des Eigenthums gegen Entschädigung (Zahlung einer Kapitalabfindung oder einer Rente) oder in ähnlicher Weise wie im B.G.B. unter Festsetzung einer bestimmten Rente, so hat es hierbei sein Bewenden; denn die Betheiligten können auch unter der Herrschaft des B.G.B. das Verhältniß abweichend vom § 912 des B.G.B. gestalten (vergl. Vorbm. 2 vor § 912 Bd. III S. 144). Im Falle der Abtretung des Eigenthums müssen natürlich die nach dem bisherigen Rechte zum Eigenthumsübergang aufgestellten Voraussetzungen erfüllt sein, sonst wirkt die Vereinbarung nur obligatorisch und bedarf es nach dem Inkrafttreten des B.G.B. der Auflassung. Inwieweit die Rechte der Realberechtigten bei solchen Verabredungen zu wahren gewesen sind, bestimmt sich nach dem bisherigen Rechte. Daß auf eine bestehende Entschädigungsrente fortan die Vorschriften der §§ 913 ff. des B.G.B. Anwendung finden (Niedner Aufl. II S. 367), ist in dieser Allgemeinheit wohl nicht richtig; es kommt auf die Auslegung des Vertrags an.

Wenn übrigens im Falle eines vor dem Inkrafttreten des B.G.B. errichteten oder begonnenen Ueberbaues nach dem bisherigen Rechte z. B. dem preuß. L.R. I 9 § 340 der Bauende das Eigenthum an dem überbauten Grundstückstheile durch den Ueberbau bereits erworben hat, bleibt dieser unter der Herrschaft des bisherigen Rechtes vollzogene Eigenthumserwerb aufrecht (so auch R.G. in J.W. 1900 S. 562; 1901 S. 52).

b) Auch die Vorschriften über den Nothweg (§§ 917, 918 des B.G.B.) treten sofort, nicht erst mit der Grundbuchanlegung in Kraft. Sie kommen ferner auch dann zur Anwendung, wenn die Voraussetzungen, an welche sie das Recht des Nothwegs knüpfen, schon vor dem Inkrafttreten des B.G.B. eingetreten waren, der Weg selbst aber von einem bestimmten Nachbarn erst nach diesem Zeitpunkt in Anspruch genommen wird (s. Vorbm. 3 vor § 917, Bd. III S. 150). Soweit übrigens auf Grund des bisherigen Rechtes durch Vertrag oder rechtskräftiges Urtheil selbständige wenn auch über den § 917 hinausgehende Wegeberechtigungen begründet sind, bleiben diese auch nach dem Inkrafttreten des B.G.B. bestehen und, soweit durch solche Berechtigungen die Verbindung mit dem öffentlichen Wege ermöglicht ist, liegt die Voraussetzung für Einräumung eines Nothwegs nach § 917 nicht vor. A. A. Niedner Aufl. II S. 366.

c) Auch für das Rechtsverhältniß bezüglich der Grenze von Grundstücken gilt vom 1. Januar 1900 an das neue Recht (§§ 919—923 des B.G.B.). Hieraus folgt z. B. die Anwendbarkeit des § 920 das. über die Ermittlung der Grenze im Falle der Grenzverwirrung auf Streitigkeiten über die Grenze, die schon vor dem 1. Januar 1900 ausgebrochen sind. Bei gemeinschaftlichen Grenzeinrichtungen tritt ferner an die Stelle des nach manchen Landesrechten bestehenden ideellen Miteigenthums das Sondereigenthum eines jeden Nachbarn mit gemeinschaftlichem Benutzungsrechte (§§ 921, 922 des B.G.B.); für die Widerlegung der im § 921 aufgestellten Vermuthung, daß die Eigenthümer der Grundstücke zur Benutzung der Einrichtung gemeinschaftlich berechtigt sind, ist übrigens bei am 1. Januar 1900 bestehenden Einrichtungen das bisherige Recht immerhin noch von thatsächlicher Bedeutung (s. Erl. 4 zu § 921 des B.G.B.).

Wegen des französischrechtlichen Rechtsbegriffs der mitoyenneté vergl. Habicht S. 398 ff.; Schneider, pfälz. L.G. S. 207 ff.; Stranz-Gerhard S. 175 ff.

5. Die Ansprüche aus dem Eigenthume sind zweifacher Natur (s. Vorbm. 1 vor § 985 Bd. III S. 247). Wird das Eigenthum beeinträchtigt, so entsteht zunächst der lediglich aus dem Eigenthum als solchem fließende Anspruch auf Herstellung des dem Rechte entsprechenden Zustandes für die Zukunft. Dieser Anspruch geht, wenn dem Eigenthümer der Besitz der Sache entzogen oder vorenthalten wird, auf Herausgabe der Sache (§ 985 des B.G.B.), wenn das Eigenthum in sonstiger Weise beeinträchtigt wird, auf Beseitigung der Beeinträchtigung und gegebenen Falles auf Unterlassung weiterer Beeinträchtigung (§ 1004); bei beweglichen Sachen erkennt das B.G.B. überdies einen Anspruch auf Gestattung der Wegschaffung von einem Grundstück an (§ 1005). Neben diesem rein dinglichen Anspruch auf Herstellung des dem Eigenthum entsprechenden Zustandes können dem Eigenthümer auch Ansprüche auf Herausgabe von Nutzungen und auf Schadensersatz zustehen; diese Ansprüche haben zwar das Eigenthum zur Grundlage, beruhen aber auf einer besonderen, den Besitzer verpflichtenden Thatsache. Hieraus folgt, daß für die Ansprüche aus dem Eigenthume, soweit sie auf die Herstellung des dem Eigenthum entsprechenden Zustandes gerichtet sind, weil sie insoweit nur Ausfluß des Inhalts des Eigenthums sind, gemäß Art. 181 vom Inkrafttreten des B.G.B. an lediglich das neue Recht maßgebend ist. Bei den besonderen Ansprüchen des Eigenthümers auf Herausgabe von Nutzungen und auf Schadensersatz aber handelt es sich um aus dem Eigenthume hervorgegangene Schuldverhältnisse. Der Art. 181 kann mithin auf sie keine Anwendung finden, vielmehr ist das für sie anwendbare Recht unter Berücksichtigung ihrer obligatorischen Natur und unter Zugrundelegung des Grundsatzes des Art. 170 zu bestimmen.

a) Der Anspruch auf Herausgabe der Sache richtet sich hiernach, wenn die Sache dem Eigenthümer erst nach dem Inkrafttreten des B.G.B. entzogen wird, ausschließlich nach dem B.G.B.; die §§ 985—1003 des B.G.B. finden uneingeschränkte Anwendung.

Fällt die Entziehung in die Zeit vorher, so bestimmt sich der Anspruch auf Herausgabe der Sache selbst gleichfalls nach dem neuen Rechte (§§ 985, 986 des B.G.B.). Abweichend vom preuß. Rechte (§ 7 Abs. 2 des E.E.G.), wonach der Klage des eingetragenen Eigenthümers gegenüber der Beklagte, welcher vom Kläger oder dessen Rechtsvorgänger auf Grund eines den Eigenthumserwerb bezweckenden Rechtsgeschäfts den Besitz des Grundstücks erhalten hat, die aus dem Rechtsgeschäfte herzuleitenden Rechte nur durch Klage oder Widerklage geltend machen kann, gewährt das B.G.B. (§ 986) gegen die Klage des eingetragenen Eigenthümers die exceptio rei venditae et traditae; die Beschränkung des preuß. Rechtes ist, auch wenn das Rechtsgeschäft vor dem 1. Januar 1900 abgeschlossen worden ist, beseitigt.[1]

Das Schuldverhältniß, aus welchem die Ansprüche des Eigenthümers auf Herausgabe von Nutzungen und auf Schadensersatz (§§ 987—993 des B.G.B.) entspringen, wird durch die Besitzentziehung begründet, es beruht aber nicht auf der Besitzentziehung allein, sondern auf der durch diese hervorgerufenen Beeinträchtigung des Eigenthums. Solange die Beeinträchtigung dauert, erneuert es sich fort und fort und es ist je nach dem Vorliegen besonderer Thatsachen (Eintritt der Rechtshängigkeit, Unredlichkeit, Verzug und unerlaubte Handlung, Bereicherung 2c.) verschieden abgestuft. Die Nebenansprüche sind auch nicht mit dem Eigenthum als solchem verknüpft, sie stehen nicht dem jeweiligen Eigenthümer, sondern demjenigen Eigenthümer zu, welchem gegenüber der Besitzer vermöge der besonderen Thatsache (Rechtshängigkeit, Unredlichkeit, Verzug 2c.) verpflichtet ist, und gehen auf den Erwerber des Eigenthums nur zufolge einer ausdrücklichen oder stillschweigenden Abtretung über. Hieraus ergiebt sich, daß die Nebenansprüche des Eigenthümers sich, soweit die Beeinträchtigung unter der Herrschaft des bisherigen Rechtes erfolgt ist, für die Dauer des bisherigen Rechtes nach diesem, soweit sie sich aber über den 31. Dezember 1899 hinaus erstreckt, für die Zeit seit dem Inkrafttreten des B.G.B. nach diesem richten. Der gutgläubige Besitzer hat also z. B. im bisherigen Geltungsgebiete des gemeinen Rechtes die vor dem 1. Januar 1900 gezogenen Früchte, soweit sie noch vorhanden sind, herauszugeben, vom 1. Januar 1900 an hat er, sofern er nicht, weil er den Besitz unentgeltlich erlangt hat, gemäß § 988 des B.G.B. in weiterem Umfange haftet, nur die Früchte herauszugeben, die nach den Regeln einer ordnungsmäßigen Wirthschaft nicht als Ertrag anzusehen sind (§ 993 des B.G.B.) oder die er nach dem Eintritte der Rechtshängigkeit zieht (§ 987 das.). Der bösgläubige Besitzer muß im bisherigen Geltungsgebiete des gemeinen Rechtes, wenn die Unmöglichkeit zur Herausgabe der Sache vor dem 1. Januar 1900 eingetreten ist, ehe der Rechtsstreit anhängig war, zur Herausgabe der Sache selbst, nicht wie nach § 989 des B.G.B. zum Schadensersatze verurtheilt werden; hat er die Unmöglichkeit der Herausgabe nicht dolos verschuldet, so haftet er überhaupt nicht. Tritt dagegen die Unmöglichkeit zur Herausgabe erst nach dem 1. Januar 1900 ein, so haftet er für jedes Verschulden und sofort für Schadensersatz. Im Wesentlichen übereinstimmend Habicht S. 402—405. A.A. Niedner Aufl. II S. 368, 369 und im „Recht" 1900 S. 183 ff., welcher das alte Recht auch für die Zeit nach dem Inkrafttreten des B.G.B. fortdauern läßt, außer wenn das rechtswidrige Verhalten des Besitzers oder die Rechtshängigkeit erst nach dem Inkrafttreten des B.G.B. eintreten.

Die Gegenansprüche des Besitzers (§§ 994—1003 des B.G.B.) wegen Verwendungen fließen aus einem persönlichen Schuldverhältnisse. Für die Verwendungen ist mithin das zur Zeit der Vornahme geltende Recht maßgebend (so auch R.G. in J.W. 1900 S. 562; 1901 S. 237). Zu den Verwendungen ist auch der Kaufpreis zu rechnen, wenn nach dem bisherigen Rechte, z. B. nach dem preuß. L.R. I 15 §§ 25 ff. der redliche Besitzer die Sache nur gegen Erstattung dessen herauszugeben braucht, was er seinem Veräußerer für die Sache geleistet hat; der im bisherigen Rechte begründete Lösungsanspruch bleibt gemäß Art. 170 bestehen. So auch Habicht S. 366, 405; Niedner Aufl. II S. 362; Dernburg, Sachenrecht S. 292; Neumann S. 1467; Gierke Bd. I S. 199 Anm.; a. A. Henke, D.J.Z. 1899 S. 460. Auch die Vorschriften der §§ 1000—1003 dürften keine Anwendung finden auf Verwendungen, welche vor dem Inkrafttreten des B.G.B. gemacht sind. Für die Anwendung läßt sich zwar geltend machen, daß es sich bei den fraglichen Vorschriften nur um die Art und Weise handele, in welcher die Ansprüche wegen Verwendungen geltend zu machen seien und daß derartige Verfahrensvorschriften auch für bereits früher entstandene Ansprüche gelten müßten. Sachlich bestimmen indessen die fraglichen Paragraphen den Inhalt und die Dauer des durch eine Verwendung begründeten Rechtes und derartige materielle Vorschriften können keine rückwirkende Kraft auf Thatbestände haben, die vor dem Inkrafttreten des B.G.B. eingetreten sind. In Betreff der vor dem Inkrafttreten des B.G.B. gemachten Verwendungen und des dadurch für den Besitzer begründeten Rechtes ist daher in der hier fraglichen Beziehung das bisherige Recht maßgebend (ebenso R.G. i. J. W. 1901 S. 237; a. A. Habicht S. 406; Niedner Aufl. II S. 369).

b) Bezüglich der Eigenthumsfreiheitsklage (§ 1004 des B.G.B.) gilt das für die Eigenthumsklage unter a Bemerkte entsprechend. Es ist aber zu beachten, daß die Frage, von welcher Beschaffenheit eine zur Erhebung einer Eigenthumsklage wegen Störung berechtigende Handlung sein muß, sich nach dem zur Zeit ihrer Vornahme geltenden Rechte bestimmt. Der hiernach erworbene Anspruch des Eigenthümers gegen den Störer wird nicht dadurch aufgehoben, daß auf das bestehende Eigenthum vom Inkrafttreten des B.G.B. an dessen Vorschriften Anwendung finden. Hieraus folgt auch, daß, wenn nach dem bisherigen Rechte auf Unterlassung weiterer Störung auch unter anderen Voraussetzungen, als sie der § 1004 Abs. 1 Satz 2 des B.G.B. aufstellt, geklagt werden konnte, der dem bisherigen Rechte gemäß erworbene Anspruch auf Unterlassung weiterer Störung in Ansehung der vor dem 1. Januar 1900 liegenden Thatsachen im erworbenen Umfange bestehen bleibt (R.G. in J.W. 1901 S. 293).

Die persönliche Haftung des Störers gegenüber dem Eigenthümer richtet sich selbstverständlich ausschließlich nach dem Rechte, unter dessen Herrschaft die Störung erfolgte.

c) Die im § 1006 Abs. 1 des B.G.B. zu Gunsten des Besitzers einer beweglichen Sache aufgestellte Vermuthung, daß er Eigenthümer sei, gilt auch dann, wenn der Besitz vor dem 1. Januar 1900 schon erworben worden ist, zu dieser Zeit aber noch bestanden hat. So auch Habicht S. 366, a. A. Niedner Aufl. II S. 362. Denn wenn der § 1006 auch in den dritten Abschnitte des Sachenrechts „Eigenthum" eingestellt ist, betrifft er doch nur eine an den Besitz geknüpfte Folge (s. auch Erl. 2 zu § 1006); für die Frage, welche Folgen sich an den Besitz knüpfen, sind aber nach Art. 180 vom Inkrafttreten des B.G.B. an dessen Vorschriften maßgebend. Zur Widerlegung der im § 1006 Abs. 1 des B.G.B. aufgestellten Vermuthung muß der Gegner des Besitzers, wenn die Besitzzeit des Besitzers in die Zeit vor dem 1. Januar 1900 zurückreicht, den gleichen Beweis führen, wie wenn der Besitzer den Besitz erst unter der Herrschaft des B.G.B. erworben hätte, d. h. er muß beweisen, entweder daß der Besitzer Eigenthum nicht erworben oder daß er es wieder verloren hat. Was zum Nachweise des Erwerbes oder des Verlustes des Eigenthums gehört, richtet sich, soweit die Zeit vor dem 1. Januar 1900 in Betracht kommt, nach dem damals geltenden Rechte.

Daß die im § 1006 Abs. 2 des B.G.B. zu Gunsten eines früheren Besitzers aufgestellte Vermuthung, daß er während seiner Besitzzeit Eigenthümer der Sache gewesen sei, auf einen Besitzer, dessen Besitzzeit ausschließlich in die Zeit vor dem Inkrafttreten des B.G.B. fällt, keine Anwendung findet, bedarf keiner Ausführung; an einen solchen Besitz konnte sich die Rechtsfolge der Eigenthumsvermuthung nicht knüpfen, weil sie zur Zeit des Besitzes noch nicht galt.

d) Die Klage aus älterem Besitze (§ 1007 des B.G.B.) steht aus dem gleichen Grunde, aus dem der § 1006 Abs. 2 des B.G.B. auf die Zeit seit dem Inkrafttreten des B.G.B. beschränkt ist, nur dem Besitzer zu, dem die Sache nach dem Inkrafttreten des B.G.B. abhanden gekommen oder entzogen worden ist. Wer die Sache am 1. Januar 1900 im Besitze gehabt hat, kann die Klage aus § 1007 des B.G.B. erheben, auch wenn er den Besitz schon vorher erworben hat; gegen ihn sind auch nur die Vertheidigungsmittel zulässig, welche der Klage des Besitzers gegenüber zu Gebote stehen, der erst nach dem 1. Januar 1900 Besitzer geworden ist (s. Erl. 3 zu § 1007 des B.G.B.). Wer am 1. Januar 1900 nicht mehr Besitzer war, kann aus § 1007 nicht klagen; soweit ihm übrigens das bisherige Recht unter besonderen Umständen eine dingliche Rechtsposition gab, hat er nach dem zu 2 Entwickelten die Klage aus dem Rechte selbst.

e) Wegen der Frage, ob die im § 891 des B.G.B. aufgestellte Vermuthung, daß der im Grundbuch als Eigenthümer Eingetragene Eigenthümer sei, auch für eine vor der Grundbuchanlegung erfolgte Eintragung gilt, s. Erl. zu Art. 186.

6. Das B.G.B. kennt nur zwei Formen des gemeinschaftlichen Eigenthums. Die eine Form, das Miteigenthum nach Bruchtheilen (§§ 1008 ff.), ist die Regel, die andere Form, das Miteigenthum zur gesammten Hand, ist nur bei denjenigen Gemeinschaften zugelassen, für welche das Gesetz sie regelt, im B.G.B. nur bei der Gesellschaft, der ehelichen Gütergemeinschaft und der Erbengemeinschaft.

a) Auf das zur Zeit des Inkrafttretens des B.G.B. bestehende Miteigenthum nach Bruchtheilen finden, wie sich aus Art. 181 Abs. 1 ergiebt, von dieser Zeit an die Vorschriften der §§ 1008—1011 des B.G.B. Anwendung. Insbesondere richten sich die Möglichkeit der Belastung der gemeinschaftlichen Sache zu Gunsten eines Miteigenthümers und die Befugniß des Miteigenthümers zur Geltendmachung der Ansprüche aus dem Eigenthume nach den §§ 1009, 1011 des B.G.B. Der § 1010 knüpft die Wirkung einer Vereinbarung über die Verwaltung oder Benutzung eines gemeinschaftlichen Grundstücks und über die Beschränkung des Rechtes, die Aufhebung der Gemeinschaft zu verlangen, gegen den Sondernachfolger an die Eintragung in das Grundbuch. Der § 1010 setzt mithin die Anlegung des Grundbuchs (Art. 186) voraus und kann erst mit diesem Zeitpunkt in Wirksamkeit treten. Wird in der Zwischenzeit eine derartige Vereinbarung getroffen, so fragt es sich, ob für diese die Vorschriften der §§ 751, 755, 756 des B.G.B. gelten. Dafür spricht, daß die Vorschriften des B.G.B. nach Art. 173 auf die bestehenden Gemeinschaften nach Bruchtheilen Anwendung finden. Dagegen aber spricht, daß der § 1010 eine Beschränkung der gedachten Paragraphen dahin enthält, daß die darin bezeichneten Vereinbarungen Wirksamkeit gegen die Sondernachfolger nur haben sollen, wenn sie als Belastung des Antheils im Grundbuch eingetragen sind. Es handelt sich hier sachlich um die Begründung eines eigenthümlichen Rechtes an dem betreffenden Antheile (s. Erl. zu § 1010 des B.G.B.). Die Begründung solcher Rechte aber bestimmt sich nach Art. 189 bis zur Anlegung des Grundbuchs nach dem bisherigen Rechte. Auch die fragliche Belastung wird sich daher bis zur Anlegung des Grundbuchs nach dem bisherigen Rechte bestimmen müssen; eine in der Zwischenzeit getroffene Vereinbarung der fraglichen Art wirkt also gegen die Sondernachfolger nur, wenn und soweit dies dem bisherigen Rechte entspricht (vergl. Habicht S. 408). Mit dem Zeitpunkte der Grundbuchanlegung erlangen aber nach Art. 186 die Vorschriften über den öffentlichen Glauben des Grundbuchs sofort Geltung; um gegen den Sondernachfolger, welcher nach der Grundbuchanlegung eintritt, gegenüber dem öffentlichen Glauben des Grundbuchs wirksam zu sein, müssen also auch die in der Zwischenzeit getroffenen Vereinbarungen in das Grundbuch eingetragen werden. Die Wirksamkeit der vor dem Inkrafttreten des B.G.B. getroffenen Vereinbarungen bestimmt sich selbstverständlich ebenfalls nach dem bisherigen Rechte. Die aus dem Art. 186 folgende Anwendbarkeit der Vorschriften über den öffentlichen Glauben des Grundbuchs und die hieraus sich ergebende Nothwendigkeit der Eintragung in das Grundbuch gelten aber für sie gleichfalls. Das Gesagte trifft auch für vertragsmäßige Beschränkungen des Rechtes eines Theilhabers, über seinen Antheil zu verfügen, die vor dem Inkrafttreten des B.G.B. getroffen worden sind, nach Art. 168 zu.

Für die Aufhebung der Gemeinschaft nach Bruchtheilen gilt in der Zwischenzeit bis zur Anlegung des Grundbuchs zwar der Grundsatz, daß die Aufhebung der Gemeinschaft bei Grundstücken durch Zwangsversteigerung erfolgt (§ 753 Abs. 1 des B.G.B.) gleichfalls; für das Verfahren der Zwangsversteigerung ist aber nicht das Reichsrecht (Zw.V.G. §§ 180—184), sondern das Landesrecht (§ 1 des E.G. z. Zw.V.G.) maßgebend. Soweit das Landesrecht eine Theilungssubhastation nicht kannte, hatte die Landesgesetzgebung die Aufgabe, ihr Subhastationsverfahren entsprechend umzugestalten; dies hat z. B. Bayern in dem Ueb.G. Art. 41, 113 gethan.

Die Anwendbarkeit der §§ 1008—1011 des B.G.B. auf eine zur Zeit des Inkrafttretens des B.G.B. bestehende Gemeinschaft nach Bruchtheilen steht im Einklange mit der im Art. 173 vorgeschriebenen Anwendbarkeit der Vorschriften des B.G.B. über die Gemeinschaft nach Bruchtheilen auf das durch die Gemeinschaft begründete obligatorische Verhältniß.

Uebrigens ist die Anwendbarkeit des § 1010 des B.G.B. in der Zwischenzeit bis zur Anlegung des Grundbuchs von mehreren Landesgesetzen durch entsprechende Uebergangsvorschriften ermöglicht worden; vergl. Bayern Ueb.G. Art. 40; Hessen A.G. Art. 165, 214.

b) Die Folge davon, daß Art. 181 auf das zur Zeit des Inkrafttretens des B.G.B. bestehende Eigenthum die Vorschriften des B.G.B. für anwendbar erklärt, ist, daß ein am 1. Januar 1900 bestehendes Miteigenthumsverhältniß als ein Miteigenthum nach Bruchtheilen gilt, außer wenn ein Reichsgesetz oder ein vorbehaltenes Gesetz eine Ausnahme macht.

Mit Rücksicht auf vorbehaltene Landesgesetze bleiben insbesondere diejenigen Formen des gemeinschaftlichen Miteigenthums aufrecht, welche dem Gebiete des Lehen- und Fideikommißrechts — getheiltes Eigenthum, Ober- und Untereigenthum (Art. 59) — angehören sowie die Formen des Miteigenthums der Mitglieder von Realgemeinden und ähnlichen Verbänden (Art. 164).

Reichsrechtlich aber macht der Art. 181 Abs. 2 Halbs. 1 eine Ausnahme. Danach bleiben, wenn an einer Sache zur Zeit des Inkrafttretens des B.G.B. das Eigenthum Mehreren nicht nach Bruchtheilen zusteht, diese Rechte bestehen. Dem Wortlaute nach würden hierdurch alle Miteigenthumsverhältnisse, die nicht Miteigenthum nach Bruchtheilen sind, den bisherigen Gesetzen unterworfen bleiben. Wie indessen die P. II S. 1227, 1228, 9042 (Bd. 1 S. 612—617, Bd. 6 S. 517) ergeben, will der Abs. 2 Halbs. 1 das beim Inkrafttreten des B.G.B. vorhandene Miteigenthum ohne Bruchtheile nur für „besondere Rechtsverhältnisse" aufrecht erhalten, nicht auch für Rechtsbildungen, die auf den allgemeinen Vorschriften der bisherigen Gesetze beruhen. Gedacht wurde insbesondere an die Verhältnisse der Realgemeinden und ähnlichen genossenschaftlichen Verbände. Diese Einschränkung der Geltung des Abs. 2 Halbs. 1 dürfte durch die Zusammenstellung mit den Rechtsverhältnissen an einzelnen Sachbestandtheilen (Abs. 2 Halbs. 2), welche gleichfalls Sondereigenthumsverhältnisse darstellen, genügend zum Ausdrucke gebracht sein. Dies wird auch in der Literatur überwiegend anerkannt; vergl. z. B. Habicht S. 410 und in ausführlicher Begründung Niedner Aufl. II S. 370; a. A. Männer im „Recht" 1900 S. 410. Soweit hiernach Eigenthumsverhältnisse des bisherigen Rechtes bestehen bleiben, gilt für sie das bisherige Recht, was den Inhalt des Eigenthums betrifft, weiter. Dagegen richten sich die Uebertragung und die Aufhebung (nicht die Uebertragbarkeit und die mit dem Wesen des Rechtsverhältnisses zusammenhängenden Aufhebungsgründe, welche Fragen als zum Inhalte des Eigenthums gehörend zu betrachten sind,) nach dem B.G.B.

Daraus, daß die Ausnahme des Abs. 2 Halbs. 1 nur für besondere Rechtsverhältnisse gilt, folgt für das französ. Recht, daß — gleichgültig ob man das unter dem bisherigen Rechte begründete Miteigenthum als ein Miteigenthum nach Bruchtheilen (hierfür wohl mit Recht Schneider, L.G. S. 32, Aron, els.-lothr. A.G. S. 110), oder als ein Verhältniß zur gesammten Hand (so Scherer E.G. S. 167) auffaßt — die bestehenden Miteigenthumsverhältnisse als Miteigenthum nach Bruchtheilen gelten. Für Erbengemeinschaften und für eheliche Gütergemeinschaften bleiben natürlich die bisherigen Eigenthumsformen des französ. Rechtes gemäß Art. 200, 213 aufrecht (vergl. Niedner Aufl. II S. 370; Männer im „Recht" 1900 S. 409; Habicht S. 407 Anm.).

c) Die bestehenden Miteigenthumsverhältnisse an Grundstücken, die den wirthschaftlichen Zwecken anderer Grundstücke dienen z. B. den Zwischenräumen, Unterfahrten, Brunnen, Winkel, Aushauen, wie sie sich z. B. im gemeinen Rechte, im preuß. L.R. und insbesondere im französ. Rechte finden (vergl. Dernburg Pand. § 197; preuß. Priv.R. Bd. I § 224; Seuff. Archiv VII Nr. 176, XV Nr. 126, XXII Nr. 138, XXIV Nr. 239; bayer. Ob.L.G. Samml. VI S. 68, VII S. 401; Zachariae Hdb. I § 197) fallen nicht unter die Ausnahme des Abs. 2 Halbs. 1, denn bei ihnen handelt es sich nur um ein gewöhnliches Miteigenthum nach Bruchtheilen. Soweit nach dem bisherigen Rechte in Fällen dieser Art die Theilung nicht verlangt werden kann, würde sie daher nach dem Inkrafttreten des B.G.B. auf Grund des Art. 173 zulässig sein. Sie wird aber ausgeschlossen durch die Vorschrift des § 922

Artikel 182.

Das zur Zeit des Inkrafttretens des Bürgerlichen Gesetzbuchs bestehende Stockwerkseigenthum bleibt bestehen. Das Rechtsverhältniß der Betheiligten unter einander bestimmt sich nach den bisherigen Gesetzen.

Satz 3. Nach dieser darf eine Einrichtung der hier fraglichen Art, solange einer der Nachbarn an dem Fortbestand einer solchen Einrichtung ein Interesse hat, nicht ohne seine Zustimmung beseitigt oder geändert werden. Die Voraussetzung dieser Bestimmung besteht nach § 922 Satz 1 lediglich darin, daß die Nachbarn zur Benutzung einer Einrichtung der fraglichen Art gemeinschaftlich berechtigt sind. Diese Voraussetzung trifft auch dann zu, wenn die fragliche Berechtigung auf dem Miteigenthume der Nachbarn an der Einrichtung beruht. Weder der Wortlaut noch der Zweck der fraglichen Vorschrift gestattet, diesen Fall auszuschließen. Darf aber die Einrichtung, solange einer der Nachbarn an dem Fortbestande der Einrichtung ein Interesse hat, nicht ohne seine Zustimmung beseitigt oder geändert werden, so folgt daraus, daß auch eine Theilung nicht verlangt werden kann, denn mit dieser würde das Recht der gemeinschaftlichen Benutzung wegfallen. Die im § 922 Satz 4 vorgeschriebene Anwendung der Vorschriften über die Gemeinschaft erstreckt sich, wie aus den Worten „Im Uebrigen" hervorgeht, nicht auf die Vorschriften über das Recht der Miteigenthümer die Theilung zu verlangen (s. Bd. III S. 160 Erl. 2e zu § 922). Uebrigens haben einzelne Ausführungsgesetze (vergl. Bayern, Ueb.G. Art. 43, L.G. Art. 21; Hessen Art. 139; Bremen § 25; Elsaß-Lothringen § 76) durch eine entsprechende Umbildung des Rechtsverhältnisses die Aufrechterhaltung der Ausschließung der Theilungsbefugniß ausdrücklich festgestellt.

7. Da das B.G.B. (§ 93) nicht zuläßt, daß wesentliche Bestandtheile Gegenstand besonderer Rechte sind, so gilt für das zur Zeit des Inkrafttretens des B.G.B. bestehende Eigenthum an wesentlichen Bestandtheilen von diesem Zeitpunkt an gemäß Art. 181 das Gleiche, wie wenn die Sache erst nach diesem Zeitpunkte wesentlicher Bestandtheil geworden wäre. Das Eigenthum an einem wesentlichen Bestandtheil einer Sache erlischt mithin mit dem Inkrafttreten des B.G.B. Insbesondere erlischt im bisherigen Geltungsgebiete des gemeinen Rechtes das Eigenthumsrecht des früheren Eigenthümers an den zu einem Baue verwendeten Baumaterialien. Auf den durch den Eintritt des neuen Rechtes bewirkten Rechtsverlust ist der § 951 des B.G.B. entsprechend anzuwenden; dadurch wird eine angemessene Ausgleichung des Rechtsverlustes geschaffen.

Eine Ausnahme hiervon enthält der Art. 181 Abs. 2 Halbs. 2 für das am 1. Januar 1900 bestehende Sondereigenthum an stehenden Erzeugnissen eines Grundstücks. Ein derartiges Sondereigenthum kennt z. B. das preuß. L.R. I 22 §§ 200, 187, 197 am wildaufwachsenden Holze, das württembergische Recht an Obstbäumen und das französ. Recht an Bäumen, die an einer Staatsstraße gepflanzt sind. Aufrechterhalten wird nur das am 1. Januar 1900 schon begründete Sondereigenthum an stehenden Erzeugnissen eines Grundstücks, ein neuer Erwerb, z. B. durch Nachpflanzen von Bäumen ist ausgeschlossen. Ist das Eigenthum noch nicht begründet, z. B. erst der obligatorische Vertrag geschlossen, so findet auf den Eigenthumserwerb das neue Recht Anwendung. Soweit das Eigenthum aber aufrecht erhalten bleibt, ist die Weiterveräußerung und Belastung der Sache möglich, jedoch nur nach Maßgabe der Vorschriften des neuen Rechtes. Ob das Eigenthum an den Erzeugnissen als Eigenthum an einer beweglichen Sache oder ob es als eine selbständige Gerechtigkeit, auf welche die für Grundstücke geltenden Vorschriften Anwendung finden (Art. 196), zu gelten hat, hängt von der Landesgesetzgebung ab. Je nach Beantwortung dieser Fragen bestimmt sich, ob das Recht in das Grundbuch eingetragen werden muß oder nicht und in welcher Weise es am Vermögensverkehre theilnimmt.

Eine weitere Ausnahme stellt der Art. 182 für das Stockwerkseigenthum auf.

Artikel 182.

E. d. E.G. II Art. 154; III Art. 182. P. II S. 9230 (Bd. 6 S. 629).

1. Das sog. Stockwerkseigenthum ist dem B.G.B. fremd (s. Erl. 1 zu Art. 131). Dagegen läßt das E.G. der Landesgesetzgebung in Ansehung des Stockwerkseigenthums eine gewisse Freiheit. Die Neubegründung von Stockwerkseigenthum kann die Landesgesetzgebung nur im Rahmen des Art. 131 zulassen. Das beim Inkrafttreten des B.G.B. bestehende Stockwerkseigenthum aber hält der Art. 182 schlechthin aufrecht.

2. Der Art. 182 trifft nicht nur das Stockwerkseigenthum, bei welchem jeder Berechtigte ein Sondereigenthum hat, sondern auch die Form, in welcher ein Miteigenthum der Berechtigten am Gebäude vorliegt, dem Einzelberechtigten aber eine Dienstbarkeit auf ausschließliche Benutzung gewisser Theile des Gebäudes zusteht. Steht bei der letzteren Form das Eigenthum den Berechtigten nicht nach Bruchtheilen zu, so ergiebt sich die Aufrechthaltung dieser Rechtsverhältnisse auch aus den Art. 170, 181 Abs. 2.

3. Der Art. 182 Satz 1 läßt nur das am 1. Januar 1900 bestehende Stockwerkseigenthum fortbestehen; ob das Grundbuch für den Bezirk schon angelegt ist (Art. 186) oder noch das bisherige Liegenschaftsrecht nach Maßgabe des Art. 189 fortgilt, kommt nicht in Betracht. Dagegen ist die Neubegründung eines Stockwerkseigenthums unzulässig, wohl aber kann das bereits bestehende Stockwerkseigenthum (unter Lebenden und von Todeswegen) übertragen, belastet und geändert werden.

Wie der Wortlaut des Art. 182 ergiebt, hält der Satz 1 für das bestehende Stockwerkseigenthum nicht die Landesgesetze aufrecht, sondern das Stockwerkseigenthum als solches bleibt bestehen und nur für das Rechtsverhältniß der Betheiligten untereinander bleiben die bisherigen Gesetze nach Satz 2 maßgebend. Hieraus folgt, daß sich die Uebertragung, die Belastung, die Aenderung des Inhalts des Rechtes eines Berechtigten und die Aufhebung nach den Vorschriften richten, welche für Grundstücke überhaupt gelten. Bis zur Anlegung des Grundbuchs also sind die bisherigen Gesetze entscheidend (Art. 189), von da an das B.G.B. (insbesondere §§ 873 ff.), letzteres auch dann, wenn im Zeitpunkte der Anlegung des Grundbuchs das Stockwerkseigenthum nicht in das Grundbuch eingetragen ist; die Aufhebung des zur Zeit der Anlegung des Grundbuchs nicht eingetragenen Stockwerkseigenthums richtet sich nach Art. 189 Abs. 3 auch über diesen Zeitpunkt hinaus nach dem bisherigen Rechte, bis das Stockwerkseigenthum eingetragen ist. Die Uebertragung 2c. setzt also nach der Anlegung des Grundbuchs die Eintragung in das Grundbuch voraus und die Uebertragung geschieht in der Form der Auflassung (§ 925 des B.G.B.). Weil sich die Aufhebung bis zur Anlegung des Grundbuchs nach den bisherigen Gesetzen, von da an, sofern das Recht eingetragen ist, nach dem B.G.B. bestimmt, bewirkt die unter der Herrschaft des bisherigen Rechtes stattfindende Vereinigung sämmtlicher Stockwerksrechte in einer Hand, wenn das bisherige Recht der Konfusion die Wirkung der Aufhebung des Stockwerkseigenthums beilegt, daß das Eigenthum nicht mehr in Stockwerksrechte vertheilt werden kann; die nach der Anlegung des Grundbuchs stattfindende Vereinigung dagegen läßt das Stockwerksrecht unberührt, die Rechte können Einzelnen wieder übertragen werden, außer wenn der Berechtigte nach der Vereinigung das Stockwerksrecht im Grundbuche hat löschen lassen.

Uebrigens ist nicht unzweifelhaft, ob die Aenderung des Inhalts des Rechtes eines Stockwerksberechtigten zulässig ist; denn die Aenderung enthält hier stets die Erweiterung der Rechte eines anderen Stockwerksberechtigten und insofern eine Neubegründung; man wird aber anzunehmen haben, daß Art. 182 die Neubegründung des Stockwerkseigenthums nur insofern ausschließen will, als es sich um ein Gebäude handelt, an dem bisher kein Stockwerkseigenthum bestand. Jede andere Auslegung würde den Bedürfnissen des Verkehrs nicht gerecht werden und wohl auch dem Grunde widerstreiten, aus welchem der Art. 182 aufgenommen worden ist. Aus dem gleichen Grunde dürfte es zulässig sein, daß ein bestehendes Stockwerkseigenthum getheilt wird und daß, wenn einem im Stockwerkseigenthume stehenden Gebäude ein neuer Stock aufgebaut wird, an diesem auch eine Person das Stockwerkseigenthum erwerben kann, welche bisher nicht zu den Stockwerksberechtigten gehörte.

Zweifelhaft ist, ob, wenn das im Stockwerkseigenthume stehende Gebäude z. B. durch Brand untergeht, das Stockwerkseigenthum erlischt. Man wird wohl annehmen dürfen, daß an dem neuen Gebäude das Stockwerkseigenthum auch in anderer Weise und für andere Personen als beim alten Gebäude begründet werden kann.

4. Wie das Stockwerkseigenthum grundbuchrechtlich zu behandeln ist, bestimmt sich nach Landesrecht (G.B.O. § 83). Für das rheinpreuß. Recht s. Achilles-Strecker G.B.O. S. 16 (Jahrb. d. K.G. 16 S. 525). Für das bayer. Recht vergl. V. v. 23. Juli 1898 § 17, Just.Min.Bek. v. 23. Juli 1898 § 73 für die rechtsrheinischen Landestheile, Just.Min.Bek. v. 14. September 1898 Nr. 248, 271 für die Pfalz.

5. Das Rechtsverhältniß der an dem Stockwerkseigenthume Betheiligten untereinander (z. B. in Ansehung der Unterhaltung des Gebäudes, der Tragung der Lasten) bestimmt sich gemäß Satz 2 nach dem bisherigen Rechte. Dieses bleibt auch dann maßgebend, wenn das Stockwerkseigenthum in der Form besteht, daß den Berechtigten Miteigenthum nach Bruchtheilen zusteht. Für diesen Fall bedeutet der Satz 2 eine Ausnahme von Art. 173. Die den Betheiligten gegen einander zustehenden Rechte sind von der Eintragung in das Grundbuch, sofern nicht die Landesgesetzgebung ein Anderes bestimmt, unabhängig. Die Untheilbarkeit und das etwaige Vorkaufsrecht der Theilhaber haben also auch ohne Eintragung in das Grundbuch Wirksamkeit gegen Dritte.

Artikel 183.

Zu Gunsten eines Grundstücks, das zur Zeit des Inkrafttretens des Bürgerlichen Gesetzbuchs mit Wald bestanden ist, bleiben die landesgesetzlichen Vorschriften, welche die Rechte des Eigenthümers eines Nachbargrundstücks in Ansehung der auf der Grenze oder auf dem Waldgrundstücke stehenden Bäume und Sträucher abweichend von den Vorschriften des §. 910 und des §. 923 Abs. 2, 3 des Bürgerlichen Gesetzbuchs bestimmen, bis zur nächsten Verjüngung des Waldes in Kraft.

Artikel 184.

Rechte, mit denen eine Sache oder ein Recht zur Zeit des Inkrafttretens des Bürgerlichen Gesetzbuchs belastet ist, bleiben mit dem sich aus den bisherigen Gesetzen ergebenden Inhalt und Range bestehen, soweit sich nicht aus den Artikeln 192 bis 195 ein Anderes ergiebt. Von dem Inkrafttreten des Bürgerlichen Gesetzbuchs an gelten jedoch für ein Erbbaurecht die Vorschriften des §. 1017, für eine Grunddienstbarkeit die Vorschriften der §§. 1020 bis 1028 des Bürgerlichen Gesetzbuchs.

---

6. Bayern (Ueb.G. v. 9. Juni 1899 Art. 42 für die rechtsrheinischen und Ges. v. 1. Juli 1898 Art. 20 für die linksrheinischen Landestheile) und Hessen (A.G. Art. 216—219) haben die bestehenden Stockwerkseigenthumsverhältnisse übergeleitet. Hierzu vergl. Habicht S. 419 ff.; Henle-Schneider, bayer. A.G. S. 463; Schneider, das Liegenschaftsrecht in der Pfalz S. 194 ff. Bayern hat die Eigenthumsverhältnisse den Vorschriften des Art. 131 angepaßt. Wegen des rheinpreuß. Rechtes (code civile Art. 664) s. Turnau-Förster S. 22, wegen Elsaß-Lothringen s. Aron A.G. S. LXXI.

Artikel 183.

E. d. E.G. I Art. 67; II Art. 95; III Art. 121 Abs. 1. P. I S. 12810; M. d. E.G. S. 193. P. II S. 3573, 8890 (Bd. 3 S. 144; Bd. 6 S. 428). K.B. S. 1998, 2113. St.B. S. 3035.

1. Der Art. 183 trifft für Waldgrundstücke eine Uebergangsbestimmung, die dem für Obstbäume geltenden Vorbehalte des Art. 122 entspricht. In den Entwürfen war die Vorschrift des Art. 183 als Vorbehalt aufgenommen. Nach dem Art. 183 bleiben zu Gunsten der am 1. Januar 1900 mit Wald bestandenen Grundstücke die landesgesetzlichen Vorschriften aufrecht, welche abweichend vom § 910 des B.G.B. den Anlieger verpflichten, Wurzeln und Zweige der Waldbäume oder Sträucher, die in sein Grundstück hereinragen, zu dulden, und nach denen er abweichend vom § 923 Abs. 2, 3 des B.G.B. nicht berechtigt ist, die Beseitigung eines auf der Grenze stehenden Baumes oder Strauches zu verlangen. Daß das Nachbargrundstück ein land- oder forstwirthschaftlich benutztes Grundstück ist, ist nicht erforderlich. Die Aufrechthaltung der bisherigen Gesetze dauert aber nur bis zur nächsten Verjüngung, d. h. bis zu dem Zeitpunkt, in welchem der Wald als solcher abgeholzt wird; ob damit eine Neuaufforstung verbunden ist, ist gleichgültig; insofern ist der Ausdruck „Verjüngung" nicht ganz zutreffend. Im Uebrigen richtet sich die Frage, was als Verjüngung zu gelten hat, nach forstwirthschaftlichen Grundsätzen. Für ein Grundstück, das am 1. Januar 1900 nicht mit Wald bestanden war, treten die §§ 910, 923 des B.G.B. auch dann in Kraft, wenn das Grundstück vorher mit Wald bestanden war und nachher wieder aufgeforstet wird.

2. Ueber in Betracht kommende Landesgesetze s. preuß. L.R. I 9 §§ 287 ff.; Bayern, Ueb.G. Art. 9; sächs. G.B. §§ 362, 363, ferner die A.G. z. B.G.B. von Württemberg Art. 245, Hessen Art. 88.

Artikel 184.

E. d. E.G. I Art. 106 Abs. 2; II Art. 155; III Art. 183. P. I S. 13183, 13191, 13225; M. d. E.G. S. 265. P. II S. 8797, 9040, 9230 (Bd. 6 S. 516, 555, 629).

1. Abweichend von dem für das Eigenthum im Art. 181 aufgestellten Grundsatze läßt das E.G. im Art. 184 Rechte, mit denen eine Sache oder ein Recht zur Zeit des Inkrafttretens des B.G.B. belastet ist, grundsätzlich mit dem sich aus den bisherigen Gesetzen ergebenden Inhalt

und Range bestehen. Nur für Erbbaurechte und Grunddienstbarkeiten sind im Art. 184 Satz 2 und für Grundstückspfandrechte in den Art. 192—195 Ausnahmen gemacht.

Der Art. 184 betrifft die Rechte, mit denen eine Sache oder ein Recht im Zeitpunkte des Inkrafttretens des B.G.B. (nicht im Zeitpunkte der Anlegung des Grundbuchs) belastet ist. Unter den Art. 184 fallen sowohl die an einer beweglichen Sache als die an einem Grundstücke bestehenden Rechte und sowohl die an einem Forderungsrecht als die an einem dinglichen Rechte begründeten Rechte. Der Art. 184 hält nicht nur diejenigen dinglichen Rechte aufrecht, welche das Eigenthum beschränken, sondern im Allgemeinen alle Rechtspositionen, denen ein selbständiger dinglicher Charakter innewohnt (M. des E.G. S. 266), die jedoch nicht Eigenthum sind (s. Erl. 2 zu Art. 181).

2. Ob eine Sache oder ein Recht im Zeitpunkte des Inkrafttretens des B.G.B. mit einem Recht belastet ist, bestimmt sich nach dem bisherigen Rechte. Wie die Fassung „belastet ist" zum Ausdrucke bringt, ist zur Anwendbarkeit des Art. 184 erforderlich, daß es sich um ein dingliches Recht, nicht um ein bloß obligatorisches, auch nicht um ein bloßes Recht zur Sache (s. Erl. 6 zu Art. 170) handelt; was aber zur Dinglichkeit gehört, welche Rechte also unter den Art. 184 fallen, bemißt sich nach dem bisherigen Rechte. Hieraus folgt, daß auch solche Rechte an einer Sache oder einem Rechte unter den Art. 184 fallen, welche, wenn zur Zeit ihrer Entstehung das B.G.B. schon gegolten hätte, unzulässig gewesen wären, z. B. dingliche Mieth- oder Pachtrechte, eine Hypothek an einer Hypothek, eine Hypothek an einer Reallast, ein antichretisches Pfandrecht an einem Grundstücke. Bei Rechten an einem Grundstück und bei Rechten an solchen Rechten ist der Art. 184 auch dann anwendbar, wenn das Recht nicht in das Grundbuch eingetragen ist. Dadurch, daß ein Recht an einem Grundstück oder ein Recht an einem solchen Rechte im Zeitpunkte der Anlegung des Grundbuchs nicht in das Grundbuch eingetragen ist, geht das Recht nicht unter, sondern es muß sich nur die aus dem öffentlichen Glauben des Grundbuchs sich ergebenden Folgen (§§ 892, 893 des B.G.B.) gefallen lassen (s. Erl. zu Art. 186) und es kann auch nach der Anlegung des Grundbuchs noch eingetragen werden.

Im Gegensatze zu diesen in der bisherigen Literatur soviel ersichtlich allgemein anerkannten Grundsätzen führt das R.G. in J.W. 1901 S. 273 (D. J.Z. S. 334) aus, im Art. 184 könne unter einem Rechte, mit dem ein Grundstück belastet ist, nur ein solches verstanden werden, welches in das Grundbuch eingetragen ist. Denn nach dem B.G.B. könne die Belastung eines Grundstücks nur durch Eintragung vollzogen werden und Art. 184 verbinde mit dem Ausdrucke „belastet ist" keinen anderen Begriff. Das R.G. folgert hieraus, daß ein vor dem Inkrafttreten des B.G.B. nach preuß. L.R. durch bloße Uebergabe dinglich gewordenes Recht zur Pfandnutzung nicht durch den Art. 184 aufrecht erhalten sei. Damit sei dann auch der zum Inhalt eines solchen Rechtes zu rechnende Anspruch auf Bewilligung der Eintragung weggefallen. Aber selbst wenn dieser Anspruch bestehen geblieben wäre, würde doch jetzt nach der Anlegung des Grundbuchs nicht mehr die Bewilligung der Eintragung des Nutzungspfandrechts verlangt werden können. Denn die Bewilligung wäre zwecklos, weil nach dem Inkrafttreten des B.G.B. solche Rechte, welchen im B.G.B. nicht ausdrücklich die Eigenschaft eines dinglichen Rechtes beigelegt sei, das Grundbuch verschlossen sei, die Bewilligung also nicht mehr zur Eintragung in das Grundbuch führen könne. Die gleiche Rechtsauffassung liegt der Entscheidung des R.G. in J.W. 1901 S. 293 zu Grunde.

Die Ausführungen des R.G., gegen welche sich Habicht in der D. J.Z. 1901 S. 323 und Meisel in der J.W. 1901 S. 590 wenden, sind nicht überzeugend. Nach dem E. des E.G. I Art. 106 Abs. 2 sollte der im Art. 106 Abs. 2 nun Art. 184 Satz 1 aufgestellte Grundsatz für „die zur Zeit des Inkrafttretens des B.G.B. an Sachen bestehenden Rechte mit Ausnahme des Eigenthums" gelten. Daß nach dieser Fassung die Ansicht des R.G. keinen Anhalt im Gesetze hätte, bedarf keiner Darlegung. Die zweite Kommission billigte diesen Umfang des bezeichneten Grundsatzes (P. II Bd. 6 S. 517); daß durch die von der Redaktionskommission gewählte Fassung ein Anderes ausgedrückt werden sollte, lassen die Materialien nicht entnehmen und ergiebt sich auch nicht aus dem Ausdrucke „belastet". Denn es ist nicht einmal richtig, daß ein Grundstück nach dem B.G.B. thatsächlich nur mit in das Grundbuch eingetragenen Rechten belastet sein kann. Das B.G.B. selbst kennt Rechte, mit denen ein Grundstück belastet sein kann, ohne daß diese Rechte im Grundbuch eingetragen sind; abgesehen von den Ueberbau- und Nothwegrenten ist insbesondere auf die Fälle der §§ 1075 Abs. 1 und 1287 des B.G.B. und des § 848 Abs. 2 Satz 2 der C.P.O. zu verweisen. Auf den der Landesgesetzgebung vorbehaltenen Gebieten lassen sich noch mehr solche Beispiele anführen, z. B. im bayer. Rechte die Ablösungsrenten, die im Uebrigen reine Reallasten sind (vergl. E.G. Art. 114, bayer. A.G. Art. 128). Wäre die Rechtsauffassung des R.G. richtig, so hätte der Satz 3 des Abs. 1 des Art. 189 keine Bedeutung. Denn die Vorschrift des Abs. 1 Satz 3, daß ein nach dem B.G.B. unzulässiges

Recht in der Zeit zwischen dem Inkrafttreten des B.G.B. und der Anlegung des Grundbuchs nicht mehr entstehen kann, verstände sich von selbst, weil der Art. 184 sogar die nach dem bisherigen Rechte bereits entstandenen, nach dem B.G.B. aber unzulässigen Rechte an Grundstücken, wenn sie noch nicht eingetragen sind, beseitigen würde. Die Rechtsauffassung des R.G. führt insbesondere für die gemeinrechtlichen und die französischrechtlichen Gebiete zu den bedenklichsten Folgen. Die Landesgesetzgebungen sind auch, soviel ersichtlich, überall von der hier vertretenen Ansicht ausgegangen. Was aber die Schlußfolgerung des R.G. anbetrifft, daß ein vor dem Inkrafttreten des B.G.B. entstandenes, bis dahin nicht in das Grundbuch eingetragenes Recht, das nicht zu den im B.G.B. zugelassenen dinglichen Rechten gehört, nunmehr auch nicht in das Grundbuch eingetragen werden könne, so ergiebt sich aus dem Art. 188, daß das E.G. auf dem entgegengesetzten Standpunkte steht. Nach dem Art. 188 kann für dingliche Mieth- und Pachtrechte vorgeschrieben werden, daß sie zur Erhaltung ihrer Wirksamkeit gegenüber dem öffentlichen Glauben des Grundbuchs der Eintragung in das Grundbuch nicht bedürfen. Diese Vorschrift hat zur Voraussetzung, daß dingliche Mieth- und Pachtrechte, obgleich sie nach dem B.G.B. unzulässig sind und nach dem Inkrafttreten des B.G.B. auch nicht mehr entstehen können, doch auch nach der Anlegung des Grundbuchs in das Grundbuch eingetragen werden können und daß, wenn das Landesrecht von der Ermächtigung des Art. 188 keinen Gebrauch macht, die Mieth- und Pachtrechte zur Erhaltung ihrer Wirksamkeit gegenüber dem öffentlichen Glauben des Grundbuchs eingetragen werden müssen und zwar letzteren Falles nur zum Zwecke der Erhaltung ihrer Wirksamkeit gegenüber dem öffentlichen Glauben des Grundbuchs, nicht überhaupt zur Erhaltung ihrer Wirksamkeit. Die Ansicht des R.G. führt zu dem der Billigkeit gewiß widersprechenden Ergebnisse, daß dingliche Rechte, die am 1. Januar 1900 noch nicht in das Grundbuch eingetragen sind, untergehen, wenn sie zu den nach dem B.G.B. unzulässigen Rechten gehören, ein Ergebniß, das um so unannehmbarer ist, als es in den meisten der in Betracht kommenden Landestheile am 1. Januar 1900 überhaupt noch kein Grundbuch gab. Uebrigens wäre es auch eine seltsame Redaktionsweise, wenn dieser Satz nicht ausdrücklich im Gesetz ausgesprochen worden wäre. Wie **Habicht** D. J.Z. 1901 S. 324 mit Recht bemerkt, verlangt der Art. 184 auch nicht, daß das Recht, mit welchem die Sache oder das Recht belastet ist, gegen Dritte wirksam ist, denn zum Begriffe der Dinglichkeit gehört die Wirksamkeit gegen Dritte nicht, diese ist zwar eine regelmäßige, aber nicht nothwendige Eigenschaft eines dinglichen Rechtes (s. Bd. III S. 5ff.).

3. Nicht unter den Art. 184 fallen diejenigen dinglichen Rechtsbeziehungen, welche nicht selbständige Rechte sind, sondern nur Ausfluß eines anderen dinglichen Rechtes. Durch den Art. 184 werden also insbesondere nicht getroffen die dem sog. Nachbarrecht angehörenden Rechtsbeziehungen; für diese ist gemäß Art. 181 sofort das neue Recht maßgebend. Auch das französischrechtliche Rückfallsrecht fällt nicht unter den Art. 184, über dasselbe s. Erl. 3c zu Art. 181.

Wegen des antichretischen Pfandrechts an Grundstücken s. Erl. zu Art. 192.

4. **Für die Frage, ob Jemand im Zeitpunkte des Inkrafttretens des B.G.B. ein Recht an einer Sache oder einem Rechte hat,** ist das bisherige Recht maßgebend. Der Art. 184 setzt als selbstverständlich voraus, daß sich der Erwerb und Verlust eines dinglichen Rechtes nach dem zur Zeit des Erwerbes oder Verlustes geltenden Rechte bestimmen.

Sind vor dem Inkrafttreten des B.G.B. alle nach dem bisherigen Rechte zum Erwerb eines dinglichen Rechtes gehörenden Thatsachen eingetreten, so bleibt das Recht bestehen, auch wenn das B.G.B. für den Erwerb des Rechtes andere Erfordernisse aufstellt. Ist umgekehrt mit einer vor dem Inkrafttreten des B.G.B. liegenden Thatsache der Erwerb des dinglichen Rechtes nicht verbunden, so tritt nicht eine Heilung des vom bisherigen Rechte versagten Rechtserwerbes deshalb ein, weil das B.G.B. mit diesem Thatbestande den Erwerb des Rechtes verknüpft. Dies gilt insbesondere von den Fällen, in welchen nach § 936 des B.G.B. wegen Gutgläubigkeit des Erwerbers einer Sache das an der Sache begründete Recht eines Dritten erlischt oder nach §§ 1032, 1207 des B.G.B. wegen Gutgläubigkeit des Erwerbers eines Nießbrauchs oder eines Pfandrechts der von einem Nichtberechtigten bestellte Nießbrauch und das von ihm bestellte Pfandrecht entstehen.

Ist vor dem Inkrafttreten des B.G.B. erst der Titel zur Begründung des dinglichen Rechtes geschaffen worden, z. B. das obligatorische Kausalgeschäft vorgenommen worden, das Recht selbst aber noch nicht entstanden, so ist für die Begründung des dinglichen Rechtes nur das neue Recht maßgebend. Im Falle einer bedingten Bestellung des Rechtes dagegen bleibt das bisherige Recht für die Frage maßgebend, wann die Bedingung als eingetreten oder ausgefallen anzusehen ist und welche Folgen der Eintritt oder Ausfall der Bedingung für die Begründung des dinglichen Rechtes hat. Das Gesagte gilt auch im Falle der befristeten Bestellung eines dinglichen Rechtes.

Wenn im Zeitpunkte des Inkrafttretens des B.G.B. das Grundbuch für einen Bezirk noch nicht als angelegt anzusehen ist, erfolgen die Begründung, Aufhebung, Uebertragung und Belastung eines Rechtes an einem Grundstück oder eines Rechtes an einem solchen Rechte sowie die Aenderung des Inhalts und des Ranges der Rechte bis zur Anlegung des Grundbuchs nach den bisherigen Gesetzen; hierüber vergl. Erl. zu Art. 189. Der Art. 189 durchbricht den Grundsatz, daß Erwerb und Verlust dinglicher Rechte vom Inkrafttreten des B.G.B. an sich nach dessen Vorschriften bestimmen.

Eine weitere Ausnahme kann sich auf Grund der Vorschrift des Art. 213, daß bei einem vor dem Inkrafttreten des B.G.B. erfolgten Erbfalle für die erbrechtlichen Verhältnisse die bisherigen Gesetze maßgebend sind, ergeben. Ueber den Einfluß des B.G.B. auf eine im Zeitpunkte des Inkrafttretens des B.G.B. noch nicht vollendete Ersitzung des Nießbrauchs an einer beweglichen Sache s. Erl. zu Art. 185, über die zur Zeit der Grundbuchanlegung noch nicht vollendete Ersitzung eines Rechtes an einem Grundstücke s. Erl. zu Art. 189.

5. Die zur Zeit des Inkrafttretens des B.G.B. an einer Sache oder einem Rechte bestehenden dinglichen Rechte bleiben mit dem sich aus dem bisherigen Rechte ergebenden Inhalt und Range bestehen, soweit nicht für Erbbaurechte, Grunddienstbarkeiten und Grundstückspfandrechte Ausnahmen getroffen sind. Ueber die Ausnahmen s. unten. Nur für die bereits bestehenden Rechte bleiben in Ansehung des Inhalts und des Ranges die bisherigen Gesetze maßgebend; ist das Recht zur Zeit des Inkrafttretens des B.G.B. noch nicht entstanden, wenn auch der Titel dazu, z. B. der obligatorische Vertrag schon vorliegt, so richten sich Inhalt und Rang schlechthin nach dem neuen Rechte.

a) Unter dem Inhalte des Rechtes ist die Summe der Befugnisse und Verpflichtungen, welche mit dem Rechte verknüpft sind, zu verstehen. Dagegen fällt unter den Inhalt eines Rechtes nicht die Art und Weise, wie das Recht sich äußert, wenn zu dem Rechtsverhältnisse von außen Thatsachen hinzutreten, welche eine Aenderung desselben bewirken, die nicht als eine aus dem Wesen des Rechtsverhältnisses folgende Entwicklung zu betrachten ist. Es ist freilich nicht unzweifelhaft, ob nicht der Art. 184 von einem weiteren Begriffe des Inhalts des Rechtes ausgeht; denn im Satz 2 des Art. 184 werden unter den auf eine Grunddienstbarkeit sofort anwendbaren Vorschriften auch die die Ansprüche des Berechtigten im Falle der Beeinträchtigung der Dienstbarkeit regelnden Vorschriften des § 1027 des B.G.B. aufgezählt; diese Ansprüche gehören aber nach der oben angegebenen Bestimmung des Begriffs des Inhalts eines Rechtes nicht zu dem Inhalte: nach der angegebenen Begriffsbestimmung ergiebt sich die Anwendbarkeit des § 1027 des B.G.B. schon aus Satz 1 des Art. 184. Indessen wird man aus dem Satz 2 des Art. 184 kein entscheidendes arg. e contrario ableiten dürfen, denn die Erwähnung des § 1027 kann auch auf der Befürchtung beruhen, daß, wenn man den § 1027 nicht mit aufgezählt hätte, hieraus seine Unanwendbarkeit gefolgert worden wäre.

Im Einzelnen ist übrigens die Frage, ob altes oder neues Recht anzuwenden ist, oft zweifelhaft. Die wichtigsten Punkte sind folgende:

α) Den Inhalt eines Rechtes betrifft jedenfalls die Frage, wozu das Recht berechtigt, bei einer Grunddienstbarkeit z. B. die Frage, ob ein Fahrtrecht oder ein Wegrecht besteht, bei einem Viehtriebrecht oder einem Weiderechte, wieviel Vieh getrieben oder geweidet werden darf. Mit Rücksicht hierauf finden keine Anwendung die Vorschrift des § 1019 des B.G.B., daß eine Grunddienstbarkeit nur in einer Belastung bestehen kann, die für die Benutzung des Grundstücks des Berechtigten Vortheil bietet, die Vorschriften der §§ 1034—1050, 1055 des B.G.B über das Rechtsverhältniß zwischen dem Eigenthümer und dem Nießbraucher, die Vorschrift des § 1108 über die persönliche Haftung des Eigenthümers für die einzelnen Leistungen bei einer Reallast, die Vorschriften der §§ 1210ff. über den Umfang der Haftung des Pfandes, über die Erstreckung des Pfandrechts auf Erzeugnisse der Sache, über die Pflichten des Pfandgläubigers im Falle der antichretischen Pfandverwaltung ꝛc. Die Frage, wann der dinglich Berechtigte Eigenthum an den Früchten der Sache erwirbt, regelt sich übrigens nach dem B.G.B. für die unter dessen Herrschaft gewonnenen Früchte.

Zum Inhalt eines Rechtes gehört ferner, welche Sicherungsmittel dem einen Theile gegenüber dem anderen zu Gebote stehen und wie die gegenseitigen Rechte und Pflichten verwirklicht werden. Für die Frage z B., ob der Nießbraucher zur Sicherheitsleistung verpflichtet ist, sind nicht die §§ 1051, 1052 des B.G.B., sondern das bisherige Recht maßgebend. Aus dem bezeichneten Grunde bleibt auch die Bestimmung des code civil Art. 618, daß der Nießbrauch durch Mißbrauch untergeht, bestehen. Auch die Voraussetzungen, unter denen das Verkaufsrecht beim Faustpfandrecht eintritt und die Art seiner Ausübung, die Fristen und Formen richten sich nach dem bisherigen Rechte. Dieses ist also namentlich dafür maßgebend, ob für den Verkauf ein Vollstreckungstitel oder doch eine gerichtliche Ermächtigung erforderlich ist (a. A. Lehmann, Zeitschrift für Handelsrecht 48 S. 75); für die Form des gerichtlichen Verkaufs ist natürlich das jeweilige Prozeßrecht maßgebend.

Dagegen finden vom 1. Januar 1900 an sofort Anwendung die in den §§ 1065 und 1227 mit §§ 985—1007 des B.G.B. enthaltenen Vorschriften über den Schutz des Nießbrauchs und des Pfandrechts gegen Dritte.

β) Die Uebertragbarkeit eines Rechtes gehört zum Inhalte des Rechtes und bestimmt sich daher nach den bisherigen Gesetzen, die Uebertragung selbst vollzieht sich nach dem B.G.B. Handelt es sich um Rechte, die das B.G.B. nicht kennt oder welche nach ihm unübertragbar sind, für deren Uebertragung das B.G.B. daher keine besonderen Vorschriften enthält, so wird sich die Uebertragung, soweit es sich um Rechte an Grundstücken oder um Rechte an solchen Rechten handelt, nach den allgemeinen für die Uebertragung solcher Rechte geltenden Grundsätzen (§§ 873 ff.), soweit es sich um andere Rechte handelt, nach den Vorschriften des § 413 bestimmen müssen. Dies ist z. B. beim Nießbrauche von Bedeutung, welcher nach dem § 1059 des B.G.B. nur der Ausübung nach übertragen werden kann, während z. B. im französisch-badischen Rechte die Uebertragung selbst zulässig ist.

Hat der Nießbraucher eines Grundstücks einen Mieth- oder Pachtvertrag abgeschlossen, so bestimmt sich der Einfluß der Beendigung des Nießbrauchs auf das Mieth- oder Pachtverhältniß nach dem bisherigen Rechte, der § 1056 des B.G.B. findet keine Anwendung. Dies gilt auch dann, wenn das Mieth- oder Pachtverhältniß erst nach dem Inkrafttreten des B.G.B. eingegangen ist oder das vorher eingegangene Mieth- oder Pachtverhältniß gemäß Art. 171 sich nach dem neuen Rechte bestimmt. Der Art. 172 ist auf diesen Fall nicht anwendbar. Uebrigens haben einige A.G. die Grundsätze des § 1056 des B.G.B. mit rückwirkender Kraft ausgestattet; vergl. Bayern, Ueb.G. Art. 5; Hessen Art. 152; Elsaß-Lothringen § 99.

Gleiches gilt von der Frage der Belastbarkeit eines Rechtes.

γ) Anlangend das Erlöschen eines Rechtes, so müssen Thatsachen, welche nach dem bisherigen Rechte Erlöschungsgründe sind, dann als zum Inhalte des Rechtes gehörend betrachtet werden, wenn sie mit dem Rechtsverhältniß in einer solchen Verbindung stehen, daß sie dessen Wesen oder dessen wirthschaftliche Bedeutung betreffen. Die Bestimmung des gemeinen Rechtes z. B., daß der einer juristischen Person bestellte Nießbrauch nach hundert Jahren erlischt, die Bestimmung des preuß. L.R. I 21 § 178, daß der Nießbrauch für die Erben des Nießbrauchers mitbestellt werden kann, die Bestimmung des preuß. L.R. I 12 § 423, daß der einer juristischen Person vermachte Nießbrauch nach fünfzig Jahren erlischt, beziehen sich deshalb auf den Inhalt des Rechtes und müssen fortdauernd Geltung haben. A. A. Dernburg, Sachenrecht S. 517, nach welchem die im bisherigen Rechte in Ansehung der Dauer des Nießbrauchs bestimmten Beschränkungen nur unberührt bleiben, wenn sie als Auslegung der Bestellung anzusehen sind. Auch die Frage, ob ein Recht erlischt, wenn der Gegenstand des Rechtes, z. B. bei einem Erbbaurechte das Bauwerk, untergeht, gehört zum Inhalte des Rechtes. Dagegen richtet sich die rechtsgeschäftliche Aufhebung nur nach dem B.G.B. (z. B. §§ 875, 876, 878, 1064, 1071). Auch der Grundsatz des B.G.B., daß dingliche Rechte an Grundstücken durch Konsolidation nicht erlöschen (§ 889 des B.G.B.) sowie die Frage, unter welchen Voraussetzungen ein eingetragenes Recht durch Verjährung erlischt und ob der Anspruch aus eingetragenen Rechten der Verjährung unterliegt (§§ 901, 902 des B.G.B.) beziehen sich nicht auf den Inhalt des Rechtes und treten die Vorschriften des B.G.B. daher sofort in Kraft.

Aus dem Gesagten ergiebt sich, daß auch für bestehende Rechte an einem Grundstück und für bestehende Rechte an einem solchen Rechte die §§ 873—878, 883—890, 894—902 des B.G.B. gelten.

b) Daraus, daß der Rang der bestehenden dinglichen Rechte sich nach dem bisherigen Rechte bestimmt, ergiebt sich insbesondere, daß die Vorschrift des § 879 des B.G.B. für die bestehenden dinglichen Rechte auch nach erfolgter Anlegung des Grundbuchs nicht gilt. Dagegen ist die Vorschrift des § 880 des B.G.B. über eine nachträgliche Aenderung des Rangverhältnisses auf die bestehenden dinglichen Rechte anwendbar.

c) Eine Aenderung des Inhalts und des Ranges kann sich für die bestehenden dinglichen Rechte durch die Vorschriften des B.G.B. über den Schutz des guten Glaubens bei der Uebertragung des Eigenthums an beweglichen Sachen (§§ 932 ff. des B.G.B.) und bei der Bestellung eines Nießbrauchs oder eines Pfandrechts an beweglichen Sachen (§§ 1032, 1207, 1208 des B.G.B.) sowie durch die Vorschriften über den öffentlichen Glauben des Grundbuchs (§§ 892, 893 des B.G.B., dazu Erl. zu Art. 186) ergeben, wenn der Thatbestand, welcher nach den bezeichneten Vorschriften geschützt ist, sich unter der Herrschaft des B.G.B. vollzieht. Wenn z. B. der Eigenthümer die mit einem vor dem Inkrafttreten des B.G.B. entstandenen Nießbrauche belastete Sache nach diesem Zeitpunkte verpfändet und der Pfandgläubiger in Ansehung des Nießbrauchs in gutem Glauben ist, hat das Pfandrecht den Vorzug vor dem Nießbrauch; es finden nicht etwa für die Frage des Ranges die bisherigen Vorschriften, denen vielleicht ein Vorzugsrecht des gutgläubigen Pfandgläubigers fremd ist, gemäß Art. 184 Anwendung. A. A. Lehmann S. 72, 76, weil in dem Art. 184 nicht wie in den Art. 61 und 168 ein Vorbehalt für die Vorschriften des B.G.B. zu Gunsten der Rechte derjenigen aufgenommen ist, welche Rechte von einem Nichtberechtigten herleiten. Indessen betrifft der Art. 61 ein Vorbehaltsgebiet (das Lehen- und Fideikommißrecht) und ohne die Einschränkung des Art. 61 hätte die Landesgesetzgebung auch gegenüber den Vorschriften des B.G.B. über den Schutz des guten Glaubens freie Hand; im Art. 168 aber entspricht die Aufnahme der Einschränkung dem § 135 Abs. 2 des B.G.B. und sie ist hier aus den gleichen Gründen wie dort getroffen.

6. Von dem Grundsatze des Art. 184 Abs. 1, daß die Rechte, mit denen eine Sache zur Zeit des Inkrafttretens des B.G.B. belastet ist, mit dem sich aus den bisherigen Gesetzen ergebenden Inhalte bestehen bleiben, machen der Art. 184 Satz 2 und die Art. 192—195 für Erbbaurechte, Grunddienstbarkeiten und Grundstückspfandrechte eine Ausnahme. Von dem Satze, daß die Rechte mit dem bisherigen Range bestehen bleiben, ist keine Ausnahme gemacht. Wegen der Grundstückspfandrechte wird auf die Erl. zu den Art. 192—195 verwiesen.

a) Für bestehende Erbbaurechte gelten vom Inkrafttreten des B.G.B. an die Vorschriften des § 1017 des B.G.B. Nach § 1017 gelten für die Erbbaurechte die sich auf Grundstücke beziehenden Vorschriften und die für den Erwerb des Eigenthums und die Ansprüche aus dem Eigenthume geltenden Vorschriften finden entsprechende Anwendung. Damit ist reichsgesetzlich die Grundstücksnatur des Erbbaurechts auch für die bestehenden Erbbaurechte ausgesprochen. Aus der Anwendbarkeit der Liegenschaftsnormen folgt insbesondere, daß mit dem Erbbaurechte wie mit einem Grundstücke subjektivdingliche Rechte (Grunddienstbarkeiten, Vorkaufsrechte und Reallasten) verbunden werden können und daß das Erbbaurecht mit Grunddienstbarkeiten, Reallasten, Vorkaufsrechten sowie mit Hypotheken, Grundschulden und Rentenschulden belastet werden kann. Die Uebertragung der Erbbaurechte erfolgt durch Auflassung nach § 925 des B.G.B., die Geltendmachung des Erbbaurechts nach § 985 im Wege der Eigenthumsklage und nach § 1004 im Wege der Eigenthumsfreiheitsklage; dem Erbbauberechtigten stehen überdies die Besitzklagen (§§ 861 ff. des B.G.B.) zu. Im Uebrigen vergl. wegen der Tragweite des § 1017 des B.G.B. die Erl. zu diesem. Ob begrifflich ein Erbbaurecht im Sinne des Art. 184 Satz 2 vorliegt, ist nach den Vorschriften des B.G.B. zu bestimmen; der Art. 184 Satz 2 verleiht nur denjenigen bisherigen Rechten die dem Erbbaurechte des B.G.B. zukommende Grundstücksnatur, welche sich begrifflich mit dem Erbbaurechte des B.G.B. decken; auf die Benennung des bisherigen Rechtes kommt es nicht an. Der Art. 184 Satz 2 findet also nur auf superfiziarische Rechte an Bauwerken, mögen sie auf oder unter der Oberfläche eines Grundstücks sich befinden, Anwendung; superfiziarische Rechte an einzelnen Gebäudetheilen (§ 1014 des B.G.B.) oder Anpflanzungen fallen nicht unter den Art. 184 Satz 2, ebensowenig die Emphyteusis. Für solche Rechte bewendet es bei der Regel des Art. 184 Satz 1.

Im Uebrigen gelten die Vorschriften der §§ 1012—1016 des B.G.B. reichsrechtlich für bestehende Erbbaurechte nicht; hierzu vergl. die Ausführungen unter 5.

b) Auf bestehende Grunddienstbarkeiten sind die §§ 1020—1028 des B.G.B. für anwendbar erklärt. Dadurch ist in die bestehenden Grunddienstbarkeiten zum Theil erheblich eingegriffen worden. Maßgebend hierfür war die meistens lange Dauer der Grunddienstbarkeiten und die ohne den Eingriff sich ergebende lange Aufrechthaltung der älteren, zum Theil unklaren Bestimmungen der Partikularrechte.

Der § 1020 des B.G.B. bringt den übrigens wohl auch nach allen bisherigen Rechten gleichfalls geltenden Grundsatz, daß Grunddienstbarkeiten schonend auszuüben und zur Ausübung der Dienstbarkeit auf dem belasteten Grundstücke befindliche Anlagen von dem Dienstbarkeitsberechtigten ordnungsmäßig zu unterhalten sind, auch für die bestehenden Dienstbarkeiten zur Anerkennung. Die §§ 1021, 1022 des B.G.B. betreffen die Unterhaltung von zur Ausübung der Dienstbarkeit vorhandenen Anlagen durch den Eigenthümer des belasteten Grundstücks. Der § 1021 ist für die bestehenden Dienstbarkeiten insbesondere insofern von Bedeutung, als hiernach Vereinbarungen, die vor dem Inkrafttreten des B.G.B. getroffen worden sind und die Unterhaltungspflicht in einer nach den §§ 1021, 1022 des B.G.B. unzulässigen Weise, z. B. über das Bedürfniß des Berechtigten hinaus regeln, nach dem Inkrafttreten des B.G.B. ihre Geltung verlieren und nach dem Abs. 2 auf die Unterhaltungspflicht die Vorschriften über die Reallast entsprechende Anwendung finden. Von erheblicher Tragweite ist die Anwendbarkeit der Vorschriften des § 1023 des B.G.B. über die Verlegung der Ausübung, des § 1024 über das Zusammentreffen mit einem anderen Rechte und der §§ 1025, 1026 über die Theilung des berechtigten oder des belasteten Grundstücks. Einer vertragsmäßigen Bestimmung des im § 1021 des B.G.B. bezeichneten Inhalts, daß der Eigenthümer des belasteten Grundstücks die Anlage zu unterhalten hat, dürfte eine durch das alte Recht gegebene gesetzliche Bestimmung gleichen Inhalts und die auf dieser Bestimmung beruhende Uebung gleichzustellen sein. Auch der in den §§ 1022, 1025 des B.G.B. zugelassenen abweichenden Vereinbarung ist die durch das alte Recht gegebene gesetzliche Bestimmung abweichenden Inhalts gleichzuachten. Aus der Vorschrift des § 1027 Abs. 2 des

Artikel 185.

Ist zur Zeit des Inkrafttretens des Bürgerlichen Gesetzbuchs die Ersitzung des Eigenthums oder Nießbrauchs an einer beweglichen Sache noch nicht vollendet, so finden auf die Ersitzung die Vorschriften des Artikel 169 entsprechende Anwendung.

B.G.B., daß das im § 1023 Abs. 1 des B.G.B. eingeräumte Recht auf die Verlegung der Ausübung nicht durch Rechtsgeschäft ausgeschlossen oder beschränkt werden kann, folgt, daß auch vor dem Inkrafttreten des B.G.B. abgeschlossene Verträge, welche das Recht ausschließen oder beschränken, oder ein früher ergangenes Urtheil solchen Inhalts das Recht auf die Verlegung nicht schmälern. Die Anwendbarkeit des § 1027 des B.G.B. auf die Ansprüche des Berechtigten wegen Beeinträchtigung der Grunddienstbarkeit läßt die wegen einer vor dem 1. Januar 1900 erfolgten Beeinträchtigung nach Maßgabe des bisherigen Rechtes bereits entstandenen persönlichen Ansprüche des Berechtigten gegenüber dem Störer nach Art. 170 unberührt. Nach § 1028 des B.G.B. unterliegt, wenn auf dem belasteten Grundstück eine Anlage errichtet worden ist, durch welche die Dienstbarkeit beeinträchtigt wird, der Anspruch des Berechtigten auf Beseitigung der Beeinträchtigung der Verjährung, auch wenn die Dienstbarkeit im Grundbuch eingetragen ist. Hiernach können auch vor dem Inkrafttreten des B.G.B. in das Grundbuch eingetragene Grunddienstbarkeiten, obgleich sonst ein eingetragenes Recht nach § 902 des B.G.B. der Verjährung entzogen ist, durch Verjährung erlöschen. Die Verjährungsfrist beginnt gegenüber eingetragenen Grunddienstbarkeiten in solchen Rechtsgebieten, in welchen die eingetragenen Grunddienstbarkeiten bisher gegen Verjährung geschützt waren, — was z. B. nach § 12 des preuß. E.G.G. zutrifft — erst vom Inkrafttreten des B.G.B. an; läuft gegen eine am 1. Januar 1900 bestehende Grunddienstbarkeit in diesem Zeitpunkte bereits auf Grund des bisherigen Rechtes eine Verjährung, so ist, wenn die Verjährungsfrist des bisherigen Rechtes kürzer ist, diese maßgebend (Art. 169).

Von den im fünften Abschnitte des Sachenrechts für die Grunddienstbarkeiten gegebenen Vorschriften sind — abgesehen von der im § 1018 enthaltenen Begriffsbestimmung — nur der § 1019 über das zulässige Maß der Grunddienstbarkeit und der § 1029 über den Besitzschutz auf bestehende Grunddienstbarkeiten nicht für anwendbar erklärt. Bezüglich des Besitzschutzes trifft der Art. 191 in Verbindung mit Art. 180 die erforderlichen Vorschriften. Bezüglich des zulässigen Maßes der Grunddienstbarkeiten aber bewendet es bei der Regel des Art. 184 Satz 1.

Auch die Frage, ob begrifflich eine Grunddienstbarkeit im Sinne des Art. 184 Satz 2 vorliegt, beantwortet sich nach dem B.G.B. Es finden deshalb z. B. auf die im preuß. L.R. I 22 §§ 243 ff. als Grundgerechtigkeiten bezeichneten Rechte nicht die Vorschriften der §§ 1020—1028, sondern die des § 1017 des B.G.B. Anwendung, denn im Sinne des B.G.B. erscheinen diese Grundgerechtigkeiten als Erbbaurechte (so auch Niedner Aufl. II S. 381).

c) Von einigen Landesgesetzen sind auch auf andere dingliche Rechte Vorschriften des B.G.B. für anwendbar erklärt worden, so auf beschränkte persönliche Dienstbarkeiten von Weimar § 148, Meiningen Art. 17 § 21, auf Reallasten von Bayern Ueb.G. Art. 46, Weimar § 150, Meiningen Art. 18 § 2, auf die Mobiliarpfandrechte von Hessen Art. 153, Mecklenburg § 205, Braunschweig § 62, auf Schiffspfandrechte Bremen § 45, Oldenburg § 15; vergl. hierzu Habicht S. 431 ff.; Niedner Aufl. II S. 379.

7. Eine weitere allgemeine Ausnahme von dem Grundsatze des Art. 184 Satz 1 enthält der Art. 189 in Ansehung der dinglichen Rechte an Grundstücken für die Zwischenzeit von dem Inkrafttreten des B.G.B. an bis zur Anlegung des Grundbuchs. Ueber das Verhältniß des Art. 184 zum Art. 189 vergl. Erl. zu Art. 189.

Artikel 185.

E. d. E.G. I Art. 107; II Art. 156; III Art. 184. P. I S. 13183, 13184, 13196—13198, 13231; M. d. E.G. S. 266. P. II S. 9047 (Bd. 6 S. 520).

Den Erwerb des Eigenthums an beweglichen Sachen durch Ersitzung regelt das B.G.B. in den §§ 937—945. Diese Vorschriften finden nach § 1033 auf den Erwerb des Nießbrauchs an beweglichen Sachen durch Ersitzung entsprechende Anwendung. Auch das bisherige Recht kennt den Erwerb des Eigenthums und Nießbrauchs durch Ersitzung. Soweit ein solcher vor dem Inkrafttreten des B.G.B. erfolgt ist, behält es dabei selbstverständlich sein Bewenden (s. Erl. 1 zu Art. 169 und Erl. zu Art. 181, 184). Ist die nach dem bisherigen Rechte zulässige Ersitzung aber zur Zeit des Inkrafttretens des B.G.B. noch nicht vollendet, so finden nach dem durch Art. 185 für entsprechend anwendbar erklärten Art. 169 die

Vorschriften des B.G.B. über die Ersitzung unter den im Art. 169 Abs. 1 Satz 2, Abs. 2 bestimmten Modifikationen Anwendung. Indem im Allgemeinen auf die Erl. zu Art. 169 verwiesen wird, ist im Einzelnen Folgendes zu bemerken:

1. Der Beginn der Ersitzung bestimmt sich nach dem bisherigen Rechte. Kannte dieses verschiedene Arten der Ersitzung, also z. B. wie das gemeine Recht eine ordentliche und eine außerordentliche Ersitzung, so sind beide zu berücksichtigen. Lagen die Erfordernisse für den Beginn der ordentlichen Ersitzung, insbesondere also redlicher gerechtfertigter Besitz und Ersitzungsfähigkeit der Sache vor (Windscheid-Kipp I §§ 175—183), so würde sich die Ersitzung nach bisherigem Rechte in drei Jahren vollenden. Sind diese bei dem Inkrafttreten des B.G.B. noch nicht abgelaufen, so ist nun der Ablauf der durch das B.G.B. §§ 937, 1033 erforderten zehnjährigen Ersitzungszeit erforderlich. Lagen nicht die Erfordernisse der ordentlichen, wohl aber die der außerordentlichen Ersitzung vor, so vollendet sich diese spätestens mit dem Ablaufe von zehn Jahren nach dem Inkrafttreten des B.G.B., möglicherweise aber schon früher, nämlich dann, wenn bei dem Inkrafttreten des B.G.B. seit dem Beginne der Ersitzung schon mehr als zwanzig Jahre abgelaufen waren. In diesem Falle ist nur noch der Ablauf der an der Ersitzungszeit des bisherigen Rechtes von dreißig Jahren fehlenden Zeit erforderlich.

2. Die Vermuthung, daß, wenn Jemand eine Sache am Anfang und am Ende eines Zeitraums im Eigenbesitze gehabt hat, der Eigenbesitz auch in der Zwischenzeit bestanden habe (B.G.B. § 938), gilt für jede Ersitzung, die erst nach dem Inkrafttreten des B.G.B. vollendet wird.

3. Die Voraussetzungen und Wirkungen der Unterbrechung der Ersitzung bestimmen sich für die Zeit vor dem Inkrafttreten des B.G.B. nach dem bisherigen Rechte. Ist z. B., wenn das bisherige Recht das gemeine Recht war, die Ersitzung durch den Verlust des Besitzes vor dem Inkrafttreten des B.G.B. unterbrochen, so findet die Vorschrift des § 940, nach welcher die Unterbrechung als nicht erfolgt gilt, wenn der Besitzer den Besitz ohne seinen Willen verloren und ihn während der Jahresfrist oder mittelst einer während dieser Zeit erhobenen Klage wiedererlangt hat, keine Anwendung, auch wenn die Wiedererlangung des Besitzes innerhalb eines Jahres nach dem Inkrafttreten des B.G.B. erfolgte. Ueber die Dauer der Unterbrechung s. Erl. 2b zu Art. 169.

4. Ueber die Hemmung der Ersitzung (B.G.B. § 939) s. Erl. 2c zu Art. 169.

5. Ob, wenn die Sache durch Rechtsnachfolge in den Besitz eines Dritten gelangt, die während des Besitzes des Rechtsvorgängers verstrichene Ersitzungszeit dem Dritten zu Statten kommt (§ 943), entscheidet sich, wenn der Dritte den Besitz vor dem Inkrafttreten des B.G.B. erlangt hat, nach dem bisherigen Rechte, denn es handelt sich hier sachlich um den Beginn der Ersitzung. Hat der Dritte den Besitz erst nach dem Inkrafttreten des B.G.B. erlangt, so kommt ihm die nach dem Inkrafttreten des B.G.B. während des Besitzes des Rechtsvorgängers verstrichene Ersitzungszeit zu Statten, sofern der Rechtsvorgänger nach den Vorschriften des B.G.B. in der Ersitzungslage war. Nach denselben Grundsätzen ist die Frage zu entscheiden, ob die zu Gunsten eines Erbschaftsbesitzers verstrichene Ersitzungszeit dem Erben zu Statten kommt (§ 944).

6. Die Wirkungen einer nach dem Inkrafttreten des B.G.B. vollendeten Ersitzung bestimmen sich nach dem B.G.B. Es fragt sich, ob auch das Erlöschen der vor dem Erwerbe des Eigenbesitzes an der Sache begründeten Rechte Dritter mit dem Erwerbe des Eigenthums durch Ersitzung unter den im § 945 bestimmten Voraussetzungen eintritt. Sachlich handelt es sich in dieser Beziehung um eine usucapio libertatis. In entsprechender Anwendung der für den Erwerb des Eigenthums durch Ersitzung geltenden Grundsätze wird man den Beginn, die Unterbrechung und die Hemmung der Ersitzung der Freiheit für die Zeit vor dem Inkrafttreten des B.G.B. nach den Vorschriften des bisherigen Rechtes beurtheilen müssen. Fand nach dem bisherigen Rechte eine Ersitzung der Freiheit überhaupt nicht statt oder lagen die für den Beginn einer solchen Ersitzung geltenden Voraussetzungen vor dem Inkrafttreten des B.G.B. nicht vor, so beginnt die Ersitzung der Freiheit erst mit dem Inkrafttreten des B.G.B., sofern zu dieser Zeit die in dem § 945 bestimmten Voraussetzungen vorliegen. In einem solchen Falle tritt ein ähnliches Verhältniß ein, wie bei einer vollständig nach dem B.G.B. zu beurtheilenden Ersitzung, wenn die Ersitzungsfrist in Ansehung der Rechte Dritter zu der Zeit noch nicht abgelaufen ist, in welcher dies in Ansehung des Eigenthums der Fall war. Auch in Betreff der Ersitzungsfrist werden die Vorschriften des Art. 169 Abs. 2 entsprechend anzuwenden sein.

Zu Artikel 186—195.

Das Liegenschaftsrecht des B.G.B. setzt die Einrichtung von Grundbüchern voraus, in welchem jedes Grundstück und die an ihm bestehenden Rechte eingetragen sind. Der Rechts-

Artikel 186.

Das Verfahren, in welchem die Anlegung der Grundbücher erfolgt, sowie der Zeitpunkt, in welchem das Grundbuch für einen Bezirk als angelegt anzusehen ist, werden für jeden Bundesstaat durch landesherrliche Verordnung bestimmt.

Ist das Grundbuch für einen Bezirk als angelegt anzusehen, so ist die Anlegung auch für solche zu dem Bezirke gehörende Grundstücke, die noch kein Blatt im Grundbuche haben, als erfolgt anzusehen, soweit nicht bestimmte Grundstücke durch besondere Anordnung ausgenommen sind.

---

zustand in Ansehung des Liegenschaftsverkehrs ist bisher in Deutschland ein sehr verschiedener gewesen (vergl. M. III S. 12 ff., M. des E.G. S. 266). In einigen Landestheilen fehlen öffentliche Bücher, in welchen die Grundstücke und die an ihnen bestehenden Rechte verzeichnet sind, vollständig. In anderen Landestheilen giebt es nur für beschränkte Zwecke Grundbücher, regelmäßig nur für den Erwerb von Hypotheken und den Verkehr mit ihnen (Gebiete des sog. Transskriptions- und Inskriptionssystems, Gebiete des Pfandbuchssystems). In einer dritten Gruppe von Landestheilen bildet das Grundbuchsystem die Grundlage des Liegenschaftsrechts. Nur in diesen Landestheilen findet sich eine der Grundbucheinrichtung des B.G.B. im Wesentlichen gleiche Grundbucheinrichtung vor.

Für diejenigen Bundesstaaten, deren bisheriges Liegenschaftsrecht nicht auf dem Grundbuchsysteme beruht, ergiebt sich hiernach die Nothwendigkeit, für die Anlegung von Grundbüchern zu sorgen. Die reichsrechtlich erforderlichen Vorschriften über die Anlegung der Grundbücher enthalten die Art. 186—188. Die Herstellung entsprechender Grundbücher verlangt naturgemäß einen erheblichen Zeitraum. Mit Rücksicht hierauf konnte das Liegenschaftsrecht des B.G.B. am 1. Januar 1900 nicht in ganz Deutschland sofort in Kraft treten, seine Geltung ist vielmehr, soweit es das Grundbuch zur Voraussetzung hat, für einen großen Theil Deutschlands bis zur Herstellung des Grundbuchs suspendirt. Hieraus ergiebt sich die Nothwendigkeit einer Zwischenzeit zwischen dem Inkrafttreten des Liegenschaftsrechts und dem Inkrafttreten des übrigen Rechtes des B.G.B. Die Rechtsverhältnisse an Grundstücken für diese Zwischenzeit sind in den Art. 189—195 geregelt.

Artikel 186.

E. d. E.G. I Art. 108; II Art. 157; III Art. 185. P. I S. 13180, 13245; M. d. E.G. S. 266; P. II S. 9047 (Bd. 6 S. 520).

1. Der Art. 186 bezieht sich auf die Herstellung der Grundbücher und geht davon aus, daß die Anordnungen über die Anlegung derselben den Bundesstaaten überlassen sind.

2. Der Art. 186 hat zunächst die Bedeutung einer Verfahrensvorschrift.

a) Das Verfahren, in welchem die Anlegung der Grundbücher erfolgt, ist der Regelung durch landesherrliche Verordnung überlassen. Das landesherrliche Verordnungsrecht hat in der Hauptsache freie Hand. Der Art. 186 setzt nur voraus, daß die Grundbücher nach Bezirken angelegt werden, so daß also nicht etwa gewartet werden muß mit der Erklärung, daß das Grundbuch angelegt ist, bis für den ganzen Bundesstaat das Grundbuch fertig gestellt ist, und in der G.B.O. sind einige reichsgesetzliche Vorschriften über die Einrichtung der Grundbücher getroffen, welche naturgemäß auch für die Anlegung der Grundbücher maßgebende Bedeutung haben. Nach § 87 der G.B.O. kann unter den Voraussetzungen der §§ 88, 89 das. durch landesherrliche Verordnung bestimmt werden, daß ein bisher geführtes Buch oder mehrere bisher geführte Bücher für sich allein oder zusammen mit einem neuen Buche oder mehreren neuen Büchern als Grundbuch gelten soll. Das Landesrecht kann also unter Umständen auch ohne ein vorausgehendes eigentliches Anlegungsverfahren das Grundbuch mit dem 1. Januar 1900 als angelegt und die bisher geführten Grundbücher zu Grundbüchern im Sinne des B.G.B. erklären. Nach § 91 der G.B.O. wird übrigens auch das Verfahren zum Zwecke der Eintragung von Grundstücken, die bei der Anlegung des Grundbuchs ein Blatt nicht erhalten haben, durch landesherrliche Verordnung geregelt.

Das Anlegungsverfahren regeln

für **Preußen** die V. v. 13. November 1899, das Grundbuchwesen betr., Art. 3—14, Allg. Verf. v. 18. November 1899, die V. v. 11. Dezember 1899 (für Nassau) und v. 10. April 1900 (für Helgoland); dazu die Bekanntm. d. Just.-Min. v. 25. Januar und 8. März 1900;

für Bayern Ges. v. 18. Juni 1898, Ges. v. 1. Juli 1898 Art. 23 ff., V. v. 23. Juli und 28. August 1898, Min.-Bekanntm. v. 14. September und 1. Oktober 1898 und v. 11. Juli 1901;

für Sachsen V. v. 26. Juli 1899 § 1;

für Württemberg V. v. 30. Juli 1899;

für Baden V. v. 11. September 1897, 1. August 1899, 4. Mai und 9. November 1900,

für Hessen Ges. v. 16. März 1899, V. v. 13. Januar 1900, Anweis. v. 1. Februar 1901;

für Elsaß-Lothringen V. v. 18. April 1900.

b) Der Zeitpunkt, wann die Grundbücher als angelegt anzusehen sind, ist gleichfalls landesherrlicher Verordnung überlassen. Die erlassenen Verordnungen gehen entsprechend den Verhältnissen ihrer Landestheile verschieden vor. Bald erfolgt die Bestimmung für jeden einzelnen Bezirk durch besondere landesherrliche Verordnung oder durch Bestimmung des Justizministers, bald durch Festsetzung bestimmter Voraussetzungen, mit deren Eintritte das Grundbuch ohne weitere Erklärung als angelegt gilt. Im weitaus größeren Theile von Deutschland ist der Zeitpunkt, in welchem das Grundbuch als angelegt anzusehen ist, auf den Zeitpunkt des Inkrafttretens des B.G.B. festgesetzt worden.

Als mit dem 1. Januar 1900 angelegt ist das Grundbuch anzusehen in dem größeren Theile von Preußen (ganz Ost- und Westpreußen, Brandenburg, Pommern, Posen, Schlesien, Sachsen und Westphalen, zum größeren Theile in Schleswig-Holstein, Hannover, Rheinprovinz und im Bezirke des Oberlandesgerichts Kassel), in ganz Sachsen, Württemberg, Oldenburg, Braunschweig, Meiningen, Altenburg, Koburg-Gotha, Anhalt, Waldeck, die beiden Reuß und Lippe.

Auf den 1. Februar 1900 ist der Zeitpunkt der Grundbuchanlegung für Hamburg, auf den 1. Juli 1900 ist er für Lübeck festgesetzt worden.

In den übrigen Landestheilen wird die Anlegung des Grundbuchs erst später fertig, also insbesondere in Bayern, Baden, Hessen, Mecklenburg und Elsaß-Lothringen.

c) Dadurch, daß dem Landesrechte die Bestimmung des Zeitpunkts der Anlegung des Grundbuchs überlassen ist, ist ihm zugleich die Prüfung der Frage anheimgegeben, ob das Buch, welches zum Grundbuch erklärt werden soll, vollständig und zuverlässig ist. Welche Mittel das Landesrecht zur Erreichung dieses Zweckes anwenden will, ist seinem Ermessen anheimgegeben. In Ermangelung einer reichsgesetzlichen Ermächtigung ist es jedoch unzulässig, daß die landesherrliche Verordnung (etwas anderes ist es, wenn ein Landesgesetz dies thut) die Anmeldung von Rechten unter dem Rechtsnachtheile der Ausschließung vorschreibt. Die Versäumung der Anmeldung hat vielmehr nur zur Folge, daß das nicht angemeldete Recht den Rechtsfolgen der §§ 892, 893 des B.G.B. ausgesetzt ist. Uebrigens versteht sich von selbst, daß, wenn das Buch, welches zum Grundbuch erklärt werden soll, in weiterem Umfang als in den Art. 187, 188 zugelassen ist, unvollständig ist, die Erklärung der Anlegung des Grundbuchs noch nicht erfolgen darf. Dabei versteht sich indessen von selbst, daß nicht etwa die Rechtsgültigkeit der landesherrlichen Verordnung in einem Rechtsstreite mit der Behauptung in Frage gestellt werden kann, das Buch, welches zum Grundbuch erklärt worden ist, sei nicht vollständig gewesen und die Erklärung hätte deshalb nicht erfolgen sollen; denn bei der Herstellung der Grundbücher handelt es sich nur um die Erfüllung einer dem Bundesstaate gegenüber dem Reiche obliegenden staatsrechtlichen Verpflichtung; ob die Verpflichtung erfüllt ist, kann der Prozeßrichter nicht entscheiden.

3. Die materiellrechtliche Bedeutung des Art. 186 liegt in der Bedeutung, welche dem Zeitpunkt, in welchem das Grundbuch als angelegt anzusehen ist, zukommt. Die Bedeutung dieses Zeitpunkts ergiebt sich aus den Art. 187—195. Erst mit diesem Zeitpunkte treten die Vorschriften des B.G.B. über den öffentlichen Glauben des Grundbuchs mit den in den Art. 187, 188 oder in vorbehaltenen Landesgesetzen vorgesehenen Einschränkungen sowie die in den Art. 189—195 bezeichneten sonstigen Bestimmungen des neuen Liegenschaftsrechts in Geltung. Mit diesem Zeitpunkte treten für die Grundstücke auch die G.B.O. und das Zw.V.G. sowie die sich auf das Liegenschaftsrecht beziehenden und das Grundbuch voraussetzenden Vorschriften der C.P.O. in Kraft.

Hier sind nur folgende Fragen zu besprechen:

a) Wird vor dem Zeitpunkt, in welchem das Grundbuch als angelegt anzusehen ist, eine Eintragung oder Löschung im Grundbuche beantragt, die zwar den Vorschriften des bisherigen Rechtes, nicht aber den Vorschriften des neuen Rechtes entspricht, so ist, wenn der Antrag erst nach der Anlegung des Grundbuchs erledigt wird, ausschließlich das neue Recht zu Grunde zu legen, d. h. es ist nach dem B.G.B. und dem E.G. sowie der G.B.O. zu beurtheilen, ob die Eintragung oder Löschung statthaft und die formellen sowie die materiellen Voraussetzungen, welche das neue Recht aufstellt, z. B. die erforderliche Zustimmung Dritter vorliegen.

b) Ob die im § 891 aufgestellten Rechtsvermuthungen für die Richtigkeit des Grundbuchs auf die nach dem Zeitpunkt, in welchem das Grundbuch für angelegt gilt, erfolgten Eintragungen sich beschränken oder auch auf den im Zeitpunkte der Anlegung des Grundbuchs vorliegenden Inhalt des Grundbuchs sich beziehen, ist bestritten. Für die erstere Ansicht insbesondere Turnau-Förster Bd. 1 S. 378 (im Widerspruche mit S. 187), Dernburg, Sachenrecht S. 142, Niedner Aufl. II Note 6e zu Art. 186, für die letztere Ansicht namentlich Habicht S. 476, 489. Die letztere Ansicht dürfte die richtige sein. Mit der Anlegung des Grundbuchs tritt das gesammte Liegenschaftsrecht des B.G.B., soweit nicht eine besondere Ausnahme gemacht ist, in Kraft. Ein Unterschied, ob eine Eintragung in das Grundbuch schon vorher erfolgt ist oder erst nachher geschieht, findet sich in keiner Vorschrift des E.G. oder des B.G.B. auch nur angedeutet. Bei den Rechtsvermuthungen des § 891 des B.G.B. eine solche Unterscheidung aufzustellen, ist auch innerlich nicht begründet. Denn diese Vermuthungen beruhen auf dem Zwecke der Grundbucheinrichtung (s. Erl. 1 zu § 891 des B.G.B.). Es ist die Aufgabe der Grundbuchanlegung, dafür zu sorgen, daß das öffentliche Buch, welches als Grundbuch erklärt wird, so hergestellt ist, daß es dem vom B.G.B. mit der Grundbucheinrichtung verfolgten Zwecke entspricht. Wird diese Aufgabe gelöst, so treffen die gesetzgeberischen Gründe, welche zur Aufstellung der Vermuthungen des § 891 des B.G.B. geführt haben, auch für die im Zeitpunkte der Grundbuchanlegung schon vorhandenen Eintragungen ebenmäßig zu. Wäre die Geltung der Rechtsvermuthungen des § 891 des B.G.B. auf die erst nach der Grundbuchanlegung erfolgenden Eintragungen beschränkt, so brauchte die Grundbuchanlegung eine viel weniger genaue zu sein, als das E.G. zweifellos voraussetzt. Die M. des E.G. S. 267 gehen denn auch davon aus, daß die Vorschriften des § 826 des E. I, welche dem nunmehrigen § 891 des B.G.B. entsprechen, von der Grundbuchanlegung an auch auf die vorhandenen Eintragungen Anwendung finden. Die Gründe, aus welchen für die preuß. Grundbuchgesetze v. 5. Mai 1872 die überwiegende Mehrheit in Lehre und Rechtsprechung die rückwirkende Kraft des § 7 des E.E.G. bestritten hat (vergl. Eccius Bd. 3 § 180 Anm. 22, Achilles-Strecker Kom. zu § 7 Abs. 2 E.E.G. Anm. 2c, Dernburg, preuß. Privatrecht Bd. 1 § 203 Anm. 19) treffen für das B.G.B. nicht zu. Daß übrigens, wenn das bisherige Recht den Rechtsvermuthungen des § 891 des B.G.B. ähnliche Vermuthungen kennt, wie dies z. B. für das preuß. E.E.G. zutrifft, die Vermuthungen des § 891 des B.G.B. für die vor dem Zeitpunkte der Grundbuchanlegung unter der Herrschaft jener Rechte erfolgten Eintragungen in das Grundbuch mindestens in dem Umfange gelten, in welchem sie sich mit dem bisherigen Rechte decken, ist selbstverständlich und unbestritten.

c) Die Vorschriften über den öffentlichen Glauben des Grundbuchs (§§ 892, 893 des B.G.B.) treten sowohl nach ihrer positiven als nach ihrer negativen Seite vom Zeitpunkte der Grundbuchanlegung an ein und zwar ohne Rücksicht darauf, ob das Recht, um welches es sich handelt, vor oder nach dem Inkrafttreten des B.G.B. oder vor oder nach der Grundbuchanlegung entstanden oder eingetragen ist, und ohne Rücksicht darauf, ob es wie das Eigenthum dem B.G.B. oder, was bei den sonstigen dinglichen Rechten nach Art. 184 die Regel ist, dem alten Rechte untersteht. Auch die für den Erwerb einer Hypothek geltenden besonderen Vorschriften der §§ 1138, 1140, 1150—1159 des B.G.B. finden von der Grundbuchanlegung an auf früher eingetragene Hypotheken Anwendung. A.A. Cosack Lehrbuch, 3. Aufl. Bd. 2 S. 57, weil das B.G.B. sich nur mit seinen eigenen Grundbüchern beschäftigt, nicht mit denen des bisherigen Rechtes, das bisherige Recht aber nicht mehr gilt. Cosack will die §§ 892, 893 des B.G.B. nur gelten lassen, soweit der gute Glaube sowohl nach dem B.G.B. als nach dem bisherigen Rechte geschützt war. Daß die Vorschriften des B.G.B. über den öffentlichen Glauben des Grundbuchs jedenfalls in diesem Umfang Anwendung finden müssen, versteht sich von selbst. Cosack übersieht aber, daß wohl die Vorschriften des § 891, nicht aber die der §§ 892, 893 des B.G.B. sich mit dem Inhalte des Grundbuchs „beschäftigen". Die §§ 892, 893 des B.G.B. regeln die Folgen eines Erwerbes, der im Vertrauen auf das Grundbuch erfolgt, sie treffen also jeden Erwerb, der unter ihrer Herrschaft stattfindet, gleichgültig, wann der Eintrag im Grundbuch, auf welchen der Erwerber vertraute, erfolgt ist. Wie hier Habicht S. 476, 489, Niedner Aufl. II S. 386, 387. Im bisherigen preuß. Rechte war bestritten, ob der öffentliche Glaube des Grundbuchs auch bei einer Auflassung Platz greift, die ein Eigenthümer vornimmt, der nicht unter der Herrschaft der Grundbuchgesetze v. 5. Mai 1872 das Eigenthum erworben hat (s. Eccius Bd. 3 § 178 Note 56, Achilles-Strecker zu § 2 preuß. E.E.G. S. 36). Für das Grundbuch des B.G.B. kommen weder die für die Bejahung noch die für die Verneinung dieser Streitfrage angeführten Gründe in Betracht. Das R.G. hat übrigens stets für die Anwendung der Vorschriften über den öffentlichen Glauben des Grundbuchs auch auf die früheren Eintragungen erkannt.

Der öffentliche Glaube des Grundbuchs wirkt aber nur zu Gunsten derjenigen, welche nach der Grundbuchanlegung ein dem Schutze des öffentlichen Glaubens des Grundbuchs unterliegendes Rechtsgeschäft vornehmen. Denn die §§ 892, 893 des B.G.B. schützen denjenigen, welcher ein Rechtsgeschäft vornimmt, sie können sich also nicht auf ein Rechtsgeschäft beziehen, das zu einer Zeit vorgenommen ist, in welcher sie noch nicht gegolten haben. Rechtsgeschäfte, die vor der Grundbuchanlegung, wenn auch nach dem Inkrafttreten des B.G.B. vorgenommen worden sind, unterstehen nur dem bisherigen Rechte. Soweit diesem der Schutz des öffentlichen Glaubens des Grundbuchs oder eines anderen Buches, an dessen Stelle das Grundbuch getreten ist, bekannt war, bleibt der nach Maßgabe des bisherigen Rechtes gewährte Schutz erhalten. Wenn also z. B. am 1. Februar 1902 der in das bayer. Hypothekenbuch eingetragene Nichteigenthümer eines Grundstücks an diesem für ein von ihm aufgenommenes Darlehen dem A eine Hypothek bestellt, so erstreckt sich, wenn am 2. Februar 1902 das Grundbuch für angelegt erklärt ist, der öffentliche Glaube nicht weiter, als er nach dem bayer. Hypothekengesetze begründet war; insbesondere bezieht er sich nicht, wie dies der § 1138 des B.G.B. vorsieht, auch auf die Forderung; wenn dagegen der A die Forderung mit der Hypothek am 3. Februar 1902 dem B abtritt, so kommt der dem Grundbuche nach dem B.G.B. zustehende öffentliche Glaube zur vollen Entfaltung.

d) Nach dem Ausgeführten gehen die zur Zeit der Grundbuchanlegung bestehenden buchungsfähigen Rechte nicht dadurch unter, daß sie zur Zeit der Grundbuchanlegung nicht eingetragen sind (vergl. hierzu Erl. 1 zu Art. 184); sie erleiden aber — abgesehen davon, daß sie im Falle einer Zwangsversteigerung des Grundstücks angemeldet und glaubhaft gemacht werden müssen (§ 45 des Zw.V.G.) — insofern eine gewisse Schwächung, als sie, solange ihre Eintragung nicht bewirkt ist, zu Folge der Vorschriften des B.G.B. über den öffentlichen Glauben des Grundbuchs der Gefahr der Aufhebung zu Gunsten eines auf das Grundbuch vertrauenden Erwerbers ausgesetzt sind. Der nicht eingetragene Berechtigte hat nach Maßgabe der §§ 894—898 des B.G.B. einen Anspruch auf Berichtigung des Grundbuchs und er kann nach Maßgabe des § 899 des B.G.B. einen Widerspruch gegen die Richtigkeit des Grundbuchs eintragen lassen. Der E. I des E.G. Art. 114, welcher diesen Grundsatz ausdrücklich enthielt, ist von der zweiten Kommission lediglich als selbstverständlich gestrichen worden (P. II Bd. 6 S. 524). Selbstverständlich entfällt der Berichtigungsanspruch insoweit, als in der Zwischenzeit nach der Grundbuchanlegung ein gutgläubiger Erwerber ein dem nicht eingetragenen Rechte entgegenstehendes oder es beschränkendes Recht erworben hat.

4. Nach dem Abs. 2 des Art. 186 hat die Erklärung, daß das Grundbuch für einen Bezirk als angelegt anzusehen ist, zur Folge, daß auch die in dem Bezirke liegenden Grundstücke unter das Grundbuchrecht treten, welche nicht in das Grundbuch eingetragen worden sind, sei es, daß der Anlegung des Grundbuchblatts für sie ein Hinderniß entgegensteht oder daß sie bei der Grundbuchanlegung übersehen worden sind, sei es, daß sie nach Maßgabe des § 90 der G.B.O. von dem Buchungszwange befreit sind. Die rechtsgeschäftliche Verfügung über die nicht eingetragenen Grundstücke ist, soweit nicht für die nicht buchungspflichtigen Grundstücke die auf Grund der Art. 127, 128 erlassenen Landesgesetze eine Ausnahme machen, Mangels der Möglichkeit, die vorgeschriebenen Formen (Eintragung) zu erfüllen, einstweilen solange gehindert, als nicht ihre nachträgliche Eintragung erfolgt ist. Das Verfahren für die nachträgliche Buchung wird nach § 91 der G.B.O. durch landesherrliche Verordnung bestimmt.

Der Folge, daß die Feststellung der Anlegung des Grundbuchs den Eintritt des Grundbuchrechts auch für die nicht eingetragenen Grundstücke nach sich zieht, entgehen diejenigen Grundstücke, welche durch besondere Anordnung von der Grundbuchanlegung ausgenommen worden sind. Für diese Grundstücke gilt das bisherige Recht nach Maßgabe der Art. 189, 191 weiter. Daß die auf Grund des § 90 der G.B.O. vom Buchungszwange befreiten Grundstücke nicht zu den durch besondere Anordnung ausgenommenen Grundstücken im Sinne des Abs. 2 gehören, ist schon bemerkt und in den M. zu § 11 des E. I der G.B.O. (S. 39) ausdrücklich hervorgehoben. Ueber die Voraussetzungen und die Zuständigkeit zur Anordnung der besonderen Ausnahme von der Anlegung hat das Landesrecht das Erforderliche zu bestimmen. Für Preußen schreibt der Art. 15 Abs. 2 der V. v. 13. Novbr. 1899 (übereinstimmend der Art. 39 Abs. 2 der V. für Nassau) vor, daß für die Grundstücke, die bei der Anlegung des Grundbuchs für einen Bezirk ausgenommen worden sind, nach dem Ablaufe von zwei Jahren seit der Zeit, wo das Grundbuch für den Bezirk als angelegt anzusehen ist, die Anlegung als erfolgt gilt, auch wenn sie thatsächlich ein Blatt noch nicht erhalten haben. Für Bayern hat das Justizministerium den Zeitpunkt zu bestimmen, wo in Ansehung der ausgenommenen Grundstücke das Grundbuch als angelegt anzusehen ist und damit die Ausnahme erlischt (s. V. v. 23. Juli 1898 § 27, V. v. 28. August 1898 § 37).

Artikel 187.

Eine Grunddienstbarkeit, die zu der Zeit besteht, zu welcher das Grundbuch als angelegt anzusehen ist, bedarf zur Erhaltung der Wirksamkeit gegenüber dem öffentlichen Glauben des Grundbuchs nicht der Eintragung. Die Eintragung hat jedoch zu erfolgen, wenn sie von dem Berechtigten oder von dem Eigenthümer des belasteten Grundstücks verlangt wird; die Kosten sind von demjenigen zu tragen und vorzuschießen, welcher die Eintragung verlangt.

Durch Landesgesetz kann bestimmt werden, daß die bestehenden Grunddienstbarkeiten oder einzelne Arten zur Erhaltung der Wirksamkeit gegenüber dem öffentlichen Glauben des Grundbuchs bei der Anlegung des Grundbuchs oder später in das Grundbuch eingetragen werden müssen. Die Bestimmung kann auf einzelne Grundbuchbezirke beschränkt werden.

Artikel 187.

E. d. E.G. I Art. 109; II Art. 158; III Art. 186. P. I S. 13186, 13277, 13299; M. d. E.G. S. 268. P. II S. 3853, 3882, 8566, 9048 (Bd. 3 S. 289, 300ff.; Bd. 6 S. 240, 521).

1. Der Abs. 1 Satz 1 enthält zu Gunsten der zur Zeit der Anlegung des Grundbuchs bestehenden Grunddienstbarkeiten eine Ausnahme von der sich aus dem Art. 186 ergebenden Folge, daß mit der Anlegung des Grundbuchs auch die nicht eingetragenen Rechte an Grundstücken den Vorschriften über den öffentlichen Glauben des Grundbuchs (§§ 892, 893 des B.G.B.) unterstehen. Nach dem Abs. 1 Satz 1 bedürfen die zur Zeit der Anlegung des Grundbuchs bestehenden Grunddienstbarkeiten — gleichgültig, ob sie vor dem Inkrafttreten des B.G.B. oder in der Zwischenzeit bis zur Anlegung des Grundbuchs entstanden sind — zur Erhaltung der Wirksamkeit gegenüber dem öffentlichen Glauben des Grundbuchs nicht der Eintragung.

Wegen der Behandlung der zur Zeit der Anlegung des Grundbuchs bereits bestehenden Grunddienstbarkeiten bei der Zwangsversteigerung des Grundstücks s. E.G. z. Zw.V.G. § 9.

2. Wenn auch die Grunddienstbarkeiten hiernach nicht eingetragen werden müssen, so drohen ihnen doch aus der Unterlassung der Eintragung schwere Rechtsnachtheile. Die Hauptgefahr liegt auf dem Gebiete des Beweises im Falle eines Rechtsstreits über die Dienstbarkeit. Nach der Grundbuchanlegung kann nämlich eine Grunddienstbarkeit durch Ersitzung nicht mehr erworben werden. Die Zeit nach der Grundbuchanlegung kann daher, wenn die Ersitzung einer Dienstbarkeit zu beweisen ist, für den Beweis nicht mehr in Betracht kommen. Daher ergiebt sich, je länger der Zeitraum ist, welcher seit der Grundbuchanlegung verstrichen ist, desto mehr die Gefahr, daß die Ersitzung einer Dienstbarkeit überhaupt nicht mehr zu beweisen ist; die Ersitzung bildet aber für die meisten Grunddienstbarkeiten den Erwerbstitel. Aus diesem Grunde giebt der Abs. 1 Satz 2 sowohl den Berechtigten als dem Eigenthümer des belasteten Grundstücks einen Anspruch auf Herbeiführung der Eintragung (vergl. § 894 des B.G.B.). Unter welchen formellen Voraussetzungen die Eintragung zu erfolgen hat, bestimmt sich nach der G.B.O. §§ 13ff., 19, 28ff. Der Berechtigte ist auch befugt, nach Maßgabe des § 899 des B.G.B. einen Widerspruch eintragen zu lassen. Als Berechtigter erscheint nicht nur der Eigenthümer des herrschenden Grundstücks, sondern jeder an diesem Berechtigte, welcher ein Recht darauf hat, daß über die Grunddienstbarkeit nicht ohne seine Zustimmung verfügt wird, insbesondere also der Nießbraucher und der Nacherbe. Die Kosten der Eintragung sind von demjenigen zu tragen und vorzuschießen, welcher die Eintragung verlangt. Verweigert der andere Theil unbefugter Weise die Mitwirkung an der Eintragung, so sind für die Tragung der Kosten des in Folge dessen entstehenden Rechtsstreits die allgemeinen Grundsätze des Prozeßrechts maßgebend.

Zweifelhaft ist, ob die Vorschrift des Abs. 1 Satz 2 auch in Ansehung der an buchungsfreien Grundstücken (§ 90 der G.B.O.) bestehenden Grunddienstbarkeiten gilt. Dem Zwecke der Buchungsfreiheit widerstreitet die Befugniß des Dienstbarkeitberechtigten, die Eintragung verlangen zu dürfen; dies dürfte z. B. bei einem großen Staatswalde, an welchem Dienstbarkeiten bestehen, auf der Hand liegen. Gleichwohl wird man eine Ausnahme vom Abs. 1 Satz 2 für an buchungsfreien Grundstücken bestehende Grunddienstbarkeiten nicht machen dürfen; zu einer solchen Ausnahme bietet der Wortlaut des Abs. 1 Satz 2 keinerlei Raum.

Die Vorschrift des Abs. 1 Satz 2 gilt, wie es vom Standpunkte des Reichsgesetzes aus selbstverständlich ist, erst von der Grundbuchanlegung an. Es ist Sache der Landesgesetzgebung, sie schon früher in Kraft zu setzen, soweit landesrechtlich hierzu die Möglichkeit besteht (vergl. z. B. Bayern Ueb.G. Art. 44). Für das Anlegungsverfahren folgt aus der Vorschrift des Abs. 1, daß

Artikel 188.

Durch landesherrliche Verordnung kann bestimmt werden, daß gesetzliche Pfandrechte, die zu der Zeit bestehen, zu welcher das Grundbuch als angelegt anzusehen ist, zur Erhaltung der Wirksamkeit gegenüber dem öffentlichen Glauben des Grundbuchs während einer zehn Jahre nicht übersteigenden, von dem Inkrafttreten des Bürgerlichen Gesetzbuchs an zu berechnenden Frist nicht der Eintragung bedürfen.

Durch landesherrliche Verordnung kann bestimmt werden, daß Miethrechte und Pachtrechte, welche zu der im Abs. 1 bezeichneten Zeit als Rechte an einem Grundstücke bestehen, zur Erhaltung der Wirksamkeit gegenüber dem öffentlichen Glauben des Grundbuchs nicht der Eintragung bedürfen.

---

es auf die Grunddienstbarkeiten nicht ausgedehnt zu werden braucht, daß aber im Anlegungsverfahren für die Betheiligten wenigstens die Möglichkeit offen stehen muß, die Eintragung der Grunddienstbarkeiten zu verlangen.

3. Wenn auch das Reichsgesetz davon Abstand genommen hat, die Eintragung der zur Zeit der Grundbuchanlegung bestehenden Grunddienstbarkeiten vorzuschreiben, so hat es doch im Abs. 2 der Landesgesetzgebung die Möglichkeit gegeben, die Eintragungspflicht aufzustellen. Der Landesgesetzgebung ist dabei weitgehender Spielraum gewährt. Sie kann die Eintragungspflicht für alle oder nur für gewisse Gattungen von Dienstbarkeiten festsetzen, sie kann den Eintragungszwang auch auf einen gewissen Grundbuchbezirk beschränken. Es ist dies geschehen, um die Landesgesetzgebung in die Lage zu setzen, zunächst einen Versuch zu machen, ob sich der Eintragungszwang praktisch durchführen läßt, und die dabei gewonnenen Erfahrungen weiter zu verwerthen. Die Eintragungspflicht kann im Gegensatze zu der in den Art. 186, 188 erforderten landesherrlichen Verordnung nur durch Landesgesetz bestimmt werden; selbstverständlich steht nichts im Wege, daß das Landesgesetz die Bestimmungen einer Verordnung überträgt. Von der Befugniß des Abs. 2 haben z. B. Bayern Ueb.G. Art. 10, Hessen A.G. Art. 141, Mecklenburg-Schwerin A.V. § 186, Strelitz § 184, Hamburg §§ 44, 45, Gebrauch gemacht. Keinen Gebrauch machten insbesondere Preußen (vergl. die Begründung zu Art. 21 des E. des A.G. z. B.G.B.) und Sachsen (dazu V. v. 12. Oktober 1900, J.M.Bl. S. 100). Hessen hat mit dem Zwange der Eintragung von Grunddienstbarkeiten zunächst probeweise in einigen Gemeinden bereits begonnen (V. v. 20. Juni 1900).

4. Für beschränkte persönliche Dienstbarkeiten gilt der Art. 187 nicht.

Artikel 188.

E. d. E.G. I Art. 109; II Art. 159; III Art. 187. P. I S. 13186, 13277, 13299; M. d. E.G. S. 268. P. II S. 9048 (Bd. 6 S. 521).

1. Der Art. 188 ermächtigt das Landesrecht, im Wege der landesherrlichen Verordnung eine Ausnahme von der sich aus Art. 186 ergebenden Folge zu schaffen, daß nicht eingetragene Rechte an Grundstücken den Vorschriften des B.G.B. über den öffentlichen Glauben des Grundbuchs (§§ 892, 893) unterliegen. Diese Ermächtigung besteht

a) nach dem Abs. 1 für gesetzliche Pfandrechte, die zu der Zeit bestehen, zu welcher das Grundbuch als angelegt anzusehen ist (Art. 186). Es ist gleichgültig, ob das Pfandrecht vor oder nach dem Inkrafttreten des B.G.B. entstanden ist; daß Letzteres noch möglich ist, folgt aus Art. 189. Die Beschränkung des öffentlichen Glaubens kann aber nur auf die Dauer von höchstens zehn Jahren vom Inkrafttreten des B.G.B. (also nicht von der Anlegung des Grundbuchs) an bestimmt werden.

b) nach dem Abs. 2 für Mieth- und Pachtrechte, welche zu der Zeit, zu welcher das Grundbuch als angelegt anzusehen ist, an einem Grundstücke bestehen. Gemeint sind dabei, wie sich aus Art. 179 ergiebt, nur solche Mieth- und Pachtrechte, die nach dem bisherigen Rechte als solche auch ohne Eintragung in das Grundbuch dinglichen Charakter haben, nicht aber solche Mieth- und Pachtrechte, welche nach dem bisherigen Rechte, z. B. dem sächs. G.B. nur obligatorischer Natur sind, durch Eintragung in ein öffentliches Buch aber auch gegen Dritte Wirksamkeit erlangen; Letztere fallen unter den Art. 179 und werden nur nach Maßgabe dieser Vorschrift geschützt. Der Art. 188 Abs. 2 bezieht sich also insbesondere auf das preuß. L.R. I 21 §§ 2—5, 350—360. In Betracht kommen übrigens, da die Begründung dinglicher Mieth- und

Artikel 189.

Der Erwerb und Verlust des Eigenthums sowie die Begründung, Uebertragung, Belastung und Aufhebung eines anderen Rechtes an einem Grundstück oder eines Rechtes an einem solchen Rechte erfolgen auch nach dem Inkrafttreten des Bürgerlichen Gesetzbuchs nach den bisherigen Gesetzen, bis das Grundbuch als angelegt anzusehen ist. Das Gleiche gilt von der Aenderung des Inhalts und des Ranges der Rechte. Ein nach den Vorschriften des Bürgerlichen Gesetzbuchs unzulässiges Recht kann nach dem Inkrafttreten des Bürgerlichen Gesetzbuchs nicht mehr begründet werden.

Ist zu der Zeit, zu welcher das Grundbuch als angelegt anzusehen ist, der Besitzer als der Berechtigte im Grundbuch eingetragen, so finden auf eine zu dieser Zeit noch nicht vollendete, nach §. 900 des Bürgerlichen Gesetzbuchs zulässige Ersitzung die Vorschriften des Artikel 169 entsprechende Anwendung.

Die Aufhebung eines Rechtes, mit dem ein Grundstück oder ein Recht an einem Grundstücke zu der Zeit belastet ist, zu welcher das Grundbuch als angelegt anzusehen ist, erfolgt auch nach dieser Zeit nach den bisherigen Gesetzen, bis das Recht in das Grundbuch eingetragen wird.

Pachtrechte von dem Inkrafttreten des B.G.B. an nach Art. 189 Abs. 1 Satz 3 unzulässig ist, nur vor diesem Zeitpunkte begründete Rechte. Für Mieth- und Pachtrechte kann die Beschränkung des öffentlichen Glaubens ohne zeitliche Grenze für die Dauer des Mieth- oder Pachtverhältnisses bestimmt werden. Ob das Mieth- oder Pachtverhältniß den Vorschriften des bisherigen Rechtes oder auf Grund des Art. 171 den Vorschriften des B.G.B. unterliegt, ist gleichgültig. Die Vorschrift des Abs. 2 ist neben der des Art. 172 Satz 2 nicht bedeutungslos, wie Habicht S. 296, 485 annimmt; denn der Art. 172 Satz 2 bezieht sich auf dingliche Mieth- und Pachtrechte überhaupt nicht.

2. Von der Ermächtigung des Abs. 1 hat, soviel ersichtlich, kein Landesrecht Gebrauch gemacht. Von der Ermächtigung des Abs. 2 ist z. B. in Preußen (V. v. 16. Novbr. 1899 Art. 19) Gebrauch gemacht worden.

3. Wegen der Behandlung im Falle der Zwangsversteigerung des Grundstückes s. § 9 des E.G. z. Zw.V.G.

Artikel 189.

E. d. E.G. I Art. 110; II Art. 160; III Art. 188. P. I S. 13171—13188, 13206, 13231, 13273, 13299; M. d. E.G. S. 269—273. P. II S. 9050, 9236 (Bd. 6 S. 522, 633).

1. Diejenigen Vorschriften des Liegenschaftsrechts des B.G.B., welche das Grundbuch voraussetzen, können erst in Kraft treten, wenn das Grundbuch angelegt ist. Da das Grundbuch am 1. Januar 1900 in einer Reihe von Bezirken noch nicht angelegt sein konnte (s. Vorbm. vor Art. 186), so ergiebt sich für diese Landestheile eine Zwischenzeit zwischen dem Inkrafttreten des Liegenschaftsrechts und dem Inkrafttreten der übrigen Vorschriften des B.G.B. Die Regelung des Liegenschaftsrechts für diese Zeit ist im Art. 189 getroffen. Die Regelung geht in der Hauptsache dahin, daß in der Zwischenzeit die Geltung des das Grundbuch voraussetzenden neuen Liegenschaftsrechts suspendirt und das bisherige Recht aufrecht erhalten wird.

2. Der Art. 189 suspendirt im Abs. 1 Satz 1 zunächst die Vorschriften des neuen Liegenschaftsrechts, welche sich auf den Erwerb und Verlust des Eigenthums sowie auf die Begründung, Uebertragung, Belastung und Aufhebung eines anderen Rechtes an einem Grundstück oder eines Rechtes an einem solchen Rechte beziehen. Der Erwerb, die Veränderung und der Verlust aller dinglicher Rechte, wie Eigenthum, Erbbaurechte, Dienstbarkeiten, Reallasten, Vorkaufsrechte, Pfandrechte und Rechte an solchen Rechten, wie Nießbrauch an einem Erbbaurechte, Verpfändung und Pfändung eines Nießbrauchs, bestimmen sich bis zur Grundbuchanlegung nach dem bisherigen Rechte. Dieses ist sowohl für die formellen als die materiellen Voraussetzungen der Rechtsänderungen an Grundstücken maßgebend. Der Art. 189 Abs. 1 bezieht sich auf alle Rechtsänderungen an Grundstücken. Gleichgültig ist, ob die Aenderung nach dem bisherigen Rechte durch Rechtsgeschäft oder durch richterlichen Ausspruch oder unmittelbar kraft Gesetzes erfolgt. Durch den Art. 189 Abs. 1 werden auch die Vorschriften des bisherigen Rechtes aufrecht erhalten, welche den Erwerb und Verlust eines dinglichen Rechtes an

einem Grundstück oder eines Rechtes an einem solchen Rechte durch Okkupation, Ersitzung, non usus, Ersitzung der Freiheit des Eigenthums, Untergang der Sache, Konsolidation ꝛc. regeln. Der Art. 189 Abs. 1 ermöglicht ferner, daß gesetzliche Hypotheken nach Maßgabe des bisherigen Rechtes — in Betracht kommen insbesondere die gesetzliche Hypothek der Ehefrau, der Kinder und Mündel vergl. hierzu die Erl. zu Art. 200, 203, 210 — auch nach dem Inkrafttreten des B.G.B. entstehen und daß auch für die nach diesem Zeitpunkte begründeten persönlichen Ansprüche der im bisherigen Rechte bestimmte Hypothekentitel geltend gemacht wird. Ob freilich für ein Rechtsverhältniß ein Hypothekentitel besteht, bestimmt sich nicht nach dem Art. 189, sondern nach den Vorschriften, welche das Rechtsverhältniß regeln, aus welchem der zu sichernde Anspruch entsteht. Nur die Vorschriften, wie sich auf Grund eines Hypothekentitels der Erwerb der Hypothek vollzieht, gehören zu den durch den Art. 189 aufrecht erhaltenen Vorschriften über die Begründung von Rechten an Grundstücken. Für den Anspruch aus einem Rechtsverhältnisse, das sich nach den Vorschriften des B.G.B. bestimmt, ist deshalb der nach dem bisherigen Rechte mit einem solchen Rechtsverhältnisse verbundene Hypothekentitel durch den Art. 189 nicht aufrecht erhalten. Die Frau, welche sich erst unter der Herrschaft des B.G.B. verheirathet hat, kann z. B. den nach bisherigem Rechte einer Ehefrau zustehenden Hypothekentitel nicht deshalb geltend machen, weil das Grundbuch noch nicht angelegt ist (Bayr. Oberst. L.G. in Bl. f. R.A. 66 S. 251).

Was übrigens die Aufhebung der dinglichen Rechte anbetrifft, so ist für die Aufhebungsgründe, welche zum Inhalte des Rechtes gehören, z. B. für die Frage, ob der Nießbrauch durch Verschlechterung der den Gegenstand des Nießbrauchs bildenden Sache oder durch den Tod des Nießbrauchers untergeht, das für den Inhalt des Rechtes geltende Gesetz maßgebend. Gleiches gilt von der Frage der Uebertragbarkeit und der Pfändbarkeit und Verpfändbarkeit eines Rechtes; hierüber s. unten Nr. 8. Dagegen bestimmen sich die Aufhebung, die Uebertragung und die Verpfändung selbst gemäß Art. 189 nach dem bisherigen Rechte.

3. Der Erwerb und Verlust des Eigenthums sowie die Begründung, Uebertragung, Belastung und Aufhebung eines anderen Rechtes an einem Grundstück oder eines Rechtes an einem solchen Rechte erfolgen dann nicht nach den bisherigen Gesetzen, wenn die Rechtsänderung auf einem nicht dem Sachenrecht angehörenden Rechtssatze beruht. Bezüglich des Erwerbes auf Grund des ehelichen Güterstandes oder auf Grund des Erbrechts wird die Vorschrift des Art. 189 Abs. 1 durch die der Art. 200, 213 durchbrochen. Die Frage, ob durch den Eintritt der allgemeinen Gütergemeinschaft, der Errungenschaftsgemeinschaft oder der Fahrnißgemeinschaft, und die Frage, ob durch den Erbgang selbst ein Recht erworben wird, ist keine sachenrechtliche Frage, sondern betrifft ein güterrechtliches bezw. erbrechtliches Verhältniß. Für güterrechtliche Verhältnisse ist entscheidend, ob der Güterstand sich auf Grund des Art. 200 nach dem bisherigen oder dem neuen Rechte bestimmt. Bestimmt er sich nach dem B.G.B., so wird der zum Gesammtgute gehörende Gegenstand auch dann gemeinschaftlich (§ 1438 des B.G.B.) wenn es sich um Grundstücke oder Rechte an solchen handelt und das Grundbuch noch nicht angelegt ist, mag auch das bisherige Recht z. B. die Eintragung in das Grundbuch zum Erwerbe des Rechtes gefordert haben. Für erbrechtliche Verhältnisse kommt es darauf an, ob der Erbfall vor oder nach dem 1. Januar 1900 eingetreten ist. Ist er nach dem 1. Januar 1900 eingetreten, so ist für den Erwerb eines Rechtes im Erbweg auch dann das B.G.B. maßgebend, wenn es sich um den Erwerb eines Rechtes an einem Grundstück oder an einem solchen Rechte handelt und das Grundbuch noch nicht angelegt ist. Wenn der Erblasser nach dem 1. Januar 1900 gestorben ist, kann mithin weder auf Grund einer heredis institutio ex re certa noch auf Grund eines Vindikationslegats das Eigenthum an einem zur Erbschaft gehörenden Grundstück erworben werden.

4. Die allgemeinen Vorschriften des B.G.B über Rechtsgeschäfte (§§ 104—185) finden bei einem nach dem 1. Januar 1900 vorgenommenen Rechtsgeschäft auch dann Anwendung, wenn es sich um das dingliche Rechtsgeschäft über ein Grundstück handelt, für welches das Grundbuch noch nicht angelegt ist. Insbesondere richtet sich die Frage, ob das dingliche Rechtsgeschäft wegen Irrthums oder aus einem sonstigen Willensmangel ungültig ist, wenn das Rechtsgeschäft nach dem 1. Januar 1900 vorgenommen worden ist, nach dem B.G.B. und die Vorschrift, daß die Vollmacht und die Zustimmung nicht der für das Rechtsgeschäft erforderlichen Form bedürfen (§§ 167 Abs. 2, 182 Abs. 2), gilt bei einem solchen Rechtsgeschäft auch dann, wenn das bisherige Recht das Gegentheil bestimmt. Hiervon verschieden ist die Frage, ob der Erwerb eines dinglichen Rechtes aus einem Grunde ungültig ist, welcher dem Sachenrecht angehört z. B. wegen Mangels der obligatorischen causa (vergl. § 10 des preuß. E.E.G.), wegen unrichtiger Eintragungen in das Grund- oder Hypothekenbuch, wegen zwischen dem dinglichen Rechtsgeschäft und der Eintragung in das Grund- oder Hypothekenbuch eingetretener Verfügungsbeschränkung eines Theiles. Für diese Frage ist das bisherige Recht maßgebend.

5. Der Art. 189 Abs. 1 suspendirt ferner im Satz 2 die Vorschriften des neuen Liegenschaftsrechts, soweit sie sich auf die Aenderung des Inhalts und des Ranges der dinglichen Rechte beziehen. Denn die Aenderung stellt sich als eine Neubelastung des Grundstücks oder eine theilweise Aufhebung des Rechtes an einem Grundstücke dar. Das unter Nr. 2—4 Bemerkte gilt hier entsprechend. Für die Umwandelung einer Hypothek in eine Grundschuld, einer Sicherungshypothek in eine gewöhnliche Hypothek und umgekehrt, für den Einfluß der Theilung des belasteten Grundstücks oder des Grundstücks des Berechtigten auf eine Reallast, für die Aenderung des Inhalts der Rechte und Pflichten des Nießbrauchers rc. bleiben also auch nach dem Inkrafttreten des B.G.B. die bisherigen Gesetze maßgebend. Insbesondere finden die §§ 877, 880 des B.G.B. keine Anwendung.

6. Nach dem Ausgeführten bleiben namentlich sämmtliche Vorschriften des zweiten Abschnitts des Sachenrechts (allgemeine Vorschriften über Rechte an Grundstücken §§ 873—902 des B.G.B.) bis zur Grundbuchanlegung suspendirt. Für die in diesem Abschnitte geregelten Fragen ist das bisherige Recht maßgebend. Dies gilt z. B. von der Frage, ob und in welchem Umfang auf Grund der Eintragung in die landesgesetzlich bestimmten Bücher ein Schutz des gutgläubigen Erwerbers stattfindet, von der Frage, in welcher Weise persönliche Ansprüche auf Einräumung oder Aenderung oder Aufhebung eines dinglichen Rechtes gegen die Gefahren, welche aus dem öffentlichen Glauben des landesgesetzlich bestimmten Buches drohen, gesichert werden können, und von der Frage, ob ein Grundstück auch Bestandtheil eines anderen Grundstücks ist. Es findet nicht etwa in letzterer Hinsicht § 890 des B.G.B. Anwendung. Auch die Verjährung eines im landesgesetzlich bestimmten Buche gelöschten oder eines nicht eingetragenen kraft Gesetzes entstandenen Rechtes bestimmt sich nicht nach dem § 901 des B.G.B., sondern nach dem bisherigen Rechte.

7. Bestritten ist, ob aus der Vorschrift des Art. 189 Abs. 1 Satz 1, 2 folgt, daß auch der Inhalt eines in der Zwischenzeit erworbenen Rechtes sich nach dem bisherigen Rechte bestimmt. Für die Bejahung Habicht S. 460, für die Verneinung Neumann S. 1471 und Niedner Aufl. II S. 395. In den M. des E.G. wird ausdrücklich gesagt: „Die Beurtheilung des Rechtserwerbes nach altem Rechte führt übrigens mit Nothwendigkeit dazu, daß auch der Inhalt und Umfang des erworbenen Rechtes, unbeschadet des Art. 110 Abs. 2 (jetzt Art. 189 Abs. 1 Satz 3) nach altem Rechte beurtheilt wird.“ Dieser Satz dürfte richtig sein. Wenn die Begründung, Uebertragung und Belastung eines Rechtes an einem Grundstücke nach dem bisherigen Rechte erfolgen soll, so kann unter einem solchen Rechte nur ein Recht verstanden werden, welches dem bisherigen Rechte angehört. Worin ein Recht besteht, bestimmt sich aber nach seinem Inhalte, nicht nach seinem Namen. Jedes dem bisherigen Rechte bekannte Recht kann daher mit demjenigen Inhalte, welchen es nach dem bisherigen Rechte hat, begründet werden. Andererseits kann auch nur ein Recht dieses Inhalts nach dem bisherigen Rechte begründet werden. Ein Recht, welches nach dem B.G.B. zwar denselben Namen aber nicht denselben Inhalt hat, wie ein in dem bisherigen Rechte geregeltes Recht, ist nicht dasselbe Recht wie dieses. Wollte man den Inhalt der in der Zwischenzeit begründeten Rechte nicht nach dem bisherigen Rechte, sondern nach dem B.G.B. bestimmen, so würde hierdurch ein dem bisherigen Rechte fremder Inhalt in dasselbe hineingetragen werden. Nicht die Vorschriften des bisherigen Rechtes über die Begründung von Rechten würden zur Anwendung kommen, sondern an die Stelle der Vorschriften des bisherigen Rechtes würden Vorschriften über Begründung anderer Rechte, die das bisherige Recht nicht kennt, treten. Für die hier vertretene Auffassung sprechen auch die Vorschriften der Art. 188, 192—195, welche davon ausgehen, daß die pfandartigen Belastungen eines Grundstücks an sich mit dem Inhalte, den sie nach bisherigem Rechte haben, bestehen bleiben und mit Rücksicht hierauf Vorschriften geben, durch welche die Ueberleitung in den nach Anlegung des Grundbuchs bestehenden Rechtszustand geregelt wird. Für diese Auffassung spricht ferner die im Abs. 1 Satz 3 bestimmte Ausnahme von der Regel des Abs. 1 Satz 1, nach welcher ein nach den Vorschriften des B.G.B. unzulässiges Recht nach dem Inkrafttreten des B.G.B. nicht mehr begründet werden kann. Diese Ausnahme würde überflüssig sein, wenn der Inhalt der in der Zwischenzeit begründeten Rechte sich nicht nach dem bisherigen Rechte, sondern nach dem B.G.B. bestimmte.

Ist hiernach der Inhalt der in der Zwischenzeit begründeten Rechte regelmäßig nach dem bisherigen Rechte zu beurtheilen, so ergiebt sich hiervon neben der im Satz 3 bestimmten Ausnahme eine weitere Ausnahme aus der Vorschrift des Art. 184 Satz 2. Soweit hiernach auf ein bei dem Inkrafttreten des B.G.B. bereits bestehendes Erbbaurecht und auf eine zu dieser Zeit bestehende Grunddienstbarkeit die Vorschriften des B.G.B. Anwendung finden, müssen diese selbstverständlich auch auf die in der Zwischenzeit begründeten Rechte der gedachten Art Anwendung finden. Für das Eigenthum kommt die Frage nicht in Betracht, da dessen Inhalt sich nach Art. 181 von dem Inkrafttreten des B.G.B. an nach dessen Vorschriften bestimmt.

Wenn Habicht, der im Prinzipe der hier vertretenen Auffassung beistimmt, eine Modifikation für solche Fälle eintreten lassen will, in denen das Schuldverhältniß, durch welches die Verpflichtung zur Begründung eines dinglichen Rechtes der hier fraglichen Art begründet wird, nach dem bisherigen Rechte zu beurtheilen ist, wenn also z. B. der obligatorische Vertrag in der

Zwischenzeit geschlossen ist, so dürfte dies nicht richtig sein. Bei einem Vertrage der gedachten Art ist es eine Frage der Auslegung, ob die Verpflichtung auf Begründung eines dem bisherigen Rechte oder dem B.G.B. entsprechenden Rechtes gerichtet ist. Die Erfüllung einer Verpflichtung der erstgedachten Art ist nur bis zu dem Zeitpunkte möglich, in welchem das Grundbuch als angelegt anzusehen ist, die Erfüllung einer Verpflichtung der letztgedachten Art erst von diesem Zeitpunkt an. In beiden Fällen können selbstverständlich diejenigen Aenderungen des Rechtsinhalts vereinbart werden, welche das zur Anwendung kommende Recht zuläßt.

Aus der hier vertretenen Ansicht folgt insbesondere, daß, wenn in der Zwischenzeit ein Nießbrauch, eine beschränkte persönliche Dienstbarkeit, ein dingliches Vorkaufsrecht, eine Reallast, eine Hypothek oder Grundschuld begründet wird, der Inhalt dieser Rechte sich nach dem bisherigen Rechte bestimmt. Dasselbe gilt für das Erbbaurecht und für Grunddienstbarkeiten, soweit nicht auf sie nach Art. 184 Satz 2 das bisherige Recht Anwendung findet. Ob, wenn nach dem bisherigen Rechte der Nießbrauch veräußerlich ist, dies auch für einen in der Zwischenzeit begründeten Nießbrauch gilt, hängt davon ab, ob man in einem veräußerlichen Nießbrauch ein nach den Vorschriften des B.G.B. unzulässiges Recht im Sinne des Art. 189 Abs. 1 Satz 3 sieht. Ein durch Vertrag begründetes obligatorisches Vorkaufsrecht bestimmt sich, wenn der Vertrag in der Zwischenzeit geschlossen wird, nach den Vorschriften des B.G.B. Die nach dem B.G.B. mit einem dinglichen Vorkaufsrechte verbundenen Wirkungen können aber erst eintreten, wenn die Eintragung in das Grundbuch erfolgt ist. Sie können also nicht nach Maßgabe des bisherigen Rechtes vereinbart werden. Ein in der Zwischenzeit begründetes dingliches Vorkaufsrecht bestimmt sich daher nach seinem Inhalt und seinen Wirkungen nach dem bisherigen Rechte.

8. Soweit die für den Inhalt eines Rechtes maßgebenden Vorschriften des B.G.B. das Grundbuch voraussetzen, bleiben auch sie bis zur Grundbuchanlegung suspendirt. Hinsichtlich des Eigenthums (vergl. z. B. §§ 914 Abs. 2, 917 Abs. 2, 1010 des B.G.B.) ist das Erforderliche schon in der Erl. zu Art. 181 bemerkt. Für das Erbbaurecht kommen die durch den § 1017 des B.G.B. für anwendbar erklärten, für Grundstücke geltenden Vorschriften, welche mit dem Grundbuche zusammenhängen, in Betracht. Die Anwenbarkeit des § 1017 des B.G.B. selbst ist nicht suspendirt, auch den am 1. Januar 1900 bestehenden oder seitdem entstandenen Erbbaurechten kommt kraft Reichsrechts die Grundstücksnatur zu. Die Uebertragung, Belastung, Ersitzung 2c. des Erbbaurechts erfolgt auch vor der Grundbuchanlegung nach den für Grundstücke geltenden Vorschriften, nach Art. 189 Abs. 1, aber nicht nach den für Grundstücke geltenden Vorschriften des B.G.B., sondern nach denen des bisherigen Rechtes. So auch Habicht S. 434, a. A. Niedner Aufl. II S. 381, 394, welcher deshalb auch der Ansicht ist, daß die Zwangsvollstreckung in ein Erbbaurecht nach den Vorschriften über die Mobiliarpfändung zu erfolgen hat, wenn dies im bisherigen Rechte so bestimmt war.

9. Ingleichen richtet sich der Rang der in der Zeit nach dem Inkrafttreten des B.G.B. bis zur Anlegung des Grundbuchs begründeten dinglichen Rechte und der Rechte an diesen ausschließlich nach dem bisherigen Rechte. Für die Rechte an Grundstücken bedarf dies keiner Ausführung. Die Vorschriften des § 879 des B.G.B. können nur Anwendung finden, wenn ein Grundbuch vorhanden ist. Es gilt aber auch z. B. für das Pfandrecht an einer Hypothekenforderung.

10. Für das obligatorische Rechtsgeschäft, das der dinglichen Rechtsänderung zu Grunde liegt, das sog. Kausalgeschäft gilt, auch wenn es sich um die Aenderung des Rechtsverhältnisses an einem Grundstück oder eines Rechtes an einem solchen handelt und das Grundbuch noch nicht angelegt ist, nicht die Norm des Art. 189, sondern die des Art. 170. Das obligatorische Rechtsgeschäft, welches nach dem 1. Januar 1900 vorgenommen wird, untersteht daher dem B.G.B. Daraus folgt namentlich, daß die Besonderheiten, welche das B.G.B. für gewisse obligatorische Rechtsgeschäfte, z. B. den Kauf vorsieht, wenn ein Grundstück Gegenstand des Rechtsgeschäfts ist (vergl. z. B. §§ 444, 468, 477, 503, 510 des B.G.B.) auch dann Platz greifen, wenn das Grundbuch für das Grundstück noch nicht angelegt ist. Von besonderer Bedeutung ist die Anwendbarkeit des § 313 Satz 1 des B.G.B., nach welchem der Vertrag, durch den sich Jemand verpflichtet, das Eigenthum an einem Grundstücke zu übertragen, der gerichtlichen oder notariellen Beurkundung bedarf.

a) Nach § 313 Satz 2 wird ein nicht gerichtlich oder notariell beurkundeter Vertrag, durch den sich der eine Theil zur Uebertragung des Eigenthums an einem Grundstücke verpflichtet, seinem ganzen Inhalte nach gültig, wenn die Auflassung und die Eintragung in das Grundbuch erfolgen. Die Vorschrift des § 313 bezweckt hauptsächlich, übereilte Veräußerungen (Wirthshausgeschäfte) zu vermeiden. Die im Satz 2 bestimmte Heilung der Nichtigkeit beruht auf der Erwägung, daß bei den besonderen Vorschriften, welche das B.G.B. über die Auflassung und Eintragung giebt, die Gefahr einer Uebereilung vermindert wird, wenn jene Vorschriften beobachtet werden. Es ist sehr zweifelhaft, ob die Gefahr in gleichem Maße auch wegfällt, wenn nur die

Eintragung in ein öffentliches Buch nach Maßgabe des bisherigen Rechtes erfolgt. Mit Rücksicht darauf wird man den § 313 Satz 2 nicht entsprechend anwenden dürfen. Gegen die entsprechende Anwendbarkeit spricht auch, daß es sich im § 313 Satz 2 um eine positive und singuläre Vorschrift handelt und bei solchen Vorschriften eine entsprechende Anwendung nur ausnahmsweise zuläsig ist. Jedenfalls aber könnte eine entsprechende Anwendung nur gerechtfertigt werden, wenn der Eigenthumsübergang nach bisherigem Rechte außer an den dinglichen Vertrag auch an die Eintragung in ein öffentliches Buch geknüpft ist (für die Anwendbarkeit in dieser Beschränkung sind Habicht S. 455, Niedner Aufl. II S. 396, Oberneck S. 18). Wenn das bisherige Recht den Eigenthumsübergang nicht mit der Eintragung in ein öffentliches Buch verbindet, wenn er wie z. B. nach dem rechtsrheinisch-bayer. Rechte durch den dinglichen Vertrag und die Tradition erfolgt, trifft die Erwägung, auf welcher der § 313 Satz 2 beruht, überhaupt nicht zu. Für solche Rechtsgebiete ist die Anwendbarkeit des § 313 Satz 2 ausgeschlossen.

b) Daraus, daß nur für den Vertrag, durch welchen sich Jemand zur Uebertragung des Eigenthums verpflichtet, die gerichtliche oder notarielle Beurkundung vorgeschrieben ist, folgt, daß für einen Vertrag, durch den sich Jemand zur Bestellung eines anderen dinglichen Rechtes, z. B. einer Grunddienstbarkeit verpflichtet, eine Form nicht vorgeschrieben ist. Es kann deshalb seit dem 1. Januar 1900 auch in den Rechtsgebieten, in welchen bisher der obligatorische Vertrag über Bestellung eines dinglichen Rechtes einer Form bedurfte, z. B. in Bayern, auf Grund eines formlosen obligatorischen Vertrags auf Bestellung des dinglichen Rechtes geklagt werden. Für die Art, wie die Bestellung des dinglichen Rechtes zu geschehen hat, sind die bisherigen Gesetze maßgebend.

c) Die nach dem Inkrafttreten des B.G.B. erfolgte Schuldübernahme bestimmt sich nach den Vorschriften des B.G.B. §§ 414 ff. (s. Erl. 8 d zu Art. 170). Die die Uebernahme einer Hypothek beim Verkauf eines Grundstücks regelnde Vorschrift des § 416 des B.G.B. setzt indessen das Grundbuch voraus. Der Gläubiger erwirbt nach § 416 des B.G.B. ein Recht gegen den Schuldübernehmer erst mit der Auflassung und der Eintragung des Uebernehmers in das Grundbuch. Für die Anwendbarkeit des § 416 des B.G.B. ist deshalb nicht der Zeitpunkt entscheidend, in welchem der obligatorische Uebernahmevertrag geschlossen worden ist, sondern der Zeitpunkt, in welchem der den Eigenthumsübergang bezweckende dingliche Vertrag zu Stande gekommen ist, d. h. der Zeitpunkt der Auflassung. Liegt der Eigenthumsübertragungsvertrag vor der Grundbuchanlegung, so ist für die Erfordernisse und die Wirkungen der Uebernahme einer Hypothek das bisherige Recht (z. B. § 41 des preuß. E.E.G., Art. 1 bayer. Ges. vom 29. Mai 1886, Art. 2166 ff., 2183 ff. des code civil) maßgebend. Findet die Auflassung dagegen erst nach der Grundbuchanlegung statt, so gilt § 416 des B.G.B. So auch Habicht S. 236, 240, Dernburg, B.R. Bd. 2 S. 363, Turnau-Förster Bd. 1 S. 848, Niedner Aufl. II S. 396.

d) Nach § 446 Abs. 2 des B.G.B. gehen, wenn der Käufer eines Grundstücks vor der Uebergabe als Eigenthümer in das Grundbuch eingetragen wird, die Gefahr des zufälligen Unterganges und einer zufälligen Verschlechterung von der Eintragung an auf ihn über; von der Eintragung an gebühren ihm auch die Nutzungen und trägt er die Lasten des Grundstücks. Der § 446 Abs. 2 des B.G.B. wird mit Rücksicht auf die besonderen Gründe, auf denen seine nur auf die Eintragung beschränkte Vorschrift beruht, vor der Anlegung des Grundbuchs keine Anwendung finden können.

e) Anders liegt die Sache bei dem § 449 des B.G.B. nach welchem der Käufer eines Grundstücks die Kosten der Eintragung und der Käufer eines Rechtes an einem Grundstücke die Kosten der zur Begründung oder Uebertragung des Rechtes nöthigen Eintragungen im Grundbuche mit Einschluß der Kosten der zur Eintragung erforderlichen Erklärungen zu tragen hat. An die Stelle des Grundbuchs tritt das landesgesetzlich bestimmte Buch.

f) Die Vorschriften der §§ 571—579 des B.G.B. über die Veräußerung eines vermietheten Grundstücks finden direkte Anwendung, weil in ihnen nur die Veräußerung vorausgesetzt wird und der Begriff der Veräußerung sich selbstverständlich nach dem jeweils geltenden Rechte richtet.

11. Nach § 648 des B.G.B. kann der Unternehmer eines Bauwerks oder eines Theiles eines Bauwerks für seine Forderungen aus dem Vertrage die Einräumung einer Sicherungshypothek an dem Baugrundstücke des Bestellers verlangen. Diese Vorschrift gilt für alle nach dem Inkrafttreten des B.G.B. eingegangenen Vertragsverhältnisse, auch wenn das Grundbuch noch nicht angelegt ist; sie setzt zwar das Grundbuch voraus, wird aber gleichwohl schon vor der Anlegung des Grundbuchs Anwendung finden müssen. Ihr Zweck geht dahin, dem Gläubiger ein Recht auf eine Hypothek zu gewähren, bei welcher die Forderung nicht unter dem Schutze des öffentlichen Glaubens des Grundbuchs steht. Nach dem B.G.B. ist dies die Sicherungshypothek.

Diese Form einer Hypothek der fraglichen Art ist natürlich nur möglich, wenn das Grundbuch angelegt ist. Für die Zwischenzeit zwischen dem Inkrafttreten des B.G.B. und der Anlegung des Grundbuchs bedarf der § 648 daher der Anpassung an das bisherige Hypothekenrecht. Eine solche Anpassung hat z. B. Bayern, Ueb.G. Art. 50, 119 vorgenommen. Soweit das Landesrecht die Anpassung nicht vorgenommen hat, was z. B. von Preußen zutrifft, läßt sich der Zweck des § 648 durch eine Hypothek des bisherigen Rechtes erreichen, welche in der hier in Betracht kommenden Beziehung denselben Charakter hat wie die Sicherungshypothek des B.G.B., z. B. durch eine Kautionshypothek des preußischen Rechtes. Soweit freilich das bisherige Recht eine entsprechende Hypotheken-(Pfandrechts-)form nicht zur Verfügung stellt, fehlt der Vorschrift des § 648 des B.G.B. die Möglichkeit der Anwendung. Im Wesentlichen übereinstimmend Niedner Aufl. II S. 397 und Habicht S. 468.

Das Gesagte gilt entsprechend von der Frage in welcher Weise der Anspruch auf Uebertragung des Eigenthums an einem Grundstücke verpfändet (§ 1287 des B.G.B.) oder gepfändet (§ 848 der C.P.O.) werden kann. Eine Ueberleitungsvorschrift sehen Bayern Ueb.G. Art. 60, 123 und Hessen A.G. z. B.G.B. Art. 167, 214 vor.

12. Eine Ausnahme von dem Grundsatze, daß die Begründung der dinglichen Rechte sich in der Zwischenzeit nach dem bisherigen Rechte bestimmt, macht der Satz 3 des Abs. 1. Danach kann ein nach den Vorschriften des B.G.B. unzulässiges Recht auch in der Zwischenzeit nicht mehr begründet werden. Die zur Zeit des Inkrafttretens des B.G.B. bestehenden Rechte dagegen bleiben, auch wenn sie nach den Vorschriften des B.G.B. unzulässig sind, bestehen (s. Erl. zu Art. 184).

Unter einem nach den Vorschriften des B.G.B. unzulässigen Rechte ist nicht nur ein Recht zu verstehen, welches seiner Art nach unzulässig ist d. h. welches nicht unter den Kreis der im B.G.B. zugelassenen dinglichen Rechte (s. Bd. III S. 6) fällt, sondern auch ein Recht, welches einen Inhalt hat, der nach dem B.G.B. unzulässig ist. Es können also z. B. nicht mehr begründet werden eine Emphyteuse, ein Erbbaurecht an einem Theile eines Gebäudes, ein dingliches Mieth- oder Pachtrecht, das Stockwerkseigenthum, der veräußerliche Nießbrauch des französ. Rechtes, eine Grunddienstbarkeit des Inhalts, zum Zwecke des Verkaufs Holz schlagen zu dürfen, ein Vorkaufsrecht an einem Bruchtheil eines Grundstücks. Unzulässigkeit der Begründung nach den Vorschriften des B.G.B. liegt übrigens nicht in solchen Fällen vor, in denen ein im B.G.B. zugelassenes Recht begründet werden soll, das bisherige Recht aber wegen obwaltender Mängel nicht dieses Recht, sondern eine dem B.G.B. nicht bekannte mindere Rechtsposition z. B. publizianisches Recht eintreten läßt (M. des E.G. S. 272). Selbstverständlich ist ferner ein nach den vorbehaltenen Landesgesetzen zulässiges Recht ein auch nach den Vorschriften des B.G.B. zulässiges Recht im Sinne des Abs. 1 Satz 3. Das französisch-rechtliche Resiliationsrecht ist nicht ein unzulässiges Recht im Sinne des Abs. 1 Satz 3; denn das B.G.B. verbietet zwar eine Auflassung unter einer Bedingung und macht damit die Begründung eines bedingten Eigenthums an Grundstücken unmöglich, aus dieser thatsächlichen Unmöglichkeit des bedingten Eigenthums folgt aber noch nicht, daß das bedingte Eigenthum nach dem B.G.B. überhaupt unzulässig wäre.

Für Grundstückspfandrechte gilt die Vorschrift des Abs. 1 Satz 3 überhaupt nicht. Aus der in den Art. 192—195 vorgenommenen Ueberleitung der Grundstückspfandrechte und Grundschulden ergiebt sich, daß für diese Rechte bis zur Grundbuchanlegung das bisherige Gesetz schlechthin maßgebend, von der Grundbuchanlegung an schlechthin beseitigt ist. Der Zweck, welchen die Vorschrift des Abs. 1 Satz 3 verfolgt, kommt für Grundstückspfandrechte wegen der für diese vorgeschriebenen Ueberleitung nicht in Betracht. Es würde übrigens auch zu sehr eigenthümlichen Ergebnissen führen, wollte man den Grundsatz des Abs. 1 Satz 3 für Grundstückspfandrechte folgerichtig durchführen. Die Frage, ob gewisse pfandartige Belastungen, welche das bisherige Recht kennt, welche aber dem B.G.B. unbekannt sind, z. B. das antichretische Pfandrecht, die Frage, was Gegenstand eines Pfandrechts sein kann, z. B. ob an einem Nießbrauch (wie im französ. Rechte), an einer Hypothek oder Reallast (wie in Bayern) eine Hypothek bestellt werden kann, die Frage, ob ein Pfandrecht mit einem Inhalt ausgestattet werden kann, der dem B.G.B. unbekannt oder nach ihm verboten ist, z. B. mit einem Veräußerungs- oder weiteren Belastungsverbote, die Erstreckung der Haftung auf gewillkürte Pertinenzien, die Frage, ob eine Offenhaltung der Stelle, wie sie z. B. § 84 des bayer. Hyp.Ges. vorsieht, zulässig ist, bestimmen sich lediglich nach dem bisherigen Rechte.

Aus dem Abs. 1 Satz 3 darf natürlich nicht gefolgert werden, daß ein nach den Vorschriften des B.G.B. zulässiges Recht auch dann begründet werden kann, wenn das bisherige Gesetz ein solches Recht nicht zuläßt. Wenn die Landesgesetzgebung nicht ein Anderes bestimmt, kann also z. B. im Gebiete des französ. Rechtes in der Zwischenzeit eine Reallast nicht bestellt werden.

13. Zu Abs. 2. Die nach Maßgabe des bisherigen Rechtes im Zeitpunkte der Grundbuchanlegung bereits vollendete Ersitzung eines Rechtes an einem Grundstücke behält ihre volle Kraft bei und zwar auch dann, wenn die Ersitzung erst nach dem Inkrafttreten des B.G.B. vollendet worden ist. Dagegen kann eine im Zeitpunkte der Grundbuchanlegung noch nicht vollendete Ersitzung nach dem Art. 189 Abs. 2 nur insoweit, als das B.G.B. selbst im § 900 eine Ersitzung zuläßt, zum Erwerbe des Rechtes führen. Daraus folgt, daß nur mehr das Eigenthum oder ein Recht, das zum Besitze des Grundstücks berechtigt oder dessen Ausübung nach den für den Besitz geltenden Vorschriften geschützt ist (hierüber s. Erl. 4 zu § 900 des B.G.B.), ersessen werden kann. Die Ersitzung einer Reallast z. B. kann nicht mehr vollendet werden. Nach dem Wortlaute des Einganges des Abs. 2 scheint allerdings der Abs. 2 sich nur auf die Ersitzung des Eigenthums oder eines Rechtes, das zum Besitze des Grundstücks berechtigt, zu beziehen. Daraus aber, daß der Abs. 2 später allgemein von der nach § 900 des B.G.B. zulässigen Ersitzung spricht, ergiebt sich, daß er auch die sämmtlichen Fälle des § 900 Abs. 2 des B.G.B. umfaßt. Es wäre auch nicht abzusehen, warum, wenn man im Art. 185 die Fortsetzung einer Ersitzung bei beweglichen Sachen im gleichen Umfange zuläßt, wie sie das B.G.B. für eine erst unter seiner Herrschaft beginnende Ersitzung kennt, die Fortsetzung einer Ersitzung bei Grundstücken eine Beschränkung erfahren sollte.

Der Art. 189 Abs. 2 regelt nun die Frage, inwieweit die vor der Grundbuchanlegung liegende Zeit für eine zur Zeit der Grundbuchanlegung noch laufende Ersitzung bei der Frage, ob den Voraussetzungen des § 900 des B.G.B. genügt ist, in Betracht kommt. Für die Einrechnung der vor der Grundbuchanlegung liegenden Zeit ist zunächst verlangt, daß der Besitzer als der Berechtigte im Grundbuch eingetragen ist. Derjenige, welcher ein Grundstück im Ersitzungsbesitze hat, muß mithin bestrebt sein, bei der Grundbuchanlegung die Eintragung in das Grundbuch zu erlangen. Ist er im Zeitpunkte der Grundbuchanlegung nicht eingetragen, so nützt ihm die nachträgliche Eintragung nicht mehr, die im § 900 des B.G.B. bestimmte dreißigjährige Ersitzungsfrist beginnt dann erst vom Zeitpunkte der Eintragung an; ein Antrag, auch eine spätere Eintragung zu berücksichtigen, ist von der zweiten Kommission ausdrücklich abgelehnt worden (P. II S. 9051, 9238, Bd. 6 S. 523). Der Satz, daß der Besitzer als Berechtigter im Grundbuch eingetragen ist, gilt natürlich nur für den Fall der Ersitzung des Eigenthums oder eines Rechtes, das zum Besitze des Grundstücks berechtigt. Bei der Ersitzung eines anderen Rechtes an einem Grundstücke muß dieser Satz entsprechend dahin angewendet werden, daß derjenige, welchem das Recht zustehen soll, als Berechtigter im Grundbuch eingetragen ist. Diese Voraussetzung gilt auch für Grunddienstbarkeiten, obgleich diese nach Art. 187 vom Buchungszwange befreit sind.

Im Uebrigen verweist der Art. 189 Abs. 2 auf den Art. 169. Im Allgemeinen wird daher auf die Erl. zu Art. 169 Bezug genommen. Hier ist zu bemerken:

a) Der Beginn der Ersitzung bestimmt sich nach den bisherigen Gesetzen. Konnte nach diesen der damals vorhandene Besitz zur Ersitzung führen, so kommt die Zeit des Besitzes in Betracht. Konnte er nicht zur Ersitzung führen, so kommt er auch dann nicht in Betracht, wenn den Voraussetzungen des B.G.B. genügt wäre. Im Gebiete der preuß. Grundbuchgesetze z. B. wird also auch die Zeit für die Ersitzung des Eigenthums angerechnet, während deren der Besitzer nicht in das Grundbuch eingetragen war, solange das Grundstück nicht eingetragen war. Im Gebiete des gemeinen Rechtes kommt es für die Ersitzung des Eigenthums nicht darauf an, ob der Besitzer in ein öffentliches Buch eingetragen ist. Gleiches gilt für das Gebiet des bayr. Hypothekenrechts. Der § 900 des B.G.B. verlangt keinen guten Glauben, das gemeine Recht, das preuß. L.R. und das bayr. Recht verlangen ihn. In diesen Gebieten wird mithin die Zeit, welche mit Rücksicht auf den Mangel des guten Glaubens für die altrechtliche Ersitzung außer Betracht blieb, auch für die Ersitzung nach § 900 des B.G.B. nicht angerechnet. Aehnlich liegt die Sache bezüglich des von manchen Rechten geforderten Titels zum Erwerbe. Kannte das bisherige Gesetz mehrere Arten der Ersitzung (ordentliche und außerordentliche), so sind beide Arten zu berücksichtigen.

b) Für die Berechnung der Frist erklärt der § 900 des B.G.B. die für die Ersitzung einer beweglichen Sache geltenden Vorschriften (§§ 938—944 des B.G.B.) für anwendbar. Hier kann deshalb bezüglich der Anwendbarkeit dieser Vorschriften auf eine noch nicht vollendete Ersitzung auf die Erl. 1—5 zu Art. 185 verwiesen werden.

c) Der im Art. 169 Abs. 2 vorausgesetzte Fall, daß die Ersitzungsfrist des bisherigen Rechtes länger als die des B.G.B. ist, wird wohl hier für kein Rechtsgebiet zutreffen. Die Ersitzungsfrist wird in allen Rechtsgebieten gleich lang oder — was die Regel ist — kürzer als die des B.G.B. sein, es ist also immer Ablauf der dreißig Jahre erforderlich, auch wenn zur Ersitzung, wie z. B. im gemeinen Rechte nur zehn bezw. zwanzig Jahre oder im preuß. L.R. nur zehn Jahre erforderlich waren.

14. Auf die im § 927 des B.G.B. geregelte Art des Erwerbes des Eigenthums an einem Grundstücke durch Aufgebot findet der Art. 189 Abs. 2 keine entsprechende An-

Artikel 190.

Das nach §. 928 Abs. 2 des Bürgerlichen Gesetzbuchs dem Fiskus zustehende Aneignungsrecht erstreckt sich auf alle Grundstücke, die zu der Zeit herrenlos sind, zu welcher das Grundbuch als angelegt anzusehen ist. Die Vorschrift des Artikel 129 findet entsprechende Anwendung.

---

wendung. Der § 927 des B.G.B. gilt erst von der Grundbuchanlegung an, von dieser Zeit an aber ohne Weiteres, so daß auch die vorherliegende Zeit angerechnet wird ohne Rücksicht darauf, ob dem bisherigen Rechte eine dem § 927 des B.G.B. entsprechende Erwerbsart bekannt war oder nicht. So auch Habicht S. 444, Oberneck S. 336, Niedner Aufl. II S. 397; a. A. Cosack 2 S. 115.

15. Bezüglich der unvordenklichen Verjährung gilt das über die Ersitzung Bemerkte entsprechend. Ein auf Grund unvordenklicher Verjährung im Zeitpunkte der Grundbuchanlegung bereits vollendeter Rechtserwerb bleibt in voller Kraft. Eine in diesem Zeitpunkte noch nicht vollendete Verjährung kann nicht vollendet werden.

16. Zu Abs. 3. Um zu vermeiden, daß ein zur Zeit der Grundbuchanlegung nicht eingetragenes Recht an einem Grundstücke, welches aufgehoben werden soll, lediglich zum Zwecke der Aufhebung nach § 875 des B.G.B. eingetragen werden müßte, bestimmt der Abs. 3, daß die Aufhebung eines Rechtes, mit dem ein Grundstück oder ein Recht an einem Grundstücke zur Zeit der Anlegung des Grundbuchs belastet ist, auch nach dieser Zeit nach den bisherigen Gesetzen erfolgt, bis das Recht in das Grundbuch eingetragen wird. Der Abs. 3 gilt nicht nur von der rechtsgeschäftlichen Aufhebung, sondern von sämmtlichen Aufhebungsgründen. Insbesondere kann ein nicht eingetragenes Recht auch nach der Grundbuchanlegung durch Ersitzung der Freiheit des Eigenthums, durch Nichtgebrauch, Konsolidation ꝛc. nach Maßgabe des bisherigen Rechtes aufgehoben werden. Uebrigens haben einige A.G. z. B. Bayern Ueb.G. Art. 11—18, Hessen Art. 142—148 für nicht eingetragene Grunddienstbarkeiten die Aufhebungsgründe besonders geregelt.

Ist das Recht einmal eingetragen worden, so erfolgt seine Aufhebung nach den §§ 875, 876 des B.G.B. Dies gilt auch dann, wenn das Recht zu den nach dem B.G.B. unzulässigen Rechten gehört oder wenn es zur Zeit der Grundbuchanlegung bereits erloschen ist. Der E. I Art. 110 Abs. 3 Satz 2 sprach diesen Grundsatz ausdrücklich aus, wurde aber als selbstverständlich gestrichen.

17. Entsprechend der durch Art. 189 vorgeschriebenen Suspension des materiellen Liegenschaftsrechts des B.G.B. bleiben bis zur Grundbuchanlegung auch die sich auf das Liegenschaftsrecht beziehenden und das Grundbuch voraussetzenden Vorschriften der C.P.O. sowie des Zw.V.G. und der G.B.O. suspendirt. Wegen der Vorschriften der C.P.O. wird auf Gaupp Erl. zu Art. I des E.G. zur C.P.O. Nov. Bd. 1 S. 40ff. verwiesen.

Artikel 190.

E. d. E.G. II Art. 161; III Art. 189. P. II S. 3658, 3663, 8550, 9052 (Bd. 3 S. 188; Bd. 6 S. 232, 523).

1. Das im § 928 Abs. 2 des B.G.B. bestimmte Recht des Fiskus zur Aneignung eines aufgegebenen Grundstücks hat zur Voraussetzung, daß auf das Eigenthum an dem Grundstück in Gemäßheit des § 928 Abs. 1 des B.G.B. verzichtet und der Verzicht in das Grundbuch eingetragen worden ist. Grundstücke, welche von den Eigenthümern nur thatsächlich aufgegeben worden sind, unterliegen dem Aneignungsrechte des Fiskus nicht. Der Art. 190 Abs. 1 enthält eine Erweiterung des Aneignungsrechts des Fiskus. Dieser ist hiernach zur Aneignung aller Grundstücke berechtigt, welche im Zeitpunkte der Anlegung des Grundbuchs (Art. 186) herrenlos sind, gleichgültig, ob der Verzicht auf das Eigenthum der im § 928 Abs. 1 des B.G.B. bestimmten Weise entspricht oder nicht. Ob ein Grundstück im Zeitpunkte der Anlegung des Grundbuchs herrenlos ist, bestimmt sich nach dem bisherigen Rechte. Konnte, wie im gemeinen Rechte, ein derelinquirtes Grundstück von Jedermann occupirt werden, so ist, falls Jemand ein aufgegebenes Grundstück im Zeitpunkte der Anlegung des Grundbuchs im Eigenbesitze hat, das Aneignungsrecht des Fiskus ausgeschlossen. Der Occupant kann sich als Eigenthümer in das Grundbuch eintragen lassen; freilich wird er mit Rücksicht auf die Vorschriften der G.B.O. die Eintragung regelmäßig nur nach vorheriger Durchführung des im § 927 des B.G.B. zugelassenen Aufgebotsverfahrens erwirken können. Stand das Occupationsrecht nur einer gewissen Person zu und hat eine andere Person vor der Anlegung des Grundbuchs ein thatsächlich aufgegebenes Grundstück in

Artikel 191.

Die bisherigen Gesetze über den Schutz im Besitz einer Grunddienstbarkeit oder einer beschränkten persönlichen Dienstbarkeit finden auch nach dem Inkrafttreten des Bürgerlichen Gesetzbuchs Anwendung, bis das Grundbuch für das belastete Grundstück als angelegt anzusehen ist.

Von der Zeit an, zu welcher das Grundbuch als angelegt anzusehen ist, finden zum Schutze der Ausübung einer Grunddienstbarkeit, mit welcher das Halten einer dauernden Anlage verbunden ist, die für den Besitzschutz geltenden Vorschriften des Bürgerlichen Gesetzbuchs entsprechende Anwendung, solange Dienstbarkeiten dieser Art nach Artikel 128 oder Artikel 187 zur Erhaltung der Wirksamkeit gegenüber dem öffentlichen Glauben des Grundbuchs nicht der Eintragung bedürfen. Das Gleiche gilt für Grunddienstbarkeiten anderer Art mit der Maßgabe, daß der Besitzschutz nur gewährt wird, wenn die Dienstbarkeit in jedem der drei letzten Jahre vor der Störung mindestens einmal ausgeübt worden ist.

Besitz genommen, ohne z. B. durch Ersitzung Eigenthum zu erlangen, so ist der Fiskus, solange nicht der Occupant das Eigenthum erworben hat, aneignungsberechtigt, das Eigenthum kann aber der Occupant nur auf dem Wege des § 927 des B.G.B. erwerben. Die vorher etwa begonnene Ersitzung wird mit dem Zeitpunkte der Anlegung des Grundbuchs hinfällig, sie kann nicht etwa nach Maßgabe des bisherigen Rechtes fortgesetzt werden, so auch Habicht S. 477.

2. Ist ein Grundstück im Zeitpunkte der Anlegung des Grundbuchs nicht herrenlos, wird aber seine Eintragung ins Grundbuch übersehen, so kann das Eigenthum an dem Grundstücke durch Verzicht nur aufgegeben werden, nachdem das Grundstück vorher gebucht worden ist.

3. Wie der Fiskus an dem herrenlosen Grundstücke durch die Aneignung das Eigenthum erwirbt, bestimmt sich nicht nach dem bisherigen Rechte, sondern nach § 928 Abs. 2 Satz 2 des B.G.B., der Erwerb geschieht also dadurch, daß sich der Fiskus als Eigenthümer in das Grundbuch eintragen läßt.

4. Nach dem Art. 129 kann das nach § 928 des B.G.B. dem Fiskus zustehende Aneignungsrecht landesgesetzlich einer bestimmten anderen Person zustehen. Ist dies der Fall, so gilt, wie der Art. 190 Satz 2 zum Ausdrucke bringt, die Vorschrift des Art. 190 Satz 1 für diese Person.

Artikel 191.

E. d. E.G. I Art. 111; II Art. 162; III Art. 190. P. I S. 13286; M. d. E.G. S. 273. P. II S. 3917, 8566, 9052, 9236 (Bd. 3 S. 318; Bd. 6 S. 523, 632).

1. Für den Schutz des Sachbesitzes gelten nach Art. 180 vom Inkrafttreten des B.G.B. an ohne Rücksicht auf die Anlegung des Grundbuchs die Vorschriften des B.G.B. Für den Besitzschutz von Grunddienstbarkeiten und beschränkten persönlichen Dienstbarkeiten kann der gleiche Grundsatz nicht gelten, weil der im B.G.B. vorgesehene Besitzschutz von Grunddienstbarkeiten (§ 1029 des B.G.B.) und von beschränkten persönlichen Dienstbarkeiten (§ 1090 Abs. 2 des B.G.B.) die Eintragung dieser Rechte im Grundbuche voraussetzt, vor der Anlegung des Grundbuchs für das belastete Grundstück mithin die Vorschriften der §§ 1029, 1090 Abs. 2 des B.G.B. keine Anwendung finden können. Mit Rücksicht hierauf ordnet der Art. 191 den Besitzschutz von Grunddienstbarkeiten und beschränkten persönlichen Dienstbarkeiten selbständig.

2. Bis zu dem Zeitpunkt, in welchem das Grundbuch für das belastete Grundstück als angelegt gilt (Art. 186), beläßt es der Art. 191 Abs. 1 bezüglich des Schutzes im Besitz einer Grunddienstbarkeit oder einer beschränkten persönlichen Dienstbarkeit bei den bisherigen Vorschriften. Dieser Grundsatz gilt nicht nur für die am 1. Januar 1900 schon bestehenden, sondern auch für die erst nachher bis zur Anlegung des Grundbuchs entstehenden Grunddienstbarkeiten und beschränkten persönlichen Dienstbarkeiten. Die bisherigen Vorschriften sind für den Besitzschutz von Grunddienstbarkeiten und beschränkten persönlichen Dienstbarkeiten auch dann maßgebend, wenn die Dienstbarkeit nach dem bisherigen Rechte in ein öffentliches Buch eingetragen werden mußte oder konnte und eingetragen ist. Insbesondere verbleibt es auch in den Rechtsgebieten, in welchen die im Art. 187 Abs. 2 für die Zeit nach der Anlegung

des Grundbuchs ausgesprochene Zulässigkeit der Eintragung von Dienstbarkeiten auf die Zeit vorher landesgesetzlich erweitert worden ist (s. Erl. zu Art. 187), reichsrechtlich (s. Erl. 8) in Ansehung des Besitzschutzes bei den bisherigen Vorschriften.

Die Vorschriften über den Schutz im Besitz einer Grunddienstbarkeit betreffen an sich auch die Frage, wer im Besitze geschützt wird. In dieser Beziehung dürfte indessen mittelbar dadurch eine Modifikation der Vorschriften des bisherigen Rechtes über den Besitzschutz eintreten, daß nach Art. 180 die Vorschriften des B.G.B. über den Sachbesitz von dem Inkrafttreten des B.G.B. an Anwendung finden. Soweit nach dem bisherigen Rechte in dem Besitz einer Grundgerechtigkeit nur der juristische Besitzer des herrschenden Grundstücks nicht aber der Pächter oder Miether geschützt wird, muß von dem Inkrafttreten des B.G.B. an auch der letztere, weil er als Besitzer des herrschenden Grundstücks in dessen Besitze geschützt wird, auch in Beziehung auf die von ihm für das herrschende Grundstück ausgeübten Grundgerechtigkeiten den Besitzschutz genießen (im Ergebniß ebenso Habicht S. 369). Auch für die Frage, inwieweit Mehrere, die ein Grundstück gemeinschaftlich besitzen, in ihrem Besitzverhältnisse zu einander den Besitzschutz haben, dürfte das B.G.B. (§ 866) entsprechend anzuwenden sein.

Für solche Dienstbarkeiten, bei denen der Berechtigte zugleich Besitzer des belasteten Grundstücks oder eines Theiles desselben ist und deshalb Sachbesitz und Sachbesitzschutz genießt, gilt übrigens der Art. 191 Abs. 1 nicht. Dieser will nur für solche Fälle, in welchen ohne eine Sondervorschrift nach dem B.G.B. ein Besitzschutz, der nach dem bisherigen Rechte vorhanden war, nicht mehr möglich wäre, das bisherige Recht aufrecht erhalten; ist aber auch nach dem B.G.B. ein Besitzschutz gegeben, so ist für die Gewährung des Besitzschutzes nach den bisherigen Vorschriften kein Bedürfniß. Für die gemeinrechtliche habitatio z. B. gilt also in Ansehung des Besitzschutzes nur mehr das B.G.B., nicht das alte Recht (so auch Habicht S. 368).

Für die Maßgeblichkeit des bisherigen Rechtes ist der Zeitpunkt der Anlegung des Grundbuchs für das belastete Grundstück entscheidend. Die Anlegung des Grundbuchs für das Grundstück des Berechtigten ist ohne Bedeutung für den Besitzschutz der Grunddienstbarkeit.

2. Von der Anlegung des Grundbuchs für das belastete Grundstück an gelten für den Schutz im Besitz einer Grunddienstbarkeit oder einer beschränkten persönlichen Dienstbarkeit die Vorschriften des B.G.B. Dieser Grundsatz gilt ohne Rücksicht darauf, ob die Dienstbarkeit vor oder nach dem Inkrafttreten des B.G.B. entstanden ist und ob sie in das Grundbuch eingetragen ist oder nicht. Aus der Maßgeblichkeit des B.G.B. für den Schutz im Besitz einer Grunddienstbarkeit oder beschränkten persönlichen Dienstbarkeit folgt, daß von der Grundbuchanlegung an für Grunddienstbarkeiten und beschränkte persönliche Dienstbarkeiten ein Besitzschutz nur gewährt wird, wenn die Grunddienstbarkeit oder die beschränkte persönliche Dienstbarkeit in das Grundbuch eingetragen ist.

4. Für beschränkte persönliche Dienstbarkeiten gilt dieser Satz ausnahmslos; für eine nicht eingetragene beschränkte persönliche Dienstbarkeit besteht ein Besitzschutz nur, wenn der Berechtigte den Schutz des Sachbesitzes genießt. Für Grunddienstbarkeiten macht dagegen der Art. 191 Abs. 2 eine Ausnahme. Nach Abs. 2 sollen von der Anlegung des Grundbuchs an auch diejenigen nicht eingetragenen Grunddienstbarkeiten Besitzschutz — und zwar Besitzschutz nach den Vorschriften des B.G.B. § 1029, nicht nach den bisherigen Gesetzen — genießen, welche zur Erhaltung der Wirksamkeit gegenüber dem öffentlichen Glauben des Grundbuchs (s. Erl. zu Art. 186) nicht der Eintragung bedürfen, d. h. die Grunddienstbarkeiten, welche an einem buchungsfreien Grundstücke (§ 90 der G.B.O. s. Erl. zu Art. 127) bestehen und deshalb auf Grund des Art. 128 durch Landesrecht vom Eintragungszwang ausgenommen sind, und die Grunddienstbarkeiten, welche gemäß Art. 187 dem Eintragungszwange nicht unterworfen sind. Vorausgesetzt ist jedoch, daß

a) entweder mit ihnen das Halten einer dauernden Anlage verbunden ist (Abs. 2 Satz 1) oder

b) daß die Dienstbarkeit in jedem der letzten drei Jahre vor der Störung mindestens einmal ausgeübt worden ist (Abs. 2 Satz 2).

Die Anlage, welche mit der Grunddienstbarkeit verbunden sein muß, muß eine dauernde sein, sie darf nicht blos für einen vorübergehenden Zweck angebracht sein (vergl. hierzu §§ 1021, 1022 und Erl. dazu); dagegen muß sie nicht eine sichtbare sein. Die servitus oneris ferendi z. B. gehört auch dann hierher, wenn der Balken, welcher vom Gebäude des Nachbarn getragen wird, nicht sichtbar ist. Die Anlage muß sich auf dem belasteten Grundstücke befinden, eine Anlage auf dem Grundstücke des Berechtigten genügt nicht. Liegt die Voraussetzung unter a vor, so wird die Dienstbarkeit geschützt, ohne daß eine Ausübungshandlung nachgewiesen werden muß. Bei den Dienstbarkeiten, mit denen das Halten einer dauernden Anlage nicht verbunden ist, muß die zu b erwähnte Voraussetzung nachgewiesen werden. Hat die Ausübung in einem der drei Jahre nicht stattgefunden, so entfällt der Besitzschutz. Der Besitzschutz ist deshalb auch dann ausgeschlossen, wenn eine jährliche Ausübung der Dienstbarkeit nach deren Natur, wie z. B. bei Mastgerechtigkeiten und Bauholzberechtigungen unmöglich ist. Ueber die Berechnung des Jahres s. §§ 187, 188 des B.G.B.; der Begriff der Ausübung ist der gleiche wie im § 1029 des B.G.B.; s. Erl. zu diesem.

Obwohl nach dem Ausgeführten die Vorschrift des Abs. 2 nur zum Schutze des Besitzes solcher Grunddienstbarkeiten bestimmt ist, welche zu der Zeit bereits bestanden, in welcher das Grundbuch als angelegt anzusehen ist, hängt der Besitzschutz doch selbstverständlich nicht davon ab, daß die Dienstbarkeit zu der gedachten Zeit bereits entstanden war. Dies ist eine Frage des petitorium, nicht des possessorium (P. II S. 3919, Bd. 3 S. 320). Der Besitzschutz hängt vielmehr von der Grundbuchanlegung an lediglich davon ab, daß eine der oben unter a und b bezeichneten Voraussetzungen vorliegt (so auch Niedner Aufl. II Note 3, Habicht S. 373 Anm. 2).

Die „entsprechende" Anwendung der Vorschriften des § 1029 des B.G.B. ist übrigens nur mit Rücksicht auf die Verschiedenheit der Voraussetzungen des Besitzschutzes vorgeschrieben. Inhaltlich sind für den Besitzschutz nach Art. 191 Abs. 2 wie nach § 1029 die §§ 858 ff. des B.G.B. maßgebend.

5. Die Vorschriften des Abs. 2 gelten nur so lange, als die Grunddienstbarkeit nicht eingetragen werden muß. Ist die Dienstbarkeit eingetragen, so greift nicht der geringere Besitzschutz des Art. 191 Abs. 2 ein, sondern es finden schlechthin die Vorschriften des § 1029 des B.G.B. Anwendung, es kommt also nur darauf an, daß die Dienstbarkeit innerhalb eines Jahres vor der Störung und sei es nur einmal ausgeübt worden ist. Hierin liegt ein gewisser Ansporn, die Dienstbarkeit gemäß Art. 187 Abs. 1 Satz 2 einzutragen. Maßgebend ist natürlich, daß die Dienstbarkeit im Zeitpunkte der Störung eingetragen ist; erfolgt die Eintragung erst später, wenn auch noch vor Erhebung der Klage, so genießt der Berechtigte nicht den vollen Schutz des § 1029 des B.G.B. Muß die Grunddienstbarkeit aber eingetragen werden, z. B. weil dies vom Landesrecht auf Grund des Art. 187 Abs. 2 vorgeschrieben worden ist, und ist die Eintragung nicht erfolgt, so findet überhaupt kein Besitzschutz statt.

6. Die Vorschriften des Abs. 2 bezwecken in Ansehung der an buchungspflichtigen Grundstücken bestehenden Grunddienstbarkeiten (Art. 187), den Schutz im Besitze solcher Dienstbarkeiten, welche vor der Zeit, zu welcher das Grundbuch für das belastete Grundstück als angelegt gilt, entstanden sind. In Ansehung der an buchungsfreien Grundstücken (§ 90 der G.B.O.) bestehenden Grunddienstbarkeiten (Art. 128) findet der Abs. 2 aber nicht nur für die im Zeitpunkte der Anlegung des Grundbuchs bestehenden, sondern auch für die nachher gemäß der auf Grund des Art. 128 erlassenen Landesgesetze entstehenden Grunddienstbarkeiten Anwendung. Insofern kommt der Vorschrift des Art. 191 Abs. 2 eine über die Natur einer Uebergangsbestimmung hinausgehende Bedeutung zu.

7. Die Vorschriften des Art. 191 beziehen sich nur auf Grunddienstbarkeiten und beschränkte persönliche Dienstbarkeiten. Der Erbbauberechtigte, der Nießbraucher und der Pfandgläubiger genießen vom Inkrafttreten des B.G.B. an den durch den Besitz der Sache begründeten Sachbesitzschutz, für die übrigen dinglichen Rechte aber, insbesondere für Reallasten, wird ein Besitzschutz nicht mehr gewährt (s. Erl. zu Art. 180). Auf sog. Legalservituten findet der Art. 191 keine Anwendung.

8. In den A.G. z. B.G.B. von Preußen Art. 28, Hessen Art. 140, Mecklenburg § 185 und Elsaß-Lothringen § 86 sowie in Bayern (pfälz. L.G. Art. 22, Ueb.G. Art. 45) wird die Vorschrift des Art. 191 Abs. 2 vom Inkrafttreten des B.G.B. an schon für die Zeit vor der Anlegung des Grundbuchs für anwendbar erklärt.

Zu Artikel 192—195.

1. Abweichend von dem Grundsatze des Art. 184 Satz 1, daß Rechte, mit denen eine Sache zur Zeit des Inkrafttretens des B.G.B. belastet ist, mit dem sich aus den bisherigen Gesetzen ergebenden Inhalte bestehen bleiben, leiten die Art. 192—195 die zur Zeit der Anlegung des Grundbuchs bestehenden Kapitalbelastungen der Grundstücke in die neuen Formen des Grundkreditrechts des B.G.B. über und zwar betreffen die Art. 192—194 die von einer Forderung abhängigen, der Art. 195 die selbständigen Belastungen. Die Ueberleitung war erforderlich, weil das Zusammentreffen von Pfandrechten des bisherigen Rechtes mit Hypotheken des B.G.B. zu erheblichen Uebelständen führen müßte. Zum Zwecke der Ueberleitung stellen die Art. 192, 195 Abs. 1 reichsgesetzliche Regeln auf, während die Art. 193, 194 sowie der Art. 195 Abs. 2 landesgesetzliche Ausnahmen zulassen.

Von dem Grundsatze des Art. 184 Satz 1, daß Rechte, mit denen eine Sache zur Zeit des Inkrafttretens des B.G.B. belastet ist, mit dem sich aus den bisherigen Gesetzen ergebenden

Range bestehen bleiben, ist eine Ausnahme nicht gemacht, für den Rang der übergeleiteten Pfandrechte sind daher die bisherigen Gesetze maßgebend. Der § 879 des B.G.B. findet auf sie keine Anwendung. Dagegen kann das Rangverhältniß durch den öffentlichen Glauben des Grundbuchs (s. Erl. 3 zu Art. 186) beeinflußt werden.

2. Die Ueberleitung ist in der Weise geregelt, daß die bestehenden Kapitalbelastungen der Grundstücke den neuen Formen des Grundkreditrechts angepaßt werden:

a) Für bestehende Pfandrechte (über den Begriff s. Erl. 1 zu Art. 192) stellt der Art. 192 Abs. 1 die Regel auf, daß sie von der Anlegung des Grundbuchs an, wenn der Betrag der Forderung, für die das Pfandrecht besteht, bestimmt ist, als Buchhypotheken, wenn aber der Betrag nicht bestimmt ist, als Sicherungshypotheken gelten. Bestehende Grundschulden (über den Begriff s. Erl. 1 zu Art. 195) verwandeln sich nach der Regel des Art. 195 Abs. 1 in Grundschulden im Sinne des B.G.B.

Der Landesgesetzgebung ist die Möglichkeit gewahrt, die bestehenden Pfandrechte und Grundschulden theilweise in andere Formen des neuen Grundkreditrechts überzuleiten. Pfandrechte, die nach der Regel des Art. 192 sich in eine Buchhypothek verwandeln sollen, können von der Landesgesetzgebung in eine Sicherungshypothek oder in eine Briefhypothek umgewandelt werden (Art. 193), und für Grundschulden kann die Landesgesetzgebung nach Art. 195 Abs. 2 bestimmen, daß sie sich statt in Grundschulden im Sinne des B.G.B. in Sicherungshypotheken oder in Briefhypotheken verwandeln. Die Umwandelung derjenigen Pfandrechte, bei welchen der Betrag der Forderung, für die das Pfandrecht besteht, nicht bestimmt ist, in Sicherungshypotheken (Art. 192 Abs. 1 Satz 2) kann landesgesetzlich nicht geändert werden.

b) Der Inhalt der übergeleiteten Pfandrechte und Grundschulden richtet sich vom Zeitpunkte der Ueberleitung an nach den Vorschriften, die das B.G.B. für die Grundkreditform aufstellt, in welche die Ueberleitung erfolgt ist. Hiervon bestehen nur zwei Ausnahmen: reichsgesetzlich (Art. 192 Abs. 2, Art. 195 Abs. 1 Satz 2) ist bestimmt, daß, wenn das übergeleitete Pfandrecht oder die übergeleitete Grundschuld nach dem bisherigen Rechte dahin beschränkt ist, daß der Gläubiger Befriedigung aus dem Grundstücke nur im Wege der Zwangsverwaltung suchen kann, diese Beschränkung bestehen bleibt; landesgesetzlich kann nach Art. 194 bestimmt werden, daß ein Gläubiger, dessen Pfandrecht übergeleitet worden ist, die Löschung eines vorgehenden oder gleichstehenden Pfandrechts, falls dieses sich mit dem Eigenthum in einer Person vereinigt, zu verlangen berechtigt ist.

Andere Ausnahmen kann die Landesgesetzgebung nicht machen. Die Unterordnung der bestehenden Pfandrechte unter eine der Grundkreditformen des B.G.B. ist demnach reichsgesetzlich sicher gestellt und die Aufrechterhaltung des dem bisherigen Rechte entsprechenden Rechtsinhalts durch das Landesrecht ist ausgeschlossen.

3. Von den in den Art. 193, 195 Abs. 2 enthaltenen Ermächtigungen haben die Landesgesetze je nach dem Rechtszustand ihrer Gebiete verschiedenen Gebrauch gemacht. Die einzelnen Ausführungsgesetze der größeren Bundesstaaten sind in den Erl. zu Art. 193, 195 angegeben.

Wie sich demnach der Rechtszustand in Preußen gestaltet, ist in der Begründung zum preuß. A.G. und in dem Kommissionsberichte des Abg.H. dargelegt. Ein übersichtliches Bild giebt auch Turnau-Förster S. 540—544. In der Hauptsache werden die Hypotheken, welche unter der Herrschaft der Gesetze v. 5. Mai 1872 begründet sind, sofern über sie nach den Vorschriften der preuß. G.B.O. (§§ 122, 129) ein Brief gebildet oder zu bilden ist, Briefhypotheken (mit Ausnahme der Kautionshypothek), der Brief wird Hypothekenbrief im Sinne des Reichsgesetzes. Von den vor dem Inkrafttreten der Grundbuchgesetze v. 5. Mai 1872 begründeten Hypotheken, über die eine Hypothekurkunde ausgestellt ist, gilt dasselbe nur für den ursprünglichen Geltungsbereich der G.B.O. v. 5. Mai 1872 und für einige Theile der Provinz Hannover. Im Uebrigen wird die vor dem Inkrafttreten der Grundbuchgesetze entstandene Hypothek zur Buchhypothek, es sei denn, daß der Gläubiger vor der Grundbuchanlegung auf Grund der bestehenden gesetzlichen Vorschriften (vergl. hierüber Achilles-Strecker G.B.O. Erl. zu Art. 13 der V. v. 13. Novbr. 1899) die Bildung eines Hypothekenbriefs erwirkt oder beantragt hat. Die Privilegien und Hypotheken, die im Gebiete des französ. Rechtes begründet sind, werden Sicherungshypotheken.

Im rechtsrheinischen Bayern verwandeln sich die Hypotheken regelmäßig in Buchhypotheken, in der Pfalz in Sicherungshypotheken. In Buchhypotheken werden die bestehenden Hypotheken ferner in Sachsen, in Altenburg und in Meiningen verwandelt. Als Briefhypotheken gelten die bestehenden Hypotheken in Württemberg (sofern ein Pfandschein vorhanden ist, welcher nach den Vorschriften des bisherigen Rechtes als vollwirksamer Pfandschein erscheint), in Oldenburg, Braunschweig und Koburg-Gotha. Dagegen verwandeln Baden, Hessen, Sachsen-Weimar und Elsaß-Lothringen die bestehenden Hypotheken regelmäßig in Sicherungshypotheken.

Artikel 192.

Ein zu der Zeit, zu welcher das Grundbuch als angelegt anzusehen ist, an einem Grundstücke bestehendes Pfandrecht gilt von dieser Zeit an als eine Hypothek, für welche die Ertheilung des Hypothekenbriefs ausgeschlossen ist. Ist der Betrag der Forderung, für die das Pfandrecht besteht, nicht bestimmt, so gilt das Pfandrecht als Sicherungshypothek.

Ist das Pfandrecht dahin beschränkt, daß der Gläubiger Befriedigung aus dem Grundstücke nur im Wege der Zwangsverwaltung suchen kann, so bleibt diese Beschränkung bestehen.

Artikel 192.

E. d. E.G. I Art. 112 Abs. 1, 2; II Art. 163; III Art. 191. P. I S. 13184, 13199, 13259; M. d. E.G. S. 272. P. II S. 9052, 9234 (Bd. 6 S. 524, 631).

Der Art. 192 stellt die reichsrechtliche Ueberleitungsregel für die bestehenden Pfandrechte auf.

1. Der Begriff eines Pfandrechts im Sinne des Art. 192 ergiebt sich aus dem Gegensatze dieses Artikels zu Art. 195. Die Art. 192 und 195 wollen sämmtliche Kapitalbelastungen eines Grundstücks, die nicht Reallasten sind, in die neuen Grundkreditformen überleiten. Der Art. 195 betrifft die Grundschulden, der Art. 192 mithin alle übrigen Kapitalbelastungen. Pfandrechte im Sinne des Art. 192 sind also die von einer Forderung abhängigen Kapitalbelastungen der Grundstücke. Auf den Namen, welchen das Pfandrecht im bisherigen Rechte führte, kommt es nicht an. Ob eine von einer Forderung abhängige Kapitalbelastung eines Grundstücks vorliegt, beurtheilt sich nach dem bisherigen Rechte. Dabei macht es für die Anwendbarkeit des Art. 192 keinen Unterschied, ob das Pfandrecht nur durch Eintragung in ein öffentliches Buch oder auch ohne solche Eintragung zur Entstehung gelangt ist, und ob das Pfandrecht auf einem Rechtsgeschäfte beruht oder unmittelbar durch das Gesetz entstanden ist. Gleichgültig ist auch, ob nach dem bisherigen Rechte über das Pfandrecht eine Urkunde (ein Hypothekenbrief, ein Hypothekeninstrument) ertheilt worden ist oder nicht.

a) Auch die nach dem bisherigen Rechte ohne Eintragung in ein öffentliches Buch begründeten und im Zeitpunkte der Grundbuchanlegung noch nicht eingetragenen Pfandrechte werden von dem Art. 192 betroffen. Gleiches gilt von den in ein öffentliches Buch eingetragenen, aber zu Unrecht gelöschten oder bei der Uebertragung auf ein anderes Blatt übersehenen Pfandrechten. Sie sind zwar dem öffentlichen Glauben des Grundbuchs gemäß Art. 186 unterworfen, soweit nicht auf Grund des Art. 188 durch das Landesrecht für gesetzliche Pfandrechte eine Ausnahme gemacht ist; im Uebrigen aber bleiben sie wenigstens reichsrechtlich unberührt. Daraus, daß sie unter den Art. 192 fallen, folgt z. B., daß ihre nachträgliche Eintragung nur in der Form verlangt werden kann, in welche sie nach der Regel des Art. 192 übergeleitet worden sind.

b) Ob die Vorzugsrechte (Privilegien) des rheinisch-badischen Rechtes Forderungsrechte oder Hypotheken sind, ist bestritten. Die M. des E.G. S. 275 regen an, daß die Landesgesetze die Streitfrage entscheiden. Durch die Landesgesetzgebung ist auch die Untersuchung über die rechtliche Natur der Vorzugsrechte gegenstandslos gemacht worden. Denn daß die in das Grundbuch im Zeitpunkte der Grundbuchanlegung eingetragenen Vorzugsrechte den Charakter von Pfandrechten haben, ist unzweifelhaft. Bezüglich der in diesem Zeitpunkte nicht eingetragenen Vorzugsrechte aber bestimmen die A.G. von Preußen Art. 33 § 4 und Elsaß-Lothringen § 77 sowie das bayer. Gesetz v. 1. Juli 1898 Art. 1 Abs. 2 für die Pfalz, daß sie sich in Ansprüche auf Bestellung einer Sicherungshypothek verwandeln; nach den A.G. von Baden Art. 40 Abs. 2 und Hessen Art. 224 erlöschen die im Zeitpunkte der Grundbuchanlegung nicht eingetragenen Vorzugsrechte. Das Vorrecht, welches der Art. 211 des code civil den Nachlaßgläubigern und Vermächtnißnehmern einräumt, ist übrigens kein Pfandrecht, sondern eine Verfügungsbeschränkung, es fällt deshalb nicht unter den Art. 192, sondern unter den Art. 179; nach diesem hängt seine fortdauernde Wirksamkeit davon ab, ob es im Zeitpunkte der Grundbuchanlegung eingetragen ist oder nicht. Ausdrücklich ausgesprochen findet sich dies im bayer. Ges. v. 1. Juli 1898 Art. 16.

c) Auch die Zwangshypothek (wegen der Zwangshypothekenvormerkung s. unter d) gilt als Pfandrecht im Sinne des Art. 192 und zwar nicht nur die auf Antrag des Gläubigers auf Grund eines vollstreckbaren Titels eingetragene Hypothek, sondern auch die gerichtliche Hypothek des rheinischen Rechtes. Wegen der gerichtlichen Hypothek des rheinischen Rechtes s. preuß. A.G. Art. 33 § 4 und bayer. Ges. v. 1. Juli 1898 Art. 12. Eine Zwangshypothek kann nach der Grundbuchanlegung gemäß §§ 866, 867 der C.P.O. nur mehr als Sicherungshypothek entstehen; auch ist die Entstehung gewissen Beschränkungen unterworfen, insofern die Eintragung nur für eine den Betrag von 300 Mark übersteigende Forderung und nicht als Gesammthypothek verlangt werden kann. Auf die nach Maßgabe der bisherigen Gesetze vor der Grundbuchanlegung entstandenen Zwangshypotheken finden selbstverständlich die Beschränkungen der §§ 866, 867 der C.P.O. nicht mit rückwirkender Kraft Anwendung; sie verwandeln sich aber auch nicht in eine Sicherungshypothek, sondern, wenn nicht die Landesgesetzgebung ein Anderes bestimmt, in Buchhypotheken.

Das Gesagte gilt auch von der im Wege der Arrestvollziehung eingetragenen (nicht bloß vorgemerkten) Hypothek. Auch die Arresthypothek verwandelt sich reichsrechtlich in Ermangelung einer landesgesetzlichen Sondervorschrift in eine gewöhnliche Buchhypothek. Gleiches gilt, wenn der Arrest nach dem bisherigen Rechte, z. B. nach dem bayerisch-pfälzischen und dem mecklenburgischen Rechte zwar als Beschlagnahme eingetragen wurde, mit der Beschlagnahme aber ein Vorzugsrecht verbunden war (für Bayern-Pfalz vergl. Ges. v. 1. Juli 1898 Art. 14). In den Rechtsgebieten dagegen, in welchen, wie in Sachsen und Württemberg die Arresthypothek nur die Wirkung eines Veräußerungsverbots oder einer sonstigen Verfügungsbeschränkung hatte, findet nicht der Art. 192 Anwendung, sondern das durch die Arresthypothek begründete Recht bleibt gemäß Art. 184 aufrecht.

d) Unter den Art. 192 fallen auch bedingte Pfandrechte, soweit solche nach bisherigem Rechte zulässig sind.

Dagegen fallen nicht unter den Art. 192 bloße Hypothekenvormerkungen, insbesondere fallen die im Wege der Zwangsvollstreckung oder der Arrestvollziehung vorgemerkten Hypotheken nicht unter den Art. 192. Die bisherige Vormerkung wird vielmehr mit dem alten Rechtsinhalte durch den Art. 184 aufrecht erhalten. Für die Umwandelung der Hypothekvormerkungen in Hypothekeintragungen findet, weil die Möglichkeit der Umwandelung zum Inhalte des Rechtes gehört, nach Art. 184 das bisherige Recht Anwendung. Hieraus folgt für die im Wege der Zwangsvollstreckung oder Arrestvollziehung eingetragenen Hypothekenvormerkungen insbesondere, daß das im § 867 Abs. 2 der C.P.O. enthaltene Verbot der Eintragung von Gesammtzwangshypotheken bei der Umwandelung von alten Hypothekenvormerkungen in wirkliche Hypotheken nicht in Betracht kommt. Daß für die Umwandelung das alte Recht maßgebend bleibt, ist von Bayern A.G. z. G.B.O. Art. 22 ausdrücklich ausgesprochen worden. Die gleiche Auffassung dürfte aber auch dem preuß. A.G. zu Grunde liegen (Rspr. 2 S. 402). Die Umwandelung selbst vollzieht sich natürlich nur in diejenige Grundkreditform des neuen Rechtes, welche nach der allgemeinen Regel des Art. 192 oder des auf Grund des Art. 193 ergangenen Landesgesetzes für die gewöhnliche Hypothek maßgebend ist; in Preußen z. B. kann in den altrechtlichen Landestheilen nur die Umwandelung in eine Briefhypothek, im rechtsrheinischen Bayern nur die Umwandelung in eine Buchhypothek in Betracht kommen. Für die im Wege der Zwangsvollstreckung eingetragenen Hypothekenvormerkungen enthalten übrigens mehrere Landesgesetze besondere Vorschriften für die Ueberleitung; so Bayern A.G. z. G.B.O. Art. 57, Hessen Anlegungsges. Art. 16, 47, Mecklenburg A.V. z. C.P.O. § 20 Abs. 2. A. A. das Kammergericht in Jahrb. 20 A S. 314 für die Arrestvormerkung und Habicht S. 491, 505 und im Recht 1901 S. 334, welche sämmtliche Hypothekenvormerkungen als bedingte Pfandrechte dem Art. 192 unterstellen; wie hier das Kammergericht in Rspr. 2 S. 402, Neumann S. 1475. Soweit die Vormerkung übrigens nach dem bisherigen Rechte nicht als eine dingliche Belastung eines Grundstücks, sondern als eine Eintragung anzusehen ist, welche einem bloß obligatorischen Anspruche Wirksamkeit gegen Dritte verleiht, findet der Art. 179 Anwendung.

e) Kein Pfandrecht sind die Hypothekentitel des bisherigen Rechtes. Sie unterliegen vom Inkrafttreten des B.G.B. an den Vorschriften, welche für das Rechtsverhältniß maßgebend sind, zu dessen Sicherung sie bestimmt sind; soweit also für das vor dem Inkrafttreten des B.G.B. begründete Rechtsverhältniß, z. B. für einen Vertrag auf Lieferung von Baumaterialien gemäß Art. 170 das bisherige Gesetz maßgebend bleibt, kann der Hypothekentitel auch nach der Grundbuchanlegung noch geltend gemacht werden (vergl. auch Erl. 2 zu Art. 189). Wegen der Hypothekentitel der Ehefrau, der Kinder und der Mündel s. Erl. zu den Art. 200, 203, 210. Besondere Uebergangsvorschriften für Hypothekentitel giebt Bayern Ueb.G. Art. 50—56.

Wegen der gesetzlichen Hypothek der Ehefrau, der Kinder und der Mündel im Gebiete des französ. Rechtes s. gleichfalls die Erl. zu den Art. 200, 203, 210.

f) Im Falle des sog. Besitz- oder Nutzungspfandes, der Antichrese, liegt die Verbindung eines gewöhnlichen Pfandrechts mit dem Rechte auf Besitz der Pfandsache und auf Fruchtgenuß vor. Das zu Grunde liegende Pfandrecht fällt unter den Art. 192 und verwandelt sich demgemäß je nach den Umständen in eine Buch- oder in eine Sicherungshypothek. Ob das mit dem Pfandrechte verbundene Recht auf Besitz- und Fruchtgenuß bestehen bleibt, ist zweifelhaft. Da das B.G.B. eine Antichrese bei der Hypothek oder Grundschuld nicht zuläßt, so scheint aus der Umwandelung des der Antichrese zu Grunde liegenden Pfandrechts in eine Hypothek des neuen Rechtes zu folgen, daß das Recht auf Besitz und Fruchtgenuß von der Grundbuchanlegung an wegfällt. So Habicht S. 516 und Niedner Aufl. II S. 408. Allein das Recht auf Besitz und Fruchtgenuß ist, wenn es auch mit dem Pfandrechte zusammenhängt und nur mit diesem zur Entstehung kommt und mit ihm wieder endigt, doch ein selbständiges dingliches Recht, es ist nicht ein Bestandtheil des Pfandrechts, sondern ein neben ihm stehendes, wenn auch von ihm abhängiges Recht. Hieraus folgt, daß das Recht auf Besitz und Fruchtgenuß unter die Vorschrift des Art. 184 fällt und nach Maßgabe dieser Vorschrift in Kraft bleibt. So auch das R.G. 47 S. 56, J.W. 1900 S. 821; 1901 S. 273. Daß die Antichrese nicht als ein durch Eintragung in das Grundbuch mit Wirksamkeit gegen Dritte ausgestatteter persönlicher Anspruch, der demgemäß zufolge des Art. 179 den bisherigen Gesetzen unterworfen bleibt und aufrecht erhalten wird, angesehen werden kann, wie z. B. Wilde D.J.Z. 1900 S. 206 annimmt, hat das R.G. a. a. O. ausführlich dargelegt; noch weniger kann davon die Rede sein, daß im Falle der Antichrese das gesammte Rechtsverhältniß den bisherigen Gesetzen unterworfen bleibt, das zu Grunde liegende Pfandrecht also nicht unter den Art. 192 fallen würde.

Uebrigens haben Hessen Art. 223 und Elsaß-Lothringen A.G. z. G.B.O. § 23 die bestehenden Antichresen ausdrücklich zu persönlichen Rechten erklärt; dieses persönliche Schuldverhältniß bleibt nach Maßgabe des Art. 170 bestehen.

g) Für Hypotheken und Privilegien, die im bisherigen Geltungsgebiete des französischen Rechtes an einem Nießbrauche begründet worden sind, gilt nicht der Art. 192, sondern der Art. 184. Sie bleiben also mit dem bisherigen Inhalt und Range aufrecht. Nach dem A.G. von Preußen Art. 33 § 4 Abs. 2, dem bayer. Ges. v. 1. Juli 1898 Art. 13 und dem Elsaß-Lothringensch. A.G. z. G.B.O. § 22 verwandeln sich die an einem Nießbrauche bestehenden Hypotheken und Vorzugsrechte, wenn sie im Zeitpunkte der Grundbuchanlegung in das Hypothekenregister eingetragen sind, in Pfandrechte (§§ 1273ff. des B.G.B.); sind sie nicht eingetragen, so verwandeln sie sich in Ansprüche auf Bestellung eines Pfandrechts.

2. Der Erwerb und Verlust der Pfandrechte bestimmt sich, wie überhaupt der Erwerb und Verlust eines jeden anderen Rechtes, nach dem zur Zeit des Erwerbs oder Verlustes geltenden Rechte, für die Zeit bis zur Grundbuchanlegung (Art. 186, 189) sind mithin die bisherigen Gesetze für die Frage maßgebend, ob ein Pfandrecht entstanden oder erloschen ist. Sind im Zeitpunkte der Grundbuchanlegung die nach dem bisherigen Rechte zum Erwerb eines Pfandrechts erforderlichen Thatsachen noch nicht sämmtlich eingetreten, so ist für den Erwerb schlechthin das B.G.B. maßgebend. Im rechtsrheinischen Bayern z. B. kann deshalb eine Hypothek, bezüglich deren der Antrag auf Eintragung schon vor der Grundbuchanlegung beim Hypothekenamt eingelaufen ist, die aber noch nicht in das Grundbuch eingetragen ist, nur mehr als Briefhypothek eingetragen werden, sofern nicht die Voraussetzungen vorliegen, unter welchen nach dem B.G.B. die Hypothek als Buchhypothek entsteht.

3. Der Art. 192 betrifft die im Zeitpunkte der Grundbuchanlegung bestehenden Pfandrechte. Es ist bestritten, ob der Art. 192 ein rechtlich wirksames Pfandrecht voraussetzt oder sich auf alle im Zeitpunkte der Grundbuchanlegung vorhandenen Pfandrechte bezieht, auch wenn sie materiell unwirksam sind, sofern sie nur formell zu Recht bestehen, also in das Grundbuch eingetragen sind. Die Frage ist hauptsächlich deshalb von Bedeutung, weil nach § 1163 Abs. 1 des B.G.B. die Hypothek dem Eigenthümer zusteht, wenn die Forderung, für welche die Hypothek bestellt ist, nicht zur Entstehung gelangt oder wenn sie erlischt, während nach den meisten bisherigen Rechten das Pfandrecht in diesem Falle unwirksam ist. Setzt der Art. 192 ein rechtlich wirksames Pfandrecht voraus, so kann der § 1163 Abs. 1 des B.G.B. auf die vor dem Inkrafttreten des Liegenschaftsrechts des B.G.B. eingetragenen Hypotheken keine Anwendung finden.

Der Ausdruck „bestehendes Recht“ ist vom E.G. an verschiedenen Stellen verwendet worden, z. B. in dem Art. 171, 180, 181, 182. Es unterliegt keinem Zweifel, daß an diesen Stellen unter einem bestehenden Rechte lediglich ein wirksam zur Entstehung gelangtes zu verstehen ist. Schon dieser Umstand dürfte es nahe legen, den Ausdruck „bestehendes Pfandrecht“ im Art. 192 im gleichen Sinne aufzufassen. Entscheidend dürfte sein, daß, wenn die im Art. 192 bestimmte Ueberleitung sich auch auf die nach bisherigem Rechte materiell unwirksamen Pfandrechte beziehen und deshalb der § 1163 des B.G.B. zur Anwendung kommen würde, damit eine Reihe von nach bisherigem Rechte unwirksamen Hypotheken konvaleszieren würde, ein Ergebniß, das vom Gesetzgeber nicht gewollt sein kann und auch der Billigkeit in hohem Grade widersprechen würde. Diese Konvaleszenz würde in die wohlerworbenen Rechte der nachstehenden Gläubiger in schwerer Weise eingreifen. Daß ein solcher Eingriff gewollt war, dafür liegen um so weniger Anhaltspunkte vor, als nach dem E. I die nicht zur Entstehung gelangte Hypothek keine Eigenthümerhypothek wurde, der E. I des E.G. also überhaupt nicht zu einem solchen Eingriffe geführt hätte und die M. des E.G. S. 274 ausdrücklich bemerken, daß die Ueberleitung nur die Angleichung der bestehenden Pfandrechte an die nach den Bestimmungen des B.G.B. bestellten Hypotheken unter möglichster Wahrung der zur Zeit des Inkrafttretens des Liegenschaftsrechts bestehenden konkreten Rechtslage bezweckt. Daß von der zweiten Kommission ein solcher Eingriff beabsichtigt worden wäre, dafür geben die Gesetzesmaterialien keinen Anhalt. Liegt ein nach dem bisherigen Rechte unwirksames Pfandrecht vor, so handelt es sich um ein im bisherigen Rechte nicht anerkanntes Pfandrecht. Auf ein solches kann sich die Ueberleitung nicht beziehen, dieses kann nicht durch die Ueberleitung ein wirkliches Pfandrecht werden. Liegt ein nach dem bisherigen Rechte rechtlich unwirksames Pfandrecht vor, so ist es gerade so, wie wenn unter der Herrschaft des B.G.B. eine nichtige Hypothek eingetragen würde. Ist die Hypothek nichtig, so entsteht auch nach dem B.G.B. keine Eigenthümerhypothek. Der bloße Eintrag im Grundbuche schafft kein Hypothekenrecht.

Eine andere Frage ist natürlich, wann ein rechtlich wirksames und wann ein rechtlich unwirksames Pfandrecht vorliegt. Die Entscheidung hierfür ist dem bisherigen Rechte zu entnehmen. Von einem rechtlich unwirksamen Pfandrecht, auf welches der Art. 192 keine Anwendung findet, kann man dabei nur reden, wenn dem Pfandrechte nach dem bisherigen Rechte — abgesehen von dem Falle, daß es in die Hand eines gutgläubigen Dritten gelangt und durch den öffentlichen Glauben des landesgesetzlich bestimmten Buches voll wirksam wird, — überhaupt keine dingliche Wirkung zukommt. Kommt ihm eine pfandrechtliche Wirkung zu, wenn sie sich auch nicht nach allen möglichen Seiten hin entfaltet, so bleibt diese Rechtsposition dem Eigenthümer erhalten, sie drückt sich unter der Herrschaft des B.G.B. eben in der Form der Eigenthümerhypothek aus.

Für das preußische Recht hat das R.G. in J.W. 1901 S. 239 angenommen, daß auf eine unter der Herrschaft der preuß. Grundbuchgesetze eingetragene nicht valutirte gewöhnliche Hypothek der Art. 192 und damit der § 1163 Abs. 1 des B.G.B. Anwendung findet. Dem R.G. dürfte mit Rücksicht auf die §§ 18, 57 des E.E.G. darin beizutreten sein, daß die nicht valutirte Hypothek des preuß. Rechtes gewisse pfandrechtliche Wirkungen hat und deshalb nicht als ein rechtlich unwirksames Pfandrecht behandelt werden kann. Auf dem gleichen Standpunkte stehen Turnau-Förster Bd. 1 S. 690, Stranz-Gerhard S. 217. A.A. das Kammergericht in Jahrb. N. F. 1A S. 311, Habicht S. 496, Niedner Aufl. II S. 405, Crusen-Müller, preuß. A.G. S. 308, Fuchs, Grundbuchrecht S. 381, 523. Für die preußische Kautionshypothek dagegen wird anzunehmen sein, daß, wenn im Zeitpunkte der Grundbuchanlegung bereits feststeht, daß die Forderung nicht zur Entstehung gelangt, die Hypothek rechtlich unwirksam ist und der § 1163 des B.G.B. keine Anwendung findet. Ebenso das Kammergericht in Jahrb. N.F. 2A S. 154, O.L.G. Celle in Seuff. Arch. 56 S. 274, Dernburg, Sachenrecht S. 616 Anm. 3, Oberneck, R.G.B.O. § 152 S. 696.

Für das bayerische Recht ist zweifellos, daß für eine nicht zur Entstehung gelangte Forderung keine Hypothek bestellt werden kann und einer für eine nicht entstandene oder nicht mehr bestehende Forderung eingetragenen Hypothek keine pfandrechtlichen Wirkungen zukommen. Der § 1163 Abs. 1 des B.G.B. kann deshalb auf die im Zeitpunkte der Grundbuchanlegung eingetragenen, nicht zur Entstehung gelangten oder erloschenen, wenn auch nicht gelöschten Hypotheken keine Anwendung finden. Der gleichen Ansicht sind Schnell im Bl. f. R.A. 62 S. 225 und Staudinger Bd. 3 Erl. V zu § 1163 des B.G.B.

Für das badische Recht gilt das Gleiche. Der § 513 Abs. 2 Satz 2 der bad. Dienstesanweisung für die Grundbuchämter hebt dies ausdrücklich hervor (vergl. Dorner, bad. A.G. S. 461).

Soweit nach dem Vorstehenden ein rechtlich nicht wirksames Pfandrecht eingetragen ist, kann dessen Beseitigung von den gleich oder nachstehend Berechtigten auf Grund des § 894 des B.G.B. herbeigeführt werden.

Von selbst versteht sich übrigens, daß auch ein rechtlich nicht wirksames Pfandrecht, trotzdem es von der Ueberleitung nach Art. 192 nicht ergriffen wird, in der Hand eines gutgläubigen Erwerbers zu einer voll wirksamen Hypothek wird und zwar zu einer Buchhypothek oder einer Sicherungshypothek, je nachdem es, sofern es ein wirksames Pfandrecht wäre, in die eine oder die andere Form gemäß Art. 192, 193 übergeleitet worden wäre.

4. Art der Ueberleitung. Die zur Zeit der Grundbuchanlegung bestehenden Pfandrechte verwandeln sich nach der reichsrechtlichen Regel des Art. 192, sofern nicht das Landesrecht auf Grund des Art. 193 ein Anderes bestimmt,

a) wenn der Betrag der Forderung, für welche das Pfandrecht besteht, bestimmt ist, in eine Hypothek, für welche die Ertheilung des Hypothekenbriefs ausgeschlossen ist (§ 1116 Abs. 2 des B.G.B.), sog. Buchhypothek (s. hierzu Vorbm. zum 8. Abschnitte des 3. Buches);

b) wenn der Betrag der Forderung, für welche das Pfandrecht besteht, nicht bestimmt ist, in eine Sicherungshypothek (§§ 1184 ff. des B.G.B.).

Ob der Betrag der Forderung, für welche das Pfandrecht besteht, bestimmt ist oder nicht, beantwortet sich lediglich nach dem Eintrag im Grundbuch. Ist in diesem im Zeitpunkte der Grundbuchanlegung nur der Höchstbetrag angegeben, bis zu welchem das Grundstück haften soll, im Uebrigen aber die Feststellung der Forderung vorbehalten oder ist, wenn dies nach dem bisherigen Rechte zulässig ist, nur die Forderung ihrem Grunde nach bezeichnet, ohne daß der Höchstbetrag angegeben ist, bis zu welchem das Grundstück haften soll, so tritt Umwandelung in eine sog. Höchst- oder Kautions-(Ultimat-)Hypothek (§ 1190 des B.G.B.) ein, andernfalls Umwandelung in eine schlichte Sicherungshypothek (§ 1184 des B.G.B.). Der Umstand, daß die Forderung, für die das Pfandrecht besteht, bedingt ist oder daß das Pfandrecht selbst bedingt ist, hindert nicht die Umwandelung des Pfandrechts in eine Buchhypothek.

Wie sich aus dem Worte „gilt" ergiebt, tritt die Umwandelung kraft Gesetzes ohne Weiteres ein, insbesondere gilt das in eine Sicherungshypothek übergeleitete Pfandrecht als Sicherungshypothek auch dann, wenn es im Grundbuche nicht als solche bezeichnet ist, und die Parteien können keine entgegengesetzten Vereinbarungen treffen, sie können nur die übergeleitete Hypothek nach Maßgabe der §§ 1186, 1198 des B.G.B. in eine andere Kreditform umwandeln.

5. Eine Eigenthümerhypothek des bisherigen Rechtes verwandelt sich, je nachdem beim Inkrafttreten des Liegenschaftsrechts die der Eigenthümerhypothek zu Grunde liegende Forderung noch besteht oder nicht, in eine Eigenthümerhypothek (§ 1177 Abs. 2) oder in eine Grundschuld (§ 1177 Abs. 1 des B.G.B.). Ob die Forderung noch besteht oder untergegangen ist, bestimmt sich gemäß Art. 170 nach dem bisherigen Rechte. Für die Eigenthümerhypothek des preuß. Rechtes wird vom Kammergerichte nunmehr (abweichend von seiner früheren Ansicht Rspr. 1 S. 416) Umwandelung in eine Eigenthümerhypothek nach § 1177 Abs. 2 des B.G.B. angenommen (Rspr. 2 S. 44). Uebereinstimmend Niedner Aufl. II S. 405, a. A. Habicht S. 497, 777. Findet auf die nicht valutirte Hypothek des preußischen Rechtes der § 1163 Abs. 1 des B.G.B. Anwendung (s. oben Erl. 3), so liegt natürlich eine Eigenthümergrundschuld (§ 1177 Abs. 1 des B.G.B.) vor. (So auch R.G. in J.W. 1901 S. 239).

6. Für die Forderung aus einer Schuldverschreibung auf den Inhaber, aus einem Wechsel oder aus einem anderen Papiere, das durch Indossament übertragen werden kann, kann nach § 1187 des B.G.B. nur eine Sicherungshypothek bestellt werden. Im bisherigen Rechte waren Inhaberhypotheken nicht selten, namentlich sind sie in Bayern anerkannt. Das bayer. Ueb.G. Art. 49 verwandelt die für die Forderung aus einer Schuldverschreibung auf den Inhaber oder aus einem indossablen Papier eingetragene Hypothek in eine Sicherungshypothek. Die Ueberleitung in eine Sicherungshypothek muß auch für die übrigen Rechtsgebiete gelten, in welchen Inhaberhypotheken vorkommen; eine ausdrückliche Vorschrift, wie sie in Bayern getroffen worden ist, aber fehlt.

7. Ist über das Pfandrecht nach dem bisherigen Rechte eine Urkunde ausgestellt worden, so wird sie vom Inkrafttreten des B.G.B. an in Folge der Umwandelung des Pfandrechts in eine Buch- oder eine Sicherungshypothek, wenigstens was den Bestand und die Uebertragung der Hypothek betrifft, bedeutungslos, ihr Verlust hat keinerlei Rechtsfolgen für den Gläubiger, auch knüpfen sich an ihre Aushändigung keine Rechtsfolgen und sie kann auch in denjenigen Rechtsgebieten, in welchen das Aufgebot solcher Hypothekenurkunden zulässig war, wie z. B. in Bayern, nicht mehr im Wege des Aufgebotsverfahrens für kraftlos erklärt werden. Auf den älteren Hypothekenurkunden sind ferner die Eintragungen, welche nunmehr bei den übergeleiteten Buch- oder Sicherungshypotheken erfolgen, nicht mehr zu vermerken. Es ist deshalb auch ihre Vorlage nicht mehr erforderlich (Bartsch im Centralblatt f. freiw. G.G. 2 S. 4). Für die Zeit vor der Grundbuchanlegung behält die Urkunde ihre bisherige Bedeutung (vergl. z. B. preuß. E.E.G. § 54, preuß. G.B.O. § 81).

Dagegen bleibt der über das Pfandrecht ausgestellten Urkunde die ihr nach bisherigem Rechte zukommende Vollstreckbarkeit nach Maßgabe des bisherigen Rechtes auch für die Zeit nach der Grundbuchanlegung erhalten; die Vollstreckungsklausel kann auch nach der Grundbuchanlegung noch ertheilt werden (Art. VIII des E.G. v. 17. Mai 1898 zur C.P.O. Nov.).

8. Der Inhalt der übergeleiteten Pfandrechte bestimmt sich — von den im Art. 192 Abs. 2 und im Art. 194 enthaltenen Ausnahmen abgesehen, — von der Grundbuchanlegung an ausschließlich nach den Vorschriften, welche das B.G.B. für die Grundkreditform aufstellt, in welche die Ueberleitung stattgefunden hat. Hierdurch wird in die Rechte der Betheiligten — des Eigenthümers, des Pfandgläubigers, der gleich- und nachstehend Berechtigten — zum Theile erheblich eingegriffen. Die M. des E.G. S. 274 verkennen dies auch nicht, sie

rechtfertigen es damit, daß die Ueberleitung der Grundstückspfandrechte unbedingt geboten ist und in anderer Weise nicht bewerkstelligt werden kann, der in der Ueberleitung liegende Eingriff, welcher im Art. 184 für andere Rechte an Grundstücken als das Eigenthum im Allgemeinen abgelehnt ist, bei den Grundstückspfandrechten übrigens auch weniger bedenklich erscheint, weil der Zweck der Hypothek, die Ermöglichung der sicheren Beitreibung eines Geldbetrags nur im geringen Maße und praktisch wenig fühlbar durch die Anpassung beeinträchtigt wird, auch eine drückende Erschwerung der Rechte des Eigenthümers und der sonstigen Realberechtigten nicht zu besorgen ist.

Von den Aenderungen, welche die bestehenden Grundstückspfandrechte durch die Ueberleitung erfahren, seien folgende hervorgehoben:

a) Nach § 1118 des B.G.B. haftet das Grundstück kraft der Hypothek auch für die gesetzlichen Zinsen der Forderung sowie für die Kosten der Kündigung und der die Befriedigung aus dem Grundstücke bezweckenden Rechtsverfolgung. Die Vorschrift des § 1118 des B.G.B. bedeutet für manche Rechtsgebiete eine Erweiterung, für manche eine Minderung der Haftung des Grundstücks. Eine Erweiterung tritt z. B. ein durch die Ausdehnung der Haftung auf die gesetzlichen Zinsen für Preußen (§ 30 des E.E.G.), Bayern (§ 43 des Hyp.Ges.) und Württemberg, durch die Ausdehnung auf die Kosten für Bayern, Sachsen, Württemberg und Mecklenburg. Eine Minderung tritt z. B. ein durch den Ausschluß der Kosten der Eintragung für Preußen, durch den Ausschluß der Haftung für Schadensersatz für Mecklenburg. Die Erweiterung sowie die Minderung der Haftung treten vom Zeitpunkte der Grundbuchanlegung an ohne Weiteres von selbst ein, die Erweiterung gilt aber nur für solche Nebenforderungen, die nach der Grundbuchanlegung entstanden sind, die Minderung dagegen ergreift auch solche Forderungen, welche schon vorher entstanden sind, und ist selbst einem auf die Pfandklage hin ergangenen rechtskräftigen Urtheile gegenüber wirksam.

Von großer Bedeutung für die gleich- und nachstehend Berechtigten ist die Vorschrift des § 1119 des B.G.B, daß die Hypothek, wenn die Forderung unverzinslich oder der Zinssatz niedriger als 5 % ist, ohne ihre Zustimmung dahin erweitert werden kann, daß das Grundstück für Zinsen bis zu 5 % haftet.

b) Auch der Gegenstand, für welchen die Hypothek haftet, ändert sich mit der Ueberleitung gegenüber manchen Landesrechten.

Die Hypothek erstreckt sich nach § 1120 des B.G.B. auf die getrennten Bestandtheile, insbesondere die getrennten Früchte; die Haftung erlischt nach näherer Maßgabe der §§ 1121, 1122 des B.G.B. erst, wenn sie veräußert oder vom Grundstück entfernt werden. Nach manchen Rechten dagegen, z. B. nach dem bayer. Hypothekengesetze treten die Früchte mit der Trennung aus dem Hypothekenverband. Ob die Hypothek sich von der Anlegung des Grundbuchs an auch auf solche Erzeugnisse und sonstige Bestandtheile des Grundstücks erstreckt, welche vor der Anlegung des Grundbuchs von dem Grundstücke getrennt sind und deshalb nach dem bisherigen Rechte der Hypothek nicht unterlagen, hängt davon ab, ob die Hypothek sich nach § 1120 auch auf solche Erzeugnisse und sonstige Bestandtheile erstreckt, welche vor der Begründung der Hypothek von dem Grundstücke getrennt sind. Ist diese Frage zu bejahen, so muß sich die Hypothek auch auf die vor der Anlegung des Grundbuchs getrennten Erzeugnisse und sonstigen Bestandtheile erstrecken. Ist die Frage zu verneinen, so findet die Erstreckung nicht statt. Darüber, wie die gedachte Frage zu beantworten ist, s. Erl. zu § 1120. Unzweifelhaft ergreift die Hypothek alle Zubehörstücke des Grundstücks, welche diese Eigenschaft bei der Anlegung des Grundbuchs haben, mit Ausnahme derjenigen, welche nicht in dem Eigenthume des Eigenthümers des Grundstücks stehen (R.G. in J.W. 1901 S. 184). Sachen, welchen nach dem B.G.B. die Zubehöreigenschaft nicht zukommt, treten aus dem Pfandverband und zwar auch dann, wenn die Sachen durch Vertrag oder Testament als Zubehör erklärt worden sind (a. A. Rspr. 3 S. 297). Rechte Dritter indessen, die vor der Grundbuchanlegung, wenn auch nach dem Inkrafttreten des B.G.B. an den Erzeugnissen und sonstigen Bestandtheilen oder an einem Zubehöre z. B. durch eine nach dem bisherigen Rechte gültige Mobiliarpfändung erworben worden sind, werden durch die Erstreckung der Haftung nicht berührt (R.G. in J.W. 1900 S. 641).

Aenderungen können sich ferner für viele Rechtsgebiete ergeben durch die Vorschriften der §§ 1123—1130 des B.G.B. über die Erstreckung der Haftung des Grundstücks auf Mieth- und Pachtzinsforderungen, auf mit dem Eigenthum an dem Grundstücke verbundene Rechte und auf die Forderungen aus der Versicherung der Gegenstände, die der Hypothek unterliegen. Auch die z. B. dem bayer., dem sächs. und dem württemb. Rechte fremden Vorschriften des § 21 Abs. 3 und des § 152 Abs. 2 des Zw.V.G., daß die Früchte, welche dem Pächter gebühren, von dem Gläubiger nicht in Anspruch genommen werden dürfen, finden von der Grundbuchanlegung an auf die bereits bestehenden Pachtverhältnisse Anwendung; Früchte, welche nach bisherigem Rechte dem

Pfandverbande schon unterworfen waren, nach dem neuen Rechte aber wegen des Pachtverhältnisses pfandfrei sind, scheiden aus dem Pfandverband aus.

c) Die Haftung mehrerer Grundstücke für eine Hypothek (Gesammthypothek) bestimmt sich nunmehr nur nach den Vorschriften des B.G.B. und des Zw.V.G., insbesondere kann der Gläubiger nach § 1132 des B.G.B. die Befriedigung nach seinem Belieben aus jedem der Grundstücke ganz oder zu einem Theile suchen oder den Betrag der Forderung auf die einzelnen Grundstücke in der Weise vertheilen, daß jedes Grundstück nur für einen zugetheilten Betrag haftet. Die in manchen Landesrechten (z. B. in Württemberg) sich findenden Abweichungen fallen ohne Rücksicht darauf weg, ob durch die Ausübung des Wahlrechts des Gläubigers die gleich- oder nachstehenden dinglich Berechtigten geschädigt werden.

d) Die dem Gläubiger nach den §§ 1133, 1135 des B.G.B. im Falle einer Gefährdung seiner Sicherheit durch die Verschlechterung des Grundstücks zustehenden Rechte stehen dem Hypothekengläubiger nur dann zu, wenn die Verschlechterung des Grundstücks oder des Zubehörs nach der Anlegung des Grundbuchs erfolgt ist. Auf eine vor diesem Zeitpunkt erfolgte Verschlechterung kann der Gläubiger die fraglichen Rechte ebensowenig gründen wie er sie auf eine vor der Begründung der Hypothek eingetretene Verschlechterung gründen kann. Hat der Gläubiger aber vor Anlegung des Grundbuchs auf Grund von Vorgängen, die vor diesem Zeitpunkte liegen, nach Maßgabe der bisherigen Gesetze ein Recht gegen den Eigenthümer erworben, welches auch bei einer Hypothek des B.G.B. möglich ist, hat er z. B. ein dem § 1133 entsprechendes Recht auf sofortige Befriedigung erworben, so bleibt dieses Recht bestehen.

e) Der § 1136 des B.G.B. erklärt eine Vereinbarung, durch die sich der Eigenthümer des Grundstücks dem Gläubiger gegenüber verpflichtet, das Grundstück nicht weiter zu veräußern oder nicht weiter zu belasten, für nichtig. Im bisherigen Rechte sind solche Vereinbarungen zum Theil für zulässig erklärt. Nach dem bayer. Rechte ist die Vereinbarung, das Grundstück nicht weiter zu veräußern, gestattet. Ob Vereinbarungen dieser Art unwirksam werden, kann zweifelhaft sein. Sie verlieren wohl jedenfalls eine dingliche Wirkung, falls sie eine solche nach dem bisherigen Rechte hatten (a. A. Obermeyer Bl. f. R.A. 65 S. 325). Dagegen dürfte kein Grund vorliegen, ihnen auch die obligatorische Wirkung unter den Parteien zu entziehen. Insofern handelt es sich um ein Schuldverhältniß und dieses ist nach Art. 170 nach dem bisherigen Rechte zu beurtheilen (a. A. Habicht S. 515). Anders steht es mit der Vorschrift des § 1149, nach welcher der Eigenthümer, solange nicht die Forderung ihm gegenüber fällig geworden ist, dem Gläubiger nicht das Recht einräumen kann, zum Zwecke der Befriedigung die Uebertragung des Eigenthums an dem Grundstücke zu verlangen oder die Veräußerung des Grundstücks auf andere Weise als im Wege der Zwangsvollstreckung zu bewirken. Hier handelt es sich um eine Bestimmung, durch welche die bezeichnete Modifikation der für die Hypothek geltenden Vorschriften für unzulässig erklärt wird. Die Gestattung wird daher, auch wenn sie vor der Anlegung des Grundbuchs erfolgte, mit diesem Zeitpunkt unwirksam.

f) Für die Einreden des Eigenthümers gegen die Hypothek ist zu beachten, daß, wie in der Erl. zu Art. 186 ausgeführt ist, die Vorschriften der §§ 892, 893, 1138 des B.G.B. sich auf einen vor der Grundbuchanlegung liegenden Erwerb und für eine vor dieser Zeit erfolgte Uebertragung einer Hypothek nicht beziehen. Die Einrede aus dem persönlichen Schuldverhältnisse gegen die Klage aus einer vor der Grundbuchanlegung eingetragenen und abgetretenen Hypothek sind nach dem bisherigen Rechte zu beurtheilen (R.G. 47 S. 231, J.W. 1901 S. 202, ferner Rspr. 3 S. 139).

g) Die accessorische Natur, welche das Pfandrecht in manchen bisherigen Landesrechten, z. B. in Bayern hat, erlischt mit der Ueberleitung in Buch- oder Briefhypotheken des B.G.B. Insbesondere fällt das Aufrücken der nachstehenden Pfandgläubiger, wenn die durch die Hypothek gesicherte Forderung erlischt ꝛc., weg. Die Landesgesetzgebung kann indessen hiervon nach Maßgabe des Art. 194 eine Ausnahme zulassen.

h) Die übergeleiteten Pfandrechte können aus einer Buchhypothek in eine Briefhypothek, aus einer Sicherungs- in eine gewöhnliche Hypothek und eine Hypothek kann in eine Grundschuld und umgekehrt verwandelt werden (§§ 1116 Abs. 2, 3, 1186, 1198 des B.G.B.). Die Zustimmung der gleich- oder nachstehend Berechtigten ist hierzu nicht erforderlich.

i) Die Vorschriften des B.G.B. über die Gesammthypothek finden von der Grundbuchanlegung an ohne Rücksicht darauf Anwendung, wann die einzelnen Hypotheken entstanden sind, also auch dann, wenn sie alle oder ein Theil vor der Grundbuchanlegung bestellt worden sind. Sie gelten ferner auch dann, wenn eines der Grundstücke noch nicht unter Grundbuchrecht steht. Auch die dingliche Sicherheit, welche das B.G.B. den Regreßansprüchen der Eigenthümer mehrerer verpfändeter Grundstücke verleiht (vergl. z. B. §§ 1173, 1182 des B.G.B.) greift ohne

Unterschied darauf Platz, ob der Anspruch vor oder nach der Grundbuchanlegung zur Entstehung gelangt ist.

9. Die Ueberleitung der Pfandrechte läßt das persönliche Schuldverhältniß, zu dessen Sicherheit das Pfandrecht dient, sowie bei einer Gesammthypothek das persönliche Regreßverhältniß zwischen den Eigenthümern der mehreren Grundstücke unberührt. Aus Art. 170 ergiebt sich, daß für das Schuldverhältniß, soweit es vor dem 1. Januar 1900 enstanden ist, das bisherige Recht maßgebend ist.

Von Bedeutung ist dies insbesondere in Ansehung der Termine, an denen die Zinsen zu entrichten sind, und in Ansehung des Zahlungsorts. Denn auch für die Hypothek des B.G.B. bestimmt sich die Zeit der Zinszahlung nach dem persönlichen Schuldverhältnisse, durch welches die Forderung begründet wird. Wenn mithin im bisherigen Rechte gewisse Zinstermine gesetzlich festgesetzt waren, so bleibt eine solche Bestimmung für die zur Zeit der Grundbuchanlegung bestehenden Hypotheken als Bestandtheil des Schuldverhältnisses bestehen; natürlich können die Parteien die Zahlungszeit ändern (§ 1119 des B.G.B.). Aehnlich liegt die Sache mit dem Zahlungsorte, welcher sich bei Hypotheken des B.G.B. nach den §§ 269, 270, bei Grund- und Rentenschulden nach den §§ 1194, 1199, 1200 des B.G.B. richtet, also gleichfalls der Vereinbarung der Parteien unterliegt. Vergl. hierzu Habicht S. 517 und A.G. von Lübeck § 96.

10. Wie schon in der Vorbm. vor Art. 192 dargelegt, macht der Abs. 2 des Art. 192 von dem Grundsatze, daß sich der Inhalt der übergeleiteten Pfandrechte nach dem B.G.B. bestimmt, für die sog. Revenuenhypotheken eine Ausnahme. Wenn das Pfandrecht dahin beschränkt ist, daß der Gläubiger Befriedigung aus dem Grundstücke nur im Wege der Zwangsverwaltung, nicht auch im Wege der Zwangsversteigerung suchen kann, so bleibt diese Beschränkung bestehen. Die Ausnahme gilt sowohl für den Fall, daß das bisherige Recht gewissen Hypotheken kraft Gesetzes nur die Befriedigung im Wege der Zwangsverwaltung gestattet, als auch für den Fall, daß der Gläubiger — was z. B. nach preuß. und bayer. Rechte (Dernburg, preuß. Pr.R. I § 328 Nr. 3, Regelsberger-Henle, bayer. Hyp.Recht § 80) zulässig ist — auf die Befriedigung im Wege der Zwangsversteigerung verzichtet hat. Im Uebrigen werden die Revenuenhypotheken in gleicher Weise umgewandelt wie Substanzhypotheken. Insbesondere finden die für Substanzhypotheken in Ansehung des Umfanges der Forderung, für welche das Grundstück haftet, und in Ansehung der Haftung von Pfandzubehör (Früchte ꝛc.) geltenden Vorschriften auch auf die Revenuenhypothek Anwendung. Vergl. hierzu noch wegen der Behandlung im Zwangsverwaltungsverfahren die A.G. z. Zw.V.G. von Preußen Art. 13 und von Bayern Art. 35; beide Vorschriften treffen zwar ihrem Wortlaute nach nicht die hier behandelten Fälle, sondern beziehen sich in erster Linie auf Fideikommißschulden, sind aber entsprechend anwendbar.

11. Nach den §§ 1, 15 des E.G. z. Zw.V.G. ist ein vor der Grundbuchanlegung beantragtes Zwangsverwaltungs- oder Zwangsversteigerungsverfahren nach den bisherigen Gesetzen zu erledigen. Der Umstand, daß im Zeitpunkte der Grundbuchanlegung ein Zwangsversteigerungs- oder Zwangsverwaltungsverfahren beantragt oder anhängig ist, hindert die Ueberleitung der Pfandrechte in Hypotheken des B.G.B. nicht. Aus der Maßgeblichkeit des bisherigen Rechtes für das Zwangsversteigerungs- und Zwangsverwaltungsverfahren ergiebt sich aber, daß sich nach dem bisherigen Rechte auch die Wirkungen des Verfahrens bestimmen; dieser im E. I des Zw.V.G. ausdrücklich ausgesprochene Satz ist im Gesetze nur als selbstverständlich weggeblieben (vergl. M. des Zw.V.G. S. 377). Hieraus folgt, daß sich der Inhalt der übergeleiteten Pfandrechte insoweit, als er mit dem Zwangsversteigerungs- oder Zwangsverwaltungsrechte zusammenhängt, gleichfalls nach dem bisherigen Rechte bestimmt. Insbesondere richten sich also die Wirkungen der Beschlagnahme nach dem bisherigen Rechte. Beispielsweise entscheidet hiernach über den Umfang der Forderung, für welche das Grundstück haftet, und für die Erstreckung der Haftung des Grundstücks auf andere Gegenstände nicht das B.G.B., sondern das bisherige Zwangsversteigerungs- und Zwangsverwaltungsrecht. Von einschneidender Bedeutung ist die fortdauernde Geltung des bisherigen Subhastationsrechts ferner namentlich für die Behandlung von Gesammthypotheken; im Zwangsversteigerungsverfahren wird die Gesammthypothek ebenso behandelt, wie wenn eine Ueberleitung nicht stattgefunden hätte.

12. Die in den Art. 192 ff. vorgesehene Ueberleitung bezieht sich ihrem Wortlaute nach nur auf die an Grundstücken bestehenden Pfandrechte. Sie gilt aber auch für die Pfandrechte, mit welchen ein nach Reichsrecht den Grundstücken gleichstehendes Recht — ein Erbbaurecht (Art. 184 Satz 2 mit § 1017 des B.G.B.), Erbpachtrecht (Art. 63), bergrechtliches Abbaurecht (Art. 68) — belastet ist und, sofern das Landesrecht nicht ein Anderes bestimmt, auch für die Pfandrechte, die an Rechten bestehen, welchen landesrechtlich die Grundstücksnatur zukommt, wie Fischereirechte, die Rechte, für welche gemäß Art. 196 der Grundstücksnatur ausgesprochen ist, Bergrecht ꝛc.

Artikel 193.

Durch Landesgesetz kann bestimmt werden, daß ein Pfandrecht, welches nach Artikel 192 nicht als Sicherungshypothek gilt, als Sicherungshypothek oder als eine Hypothek gelten soll, für welche die Ertheilung des Hypothekenbriefs nicht ausgeschlossen ist, und daß eine über das Pfandrecht ertheilte Urkunde als Hypothekenbrief gelten soll.

Artikel 194.

Durch Landesgesetz kann bestimmt werden, daß ein Gläubiger, dessen Pfandrecht zu der im Artikel 192 bezeichneten Zeit besteht, die Löschung eines im Range vorgehenden oder gleichstehenden Pfandrechts, falls dieses sich mit dem Eigenthum in einer Person vereinigt, in gleicher Weise zu verlangen berechtigt ist, wie wenn zur Sicherung des Rechtes auf Löschung eine Vormerkung im Grundbuch eingetragen wäre.

Artikel 193.

E. d. E.G. I Art. 112 Abs. 3; II Art. 164; III Art. 192. P. I S. 13184, 13259; M. d. E.G. S. 274. P. II S. 9052, 9234 (Bd. 6 S. 524, 632).

1. Wie schon in der Vorbm. vor Art. 192 hervorgehoben ist, ermächtigt der Art. 193 die Landesgesetzgebung, bestehende Pfandrechte, welche, weil der Betrag der Forderung, für die das Pfandrecht bestimmt ist, sich gemäß der Regel des Art. 192 in Buchhypotheken verwandeln würden, in Briefhypotheken oder in Sicherungshypotheken zu verwandeln, je nachdem im bisherigen Grundkreditrecht anerkannte Pfandrechte sich mehr der Briefhypothek oder mehr der Sicherungshypothek des B.G.B. nähern. Wird der Landesgesetzgebung die Möglichkeit eröffnet, bestehende Pfandrechte in Briefhypotheken zu verwandeln, so muß sie auch die Befugniß haben, eine über das Pfandrecht nach dem bisherigen Rechte ertheilte Urkunde als Hypothekenbrief im Sinne des B.G.B. zu erklären, um dadurch zu verhüten, daß die bisher über das Pfandrecht ertheilte Urkunde eingezogen und ein Hypothekenbrief, welcher den Vorschriften des B.G.B. und der G.B.O. entspricht, ausgestellt wird. Diese Befugniß giebt ihr der Schlußsatz des Art. 193. Bei der Verwandelung der bestehenden Pfandrechte in Sicherungshypotheken kann die Erklärung einer über das Pfandrecht ausgestellten Urkunde als Hypothekenbrief im Sinne des B.G.B. nicht in Frage kommen, weil über die Sicherungshypothek nach dem B.G.B. ein Brief nicht ertheilt wird. Ist nach dem bisherigen Rechte über eine Hypothek, welche in Folge der Ueberleitung zur Sicherungshypothek wird, ein Brief ausgestellt worden, so verliert er nunmehr seine Bedeutung; in dieser Beziehung kann auf die Erl. 7 zu Art. 192 verwiesen werden.

Von dem Grundsatze des Art. 192 Abs. 1 Satz 2, daß bestehende Pfandrechte, wenn der Betrag der Forderung, für welche das Pfandrecht besteht, nicht bestimmt ist, sich in Sicherungshypotheken verwandeln, eine Ausnahme zu machen, gestattet der Art. 193 nicht.

2. Von den Vorbehalten des Art. 193 haben eine Reihe von A.G. Gebrauch gemacht.

In eine Briefhypothek verwandeln die bestehenden Pfandrechte insbesondere die A.G. z. B.G.B. von Preußen Art. 33 §§ 1, 2, Württemberg Art. 214, Oldenburg § 14, Bremen §§ 40, 41.

In eine Sicherungshypothek verwandeln sie insbesondere das bayer. Gesetz v. 1. Juli 1898 Art. 1 (für die Pfalz), Baden A.G. z. B.G.B. Art. 40, Hessen, Grundbuchanlegungsges. Art. 21, 53, Weimar A.G. z. B.G.B. § 160, Elsaß-Lothringen A.G. z. B.G.B. § 77.

Keinen Gebrauch vom Art. 193 machen insbesondere Bayern für die Landestheile rechts des Rheins (abgesehen von den einige Einzelheiten betreffenden Art. 49—61 des Ueb.G. und Art. 22, 57 des A.G. z. G.B.O.), Sachsen, Sachsen-Altenburg und Sachsen-Meiningen.

Im Uebrigen vergl. die in der Vorbm. 3 vor Art. 192 gegebene Darstellung des in Folge der Ueberleitung der Pfandrechte im größeren Theile von Deutschland eingetretenen Rechtszustandes.

Artikel 194.

E. d. E.G. II Art. 165; III Art. 193. P. II S. 9052, 9234 (Bd. 6 S. 524, 632).

1. Mit Rücksicht darauf, daß nach verschiedenen bisherigen Gesetzen beim Wegfall eines Pfandgläubigers die gleich- oder nachstehenden Gläubiger im Range vorrücken, während nach dem B.G.B. zufolge dessen Vorschriften über die Eigenthümerhypothek (§§ 1143, 1163, 1168, 1173, 1182, 1185 Abs. 2) der Wegfall eines Gläubigers den gleich- oder nachstehenden Gläubigern nicht zu statten kommt, können die Rechte der gleich- oder nachstehenden Hypotheken-

Artikel 195.

Eine zu der Zeit, zu welcher das Grundbuch als angelegt anzusehen ist, bestehende Grundschuld gilt von dieser Zeit an als Grundschuld im Sinne des

---

gläubiger durch die Einführung des B.G.B. eine wesentliche Aenderung und Abschwächung erfahren. Der Art. 194 giebt der Landesgesetzgebung die Möglichkeit, die im Range gleich- oder nachstehenden Gläubiger gegen die Beeinträchtigungen, die ihnen aus den erwähnten Vorschriften des B.G.B. drohen, dadurch zu schützen, daß ihnen für den Fall der Vereinigung des Pfandrechts mit dem Eigenthum in einer Person das Recht eingeräumt wird, die Löschung des Pfandrechts in gleicher Weise zu verlangen, wie wenn zur Sicherung des Rechtes auf Löschung eine Vormerkung im Grundbuch eingetragen wäre. Ob das Pfandrecht sich mit dem Eigenthume vor oder nach der Anlegung des Grundbuchs vereinigt, ist gleichgültig. Unter den Art. 194 fallen alle Fälle der Vereinigung der Hypothek mit dem Eigenthume, sei es, daß diese Fälle eintreten, weil der Eigenthümer den Gläubiger befriedigt oder beerbt oder der Gläubiger auf die Hypothek verzichtet, mit seinem Rechte im Wege des Aufgebotsverfahrens ausgeschlossen wird oder dem Eigenthümer die Hypothekforderung erläßt, oder daß er eintritt, weil der Gläubiger das verpfändete Grundstück erwirbt.

Macht die Landesgesetzgebung von dem Vorbehalte Gebrauch, so soll es mithin so angesehen werden, als wenn bei der Bestellung des Pfandrechts eine dem § 1179 des B.G.B. entsprechende Vormerkung eingetragen worden wäre. Von selbst wird das Pfandrecht nicht zur Löschung gebracht, es entsteht vielmehr die Eigenthümerhypothek, aber nur unter solchen Beschränkungen, wie sie der § 1179 des B.G.B. bestimmt. Jeder gleich- oder nachstehende Gläubiger — und nur dieser, nicht ein anderer dinglich Berechtigter — hat demnach für den Fall der Vereinigung der Hypothek mit dem Eigenthume das Recht, vom Eigenthümer zu verlangen, daß er die Hypothek zur Löschung bringt. Der Eigenthümer aber ist in der Verfügung über die ihm angefallene Hypothek durch die Löschungsverpflichtung dahin beschränkt, daß er ohne Einwilligung der gleich- oder nachstehenden Hypothekgläubiger nur die Löschung der Hypothek bewilligen darf. Räumt der Eigenthümer ein Recht auf die von ihm erworbene Hypothek einem Dritten ein, so kann auch von diesem die Zustimmung zur Löschung erzwungen werden (§ 883 des B.G.B.). In Folge der Löschung haben die gleich- oder nachstehenden Gläubiger den Vortheil, daß sie mit ihren Hypotheken aufrücken. Denn an die Stelle einer gelöschten Hypothek kann eine neue nicht eingetragen werden. Die gleich- oder nachstehenden Gläubiger haben aber nur ein Recht auf Löschung, sie treten nicht etwa ohne Weiteres in die dem Eigenthümer zugefallene Hypothek. Der Eintragung in das Grundbuch bedarf die Löschungsverpflichtung nicht, es ist eine kraft des Gesetzes wirkende Vormerkung. Der Löschungsverpflichtung gegenüber entfällt also der Schutz des öffentlichen Glaubens des Grundbuchs. Selbstverständlich kann aber das Landesgesetz vorschreiben, daß die Löschungsverpflichtung den Charakter einer Vormerkung nur unbeschadet der Vorschriften über den öffentlichen Glauben des Grundbuchs hat. Jeder gleich- oder nachstehende Hypothekengläubiger hat das Recht auf Löschung für sich, er ist unabhängig von den anderen.

Die der Landesgesetzgebung im Art. 194 eingeräumte Befugniß besteht ohne Rücksicht darauf, ob das Pfandrecht des bisherigen Rechtes in eine Brief-, in eine Buch- oder in eine Sicherungshypothek übergeleitet wird.

2. Von dem Vorbehalte haben die A.G. nur beschränkten Gebrauch gemacht; vergl. Preußen, Art. 33 § 3 Nr. 3; Bayern, Ueb.G. Art. 59; Württemberg Art. 125; Hessen, Grundbuchanlegungsges. Art. 25, 58.

3. In ähnlicher Richtung wie der Vorbehalt des Art. 194 bewegt sich die Ermächtigung welche der § 8 des E.G. z. Zw.V.G. für die Zwangsversteigerung vorsieht. Danach kann durch Landesgesetz für die Zwangsversteigerung bestimmt werden, daß die vor dem Inkrafttreten des B.G.B. eingetragenen Hypotheken bei der Feststellung des geringsten Gebots und bei der Aufstellung des Theilungsplans nur auf Grund einer Anmeldung zu berücksichtigen sind. Dazu vergl. Preußen A.G. z. B.G.B. Art. 33 (für das Geltungsgebiet des Gesetzes über das Grundbuchwesen im Bezirke des Appellationsgerichts Kassel), Württemberg Art. 275 (dazu J.M.Verf. v. 10. Oktober 1899 § 19).

Artikel 195.

E. d. E.G. I Art. 113; II Art. 166; III Art. 194. P. I S. 13260, 13272; M. d. E.G. S. 275. P. II S. 9053 (Bd. 6 S. 524).

1. Der Art. 195 betrifft die Ueberleitung der Grundschulden. Im Allgemeinen vergl. die Vorbm. vor Art. 192 unter 1 und 2. Unter Grundschulden versteht der Art. 195 die von

Bürgerlichen Gesetzbuchs und eine über die Grundschuld ertheilte Urkunde als Grundschuldbrief. Die Vorschrift des Artikel 192 Abs. 2 findet entsprechende Anwendung.

Durch Landesgesetz kann bestimmt werden, daß eine zu der im Abs. 1 bezeichneten Zeit bestehende Grundschuld als eine Hypothek, für welche die Ertheilung des Hypothekenbriefs nicht ausgeschlossen ist, oder als Sicherungshypothek gelten soll und daß eine über die Grundschuld ertheilte Urkunde als Hypothekenbrief gelten soll.

---

einer Forderung unabhängigen selbständigen Kapitalbelastungen der Grundstücke, gleichviel welchen Namen sie im bisherigen Rechte geführt haben. Es fallen also nicht nur die Grundschulden des preuß. Rechtes unter den Art. 195, sondern auch z. B. die Hypotheken des mecklenburgischen Rechtes.

2. Der Art. 195 Abs. 1 Satz 1 enthält die reichsrechtliche Ueberleitungsregel für die bestehenden Grundschulden. Er giebt demnach für die Grundschulden die entsprechende Vorschrift, die der Art. 192 Abs. 1 für die Pfandrechte vorsieht. Nach der reichsrechtlichen Ueberleitungsregel verwandeln sich die bestehenden Grundschulden in Grundschulden des B.G.B. In Ansehung der antichretischen Grundschulden des bisherigen Rechtes werfen sich die gleichen Zweifel auf wie bei den antichretischen Pfandrechten. Die über diese in der Erl. 2 zu Art. 192 gemachten Bemerkungen treffen auch für die antichretischen Grundschulden zu.

3. Der Art. 195 Abs. 2 ermächtigt die Landesgesetzgebung, entsprechend dem im Art. 193 für Pfandrechte vorgesehenen Vorbehalte zu bestimmen, daß eine Grundschuld sich in eine Briefhypothek oder in eine Sicherungshypothek verwandelt. Im Falle der Verwandelung in eine Briefhypothek kann vorgeschrieben werden, daß eine über die Grundschuld ertheilte Urkunde als Hypothekenbrief gilt. Von der Ermächtigung, Grundschulden in Briefhypotheken umzuwandeln, hat, soviel ersichtlich, kein Landesgesetz Gebrauch gemacht. Hamburg § 48 und Lübeck § 95 haben den bestehenden Kapitalbelastungen mit Rücksicht auf die nach ihrem Rechte mit der Belastung verbundene subsidiäre persönliche Haftung des Eigenthümers einen derartigen Inhalt gegeben, daß sie als Pfandrechte im Sinne des Art. 192 erscheinen und deshalb zu Buchhypotheken werden. Von der Ermächtigung der Umwandelung der Grundschulden in Sicherungshypotheken haben die beiden Mecklenburg zum Theil Gebrauch gemacht (Mecklenburg-Schwerin A.V. § 197, Strelitz § 195).

4. Auf den Inhalt der bestehenden Grundschulden finden nach der reichsgesetzlichen Ueberleitungsregel vom Zeitpunkte der Grundbuchanlegung an die Vorschriften der §§ 1191—1198 des B.G.B. Anwendung. Von den Folgen, die sich hieraus ergeben, sind besonders hervorzuheben:

a) Eine über die Grundschuld nach dem bisherigen Rechte ertheilte Urkunde gilt als Grundschuldbrief im Sinne des neuen Rechtes. Der Art. 195 Abs. 1 Satz 1 spricht diese Folge ausdrücklich aus. Für die Grundschulden, welche nach dem bisherigen Rechte, z. B. der preuß. G.B.O. § 122 Satz 4 Briefgrundschulden sein mußten, kann jetzt nachträglich die Ertheilung des Briefes ausgeschlossen werden (§§ 1192, 1116 Abs. 2 Satz 2 des B.G.B.).

b) Dem B.G.B. ist eine Blankoabtretung der Grundschuld, wie sie z. B. das preuß. E.E.G. § 55 kennt, fremd (B.G.B. § 1192 mit § 1154). Wer eine Grundschuld auf Grund einer Blankozession geltend macht, muß demnach beweisen, daß die Abtretung vor der Grundbuchanlegung erfolgt ist. Auf Grund einer Blankozession kann die Eintragung im Grundbuche nur verlangt werden, wenn nach Maßgabe der G.B.O. § 29 (vergl. auch § 22) durch öffentliche Urkunden nachgewiesen wird, daß vor der Anlegung des Grundbuchs derjenige Thatbestand eingetreten ist, an welchen das bisherige Recht den Erwerb der Grundschuld durch Blankozession knüpft. Für den Fall, daß der Gläubiger diesen Nachweis nicht erbringen kann, dürfte mit Habicht (S. 503 Anm.) anzunehmen sein, daß der Grundschuldgläubiger von dem letzten eingetragenen Grundschuldgläubiger verlangen kann, daß er in der vom § 29 der G.B.O. erforderten Form seine Zustimmung zur Ueberschreibung des Grundschuldbriefs ertheilt. Die mecklenburg. A.V. § 200 sieht übrigens eine entsprechende Bestimmung ausdrücklich vor. Für Preußen vergl. A.G. z. B.G.B. Art. 34.

c) Die zu einem Grundschuldbriefe vor der Anlegung des Grundbuchs nach dem bisherigen Rechte, z. B. dem preuß. E.E.G. § 39, G.B.O. § 128 ausgegebenen Zinsquittungsscheine behalten auch nach der Anlegung des Grundbuchs ihre Kraft, da sie nach dem bisherigen Rechte als selbständige Inhaberpapiere anzusehen und mit Rücksicht darauf nach Art. 170, 174 in Kraft geblieben sind. Nach Ablauf des zur Zeit der Anlegung des Grundbuchs laufenden Quittungsbogens darf aber ein neuer nicht mehr ausgegeben werden.

Artikel 196.

Durch Landesgesetz kann bestimmt werden, daß auf ein an einem Grundstücke bestehendes vererbliches und übertragbares Nutzungsrecht die sich auf Grundstücke beziehenden Vorschriften und auf den Erwerb eines solchen Rechtes die für den Erwerb des Eigenthums an einem Grundstücke geltenden Vorschriften des Bürgerlichen Gesetzbuchs Anwendung finden.

Für den Rang der bestehenden Grundschulden bewendet es bei dem Grundsatze des Art. 184, daß die Rechte, mit denen eine Sache zur Zeit des Inkrafttretens des B.G.B. belastet ist, mit dem sich aus den bisherigen Gesetzen ergebenden Range bestehen bleiben.

5. Ausnahmsweise bleibt auch für den Inhalt der bestehenden Grundschulden das bisherige Recht maßgebend. Dies ist zufolge des im Art. 195 Abs. 1 Satz 2 für entsprechend anwendbar erklärten Art. 192 Abs. 2 für die sog. Revenuengrundschulden des bisherigen Rechtes insoweit der Fall, als die bei ihnen nach dem bisherigen Rechte geltende Beschränkung, daß der Gläubiger Befriedigung aus dem Grundstücke nur im Wege der Zwangsverwaltung suchen kann, im Umfange des bisherigen Rechtes bestehen bleibt.

Artikel 196.

E. d. E.G. I Art. 115; II Art. 167; III Art. 195. P. I S. 13183, 13195, 13253; M. d. E.G. S. 276. P. II S. 9054 (Bd. 6 S. 525).

1. Anwendungsgebiet des Art. 196. Das B.G.B. kennt nur ein vererbliches und übertragbares Nutzungsrecht an einem Grundstücke, das Erbbaurecht (§§ 1012ff.). Dagegen kann die Landesgesetzgebung auf den ihr vorbehaltenen Gebieten derartige Nutzungsrechte schaffen oder fortbegründen lassen. Von den Vorbehalten, die in dieser Beziehung in Betracht kommen, sind insbesondere die Vorbehalte des Lehenrechts (Art. 59), des Erbpachtrechts (Art. 63), des Wasserrechts (Fährtgerechtigkeit und Brücken- und Mühlgerechtsame), der nicht bergrechtlichen Abbaurechte des Art. 68, des Jagd- und Fischereirechts (Art. 69) und der realen Gewerbeberechtigungen (Art. 74) zu nennen. Außerhalb der Vorbehaltsgebiete aber kann nach dem 1. Januar 1900 vermöge des Grundsatzes des Art. 189 Abs. 1 Satz 3 ein anderes vererbliches oder veräußerliches Nutzungsrecht an einem Grundstück als ein Erbbaurecht nicht mehr neu begründet werden, es bleiben nur vermöge des Art. 184 die bereits begründeten Rechte dieser Art bestehen, d. h. sie können veräußert und vererbt werden, wenn sie aber untergehen, bleiben sie endgültig erloschen. Unter die Rechte, die demnach nicht mehr neu begründet werden können, gehören z. B. die Emphyteuse des gemeinen Rechtes und das Erbzinsrecht und die Erbzinsleihe des deutschen Rechtes.

Aus dem Vorstehenden ergiebt sich das Anwendungsgebiet des Art. 196. Der Art. 196 hat diejenigen vererblichen und übertragbaren Nutzungsrechte an Grundstücken zum Gegenstande, welche weder in einem Erbbaurechte noch in einem unter ein Vorbehaltsgebiet fallenden Rechte bestehen.

Schwierigkeit macht die Abgrenzung der unter den Art. 196 fallenden Rechte von den unter ein Vorbehaltsgebiet fallenden Rechten nur in Ansehung der unter den Art. 63 fallenden Rechte, der Erbpachtrechte. Aus dem Art. 63 selbst läßt sich ein charakteristisches Unterscheidungsmerkmal nur insofern gewinnen, als der Art. 63 nach seiner Entstehungsgeschichte lediglich bäuerliche Nutzungsrechte betrifft, d. h. nur Nutzungsrechte, welche an einem land- oder forstwirthschaftlich benutzten Grundstücke bestehen, mag das Grundstück auch in einer städtischen Feldmark liegen. Im Uebrigen aber kommt es lediglich auf die Landesgesetze an und es ist Aufgabe der Landesgesetzgebung, die Unterscheidung festzulegen; in den Bundesstaaten übrigens, in welchen am 1. Januar 1900 ein unter den Art. 63 fallendes Nutzungsrecht nicht zulässig ist, kann es von der Landesgesetzgebung nicht mehr neu zugelassen werden.

Nicht unter den Art. 196 fallende Nutzungsrechte hat auch der Art. 197 im Auge. Wie aus dem Wortlaute des Art. 197 folgt, unterscheiden sich die Nutzungsrechte des Art. 196 von denen des Art. 197 zunächst insofern, als der Art. 197 nur auf Rechte an bäuerlichen Grundstücken, d. h. an land- oder forstwirthschaftlich benutzten Grundstücken, der Art. 196 auch auf solche an nicht bäuerlichen Grundstücken sich bezieht. Im Uebrigen ergiebt sich aus dem Gegensatze zu Art. 63, daß der Art. 197 die nur persönlichen nicht dinglichen Nutzungsrechte, die deutschrechtliche sog. schlichte oder bäuerliche Leihe zum Gegenstande hat. Andernfalls wäre es unbedingt geboten gewesen, die Merkmale, wodurch sich die unter den Art. 63 fallenden Rechte von denen des Art. 197 unterscheiden, im E.G. zu bestimmen.

Artikel 197.

In Kraft bleiben die landesgesetzlichen Vorschriften, nach welchen in Ansehung solcher Grundstücke, bezüglich deren zur Zeit des Inkrafttretens des Bürgerlichen

---

Dadurch, daß zur Anwendbarkeit des Art. 196 erforderlich ist, daß das Nutzungsrecht vererblich und übertragbar ist, ist der Gegensatz zum Nießbrauch und den beschränkten persönlichen Dienstbarkeiten und den in einigen bisherigen Gesetzen anerkannten Rechten, welche einen dem Nießbrauch ähnlichen Inhalt haben, hervorgehoben; für Rechte dieser Art ist der Art. 184 ausnahmslos maßgebend.

2. Inhalt des Art. 196. Der Art. 196 ermächtigt die Landesgesetzgebung, zu bestimmen, daß auf die in ihm bezeichneten Nutzungsrechte die sich auf Grundstücke beziehenden Vorschriften und auf den Erwerb eines solchen Rechtes die auf den Erwerb des Eigenthums an einem Grundstücke geltenden Vorschriften des B.G.B. Anwendung finden. Die Landesgesetzgebung soll demnach bezüglich dieser Rechte die gleiche rechtliche Behandlung vorschreiben können, welcher das Erbpachtrecht gemäß Art. 63 Satz 2 und das Erbbaurecht und zwar sowohl das am 1. Januar 1900 bestehende als auch das später erst entstehende nach Art. 184 Satz 2 und nach § 1017 des B.G.B. kraft Reichsrechts unterliegen. Zum Theile folgt die der Landesgesetzgebung hiermit eingeräumte Befugniß schon aus dem Art. 218. Daß sie ihr im Art. 196 besonders beigelegt worden ist, beruht auf folgenden Gründen. Nach dem Grundsatze des Art. 184 Satz 1 sind für die zur Zeit des Inkrafttretens des B.G.B. bestehenden dinglichen Rechte die bisherigen Gesetze nur in Ansehung des Inhalts und des Ranges aufrechterhalten; auf den Inhalt eines Rechtes aber beziehen sich die Vorschriften nicht, welche die Uebertragung, Belastung und Aufhebung des Rechtes betreffen (s. Erl. zu Art. 184). Abweichend von Art. 184 Satz 1 giebt der Art. 196 der Landesgesetzgebung die Macht, für die in ihm bezeichneten vererblichen und übertragbaren Nutzungsrechte auch in Ansehung der Uebertragung, Belastung und Aufhebung insofern Bestimmungen zu treffen, als diesen Nutzungsrechten landesgesetzlich die rechtliche Natur von Grundstücken verliehen und damit für die Uebertragung, Belastung, Aufhebung rc. dieser Nutzungsrechte die gleichen Vorschriften für maßgebend erklärt werden können, welche für Grundstücke gelten. Daß man nicht, wie im Art. 63 für das Erbpachtrecht und im Art. 68 für nicht bergrechtliche Abbaurechte geschehen ist, reichsrechtlich die Grundstücksnatur der bezeichneten Nutzungsrechte ausgesprochen hat, hängt damit zusammen, daß sich die Anpassungsfähigkeit dieser Rechte an die für Grundstücke geltenden Vorschriften nicht sicher überblicken ließ.

Ueber die Tragweite der Anwendbarkeit der Vorschriften, die sich auf Grundstücke beziehen, und der für den Erwerb des Eigenthums geltenden Vorschriften s. Erl. zu Art. 63. Macht die Landesgesetzgebung von dem Vorbehalte des Art. 196 Gebrauch, so bestimmt sich nach ihr auch die grundbuchrechtliche Behandlung der hier fraglichen Rechte (§ 83 der G.B.O.). Nach der C.P.O. §§ 864, 870 unterliegen die Rechte alsdann der Zwangsvollstreckung in das unbewegliche Vermögen.

In Ansehung der am 1. Januar 1900 bestehenden Erbbaurechte (Art. 184 Satz 2), der Erbpachtrechte (Art. 63) und der nicht bergrechtlichen Abbaurechte (Art. 68) ist nicht nur bestimmt, daß auf sie die sich auf Grundstücke beziehenden Vorschriften und auf ihren Erwerb die für den Erwerb des Eigenthums an einem Grundstücke geltenden Vorschriften des B.G.B. Anwendung finden, sondern es sind die Vorschriften des § 1017 des B.G.B. für anwendbar erklärt. Daraus folgt, daß für diese Rechte auch die für die Ansprüche aus dem Eigenthume geltenden Vorschriften entsprechende Anwendung finden (§ 1017 Abs. 2 des B.G.B.). Daß die Landesgesetzgebung die gleiche Vorschrift auch für die hier in Frage stehenden Nutzungsrechte treffen kann, ist zwar im Art. 196 nicht ausdrücklich bestimmt, folgt aber aus der Analogie.

Ob die Landesgesetzgebung die im Art. 196 zugelassene Vorschrift vom Inkrafttreten des B.G.B. oder erst von der Anlegung des Grundbuchs an trifft, ist ihr anheimgestellt.

3. Ueber in Betracht kommende Landesgesetze s. das sächs. Gesetz v. 15. Juni 1900 § 29, die A.G. z. B.G.B. von Württemberg Art. 208 und Hessen Art. 154 und das badische A.G. z. G.B.O. § 34.

Artikel 197.

E. d. E.G. III Art. 196.

1. Der Art. 197 betrifft nach seinem Wortlaute die nicht unter den Art. 63 fallenden bäuerlichen Nutzungsrechte an Grundstücken. Wie in der Erl. 2 zu Art. 63 und in der Erl. 1 zu Art. 196 dargelegt ist, handelt es sich im Art. 197 um die sog. bäuerliche oder schlichte Leihe, welche dem Berechtigten kein dingliches, veräußerliches, sondern nur ein persönliches Recht gewährt, das allerdings regelmäßig seitens des Grundherrn unkündbar und auch vererblich ist.

Gesetzbuchs ein nicht unter den Artikel 63 fallendes bäuerliches Nutzungsrecht besteht, nach der Beendigung des Nutzungsrechts ein Recht gleicher Art neu begründet werden kann und der Gutsherr zu der Begründung verpflichtet ist.

---

2. Während das unter den Art. 63 fallende Erbpachtrecht, die deutschrechtliche sog. Erbleihe, in den Bundesstaaten, welche von dem Art. 63 Gebrauch gemacht haben, nicht nur übertragen, sondern auch, wenn es untergegangen ist, neubegründet werden kann und zwar auch an Grundstücken, an welchen es bisher nicht bestanden hat, können die nicht unter den Art. 63 fallenden Nutzungsrechte an Grundstücken, soweit sie zu den im Art. 196 behandelten gehören, überhaupt nicht mehr neubegründet werden, soweit sie aber zu den im Art. 197 behandelten zählen, können sie zwar noch neubegründet werden, aber nur mehr an Grundstücken, an welchen sie am 1. Januar 1900 schon bestanden haben.

3. Der Art. 197 hat hauptsächlich für die beiden Mecklenburg Bedeutung. Die Aufrechterhaltung derjenigen landesgesetzlichen Vorschriften, nach welchen der Gutsherr im Falle des Erlöschens der Leihe z. B. infolge Ablebens oder Abmeierung des Besitzers, Ablaufs des Leihvertrags, zur Neubegründung der Leihe verpflichtet ist, soll das sog. Bauernlegen verhüten.

4. Für Mecklenburg=Schwerin s. A.V. z. B.G.B. § 178, für Mecklenburg=Strelitz A.V. § 176 und dazu Langfeld S. 153 ff.

Zu Artikel 198—212.

1. In den Art. 198—212 sind die das Familienrecht betreffenden Uebergangsvorschriften enthalten. Die Vorschriften beziehen sich auf die Gültigkeit der beim Inkrafttreten des B.G.B. bestehenden Ehen (Art. 198), die persönlichen Rechtsbeziehungen der Ehegatten zu einander (Art. 199), das eheliche Güterrecht (Art. 200), die Ehescheidung und Ehetrennung (Art. 201, 202), das Rechtsverhältniß zwischen Eltern und ehelichen Kindern (Art. 203—206), das Rechtsverhältniß der Kinder aus ungültiger Ehe (Art. 207), die rechtliche Stellung der unehelichen Kinder (Art. 208) und der legitimirten und an Kindesstatt angenommenen Kinder (Art. 209), ferner auf das Vormundschaftsrecht (Art. 210—212).

Keine Uebergangsvorschrift ist vorgesehen für das Verlöbniß, für die Eingehung der Ehe, für die Unterhaltspflicht der Verwandten und für die eheliche Abstammung. Wegen der ehelichen Abstammung und der Unterhaltspflicht der Verwandten wird auf die Vorbm. vor Art. 203 verwiesen.

2. Anlangend das Verlöbniß, so beantwortet sich die Frage, ob ein Verlöbniß vor dem Inkrafttreten des B.G.B. entstanden ist, nach dem bisherigen Rechte. Diesem sind die materiellen und formellen Voraussetzungen des Verlöbnisses zu entnehmen. Dabei ist indessen zu berücksichtigen, daß, wenn ein Verlöbniß, welchem nach bisherigem Rechte keine rechtliche Wirkung zukam, sei es, weil dieses, wie das französische Recht, dem Verlöbnisse jede rechtliche Wirkung absprach, oder weil das Verlöbniß nach bisherigem Rechte z. B. wegen mangelnder Form ungültig war, nach dem Inkrafttreten des B.G.B. fortgesetzt wird, darin der Abschluß eines neuen Verlöbnisses zu finden ist, so daß sich die Gültigkeit des Verlöbnisses nun nach dem neuen Rechte bestimmt. Das Verhältniß liegt hier nicht anders, als wenn ein unter der Herrschaft des B.G.B. eingegangenes Verlöbniß, welches an einem, seine Wirksamkeit ausschließenden Mangel leidet, nach dem Wegfalle des Mangels fortgesetzt wird.

Bezüglich der Wirkungen des am 1. Januar 1900 bestehenden Verlöbnisses ist eine verschiedene Auffassung möglich. Die M. des E.G. S. 278 bemerken, das Prinzip des Art. 103 (nun Art. 170) lege nahe, auch für die Wirkungen das bisherige Recht entscheiden zu lassen. Die M. gehen also davon aus, daß, wenn das Verlöbniß nach bisherigem Rechte überhaupt eine Wirkung äußert, das durch das Verlöbniß begründete Rechtsverhältniß als ein Schuldverhältniß zu betrachten ist und für das Schuldverhältniß das bisherige Recht maßgebend bleibt. Im Gebiete des gemeinen Rechtes könnte danach auch nach dem Inkrafttreten des B.G.B. aus einem vorhereingegangenen Verlöbniß auf Eheschließung oder Schadensersatz geklagt werden, eine im Gebiete des preußischen L.R. in der vorgeschriebenen Form vereinbarte Vertragsstrafe könnte im Falle des Verlöbnißbruchs eingeklagt werden. Den M. folgen Staudinger Erl. z. E.G. Art. 198 und Neumann Handausgabe S. 1477.

Diese Auffassung dürfte indessen der familienrechtlichen Natur des Verlöbnisses nicht hinreichend Rechnung tragen. Gleichgültig, welchen Standpunkt man bezüglich der rechtlichen Natur des Verlöbnisses nach dem B.G.B. einnimmt (s. Bd. IV S. 8), jedenfalls ist anzuerkennen, daß das B.G.B. das Verlöbniß als einen die Ehe vorbereitenden Akt ansieht und die darüber gegebenen Vorschriften bezwecken, die Freiheit der Eheschließung sicher zu stellen.

Hieraus folgt, daß die Vorschrift des § 1297 Abs. 1 des B.G.B., welche die Klage aus einem Verlöbniß auf Eingehung der Ehe versagt, einen zwingenden Charakter hat und daß auf Grund eines am 1. Januar 1900 bestehenden Verlöbnisses Schadensersatzansprüche nicht in weiterem Umfange geltend gemacht werden können, als im B.G.B. (§§ 1298—1300) anerkannt ist. Die stärkeren Wirkungen, welche das bisherige Recht dem Verlöbnisse beilegt, sind als beseitigt zu betrachten und zwar auch, soweit die Thatsachen, auf welche die Schadensersatzansprüche gegründet werden, z. B. die Aufwendungen eines Verlobten, vor dem 1. Januar 1900 liegen. So auch Habicht S. 523, Hölder Kommentar z. B.G.B. Bd. IV S. 14, Stutz, die rechtliche Natur des Verlöbnisses S. 83 ff. und im Ergebnisse wohl auch Niedner Aufl. II S. 417; letzterer will jedoch eine Ausnahme für den Fall machen, daß die Folgen des Rücktritts vom Verlöbnisse vertragsmäßig geregelt sind. Insbesondere soll eine nach dem bisherigen Rechte gültig vereinbarte Vertragsstrafe auch nach dem Inkrafttreten des B.G.B. gültig bleiben. Allein wenn man überhaupt die Wirkungen des Verlöbnisses mit Rücksicht auf dessen familienrechtliche Natur den Vorschriften des neuen Rechtes unterwirft, muß dieser Gesichtspunkt in allen Beziehungen zu Grunde gelegt und auch die Vorschrift des § 1297 Abs. 2 des B.G.B., welche das Versprechen einer Strafe für den Fall des Unterbleibens der Ehe für nichtig erklärt, zur Anwendung gebracht werden (Rechtspr. 2 S. 133). Das Ausgeführte gilt namentlich auch vom Deflorationsanspruche, wenn die Beiwohnung vor dem 1. Januar 1900 erfolgte. Soweit das bisherige Recht übrigens einer jeden geschwächten oder geschwängerten Frauensperson, also ohne Rücksicht auf ein bestehendes Verlöbniß, einen Deflorationsanspruch giebt, wie z. B. das gemeine Recht, ist der Deflorationsanspruch aus einer vor dem 1. Januar 1900 erfolgten Beiwohnung auch dann bestehen geblieben, wenn es sich um die Schwächung oder Schwängerung im Brautstande handelt (s. Erl. zu Art. 208). Der im § 1301 des B.G.B. geregelte Anspruch auf Rückgabe der von einem Verlobten dem anderen gemachten Geschenke im Falle des Unterbleibens der Ehe gehört übrigens nicht hierher; es handelt sich hierbei nicht um eine Folge des Verlöbnisses, sondern um einen Anspruch auf Herausgabe wegen ungerechtfertigter Bereicherung. Ein solcher Anspruch bestimmt sich nach den Gesetzen, welche für ein Schuldverhältniß ex lege maßgebend sind (vergl. Erl. 3 zu Art. 13).

Ist das Verlöbniß vor dem 1. Januar 1900 aufgehoben worden, so bestimmen sich seine Wirkungen ausschließlich nach dem bisherigen Rechte; nur für die Verjährung der aus dem Verlöbniß entstandenen Ansprüche ist nach dem Art. 169 der § 1302 des B.G.B. maßgebend. Auf Eingehung der Ehe kann jedoch auch im Falle des vor dem 1. Januar 1900 erfolgten Bruches eines Verlöbnisses nicht mehr geklagt werden. Die Gründe, welche zur Anwendbarkeit des § 1297 Abs. 1 des B.G.B. auf das am 1. Januar 1900 noch bestehende Verlöbniß führen, drängen zur Annahme, daß nach der Absicht des B.G.B. dem unter dem alten Rechte begründeten Anspruch auf Eingehung der Ehe mit dem Eintritte des neuen Rechtes die Klagbarkeit in allen Fällen entzogen sein soll; die M. zur C.P.O. Novelle § 774 S. 186 (bei Hahn-Mugdan S. 168) bemerken im Einklange hiermit — jedoch abweichend von den M. d. E.G. S. 102 — daß der Vorschrift des § 774 Abs. 2 (nun § 886 Abs. 2) der C.P.O. vom Inkrafttreten des B.G.B. an nur mehr bei der Vollstreckung ausländischer Urtheile Bedeutung zukomme (so auch R.G. in J.W. 1900 S. 726; 1901 S. 138, 384). Die Beseitigung der Möglichkeit, auf Eingehung der Ehe zu klagen, hat für die Rechtsgebiete, wie das gemeine Recht (R.G. 40 S. 209), in denen nicht schon der Bruch der Verlöbnisses als solchen, sondern erst die Nichtbefolgung des Urtheils, die Ehe einzugehen, einen Schadensersatzanspruch begründet, zur Folge, daß der vertragstreue Theil mit dem Eintritte des neuen Rechtes seine Ansprüche verliert. Denn dieses Urtheil kann nicht mehr erwirkt werden. So auch das R.G. in J.W. 1901 S. 384. Es fragt sich indessen, ob nicht an die Stelle der von dem bisherigen Rechte bestimmten stärkeren Wirkung (nämlich des Anspruchs auf Eingehung der Ehe und eventuell Schadensersatz) jetzt, da das B.G.B. diese Wirkung versagt, mindestens die im § 1298 bestimmte geringere Wirkung tritt. Der Billigkeit dürfte dies entsprechen und auch wohl der Absicht des Gesetzes (so das O.L.G. Hamburg in Rspr. 2 S. 148, welches dem vertragstreuen Theile den Anspruch aus § 1298 des B.G.B. einräumt).

3. Erfordernisse der Eheschließung. Nach dem Inkrafttreten des B.G.B. darf eine Ehe nur dann geschlossen werden, wenn alle im B.G.B. aufgestellten Erfordernisse erfüllt sind. Dies gilt auch dann, wenn das Aufgebot schon vor dem 1. Januar 1900 vollzogen worden ist. Andererseits ist der Vorschrift des § 1316 des B.G.B., wonach der Eheschließung ein Aufgebot vorauszugehen hat, auch dann genügt, wenn das Aufgebot nach der Vorschrift des bisherigen Rechtes ergangen und bei der Prüfung der Eheerfordernisse nur das bisherige Recht zu Grunde gelegt ist. Um den Standesbeamten, der nach dem Inkrafttreten des B.G.B. um Schließung einer Ehe angegangen wird, für welche das Aufgebot schon vorher erlassen war, der Nothwendigkeit zu überheben, jedesmal noch besondere Ermittelungen darüber anzustellen, ob die Eheerfordernisse des B.G.B. vorliegen, haben die Bundesregierungen die Standesbeamten angewiesen, in dem Falle, daß die Ehe möglicherweise erst nach dem 1. Januar 1900 geschlossen wird, die

Artikel 198.

Die Gültigkeit einer vor dem Inkrafttreten des Bürgerlichen Gesetzbuchs geschlossenen Ehe bestimmt sich nach den bisherigen Gesetzen.

Eine nach den bisherigen Gesetzen nichtige oder ungültige Ehe ist als von Anfang an gültig anzusehen, wenn die Ehegatten zur Zeit des Inkrafttretens des Bürgerlichen Gesetzbuchs noch als Ehegatten mit einander leben und der Grund, auf dem die Nichtigkeit oder die Ungültigkeit beruht, nach den Vorschriften des Bürgerlichen Gesetzbuchs die Nichtigkeit oder die Anfechtbarkeit der Ehe nicht zur Folge haben oder diese Wirkung verloren haben würde. Die für die Anfechtung im Bürgerlichen Gesetzbuche bestimmte Frist beginnt nicht vor dem Inkrafttreten des Bürgerlichen Gesetzbuchs.

Die nach den bisherigen Gesetzen erfolgte Ungültigkeitserklärung einer Ehe steht der Nichtigkeitserklärung nach dem Bürgerlichen Gesetzbuche gleich.

Eheerfordernisse nach dem Rechte des B.G.B. zu prüfen und hiervon bei der Ausstellung einer Bescheinigung oder Ermächtigung zur Eheschließung vor einem anderen Standesbeamten in die Urkunde einen Vermerk aufzunehmen. Vergl. Sartorius Personst.Ges. (1902) S. 455.

Das Erforderniß der elterlichen Einwilligung besteht nach dem B.G.B. nur bis zum vollendeten einundzwanzigsten Lebensjahre (§ 1305), die Ersetzung der elterlichen Einwilligung findet nicht mehr im Wege des Rechtsstreits auf erhobene Klage, sondern im Verfahren der freiwilligen Gerichtsbarkeit statt. Klagen, die am 1. Januar 1900 anhängig sind, müssen daher ohne Weiteres für erledigt erklärt werden.

Wegen der Geltung des § 1314 des B.G.B. (Ehehinderniß des Mangels vorheriger Auseinandersetzung) für die Uebergangszeit s. Erl. 4 zu § 1314.

Artikel 198.

E. d. E.G. I Art. 117; II Art. 168; III Art. 197. P. I S. 13081; M. d. E.G. S. 278. P. II S. 9057, 9238, 9271 (Bd. 6 S. 526, 634, 653).

Der Art. 198 betrifft die Gültigkeit der vor dem Inkrafttreten des B.G.B. geschlossenen Ehen.

1. Regel ist, daß die bisherige Rechtslage fortdauert. Der Abs. 1 spricht den allgemeinen Grundsatz aus, daß für die Gültigkeit der vor dem Inkrafttreten des B.G.B. geschlossenen Ehen die bisherigen Gesetze maßgebend bleiben.

Eine nach dem bisherigen Gesetze gültige Ehe bleibt also auch nach dem Inkrafttreten des B.G.B. gültig, mag die Ehe selbst an einem Mangel leiden, welcher, wenn sie unter der Herrschaft des B.G.B. geschlossen worden wäre, die Nichtigkeit oder Anfechtbarkeit zur Folge gehabt hätte. Eine sowohl nach dem B.G.B. als nach dem bisherigen Rechte ungültige Ehe, deren Nichtigkeit oder Ungültigkeit indessen nach dem bisherigen Rechte z. B. wegen Bestätigung seitens des Anfechtungsberechtigten oder wegen Zeitablaufs nicht mehr geltend gemacht werden kann, bleibt auch dann gültig, wenn nach dem B.G.B. der Ungültigkeitsgrund noch nicht weggefallen wäre. Ehehindernisse ferner, die nach dem B.G.B. als Nichtigkeitsgründe, im bisherigen Rechte aber nur als private Trennungsgründe anerkannt sind, behalten ihre Natur als Anfechtungsgründe, sie werden nicht etwa Nichtigkeitsgründe. Dabei ist zu berücksichtigen, daß sich die Wirkungen einer Verletzung der Eheverbote auch für die unter der Herrschaft des Personst.Ges. geschlossenen Ehen nach den Landesgesetzen bestimmen und das B.G.B. manche der im bisherigen Rechte als aufschiebend behandelten Eheverbote als trennende Ehehindernisse gestaltet. Dies gilt insbesondere von dem Eheverbote des Ehebruchs (§ 33 Nr. 5 des Personst.Ges., § 1312 des B.G.B.). Uebrigens werden die Fälle, daß eine Ehe, welche nach bisherigem Rechte gültig ist, nach dem B.G.B. aber nichtig oder anfechtbar wäre, nicht häufig sein. Die wichtigsten Abweichungen des alten und des neuen Rechtes liegen in der Richtung der Anfechtbarkeit der Ehe wegen Irrthums oder Betrugs.

Aus dem Abs. 1 ergiebt sich ferner, daß eine nach dem bisherigen Rechte nichtige oder ungültige Ehe auch unter der Herrschaft des B.G.B. nichtig oder ungültig bleibt, mag auch der Grund, auf welchem die Ungültigkeit beruht, im B.G.B. nicht als Nichtigkeit oder Anfechtungsgrund anerkannt sein. Auch hier werden sich die wichtigsten Anwendungsfälle auf dem Gebiete der Anfechtbarkeit der Ehe wegen Irrthums oder Betrugs ergeben. Andere Beispiele bieten die Verletzung des Verbots der Doppelehe (§§ 1309, 1326 des B.G.B.), die nach manchen Rechten, auch wenn die erste Ehe ungültig war, die Nichtigkeit der Ehe begründete, ferner die Verletzung der Ehehindernisse der Eheunmündigkeit, des Mangels der elterlichen Einwilligung, der Adoptivverwandtschaft, die im B.G.B. nur aufschiebende Wirkung haben.

2. Konvalescenz der Ehe durch den Eintritt des neuen Rechtes. Von der aus dem Abs. 1 sich ergebenden Folge, daß eine nach dem bisherigen Rechte wegen Mangels eines formellen oder materiellen Erfordernisses nichtige oder ungültige Ehe auch unter der Herrschaft des B.G.B. nichtig oder ungültig bleibt, macht der Abs. 2 eine wesentliche Ausnahme. Die Nichtigkeit oder Ungültigkeit einer vor dem Inkrafttreten des B.G.B. geschlossenen Ehe kann danach nicht mehr geltend gemacht werden, wenn

a) die Ehegatten am 1. Januar 1900 noch als Ehegatten miteinander lebten und

b) der Grund, auf welchem die Nichtigkeit oder Ungültigkeit beruht, nicht auch nach dem B.G.B. die Nichtigkeit oder die Anfechtbarkeit der Ehe zur Folge hat oder diese Wirkung verloren haben würde.

Die Voraussetzung zu a ist im gleichen Sinne wie nach dem B.G.B. § 1324 Abs. 2 zu nehmen. Es kann daher auf die Erl. 2 b zu § 1324 des B.G.B. verwiesen werden. Wie das R.G. (J.W. 1900 S. 725) mit Recht annimmt, kann von einem Miteinanderleben als Ehegatten nicht die Rede sein, wenn von einem Ehegatten vor dem 1. Januar 1900 die Klage auf Ungültigkeit oder auf Scheidung der Ehe erhoben worden ist und der Rechtsstreit am 1. Januar 1900 noch anhängig war. Aus der Voraussetzung zu a folgt, daß, wenn die Ehe unter der Herrschaft des bisherigen Rechtes durch Scheidung, beständige Trennung von Tisch und Bett oder auf sonstige Weise aufgelöst oder wenn sie unter der Herrschaft des bisherigen Rechtes schon für nichtig oder ungültig erklärt worden ist oder wenn sich einer der Ehegatten inzwischen wieder verheirathet hat, eine Heilung der Nichtigkeit oder Ungültigkeit in Folge des Eintritts des B.G.B. nicht mehr möglich ist.

Die Voraussetzung zu b ist eine alternative:

α) Die Konvalescenz tritt ein, wenn der Nichtigkeits- oder Ungültigkeisgrund des bisherigen Rechtes nicht auch nach dem B.G.B. ein Nichtigkeits- oder Anfechtungsgrund ist. Dagegen kommt es nicht darauf an, daß das bisherige und das neue Recht in der Qualifikation des Nichtigkeits- oder Ungültigkeitsgrundes übereinstimmen; die Konvalescenz tritt nicht ein, wenn der bisherige Nichtigkeitsgrund im neuen Rechte als Anfechtungsgrund anerkannt ist.

Wegen Formfehlers kann also z. B. eine unter der Herrschaft des Personenstandsgesetzes geschlossene Ehe nicht aus dem Grunde für nichtig erklärt werden, weil der bei der Eheschließung als Standesbeamter Mitwirkende nicht ein Standesbeamter war, sofern dieser Mangel mit Rücksicht auf § 1319 des B.G.B., wenn die Ehe unter der Herrschaft des B.G.B. geschlossen worden wäre, nicht geltend gemacht werden könnte. Das Gleiche gilt, wenn bei einer unter der Herrschaft des Personst.Ges. vorgenommenen Eheschließung der Ausspruch des Standesbeamten, daß die Verlobten nunmehr rechtmäßig verbundene Ehegatten seien, nicht erfolgt ist oder wenn die erforderlichen Zeugen nicht zugezogen waren; denn dieser Ausspruch und die Zuziehung von Zeugen sind zwar nach dem bisherigen Rechte, nicht aber nach dem neuen Rechte wesentliche Formerfordernisse. Auf die vor dem Inkrafttreten des Personst.Ges. geschlossenen Ehen wird man den Grundsatz des § 1319 des B.G.B., abgesehen von den Ehen, die unter der Herrschaft des preußischen Vorläufers dieses Gesetzes, des Gesetzes v. 9. März 1874, geschlossen worden sind, nicht entsprechend übertragen dürfen. Als materielle Mängel können die Nichtigkeits- oder Ungültigkeitsgründe des bisherigen Rechtes in Betracht kommen, wenn sie den in den §§ 1325 bis 1328 und den §§ 1331—1335 des B.G.B. aufgezählten Gründen entsprechen. Wegen Verletzung des Ehehindernisses der Eheunmündigkeit, der mangelnden elterlichen Einwilligung oder der Adoptivverwandtschaft z. B. kann mithin jetzt eine vor dem 1. Januar 1900 geschlossene Ehe nicht mehr für nichtig erklärt werden. Die Konvalescenz tritt ferner z. B. bei einer Ehe ein, die nach dem bisherigen Rechte wegen Irrthums oder Täuschung über die Vermögensverhältnisse eines Ehegatten anfechtbar war, da wegen eines solchen Irrthums oder Betrugs die Ehe nach dem B.G.B. (§§ 1333, 1334 Abs. 2) nicht mehr anfechtbar ist.

β) Die Konvalescenz tritt ferner ein, wenn der Nichtigkeits- oder Ungültigkeitsgrund des bisherigen Rechtes seine Wirkung nach dem B.G.B. verloren hat.

Die Nichtigkeit einer unter der Herrschaft des Personst.Ges. oder des preuß. Gesetzes v. 9. März 1874 unter Verletzung der Form geschlossenen Ehe ist mithin, wenn die Ehe in das Heirathsregister eingetragen worden ist und die Ehegatten nach der Eheschließung zehn Jahre als Ehegatten miteinander gelebt haben, für den Fall, daß die zehn Jahre beim Inkrafttreten des B.G.B. schon abgelaufen sind, mit dem Inkrafttreten des B.G.B., andernfalls mit dem Zeitpunkt, in welchem die zehn Jahre ablaufen, geheilt. Stirbt einer der Ehegatten vor dem

Ablaufe der zehn Jahre, so tritt die Heilung der Nichtigkeit ein, wenn die Ehegatten drei Jahre lang als Ehegatten miteinander gelebt haben, selbstverständlich aber vorausgesetzt, daß sie den Zeitpunkt des Inkrafttretens des B.G.B. erlebt haben, unter dieser Voraussetzung aber ohne Rücksicht darauf, ob der dreijährige Zeitraum vor oder nach dem Inkrafttreten des B.G.B. liegt (arg. § 1324 Abs. 2). Zweifelhaft ist, ob man die Vorschrift des § 1324 Abs. 2 des B.G.B. entsprechend anwenden darf auf die vor dem Inkrafttreten des Personst.Ges. bezw. in Preußen des Gesetzes v. 9. März 1874 geschlossenen Ehen, natürlich vorausgesetzt, daß das bisherige Recht durch die Eintragung der Eheschließung in ein öffentliches Buch die Möglichkeit giebt, daß der gesetzgeberische Grund für den § 1324 Abs. 2 des B.G.B., nämlich daß durch den Eintrag der Schein einer gültigen Ehe erweckt ist, zutrifft. Eine entsprechende Anwendung des § 1324 Abs. 2 auf Fälle dieser Art dürfte indessen bei der durchaus singulären Natur der Vorschrift bedenklich sein.

Weitere Beispiele einer Konvalescenz der nach dem bisherigen Rechte nichtigen oder ungültigen Ehe bieten die Genehmigung oder Bestätigung einer wegen mangelnder Geschäftsfähigkeit oder wegen Mangel der Einwilligung des gesetzlichen Vertreters nichtigen oder ungültigen Ehe (§§ 1325 Abs. 2, 1337), die Bestätigung einer wegen Irrthums oder Betrugs anfechtbaren Ehe (§ 1337), die nachträgliche Ertheilung der Befreiung bei Verletzung des Ehehindernisses des Ehebruchs (§ 1328 Abs. 2 des B.G.B.). Heilende Wirkung hat auch die schon vor dem Inkrafttreten des B.G.B. erfolgte Bestätigung, sie kommt aber mit Rücksicht auf Art. 198 Abs. 1 nur in Betracht, wenn sie nicht schon nach dem bisherigen Rechte diese Wirkung hatte.

Insbesondere aber hat der Ablauf der im § 1339 des B.G.B. bestimmten Anfechtungsfrist von sechs Monaten die Heilung der ungültigen Ehe zur Folge. Da diese Frist eine Ausschlußfrist ist, müßte die vor dem 1. Januar liegende Zeit an sich eingerechnet werden (s. Erl. zu Art. 169). Würde dies geschehen, so würde die Anfechtung in manchen Fällen überhaupt unmöglich sein; um dieses Ergebniß zu vermeiden, bestimmt der Abs. 2 Satz 2, daß die Frist nicht vor dem 1. Januar 1900 beginnt. Soweit die die Frist nach § 1339 des B.G.B. in Lauf setzende Thatsache, z. B. die Entdeckung des Irrthums, nach dem 1. Januar 1900 liegt, beginnt die Frist natürlich mit dem im § 1339 festgesetzten Zeitpunkte. Der Abs. 2 Satz 2 hat aber entsprechend dem Zwecke der Bestimmung des Abs. 2 des Art. 198, die Aufrechterhaltung einer nach dem bisherigen Rechte anfechtbaren Ehe thunlichst zu ermöglichen, nur für den Fall Bedeutung, daß die nach dem bisherigen Rechte ursprünglich anfechtbare Ehe nicht inzwischen schon nach den Vorschriften des bisherigen Rechtes unanfechtbar geworden ist, daß also insbesondere nicht schon in Folge des Ablaufs der zur Ausschließung der Anfechtbarkeit nach altem Rechte ausreichenden Frist die Ehe gültig geworden ist, mag diese Frist vor oder nach dem Inkrafttreten des B.G.B. begonnen haben. Denn ist dies der Fall, so bewirkt schon der Grundsatz des Art. 198 Abs. 1 die Heilung der Ungültigkeit. Der Satz 2 des Art. 198 Abs. 2 ist nicht etwa dahin zu verstehen, daß für die nach dem Inkrafttreten des B.G.B. geltend gemachte Eheanfechtung nur die Anfechtungsfrist des B.G.B. maßgebend sein soll, er bedeutet vielmehr, daß, soweit das neue Recht nach dem Satz 1 des Abs. 2 zur Anwendung kommt, die im neuen Rechte vorgesehene Ausschlußfrist nicht vor dessen Inkrafttreten beginnt (R.G. in J.W. 1901 S. 452).

c) Die in Folge der Vorschrift des Abs. 2 eintretende Konvalescenz der Ehe wirkt auf die Zeit der Eingehung der Ehe zurück, die Konvalescenz tritt nicht erst mit dem Inkrafttreten des B.G.B. oder mit dem Zeitpunkt ein, in welchem die Ungültigkeit nicht mehr geltend gemacht werden kann.

d) Die im § 1309 Abs. 1 Satz 2 des B.G.B. zugelassene Möglichkeit, eine ungültige Ehe durch Wiederholung der Eheschließung vom Zeitpunkte der Eheschließung an zu heilen, steht selbstverständlich auch den Ehegatten offen, welche sich schon vor dem 1. Januar 1900 verheirathet haben.

3. Die Wirkungen der vor dem Inkrafttreten des B.G.B. erfolgten Todeserklärung eines Ehegatten auf die Ehe des verschollenen und des zurückgebliebenen Ehegatten bestimmen sich nach den bisherigen Gesetzen (Art. 158). Diese sind auch für die Gültigkeit der neuen Ehe maßgebend, welche der zurückgebliebene Ehegatte vor dem Inkrafttreten des B.G.B. geschlossen hat. Der Abs. 2 des Art. 198 findet aber Anwendung. Es wird also z. B. in Bayern, nach dessen bisherigem Rechte die neue Ehe nichtig war, die Ehe gültig, wenn die Ehegatten zur Zeit des Inkrafttretens des B.G.B. noch miteinander leben und keiner der Ehegatten der neuen Ehe diese nach § 1350 des B.G.B. mehr anfechten könnte. Wird auf Grund einer vor dem Inkrafttreten des B.G.B. erfolgten Todeserklärung des einen Ehegatten von dem anderen nach diesem Zeitpunkt eine neue Ehe geschlossen, so finden ohne Rücksicht auf das bisherige Recht die §§ 1348—1352 des B.G.B. Anwendung (Art. 159), für die Gültigkeit der neuen Ehe sind daher die Vorschriften des neuen Rechtes maßgebend.

Artikel 199.

Die persönlichen Rechtsbeziehungen der Ehegatten zu einander, insbesondere die gegenseitige Unterhaltspflicht, bestimmen sich auch für die zur Zeit des Inkrafttretens des Bürgerlichen Gesetzbuchs bestehenden Ehen nach dessen Vorschriften.

---

4. Aus dem Grundsatze, daß die Gültigkeit einer vor dem Inkrafttreten des B.G.B. geschlossenen Ehe sich nach den bisherigen Gesetzen bestimmt, folgt, daß nach diesen Gesetzen sich auch die Art und Weise bestimmt, in welcher die Ungültigkeit geltend zu machen ist. Aus der Vorschrift des Art. 198 Abs. 2, nach welcher in dem dort bezeichneten Falle immer zu prüfen ist, ob der Grund, auf welchem die nach den bisherigen Gesetzen anzunehmende Nichtigkeit oder Ungültigkeit beruht, auch nach dem B.G.B. die Nichtigkeit oder Anfechtbarkeit zur Folge hat und diese Wirkung auch nach den Vorschriften des B.G.B. noch nicht verloren hat, dürfte zu folgern sein, daß in Betreff der Geltendmachung der Nichtigkeit und der Anfechtbarkeit auch in Betreff der vor dem Inkrafttreten des B.G.B. geschlossenen Ehen die Vorschriften der §§ 1329, 1343 Abs. 2 Anwendung finden, wenn die Ehegatten bei dem Inkrafttreten des B.G.B. noch als Ehegatten zusammenleben. Unter dieser Voraussetzung kann mithin auch eine vor dem Inkrafttreten des B.G.B. geschlossene nichtige oder sonst ungültige Ehe, solange nicht die Ehe für nichtig erklärt oder aufgelöst worden ist, als nichtig nur behandelt werden, wenn die Ungültigkeit im Wege der Klage geltend gemacht worden ist. Hält man die §§ 1329, 1343 Abs. 2 des B.G.B. auch auf die beim Inkrafttreten des B.G.B. bestehenden Ehen für anwendbar, so ergiebt sich hieraus die weitere Folge, daß die Vorschrift des Art. 199, nach welcher sich die persönlichen Rechtsbeziehungen der Ehegatten zueinander auch für die zur Zeit des Inkrafttretens des B.G.B. bestehenden Ehen nach dessen Vorschriften bestimmen, auch für die Ehegatten, deren Ehe nichtig oder anfechtbar ist, gilt sowie daß die Vorschrift des Art. 207, welche das Rechtsverhältniß der Kinder aus einer vor dem Inkrafttreten des B.G.B. geschlossenen nichtigen oder ungültigen Ehe betrifft, nur Platz greift, sofern nach den §§ 1329, 1343 Abs. 2 die Nichtigkeit oder Ungültigkeit überhaupt geltend gemacht werden darf.

5. Die Folgen der Nichtigkeit oder Ungültigkeit der Ehe richten sich, auch wenn die Nichtigkeitserklärung erst nach dem Inkrafttreten des B.G.B. erfolgt, was das Verhältniß unter den Ehegatten betrifft, ausschließlich nach dem bisherigen Rechte. Dies gilt insbesondere von den erbrechtlichen Wirkungen und von der Frage, ob die mit der Putativehe nach dem bisherigen Rechte verbundenen Wirkungen auch dann eintreten, wenn beide Ehegatten in gutem Glauben waren. Was das Verhältniß der Ehegatten zu Dritten anbetrifft, so wird dem im § 1344 des B.G.B. ausgesprochenen Grundsatze des Schutzes gutgläubiger Dritter im Interesse der Sicherheit des Rechtsverkehrs Geltung auch für den Fall der vor dem Inkrafttreten des B.G.B. geschlossenen Ehe beizulegen sein (so auch Habicht S. 532, Niedner Aufl. II S. 418, Neumann S. 1478); für die Anwendung des § 1344 Abs. 2 des B.G.B. wird bei den vor dem Inkrafttreten des Personst.Ges. geschlossenen Ehen an die Stelle des Heirathsregisters das öffentliche Buch zu treten haben, in welches nach dem damaligen Rechte die Ehe eingetragen werden mußte oder sollte.

6. Wegen der Kinder aus einer vor dem Inkrafttreten des B.G.B. geschlossenen nichtigen oder ungültigen Ehe s. Erl. zu Art. 207.

7. Der Abs. 3 beruht auf der Ausdrucksweise des B.G.B., welches unter nichtigen Ehen auch anfechtbare Ehen, die angefochten worden sind, versteht. Durch den Abs. 3 wird also bestimmt, daß, wenn die Vorschriften des B.G.B. von einer Nichtigkeitserklärung sprechen, darunter auch die Ungültigkeitserklärung mitzuverstehen ist.

8. Wegen der Anwendbarkeit der neuen Vorschriften der C.P.O. auf alle Ehesachen s. Gaupp-Stein C.P.O. Bd. 1 S. 47; Bd. 2 S. 205.

Artikel 199.

E. d. E.G. I Art. 118; II Art. 169; III Art. 198. P. I S. 13084—13086; M. d. E.G. S. 279. P. II S. 9066, 9240 (Bd. 6 S. 532, 635).

1. Der Art. 199 erklärt für die persönlichen Rechtsbeziehungen der Ehegatten zu einander vom Inkrafttreten des B.G.B. an dessen Vorschriften für maßgebend.

a) Was zu den persönlichen Rechtsbeziehungen der Ehegatten zu einander gehört, bestimmt sich nach dem B.G.B. Unzweifelhaft gehören hierzu die Vorschriften der §§ 1353—1358 des B.G.B. über die Verpflichtung der Ehegatten zur ehelichen Lebensgemeinschaft, über die Stellung des Mannes in Ansehung der gemeinschaftlichen Angelegenheiten, über den

Namen der Frau, über Recht und Pflicht der Frau, dem gemeinschaftlichen Hauswesen vorzustehen, über die Schlüsselgewalt der Frau und über die Uebernahme persönlicher Dienste durch die Frau. Daraus, daß die das internationale Privatrecht regelnden Vorschriften den § 1357 in dem vom ehelichen Güterrechte handelnden Art. 16 Abs. 2 aufführen, darf nicht die Auffassung entnommen werden, als gehöre die Vorschrift des § 1357 zu den Vorschriften über das Güterrecht (s. Erl. 5 zu Art. 14).

Bezüglich der Vorschrift des § 1359 des B.G.B., nach welcher die Ehegatten bei der Erfüllung der sich aus dem ehelichen Verhältniß ergebenden Verpflichtungen nur für die Sorgfalt einzustehen haben, welche sie in eigenen Angelegenheiten anzuwenden pflegen, ist aus den in der Erl. 5 zu Art. 14 angegebenen Gründen zu unterscheiden: soweit die Vorschrift sich auf die Erfüllung der aus dem persönlichen Rechtsverhältnisse der Ehegatten entspringenden Verpflichtungen bezieht, gehört sie dem persönlichen Rechtsverhältniß an, soweit sie sich auf die Erfüllung der aus dem Güterrecht entspringenden Verpflichtungen bezieht, gehört sie diesem an.

Daß die Vorschriften der §§ 1360, 1361 über die gegenseitige Unterhaltspflicht der Ehegatten zu den Vorschriften über die persönlichen Rechtsbeziehungen gehören, ist im Art. 199 ausdrücklich anerkannt. Die Verpflichtung des Mannes, die Prozeßkosten der Frau zu tragen, insbesondere seine Vorschußpflicht richtet sich, wenn der Anspruch schon vor dem 1. Januar 1900 erwachsen war, nach dem bisherigen Rechte (vergl. Rechtspr. 1 S. 24, 29 und R.G. bei Gruchot 44 S. 1120ff. auch R.G. in J.W. 1900 S. 409, 432).

Daß die Vorschriften des § 1362 des B.G.B. über die Vermuthung für das Eigenthum des Mannes (praesumtio Muciana) vom Inkrafttreten des B.G.B. an auf die bestehenden Ehen Anwendung finden, erachten die M. des E.G. S. 280 für selbstverständlich. Allein wie in der Erl. 5 zu Art. 14 dargelegt ist, handelt es sich bei den im § 1362 aufgestellten Vermuthungen um güterrechtliche Vorschriften; es dürfte nicht angehen, das Güterrecht im Uebrigen gemäß Art. 200 nach dem bisherigen Rechte zu beurtheilen, die im bisherigen Rechte enthaltenen regelmäßig weitergehenden Vermuthungen zu Gunsten des Eigenthums eines Ehegatten aber als beseitigt anzusehen. Man wird deshalb die Anwendbarkeit des § 1362 verneinen müssen. Ebenso Endemann II S. 812; a. A. Niedner Aufl. II S. 421, Habicht S. 535, Jacobi, persönl. Eherecht Aufl. II S. 79; Habicht nähert sich freilich dem hier vertretenen Standpunkt insofern, als er die im bisherigen Güterrecht enthaltenen besonderen Vermuthungen denen des § 1362 vorgehen läßt. Daß die Vermuthung des § 1362 Abs. 1 nicht unter den Art. 199 fällt, ergiebt sich übrigens schon daraus, daß dieser nur von den Vorschriften über die Beziehungen der Ehegatten zu einander spricht, der § 1362 Abs. 1 aber das Verhältniß der Ehegatten zu den Gläubigern betrifft. Die Bemerkung der Motive erklärt sich daraus, daß nach dem E. I § 1282 die in ihm gegebene Vermuthung auch für das Verhältniß der Ehegatten zu einander gelten sollte. Praktisch ist allerdings die Frage ohne besondere Bedeutung, weil die Landesgesetzgebung die bestehenden Güterstände in weitem Umfang übergeleitet hat (s. Erl. zu Art. 200).

Zu den Vorschriften über die persönlichen Rechtsbeziehungen der Ehegatten zu einander sind ferner die Vorschriften über den Wohnsitz (§ 10) und über die Hemmung der Anspruchsverjährung während der Ehe (§ 204) zu rechnen.

Das B.G.B. ist endlich auch für die Frage maßgebend, inwieweit Schenkungen unter Ehegatten und Intercessionen des einen Ehegatten zu Gunsten des andern Ehegatten zulässig sind (s. Bd. IV S. 79). Es ist dies freilich nicht unzweifelhaft, weil nach Art. 200 Abs. 3 die Beschränkung der Geschäftsfähigkeit der Frau, welche nach den für den bisherigen Güterstand maßgebenden Gesetzen eingetreten ist, solange in Kraft bleibt, als der Güterstand besteht, und der Grund, warum das B.G.B. Beschränkungen hinsichtlich der Schenkungen unter Ehegatten und der Intercessionen nicht kennt, zum Theil darin liegt, daß die Ehefrau nach dem B.G.B. in ihrer Geschäftsfähigkeit nicht beschränkt ist. Dieser Grund ist indessen nicht der allein entscheidende gewesen, da jene Bestimmungen als singuläre Vorschriften auch bei unbeschränkter Geschäftsfähigkeit der Frau hätten aufrecht erhalten werden können. Die Beseitigung der fraglichen Bestimmungen muß deshalb von dem Inkrafttreten des B.G.B. an für alle Ehen gelten.

b) Die Vorschriften des B.G.B. sind für die persönlichen Rechtsbeziehungen der Ehegatten zu einander erst vom Inkrafttreten des B.G.B. an anwendbar. Aus dem bezeichneten Grundsatz ergiebt sich z. B., daß für die Wirksamkeit der Rechtsgeschäfte, welche die Frau vor dem Inkrafttreten des B.G.B. auf Grund ihrer Schlüsselgewalt abgeschlossen hat, das bisherige Recht maßgebend ist. Die vor dem Inkrafttreten des B.G.B. auf Grund des bisherigen Rechtes erfolgte Beschränkung oder Entziehung der Schlüsselgewalt der Frau ist Dritten gegenüber nach dem Inkrafttreten des B.G.B. nur wirksam, wenn sie in das Güterrechtsregister eingetragen ist; § 1357 Abs. 2 Satz 3 mit § 1435 des B.G.B. findet auch auf vorher erfolgte Beschränkungen und Ausschließungen Anwendung. Schenkungen unter Ehegatten ferner, welche vor dem Inkrafttreten des B.G.B. erfolgt sind, sind nach den bisherigen Gesetzen zu be-

Artikel 200.

Für den Güterstand einer zur Zeit des Inkrafttretens des Bürgerlichen Gesetzbuchs bestehenden Ehe bleiben die bisherigen Gesetze maßgebend. Dies gilt insbesondere auch von den Vorschriften über die erbrechtlichen Wirkungen des Güterstandes und von den Vorschriften der französischen und der badischen Gesetze über das Verfahren bei Vermögensabsonderungen unter Ehegatten.

Eine nach den Vorschriften des Bürgerlichen Gesetzbuchs zulässige Regelung des Güterstandes kann durch Ehevertrag auch dann getroffen werden, wenn nach den bisherigen Gesetzen ein Ehevertrag unzulässig sein würde.

Soweit die Ehefrau nach den für den bisherigen Güterstand maßgebenden Gesetzen in Folge des Güterstandes oder der Ehe in der Geschäftsfähigkeit beschränkt ist, bleibt diese Beschränkung in Kraft, solange der bisherige Güterstand besteht.

---

urtheilen. Nach diesen beurtheilt sich auch, inwieweit ein Vertrag, durch welchen die Frau vor dem 1. Januar 1900 die Verpflichtung zur Leistung persönlicher Dienste übernommen hat, gültig ist; nach dem gesetzgeberischen Zwecke des Art. 199 steht indessen, auch wenn ein solcher Vertrag nach dem bisherigen Rechte gültig ist, doch dem Manne vom Inkrafttreten des B.G.B. an nach Maßgabe des § 1358 das Kündigungsrecht zu.

2. Aus dem Art. 199 ergiebt sich, daß auch ein am 1. Januar 1900 anhängiger Rechtsstreit, welcher in Bezug auf eine zur Zeit des Inkrafttretens des B.G.B. schon bestehende Ehe die Herstellung des ehelichen Lebens zum Gegenstande hat, nach dem B.G.B. zu erledigen ist.

3. Nach dem B.G.B. (s. Bd. IV S. 81) beurtheilt sich auch die Frage, inwieweit ein vor dem Inkrafttreten des B.G.B. nach dem bisherigen Rechte gültig abgeschlossener Vertrag, welcher die persönlichen Rechtsbeziehungen der Ehegatten zu einander z. B. die Folgepflicht der Frau regelt, vom 1. Januar 1900 an wirksam ist; das R.G. hat deshalb eine vor Abschluß der Ehe getroffene Vereinbarung über den Wohnort der Ehegatten als gegenüber dem Rechte des Mannes den Wohnort zu bestimmen (§ 1354 Abs. 1) unwirksam bezeichnet (Gruchot 45 S. 79). Für die Zeit vorher verbleibt es bei dem bisherigen Rechte.

4. Die Maßgeblichkeit des B.G.B. gilt auch für solche Beziehungen der Ehegatten zu einander, welche vor dem Inkrafttreten des B.G.B. bereits rechtskräftig in einer vom B.G.B. abweichenden Weise entschieden worden sind. Ist z. B. ein Ehegatte verurtheilt worden, die eheliche Gemeinschaft herzustellen, so kann er gleichwohl unter dem neuen Rechte die Herstellung verweigern, wenn die Weigerung nach § 1353 Abs. 2 des B.G.B. als gerechtfertigt erscheint (so auch Jacobi, S. 80; Habicht S. 534).

5. Auf das Rechtsverhältniß geschiedener Ehegatten zu einander bezieht sich der Art. 199 nicht. In dieser Beziehung vergl. Erl. zu Art. 201. Wegen des Rechtsverhältnisses der nach dem bisherigen Rechte von Tisch und Bett getrennten Ehegatten s. Erl. zu Art. 202. Wegen der Ehegatten, die in einer nichtigen oder anfechtbaren Ehe leben, s. Erl. zu Art. 198.

6. Wegen der Anwendbarkeit der neuen Vorschriften der C.P.O. auf alle, auch die schon anhängigen Ehesachen s. Gaupp-Stein C.P.O. Bd. 1 S. 47 (Bem. IV Nr. 29 zu E.G. z. Nov. Art. I), Bd. 2 S. 205.

Artikel 200.

E. d. E.G. I Art. 119; II Art. 170; III Art. 199. P. I S. 13086–13096; M. d. E.G. S. 280. P. II S. 9071 (Bd. 6 S. 535). K.B. S. 2115.

Literatur: Neubauer, das in Deutschland geltende eheliche Güterrecht 1889. Stobbe-Lehmann, deutsch. Privatr. Bd. 4 S. 153 ff. (3. Aufl. 1900). Zelter, die statutarischen Gütererbrechte der Uebergangszeit in Preußen (1901). A. Lücken, allg. Gütergem. n. d. Ges. v. 16. April 1860 (Diss. 1899, Westfalen). Kuhbier, die Ueberleitung der bestehenden Ehen (1900). Goldfeld, Abänderungen d. Hamburger ehel. Güterrechts (1898). Kaufmann, zur Ueberleitung des ehel. Güterrechts, im sächs. Archiv 10 S. 292. Hampe, das part. Braunschw. Privatr. (1901). Löwenbach, das westfälische eheliche Güterrecht (1901). Vergl. ferner die S. 12 erwähnten Kommentare zu den Ausf.-Gesetzen.

I. Der Art. 200 betrifft das eheliche Güterrecht. Entsprechend dem im Art. 15 für das internationale Privatrecht aufgestellten Grundsatze geht das E.G. im Art. 200 auch für die Uebergangszeit von der Unwandelbarkeit des ehelichen Güterrechts aus. Das E.G. verkennt aber nicht, daß durch die Unwandelbarkeit des Güterstandes die verschiedenen ehelichen Güterrechte Deutschlands — mehr als 100 an der Zahl — für mehr als ein Menschenalter aufrecht erhalten werden und hieraus sich für den Rechtsverkehr erhebliche Mißstände ergeben. Es sieht deshalb lediglich davon ab, von Reichswegen in die bestehenden Güterstände einzugreifen; in den M. des E.G. und von der zweiten Kommission ist aber die Erwartung ausgesprochen worden, daß die Landesgesetzgebung die Ueberleitung der bestehenden Güterstände in das neue Recht vornimmt. Reichsgesetzlich wird die Ueberleitung nur durch den Abs. 2 des Art. 200 gefördert. Die Landesgesetzgebung hat die ihr gestellte Aufgabe im weitesten Maße gelöst.

II. Die reichsrechtliche Regelung des Einflusses der Einführung des B.G.B. auf die bestehenden Güterstände.

1. Grundsatz ist nach dem Abs. 1 Satz 1, daß für den Güterstand einer zur Zeit des Inkrafttretens des B.G.B. bestehenden Ehe die bisherigen Gesetze bestehen bleiben. Dies gilt ohne Rücksicht darauf, ob der Güterstand ein gesetzlicher oder vertragsmäßiger ist und ob er auf einem inländischen oder auf einem ausländischen Rechte beruht. Aus der Maßgeblichkeit des bisherigen Rechtes folgt, daß sich nach ihm zunächst die Frage beantwortet, welcher Güterstand überhaupt in der Ehe gilt. Nach dem bisherigen Rechte richten sich ferner die Fragen, welche Bestandtheile des Vermögens eines Ehegatten dem Rechte des anderen Ehegatten unterworfen werden, der Umfang des eingebrachten Gutes, des Vorbehaltsguts, des Gesammtguts, der Errungenschaft ꝛc., welche Rechte jedem Ehegatten an dem beiderseitigen Vermögen zustehen, also insbesondere die Verfügungsmacht des Ehemanns und die Verfügungsbeschränkung der Frau, weiter die Schuldenhaftung und zwar sowohl im Verhältnisse der Ehegatten zu ihren Gläubigern als auch im Verhältnisse der Ehegatten zu einander, endlich die Gründe der Beendigung des Güterstandes und das nach der Beendigung eintretende Rechtsverhältniß. Nach dem bisherigen Rechte bestimmen sich auch die Fragen, inwieweit die Frau gegen die ihr aus dem Rechte des Mannes über ihr Vermögen oder über das Gesammtgut drohenden Gefahren geschützt ist, — ob sie z. B. Sicherheitsleistung vom Manne verlangen kann, ob sie die ihr zustehenden Ansprüche schon während der Dauer des Güterstandes gerichtlich geltend machen kann, — und die Frage, ob ein Ehegatte bei gewissen Streitigkeiten, die sich auf das Güterrecht beziehen, den ordentlichen Rechtsweg beschreiten muß oder das Vormundschaftsgericht anrufen kann. Der nach dem bisherigen Rechte einer Frau zustehende gesetzliche Hypothekentitel und das ihr zustehende gesetzliche Pfandrecht bleiben ihr daher auch nach dem Inkrafttreten des B.G.B. gewahrt und zwar auch in Ansehung der nach dem Inkrafttreten des B.G.B entstandenen Ansprüche.

2. Der Grundsatz des Abs. 1 Satz 1 gilt nicht nur für die bestehenden Ehen, sondern auch für die güterrechtlichen Nachwirkungen einer zur Zeit des Inkrafttretens des B.G.B. bereits aufgelösten Ehe, z. B. die fortgesetzte Gütergemeinschaft die Leibzucht ꝛc.

3. Nicht unter den Art. 200 fallen die Vorschriften des bisherigen Rechtes, welche die persönlichen Beziehungen der Eltern zu den Kindern und die Rechte der Eltern am Vermögen der Kinder regeln. Sie gehören dem Elternrecht an und unterliegen deshalb gemäß Art. 203 vom Inkrafttreten des B.G.B. an dessen Vorschriften. Soweit die Befugnisse der Eltern gegenüber dem Vermögen der Kinder auf dem Güterrechte beruhen, fallen sie unter den Art. 200. Die Frage z. B., ob ein Kind Abschichtung verlangen kann, ist eine Frage des ehelichen Güterrechts, dagegen gehört dem Elternrechte die Frage an, ob die Stiefmutter oder die wiederverheirathete leibliche Mutter die elterliche Gewalt oder das Erziehungsrecht hat, ob das Kind verpflichtet ist, für den Haushalt der Eltern zu arbeiten. In manchen Fällen kann die Frage, welchem Gebiet ein Rechtssatz angehört, zweifelhaft sein und läßt sich nur unter eingehender Berücksichtigung des betreffenden Partikularrechts entscheiden. Dahin gehört die Frage, ob der Rechtssatz, nach welchem der Erwerb, den ein Kind macht, nicht diesem gehört, sondern in eine bestehende allgemeine oder fortgesetzte Gütergemeinschaft fällt, als dem ehemaligen Güterrecht angehörend anzusehen ist. Für die fränkische Landgerichtsordnung z. B. ist die Frage von dem bayr. Obst.L.G. im letzteren Sinne entschieden (Samml. d. Entsch. 2 S. 221). Im Uebrigen, insbesondere wegen der Aussteuerpflicht s. Erl. zu Art. 203.

4. Der Abs. 1 Satz 2 hebt als Folge der Maßgeblichkeit des bisherigen Rechtes für den Güterstand der bestehenden Ehen hervor, daß die Vorschriften über die erbrechtlichen Wirkungen des Güterstandes aufrecht bleiben. Für die erbrechtlichen Verhältnisse gelten nach der Vorschrift des Art. 213 an sich diejenigen Gesetze, welche zur Zeit des Eintritts des Erbfalls in Kraft sind. Wenn der Erbfall nach dem Inkrafttreten des B.G.B. eintritt, bestimmen sich mithin die erbrechtlichen Verhältnisse nach dem B.G.B. Neben die erblichen Vorschriften des B.G.B. treten aber für die Beerbung eines Ehegatten zufolge des Art. 200 die bisherigen Vorschriften über die erbrechtlichen Wirkungen des Güterstandes. Hiernach stellt der Art. 213

die Regel, der Art. 200 aber eine die Regel einschränkende Ausnahme auf. Für das Verhältniß des Art. 213 zu dem Art. 200 Abs. 1 Satz 2 folgt hieraus, daß, soweit das bisherige Recht mit dem Güterstand erbrechtliche Wirkungen verknüpft, die diese erbrechtlichen Wirkungen des Güterstandes enthaltenden Vorschriften des bisherigen Rechtes Anwendung finden, insoweit also für die erbrechtlichen Vorschriften des B.G.B. kein Raum ist, daß aber, soweit die bisherigen Rechte Vorschriften über die erbrechtlichen Wirkungen des Güterstandes nicht enthalten, die erbrechtlichen Vorschriften des B.G.B. Platz greifen. Daraus ergiebt sich das Verhältniß des Ehegattenerbrechts des B.G.B. zu den gütererbrechtlichen Bestimmungen der bisherigen Gesetze. Wenn das bisherige Gesetz dem überlebenden Ehegatten kraft des Güterrechts irgend einen Vermögensvortheil am Nachlasse des verstorbenen Ehegatten einräumt, sei es nun, einen Bruchtheil des Nachlasses oder die Nutznießung des Nachlasses oder eines Theiles desselben oder in sonst einer Form, so wird dadurch das Ehegattenerbrecht des B.G.B. ausgeschlossen. So auch Habicht S. 517, 553, 778 und die Begründung zum preuß. A.G. (s. insbes. zu Art. 45 des Entw.). Dagegen vertreten die Begründungen zu dem württemb. und dem badischen A.G. die Auffassung, daß neben die gütererbrechtlichen Bestimmungen des bisherigen Rechtes die erbrechtlichen Vorschriften des B.G.B. treten, der Ehegatte also sowohl das Ehegattenerbrecht als auch das Gütererbrecht des bisherigen Rechtes zu beanspruchen hat. Dorner S. 483 scheint diese Ansicht wenigstens für den Fall, daß das bisherige Gesetz dem Ehegatten nur die Nutznießung einräumt, für richtig zu halten. Daß die Landesgesetzgebung dem Ehegatten neben dem Gütererbrechte des bisherigen Rechtes das Ehegattenerbrecht gewähren kann, ist zweifellos. Das württemb. A.G. Art. 262 will dem Ehegatten neben dem Ehegattenerbrechte des B.G.B. die Nutznießung einräumen. Da an der Zulässigkeit dieser Bestimmung nicht zu zweifeln und auch die Absicht des Gesetzes klar ist, wird man an der Nichterwähnung des Ehegattenerbrechts im Gesetze selbst keinen Anstoß nehmen dürfen. Kraft Reichsrechts hat der überlebende Ehegatte auch nicht die Wahl, ob er das bisherige Gütererbrecht oder das Ehegattenerbrecht des B.G.B. vorzieht. In Folge der landesrechtlichen Ueberleitung ist ihm allerdings ein solches Wahlrecht für die Regel eingeräumt.

Eine Frage des Güterrechts ist es auch, ob ein Ehegatte eine Verfügung von Todeswegen treffen kann oder nicht. Daß sich der Inhalt der Verfügung von Todeswegen und die Wirkungen nach dem B.G.B. bestimmen müssen, folgt aus dem Art. 213. Nach dem bisherigen Rechte beantwortet sich also z. B. die Frage, ob ein in Gütergemeinschaft lebender Ehegatte einem Dritten ein Vermächtniß aussetzen kann. Welchen Inhalt das Vermächtniß haben kann, welche Rechtswirkungen es äußert, bemißt sich nach dem B.G.B.

Was als erbrechtliche Wirkung des Güterstandes aufzufassen ist, muß für jedes Güterrecht gesondert beantwortet werden. Als Regel wird man nur den Satz aufstellen können, daß, wenn ein Landesrecht diejenigen erbrechtlichen Vortheile, welche es dem überlebenden Ehegatten am Nachlasse des verstorbenen Ehegatten gewährt, ihm ohne Rücksicht auf den Güterstand d. h. einem jeden Ehegatten giebt, gleichgültig, in welchem Güterstand er lebte, dann kein Gütererbrecht, sondern ein reines Erbrecht vorliegt. Von dieser Regel geht z. B. die bayerische Ueberleitung der Güterstände durchweg aus. Im Uebrigen ist die Entscheidung häufig sehr schwer und gerade die Schwierigkeit dieser Entscheidung war einer der hauptsächlichsten Gründe, weshalb die Landesgesetze die Ueberleitung vorgenommen haben. Zu einer, wenn man so sagen darf, authentischen Interpretation, was Gütererbrecht und was Erbrecht ist, haben sich auch Württemberg und Baden entschlossen, obgleich diese, wie unter III 2 dargelegt ist, im Uebrigen die Ueberleitung in der Hauptsache abgelehnt haben.

5. Als Folge der Maßgeblichkeit des bisherigen Rechtes für den Güterstand ist im Abs. 1 Satz 2 ferner hervorgehoben, daß die Vorschriften der französischen und badischen Gesetze über das Verfahren bei Vermögensabsonderungen unter Ehegatten aufrecht bleiben. Die besondere Hervorhebung hängt damit zusammen, daß ihre Aufrechterhaltung im bisherigen Rechte auf dem § 15 Nr. 5 des E.G. zur C.P.O. beruht, die Nr. 5 des § 15 aber im Art. II Nr. 3 des E.G. v. 17. Mai 1898 zur C.P.O. Nov. beseitigt worden ist.

Der Art. 200 Abs. 1 Satz 2 soll klar stellen, daß die Aufhebung des Vermögensabsonderungsverfahrens für die bestehenden Ehen nicht gilt.

6. Als eine Folge der Maßgeblichkeit des bisherigen Güterrechts für den Güterstand erscheint auch die Vorschrift des Abs. 3. Nach dem B.G.B. tritt weder in Folge der Ehe, noch in Folge des Güterstandes eine Beschränkung der Geschäftsfähigkeit der Frau ein (vergl. Bd. IV S. 79). Nach dem B.G.B. kann sich nur als Folge der Unterwerfung des Frauenvermögens oder eines Theiles desselben unter das Recht des Mannes eine gewisse Beschränkung der Frau in ihrer Verfügungsmacht über das dem Rechte des Mannes unterworfene Vermögen ergeben. Dagegen kennen mehrere bisherige Rechte eine Beschränkung der Geschäftsfähigkeit der Frau. Die Beschränkung der Geschäftsfähigkeit der Frau beruht in manchen Rechten auf dem Güterstand, in anderen aber ist sie eine Folge der Ehe als solcher. Daß die Beschränkung der Geschäftsfähigkeit der Frau, soweit sie Folge des Güterstandes ist, bestehen bleibt, wenn der Güterstand selbst dem bisherigen Rechte unterworfen bleibt, folgt schon aus dem Art. 200 Abs. 1. Nach dem Abs. 3 soll aber die Geschäftsfähigkeit der Frau auch dann beschränkt bleiben, wenn die Beschränkung auf der Ehe als solcher beruht. Dies ist eine positive Vorschrift, die sich durch den Zusammenhang der die Geschäftsfähigkeit der Ehefrau als solcher beschränkenden Vorschriften mit den Vorschriften des Güterrechts und der praktischen Unmöglichkeit zwischen diesen Vorschriften zu trennen, erklärt. Von Bedeutung ist die Vorschrift des Abs. 3 insbesondere für das französische und badische Recht. Auch die Frage, welche Wirkung ein Rechtsgeschäft hat, das von einer Ehefrau vorgenommen worden ist, deren Geschäftsfähigkeit auf Grund des durch den Abs. 3 aufrecht erhaltenen Rechtes beschränkt ist, beantwortet sich nach dem bisherigen Rechte. Nach diesem bestimmt sich also z. B., ob eine absolute oder relative Nichtigkeit oder bloße Anfechtbarkeit eintritt, ob die Beschränkung der Geschäftsfähigkeit thatsächlich nur einer Verfügungsbeschränkung gleichkommt, unter welchen Voraussetzungen die Beschränkung wegfällt (z. B. ob durch bloße Zustimmung des Mannes oder wenn die Erklärung der Frau in bestimmter Form erfolgt) 2c. Die Beschränkung der Geschäftsfähigkeit bleibt nur solange in Kraft, als der bisherige Güterstand besteht. Aenderungen des Güterstandes in einzelnen Beziehungen sind ohne Einfluß auf die Beschränkung der Geschäftsfähigkeit der Frau.

Daraus, daß die Beschränkung der Geschäftsfähigkeit der Frau in Kraft bleibt, soweit die Frau „nach den für den Güterstand maßgebenden Gesetzen" in der Geschäftsfähigkeit beschränkt ist, folgern Wieruszowski in Gruchot 44 S. 305 und Förtsch im „Recht" 1900 S. 345, daß die Beschränkung der Geschäftsfähigkeit der Frau insoweit nicht aufrecht bleibt, als sie mit der güterrechtlichen Zweckbestimmung des Abs. 3 nicht im Zusammenhange steht. Für diese Unterscheidung dürfte es an einem genügenden Anhaltspunkte fehlen, auch würde sie gerade dem Zwecke des Abs. 3, nämlich nicht unterscheiden zu müssen zwischen den verschiedenen Gründen, auf welchen die Beschränkung der Geschäftsfähigkeit beruht, vereiteln. Wie hier Habicht S. 341, Niedner Aufl. II S. 423, Düringer-Hachenburg H.G.B. S. 18.

Die Vorschrift des Art. 200 Abs. 3 gilt nicht, soweit der Art. 199 reicht. In Ansehung der Schlüsselgewalt der Frau und in Ansehung der Verpflichtung der Frau zu Diensten in Person gilt vom 1. Januar 1900 ab das B.G.B. (§§ 1357, 1358) ohne Unterschied, welcher Güterstand in der Ehe gilt und deshalb auch ohne Rücksicht darauf, ob die Frau nach dem für ihren Güterstand geltenden Rechte in der Geschäftsfähigkeit beschränkt ist oder nicht.

7. Das Verhältniß des Art. 200 Abs. 3 zu Art. 7, 8 des alten H.G.B. Die Vorschrift des Art. 7 des alten H.G.B., daß eine Ehefrau ohne Einwilligung des Ehemanns nicht Handelsfrau sein kann, ist, wie auch die Denkschrift zum H.G.B. bemerkt, ausschließlich handelsrechtlicher Natur. Ihre Bedeutung besteht nur darin, daß auf eine verheirathete Frau, die ohne Zustimmung des Mannes Handel treibt, die für Kaufleute geltenden Vorschriften keine Anwendung finden. Die Vorschrift des Art. 7 ist deshalb mit dem Inkrafttreten des neuen H.G.B. beseitigt. Da nun die Beseitigung des Art. 7 nicht die Folge haben kann, daß für die im Art. 7 geregelten Fragen das bisherige Landesrecht wieder in Geltung tritt, beantwortet sich die Frage, ob eine Ehefrau zum Beginn eines Erwerbsgeschäfts der Einwilligung des Mannes bedarf, seit dem Inkrafttreten des B.G.B. ausschließlich nach dessen Vorschriften. Hiernach (s. Erl. 4 zu § 1356) ist die Frage zu verneinen. Dieses Ergebniß stimmt übrigens auch mit dem Art. 199 überein. Nach diesem ist für die persönlichen Rechtsverhältnisse der Ehegatten zu einander vom Inkrafttreten des B.G.B. an dieses maßgebend, nach der Auffassung des B.G.B. ist aber die berührte Frage nicht eine güterrechtliche, sondern eine dem persönlichen Rechtsverhältnisse der Ehegatten zu einander angehörende.

Dem Güterrechte gehört die Frage an, inwieweit die Frau in der Lage ist, durch den Betrieb des Erwerbsgeschäfts das von ihr eingebrachte Vermögen oder das gütergemeinschaftliche Vermögen dem Zugriffe der Gläubiger zu unterwerfen. Diese Frage ist vom alten H.G.B. im Art. 8 Abs. 2 entschieden. Die Vorschrift des Art. 8 Abs. 2 muß deshalb für die Ehe, deren Güterstand sich nach dem bisherigen Rechte bestimmt, gemäß Art. 200 fortdauernde Geltung haben. Dabei ist indessen zu beachten, daß der Art. 8 Abs. 2 voraussetzt, daß die Frau das Erwerbsgeschäft gültig d. h. gemäß Art. 7 unter der ausdrücklichen oder der vorausgesetzten Einwilligung des Mannes betreibt. Insoweit kommt den Vorschriften des Art. 7 und des Art. 8 Abs. 1 des alten H.G.B. auch künftig Bedeutung bei.

In der Literatur herrscht große Meinungsverschiedenheit. Wie hier im Wesentlichen Förtsch im „Recht" 1900 S. 345, Niedner Aufl. II S. 423, a. A. Staub H.G.B. 6. Aufl. S. 37, welche die Art. 7, 8 schlechthin für aufrecht erhalten, Cosack Handelsrecht 4. Aufl. S. 768, welcher nur das neue Recht für anwendbar hält. Mittelmeinungen bei Habicht S. 551, Wieruszowski Gruchot 44 S. 305, Düringer-Hachenburg H.G.B. S. 11, Goldmann H.G.B. S. 9, Stranz und Gerhard preuß. A.G. S. 275.

8. Der Abs. 2 gestattet in Anlehnung an die für das internationale Privatrecht geltende Vorschrift des Art. 15 Abs. 2 Satz 2, daß nach dem Inkrafttreten des B.G.B. die güterrechtlichen Verhältnisse durch Ehevertrag auch in denjenigen Rechtsgebieten geregelt werden, in welchen nach den bisherigen Gesetzen ein Ehevertrag unzulässig sein würde. Ob der bisherige Güterstand auf Gesetz oder Vertrag beruht, ist gleichgültig. Durch die Vorschrift soll den Ehegatten die Ueberleitung des Güterstandes des bisherigen Rechtes in einen Güterstand des B.G.B. ermöglicht werden. Es wird deshalb auch vom Abs. 2 nur eine nach den Vorschriften des B.G.B. zulässige Regelung des Güterstandes gestattet. Die Ehegatten können also, auch wenn bisher ein Ehevertrag verboten war, nunmehr durch Ehevertrag Einzelheiten des bisherigen Güterstandes ändern (z. B. Vorbehaltsgut bestimmen oder den Umfang des Vorbehaltsguts ändern) oder einen neuen Güterstand einführen, sie können aber nicht den Güterstand durch Verweisung auf ein nicht mehr geltendes oder auf ein ausländisches Gesetz bestimmen (§ 1433 des B.G.B.), insbesondere können sie daher nicht den bisherigen Güterstand durch einen anderen Güterstand des bisherigen Rechtes ersetzen, sondern wenn sie den bisherigen Güterstand aufgeben wollen, können sie nur einen der Güterstände des B.G.B. einführen. Wenn sie nur Einzelheiten des bisherigen Güterstandes ändern, so bestimmt sich die Frage, ob die Aenderung zulässig ist, nach dem für den Güterstand maßgebenden bisherigen Rechte, Ehegatten, welche in der Mobiliargemeinschaft des französ. Rechtes oder der Errungenschaftsgemeinschaft des bayer. L.R. leben, könnten z. B. nicht die fortgesetzte Gütergemeinschaft einführen.

Die Form des Ehevertrags richtet sich nach dem B.G.B. (§ 1434). Entsprechende Anwendung finden auch die Bestimmungen der §§ 1437, 1508 Abs. 2, 1549 des B.G.B., nach welchen ein die allgemeine Gütergemeinschaft oder die fortgesetzte Gütergemeinschaft einführender oder aufhebender oder die Fortsetzung der Gütergemeinschaft ausschließender oder den Ausschluß derselben aufhebender Ehevertrag nicht durch den gesetzlichen Vertreter geschlossen werden kann und der gesetzliche Vertreter zur Zustimmung zu einem solchen Vertrage der Genehmigung des Vormundschaftsgerichts bedarf. Denn diese Vorschriften hängen zwar mit dem Güterrechte zusammen und haben deshalb im ehelichen Güterrecht ihre Stellung gefunden, regeln aber zunächst Fragen der Geschäftsfähigkeit und für diese ist nach dem den Art. 153 ff. zu Grunde liegenden Gedanken vom Inkrafttreten des B.G.B. an dieses maßgebend. Dem Registerzwang (§ 1435 des B.G.B.) unterliegt ein solcher Ehevertrag nicht (ebenso Habicht S. 548, a. A. Niedner Aufl. II S. 425), da der Zweck, welcher mit dem Registerzwange verfolgt wird, nicht zutrifft und eine positive Vorschrift, auf welche die Anwendbarkeit des § 1435 des B.G.B. zu begründen wäre, fehlt.

Die Auslegungsregel des § 1436 des B.G.B. findet entsprechende Anwendung, d. h. wenn die Ehegatten den bisherigen Güterstand aufheben, ohne zu bestimmen, welcher Güterstand an die Stelle treten soll, so gilt die Gütertrennung des B.G.B.

Wird durch den Ehevertrag der bisherige Güterstand aufgehoben, so finden auf die dadurch erforderlich werdende Auseinandersetzung die Vorschriften des bisherigen Rechtes Anwendung; enthält ein Recht für den Fall der Aufhebung durch Ehevertrag keine Vorschriften über die Auseinandersetzung, weil dieser Fall nach dem bisherigen Rechte nicht vorkommen konnte, so müssen die Vorschriften des bisherigen Rechtes über die Auseinandersetzung in sonstigen Fällen, eventuell die Vorschriften der §§ 752 ff. des B.G.B. über die Theilung einer Gemeinschaft zur Anwendung gebracht werden (P. II S. 9087 Bd. 6 S. 543). Selbstverständlich gilt dieses nur, soweit die Ehegatten nicht vertragsmäßig über die Auseinandersetzung Bestimmung treffen.

Die Vorschrift des Abs. 2 ist hauptsächlich für diejenigen Rechte berechnet, in welchen der Abschluß von Eheverträgen, sei es überhaupt oder für die Zeit nach Eingehung der Ehe allgemein verboten ist. In Betracht kommen insbesondere das französische und das badische Recht. Es finden sich aber auch Rechte, welche den Abschluß von Eheverträgen bei gewissen Güterständen von der Zustimmung Dritter abhängig machen. Dies gilt namentlich für die fränkische Landgerichtsordnung; nach dieser fällt aller Erwerb der Kinder in das Gesammtgut und die Kinder haben mit Rücksicht hierauf den sog. Zweitheil d. h. $^{2}/_{3}$ des Gesammtguts zu beanspruchen; den Ehegatten ist der Abschluß von Eheverträgen ohne Zustimmung der Kinder verboten, weil sie sonst das Recht der Kinder vereiteln könnten (s. Roth bayer. Civilrecht Bd. 1 § 78). Da kein Zweifel darüber sein kann, daß die Frage, ob ein Ehegatte eine Verfügung von Todeswegen treffen kann, sich auch nach dem Inkrafttreten des B.G.B. nach dem bisherigen Güterrechte bestimmt und das Verbot des Abschlusses von Eheverträgen in den bezeichneten Rechtsgebieten auf dem gleichen Grunde beruht wie das Verbot der Verfügungen von Todeswegen, so fallen die Bestimmungen der bezeichneten Rechte nicht unter den Abs. 2.

Der Abs. 2 verbietet nach dem Inkrafttreten des B.G.B. eine nach den Vorschriften des B.G.B. unzulässige Regelung des Güterstandes ausdrücklich nur in den Rechtsgebieten, nach deren bisherigen Gesetzen ein Ehevertrag unzulässig sein würde. Das Verbot einer nach den Vorschriften des B.G.B. unzulässigen Regelung des Güterstandes ergiebt sich aus § 1433 Abs. 1

des B.G.B. auch für die übrigen Rechtsgebiete. Uebrigens haben mehrere A.G. (z. B. Preußen Art. 62, Bayern Ueb.G. Art. 27) dieses Verbot besonders ausgesprochen.

III. Die Ueberleitung der Güterstände durch das Landesrecht.

1. In Betracht kommen folgende Landesgesetze: Preußen A.G. z. B.G.B. Art. 44—67, K.V. v. 20. Dzbr. 1899 (vergl. Just.-Min.-Bl. 1900 S. 15); Bayern Uebergangsges. v. 9. Juni 1899 Art. 19—31, 62—104, 124—140; Sachsen A.G. § 34; Württemberg A.G. Art. 260—264; Baden A.G. Art. 41, 42; Hessen A.G. Art. 169—208, 230—265; Mecklenburg-Schwerin A.V. §§ 209—217, 263; S.-Weimar A.G. §§ 183—191, A.G. z. C.P.O. § 10; Mecklenburg-Strelitz A.V. §§ 207—215, 260; Oldenburg A.G. §§ 16, 17, A.G. f. Lübeck §§ 16, 17, f. Birkenfeld §§ 44—62; Braunschweig A.G. §§ 73—75; S.-Meiningen Ges. v. 10. Aug. 1900; S.-Altenburg A.G. §§ 97—102; S.-Koburg-Gotha A.G. Art. 42; Anhalt A.G. Art. 59; Schwarzburg-Rudolstadt A.G. Art. 134—147; Schw.-Sondershausen A.G. Art. 48; Waldeck A.G. Art. 24—31; Reuß ä. L. A.G. §§ 112—117; Reuß j. L. A.G. § 94; Schaumburg-Lippe A.G. §§ 21—36; Lippe A.G. § 35; Lübeck A.G. §§ 100—106; Bremen Ges. v. 18. Juli 1899; Hamburg Ges. v. 14. Juli 1899: Elsaß-Lothringen A.G. §§ 144—165 (dazu Bek. v. 22. Dezbr. 1899, Ges. v. 29. Novbr. 1899), V. v. 2. Mai 1900.

2. Umfang der Ueberleitung. Die vorgenannten Gesetze nehmen zur Ueberleitung der Güterrechte einen verschiedenen Standpunkt ein.

a) Württemberg und Baden lehnen grundsätzlich eine Ueberleitung der ehelichen Güterrechte ab. Württemberg führt nur für die allgemeine Gütergemeinschaft des bisherigen Rechtes die fortgesetzte Gütergemeinschaft des B.G.B. ein und enthält im Uebrigen lediglich eine gesetzliche Regelung des dem Ehegatten nach der Auflösung der Errungenschaftsgemeinschaft oder der allgemeinen Gütergemeinschaft des bisherigen Rechtes zustehenden Gütererbrechts. Baden schreibt die Eintragung der altrechtlichen Güterstände in das Güterrechtsregister vor und beseitigt das altrechtliche Beisitzrecht.

Auch Lippe lehnt die Ueberleitung theilweise ab. Lippe beläßt es für die Ehen mit der bisherigen gesetzlichen Gütergemeinschaft nach der G.G.-Ordnung von 1786 bei dem alten Rechte und leitet nur Ehen mit Gütertrennung über, aber auch diese dann nicht, wenn die Ehegatten vor dem 1. Januar 1901 erklären, daß sie das alte Recht beibehalten wollen.

b) Die übrigen Staaten nehmen eine Ueberleitung der Güterstände vor. Einige Staaten leiten aber nur diejenigen Ehen über, welche dem gesetzlichen Güterstande des B.G.B. entsprechen, andere nur diejenigen Ehen, in welchen ein einheimisches, d. h. von der einheimischen Gesetzgebung geregeltes Güterrecht gilt. Hierüber s. unten Erl. 6. Uebrigens sind auch von den Bundesstaaten, die sich nicht auf die Ueberleitung der gesetzlichen oder der einheimischen Güterstände beschränkt haben, nicht alle Güterstände übergeleitet worden; durchweg ausgenommen ist z. B. das Dotalrecht des französ. Rechtes; für Preußen s. Stranz-Gerhard S. 267.

Die vertragsmäßigen Güterstände werden von der Mehrheit der A.G. wie die gesetzlichen behandelt und der Ueberleitung gleichfalls unterworfen. Dies gilt insbesondere von Preußen, Bayern, Sachsen, Hessen und Elsaß-Lothringen. Unberührt lassen die vertragsmäßigen Güterstände jedenfalls Mecklenburg-Schwerin und Mecklenburg-Strelitz, Oldenburg (für Oldenburg und für Lübeck), Braunschweig und Lippe (dieses abgesehen von den im § 73 Nr. 3 des A.G. enthaltenen Fällen). Diese Staaten enthalten eine ausdrückliche Vorschrift. Ob nicht auch andere Bundesstaaten die vertragsmäßigen Güterstände von der Ueberleitung stillschweigend ausnehmen, ist nicht unzweifelhaft; es dürfte übrigens Niedner Aufl. II S. 427 darin beizustimmen sein, daß die Frage zu verneinen ist.

Wenn der Güterstand im Zeitpunkte des Inkrafttretens des B.G.B. schon beendigt ist, wird regelmäßig von einer Ueberleitung des nach der Aufhebung des Güterstandes bestehenden Rechtsverhältnisses Umgang genommen. Auf die im Zeitpunkte des Inkrafttretens des B.G.B. schon aufgehobenen Güterstände beziehen sich die Ueberleitungsvorschriften regelmäßig nicht. Insbesondere wird die im bezeichneten Zeitpunkte schon eingetretene fortgesetzte Gütergemeinschaft regelmäßig nicht übergeleitet.

3. Zeitpunkt der Ueberleitung. Die meisten Landesgesetze leiten die alten Güterstände vom 1. Januar 1900 an in das neue Recht über. Nur Mecklenburg-Schwerin, Mecklenburg-Strelitz und Anhalt lassen die Ueberleitung erst vom 1. Januar 1901 an eintreten und Lippe gestattet den Ehegatten, bis zum 1. Januar 1901 die Ueberleitung durch Erklärung abzuwenden; haben sie sich bis zu diesem Zeitpunkte nicht erklärt, so tritt mit ihm die Ueberleitung ein.

Wegen des Zeitpunkts der Ueberleitung, wenn die Ehegatten am 1. Januar 1900 ihren Wohnsitz in einem anderen Bundesstaate hatten und ihn erst später in den Bundesstaat verlegen, s. unter Nr. 7.

4. Die Ueberleitung tritt nach allen Landesgesetzen kraft Gesetzes ein. Die Ehegatten können jedoch überall die Ueberleitung durch Ehevertrag ausschließen; diese Eheverträge bedürfen der Eintragung in das Güterrechtsregister. Um den Ehegatten den Abschluß solcher Eheverträge zu erleichtern, ist von fast allen Bundesstaaten für eine gewisse Zeit Gebühren- und Stempelfreiheit gewährt worden.

5. Die Umwandelung der alten Güterstände. Die Ueberleitung erfolgt grundsätzlich in die entsprechenden Güterstände des B.G.B. Für eine Ehe, in welcher nach bisherigem Rechte allgemeine Gütergemeinschaft gegolten hat, gilt also auch künftig allgemeine Gütergemeinschaft, für eine Ehe mit Verwaltungsgemeinschaft des bisherigen Rechtes gilt auch später Verwaltungsgemeinschaft. Die gesetzlichen Güterstände des bisherigen Rechtes sind nicht etwa in den gesetzlichen Güterstand des B.G.B. umgewandelt worden. Eine Ausnahme machen einzelne Bundesstaaten für das Dotalrecht und für die Errungenschaftsgemeinschaft in der Form der sog. Gemeinschaft des Zugewinnstes (s. Vorbm. 2 vor § 1519 Bd. IV S. 283). Das Dotalrecht wird z. B. von Preußen und Bayern in die Verwaltungsgemeinschaft des B.G.B. (nicht in die Gütertrennung) umgewandelt und an die Stelle der Errungenschaftsgemeinschaft tritt, wenn sie bisher in der Form der Gemeinschaft des Zugewinnstes erschien, nicht die Errungenschaftsgemeinschaft, sondern die Verwaltungsgemeinschaft des B.G.B. (so z. B. Preußen für die Errungenschaftsgemeinschaft in den althessischen und vormals kurhessischen Gebietstheilen, Bayern für bayer. L.R., Mainz, Solms, Ansbach).

Eine kurze Uebersicht über die Umwandelung der einzelnen Güterstände findet sich bei Habicht S. 562ff., Riedner Aufl. II S. 428ff., Stobbe-Lehmann S. 153ff. und Lehmann im „Recht" 1900 S. 116.

6. Die Landesgesetze leiten zum Theil

a) nur diejenigen Ehen über, welche nach dem bisherigen gesetzlichen Güterrechte des überleitenden Staates leben; sie beschränken sich auf die Ueberleitung der einheimischen Güterstände. Hierher gehören insbesondere Sachsen, die beiden Mecklenburg, Weimar, Oldenburg, Braunschweig und die Hansastädte.

b) Zum Theil leiten die Landesgesetze auch die Ehen über, die — sei es kraft Gesetzes oder kraft Vertrags — nach einem in einem anderen deutschen Bundesstaate geltenden Güterrechte leben; sie dehnen die Ueberleitung auf die auswärtigen deutschen Güterstände aus. Auf diesem Standpunkte stehen insbesondere Preußen, Bayern, Hessen, Meiningen, Koburg-Gotha, Elsaß-Lothringen. Die Ueberleitung erfolgt dadurch, daß die in dem deutschen Staate, in welchem das Güterrecht einheimisch ist, erlassenen Ueberleitungsvorschriften für anwendbar erklärt werden. Das Verfahren ist dabei ein verschiedenes. Preußen (Art. 61) hat im A.G. nur für die nach dem sächs. G.B. lebenden Ehegatten die Anwendbarkeit der sächsischen Ueberleitungsvorschriften ausgesprochen, die Inkraftsetzung der Ueberleitungsvorschriften der anderen Bundesstaaten aber einer k. Verordnung vorbehalten. Die Verordnung ist am 20. Dezember 1899 ergangen (dazu preuß. Just.-Min.-Bl. 1900 S. 16). Die Verordnung beschränkt sich aber auf diejenigen Ehegatten, welche am 1. Januar 1900 in Preußen wohnten. Verlegen die Ehegatten, die am 1. Januar 1900 nicht in Preußen wohnten, ihren Wohnsitz später nach Preußen, so findet die Verordnung auf sie keine Anwendung. Aehnlich ist Elsaß-Lothringen § 164 (dazu kais. Verordnung v. 2. Mai 1900) verfahren. Dagegen sind in Bayern (Art. 22, 23) die Ehegatten, welche in Bayern nach einem nicht in Bayern geltenden deutschen Rechte leben, durch das Ueberleitungsgesetz selbst den Ueberleitungsvorschriften unterworfen worden, welche der deutsche Bundesstaat getroffen hat, dessen Gesetze für den Güterstand der Ehegatten maßgebend sind. Nur für die am 1. Januar 1900 noch nicht erlassenen Ueberleitungsvorschriften ist einer k. Verordnung die Inkraftsetzung vorbehalten worden. Nehmen die Ehegatten ihren Wohnsitz erst nach dem Inkrafttreten des B.G.B. in Bayern, so werden sie den Ueberleitungsvorschriften unterworfen, welche für den in der Ehe geltenden Güterstand von dem Staate getroffen worden sind, dessen Gesetze für den Güterstand maßgebend sind. Ist der Güterstand der Ehegatten bereits an dem früheren Wohnsitz übergeleitet worden, so verbleibt es hierbei. Ebenso verfährt Hessen (Art. 208, 265).

c) Für diejenigen Güterrechte, welche in mehreren Bundesstaaten gleichzeitig gelten, sog. gemeinsame Güterrechte (z. B. das Mainzer Recht in Preußen, Bayern und Hessen) sind von jedem Bundesstaat in Ansehung des in seinem Gebiete gelegenen Geltungsgebiets besondere Ueberleitungsvorschriften getroffen worden ohne Rücksicht darauf, ob der Güterstand für die Ehe mit Rücksicht auf das Güterrecht seines Bezirks oder mit Rücksicht auf das gleiche Güterrecht des anderen Bundesstaats gilt. Soweit dabei französisches Recht in Frage kommt, erklären sie durchweg die von ihnen für das französische Recht getroffenen Ueberleitungsvorschriften auch dann für maßgebend, wenn die Ehegatten den ersten Wohnsitz nicht in ihrem Gebiete, sondern in dem Gebiet eines anderen Bundesstaats mit französischem Rechte begründet haben. Preußen,

Bayern und Hessen stellen dabei das badische Landrecht dem Code civil gleich, obgleich Baden selbst von einer Ueberleitung abgesehen hat, während Elsaß-Lothringen aus eben diesem Grunde von seinen Ueberleitungsvorschriften die Ehen, für deren Güterstand badisches Recht maßgebend ist, ausgenommen hat.

7. Oertliche Grenzen der Ueberleitungsvorschriften der einzelnen Landesgesetze. Literatur: Kahn, „Kollisionen und Kompetenzüberschreitungen der deutschen Ausführungsgesetze zum ehelichen Güterrechte“ in Jherings Jahrb. 42 S. 309—352; Kahn das. 43 S. 299; Schnell in Böhms Zeitschr. f. intern. Recht 8 S. 292; Aron das. 9 S. 370; Habicht S. 555, Niedner Aufl. II S. 434; Niemeyer, Intern. Privatr. (1901), Lippmann im Sächs. Archiv 10 S. 273, Schöller D. J.-Z. 1900 S. 250, ferner die S. 12 erwähnten Kommentare von Stranz-Gerhard S. 267 ff., Henle-Schneider S. 419 ff., Dorner S. 467 ff.

a) Die Frage ist zunächst zu beantworten vom Standpunkte des Reichsrechts allein und ohne Rücksicht auf die landesgesetzlichen Vorschriften über die räumliche Herrschaft der Ueberleitungsnormen.

Die Ueberleitungsvorschriften der einzelnen Landesgesetze erscheinen als Novellen zu den den einzelnen Güterstand regelnden Gesetzgebungswerken. Die preuß. Ueberleitung der Verwaltungsgemeinschaft des preuß. L.R., die bayer. Ueberleitung der Errungenschaftsgemeinschaft des bayer. L.R. z. B. sind sachlich nichts anderes als eine preuß. Novelle zum preuß. L.R. und als eine bayer. Novelle zum bayer. L.R. Da nun die im intern. Privatr. des E.G. bezüglich des ehelichen Güterrechts (Art. 15) getroffenen Vorschriften auf die altrechtlichen Ehen keine Anwendung finden, für die räumliche Herrschaft der güterrechtlichen Vorschriften des preuß. L.R., des bayer. L.R. ꝛc. vielmehr die bisherigen Gesetze maßgebend bleiben (s. Vorbm. 5 oben S. 248), ist das bisherige intern. Privatr. auch maßgebend für die räumliche Herrschaft der Ueberleitungsvorschriften. Hieraus folgt, daß die räumliche Herrschaft der Ueberleitungsvorschriften der einzelnen Landesgesetze sich je nach dem grundsätzlichen Standpunkt, auf dem ein Landesrecht in Ansehung der räumlichen Herrschaft der ausländischen Güterrechtsnormen steht, verschieden bestimmt.

Nach der überwiegenden Mehrzahl der bisherigen Landesgesetze, insbesondere dem preuß., bayer., sächs. und württemb. Rechte bestimmt sich das eheliche Güterrecht nach dem ersten Ehedomizil und gilt der Grundsatz der Unwandelbarkeit des ehelichen Güterrechts. Für Preußen und Bayern würde mithin (wenn sie den räumlichen Herrschaftskreis ihrer Ueberleitungsvorschriften nicht besonders geregelt hätten) anzunehmen sein, daß die in Preußen für einen im preuß. Rechte geregelten Güterstand z. B. für die Verwaltungsgemeinschaft des preuß. L.R. und die in Bayern für einen im bayer. Rechte geregelten Güterstand z. B. für die Errungenschaftsgemeinschaft des bayer. L.R. getroffenen Ueberleitungsvorschriften ohne weiteres für alle Ehen gelten, für welche der Güterstand des preuß. Rechtes oder des bayer. Rechtes als das Güterrecht des ersten Ehedomizils gilt, gleichgültig, wo die Ehegatten im Zeitpunkte des Inkrafttretens des B.G.B. oder später wohnen, und gleichgültig, welche Staatsangehörigkeit sie haben. Preußische Ehegatten z. B., die ihren ersten ehelichen Wohnsitz in den bayerischen vormals eichstättischen Landestheilen, für welche die Verwaltungsgemeinschaft des preuß. L.R. gilt, genommen haben, würden, auch wenn sie am 1. Januar 1900 in Berlin leben, den Ueberleitungsvorschriften unterworfen worden sein, welche der bayerische Gesetzgeber für die Verwaltungsgemeinschaft des preuß. L.R. getroffen hat.

Eine Reihe von bisherigen Landesgesetzen (z. B. das badische Recht) geht dagegen davon aus, daß sich der Güterstand nach dem Rechte der Staatsangehörigkeit bestimmt; auch nach ihnen ist das Güterrecht unwandelbar. Für diese Rechte liegt das Verhältniß ähnlich wie bei der ersten Gruppe von Gesetzgebungen. Die beiden Mecklenburg endlich stehen auf dem Boden der Wandelbarkeit des Güterrechts. Nach ihnen würden die Ueberleitungsvorschriften des Mecklenburgischen Rechtes die sämmtlichen altrechtlichen Ehen ergreifen, die am 1. Januar 1900 oder später ihren Wohnsitz in Mecklenburg haben.

Es ist klar, daß bei dieser Gestaltung der räumlichen Herrschaft der Ueberleitungsvorschriften Kollisionen sich ergeben. Allein diese Kollisionen wären ohne die Ueberleitungsvorschriften ganz die gleichen. Sie sind eben einfach die Kollisionen, zu denen das intern. Privatr. der einzelnen Bundesstaaten vor dem Inkrafttreten des B.G.B. überhaupt geführt hat.

b) Eine Reihe von Bundesstaaten hat die räumliche Herrschaft ihrer Ueberleitungsvorschriften besonders geregelt.

Die Regelung ist im Wesentlichen folgende:

α) Auf die außerdeutschen Güterstände (insbesondere wenn der Code civil als Gesetzbuch Frankreichs gilt) erstrecken sich die landesgesetzlichen Ueberleitungsvorschriften nicht. Ausdrücklich ist dies nur von Elsaß-Lothringen § 163 bestimmt, es dürfte aber auch für die anderen

Bundesstaaten gelten. A.A. Habicht S. 557, 559 in Ansehung der preuß. und hess. Ueberleitungsvorschriften für den Fall, daß die Ehegatten Inländer sind. Hiergegen Niedner Aufl. II S. 434 und im „Recht“ 1900 S. 254, Kahn S. 313, Niemeyer S. 180, Stranz-Gerhard S. 268.

β) Bezüglich der deutschen Güterstände nehmen die Landesgesetze eine verschiedene Stellung ein.

Eine Anzahl von Landesgesetzen geht davon aus, daß sich ihre Ueberleitungsbestimmungen einerseits auf alle in ihrem Territorium bestehenden Ehen (gleichgültig, wo das erste Domizil der Ehegatten war, und gleichgültig, welchem Bundesstaate die Ehegatten angehören) erstrecken, andererseits nur diese umfassen, die Ehen also, die außerhalb des Territoriums bestehen, auch wenn für ihren Güterstand ein in dem Territorium geltendes und übergeleitetes Güterrecht maßgebend ist, von der Ueberleitung ausgeschlossen bleiben. Diese Landesgesetze erstrecken und beschränken ihre Ueberleitungsvorschriften auf die Ehegatten, welche in dem Bundesstaate leben; der Güterstand der Ehegatten, welche zur Zeit des Inkrafttretens des B.G.B. in dem Bundesstaate leben, wird vom Inkrafttreten des B.G.B. an, der Güterstand der Ehegatten, welche später in den Bundesstaat ihren Wohnsitz verlegen, vom Zeitpunkte der Verlegung ihres Wohnsitzes an übergeleitet, sofern nicht schon der Güterstand durch die Gesetze des bisherigen Wohnsitzes übergeleitet worden ist. So Preußen (Art. 44, 65, Güterrechtsordnung § 1), Bayern (Art. 19, 22, 23), Hessen (Art. 169, 207, 208, 230, 264, 265), Weimar (§ 183), Elsaß-Lothringen (§ 163). Gemildert werden die aus diesem Standpunkte sich ergebenden Folgen dadurch, daß diese Landesgesetze für die nicht einheimischen Güterstände die Ueberleitungsvorschriften desjenigen Bundesstaats maßgebend sein lassen, in welchem der Güterstand einheimisch ist (s. oben Erl. 6b).

Andere Landesgesetze treffen ihre Ueberleitungsvorschriften für alle Ehen, deren Güterstand sich nach dem übergeleiteten Güterrechte bestimmt ohne Rücksicht darauf, wo die Ehegatten ihren Wohnsitz haben. Auf diesem Standpunkte stehen insbesondere Sachsen, Oldenburg, Altenburg und die Hansastädte (so fassen auch Kahn S. 317 und Niedner Aufl. II S. 434 die erwähnten Gesetze auf, anders Habicht S. 556).

Eine Sonderstellung nehmen die beiden Mecklenburg (Schwerin § 209, Strelitz § 207) ein, insofern sie — (von wenigen Ausnahmen, namentlich von den vertragsmäßigen Güterständen, auf die sich nach dem mecklenburgischen Rechte die Ueberleitung überhaupt nicht erstreckt, abgesehen) — alle in Mecklenburg domizilirten Güterstände, einerlei, welchem Rechte sie unterstehen, in das gesetzliche Güterrecht des B.G.B. überleiten. Dieser Standpunkt erklärt sich daraus, daß nach dem mecklenburgischen Rechte der Grundsatz der Wandelbarkeit des ehelichen Güterrechts gilt.

Württemberg und Baden endlich, die von einer Ueberleitung überhaupt Abstand genommen haben, treffen auch über die territoriale Geltung fremder Ueberleitungsvorschriften keine Bestimmung; Baden hat nur im Art. 2 durch Verweisung auf den Art. 15 des E.G. z. B.G.B. den Satz des bisherigen Rechtes wiederholt, daß für das eheliche Güterrecht das Nationalitätsprinzip maßgebend ist. Durch die Nichtüberleitung der eigenen Güterstände haben übrigens Württemberg und Baden nicht etwa stillschweigend ausgesprochen, daß sie eine Ueberleitung des Güterstandes überhaupt nicht anerkennen, so daß der badische Richter z. B. auch bei preußischen Ehegatten mit dem gesetzlichen Güterstande des preuß. L.R., die am 1. Januar 1900 in Berlin wohnten und später nach Baden verzogen sind, die preußische Ueberleitung nicht zu beachten hätte.

c) Daß bei diesem Rechtszustande Konflikte sich ergeben können, bedarf keiner Ausführung. Wenn z. B. badische Ehegatten, deren Güterstand sich nach dem gesetzlichen Güterrechte des bad. L.R. bestimmt, am 1. Januar 1900 in der Pfalz gewohnt haben und später den Wohnsitz nach Baden verlegen, so wirft sich die Frage auf, ob der badische Richter die durch das pfälzische Recht vorgenommene Ueberleitung des Güterstandes anzuerkennen hat. Weitere Beispiele s. bei Kahn S. 318, 324, Aron S. 376. Grundsätzlich wird bei allen diesen Kollisionen davon auszugehen sein, daß der Richter das Recht seines Staates anzuwenden und, wenn es sich um einen Widerstreit der Güterrechte anderer Staaten handelt, im Zweifel an der Unwandelbarkeit des Güterrechts festzuhalten hat.

d) Es muß hier dahin gestellt bleiben, ob die Landesgesetze, welche bezüglich der räumlichen Herrschaft ihrer Ueberleitungsnormen sich dem preußischen Standpunkt angeschlossen haben, nicht zu weit gegangen sind. Nur soviel mag hervorgehoben werden, daß sich ohne Reichsgesetz Kollisionen der Ueberleitungsvorschriften nie hätten vermeiden lassen und daß man die aus dem preußischen Standpunkt sich ergebenden Kollisionsgefahren nicht überschätzen darf; denn das preußische System wird wesentlich dadurch gemildert, daß die Ueberleitungsvorschriften, welche der Staat trifft, in dessen Bezirke der Güterstand heimisch ist, grundsätzlich als maßgebend behandelt werden, so daß auf diese Weise, trotzdem scheinbar der Grundsatz, daß das erste Ehedomizil das

Güterrecht bestimmt und dieses unwandelbar ist, zu Gunsten des sog. Territorialsystems aufgegeben ist, dieser Grundsatz materiell doch gewahrt geblieben ist.

Hier ist nur zu untersuchen, ob der Standpunkt dieser Landesgesetze mit dem Reichsrechte vereinbar ist. Die Unvereinbarkeit wird von Kahn S. 330ff. vertreten und Dorner S. 471 läßt dahin gestellt, ob diese Ueberleitungsvorschriften sich noch im Rahmen des Art. 218 bewegen, jedenfalls enthielten sie eine Verleugnung der Gesichtspunkte, von denen ausgehend die Reichsgesetzgebung Enthaltung geübt habe. Kahn kommt zu dem Ergebnisse, daß jede Landesgesetzgebung im Allgemeinen nur befugt sei, ihre eigenen Güterrechte überzuleiten: eine Ueberleitung der dem Rechte anderer Bundesstaaten angehörenden Güterstände stehe der Landesgesetzgebung auch dann nicht zu, wenn die Güterstände mit Güterständen, die in ihrem eigenen Gebiete gelten, identisch seien; die landesgesetzlichen Ueberleitungsnormen gälten für ganz Deutschland in derselben Weise und in demselben Umfange, wie das prinzipielle Güterrecht, zu welchem sie erlassen seien.

Indessen wird man die formelle Zulässigkeit der in Frage stehenden landesgesetzlichen Ueberleitungsvorschriften gegenüber dem Reichsrechte mit Grund nicht bestreiten können. Der Art. 218 ermächtigt die Landesgesetzgebung zu den Ueberleitungsvorschriften, ohne den Herrschaftsbereich der einzelnen Landesgesetzgebungen im Verhältnisse zu den anderen Landesgesetzgebungen abzugrenzen. Solange eine solche Abgrenzung im Wege der Reichsgesetzgebung nicht erfolgt ist, ist es lediglich Sache des einzelnen Bundesstaats, welchen Herrschaftsbereich er seinen Ueberleitungsnormen giebt. Selbstverständlich sind aber die Ueberleitungsvorschriften eines Bundesstaats nur für die Gerichte dieses Bundesstaats bindend. Das R.G. hat zu der vorliegenden Frage noch keine grundsätzliche Stellung genommen, in dem Urtheile vom 10. Januar 1901 (J.W. 1901 S. 137) jedoch die Gültigkeit der erwähnten Landesgesetze indirekt anerkannt.

8. Die Ueberleitung erfolgt grundsätzlich erst mit Wirkung vom Inkrafttreten des B.G.B. an. Auf diesem Standpunkte stehen insbesondere die Ueberleitungsvorschriften von Preußen (vergl. namentlich Art. 59. §§ 1, 3, 4), Bayern (Art. 97, 98, 101, 127, 128), Hessen (Art. 172, 173, 176, 177, 187, 198, 236, 237), Elsaß-Lothringen (§§ 145—148).

Demgemäß schreiben die Ueberleitungsvorschriften regelmäßig vor, daß das zur Zeit der Ueberleitung vorhandene Vermögen der Ehegatten Gesammtgut, eingebrachtes Gut oder Vorbehaltsgut wird, soweit es nach den bisherigen Gesetzen zu einer dem Gesammtgute, dem eingebrachten Gute oder dem Vorbehaltsgut entsprechenden Vermögensmasse gehört. In Ansehung der vor der Ueberleitung entstandenen Verbindlichkeiten der Ehegatten bleibt es bezüglich der Haftung des Gesammtguts, des eingebrachten Gutes und des Vorbehaltsguts sowie der persönlichen Haftung der Ehegatten bei den bisherigen Gesetzen und zwar sowohl was das Verhältniß gegenüber den Gläubigern als das Verhältniß der Ehegatten unter einander betrifft. Die Geltendmachung der Ersatzansprüche dagegen, welche den Ehegatten auf Grund des Güterstandes gegen einander zustehen, werden regelmäßig den Vorschriften des neuen Rechtes unterworfen. Die Wirksamkeit und Gültigkeit von Verfügungen eines Ehegatten, die vor der Aenderung des Güterstandes vorgenommen worden sind, wird nach dem bisherigen Rechte beurtheilt. Eine weitere Schonung der entstandenen Rechtsverhältnisse liegt endlich in der fast von allen Ueberleitungsgesetzen getroffenen Vorschrift, daß auf einen zur Zeit der Ueberleitung anhängigen Rechtsstreit und die Wirkung der Entscheidung die Aenderung des Güterstandes ohne Einfluß ist.

Einen entgegengesetzten Standpunkt nehmen nur die Ueberleitungsgesetze von Meiningen und Koburg ein, nach welchen die güterrechtlichen Wirkungen der Ehe auch für die Zeit vor dem Inkrafttreten des B.G.B. so beurtheilt werden sollen, als wenn der Güterstand von der Eheschließung an durch die Bestimmungen der Ueberleitungsgesetze geregelt wäre.

9. Die Einzelheiten der Ueberleitungsvorschriften können nicht im Rahmen dieses Kommentars besprochen werden. Hierüber muß auf die oben S. 357 angegebene Literatur verwiesen werden.

Hervorzuheben sind nur folgende Punkte:

a) Die erbrechtlichen Wirkungen, welche das bisherige Güterrecht mit dem Güterstande verbunden hat, werden regelmäßig trotz der Ueberleitung aufrecht erhalten. Dabei wird von den Ueberleitungsgesetzen sei es durch ausdrückliche Bestimmung, sei es stillschweigend durchweg die Frage entschieden, ob eine erbrechtliche Bestimmung des bisherigen Rechtes güterrechtlicher oder rein erbrechtlicher Natur ist. Für die Frage, ob eine erbrechtliche Bestimmung des bisherigen Rechtes aufrecht erhalten werden soll oder nicht, war für die Ueberleitungsgesetze wohl ausnahmslos der Gesichtspunkt maßgebend, das bisherige Recht aufrecht zu erhalten, soweit es für den überlebenden Ehegatten günstiger ist, als das Erbrecht oder bei allgemeiner Gütergemeinschaft die fortgesetzte Gütergemeinschaft des B.G.B. Vor die Entscheidung, ob das bisherige Recht oder das B.G.B. für den überlebenden Ehegatten günstiger ist, keine Schwierigkeit, wies z. B. das bisherige Recht dem überlebenden Ehegatten eine größere Erbquote zu als das B.G.B. oder umgekehrt, so erfolgt die Entscheidung regelmäßig im Ueberleitungsgesetze selbst; es wird also das bisherige Recht entweder einfach aufrecht erhalten oder einfach beseitigt. Hängt jedoch die Entscheidung der bezeichneten Frage von den Umständen des Falles ab, giebt das bisherige Recht dem überlebenden Ehegatten z. B. einen Kindstheil oder den Beisitz oder die Nutznießung, so räumen die Ueberleitungsgesetze dem überlebenden Ehegatten regelmäßig ein Wahlrecht ein; der Ehegatte hat innerhalb der Ausschlagungsfrist des B.G.B. zu wählen; das Präjudiz wird durchweg so gestellt, daß, wenn der Ehegatte im einzelnen Falle eine Erklärung innerhalb der Frist nicht abgiebt, das für ihn unter normalen Verhältnissen günstigere Recht eintritt.

Formell verfahren dabei die Ueberleitungsgesetze zum Theil verschieden. Preußen erklärt bei gewissen Güterständen die nach den bisherigen Gesetzen dem überlebenden Ehegatten an dem Vermögen des verstorbenen Ehegatten zustehenden Rechte für erbrechtliche Wirkungen des Güterstandes und erhält für diese Rechte die bisherigen Gesetze mit gewissen Ausnahmen in Kraft (Art. 46 § 2, Art. 50 §§ 2, 3, Art. 51 § 4, § 6 Abs. 3, Art. 52 § 2, Art. 53 § 6 ꝛc.). Die erbrechtlichen Wirkungen des Güterstandes werden mithin nicht selbständig, sondern lediglich durch Verweisung auf die bisherigen Gesetze geordnet; findet sich in den für einen Güterstand getroffenen Ueberleitungsvorschriften ein solcher Hinweis nicht, so sind die erbrechtlichen Wirkungen, welche bisher mit dem Güterstande verbunden waren, beseitigt. Bayern und die meisten anderen Gesetze regeln die erbrechtlichen Wirkungen regelmäßig neu, sachlich wiederholen sie freilich nur das bisherige Recht oder wollen wenigstens nur eine Wiederholung desselben.

Durch die ausdrückliche Stellungnahme der Ueberleitungsvorschriften zu der Frage, welche erbrechtliche Wirkungen dem übergeleiteten Güterstande zukommen, ist das Verhältniß des Ehegattenerbrechts des B.G.B. zu den erbrechtlichen Wirkungen des Güterstandes außer Zweifel gestellt. Soweit mit dem Güterstand erbrechtliche Wirkungen verbunden sind, wird das Ehegattenerbrecht ausgeschlossen.

Die Voraussetzungen, unter welchen die erbrechtlichen Wirkungen des altrechtlichen Güterstandes eintreten, bestimmen sich selbstverständlich nach dem bisherigen Rechte. Die Ueberleitungsgesetze treffen in dieser Beziehung regelmäßig nur nach einer Richtung eine Bestimmung und erklären in dieser Beziehung regelmäßig (so Preußen Art. 59 § 7, Bayern Art. 104, Hessen Art. 178, 193) die §§ 1933, 2335, 2337 des B.G.B. für anwendbar. Danach soll das Gütererbrecht auch dort, wo es bisher nicht entzogen werden konnte, entziehbar sein, wenn ein die Scheidung rechtfertigender Grund vorliegt, und das Gütererbrecht soll kraft Gesetzes wegfallen, wenn der überlebende Ehegatte sich eines Scheidungsgrundes schuldig gemacht und der andere Ehegatte die Scheidungsklage schon erhoben hat. Aus der Bestimmung, daß die §§ 2335—2337 Anwendung finden, wird aber nicht zu folgern sein, daß das nach dem bisherigen Rechte dem Ehegatten zustehende Erbrecht allgemein zu einem Notherbrecht umgewandelt wäre; vielmehr bleibt dem Erblasser, soweit er nach dem bisherigen Rechte dem Ehegatten das Erbrecht entziehen konnte, diese Befugniß erhalten (a. A. Stranz-Gerhard S. 348; hiergegen Habicht S. 588; Niedner Aufl. II S. 442). Soweit landesgesetzlich die Anwendbarkeit der §§ 2335—2337 nicht bestimmt ist, dürfte es bedenklich sein, sie zur Anwendung zu bringen. In Ermangelung einer besonderen Vorschrift wird vielmehr die Frage, ob und unter welchen Voraussetzungen der Erblasser dem Ehegatten das Erbrecht entziehen kann, lediglich nach dem biherigen Rechte zu entscheiden sein.

Der Inhalt der erbrechtlichen Wirkungen des Güterstandes bestimmt sich insoweit nicht nach dem bisherigen Rechte, als der überlebende Ehegatte nach den Ueberleitungsgesetzen Erbe wird. Ob er Erbe wird und zu welchem Theile, bemißt sich natürlich nach dem bisherigen Rechte; wird er aber Erbe, so ist für seine Rechtsstellung als Erbe das B.G.B. maßgebend. Nach dem B.G.B. bemessen sich insbesondere der Erwerb des Erbrechts, die Haftung gegenüber den Nachlaßgläubigern und das Rechtsverhältniß zu den Miterben (die Erbengemeinschaft). Wird der überlebende Ehegatte nach den Ueberleitungsvorschriften bezw. dem bisherigen Rechte Erbe, so gelten für ihn auch die Vorschriften über den Erbschein.

Soweit dagegen der überlebende Ehegatte nach den Ueberleitungsvorschriften bezw. dem bisherigen Rechte nicht Erbe wird, soweit z. B. eine den bisherigen Vorschriften unterworfen gebliebene fortgesetzte Gütergemeinschaft eintritt oder dem Ehegatten ein Beisitzrecht oder die Nutznießung zusteht, bestimmt sich nicht nur — was selbstverständlich ist — der Inhalt des Rechtes der Ehegatten (z. B. seine Inventarisationspflicht, die Verpflichtung, Sicherheit zu leisten, seine Aussteuerpflicht, seine Verfügungsmacht, die Beendigung seines Rechtes, der Einfluß einer Wiederverheirathung) nach dem bisherigen Rechte, sondern dieses ist auch für die Stellung des Ehegatten zu den Erben selbst (den sog. Eigenthumserben) und zu den Nachlaßgläubigern maßgebend. Die Rechtsstellung der Eigenthumserben selbst bestimmt sich nach dem B.G.B., soweit dies mit dem für das Recht des Ehegatten maßgebenden bisherigen Rechte vereinbar ist. Die Erbschaft fällt ihnen also regelmäßig an, wie wenn der überlebende Ehegatte nicht vorhanden wäre. Hat das bisherige Recht indessen den Anfall der Erbschaft an die Eigenthumserben erst später eintreten lassen, so gilt insoweit das bisherige Recht. Der Erbschaftsanspruch steht den Eigenthumserben insoweit nicht zu, als er nach dem bisherigen Rechte dem Ehegatten zusteht. Gleiches gilt von der Geltendmachung der zum Nachlasse gehörenden Rechte. Auch die Frage, ob die Erben für die Nachlaßverbindlichkeiten in Anspruch genommen werden können, solange das Recht des Ehegatten besteht, beantwortet sich nach dem bisherigen Rechte. Der Umfang der Haftung selbst dagegen bestimmt sich nach dem neuen Rechte. Die Eigenthumserben können sich einen Erbschein ertheilen lassen, in den die Beschränkungen, welche die Erben durch die Nachwirkungen des Güterstandes erfahren, aufzunehmen sind; dies bestimmt ausdrücklich Bayern Art. 28; der gleiche Grundsatz muß aber auf Grund entsprechender Anwendung der Vorschriften über den Erbschein (vergl. insbesondere § 2365 des B.G.B.) allgemein gelten. Ob sich der Ehegatte selbst über sein Recht (z. B. über sein Beisitzrecht oder die Fortsetzung der Gütergemeinschaft) ein Zeugniß ertheilen lassen kann, beurtheilt sich nach dem Landesrechte; soviel ersichtlich, trifft in dieser Beziehung nur Bayern (Art. 28) eine Vorschrift.

Ob die erbrechtlichen Wirkungen des Güterstandes der Eintragung in das Grundbuch zur Erhaltung ihrer Wirksamkeit gegenüber dem öffentlichen Glauben des Grundbuchs bedürfen, bestimmt sich nach dem Landesrechte; vergl. z. B. Bayern, Art. 28. Soweit dieses keine Bestimmung enthält, dürfte die Eintragung für erforderlich zu erachten sein. Man kann dagegen zwar geltend machen, daß es sich um eine auf einem familienrechtlichen Verhältnisse beruhende Beschränkung der Eigenthumserben handele, und diese deshalb ebensowenig der Eintragung bedürfe, wie die Beschränkung des Verfügungsrechts der Ehefrau nach dem gesetzlichen Güterrechte des B.G.B. Das Verhältniß liegt hier aber doch wesentlich anders. Es handelt sich hier nicht wie dort um eine aus einem bestehenden familienrechtlichen Verhältnisse folgende Beschränkung, sondern um eine Beschränkung, welche Folge eines für den Ehegatten kraft Erbrechts begründeten dinglichen Rechtes ist; solche Rechte müssen aber nach den allgemeinen Grundsätzen des B.G.B. zur Erhaltung ihrer Wirksamkeit gegenüber dem Glauben des Grundbuchs eingetragen werden (ebenso Habicht, S. 585; a. A. Niedner Aufl. II S. 443).

Die gleiche Antwort ist auf die Frage zu geben, welchen Einfluß es gegenüber dem dem Erbscheine zukommenden öffentlichen Glauben (§§ 2365 ff. des B.G.B.) hat, wenn in dem dem Eigenthumserben ertheilten Erbscheine das Recht des Ehegatten nicht erwähnt ist.

b) Das gesetzliche Pfandrecht und der gesetzliche Pfandrechtstitel, welche das bisherige Recht der Frau einräumt, könnten an sich trotz der Ueberleitung der Güterstände bestehen bleiben. Regelmäßig wird aber von den Ueberleitungsgesetzen das gesetzliche Pfandrecht und der Pfandrechtstitel nur für die Ansprüche der Frau belassen, die vor der Ueberleitung entstanden sind. Für die Gebiete des französ. Rechtes (vergl. Preußen Art. 56 § 9, Bayern L.G. Art. 8, Hessen Art. 238, Elsaß-Lothringen § 149). Ueber die Einzelheiten s. Habicht S. 596 ff.

10. Soweit für den Güterstand einer Ehe in Folge der Ueberleitungsvorschriften das B.G.B. maßgebend wird, finden auch die für den Güterstand geltenden Vorschriften der C.P.O. und der K.O. Anwendung. Ausdrücklich ausgesprochen wird dies von Preußen Art. 59 § 8, Bayern Art. 24, Hessen Art. 205, 262, Elsaß-Lothringen § 161 und anderen. Auch die Vorschriften des freiw. G.G. über die Auseinandersetzung des Gesammtguts einer ehelichen oder einer fortgesetzten Gütergemeinschaft finden, wenn für die Gütergemeinschaft in Folge der Ueberleitung die Vorschriften des B.G.B. gelten, Anwendung. Bayern und Hessen sprechen dies ausdrücklich aus, es versteht sich aber auch für die anderen Staaten von selbst.

IV. Wirksamkeit der altrechtlichen und der übergeleiteten Güterstände gegen Dritte. Registerzwang.

1. Nach dem Reichsrechte (Art. 200) bedarf die Wirksamkeit der altrechtlichen Güterstände zur Erhaltung ihrer Wirksamkeit gegen Dritte der Eintragung in das Güterrechtsregister nicht; der § 1435 des B.G.B. findet auf altrechtliche Güterstände keine Anwendung (s. M. des G.G. S. 284, P. II S. 9076, Bd. 6 S. 538). Für die Ehen, deren Güterstand sich nach dem bisherigen Rechte bestimmt, ist der Registerzwang nach dem Reichsrecht ausgeschlossen, mag in der Ehe der gesetzliche oder ein vertragsmäßiger Güterstand bestehen, mögen die Ehegatten noch das erste Ehedomizil haben oder es später verlegen; auch wenn die Verlegung des Wohnsitzes erst nach dem 1. Januar 1900 erfolgt, gilt der Registerzwang reichsrechtlich nicht. Der Registerzwang gilt reichsrechtlich auch nicht, wenn nach dem 1. Januar 1900 die Ehegatten ihr Güterrecht vertragsmäßig ändern.

Soweit nach den bisherigen Landesgesetzen z. B. dem preuß. L.R., dem Bamberger Rechte die Wirksamkeit des Güterstandes gegenüber Dritten an besondere Voraussetzungen geknüpft ist z. B. an eine Veröffentlichung — sei es, daß dies nur bei Wohnsitzverlegungen gilt oder daß überhaupt die Geltung eines von dem gesetzlichen Güterstand abweichenden Güterstandes von der Veröffentlichung abhängig gemacht ist, wie dies nach preuß. L.R. und vielen bayer. Partikularrechten der Fall ist — bleiben reichsrechtlich diese landesgesetzlichen Vorschriften auch für die Zeit nach dem Inkrafttreten des B.G.B. fortdauernd in Wirksamkeit.

Das Landesrecht ist aber nach Art. 218 in der Lage, den Registerzwang sowohl für die übergeleiteten als für die nicht übergeleiteten Güterstände einzuführen und die Landesgesetzgebungen haben von dieser Befugniß zum Theil auch Gebrauch gemacht.

2. Das geltende Recht ist hiernach folgendes:

a) Für die nicht übergeleiteten Güterstände ist es von den Landesgesetzgebungen grundsätzlich bei der reichsrechtlichen Regel belassen worden. Der Registerzwang gilt für nicht übergeleitete Güterstände regelmäßig auch in den Staaten nicht, welche eine Ueberleitung der Güterstände vorgenommen haben. Er gilt z. B. nicht in Preußen, Bayern, Württemberg, Hessen. Eine Ausnahme macht insbesondere Baden, Art. 41, das den Registerzwang für alle von dem gesetzlichen Güterrechte des B.G.B. abweichenden Güterstände eingeführt hat. Preußen Art. 59 § 9 und Bayern Art. 25 haben übrigens die Befreiung der altrechtlichen (nicht übergeleiteten) Güterstände vom Registerzwange dahin erweitert, daß sie gewisse Vorschriften des bisherigen Rechtes, welche im Falle der Wohnsitzverlegung eine Kundmachung des Güterstandes bestimmten, (z. B. preuß. L.R. II 1 §§ 352, 353, 425, Bayern hebt auch L.R. § 426 auf) aufgehoben haben. Hierzu vergl. Koppers im „Recht" 1900 S. 457. In Preußen und Bayern gilt der Registerzwang für die nicht übergeleiteten Ehen auch insoweit nicht, als nach dem Inkrafttreten des B.G.B. die Ehegatten ihren Wohnsitz verlegen oder durch Vertrag, Urtheil ꝛc. eine Aenderung des Güterstandes eintritt. Ob die anderen Staaten auf dem gleichen Standpunkte stehen, ist zweifelhaft.

b) Die übergeleiteten Güterstände sind von der Mehrzahl der Staaten insoweit gleichfalls dem Registerzwange nicht unterworfen worden, als die Ueberleitung selbst Wirksamkeit gegen Dritte auch ohne Eintragung im Güterrechtsregister hat. Wenn indessen die Ehegatten nach der Ueberleitung ihren Wohnsitz verlegen oder wenn nach der Ueberleitung eine Aenderung des Güterstandes durch Ehevertrag, Urtheil, Konkurs oder aus einem sonstigen Grunde eintritt, wird die Eintragung in das Güterrechtsregister verlangt. Der Registerzwang im Falle der Wohnsitzverlegung ist von Bedeutung namentlich für die Fälle, in welchen der Güterstand ein gesetzlicher Güterstand des bisherigen Rechtes war. Der Registerzwang im Falle der Aenderung des Güterstandes ist erheblich insbesondere für die Fälle, in welchen der Güterstand des bisherigen Rechtes in den gesetzlichen Güterstand des B.G.B. geändert wird. Auf diesem Standpunkte stehen z. B. Preußen Art. 59, 61, 63, 65, Bayern Art. 25, Hessen Art. 201, 207, Weimar §§ 187, 188, Elsaß-Lothringen §§ 162, 164 (V. v. 2. Mai 1900), die im Einzelnen übrigens von einander abweichen.

Dagegen führen andere Staaten den Registerzwang für sämmtliche von dem gesetzlichen Güterrechte des B.G.B. abweichende übergeleitete Güterstände ein. Auf diesem Standpunkte stehen insbesondere Sachsen § 34 Abs. 2, Baden Art. 41, Mecklenburg-Schwerin § 210 und Mecklenburg-Strelitz § 208 und Braunschweig § 75.

c) Der Registerzwang gilt nach einigen A.G. nicht schon vom 1. Januar 1900, sondern erst vom 1. Januar 1901 an; so Sachsen, die beiden Mecklenburg, Braunschweig und Anhalt. In Baden gilt er erst vom 1. Januar 1905 ab.

3. Wegen der Eintragungspflicht ausländischer Güterstände s. Erl. zu Art. 16 Abs. 1. Die Vorschrift des Art. 16 Abs. 1 gilt, wie sich aus Art. 200 ergiebt, nicht für Ehen mit einem ausländischen Güterstande, die vor 1900 geschlossen worden sind, wenn der Ehemann am 1. Januar 1900 die deutsche Staatsangehörigkeit besessen hat, gleichgültig, wo die Ehegatten ihren Wohnsitz haben.

4. Der Registerzwang in Ansehung des Einspruchs des Mannes gegen den Betrieb eines Erwerbsgeschäfts durch die Frau. Nach den §§ 1405, 1452, 1519, 1525, 1549 des B.G.B. wirken die von der Frau im selbständigen Betrieb ihres Erwerbsgeschäfts abgeschlossenen Rechtsgeschäfte gegen den Mann in Ansehung des Frauenvermögens und des gütergemeinschaftlichen Vermögens, wenn der Mann dem Geschäftsbetriebe zustimmt; als Zustimmung gilt es, wenn er nicht gegen den Geschäftsbetrieb Einspruch erhebt und den Einspruch oder die Rücknahme seiner Einwilligung in das Güterrechtsregister des Wohnsitzes, bei Handelsfrauen nach Art. 4 des E.G. z. H.G.B. auch in das Güterrechtsregister der Handelsniederlassung eintragen läßt. Die Vorschrift des § 1405 des B.G.B. gilt für Ehen mit dem altrechtlichen inländischen Güterstande reichsrechtlich nicht. Dagegen gilt sie nach dem § 11 a der G.O. in der Fassung des E.G. Art. 36 I für Ehefrauen, die nach ausländischem Güterrechte leben und im Inlande selbständig ein Handelsgewerbe betreiben auch dann, wenn die Ehe vor dem 1. Januar 1900 geschlossen worden ist, und zwar ohne Rücksicht darauf, ob die Frau Deutsche ist oder nicht.

Artikel 201.

Die Scheidung und die Aufhebung der ehelichen Gemeinschaft erfolgen von dem Inkrafttreten des Bürgerlichen Gesetzbuchs an nach dessen Vorschriften.

Hat sich ein Ehegatte vor dem Inkrafttreten des Bürgerlichen Gesetzbuchs einer Verfehlung der in den §§. 1565 bis 1568 des Bürgerlichen Gesetzbuchs bezeichneten Art schuldig gemacht, so kann auf Scheidung oder auf Aufhebung der ehelichen Gemeinschaft nur erkannt werden, wenn die Verfehlung auch nach den bisherigen Gesetzen ein Scheidungsgrund oder ein Trennungsgrund war.

V. Zweifelhaft ist die Frage, ob die altrechtlichen Güterstände zur Erhaltung ihrer Wirksamkeit gegenüber dem öffentlichen Glauben des Grundbuchs der Eintragung im Grundbuche bedürfen. Die Frage wird zu verneinen sein, soweit es sich lediglich um eine durch den altrechtlichen Güterstand begründete Beschränkung des Verfügungsrechts der Ehefrau handelt. Diese bedarf der Eintragung ebensowenig wie die entsprechende Beschränkung des Verfügungsrechts der Ehefrau nach dem gesetzlichen Güterrechte des B.G.B. Anders aber liegt die Sache, wenn es sich um eine in Folge des altrechtlichen Güterstandes z. B. der allgemeinen Gütergemeinschaft eingetretene oder eintretende Aenderung in der Zuständigkeit des Eigenthums handelt. Soweit hier nicht durch das Landesgesetz wie z. B. in Bayern Art. 26 etwas Anderes bestimmt ist, wird die Eintragung für erforderlich zu erachten sein. Sie ist nicht erforderlich zu dem Uebergange des Eigenthums des einzelnen Ehegatten auf die Gemeinschaft. Zur Erhaltung der Wirksamkeit gegenüber dem Glauben des Grundbuchs dürfte sie aber ebensogut für erforderlich zu erachten sein, wie sie nach dem B.G.B. in Betreff derjenigen Grundstücke und Rechte an Grundstücken erforderlich ist, welche nach § 1438 mit der Eingehung der Gütergemeinschaft kraft des Gesetzes gemeinschaftliches Eigenthum beider Ehegatten geworden sind. In Fällen dieser Art kann jeder Ehegatte nach § 894 die Berechtigung im Grundbuche fordern (a. A. Habicht S. 594; Oberneck R.G.B.O. S. 796).

Artikel 201.

E. d. E.G. I Art. 120; II Art. 171; III Art. 200 P. I S. 13099; M. d. E.G. S. 288. P. II S. 9090 (Bd. 6 S. 545). K.B. S. 2117. St.B. S. 3035, 3096.

Literatur: Habicht S. 599ff.; Riedner Aufl. II S. 444ff.; Nöldeke in D.J.Z. 1899 S. 407–410; Gerhard, Die Ehescheidungsgründe des B.G.B. (Berlin 1898); Erler, Ehescheidungsrecht und Ehescheidungsprozeß (1900); Davidson, Das Recht der Ehescheidung (1900) S. 210ff.

1. Nach dem Inkrafttreten des B.G.B. kann eine vorher geschlossene Ehe nur aus denselben Gründen aufgelöst werden, aus welchen eine nach diesem Zeitpunkte geschlossene Ehe aufgelöst wird, also nur durch den Tod eines Ehegatten, durch die Scheidung und durch die Wiederverheirathung eines Ehegatten im Falle der Todeserklärung des anderen (s. Vorbm. 1 Bd. IV S. 313). Wegen der Wiederverheirathung im Falle der Todeserklärung s. Erl. zu Art. 159, 198. Von der Scheidung der Ehe handelt der Art. 201.

2. Die Scheidung der Ehe erfolgt nach Art. 201 vom Inkrafttreten des B.G.B. an nach dessen Vorschriften. Hierin liegt zunächst, daß die Gründe, aus welchen die Scheidung zugelassen ist, sich vom Inkrafttreten des B.G.B. an nur nach dessen Vorschriften (§§ 1565—1569) bestimmen. Ausgeschlossen sind insbesondere gegenseitige Einwilligung, unüberwindliche Abneigung und Verurtheilung zu einer Zuchthausstrafe.

a) Stützt sich die Ehescheidungsklage auf die Verfehlung eines Ehegatten, so muß der Thatbestand einer der Ehescheidungsgründe der §§ 1565—1568 des B.G.B. erfüllt sein. Fällt die Verfehlung in die Zeit nach dem Inkrafttreten des B.G.B., so genügt es, daß die Voraussetzungen eines der Gründe der §§ 1565—1568 gegeben sind. Fällt dagegen die Verfehlung in die Zeit vorher, so ist außerdem erforderlich, daß die Verfehlung auch nach den bisherigen Gesetzen ein Ehescheidungs- oder ein Trennungsgrund ist. Die M. d. E.G. rechtfertigen dies damit, daß ein schuldhaftes Verhalten eines Ehegatten nur dann angenommen werden könne, wenn der Ehegatte wußte oder doch wissen mußte, daß seine Handlungsweise überhaupt den Bestand der Ehe in Frage zu stellen geeignet sei. Wie übrigens der Abs. 2 ausdrücklich hervorhebt, braucht die als Scheidungsgrund geltend gemachte Thatsache nach dem bisherigen Rechte nicht gleichfalls die Bedeutung eines Scheidungsgrundes zu haben. Es genügt, daß auf sie nach dem bisherigen Rechte die Klage auf Trennung der Ehe gestützt werden konnte, und zwar ist es schon ausreichend, wenn nur die zeitweise Trennung verlangt werden konnte (R.G. in J.W. 1901 S. 203).

Auf einen vor den 1. Januar 1900 fallenden Ehebruch (1565 des B.G.B.) des Mannes kann sich also z. B. im Gebiete des code civil die Frau nur berufen, wenn die besonderen Voraussetzungen des code civil Art. 230 vorliegen.

Wegen böslicher Verlassung kann im Falle der Quasidesertion (§ 1567 Abs. 1 Nr. 1 des B.G.B. auf Scheidung nur geklagt werden, wenn eine — gleichgültig ob vor oder nach dem 1. Januar 1900 erfolgte — Verurtheilung zur Herstellung der häuslichen Gemeinschaft vorliegt. Ein bloßer Rückkehrbefehl genügt nicht. Ist nur ein Rückkehrbefehl erlassen worden, so muß der Kläger nunmehr ein Urtheil auf Herstellung der häuslichen Gemeinschaft erwirken (R.G. 46 S. 159, J.W. 1900 S. 636). Zur Scheidung wegen eigentlicher Desertion (§ 1567 Abs. 1 Nr. 2 des B.G.B.) ist erforderlich, daß die Voraussetzungen für die öffentliche Zustellung seit Jahresfrist gegen den flüchtigen Ehegatten bestanden haben, mag auch das alte Recht die Scheidung an geringere Erfordernisse geknüpft haben. Die im § 1567 des B.G.B. sowohl für die Desertion wie für die Quasidesertion vorgesehene einjährige Frist ist auch dann gewahrt, wenn das Jahr unter der Herrschaft des bisherigen Rechtes abgelaufen ist (Rechtspr. 1 S. 313). Verlangt aber das bisherige Recht zur Scheidung wegen böslicher Verlassung eine längere als einjährige Frist, so muß entweder die Frist des neuen Rechtes völlig unter diesem oder die ganze Frist des alten Rechtes abgelaufen sein (R.G. in J.W. 1900 S. 584).

Für die relativen Scheidungsgründe des § 1568 des B.G.B. ist von besonderer Bedeutung, daß es nach dem Abs. 2 schon genügt, wenn die vor dem 1. Januar 1900 liegende Verfehlung nach dem damaligen Rechte auch nur eine zeitweise Trennung der Ehe rechtfertigte. Anerkennt das bisherige Recht die Verfehlung nicht als solche, sondern nur in Verbindung mit einer anderen Thatsache als einen Scheidungsgrund, so kann auf sie die Scheidung nicht gestützt werden, wenn die andere Thatsache nicht vor dem 1. Januar 1900 eingetreten ist oder wenn sie als Scheidungsgrund nicht mehr in Betracht kommt. Wegen einer Verfehlung, die in Verbindung mit einer Verurtheilung nach preuß. L.R. II 1 § 704 die Scheidung gerechtfertigt hätte, kann mithin die Ehe nicht geschieden werden, wenn die Verurtheilung nicht vor dem 1. Januar 1900 erfolgt ist (a. A. Rspr. 1 S. 473); aus dem gleichen Grunde bildet einen Scheidungsgrund nicht eine Verfehlung, die nur als Rechtfertigungsgrund für eine Scheidung wegen unüberwindlicher Abneigung in Betracht kam (Rechtspr. 1 S. 350, a. A. das. S. 256). Setzt übrigens der Ehegatte sein ehrloses oder unsittliches Verhalten nach dem Inkrafttreten des B.G.B. fort, so kommt das in die Zeit vor dem 1. Januar 1900 fallende Verhalten nicht als Scheidungsgrund in Betracht, sondern die Scheidungsklage stützt sich auf das nach dieser Zeit liegende Verhalten, zu dessen Würdigung natürlich auf die Zeit vorher zurückgegangen werden kann.

Die Verfehlung, welche in die Zeit vor dem 1. Januar 1900 fällt, muß nach dem alten Rechte nicht nur in abstracto, sondern auch in concreto einen Scheidungsgrund gebildet haben. Hat sie noch unter der Herrschaft des alten Rechtes durch Fristablauf, durch Verzeihung oder aus einem sonstigen Grunde ihre Kraft als Scheidungsgrund verloren, so kann sie als solcher auch unter dem neuen Rechte nicht mehr benutzt werden. Insbesondere kann sich auf den vor dem Inkrafttreten des B.G.B. liegenden Ehebruch des einen Ehegatten der andere Ehegatte nicht berufen, wenn er selbst sich eines Ehebruchs schuldig gemacht hat und deshalb nach dem bisherigen Rechte sein Scheidungsrecht in Folge Kompensation erloschen ist (so ständig das R.G. Entsch. 46 S. 90, J.W. 1900 S. 465, 642; 1901 S. 72, 349, 492; Habicht S. 602, Niedner Aufl. II S. 445, a. A. Rspr. 1 S. 34, 46, 142, 323, Bragenzer in J.W. 1901 S. 193; Nöldeke D.J.Z. 1899 S. 408; Jacobi, persönl. Eherecht 2. Aufl. S. 106). Dies gilt indessen nicht, wenn der Ehebruch des anderen Ehegatten in die Zeit nach dem 1. Januar 1900 fällt; denn die Wirkung des unter der Herrschaft des neuen Rechtes begangenen Ehebruchs bemißt sich nach dem neuen Rechte, diesem ist aber eine Kompensation von Scheidungsgründen fremd.

b) Wird die Scheidungsklage auf Geisteskrankheit eines Ehegatten gestützt (§ 1569 des B.G.B.), so ist nicht erforderlich, daß die drei Jahre, welche die Krankheit gedauert haben muß, ganz oder theilweise in die Zeit nach dem Inkrafttreten des B.G.B. fallen, es kommt auch die in die Zeit vorher fallende Geisteskrankheit in Betracht.

3. Auch die Schuldfrage ist, wenn nach dem Inkrafttreten des B.G.B. — und sei es auch erst in der Berufungsinstanz — die Scheidung der Ehe ausgesprochen wird, nach den Vorschriften des B.G.B. zu beantworten. Denn nach § 1574 des B.G.B. muß in jedem Urtheile, durch das die Ehe aus einem der in den §§ 1565—1568 bestimmten Gründe geschieden wird, auch über die Schuldfrage entschieden und ausgesprochen werden, daß der Beklagte an der Scheidung die Schuld trägt, so daß die Entscheidung über die Schuldfrage jedenfalls in Ansehung des Beklagten einen nothwendigen Bestandtheil des nach dem Art. 201 gemäß dem B.G.B. zu fällenden Scheidungsurtheils bildet; von der Entscheidung, welche in demselben Scheidungsurtheile bezüglich der Schuld des anderen Theiles zu treffen ist (§ 1574 Abs. 3 des B.G.B.), kann nicht das Gegentheil gelten, da nicht für den Schuldausspruch hinsichtlich des Beklagten das neue, hinsichtlich des Klägers aber das alte Recht anwendbar sein kann (so auch R.G. in J.W. 1900 S. 637). Dagegen ist die Schuldfrage nach dem bisherigen Rechte zu beurtheilen, wenn die Scheidung selbst vor dem 1. Januar 1900 ausgesprochen worden ist, mag auch gegen das Urtheil in Bezug auf die Schuldfrage Berufung eingelegt worden sein (R.G. in J.W. 1900 S. 585; 1901 S. 242).

4. Die Scheidung erfolgt nach dem Inkrafttreten des B.G.B. nur durch Urtheil (§ 1564 des B.G.B.). Jede Privatscheidung sowie das landesherrliche Scheidungsrecht ist ausgeschlossen. War nach dem bisherigen Rechte zur Perfektion der Scheidung ein Ausspruch des Standesbeamten erforderlich, so tritt nach dem Inkrafttreten des B.G.B. die Scheidung mit der Rechtskraft des Urtheils auch dann ein, wenn das Scheidungsurtheil vor dem 1. Januar 1900 ergangen, dagegen erst nachher rechtskräftig geworden ist. Man könnte freilich auch davon ausgehen, daß, wenn vor dem Inkrafttreten der B.G.B. die zur Perfektion der Scheidung erforderliche Mitwirkung des Standesbeamten noch nicht eingetreten ist, nun die Scheidung auf diesem Wege nicht mehr möglich ist und daß, weil das ergangene Urtheil die Scheidung nicht ausspricht, sondern nur zuläßt, nun erst von Neuem auf Scheidung geklagt und ein Scheidungsurtheil erwirkt werden muß. Indessen wäre diese Auffassung doch zu formalistisch und man muß annehmen, daß sich das Urtheil auf Zulassung der Scheidung mit dem Inkrafttreten des B.G.B. in ein Scheidungsurtheil verwandelt.

5. Das Scheidungrecht geht, sofern die Verfehlung eines Ehegatten den Scheidungsgrund bildet, durch Zeitablauf nach § 1571 Abs. 1 des B.G.B. verloren, wenn die Scheidungsklage nicht binnen sechs Monaten von dem Zeitpunkt an, in welchem der Ehegatte von dem Scheidungsgrunde Kenntniß erlangt und ohne Rücksicht auf diese Kenntniß binnen zehn Jahren seit dem Eintritte des Scheidungsgrundes erhoben ist. Die Vorschrift des § 1571 des B.G.B. gilt auch dann, wenn die die Scheidung rechtfertigende Thatsache in die Zeit vor dem Inkrafttreten des B.G.B. fällt.

Zweifelhaft ist, ob für die sechsmonatige Frist eine entsprechende Anwendung der im Art. 169 über die Verjährung gegebenen Vorschriften sich rechtfertigt. Nach dem Zwecke der Frist und nach der Natur des in Frage stehenden Verhältnisses dürfte sich eine solche entsprechende Anwendung hier rechtfertigen. Dafür spricht insbesondere die Bestimmung des § 1571 Abs. 4. Durch diese werden die dort näher bezeichneten für die Verjährung geltenden Vorschriften auf die hier fragliche Frist für anwendbar erklärt und dadurch die Aehnlichkeit dieser Frist mit der Verjährungsfrist anerkannt. Auch die Billigkeit spricht offenbar für die entsprechende Anwendung (so auch P. II S. 9092; Bd. 6 S. 547; R.G. in J.W. 1900 S. 636; Habicht S. 603; Niedner Aufl. II S. 447). Daraus ergiebt sich, daß, wenn bei einer vor dem Inkrafttreten des B.G.B liegenden Verfehlung eines Ehegatten die im bisherigen Rechte z. B. im preuß. L.R. II 1 § 721 oder im sächs. G.B. §§ 1719, 1720 bestimmte Frist mehr als sechs Monate beträgt und die Frist früher ablaufen würde als die im B.G.B. bestimmte kürzere Frist, die Scheidungsklage mit dem Ablaufe der Frist des bisherigen Rechtes ausgeschlossen ist, während, wenn die Frist des bisherigen Rechtes kürzer ist oder wenn das bisherige Recht keine Frist kannte oder wenn die längere Frist erst später ablaufen würde als die des B.G.B., die sechsmonatige Frist des B.G.B. vom 1. Januar 1900 an berechnet wird. Das Gesagte gilt auch von der dreimonatigen Frist des § 1571 Abs. 3 Satz 2 des B.G.B. (R.G. in J.W. 1901 S. 204).

Die zehnjährige Frist des § 1571 des B.G.B. dagegen ist eine reine Ausschlußfrist, für welche der § 1571 Abs. 4 das. nicht gilt. Mit Habicht S. 603 und Niedner Aufl. II S. 447 (a. A. Nöldeke S. 410) wird deshalb anzunehmen sein, daß der Art. 169 auf sie nicht entsprechend anwendbar ist, so daß wegen einer vor dem 1. Januar 1890 liegenden Verfehlung auf keinen Fall mehr eine Scheidungsklage erhoben werden kann.

Die sechsmonatige Frist sowie die zehnjährige Frist des B.G.B. läuft nicht, solange die häusliche Gemeinschaft der Ehegatten aufgehoben ist (§ 1571 Abs. 2 des B.G.B.). Daß diese Bestimmung auf die zehnjährige Frist jedenfalls und auf die sechsmonatige dann Anwendung findet, wenn diese Frist zufolge des Grundsatzes des Art. 169 nach dem Ausgeführten vom 1. Januar 1900 an zu laufen begonnen hat, dürfte zweifellos sein. Der § 1571 Abs. 2 des B.G.B. wird aber auch dann anzuwenden sein, wenn in Folge des Grundsatzes des Art. 169 die in den bisherigen Gesetzen bestimmte Frist Platz greift, weil sie länger als die des B.G.B. ist und früher abläuft. Die Aufhebung der häuslichen Gemeinschaft wirkt übrigens als Hemmungsgrund erst vom 1. Januar 1900 an, die vorherliegende Zeit, während deren die Gemeinschaft aufgehoben war, kommt nicht in Betracht. Ebenso Habicht S. 604 Anm.

6. Auf beständige Trennung der Ehegatten von Tisch und Bett kann schon seit dem Inkrafttreten des Personst.Ges. nicht mehr geklagt werden (§ 77 das.). Seit dem Inkrafttreten des B.G.B. kann auch auf zeitweilige Trennung der Ehe nicht mehr erkannt werden.

Eine im bisherigen Rechte als Trennungsgrund anerkannte Thatsache kann deshalb nach dem Inkrafttreten des B.G.B., wenn sie von diesem nicht als Scheidungsgrund zugelassen ist, überhaupt nicht weiter verfolgt werden.

7. Der Art. 201 gilt auch für die am 1. Januar 1900 anhängigen Klagen auf Scheidung oder Trennung der Ehe und zwar ohne Rücksicht darauf, ob sie in der ersten oder in der Berufungsinstanz schweben. Insbesondere kann auch auf eine schon anhängige Klage auf Trennung der Ehe die Trennung nicht mehr ausgesprochen werden; der Kläger muß vielmehr zur Klage auf Scheidung oder Aufhebung der Gemeinschaft übergehen und die Klage ist, sofern der Trennungsgrund nach dem B.G.B. die Scheidung nicht rechtfertigt, als erledigt abzuweisen. Nur die Ausschlußfristen des § 1571 des B.G.B. finden auf eine Klage, die vor dem Inkrafttreten des B.G.B. erhoben worden ist, keine Anwendung, da sie nicht Platz greifen können, ehe sie Geltung hatten (R.G. 46 S. 156; J.W. 1900 S. 636). Auch wenn gegen das vor dem 1. Januar 1900 erlassene Urtheil nur von einer Seite Berufung eingelegt worden ist, muß das Berufungsgericht doch den ganzen Prozeß auf der Grundlage des neuen Rechtes prüfen (R.G. in J.W. 1901 S. 596). Wegen der Geltung des Art. 201 auf einen am 1. Januar 1900 schon in der Berufungsinstanz erledigten Scheidungsprozeß s. Vorbm. 3 S. 247.

8. Die Wirkungen der Ehescheidung.

a) Wenn die Ehescheidung nach dem 1. Januar 1900 erfolgt, bestimmen sich ihre Wirkungen ausschließlich nach dem neuen Rechte. Dies gilt insbesondere von der Namensführung der geschiedenen Frau, von der Tragung der Unterhaltspflicht gegenüber den Kindern im Verhältnisse der Ehegatten zu einander, von dem Widerrufe der Schenkungen und von der Unterhaltspflicht des schuldigen Ehegatten.

Das B.G.B. kennt keine Ehescheidungsstrafen. Von Ehescheidungsstrafen kann, wenn die Scheidung unter dem neuen Rechte erfolgt, auch dann keine Rede sein, wenn die Verfehlung des Ehegatten, auf Grund deren die Ehe geschieden wird, vor dem 1. Januar 1900 liegt, nicht einmal dann, wenn vor diesem Zeitpunkte die Scheidungsklage anhängig gemacht worden ist. Denn das Recht auf die Scheidungsstrafen ist nicht schon mit dem Vorgang erworben, welcher zu der Ehescheidung führt, sondern erst mit der Scheidung selbst. Ist die Scheidung noch vor dem 1. Januar 1900 erfolgt, wird aber das Scheidungsurtheil erst nachher rechtskräftig, so kommt es darauf an, ob nach dem bisherigen Rechte die Ehescheidungsstrafe schon an die Erlassung oder erst an die Rechtskraft des Urtheils geknüpft war. A. A. Habicht S. 609, Stranz-Gerhard, preuß. A.G. z. B.G.B. S. 277 Nr. 4, welche stets auf den Zeitpunkt der Erlassung des Scheidungsurtheils abstellen, Niedner Aufl. II S. 447, welcher stets den Zeitpunkt der Rechtskraft entscheiden läßt. Für das Gebiet des preuß. L.R. wird in Rechtspr. 2 S. 159 der Zeitpunkt der Erlassung des Urtheils für maßgebend erklärt.

Keine Wirkung der Ehescheidung, sondern eine Frage des Güterstandes ist die Vermögensauseinandersetzung unter den Ehegatten. Für diese ist daher, sofern nicht der Güterstand übergeleitet worden ist, gemäß Art. 200 das bisherige Recht maßgebend. Theilweise abweichend Habicht S. 611, nach welchem nur die Vermögensauseinandersetzung als solche dem bisherigen Rechte untersteht; Rechte aber, welche dem unschuldigen Theile nach den bisherigen Gesetzen an dem Vermögen des schuldigen Theiles auch nach bewirkter Auseinandersetzung zustehen, beseitigt sind. Hiergegen auch Niedner Aufl. II S. 447. Die Landesgesetze, welche die Ueberleitung der Güterstände bestimmen, haben übrigens zum Theil vorgeschrieben, daß, auch wenn der Güterstand übergeleitet wird, für die Vermögensauseinandersetzung im Falle der Ehescheidung doch dann das bisherige Gesetz maßgebend bleibt, wenn die Scheidungsklage vor dem 1. Januar 1900 erhoben worden ist (vergl. preuß. A.G. z. B.G.B. Art. 59 § 6; bayer. Ueb.Ges. Art. 103, 130).

b) Wenn die Scheidung vor dem 1. Januar 1900 rechtskräftig erfolgt ist, ist für ihre Wirkungen schlechthin das bisherige Recht maßgebend. Dies gilt insbesondere von der Namensführung der Frau, der Unterhaltspflicht des schuldigen Ehegatten und den Ehescheidungsstrafen. Der Mann kann also z. B. nicht der schuldigen Frau gemäß § 1577 Abs. 3 des B.G.B. die Weiterführung seines Namens untersagen (Rechtspr. 3 S. 17, a. A. Rechtspr. 2 S. 167). Das dem unschuldigen Ehegatten nach dem preuß. L.R. II 1 §§ 783 ff., 798 zustehende Wahlrecht zwischen einer Abfindung durch Zuwendung eines Vermögenstheils oder dem lebenslänglichen Unterhaltsanspruche bleibt deshalb unberührt, das Wahlrecht kann nach Maßgabe des bisherigen Rechtes auch nach dem 1. Januar 1900 ausgeübt werden. Vergl. Rechtspr. 1 S. 217, 280. Die Unterhaltspflicht der geschiedenen Ehegatten gegenüber den Kindern bestimmt sich dagegen gemäß Art. 203 vom Inkrafttreten des B.G.B. an nach dessen Vorschriften (Rechtspr. 3 S. 42). Wegen des Rechtsverhältnisses der geschiedenen Ehegatten zu den gemeinschaftlichen Kindern s. auch Art. 206 und Erl. hierzu.

9. Zusammentreffen zeitlicher und örtlicher Kollision. Handelt es sich um die Ehescheidung oder um die Aufhebung der ehelichen Gemeinschaft ausländischer Ehegatten auf

Grund einer vor dem 1. Januar 1900 begangenen Verfehlung eines Ehegatten, so kommt neben dem Art. 201 der Art. 17 zur Anwendung (so auch R.G. in J.W. 1901 S. 30); denn nach dem Art. 201 Abs. 1 ist für die Scheidung das neue Recht und damit auch (s. Vorbm. 5 S. 248) das internationale Privatrecht des B.G.B. maßgebend. Bei der Anwendung des Abs. 2 des Art. 201 ist dabei zu berücksichtigen, daß, wenn dieser auf das bisherige Gesetz verweist, hierunter nur diejenigen Gesetze verstanden werden können, welche von dem Scheidungsrichter hätten zur Anwendung gebracht werden müssen, wenn das B.G.B. nicht in Kraft getreten wäre.

Eine Kollision zwischen verschiedenen der bisher in Deutschland geltenden Rechten kann nur bei der Anwendung des Abs. 2 des Art. 201 vorkommen. Auch in solchem Falle hat der Ehescheidungsrichter die Kollisionsnormen zu Grunde zu legen, welche er hätte zur Anwendung bringen müssen, wenn das B.G.B. nicht in Kraft getreten wäre (so auch R.G. in J.W. 1901 S. 73). Ist also z. B. die Klage in Berlin erhoben worden, während die Parteien zu der Zeit, als die Verfehlung begangen worden ist, in Sachsen wohnten, so kann unter Berücksichtigung der für die örtliche Anwendung kollidirender Gesetze geltenden Grundsätze des preuß. Rechtes die Scheidung nur ausgesprochen werden, wenn das Verhalten des Ehegatten nicht nur einen Scheidungsgrund des B.G.B. erfüllt, sondern wenn darin überdies sowohl nach dem sächsischen als nach dem preußischen Rechte ein Scheidungs- oder Trennungsgrund gefunden werden kann. Im Ergebnisse wohl übereinstimmend Habicht S. 604—606, und im „Recht" 1900 S. 409, Niedner Aufl. II, Erl. 2 d zu Art. 201. A.A. Kahn in Iherings Jahrb. 43 S. 387, welcher unter den bisherigen Scheidungsgesetzen diejenigen des ehemännlichen Heimathrechts (und zwar des zur Zeit des Inkrafttretens des B.G.B. bestehenden) begreift.

10. In Folge des Art. 201 finden auch die neuen Vorschriften der C.P.O. über Ehesachen auf alle auch die schon anhängigen Scheidungsprozesse Anwendung.

11. Nachtheile der Wiederverheirathung. Das B.G.B. kennt keine gesetzlichen Nachtheile der Wiederverehelichung. Es enthält nur Bestimmungen, welche für den Fall der Wiederverheirathung eines Elterntheils das Interesse der Kinder aus der früheren Ehe in Ansehung ihres Vermögens zu wahren bezwecken (§§ 1493, 1557, 1669, 1686, 1740, 1761, 1845, 1897, 1915 des B.G.B.) und knüpft bei der Mutter an die Wiederverheirathung den Verlust der elterlichen Gewalt und damit der elterlichen Nutznießung (§ 1697 das.). Hat sich ein Elterntheil vor dem 1. Januar 1900 wieder verheirathet, so sind damit die in den bisherigen Gesetzen an die Wiederverehelichung geknüpften Rechtsnachtheile, insbesondere im Gebiete des gemeinen Rechtes die Verwandelung des Eigenthums an den lucra nuptialia in bloßen Nießbrauch verwirkt worden; die den Kindern nach Maßgabe des bisherigen Rechtes bereits mit der Wiederverheirathung erworbenen Rechte werden durch den Eintritt des neuen Rechtes nicht berührt; im angeführten Beispiele folgt dies schon aus Art. 184. Dagegen bleiben den Kindern der früheren Ehe bloße Rechtsaussichten nicht gewahrt, es fällt deshalb das gemeinrechtliche Verbot weg, daß ein wiederverheiratheter Ehegatte dem neuen Ehegatten durch freigebige Verfügungen nicht mehr zuwenden darf, als das geringst bedachte Kind der früheren Ehe erhält; gleichgültig ist, ob die freigebige Zuwendung auf einer Verfügung unter Lebenden oder von Todeswegen beruht und ob die Verfügung in die Zeit vor oder nach dem Inkrafttreten des B.G.B. fällt. Anders natürlich, wenn der parens binubus schon vor dem Inkrafttreten des B.G.B. gestorben ist; denn in diesem Falle haben die Kinder bereits einen Anspruch auf die Herausgabe des zuviel Erhaltenen erworben. Ebenso Habicht S. 614.

Verheirathet sich ein Elterntheil, dessen Ehe vor dem Inkrafttreten des B.G.B. gelöst worden ist, erst nach diesem Zeitpunkte, so kann von einem Eintritte der im bisherigen Rechte bestimmten Nachtheile der Wiederverheirathung keine Rede mehr sein, da im Zeitpunkte der Wiederverheirathung die gesetzlichen Vorschriften, welche die Nachtheile bestimmen, nicht mehr Geltung haben und die Wiederverehelichungsstrafen nicht etwa eine Folge des Güterstandes sind. Sind durch Ehe- oder Erbvertrag für den Fall der Wiederverheirathung gewisse Nachtheile vereinbart, so bleiben die vertragsmäßigen Bestimmungen in Kraft und zwar selbst dann, wenn die Auflösung der ersten Ehe unter der Herrschaft des B.G.B. erfolgt ist. Es kommt nicht darauf an, ob und inwieweit diese vertragsmäßigen Bestimmungen durch die Geltung des bisherigen Rechtes beeinflußt worden sind, der Vertrag muß auch dann gelten, wenn anzunehmen wäre, daß die Nachtheile nicht vereinbart worden wären, wenn das bisherige Recht gesetzliche Nachtheile mit der Wiederverheirathung nicht verbunden hätte.

Dagegen treten diejenigen Folgen, welche in den durch den Art. 200 oder das Landesüberleitungsgesetz aufrecht erhaltenen Bestimmungen des bisherigen ehelichen Güterrechts an die Wiederverehelichung geknüpft sind, ohne Rücksicht darauf ein, ob die Auflösung der Ehe oder die Wiederverehelichung vor oder nach dem 1. Januar 1900 erfolgt ist. Insbesondere bewendet es beim Verluste des Beisitzes oder der Nutznießung, wenn der Verlust nach dem bisherigen Rechte Folge der Wiederverehelichung ist.

Artikel 202.

Für die Wirkungen einer beständigen oder zeitweiligen Trennung von Tisch und Bett, auf welche vor dem Inkrafttreten des Bürgerlichen Gesetzbuchs erkannt worden ist, bleiben die bisherigen Gesetze maßgebend. Dies gilt insbesondere auch von den Vorschriften, nach denen eine bis zu dem Tode eines der Ehegatten fortbestehende Trennung in allen oder einzelnen Beziehungen der Auflösung der Ehe gleichsteht.

Artikel 202.

E. d. E.G. II Art. 172; III Art. 201. P. II S. 9066, 9240 (Bd. 6 S. 532, 635).

1. Wie zu Art. 201 bemerkt ist, bestimmen sich die Wirkungen der Scheidung der Ehe, auf welche vor dem Inkrafttreten des B.G.B. erkannt worden ist, ausschließlich nach dem bisherigen Rechte. Der Art. 202 Satz 1 enthält den gleichen Grundsatz bezüglich der Wirkungen einer beständigen oder zeitweiligen Trennung von Tisch und Bett, welche vor dem genannten Zeitpunkt ausgesprochen worden ist. Nach dem Inkrafttreten des B.G.B. kann, wie zu Art. 201 hervorgehoben ist, auf beständige oder zeitweilige Trennung nicht mehr erkannt werden.

2. Die Maßgeblichkeit des bisherigen Rechtes ist von besonderer Bedeutung für die persönlichen Rechtsbeziehungen der Ehegatten zu einander und die gegenseitige Unterhaltspflicht der Ehegatten, für das eheliche Güterrecht (für dieses folgt sie übrigens schon aus Art. 200) und für das Ehegatten-Erbrecht. In letzterer Hinsicht stellt der Satz 2 des Art. 202 klar, daß auch diejenigen bisherigen Vorschriften aufrecht bleiben, nach denen eine bis zum Tode eines Ehegatten fortbestehende Trennung in allen oder einzelnen Beziehungen der Auflösung der Ehe gleichsteht. Soviel ersichtlich, kennt kein Landesrecht eine solche Vorschrift für die zeitweise Trennung. Bei dieser gilt vielmehr die Ehe überall noch als fortbestehend, so daß nach dem Inkrafttreten des B.G.B. trotz der bis zum Tode fortdauernden Trennung dem Ehegatten das ihm in den §§ 1931 ff. des B.G.B. eingeräumte Erbrecht zusteht und die §§ 1933, 2077, 2268, 2279 Abs. 2 des B.G.B. keine Anwendung finden. Die beständige Trennung der Ehe steht dagegen fast überall, wenigstens in vermögensrechtlicher und erbrechtlicher Hinsicht der Ehescheidung gleich. Der Satz 2 beruht auf der Erwägung, daß nach manchen Rechten, z. B. dem bayer. L.R., die Mehrzahl der im B.G.B. anerkannten Scheidungsgründe nur zu einer zeitweiligen Trennung der Ehe führt, bei einer für eine lange Zeit ausgesprochenen Trennung aber — im bisherigen Geltungsgebiete des bayer. L.R. z. B. war eine Trennung der Ehe auf 10—15 Jahre keine Seltenheit — das Ehegatten-Erbrecht keine innere Berechtigung hat, dies namentlich dann, wenn, wie im bisherigen Geltungsgebiete des bayer. L.R., das Ehegatten-Erbrecht durch das B.G.B. erst eingeführt wird. Der Satz 2 will die Landesgesetzgebung auf einen angemessenen Ausweg hinweisen. Soviel ersichtlich, hat indessen kein Landesrecht anläßlich der Einführung des B.G.B. eine dem Satz 2 entsprechende Vorschrift getroffen.

3. Insoweit die bisherigen Gesetze der Trennung der Ehe Wirkungen beilegen, welche mit den Vorschriften des B.G.B. nicht vereinbar sind, gehen die bisherigen Gesetze vor; soweit aber das neue Recht hiernach nicht ausgeschlossen ist, findet es Anwendung. Dies ist in den P. II S. 9067 Bd. 6 S. 533 hinsichtlich des die Unterhaltspflicht regelnden § 1361 des B.G.B. anerkannt.

4. Auf beständige Trennung von Tisch und Bett konnte seit dem Inkrafttreten des Personst.-Ges. nach § 77 desselben nicht mehr erkannt werden. War vorher auf beständige Trennung von Tisch und Bett erkannt worden, so kann nach § 77 Abs. 2 das., welcher nach Art. 46 des E.G. auch für die Zeit nach dem Inkrafttreten des B.G.B. aufrecht bleibt, wenn eine Wiedervereinigung der Ehegatten nicht stattgefunden hat, jeder derselben auf Grund des ergangenen Urtheils die Auflösung des Bandes der Ehe im ordentlichen Prozeßverfahren beantragen. Es ist also im Wesentlichen ähnlich, wie wenn nach dem neuen Rechte auf Aufhebung der ehelichen Gemeinschaft erkannt worden ist (s. Erl. zu § 1576 des B.G.B.). Uebereinstimmend Sartorius Personst.G. (1902) S. 453. Vor der Rechtskraft des Urtheils darf der Ehegatte sich nicht wiederverheirathen, da erst mit diesem Zeitpunkte die Ehe im Sinne des § 1309 des B.G.B. als aufgelöst erscheint.

War auf zeitweise Trennung von Tisch und Bett erkannt, so kann jeder Ehegatte nach dem Inkrafttreten des B.G.B. die Klage auf Scheidung der Ehe oder auf Aufhebung der ehelichen Gemeinschaft erheben, wenn eine die Scheidung nach dem B.G.B. begründende Thatsache nach dem Inkrafttreten desselben eingetreten ist; selbstverständlich kann aber ein Verhalten des Ehegatten, welches nach Maßgabe des bisherigen Rechtes durch das Trennungsurtheil gerechtfertigt wird, also insbesondere die Aufhebung der ehelichen Gemeinschaft nicht als ein die eheliche Pflicht verletzendes angesehen werden (so auch Neumann S. 1482). Auf vor dem Inkrafttreten des

B.G.B. liegende Thatsachen kann eine Klage auf Scheidung oder Aufhebung der ehelichen Gemeinschaft nur gestützt werden, wenn das bisherige Recht aus diesem Grunde die Klage auf Trennung oder Scheidung zuließ.

Findet während der Trennungszeit eine Versöhnung der Ehegatten statt, so fallen die mit der Trennung verbundenen Wirkungen weg. Für die beständige Trennung spricht dies der § 77 Abs. 2 des Personst.=Ges. ausdrücklich aus, für die zeitweilige Trennung liegt diese Wirkung der Wiederherstellung der Gemeinschaft in der Natur der Sache. Mit der Wiederherstellung tritt das bisherige Recht, soweit es im Art. 202 aufrecht erhalten ist, außer Kraft und das B.G.B. in Geltung.

5. Wie bemerkt, bezieht sich die fortdauernde Maßgeblichkeit des bisherigen Rechtes auch auf die persönlichen Beziehungen der Ehegatten zu einander. Daraus folgt die Unanwendbarkeit der im § 1571 Abs. 2 des B.G.B. enthaltenen Vorschrift, solange die Zeit, auf welche die Ehe getrennt ist, noch nicht verstrichen ist; wenn also einer der Ehegatten während der Trennung sich einer den anderen Ehegatten zur Erhebung der Scheidungsklage berechtigenden Verfehlung schuldig macht, kann er nicht den anderen Ehegatten auffordern, entweder die häusliche Gemeinschaft herzustellen oder die Klage zu erheben. Die Aufforderung kann solchen Falles erst nach dem Ablaufe der im Trennungsurtheile bestimmten Zeit erfolgen.

6. Die bisherigen Gesetze (vergl. M. IV S. 651) bleiben auch für die Frage maßgebend, inwieweit für die während der Trennung nach dem 1. Januar 1900 geborenen Kinder eine Vermuthung der Ehelichkeit oder Unehelichkeit gilt (so auch P. II S. 9068, Habicht S. 613, Riedner Aufl. II S. 448).

7. Wegen des Verhältnisses zu den Kindern s. Art. 206.

Zu Artikel 203—209.

1. Die Art. 203—209 enthalten die Uebergangsbestimmungen, welche für den zweiten Abschnitt „Verwandtschaft" (§§ 1589—1772) des vierten Buches des B.G.B. für erforderlich erachtet worden sind. Die getroffenen Bestimmungen beziehen sich entsprechend der Reihenfolge der in diesem Abschnitte geordneten Rechtsverhältnisse auf die rechtliche Stellung der ehelichen Kinder (Art. 203—206), auf die rechtliche Stellung der Kinder aus nichtigen Ehen (Art. 207), die rechtliche Stellung der unehelichen Kinder (Art. 208), auf die Legitimation unehelicher Kinder und die Annahme an Kindesstatt (Art. 209). Ohne Uebergangsvorschriften sind von den in diesem Abschnitte geordneten Rechtsmaterien die eheliche Abstammung und die Unterhaltspflicht der Verwandten geblieben.

2. Ob ein Kind ein eheliches oder uneheliches ist, bestimmt sich nach den zur Zeit der Geburt geltenden Gesetzen. Diese sind bezüglich alle für die Frage der Ehelichkeit oder Unehelichkeit in Betracht kommenden Verhältnisse maßgebend. Es ist also z. B. für die Frage, inwieweit eine Rechtsvermuthung für die Ehelichkeit der von einer Ehefrau geborenen Kinder gilt, für die Dauer der Empfängnißzeit, für die Befugniß, die Unehelichkeit eines Kindes geltend zu machen, für den Einfluß der Anerkennung der Ehelichkeit durch den Ehemann der Mutter, für die Frage, inwieweit das Recht, die Unehelichkeit geltend zu machen, durch Zeitablauf verloren geht rc., bei den vor dem 1. Januar 1900 geborenen Kindern nur das bisherige und bei den später geborenen Kindern nur das neue Recht maßgebend. Das B.G.B. ist bei den unter seiner Herrschaft geborenen Kindern auch dann maßgebend, wenn die Empfängnißzeit ganz oder theilweise in die Zeit vor dem 1. Januar 1900 fällt. Eine Ausnahme machen Kinder aus einer Ehe, welche vor dem Inkrafttreten des B.G.B. für immer oder auf Zeit getrennt worden ist; s. hierüber Erl. zu Art. 202. Wegen der Kinder aus einer ungültigen Ehe vergl. Erl. zu Art. 207.

Wegen der Frage, nach welchem Rechte sich die Legitimation durch nachfolgende Ehe oder durch Ehelichkeitserklärung sowie die Annahme an Kindesstatt richtet, s. Erl. zu Art. 209.

3. Die Unterhaltspflicht der Verwandten bestimmt sich, da sie sich, solange ihre Voraussetzungen gegeben sind, fort und fort erneuert (s. Vorbm. II. Bd. IV. S. 354), vom Inkrafttreten des B.G.B. an ausschließlich nach dessen Vorschriften (M. des E.G. S. 296, Seuff. Arch. 55 Nr. 210). Es ist deshalb insbesondere die in manchen Rechten anerkannte Unterhaltspflicht zwischen Geschwistern und Schwiegereltern und Schwiegerkindern vom 1. Januar 1900 an weggefallen. Dies gilt selbst dann, wenn die Unterhaltspflicht vorher durch Urtheil oder Vergleich rechtskräftig festgestellt worden ist (R.G. in J.W. 1900 S. 431). Soweit es sich um Unterhaltsleistungen, die vor dem 1. Januar 1900 fällig geworden sind, handelt, behält das bisherige Recht seine Maßgeblichkeit weiter (Art. 170), wenn auch der Anspruch erst nach diesem Zeitpunkte geltend gemacht wird.

Artikel 203.

Das Rechtsverhältniß zwischen den Eltern und einem vor dem Inkrafttreten des Bürgerlichen Gesetzbuchs geborenen ehelichen Kinde bestimmt sich von dem Inkrafttreten des Bürgerlichen Gesetzbuchs an nach dessen Vorschriften. Dies gilt insbesondere auch in Ansehung des Vermögens, welches das Kind vorher erworben hat.

Wegen der Unterhaltspflicht der Ehegatten unter einander vergl. Erl. z. Art. 199; wegen der Unterhaltspflicht geschiedener oder getrennter Ehegatten s. Erl. zu Art. 201, 202. Die Unterhaltspflicht der Eltern gegenüber den Kindern und umgekehrt bestimmt sich übrigens schon nach Art. 203 vom Inkrafttreten des B.G.B. an nach dessen Vorschriften; nur wenn für geschiedene oder getrennte Ehegatten nach Art. 201, 202 das bisherige Recht fort gilt, ist dieses für die Tragung der gegenüber den Kindern bestehenden Unterhaltspflicht im Verhältnisse der Ehegatten zu einander maßgebend.

4. Daß der Verwandtschaftsbegriff des B.G.B. von dessen Inkrafttreten an für alle Personen gilt, zwischen denen die nach der Vorschrift des B.G.B. die Verwandtschaft begründende Blutsgemeinschaft besteht, bedarf keiner Ausführung (s. M. d. E.G. S. 297). Dabei kommt nicht in Betracht, ob die das Verwandtschaftsverhältniß zwischen zwei Personen vermittelnde Person zur Zeit des Inkrafttretens des B.G.B. noch lebt oder schon vorher gestorben ist.

Artikel 203.

E. d. E.G. I Art. 121; II Art. 173; III Art. 202. P. I S. 13113, 13120; M. d. E.G. S. 291. P. II S. 9093, 9242 (Bd. 6 S. 547, 636).

1. Nach der Vorbm. 2 vor Art. 203 bestimmen sich die Voraussetzungen, unter welchen zwischen einem Kinde und seinen Eltern das Rechtsverhältniß zwischen einem ehelichen Kinde und den ehelichen Eltern entsteht, nach dem zur Zeit der Geburt geltenden Rechte. Der Inhalt des Rechtsverhältnisses zwischen einem ehelichen Kinde und seinen Eltern bestimmt sich jedoch nach Art. 203 vom Inkrafttreten des B.G.B. an ausschließlich nach dessen Vorschriften.

2. Aus Art. 203 folgt vor Allem, daß die Vorschriften des B.G.B. über den Wohnsitz (§ 11), die gegenseitige Unterhaltspflicht (§§ 1601—1615), über das Recht der Eltern auf Einholung ihrer Zustimmung zur Eheschließung des Kindes (§§ 1305—1308) und zur Annahme des Kindes (§ 1747) und die in den §§ 1616—1625 getroffenen allgemeinen Vorschriften über das Rechtsverhältniß zwischen den Eltern und dem Kinde Anwendung finden. Das neue Recht greift also insbesondere hinsichtlich der Namensführung (§ 1616), der Verpflichtung des volljährigen Kindes, zu den Kosten des Haushalts beizutragen (§ 1618), der Verwaltung des Vermögens des volljährigen Kindes durch die Eltern (§ 1619) und der Ausstattungspflicht (§§ 1620 bis 1625) Platz. Dies gilt aber nicht mit rückwirkender Kraft, sondern erst vom Inkrafttreten des B.G.B. an. Der in den §§ 1620ff. bestimmte Aussteuerungsanspruch steht also der Tochter nur zu, wenn sie sich nach dem 1. Januar 1900 verheirathet hat; inwieweit sie im Falle einer früheren Verheirathung einen Anspruch auf Aussteuer hat, bestimmt sich — abgesehen von der nach Art. 169 sofort in Kraft getretenen Verjährungsvorschrift des § 1623 Satz 2 des B.G.B. — nach bisherigem Rechte (Rspr. 1 S. 176). Auf Grund des den bisherigen Gesetzen nach Art. 200 unterworfen gebliebenen Güterstandes kann einem Kinde ein weitergehender Aussteuerungs- oder Ausstattungsanspruch zustehen, als in den §§ 1620ff. des B.G.B. vorgesehen ist. Solchen Falles hat natürlich das Kind nur den nach dem Güterrechte bestehenden Anspruch, nicht daneben noch den der §§ 1620ff. des B.G.B.

3. Anwendung finden ferner die Vorschriften der §§ 1626—1698 des B.G.B. über die elterliche Gewalt.

a) Die Vorschriften des B.G.B. sind zunächst für die Frage maßgebend, ob ein Kind unter elterlicher Gewalt steht.

Minderjährige, welche nach Maßgabe der bisherigen Vorschriften durch Verheirathung, durch Emanzipation, durch Gründung eines selbständigen Haushalts oder durch Verzicht des Gewalthabers aus der elterlichen Gewalt ausgetreten sind, kehren in dem Zeitpunkte des Inkrafttretens des B.G.B. in die elterliche Gewalt zurück. Kann der Minderjährige in die elterliche Gewalt nicht zurückkehren, z. B. weil die Eltern gestorben sind oder die Mutter eine neue Ehe eingegangen ist, so ist eine Vormundschaft anzuordnen. Bezüglich derjenigen Kinder, welche durch Verheirathung oder durch die mit der Verheirathung verbundene Gründung eines selbständigen

Haushalts aus der elterlichen Gewalt ausgetreten sind, ist jedoch zu beachten, daß nach manchen Rechten die Verhelichung — sei es für beide Ehegatten oder doch für die Frau — zugleich den Eintritt der Volljährigkeit zur Folge hat. Nach Art. 153 steht aber, wer zur Zeit des Inkrafttretens des B.G.B. nicht das einundzwanzigste Lebensjahr vollendet hat, aber durch Volljährigkeitserklärung oder sonst die rechtliche Stellung eines Volljährigen erlangt hat, von dieser Zeit an einem Volljährigen gleich, er kehrt also nach § 1626 des B.G.B. nicht in die Gewalt zurück. Gleiches gilt nach Art. 154 von den nach den französischen oder badischen Gesetzen Emanzipirten oder aus der Gewalt Entlassenen, sofern sie zur Zeit des Inkrafttretens des B.G.B. das achtzehnte Lebensjahr vollendet haben.

In den Rechtsgebieten ferner, welche nur eine väterliche, nicht auch eine mütterliche Gewalt kennen (z. B. gemeines Recht, preuß. L.R., bayer. L.R., sächs. G.B.) treten Minderjährige, welche nach den bisherigen Rechten in Folge des Todes des Vaters unter Vormundschaft gestellt worden waren, unter die elterliche Gewalt der Mutter, sofern die Mutter sich nicht inzwischen verheirathet hat oder sonst aus einem Grunde von der Ausübung der Gewalt nach dem B.G.B. ausgeschlossen ist. Gleiches gilt, wenn die Vormundschaft eingeleitet worden war, weil der Vater an der Ausübung der Gewalt verhindert ist oder die Gewalt verwirkt hat; selbstverständlich müssen aber die Voraussetzungen der §§ 1684, 1685 des B.G.B. vorliegen. Hat sich die Mutter wieder verheirathet, so bekommt sie, wie bemerkt, die elterliche Gewalt nicht und sie verliert sie, wenn sie sie nach dem bisherigen Rechte trotz ihrer Wiederverheirathung bekommen hatte. Daran ändert der Umstand nichts, daß die neue Ehe der Mutter im Zeitpunkte des Inkrafttretens des B.G.B. schon wieder aufgelöst ist (A.A. **Habicht** S. 615; wie hier **Blankmeister** D. J.Z. 1900 S. 226); denn nach dem B.G.B. erlangt die Mutter die Gewalt nicht wieder, wenn ihre zweite Ehe aufgelöst wird (s. Erl. 3 zu § 1697 des B.G.B.).

Im Gebiete des französ. Rechtes tritt an die Stelle der gesetzlichen Vormundschaft des verwittweten Vaters die elterliche Gewalt.

Auch erhalten der Vater oder die Mutter die elterliche Gewalt, welche sie nach dem bisherigen Rechte verwirkt haben, wieder, sofern nicht zugleich die Voraussetzungen gegeben sind, unter welchen nach § 1680 des B.G.B. die Gewalt verwirkt wird.

Wegen der eingekindschafteten Kinder s. Erl. zu Art. 209.

b) Der Grundsatz des Art. 203 bringt es mit sich, daß **für den Inhalt und den Umfang der Rechte des Gewalthabers am Vermögen des Kindes gleichfalls ausschließlich die Vorschriften des B.G.B. maßgebend sind.** Wie der Satz 2 des Art. 203 hervorhebt, gilt dies auch in Ansehung des Vermögens, welches das Kind vor dem Inkrafttreten des B.G.B. erworben hat. Insbesondere hört die elterliche Nutznießung mit der Volljährigkeit des Kindes auf. Umgekehrt erlangt der Inhaber der Gewalt die Nutznießung — bei Töchtern nur nach Maßgabe des § 1661 des B.G.B. — wieder, wenn sie aus einem Grunde untergegangen war, welcher im neuen Rechte nicht als Grund der Beendigung der Nutznießung anerkannt ist. Dies trifft z. B. im Gebiete des französ. Rechtes zu, nach welchem die Nutznießung erlosch, wenn das Kind das achtzehnte Lebensjahr vollendete, ferner bezüglich der nach dem bisherigen Rechte aus der elterlichen Gewalt getretenen und nun in die Gewalt zurückkehrenden Kinder. Hat der Gewalthaber das Kind emanzipirt oder hat er auf die elterliche Gewalt verzichtet oder ist die elterliche Gewalt und damit die elterliche Nutznießung durch die mit Genehmigung des Gewalthabers erfolgte Selbständigmachung oder Verheirathung des Kindes erloschen, so wird man in der Zustimmung des Gewalthabers zu dieser Thatsache bezw. in dem Verzicht auf die Gewalt einen Verzicht auf die Nutznießung erblicken müssen. Ein solcher Verzicht behält nach § 1662 des B.G.B. seine Bedeutung bei. So auch **Habicht** S. 630; **Niedner** Aufl. II S. 449, **Schultetus**, Vormundschaftsrecht S. 231, **Fuchs** in Gruchot 44 S. 41.

Nach dem B.G.B. bestimmt sich auch der Umfang des der Verwaltung und des der Nutznießung des Gewalthabers unterworfenen Vermögens. Beispielsweise überkommt der Gewalthaber die Verwaltung des Vermögens, auf dessen Nutznießung er verzichtet hat, zurück, obgleich nach manchen bisherigen Rechten der Verzicht auf die Nutznießung den Verlust der Vermögensverwaltung zur Folge hatte. Gegenstände ferner, die zwar nach den bisherigen Rechten, nicht aber nach dem neuen Rechte (§§ 1650, 1651 des B.G.B.) freies Vermögen des Kindes sind, werden der elterlichen Nutznießung unterstellt. Daß der Gewalthaber die vor dem 1. Januar 1900 gezogenen Nutzungen auch dann behalten darf, wenn er sie nach dem Rechte des B.G.B. nicht hätte ziehen dürfen, versteht sich von selbst; denn das B.G.B. findet nicht mit rückwirkender Kraft Anwendung.

c) Auch in den **sonstigen Beziehungen** bestimmen sich die Rechte und Pflichten des Gewalthabers, für die Person und das Vermögen des Kindes zu sorgen und die elterliche Nutznießung nach dem B.G.B.

Dies gilt z. B. von der Verpflichtung des Gewalthabers, Vermögen des Kindes gerichtlich zu hinterlegen (Seuff. Arch. 55 Nr. 211).

Die im § 1640 des B.G.B. bestimmte Verpflichtung des Gewalthabers, ein Verzeichniß des seiner Verwaltung unterliegenden, dem Kinde gehörenden Vermögens einzureichen, liegt dem Gewalthaber ob, auch wenn der andere Elterntheil vor dem Inkrafttreten des B.G.B. gestorben ist; sie liegt ihm aber nur in Ansehung desjenigen Vermögens ob, welches dem Kinde nach dem 1. Januar 1900 anfällt; (so auch Habicht S. 625 Anm. 4, Niedner Aufl. II S. 450, Rechtspr. 1 S. 208). Die Einreichung des Vermögensverzeichnisses kann von dem verstorbenen Elterntheile nach § 1640 des B.G.B. nicht erlassen werden. Hiermit im Widerspruche stehende, unter dem alten Rechte getroffene Anordnungen verlieren daher vom 1. Januar 1900 ab ihre Kraft.

Da das B.G.B. weder ein gesetzliches Pfandrecht des Kindes am Vermögen des Gewalthabers noch einen dem Kinde zustehenden Pfandrechtstitel kennt, so fällt der im bisherigen Rechte dem Kinde eingeräumte Pfandrechtstitel weg und der Vater kann die Rückgabe des dem Kinde schon bestellten Pfandes bezw. die Löschung der schon bestellten oder kraft Gesetzes entstandenen Hypothek verlangen. Natürlich bleibt in Ansehung der vor dem Inkrafttreten des B.G.B. entstandenen Verbindlichkeiten des Gewalthabers gegenüber dem Kinde der Pfandrechtstitel und auch das kraft Gesetzes oder durch Eintragung bereits entstandene Pfandrecht bestehen. Denn insoweit, als sich der Gewalthaber dem Kinde schon ersatzpflichtig gemacht hat, hat sich das Pfandrecht bereits ausgefüllt und ist dem Kinde ein Anspruch auf Einräumung des Pfandes bezw. auf Befriedigung aus dem verpfändeten Gegenstand entstanden. Hieraus folgt, daß der Gewalthaber nicht berechtigt ist, ohne Zustimmung des für das Kind nach §§ 1630 Abs. 2, 1795, 1909 des B.G.B. zu bestellenden Pflegers die Löschung oder Umschreibung der für das Kind eingetragenen Hypothek zu verlangen; noch weniger kann das Vormundschaftsgericht die Löschung von Amtswegen verfügen, auch wenn die Eintragung nach dem bisherigen Rechte auf Grund einer Verfügung des Vormundschaftsgerichts erfolgt ist. A. A. Habicht S. 628, Niedner Aufl. II S. 407, 450 bezüglich der gesetzlichen Pfandrechte; diese sollen auch für Ansprüche aus der Zeit nach 1900 bestehen bleiben. Ueber hierher gehörende landesrechtliche Uebergangsvorschriften s. bayer. Ueb.G. Art. 54; Hessen A.G. Art. 168; Elsaß-Lothringen A.G. z. freiw. G.G. §§ 68, 69.

Die Verfügungsmacht des Gewalthabers bestimmt sich ausschließlich nach den §§ 1641, 1643 ff. des B.G.B. Es hört deshalb z. B. die Verfügungsbeschränkung des Vaters hinsichtlich des bei seiner Wiederverehelichung zu Gunsten der Kinder aus der Vorehe hypothekarisch eingetragenen Muttererbes (preuß. L.R. II 2 §§ 187, 169, 170) mit dem Inkrafttreten des B.G.B. auf (Jahrb. d. K.G. Bd. 20 A S. 27).

Die im § 1646 des B.G.B. bestimmte Surrogation bezüglich der vom Vater für das Kind erworbenen Gegenstände gilt erst vom Inkrafttreten des B.G.B. an. Wer sich mithin auf die Surrogation beruft, muß zunächst beweisen, daß der Erwerb nach dem Inkrafttreten des B.G.B. stattgefunden hat.

Die nach früherem Rechte zulässige Uebertragung der Ueberlassung der Nutznießung am Vermögen des Kindes verliert mit Rücksicht auf § 1658 des B.G.B. von dessen Inkrafttreten an ihre Wirksamkeit. Aus dem gleichen Grunde wird eine unter der Herrschaft des früheren Rechtes gegen den Gewalthaber erfolgte Zwangsvollstreckung in dessen Nutznießungsrecht, soweit sie mit § 862 der C.P.O. im Widerspruche steht, mit dem 1. Januar 1900 unzulässig; der Gewalthaber sowie das Kind können nach §§ 766, 862 Abs. 3 der C.P.O. die Beseitigung der Vollstreckungsmaßregeln fordern.

Hat der Gewalthaber kraft seiner Nutznießung ein zum Vermögen des Kindes gehörendes Grundstück vor dem Inkrafttreten des B.G.B. vermiethet oder verpachtet, so bleibt gemäß Art. 170 für den Einfluß der Beendigung der elterlichen Nutznießung auf das Mieth- oder Pachtverhältniß das bisherige Recht maßgebend. Unterliegt aber das Mieth- oder Pachtverhältniß zufolge des Art. 171 dem neuen Rechte, so findet darauf auch der § 1663 Anwendung. Daß auf eine unter der Herrschaft des B.G.B. erfolgte Vermiethung oder Verpachtung der § 1056 Anwendung findet, ist selbstverständlich. Uebergangsbestimmungen treffen Bayern Ueb.G. Art. 5, Hessen A.G. Art. 152, Elsaß-Lothringen A.G. § 99.

d) Die Vorschriften des B.G.B. entscheiden ferner über das Ruhen und die Beendigung der elterlichen Gewalt. Diese Vorschriften geben insbesondere dafür Maß, ob der Vater oder die Mutter fähig sind, die elterliche Gewalt, die ihnen nach den §§ 1626, 1684, 1685 des B.G.B. an sich zusteht, auch thatsächlich zu erlangen In dieser Hinsicht ist es, wie sich aus der Absicht der in Betracht kommenden Vorschriften von selbst ergiebt, unerheblich, ob die Thatsache, welche den Elterntheil unfähig macht, die Gewalt zu erlangen, sich vor oder nach dem Inkrafttreten des B.G.B. zugetragen hat.

Artikel 204.

Ist der Vater oder die Mutter zur Zeit des Inkrafttretens des Bürgerlichen Gesetzbuchs in der Sorge für die Person oder für das Vermögen des Kindes durch eine Anordnung der zuständigen Behörde beschränkt, so bleibt die Beschränkung in Kraft. Das Vormundschaftsgericht kann die Anordnung nach §. 1671 des Bürgerlichen Gesetzbuchs aufheben.

Ist dem Vater oder der Mutter die Nutznießung an dem Vermögen des Kindes durch Anordnung der zuständigen Behörde entzogen, so hat das Vormundschaftsgericht die Anordnung auf Antrag aufzuheben, es sei denn, daß die Entziehung der Nutznießung nach §. 1666 Abs. 2 des Bürgerlichen Gesetzbuchs gerechtfertigt ist.

Wegen einer vor dem Inkrafttreten des B.G.B. erfolgten Todeserklärung eines Elterntheils s. Erl. 1 zu Art. 160.

4. Anordnungen in Ansehung der elterlichen Verwaltung oder Nutznießung (§§ 1638, 1639, 1651 des B.G.B.), unter denen Dritte dem Kinde vor dem Inkrafttreten des B.G.B. Zuwendungen gemacht haben, behalten ihre Geltung, vorausgesetzt, daß sie nach den Vorschriften des neuen Rechtes ebenfalls wirksam hätten getroffen werden können; in formeller Beziehung ist das bisherige Recht maßgebend (hierzu vergl. auch Art. 214). Was übrigens die Ausschließung der elterlichen Nutznießung anbetrifft, so braucht sie keine ausdrückliche zu sein, aber immerhin muß sie positiv ausgeschlossen sein. Andernfalls tritt die Nutznießung ein, mag auch der Dritte eine positive Bestimmung nur deshalb unterlassen haben, weil nach dem damaligen Rechte zu einer solchen Bestimmung kein Anlaß bestand, z. B. wenn im Gebiet eines Rechtes, das eine elterliche Gewalt der Mutter nicht kennt, nur die Nutznießung des Vaters, nicht auch die der Mutter ausgeschlossen ist (Habicht S. 638; R.G. in J.W. 1900 S. 870).

Wegen der Anordnungen des Vaters s. Erl. zu Art. 205.

5. Soweit das Rechtsverhältniß zu dem Kinde ein Ausfluß des ehelichen Güterrechts ist, also insbesondere das Recht des Beisitzes und der fortgesetzten Gütergemeinschaft, bleibt das bisherige Recht nach Maßgabe des Art. 200 aufrecht; im Uebrigen, also insbesondere für die persönlichen Beziehungen zwischen den Eltern und dem Kinde und für die Rechte und Pflichten der Eltern an dem nicht vom ehelichen Güterrecht ergriffenen Vermögen des Kindes, ist das neue Recht maßgebend. Vergl. hierzu Erl. zu Art. 200.

6. Aus Art. 203 folgt, daß auch die neuen Vorschriften der C.P.O. über Kindschaftssachen §§ 640 ff. vom 1. Januar 1900 an in allen auch den schon anhängigen Rechtsstreitigkeiten Anwendung finden (s. Gaupp-Stein C.P.O. Vorbm. III vor § 640).

Artikel 204.

E. d. E.G. I Art. 122; II Art. 174; III Art. 203. P. I S. 13114, 13117, 13122; M. d. E.G. S. 293. P. II S. 9093 (Bd. 6 S. 547).

1. Der Art. 204 enthält eine Ausnahme vom Art. 203. Nach diesem würden Beschränkungen, denen der Vater oder die Mutter vor dem Inkrafttreten des B.G.B. auf Grund des bisherigen Rechtes durch Anordnung der zuständigen Behörde unterworfen worden sind, nach dem Inkrafttreten des B.G.B. nur aufrecht erhalten bleiben, wenn sie auch nach dessen Vorschriften begründet sind. Das Vormundschaftsgericht müßte also bei jeder Beschränkung nachprüfen, ob sie auch nach dem B.G.B. zulässig ist. Der Art. 204 hält jedoch die von einer zuständigen Behörde einmal ausgesprochenen Beschränkungen ohne Weiteres in Kraft, mögen sie den Vorschriften des B.G.B. entsprechen oder nicht. Wenn sie aber den Vorschriften des B.G.B. nicht entsprechen, können sie jederzeit aufgehoben werden; die Aufhebung ist also insbesondere auch dann zulässig, wenn die Umstände, welche zur Anordnung geführt haben, noch fortbestehen.

2. Bezüglich der Aufhebung unterscheidet der Art. 204 zwischen den die Sorge für die Person oder für das Vermögen betreffenden Anordnungen (Abs. 1) und den sich auf die Nutznießung am Vermögen des Kindes beziehenden (Abs. 2).

a) Ob die Beschränkungen, denen der Vater in Ansehung der Sorge für die Person oder für das Vermögen des Kindes unterliegt, aufgehoben werden sollen, weil der Grund der die

Beschränkung aussprechenden Anordnung diese nach dem B.G.B. nicht rechtfertigen würde, entscheidet das Vormundschaftsgericht nach freiem Ermessen. Der in seinen Rechten beschränkte Elterntheil hat keinen Anspruch darauf, daß die Anordnung aufgehoben wird; nur das Interesse des Kindes ist für die Frage maßgebend, ob die Beschränkung fortdauern soll, nicht das Interesse der Eltern. Die Aufhebung geschieht nach Maßgabe des § 1671 des B.G.B. Hieraus folgt insbesondere, daß die Aufhebung nach der Beendigung der elterlichen Gewalt des Vaters oder der Mutter unzulässig ist (s. Erl. zu § 1671 des B.G.B.). In der Befugniß der Aufhebung liegt die Befugniß der Minderung einer Beschränkung. Die Fassung des Abs. 1 Satz 2 könnte übrigens zu der Ansicht veranlassen, als ob das Vormundschaftsgericht die vor dem Inkrafttreten des B.G.B. angeordneten obrigkeitlichen Beschränkungen auch dann jederzeit aufheben könnte, wenn der Grund der bisherigen Anordnung diese auch nach den Vorschriften des B.G.B. rechtfertigt. Dies kann aber nicht gemeint sein, denn liegt dieser Grund beim Inkrafttreten des B.G.B. noch vor, sind also die Voraussetzungen gegeben, unter welchen das Vormundschaftsgericht nach dem B.G.B. einschreiten muß (§§ 1665—1670 des B.G.B.), so müßte das Vormundschaftsgericht mit der Aufhebung der bisherigen Anordnung sofort von Neuem auf Grund des B.G.B. einschreiten.

b) Bei der Anordnung, welche dem Vater oder der Mutter die Nutznießung am Vermögen des Kindes ganz oder theilweise entzogen hat, ist die Sachlage insofern eine andere, als der in der Nutznießung beschränkte Elterntheil nach dem Abs. 2 ein Recht darauf hat, daß die Anordnung aufgehoben wird, wenn sie nach dem B.G.B. (§ 1666 Abs. 2) nicht gerechtfertigt ist. Daß das Vormundschaftsgericht auch von Amtswegen die Anordnung jederzeit nach Maßgabe des § 1671 des B.G.B. wieder aufheben kann, ist im Abs. 2 als selbstverständlich vorausgesetzt. Wie die Fassung des Abs. 2 („es sei denn, daß") ergiebt, braucht der Elterntheil, wenn er die Aufhebung beantragt, nicht nachzuweisen, daß die Anordnung durch § 1666 Abs. 2 des B.G.B. nicht gerechtfertigt ist. Es ist Sache des Vormundschaftsgerichts, von Amtswegen zu prüfen, ob nicht die Voraussetzungen des § 1666 des B.G.B. gegeben sind. Besondere Bedeutung hat freilich die Frage der Beweispflicht mit Rücksicht auf das hier Platz greifende Verfahren der freiwilligen Gerichtsbarkeit nicht. Wird die Entziehung aufgehoben, so geht die Nutznießung erst vom Augenblicke der Aufhebung an auf den Elterntheil über, nicht rückwirkend vom 1. Januar 1900.

c) Wegen des Beschwerderechts der Angehörigen des Kindes s. § 57 Nr. 8 des freiw. G.G.

3. Der Art. 204 bezieht sich nur auf die Fälle, in welchen durch eine besondere obrigkeitliche Anordnung der Vater oder die Mutter in ihren Rechten beschränkt worden sind, nicht auf die Fälle, in welchen eine Beschränkung unmittelbar kraft des bisherigen Gesetzes eintritt, mag auch die kraft des Gesetzes eingetretene Beschränkung sodann eine obrigkeitliche Anordnung zur Folge gehabt haben. Beispielsweise kann die unter dem alten Rechte erfolgte Bestellung eines Vormundes, weil der Vater die elterliche Gewalt verwirkt hat, nicht auf Grund des Art. 204 aufrecht erhalten werden, wenn die Voraussetzungen der Verwirkung nach § 1680 des B.G.B. nicht vorliegen (so auch Jahrb. d. K.G. 19 S. 51, a. A. Habicht S. 632). Ein anderes Beispiel bietet die Hinterlegung von Geld des Kindes, wenn die Hinterlegung angeordnet worden war, weil das bisherige Recht die Hinterlegung von Sondervermögen des Kindes allgemein vorschreibt.

4. Der Art. 204 umfaßt nicht nur die Fälle, daß der Vater oder die Mutter auf Grund des bisherigen Rechtes beschränkt worden sind, während sie die elterliche Gewalt hatten, sondern überhaupt alle Fälle einer Beschränkung der Rechte des Vaters oder der Mutter gegenüber dem Kinde. Der Art. 204 findet deshalb z. B. auch bei der unehelichen Mutter Anwendung, wenn ihr die Erziehung des Kindes vor dem Inkrafttreten des B.G.B. entzogen worden ist, ohne daß ihr nach dem damaligen Rechte die elterliche Gewalt zustand. In diesem Falle bedeutet der Art. 204 eine mittelbare Ausnahme vom Art. 208. Weitere Beispiele bieten die Fälle, daß der ehelichen oder unehelichen Mutter, während sie Vormund war, die Erziehung des Kindes z. B. gemäß § 28 der preuß. Vormundschaftsordnung entzogen worden ist oder daß sie als Vormund entlassen oder von der Vormundschaft als ungeeignet ausdrücklich ausgeschlossen worden ist. Solche Anordnungen bleiben nach Maßgabe des Art. 204 gleichfalls in Kraft. Hat dagegen das Vormundschaftsgericht die als Vormund berufene Mutter lediglich übergangen, so liegt hierin keine obrigkeitliche Beschränkung der Rechte der Mutter im Sinne des Art. 204. Die Mutter erhält vielmehr die volle elterliche Gewalt, der bisherige Vormund ist zu entlassen, desgleichen ein etwa bestellter Gegenvormund (so auch Niedner Aufl. II S. 452, a. A. Habicht S. 632).

5. Ist ein Elterntheil vor dem Inkrafttreten des B.G.B. in Konkurs gerathen, so hindert dieser Umstand den Eintritt der elterlichen Gewalt nicht. Die Rechtslage ist solchen Falles mangels einer besonderen Bestimmung des E.G. ebenso zu beurtheilen, als wenn der Konkurs erst unter der Herrschaft des B.G.B. eröffnet worden wäre, so daß der § 1647 des B.G.B. Anwendung findet; s. hierzu Erl. 2, 4 zu § 1647 des B.G.B.

Artikel 205.

Hat der Vater vor dem Inkrafttreten des Bürgerlichen Gesetzbuchs auf Grund der bisherigen Gesetze die Mutter von der Vormundschaft über das Kind ausgeschlossen oder der Mutter einen Beistand zugeordnet, so gilt die Anordnung des Vaters von dem Inkrafttreten des Bürgerlichen Gesetzbuchs an als Anordnung der Bestellung eines Beistandes für die Mutter im Sinne des Bürgerlichen Gesetzbuchs.

Artikel 205.

E. d. E.G. I Art. 123; II Art. 175; III Art. 204. P. I S. 13115–13125; M. d. E.G. S. 194. P. II S. 9095 (Bd. 6 S. 548).

1. Hat der Vater vor dem Inkrafttreten des B.G.B. auf Grund des bisherigen Rechtes die Mutter von der Vormundschaft über das Kind ausgeschlossen, so käme einer solchen Anordnung nach dem Inkrafttreten des B.G.B. an sich keine Bedeutung mehr zu, da der Mutter nach dem B.G.B. die elterliche Gewalt zusteht und sie von dieser durch den Vater nicht ausgeschlossen werden kann. Mit Rücksicht hierauf giebt der Art. 205 der erwähnten Anordnung des Vaters eine dem neuen Rechtszustand entsprechende Umdeutung. Eine Ausschließung der Mutter liegt übrigens nicht schon darin, daß der Vater einen Vormund unter Uebergehung der Mutter benennt, es muß sich vielmehr aus der Anordnung oder den begleitenden Umständen ergeben, daß die Mutter gegen ihren Willen übergangen ist.

Die Anordnung wird dahin umgedeutet, daß sie von dem Inkrafttreten des B.G.B. an als Anordnung der Bestellung eines Beistandes für die Mutter im Sinne des B.G.B. (§§ 1687 Nr. 1, 1688 ff.) gilt. Es ist nicht etwa der auf Grund der Anordnung schon bestellte Vormund nunmehr von selbst Beistand, sondern er muß als Vormund entlassen und als Beistand besonders bestellt werden (so auch Nußbaum D.J.Z. 1899 S. 412, Habicht S. 636, Niedner Aufl. II S. 452). Die Folge hiervon ist, daß er über seine bisherige Verwaltung Rechenschaft zu legen hat und als Beistand neu zu verpflichten ist. Natürlich kann an seiner Stelle auch eine andere Person als Beistand bestellt werden, sofern nicht die Anordnung des Vaters zugleich die Berufung einer bestimmten Person als Vormund enthält; in diesem Falle wird die Berufung zur Vormundschaft als Berufung zur Beistandschaft (§ 1694 mit § 1776 des B.G.B.) aufgefaßt. Der Wirkungskreis des Beistandes umfaßt die sämmtlichen Angelegenheiten des Kindes, es müßte denn aus der Anordnung des Vaters sich ergeben, daß die Mutter von der Vormundschaft nur zu einem bestimmten Theile ausgeschlossen ist, z. B., wenn ihr nur für die Verwaltung eines Landguts ein Mitvormund bestellt ist; solchen Falles beschränkt sich der Wirkungskreis des Beistandes entsprechend (§ 1688 des B.G.B.). Zur Vermögensverwaltung ist der Beistand nicht berechtigt, denn diese kann dem Beistande nach § 1693 des B.G.B. nur auf Antrag der Mutter übertragen werden.

Die Anordnung muß vor dem Inkrafttreten des B.G.B. getroffen sein; daß sie schon vor diesem Zeitpunkt in Wirksamkeit getreten ist, ist nicht erforderlich. Der Art. 205 gilt auch dann, wenn der Vater nach dem 1. Januar 1900 stirbt.

Selbstverständliche Voraussetzung ist, daß der Vater zu seinen Anordnungen nach den zur Zeit ihres Wirksamwerdens geltenden Gesetzen berechtigt ist. Stirbt der Vater erst nach dem 1. Januar 1900, so ist seine Befugniß zur Anordnung nach §§ 1687 Nr. 1, 1777 des B.G.B. zu beurtheilen (M. des E.G. S. 294).

2. Die gleiche Umdeutung erfährt nach Art. 205 die vor dem Inkrafttreten des B.G.B. auf Grund des bisherigen Rechtes erfolgte Zuordnung eines Beistandes. Hiermit wird dem französischen und badischen Rechte Rechnung getragen (code civil Art. 391, bad L.R. Satz 391).

3. Hat der Vater vor dem Inkrafttreten des B.G.B. der Mutter einen Gegenvormund beigeordnet, so liegt für diejenigen Rechtsgebiete, welchen eine elterliche Gewalt der Mutter fremd ist, das Verhältniß ebenso, wie hinsichtlich der im Art. 205 geregelten Anordnung. Es kann keinem Zweifel unterliegen, daß auch die Beiordnung eines Gegenvormundes als Bestellung eines Beistandes umzudeuten ist.

4. Nach § 1638 des B.G.B. ist der Vater berechtigt, für das von ihm herrührende Vermögen des Kindes die Vermögensverwaltung der Mutter überhaupt auszuschließen; nach § 1909 ist sodann ein Pfleger zu bestellen (s. Vorbm. V Bd. IV S. 436). Hat der Vater mit der Anordnung der Ausschließung der Mutter von der Vormundschaft bezweckt, das von ihm herrührende Vermögen unter allen Umständen dem Einflusse der Mutter zu entziehen, hat er also eine Anordnung des im § 1638 des B.G.B. bezeichneten Inhalts treffen wollen, so findet der Art. 205 nur in Ansehung desjenigen Vermögens des Kindes Anwendung, welches ihm nicht

Artikel 206.

Ist auf Grund der bisherigen Gesetze eine Ehe geschieden oder in Folge der Todeserklärung eines der Ehegatten aufgelöst oder ist auf Trennung der Ehegatten von Tisch und Bett erkannt worden, so bestimmen sich das Recht und die Pflicht der Eltern, für die Person der gemeinschaftlichen Kinder zu sorgen, nach den bisherigen Gesetzen; die Vorschriften des §. 1635 Abs. 1 Satz 2, Abs. 2 und des §. 1636 des Bürgerlichen Gesetzbuchs finden jedoch Anwendung.

---

von dem Vater hinterlassen ist, während in Ansehung des ihm vom Vater hinterlassenen Vermögens gemäß Art. 203 der § 1638 des B.G.B. Anwendung findet.

5. In Kraft bleibt selbstverständlich auch die Anordnung des Vaters, durch welche er die Mutter von der Nutznießung am Vermögen des Kindes ausschließt (§ 1651 Nr. 2). Eine Ausschließung liegt z. B. in der Anordnung, daß die Nutzungen des Vermögens des Kindes in einer bestimmten Weise zu verwenden sind (vergl. hierzu R.G. in J.W. 1900 S. 870).

6. Wegen der Anordnungen Dritter s. Erl. zu Art. 203.

Artikel 206.

E. d. E.G. I Art. 124; II Art. 176; III Art. 205. P. I S. 13116—13126; M. d. E.G. S. 294. P. II S. 9095 (Bd. 6 S. 548).

1. Der Art. 206 enthält insofern eine Ausnahme vom Art. 203, als nach diesem die Vorschriften der §§ 1635—1637 des B.G.B., welche den Einfluß der Ehescheidung und der Wiederverheirathung im Falle der Todeserklärung auf die Sorge für die Person des Kindes regeln, auch auf die beim Inkrafttreten des B.G.B. schon vorhandenen Kinder Anwendung finden und im Falle einer bloßen Trennung der Ehe die allgemeinen Vorschriften über die Sorge für die Person des Kindes (§§ 1627, 1634 des B.G.B.) Platz greifen würden. Dem gegenüber hält der Art. 206 für den Fall, daß auf Grund der bisherigen Gesetze die Ehe geschieden oder in Folge der Todeserklärung eines Ehegatten aufgelöst oder daß auf Trennung der Ehegatten von Tisch und Bett erkannt ist, in Ansehung der Sorge für die Person des Kindes die bisherigen Gesetze aufrecht. Diese sind sowohl für die Frage maßgebend, welchem Elterntheile die Sorge für die Person zusteht, welcher Elterntheil also insbesondere berechtigt ist, die Herausgabe des Kindes zu verlangen (Rechtspr. 1 S. 278), als auch für die Frage, in welchem Umfange sie ihm zusteht. War nach dem bisherigen Rechte zulässig, daß die Ehegatten über die Sorge für die Person des Kindes eine Vereinbarung trafen, so behält eine solche Vereinbarung ihre Kraft, sie kann auch nach dem Inkrafttreten des B.G.B. noch geschlossen werden. Wie die M. des E.G. bemerken, wäre ein Wechsel in der Person des erziehungsberechtigten Elterntheils nach Maßgabe der §§ 1635, 1637 des B.G.B. weder vom Standpunkte des Interesses des Kindes noch vom Standpunkte desjenigen der Eltern angemessen, zumal die Anwendung des § 1635 Abs. 1 Satz 1 des B.G.B. in den Fällen undurchführbar ist, in welchen nach dem bisherigem Rechte in dem Scheidungs- oder Trennungsurtheil ein Ausspruch über die Schuld des einen oder anderen Ehegatten nicht enthalten ist.

Für den Fall der Trennung der Ehe gilt der Art. 206 nicht nur, wenn die Ehe für ständig, sondern auch, wenn sie auf Zeit getrennt ist. Ist im Falle der zeitweiligen Trennung die Frist abgelaufen, so entfällt natürlich die Anwendbarkeit der bisherigen Gesetze und es finden auf die Sorge für die Person ausschließlich die Vorschriften des B.G.B. Anwendung.

Eine Scheidung der Ehe oder eine Trennung von Tisch und Bett auf Grund der bisherigen Gesetze ist nach dem Inkrafttreten des B.G.B. nicht mehr möglich (Art. 201). Auch die Auflösung der Ehe in Folge der Todeserklärung eines der Ehegatten ist vom 1. Januar 1900 an nicht auf Grund des bisherigen Rechtes, sondern nur auf Grund des § 1348 des B.G.B. mehr möglich (s. Erl. zu Art. 159). Der Art. 206 findet daher keine Anwendung, wenn die Todeserklärung noch unter dem alten Rechte oder zwar nach dem 1. Januar 1900, aber auf Grund des bisherigen Rechtes (s. Art. 161), die Wiederverheirathung dagegen nach dem 1. Januar 1900 erfolgt ist.

2. Für den Inhalt der Sorge für die Person des Kindes verbleibt es beim Art. 203. Der Inhalt des Rechtes des Elterntheils bestimmt sich daher von dem Inkrafttreten des B.G.B. an nach dessen Vorschriften (§§ 1631—1633).

3. Der Art. 206 bezieht sich nur auf die sog. thatsächliche Fürsorge für die Person des Kindes (s. Erl. 1 zu § 1627). Für die Vertretung in den die Person betreffenden Angelegenheiten

Artikel 207.

Inwieweit die Kinder aus einer vor dem Inkrafttreten des Bürgerlichen Gesetzbuchs geschlossenen nichtigen oder ungültigen Ehe als eheliche Kinder anzusehen sind und inwieweit der Vater und die Mutter die Pflichten und Rechte ehelicher Eltern haben, bestimmt sich nach den bisherigen Gesetzen.

---

ist das B.G.B. maßgebend. Im Art. 206 ist dies dadurch zum Ausdrucke gekommen, daß die bisherigen Gesetze nur unbeschadet des § 1635 Abs. 2 des B.G.B. aufrecht erhalten werden, nach § 1635 Abs. 2 aber das Recht des Vaters zur Vertretung des Kindes unberührt bleibt.

Die Aufrechterhaltung der bisherigen Gesetze versteht sich, wie am Schlusse des Art. 206 weiter bestimmt ist, nur vorbehaltlich des § 1635 Abs. 1 Satz 2 und des § 1636 des B.G.B. Das Vormundschaftsgericht kann hiernach eine von der Regelung des bisherigen Rechtes abweichende Anordnung treffen, wenn eine solche aus besonderen Gründen geboten ist; es kann die Anordnung aufheben, wenn sie nicht mehr erforderlich ist (§ 1635 Abs. 2 des B.G.B.). Der Ehegatte ferner, dem nach den bisherigen Gesetzen die Sorge für die Person des Kindes nicht zusteht, behält die Befugniß, mit dem Kinde persönlich zu verkehren, das Vormundschaftsgericht kann den Verkehr näher regeln (§ 1636 des B.G.B.). Hierzu vergl. die Erl. zu §§ 1635, 1636. Durch die Anwendbarkeit des § 1635 ist der Rechtsweg bezüglich der Frage, ob dem Eltern-theile die Sorge für die Person entzogen werden soll, wenn die Betretung des Rechtswegs im bisherigen Rechte zulässig war, nicht unzulässig geworden (so auch Niedner Aufl. II S. 454, R.G. in J.W. 1900 S. 642; a. A. Habicht S. 639); der Prozeßrichter kann aber nur für das Verhältniß der Ehegatten zu einander entscheiden und eine etwaige spätere, im Interesse des Kindes ergehende abweichende Anordnung des Vormundschaftsrichters wird dadurch nicht ausgeschlossen.

Artikel 207.

E. d. E.G. I Art. 125; II Art. 177; III Art. 206. P. I S. 13127, 13135; M. d. E.G. S. 295. P II S. 9095 (Bd. 6 S. 548).

1. Der Art. 207 beläßt es in Ansehung der rechtlichen Stellung der Kinder aus einer vor dem Inkrafttreten des B.G.B. geschlossenen nichtigen oder ungültigen Ehe bei den bisherigen Vorschriften. Gleichgültig ist dabei, ob das Kind vor oder nach dem Inkrafttreten des B.G.B. geboren worden und ob die Nichtigkeitserklärung oder die Ungültigkeitserklärung vor oder nach diesem Zeitpunkt erfolgt ist.

a) Die bisherigen Gesetze sind zunächst für die Frage maßgebend, ob das Kind als ein eheliches oder als ein uneheliches anzusehen ist. Im Gebiete des gemeinen Rechtes kommt es mithin — in wesentlicher Uebereinstimmung mit dem B.G.B. — darauf an, ob wenigstens einer der Ehegatten bei der Eheschließung in gutem Glauben war. In diesem Falle hat das Kind die Rechte eines ehelichen Kindes, während, wenn beide Ehegatten bösgläubig waren, das Kind ein uneheliches ist. Im Gebiete des preuß. L.R. dagegen entstehen für das Kind Wirkungen einer gültigen Ehe auch dann, wenn beiden Ehegatten die Nichtigkeit der Ehe bekannt war (Eccius IV § 227, Dernburg III § 72).

Soweit das Kind nach den bisherigen Gesetzen als ein eheliches gilt, bestimmen sich die Folgen der Ehelichkeit gemäß Art. 203 nach dem B.G.B. Daraus ergiebt sich z. B. für das gemeine Recht, daß, wenn auch nur einer der Ehegatten gutgläubig ist, das Kind den Familiennamen des Vaters führt (§ 1616) und daß es unterhaltsberechtigt (§ 1601) und erb- und pflichttheilsberechtigt ist (§§ 1924 ff., 2303) sowie Anspruch auf Aussteuer und Ausstattung (§§ 1620, 1624 des B.G.B.) wie ein eheliches Kind nach dem B.G.B. hat. Für das preuß. L.R. folgt aus dem bezeichneten Satze, daß, weil das Kind nach dem preuß. L.R. auch gegen bösgläubige Eltern die Rechte ehelicher Kinder hat, das Kind gegenüber beiden Eltern Anspruch auf Unterhalt, Aussteuer und Ausstattung und Erb- und Pflichttheilsrechte wie ein eheliches Kind nach dem B.G.B. hat. Der Satz des preuß. L.R., daß das Kind nur den Namen der Mutter führt (L.R. II 2 § 53), ist aufrecht geblieben, das Kind führt nicht etwa nach § 1616 des B.G.B. den Familiennamen des Vaters.

Soweit dagegen das Kind nach den bisherigen Gesetzen nicht die Rechte eines ehelichen Kindes hat, erlangt es sie auch nicht unter der Herrschaft des B.G.B. Nach dem preuß. L.R. z. B. tritt das Kind mit der Familie des Vaters oder der Mutter in kein Verwandtschafts-verhältniß. In Ansehung der Familie des Vaters ist dieser Satz gemäß Art. 207 in Kraft geblieben. Für die Familie der Mutter gilt er nicht mehr, hier entscheidet der Art. 208, welcher die Rechtsstellung der unehelichen Kinder regelt; das Kind hat also beispielsweise ein Erbrecht

Artikel 208.

Die rechtliche Stellung eines vor dem Inkrafttreten des Bürgerlichen Gesetzbuchs geborenen unehelichen Kindes bestimmt sich von dem Inkrafttreten des Bürgerlichen Gesetzbuchs an nach dessen Vorschriften; für die Erforschung der Vaterschaft, für das Recht des Kindes, den Familiennamen des Vaters zu führen, sowie für die Unterhaltspflicht des Vaters bleiben jedoch die bisherigen Gesetze maßgebend.

Inwieweit einem vor dem Inkrafttreten des Bürgerlichen Gesetzbuchs außerehelich erzeugten Kinde aus einem besonderen Grunde, insbesondere wegen Erzeugung im Brautstande, die rechtliche Stellung eines ehelichen Kindes zukommt und inwieweit der Vater und die Mutter eines solchen Kindes die Pflichten und Rechte ehelicher Eltern haben, bestimmt sich nach den bisherigen Gesetzen.

Die Vorschriften des Abs. 1 gelten auch für ein nach den französischen oder den badischen Gesetzen anerkanntes Kind.

---

gegenüber den mütterlichen Verwandten und diese haben ein Erbrecht gegenüber dem Kinde. Insbesondere aber gilt der Grundsatz des § 1703 des B.G.B. nicht, daß auch das nicht als ehelich geltende Kind, wenigstens solange der Vater lebt, von ihm den Unterhalt wie ein eheliches Kind verlangen kann, da durch diese Vorschrift dem Kinde in der gedachten Beziehung die Stellung eines ehelichen Kindes gegeben wird. Ist das Kind nach den bisherigen Gesetzen ein uneheliches, wie z. B. nach gemeinem Rechte, wenn beide Eltern die Nichtigkeit der Ehe kannten, so bestimmen sich die Unterhaltsrechte des Kindes gegenüber dem Vater ausschließlich nach Art. 208.

b) Die bisherigen Gesetze sind ferner maßgebend für die Frage, inwieweit der Vater und die Mutter die Rechte und Pflichten ehelicher Eltern haben. Dies gilt nicht nur für die Rechte gegenüber dem Kinde, sondern auch für das Verhältniß der Ehegatten zu einander; der § 1700 mit § 1585 des B.G.B., durch den die Tragung der Unterhaltspflicht gegenüber dem Kinde im Verhältniß unter den Ehegatten geregelt wird, findet also keine Anwendung.

Soweit die Eltern nach den bisherigen Gesetzen die Rechte und Pflichten ehelicher Eltern haben, bestimmt sich der Inhalt dieser Rechte und Pflichten gemäß Art. 203 nach dem B.G.B.

2. Ist die Ehe zur Zeit des Inkrafttretens des B.G.B. noch nicht für nichtig oder ungültig erklärt, so finden die §§ 1329, 1343 des B.G.B. Anwendung d. h. auch soweit das Kind nach den bisherigen Gesetzen die Rechtsstellung eines unehelichen Kindes hat, können die Rechtsfolgen hieraus erst nach der Nichtigkeitserklärung oder der Ungültigkeitserklärung der Ehe geltend gemacht werden (s. Erl. 7 zu § 1699, Erl. 3 zu § 1700 des B.G.B.). Dieser Grundsatz ist zwar im E.G. nicht ausdrücklich ausgesprochen, er wird aber, wie für das Rechtsverhältniß der Ehegatten selbst (s. Erl. zu Art. 198), so auch für die rechtliche Stellung der Kinder Anwendung finden dürfen.

3. Als selbstverständlich setzt der Art. 207 voraus, daß, wenn die nach den bisherigen Gesetzen nichtige oder ungültige Ehe zur Zeit des Inkrafttretens des B.G.B. noch besteht und nunmehr gemäß Art. 198 Abs. 2 gültig wird, die Gültigkeit auch für das Verhältniß zu den Kindern auf den Beginn der Ehe zurückwirkt, natürlich nur unbeschadet schon erworbener Rechte Dritter.

Artikel 208.

E. d. E.G. I Art. 126; II Art. 178; III Art. 207. P. I S. 13128—13141, 13297; M. d. E.G. S. 296. P. II S. 9095 (Bd. 6 S. 548).

Der Art. 208 regelt die rechtliche Stellung der vor dem Inkrafttreten des B.G.B. geborenen oder erzeugten Kinder.

1. Die rechtliche Stellung eines vor dem Inkrafttreten des B.G.B. erzeugten, aber nach diesem Zeitpunkte geborenen unehelichen Kindes bestimmt sich — von dem Ausnahmefalle des Abs. 2 (unten Nr. 4) abgesehen, — in allen Beziehungen ausschließlich nach dem B.G.B. Bezüglich der rechtlichen Stellung eines vor dem Inkrafttreten des B.G.B. geborenen unehelichen Kindes ist dagegen zu unterscheiden.

2. Die rechtliche Stellung des vor dem Inkrafttreten des B.G.B. geborenen unehelichen Kindes zu seiner Mutter und den mütterlichen Verwandten bestimmt sich vom Inkrafttreten des B.G.B. an ausschließlich nach dessen Vorschriften.

a) Das Kind tritt also von diesem Zeitpunkt an in die Familie der Mutter ein, es hat im Verhältnisse zu seiner Mutter und zu den Verwandten der Mutter die rechtliche Stellung eines ehelichen Kindes (§ 1705), nur daß die Mutter nicht die elterliche Gewalt erwirbt (§ 1707 Satz 1 des B.G.B.) und in den Rechtsgebieten, in welchen sie bisher die elterliche Gewalt hatte, diese verliert, so daß ein Vormund zu bestellen ist. Dagegen hat die Mutter das Recht und die Pflicht der thatsächlichen Fürsorge für die Person des Kindes nach Maßgabe des § 1707 Satz 2 des B.G.B. Hieraus folgt insbesondere, daß das uneheliche Kind von seiner Mutter und den Verwandten der Mutter nach Maßgabe der §§ 1601—1615 des B.G.B. Unterhalt verlangen kann und ihnen gegenüber unterhaltspflichtig ist, daß ferner die allgemeinen das Rechtsverhältniß zwischen den Eltern und einem ehelichen Kinde im Allgemeinen regelnden Vorschriften der §§ 1617—1625 des B.G.B. Anwendung finden und daß zwischen der Mutter und deren Verwandten einerseits und dem Kinde und dessen Abkömmlingen andererseits das gleiche Erb- und Pflichttheilsrecht besteht, wie wenn das Kind ein eheliches wäre (§§ 1924ff., 2303 des B.G.B.). Hierüber sowie über die weiteren Folgen aus dem bezeichneten Grundsatze s. Erl. zu § 1705 des B.G.B. Dadurch ist insbesondere in den Geltungsgebieten des preuß. und des bayer. L.R. und des code civil eine wesentliche Aenderung des Rechtsverhältnisses der unehelichen Kinder gegenüber ihrer Mutter und deren Verwandten eingetreten. Hervorzuheben ist, daß im bisherigen Geltungsgebiete des code civil der Eintritt des Kindes in die mütterliche Familie vom 1. Januar 1900 an ohne Rücksicht darauf stattfindet, ob das Kind von seiner Mutter anerkannt worden ist oder nicht. Wegen der Art. 756—766 des code civil s. Habicht S. 659. Das Nutznießungsrecht ferner, welches der code civil der Mutter im Falle der Anerkennung an dem Vermögen des Kindes einräumt, fällt mit dem 1. Januar 1900 weg.

b) Für das Recht der Namensführung des Kindes ist vorbehaltlich der unter Nr. 3 zu erwähnenden Ausnahme der § 1706 des B.G.B. maßgebend. Der Ehemann der Mutter hat also das Recht, dem Kinde mit Einwilligung des Kindes und der Mutter seinen eigenen Namen nach Maßgabe des § 1706 Abs. 2 des B.G.B. zu geben. Dies gilt auch dann, wenn die Mutter sich schon vor dem Inkrafttreten des B.G.B. verheirathet hat. Für den Stand des Kindes im öffentlichrechtlichen Sinne, namentlich der Führung des Adels, verbleibt es bei den vor dem Inkrafttreten des B.G.B. geborenen unehelichen Kindern ebenso wie bei den nachher geborenen bei den Landesgesetzen (s. Erl. 3 zu § 1706 des B.G.B.).

c) Das zu a und b Gesagte gilt ohne Unterscheidung zwischen verschiedenen Arten der unehelichen Kinder. Insbesondere fallen alle in den bisherigen Gesetzen begründeten Rechtsnachtheile der im Ehebruch oder in Blutschande erzeugten unehelichen Kinder vom 1. Januar 1900 an weg.

d) Der Eintritt des unehelichen Kindes in die mütterliche Familie gilt, wenn das Kind vor dem Inkrafttreten des B.G.B. gestorben ist, von diesem Zeitpunkt an auch für die Abkömmlinge des unehelichen Kindes d. h. für die ehelichen Kinder eines unehelichen Sohnes oder einer unehelichen Tochter und bei einer unehelichen Tochter auch für deren uneheliche Kinder. Im Gebiete des bayer. L.R. z. B. wird die uneheliche Tochter einer vor dem Inkrafttreten des B.G.B. gestorbenen unehelichen Tochter gegenüber ihrer Großmutter und deren Verwandten erb- und pflichttheilsberechtigt, wie wenn die uneheliche Mutter und die Tochter ehelich wären (Rechtspr. 2 S. 25).

e) Der Eintritt des unehelichen Kindes und seiner Abkömmlinge in die mütterliche Familie gilt erst vom Inkrafttreten des B.G.B. an, nicht mit rückwirkender Kraft. Bei einem vor dem Inkrafttreten des B.G.B. eingetretenen Erbfalle z. B. bestimmt sich die Erbberechtigung des unehelichen Kindes und seiner Abkömmlinge ausschließlich nach den bisherigen Vorschriften.

3. Die rechtliche Stellung des vor dem Inkrafttreten des B.G.B. geborenen **unehelichen Kindes zu dem Vater und den Verwandten des Vaters.**

a) **Für die Erforschung der Vaterschaft** bleiben die bisherigen Rechte maßgebend. Wo mithin die Erforschung unzulässig war, wie im Gebiete des code civil, bleibt sie auch nachher bezüglich eines vor dem Inkrafttreten des B.G.B. geborenen Kindes unzulässig. Fraglich ist, ob das Verbot der Erforschung der Vaterschaft nur insoweit aufrecht erhalten ist, als es in den nach den Regeln des internationalen Privatrechts zur Anwendung kommenden Gesetzen (vergl. hierüber Vorbm. 5 vor Art. 153) enthalten ist oder ob auch der in der französischen und rheinisch-badischen Rechtsprechung aus dem Art. 340 des code civil abgeleitete und festgehaltene Grundsatz fortgilt, daß vor einem Gerichte, dessen Recht die Erforschung der Vaterschaft verbietet, über diese Frage auch dann nicht verhandelt werden könne, wenn das Kind unter der Herrschaft eines anderen Rechtes geboren ist, welches dieses Verbot nicht kennt. Für die letztere Alternative das O.L.G. Köln in Rechtspr. 2 S. 453, Habicht S. 662, Niedner Aufl. II S. 457, Brogsitter im „Recht“ 1901 S. 202. Wie indessen das R.G. in J.W. 1901 S. 477—479 in überzeugender Weise dargelegt hat, gilt das im Art. 340 des code civil enthaltene Verbot der Erforschung der Vaterschaft in seiner weiteren Bedeutung als zwingendes Verbot für das Recht des Prozeßgerichts nicht mehr. Zu dem gleichen Ergebnisse gelangt Kahn in Iherings Jahrb. 43 S. 407 ff. Mit Kahn S. 406 ist auch anzunehmen, daß § 12 des sächs. G.B. für die vor 1900 geborenen unehelichen Kinder seine Geltung verloren hat.

b) Für das Recht des Kindes, den Namen des Vaters zu führen, bleibt das bisherige Recht gleichfalls maßgebend. Da der Art. 208 nicht schlechthin für die Namensführung des unehelichen Kindes die bisherigen Gesetze aufrecht hält, sondern nur vom Rechte des Kindes, den Namen des Vaters zu führen, spricht, wird anzunehmen sein, daß das Kind berechtigt ist, auch den ihm nach § 1706 des B.G.B. gebührenden Namen zu führen.

c) Endlich bleibt das bisherige Recht auch für die Unterhaltspflicht des Vaters, d. h. desjenigen, welcher nach dem bisherigen Rechte als der Unterhaltspflichtige anzusehen ist, maßgebend.

Dies gilt zunächst für die Entstehung der Unterhaltspflicht. Wo nach dem bisherigen Rechte z. B. im Gebiete des bayer. L.R. die Unterhaltspflicht des Vaters durch die exceptio plurium nicht ausgeschlossen werden konnte, ist die Berufung auf diese Einrede auch künftig unstatthaft, wo nach bisherigem Rechte nur gewisse Kinder, z. B. die anerkannten, unterhaltsberechtigt waren, verbleibt es bei dieser Beschränkung.

Die Maßgeblichkeit des bisherigen Rechtes gilt ferner für den Inhalt, das Maß und die Dauer des Unterhaltsanspruchs, für das Verhältniß der Unterhaltspflicht des unehelichen Vaters zu der Unterhaltspflicht der Mutter und der mütterlichen Verwandten, für die Art der Gewährung des Unterhalts z. B. für die Frage, ob der Vater berechtigt ist, das Kind selbst aufzuziehen (Jahrb. d. K.G. 19 S. 41, Rechtspr. 2 S. 88; 3 S. 1), für die Frage, ob der Unterhalt auch für die Vergangenheit gefordert werden kann und für den Uebergang des Unterhaltsanspruchs und der Unterhaltspflicht auf die Erben. Es finden mithin die §§ 1708—1713 des B.G.B. keine Anwendung. Namentlich greift das im § 1713 Abs. 2 des B.G.B. zugelassene Abfindungsrecht des Erben des Vaters nicht Platz. Uebrigens wird in den Rechtsgebieten, in welchen, wie z. B. im bayer. L.R., ein Unterhaltsanspruch des Kindes gegen die Verwandten der Mutter nicht oder nur in beschränktem Umfang anerkannt war, die das Verhältniß der Unterhaltspflicht des Vaters zu der der mütterlichen Verwandten regelnden Vorschrift des § 1709 des B.G.B. entsprechend anwendbar sein; denn anders wird sich die jetzt in Folge der nunmehrigen Unterhaltspflicht dieser Verwandten (s. oben Nr. 2) ergebende Lücke nicht ausfüllen lassen.

Ob ein vor dem Inkrafttreten des B.G.B. geborenes uneheliches Kind auf den Unterhaltsanspruch entgeltlich oder unentgeltlich verzichten kann, ist eine den Unterhaltsanspruch selbst betreffende Frage und daher nach dem bisherigen Rechte zu entscheiden. Ist nach diesem ein solcher Verzicht möglich, so findet darauf der § 1714 Abs. 1 des B.G.B. Anwendung, nach welchem eine Vereinbarung zwischen dem Vater und dem Kinde über den Unterhalt für die Zukunft oder über eine an Stelle des Unterhalts zu gewährende Abfindung der Genehmigung des Vormundschaftsgerichts bedarf. Denn diese Vorschrift ist trotz der Stellung im Titel über die unehelichen Kinder eine Vorschrift des Vormundschaftsrechts, welche nach Art. 210 sofort Anwendung findet.

Wenn übrigens der Vater von der nach dem Obigen aufrecht erhaltenen Befugniß, das Kind zu sich zu nehmen und es selbst zu erziehen, Gebrauch machen will, so braucht sich dies die Mutter nicht gefallen zu lassen; denn nach Art. 208 Abs. 1 Satz 1 mit §§ 1707, 1631 des B.G.B. steht die Sorge für die Person des Kindes ihr zu. Das Kind verliert jedoch durch die Weigerung der Mutter den Unterhaltsanspruch gegen den Vater. Unter Umständen kann in der Weigerung der Mutter ein Mißbrauch ihres Rechtes liegen und das Vormundschaftsgericht berechtigt sein, der Mutter das Erziehungsrecht nach § 1666 des B.G.B. zu entziehen und das Kind dem Vater zu geben.

d) In den sämmtlichen übrigen Beziehungen gilt auch für das Verhältniß des unehelichen Kindes zu seinem Vater und dessen Verwandten das B.G.B. Die wichtigsten Folgerungen hieraus sind folgende:

Das Kind gilt auch in denjenigen Rechtsgebieten, in welchen bisher zwischen ihm und seinen Abkömmlingen einerseits und dem Vater und dessen Verwandten andererseits familienrechtliche Beziehungen anerkannt waren, mit dem Vater und dessen Verwandten nicht als verwandt (§ 1589 Abs. 2 des B.G.B.). Soweit in den bisherigen Gesetzen eine Unterhaltspflicht der Verwandten des Vaters gegenüber dem Kinde begründet war, fällt sie mit dem 1. Januar 1900 hinweg; dies ist z. B. für das Gebiet des bayer. L.R. von Bedeutung, in welchem der Vater des unehelichen Vaters dem Kinde gegenüber subsidiär unterhaltspflichtig war. Die Unterhaltspflicht der väterlichen Verwandten fällt auch dann weg, wenn der Verwandte vor dem Inkrafttreten des B.G.B. schon rechtskräftig verurtheilt worden ist (vergl. hierzu auch Vorbm. 3

vor Art. 203); die Aufhebung des Urtheils kann durch Klage nach § 323 oder durch Widerspruchsklage nach § 767 der C.P.O. herbeigeführt werden (so auch Gaupp-Stein Note 4, a. A. Seuffert (8. Aufl.) Note 3 zu § 323 C.P.O.).

Das Kind ist ferner gegenüber dem Vater und dessen Verwandten nicht mehr erbberechtigt, ebensowenig findet ein Erbrecht des Vaters oder seiner Verwandten gegenüber dem Kinde statt. Es sind also z. B. das gemeinrechtliche Erbrecht der Konkubinenkinder, das im preuß. L.R. bestimmte Wahlrecht der unehelichen Kinder beim Mangel ehelicher zwischen ein Sechstel der Erbschaft und Fortgewährung der Alimente, das französischrechtliche Verbot, daß der Vater dem Kinde nur einen gewissen Theil des Nachlasses zuwenden darf, beseitigt, letzteres Verbot auch in Ansehung der vor dem 1. Januar 1900 errichteten Verfügungen von Todeswegen.

4. Eine Ausnahme macht der Abs. 2 bezüglich derjenigen unehelichen Kinder, welchen das bisherige Recht aus einem besonderen Grunde, insbesondere wegen Erzeugung im Brautstande, eine andere günstigere Stellung einräumt als den übrigen unehelichen Kindern. Soweit solche Kinder nach bisherigem Rechte die rechtliche Stellung von ehelichen Kindern haben, z. B. in Ansehung der Namensführung, des Erbrechts, verbleibt ihnen diese Stellung auch gegenüber den Vorschriften des B.G.B. Diese Ausnahmestellung kommt nicht nur den vor dem Inkrafttreten des B.G.B. schon geborenen, sondern auch den vorher erzeugten Kindern zu. Zweifelhaft ist, ob, wenn die Erzeugung als vor dem Inkrafttreten des B.G.B. erfolgt gelten soll, die ganze gesetzliche Empfängnißzeit vor dem 1. Januar 1900 liegen muß oder ob, wenn sie theils in die Zeit vorher, theils in die Zeit nachher fällt, doch noch der Beweis zulässig ist, daß die Erzeugung vorher erfolgt sei. Die Frage dürfte dahin zu entscheiden sein, daß der letztgedachte Beweis zwar zulässig ist, aber nur dadurch geführt werden kann, daß sowohl die Beiwohnung innerhalb der Empfängnißzeit vor dem 1. Januar 1900 nachgewiesen, als auch weiter bewiesen wird, daß nach diesem Zeitpunkt eine Beiwohnung nicht stattgefunden hat. Der letztgedachte Beweis kann durch den Beweis ersetzt werden, daß es offenbar unmöglich ist, daß die Mutter aus einer nach dem 1. Januar 1900 erfolgten Beiwohnung empfangen habe (§ 1717).

In Ansehung der bezeichneten Kinder bleibt das bisherige Recht auch insoweit maßgebend, als es dem Vater und der Mutter des Kindes die Pflichten und Rechte ehelicher Eltern zubilligt. Dies gilt aber nur für die Frage, welche Rechte und Pflichten der Vater und die Mutter haben. Der Inhalt der Rechte und Pflichten bestimmt sich gemäß Art. 203 nach dem B.G.B. Das Verhältniß ist also dasselbe, wie im Falle des Art. 207 (s. Erl. zu diesem).

Die Vorschrift des Abs. 2 ist z. B. für das sächs. Recht von Bedeutung (vergl. sächs. A.G. §§ 36, 53 Abs. 2, Weimar A.G. § 198). Auf die legitimirten Kinder findet der Abs. 2 keine Anwendung, für sie gilt der Art. 209.

5. Die Frage, ob ein vor dem Inkrafttreten des B.G.B. geborenes Kind ein eheliches oder ein uneheliches ist, bestimmt sich ausschließlich nach dem bisherigen Rechte. Dies ist z. B. für die Dauer der Empfängnißzeit, für die Vermuthung der Ehelichkeit eines von einer Ehefrau geborenen Kindes rc. maßgebend. Dagegen ist, wenn das Kind nach dem Inkrafttreten des B.G.B. geboren worden ist, für die Frage, ob es ein eheliches oder ein uneheliches ist, das neue Recht in allen Beziehungen, z. B. für die Empfängnißzeit, für die Bedeutung einer Anerkennung (§§ 1598, 1718, 1720 Abs. 2 des B.G.B.) auch dann maßgebend, wenn die Empfängnißzeit ganz oder theilweise in die Zeit vor dem 1. Januar 1900 fällt. Hierüber s. auch Vorbm. vor Art. 203.

6. Der Abs. 3 des Art. 208 bezweckt, den Zweifel darüber abzuschneiden, ob für ein nach den französischen oder badischen Gesetzen anerkanntes Kind die Vorschriften des Art. 208 Abs. 1 oder des Art. 209 maßgebend sind. Wenn man die Anerkennung nicht als ein bloßes Geständniß, sondern als einen rechtsgeschäftlichen Akt betrachtet, wäre der Zweifel möglich, ob dieser Akt nicht als eine Art Legitimation im Sinne des Art. 209 aufzufassen ist. Die Folge davon, daß der Abs. 3 auf die nach den französischen oder badischen Gesetzen anerkannten Kinder die Vorschriften des Abs. 1 Anwendung finden läßt, ist insbesondere, daß das Erziehungsrecht und der Unterhaltsanspruch des Vaters sowie das gegenseitige Erbrecht wegfallen. Im Uebrigen ergiebt sich aus dem Abs. 3, daß es für die Anwendbarkeit der Vorschriften des Abs. 1 keinen Unterschied macht, ob die Vaterschaft ausdrücklich anerkannt bezw. durch Urtheil festgestellt ist oder nicht. Auch wenn die Vaterschaft durch Urtheil festgestellt und dabei dem Kinde, wie es in der preußischen Praxis nicht selten war, sein Erbrecht gegen den Vater ausdrücklich vorbehalten war, fällt dieses Erbrecht mit dem Inkrafttreten des B.G.B. weg (Rechtspr. 3 S. 119).

7. Für die Ansprüche der geschwängerten oder der geschwächten Frau aus der vor dem Inkrafttreten des B.G.B. stattgefundenen Beiwohnung sind lediglich die Gesetze maßgebend, welche zur Zeit der Beiwohnung gegolten haben. Der gemeinrechtliche Deflorationsanspruch ist also bestehen geblieben, das bisherige Recht ist auch für die Frage der Uebertragbarkeit und der Vererblichkeit des Deflorationsanspruchs entscheidend. Wenn die Entbindung

Artikel 209.

Inwieweit ein vor dem Inkrafttreten des Bürgerlichen Gesetzbuchs legitimirtes oder an Kindesstatt angenommenes Kind die rechtliche Stellung eines ehelichen Kindes hat und inwieweit der Vater und die Mutter die Pflichten und Rechte ehelicher Eltern haben, bestimmt sich nach den bisherigen Gesetzen.

---

nach dem 31. Dezember 1899 erfolgt ist, stehen jedoch der Frau die im § 1715 des B.G.B. bestimmten Ansprüche in jedem Falle zu, auch wenn das bisherige Recht der Frau geringere oder weitergehende Ansprüche gewährte oder solche Ansprüche nicht kannte. Nur wenn der Frau ein Deflorationsanspruch nach den bisherigen Gesetzen lediglich unter der Voraussetzung zusteht, daß die Schwächung oder Schwängerung im Brautstand erfolgt ist, entscheidet das zur Zeit der Auflösung des Brautstandes geltende Recht über den der Frau aus der Schwächung oder Schwängerung zustehenden Anspruch; s. hierüber Vorbm. vor Art. 198.

Artikel 209.

E. d. E.G. I Art. 127; II Art. 179; III Art. 208. P. I S. 13127, 13136, 13141; M. d. E.G. S. 302. P. II S. 9108 (Bd. 6 S. 556).

Der Art. 209 betrifft die rechtliche Stellung der legitimirten und der angenommenen Kinder.

1. Die Gültigkeit der Legitimation und der Annahme an Kindesstatt bestimmt sich, je nachdem die Legitimation oder die Annahme vor oder nach dem Inkrafttreten des B.G.B. erfolgen, nach den bisherigen Gesetzen oder dem B.G.B. Dies gilt für die formellen wie für die materiellen Voraussetzungen.

a) Bei der Legitimation durch nachfolgende Ehe sind mithin, wenn die Eheschließung vor dem 1. Januar 1900 erfolgte, die bisherigen Gesetze maßgebend, wenn sie später erfolgt, das B.G.B. und zwar im letzeren Falle ohne Rücksicht darauf, wann das Kind geboren worden ist. Hat die Eheschließung vor dem 1. Januar 1900 stattgefunden, so beantwortet sich nach dem bisherigen Rechte z. B., ob das Kind legitimationsfähig ist, ob eine Vermuthung für die Vaterschaft des Ehemanns der Mutter besteht, ob die Eheschließung der Eltern genügt oder außerdem eine Anerkennung erforderlich ist. Verlangt ein Recht, wie das französische, zur Legitimation die Anerkennung vor der Eheschließung oder in der Heirathsurkunde, so kann die mangelnde Anerkennung nach dem Inkrafttreten des B.G.B. nicht durch eine den Vorschriften des § 1720 des B.G.B. entsprechende Anerkennung ersetzt werden. (So auch Habicht S. 646, Niedner Aufl. II S. 458, Rechtspr. 1 S. 189, Grüninger bad. Rechtspraxis 1900 S. 58). Die Frage ist übrigens von Bayern Ueb.G. Art. 141 und Hessen, Ges. v. 7. Juli 1900 geregelt worden. Für Preußen vergl. A.G. Art. 71 § 1.

b) Bei der Legitimation durch Ehelichkeitserklärung ist der für die Anwendbarkeit des alten und des neuen Rechtes maßgebende Zeitpunkt der Zeitpunkt, in welchem die Ehelichkeitserklärung in Wirksamkeit tritt (Bd. IV S. 487 f. Erl. zu § 1736).

c) Ob ein Kind vor dem Inkrafttreten des B.G.B. an Kindesstatt angenommen ist, bestimmt sich nach dem bisherigen Rechte. Ist nach diesem zu der Annahme an Kindesstatt außer dem Annahmevertrage noch die Bestätigung einer Behörde erforderlich, so ist die Annahme an Kindesstatt nur dann als vor dem Inkrafttreten des B.G.B. erfolgt anzusehen, wenn auch die Bestätigung vor diesem Zeitpunkt erfolgt ist. Möglich ist zwar auch die Auffassung, daß die Bestätigung nur die Bedeutung einer Thatsache hat, von deren Eintritte wie von dem Eintritt einer Bedingung die an sich durch den Annahmevertrag begründete rechtliche Wirkung abhängt. Bei dieser Auffassung bleibt die durch den Annahmevertrag bereits begründete rechtliche Stellung auch nach dem Inkrafttreten des B.G.B. bestehen. Die Bestätigung kann noch nach Maßgabe des bisherigen Rechtes erfolgen, und mit ihr tritt die Wirkung der Annahme an Kindesstatt nach Maßgabe des bisherigen Rechtes ein (über eine ähnliche Frage in Betreff der Entstehung einer Stiftung s. Erl. 1 zu Art. 163, Bd. VI S. 264). Ob diese Auffassung zu Grunde zu legen ist, bestimmt sich nach dem bisherigen Rechte. Einzelne A.G. stehen auf diesem Standpunkte; s. sächs. V. v. 24. Juli 1899 § 127; Elsaß-Lothringen A.G. zum freiw. G.G. § 74.

Die Annahme an Kindesstatt, welche in einer vor dem Inkrafttreten des B.G.B. errichteten letztwilligen Verfügung enthalten ist, ist wirkungslos, wenn der Erblasser erst nach dem Inkrafttreten des B.G.B. stirbt, da diese Form der Annahme dem B.G.B. fremd und für die Wirksamkeit einer letztwilligen Verfügung das im Zeitpunkte des Todes geltende Recht maßgebend ist (M. d. E.G. S. 302).

2. Die Wirkungen der vor dem Inkrafttreten des B.G.B. erfolgten Legitimation und Annahme an Kindesstatt unterstehen gleichfalls dem bisherigen Rechte. Dieses entscheidet, inwieweit die legitimirten oder angenommenen Kinder die rechtliche Stellung eines ehelichen Kindes haben und inwieweit der Vater und die Mutter die Pflichten und die Rechte ehelicher Eltern haben. Der Inhalt der dem Vater und der Mutter nach den bisherigen Gesetzen zustehenden Rechte und Pflichten ehelicher Eltern aber bestimmt sich gemäß Art. 203 von dem Inkrafttreten des B.G.B. an nach dessen Vorschriften.

Die Tragweite der Aufrechterhaltung der bisherigen Gesetze für die Wirkungen der Legitimation und der Annahme an Kindesstatt ist bestritten. Zweifellos ist, daß das bisherige Recht für die Wirkungen jedenfalls insoweit maßgebend bleibt, als sich nach ihm richtet, ob das Kind in das Verhältniß eines ehelichen Kindes lediglich zu dem Legitimirenden oder Annehmenden oder auch zu dessen Ehegatten und ob es in den Familienverband lediglich mit diesen Personen oder auch mit den Verwandten derselben tritt. Dagegen ist zweifelhaft, ob, wenn nach dem hiernach maßgebenden bisherigen Rechte ein Familienverhältniß zwischen dem Legitimirten oder Angenommenen und einer anderen Person entsteht, sich der gesammte Inhalt dieses Verhältnisses ausschließlich nach dem B.G.B. bestimmt, so daß z. B. die Bestimmung des preußischen L.R. und des sächs. G.B., daß der Annehmende die elterliche Nutznießung und Vermögensverwaltung nicht hat, beseitigt ist, oder ob das bisherige Recht auch insoweit aufrecht bleibt, als es dem Familienverhältnisse zum Theile einen weiteren, zum Theile einen engeren Inhalt als das B.G.B. beilegt, so daß z. B. im Gebiete des preuß. und des sächs. Rechtes zwar die Bestimmungen des B.G.B. über die elterliche Gewalt auf die dem Annehmenden nach diesen Rechten zustehende Sorge für die Person Anwendung finden, dagegen dem Annehmenden die Vermögensverwaltung und die Nutznießung nicht gebühren. Die erstere Ansicht wird in den M. d. E.G. S. 302 und von Niedner Aufl. II Erl. 2, Staudinger Note 3, Stranz=Gerhard S. 30 vertreten; für die letztere Ansicht Habicht S. 652 und Gruchot 42 S. 423ff., Kuhlenbeck E.G. S. 296, Scherer, J.W. 1900 S. 820. Die Streitfrage ist auch für das Erbrecht von Bedeutung. Vom Standpunkte der ersteren Ansicht aus besteht nunmehr ein Erbrecht und ein Pflichttheilsrecht des Angenommenen gegenüber dem Annehmenden (§§ 1757, 1759 des B.G.B.). Nach der letzteren Ansicht dagegen verbleibt es bei dem bisherigen Rechte; im bisherigen Geltungsgebiete des gemeinen Rechtes besteht also z. B. im Falle der Arrogation und der adoptio plena ein gegenseitiges Erb= und Pflichttheilsrecht zwischen dem Annehmenden und dem Angenommenen, im Falle der adoptio minus plena besteht nur für den Angenommenen ein Erbrecht; ein Pflichttheilsrecht steht dem Angenommenen nicht zu.

Für die letztere Ansicht spricht nicht nur die Fassung des Art. 209 („inwieweit der Vater und die Mutter . . .“), sondern auch der Zweck der Aufrechterhaltung der bisherigen Gesetze. Es sollen dem durch die Legitimation und die Annahme an Kindesstatt künstlich geschaffenen Familienverhältnisse nicht weitergehende Wirkungen, als ihm bisher zukamen, beigelegt werden. Bei der ersteren Ansicht würde dieser Zweck nicht erreicht. Das B.G.B. läßt im § 1767 zu, daß im Annahmevertrage die Nutznießung des Annehmenden und das Erbrecht des Angenommenen ausgeschlossen werden. Wie Habicht mit Recht betont, ist nicht einzusehen, warum in Rechtsgebieten, nach deren bisherigem Rechte dem Annehmenden die elterliche Nutznießung nicht gewährt war und in denen daher alle Annahmeverträge stillschweigend den Ausschluß der Nutznießung enthalten, in Folge des Eintritts des B.G.B. die Annahme nunmehr weitergehende Wirkungen haben soll.

Soweit hiernach die Wirkungen der Annahme an Kindesstatt nach dem bisherigen Rechte hinter denen des B.G.B. zurückbleiben, kann eine Annahme an Kindesstatt auf Grund der Vorschriften des B.G.B. zur Ergänzung des bisherigen Rechtsverhältnisses vorgenommen werden (Neumann S. 1486).

In erbrechtlicher Hinsicht sind übrigens für einen nach dem 1. Januar 1900 eintretenden Erbfall die Vorschriften des bisherigen Rechtes nur insoweit aufrecht erhalten, als sie dem legitimirten oder angenommenen Kinde oder dem Vater oder der Mutter bezw. dem Annehmenden oder dessen Ehegatten ein Erbrecht oder Pflichttheilsrecht geben oder versagen. Dagegen sind sie z. B. beseitigt, soweit sie bestimmt sind, dem Schutze des Erbrechts der Verwandten oder des Ehegatten des Legitimirenden oder Annehmenden zu dienen (vergl. M. V S. 987, 988, Habicht S. 653).

Aus dem Satze, daß die bisherigen Gesetze dafür maßgebend sind, inwieweit dem Angenommenen die rechtliche Stellung eines ehelichen Kindes zukommt, ergiebt sich, daß das bisherige Recht auch dafür maßgebend ist, inwieweit die Abkömmlinge des Angenommenen von des Annahme betroffen werden (vergl. § 1762 des B.G.B.). Soweit sich hiernach die Wirkungen der Annahme auf einen Abkömmling des Angenommenen erstrecken, richtet sich die rechtliche Stellung des Abkömmlinges zu dem Annehmenden vom Inkrafttreten des B.G.B. an lediglich nach dessen Vorschriften; dies ist insbesondere für die Unterhaltspflicht, das Namensrecht und das Erb= und Pflichttheilsrecht von Bedeutung.

3. Die Aufhebung des durch die Legitimation oder Annahme entstandenen Rechtsverhältnisses bestimmt sich vom Inkrafttreten des B.G.B. an nach dessen Vorschriften. Die Anfechtung oder sonstige Geltendmachung der Ungültigkeit der Legitimation oder Annahme an Kindesstatt bestimmt sich dagegen in materieller Hinsicht nach dem bisherigen Rechte, z. B. in Bezug auf die Frage, ob das landesherrliche Reskript bei der Legitimation nur wie im B.G.B. die Bedeutung eines Erfordernisses der Legitimation hat oder ob ihm etwa eine Mängel heilende Wirkung zukommt, ferner ob bei der Legitimation durch nachfolgende Ehe die Unehelichkeit von Jedem oder nur von gewissen Personen geltend gemacht werden kann, ob die exceptio plurium concumbentium vorgeschützt werden darf. In Bezug auf das Verfahren sind die Vorschriften der C.P.O. §§ 640 ff. maßgebend.

4. Das B.G.B. kennt die Pflegekindschaften, wie sie im preuß. L.R. II 2 §§ 753 bis 773 und im französisch=badischen Rechte (code civil Art. 361—370) anerkannt sind, nicht. Die früheren Pflegekindschaftsverhältnisse haben in Folge dessen beim Schweigen des E.G. über sie ihre familienrechtlichen Wirkungen vom 1. Januar 1900 an verloren (M. des E.G. S. 302).

5. Das E.G. übergeht endlich auch die Einkindschaftsverhältnisse mit Stillschweigen.

Das B.G.B. kennt die Einkindschaft nicht (s. Bd. IV S. 262 und M. IV S. 486—491). Von manchen der bisherigen Partikularrechte sind mit der Einkindschaft lediglich vermögensrechtliche Wirkungen verknüpft worden. Die Mehrzahl der bisherigen Rechte betrachtet aber die Einkindschaft als einen familienrechtlichen Akt und verbindet mit ihr die Wirkungen des Elternrechts. Der Stiefelterntheil wird in Folge der Einkindschaft zu den eingekindschafteten Kindern in das Rechtsverhältniß eines leiblichen Elterntheils gebracht. Ueber die bisherigen Rechte vergl. Roth, Deutsch. Priv.Recht Bd. 2 § 157, bayer. Civ.Recht 2. Auflage Bd. 1 § 93, Stobbe=Lehmann Bd. 4 §§ 305, 306.

Die M. des E.G. S. 288 bemerken: „Einkindschaftsverträge, welche vor dem Inkrafttreten des B.G.B. eingegangen worden sind, werden nach den bisherigen Rechten beurtheilt. Von den Wirkungen fallen jedoch die persönlichen, dem Elternrecht angehörenden Wirkungen dem Art. 121 (nunmehr Art. 203) zufolge mit dem Inkrafttreten des B.G.B. fort. Wie es mit der durch die Einkindschaft begründeten Unterhaltspflicht sich verhält, ist nicht zweifellos. Gewichtige Gründe sprechen für deren fernere Aufrechterhaltung."

Unzweifelhaft und unbestritten ist, daß die vermögensrechtlichen Wirkungen des Einkindschaftsvertrags durch den Eintritt des B.G.B. nicht berührt werden. Denn in vermögensrechtlicher Beziehung hat der Einkindschaftsvertrag den Charakter eines Erbvertrags bezw. Erbverzichts und die Wirksamkeit eines Erbvertrags oder Erbverzichtvertrags, der vor dem Inkrafttreten des B.G.B. geschlossen worden ist, bestimmt sich, auch wenn der Erblasser nach diesem Zeitpunkte stirbt, gemäß Art. 214, 217 nach den bisherigen Gesetzen. Es bleibt also insbesondere das Erbrecht der eingekindschafteten Kinder gegenüber dem Stiefelterntheil und ihr Anspruch auf den Voraus nach Maßgabe der bisherigen Gesetze unberührt. Nicht unzweifelhaft ist, ob auch die durch den Einkindschaftsvertrag begründete gegenseitige Unterhaltspflicht bestehen bleibt. Man kann sie als eine Folge des durch die Einkindschaft begründeten persönlichen Verhältnisses ansehen. Bei dem engen Zusammenhang aber, in dem die Unterhaltspflicht mit den durch den Einkindschaftsvertrag begründeten vermögensrechtlichen Wirkungen steht, dürften überwiegende Gründe dafür sprechen, sie ebenso wie diese zu behandeln.

Dagegen ist sehr zweifelhaft, wie es sich mit den familienrechtlichen Wirkungen der Einkindschaft verhält. Die M. des E.G. gehen nach dem oben Bemerkten davon aus, daß die familienrechtlichen Wirkungen der Einkindschaft wegfallen. Die zweite Kommission hat den Standpunkt der Motive zwar nicht ausdrücklich gebilligt, aber auch nicht mißbilligt. Nach den M. des E.G. fällt mithin die Einkindschaft überhaupt nicht unter den Art. 209. Wenn indessen die Einkindschaft nach dem bisherigen Rechte lediglich als eine Unterart der Annahme an Kindesstatt aufzufassen ist, so wird sie, eben weil sie Annahme an Kindesstatt ist, durch den Art. 209 gedeckt. Es ist aber sehr fraglich, ob die bisherigen Gesetze die Einkindschaft wirklich als eine Unterart der Annahme an Kindesstatt betrachten. Das bayer. oberste Landesgericht (Sammlung Bd. 1 S. 345 Seuff. Arch. 56 Nr. 80) hat die Frage für die fränkische Landgerichtsordnung bejaht, allein die in der fränkischen Landgerichtsordnung sich findenden Vergleiche der Einkindschaft mit einer Adoption und der eingekindschafteten Kinder mit adoptirten Kindern dürften noch nicht zur Bejahung der Frage ausreichen. Die M. des E.G. beruhen offenbar auf der Anschauung, daß die Einkindschaft ein selbständiges deutschrechtliches Institut, in keinem Rechtsgebiet aber eine Unterart der Annahme an Kindesstatt ist. Wenn die Einkindschaft auch die gleichen Ziele erreicht, wie die Annahme an Kindesstatt, so verfolgt sie dieselben doch aus einem anderen Grunde. Die Annahme soll Ersatz für fehlende und nicht mehr zu erhoffende Kinder schaffen, bei der

Artikel 210.

Auf eine zur Zeit des Inkrafttretens des Bürgerlichen Gesetzbuchs bestehende Vormundschaft oder Pflegschaft finden von dieser Zeit an die Vorschriften des Bürgerlichen Gesetzbuchs Anwendung. Ist die Vormundschaft wegen eines körperlichen Gebrechens angeordnet, so gilt sie als eine nach §. 1910 Abs. 1 des Bürgerlichen Gesetzbuchs angeordnete Pflegschaft. Ist die Vormundschaft wegen Geistesschwäche angeordnet, ohne daß eine Entmündigung erfolgt ist, so gilt sie als eine nach §. 1910 Abs. 2 des Bürgerlichen Gesetzbuchs für die Vermögensangelegenheiten des Geistesschwachen angeordnete Pflegschaft.

Die bisherigen Vormünder und Pfleger bleiben im Amte. Das Gleiche gilt im Geltungsbereiche der preußischen Vormundschaftsordnung vom 5. Juli 1875 für den Familienrath und dessen Mitglieder. Ein Gegenvormund ist zu entlassen, wenn nach den Vorschriften des Bürgerlichen Gesetzbuchs ein Gegenvormund nicht zu bestellen sein würde.

Einkindschaft rechnet man damit, daß noch leibliche Kinder der einkindschaftenden Eltern geboren werden, es soll nur die Abtheilung vermieden und die wirthschaftliche Existenz der Familie im bisherigen Bestand erhalten werden. Die Partikularrechte, denen die Einkindschaft bekannt ist, lassen deshalb alle gleichzeitig auch eine Annahme an Kindesstatt im eigentlichen Sinne des Wortes zu. In der neueren Literatur des bisherigen Rechtes wird überwiegend verneint, daß die Einkindschaft eine Art der Annahme an Kindesstatt ist. Vergl. Eccius preuß. Privatrecht Bd. 4 § 221 Note 19, Meyer die Einkindschaft (1900) S. 91; a. A. Dernburg preuß. Privatr. Bd. 3 § 65 Note 4, § 67 Note 5.

Man könnte daran denken, daß im Sinne des Art. 209 unter Annahme an Kindesstatt auch die Einkindschaft als solche zu verstehen ist, so daß alle Einkindschaftungen ohne Rücksicht darauf, ob sie auch das bisherige Recht als Annahme an Kindesstatt auffaßt, unter den Art. 209 fallen und ihre Wirkungen durch ihn aufrecht erhalten bleiben würden. Allein mit Rücksicht auf die erwähnte ausdrückliche Bemerkung der Motive wird man dieser Ansicht nicht beitreten können.

Fallen die familienrechtlichen Wirkungen der Einkindschaft hinweg, so muß, wenn das eingekindschaftete Kind beim Inkrafttreten des B.G.B. auf Grund der bisherigen Gesetze unter der elterlichen Gewalt eines Anderen als seines leiblichen Vaters, also unter der Gewalt des Stiefvaters oder unter der Gewalt der leiblichen wiederverheiratheten, wenn auch wieder verwittweten Mutter oder der Stiefmutter sich befindet, über das Kind mit dem Inkrafttreten des B.G.B. eine Vormundschaft angeordnet werden. Ist man dagegen der Ansicht, daß die familienrechtlichen Wirkungen der Einkindschaft bestehen bleiben, so bleibt nicht nur die elterliche Gewalt des Stiefvaters, sondern auch die elterliche Gewalt der Stiefmutter, wo sie bisher bestand, bestehen und zwar auch dann, wenn der Vater erst nach dem Inkrafttreten des B.G.B. stirbt.

Ueberwiegende Gründe dürften für den Standpunkt der Motive sprechen, wenn auch nicht zu verkennen ist, daß die Ergebnisse, zu denen dieser Standpunkt führt, harte sind.

Soviel bekannt, ist die Praxis in Preußen und Hessen schwankend. In Bayern hat das Justizministerium den Vormundschaftsgerichten anempfohlen, sich auf den Standpunkt der Motive zu stellen, jedoch wenn irgend möglich, den Elterntheil, welcher die elterliche Gewalt verliert, als Vormund zu bestellen. Die bayer. Gerichte sind diesem Rathe, soviel ersichtlich, überall gefolgt.

In der Literatur wird von Niedner Aufl. II S. 459 der Standpunkt der M. d. E.G. vertheidigt. Habicht S. 654 vertritt den Standpunkt, daß, wenn die Einkindschaft nach dem bisherigen Rechte elternrechtliche Wirkungen erzeugte, diese zufolge des Art. 209 bestehen bleiben. Uebereinstimmend wohl Staudinger Bem. V zu Art. 209, Kuhlenbeck S. 296, Löwenbach, westfälisches Güterrecht (1901) S. 87.

Artikel 210.

E. d. E.G. I Art. 99, 128; II Art. 180; III Art. 209. P. I S. 13141; M. d. E.G. S. 248, 303. P. II S. 8991, 9108, 9216, 9241 (Bd. 6 S. 489, 557, 620, 636).

Literatur: Thümen, die Ueberleitung der preußischen Vormundschafts- und Pflegschaftssachen in das neue Recht, in Gruchot 43 S. 591; Kurtz, das Verfahren der Vormundschaftsgerichte und ihrer Organe bei der Ueberleitung in den Rechtszustand des B.G.B.; Schultetus, Vormundschaftsrecht S. 230—242.

Der Art. 210 unterwirft die am 1. Januar 1900 bestehenden Vormundschaften und Pflegschaften dem neuen Rechte.

1. Nach Abs. 1 Satz 1 finden auf bestehende Vormundschaften und Pflegschaften vom Inkrafttreten des B.G.B. an dessen Vorschriften Anwendung. Hieraus folgt zunächst, daß die Voraussetzungen der Vormundschaften und Pflegschaften sich nach dem B.G.B. (§§ 1773, 1896, 1909—1914) richten.

Es muß demnach über Personen, welche zwar nicht nach dem bisherigen, dagegen nach dem neuen Rechte unter Vormundschaft oder Pflegschaft zu stellen sind, eine Vormundschaft oder Pflegschaft angeordnet werden. Dies trifft z. B. von Minderjährigen zu, die nach dem bisherigen Rechte aus der elterlichen Gewalt entlassen worden sind und gemäß Art. 203 in die elterliche Gewalt zurückkehren würden, deren Eltern aber gestorben sind, ferner von minderjährigen unehelichen Kindern, wenn nach dem bisherigen Rechte die Mutter über sie die elterliche Gewalt hatte, von eingekindschafteten Kindern, wenn über sie bisher der Stiefvater die Gewalt ausgeübt hat (vergl. indessen hierzu die Erl. zu Art. 209). Umgekehrt hört die Vormundschaft oder Pflegschaft auf, wenn die Vormundschaft oder Pflegschaft nach dem B.G.B. nicht anzuordnen ist. Es endigt deshalb z. B. die Vormundschaft über einen Minderjährigen, welcher nach Art. 203 unter die elterliche Gewalt der Mutter kommt, ferner die gesetzliche Vormundschaft des Vaters über seine emanzipirten minderjährigen Kinder und die gesetzliche Vormundschaft der Mutter über ihr uneheliches Kind nach preuß. Rechte, die gesetzliche Vormundschaft des Vaters oder der Mutter über ihre Kinder nach Auflösung der Ehe im französ. Rechte, die im Gebiete des gemeinen Rechtes nicht selten bestellte Vormundschaft über einen Volljährigen, welcher sich freiwillig unter Vormundschaft gestellt hat, die Pflegschaft, welche zur Verwaltung eines nach dem bisherigen Rechte freien, nach dem B.G.B aber der elterlichen Vermögensverwaltung unterworfenen Vermögens des Kindes bestellt worden ist (Rechtspr. 2 S. 473). Als eine nach dem B.G.B. unzulässig und deshalb mit dessen Inkrafttreten endigende Pflegschaft ist auch die Pflegschaft anzusehen, welche für einen Volljährigen, dem durch Verfügung des Zuwenders die Verwaltung des zugewendeten Vermögens entzogen worden war, auf Grund des bisherigen Rechtes bestellt war. Das B.G.B. ermöglicht die Entziehung der Vermögensverwaltung in solchem Falle durch die Anordnung einer Testamentsvollstreckung (s. Erl. 5 zu § 1909 des B.G.B.). Die vor dem 1. Januar 1900 erfolgte Entziehung der Vermögensverwaltung durch Anordnung einer Pflegschaft kann von dieser Zeit an in dieser Form nicht aufrecht erhalten werden. Die Anordnung der Bestellung einer Pflegschaft kann aber möglicherweise dadurch aufrechterhalten werden, daß sie als Anordnung einer Testamentsvollstreckung verbunden mit dem Ersuchen an das Gericht, den Vollstrecker zu bestellen, aufgefaßt wird. Eine solche Umdeutung ist aber, da für die erbrechtlichen Verhältnisse nach Art. 213 die bisherigen Gesetze in Kraft bleiben, nur zulässig, wenn die bisherigen Gesetze die Anordnung einer Testamentsvollstreckung mit der hier fraglichen Wirkung sowie das Ersuchen an das Gericht, den Vollstrecker zu bestellen, zulassen. Etwas weitergehend Jahrb. d. K.G. Bd. 20 A. S. 21, Habicht S. 671, Niedner Aufl. II S. 460.

Die Vormundschaften, welche in Folge der Ueberleitung wegfallen, endigen kraft Gesetzes. Für die Pflegschaften dagegen kommt in Betracht, daß nach § 1919 des B.G.B. die Beendigung der Pflegschaft regelmäßig eine Aufhebung durch das Vormundschaftsgericht voraussetzt. Auch die Folgen der Beendigung der Vormundschaft oder Pflegschaft unterstehen dem neuen Rechte; für die Rechnungspflicht des Vormundes oder Pflegers z. B. sind demnach die §§ 1890 ff. des B.G.B. maßgebend. Dagegen richtet sich nach dem alten Rechte, ob überhaupt eine Rechenschaftspflicht besteht; vergl. hierzu Art. 69 § 3 des preuß. A.G. z. B.G.B., nach welchem die die elterliche Gewalt überkommende Mutter für die Zeit ihrer vormundschaftlichen Verwaltung keine Schlußrechnung beim Eintritte des B.G.B., sondern erst beim Aufhören der elterlichen Vermögensverwaltung auch über die vormundschaftliche Rechenschaft zu legen hat.

2. Das B.G.B. ist auch für die Unterscheidung zwischen Vormundschaft und Pflegschaft maßgebend. Die nach der preuß. Vormundschaftsordnung angeordnete Vormundschaft über einen Abwesenden verwandelt sich daher in eine Abwesenheitspflegschaft. Das Gleiche gilt von einer nach sächs. Rechte bestellten Abwesenheitsvormundschaft. Gemeinrechtlich hat man z. B. in Bayern mit dem Ausdrucke „Pflegschaft" regelmäßig die Fälle umfaßt, welche das B.G.B. nunmehr Vormundschaft nennt. Bei derartigen Pflegschaften ist künftig entsprechend den Vorschriften des B.G.B. zu unterscheiden, ob sie Vormundschaften oder Pflegschaften sind.

3. Daß das B.G.B. für die Unterscheidung zwischen Vormundschaft und Pflegschaft maßgebend ist, hat im Abs. 2 Satz 2, 3 eine ausdrückliche Anerkennung gefunden. Danach verwandelt sich die nach dem bisherigen Rechte z. B. der preuß. Vormundschaftsordnung und dem sächs. Rechte wegen eines körperlichen Gebrechens angeordnete Pflegschaft in eine nach § 1910 Abs. 1 des B.G.B. angeordnete Pflegschaft und eine nach dem bisherigen Rechte wegen Geistesschwäche angeordnete Vormundschaft gilt, wenn die Vormundschaft angeordnet worden ist, ohne

daß vorher oder gleichzeitig eine Entmündigung erfolgt ist, als eine nach § 1910 Abs. 2 des B.G.B. für die Vermögensangelegenheiten des Geistesschwachen angeordnete Pflegschaft. Hieraus folgt namentlich, daß sie auf Antrag des Pflegebefohlenen wieder aufzuheben sind (§ 1920 des B.G.B.). Aus der Umwandelung dieser Vormundschaften in Pflegschaften ergiebt sich zugleich, daß, soweit nach dem bisherigen Rechte mit der Bestellung der Vormundschaft eine Beschränkung der Geschäftsfähigkeit verbunden ist, diese vom 1. Januar 1900 an in Wegfall kommt. Hervorzuheben ist, daß sich die wegen Geistesschwäche angeordnete Vormundschaft nur in eine für die Vermögensangelegenheiten und zwar für sämmtliche Vermögensangelegenheiten angeordnete Pflegschaft verwandelt; auf die persönlichen Angelegenheiten bezieht sich die Pflegschaft nicht, das Vormundschaftsgericht kann sie auch nicht auf sämmtliche persönliche Angelegenheiten erstrecken, sondern nur auf einzelne (s. Erl. zu § 1910 des B.G.B.). War neben der wegen Geistesschwäche bestellten Vormundschaft eine Entmündigung erfolgt, so findet auf den Mündel der Art. 155 Anwendung und bleibt deshalb die Vormundschaft nach § 1896 des B.G.B. bestehen (s. Erl. 2 zu Art. 155).

4. Aus der Ueberleitung der Vormundschaften und Pflegschaften in das neue Recht ergiebt sich weiter, daß dieses auch für den Inhalt der Rechte und Pflichten des Vormundes und des Vormundschaftsgerichts, also für die Führung der Vormundschaft (§§ 1793—1836, 1901, 1902 des B.G.B.), für das Aufsichtsrecht des Vormundschaftsgerichts (§§ 1837—1848), für die Mitwirkung des Gemeindewaisenraths (§§ 1849—1851), für die dem Vormund oder Pfleger zustehenden Befreiungen (§§ 1852—1857, 1903, 1904, 1917) und für die Beendigung der Vormundschaft oder Pflegschaft (§§ 1882—1895, 1918—1921) maßgebend ist. Wegen des Familienraths s. unten Erl. 7. Wie übrigens der Art. 210 ausdrücklich hervorhebt, gilt die Maßgeblichkeit des neuen Rechtes erst vom 1. Januar 1900 an, so daß z. B. für die Verantwortlichkeit des Vormundes aus den vor dieser Zeit liegenden Handlungen und Unterlassungen nicht das neue, sondern das alte Recht Anwendung findet; bezüglich der Höhe der vom Vormunde zu entrichtenden gesetzlichen Zinsen, wenn er Geld des Mündels vor dem Inkrafttreten des B.G.B. unbefugt für sich verwendet hat, gelten die Erl. 7 zu Art. 170 entsprechend.

Ueber einzelne Folgen aus der Anwendbarkeit des neuen Rechtes ist Nachstehendes zu bemerken:

a) Unter den Voraussetzungen des § 1792 des B.G.B. muß nunmehr ein Gegenvormund bestellt werden. Dies ist namentlich für die Gebiete, welche das Institut des Gegenvormundes nicht kannten oder bei denen es nicht praktisch war, wie in Bayern, von Bedeutung. Umgekehrt ist ein Gegenvormund, welcher in einem Falle bestellt worden ist, in welchem er nach § 1792 Abs. 2 nicht zu bestellen gewesen wäre, zu entlassen; über den diese Folge aussprechenden Abs. 2 Satz 3 s. unten Erl. 6.

Die Aufgabe der noch unter der Herrschaft des alten Rechtes bestellten Gegenvormünder bestimmt sich nunmehr nach dem neuen Rechte. Insbesondere fällt also im Gebiete des französischen Rechtes die Befugniß des Gegenvormundes, den Vormund im Verhinderungsfalle zu vertreten, weg.

b) Mitvormünder führen die Vormundschaft nunmehr gemeinschaftlich (§ 1797 des B.G.B.), wenn ihnen nicht schon bisher ein bestimmter, verschiedener Wirkungskreis zugetheilt war. Eine andere Art der Theilung der Gemeinschaft als im § 1797 des B.G.B. vorgesehen, verliert ihre Wirksamkeit, so daß gemeinschaftliche Führung der Vormundschaft eintritt.

c) Die im § 1802 des B.G.B. bestimmte Verpflichtung, ein Verzeichniß des Vermögens des Mündels beim Vormundschaftsgericht einzureichen, trifft den Vormund nicht nur bezüglich des Vermögenserwerbes, welchen der Mündel nach dem Inkrafttreten des B.G.B. macht, sondern auch bezüglich des bereits früher erworbenen Vermögens. Dies dürfte aus der Vorschrift des § 1802 zu folgern sein, nach welcher der Vormund das Vermögen, das bei der Anordnung der Vormundschaft vorhanden ist oder dem Mündel zufällt, zu inventarisiren hat. Da der § 1802 nur ein Privatinventar verlangt, wird der Vorschrift des § 1802 bezüglich des vor dem Inkrafttreten des B.G.B. erworbenen Mündelvermögens durch ein nach dem bisherigen Rechte aufgenommenes Inventar genügt.

d) Die Anlegung von Mündelgeld richtet sich nach den §§ 1806—1811 des B.G.B. Selbstverständlich darf der Vormund aber Anlagen, die zwar mit dem bisherigen Rechte, nicht aber mit den §§ 1807, 1808 des B.G.B. im Einklange stehen, nicht ohne Weiteres in Anlagen, die dem neuen Rechte entsprechen, umwandeln. In dieser Beziehung gilt das Gleiche, wie wenn der Vormund bei Beginn der Vormundschaft Vermögen des Mündels in einer den §§ 1807, 1808 des B.G.B. nicht entsprechenden Weise angelegt vorfindet; (hierüber s. Erl. zu § 1806 des B.G.B. Wegen der mündelsicheren Werthpapiere s. Art. 212 und Erl. dazu). Ist Mündelgeld bei einer Sparkasse oder einer Bank oder Hinterlegungsstelle ohne den im § 1809 des B.G.B. bezeichneten Vermerk angelegt, so hat der Vormund diesen Vermerk nunmehr eintragen zu lassen.

e) Die Hinterlegungspflicht des Vormundes bestimmt sich auch bezüglich der am 1. Januar 1900 schon vorhandenen Werthpapiere des Mündels nach den §§ 1814—1818 des B.G.B.; insbesondere müssen, wenn nach dem bisherigen Rechte die Erneuerungsscheine nicht hinterlegt werden mußten oder wenn die Sicherung des Mündels durch Außerkurssetzung von Werthpapieren erfolgte, die Erneuerungsscheine und die Werthpapiere hinterlegt werden. Wegen der Außerkurssetzung s. Erl. 6 zu 1815 des B.G.B.

f) Hat der Vormund für die Zeit vor dem Inkrafttreten des B.G.B. auf Grund des bisherigen Rechtes bereits einen Anspruch auf Vergütung erworben, so bleibt derselbe unberührt. Für die Zeit hernach ist der § 1836 des B.G.B. maßgebend. Selbstverständlich bleibt jedoch eine vor dem 1. Januar 1900 getroffene Festsetzung der Vergütung auch für die Zeit hernach solange wirksam, als das Vormundschaftsgericht seine Anordnung nicht gemäß § 1836 Abs. 1 Satz 2 des B.G.B. ändert.

g) Die Verpflichtung, Sicherheit zu leisten, bestimmt sich nur mehr nach § 1844 des B.G.B. Der Vormund ist also hierzu nur verpflichtet, wenn das Vormundschaftsgericht die Sicherheitsleistung aus besonderen Gründen verlangt, und er kann, wenn das Verlangen gestellt wird, seine Entlassung fordern (§ 1889 des B.G.B.). Auch die Vorschrift des § 54 des freiw. G.G., nach welcher das Vormundschaftsgericht das Grundbuchamt um Eintragung einer Sicherungshypothek an Grundstücken des Vormundes ersuchen kann, findet auf die bestehenden Vormundschaften und Pflegschaften Anwendung; die Anwendbarkeit setzt indessen die Anlegung des Grundbuchs voraus; für die Zeit bis zur Anlegung hat das Landesrecht entsprechende Fürsorge zu treffen (vergl. hierzu bayer. Ueb.G. Art. 56, pfälz. L.G. Art. 6, hess. A.G. Art. 214, Elsaß-Lothringen A.G. z. F.G.G. § 71).

Der in manchen bisherigen Rechten anerkannte Hypothekentitel des Mündels fällt vom Inkrafttreten des B.G.B. an weg; für die im Zeitpunkte des Inkrafttretens des B.G.B. bereits entstandenen Ansprüche des Mündels gegenüber dem Vormunde bleibt er jedoch bestehen.

Hat der Vormund auf Grund des bisherigen Rechtes schon Sicherheit geleistet, so kann er verlangen, daß die Sicherheit aufgehoben wird, wenn die Voraussetzungen, unter welchen er nach dem B.G.B. zur Sicherheitsleistung verpflichtet wäre, nicht gegeben sind; auf die Aufhebung hat er aber nicht einen klagbaren Anspruch gegenüber dem Mündel, es steht ihm vielmehr nur der Weg der Beschwerde offen. Selbstverständlich kann er insoweit Aufhebung der Sicherheit nicht beanspruchen, als er sich dem Mündel gegenüber bereits ersatzpflichtig gemacht hat. Dies gilt auch, soweit die Thatsache, auf Grund deren er sich ersatzpflichtig gemacht hat, nach dem Inkrafttreten des B.G.B. eingetreten ist. Lehnt das Vormundschaftsgericht die Aufhebung der Sicherheit ab, so kann er seine Entlassung fordern (a. A. Habicht S. 679). Von Bedeutung sind die vorstehenden Grundsätze namentlich für das bisherige Geltungsgebiet des französischen Rechtes, welches dem Mündel eine gesetzliche Hypothek am unbeweglichen Vermögen des Vormundes einräumt (hierzu vergl. die Uebergangsbestimmungen von Bayern L.G. Art. 3—5, Hessen Art. 214, Elsaß-Lothringen A.G. z. F.G.G. §§ 68—71 und Habicht S. 680 ff.).

h) In weiterem Umfang, als in den §§ 1852—1854, 1903, 1917 des B.G.B. zugelassen, können dem Vormund oder Pfleger Befreiungen nicht zustehen. Weitergehende im bisherigen Rechte begründete Befreiungen fallen hinweg (vergl. für das Gebiet der preuß. Vormundschaftsordnung Jahrb. d. K.G. 1 A S. 220, Rspr. 2 S. 39). Insbesondere fällt die im bisherigen Rechte anerkannte Befugniß ein verschlossenes Inventar einzureichen, hinweg. Ob, wenn das B.G.B. eine weitergehende Befreiung vorsieht als das bisherige Recht, dem Vormunde die erweiterte Befreiung zusteht, ist, soweit die Befreiung auf der Verfügung eines Elterntheils oder eines Vermögenszuwenders beruht, Frage der Auslegung der Verfügung. Die in den §§ 1903, 1904 des B.G.B. den Eltern bei der Vormundschaft über einen Volljährigen kraft Gesetzes eingeräumte befreite Stellung kommt dem Elterntheil auch dann zu Gute, wenn sie dem bisherigen Rechte nicht oder nur in beschränkterem Umfange bekannt war. Die Voraussetzungen, von welchen die Einräumung der Befreiung nach dem B.G.B. abhängt, müssen erfüllt sein, mag auch das bisherige Recht andere Erfordernisse aufgestellt haben. Dies trifft sowohl in Bezug auf die formellen als auch auf die materiellen Voraussetzungen zu. Hat also z. B. im Gebiete des preuß. Rechtes die Mutter den Vormund befreit, so bleibt ihre Verfügung, wenn sie zur Zeit ihres Todes wiederverheirathet war, nicht in Kraft, gleichgültig, ob sie vor oder nach dem 1. Januar 1900 gestorben ist (a. A. für den Fall des Todes vor 1900 Habicht S. 683). Bei Verfügungen von Todeswegen greift übrigens auch der Art. 214 ein.

5. Nach Abs. 2 bleiben die bisherigen Vormünder und Pfleger im Amte. Dies gilt auch von den bisherigen gesetzlichen Vormündern (R.G. in J.W. 1901 S. 183) und den Anstaltsvormündern. Die gesetzlichen Vormünder haben jedoch nunmehr eine Bestallung zu erhalten. Wer nach dem bisherigen Rechte Vormund oder Pfleger geworden ist, bleibt selbst dann im Amte, wenn er nach den Vorschriften des B.G.B. (§§ 1780 ff.) nicht hätte bestellt werden.

Artikel 211.

Die nach den französischen oder den badischen Gesetzen für einen Geistesschwachen angeordnete Bestellung eines Beistandes verliert mit dem Ablaufe von sechs Monaten nach dem Inkrafttreten des Bürgerlichen Gesetzbuchs ihre Wirkung.

---

sollen oder nicht hätte bestellt werden können. Selbstverständlich kann er aber nunmehr entlassen werden. Ist die Vormundsbestellung nach dem bisherigen Rechte nichtig gewesen, so wird sie durch das Inkrafttreten des B.G.B. auch dann nicht gültig, wenn dieses den Nichtigkeitsgrund nicht kennt. Für die Beendigung des Amtes des Vormundes gelten die Vorschriften des B.G.B.; wegen des Falles, daß der Vormund vor dem Inkrafttreten des B.G.B. für todt erklärt worden ist, s. Art. 160.

6. Auch die bisherigen Gegenvormünder bleiben im Amte; als Gegenvormund erscheint, wer nach dem bisherigen Rechte als Organ zur Beaufsichtigung des Vormundes dient, gleichgültig, welchen Namen er führte. Der Ehrenvormund des gemeinen Rechtes z. B. wird also Gegenvormund im Sinne des B.G.B. Nach dem Abs. 2 Satz 3 ist indessen ein Gegenvormund zu entlassen, wenn nach den Vorschriften des B.G.B. (§§ 1792, 1852, 1903, 1904 und Art. 136 Nr. 4) ein Gegenvormund nicht zu bestellen sein würde. Von Bedeutung ist dies insbesondere für das Gebiet der preuß. Vormundschaftsordnung und des französischen Rechtes. Nach franz. Rechte mußte bei jeder Vormundschaft, nach preuß. Rechte bei jeder Vormundschaft mit Vermögensverwaltung, auch wenn diese nicht erheblich war, ein Gegenvormund bestellt werden.

7. Im bisherigen Geltungsbereiche der preuß. Vormundschaftsordnung bleibt auch der nach Maßgabe des bisherigen Rechtes eingesetzte Familienrath aufrecht und bleiben seine Mitglieder im Amte. Dies gilt auch, soweit nach dem B.G.B. § 1905 Abs. 2 die Einsetzung nicht hätte erfolgen können. Dagegen bewendet es für den in den übrigen Rechtsgebieten eingesetzten Familienrath bei der Maßgeblichkeit des B.G.B. Insbesondere im Gebiete des franz. Rechtes hat daher der Familienrath mit dem 1. Januar 1900 seine Wirksamkeit verloren. Die Einsetzung eines neuen Familienraths und die Berufung der Mitglieder zu demselben bestimmen sich ausschließlich nach dem B.G.B.

8. Auf die im Gebiete des französischen oder des badischen Rechtes für einen Verschwender oder einen Geistesschwachen bestellte Beistandschaft bezieht sich der Art. 210 nicht. Aus den Art. 155, 156 Abs. 2, 211 ergiebt sich, inwieweit die Beistandschaft bestehen bleibt, wegfällt oder in eine Vormundschaft übergeht. Soweit eine Vormundschaft an die Stelle der bisherigen Beistandschaft tritt, wird der bisherige Beistand nicht von selbst Vormund, er muß als solcher bestellt werden. A. A. Habicht S. 675.

Artikel 211.

E. d. E.G. I Art. 97 Abs. 2; II Art. 181; III Art. 210. P. I S. 13040; M. d. E.G. S. 246. P. II S. 8987, 9216, 9432 (Bd. 6 S. 486, 620, 749).

Vergl. hierher Erl. 4 zu Art. 155 und Erl. 2 zu Art. 156.

1. Während die nach dem französischen oder badischen Rechte wegen Verschwendung angeordnete Beistandschaft von dem Inkrafttreten des B.G.B. an als eine Entmündigung wegen Verschwendung anzusehen ist (Art. 156 Abs. 2), so daß der bisher Verbeistandete nach Art. 210 vom Inkrafttreten des B.G.B. an einen Vormund erhält und in der Geschäftsfähigkeit beschränkt ist, läßt der Art. 211 die nach dem französischen oder badischen Rechte wegen Geistesschwäche angeordnete Bestellung eines Beistandes bis zum 1. Juli 1900 überhaupt unberührt, von diesem Tage an aber hat sie jede Wirkung verloren. Der verbeistandete Geistesschwache ist also bis zum 1. Juli 1900 nach Maßgabe des bisherigen Rechtes bei der Vornahme gewisser Handlungen (code civil Art. 499, bad. L.R. Satz 499) an die Mitwirkung des Beistandes gebunden gewesen, die Wirksamkeit der vor diesem Zeitpunkt ohne die erforderliche Mitwirkung des Beistandes vorgenommenen Handlungen bestimmt sich nach dem bisherigen Rechte; einen Vormund erhält der Verbeistandete nicht. Vom 1. Juli 1900 ab ist der Verbeistandete vollkommen geschäftsfähig geworden, die Beistandschaft erlosch von selbst, sie verwandelte sich nicht etwa wie die ohne Entmündigung eingeleitete Pflegschaft über einen Geistesschwachen nach Art. 210 Abs. 1 Satz 3 in eine Pflegschaft.

2. Daß der Bestellung eines Beistandes für einen Geistesschwachen eine sechsmonatige Wirksamkeit belassen worden ist, beruht auf einem Beschlusse des Bundesraths und bezweckt, in der Zwischenzeit die Herbeiführung der Entmündigung oder doch der Stellung unter vorläufige Vormundschaft zu ermöglichen. Ist der Verbeistandete vor dem 1. Juli 1900 entmündigt oder

Artikel 212.

In Kraft bleiben die landesgesetzlichen Vorschriften, nach welchen gewisse Werthpapiere zur Anlegung von Mündelgeld für geeignet erklärt sind.

---

unter vorläufige Vormundschaft gestellt worden, so ist damit die Beistandschaft, da für sie kein Raum mehr war, beendigt worden. Auf die Entmündigung oder die Stellung unter vorläufige Vormundschaft ist selbstverständlich der Eintritt des 1. Juli 1900 ohne Einfluß gewesen. Der bisherige Beistand ist übrigens, wenn die Entmündigung oder die Stellung unter vorläufige Vormundschaft erfolgt ist, nicht von selbst Vormund geworden, sondern mußte als solcher bestellt werden.

Artikel 212.

E. d. E.G. III Art. 211. K.B. S. 2115, 2117.

1. Der Art. 212 hält diejenigen landesgesetzlichen Vorschriften aufrecht, welche andere als die im § 1807 Abs. 1 Nr. 2, 3 des B.G.B. bezeichneten Werthpapiere für mündelsicher erklären; insofern gestattet er eine Ausnahme von der Vorschrift des § 1807 Abs. 1 Nr. 4 des B.G.B., nach welcher die Mündelsicherheit durch den Bundesrath verliehen wird. Die Vorschrift beruht darauf, daß man einerseits denjenigen Werthpapieren, welche im Zeitpunkte des Inkrafttretens des B.G.B. mündelsicher waren, die Mündelsicherheit nicht nehmen konnte und wollte, andererseits ihnen die Mündelsicherheit für das ganze Reichsgebiet nicht ohne einen Beschluß des Bundesraths geben wollte. Die im genannten Zeitpunkte mündelsicheren Werthpapiere bleiben daher im Umfang ihres bisherigen Geltungsgebiets mündelsicher, eine Erweiterung des Geltungsgebiets ist aber nur durch Beschluß des Bundesraths zulässig. Die Landesgesetzgebung dürfte nach dem Inkrafttreten des B.G.B. nicht mehr berechtigt sein, neue mündelsichere Werthpapiere zu schaffen. Hiermit scheint freilich der Art. 218, nach welchem die Landesgesetze, soweit sie nach den Bestimmungen des vierten Abschnitts maßgebend bleiben, auch nach dem Inkrafttreten des B.G.B. durch Landesgesetz auch geändert werden können, im Widerspruche zu stehen. Der Zweck des Art. 212 und der ihr zu Grunde liegende Gedanke dürfte indessen in Beziehung auf Art. 212 zu einer einschränkenden Auslegung des Art. 218 nöthigen. Wenn die Absicht dahin gegangen wäre, daß die Landesgesetzgebung die Mündelsicherheit noch später solle verleihen können, so hätte die Vorschrift des Art. 212 nicht als Uebergangsvorschrift in den vierten Abschnitt eingestellt werden dürfen, sondern sie hätte die Bedeutung eines Vorbehalts und würde in den dritten Abschnitt gehören. Uebrigens ist, soviel ersichtlich, die Vorschrift des Art. 212 von allen Bundesregierungen in dem hier vertretenen Sinne aufgefaßt worden. Selbstverständlich kann das Landesgesetz einem von ihm für mündelsicher erklärten Werthpapiere diese Eigenschaft nach dem Inkrafttreten des B.G.B. wieder nehmen.

2. Der Ausdruck „Werthpapier" ist nach dem Zusammenhang im Art. 212 im gleichen Sinne zu nehmen, wie im § 1807 Abs. 1 Nr. 4 des B.G.B. Von wem die Werthpapiere ausgegeben sind, kommt nicht in Betracht, ebensowenig ob die Werthpapiere vor oder nach dem Inkrafttreten des B.G.B. ausgegeben worden sind.

3. Die durch das Landesgesetz für mündelsicher erklärten Werthpapiere haben diese Eigenschaft nur für die in dem Bundesstaate geführten Vormundschaften, gleichgültig, welcher Staatsangehörigkeit der Mündel ist. Sie haben sie in einem anderen Bundesstaat auch dann nicht, wenn die Vormundschaft dort für den Angehörigen des Bundesstaats geführt wird. Wird die Vormundschaft aus einem Bundesstaat in einen anderen übernommen, so bleibt die nach den Gesetzen des früher zuständigen Vormundschaftsgerichts schon erfolgte Anlegung aus den in der Erl. zu § 1806 des B.G.B. enthaltenen Gründen gültig.

4. Ueber wichtigere Landesgesetze s. Preußen A.G. z. B.G.B. Art. 74; Bayern Ges. v. 9. Juni 1899 Art. 32, Min.Bekanntm. v. 9. September 1899; Sachsen Ges. v. 22. Dezember 1899 § 1; Württemberg A.G. z. B.G.B. Art. 70, Min.Verf. v. 2. Oktober 1899; Baden A.G. z. B.G.B. Art. 33 Abs. 4, Min.V. v. 15. April, 1. Juli 1899; Elsaß-Lothringen A.G. z. B.G.B. §. 141.

Uebrigens hat der Art. 212 seine Tragweite zu einem erheblichen Theile dadurch eingebüßt, daß durch Beschluß des Bundesraths v. 7. Juli 1901 (R.G.Bl. S. 263) auf Grund des § 1807 Abs. 1 Nr. 4 des B.G.B. die verbrieften Forderungen gegen eine inländische kommunale Körperschaft oder die Kreditanstalt einer solchen Körperschaft zur Anlegung von Mündelgeld für geeignet erklärt worden sind, sofern die Forderungen von Seiten des Gläubigers kündbar sind oder einer regelmäßigen Tilgung unterliegen. Der Art. 212 hat hiernach hauptsächlich noch für Pfandbriefe und für Schuldverschreibungen von Kirchengemeinden Bedeutung.

Artikel 213.

Für die erbrechtlichen Verhältnisse bleiben, wenn der Erblasser vor dem Inkrafttreten des Bürgerlichen Gesetzbuchs gestorben ist, die bisherigen Gesetze maßgebend. Dies gilt insbesondere auch von den Vorschriften über das erbschaftliche Liquidationsverfahren.

Zu Artikel 213—217.

Die Artikel 213—217 betreffen das **Erbrecht**. In dem Art. 213 wird der Grundsatz ausgesprochen, daß für die erbrechtlichen Verhältnisse die bisherigen Gesetze maßgebend bleiben, wenn der Erblasser vor dem Inkrafttreten des B.G.B. gestorben ist. Die Art. 214—217 bestimmen, in welchen Fällen und in welchem Umfange das bisherige Recht auch dann Anwendung findet, wenn der Erblasser nach dem Inkrafttreten des B.G.B. gestorben ist. Der Art. 214 schreibt dies in Ansehung der Errichtung und Aufhebung einer Verfügung von Todeswegen sowie der bindenden Kraft eines gemeinschaftlichen Testaments oder Erbvertrags vor. Der Art. 215 bestimmt die Fortdauer der vor dem Inkrafttreten des B.G.B. erlangten Fähigkeit zur Errichtung einer Verfügung von Todeswegen auch nach jenem Zeitpunkte für den Fall, daß vorher von der betreffenden Person eine solche Verfügung errichtet worden ist und schreibt die Anwendung des § 2230 des B.G.B. auf ein Testament vor, das ein nach dem Inkrafttreten des B.G.B. verstorbener Erblasser vor diesem Zeitpunkt errichtet hat. Der Art. 216 enthält eine Sondervorschrift in Betreff des Pflichttheils für die Mitglieder gewisser ritterschaftlicher Familien. Der Art. 217 endlich betrifft die vor dem Inkrafttreten des B.G.B. abgeschlossenen Erbverzichtsverträge.

Artikel 213.

E. d. E.G. I Art. 129 Abs. 1; II Art. 182; III Art. 212. P. I S. 13152—13168. M. d. E.G. S. 305—307, 314. P. II S. 9108—9112 (Bd. 6 S. 557—559).

1. Neben dem im Art. 213 Satz 1 ausgesprochenen Grundsatze, daß für die erbrechtlichen Verhältnisse die bisherigen Gesetze maßgebend bleiben, wenn der Erblasser vor dem Inkrafttreten des B.G.B. gestorben ist, enthielt der E. I Art. 129 Abs. 1 die weitere Bestimmung, daß die Vorschriften des B.G.B. maßgebend seien, wenn der Erblasser nach dem Inkrafttreten des B.G.B. gestorben sei. Dieser Satz ist von der zweiten Kommission gestrichen, aber nur deshalb, weil er selbstverständlich sei. Maßgebend ist also immer die Zeit des Todes des Erblassers, nicht wie nach gemeinem Rechte angenommen wird, die Zeit des Anfalls an den Erben. Ist durch das in einem Verschollenheitsverfahren nach dem 1. Januar 1900 erlassene Urtheil als Todestag ein Tag festgesetzt worden, der in die Zeit vor dem 1. Januar 1900 fällt, so ist für die erbrechtlichen Verhältnisse das bisherige Recht maßgebend (bayer. Oberst. L.G. Samml. 2 S. 213).

2. Darüber, was unter erbrechtlichen Verhältnissen zu verstehen ist, s. im Allgemeinen Erl. 3 zu Art. 24 und Erl. 3 zu Art. 25. Dieselben Verhältnisse, welche nach Art. 24, 25, je nachdem der Erblasser ein Deutscher oder ein Ausländer war, nach deutschem oder nach ausländischem Rechte zu beurtheilen sind, unterliegen nach Art. 213 je nachdem der Erblasser vor oder nach dem Inkrafttreten des B.G.B. gestorben ist, dem bisherigen Rechte oder dem Rechte des B.G.B. In Betreff des ersteren Falles ist hier noch Folgendes zu bemerken:

a) Sowohl in Betreff der gesetzlichen Erbfolge als in Betreff der Erbfolge auf Grund einer Verfügung von Todeswegen ist ausschließlich das bisherige Recht maßgebend. Dies gilt auch dann, wenn in Folge des Wegfalls des zunächst berufenen Erben ein Anderer als Erbe berufen wird und diese Berufung erst nach dem Inkrafttreten des B.G.B. erfolgt. Auch für das Notherbrecht und die Erbunwürdigkeit ist das bisherige Recht maßgebend. Ueber die Pupillarsubstitution s. Erl. 2d zu Art. 214.

b) Ist nach dem bisherigen Rechte zum Erwerbe der Erbschaft abweichend vom B.G.B. die Antretung der Erbschaft von Seiten des Erben erforderlich, so bleibt es hierbei auch nach dem Inkrafttreten des B.G.B. Der Erbe erwirbt nicht etwa mit diesem Zeitpunkte die Erbschaft nach Maßgabe des B.G.B. ipso jure, sondern erst dadurch, daß er sie antritt. Die Erfordernisse der Antretung und Ausschlagung bestimmen sich, auch wenn diese nach dem Inkrafttreten des B.G.B. erfolgen, nach dem bisherigen Rechte. Dies gilt insbesondere auch von der Zulässigkeit der Vertretung. Soweit aber nach dem bisherigen Rechte eine in der Geschäftsfähigkeit beschränkte Person wie z. B. nach gemeinem Rechte der wegen Verschwendung Entmündigte der

Einwilligung seines gesetzlichen Vertreters zur Antretung der Erbschaft nicht bedarf oder umgekehrt außer der Einwilligung des gesetzlichen Vertreters die Genehmigung des Vormundschaftsgerichts erforderlich ist, handelt es sich nicht um eine erbrechtliche, sondern um eine die Geschäftsfähigkeit betreffende Vorschrift. In dieser Beziehung finden daher von dem Inkrafttreten des B.G.B. an dessen Vorschriften, nicht die Vorschriften des bisherigen Rechtes Anwendung. Anders liegt die Sache bei der gemeinrechtlichen Vorschrift, nach welcher der Vormund eines Wahnsinnigen die dem Letzteren angefallene Erbschaft nicht definitiv antreten kann, weil es sich dabei um die Frage handelt, ob die Antretung der Erbschaft durch einen Vertreter erfolgen kann. Diese Vorschrift findet daher Anwendung, auch wenn die Antretung erst nach dem Inkrafttreten des B.G.B. erfolgt (ebenso Habicht S. 697, 698).

Im engsten Zusammenhange mit den Vorschriften über die Berufung des Erben und den Erwerb der Erbschaft stehen auch die Vorschriften über Anwachsung und Transmission. In allen diesen Beziehungen ist daher das bisherige Recht maßgebend, auch wenn der Fall der Anwachsung oder Transmission erst nach dem Inkrafttreten des B.G.B. eintritt. Auf den Erwerb des Besitzes erbschaftlicher Sachen durch den Erben findet die Vorschrift des B.G.B. § 857, nach welcher der Besitz auf den Erben übergeht, auch dann keine Anwendung, wenn der Anfall der Erbschaft erst nach dem Inkrafttreten des B.G.B. erfolgt; denn jene Vorschrift setzt einen Erben voraus, der dies nach Maßgabe des B.G.B. geworden ist. Soweit nach dem bisherigen Rechte der Besitz nicht ipso jure auf den Erben übergeht, erfolgt daher der Erwerb, je nachdem sich der dazu erforderliche Thatbestand vor oder nach dem Inkrafttreten des B.G.B. verwirklicht, nach den allgemeinen für den Besitzerwerb geltenden Vorschriften des bisherigen Rechtes oder des B.G.B. (a. A. Kuhlenbeck S. 202).

c) Nach dem bisherigen Rechte ist ferner der Erwerb eines Vermächtnisses zu beurtheilen. Soweit das bisherige Recht ein Vindikationslegat anerkennt, erwirbt der Vermächtnißnehmer nicht wie nach dem B.G.B. nur eine Forderung auf den vermachten Gegenstand, sondern diesen selbst, auch wenn der dies veniens erst nach dem Inkrafttreten des B.G.B. eintritt. Bei einem vermachten Grundstück ist daher keine Auflassung von Seiten des Erben an den Vermächtnißnehmer erforderlich, vielmehr ist der letztere, wenn er sein Recht nach Maßgabe der G.B.O. §§ 19, 29 nachweist, ohne Weiteres einzutragen (vergl. R.G. in J.W. 1901 S. 50). Soll das Grundstück dem Vermächtnißnehmer erst zu einer späteren Zeit, nachdem der Erbe es bereits erworben, dann aber ipso jure anfallen, so dürften die §§ 52, 53 der G.B.O. entsprechend anzuwenden, bei einer Eintragung des Erben also zugleich die Beschränkung seines Rechtes durch das Recht des Vermächtnißnehmers einzutragen sein (s. Habicht S. 701, 702, Rechtspr. d. O.L. 1 S. 21; a. A. Niedner Aufl. II S. 468 Nr. 2$\beta\beta$).

Im Falle einer fideikommissarischen Substitution bestimmt sich das Rechtsverhältniß des Fiduziars und des Fideikommissars sowohl unter einander als nach außen nach dem bisherigen Rechte auch dann, wenn der Fall der Substitution erst nach dem Inkrafttreten des B.G.B. eintritt. Insbesondere gelten auch in Betreff der zeitlichen Beschränkungen der Substitution nicht die Vorschriften des B.G.B. § 2109, sondern die Vorschriften des bisherigen Rechtes. Nach gemeinem Rechte also z. B. bleibt eine Substitution bis zum vierten Substitutionsfalle wirksam.

d) Nach dem bisherigen Rechte bestimmt sich ferner die Haftung des Erben für die Nachlaßverbindlichkeiten. Dies gilt sowohl in Betreff der Frage, für welche Verbindlichkeiten der Erbe haftet, als in Betreff der Frage, ob er unbeschränkt haftet und an welche Voraussetzungen die Beschränkung der Haftung geknüpft ist. Selbstverständlich ist übrigens die Frage, ob aus einem nach dem Inkrafttreten des B.G.B. eingetretenen Thatbestande z. B. aus einer Geschäftsführung ohne Auftrag oder aus einem von dem Erben ertheilten Auftrag eine Verbindlichkeit entsteht, nach dem B.G.B. zu beurtheilen; die Frage aber, ob die Verbindlichkeit, wenn sie entstanden ist, als Nachlaßverbindlichkeit zu behandeln ist, bestimmt sich nach dem bisherigen Rechte. Ueber die Frage, ob die besonderen Rechtsbehelfe nach dem Inkrafttreten des B.G.B. noch Anwendung finden, durch welche das bisherige Recht bevormundeten Personen gegen Handlungen oder Unterlassungen ihrer Vertreter, die eine unbeschränkte Haftung für sie begründen, Hülfe gewährt, z. B. Wiedereinsetzung in den vorigen Stand (vergl. auch § 50 der preuß. Vorm.O.) s. Habicht S. 704, 705.

e) In dem Satz 2 des Art. 213 wird ausdrücklich hervorgehoben, daß das bisherige Recht auch für das erbschaftliche Liquidationsverfahren maßgebend ist. Hiernach findet z. B. auch nach dem Inkrafttreten des B.G.B. wenn der Erblasser vorher gestorben ist, das preuß. Ges. betr. die Zwangsvollstreckung gegen Benefizialerben und das Aufgebot der Nachlaßgläubiger v. 28. März 1879 Anwendung. Auch in Betreff des Konkursverfahrens über einen Nachlaß finden, wenn der Erblasser vor dem Inkrafttreten des B.G.B. gestorben ist, die Vorschriften des bisherigen Konkursrechts Anwendung (Art. VI des E.G. zu dem Ges. betr. Aenderungen der K.O. v. 17. Mai 1898).

f) Das Verhältniß mehrerer Miterben sowohl unter einander, insbesondere auch in Betreff der Kollationspflicht als gegenüber Dritten bestimmt sich nach dem bisherigen Rechte, auch wenn das Miterbenverhältniß erst nach dem Inkrafttreten des B.G.B. eingetreten ist, wie z. B. in dem Falle, daß die mehreren Miterben kraft Substitution Erben werden und der Substitutionsfall erst nach dem Inkrafttreten des B.G.B. eintritt. Nach dem bisherigen Rechte bestimmen sich insbesondere auch die Grundsätze, nach welchen die Auseinandersetzung unter den Miterben zu erfolgen hat. Steht nach dem bisherigen Rechte die Erbschaft den mehreren Miterben nach Bruchtheilen zu, so fragt es sich, in welchem Verhältnisse der Grundsatz des Art. 213 zu der Vorschrift des Art. 173 steht, nach welcher auf eine zur Zeit des Inkrafttretens des B.G.B. bestehende Gemeinschaft nach Bruchtheilen von dieser Zeit an die Vorschriften des B.G.B. Anwendung finden. In der Erl. zu Art. 173 ist bereits hervorgehoben, daß grundsätzlich die Vorschrift des Art. 173 auch für eine erbrechtliche Gemeinschaft gelte, daß sie aber auf diese insoweit keine Anwendung finde, als sich aus erbrechtlichen Vorschriften eine Abweichung ergebe. Zu den Vorschriften der letzteren Art sind insbesondere die gemeinrechtlich für die actio familiae erciscundae geltenden Grundsätze zu rechnen. Diese stimmen zwar zum Theil mit den für die gemeinrechtliche actio communi dividundo geltenden Vorschriften überein und die letzteren finden nach Art. 173 auf eine gewöhnliche Gemeinschaft nach Bruchtheilen keine Anwendung mehr. Ein wesentlicher Unterschied aber zwischen der actio communi dividundo und der actio familiae erciscundae besteht jedoch darin, daß sich die erstere auf einzelne Gegenstände, die letztere auf ein Begriffsganzes, nämlich auf die Erbschaft bezieht. Hieraus ergiebt sich eine Reihe besonderer nur für die actio familiae erciscundae geltenden Grundsätze, so z. B. das Recht des Theilungsrichters, die an sich ipso jure getheilten Forderungen und Schulden bei der Auseinandersetzung mit zu berücksichtigen und über die praestationes personales zu entscheiden. Die Gesammtheit der für das judicium familiae erciscundae geltenden Grundsätze bildet ein Ganzes, aus dem sich einzelne Sätze nicht ausscheiden lassen, ohne daß der Zweck alle durch die Erbengemeinschaft unter den Erben entstandenen Verhältnisse in einem Verfahren zu regeln, gefährdet würde (s. Windscheid-Kipp III § 608). Deshalb muß der Richter auch insbesondere das Recht haben, einzelne zur Erbschaft gehörende Gegenstände dem Einen oder dem Anderen zu überweisen. Das Theilungsurtheil hat konstitutive Wirkung (ebenso im Ergebnisse Kuhlenbeck S. 901bβ, Scherer E.G. Nr. 226, Niedner Aufl. II S. 467β; a. A. Habicht S. 709ff.). Nur insoweit als nicht die Auseinandersetzung über die Erbschaft im Ganzen in Frage kommt, sondern als es sich um die Gemeinschaft an einzelnen zu der Erbschaft gehörenden Sachen und deren Theilung handelt, finden die Vorschriften des B.G.B. über die Gemeinschaft nach Bruchtheilen Anwendung. Die gerichtliche Auseinandersetzung der Erbschaft bestimmt sich sowohl in Ansehung des Verfahrens als der Art und Weise der Theilung des Nachlasses nicht nach den Vorschriften des § 2042 und des freiw. G.G. §§ 86—89, sondern nach dem bisherigen Rechte (Jahrb. d. K.G. Bd. 21 A S. 236).

Nach dem bisherigen Rechte bestimmen sich auch die Wirkungen einer die Theilung verbietenden oder beschränkenden Bestimmung des Erblassers sowie einer hierauf gerichteten Vereinbarung der Erben (a. A. in Beziehung auf das gemeine und sächsische Recht Habicht S. 713).

g) Der Erbschaftsanspruch des Erben bestimmt sich sowohl in Betreff seiner Voraussetzungen als in Betreff seines Inhalts nach dem bisherigen Rechte, auch wenn die Voraussetzungen, von welchen die Passivlegitimation des Beklagten abhängt, erst nach dem Inkrafttreten des B.G.B. eingetreten sind. Der Erbe hat also, wenn das bisherige Recht das gemeine Recht war, die heredidatis petitio abweichend von dem B.G.B. §§ 2018ff. auch gegen denjenigen, der nicht pro herede, sondern pro possessore besitzt und zwar ohne Unterschied, ob der Besitz vor oder nach dem Inkrafttreten des B.G.B. erlangt war.

h) Die Bestellung eines Testamentsvollstreckers sowie die Rechte und Pflichten eines solchen bestimmen sich nach dem bisherigen Rechte, auch wenn der Testamentsvollstrecker das Amt erst nach dem Inkrafttreten des B.G.B. übernimmt. Dies gilt auch von der Befugniß des Testamentsvollstreckers, sich einen Nachfolger zu ernennen und von der Art, in welchem diese Ernennung zu erfolgen hat; insbesondere findet auch der § 2199 Abs. 3, nach welchem die Ernennung gegenüber dem Nachlaßgericht erfolgen muß, keine Anwendung (a. A. wie es scheint, Wilke Anm. 2 zu § 2199). Auch die Entlassung des Vollstreckers bestimmt sich nach dem bisherigen Rechte Rechtspr. d. O.L. 1 S. 347. Entsch. des R.G. im Recht 1900 S. 284; 1901 S. 74).

i) Auch die Vorschriften, welche die Eröffnung und Verkündung der Testamente betreffen, sind nach dem bisherigen Rechte zu beurtheilen. Die §§ 2259—2264 finden daher keine Anwendung. Es handelt sich hierbei zwar um Verfahrensvorschriften. Diese hängen aber so enge mit den materiellen Vorschriften zusammen, daß eine verschiedene Beurtheilung nicht zulässig ist. Daß der Ausdruck „erbrechtliche Verhältnisse" im weitesten Sinne zu nehmen und daher auch auf die Verfahrensvorschriften zu beziehen ist, ergiebt sich insbesondere aus dem Satz 2 des

Art. 213, in welchem die Vorschrift, daß das bisherige Recht auch für das Liquidationsverfahren gilt, durch das Wort „insbesondere“ eingeleitet und dadurch angedeutet ist, daß es sich bei dieser Vorschrift nur um eine Konsequenz des im Satz 1 ausgesprochenen Grundsatzes handele (Jahrb. d. K.G. Bd. 20 A S. 156 Rechtspr. d. O.L. 1 S. 347). Auch die Vorschriften des § 2273 über die Eröffnung gemeinschaftlicher Testamente finden daher, wenn der Erblasser (der erstversterbende Ehegatte) vor dem Inkrafttreten des B.G.B. gestorben ist, keine Anwendung (s. Bd. V S. 510 Erl. 1 zu § 2273; ebenso Niedner Aufl. II S. 466 unter 2b α abweichend von der von ihm früher im D.R. 1900 S. 185 vertretenen Ansicht, und Körner, D.R. 1901 S. 95). Ueber die Anwendung des § 2261 bei einem gemeinschaftlichen Testamente, wenn der eine Ehegatte vor, der andere nach dem Inkrafttreten des B.G.B. gestorben ist s. Jahrb. d. K.G. Bd. 21 A S. 225.

k) Auch die Vorschrift des B.G.B. §§ 1960—1962 über die Fürsorge des Nachlaßgerichts, insbesondere die Anordnung einer Nachlaßpflegschaft finden, wenn der Erblasser vor dem Inkrafttreten des B.G.B. gestorben ist, keine Anwendung; vielmehr ist in dieser Beziehung das bisherige Recht maßgebend (Rechtspr. d. O.L. 1 S. 385; 2 S. 346).

l) Die Voraussetzungen und Wirkungen der Ertheilung eines Erbscheins bestimmen sich, auch wenn diese erst nach dem Inkrafttreten des B.G.B. erfolgt, nach dem bisherigen Rechte. Insbesondere wird also, wenn das bisherige Recht das preußische war, ein Erbschein abweichend von dem B.G.B. §§ 2353, 2355, nur dem gesetzlichen Erben ertheilt (Rechtspr. d. O.L. 1 S. 33). Vergl. du Chesne in Gruchot 45 S. 49 und Bl. f. R.A. Bd. 66 S. 329. Aus der Maßgeblichkeit des bisherigen Rechtes für den Erbschein folgt, daß der § 36 der G.B.O., wonach der Beweis des Erbrechts im Falle der gesetzlichen Erbfolge dem Grundbuchamte gegenüber nur durch einen Erbschein geführt werden kann und gleiches regelmäßig auch im Falle der testamentarischen Erbfolge gilt, keine Anwendung findet, wenn der Erbfall vor dem Inkrafttreten des B.G.B. erfolgt ist. Daß das Grundbuch schon angelegt ist, ändert hieran nichts.

m) In der Erl. 3f. zu Art. 24 ist ausgeführt, daß der Erbschaftskauf nach dem B.G.B. §§ 2371—2385 kein erbrechtliches, sondern ein obligatorisches Rechtsgeschäft ist. Hieraus folgt aber nicht, daß ein nach dem Inkrafttreten des B.G.B. abgeschlossener Erbschaftskauf, auch wenn der Erblasser vor diesem Zeitpunkte gestorben ist, immer nach den Vorschriften des B.G.B. zu beurtheilen wäre. Es kommt vielmehr darauf an, wie das bisherige Recht den Erbschaftskauf behandelt. Steht er nach diesem mit dessen erbrechtlichen Vorschriften in solchem Zusammenhange, daß er zu den erbrechtlichen Verhältnissen im Sinne des Art. 213 gerechnet werden muß, wie das z. B. in Ansehung des preuß. Landrechts (I 11, §§ 445ff.) anzunehmen sein dürfte, so müssen die Vorschriften des bisherigen Rechtes auch auf einen nach dem Inkrafttreten des B.G.B. abgeschlossenen Erbschaftskauf Anwendung finden (ebenso im Ergebnisse, Rechtspr. d. O.L. 2 S. 242). Trifft jene Voraussetzung aber nicht zu, so finden die Vorschriften des B.G.B. Anwendung; nur müssen selbstverständlich diejenigen Bestimmungen, welche wie z. B. der § 2383 des B.G.B. auf die erbrechtlichen Vorschriften des B.G.B. verweisen, insoweit eine Modifikation erleiden, als dadurch erforderlich wird, daß die erbrechtlichen Bestimmungen des bisherigen Rechtes von denen des B.G.B. abweichen (a. A. Habicht S. 715, 716).

n) Soweit nach obigen Grundsätzen erbrechtliche Rechtsgeschäfte z. B. die Annahme und Ausschlagung einer Erbschaft, Verzicht auf die Beschränkung der Haftung des Erben, Erbtheilungsvertrag, Erbschaftskauf nach dem bisherigen Rechte zu beurtheilen sind, dürfte auch der Einfluß von Willensmängeln (B.G.B. §§ 116ff.) nicht nach dem B.G.B., sondern nach dem bisherigen Rechte zu beurtheilen sein (a. A. Habicht S. 716ff., der dies nur in Betreff der Annahme und Ausschlagung der Erbschaft annimmt, im Uebrigen aber das B.G.B. anwenden will).

3. Ist der Erblasser nach dem Inkrafttreten des B.G.B. verstorben, so sind die erbrechtlichen Verhältnisse (s. unter Nr. 2) nach dem B.G.B. zu beurtheilen. Insbesondere bestimmt sich auch die Frage, inwieweit eine Zuwendung zur Ausgleichung zu bringen oder bei der Berechnung des Pflichttheils zu berücksichtigen oder anzurechnen ist, auch dann nach dem B.G.B., wenn die Zuwendung unter der Herrschaft des alten Rechtes erfolgt ist. Wegen des Pflichttheils s. auch Erl. 3c zu Art. 214.

Modifikationen des bezeichneten Grundsatzes bestimmen die Art. 214—217 (s. Erl. zu diesen Artikeln). Eine weitere Modifikation ergiebt sich aus Art. 200, nach welchem die erbrechtlichen Wirkungen des Güterstandes einer zur Zeit des Inkrafttretens des B.G.B. bestehenden Ehe sich nach dem bisherigen Rechte bestimmen. Mittelbar können sich für die gesetzliche Erbfolge Abweichungen auch aus den Art. 207—209 dadurch ergeben, daß nach diesen Artikeln Personen als eheliche Kinder zu betrachten und als solche erbberechtigt sind, welche diese Stellung nach dem B.G.B. nicht haben.

Artikel 214.

Die vor dem Inkrafttreten des Bürgerlichen Gesetzbuchs erfolgte Errichtung oder Aufhebung einer Verfügung von Todeswegen wird nach den bisherigen Gesetzen beurtheilt, auch wenn der Erblasser nach dem Inkrafttreten des Bürgerlichen Gesetzbuchs stirbt.

Das Gleiche gilt für die Bindung des Erblassers bei einem Erbvertrag oder einem gemeinschaftlichen Testamente, sofern der Erbvertrag oder das Testament vor dem Inkrafttreten des Bürgerlichen Gesetzbuchs errichtet worden ist.

---

4. Von landesgesetzlichen Ausführungsvorschriften s. bayer. Ges. die Uebergangsvorschriften betreffend vom 9. Juni 1899 Art. 33, 36, 52, 142—146; württembergisches A.G. Art. 92; sächs. Ges. v. 15. Juni 1900 zur Ausführung einiger mit dem B.G.B. zusammenhängender Reichsgesetze § 127; das badische A.G. zur G.B.O. §§ 36, 37; das Elsaß-Lothringensche A.G. zur G.B.O. § 24, das A.G. zum freiw. G.G. § 76; das hamburgische A.G. §§ 81—99.

Artikel 214.

E. d. E.G. I Art. 129 Abs. 2; II Art. 183; III Art. 213. P. I S. 13152—13168. M. d. E.G. S. 305—314. P. II S. 9108, 9109, 9242. (Bd. 6 S. 557, 636).

1. Aus dem Prinzipe des Art. 213, daß die erbrechtlichen Verhältnisse, wenn der Erblasser nach dem Inkrafttreten des B.G.B. gestorben ist, nach den Vorschriften des B.G.B. zu beurtheilen sind (s. Erl. 3 zu Art. 213), folgt für die Verfügungen von Todeswegen, da diese erst mit dem Tode des Erblassers wirksam werden, daß sie ohne Rücksicht darauf, ob sie vor oder nach dem Inkrafttreten des B.G.B. errichtet sind, dessen Vorschriften unterliegen. In dieser Beziehung wird das Prinzip aber nicht vollständig durchgeführt, sondern ebenso wie im internationalen Privatrecht Art. 24 zwischen der Errichtung oder Aufhebung einerseits und dem Inhalte sowie der Wirksamkeit der Verfügung andererseits unterschieden. In beiden Beziehungen findet das B.G.B. vorbehaltlich der Vorschrift des Art. 215 Anwendung, wenn die Verfügung nach dem Inkrafttreten des B.G.B. errichtet oder aufgehoben ist. Ist die Errichtung oder Aufhebung aber vor dem Inkrafttreten des B.G.B. erfolgt, so soll sie nach Art. 214 nach dem bisherigen Rechte beurtheilt werden. In Betreff der Beurtheilung der Inhalts und der Wirksamkeit der Verfügung wird eine besondere Vorschrift nicht gegeben; in Beziehung hierauf bleibt es also bei der Konsequenz des Prinzips. Hiernach ist also in jedem einzelnen Falle zu untersuchen, ob bei dem Inkrafttreten des B.G.B. eine nach dem bisherigen Rechte gültig errichtete und noch nicht wieder aufgehobene Verfügung von Todeswegen vorliegt oder nicht. In dem ersteren Falle werden der Inhalt und die Wirksamkeit der Verfügung nach dem B.G.B. beurtheilt und die Aufhebung der Verfügung kann nunmehr nur noch nach den Vorschriften des B.G.B. erfolgen. In dem letzteren Falle wird die Verfügung auch dann nicht wirksam, wenn sie nach den Vorschriften des B.G.B. als gültig errichtet und noch als bestehend anzusehen wäre; es bleibt dabei, daß eine Verfügung von Todeswegen nicht besteht.

Unter Verfügungen von Todeswegen versteht das B.G.B. die Testamente (B.G.B. §§ 2229 ff.) und die Erbverträge (B.G.B. §§ 2274 ff.). Ueber Schenkungen auf den Todesfall (B.G.B. § 2301) s. unten Nr. 5; über Erbverzichtsverträge s. Art. 217.

2. Für die Frage, was unter Errichtung und Aufhebung einer Verfügung von Todeswegen zu verstehen ist, gilt hier dasselbe wie im Falle des Art. 24 (s. oben S. 80 Erl. 4cβ zu Art. 24). Soweit nach dem dort Gesagten das ausländische Recht maßgebend ist, kommt hier das bisherige Recht zur Anwendung. In dem Art. 24 Abs. 3 wird zwar von der Gültigkeit der Errichtung oder Aufhebung gesprochen, während die Bestimmung des Art. 214 nur dahin geht, daß die Errichtung oder Aufhebung nach dem bisherigen Rechte zu beurtheilen sei. Sachlich ist indessen in beiden Fällen dasselbe gemeint. Auch der Art. 214 betrifft nur die Gültigkeit der Errichtung oder der Aufhebung der Verfügung. Nach dem bisherigen Rechte ist also zu beurtheilen, ob der Erblasser die zur Gültigkeit der Errichtung erforderliche Geschäftsfähigkeit hatte und ob die Verfügung in der die Gültigkeit bedingenden Form errichtet ist. In Betreff der Rechtsfähigkeit ist die Frage, ob diese auch nach dem zur Zeit des Todes geltenden Rechte also nach dem B.G.B. vorhanden sein muß, ohne Bedeutung, weil das B.G.B. eine Beschränkung der Rechtsfähigkeit nicht kennt. Soweit eine solche nach dem bisherigen Rechte bestand, hat der Mangel derselben zur Zeit der Errichtung die Ungültigkeit der Verfügung zur Folge. Im Einzelnen ist noch Folgendes zu bemerken:

a) Zu den hier fraglichen Vorschriften des bisherigen Rechtes gehören nicht diejenigen, welche das Recht des Erblassers beschränken, über gewisse Theile seines Vermögens von Todeswegen zu verfügen, so z. B. die gemeinrechtliche Vorschrift, nach welcher ein Hauskind über sein peculium adventicium letztwillig nicht verfügen kann. Solche Vorschriften betreffen den Inhalt, nicht die Errichtung der Verfügung (a. A. wie es scheint **Niedner** Aufl. II S. 472 Nr. 2a).

b) Soweit nach dem bisherigen Rechte eine bestimmte Form nur für Verfügungen gewissen Inhalts genügte, z. B. die Form des Kodizills oder des testamentum parentum inter liberos, verbleibt es hierbei für die vor dem Inkrafttreten des B.G.B. errichteten Verfügungen; die Gültigkeit derselben kann also insoweit von ihrem Inhalt abhängen.

c) Läßt das bisherige Recht abweichend vom B.G.B. § 2064 die Errichtung einer Verfügung von Todeswegen durch einen Vertreter zu, ist z. B. die Ueberreichung einer letztwilligen Verfügung bei Gericht durch einen Spezialbevollmächtigten zulässig, so behält eine in dieser Art vor dem Inkrafttreten des B.G.B. rrichtete Verfügung von Todeswegen ihre Güttigkeit auch nach diesem Zeitpunkte.

d) Zweifelhaft ist, ob die von einem vor dem Inkrafttreten des B.G.B. verstorbenen Erblasser angeordnete Pupillarsubstitution durch die Vorschrift des Art. 214 auch dann aufrechterhalten wird, wenn der betreffende Unmündige erst nach dem Inkrafttreten des B.G.B. stirbt. Für die Bejahung der Frage läßt sich geltend machen, daß es sich hier um eine ausnahmsweise zugelassene Vertretung bei der Errichtung der Verfügung von Todeswegen handele und daß daher das unter c Gesagte gelten müsse. Richtiger indessen dürfte sein, in der Pupillarsubstitution einen Fall zu sehen, in welchem ausnahmsweise ein Anderer als der Erblasser nicht als dessen Vertreter sondern kraft eigenen Rechtes über die Beerbung Bestimmungen zu treffen befugt ist. Hierfür spricht, daß die Pupillarsubstitution ihre Wirksamkeit von selbst verliert, wenn der Unmündige testamentsmündig wird, während sie bei der Annahme des Vertretungsverhältnisses ihre Wirksamkeit erst dadurch verlieren würde, daß der mündig gewordene Erblasser sie aufhebt. Bei dieser Auffassung findet der Art. 214 keine Anwendung, weil es sich nicht um die Errichtung einer Verfügung von Todeswegen durch den Erblasser handelt. Dieselben Grundsätze gelten auch für die Quasipupillarsubstitution (ebenso **Habicht** S. 732, 733). Ob die Pupillar- oder die Quasipupillarsubstitution als Einsetzung eines Nacherben in Betreff des von dem Verfügenden hinterlassenen Vermögens aufrechterhalten werden kann, läßt sich nur nach den Umständen des einzelnen Falles entscheiden.

e) Nach dem bisherigen Rechte bestimmt sich, ob und durch welche vor dem Inkrafttreten des B.G.B. von dem Erblasser vorgenommene Handlungen eine von ihm errichtete Verfügung von Todeswegen wieder aufgehoben wird, ob also z. B. eine solche Aufhebung in der Zurücknahme der errichteten Verfügung aus dem gerichtlichen Gewahrsam oder abweichend vom B.G.B. § 2258 in der Errichtung eines neuen Testaments ohne Rücksicht auf den Inhalt zu finden ist. Nicht in Frage dagegen kommen solche Vorschriften des bisherigen Rechtes, nach welchen eine Verfügung von Todeswegen durch andere Thatsachen als durch Handlungen des Erblassers ihre Wirksamkeit verliert, so z. B. die Vorschrift des gemeinen Rechtes, nach welcher ein Testament durch die Geburt eines Notherben nichtig wird. Eine Vorschrift dieser Art findet, wenn der Erblasser nach dem Inkrafttreten des B.G.B. gestorben ist, auch dann keine Anwendung, wenn die betreffende Thatsache z. B. die Geburt des Notherben vor dem Inkrafttreten des B.G.B. eingetreten ist; denn nur von der Errichtung und Aufhebung durch den Erblasser ist der Art. 214 zu verstehen.

f) Zu den Vorschriften, welche die Errichtung und Aufhebung der Verfügung von Todeswegen im Sinne des Art. 214 betreffen, gehören nicht die Vorschriften, welche sich auf die Eröffnung und Verkündung dieser Verfügungen beziehen. Es handelt sich hierbei um Verfahrensvorschriften, die mit dem Inhalt und der Wirksamkeit der fraglichen Verfügungen in so engem Zusammenhange stehen, daß dieselben Grundsätze, welche für diese gelten, auch auf sie Anwendung finden müssen (s. Erl. 2i zu Art. 213). Durch die Vorschrift des Art. 214 wird daher die Anwendung der §§ 2259—2263, obwohl diese in dem Titel über Errichtung und Aufhebung der Testamente stehen, nicht ausgeschlossen; vielmehr finden diese Paragraphen in allen Fällen Anwendung, in denen der Erblasser nach dem Inkrafttreten des B.G.B. gestorben ist (Jahrb. d. K.G. Bd. 21 A S. 61; Beschluß des K.G. v. 1. April 1901 im preuß. J.M.Bl. Nr. 21 S. 121 v. 1901).

3. Welche Vorschriften als **den Inhalt und die Wirksamkeit** einer Verfügung von Todeswegen betreffend anzusehen sind, welche Vorschriften des B.G.B. also auch auf die vor dem Inkrafttreten des B.G.B. errichteten oder aufgehobenen Verfügungen Anwendung finden, bestimmt sich nach denselben Grundsätzen wie im internationalen Privatrecht (s. oben S. 80, 81 Erl. 4c δ zu Art. 24). **Im Einzelnen ist hier noch Folgendes hervorzuheben:**

---

a) Nach dem B.G.B. bestimmt sich der Einfluß von Willensmängeln (B.G.B. §§ 116 Satz 1, 118, 2078—2083); ebenso findet Anwendung die Vorschrift des § 2079 über die Anfechtbarkeit einer letztwilligen Verfügung wegen Uebergehung eines Pflichttheilsberechtigten. Die sich hierauf beziehenden Vorschriften betreffen nicht die Errichtung und Aufhebung der Verfügung im Sinne des Art. 214, sondern deren Wirksamkeit.

b) Sowohl die zwingenden als auch die dispositiven Vorschriften des B.G.B. über Erbeinsetzung, insbesondere auch über Einsetzung eines Nacherben sowie über Vermächtnisse und Auflagen finden Anwendung. Hieraus ergiebt sich z. B. daß der Grundsatz des gemeinen Rechtes nemo pro parte testatus, pro parte intestatus decedere potest, ebenso die Vorschriften über Vorvermächtnisse, über Universalfideikommisse, über Nichtigkeit des Testaments wegen Uebergehung eines Notherben 2c. keine Anwendung finden, an ihre Stelle vielmehr die betreffenden Vorschriften des des B.G.B. treten (s. Habicht S. 729 ff.).

c) Nach dem B.G.B. bestimmt sich das Pflichttheilsrecht, insbesondere die Gründe, aus welchen der Pflichttheil entzogen werden kann, und die Art, in welcher dies zu geschehen hat. Zweifelhaft kann sein, ob der Pflichttheilsberechtigte den subsidiären Anspruch gegen den Beschenkten nach Maßgabe des § 2329 hat, wenn die Schenkung vor dem Inkrafttreten des B.G.B. erfolgt ist. Für den Ausschluß dieses Rechtes läßt sich der Art. 170 geltend machen. Dagegen aber spricht, daß der fragliche Anspruch gegen den Beschenkten nur eine Ergänzung des dem Pflichttheilsberechtigten prinzipaliter gegen den Erben zustehenden Anspruchs bildet und daß es sich also sachlich um ein erbrechtliches Schuldverhältniß handelt. Auf solche Schuldverhältnisse findet aber der Art. 170 keine Anwendung (ebenso Niedner Aufl. II S. 469 Nr. 3a; a. A. Scherer Nr. 336 S. 241 und Habicht S. 734).

d) Bestritten ist, ob die Auslegung einer vor dem Inkrafttreten des B.G.B. errichteten Verfügung von Todeswegen nach den Auslegungsvorschriften des bisherigen Rechtes oder nach denen des B.G.B. zu erfolgen hat. In den M. des E.G. S. 311 wird in dieser Beziehung gesagt: „Von selbst versteht es sich, daß soviel die Auslegung einer vor dem Inkrafttreten des B.G.B. errichteten letztwilligen Verfügung anlangt, die zur Zeit der Errichtung geltenden Auslegungsvorschriften maßgebend sein müssen.“

Diese Auffassung dürfte indessen nicht richtig sein. Die Auslegung einer Willenserklärung insbesondere auch einer Verfügung von Todeswegen hat den Zweck, den wirklichen Willen des Erklärenden zu ermitteln (B.G.B. § 113). Eine gesetzliche Auslegungsvorschrift will die Erreichung dieses Zweckes dadurch erleichtern, daß sie dasjenige, was erfahrungsmäßig der Erklärende regelmäßig bei einer gewissen Ausdrucksweise gewollt hat, gesetzlich in der Art fixiert, daß es, soweit nicht ein anderer Wille des Erklärenden erhellt, als gewollt angenommen wird. Wenn nun das B.G.B. aus der Erfahrung andere Schlüsse auf den Willen des Erblassers zieht, wie das bisherige Recht und deshalb andere Auslegungsvorschriften giebt als dieses, so ist nicht abzusehen, weshalb solche als sachlich richtiger anerkannten Vorschriften keine Anwendung auf die vor dem Inkrafttreten des B.G.B. getroffenen Verfügungen Anwendung finden sollten, diese vielmehr noch nach den als unzutreffend erkannten Vorschriften des bisherigen Rechtes beurtheilt werden sollten. Dazu kommt, daß der Unterschied zwischen dispositiven und Auslegungsregeln ein flüssiger ist und daß es regelmäßig nur Zweckmäßigkeitsrücksichten sind, welche das B.G.B. zu der Wahl einer Vorschrift der ersteren oder der letzteren Art bestimmt haben (s. Bd. I S. 21 ff. Nr. 2). Nur die dispositiven Rechtssätze, nicht aber die Auslegungsregeln des B.G.B. auf die vor dem Inkrafttreten des B.G.B. getroffenen Verfügungen von Todeswegen anzuwenden, würde daher der Absicht des B.G.B. und des E.G. nicht entsprechen. Weder die einen noch die anderen gehören zu den Vorschriften, welche die Errichtung oder die Aufhebung einer Verfügung von Todeswegen betreffen; beide betreffen vielmehr den Inhalt einer Verfügung und es findet daher auf sie die Regel des Art. 213, nicht die Ausnahmevorschrift des Art. 214 Anwendung. Eine andere Frage ist, ob eine vor dem Inkrafttreten des B.G.B. getroffene Verfügung von Todeswegen zwar nicht auf Grund einer gesetzlichen Auslegungsvorschrift des bisherigen Rechtes, aber doch mit Rücksicht auf diese in einem der Vorschrift entsprechenden Sinne auszulegen ist. Müßte man annehmen, daß der Erblasser bei seinen Verfügungen immer die betreffenden Auslegungsvorschriften des bisherigen Rechtes vor Augen gehabt habe, so würde daraus zu folgern sein, daß er wirklich den nach der Auslegungsvorschrift anzunehmenden Willen gehabt habe. Eine solche Annahme ist aber nicht begründet. Der Erblasser wird sehr häufig die betreffenden gesetzlichen Auslegungsvorschriften nicht kennen oder sich ihrer doch nicht bewußt sein. Um aus dem Bestehen der Auslegungsvorschrift ohne Rücksicht auf deren gesetzliche Geltung auf einen ihr entsprechenden Willen des Erblassers zu schließen, muß also im einzelnen Falle festgestellt werden, daß der Erblasser bei seiner Verfügung die betreffende Auslegungsvorschrift vor Augen gehabt und mit Rücksicht auf sie die gebrauchte Ausdrucksweise gewählt habe. Wird dies festgestellt, so wird nun allerdings die Verfügung in dem durch die Auslegungsvorschrift des bisherigen Rechtes bestimmten Sinne zu verstehen sein, aber nicht, weil dies durch das bisherige Recht bestimmt ist, sondern, weil es dem durch Auslegung ermittelten Willen des Erblassers entspricht. Angewendet wird nicht die Auslegungsregel des bisherigen Rechtes, sondern die alle einzelnen Auslegungsregeln des B.G.B. ergänzende Vorschrift des B.G.B. § 133, nach welcher bei der Auslegung vor allem der wirkliche Wille zu erforschen ist (ebenso im Wesentlichen Habicht S. 741ff.; Niedner Aufl. II S. 470 unter 3b; a. A. wie es scheint zum Theil Scherer S. 239; s. jedoch Nr. 365 und Kuhlenbeck S. 301, 302 unter Nr. 3; vergl. auch Jahrb. d. K. Bd. 22 A S. 52; Rechtspr. d. O.L. 2 S. 114).

Auf einem anderen Standpunkte scheinen einige Ausführungsgesetze zu stehen. So enthalten das hessische A.G. Art. 155 und die mecklenburgische A.V. § 264 Bestimmungen über die Auslegung gewisser vor dem Inkrafttreten des B.G.B. getroffenen Verfügungen von Todeswegen.

Ueber einzelne Fragen, die bei der Anwendung der obigen Grundsätze entstehen, s. Habicht S. 746ff. Hervorgehoben mag hier nur noch werden, daß insbesondere die Auslegungsregeln des § 2049 und der §§ 2066ff. des B.G.B. auf die vor dem Inkrafttreten des B.G.B. getroffenen Verfügungen Anwendung finden, wobei jedoch, wie oben hervorgehoben, bei der Ermittelung des wirklichen Willens des Erblassers die Auslegungsvorschriften des bisherigen Rechtes möglicherweise berücksichtigt werden müssen (s. auch Rechtspr. d. O.L. 2 S. 114; 3 S. 257).

4. Eine besondere Vorschrift giebt der Art. 214 Abs. 2 für Erbverträge und gemeinschaftliche Testamente.

a) Was unter Erbverträgen und gemeinschaftlichen Testamenten zu verstehen ist, bestimmt sich nach dem B.G.B. Unter Erbverträgen sind daher solche Verträge zu verstehen, durch welche vertragsmäßig ein Erbe eingesetzt oder ein Vermächtniß oder eine Auflage angeordnet wird (B.G.B. § 2278). Nicht dazu gehören die Erbverzichtsverträge (Art. 217). Unter gemeinschaftlichen Testamenten sind die von mehreren Erblassern in einer Urkunde errichteten Testamente zu verstehen (B.G.B. §§ 2265ff.).

b) Für Erbverträge und gemeinschaftliche Testamente gelten zunächst, da sie Verfügungen von Todeswegen sind, die Vorschriften des Art. 214 Abs. 1. Die vor dem Inkrafttreten des B.G.B. erfolgte Errichtung und Aufhebung wird daher nach dem bisherigen Rechte beurtheilt (s. oben unter Nr. 2). Insbesondere sind hiernach Erbverträge und gemeinschaftliche Testamente, wenn sie nach dem bisherigen Rechte nur unter gewissen Voraussetzungen, z. B. nur unter Ehegatten geschlossen werden konnten, ohne Rücksicht darauf, ob das B.G.B. sie in weiterem Umfange zuläßt, nur gültig, wenn jene Voraussetzungen zur Zeit der Errichtung vorlagen. Umgekehrt wird ihre Gültigkeit dadurch nicht berührt, daß die Voraussetzungen, an welche das B.G.B. ihre Zulässigkeit knüpft, bei einem gemeinschaftlichen Testament, also z. B. die Voraussetzung, daß die Verfügenden Ehegatten sind (B.G.B. § 2265), bei ihrer Errichtung nicht vorlagen, wenn das bisherige Recht jene Voraussetzungen nicht erfordert.

c) Die Wirksamkeit der gültig errichteten Erbverträge und gemeinschaftlichen Testamente ist dagegen nach Art. 213 im Allgemeinen nach dem bisherigen Rechte zu beurtheilen (s. Nr. 3). Von dieser Regel wird durch Abs. 2 eine Ausnahme dahin gemacht, daß die Bindung des Erblassers nach dem bisherigen Rechte beurtheilt werden soll. Es fragt sich zunächst, was hierunter zu verstehen ist. Bindend im weiteren Sinne ist eine Verfügung für den Verfügenden auch dann nicht, wenn sie wegen ihres Inhalts unwirksam ist (vergl. z. B. §§ 2077, 2279 des B.G.B.) oder wenn sie von dem Verfügenden wegen Willensmängel oder wegen Uebergehung eines Pflichttheilsberechtigten anfechtbar ist (B.G.B. §§ 2078, 2079, 2281). Die Bindung des Verfügenden im engeren Sinne kommt erst in Frage, wenn die Gültigkeit der Verfügung an sich feststeht und es sich nur darum handelt, ob der Verfügende sie zu widerrufen oder eine damit im Widerspruche stehende neue Verfügung zu treffen berechtigt ist. In dem letzteren Sinne wird der Ausdruck „bindend" oder „gebunden" in den §§ 145, 154 Abs. 1 Satz 2, 873 Abs. 2 des B.G.B. gebraucht. In demselben Sinne dürfte der Ausdruck „Bindung" auch im Art. 214 Abs. 2 zu verstehen sein. Hätte das Gesetz jenen weiteren Sinn beabsichtigt, so würde es von der Wirksamkeit der fraglichen Verfügung für den Erblasser gesprochen haben. Die Materialien geben keinen Anhaltspunkt dafür, daß der Ausdruck „Bindung" in diesem weiteren Sinne verstanden sei. Die von Habicht (S. 758ff. unter c) vertretene abweichende Ansicht führt zu dem Ergebnisse, daß für den Erblasser ein Erbvertrag immer, aber auch nur dann ungültig ist, wenn er dies nach dem bisherigen Rechte war und daß sich auch die Art, in welcher die Ungültigkeit geltend zu machen ist, nach dem bisherigen Rechte bestimmt, wogegen für die im B.G.B. § 2080 bezeichneten Personen die Vorschriften des B.G.B. über Anfechtung eines Erbvertrags (B.G.B. §§ 2078ff., 2285) Anwendung finden. Nach der hier vertretenen Ansicht dagegen ist sowohl für den Erblasser wie für die im § 2080 des B.G.B. bezeichneten Personen das B.G.B. maßgebend. Ist also z. B. nach dem bisherigen Rechte ein Erbvertrag trotz eines der im § 2078 bezeichneten

Mängel weder nichtig noch anfechtbar, so wird er mit dem Inkrafttreten des B.G.B. sowohl für den Erblasser wie für die im § 2080 bezeichneten Personen nach Maßgabe des B.G.B. anfechtbar. War der Erbvertrag nach dem bisherigen Rechte aus einem der gedachten Gründe nichtig, so ist er von dem Inkrafttreten des B.G.B. an nur noch anfechtbar. In beiden Fällen beginnt aber die Anfechtungsfrist für den Erblasser (B.G.B. § 2283) nicht vor dem Inkrafttreten des B.G.B. Wäre nach dem bisherigen Rechte ein Erbvertrag aus dem im § 118 bezeichneten Grunde nicht nichtig, so wird er dies mit dem Inkrafttreten des B.G.B. Andererseits verlieren Willensmängel, welche nach dem bisherigen Rechte, nicht aber nach dem B.G.B. die Nichtigkeit oder Anfechtbarkeit des Erbvertrags zur Folge haben, diese Wirkung mit dem Inkrafttreten des B.G.B.

Keine Anwendung finden auch nach der hier vertretenen Ansicht die Vorschriften des bisherigen Rechtes, nach welchen ein Erbvertrag durch die Geburt eines dem Erblasser gegenüber Pflichttheilsberechtigten oder durch ein ähnliches Ereigniß unwirksam wird, denn hier handelt es sich nicht um die Bindung des Erblassers, sondern um die Unwirksamkeit des Erbvertrags wegen seines Inhalts; nach dem Inkrafttreten des B.G.B. finden daher die Vorschriften der §§ 2079, 2281 Anwendung. Dasselbe gilt, wenn nach dem bisherigen Rechte der Erbvertrag trotz der Geburt eines Pflichttheilsberechtigten seine volle Wirksamkeit behält; er wird nach dem Inkrafttreten des B.G.B. anfechtbar.

Auch die Vorschriften des B.G.B. §§ 2077, 2279 finden auf die vor dem Inkrafttreten des B.G.B. geschlossenen Erbverträge Anwendung. Solche Verträge werden also unter den in den gedachten Paragraphen bezeichneten Voraussetzungen mit dem Inkrafttreten des B.G.B. unwirksam, auch wenn sie dies nach dem bisherigen Rechte nicht waren. Für gemeinschaftliche Testamente werden diese Grundsätze wie es scheint auch von Habicht anerkannt.

d) Daraus, daß die Bindung des Erblassers bei einem wirksamen Erbvertrag oder einem gemeinschaftlichen Testamente sich nach dem bisherigen Rechte bestimmt, ergiebt sich Folgendes:

α) Auf Verfügungen des Erblassers unter Lebenden finden nicht die Vorschriften des B.G.B. §§ 2287, 2288 Anwendung. Dem Vertragserben oder Vermächtnißnehmer steht ein Widerrufs- oder Anfechtungsrecht wegen solcher Verfügungen nur unter den Voraussetzungen und nach Maßgabe des bisherigen Rechtes zu (s. z. B. preuß. A.L.R. I. 12 § 625; sächs. G.B. § 2548). Nicht aufrechterhalten durch den Art. 214 Abs. 2 aber werden die Vorschriften des bisherigen Rechtes, nach welchem der Vertragserbe die Entmündigung des Erblassers wegen Verschwendung zu beantragen berechtigt ist (s. alte C.P.O. §§ 595, 596).

Keine Anwendung finden die Vorschriften der §§ 2271, 2289 Abs. 1 Satz 2, 2290 Abs. 1, 2291—2297, 2298 Abs. 2, 3 über den Widerruf eines gemeinschaftlichen Testaments sowie über die Aufhebung eines Erbvertrags oder den Rücktritt von einem solchen. Die Frage, ob, unter welchen Voraussetzungen und in welcher Art der Widerruf, die Aufhebung und der Rücktritt zulässig sind, ist vielmehr nach dem bisherigen Rechte zu beurtheilen. Soweit indessen der Widerruf, die Aufhebung oder der Rücktritt durch Testament oder Vertrag zu erfolgen hat, bestimmt sich, wenn diese Rechtsgeschäfte nach dem Inkrafttreten des B.G.B. vorgenommen werden, deren Form und die Fähigkeit zu deren Vornahme nach dem B.G.B. Soweit übrigens das bisherige z. B. das französische Recht Erbverträge nur in Eheverträgen zuläßt, und gleichzeitig die Aenderung eines Erbvertrags während bestehender Ehe verbietet, dadurch also auch die Aenderung eines darin enthaltenen Erbvertrags ausschließt, ist diese Ausschließung für die bei dem Inkrafttreten des B.G.B. bestehenden Ehen durch die Vorschrift des Art. 200 Abs. 2 beseitigt, nach welcher die Schließung eines Ehevertrags während bestehender Ehe zugelassen wird (s. Habicht S. 758 Anm. 1).

e) Haben in dem Erbvertrag oder in dem gemeinschaftlichen Testamente beide Theile Verfügungen von Todeswegen getroffen und ist der eine Theil vor dem Inkrafttreten des B.G.B, der andere Theil nach diesem Zeitpunkte gestorben, so finden auf die Beerbung des ersteren nach Art. 213 die Vorschriften des bisherigen Rechtes, auf die Beerbung des letzteren die Vorschriften des B.G.B. mit den im Art. 214 bestimmten Modifikationen Anwendung. Hieraus ergiebt sich insbesondere, daß beim Erbvertrag oder bei einem gemeinschaftlichen Testament unter Ehegatten die Auslegungsregeln der §§ 2269, 2280 keine Anwendung finden, wenn auch nur einer der Ehegatten vor dem Inkrafttreten des B.G.B. gestorben ist. Ueber die weiteren sich aus jenem Grundsatz ergebenden Konsequenzen s. Habicht S. 763ff., Rechtspr. d. O.L. 2 S. 471.

5. Auf Schenkungen auf den Todesfall finden nach dem B.G.B. § 2301 Abs. 1 die Vorschriften über Verfügungen von Todeswegen Anwendung. Vollzieht jedoch der Schenker die Schenkung durch Leistung des zugewendeten Gegenstandes, so finden nach § 2301 Abs. 2 die Vorschriften über Schenkungen unter Lebenden Anwendung (s. Bd. V S. 558ff. Erl.

Artikel 215.

Wer vor dem Inkrafttreten des Bürgerlichen Gesetzbuchs die Fähigkeit zur Errichtung einer Verfügung von Todeswegen erlangt und eine solche Verfügung errichtet hat, behält die Fähigkeit, auch wenn er das nach dem Bürgerlichen Gesetzbuch erforderliche Alter noch nicht erreicht hat.

Die Vorschriften des §. 2230 des Bürgerlichen Gesetzbuchs finden auf ein Testament Anwendung, das ein nach dem Inkrafttreten des Bürgerlichen Gesetzbuchs gestorbener Erblasser vor diesem Zeitpunkt errichtet hat.

---

zu § 2301). Hieraus ergiebt sich für die vor dem Inkrafttreten des B.G.B. vorgenommenen Schenkungen auf den Todesfall folgendes:

a) Ist die Schenkung vor dem Inkrafttreten des B.G.B. durch Leistung des zugewendeten Gegenstandes vollzogen, so wird sie in jeder Beziehung ausschließlich nach dem bisherigen Rechte beurtheilt. Wird sie nach dem Inkrafttreten des B.G.B. vollzogen, so liegt darin eine neue nach den Vorschriften des B.G.B. zu beurtheilende Schenkung unter Lebenden.

b) Liegt ein einseitiges, bis zum Tode des Erblassers nicht vollzogenes Schenkungsversprechen vor, so ist es als einseitige letztwillige Verfügung zu beurtheilen. Die Errichtung und Aufhebung bestimmt sich nach Art. 214 nach dem bisherigen Rechte, der Inhalt und die Wirksamkeit aber nach dem B.G.B.

c) War das Schenkungsversprechen auf den Todesfall vor dem Inkrafttreten des B.G.B. angenommen, bis zum Tode des Erblassers aber nicht vollzogen, so ist es nach den Vorschriften über Erbverträge zu beurtheilen. Die Errichtung, Aufhebung und Bindung des Erblassers bestimmen sich daher nach bisherigem Rechte, der Inhalt und die Wirksamkeit aber nach dem B.G.B.

Artikel 215.

E. d. E.G. II Art. 184; III Art. 214. P. I S. 13152—13168; M. d. E.G. S. 310. P. II S. 9108—9112 (Bd. 6 S. 557—559).

Der Art. 215 ist erst von der zweiten Kommission eingestellt.

1. Die Vorschrift des Abs. 1 entspricht der Vorschrift des Art. 24 Abs. 3 Satz 1 Halbsatz 2; es kann daher in dieser Beziehung auf das in der Erl. 4d zu Art. 24 (oben S. 81) Gesagte verwiesen werden. Eine Abweichung in der Fassung besteht indessen insofern, als es im Art. 24 heißt:

> „auch behält er (nämlich ein Ausländer, welcher, nachdem er eine Verfügung von Todeswegen errichtet oder aufgehoben hat, die Reichsangehörigkeit erwirbt) die Fähigkeit zur Errichtung einer Verfügung von Todeswegen,"

während es im Art. 215 heißt:

> „Wer vor dem Inkrafttreten des Bürgerlichen Gesetzbuchs die Fähigkeit zur Errichtung einer Verfügung von Todeswegen e r l a n g t und eine solche Verfügung errichtet hat, behält die Fähigkeit ꝛc."

Diese Abweichung der Fassung ist von Bedeutung für die Entscheidung der in der Erl. zu Art. 24 als zweifelhaft hervorgehobenen Frage, ob die fragliche Vorschrift sich nur auf die Testamentsmündigkeit bezieht oder ob sie dahin auszulegen ist, daß, wenn das B.G.B. aus anderen Gründen als wegen Mangels des erforderlichen Alters die Fähigkeit zur Errichtung einer Verfügung von Todeswegen verneint, ein Ausländer, der die Reichsangehörigkeit erwirbt, diese Fähigkeit behält, wenn jene Gründe nach den Gesetzen des Staates, welchem er früher angehörte, die Fähigkeit zur Errichtung einer Verfügung von Todeswegen nicht ausschließen. Es ist hierbei z. B. an solche Fälle zu denken, in welchen das ausländische Recht abweichend von dem B.G.B. dem wegen Geisteskrankheit Entmündigten in lichten Zwischenräumen oder dem entmündigten Verschwender überhaupt die Fähigkeit zur Errichtung einer Verfügung von Todeswegen zugesteht. Die Fassung des Art. 215, nach welcher die Voraussetzung dahin bestimmt ist, daß der Erblasser die Fähigkeit zur Errichtung einer Verfügung von Todeswegen „e r l a n g t" hat, während im Art. 24 dieses Wort fehlt, spricht dafür, daß in dem Art. 215 nur an die Testamentsmündigkeit gedacht ist; denn nur bei dieser kann man sagen, daß der Erblasser die

Artikel 216.

Die landesgesetzlichen Vorschriften, nach welchen Mitglieder gewisser ritterschaftlicher Familien bei der Ordnung der Erbfolge in ihren Nachlaß durch das Pflichttheilsrecht nicht beschränkt sind, bleiben in Ansehung derjenigen Familien in Kraft, welchen dieses Recht zur Zeit des Inkrafttretens des Bürgerlichen Gesetzbuchs zusteht.

Fähigkeit erlangt habe, während in den oben hervorgehobenen anderen Fällen nur davon gesprochen werden kann, daß der Erblasser die Fähigkeit aus den fraglichen Gründen nicht verloren, sie also behalten habe. Für die Beschränkung der Vorschrift auf die Testamentsmündigkeit Habicht S. 725b; Niedner Aufl. II S. 475 Erl. 1 zu Art. 215; Kuhlenbeck S. 306 Note 2.

Die zweite Voraussetzung des Abs. 1, daß der Erblasser vor dem Inkrafttreten des B.G.B. eine Verfügung von Todeswegen errichtet hat, ist auch dann gegeben, wenn er die errichtete Verfügung vor dem Inkrafttreten des B.G.B. wieder aufgehoben hatte. Die Voraussetzung wird auch nicht dadurch ausgeschlossen, daß die errichtete Verfügung wegen ihres Inhalts z. B. auf Grund der Vorschrift des B.G.B. § 2077 unwirksam oder daß sie auf Grund der Vorschriften der §§ 2078ff. anfechtbar ist. Zweifelhaft ist, ob die fragliche Voraussetzung des Abs. 1 auch dann gegeben ist, wenn die von dem Erblasser errichtete Verfügung von Todeswegen wegen eines Formmangels nichtig war. Nach dem Wortlaut und dem Zwecke der fraglichen Vorschrift dürfte ihre Voraussetzung auch in diesem Falle als gegeben anzusehen sein.

2. Der § 2230 des B.G.B. bestimmt,

a) daß, wenn ein Entmündigter ein Testament errichtet hat, bevor der die Entmündigung aussprechende Beschluß unanfechtbar geworden ist, die Entmündigung der Gültigkeit des Testaments nicht entgegensteht, wenn der Entmündigte noch vor dem Eintritte der Unanfechtbarkeit stirbt,

b) daß das Gleiche gilt, wenn der Entmündigte nach der Stellung des Antrags auf Wiederaufhebung der Entmündigung ein Testament errichtet und die Entmündigung dem Antrage gemäß wieder aufgehoben wird.

Diese Vorschriften sollen nach Abs. 2 auch auf ein Testament Anwendung finden, das ein nach dem Inkrafttreten des B.G.B. gestorbener Erblasser vor diesem Zeitpunkt errichtet hat. Nach dem bisherigen Rechte, welches Vorschriften der unter a und b bestimmten Art nicht hat, würde ein Testament sowohl in dem unter a als in dem unter b bezeichneten Falle nichtig sein, sofern das bisherige Recht den Entmündigten zur Errichtung eines Testaments für unfähig erklärt. Das nichtige Testament wird aber unter den in Abs. 2 bezeichneten Voraussetzungen gültig. Es liegt hier also ein Fall eigentlicher Rückwirkung vor. Die Voraussetzung ist in dem Falle unter a gegeben, wenn der die Entmündigung aussprechende Beschluß bei dem Tode des Erblassers noch nicht unanfechtbar geworden ist und der Tod erst nach dem Inkrafttreten des B.G.B. eintritt. Bis zu dem Tode des Erblassers ist also ungewiß, ob das Testament gültig wird oder nicht. Die Voraussetzung in dem Falle unter b ist gegeben, wenn der Erblasser vor dem Inkrafttreten des B.G.B. den Antrag auf Wiederaufhebung der Entmündigung gestellt, nach der Stellung dieses Antrags aber das Testament errichtet hat und später auf Grund des Antrags die Entmündigung wieder aufgehoben wird, der Erblasser jedoch erst nach dem Inkrafttreten des B.G.B. stirbt. Zweifelhaft kann sein, ob die Voraussetzung auch dann gegeben ist, wenn die Wiederaufhebung der Entmündigung schon vor dem Inkrafttreten des B.G.B. erfolgt ist. Der Wortlaut der Vorschrift spricht nicht dagegen und nach dem Zwecke derselben dürfte die Frage zu bejahen sein (ebenso Habicht S. 723). Nothwendig ist nur, daß der Erblasser erst nach dem Inkrafttreten des B.G.B. stirbt.

Artikel 216.

E. d. E.G. III Art. 215. K.B. S. 2117. St.B. S. 3035.

Der Art. 216 ist vom Bundesrathe mit Rücksicht auf die nach der preußischen Kabinets-Ordre v. 16. Januar 1836 und der Königlichen Verordnung v. 21. Januar 1837 den Mitgliedern gewisser ritterschaftlicher Familien zustehenden Rechte eingestellt. Die Mitglieder dieser Familien sollen bei der Ordnung der Erbfolge in ihren Nachlaß durch das Pflichttheilsrecht nicht beschränkt sein.

1. Nur für solche Erblasser gilt die im Art. 216 bestimmte Dispositionsbefugniß, welche Mitglieder einer ritterschaftlichen Familie sind, der die fragliche Befugniß bei dem Inkrafttreten des B.G.B. zusteht. Durch die Verordnung v. 21. Januar 1837 wird diese Befugniß anerkannt

a) für diejenigen Familien des rheinischen Ritterstandes, welche dieselbe vor der Einführung der fremden Gesetzgebung ausgeübt haben (§ 1);

b) für diejenigen Familien, welche nach den näheren Bestimmungen des landesherrlich genehmigten Statuts einer Stiftung für die standesmäßige Erziehung, Abfindung und Aussteuer der übrigen Kinder und für die Versorgung des überlebenden Ehegatten in die Genossenschaft werden aufgenommen werden (§ 5).

In dem § 2 wird bestimmt, daß von dieser Dispositionsbefugniß nur diejenigen Mitglieder der gedachten Familien Gebrauch machen können, welche ein landtagfähiges Rittergut in der Rheinprovinz besitzen und an der unter b gedachten Stiftung Theil haben. Es fragt sich, ob die Voraussetzung des Art. 216 lediglich darin besteht, daß der Erblasser Mitglied einer der unter a und b bezeichneten Familien ist oder ob auch die in dem obengedachten § 2 bestimmten Voraussetzungen zur Zeit des Inkrafttretens des B.G.B. bestanden haben müssen. Für die letztere Auffassung läßt sich geltend machen, daß in der R.T.K. ein Antrag gestellt wurde, den Art. 216 in erweiterter Fassung als Art. 56a dem Art. 56 (jetzt Art. 58) anzuschließen und daß zur Begründung dieses Antrags darauf hingewiesen wurde, daß manche ritterschaftlichen Familien, die an sich berechtigt wären, an der in dem obengedachten § 2 bezeichneten Stiftung theilzunehmen, zur Zeit aus verschiedenen Gründen nicht daran theilnehmen, daß es aber unbillig sei und dem Zwecke der fraglichen Verordnung nicht entspreche, wenn diesen Familien für immer die fragliche Dispositionsbefugniß entzogen werde. Diese Begründung des fraglichen Antrags dürfte indessen unrichtig sein. Die in dem Art. 216 bestimmte Voraussetzung besteht lediglich darin, daß der betreffenden Familie zur Zeit des Inkrafttretens des B.G.B. das in Frage stehende Recht zusteht. Die Familie muß also entweder zu den oben unter a bezeichneten Familien gehören oder vor dem Inkrafttreten des B.G.B. in die unter b bezeichnete Genossenschaft aufgenommen sein. Der § 2 bestimmt kein weiteres Erforderniß der betreffenden Familien, sondern enthält nur Vorschriften darüber, unter welchen Voraussetzungen die Mitglieder der betreffenden Familien von der fraglichen Dispositionsbefugniß Gebrauch machen können. Diese Voraussetzungen brauchen für das betreffende Mitglied nicht bereits bei dem Inkrafttreten des B.G.B. bestanden zu haben; es genügt vielmehr, sofern der Erblasser nur Mitglied einer der fraglichen Familien ist, wenn sie zur Zeit seines Todes vorliegen (ebenso Habicht S. 735—737).

2. Der Inhalt des den Mitgliedern der gedachten Familien eingeräumten Rechtes besteht darin, daß sie in ihren Verfügungen von Todeswegen durch das Pflichttheilsrecht nicht beschränkt sind. Selbstverständlich kommen hierbei nicht die Vorschriften des bisherigen Rechtes, sondern die Vorschriften des B.G.B. (§§ 2303—2338) in Frage. Den nach dem B.G.B. Pflichttheilsberechtigten, also den Abkömmlingen, dem Ehegatten und den Eltern des Erblassers kann von diesem der Pflichttheil ganz oder theilweise entzogen werden. Zu anderweitigen Aenderungen der erbrechtlichen Vorschriften des B.G.B. sind die Mitglieder der fraglichen Familien auf Grund des Art. 216 nicht befugt.

3. Die Vorschrift des Art. 216 beschränkt sich ihrem Wortlaute nach nicht auf die oben unter Nr. 1 bezeichneten Familien, sondern erstreckt sich auf die Mitglieder aller ritterschaftlichen Familien, denen durch landesgesetzliche Vorschriften die in Frage stehenden Rechte eingeräumt sind. Soviel ersichtlich bestehen aber andere als die oben bezeichneten landesgesetzlichen Vorschriften nicht. Die Ansicht von Scherer (S. 240), daß der Art. 216 auch für Baden Bedeutung habe, weil die Adeligen zur Errichtung von Familienfideikommissen berechtigt und von Beobachtung der Vorschriften über den Pflichttheil befreit seien, dürfte unrichtig sein, weil es sich bei dem Art. 216 nicht um solche allgemeine Vorschriften, sondern um die lediglich zu Gunsten gewisser ritterschaftlicher Familien bestehende besondere Vorschriften handelt.

4. Nach Art. 218 können die im Art. 216 gedachten landesgesetzlichen Vorschriften durch die Landesgesetzgebung geändert werden. Die Landesgesetzgebung kann daher die Befreiung der Mitglieder der fraglichen Familien von den durch das Pflichttheilsrecht bestimmten Beschränkungen in anderer Art als durch die gedachte Verordnung geschehen ist, regeln, sie erweitern, beschränken oder von anderen als den jetzt bestimmten Voraussetzungen abhängig machen. Nur auf das Pflichttheilsrecht beschränkt sich aber die Befugniß der Landesgesetzgebung. Unzulässig ist auch eine Erweiterung des Kreises der Familien, denen das fragliche Recht zusteht.

Artikel 217.

Die vor dem Inkrafttreten des Bürgerlichen Gesetzbuchs erfolgte Errichtung eines Erbverzichtsvertrags sowie die Wirkungen eines solchen Vertrags bestimmen sich nach den bisherigen Gesetzen.

Das Gleiche gilt von einem vor dem Inkrafttreten des Bürgerlichen Gesetzbuchs geschlossenen Vertrage, durch den ein Erbverzichtsvertrag aufgehoben worden ist.

Artikel 217.

E. d. E.G. I Art. 129; II Art. 185; III Art. 216. P. I S. 13152—13168; M. E. d. E.G. S. 313. P. II S. 9109, 9110, 9242 (Bd. 6 S. 557, 558, 636).

1. Der E. I betrachtete den Erbverzichtsvertrag als eine unter Zustimmung der Erben getroffene Verfügung des Erblassers von Todeswegen. Der Erbverzichtsvertrag fiel daher unter die allgemeine Vorschrift des Art. 129 des E. I d. E.G. über Verfügungen von Todeswegen, nach welchen sich, wenn der Erblasser nach dem Inkrafttreten des B.G.B. gestorben ist, die vor diesem Zeitpunkt erfolgte Errichtung und Aufhebung einer Verfügung von Todeswegen zwar nach dem bisherigen Rechte bestimmt, für den Inhalt und die Wirksamkeit aber die Vorschriften des B.G.B. maßgebend sind. Das B.G.B. (§§ 2346 ff.) betrachtet dagegen den Erbverzichtsvertrag nicht als eine Verfügung von Todeswegen, sondern legt das entscheidende Gewicht auf den Verzicht des Erben. Die Vorschriften des Art. 214 finden daher auf den Erbverzichtsvertrag keine Anwendung, vielmehr bedurfte es für diesen einer besonderen Bestimmung. Diese wird in dem Art. 217 abweichend von dem E. I dahin getroffen, daß nicht nur die Errichtung und Aufhebung eines vor dem Inkrafttreten des B.G.B. geschlossenen Erbverzichtsvertrags, sondern auch die Wirkungen eines solchen Vertrags sich nach dem bisherigen Rechte bestimmen. Der Grundsatz, daß, wenn der Erblasser nach dem Inkrafttreten des B.G.B. gestorben ist, für die erbrechtlichen Verhältnisse die Vorschriften des B.G.B. maßgebend sind, erleidet also in Beziehung auf den Erbverzichtsvertrag eine über den Art. 214 hinausgehende Modifikation. Der Grund für diese Abweichung beruht hauptsächlich in dem schon in den M. d. E.G. hervorgehobenen Bedenken, welches sich daraus ergiebt, daß die Bestimmungen des B.G.B. über die Wirkungen des Erbverzichts für die Abkömmlinge von den sich hierauf beziehenden Vorschriften des bisherigen Rechtes nicht unwesentlich abweichen.

2. Aus dem Grundsatze des Art. 217 ergiebt sich zunächst, daß die Fähigkeit zur Errichtung eines Erbverzichtsvertrags und die Form desselben sich nach dem bisherigen Rechte bestimmt. Es gilt in dieser Beziehung das in der Erl. 2 zu Art. 214 Gesagte.

3. Daraus, daß auch der Inhalt und die Wirksamkeit des Erbverzichtsvertrags sich nach dem bisherigen Rechte bestimmt, ergiebt sich insbesondere:

a) Nach dem bisherigen Rechte bestimmt sich der Einfluß der Willensmängel.

b) Nach dem bisherigen Rechte ist die Frage zu entscheiden, ob und wieweit die Parteien durch den Vertrag gebunden sind.

c) Nach dem bisherigen Rechte entscheidet sich die Frage, auf welches Erbrecht verzichtet ist. Nach dem B.G.B. § 2346 bezieht sich der Erbverzichtsvertrag nur auf das gesetzliche Erbrecht. Der Verzicht auf eine durch letztwillige Verfügung oder Erbvertrag gemachte Zuwendung bedarf nach B.G.B. § 2352 eines besonderen Vertrags. Soweit nach dem bisherigen Rechte der Verzicht auf das gesetzliche Erbrecht auch den Verzicht auf Zuwendungen durch Verfügungen von Todeswegen in sich schließt, verbleibt es hierbei. Andererseits umfaßt aber der Verzicht auf das gesetzliche Erbrecht nicht nur den Verzicht auf das zur Zeit des Abschlusses des Erbverzichtsvertrags bestehende gesetzliche Erbrecht, sondern auch auf das gesetzliche Erbrecht des B.G.B. und zwar auch dann, wenn dieses ein umfangreicheres ist als das gesetzliche Erbrecht des bisherigen Rechtes. Der Vertrag ist aufzufassen als Verzicht auf das zur Zeit des Todes des Erblassers bestehende gesetzliche Erbrecht, soweit sich nicht aus dem besonderen Inhalte des Vertrags ein Anderes ergiebt.

d) Nach dem bisherigen Rechte ist die Frage zu beurtheilen, ob der Verzicht auch für die Abkömmlinge des Verzichtenden wirkt. Die Vorschrift des B.G.B. § 2349, nach welcher dies der Fall ist, sofern nicht ein Anderes bestimmt ist, findet keine Anwendung; der Verzicht wirkt vielmehr für die Abkömmlinge nur, wenn und soweit dies durch das bisherige Recht bestimmt ist.

Artikel 218.

Soweit nach den Vorschriften dieses Abschnitts die bisherigen Landesgesetze maßgebend bleiben, können sie nach dem Inkrafttreten des Bürgerlichen Gesetzbuchs durch Landesgesetz auch geändert werden.

Urkundlich unter Unserer Höchsteigenhändigen Unterschrift und beigedrucktem Kaiserlichen Insiegel.

Gegeben Neues Palais, den 18. August 1896.

(L. S.) **Wilhelm.**

Fürst zu Hohenlohe.

---

c) Keine Anwendung finden die Auslegungsregeln des § 2350, nach welchen der Verzicht zu Gunsten eines Anderen im Zweifel nur für den Fall wirkt, daß der Andere Erbe wird und nach welchen der Verzicht eines Abkömmlinges im Zweifel nur als zu Gunsten der anderen Abkömmlinge und des Ehegatten des Abkömmlinges erfolgt gilt. Dagegen finden die etwaigen Auslegungsregeln des bisherigen Rechtes ebenso Anwendung, wie wenn der Erblasser vor dem Inkrafttreten des B.G.B. gestorben wäre. In Ermangelung solcher besonderen Auslegungsregeln dürfte übrigens die nach allgemeinen Grundsätzen erfolgende Auslegung regelmäßig zu demselben Ergebnisse führen, wie die angeführten Auslegungsregeln des B.G.B.

4. Dieselben Grundsätze wie für den Erbverzichtsvertrag gelten für den Vertrag, durch welchen der Erbverzicht wieder aufgehoben wird. Auf einen solchen Vertrag finden insbesondere die Vorschriften des § 2351 keine Anwendung; die Fähigkeit, die Form, der Inhalt und die Wirksamkeit bestimmen sich vielmehr nach dem bisherigen Rechte. Wird ein vor dem Inkrafttreten des B.G.B. abgeschlossener Erbverzichtsvertrag nach diesem Zeitpunkte durch Vertrag wieder aufgehoben, so ist der Aufhebungsvertrag selbstverständlich nach dem B.G.B. zu beurtheilen.

Artikel 218.

E. d. E.G. I Art. 105 Abs. 5, Art. 116, 119 Abs. 1 Satz 3; II Art. 186; III Art. 217. P. I S. 13068—13074, 13086—13092, 13295, 13296; M. d. E.G. S. 264, 277, 285, 286. P. II S. 8995, 9005, 9056, 9088, 9269, 9270 (Bd. 6 S. 491, 497, 526, 544, 651).

1. Die meisten Artikel des vierten Abschnitts enthalten Vorschriften, nach welchen auf bestimmte zur Zeit des Inkrafttretens des B.G.B. bestehende Rechtsverhältnisse das bisherige Recht oder, wie es an anderen Stellen heißt, die Landesgesetze auch künftig Anwendung finden sollen. Nur die Vorschriften der Art. 187, 188, 193—196 haben einen anderen Charakter, indem durch sie der Landesgesetzgebung gestattet wird, Vorschriften des E.G. über die Anwendung des B.G.B. auf gewisse Rechtsverhältnisse zu ändern. Soweit das E.G. die Anwendung des bisherigen Rechtes auf gewisse Rechtsverhältnisse vorschreibt, würde die Landesgesetzgebung auch ohne besonderen Vorbehalt bis zu dem Inkrafttreten des B.G.B. berechtigt sein, die sich auf diese Rechtsverhältnisse beziehenden Vorschriften zu ändern. Die fraglichen Vorschriften des E.G. würden, soweit die Landesgesetzgebung von diesem Rechte Gebrauch gemacht hätte, die Wirkung haben, daß von dem Inkrafttreten des B.G.B. an kraft Reichsrechts die betreffenden Rechtsverhältnisse nach den geänderten landesgesetzlichen Vorschriften zu beurtheilen wären. Von dem Inkrafttreten des B.G.B. an aber würde die Landesgesetzgebung nicht mehr berechtigt sein, die landesgesetzlichen Vorschriften, soweit sie nach den Vorschriften des vierten Abschnitts maßgebend sein sollen, noch zu ändern; denn eine solche Aenderung würde gegen die reichsrechtliche Vorschrift, daß die fraglichen Bestimmungen maßgebend sein sollen, verstoßen. Bei dieser Konsequenz wollte der E. I im Allgemeinen stehen bleiben und bestimmte nur in den Art. 105 Abs. 5, 116, 119 Abs. 1 Satz 3, daß die Landesgesetzgebung berechtigt sei, die in diesen Artikeln für anwendbar erklärten Vorschriften des bisherigen Rechtes auch nach dem Inkrafttreten des B.G.B. und des E.G. noch zu ändern. Die zweite Kommission hielt eine Beschränkung dieser Befugniß der Landesgesetzgebung auf die in den gedachten Artikeln des E. I bezeichneten Fälle nicht für gerechtfertigt und stellte deshalb die allgemeine Vorschrift des Art. 218 ein. Nach diesem können alle Vorschriften des bisherigen Rechtes, welche nach den Bestimmungen des vierten Abschnitts maßgebend bleiben sollen, auch nach dem Inkrafttreten des B.G.B. von der Landesgesetzgebung noch geändert werden.

Der Ausdruck, daß die Vorschriften des bisherigen Rechtes „maßgebend" bleiben sollen, ist nur in verhältnißmäßig wenigen Artikeln des vierten Abschnitts gebraucht, so in den Art. 170, 174, 200, 202, 208, 213. In den übrigen Artikeln sind andere Ausdrücke, die nach dem Inhalte der betreffenden Vorschriften für geeigneter gehalten wurden, gebraucht, so z. B., daß die landesgesetzlichen Vorschriften in Kraft bleiben oder, daß sie Anwendung finden ꝛc. (Eine Uebersicht der betreffenden Ausdrucksweisen s. bei Habicht S. 22 ff.). Auf diese Ausdrucksweise kommt es indessen nicht an, vielmehr nur darauf, ob sachlich durch die betreffenden Vorschriften bestimmt ist, daß das bisherige Recht maßgebend bleiben soll.

2. Die in dem Art. 218 der Landesgesetzgebung gewährte Befugniß entspricht der gleichen Befugniß, welche der Landesgesetzgebung durch Art. 3 für die dort bezeichneten Fälle beigelegt ist. Sie ist aber insoweit enger, als sie sich nur auf die zur Zeit des Inkrafttretens des B.G.B. bestehenden Rechtsverhältnisse bezieht. Nur soweit und solange für diese Rechtsverhältnisse nach den Vorschriften des vierten Abschnitts das bisherige Recht maßgebend bleibt, kann es durch die Landesgesetzgebung nach dem Inkrafttreten des B.G.B. geändert werden. Die Landesgesetzgebung ist dagegen nicht berechtigt, für die betreffenden Rechtsverhältnisse in einem weiteren Umfange Vorschriften zu geben, als nach den Vorschriften des vierten Abschnitts das bisherige Recht für sie maßgebend bleibt. Soweit die Landesgesetzgebung von der ihr nach Art. 218 ertheilten Ermächtigung Gebrauch macht, kann sie die Aenderungen, welche sie vorgenommen hat, auch später noch wieder ändern. Dies dürfte selbst für den Fall gelten, daß die Landesgesetzgebung für ein bestimmtes unter Art. 218 fallendes Rechtsverhältniß die Vorschriften des B.G.B. für anwendbar erklärt hat; denn in einem solchen Falle gilt das B.G.B. für das betreffende Rechtsverhältniß nicht kraft Reichsrechts, sondern auf Grund der Landesgesetzgebung und diese kann nach Art. 218 wieder geändert werden (a. A. Habicht S. 33).

Ueber die bei einzelnen Artikeln entstehende Frage, wie weit die Befugniß der Landesgesetzgebung geht, ist das Erforderliche bei diesen Artikeln bemerkt (s. Erl. 4 zu Art. 163 und Erl. 1 zu Art. 212).

Kolibri 360 GmbH
Ferdinand-Jühlke-Straße 7
99095 Erfurt, Deutschland
produktsicherheit@kolibri360.de